중국
유·도·불 삼교 관계
간명 통사

下

本書受到"中國社會科學基金Chinese Fund for the Humanities and Social Sciences資助"
(18WZX013)
이 도서는 중국 정부의 중화학술번역사업에 선정되어 중국사회과학기금(Chinese Fund for the Humanities and Social Sciences)의 지원을 받아 번역 출판되었습니다.(18WZX013)

중국 유·도·불 삼교 관계 간명 통사

모종감牟鐘鑒 저 · 박성일 역

下

學古房

목차

유·도·불 삼교 이론의 심층적 융합 단계
(송·요·금·서하·원·명 시기)

이 시기는 북송北宋 건립(960년)으로부터 명나라의 멸망(1644)까지를 포괄하는데 대체로 700년이 된다. 이 시기, 정치적으로는 통일과 분열을 반복하고 있었고, 사회는 동란이 그치지 않고 있었고 민족 간 전쟁이 빈번했다. 경제적으로, 송, 원, 명 시기는 모두 한 때 아주 번영했는데, 보편적인 지주地主 사유제가 문벌門閥 사족士族들의 경제적 독점을 대체했고 또 농·공·상업이 발달했다. 교육적으로는 과거제도가 완벽해졌고, 사士계층의 지위가 더욱 높아졌다. 사상과 문화에 있어서는 다원多元 통화通和 전통이 더 심층적으로 발전했고, 학술사상이 전례 없이 활발했고, 연속 이론적 창조의 고봉이 출현했다. 이 시기, 삼교 관계도 새로운 발전단계에 진입했다. 첫째, 삼교의 상호작용 과정에, 불교에서 선종禪宗이 출현한 이 이론적 고봉을 이어, 유학에서도 이학理學, 심학心學, 기학氣學의 삼대三大 학파로 구성된 송명도학宋明道學의 이론적 고봉이 출현했고, 도교에서도 금, 원 시기에 내단학內丹學의 이론적 고봉이 출현했다. 이렇게 삼교에서 모두 이론적 고봉이 출현하여, 중국인들의 철학적 지혜를 아주 풍요롭게 만들었다. 둘째, 삼교 사이는 진晉나라 때부터 당나라 때까지의 "길은 달라도 같은 곳으로 돌아간다殊途同歸.", "모두 선善으로 돌아간다同歸於善."는, 기능적 동질화를 추구하던 양식에서 벗어나, 이론적으로 상호 섭취하고 상호 침투하는 단계에 들어갔다. 즉 "너 속에 내가 있고, 나 속에 네가 있는", 심층적으로 교융交融하는 구도를 형성했다. 셋째, 삼교 간 토론의 중심 의제議題는 천인天人 관계로부터 심성心性의 문제에로 전환했고, 심문화心文化가 학술연구에서 주축主軸으로 되어졌고, 시대정신으로 되어졌다. 삼교 인사人士들은 겉으로는 서로 비난하고 질책하고 있었지만, 사실 그들의 지견智見은 더욱 가까워졌었다. 동시에 "삼교는 일가이고三教一家', '분공하고 협력해야 한다分工協力'는 주장이 주류를 이루고 있었고 또한 많은 사람들의 공감을 얻어냈었다.

이 시기 중요한 특징의 하나는 유가에서 걸출한 인재들이 속출하여 문학, 역사, 정치, 경학 등 학문분야의 중심무대에서 활약하고 있었다는 점이다. 전목錢穆은 이렇게 말한다.

> 송나라 유학자들의 학술연구는 세 갈래였는데, 즉 하나는 정사치도(政事治道, 정치에서 다스림의 道를 탐구하는 것)이고, 다른 하나는 경사박고(經史博古, 經書와 史書를 널리 탐구하는 것)이고 또 하나는 문장자집(文章子集, 諸子들의 문장과 주석을 탐구하는 것)이었다. 그들은 여러 갈래를 회합시켜 함께 발전시키고 있었고, 공통점과 차이점을 논하는 대신 점차 같은 길로 나아가고 있었다. 이것이 북송北宋 때 제 유학자들의 학풍이었다. 이학가理學家들이 출현하면서 이 학풍은 크게 변했다.[1]

북송北宋 때에는 오자五子(즉 周敦頤、邵雍、張載、程顥、程頤)를 제외하고도 명사名士들이 아주 많았다. 범중엄范仲淹은 북송北宋 경력慶曆 연간, 신정新政(仁宗慶曆 연간의 정치개혁)의 정신적 수령이었고, 유가 정치가 겸 사상가였다. 그의 도덕적 인격과 『악양루기岳陽樓記』에 쓴 "천하의 걱정을 먼저 걱정하고, 천하의 즐거움은 후에 즐긴다."라는 명구는 후세 사람들을 지극히 격려 해주었는데, 그 영향력은 수많은 대서大書, 전적典籍을 초월했다고 하겠다. 불교와 도교에 대해서 그는 그 이치에는 찬성했지만 그 실천에 대해서는 간소화 할 것을 주장했다. 그는 『상집정서上執政書』에서 이렇게 말한다.

> 대저 석가와 도가의 책은 진상眞常(즉 진리)을 성性으로 삼고, 청정함淸淨을 종宗으로 삼고 있는데, 그 신명함神明은 오직 그 사람에게만 간직되어 있다.

---

1) 錢穆:《朱子新學案》第一冊, 九州出版社2011年版, 第15頁.[원문: 宋儒學術三途, 一曰政事治道, 一曰經史博古, 一曰文章子集, 會諸途而並進, 同異趨於一歸, 是爲北宋諸儒之學風. 及理學家出而其風丕變.]

한편,

그 헛되고 번잡하고 추잡함은 간소화하지 않을 수 없겠다.

그는 『십육나한인과식견송서十六羅漢因果識見頌序』에서 이렇게 말한다.

나는 석교釋教 『대장경大藏經』을 읽으면서 온갖 선善의 이치를 탐구해보았는데, 모든 부처와 보살들은 넓고 큰 자비慈悲의 힘을 베풀어 중생들이 이익利益을 얻게 하는 방편方便의 문을 열어주고 있음을 보아냈다. 천지天地 산하山河로부터 작게는 곤충과 초목에 이르기까지, 여러 선한 타이름은 일절 미혹된 자들을 깨우쳐주고 있었다.[2)]

구양수歐陽修는 북송 때의 한 세대 유종一代儒宗이었다. 그는 경사자집經史子集을 통달했고 또 이를 새롭게 만들었다. 그는 범중엄范仲淹, 왕안석王安石, 사마광司馬光, 소식蘇軾 등과 명성이 가지런했던 대학자이다. 그는 불교와 도교를 배척했지만, 이를 강력한 수단으로 타격할 것을 주장하지는 않았고, 마땅히 "근본을 닦아 그것들을 이겨야 하고" 또 "예의禮義가 곧 불교를 이기는 근본이다."[3)]라고 주장했다. 도가와 도교에 대해서는 이렇게 말했다.

지혜가 뛰어난 자上智는 온갖 것을 자연에 맡기고, 그 다음으로 가는 자는 심신을 수련하고 질병을 물리치고, 가장 아래에 있는 자는 망령된 생각으로 삶을 탐낸다.[4)]

2) 曾棗莊, 劉琳主編 :《全宋文》第九冊, 巴蜀書社1990年版, 第752頁.[원문 : 餘嘗覽釋教《大藏經》, 究諸善之理, 見諸佛菩薩施廣大慈悲力, 啟利益方便門, 自天地山河, 細及昆蟲草木, 種種善諭, 開悟迷徒.]

3) 黃公渚選注 :《歐陽修文》, 崇文書局2014年版, 第6頁.[원문 : "修本以勝之", "禮義者勝佛之本也".]

4) 張春林編 :《歐陽修全集》, 中國文史出版社1999年版, 第426頁.[원문 : 上智任之自然, 其次養內以卻疾, 最下妄意而貪生.]

즉 그들을 구분해서 대해야 한다는 것이다. 그는 『황정경黃庭經』도 교정校訂했다.

태산泰山의 세 학자 호원胡瑗, 손복孫復, 석개石介는 유학 부흥운동의 선구자들이다. 사마광은 유가 사학史學의 공신功臣이었다. 그가 편저한 『자치통감資治通鑑』은 사마천의 『사기史記』와 함께 중국사학에서 불후의 명작으로 남겨졌다. 주희는 이렇게 평가한다.

> 온공溫公(사마광)은 참말로 어질고 지혜롭고 용맹하다고 할 수 있겠다. 그가 나라를 다스리고 세상을 구제함에 있어서의 논술은 아주 순서정연했다! 규모는 좀 크고, 학문은 아주 깊었다. 이 사람은 아주 바르고 엄격했다.[5]

사마광은 유가와 불가를 아주 잘 융회融會시켰었다. 그는 『해선게解禪偈』에서 이렇게 말한다.

> 분노忿怒가 열화烈火처럼 뿜기고, 이욕利慾이 봉망鋒鋩처럼 섬뜩이면 나중에는 조정이 오랫동안 쓸쓸하고 적막해지거늘, 이를 일러 아비옥阿鼻獄이라 한다. 안회顔回는 초라한 골목에 살았고, 맹가孟軻는 호연浩然의 기氣를 길렀으니, 사실 부귀富貴는 뜬 구름과도 같은 것이거늘, 이를 일러 극락국極樂國이라 한다. 효제孝弟가 신명神明에 통하고, 충신忠信이 만蠻(남쪽의 낙후한 부족)과 맥貊(동북쪽의 낙후한 부족)에서 행해지니, 선善을 쌓으면 온갖 상서로움祥瑞이 오거늘, 이를 일러 인과因果라고 한다. 인仁은 사람의 안락한 집이요, 의義는 사람의 올바른 길이니, 성실하게 오래 행하게 되면, 이를 일러 광명장光明藏이라 한다. 말은 백대百代의 스승이요, 행行은 천하의 법이니, 오래 되어도 덮어 가릴 수 없다면, 이를 일러 불괴신不壞身이라 한다. 도의道義가 일신一身에 넘치고, 공덕公德이 만물을 덮게 되면, 이가 곧 현인賢人이고 대성大聖이거늘, 이를 일러 보살菩薩이요 불佛이라 한다.[6]

---

5) (淸)黃宗羲原著, 全祖望補修:《宋元學案》第一冊, 陳金生, 梁運華點校, 中華書局1986年版, 第347頁.[원문: 溫公可謂仁智勇. 他那治國救世處, 是甚次第! 其規模稍大, 又有學問. 其人嚴而正.]

6) (宋)司馬光:《司馬溫公集編年箋注》(六), 巴蜀書社2009年版, 第176頁.[원문: 忿怒如烈火, 利欲如銛鋒. 終朝長戚戚, 是名阿鼻獄. 顔回安陋巷, 孟軻養浩然. 富貴如浮雲, 是名極樂國.

소씨蘇氏 촉학蜀學은 더 개방적이었다. 소씨 부자는 유·도·불 삼교를 모두 깊이 탐구했고, 이에 대해 모두 깊은 깨달음이 있었다. 또한 예술가의 기질을 가지고 장자와 선종禪宗의 철학적 사유에 깊이 파고들었다. 소식蘇軾은 『관세음보살송觀世音菩薩頌』에서 이렇게 말한다.

> 자慈는 인仁에 가깝고, 비悲는 의義에 가깝고, 인忍은 용勇에 가깝고, 우憂는 지智에 가깝다. 이 사자四者가 이러할진대, 종국에는 이렇지 아니 하다. 대원각大圓覺이 있으니, 평등하기를 하나같겠다. 원통함冤이 없으므로 어질고仁, 친근함親이 없으므로 의義롭고, 타인人이 없으므로 용맹勇하고, 자아我가 없으므로 지혜智롭다는 것이다. 저쪽의 사자四者는 비록 가깝기는 하지만 일어날 때作도 있고 그칠 때止도 있겠다. 이쪽 사자四者는 원래는 무無이지만, 모자람이 없이 마음껏 취할 수 있겠다. 장자長者가 둘 있었는데, 모두 보시檀施를 즐겼었다. 그 가운데 한 사람은 대부大富로서 하루에 천금을 쓰고, 다른 한 사람은 몹시 가난하여 백전百錢밖에 없었다. 내가 말하건대, 이 두 사람은 똑같은 바, 다름이 없겠다. 관세음觀世音보살이시여, 맑고 거룩한 보살大士이시여, 공계空界에 두루 가득 자리하고 있으면서, 천지天地를 버티고 이끌고 있으니, 그 큰 해탈解脫의 힘은 내가 감히 논할 바가 아니구려. 아무것도 없는無 이쪽 사자四者도 나는 역시 이렇게 말하련다.7)

임어당林語堂이 『소동파전蘇東坡傳』에서 말했듯이, "불교에서 인생을 부정하고, 유가에서 인생을 정시正視하고, 도가에서 인생을 간소화하는 것으로부터, 이 시인은 사상관념에서 일종의 새로운 혼합된 인생관을 제련해냈던 것이다."8) 일부 보수적인 유자儒者들은 소식이 불교도 겸하여 믿는다고 해서, 촉학蜀學은

孝弟通神明, 忠信行蠻貊. 積善來百祥, 是名作因果. 仁人之安宅, 義人之正路. 行之誠且久, 是名光明藏. 言爲百代師, 行爲天下法. 久之不可掩, 是名不壞身. 道義隆一身, 功德被萬物. 爲賢爲大聖, 是名菩薩佛.]

7) 《蘇軾全集》, 王文誥注, 於宏明點校, 時代文藝出版社2001年版, 第3338頁.[원문 : 慈近乎仁, 悲近乎義, 忍近乎勇, 憂近乎智. 四者是之, 而卒非是. 有大圓覺, 平等無二. 無冤故仁, 無親故義, 無人故勇, 無我故智. 彼四雖近, 有作有止. 此四本無, 有取無匱. 有二長者, 皆樂檀施, 其一大富, 千金日費, 其一甚貧, 百錢而已. 我說二人, 等無有異. 籲觀世音, 淨聖大士, 遍滿空界, 挈攜天地, 大解脫力, 非我敢議. 若其四無, 我亦如此.]

8) 林語堂 :《蘇東坡傳》, 宋碧雲譯, 江蘇人民出版社2015年版, 第4頁.

유학의 정통正宗이 아니라고 비난하는데 사실 이는 편견이라고 하겠다. 왜냐하면 대다수의 유가 학자들은 입으로는 불교를 배척하고 있었지만 사실상 모두 불교와 도교를 융통시키고 있었기 때문이다. 이는 이미 시대적 조류로 되어졌었다.

송, 원 시기, 인문학 분야에는 학파가 수풀처럼 일떠섰었고, 인재들이 차고 넘쳤고, 명사名士도 상당히 많았다. 이정二程(즉 程顥와 程頤)의 후학들로는 양시楊時, 사량좌謝良佐 등이 있었고, 남송南宋 때에는 주희, 육구연이 있었다. 조금 후에는 또 장식張栻, 여조겸呂祖謙, 황간黃幹, 진순陳淳, 진덕수眞德秀, 위요옹魏了翁, 왕응린王應麟 등이 있었다. 원나라 때에는 대유大儒 조복趙復, 허형許衡 등이 있었는데, 그들은 정주이학程朱理學을 크게 창도했고, 이를 관학官學으로 상승시켰다. 이에 더하여 『사서집주四書集註』도 과거시험의 표준독본으로 정해졌다.

명나라 초에는 정계政界의 명유名儒 송렴宋濂, 유기劉基, 방효유方孝孺, 설선薛瑄이 있었다. 육구연의 심학心學은 후일 양간楊簡이 이어 받았다. 왕수인의 심학心學이 탄생하기 전에는 진헌장陳獻章, 담약수湛若水의 심학이 있었고, 왕수인 후에는 추수익鄒守益, 전덕홍錢德洪, 왕기王畿, 경정향耿定向, 유종주劉宗周, 왕간王艮, 하심은何心隱, 이지李贄, 안균顔鈞, 나여방羅汝芳, 여곤呂坤, 초횡焦竑 등 학자들이 있었다. 느슨한 문화 환경과 심학心學의 개성화 사유 덕분에 이들은 중국문화사에서 선진, 위진 시기를 이어 세 번째로 되는 사상해방운동을 일으킬 수 있었다. 확실히 이 시기는 백가百家가 쟁명爭鳴(다투어 울부짖음)하고 백화가 만발하는 활기 찬 모습을 보여주고 있었다. 학자들을 제외하고도 또 고공高拱, 장거정張居正, 해서海瑞, 척계광戚繼光 등 군사·정치가들이 출현했고, 이시진李時珍, 서하객徐霞客, 서광계徐光啓, 송응성宋應星 등 다수의 과학자들이 출현했고, 서위徐渭, 탕현조湯顯祖, 원굉도袁宏道, 풍몽룡馮夢龍, 능몽초凌濛初 등 문예계 거장들이 출현했다. 역사에서 증명되었듯이 문화는 오직 개방적이어야만 번영과 발전을 이룰 수 있었다.

제1절 유가 경학의 중대한 변천

1. '사서四書'의 정립과 과거제도의 공헌

당나라 때에는 십이경十二經이 있었다. 즉 『주역周易』, 『상서尙書』, 『모시毛詩』, 『주례周禮』, 『의례儀禮』, 『예기禮記』, 『춘추좌전春秋左傳』, 『춘추공양전春秋公羊傳』, 『춘추곡량전春秋穀梁傳』, 『논어論語』, 『효경孝經』, 『이아爾雅』가 그것이다. 송나라 때에는 유경儒經에 변화가 있었는데, 가장 큰 변화는 『맹자孟子』가 자서子書로부터 경서經書로 상승하여 모두 십삼경으로 된 일이다. 또한 『예기禮記』 속의 두 편 『대학大學』과 『중용中庸』도 독립시켰었다. 북송 순희淳熙 연간, 주희는 『대학』, 『중용』, 『논어』, 『맹자』를 '사서'로 칭하고, 일생동안 공력을 들여 『사서집주四書集註』를 만들었는데, 후일 그 영향은 아주 거대하고 심원했다. 또한 이렇게 '사서'의 지위가 '오경'과 가지런하게 되었다. 주희는 『대학』에서 '경經'이라고 하는 부분은 "공자의 말을 증자가 서술한 것"이고, '전傳'이라고 하는 부분은 "증자의 뜻을 그의 문하생門人들이 기록한 것"이라고 한다. 또 『중용』은 "공자의 문하門下에서 전수하던 심법心法인데, 자사子思가 글로 옮겨 맹자에게 전수했다."고 한다. 주희는 또 『대학』, 『중용』, 『논어』, 『맹자』라는 이 '사서'를 합치면, 공자 사상이 증자曾子, 자사를 거쳐 맹자에게로 전해지는 유가 도통을 대표할 수 있다고 했다. 한편, 이정二程(즉 程顥와 程頤)과 자신은 즉 이 쇠락한 유가 도통을 계승하고 발양시킨 후학이라고 했다. 원나라 연우延祐 연간에 과거제도를 회복했는데, 이때 『사서집주四書集註』를 과거시험 응시자들의 표준 독본讀本으로 규정했다. 그 후부터 '사서'의 지위는 '오경五經'을 초월하게 되었다. '사서'에서는 공자와 맹자 사상에서 인생의 이상과 가치 추구에 관련되는 부분을 주로 다루고 있었다. '오경'의 장황함과 번잡함에 비해 "사서'는 주제가 명확하고 함의가 심오하고 문자가 간결했는 바, 그래서 이를 보급시키는 데에도 많이 편리했다. 또한 주희의 세련된 주석이 있어 더욱 사람들의 양지良知를 불러일으킬 수 있었고, 사람들의 심금을 울려줄 수 있었는 바, 마침내 전통 사회 후기, 도덕교화의 주요 경전적 준거로 되어졌던 것이다. 과거제도는 원나라 때부터 청나라 말(1905년 폐지)까지 날로 완벽해졌었다. 과거제도는 탄생해서부터 폐지하기까지 1,000여 년간, 중국에서 혈통과 출신의 특권을 타파하고, 통일된 표준과 엄격한 절차에 따라 치국治國의 인재를 선발하는 주요 방식으로 존재했다. 비록 후일 점차 폐단이 많아지고 또 현대 사회 관리체제에 부적합해서 폐지되기는 했지만, 그러나 오랜 세월, 과거제도가 중화민족문화공동체를 수호하고, 경전經典(특히 '사서四書') 교육의 발전을 추진시키고, 문화인들의 지역 간 유동을 추진시키고, 지식인 계층의 사회적 지위를 지켜주는 등 면에서 일으킨 역할은 아주 거대했다. 과거제도의 장기간 실행이 곧 유학의 생존과 발전의 유력한 제도적 보장이었다.

2. 경학의 발전 : 한학 훈고경학의 초월과 송학 의리학의 번성

피석서皮錫瑞의 『경학역사經學歷史』에서는 북송 시기를 "경학이 옛 것으로 변하던 시대"[9]라고 말하는데, 이는 어느 정도 도리가 있는 말이다. 그가 보건대, 경력慶曆 연간 이후의 경학은 학풍이 크게 변했는데, 이때는 장구학章句學에 구애받지 않았고, "오경' 학문은 모두 한, 당 시기의 주注와 소疏를 버리고, 따로 경經을 탐구하는 방법과 경로를 찾고 있었던 것이다. 하지만 피석서皮錫瑞는 한학을 중요시하고 있었고, 특히 금문경학今文經學에 많은 애착을 가지고 있었다. 그는 송학宋學에서 '오경'을 줄이고 삭제하던 방식에 대해 비판이 많았고, 원, 명 시기는 "경학의 쇠락을 누적하던 시대"[10]라고 폄하했고, 한편 청나라 고거학考據學을 "경학이 다시 부흥하던 시대"[11]의 창조라고 찬양했다. 그러나 이는 입론立論이 편협偏狹할 뿐만 아니라 또한 그의 고금경학에서 미언대의微言大義를 중요시하고 장구章句와 훈주訓注(즉 주해)를 도외시하던 입장과도 어긋난다고 하겠다. 사실 송, 원, 명 시기의 경학은 유가 경학사에서 하나의 참신한

9) (淸)皮錫瑞, 周予同注釋 :《經學歷史》, 中華書局1959年版, 第220頁.[원문 : 經學變古時代.]
10) (淸)皮錫瑞, 周予同注釋 :《經學歷史》, 中華書局1959年版, 第274頁.[원문 : 經學積衰時代.]
11) (淸)皮錫瑞, 周予同注釋 :《經學歷史》, 中華書局1959年版, 第295頁.[원문 : 經學復盛時代.]

발전 단계에 처해 있었다. 이 시기 유학자들은 불교를 받아들이고 도교를 수용하면서 창조적으로 유가 경전을 해석했고, 심성心性의 문제를 둘러싸고 유가의 덕성德性 문화를 형이상의 차원으로 끌어올려 참신한 도학道學 체계를 구축했다. 사람들은 그들을 신新유가라고 칭했는데, 그들은 사회의 정치와 제도 건설에 지대한 영향을 끼쳤었고, 그들의 사상 또한 전통 사회 후기 주류 사상으로 자리매김했다.

북송 인종仁宗 경력慶曆 연간 중기, 범중엄范仲淹은 신정新政(정치개혁)을 추진하면서, '십사十事(열가지 일)'를 개혁할 것을 제기했는데, 특히 그는 관리들의 공무 수행吏治을 정돈하고, 세금징수와 요역을 줄이고, 군사를 강하게 만들 것을 주장했다. 또 사상가 이구李覯도 『주례周禮』와 『주역周易』에 의거하여 농업을 중요시하고 근검절약하면서 나라를 부유하게 만들고, 군사를 강하게 만들 것을 주장했다. 송신종宋神宗 희녕熙寧 연간, 왕안석王安石은 "변법變法"을 추진했는데, 중점적으로 인재가 부족하고 재력이 부족한 문제를 해결하려고 했다. 왕안석은 『주례周禮』, 『상서尙書』, 『시경詩經』을 새롭게 해석했는데, 그 목적 역시 나라를 부유하게 만들고 군사를 강하게 만들려는 데 있었다. 그는 『춘추春秋』를 '진부하고 난잡하고 아무런 가치도 없는 조정朝廷의 문서 기록斷爛朝報'라고 폄하하고 비난했고, 그의 "변법變法"에서는 경술經術을 개혁할 것을 주장했다. 그러나 그의 "변법"은 사마광 등 보수파 세력의 반대에 부딪쳐 결국 성공하지 못했다. 비록 정치개혁은 성공하지 못했지만, 그러나 사회 풍기는 크게 변모했고, 사회는 많이 평안해지고 자유롭게 되었다. 그 덕분에 학계에는 대사大師들이 속출하고, 학파가 수풀처럼 일떠섰고, 학술사상은 아주 활발하게 발전하고 있었다. 이렇게 중화中華 대지에서 이론적 사유가 한 차례 새로운 고봉을 형성하게 되었던 것이다. 주지하다시피 북송 때에는 주돈이周敦頤, 소옹邵雍, 정호程顥, 정이程頤, 장재張載가 있었고, 남송 때에는 주희朱熹, 육구연陸九淵, 엽적葉適, 진량陳亮이 있었다. 학파로는 염학濂學, 낙학洛學, 관학關學, 민학閩學 및 소씨촉학蘇氏蜀學, 형공신학荊公新學, 영가학파永嘉學派, 영강학파永康學派 등이 있었다. 풍우란馮友蘭의 분류에 따르면, 송, 원, 명 시기의 도학에는 삼대三大

주류 학파가 있었는데, 즉 정주이학程朱理學(즉 程顥, 程頤, 朱熹의 理學), 육왕심학陸王心學(陸九淵, 王守仁의 心學), 장재張載와 왕부지王夫之와 왕정상王廷相의 기학氣學이 그것이다. 명나라 후기에는 또 양명陽明 후학後學으로서 태주泰州학파가 크게 일떠섰었다. 당대의 신유학(즉 新理學, 新心學, 新氣學)은 모두 송명도학宋明道學을 근본으로 삼고, 서양 학문을 융합하여 새롭게 창조하여 이루어낸 것이다. 송, 명 시기, 도학道學은 정치, 사회, 민간문화에로 널리 보급되었고, 그때는 사실상 "유가 사회"였다.

3. 송·원·명 시기 유가 경학의 삼대 특색

(1) 신유학이 이론적 심층에서 불교를 받아들이고 도교를 수용하면서 불교와 도교를 초월했다.

진인각陳寅恪 선생은 중화中華의 입장에서 불교의 설법을 빌려 이렇게 지적한다.

> 불교 경전에서는 이르기를, '부처님은 일대사인연一大事因緣으로 세상에 내려오셨다.'고 한다. 중국에서 진秦나라 때부터 오늘날까지, 사상 변천의 과정은 지극히 복잡하고 또 지극히 오래다. 한마디로 하면 오로지 일대사인연을 위해서였다고 할 수 있겠다. 즉 신유학新儒學의 탄생 및 그 전승과 확산이 그것이다.[12]

그는 불교가 신유학의 탄생에 거대한 영향을 끼쳤다고 보고 있었다. 도가, 도교에 대해서 진인각은 또 이렇게 지적한다.

> 대저 신유학 학설은 도교 혹은 도교와 관련이 있는 불교를 선도자先導로 삼지 않은 것이 없는 것 같다.[13]

12) 馮友蘭:《三松堂全集》第三卷, 河南人民出版社2001年版, 第460頁.[원문: 佛教經典言:'佛爲一大事因緣出現於世.' 中國自秦以後, 迄於今日, 其思想之演變歷程, 至繁至久. 要之, 只爲一大事因緣, 即新儒學之產生, 及其傳衍而已.]

13) 馮友蘭:《三松堂全集》第三卷, 河南人民出版社2001年版, 第461頁.[원문: 凡新儒家之學說,

그는 사상이 개방적이면서도 자체의 근본을 지키는 이런 중화의 전통을 아주 높이 평가했다.

진정하게 사상적으로 자체의 체계를 이루고 새로운 창조가 있으려면 반드시 한편으로는 외국에서 들어온 학설을 받아들여야 하고, 다른 한편으로는 자기 민족의 근본 입지를 잊지 말아야 한다. 이 두 가지 상반되지만 또 서로 보완해주는 이런 이념과 태도가 바로 도교의 참정신이고, 신유가의 옛 경로였다. 한편, 이는 2000년 세월, 우리 민족과 타민족의 사상이 서로 부딪치던 역사에서 분명히 밝힌 것이겠다.[14)]

진인각은 삼교가 병립竝立해야 한다는 논설에 아주 찬동했다.

진晉나라 때부터 오늘날에 이르기까지, 중국의 사상을 말하자면, 유·석·도 삼교로 그것을 대표할 수 있겠다. 이는 비록 통속적인 말이기는 하지만 옛 역사 사실에서 헤아려보고, 오늘날의 인간사정에서 검증해 볼 때, 삼교 학설은 모두 진리로 삼아야 할 것이다.[15)]

(2) 신유가 경학에서 의거하고 있던 경전은 주요하게 『주역周易』과 "사서四書'였다.

예컨대, 삼소三蘇(즉 蘇洵, 蘇軾, 蘇轍의 삼대)가 경經을 해석한 것으로는 『소씨역전蘇氏易傳』, 『논어설論語說』, 『맹자해孟子解』 등이 있는데, 모두 『주역』과 '사서'를 주요 경전으로 삼고 있었다. 주돈이는 『태극도설太極圖說』, 『역설易說』, 『역

似無不有道教或與道教有關之佛教爲先導.]

14) 馮友蘭:《三松堂全集》第三卷, 河南人民出版社2001年版, 第462頁.[원문: 其眞能於思想上自成系統, 有所創獲者, 必須一方面吸收輸入外來之學說, 一方面不忘本來民族之地位. 此兩種相反而適相成之態度, 乃道教之眞精神, 新儒家之舊途徑, 而兩千年吾民族與他民族思想接觸史之所昭示者也.]

15) 馮友蘭:《三松堂全集》第三卷, 河南人民出版社2001年版, 第461頁.[원문: 自晉至今, 言中國之思想, 可以儒, 釋, 道三教代表之. 此雖通俗之談, 然稽之舊史之事實, 驗以今世之人情, 則三教之說, 要爲不易之論.]

통易通』을 만들었는데 역시 『주역』을 주요 경전으로 삼고 있었다. 소옹邵雍은 『황극경세皇極經世』, 『선천도先天圖』를 만들었는데, 이도 역시 마찬가지이다. 장재張載는 『정몽正蒙』, 『역설易說』, 『논어설論語說』, 『맹자설孟子說』을 저술했는데, 역시 『주역』과 '사서'를 주요 경전으로 삼고 있었다. 정호는 『식인편識仁篇』이 있었고, 정이는 『이천역전伊川易傳』이 있었고, 주희는 『주역본의周易本義』, 『사서집주四書集註』가 있었고, 육구연은 『백록동서원논어강의白鹿洞書院論語講義』가 있었고, 왕수인은 『대학문大學問』, 『전습록傳習錄』이 있었고, 왕부지는 『장자정몽주張子正蒙注』, 『독사서대전설讀四書大全說』, 『주역외전周易外傳』, 『상서인의尙書引義』, 『독통감론讀通鑒論』이 있었는데, 모두 마찬가지로 『주역周易』과 '사서'를 주요 경전으로 삼고 있었다. 신유가 학자들은 또 도가와 도교 경전에도 주해를 했다. 예컨대, 주희는 『음부경주陰符經註』, 『주역참동계주周易參同契注』를 만들었고, 왕부지는 『노자연老子衍』, 『장자통莊子通』을 만들었다. 송명도학가道學家들이 『주역周易』, '사서'를 중요시했던 원인은 이런 경전들이 모두 심오한 철리성哲理性을 가지고 있고 또 인생의 가치에 대한 논설이 많았기 때문이다. 이 속에서 우주, 사회, 생명에 관한 궁극적 관심을 발휘해낼 수 있었고, 새로운 의미의 세계를 구축해낼 수 있었던 것이다. 한편, 『노자』, 『장자』 및 도교 경전은 그 속에서 하늘과 인간의 도를 깨닫고 만물의 내적 본질을 파악하는 데 도움이 되었던 것이다.

(3) 신유가 경학에서는 주관적 정신세계 탐구에 공력을 들이는 한편, 주류 학자들은 나라를 다스리고 국정을 운영하는 일에는 소홀히 했다.

중국 전통 언어로 말하자면, 이들은 내성內聖이 강했지만 외왕外王은 약했는데, 이로는 중화민족이 번영하고 발전하는 수요에 부응할 수 없었다. 공자유학에서는 "자신을 닦아 백성들을 편안하게 해주고"[16], "자기 몸을 닦고, 집을 가지런히 하고, 나라를 다스리고, 천하를 평정하는 것"[17]을 기본 종지宗旨로 삼고

16) 楊伯峻, 楊逢彬注譯 :《論語》, 嶽麓書社2000年版, 第142頁.[원문 : 修己以安百姓.]
17)《禮記》: 崔高維校點, 遼寧教育出版社2000年版, 第222頁.[원문 : 修身齊家治國平天下.]

있었는데, 그리하여 처세做人와 성사成事를 모두 고려해야 했고 또 자아를 이루고成己 만물을 이루는成物 일도 두루 고려해야 했다. 그러나 정주이학程朱理學과 육왕심학陸王心學은 '덕성德性을 높이면서 묻고 배우는 길을 걷고, 넓고 큰 것에 이르면서도 정미精微한 것을 극진히 한다."[18]는 면에서는 돌출한 성취가 있었지만, '높고 밝음을 지극히 다하고, 중용의 길로 나아가는 것'[19]에서는 노력이 부족했다. 어떻게 나라를 부강하게 만들고, 어떻게 백성들을 평안하게 해주고, 어떻게 군사를 강대하게 만들 것인지에 관해서는 실행 가능한 논설과 기획이 없었고, 오로지 '천리를 보존하고 인간의 욕망을 없애는 것存天理 滅人慾'과 '타고난 지성에 이르는 것致良知'에만 관심을 기울였다. 하지만 신유가가 처음부터 사회현실을 관심하지 않은 것은 아니다. 예컨대, 장재의 '횡거사구橫渠四句'에는 박대한 인문적 관조가 들어 있었고, 왕수인의 '지행합일知行合一'론에서는 실천이 있어야 참된 앎眞知이 있을 수 있다고 강조했다. 그러나 이학가理學家들이 주목했던 이론적 문제는 '이치를 궁구하고 타고난 본성을 다하는 것窮理盡性'이었고, 심학가心學家들이 주목하던 이론적 문제는 "본심을 파헤쳐 밝히는 일發明本心'이었다. 반면에 세상을 다스리고 실제에 적용하는 일經世致用은 부차적으로 해결할 문제라고 보고 있었다. 왕수인 한 사람만 보더라도, 그는 일생동안 학문탐구와 사회의 다스림에서 모두 비범한 성취가 있었는데, 그는 심학心學을 창립했을 뿐만 아니라 또한 군사를 거느리고 주신호朱宸濠 등 사람들의 반란도 평정하여 큰 공도 세웠었다. 이런 유가 학자는 역사적으로 보기 드물다고 하겠다. 하지만 그는 사회의 다스림에서 얻은 경험을 효과적으로 그의 학설에 끌어들이지 못했다. 그리하여 엽적葉適, 진량陳亮 및 그 후의 왕정상王廷相 등 학자들은 모두 도학 바깥에서 도학을 비판했던 것이다. 그들은 도학가들이 세상사에는 무관심하고 오로지 성명性命만 논하는 것에 대해 비난하고 질책했고, 한편 사회적 공헌과 공적의 중요성을 아주 강조했다. 그들은 현실 바깥에 도道가

18) 《禮記》: 崔高維校點, 遼寧教育出版社2000年版, 第191頁.[원문 : 尊德性而道問學, 致廣大而盡精微.]

19) 《禮記》: 崔高維校點, 遼寧教育出版社2000年版, 第191頁.[원문 : 極高明而道中庸.]

따로 있는 것이 아니고, 이치理는 현실의 일상에 들어있다고 주장했다. 그러나 그들은 비주류 학파였는바, 송명도학宋明道學이 형성한 학술적 태세를 바꾸어 놓을 수는 없었다.

제2절 송·원·명 시기의 도학道學 : 불·노와의 심층적 융합

1. 도학의 개척자 주돈이周敦頤와 소옹邵雍 및 그들 이론의 특색

1) 주돈이周敦頤의 도학 : 도교의 계승과 불학의 섭취

주돈이의 자字는 무숙茂叔이다. 여산廬山 기슭에 염계학당濂溪學堂을 세웠기 때문에 사람들은 그를 염계선생濂溪先生이라고 칭했다. 주요 저작으로는 『태극도설太極圖說』과 『통서通書』가 있다. 이 책들은 후일 도학의 발전에 지대한 영향을 끼쳤었다. 그의 이론은 『주역』과 『중용』에 의탁하고 있었고, 노자도가와 도교의 영향을 깊이 받았다. 동시에 또 불교에서도 많이 섭취했는데, 이렇게 삼교를 회동會同하는 양상도 드러내고 있었다. 황종희黃宗羲의 동생 황종염黃宗炎이 저술한 『도학변혹圖學辨惑』에 따르면, 『태극도太極圖』는 한나라 하상공河上公의 작품으로서 원래 명칭은 『무극도無極圖』였는데, 이 그림은 도사方士들의 연양술煉養術에 관한 작품이라고 한다. 후일 종리권鍾離權이 이를 여동빈呂洞賓에게 전수해주고, 여동빈이 또 진단陳摶에게 전수해주었는데, 진단이 『무극도』를 화산華山의 석벽石壁에 새겨 넣으면서 도식圖式을 가지고 『역易』의 원리를 해석하는 풍조가 일어나게 되었다고 한다. 진단陳摶은 이를 또 목수穆修에게 전수해 주었고, 목수는 이를 또 주돈이에게 전수해 주었다고 한다. 이로 보면 주돈이의 『태극도설太極圖說』은 도교와 지극히 깊은 연원淵源 관계를 가지고 있었다.

『역전易傳』에서는 우주의 생성을 이렇게 설명한다. "역에는 태극이 있으니, 이것이 양의兩儀를 낳고, 양의가 사상四象을 낳고, 사상이 팔괘八卦를 낳는다."[20] 여기에는 우주가 혼돈한 상태에서 음양陰陽을 분화해내고, 그 다음 음과 양이 교감하면서 만물을 생성했다는 사상이 내포되어 있다. 『여씨춘추呂氏春秋·대악大樂』에서는 '태극太極'을 '태일太一'로 칭하면서 이렇게 말한다. "만물이 나오는 것은 태일에서 만들어져서, 음과 양陰陽의 변화에서 완성된다."[21] "태일은 양의兩儀를 내었고, 양의는 음과 양을 내었으며, 음과 양은 변화하여 하나는 올라가고 하나는 내려가면서 합쳐서 형체로 드러나는 것을 완성한다."[22] 『회남자淮南子·천문훈天文訓』에서는 『역』과 『노자』를 결합하여 이렇게 말한다.

> 도道는 하나一에서 시작되는데, 하나一는 무엇도 낳지 못한다. 그래서 나뉘어져 음陰과 양陽이 되며 음과 양이 조화를 이루어 만물을 만들어내는 것이다. 그래서 (노자가) 이르기를, "하나一는 둘二을 낳고, 둘은 셋三을 낳고 셋은 만물을 낳는다."고 하는 것이다.[23]

도가 철학에서는 『역』과 『노자』를 해석할 때, "순리대로 인간을 낳는 것順以生人"에 치중했는데, 한편 『무극도無極圖』에서는 도교의 "거스르면서 단丹을 이루어낸다逆以成丹."는 사상을 드러내고 있었다. 즉 도道를 닦는 데는 반드시 거스르면서 행해야 하고, 이렇게 '삶과 도道가 하나로 되는生道合一' 경지에 이르러야 한다는 것이다. 그래서 『무극도』의 가장 아래쪽은 '현빈玄牝의 문門'인데, '정精을 닦아 기氣로 변화시키고煉精化氣', '기氣를 닦아 신神을 되돌려오면서煉氣還神', '진기眞氣가 오장육부五臟六腑에서 관통되게 하고(이를 '五氣朝元'이라고 하는데, 여기서 五氣는 즉 金, 木, 水, 火, 土의 氣를 말하고, 朝元은 이 氣들이 중앙(元, 으뜸)에 모이게 한다는 뜻임)', 수水(腎을 말함)와 화火(心을 말함)가 교구交媾하여 '감괘坎卦

---

20) 高亨 :《周易大傳今注》, 清華大學出版社2010年版, 第404-405頁.[원문 : 易有太極, 是生兩儀, 兩儀生四象, 四象生八卦.]

21) (戰國)呂不韋 :《呂氏春秋》, 戴宏韜譯注, 黃山書社2002年版, 第49頁.[원문 : 萬物所出, 造於太一, 化於陰陽.]

22) (戰國)呂不韋 :《呂氏春秋》, 戴宏韜譯注, 黃山書社2002年版, 第49頁.[원문 : 太一出兩儀, 兩儀出陰陽. 陰陽變化, 一上一下, 合而成章.]

23) (漢)劉安撰 :《淮南子》, 陳靜注譯, 中州古籍出版社2010年版, 第62頁.[원문 : 道始於一, 一而不生, 故分而爲陰陽, 陰陽合和而萬物生, 故曰 : '一生二, 二生三, 三生萬物.]

의 것을 가져다 이괘離卦를 채워 넣게 하고取坎塡離', '신神을 닦아 허虛로 돌아가서', '무극無極에 다시 돌아오는' 경지에 이르게 되면, 성태聖胎를 이루고 속세를 초월하여 신선으로 된다는 것이다. 이것이 진단陳搏의 내단內丹 연양煉養의 과정이겠다.

주돈이의 『태극도설太極圖說』에서는 진단陳搏의 『무극도無極圖』에서 영양분을 흡수하고 또 『역』과 『노자』를 종합한 기초 위에서 도가의 우주생성 설로 되돌아간다. 그는 몇 가지 창조적인 견해를 제기했다. 첫째, "무극無極이 태극太極이다."24)라고 하면서 처음 '무극'이라는 개념을 제기하고 또한 그것을 '태극' 앞에 위치 지웠다. 여기서는 분명히 『노자』에서의 "도道는 하나를 낳는다道生一."라는 철학발생론 사상을 활용하고 있었다. '도道'는 우주의 원초 상태로서 이는 '잠재적인 것'이고, 이는 '무無'이다. 그러나 사실 "하나一'가 생겨 나오는 '무극'은 '혼돈한 미분未分'의 상태일 따름이고, 이는 '유有'이고, 이가 즉 '태극' 이겠다. 이는 당대 영국의 우주학자 호킹Stephen William Hawking의 "우주는 무無에서 기원했다."라는 견해와도 일치된다. 둘째, '태극太極'에서 음양오행陰陽五行을 도출해냈는데, 이는 『역전易傳』의 우주발생론 양식을 초월한 것이고 또한 음양가陰陽家들의 사상을 받아들여 혼합한 것이겠다. 그는 이렇게 말한다.

> 태극이 움직여서 양陽을 낳고, 움직임이 극에 달하면 고요하게靜 된다. 고요함은 음陰을 낳고, 고요함靜이 극에 달하면 다시 움직이게 된다. 움직임과 고요함이 서로 상대방을 낳는 근원이 되고, 음陰으로 나뉘고 양陽으로 나뉘게 되면, 양의兩儀로 세워진다.25) 양陽과 음陰이 변화하고 합쳐져서, 수水, 화火, 목木, 금金, 토土를 낳는다. 이 오행五行의 기운이 순차적으로 퍼지면서, 사계절四時이 운행하게 된다.26) 오행은 하나의 음과 양陰陽이요, 음과 양은 하나의 태극太極이다. 태극은

24) 北京大學《儒藏》編纂與硏究中心編 : 《儒藏》(精華編一八六), 北京大學出版社2014年版, 第12頁.[원문 : 無極而太極.]

25) 北京大學《儒藏》編纂與硏究中心編 : 《儒藏》(精華編一八六), 北京大學出版社2014年版, 第12頁.[원문 : 太極動而生陽, 動極而靜, 靜而生陰, 靜極復動. 一動一靜, 互爲其根, 分陰分陽, 兩儀立焉.]

26) 北京大學《儒藏》編纂與硏究中心編 : 《儒藏》(精華編一八六), 北京大學出版社2014年版, 第

원래 무극無極이겠다.[27] '건도乾道는 남성을 이루고, 곤도坤道는 여성을 이루는 데', 두 기운이 서로 교감交感해서 만물을 만들어낸다. 만물은 끊임없이 생겨나고 그 변화는 무궁하다.[28]

그는 오기五氣로 오행五行을 논했고 또 음양陰陽, 사계절四時, 오행을 일체로 통합시켰었다. 이는 분명히 『여씨춘추呂氏春秋·십이기十二紀』에서의 시공간 도식圖式을 받아들인 것이다. 셋째, "인간의 표준을 세웠는데立人極", 그것인 즉 "치우치지 않고 올바르고, 어질고 의롭고 또한 고요함을 주로 지키는 것"[29]이었다. 이것은 사실 성인이 확립한 올바른 인간 됨됨이의 표준이다. 그는 만물 가운데서 "유독 인간만이 그 빼어남을 얻어 가장 영리하다."[30]라고 한다. 그러므로 마땅히 '인의仁義'를 참된 인간으로서의 처세의 도道로 삼아야 한다는 것이다. 또한 "욕심이 없기無欲 때문에 고요하므로", 그래서 소박함을 간직하고, 사적인 것을 줄이고 욕심을 줄여야 한다고 한다. 이렇게 몸을 닦아 군자로 되는 경로에 있어서 공맹 유가와 노장 도가를 결합시켰던 것이다. 『태극도설』에서 확립한 우주발생론은 후일 도학가들이 공인公認하는 우주생성 도식으로 되어졌고, 그의 "어질고 의롭고 고요함을 주로 지킨다."는 논설 역시 도학道學의 심성수양心性修養 학설에 지대한 영향을 끼쳤었다.

주돈이의 『통서通書』에서는 『역易』의 이치로써 성실함誠을 논한다. 그는 『맹자孟子』에서의 "성실함誠은 하늘의 도道이고, 성실함誠을 추구하는 것은 인간의 도道이다."[31]라는 말과 『중용中庸』에서의 "성실함誠이 없으면 아무것도 이룰

12頁.[원문: 陽變陰合, 而生水火木金土, 五氣順布, 四時行焉.]

27) 北京大學《儒藏》編纂與硏究中心編:《儒藏》(精華編一八六), 北京大學出版社2014年版, 第13頁.[원문: 五行, 一陰陽也. 陰陽, 一太極也. 太極本無極也.]

28) 北京大學《儒藏》編纂與硏究中心編:《儒藏》(精華編一八六), 北京大學出版社2014年版, 第13頁.[원문: '乾道成男, 坤道成女', 二氣交感, 化生萬物. 萬物生生而變化無窮焉.]

29) 北京大學《儒藏》編纂與硏究中心編:《儒藏》(精華編一八六), 北京大學出版社2014年版, 第14頁.[원문: 中正仁義而主靜.]

30) 北京大學《儒藏》編纂與硏究中心編:《儒藏》(精華編一八六), 北京大學出版社2014年版, 第14頁.[원문: 惟人也, 得其秀而最靈.]

수 없다."32)라는 말을 토대로, '성실함誠'을 체계적으로 논한다. 첫째, 성실함誠의 근원을 논하는데, "크도다. 건원乾元이여, 만물이 여기에서 비로소 나오는구려.'라는 것이 성실함誠의 근원이다."33)라고 한다. 둘째, 성실함誠을 세우는 것을 논하는데, "'건도乾道가 변화하여 각각 성性과 명命을 바로잡음으로써' 성실함誠은 이렇게 세워진다."34)라고 한다. 셋째, 성실함誠의 본질을 논하는데, 그것은 "순수하고 지극히 선善한 것이다."35)라고 한다. 넷째, 성실함誠의 체體와 용用에 관해 논하는데, "고요하여 움직이지 않는 것寂然不動은 성誠이고, 감응하여 통하는 것感而遂通은 신神이다."36)라고 한다. 다시 말하면, 성실함誠의 체體(본바탕)는 고요하고 밝고, 성실함誠의 용用(작용)은 움직이고 행해지는 것이라고 한다. 다섯째, 성실함誠의 지위를 논하는데, "성실함誠은 성인의 근본이다."37) "성인은 성실할誠 따름이다. 성실함誠이란 오상五常의 근본이고, 온갖 행위百行의 근원이다."38)라고 한다. 이렇게 보면 성현聖賢으로 되려면 반드시 자신을 돌이켜 성실함誠을 다해야 하고, 선善을 행하고 삿된 짓邪을 하지 말고, 진실하고 망념이 없어야 하겠다. 이것이 성인의 학문의 기반이었다. 『통서通書』에서는 『태극도설太極圖說』에서 말하는 "사람의 표준을 세운다立人極"라는 참된 인간

31) 楊伯峻, 楊逢彬注譯 :《孟子》, 嶽麓書社2000年版, 第125頁.[원문 : 誠者, 天之道也, 誠之者, 人之道也.]

32)《禮記》: 崔高維校點, 遼寧教育出版社2000年版, 第191頁.[원문 : 不誠無物.]

33) 北京大學《儒藏》編纂與研究中心編 :《儒藏》(精華編一八六), 北京大學出版社2014年版, 第31頁.[원문 : '大哉乾元, 萬物資始', 誠之源也.]

34) 北京大學《儒藏》編纂與研究中心編 :《儒藏》(精華編一八六), 北京大學出版社2014年版, 第31頁.[원문 : 乾道變化, 各正性命, 誠斯立焉.]

35) 北京大學《儒藏》編纂與研究中心編 :《儒藏》(精華編一八六), 北京大學出版社2014年版, 第31頁.[원문 : 純粹至善者也.]

36) 北京大學《儒藏》編纂與研究中心編 :《儒藏》(精華編一八六), 北京大學出版社2014年版, 第34頁.[원문 : 寂然不動者, 誠也, 感而遂通者, 神也.]

37) 北京大學《儒藏》編纂與研究中心編 :《儒藏》(精華編一八六), 北京大學出版社2014年版, 第31頁.[원문 : 誠者聖人之本.]

38) 北京大學《儒藏》編纂與研究中心編 :《儒藏》(精華編一八六), 北京大學出版社2014年版, 第32頁.[원문 : 聖, 誠而已矣. 誠, 五常之本, 百行之源也.]

으로 되는 도를 더 발휘하여 형이상과 형이하를 관통시키면서, 성실함誠을 "덕성德性을 높이면서 묻고 배우는 길을 걷는"39)데 있어서의 핵심으로 위치 지웠다. 이는 공맹 유학의 정신적 실질을 깊이 파악한 것이라고 하겠다. 그것인 즉, 자아를 닦아 백성들을 편안하게 해주는 대학大學(큰 배움)의 도道가 생명의 활력이 넘치는 인인지사仁人志士들이 정성精誠을 다하여 실천하는 도덕문화로 되게 만든 것이겠다. 이는 말로만 떠들고 실제 행동에 옮기지 않는 허튼소리가 아니었다. 성실함誠은 유학의 영혼이고, 허위僞는 유학의 대적大敵이었다. 성실誠한가 아니면 허위僞적인가 하는 것이 유학의 운명을 결정했다. 주돈이는 『통서通書』에서 "선비는 현인이 되고자 하고, 현인은 성인이 되고자 하며, 성인은 하늘같이 되고자 한다"40)라고 말한다. 그는 도학道學에서 추구하는 총적 목표는 즉 성현聖賢으로 되는 학문을 배우는 것이라고 한다. 사람들이 요임금을 본받고, 요임금이 하늘을 본받는 것이 즉 인간이 성현을 본받고, 성현이 하늘을 본받는 것이겠다. 후일 이정二程과 주희는 주돈이를 아주 숭상하고 있었다. 여형양呂滎陽은 이렇게 말한다. "이정은 처음에 염계濂溪를 따라 노닐었는데, 후일 청출어람靑出於藍했다."41) 주희는 이렇게 말한다.

> 사람들은 그 당시에, 염계濂溪가 정사政事에 아주 절묘한 것을 보고서, 그가 벼슬 직宦業에 아주 뛰어나다고 생각했다. 그가 산림山林에 뜻을 두고 있는 것(隱士를 가리킴)을 보고서는 그가 흉금이 넓고 소탈하고 대범하고, 선인仙人 풍격이 있다고 생각했다. 하지만 그의 학문을 알고 있는 자는 없었다. 유독 정태중程太中(二程의 부친)만이 그것을 알고 있었고, 그가 두 정부자程夫子를 길러내는데 적합하다고 생각했다.42)

---

39) 《禮記》: 崔高維校點, 遼寧教育出版社2000年版, 第191頁.[원문: 尊德性而道問學.]

40) 北京大學《儒藏》編纂與硏究中心編: 《儒藏》(精華編一八六), 北京大學出版社2014年版, 第37頁.[원문: 士希賢, 賢希聖, 聖希天.]

41) (淸)黃宗羲原著, 全祖望補修: 《宋元學案》第一冊, 陳金生, 梁運華點校, 中華書局1986年版, 第520頁.[원문: 二程初從濂溪遊, 後靑出於藍.]

42) (淸)黃宗羲原著, 全祖望補修: 《宋元學案》第一冊, 陳金生, 梁運華點校, 中華書局1986年版, 第521頁.[원문: 濂溪在當時, 人見其政事精絶, 則以爲宦業過人. 見其有山林之志, 則以爲

요컨대, 주돈이의 도학道學은 분명히 공자와 노자 학설에 넘나들고 있었고, 『역易』을 가지고 그것을 관통시키고 있었다. 한편, 그는 불교도 깊이 알고 있었다. 그는 『애련설愛蓮說』에서 이렇게 말한다.

> 나는 특별히 사랑하는 것이 하나 있는데, 즉 진흙탕에서 나왔으나 더러움에 물들지 않고, 잔잔한 물결이 이는 맑은 시냇물에 씻겼으나 요염하지 않고, 속은 활달하고 밖은 곧으며, 덩굴이 뻗지 않고 가지를 치지 아니 하며, 향기는 멀수록 더욱 향긋하고, 꼿꼿하고 깨끗하게 서 있는, 멀리서 바라볼 수는 있으나 함부로 희롱할 수 없는 저 연꽃이 그것이다.

보다시피 그는 불교의 영향도 깊이 받았다. 불경에서는 늘 연꽃을 가지고 불성의 청정함을 비유한다. 이르기를, 세상에는 "잡염雜染도 있고 청정함淸淨도 있는데"[43], "그대가 만약 해탈하여 연꽃처럼 더렵혀지지도 아니 하고 진흙이 묻지도 아니 하면"[44], 곧 열반涅槃의 '상락아정常樂我淨'의 경지에 들어갈 수 있다고 한다. 선종禪宗에서는 더 나아가 인간은 모두 진여의 불성眞如佛性을 가지고 있으나, 무명無明(진리를 알지 못함)하기 때문에, 만법萬法이 연생緣生(인연에 의해 생김)한다고 한다. 그러나 마음을 맑고 깨끗하게 하여 자기의 본성을 보아내기만 하면明心見性, 비록 인간 세상에 살고 있더라도 거기에 물 들지 않고, 열반涅槃의 경지를 증득證得할 수 있다는 것이다. 이로부터 중국인들은 '염정染淨'설을 알게 되었다. 보다시피 주돈이의 도道는 이미 선학禪學의 핵심을 섭취했고, 이를 공자유학과 노자 도학에 융화시켜 넣었다.

2) 소옹邵雍의 도학 : 도道 『역易』의 계승과 불학의 섭취

소옹의 자는 요부堯夫이고 호는 강절康節이다. 하남河南 사람이고, 일찍 소문산蘇門山 백원百源에 살면서 책을 읽고 학문을 닦았다. 후세 사람들은 그의 학파

襟懷灑落, 有仙風道氣, 無有知其學者. 唯程太中知之, 宜其生兩程夫子也.]

43) 《大般若波羅蜜多經》卷三百三十三, 《大正藏》第6冊, 第710頁.[원문 : 既有雜染, 亦有淸淨.]

44) 《中阿含經》卷七, 《大正藏》第1冊, 第468頁.[원문 : 彼若解脫, 不染不著.]

를 백원학파라고 칭했다. 그는 일생동안 벼슬을 하지 않았고, 사마광, 이정二程과 가깝게 지냈었다. 주요 학술저작으로는 『황극경세皇極經世』가 있고, 시집詩集으로는 『격양집擊壤集』이 있다. 그는 북송오자北宋五子 가운데서 다른 사람들과 달리 독특하게 상수학파象數學派를 세운 학자이다. 그의 『황극경세』에서는 『역』의 수리數理로써 하늘과 인간을 관통시키는 하나의 대大 시공간時空 양식을 구축해냈고, 이로써 우주의 변화 법칙과 사회를 다스리는 법도를 설명했다. 그의 아들 소백온邵伯溫은 『황극경세皇極經世』를 이렇게 설명한다.

> 『황극경세』라는 책에서는 일월성신日月星辰과 동식물의 수數를 궁구하고, 천지만물의 이치를 깊이 탐구한다. 황제皇帝와 제왕들의 일을 기술하여 대중지정大中至正(거대하고 치우치지 않고 바름에 이르는)의 도道를 밝힌다. 음양陰陽의 성쇠盛衰와 고금古今의 치란治亂을 분명하게 보아낼 수 있겠다.[45] 지극히 큰 것至大을 황皇이라 이르고, 지극히 중간에 있는 것至中를 극極이라 이르고, 지극히 바른 것至正을 경經이라 이르고, 지극히 변하는 것至變을 세世라 이른다. 거대하고 치우치지 않고 바름에 이르고大中至正, 변하는 것을 대처함에 모가 서지 않는 것應變無方을 도道라 이른다.[46]

이 책에는 '관물내외편觀物內外篇'이 있는데, 이 편篇이 가장 철리성哲理性을 갖추고 있었다. 『황극경세皇極經世』는 상수象數의 방식으로써 "하늘과 인간 사이를 탐구하고, 고금古今의 변화를 통달하는究天人之際, 通古今之變"(사마천의 말) 책이었다.

소옹의 학설을 '선천학先天學'이라고도 칭하는데, 그 『선천도先天圖』는 이지재李之才가 전수해준 것이었다. 근원을 따지자면 도교 내단학자內丹學者 진단陳摶으로 거슬러 올라가 살펴보아야 하겠다. 도교 『역易』학을 계승하고 발양하고

---

45) (宋)邵雍 :《邵雍全集》, 郭彧, 於天寶點校, 上海古籍出版社2015年版, 第301頁.[원문 :《皇極經世》之所爲書, 窮日月星辰飛走動植之數, 以盡天地萬物之理. 述皇帝王霸之事, 以明大中至正之道. 陰陽之消長, 古今之治亂, 較然可見矣.]

46) (宋)邵雍撰, (明)黃畿注, 衛紹生校理 :《皇極經世書》, 中州古籍出版社1993年版, 第452頁. [원문 : 至大之謂皇, 至中之謂極, 至正之謂經, 至變之謂世. 大中至正, 應變無方之謂道.]

또 공자와 맹자의 인학仁學을 받드는 것에로 되돌아오는 과정에 소옹은 주돈이와 길은 달랐지만 귀착점은 같았다. 『송사宋史·주진전朱震傳』에서는 이렇게 말한다.

> 진단陳摶은 선천도先天圖를 종방種放에게 전수해주었고, 종방은 목수穆修에게 전수해주었고, 목수는 이지재李之才에게 전수해주었고, 이지재가 소옹에게 전수해주었다.[47]

때문에 소옹은 진단陳摶을 아주 숭배하고 존경하고 있었고, 시를 써서 그이를 이렇게 칭송했다. 『관진희이선생진급묵적觀陳希夷先生眞及墨迹』에서 그는 이렇게 말한다.

> 희이希夷(陳摶) 그 사람 참모습을 보지 못했고, 희이 그 사람 자취도 보지 못했다. 다만 희이 그 사람 이름만 들었고, 희이 그 사람 마음은 알지 못했다. 희이 그 사람이 남긴 자취를 보고서야 희이 그 사람 참모습을 다시 보게 되었다. 그제야 오늘과 옛날 천하에는 뛰어난 사람이 있었음을 알게 되었다. 희이의 진리는 참말로 가관이고, 희이의 필묵은 가히 전傳할만 하리다. 하지만 희이의 마음은 말로써 얻을 수 있는 것이 아니구려.[48]

송태종宋太宗이 진단에게 하사한 호號가 희이선생希夷先生이였고, 이는 『노자』에서 따온 어휘였다. 아무튼 소옹은 진단이 전수해 준 『복희사도伏羲四圖』에서의 『복희팔괘차서伏羲八卦次序』와 『복희팔괘방위伏羲八卦方位』를 선천도先天圖로 삼고, 『역전易傳·설괘說卦』에서의 『문왕팔괘차서文王八卦次序』와 『문왕팔괘방위文王八卦方位』를 후천도後天圖로 삼았다. 풍우란의 해석에 따르면, 이른바 '선천先天'이란 복희伏羲, 문왕文王이 괘를 그리기 전에 있었던 '문자가 없는 천

47) (元)脫脫等撰:《宋史》第37冊, 中華書局1977年版, 第12908頁.[원문: 陳摶以先天圖傳種放, 放傳穆修, 穆修傳李之才, 之才傳邵雍.]

48) (宋)邵雍:《邵雍集》, 郭彧整理, 中華書局2010年版, 第374頁.[원문: 未見希夷眞, 未見希夷跡. 止聞希夷名, 希夷心未識. 及見希夷跡, 又見希夷眞. 始知今與古, 天下長有人. 希夷眞可觀, 希夷墨可傳. 希夷心一片, 不可得而言.]

서天書' 『주역周易』을 말하고, 한편 복희, 문왕이 만든 『주역』은 '문자가 있는 인서人書'로서 이를 '후천後天'이라 한다고 한다. 소옹은 선천도식先天圖式을 가지고 자연과 인사人事의 변화를 추리·연역推演했다. 그는 이렇게 말한다. "이 그림은 비록 문자가 없으나, 나는 종일 말해도 이것을 여읜 적이 없다. 대개 천지만물의 이치가 모두 그 속에 들어있었다."[49]

첫째, 천지天地의 연보年譜를 논한다. '원元', '회會', '운運', '세世'로 시간을 계산하는데, 그는 30년을 1세로, 12세를 1운으로, 30운을 1회로, 12회를 1원으로 보고 있었다. 그가 보건대, 천지天地는 시작도 있고 끝도 있는데, 그 수수壽數(즉 수명)는 도합 129600년으로서 이것이 즉 1원의 연수年數라고 한다.

둘째, 자연계의 발전법칙을 논한다.

> 태극太極이 나뉘어져서 양의兩儀가 세워졌다. 양陽이 내려와 음陰과 사귀고, 음이 올라가 양과 사귀어 사상四象이 생겼다. 양이 음과 사귀고 음이 양과 사귀어서 하늘의 사상이 생기고, 강剛이 유柔와 사귀고 유가 강과 사귀어서 땅의 사상이 생겼는데, 그리하여 팔괘八卦를 이루게 되었다. 팔괘가 서로 교착하면서 그 다음 만물이 생겨났다.[50]

소옹의 자연발전법칙에 관한 추리는 '하나가 둘로 나뉘는' 양식에 따라 전개된다. "그리하여 하나가 둘로 나뉘고, 둘이 넷으로 나뉘고, 넷이 여덟으로 나뉘고, 여덟이 열여섯으로 나뉘고, 열여섯이 서른둘로 나뉘고, 서른둘이 예순넷으로 나뉜다."[51] 또한 계속하여 나뉘는데, "열이 백으로 나뉘고, 백이 천으로 나뉘고, 천이 만으로 나뉘는"[52] 식으로 무한하게 나뉜다는 것이다. 하지만 "그것

49) (宋)邵雍:《邵雍集》, 郭彧整理, 中華書局2010年版, 第150頁.[원문: 圖雖無文, 吾終日言未嘗離乎是, 蓋天地萬物之理盡在其中矣.]

50) (宋)邵雍:《邵雍集》, 郭彧整理, 中華書局2010年版, 第107頁.[원문: 太極既分, 兩儀立矣. 陽下交於陰, 陰上交於陽, 四象生矣. 陽交於陰陰交於陽而生天之四象, 剛交於柔柔交於剛而生地之四象, 於是八卦成矣. 八卦相錯, 然後萬物生焉.]

51) (宋)邵雍:《邵雍集》, 郭彧整理, 中華書局2010年版, 第107-108頁.[원문: 是故一分爲二, 二分爲四, 四分爲八, 八分爲十六, 十六分爲三十二, 三十二分爲六十四.]

들을 합치면 하나一이고, 늘이면 만萬이 된다."[53]고 한다. 이는 나무에 뿌리가 있고 줄기가 있고 또 나무 가지와 잎사귀가 무성한 것과 마찬가지라고 하겠다. 그가 보건대, 자연계의 발전은 음陰과 양陽, 이 두 역량의 소장消長, 성쇠盛衰, 전환轉化으로 추진되고 있었다.

셋째, 사회역사의 발전과 변화를 논할 때는 '황皇, 제帝, 왕王, 패霸'의 네 개 양식에 따라 전개했다. "무위無爲를 쓰면 황皇이고, 은택과 신의恩信를 쓰면 제帝이고, 공정함公正을 쓰면 왕王이고, 지혜智의 힘을 쓰면 패霸이다. 패霸 이하는 이적夷狄이고, 이적 이하로는 짐승이다."[54] 이런 방식으로 고금사古今史를 논한다면,

> 삼황三皇은 봄이고, 오제五帝는 여름이고, 삼왕三王은 가을이고 오백五伯은 겨울이다. 칠국七國은 겨울의 마지막 추위이다. 한나라는 왕도王道를 이루었으나 부족했고, 진晉나라는 패도覇道를 이루었으나 왕도에 비해 아쉬움이 있었다. 삼국은 패도가 가장 성했다. 십육국十六國은 패도가 무성했다. 남南 오대五代는 패도를 빌려 탔었고, 북北 오대는 패도를 넘겨받은 전사傳舍(객사)였다. 수나라는 진나라의 아들이고 당나라는 한나라의 동생이었다. 수나라 말기 제군諸郡의 패도는 강한江漢의 여파餘波였다. 당나라 말기 제진諸鎭의 패도는 일월日月의 여광餘光이었다. 후後 오대의 패도는 해 뜨기 전의 별들이었다.[55]

소옹邵雍의 역사관은 기본적으로 노자의 "도道를 잃은 후에 덕德이 생기고, 덕을 잃은 후에 인仁이 생기고, 인을 잃은 후에 의義가 생기고, 의를 잃은 후에

52) (宋)邵雍 : 《邵雍集》, 郭彧整理, 中華書局2010年版, 第108頁.[원문 : 十分爲百, 百分爲千, 千分爲萬.]

53) (宋)邵雍 : 《邵雍集》, 郭彧整理, 中華書局2010年版, 第108頁.[원문 : 合之則爲一, 衍之則爲萬.]

54) (宋)邵雍, 常秉義注釋 : 《〈皇極經世〉導讀》, 中央編譯出版社2009年版, 第520頁.[원문 : 用無爲則皇也, 用恩信則帝也, 用公正則王也, 用智力則霸也, 霸以下則夷狄, 夷狄而下是禽獸也.]

55) (宋)邵雍 : 《邵雍集》, 郭彧整理, 中華書局2010年版, 第29頁.[원문 : 三皇春也, 五帝夏也, 三王秋也, 五伯冬也. 七國, 冬之餘冽也. 漢王而不足. 晉, 伯而有餘. 三國, 伯之雄者也. 十六國, 伯之叢者也. 南五代, 伯之借乘也. 北五代, 伯之傳舍也. 隋, 晉之子也. 唐, 漢之弟也. 隋季諸郡之伯, 江漢之餘波也. 唐季諸鎭之伯, 日月之餘光也. 後五代之伯, 日未出之星也.]

예禮가 생긴다."[56]라는 문명퇴화론文明退化論을 반영하고 있었다. 하지만 역사 과정에는 기복이 있다고 보고 있었고, 그는 한나라와 당나라의 왕도王道의 기상氣象을 특히 찬양했다. 한편, 인류의 역사는 또한 천지의 훼멸毁滅과 재생重生에 따라 새롭게 재창조된다고도 했다.

넷째, 사람들이 수행하여 성현聖賢으로 되는 경로를 논한다. 그 경로라면 즉 '이물관물'에 있고, 대공무사大公無私한 심리상태를 길러내는데 있다고 한다. "물物로써 물物을 봄以物觀物은 성性이고, 나我로써 물物을 봄은 정情이다. 성性은 공평하고公 밝지만 정情은 치우쳐있고偏 어둡다."[57] 사실은 사람들이 노자가 말하는 "백성의 마음을 자신의 마음으로 삼고", "천하로써 천하를 볼 것"[58]을 요구하고 있는 것이었다. 소옹은 이렇게 말한다. "이것은 나 또한 타인이고 타인 또한 나이며, 나와 타인이 모두 바깥 사물임을 아는 것이겠다. 그래서 천하의 눈을 자기의 눈으로 삼을 수 있는 것이고, 이때 그 눈은 보지 못하는 것이 없이 되겠다." 이렇게 되면 "보는 것은 지극히 넓고, 듣는 것은 지극히 멀고, 논하는 것은 지극히 높고, 즐거움은 지극히 크게 된다. 지극히 넓고, 지극히 멀고, 지극히 높고, 지극히 크게 되는 일을 할 수 있는데, 그 과정에 일부러 하는 일은 하나도 없다. 이를 지신至神, 지성至聖이라고 이르지 않겠는가."[59] 이물관물以物觀物하는 것은 단순히 인식의 방법론이 아니고, 이는 더욱 도덕심의 수양이겠다. 주돈이는 성심誠心을 세울 것을 중요시하고 있었고, 소옹은 성심을 발하여 곧은 길直道로 나아갈 것을 중요시하고 있었다. 그는 이렇게 말한다. "학문을 닦고 마음을 기르는 데서, 걱정은 곧은 길로 나아가지 않는 것에

56) 陳鼓應注釋 :《老子今注今譯》, 商務印書館2003年版, 第215頁.[원문 : 失道而後德, 失德而後仁, 失仁而後義, 失義而後禮.]

57) (宋)邵雍 :《邵雍集》, 郭彧整理, 中華書局2010年版, 第152頁.[원문 : 以物觀物, 性也. 以我觀物, 情也. 性公而明, 情偏而暗.]

58) 陳鼓應注釋 :《老子今注今譯》, 商務印書館2003年版, 第253, 271頁.[원문 : "以百姓心爲心", "以天下觀天下".]

59) (宋)邵雍 :《邵雍集》, 郭彧整理, 中華書局2010年版, 第49頁.[원문 : "是知我亦人也, 人亦我也, 我與人皆物也. 此所以能用天下之目爲己之目, 其目無所不觀矣.", "其見至廣, 其聞至遠, 其論至高, 其樂至大, 能爲至廣至遠至高至大之事, 而中無一爲焉, 豈不謂至神至聖者乎".]

있다. 이욕利慾을 버리고 곧은 길을 따라 나아가면서 지극정성을 다하면 통하지 않는 것이 없다. 천지天地의 도道는 곧음直뿐이니, 마땅히 곧음으로 그것을 구해야 한다."[60] 곧은 길은 굽은 길枉道과 대립되는 것으로서 이는 사람들이 일을 할 때 공평하고 바르게 처사하고, 정의正義에 의지하고, 사심私心 때문에 원칙을 어기면서 부정당한 교역을 하지 말 것을 요구하는 것이겠다.

다섯째, 심물일체론心物一體論을 주장하는데, 맹자의 "만물은 모두 나에게 갖추어져 있다万物皆備於我."라는 사상을 발휘하여 그의 학설이 "마음心'을 본원本原으로 삼고 있음을 밝힌다.

> 선천학先天學은 심학心學이다. 그러므로 그림圖(先天圖)은 모두 마음中에서 일어나고, 만 가지 변화와 만 가지 일은 모두 마음에서 생겨나겠다. 마음心이 태극이다.[61] 성인의 마음이 곧 천지天地의 (공평한) 마음이다.[62] 그렇다면 태극이 무엇인지 알 수 있는데, 만물이 있기 전에 원래 이미 뒤섞여 이루어져 있었고, 만물이 있은 후에는 결손亏損된 적이 없었고, 예로부터 지금까지 존재하지 않은 적이 없었다. 만물은 이에서 품부 받지 않은 것이 없으니, 그리하여 이를 명命이라 이른다. 만물은 이를 근본으로 삼지 않는 것이 없으니, 그리하여 이를 성性이라고 이른다. 만물은 이를 주자主로 삼지 않는 것이 없으니, 그리하여 이를 하늘天이라고 이른다. 만물은 이로 생기지 않은 것이 없으니, 그리하여 이를 마음心이라고 이른다. 그 실질은 하나一이다. 옛 성인들이 이치를 궁구하고 타고난 본성을 다함으로써 명命에 이르고, 마음을 다하고 본성을 앎으로써 나아가 하늘天을 알고, 마음을 보존하고 성性을 기름으로써 하늘을 섬기는 것은 모두 이에서 나온 것이었다.[63]

60) (宋)邵雍 :《邵雍集》, 郭彧整理, 中華書局2010年版, 第173頁.[원문 : 爲學養心, 患在不由直道. 去利欲由直道任至誠, 則無所 不通. 天地之道直而已, 當以直求之.]

61) (宋)邵雍 :《邵雍集》, 郭彧整理, 中華書局2010年版, 第152頁.[원문 : "先天學, 心學也, 故圖皆自中起, 萬化萬事生乎心也", "心爲太極".]

62) 淸)黃宗羲原著, 全祖望補修 :《宋元學案》第一冊, 陳金生, 梁運華點校, 中華書局1986年版, 第474頁.[원문 : 聖人之心即天地之心也.]

63) (淸)黃宗羲原著, 全祖望補修 :《宋元學案》第一冊, 陳金生, 梁運華點校, 中華書局1986年版, 第475頁.[원문 : 是故知太極者, 有物之先本已混成, 有物之後未嘗虧損, 自古及今, 無時不存, 無時不在. 萬物無所不稟, 則謂之曰命. 萬物無所不本, 則謂之曰性. 萬物無所不主, 則謂之曰天. 萬物無所不生, 則謂之曰心. 其實一也. 古之聖人窮理盡性以至於命, 盡心知性以

이렇게 소옹은 "태극太極이 곧 마음心이다."라는 논리로 『역전易傳』, 『맹자孟子』를 종합했고, 도학가道學家들이 이치를 궁구하고 타고난 본성을 다하는 데 있어서, 천인합일天人合一의 방향으로 나아가도록 길을 열어 주었다.

소옹은 필경 유가 학자였다. 그는 삼황오제三皇五帝를 신주神主로 받들고 있었고, 『주역』과 공자, 맹자의 인학仁學을 취지와 귀착으로 삼고 있었다. 그렇기는 하지만 그는 또 도가 노자의 "도道는 자연을 본받는다道法自然.", "만물은 하나一를 얻어 생장한다萬物得一以生."라는 관점과 도교 진단陳摶의 『선천도先天圖』의 이념도 깊이 받아들였다. 또한 그는 불교에서도 많은 것을 받아들였다.

첫째, 중국 유가 경전 『주역』에서는 천지天地의 변화만 논하고, 그 생성과 멸망에 대해서는 논하지 않았다. 노자도가에서도 대도大道의 순환왕복만 논하고 그 생성과 멸망에 관해서는 논하지 않았다. 유독 불교에서만 세상이 "성립되는 긴 시간 성겁成劫, 머무르는 시간 주겁住劫, 파괴되어 가는 시간 괴겁壞劫, 파괴되어 아무 것도 없는 상태로 지속되는 기간인 공겁空劫"을 논한다. 이 사겁四劫은 한 주기를 이루는데, 이 주기가 끝나면 세상은 새로이 다시 사겁을 시작하고, 한편 한 주기는 무려 억만년이 넘는다고 한다. 소옹은 분명히 불교에서 이런 우주 시간에 대한 동태적 관점을 수용했다. 이를 중국문화와 결합하여 자신의 세계 연보年譜를 추리하고 연역해냈던 것이다. 방립천方立天은 승려 인조仁潮가 소옹의 '일원지수一元之數'에 대한 평론을 인용하여 이렇게 말한다.

> 인조仁潮는 불교 교의에 의거하여 소옹의 '천지는 생멸이 있고, 시간은 변화가 있다'는 관점을 긍정해 주었다. 그러나 그가 말하는 일一 '원元' 십이十二 '회會'는 129, 600년이라는 시간과 불교에서 말하는 겁劫은 양적으로 일치하지 않다고 했다. 다른 하나는 소옹이 말하기를, '천지가 멸할 때는 천지가 파괴될 뿐만 아니라 인간도 사라진다.'라고 했는데, 이 역시 불교의 말과는 다르다고 했다.64)

소옹의 구체적 논설은 불교 논설과 달랐지만 사고방식은 일치했다. 분명히

知天, 存心養性以事天, 皆本乎此也.]

64) 方立天:《中國佛教哲學要義》中冊, 宗教文化出版社2015年版, 第608頁.

그의 천지생멸론天地生滅論은 불교의 계시를 받고 만들어낸 것이었다.

둘째, 소옹은 "만사萬事는 마음에서 생긴다.", "마음이 태극이다.", "마음을 다하여 본성을 알아낸다."는 등 주장을 폈는데, 이는 맹자의 영향을 받은 것이기도 하겠지만, 더 주요하게는 불교의 '만법유심萬法唯心' 사상의 영향을 받은 것이겠다. 말하자면, 『대지도론大智度論』에서는 "삼계三界의 온갖 것은 오로지 마음에서 만들어낸 것일 따름이다."[65]라고 한다. 특히 선종禪宗에서는 명심견성明心見性, 관심견성觀心見性을 창도했는데, 이는 더욱 심성心性의 수양修養에 관계되는 바, 그리하여 도학자道學者들의 중시를 크게 받았다. 예컨대, 혜능慧能은 말하기를, "만약 자성自性 가운데로 향하여 능히 스스로 볼 수 있다면, 이것이 곧 성불하는 깨달음의 씨앗菩薩因이겠다."[66]라고 했다. 보다시피 소옹의 선천학先天學에서는 불교철학을 직접적으로 인용하지는 않았지만 암묵적으로는 많이 활용하고 있었다.

2. 도학의 토대를 닦은 장재張載의 관학關學 : 공·노 융회와 불·도 비판

장재(1020-1077)의 자字는 자후子厚이고 그는 섬서陝西 사람이다. 그가 살던 지역이 관중關中에 위치하고 있었기 때문에, 그의 학설을 관학關學이라고 칭했다. 집이 횡거진橫渠鎮에 있었기 때문에 사람들은 그를 횡거선생이라고도 칭했다. 풍우란馮友蘭은 그가 창립한 도학道學의 한 갈래인 기학氣學이 중국사상사에서 가지고 있는 지위는 대체로 유럽철학사에서 칸트 학설의 지위에 상당한다고 한다. 양자 모두 박대하고 웅장하고, 수많은 새로운 학설을 배태시켰고, 그 영향 또한 아주 거대했다는 것이다. 그가 세상에 남긴 저작에서 『정몽正蒙』이 가장 중요한데, 이 글은 『장자전서張子全書』에 수록되어 있다. 당대에는 또 『장재집張載集』(中華書局 출판)에 수록하여 넣었다.

장재는 '기氣'를 우주의 본원本原으로 보고 있었는데, 이는 『장자』의 기론氣論

65) 《大智度論》卷二十九, 《大正藏》第 25冊, 第276頁.[원문 : 三界所有, 唯心所作.]
66) 《六祖大師法寶壇經》, 《大正藏》第48冊, 第362頁.[원문 : 若向性中能自見, 即是成佛菩提因.]

에서 취한 것이었다. 『장자 · 소요유』에서는 "아지랑이와 먼지, 이런 것들은 천지간의 생물들이 서로 입김을 내뿜어 생기는 것이다."[67]라고 한다. 『장자 · 지북유知北遊』에서는 또 이렇게 말한다. "인간의 삶은 기氣가 모인 것이다. 모이면 살고 흩어지면 죽는다. 만약 죽음과 삶이 같은 무리라면, 나 또한 무슨 걱정이 있겠는가! 그러므로 만물은 똑같은 하나이다. 그런데도 사람들은 아름다운 것을 신기하다 하고, 더러운 것을 악취가 난다고 한다. 사실 악취가 나는 것이 다시 변화하여 신기하게 되고, 신기한 것은 다시 변화하여 악취가 나게 된다. 그러므로 '천하는 두루 하나의 기氣일 뿐이다'라고 말하는 것이다. 성인은 그래서 하나를 귀하게 여기셨다."[68] 이 편에서는 천지만물의 본체(본바탕)를 기氣라고 보고 있었고, 인간과 만물의 생멸生滅은 모두 기氣가 모이고 흩어지는 표현이고, 인간세상에서의 아름다움과 추함, 신기함과 평범함 역시 모두 기氣의 변화 형태라고 보고 있었다. 그래서 사람들이 굳이 저쪽을 높이고 이쪽을 낮출 필요가 없고, 다만 변화에 순응하기만 하면 된다는 것이다.

장재는 기본론氣本論을 승화시키고 체계화시켰다. 『정몽正蒙 · 태화편太和篇』의 첫머리에서 그는 이렇게 말한다.

> 태화太和를 도道라고 한다. 이것은 가운데에 떴다 가라앉았다 하며, 올라갔다 내려갔다 하며, 움직였다가 고요히 있다가 하면서 서로 감응하는 성질이 있는데, 이것이 음과 양이 서로 화합하고 작용하여 이기고 지고, 늦추고 줄이고 하는 힘의 시초가 된다.[69] 흩어지고 달라져서 형체와 모양이 될 수 있는 것은 기氣이다. 맑게 통해서 모양을 만들 수 없는 것은 신神이다. (『장자』에서 말하는) 아지랑이野馬나 (『주역』에서 말하는) 인온絪縕과 같지 않다면 태화太和라고 말하기에는 부족하다.[70]

---

67) 陳鼓應 :《莊子今注今譯》上冊, 商務印書館2007年版, 第8頁.[원문 : 野馬也, 塵埃也, 生物之以息相吹也.]

68) 陳鼓應 :《莊子今注今譯》上冊, 商務印書館2007年版, 第646頁.[원문 : 人之生, 氣之聚也. 聚則為生, 散則為死. 若死生為徒, 吾又何患! 故萬物一也, 是其所美者為神奇, 其所惡者為臭腐. 臭腐復化為神奇, 神奇復化為臭腐. 故曰 : '通天下 一氣耳.'聖人故貴一.]

69) (宋)張載 :《張載集》, 章錫琛點校, 中華書局1978年版, 第7頁.[원문 : 太和所謂道, 中涵浮沉, 升降, 動靜, 相感之性, 是生絪縕, 相蕩, 勝負, 屈伸之始.]

또 이렇게 말한다.

> 태허太虛는 형체가 없으니, 기氣의 본래 성질本體이며, 기氣가 모이고 흩어지는 것은 변화의 일시적 모습客形일 따름이다.[71] 태허는 기氣가 없을 수 없고, 기氣는 모이지 않을 수가 없어서 만물을 이루게 되며, 만물은 흩어지지 않을 수가 없어서 태허를 이루게 된다.[72] 기氣가 태허에서 모이고 흩어지는 것은 얼음이 물속에서 엉겼다 풀렸다 하는 것과 같다. 태허가 곧 기氣라는 것을 안다면 '무無'란 없겠다.[73] 태허로 말미암아 하늘天이란 명칭이 있고, 기화氣化로 말미암아 도道란 명칭이 있고, 허虛와 기氣가 합쳐져 성性이란 명칭이 있고, 성性과 지각知覺이 합쳐져 마음心이란 명칭이 있는 것이다.[74] 귀신鬼神이란 음과 양陰陽의 두 기운의 양능良能(변화를 가리킴)이다.[75] 천도天道의 변화가 무궁하나 그것은 추운 것과 더운 것일 따름이며, 여러 움직임의 변화가 무궁하나 그것은 굽히고 펴는 것에 지나지 않는다. 귀신鬼神의 실상은 이 양단兩端를 넘어서지 못한다.[76]

장재는 '기氣'를 우주에서 가장 작고 가장 기본적인 요소로 보고 있었다. 그것은 공기처럼 실재하는 것이고, 모일 수도 있고 흩어질 수도 있는 미세한 물질이고, 그것은 또 우주太虛에 가득 차 있고, 서로 감응하고 상호 감동하면서 끊임없이 만물을 생성해낸다. 이른바 '도道'란 즉 기氣의 변화를 말하는 것이고, 이른바 '귀신鬼神'이란 즉 음양이기陰陽二氣의 능동적 표현을 말하는 것이고, 이른

70) (宋)張載:《張載集》, 章錫琛點校, 中華書局1978年版, 第7頁.[원문: 散殊而可象爲氣, 淸通而不可象爲神. 不如野馬, 絪縕, 不足謂太和.]

71) (宋)張載:《張載集》, 章錫琛點校, 中華書局1978年版, 第7頁.[원문: 太虛無形, 氣之本體, 其聚其散, 變化之客形爾.]

72) (宋)張載:《張載集》, 章錫琛點校, 中華書局1978年版, 第7頁.[원문: 太虛不能無氣, 氣不能不聚而爲萬物, 萬物不能不散而爲太虛.]

73) (宋)張載:《張載集》, 章錫琛點校, 中華書局1978年版, 第8頁.[원문: 氣之聚散於太虛, 猶冰凝釋於水. 知太虛即氣, 則無無.]

74) (宋)張載:《張載集》, 章錫琛點校, 中華書局1978年版, 第9頁.[원문: 由太虛, 有天之名. 由氣化, 有道之名. 合虛與氣, 有性之名. 合性與知覺, 有心之名.]

75) (宋)張載:《張載集》, 章錫琛點校, 中華書局1978年版, 第9頁.[원문: 鬼神者, 二氣之良能也.]

76) (宋)張載:《張載集》, 章錫琛點校, 中華書局1978年版, 第9頁.[원문: 天道不窮, 寒暑也. 衆動不窮, 屈伸也. 鬼神之實, 不越二端而已矣.]

바 '물성物性'이란 즉 태허太虛의 기氣의 임시 형태를 말하는 것이고, 이른바 '마음心'이란 즉 형체가 있는, 인간의 지각을 말하는 것이다. 장재는 마음이 만물을 만들어낸다고 생각하지 않았고, 만물을 여읜 '도道'가 존재한다고 생각하지 않았고, 귀신이 인간세상을 좌지우지한다고 생각하지 않았고, 영원히 불변하는 사물이 있다고도 인정하지 않았다. 그는 세상만사와 만물, 그리고 그 천변만화는 모두 기氣의 내적으로 대응하는 역량의 상호 작용 과정의 표현이라고 했다. 이는 사계절의 전환도 포함한다고 하겠다. 그가 보건대, 세상에는 생멸生滅이 따로 없고, 다만 어두움과 밝음幽明이 있을 따름이었다. 그것을 형용할 수 있는 외적 상태를 기氣라고 칭하는 것이고, 그것의 분명히 존재하고 잘 유통하지만 형용할 수 없는 심층의 존재를 신神이라고 칭하는 것이다. 그는 신神은 기氣의 내적 본질에 지나지 않고, 세상에는 신비하여 파악하지 못할 그 어떤 것도 존재하지 않는다고 했다.

기본론氣本論에서 출발하여 장재는 도가와 불교의 우주관을 비판한다.

> 태허太虛에는 기氣가 없을 수 없고, 기氣는 모여서 만물을 이루지 않을 수 없으며, 만물은 흩어져 다시 태허가 되지 않을 수 없다. 이를 따라 출입出入하는 것은 모두 어쩔 수 없는 당연함이다. 그렇다면 성인은 이 가운데서 도道를 다하며, 기氣의 형체가 있는 상태에서나 없는 상태에서나 절대로 얽매이지 않는 자이니, 그이가 간직하고 있는 신神은 지극하겠다. 저쪽 적멸寂滅을 논하는 자들은 형체 없는 세계로 가는 것만 중요시하고 돌아올 줄 모르고, 이쪽 삶에 집착하는 자들은 사물에만 구애되어 변화할 줄 모른다. 양자는 비록 차이가 있기는 하나, 도道를 잃는 것으로 말하자면 마찬가지이겠다. 모여도 나의 체體(본질)이고, 흩어져도 나의 체體이니, 죽어도 없어지지 않는 것이 기氣임을 아는 자라야 그와 더불어 성性을 논할 수 있겠다.77)

77) (宋)張載 :《張載集》, 章錫琛點校, 中華書局1978年版, 第8頁.[원문 : 太虛不能無氣, 氣不能不聚而爲萬物, 萬物不能不散而爲太虛. 循是出入, 是皆不得已而然也. 然則聖人盡道其間, 兼體而不累者, 存神其至矣. 彼語寂滅者往而不反, 徇生執有者物而不化, 二者雖有間矣, 以言乎失道則均矣. 聚亦吾體, 散亦吾體, 知死之不亡者, 可與言性矣.]

장재는 비판하기를, 불교의 적멸寂滅 설은 기氣의 흩어짐을 보아냈지만 기氣의 모임은 보아내지 못했고, 도교의 장생長生 설은 기氣의 모임은 보아냈지만 기氣의 흩어짐은 보아내지 못했다고 한다. 양자 모두 대도大道에서 벗어났다는 것이다. 또 이렇게 말한다.

> 허공虛空이 곧 기氣라는 것을 안다면, 있음과 없음有無, 은미함과 드러남隱顯, 신적 변화神化, 성과 명性命이 하나로 통하고 둘이 아님을 깨닫게 될 것이다.[78] 만약 허虛가 기氣를 낳을 수 있다고 한다면 허虛는 무궁하고, 기氣는 유한하여 체體와 용用으로 엄격히 구분된다. 이것은 '유有는 무無에서 생겨난다.'고 하는 노자의 자연설에 빠져드는 것으로서 이른바 '유와 무가 하나로 혼융되어 있다'는 이치를 알지 못하는 것이겠다. 만약 삼라만상을 태허太虛에서 보이는 사물이라고 한다면 사물과 허虛는 서로 상생하는 관계가 없어져서 형체形는 형체대로, 성性은 성性대로 각각 떨어져 형체와 본성, 하늘과 인간이 서로 의지하지 않으면서 존재하게 된다. 이것은 산과 강과 대지를 모두 환상이라고 보는 불타의 어긋난 논리에 빠지는 것이겠다.[79]

장재는 기氣로 구성된 우주太虛는 시작도 끝도 없이 영원히 존재하는 건곤乾坤의 세계로서 아무 것도 없는, 또는 인간 마음의 환영幻影 같은, 그런 것에 귀결할 수는 없다고 한다. 이런 것들은 모두 "사람의 눈에 보이는 작은 것을 가지고, 그것을 천지의 인연因緣으로 삼는 것"[80]이라는 것이다. 그 결과는 즉 이론적으로 『주역周易』에서 말하는 "한번 음陰이 되고 한번 양陽이 되는 것을 도道라고 한다."는 것, 그리고 "천지의 변화를 둘러놓되, 조금도 지나치지 않는"[81] 거대하고 올바른 법도를 이탈하여 "삼재三才의 지극한 법도를 깨닫지

78) (宋)張載:《張載集》, 章錫琛點校, 中華書局1978年版, 第8頁.[원문: 知虛空卽氣, 則有無, 隱顯, 神化, 性命通一無二.]

79) (宋)張載:《張載集》, 章錫琛點校, 中華書局1978年版, 第8頁.[원문: 若謂虛能生氣, 則虛無窮, 氣有限, 體用殊絶, 入老氏'有生於無'自然之論, 不識所謂有無混一之常. 若謂萬象爲太虛中所見之物, 則物與虛不相資, 形自形, 性自性, 形性, 天人不相待而有, 陷於浮屠以山河大地爲見病之說.]

80) (宋)張載:《張載集》, 章錫琛點校, 中華書局1978年版, 第8頁.[원문: 以人見之小因緣天地.]

못하고, 결국 유교, 불교, 노자, 장자를 한데 뒤섞게 된다."[82]는 것이다. 당연히 장재의 기본론氣本論에서는 기氣의 세계를 긍정하면서도 인간 마음의 작용을 폄하하지는 않았고, 오히려 그는 유가의 "마음을 크게 여는大其心" 태도를 가지고 천지만물을 포용하고, 개인의 생명을 우주 생명에 융화시켜 넣으려 했다. 즉 '모여도 나의 체體이고, 흩어져도 나의 체'[83]라는 것이다. 이렇게 되면 "죽어서도 없어지지 않는데"[84], 이것이 바로 사물의 이치를 궁구하고 타고난 본성을 다하는窮理盡性 능력이겠다. 그는 『대심편大心篇』에서 이렇게 말한다.

> 그 마음을 크게 하면 능히 천하 만물을 체득할 수 있다. 천하 만물을 체득하지 못하고서는 마음에 안팎을 둘 수밖에 없다. 세상 사람들의 마음은 좁게 보고 듣는 것에 그치지만, 성인은 본성性을 지극히 다하므로, 보고 듣는 것에 그 마음이 묶이는 일이 없다. 성인은 천하의 어느 한 물건도 자기가 아닌 것이 없는 것으로 본다.[85]

이것이 바로 인간人의 마음으로 하늘天의 마음을 합치는 것이겠다. 장재의 '대심설大心說'에서는 우주론에서 천지天地를 버리고 심식心識에로 되돌아온 것이 아니라, 인생론에서 흉금을 넓혀 천지를 포괄했다. 이것이 도학道學과 불학의 중요한 구별이겠다. 장재가 불교와 도교에 대한 비판은 수당 시기 유학자 부혁傅奕, 한유 등 사람들의 정치 차원에서의 '이하론夷夏論' 수준을 초월했고, 이미 철학본체론의 고차원으로 진입했다.

『정몽正蒙』의 『태화편太和篇』, 『삼량편參兩篇』, 『신화편神化篇』 등 편에서는

81) (宋)張載:《張載集》, 章錫琛點校, 中華書局1978年版, 第8頁.[원문: "一陰一陽之謂道", "範圍天地之化而不過".]

82) (宋)張載:《張載集》, 章錫琛點校, 中華書局1978年版, 第8頁.[원문: 大中之矩, 遂使儒, 佛, 老, 莊混然一.]

83) (宋)張載:《張載集》, 章錫琛點校, 中華書局1978年版, 第7頁.[원문: 聚亦吾體, 散亦吾體.]

84) (宋)張載:《張載集》, 章錫琛點校, 中華書局1978年版, 第7頁.[원문: 死而之不亡.]

85) (宋)張載:《張載集》, 章錫琛點校, 中華書局1978年版, 第24頁.[원문: 大其心則能體天下之物, 物有未體, 則心爲有外. 世人之心, 止於聞見之狹. 聖人盡性, 不以見聞梏其心, 其視天下無一物非我.]

『역전易傳』에서의 음양철학陰陽哲學 을 이어 우주 발전에 있어서의 대립통일의 법칙을 논한다. 『태화편太和篇』에서는 이렇게 말한다.

둘陰陽이 서지 않으면 하나太極를 볼 수가 없다. 하나를 볼 수 없으면 둘의 작용은 종식되고 만다. 둘의 체體는 각자 허虛와 실實, 움직임動과 고요함靜, 모임聚과 흩어짐散, 맑음淸과 탁함濁이지만 따져보면 하나일 따름이다.[86] 기氣의 본래 상태가 허虛하다면 반드시 맑고 고요하고 형체가 없을 것이나, 감응하여 만물을 낳게 되면 모여서 형상을 가지게 된다. 형상이 있으면 곧 이 형상의 짝이 있게 되고, 그 짝은 반드시 작용에서 이 형상에 반대되는 것으로 된다. 반대되는 것이 있으면 곧 원수仇가 있게 되며, 원수仇는 반드시 화해하여 풀린다.[87] 하늘天은 크기를 바깥이 없으나, 그것이 감응하는 것은 음陰과 양陽 두 기운絪縕二端의 상호작용일 따름이다.[88]

『삼량편參兩篇』에서는 이렇게 말한다.

역易에서 이르기를, 땅에는 둘兩이 있다 하니, 강함과 부드러움, 남자와 여자가 그것이겠다. 그것을 본받는 것이 곧 땅의 법도이겠다. 하늘에는 셋參이 있다 하니, 하나의 태극과 양의兩儀의 상象을 합하여 말하는 것이겠다. 이것이 곧 만물의 본성이겠다.[89] 만약 음과 양 두 기운氣이라면 그것은 순환하고 번갈아가면서 이르고, 모이고 흩어지면서 서로 격탕시켜 움직이고, 오르고 내리면서 서로 교체하고 흡수하는 바, 이렇게 왕성한 기운이 섞인다. 음 속에 양이 있고, 양 속에 음이 있어 서로 껴안기도 하고 서로 견제하기도 하니, 어떤 사물이라고 하더라도 순수하게 음이 되거나 완전하게 양이 되고자 해도, 그런 사물은 있을 수 없겠다. 이것이 음과 양 두 기운氣이 굴신屈伸의 변화가 끊임없으며, 운행이 그치지 않고, 어떤

86) (宋)張載 : 《張載集》, 章錫琛點校, 中華書局1978年版, 第9頁.[원문 : 兩不立則一不可見, 一不可見則兩之用息. 兩體者, 虛實也, 動靜也, 聚散也, 淸濁也, 其究一而已.]

87) (宋)張載 : 《張載集》, 章錫琛點校, 中華書局1978年版, 第10頁.[원문 : 氣本之虛則湛一無形, 感而生則聚而有象. 有象斯有對, 對必反其爲. 有反斯有仇, 仇必和而解.]

88) (宋)張載 : 《張載集》, 章錫琛點校, 中華書局1978年版, 第10頁.[원문 : 天大無外, 其爲感者絪縕二端而已.]

89) (宋)張載 : 《張載集》, 章錫琛點校, 中華書局1978年版, 第10頁.[원문 : 地所以兩, 分剛柔男女而效之, 法也. 天所以參, 一太極兩儀而象之, 性也.]

외부의 것에 지배받지 않는 원인이겠다. 이것을 성명性命의 이치라고 말하지 않는다면 무엇이라 하겠는가?[90]

『신화편神化篇』에서는 이렇게 말한다.

기氣에는 음陰과 양陽이 있다. 음과 양의 운동이 펼쳐짐에 점차 하는 일이 있음이 화化(변화)이고, 음과 양이 하나로 합쳐져 추측할 수 없음이 신神이다.[91] 사물의 미세한 기미幾를 볼 수 있으면 의미義가 밝아지고, 움직임을 묶어놓지 않는다면 쓰임用이 이롭게 되고, 굽히고 펴는 것을 이치에 따라 행한다면 몸이 편해지고 덕德이 길러진다. 신神을 궁구窮究하여 사물의 변화化를 알고, 더불어 하늘과 하나로 되는 일이 어찌 내가 힘쓴다고 되는 것이겠는가? 덕德이 성盛해져서 저절로 이루어질 따름이다![92]

장재는 대립적 통일도 논했는데, 그 요지는 다음과 같겠다. 첫째, '둘兩'과 '하나一' 즉 대립과 통일은 가를 수 없다는 것이다. 둘째, 모든 사물의 생존과 발전은 모두 '양단兩端' 또는 '양체兩體'의 상호작용에 의존하여 진행되고, 영원히 종식되지 않는다는 것이다. 셋째, 음陰과 양陽이 서로 밀이 주는데, 빠를 때도 있고 늦을 때도 있고, 분명한 것도 있고 은미한 것도 있는 바, 그 정도를 추측하기 어려운 것을 '신神'이라고 칭한다고 한다. 넷째, 대립되는 쌍방의 투쟁은 결국에는 통일을 이루는데, 마지막에 "원수는 반드시 화해로 풀리게 된다."[93]는 것이다. 이것이 궁극적 목표라고 한다. 다섯째, 성인은 "사물의 신神을 깊이 파악하고서 지혜로써 그 변화를 주도하는데", 사물의 발전과 변화의 법칙

90) (宋)張載:《張載集》, 章錫琛點校, 中華書局1978年版, 第12頁.[원문: 若陰陽之氣, 則迴圈迭至, 聚散相蕩, 升降相求, 絪縕相糅, 蓋相兼相制, 欲一之而不能, 此其所以屈伸無方, 運行不息, 莫或使之, 不曰性命之理, 謂之何哉?]

91) (宋)張載:《張載集》, 章錫琛點校, 中華書局1978年版, 第16頁.[원문: 氣有陰陽, 推行有漸有爲化, 合一不測爲神.]

92) (宋)張載:《張載集》, 章錫琛點校, 中華書局1978年版, 第17頁.[원문: 見幾則義明, 動而不括則用利, 屈伸順理則安身而德滋. 窮神知化, 與天爲一, 豈有我所能勉哉? 乃德盛而自致爾!]

93) 馮友蘭:《中國哲學史新編》下卷, 人民出版社1999年版, 第129頁.[원문: 仇必和而解.]

을 통달했기에, 이치를 따르면서 몸을 편안하게 거처할 수 있다는 것이다. 그는 이것이 바로 성명性命의 학문이라고 한다. 여섯째, '태화太和'는 『역易 · 건괘乾卦 · 단사彖辭』에서의 "태화의 원기가 보전되고 융합될 수 있으면, 그것이야말로 널리 이롭고 바른 것이다."94)라는 말에서 온 것으로서 이는 우주의 음과 양陰陽이 화합을 이루고會合, 각자 성과 명性命을 바로 잡은 전체적 상태라고 한다. 또한 우주가 존재하는 일반적 상태라고 한다.

중국인들의 변증법적 사유를 말하자면 『주역』, 『노자』로부터 현학, 불학을 걸쳐 송명도학宋明道學에 이르기까지 주자들은 거의 모두 모순의 보편적 존재와 만물 화생化生의 다양성 및 사물의 변화와 발전을 추진하는 그 본질과 과정을 해석하고 있었다. 한편, 모순의 대립되는 쌍방은 상호 보완적인 관계로서 상반되지만 서로 이루어줌을 강조하고 있었다. 바꾸어 말하면, 모순되는 쌍방은 끝까지 대항적이지 아니 하다는 것이다. 그래서 정상적인 세상은 마땅히 차이와 다양성을 포용하면서 전체적 화해和諧를 이루어야 한다는 것이다. 이 방면에서, 유·도·불 삼교는 비교적 일치했다고 하겠다. 위에서 장재는 "원수는 반드시 화해로 풀린다"고 말했다고 했다. 흥미로운 것은 장재는 아마도 생각지 못했을 것이다. 900년 후, 풍우란馮友蘭이 나와 그의 사상을 더 발휘할 것을 말이다. 풍우란은 그의 저작 『중국철학사신편中國哲學史神編』 제5책에서 장재의 사상을 가지고 변증법을 새롭게 해석했다. 이렇게 말한다.

> 객관적 변증법은 오로지 하나뿐이다. 그러나 사람들이 이에 대한 인식과 이해는 다양할 수 있다. 적어도 두 가지가 있다. 하나의 통일체의 두 대립 면은 모순적 통일을 이룬다는 것이다. 이 점에 있어서는 사람들이 모두 인정하고 있다. 그러나 일종의 인식은 모순을 위주로 할 수 있고 다른 일종의 인식은 통일을 위주로 할 수 있다. 후자는 '원수는 반드시 화해로 풀리게 된다.'고 생각하고 있고, 전자는 '원수는 반드시 끝까지 원수이다'라고 생각하고 있다. 이것이 이 두 변증법적 사상의 근본 차이이겠다.95)

94) 高亨:《周易大傳今注》, 清華大學出版社2010年版, 第40頁.[원문: 保和大和, 乃利貞.]
95) 馮友蘭:《中國哲學史新編》下卷, 人民出版社1999年版, 第129頁.

그는 『중국현대철학사中國現代哲學史』 제11장 『「중국철학사신편中國哲學史新編」 총결』에서 재차 장재의 변증법을 언급한다.

> 혁명가들과 혁명의 정당들은 원래 당시의 통치자들에게 반항했는데, 현재는 도리어 통치자로 되었다. 새로운 통치자로서 그들의 임무는 어떤 통일체를 파괴하는 것이 아니라, 이 새로운 통일체를 수호하는 것이고, 그것이 더욱 튼튼해지고 더욱 발전하게 만드는 것이다. 그리하여 '원수는 반드시 끝까지 원수이다.'라는 노선으로부터 '원수는 반드시 화해로 풀리게 된다.'[96]라는 노선으로 바뀌게 된다. '원수는 반드시 화해로 풀리게 된다.'는 것은 객관적 변증법이다. 사람들의 소망이 어떠한지를 불문하고, 현대사회 특히 국제사회는 이 객관변증법에 따라 발전하고 있다.[97] 인간은 가장 총명하고, 가장 이성적인 동물이다. 따라서 영원히 '원수는 반드시 끝까지 원수이다.'라는 길을 걷지 않을 것이다. 이것이 중국철학의 전통이고 또 세계철학의 미래이겠다.[98]

풍우란은 장재의 "원수는 반드시 화해로 풀리게 된다."라는 변증법을 전례 없는 높이에로 끌어 올렸고, 그것을 인류의 미래 운명과 연관 지었고, 당대의 "화해和諧를 소중히 여기는" 철학의 기치를 높이 치켜들었다. 이렇게 고대철학자의 위대한 지혜와 중화문명의 숭고한 이상을 충분히 드러냈던 것이다.

장재는 『서명西銘』편에서 이렇게 말한다.

> 건乾은 아버지라 일컫고, 곤坤은 어머니라 일컫는다. 나 같은 미미한 존재는 이에 뒤섞여 그 가운데 살고 있다. 그러므로 하늘과 땅 사이에 가득 찬 기氣가 내 몸體을 이루고, 하늘과 땅 사이를 주재하는 것이 내 성性을 이룬다. 만백성은 나와 한 뱃속 형제이고, 나는 만물과 더불어 같이 살고 있다.[99] 성인은 덕德이 하늘땅에 필적하고, 현인賢人은 그 다음으로 뛰어나다. 무릇 하늘 아래 노쇠한

96) 馮友蘭 :《中國現代哲學史》, 三聯書店2009年版, 第232頁.
97) 馮友蘭 :《中國現代哲學史》, 三聯書店2009年版, 第233頁.
98) 馮友蘭 :《中國現代哲學史》, 三聯書店2009年版, 第234頁.
99) (宋)張載 :《張載集》, 章錫琛點校, 中華書局1978年版, 第62頁.[원문 : 乾稱父, 坤稱母, 予茲藐焉, 乃混然中處. 故天地之塞, 吾其體. 天地之帥, 吾其性. 民吾同胞, 物吾與也.]

> 자, 불구자, 형제 없고 자식 없는 자, 홀아비, 과부는 모두 나 형제 가운데서 고난과 고통에 허덕이면서도 하소연할 곳이 없는 불쌍한 이들이다. 우리가 '그들을 보살펴줌에 있어서 마치 부모님을 섬기는 아들의 보살핌과 같이 하고', 우리가 그들이 즐겁도록 웃는 낯으로 반겨주는 것이야말로 진정 순수한 효성이겠다.[100] 부귀富貴와 복택福澤은 하늘이 내 삶을 풍요롭게 해주려는 것이고, 어려움과 고달픔과 빈천貧賤과 근심걱정은 하늘이 나를 옥처럼 갈고닦아 완성시키려는 것이겠다. 내가 살아서 하늘을 순리대로 섬기게 되면, 죽어서도 편안할 것이다.[101]

풍우란은 평가하기를, "이 글은 도학道學에서 한편의 강령綱領적 성격을 가진 저술이다."[102]라고 한다. 『서명西銘』에서는 후기 유가의 전형적 인생론 경지를 구축해냈었다. 말하자면 후기 유학에서는 개인의 생명과 우주의 대생명을 일체로 융합하고, 하늘을 아버지로, 땅을 어머니로 삼고, 민중들을 동포형제로, 동식물 나아가 만물을 같은 무리類의 동반자로 삼고서, 모두 배려해주고 관심해주고 있었다. 또 모든 일이 순조롭고 뜻대로 되면順境 당연히 생존과 발전에 유익할 것이고, 한편 역경속에서도逆境 심성心性의 품격을 연마해낼 수 있다고 주장하고 있었다. 또한 살아서는 책임과 의무를 다해야 한다고 하고, 한편 죽는 것은 오래 휴식을 취하는 것으로 보고 있었다. 이런 인생 태도는 공자와 노자를 본받은 것이겠다. 즉 천하의 온갖 것을 사랑해주고, 만물을 일체一體로 삼는 흉금과 태도를 가지고, 자연에 순응하고 재앙禍을 복福으로 전환시키고, 생사生死에 달관하는 등 사상과 주장을 말하는 것이겠다. 그 가운데서 많은 명구名句는 우리 사회에서 널리 전해지고 있고, 또한 우리 인생의 좌우명으로 되어졌다. 한편, 장재는 도가는 인정해주었지만, 도교는 인정해주지 않았다. 풍우란은 유·도·불 삼교의 인생관을 비교하고서 이렇게 말한다.

100) (宋)張載 :《張載集》, 章錫琛點校, 中華書局1978年版, 第62頁.[원문 : 聖其合德, 賢其秀也. 凡天下疲癃殘疾, 惸獨鰥寡, 皆吾兄弟之顛連而無告者也. 於時保之, 子之翼也. 樂且不優, 純乎孝者也.]

101) (宋)張載 :《張載集》, 章錫琛點校, 中華書局1978年版, 第63頁.[원문 : 富貴福澤, 將厚吾之生也. 艱難困苦 貧賤憂戚, 庸玉汝於成也. 存, 吾順事, 沒, 吾寧也.]

102) 馮友蘭 :《中國哲學史新編》下卷, 人民出版社1999年版, 第130頁.

도교는 '장생長生'을 논하고, 불교는 '무생無生'을 논하고, 유교는 '낙생樂生'을 논한다. '장생長生', '무생無生'과 '낙생樂生', 이 여섯 글자로 각각 도·석·유 삼교의 특징을 개괄할 수 있겠다.103)

『장자어록張子語錄』에는 그 유명한 '횡거사구橫渠四句'가 실려 있다. "천지天地를 위해 마음을 세우고, 백성을 위해 사명을 세우고, 떠나간 성인을 위해 끊어진 학문을 잇고, 만세를 위해 태평을 열어준다."104) 이 네 마디는 유가의 우주와 생명에 대한 사랑, 역사적 사명감, 대동大同 세상을 추구하는 이상과 포부를 가장 잘 드러내고 있다고 하겠다. 여기서 그는 개체의 인생과 '천지天地의 화육化育을 돕고', '자기를 닦아 백성들을 편안하게 해주고', '사람이 도道를 펼치는 것이지 도가 사람을 펼치는 것이 아니고', '늙은이들은 편안하게 해주고, 젊은이들은 품어주고, 친구들은 서로 믿음을 주는' 것을 아울러 모두 연관시키고 있었다. 이렇게 인간의 생명의 의의를 하나의 참신한 경지에로 끌어 올렸던 것이다. 이는 후세의 인인지사仁人志士들이 추구하던 이상과 가치로 되어졌었다.

3. 도학의 구도를 형성한 정이程頤·정호程顥의 낙학洛學 : 불·노 흡수와 소화

정호의 자는 백순伯淳이고, 그는 1032년에 태어나 1085년에 세상을 떠났다. 사람들은 그를 명도선생明道先生이라고 칭했다. 정이의 자는 정숙正叔이고, 그는 1033년에 태어나 1109년에 세상을 떠났다. 사람들은 그를 이천선생伊川先生이라고 칭했다. 정씨형제의 조상들은 원래 중산中山에 살았는데, 후일 하남河南으로 이주해 낙양洛陽에 자리를 잡았다. 그리하여 사람들은 그들의 학설을 낙학이라고 칭한다. 풍우란의 말에 따르면 이정二程은 모두 도학가道學家들이지만, 그들의 사상 경향은 일치하지 않았다고 한다. 정호는 심학心學의 선구자이고, 정이는 이학理學의 선구자라는 것이다. 사실 정호와 정이는 공통점도 있고

103) 馮友蘭 :《中國哲學史新編》下卷, 人民出版社1999年版, 第131頁.

104) (宋)張載 :《張載集》, 章錫琛點校, 中華書局1978年版, 第320頁.[원문 : 爲天地立志, 爲生民立道, 爲去聖繼絶學, 爲萬世開太平.]

차이도 있었다. '이理' 또는 '천리天理'를 중요시한 것이 그들의 공통점이었는데, 이 '천리'에 관한 문제가 바로 송명도학宋明道學의 핵심이었다. 양자의 차이를 말하자면 이는 개성의 차이였고 또한 부차적인 문제였다. 중화서국中華書局에서는 1980년, 『이정집二程集』을 출판했는데, 여기에는 『유서遺書』(二程의 제자들이 기록한 二程의 語錄, 朱熹가 편집했음), 『외서外書』(『遺書』를 보충·보완한 것임), 『문집文集』(二程의 詩文), 『역전易傳』(二程이 주석을 단 『易經』), 『경설經說』(二程이 해설한 '儒經'), 『수언粹言』(二程의 제자 楊時가 윤색을 한 二程의 語錄, 張栻이 편집했음) 등 여섯 부가 수록되어 있다. 황종희黃宗羲가 편찬한 『송원학안宋元學案』에서는 『명도학안明道學案』과 『이천학안伊川學案』으로 나누어 그들의 학설을 소개했다.

이정은 장재와 달랐다. 장재는 도학道學의 기본론氣本論을 구축했지만, 이정은 도학의 이본론理本論을 구축했다. 이정은 '천리天理'를 상당히 중요시했는데, 『유서遺書』에서는 이렇게 말한다.

> 천리天理라고 하는 이 도리를 내놓고 무엇을 더 탐구한단 말인가? (천리는) 요임금을 위해 존재하지도 않았고, 걸桀임금 때문에 없어지지도 않았다.[105] (천리는) 원래 조금도 흠결이 없이 온갖 이치를 모두 갖추고 있다.[106] 이치理는 천하에 오로지 하나뿐이다. 그러므로 사해四海에 미루어 따져보아도 모두 알맞고, 반드시 천지天地에 묻고 삼왕三王을 상고해보아도 바뀌지 않는 도리여야 하겠다.[107] 아버지와 아들父子, 임금과 신하君臣의 이 떳떳한 이치를 바꾸지도 아니 하니, 일찍이 어디서 온 것인가? 움직이지 않음에서 말미암은 것이다. 그래서 적연寂然하다고 말한다. 비록 움직이지 아니 하나, 감응하면 문득 통한다. 그러나 그 감응은 외부로부터 온 것이 아니다.[108] 사물이 있으면 반드시 법도가 있고, 하나의 사물은

105) (宋)程顥, 程頤:《二程集》, 王孝魚點校, 中華書局1981年版, 第31頁.[원문: 天理雲者, 這一個道理, 更有甚窮已? 不爲堯存, 不爲桀亡.]

106) (宋)程顥, 程頤:《二程集》, 王孝魚點校, 中華書局1981年版, 第31頁.[원문: 元無少欠, 百理俱備.]

107) (宋)程顥, 程頤:《二程集》, 王孝魚點校, 中華書局1981年版, 第38頁.[원문: 理則天下只是一個理, 故推之四海而准, 須是質諸天地, 考諸三王不易之理.]

108) (宋)程顥, 程頤:《二程集》, 王孝魚點校, 中華書局1981年版, 第43頁.[원문: 父子君臣, 常理不易, 何曾動來? 因不動, 故言寂然. 雖不動, 感便通, 感非自外也.]

반드시 하나의 이치가 있다.[109]

이 이치는 "마치 백척百尺이 되는 나무에서 뿌리부터 가지와 잎사귀까지 모두 하나의 이치로 꿰어지는 것처럼"[110], 사람들이 일부러 배치할 필요 없이 절로 그렇게 되어져 있기 때문에 또 천리天理라고 칭하는 것이다. 이정이 말하는 이理 또는 천리는 사물에 존재하는 본질적 특징과 운행의 법칙을 가리키는 것으로서 이는 사람들의 의지에 따라 바뀌는 것이 아니다. 전체 우주를 놓고 말할 때, 우주가 존재하고 발전하는 총적 본질과 총적 법칙이 있는데, 예를 들면 음양사시陰陽四時가 변화하는 객관적 법칙 같은 것이 그것이다. 사회와 인생을 놓고 말할 때, 인간관계는 또 그 자체로 확정된 질서가 존재하는데, 예를 들면 군신君臣, 부자父子, 부부夫婦의 관계가 그러하다. 자연현상과 사회현상을 놓고 볼 때, 비록 자연과 사회는 천변만화하고 천태만상이지만, 그러나 모두 내적 이치理의 제약을 받는다. 그래서 '이理'를 또 '도道'라고 칭하는 것이다. 이정은 '기氣'를 느낄 수 있고 가변적인 현상계의 것으로 보고 있었고, '이理'를 현상 배후의 불변하는 본질계本質界의 것으로 보고 있었다. 전자는 형이하자이고 후자는 형이상자이다. 그래서 그들은 이렇게 말한다.

> '한번 음陰이 되고 한번 양陽이 되는 것을 도道라고 하는데', 여기서 음양陰陽이 곧 도인 것이 아니다. 한번 음이 되고 한번 양이 되는 그것(이치)이 도道이다.[111] 음양은 기氣이다. 기氣는 형이하자形而下者이고, 도는 형이상자形而上者이다. 형이상자라면 곧 은밀密(또는 은미隱微)한 것이겠다.[112]

---

109) (宋)程顥, 程頤 :《二程集》, 王孝魚點校, 中華書局1981年版, 第193頁.[원문 : 有物必有則, 一物須有一理.]

110) (宋)程顥, 程頤 :《二程集》, 王孝魚點校, 中華書局1981年版, 第153頁.[원문 : 如百尺之木, 自根本至枝葉, 皆是一貫.]

111) (宋)程顥, 程頤 :《二程集》, 王孝魚點校, 中華書局1981年版, 第67頁.[원문 : "'一陰一陽之謂道', 道非陰陽也, 所以一陰一陽者道也".]

112) (宋)程顥, 程頤 :《二程集》, 王孝魚點校, 中華書局1981年版, 第162頁.[원문 : 陰陽, 氣也. 氣是形而下者, 道是形而上者, 形而上者則是密也.]

도道가 '은밀密'하다고 말하는 것은 그것이 보이지 않고 만질 수도 없지만 사물 내부에 진실하게 존재하기 때문이다.

당대 철학의 차원에서 말할 때, 이정二程이 논하던 '이理(또는 道)'와 '기氣(또는 物)'의 관계는 즉 본질과 현상, 일반과 특수의 관계이다. 현상 또는 특수는 '자취迹'이고 '작용用'으로서 이는 직관적이고 감수할 수 있는 것이다. 본질 또는 일반은 '자취를 남기는 원인이고' 이는 '체體(본질)'로서 이는 이성으로 파악할 수밖에 없는 것이다. 정호는 이렇게 말한다.

> 하늘天이란 이치理이다. 신神이란 만물을 신묘하게 만드는 것을 말하는 것이다.[113] 나의 학문은 비록 전수받은 바가 있기는 하나, 천리天理라는 두 글자만은 내가 스스로 체득해서 알아낸 것이다.[114]

보다시피 그는 아주 자랑스럽게 말한다. 사실 중국사상사에서, 선진 시기의 『역전易傳』에서, 그리고 제자諸子들도 이미 '이치理'라는 단어를 많이 사용하고 있었다. 예를 들면, 『계사繫辭』에서는 "몸을 구부려서는 땅의 이치理를 살핀다."[115]라고 했고, 『설괘說卦』에서는 "만물의 이치理를 궁구하고 타고난 본성을 다하여 그것으로써 천명에 이른다."[116]라고 했고, 『한비자韓非子·해로解老』에서는 "이치理란 만물을 이루는 결文(文理를 말함)이다."라고 했고, 『장자·천하天下』에서는 "천지의 아름다움을 판별하고, 만물의 이치를 분석한다."[117]라고 했고, 『순자·해폐解蔽』에서는 "대저 사람의 본성을 앎으로써, 사물의 이치理를 알 수 있다凡以知人之性也, 可以知物之理也."라고 했다. 그러나 그들이 말하는 '이

113) (宋)程顥, 程頤:《二程集》, 王孝魚點校, 中華書局1981年版, 第132頁.[원문: 天者理也, 神者妙萬物而爲言者也.]

114) (宋)程顥, 程頤:《二程集》, 王孝魚點校, 中華書局1981年版, 第424頁.[원문: 吾學雖有所受, 天理二字卻是自家體貼出來的.]

115) 宋祚胤注譯:《周易》, 嶽麓書社2000年版, 第321頁.[원문: 俯以察於地理.]

116) 宋祚胤注譯:《周易》, 嶽麓書社2000年版, 第375頁.[원문: 窮理盡性以至於命.]

117) 陳鼓應:《莊子今注今譯》下冊, 商務印書館2007年版, 第984頁.[원문: 判天地之美, 析萬物之理.]

理'는 아직 우주의 근본 법칙을 논하는 수준에는 이르지 못했다. 장대년張岱年은 이렇게 지적한다.

> 선진 시기 철학에서 말하는 이치理는 모두 갈라서 다르게 논한 것들이었다.[118] 이정二程이 말하는 이치는 즉 하나로 총괄해서 말한 것인데, 그들은 만물이 오로지 하나의 이치를 가지고 있고, 이 이치理는 가장 근본이 되는 것이라고 했다.[119]

이정二程은 이치理를 갈라서 논할 때도 있었고, 하나로 총괄할 때도 있었다. 특히 '천리天理' 개념을 제기한 것은 이학理學에 최고 이념을 설정한 것이었고, 이것이 이정二程의 이론적 창조였다. 그들의 창조는 '천리天理'가 곧 우주 운행의 보편적 법칙이라고 한 것에 있었고 또 '천리'가 곧 천지天地의 낳고 또 낳는 덕生生之德의 생명창조 원리라고 밝힌 것에 있었다. 그리하여 이 또한 인간사회 윤리의 기본규칙으로 되어졌고, 나아가 이학理學의 최고 개념으로 되어졌던 것이다. 하지만 이정은 '도道'와 '기器', '이理'와 '물物', '체體'와 '용用'을 둘로 분할하지는 않았고, 오히려 전자는 곧 후자에 들어 있다고 강조했다. 정호는 이렇게 말한다.

> 형이상形而上의 것이 도道가 되고, 형이하形而下의 것이 기氣가 된다는 말은 반드시 이런 이치를 드러내야 한다. 즉 기器 또한 도道이고, 도道 또한 기器라는 이치 말이다.[120]

정이도 '체體와 용用은 근원이 같음'[121]을 강조하고 있었다.

---

118) 張岱年 : 《中國哲學大綱》, 昆侖出版社2010年版, 第60頁.[원문 : 在先秦哲學, 所謂理, 皆以分殊言.]

119) 張岱年 : 《中國哲學大綱》, 昆侖出版社2010年版, 第61頁.[원문 : 二程子所謂理, 則以總一言, 認爲萬物唯有一理, 此理乃究竟本根.]

120) (宋)程顥, 程頤 : 《二程集》, 王孝魚點校, 中華書局1981年版, 第4頁.[원문 : 形而上爲道, 形而下爲器, 須著如此說. 器亦道, 道亦器.]

121) (宋)程顥, 程頤 : 《二程集》, 王孝魚點校, 中華書局1981年版, 第689頁.[원문 : 體用一源.]

정호는 공자의 인학仁學 사상을 발휘하여 『식인편識人篇』을 저술했다. 그는 이렇게 말한다.

"인仁, 의義, 예禮, 지智, 신信, 이 다섯은 성性이다. 인이라는 것은 전체이고 나머지 넷은 사지四支이다. 인은 본바탕體이고 의는 올바름宜이고, 예는 구별別이고, 지는 앎知이고, 신은 열매實이다.[122] 의학 책에서 손발이 마비되는 병을 '불인不仁'이라고 했으니, 이 말이 인을 가장 잘 표현한 말이겠다. 인자仁者는 천지만물을 일체一體로 여기고 있으니, '자기'가 아닌 것이 없다. 만물이 모두 '자기'라는 것을 알게 되면, 어느 곳엔들 인이 이르지 않겠는가? 만약 만물이 '자기'에게 갖추어져 있지 않다면 만물은 절로 '자기'와 아무런 상관이 없게 될 것이다.[123] 배우는 자는 반드시 우선 인을 알아야 한다. 인자仁者는 만물과 더불어 혼연 일체一體를 이루는데, 한편, 의, 예, 지, 신이 모두 인仁하다. 우리는 이 이치理를 알고서 성실함誠과 경의敬로써 그것仁을 보존할 따름이다.[124]

정호가 보건대, 인간과 만물은 모두 대생명체의 유기적 구성부분이고, 인자仁者는 마땅히 만물과 일체一體로 되는 감수感受가 있어야 한다. 인체의 각 부분이 서로 연관되고, 서로 의지하고 있는 것에 미루어 볼 수 있겠다. 그렇다면 자신만 챙기고 타인과 만물을 배려하지 않는 것은 어질지 못한不仁 병적 상태가 아니겠는가. 이렇게 보면 정호가 말하는 "이 이치理를 알아야 한다."라는 것에서 '이치理'는 단지 본체론과 인지론 차원에서의 본질 또는 법칙이 아니고, 여기에는 박애博愛의 정감이 주입되어 들어갔고, 이미 정감과 이치를 모두 아우르는 인생경지론 의미에서의 가치 추구로 되어졌었다. 이것이 정호 이학理學의 독특한 점이다.

---

122) (宋)程顥, 程頤:《二程集》, 王孝魚點校, 中華書局1981年版, 第14頁.[원문: 仁, 義, 禮, 智, 信五者, 性也. 仁者, 全體. 四者, 四支. 仁, 體也. 義, 宜也. 禮, 別也. 智, 知也. 信, 實也.]

123) (宋)程顥, 程頤:《二程集》, 王孝魚點校, 中華書局1981年版, 第15頁.[원문: 醫書言手足痿痹爲不仁, 此言最善名狀. 仁者, 以天地萬物爲一體, 莫非己也. 認得爲己, 何所不至? 若不有諸己, 自不與己相干.]

124) (宋)程顥, 程頤:《二程集》, 王孝魚點校, 中華書局1981年版, 第16頁.[원문: 學者須先識仁. 仁者, 渾然與物同體, 義, 禮, 智, 信皆仁也. 識得此理, 以敬誠存之而已.]

정호는 글을 한편 지어 장재와 심성心性에 관해 논했다. 『정성서定性書』가 그것이다. 여기서 그는 인간의 마음이 어떻게 바깥 사물에 얽매이지 않을지를 논했다. 정호는 이렇게 말한다.

이른바 정定(안정함)이라는 것은 움직여도 안정하고 고요해도 안정하고, 바래주고 맞이함도 없고 안과 밖도 따로 없다고 하겠습니다. 만약에 바깥 사물을 자기의 바깥이라고 여겨 자신이 그것을 따르게 한다면, 이는 자기의 본성을 안과 밖으로 나누는 것이 됩니다. 또한, 본성이 바깥에서 사물을 따른다면, 본성이 바깥에 있을 때는 무엇이 나 안에 있겠습니까? 이는 바깥의 유혹을 끊고자 한 것이겠지만, 한편 본성에 안과 밖이 없음을 모르는 것이겠습니다. 기왕 안과 밖을 두 개의 근본으로 삼았다면, 또 어찌 성급히 그것을 '안정되었다定'라고 말하겠습니까? 대저 천지의 '법도常'는 마음心이 만물을 두루 비추되, 사사로운 마음이 없는 것이며, 성인의 '법도常'는 감정情이 만물을 두루 따르되, 사사로운 감정이 없는 것입니다. 그러므로 군자의 학문은 확 트여 크게 공평하되, 사물이 다가오면 그대로 받아들여 따르는 것보다 더 훌륭한 것이 없겠습니다.[125] 사람의 감정情에는 각기 은폐된 바가 있어서 그들이 올바른 도道로 나아가지 못합니다. 대개 그 병증은 사사로운 마음自私과 잔꾀를 부림用智에 있겠습니다. 사사로운 마음이 있으면 정당하게 사물의 자취迹에 응할 수 없고, 잔꾀를 부리게 되면 밝은 깨달음明覺을 자연스럽게 얻을 수 없겠습니다.[126] 밖을 그르다고 하고 안을 옳다고 하는 것은 '안과 밖' 둘을 모두 잊어버리는 것만 못합니다. 둘 다 잊어버리게 되면, 맑고 분명해져서 이런 일이 없어질 것입니다. 이런 일이 없어지면 안정되고, 안정되면 밝아지고, 밝아지면 또 무엇인들 사물에 응함에 누累가 되겠습니까?[127]

---

125) (宋)程顥, 程頤 :《二程集》, 王孝魚點校, 中華書局1981年版, 第460頁.[원문 : 所謂定者, 動亦定, 靜亦定, 無將迎, 無內外. 苟以外物爲外, 牽己而從之, 是以己性爲有內外也. 且以性爲隨物於外, 則當其在外時, 何者爲在內? 是有意於絶外誘, 而不知性之無內外也. 既以內外爲二本, 則又烏可遽語定哉? 夫天地之常, 以其心普萬物而無心. 聖人之常, 以其情順萬物而無情. 故君子之學, 莫若廓然而大公, 物來而順應.]

126) (宋)程顥, 程頤 :《二程集》, 王孝魚點校, 中華書局1981年版, 第460-461頁.[원문 : 人之情各有所蔽, 故不能適道, 大率患在於自私而用智. 自私則不能以有爲爲應跡, 用智則不能以明覺爲自然.]

127) (宋)程顥, 程頤 :《二程集》, 王孝魚點校, 中華書局1981年版, 第461頁.[원문 : 與其非外而是內, 不若內外之兩忘也. 兩忘則澄然無事矣. 無事則定, 定則明, 明則尙何應物之爲累哉!]

정호의 이 말 뜻인 즉, 일반사람들은 '사사로운 마음을 가지고 있고 또 잔꾀를 잘 부리는데', 그래서 늘 안과 밖을 분할하고서, 그 본성性 또는 마음心이 '바깥에서 사물을 따를 수밖에 없다.'는 것이다. 또한 그리하여 마음에 기복이 많고, 항상 안정되지 못하고, 늘 초조해지고 불안해진다는 것이다. 그러나 성인의 마음은 만물을 두루 비추고 있고, 그 감정情도 만물을 두루 따르고 있고, 사사로운 마음이 조금도 없이, '확 트여 있고 크게 공평하고, 사물이 다가오면 그대로 받아들여 따를 뿐인데'[128], 그리하여 내부(자기)와 외부(사물)를 구분 짓지 않게 된다는 것이다. 이것이 바로 '내부와 외부, 양자를 모두 잊는 것이다.' 이렇게 되면 심성心性이 항상 평온하고 안정할 수 있고, 자유롭게 환경에 응하면서도 환경의 변동에 영향 받지 않을 수 있다는 것이다. 이는 사실 현학에서 말하는 '사물을 응應하되, 사물에 얽매이지 않는다.'[129]는 사상을 더 발휘한 것이다. 이 또한 선종禪宗에서 말하는 '무주無住를 근본으로 삼는다.'는 원리의 활용이겠다. 다만 구체적 가치 방향에서 구별이 있었는데, 현학가玄學家들은 자연을 근본으로 삼고 있었고, 선종禪宗에서는 진여眞如를 근본으로 삼고 있었고, 정호는 인애仁愛를 근본으로 삼고 있었다. 그러나 이들 모두 사욕私慾과 아집我執을 버리고, 인간의 정신적 경지를 '천지만물과 일체로 되는 경지'에로 끌어올릴 것을 주장하고 있었는데, 이 점에 있어서는 일치했다. 불가에는 '계戒, 정定, 혜慧' 삼학三學이 있는데, 그 선정禪定에는 이런 요구가 있었다. 즉 '나가고 들어오고, 오고 가고, 앉고 눕고, 행하고 머무름에 있어, 마음을 오로지하고 어지럽지 않게 한다.'는 것이다.

> 가고 머물고, 앉고 눕고, 마시고 먹고 말할 때, 일체 위의威儀(위엄이 있는 몸가짐)는 마음이 항상 안정하기 때문이다…… 욕계欲界에 기대고 머물지 않고, 색色에 머물지 않거니와 색色에 대한 행行(사유)도 없다. 이 같이 선정禪定을 행하는 것이

128) 馮友蘭:《三松堂全集》第十一卷, 河南人民出版社2000年版, 第278頁.[원문: 廓然大公, 物來而順應.]

129) 馮友蘭:《中國哲學簡史》, 涂又光譯, 北京大學出版社1985年版, 第276頁.[원문: 應物而無累於物.]

보살의 변행遍行(諸法에 두루 작용하는 것)이다.130) 밖으로 상相(모습)을 여읨이 선禪이요, 안으로 어지럽지 않음이 정定이다. 밖으로 만일 상相에 집착하게 되면 안으로 마음이 곧 어지럽게 되고, 밖으로 만일 상相을 여의게 되면 마음이 곧 어지럽지 않게 된다. 본성은 원래 자체로 깨끗하고 자체로 안정定하다.131)

정호의 『정성서定性書』에서는 '정定'을 돌출하게 부각시키고 있었고, 이로써 속마음의 수양을 논하고 있었다. 이는 유학사에서 처음이었다. 분명히 이는 불교의 선정禪定 학설에서 계발을 받고서, 이를 변용시켜 활용한 것이다. 그는 이렇게 유학을 새롭게 만들었던 것이다.

정이는 평생 『주역周易』탐구에 공력을 들였고, 깨달은 바를 모아 『역전易傳』을 저술했다. 그는 『역전서易傳序』에서 이렇게 말한다.

역易은 변하고 바뀌는 것으로서 수시로 변하고 바뀜으로써 도道를 따른다. 그 책周易은 광대하여 모든 이치를 다 갖추고 있는데, 성명性命의 이치理를 따르고, 유계幽界와 명계明界의 연고故에 통하고, 사물의 사정情을 다하는 것으로써, '만물의 이치를 깨달아 모든 일을 이루는開物成務 도道'를 드러낸다. 성인이 후세를 걱정함이 지극했다고 하겠다. 떠나간 옛날이 비록 멀다고 하나 성인이 남긴 진리가 아직 보존되어 있다. 하지만 앞선 유자들은 본뜻을 잃은 채 말만 전했고, 후학들은 그 말은 외웠으나 참뜻을 잊었고, 진秦나라 이후로는 대개 전해지지 않았다. 내가 천년 뒤에 태어나, 이 도道가 파묻히고 어두워진 것이 안타까워, 후세 사람들이 장차 도학道學의 흐름을 거슬러 근원을 찾아볼 수 있게 했으니, 이것이 이 『역전易傳』을 짓게 된 연고이겠다. 『역易』에는 성인의 도道가 넷이 있으니, 그것인 즉 '이를 가지고 진리를 논하는 자들은 그 계사繫辭를 숭상하고, 이를 가지고 행동하는 자들은 그 변화變를 숭상하고, 이를 가지고 기물을 만드는 자들은 그 괘상象을 숭상하고, 이를 가지고 점을 치는卜筮 자들은 그 점괘占를 숭상한다.'는 것이겠다. 길흉吉凶과 성쇠消長의 이치와 진퇴進退와 존망存亡의 도리가 그 사辭

130) 《法華經安樂行義》, 《大正藏》第46冊, 第700頁.[원문 : 行住坐臥飮食語言. 一切威儀心常定故……不依止欲界, 不住色無色行, 行如是禪定, 是菩薩遍行.]

131) 《六祖大師法寶壇經》, 《大正藏》第48冊, 第353頁.[원문 : 外離相爲禪, 內不亂爲定. 外若著相, 內心即亂. 外若離相, 心即不亂. 本性自淨自定.]

속에 다 갖추어져 있으니, 그 사辭에서 미루어보고 그 괘卦를 상고해 보면 변화變를 알 수 있는데, 즉 괘상象과 점괘占가 모두 그 속에 갖추어져 있다는 말이겠다. 군자가 집에 있을 때는 그 상象(卦와 爻)을 관찰하고 그 사繫辭를 탐구하고, 군자가 행동할 때는 그 변화變(卦와 爻의 변화)를 관찰하고 그 점괘占卜(吉凶의 占斷)를 탐구한다. 그 사辭에서 터득하여 그 이치에 이르지 못하는 자도 있으나, 그 사辭에서 얻지 않고서 그 이치에 통하는 자는 없다. 지극히 은미한 것微이 이치理요, 지극히 드러나는 것著이 상象이다. 체體와 용用이 한 근원이라. 드러나는 것顯과 은미한 것微은 빈틈이 없겠다. (체體와 용用과 현顯과 미微의) 모이고 통하는 것을 자세히 관찰하고서 일을 벌이는 데는, 사실 그 사辭 속에 갖추어져 있지 않은 것이 없다. 그러므로 배움을 잘하는 자는 반드시 말言에서 구하게 된다. 쉽게 말을 버리는 자(王弼의 得意忘言을 말함)는 그 말言을 이해한 자가 아니다. 내가 전傳하는 것은 사辭이니, 이 사辭에서 그 뜻을 얻는 것은 곧 읽는 사람에 달려 있겠다.[132]

정이는 『역서易序』에서 이렇게 말한다.

『역易』이라는 책에는 괘卦, 효爻, 단彖, 상象의 이치가 모두 갖추어져 있고, 한편 천지만물의 사정情이 죄다 드러나 있으니[133], 64괘와 384효가 모두 이를 가지고 성명性命의 이치를 따르고, 변화의 도道를 다하는 것이다. 흩어서 이치로 보면 만 가지로 다르고, 모아서 도로 보면 하나일 따름이다. 그래서 '『역』에 태극太極이 있어, 이것이 양의兩儀를 낸다.'고 하는데, 태극이 바로 도이고, 양의가 곧 음과

132) (宋)程顥, 程頤 :《二程集》, 王孝魚點校, 中華書局1981年版, 第689頁.[원문 : 易, 變易也, 隨時變易以從道也. 其爲書也, 廣大悉備, 將以順性命之理, 通幽明之故, 盡事物之情, 而示開物成務之道也. 聖人之憂患後世, 可謂至矣. 去古雖遠, 遺經尙存. 然而前儒失意以傳言, 後學誦言而忘味, 自秦而下, 蓋無傳矣. 予生千載之後, 悼斯文之湮晦, 將俾後人沿流而求源, 此《傳》所以作也. 《易》有聖人之道四焉 : '以言者尙其辭, 以動者尙其變, 以制器者尙其象, 以蔔筮者尙其占.' 吉凶消長之理, 進退存亡之道, 備於辭. 推辭考卦, 可以知變, 象與占在其中矣. 君子居則觀其象而玩其辭, 動則觀其變而玩其占. 得於辭, 不達其意者有矣. 未有不得於辭而能通其意者也. 至微者理也, 至著者象也. 體用一源, 顯微無間. 觀會通以行其典禮, 則辭無所不備. 故善學者, 求言必自近. 易於近者, 非知言者也. 予所傳者辭也, 由辭以得其意, 則在乎人焉.]

133) (宋)程顥, 程頤 :《二程集》, 王孝魚點校, 中華書局1981年版, 第690頁.[원문 :《易》之爲書, 卦爻彖象之義備, 而天地萬物之情見.]

양陰陽이다. 음과 양은 한 도이며, 태극은 무극無極이다. 만물이 생겨남에 음陰을 등에 지고 양陽을 껴안는데, 태극이 없는 것이 없고, 음과 양陰陽이 없는 것이 없으니, 인온絪縕이 교감하여 변화가 무궁한 것이다.[134] 지극하도다, 『역』이여, 그 도가 지극히 커서 감싸지 못하는 것이 없고, 그 작용用이 지극히 신묘해서 이루지 못하는 것이 없구나.[135] 그러므로 그것을 정신의 운행과 심술心術의 운동에서 체득해서 천지와 더불어 그 덕德을 합치고, 일월과 더불어 그 밝음明을 합치고, 사시四時와 더불어 그 차례를 합치고, 귀신과 더불어 그 길흉吉凶을 합친 뒤에야, 『역』을 이해했다고 말할 수 있겠다.[136]

정이의 『역易』론을 총괄해보면 그 요점은 다음과 같겠다. 첫째, 『역』의 도道는 광대하고 모든 것이 갖추어져 있고, 이는 천지만물과 인사人事의 운동과 발전의 내적 진상眞象(참모습)과 보편적 법칙을 밝혔다는 것이다. 즉 이는 '성명性命의 이치이고' '길흉과 성쇠吉凶盛衰의 이치이고, 진퇴와 존망進退存亡의 도'라는 것이다. 둘째, 『역』의 도는 태극太極으로부터 음과 양陰陽을 내고, 음과 양이 사귀고 감응하여交感 만물을 낳고, 변화를 이룬다는 것이다. 그 음과 양의 변화의 추측할 수 없는 것을 쓰는 것用이 곧 '지극한 신묘함至神'이라고 한다. 셋째, 『역』의 도道는 체體도 있고 용用도 있는바, 그 체는 '지극히 은미한至微' 이치이고, 그 용은 '지극히 드러난至著' 상象이라고 한다. 한편, 체와 용은 한 근원이고, 드러남顯과 은미함微은 빈틈이 없는데, '체가 즉 용이고, 용이 즉 체體로서卽體卽用', 본질과 현상을 갈라놓을 수 없다고 한다. 넷째, 사물의 성명性命의 이치는 대도大道에 통일되기도 하고, 또 흩어져서 만 갈래로 나뉘기도 한다고 한다.

134) (宋)程顥, 程頤 :《二程集》, 王孝魚點校, 中華書局1981年版, 第690頁.[원문 : 六十四卦, 三百八十四爻, 皆所以順性命之理, 盡變化之道也. 散之在理, 則有萬殊. 統之在道, 則無二致. 所以'《易》有太極, 是生兩儀', 太極者道也, 兩儀者陰陽也. 陰陽, 一道也. 太極, 無極也. 萬物之生, 負陰而抱陽, 莫不有太極, 莫不有陰陽, 絪縕交感, 變化不窮.]

135) (宋)程顥, 程頤 :《二程集》, 王孝魚點校, 中華書局1981年版, 第690頁.[원문 : 至哉《易》乎! 其道至大而無不包, 其用至神而無不存.]

136) (宋)程顥, 程頤 :《二程集》, 王孝魚點校, 中華書局1981年版, 第690頁.[원문 : 故得之於精神之運, 心術之動, 與天地合其德, 與日月合其明, 與四時合其序, 與鬼神合其吉凶, 然後可以謂之知《易》也.]

이치理는 전체적으로는 하나이지만, 그러나 다양한 형태가 있을 수 있다는 것이다. 이렇게 이학가理學家들의 '이치는 하나이지만 나뉘어 다양해진다理一分殊'는 명제를 이끌어냈던 것이다. 다섯째, 『역易』의 도道의 효용은 사람들이 천지天地의 경지를 영유하게 하는데 있다고 한다. 즉 "천지와 더불어 그 덕德을 합치고, 일월日月과 더불어 그 밝음明을 합치고, 사시四時와 더불어 그 차례를 합치고, 귀신과 더불어 길흉을 합친다."137)는 것이다. 이렇게 되면 성인의 기상氣象을 갖추게 된다. 한편, 성인처럼 만물의 변화법칙을 통찰하고, '명계明界와 유계幽界의 연고故에 통하고, 사물의 사정情을 다하고', 또한 '만물의 이치를 깨달아 모든 일을 이루는 도道'를 파악할 수 있어 나라를 다스리고 세상을 구제하는 일을 잘 할 수 있다는 것이다. 이상에서 논술한 것이 즉 이학가理學家들이 추구하던 인생의 지혜와 가치 이상이었다. 정이는 정호와 비교할 때, '성명性命의 이치理'에 대한 인지와 활용을 더 중요시하고 있었다. 한편, 그의 '체용일원體用一源', '이일만수理一萬殊' 관념은 분명히 불교 화엄종華嚴宗에서의 '이사무애理事無礙', '일다원융一多圓融'의 지견智見을 수용한 것이었다.

정이는 『안자소호하학론顔子所好何學論』에서 공자가 안연顔淵만 칭찬하여 홀로 배움을 즐긴다고 한 것에 관해서 이렇게 논한다.

> "그렇다면 안연顔淵만 홀로 좋아했던 것은 어떤 학문인가? 말하기를, '그 학문이란 성인의 경지에 이르는 도道이다.'라고 했다. 그러자 '성인의 경지는 배워서 이를 수 있는 것입니까?'라고 되물었는데, 대답하기를 '그렇다.' 했다. '그렇다면 배워서 성인의 경지에 이르는 방법은 어떤 것입니까?'라고 또 물었다. 대답하기를 '천지가 정기를 쌓아 만물을 낳았는데, 오행五行의 빼어난 정기를 얻은 것이 곧 사람이다.'라고 했다.138) 사람의 본성은 참되고 고요하다. 성性이 정情으로 미발했을 때는 오성五性이 갖추어져 있으니, 이를 인仁, 의義, 예禮, 지智, 신信이라고 한

137) (宋)程顥, 程頤 :《二程集》, 王孝魚點校, 中華書局1981年版, 第690頁.[원문 : 與天地合其德, 與日月合其明, 與四時合其序, 與鬼神合其吉凶.]

138) (宋)程顥, 程頤 :《二程集》, 王孝魚點校, 中華書局1981年版, 第577頁.[원문 : 然則顔子所獨好者, 何學也? 學以至聖人之道也. 聖人可學而至歟? 曰 : '然. 學之道如何?' 曰 : '天地儲精, 得五行之秀者爲人'.]

다. 형체가 이미 생기고 나면, 바깥 사물이 그 형체에 접하여 마음을 움직인다. 마음이 움직여 칠정七情이 나오니, 그것이 바로 희喜, 노怒, 애愛, 락樂, 애愛, 오惡, 욕欲이다. 정情이 이미 타올라熾 더욱 끓게 되면 그 본성性이 뚫리게鑿 된다. 그러므로 깨친 사람은 그 정情을 단속하여 마음中에 합치시키고, 그 마음을 올바르게 하여 본성을 기른다. 그래서 이런 자를 일러 '정情을 성性으로 승화시킨 자'라고 말한다. 어리석은 자는 그것을 어떻게 조절할지를 몰라 정情을 제멋대로 발하여 삿되고 그릇되게 하고, 성性을 질곡桎梏하여 멸해 버린다. 그래서 이런 자를 일러 '성性을 정情으로 떨어뜨린 자'라고 말한다. 대저 학문의 도道는 마음을 올바르게 하고 성性을 기르는 것뿐이다. 중도中道를 지키고 올바르고 성실하면 그이가 성인이겠다. 군자의 학문은 반드시 우선 마음에서 밝히고, 마음을 기를 줄 안 다음에 실천하면서 추구해야 한다. 이것이 이른바 '스스로 밝아서 성실하게 된다.'는 것이다. 그러므로 학문은 반드시 마음을 지극히 다해야 한다. 마음을 지극히 다하게 되면, 자신의 성性을 알게 된다. 자신의 성性을 알게 되면, 또 성실誠하게 되는데, 이런 사람이 곧 성인이겠다.[139]

정이는 사람마다 요임금과 순임금으로 될 수 있다고 믿고 있었다. 왜냐하면 인성은 원래 착善하기 때문이다. 착善하지 않은 것은 그들이 늘 정情을 제멋대로 발하고, 한편 자신의 성性을 질곡하기 때문이다. 그래서 만약 정情을 가지고 성性을 바꾸는 일이 없고, 반대로 성性을 가지고 정情을 단속할 수 있다면 마음을 올바르게 하고 성性을 기를 수 있고, 몸을 돌이켜 성실하게 할 수 있어, 곧 성인으로 될 수 있다는 것이다. 보다시피 그는 이고李翺와 달랐다. 그는 정情을 버리고 성性으로 돌아갈 것을 주장하지 않았고, 반대로 성性을 기르고 정情을 단속하여, 정情이 마음中에 합치되게 할 것을 주장했다. 여기서 이학가들의 성리학설의 특질이 나타난다고 하겠다. 즉 그들 학설의 주요목적은 사람들이 외

139) (宋)程顥, 程頤 :《二程集》, 王孝魚點校, 中華書局 1981年版, 第577頁.[원문 : 其本也眞而靜, 其未發也五性具焉, 曰仁義禮智信. 形既生矣, 外物觸其形而動於中矣. 其中動而七情出焉, 曰喜怒哀樂愛惡欲. 情既熾而益蕩, 其性鑿矣. 是故覺者約其情使合於中, 正其心, 養其性, 故曰性其情. 愚者則不知制之, 從其情而至於邪僻, 梏其性而亡之, 故曰情其性. 凡學之道, 正其心, 養其性而已. 中正而誠, 則聖矣. 君子之學, 必先明諸心, 知所養, 然後力行以求至, 所謂自明而誠也. 故學必盡其心, 盡其心, 則知其性, 知其性, 反而誠之, 聖人也.]

부세계에 대한 지식을 늘리게 하려는 것이 아니라 사람들이 인성을 함양涵養하는 것을 배우고, 모두 성현聖賢의 덕성德性을 갖추게 하여, 이렇게 문명한 인간 무리를 만들어내려는 것이었다. 이는 사실 중화덕성문화中華德性文化의 특질이다. 유·도·불 삼교는 모두 인성의 함양에 공력을 들이고 있었는데, 유가는 인간의 덕성의 함양을 중요시하고 있었고, 도가는 인간의 영성靈性의 함양을 중요시하고 있었고, 불가는 인간의 오성悟性의 함양을 중요시하고 있었다.

정이는 이렇게 말한다. "옛날 주무숙周茂叔(周敦頤를 가리킴)에게서 학문을 배울 적에, 그는 매냥 중니仲尼와 안자顔子가 즐거워한 곳을 찾게 했고, 어떤 것을 즐겼는지를 물었다."140) 이는 도학이 사람들에게 일종의 순수 지식만 전해 주는 것이 아니라 사람들이 정신적 쾌락을 찾도록 가르쳐 줌을 강조한 것이다. 공자의 말과 비슷하다고 하겠다. 공자는 이렇게 말했다. "그것을 아는 사람은 그것을 좋아하는 사람만 못하고, 그것을 좋아하는 사람은 그것을 즐기는 사람만 못하다."141) 공자는 또 자신의 즐거움을 이렇게 표현했다. "거친 밥을 먹고 물을 마시며, 팔을 굽혀 베개로 삼아 베고 자더라도 역시 즐거움이 그 가운데 있다."142) 또 안회顔回를 찬양하여 이렇게 말했다. "어질도다, 안회여. 한 대그릇의 밥을 먹고 한 쪽박의 물을 마시면서 누추한 골목에 살았지만 다른 사람은 그 근심을 견디어 내지 못하거늘, 안회는 즐거움을 잃지 않았구나. 어질도다, 안회여!"143) 주희는 『논어집주論語集註·옹야雍也』에서 정씨程氏의 말을 인용하여 이렇게 말한다. "한 대그릇의 밥과 한 쪽박의 물 및 누추한 골목이 즐거워할 만한 것이 아니고, 대개 별도로 그 즐거움이 있는 것이니, '기其'자를 완미玩味

140) (宋)朱熹:《四書章句集注》, 中華書局1983年版, 第87頁.[원문: 昔受學於周茂叔, 每令尋仲尼顔子樂處, 所樂何事?]

141) (宋)朱熹:《四書章句集注》, 中華書局1983年版, 第89頁.[원문: 知之者不如好之者, 好之者不如樂之者.]

142) (宋)朱熹:《四書章句集注》, 中華書局1983年版, 第97頁.[원문: 飯疏食飲水, 曲肱而枕之, 樂亦在其中矣.]

143) (宋)朱熹:《四書章句集注》, 中華書局1983年版, 第87頁.[원문: 賢哉, 回也! 一簞食, 一瓢飲, 在陋巷, 人不堪其憂, 回也不改其樂. 賢哉, 回也.]

해보면 거기에 숨겨져 있는 깊은 뜻을 알겠다."[144] 정씨 두 형제가 보건대, 공자와 안회의 학문은 사람들을 이끌어 정신적 쾌락을 추구하게 만드는 것인데, 이는 사람들에게 큰 '쓸모가 있는' 학문이었다. 그 즐거움은 무엇이었는가? 공자와 맹자의 논설 및 『역전易傳』의 기술에 따르면 그 즐거움은 이런 것들이다. 즉 배움을 즐기는 것(배우고서 때때로 익히면 또한 기쁘지 아니한가學而時習之不亦樂乎.), 도道를 즐기는 것(도에 뜻을 두라. 군자는 도를 걱정하지 가난을 걱정하지 않는다志於道 君子憂道不憂貧.), 친구를 즐기는 것(벗이 있어 멀리서 찾아오니 이 또한 즐겁지 아니한가有朋自遠方來不亦樂乎.), 산수를 즐기는 것(지혜로운 자는 물을 즐기고, 어진 자는 산을 즐긴다智者樂水 仁者樂山.), 천명을 알아 즐기는 것(『繫辭上』: 천명을 알아 즐기노니, 걱정이 없네樂天知命 故不憂.) 등이 그것이다. 맹자는 또 군자는 집家을 즐기고, 의義를 즐기고, 가르침敎을 즐긴다고 했다. 요컨대, 즐거움은 자연에서 온 것이고, 타자와 감통感通하면서 온 것이고, 진·선·미에 대한 추구와 그 수혜에서 온 것이다. 한편, 금전과 재물, 권력과는 무관하다. 그리하여 성인의 학문은 반드시 '그 속에서 즐기는樂在其中' 경지에 이르러야만 진정으로 깨달았다고 할 수 있겠다. 정호는 시 『추일우성秋日偶成』에서 이렇게 말한다.

> 한가로운 때가 되니 조용하지 아니함이 없고, 잠 깨니 동창에 해가 이미 붉었구나. 만물을 조용히 바라보니 모두 스스로 얻고 있는데, 사계절四時의 가흥佳興도 사람과 더불어 하나이로세. 도道는 천지의 형체 가진 것 밖으로 통하고, 생각은 풍운의 변화 속으로 깊이 빠져드네. 부귀에 흐트러짐 없고 빈천해도 즐거워 하니, 남아가 이 경지에 이르게 되면 영웅호걸일세.[145]

또 시 『우성偶成』 에서는 이렇게 말한다.

144) (宋)朱熹:《四書章句集注》, 中華書局1983年版, 第87頁.[원문: 簞瓢陋巷非可樂, 蓋自有其樂爾. '其'字當玩味, 自有深義.]

145) (宋)程顥, 程頤:《二程集》, 王孝魚點校, 中華書局1981年版, 第482頁.[원문: 閑來無事不從容, 睡覺東窗日已紅. 萬物靜觀皆自得, 四時佳興與人同. 道通天地有形外, 思入風雲變態中. 富貴不淫貧賤樂, 男兒到此是豪雄.]

구름 맑고 바람 가벼운 한낮, 꽃 찾아 버들 따라 앞 시내를 건너니, 사람들은 내 즐거운 마음 알지 못하고, 한가롭게 어린애를 닮아간다 말들 하네.[146]

이것이 즉 일종의 '혼연 만물과 한 몸이 되는' 심미적 감수라고 하겠다.

이정二程의 도학 이본론理本論은 유가의 사장학詞章學, 훈고학訓詁學 및 기본론氣本論과 경쟁하는 과정에서, 그리고 불교 및 도가, 도교와 비기고 또 상호작용하는 과정에서 형성한 것이다. 이본론은 기본론과 함께 유가 철학이 위진 현학과 수당 불학의 충격을 받은 후, 이론적으로 곤경에서 벗어나 다시 절대적 우세 지위를 차지하게 만들었다. 또한 기본론보다 더 우월한 일면을 보여주고 있었다. 즉 기본론은 구조론적結構論 실재론 특징을 더 많이 지니고 있는 반면, 이본론은 경계론적境界論 형이상학 특징을 더 많이 가지고 있었고, 인륜일상人倫日常을 떠나지 않고 있었다. 또한 불교와 도교의 큰 지혜를 자각적으로 흡수하여 활용했는바, 이렇게 삼교 철학에서 불교가 강하고 유교가 약하던 구도를 바꾸어놓게 되었던 것이다. 정이는 이렇게 말했다.

오늘날 학자들은 세 가지 폐단이 있다. 첫째는 문장에 깊이 빠져 있는 것이고, 둘째는 훈고訓詁에 끌려 다니고 있는 것이고, 셋째는 이단異端에 미혹되어 있는 것이겠다. 만약 이 삼자三者가 없다면 그들의 학문은 어디에 귀결될 것인가? 반드시 도학道學으로 나아갈 것이다.[147]

보다시피 그는 유학이 어떤 길로 나아가야 할지를 분명히 알고 있었다.

이정의 이학은 주희에게 직접적이고 본질적인 영향을 끼쳤었다. 반면, 주희가 이정에 대한 존중과 숭배도 이정의 이학이 더욱 성대해지고 눈부시게 되도록 만들었다. 주희는 『정씨유서程氏遺書』 후기에서 말하기를, 『유서遺書』는 그가 집에 오래 보관하고 있던 자료에다가 직접 방문해서 얻은 자료들을 보태서

146) (宋)程顥, 程頤:《二程集》, 王孝魚點校, 中華書局1981年版, 第476頁.[원문: 雲淡風輕近午天, 望花隨柳過前川. 旁人不識予心樂, 將謂偷閒學少年.]

147) (宋)程顥, 程頤:《二程集》, 王孝魚點校, 中華書局1981年版, 第187頁.[원문: 今之學者有三弊: 一溺於文章, 二牽於訓詁, 三惑於異端. 苟無此三者, 則將何歸? 必趨於道矣.]

만든 것이라고 한다. 모두 25편이었다. 주희의 기술에 따르면, 이천伊川의 학생 윤돈尹焞이 주광정朱光庭이 베낀 이천의 어록語錄을 얻어가지고 와서 이천에게 드렸는데, 이천이 말하기를 "내가 살아있는데, 하필이면 이 책을 읽는가. 만약 내 마음을 알지 못하면 기록한 것들은 헛되이 다른 뜻이 되어버린다."148)라고 했다고 한다. 주희는 이렇게 말했다.

> 대저 두 선생(程顥, 程頤)이 도학道學을 창도하고 밝히면서 공자와 맹자가 돌아가시고 나서 그 도道(儒學)가 천년이나 전해지지 못한 후에, (유학이) 다시 흥성했다고 할 수 있겠다.149) 선생程頤의 학설의 큰 요지는 알 수 있겠다. 이 책을 읽는 자가 참말로 공경하는 마음으로主敬 근본을 세우고, 이치理를 궁구함으로써 앎을 지극히 다하고, 근본이 세워져 앎이 더욱 밝아지고, 앎이 정교해져 근본이 더욱 튼튼해진다면, 일상생활日用에서 곧 선생程頤의 마음에서 얻은 것들을 가지고, 믿음이 안 가는 전傳에 대해서 곧 그 자리에 앉은 채 판단할 수 있겠다.150)

여기서 정이를 존경하는 마음이 충분히 드러나고 있다고 하겠다. 주희는 『대학장구서大學章句序』에서 이렇게 말한다.

> 『대학大學』이란 책은 옛날 대학에서 사람을 가르치던 법도法이다.151) 맹가 세상을 뜨면서, 그가 전하던 것들道統이 사라졌다.152) 이때부터 속유俗儒들이 기송記誦과 사장詞章을 익힘이, 그 공부가 『소학小學』보다 배로 늘었으나 쓸모가 없었고, 이단異端의 허무虛無(道家를 말함)와 적멸寂滅(불교를 말함)의 가르침은 그 높이

148) (宋)程顥, 程頤 :《二程集》, 王孝魚點校, 中華書局1981年版, 第6頁.[원문 : 某在, 何必讀此書. 若不得某之心, 所記者徒彼意耳.]

149) (宋)程顥, 程頤 :《二程集》, 王孝魚點校, 中華書局1981年版, 第6頁.[원문 : 夫以二先生倡明道學, 於孔孟既沒, 千載不傳之後, 可謂盛矣.]

150) (宋)程顥, 程頤 :《二程集》, 王孝魚點校, 中華書局1981年版, 第6頁.[원문 : 先生之學, 其大要則可知已. 讀是書者, 誠能主敬以立其本, 窮理以盡其知, 使本立而知益明, 知精而本益固, 則日用之間, 且將有以得乎先生之心, 而於疑信之傳, 可坐判矣.]

151) (宋)朱熹 :《四書章句集注》, 中華書局1983年版, 第1頁.[원문 : 大學之書, 古之大學所以教人之法也.]

152) (宋)朱熹 :《四書章句集注》, 中華書局1983年版, 第2頁.[원문 : 及孟子沒而其傳泯焉.]

가 『대학』을 초과했으나 실속이 없었다. 기타 권모술수權謀術數로서 일체 공명功名을 추구하는 학설과 백가百家들의 뭇 재주衆技 따위들이 세상을 미혹시키고 백성들을 속였고, 인의仁義를 막는 것들이 그 사이에 어지럽게 섞여 나왔었다.[153) 천도天道는 순환循環하는 바, 가기만 하고 돌아오지 않음은 없다. 보다시피 송나라의 덕은 융성했고, 가르침은 아름답고 밝았다. 이에 하남河南의 정씨程氏 두 부자夫子께서 나오셔서 맹자가 전하던 것道統을 이어받았던 것이다. 실제로 처음이 편을 높이고 믿어 표창하시었고, 또한 이를 위해 간편簡編(죽간의 편)들을 차례 지어 그 취지를 밝혔는데, 그런 다음에야, 옛날 태학에서 가르치던 법도法와 성현聖賢들의 가르침의 취지가 다시 세상에 눈부시게 밝혀졌다. 비록 희朱熹가 총명하지는 못하지만 다행히도 그의 사숙私淑 제자로 되어 들은 바가 있었다. 그 책에 일실逸失된 것이 아직도 상당히 많다고 생각되어, 자신의 고루固陋함을 잊은 채, 그것들을 찾아 모아 다시 집록했다. 그 사이사이에 또 나 개인의 생각도 덧붙여 빠진 부분을 보충했으니, 이로 후세의 군자를 기다리련다.[154)

주희는 이정이 맹자를 이어 『대학』의 가르침을 계속하여 전하고 있다고 보고 있었고, 또한 이정의 사숙제자私淑弟子의 신분으로 『대학』을 보충하고 보완했다고 한다. 주희는 『중용장구서中庸章句序』에서 또 유가 도통의 전승傳承을 논한다. 그것儒學은 요임금과 순임금으로부터 맹자에게로 전해지고는 실전되었는데, "한편 이단異端의 학설은 날로 번성했고, 불노佛老의 무리가 나오면서는, 그들의 그릇된 논설이 더욱 근사하여 진리儒學를 크게 어지럽혔다. 하지만 다행히도 이 책中庸이 사라지지 않아서, 정부자程夫子 형제께서 나오셔서 상고할 바를 얻게 되어 천년 동안 전해지지 못했던 그 실마리를 이었다. 또 그 논거를 얻게 되어 이로써 도가와 불가의 옳은 것 같지만 사실은 그른, 그것들을

153) (宋)朱熹:《四書章句集注》, 中華書局1983年版, 第2頁.[원문: 自是以來, 俗儒記誦詞章之習, 其功倍於小學而無用. 異端虛無寂滅之敎, 其高過於大學而無實. 其他權謀術數, 一切以就功名之說, 與夫百家衆技之流, 所以惑世誣民, 充塞仁義者, 義紛然雜出乎其間.]

154) (宋)朱熹:《四書章句集注》, 中華書局1983年版, 第2頁.[원문: 天道迴圈, 無往不復. 宋德隆盛, 治敎休明. 於是河南兩夫子出, 而有以接乎孟氏之傳. 實始尊信此篇而表章之, 旣又爲之次其簡編, 發其歸趣, 然後古者大學敎人之法, 聖經賢傳之旨, 粲然復明於世. 雖以熹之不敏, 亦幸私淑而與有聞焉. 顧其爲書猶頗放失, 是以忘其固陋, 采而輯之, 間亦竊附己意, 補其缺略, 以俟後之君子.]

배척했던 것이다."[155] 주희는 또 『논어서설論語序說』의 뒷부분에서 정씨의 말을 인용하여 이렇게 말한다.

> 배우는 자들은 마땅히 『논어』, 『맹자』를 근본으로 삼아야 한다. 『논어』, 『맹자』를 탐구하면 '육경'은 탐구하지 않아도 밝아진다. 책을 읽는 자들은 마땅히 성인이 경서經書를 지은 취지와 성인이 그렇게 생각한 까닭, 성인이 성인의 경지에 이른 연유를 살펴보아야 한다. 한편, 자신이 그 경지에 이르지 못하고, 그것을 얻지 못한 까닭도 찾아보아야 한다.[156]

『맹자서설孟子序說』에서도 정씨의 말을 인용하여 이렇게 말한다.

> 맹자는 성문聖門에서 공로가 지대한 바, 이루 다 말로 찬양할 수 없겠다. 중니仲尼는 다만 인仁자 하나를 말씀하셨지만 맹자는 입을 열기만 하면 곧 인의仁義를 말씀하셨다.[157] 맹자의 성선설性善說, 양기론養氣論은 모두 전대의 성인들이 말하지 않은 것들이다.[158]

이상에서 인용한 내용만 보더라도, 이정은 확실히 송나라 도학 특히는 이학理學의 창립자이다. 이정二程은 공자와 맹자의 인의仁義의 도道를 이어받아 유학 정신을 나타내는 인생철학을 이학理學의 방식으로 부흥시켰었다. 또 '사서四書'를 그 당시 유학에서 가장 중요한 경전으로 확립했고, 이를 오경 위에 위치지우면서 유학 발전의 새 시대를 열어놓았다. 또한 성인의 도道를 배움에 있어

155) (宋)朱熹:《四書章句集注》, 中華書局1983年版, 第15頁.[원문: 而異端之說日新月盛, 以至佛老之徒出, 則彌近理而大亂眞矣. 然而尙幸此書之不泯, 故程夫子兄弟者出, 得有所考, 以續夫千載不傳之緒. 得有所據, 以斥夫二家似是之非.]

156) (宋)朱熹:《四書章句集注》, 中華書局1983年版, 第44頁.[원문: 學者當以《論語》, 《孟子》爲本. 《論語》, 《孟子》既治, 則'六經'可不治而明矣. 讀書者當觀聖人所以作經之意, 與聖人所以用心, 聖人之所以至於聖人, 而吾之所以未至者, 所以未得者.]

157) (宋)朱熹:《四書章句集注》, 中華書局1983年版, 第199頁.[원문: 孟子有功於聖門, 不可盛勝言. 仲尼只說一個仁字, 孟子開口便說仁義.]

158) (宋)朱熹:《四書章句集注》, 中華書局1983年版, 第199頁.[원문: 孟子性善, 養氣之論, 皆前聖所未發.]

서 그들의 말을 외우는 것이 중요한 것이 아니라, 오히려 그들의 마음과 뜻을 알아보고, 그들의 인간됨됨이와 처세 방식을 배우는 것이 더 중요하다고 분명히 밝혔다. 더욱 주희에게 도통의 전승傳承을 가르쳐주었고, 성리학을 전수해 주었는바, 이렇게 주자학 체계의 초석을 마련해 주게 되었던 것이다. 후세 사람들은 늘 이정과 주희의 학설을 병칭하여 "정주이학程朱理學'이라고 칭했는데, 역사사실에 비추어볼 때 이는 일리가 있는 말이라고 하겠다.

4. 도학의 집대성자 주희朱熹의 민학閩學 : 불·노에 대한 심층적 융회融會

주희朱熹(1130-1200)의 자는 원회元晦이고 호는 회암晦庵이다. 본적原籍은 휘주徽州 무원婺源이고, 복건福建에서 태어나 자랐다. 이동李侗의 문하에서 수학했고, 그 후 이정二程의 학설을 이어받았다. 그는 진사進士에 급제한 후 50여 년간, 조정朝廷에서 벼슬을 지낸 시간은 아주 짧았고, 오히려 지방에서 9년간 관직을 맡았었고, 경연시강經筵侍講이라는 벼슬을 40여 일 했다. 평생 주로 복건福建에서 학문을 탐구하고 제자들을 가르쳤었는데, 그래서 사람들은 그의 학설을 민학閩學(閩은 福建의 약칭임)이라고 칭했다. 주희는 도학에서 이학의 집대성자이다. 그가 구축한 이학의 사상체계는 후일 유학의 발전과 사회 주류 사상에 무려 6, 7백 년 지대한 영향을 끼쳤었다. 주희는 송, 원, 명 시기 신유가의 주요 대표학자이다. 그는 학문이 아주 연박했고 특히 그의 학설은 철리성哲理性이 아주 강했다. 주요 저작으로는 『주역본의周易本義』, 『시집전詩集傳』, 『사서집주四書集註』, 『통감강목通鑑綱目』, 『초사집주楚辭集注』, 『한문고이韓文考異』, 『음부경주陰符經註』, 『주역참동계주周易參同契注』 등이 있다. 주희는 또 『하남정씨유서河南程氏遺書』를 편찬하고, 여조겸呂祖謙과 함께 『근사록近思錄』을 편저했다. 이 책에서는 이정의 사상 정수를 바탕으로, 주돈이周敦頤, 장재張載의 논설을 받아들여 초학자들에게 이학에 들어서는 대문을 열어주었다. 주희는 『근사록近思錄』의 '서序'에서 이렇게 말한다. 즉 주자周子, 정자程子, 장자張子의 책들은 '너무 거대하고 넓어서广大閎博' 초학자들이 어디로부터 들어가야 할지를 몰라 망설일까 걱정되어, "도道의 대체大體에 관계되는 것들과 일용日用에 절실한 것들을 골라 모아서 이 편을 만들었다."[159]고 한다. 그 후, 이 책은 오랫동안 사람들의 사랑을 받았었고, 이에 주해를 달고 보완을 하는 학자들이 아주 많았는데, 이렇게 이 책이 이학理學의 경전으로 남겨졌던 것이다. 주희가 세상 뜬 후, 그의 제자들은 그의 유문遺文을 정리하여 『주문공문집朱文公文集』을 만들었고, 그의 어록語錄을 편집하여 『주자어류朱子語類』를 만들었다. 그의 학설은 또 조선과 일본에도 전해져 양국에 거대한 영향을 끼쳤었다. 주자학은 명실공히 중국학술문화에서 동아시아 지역에 끼친 영향이 가장 컸던 학설이다. 주자학이 이렇게 박대하고 심오하고, 또한 한학漢學과 명성이 가지런하던 송학宋學의 거대한 구도를 개척해냈던 데에는 중요한 원인이 있었다. 그것인 즉, 주희는 자연과 사회에 관한 각종 지식을 참답게 학습하고 풍부하게 축적한 기초 위에서 자각적으로 유가 도통을 계승하고 발양하고, 여기에 또 불가와 도가의 체용론體用論, 인생론人生論, 변증관辨證觀을 종합적으로 받아들여 이학理學의 구축에 활용했는 바, 그리하여 뛰어난 이론적 사유와 광활한 시야를 펼쳐 보여주게 되었던 것이다.

『송사宋史 · 도학전道學傳』에서는 이렇게 말한다. 삼대三代가 흥성할 때는 도道가 천하에서 행해졌지만 도학이라는 이름은 없었고,

> 문왕文王과 주공이 돌아가시고서, 공자께서는 덕德은 있으셨으나 지위가 없으셔서, 이 도道의 작용이 이 세상을 점차 적셔주게 하지 못했다. 그러자 한 발 물러서서 제자들과 함께 예악禮樂을 산정하고, 헌장憲章을 밝히셨으며, 『시詩』를 산삭하고, 『춘추春秋』를 정리하고, 『역상易象』을 다듬고, 『삼분三墳』과 『오전五典』을 토론하셨다. 이로써 삼황오제三皇五帝 성인들의 도가 무궁하게 밝게 빛날 것을 기약하셨다. 그래서 『맹자』에서는 '공부자孔夫子님은 요임금과 순임금보다 훨씬 현명하시다.'라고 했던 것이다. 공자께서 돌아가신 후, 증자曾子께서 홀로 이를 전승했고, 이를 자사와 맹자에게 전해 주셨다. 맹자께서 돌아가신 뒤로는 전해지지 않았다. 양한 이후로, 유자들이 대도大道를 논함에 살피기는 했으나 정교하지

159) (宋)朱熹, (宋)呂祖謙編, 查洪德注譯 : 《近思錄》, 中州古籍出版社2004年版, 第379頁.[원문 : 因共掇取其關於大體而切於日用者, 以爲此編.]

는 못했고, 논하기도 했으나 상세하지 못했는데, 반면 이단異端의 사설邪說이 일어나 이 도를 초과했으니, 이 도가 거의 무너지게 되었다. 천여 년이 지나 송나라 중엽에 이르러, 주돈이께서 용릉舂陵에서 나와 전해지지 않던 성현의 학설을 가지고 『태극도설太極圖說』과 『통서通書』를 지어 음양오행의 이치를 미루어 밝히셨고, '하늘의 명命을 인간의 본성으로 삼는 이치'를 밝히셨는데, 명료하기가 손금 보듯 훤하게 되었다. 장재께서는 『서명西銘』을 지었고 또 이일분수理一分殊의 도리를 극명하게 밝히셨다. 그 연후에 도의 근본이 하늘에 있다는 이치가 훤하게 되었다. 인종仁宗 명도明道(1032~1033) 초년에, 정호와 그의 아우 정이께서 태어나셨는데, 나이가 좀 들자 주씨周氏(周敦頤)에게서 학문을 전수 받았다. 그 후 전해 들은 바를 넓혀 『대학』, 『중용』 두 편과 『논어』, 『맹자』를 해석하고 발양했는데, 그 다음 위로는 제왕들이 마음으로 전하던 깊은 뜻으로부터, 아래로는 초학자들이 덕으로 들어가는 문까지, 모두 융회融會되고 관통되어 더 이상 파묻혀 있는 것이 없게 되었다. 송나라가 남도南渡해서는 신안新安의 주희가 정씨로부터 직접 가르침을 받았는데, 그의 학문은 더욱 절근했다. 대저 격물치지格物致知를 우선으로 하고 있었고, 명선明善과 성신誠身을 핵심으로 삼고 있었다. 무릇 『시경』, 『서경』 및 육예의 글과 공자, 맹자가 남긴 말遺言들은 진秦나라 때에 불태워지고, 한유漢儒들에 의해 지리支離하게 되고, 위, 진, 육조 때에는 담담하게 가라앉았으나, 이때에 이르러 모두 훤히 밝아졌고, 질서정연하게 각자 제 자리를 찾게 되었다. 이것이 송유宋儒들의 학문이 제자들을 훨쩍 넘어, 위로 직접 맹씨를 이은 연고이다! 한편, 송유들의 학문이 시대의 부침과 기화氣化의 성쇠榮悴에 관계되던 것도 중요한 원인이라고 하겠다. 도학은 송나라 때에 흥성했으나 송나라 때는 도학의 활용에 있어서는 탐구가 적었고, 심지어 엄하게 금지하기도 했다. 훗날의 군왕들이 만약 천덕天德과 왕도王道를 되돌려 오고자 한다면 반드시 이 법도에서 취해야 할 것이다.[160]

160) (元)脫脫等撰 :《宋史》第36冊, 中華書局1977年版, 第12709-12710頁.[원문 : 文王, 周公既沒, 孔子有德無位, 既不能使是道之用漸被斯世, 退而與其徒定禮樂, 明憲章, 刪《詩》, 修《春秋》贊《易象》, 討論《墳》,《典》, 期使五三聖人之道昭明於無窮. 故曰 : '夫子賢於堯, 舜遠矣.' 孔子沒, 曾子獨得其傳, 傳之子思, 以及孟子, 孟子沒而無傳. 兩漢而下, 儒者之論大道, 察焉而弗精, 語焉而弗詳, 異端邪說起而乘之, 幾至大壞. 千有餘載, 至宋中葉, 周敦頤出於舂陵, 乃得聖賢不傳之學, 作《太極圖說》,《通書》, 推明陰陽五行之理, 命於天而性於人者, 了若指掌. 張載作《西銘》, 又極言理一分殊之旨, 然後道之大原出於天者, 灼然而無疑焉. 仁宗明道初年, 程顥及弟頤寔生, 及長, 受業周氏, 已乃擴大其所聞, 表章《大學》,《中

원나라 때에는 정주이학程朱理學을 크게 받들고 있었는데, 그리하여 탈탈脫脫 등이 편수한 『송사宋史』에는 전문 『도학전道學傳』이 있었고, 이를 『유림전儒林傳』앞에 위치 지웠었다. 여기서는 한유의 『원도原道』의 도통론道統論을 토대로 정주이학程朱理學으로써 직접 맹자를 이었고, 한편 여기에는 도통道統에 대한 새로운 논설도 있었다. 그 논설은 대체로 원, 명, 청 세 조대三代의 주류 사회에서 정주이학程朱理學에 대한 평가를 대표할 수 있었다. 비록 짙은 관학官學적 색채를 가지고 있기는 했지만 만약 공자와 맹자 유학이 원래 "자기를 닦아 남을 편안하게 해준다修己安人."라는 의리義理를 학문의 주축으로 삼고 있었다는 점으로 미루어본다면, 그것은 아주 합리한 것이었다. 주희는 관직에 있을 때, 수차 간언諫言을 올려 경經을 현실에 활용하고, 도道(즉 禮義 규범)로써 군왕을 섬기야 한다는 사상을 피력했다. 또 황제가 격물치지格物致知를 잘 하고, 계속하여 금나라의 침략에 항거하고, 심술心術을 바르게 하고서 기강紀綱을 세우고, 천리天理를 보존하고 인욕人慾을 억제하고, 나라를 다스리고 국정을 운영함에 있어서 백성들을 사랑할 것을 근본으로 삼고, 현명한 충신忠臣을 가까이 하고 소인小人들을 멀리 하고, 백성들의 노동력勞力과 재력財力을 아껴주고, 군정軍政을 튼튼히 할 것을 건의했다. 한편, 잘못된 정사政事에 대해서도 숨기지 않고 직설적으로 지적했는데, 사실 그 당시 병폐를 정확히 지적했건만, 이는 군왕의 노여움을 샀고 또 권신權臣과 환관宦官들의 미움도 사게 되었다. 한탁주韓侂冑가 득세得勢하면서는 주자학을 '위학僞學'으로 몰아 부치고, 주희 학파를 '위당僞黨'으로 몰아붙였는데, 나중에는 '역당逆黨'으로까지 죄를 덮어씌우고, 반드시 제거해야 헐 대상이라고 주장했다. 이것이 즉 역사에서 말하는 '경원위학지금慶元僞學之禁'이다. 그러나 주희는 이 때문에 주저하지도 않았고 주눅이 들지도

庸》二篇, 與《語》,《孟》並行, 於是上自帝王傳心之奧, 下至初學入德之門, 融會貫通, 無復餘蘊. 迄宋南渡, 新安朱熹得程氏正傳, 其學加親切焉. 大抵以格物致知爲先, 明善誠身爲要, 凡《詩》,《書》六藝之文, 與夫孔孟之遺言, 顚錯於秦火, 支離於漢儒, 幽沉於魏, 晉, 六朝者, 至是皆煥然而大明, 秩然而各得其所. 此宋儒之學所以度越諸子, 而上接孟氏者歟. 其於世代之汙隆, 氣化之榮悴, 有所關係也甚大. 道學盛於宋, 宋弗究於用, 甚至有厲禁焉. 後之時君世主, 欲復天德王道之治, 必來取此法矣.]

않았다. 그는 종전과 다름없이 학생들에게 학문을 가르쳤고, 대유大儒의 도의道義를 굳게 지키고 있었다. 『송사宋史·도학전道學傳·주희朱熹』에서는 이렇게 말한다.

그가 학문을 닦는 데는 대체로 이치를 궁구하여窮理 앎을 이루어 나아갔으며, 자신을 돌이켜보면서 그 알찬 내용을 실천해 나아갔으며, 거경居敬(항상 마음을 바르게 가지고 몸가짐을 조심하여 덕성을 닦음)을 위주로 했다. 말하기를, 성현聖賢들의 도통道統을 전하는 글귀는 방책方冊(즉 竹簡典籍)에 산재해 있고, 성인들의 경經의 뜻이 분명하지 않아서 도통을 전하는 일은 어둡게 되었다고 했다. 그리하여 온갖 정력을 다 쏟아 성현들의 경훈經訓을 깊이 탐구했던 것이다.161)

유가 도통을 분명히 밝히고 또 새롭게 발전시킨 것이 주희의 주요한 이론적 공헌이라고 하겠다.

1) 이본론理本論과 이기설理氣說

주희는 이렇게 말한다.

하늘과 땅 사이에는 이理도 있고 기氣도 있다. 이理는 형이상形而上의 도道이며, 만물을 낳는 근본이다. 기氣는 형이하形而下의 기器이며 사물을 낳는 도구具이다. 그러므로 사람과 만물이 생성됨은 반드시 이 이理를 품부 받은 연후에 성性이 있게 되며, 반드시 이 기氣를 품부 받은 연후에 형形이 있게 된다. 그 성性과 그 형形은 비록 한 몸을 벗어나지 않지만, 그러나 그 도道와 기器 사이는 경계가 지극히 분명해서 어지럽게 뒤섞일 수는 없다.162)

161) (元)脫脫等撰:《宋史》第36冊, 中華書局1977年版, 第12769頁.[원문: 其爲學, 大抵窮理以致其知, 反躬以踐其實, 而以居敬爲主. 嘗謂聖賢道統之傳散在方冊, 聖經之旨不明, 而道統之傳始晦. 於是竭其精力, 以研窮聖賢之經訓.]

162) (宋)朱熹:《朱熹集》第5冊, 郭齊, 尹波點校, 四川敎育出版社1996年版, 第2947頁.[원문: 天地之間, 有理有氣. 理也者, 形而上之道也, 生物之本也. 氣也者, 形而下之器也, 生物之具也. 是以人物之生, 必稟此然後有性, 必稟此 氣然後有形. 其性其形雖不外乎一身, 然其道器之間, 分際甚明, 不可亂也.]

주희가 보건대, 그 어떤 사물도 모두 성性과 형形 두 방면을 포함하고 있는데, 성性은 그것의 본질적 속성이고, 그 사물의 이치理이다. 그것은 보이지는 않지만 실재하고 불변하는 것이다. 한편, 형形은 그것의 구조적 측면이고, 그 사물의 기氣이다. 그것은 형상을 가지고 있고 또 가변적이다. 예를 들면, '계단의 돌은 계단의 돌의 이理가 있고'163), '대나무 걸상은 대나무 걸상의 이理가 있고'164), '배는 다만 물 위에서 떠다닐 수 있고, 수레는 다만 육지에서 굴러다닐 수 있다.'165) 그것들은 각자 자체의 불변하는 성능性能이 있는데, 그것이 바로 이理라는 것이다. 그것들의 질료와 모양은 다종다양하고 또한 변화하는데, 그것이 기氣라는 것이다. 이렇게 보면 주희는 본질 세계와 현상 세계를 구분했다. 현대철학의 표현방식으로 말한다면, 즉 본질은 사물의 내적 본성이고, 현상은 본질의 외부표현이고, 전자는 이성으로 파악해야 하고, 후자는 감각기관으로 감지할 수 있다는 것이다. 본질과 현상은 일치할 수도 있고, 일치하지 않을 수도 있는데, 심지어 본질과 상반되는 가상假象이 있을 수도 있다. 과학자의 임무가 바로 어지럽게 갈려 있는 복잡한 현상을 투시하여 사물의 내적 본질을 정확하게 파악하는 것이다. 주희는 한편으로는 성리性理의 중요성을 강조하고, 다른 한편으로는 또 성리와 형기形氣를 갈라놓는 것에는 찬성하지 않았다. 그는 이理와 기氣가 선후순서가 있는가 하는 질문에 대답할 때, 이렇게 말했다.

> 그것의 기氣는 그것의 이理에 의지해서 행해진다. 그것의 기氣가 모이게 되면 그것의 이理가 거기에 들어있게 된다. 대개 기氣는 응결하여 사물을 만들어낼 수 있지만. 이理는 감정이나 의지가 없고, 계산할 수도 측정할 수도 없고, 사물을 만들어낼 수도 없다. 다만 그 기氣가 응결하여 모이는 그 속에 이理가 들어있을 따름이다. 이는 하늘과 땅 사이에서 사람과 초목과 짐승이 태어나는 데는 종자가

163) (宋)黎靖德編:《朱子語類》第一冊, 王星賢點校, 中華書局1986年版, 第61頁.[원문: 階磚便有階磚之理.]

164) (宋)黎靖德編:《朱子語類》第一冊, 王星賢點校, 中華書局1986年版, 第61頁.[원문: 竹椅便有竹椅之理.]

165) (宋)黎靖德編:《朱子語類》第一冊, 王星賢點校, 中華書局1986年版, 第61頁.[원문: 舟只可行之於水, 車只可行之於陸.]

> 없어서는 아니 되는 것과 마찬가지이다. 절대로 종자가 없이 맨 땅에서 하나의 사물이 그냥 생겨날 수는 없다. 이것은 모두 기氣이다. 이理라면 다만 정결하고 광활한 저변底 세계로서 자취도 없고, 사물을 만들어낼 줄도 모른다. 그러나 기氣는 배태하고 응집해서 사물을 만들어낼 수 있다. 단, 기氣가 있다면 이理는 반드시 그 속에 들어있게 된다.166)

이렇게 주희는 '체용론體用論'과 '성형론性形論'의 사고방식을 가지고 이학理學과 기학氣學을 이본론理本論의 틀 속에 통일시켰던 것이다. 주희는 정호를 이어 '천리天理'를 강조한다. 즉 이理가 천지만물의 근본임을 강조했는데, 그는 이렇게 말한다.

> 천지만물을 합쳐 말한다면 다만 하나의 이理일 따름이다. 천지가 있기 전에도 역시 다만 이理뿐이었다. 이 이理가 있어 이 천지가 있게 되었고, 만약 이 이理가 없었다면 천지도 없었을 것이다. 이理가 있어 기氣가 유행하게 되고 만물을 낳고 키워주게 된다.167)

주희의 이 말의 뜻인 즉 천지만물이 있기 전에 이理가 독립적으로 존재했다는 것이 아니고, 다만 천지만물은 항상 일정한 법칙을 따르면서 생성됨을 말하는 것이다. 바꾸어 말하면 이理는 논리적으로 기氣에 앞서 존재한다는 것이지, 사실적으로 기氣에 앞서 존재한다는 것이 아니라고 할 수도 있겠다. 그 당시에는 이런 언어 표현이 없었지만, 보다시피 이런 추상적 사유는 이미 존재했다. 이 점은 참으로 탄복할 만도 하겠다.

166) (宋)黎靖德編 :《朱子語類》第一冊, 王星賢點校, 中華書局1986年版, 第3頁.[원문 : 此氣是依傍這理行, 及此氣之聚, 則理亦在焉. 蓋氣則能凝結造作, 理卻無情意, 無計度, 無造作. 只此氣凝聚處, 理便在其中. 且如天地間人物草木禽獸, 其生也, 莫不有種, 定不會無種子白地生出一個物事. 這個都是氣. 若理, 則只是個淨潔空闊底世界, 無形跡, 他卻不會造作. 氣則能醞釀凝聚生物也. 但有此氣, 則理便在其中.]

167) (宋)黎靖德編 :《朱子語類》第一冊, 王星賢點校, 中華書局1986年版, 第2, 1頁.[원문 : "合天地萬物而言, 只是一個理", "未有天地之先, 畢竟也只是理. 有此理, 便有此天地, 若無此理, 便亦無天地", "有理, 便有氣流行, 發育萬物".]

주희의 이본론理本論은 명시적으로는 이정二程의 이학理學에서 유래한 것으로 볼 수 있고, 암묵적으로는 중국 불교 철학에서 유래한 것으로 볼 수 있다. 천태종天台宗에서 지의智顗는 "성性은 실성實性이고, 실성實性은 곧 이성理性이다."[168]라고 했다. 또 "여래如來는 이理를 감추고 있고, 일체 법法을 품고 있다."[169]라고도 했다. 화엄종華嚴宗에서 법장法藏은 이렇게 말했다.

> 현상事은 비록 완연宛然하나 항상 가지고 있는 것이 없으므로, 따라서 용用(작용)이 곧 체體(본질)이다. 이는 백 갈래 냇물을 모아 바다에 흘러들게 하는 것과 같겠다. 이理는 비록 한 가지 맛이나 항상 스스로 인연緣을 따르므로, 따라서 체(본질)가 곧 용(작용)이다. 만약 바다가 백 갈래 냇물을 받아들이는 것으로 설명한다면, 이는 즉 이치理와 현상事이 서로 융통하여 융합하는 것이므로 체와 용이 자유로운自在(圓融을 말함) 것으로 되겠다.[170]

이로 보면 정이의 "체體와 용用은 한 근원이고, 드러남과 은미함은 빈틈이 없다."라는 주장은 사실 여기서 나온 것이다. 이를 주희가 이어받았던 것이다. '법계法界'를 화엄종에서는 본질과 현상의 영역을 포함하는 것으로 보고 있다. 징관澄觀의 『화엄법계현경華嚴法界玄鏡』에서는 '사법계四法界'설을 제기했다. 그 가운데, '사법계'는 다양한 현상계를 말하고, "이법계理法界'는 일체 현상의 공통한 본질은 성공性空임을 말하고, "이사무애법계理事無礙法界'는 사물의 본체와 현상은 원융圓融하고 통일됨을 말하고, '사사무애법계事事無碍法界'는 사물 간의 차별은 성이 텅 비어 있기性空 때문에 모두 원융무애圓融無碍함을 말한다. 주희의 이본론理本論과 이기론理氣論은 화엄종華嚴宗의 사법계설四法界說을 참조했다고 볼 수 있는데, 다른 점이라면 불교에서는 성공性空으로써 이理를 해석하고, 주희는 속성屬性으로써 이理를 해석했다. 하나는 이理를 가려버리고 하나

168) 《摩訶止觀》卷五下, 《大正藏》第46冊, 第53頁.[원문: 性是實性, 實性即理性.]

169) 《妙法蓮華經玄義》卷三下, 《大正藏》第33冊, 第714頁.[원문: 如來藏理, 含一切法.]

170) 《華嚴經義海百門》, 《大正藏》第45冊, 第635頁.[원문: 事雖宛然, 恒無所有, 是故用即體也, 如會百川以歸於海. 理雖一味, 恒自隨緣, 是故體即用也. 如擧大海以明百川, 由理事互融故, 體用自在.]

는 이理를 추출해냈는데, 그러나 이理로써 형이상의 본체를 지칭하는 것은 똑같았다. 선종禪宗의 한 갈래인 오대법안종五代法眼宗 창시자 청량문익淸凉文益은 『종문십규론宗門十規論』에서 이렇게 말한다.

> 일반적으로 조사와 부처의 종지는 즉 이치理와 현상事을 동시에 갖춘다. 현상은 이치에 의지해서 세워지고, 이치는 현상을 빌려 밝혀지니, 이치와 현상은 눈과 발이 서로 의지하는 것과 마찬가지이다. 만약 현상만 있고 이치가 없다면 막히고 얽혀서 통하지 못하고, 만약 이치만 있고 현상이 없다면 너무 공허해서 귀착할 곳이 없게 된다. 그것이 둘이 아니게 하고자 한다면 관건은 원융圓融에 있겠다.[171]

석두희천石頭希遷은 이理를 성리性理와 물리物理로 나눈다. 그는 "현상에 집착하는 것은 원래 미혹됨이고, 이치에 계합되더라도 깨달음이 아니다."[172]라고 하면서 마땅히 현상에 본질적으로 접근해야 하고, 이치와 현상을 통일시켜야 한다고 주장했다. 이정二程은 불가와 도가에 수십 년 넘나들었고, 주희는 입으로는 불교를 배척한다고 했지만 사실 그도 역시 불법의 정미精微함과 심오함에 탄복했다. 그는 이렇게 말한다.

> 오늘날 선학禪學을 공부하지 않는 자들은 대개 그 심오한 경지에 들어가 본 적이 없기 때문이다. 일단 그 심오한 경지에 들어서고 나면, 단정코 참선參禪의 경지에 빠져 들어갈 것이다.[173]

중국 불교 철학은 유교와 도교를 회통하는 과정에 이미 새로운 차원에 올라섰는데, 유가 철학도 불교를 흡수해야만 불교를 초월할 수 있었다. 또한 불교를 초월해야만 중국철학의 최고봉에 다시 올라설 수 있었다.

---

171) 《宗門十規論》, 《卍新續藏》第63冊, 第37頁.[원문 : 大凡祖佛之宗, 具理具事, 事依理立, 理假事明, 理事相資, 還同目足. 若有事而無理, 則滯泥不通. 若有理而無事, 則汗漫無歸. 欲其不二, 貴在圓融.]

172) 《五燈會元》卷第五, 《卍新續藏》第80冊, 第108頁.[원문 : 執事元是迷, 契理亦非悟.]

173) (宋)黎靖德編 : 《朱子語類》第二冊, 王星賢點校, 中華書局1986年版, 第415頁.[원문 : 今之不爲禪學者, 只是未曾到那深處. 才到那深處, 定走入禪去也.]

2) 이일분수론理一分殊論

'이일理一'이란 전체 우주에서 최고의 진리는 오직 하나임을 말하는 것이고, "분수分殊'란 최고의 진리가 만물과 만사에서 다양하게 나타남을 말하는 것이다. 정이가 가장 일찍 이일분수理一分殊 사상을 제기했다. 이동李侗은 이를 이어 더 명확하게 말했다.

> 우리 유가 학설이 이단異端과 다른 점은 이치理는 하나이지만 수많이 갈라져 나온다는 데 있다. 이치理가 일치하지 않은 것은 걱정 없는데, 어려운 것은 수많이 갈라져 나온다는 점이다.[174]

주희는 이에 장재의 학설을 빌려 더 발휘했다. 그는 이렇게 말한다. "『서명西銘』 전체가 하나의 '이일분수理一分殊'이고, 매 한마디가 하나의 '이일분수'이다."[175] 주희의 이일분수론은 아래와 같은 몇 가지 함의가 있겠다.

첫째, 우주의 본체로서의 태극과 만물의 성性의 통일적 관계를 설명한다. 이르기를, "합쳐서 말한다면 만물 전체가 하나의 태극이고, 갈라서 말한다면 사물마다 각자 하나의 태극을 가지고 있다."[176] 이는 정태적인 면에서 설명한 것이겠다.

둘째, 우주의 본원으로서의 태극과 만물의 생성 및 분화의 통일적 관계를 설명한다. 태극은 음과 양으로 나뉘고, 오행으로 변화하여 만물로 흩어지는데, 그러나 그 근본은 여의지 않는다고 한다. 그는 이렇게 말한다.

> 아래로부터 위로 미루어 올라가면, 오행은 다만 이기二氣일 따름이고, 이기二氣

---

174) (淸)黃宗羲原著, 全祖望補修 :《宋元學案》第四冊, 陳金生, 梁運華點校, 中華書局1986年版, 第2758頁.[원문 : 吾儒之學, 所以異於異端者, 理一而分殊也. 理不患其不一, 所難者分殊耳.]

175) (宋)黎靖德編 :《朱子語類》第七冊, 王星賢點校, 中華書局1986年版, 第2522頁.[원문 :《西銘》通體是一個'理一分殊', 一句是一個'理一分殊'.]

176) 北京大學《儒藏》編纂與硏究中心編 :《儒藏》(精華編一八六), 北京大學出版社2014年版, 第14頁.[원문 : 合而言之, 萬物統體一太極也. 分而言之, 一物各具一太極也.]

또한 다만 일리一理일 따름이다. 위로부터 아래로 미루어 내려오면 다만 이 하나의 이치理일 따름이고, 만물은 그것을 나누어서 체體(본질)로 삼을 따름이다.[177] 마치 좁쌀 한 알이 싹이 트고, 싹이 자라 꽃이 피고, 꽃이 펴서 열매를 맺고, 다시 좁쌀이 되어 본래의 형태로 되돌아오는 것과 같겠다. 이삭 하나에 백 개의 낟알이 있지만 낟알마다 완전하다. 다시 이 낟알 백 개를 심으면 또 각자 낟알 백 개를 만들어낸다. 낳고 낳는 것은 끝이 없으나 처음에는 모두 이 낟알 한 알에서 갈라져 나온 것이다. 사물마다 각자 이치理가 있으나 총적으로는 하나의 이치理일 따름이다.[178]

이는 동태적인 면에서 설명한 것이겠다.

셋째, 우주의 다양한 사물과 인간 세상의 각종 도리 사이의 통일적 관계를 설명한다. 주희는 『중용中庸』의 "만물은 함께 길러지되 서로 해치지 않고, 도道는 함께 행해지되 서로 어긋나지 않는다. 작은 덕德은 냇물처럼 흐르고 큰 덕은 감화됨을 두텁게 하니, 이것은 천지가 위대한 까닭이라."[179]라는 말귀에 주注를 달 때 이렇게 말한다.

하늘은 덮고 땅은 실어줘 만물이 아울러 그 사이에서 함께 길러지되 서로 해치지 않으며, 사시四時와 일월日月은 교체하면서 운행하고 교체하면서 밝아지되 서로 어긋나지 않는다. 해치지 않고 어긋나지 않는 것은 작은 덕德이 냇물처럼 흐르는 까닭이고, 함께 길러지고 함께 행해지는 것은 큰 덕이 감화를 두텁게 하는 까닭이다. 작은 덕은 전체가 갈라진 것이고, 큰 덕은 만 갈래로 갈라진 그 근본이다. 냇물의 흐름川流이란 말 그대로 냇물의 흐름처럼 맥락이 분명하고 흐름이 그치지 않음이다. 감화를 두텁게 한다敦化는 것은 그 변화를 돈후하게 하여, 근본이 성대하게 나옴이 무궁하게 하는 것이다.[180]

177) (宋)黎靖德編 : 《朱子語類》第六冊, 王星賢點校, 中華書局1986年版, 第2374頁.[원문 : 自下而推上去, 五行只是二氣, 二氣又只是一理. 自上而推下來, 只是此一個理, 萬物分之以爲體.]

178) (宋)黎靖德編 : 《朱子語類》第六冊, 王星賢點校, 中華書局1986年版, 第2374頁.[원문 : 如一粒粟生爲苗, 苗便生花, 花便結實, 又成粟, 還復本形. 一穗有百粒, 每粒各個完全. 又將這百粒去種, 又各成百粒. 生生只管不已, 初間只是這一粒分去. 物物各有理, 總只是一個理.]

179) (宋)朱熹 : 《四書章句集注》, 中華書局1983年版, 第37頁.[원문 : 萬物並育而不相害, 道並行而不相悖, 小德川流, 大德敦化, 此天地之所以爲大也.]

주희는 만 갈래의 냇물이 근원은 하나라는 것을 예로 들어, 다양한 사물 사이는 만 갈래로 갈라지는 것萬殊과 하나의 근본一本의 관계임을 설명했다. 그는 『논어論語·이인里仁』에서 "증자가 이르기를, '선생님의 도道는 단지 충서忠恕일 뿐이다.'"라는 말에 주注를 달 때 이렇게 말한다. "대개 지성이 그치지 않음至誠無息이 도道의 체體(본바탕)로서 만 갈래로 갈라져 나오는 그 하나의 근본一本이다. 만물이 각자 제자리를 얻는 것은 도道의 쓰임用으로서 그것은 하나의 근본이 만 갈래로 갈라지는 까닭이다."[181] 그는 여기서 '이일理一'이 즉 '지성이 그치지 않음至誠無息'이고, 이는 도道의 체體라고 밝혔다. 한편, '만수萬殊'는 즉 '만물이 각자 제자리를 얻는 것이고' 이는 도道의 쓰임用이라고 밝혔다. 이렇게 '이일분수'론의 함의는 더욱 분명해졌다. 즉 자연과 사회의 전체적 화해관和諧觀 및 문화와 진리의 다양성의 화해관이 분명해졌다는 것이다. 이는 공자의 '화이부동和而不同'과 『역전易傳』에서의 "천하는 같은 곳으로 돌아가지만 길은 다르고, 이치는 하나이지만 백가지 생각이 있다."[182]라는 철학의 새로운 이론형태라고 하겠다.

주희의 이 이론적 비약은 불교 지혜의 계시에서 비롯된 것이다. 그는 이렇게 말한다. "석씨釋氏께서 말씀하시기를, '한 달이 모든 물에 두루 나타나고, 모든 물의 달을 한 달이 포섭한다.'고 했다. 이는 석씨께서도 이런 도리를 엿본 것이다."[183] 주희가 인용한 이 글귀는 현각玄覺의 『영가정도가永嘉正道歌』에서 나온 것이다. 선종禪宗에서는 '월인만천月印萬川(달이 만 갈래 냇물에 비춰진다)'이라는 비유로써 진여眞如와 만상萬象, 일一과 다多의 상호 포섭 관계를 설명했는데,

180) (宋)朱熹 :《四書章句集注》, 中華書局1983年版, 第37-38頁.[원문 : 天復地載, 萬物並育其間而不相害. 四時日月, 錯行代明而不相悖. 所以不害不悖者, 小德之川流. 所以並育並行者, 大德之敦化. 小德者, 全體之分. 大德者, 萬殊之本. 川流者, 如川之流, 脈絡分明而往不息也. 敦化者, 敦厚其化, 根本盛大而出無窮也.]

181) (宋)朱熹 :《四書章句集注》, 中華書局1983年版, 第72頁.[원문 : 蓋至誠無息者, 道之體也, 萬殊之所一本也. 萬物各得其所者, 道之用也, 一本之所以萬殊也.]

182) 宋祚胤注譯 :《周易》, 嶽麓書社2000年版, 第355頁.[원문 : 天下同歸而殊途, 一致而百慮.]

183) (宋)黎靖德編 :《朱子語類》第二冊, 王星賢點校, 中華書局1986年版, 第399頁.[원문 : 釋氏雲 : '一月普現一切水, 一切水月一月攝', 這是那釋氏也窺見得這些道理.]

아주 적절하고 생동했다. 그리하여 주희가 이를 가지고 '이일분수理一分殊'를 설명했던 것이다. 즉 분수는 이일의 표현이지, 이일과는 다른 딴 물건이 아님을 설명했던 것이다.

3) 심통성정론心統性情論과 십육자심전十六字心傳

주희는 장재가 제기한 심통성정론心統性情論을 지극히 찬송했다. 그가 보건대, 이 지견智見은 맹자와 이정도 가지지 못했던 것이었다. 이렇게 말한다.

> 횡거橫渠의 '심통성정心統性情'이라는 한 마디는 불역지론不易之論(바뀌면 아니 되는 진리)이다. 맹자는 마음心을 많이 논했지만, 이와 비슷한 말마디는 하나도 없었다.[184] '심통성정'에 관해서 이정도 이처럼 절실한 말 한마디 없었다.[185]

주희가 보건대, 마음心은 성정性情을 아우르고 있고 또한 이를 주도한다. "성性은 그것心의 이치理이고, 정情은 그것의 작용用이다. 마음心이란 성정性情을 아울러 말하는 것이다."[186] "성性은 이치理를 놓고 말한 것이고, 정情은 발해서 작용하는 곳이며, 마음心이란 성정을 주관하고 통섭하는 자이다."[187] 그가 보건대, 인성은 천도天道가 인간의 몸에서 드러나는 것이었다. "성性이란 사람이 품부 받은 천리天理이다. 천도란 천리자연天理自然의 본체本體(본바탕)이다."[188] 이것은 순수하게 선善한 것으로서 이를 천지의 성性 또는 의리義理의 성이라고

184) (宋)黎靖德編:《朱子語類》第七冊, 王星賢點校, 中華書局1986年版, 第2550頁.[원문: 橫渠'心統性情'一句, 乃不易之論. 孟子說心許多, 皆未有似此語端的.]

185) (宋)黎靖德編:《朱子語類》第七冊, 王星賢點校, 中華書局1986年版, 第2513頁.[원문: '心統性情'. 二程卻無一句似此切.]

186) (宋)黎靖德編:《朱子語類》第二冊, 王星賢點校, 中華書局1986年版, 第475頁.[원문: 性, 其理. 情, 其用. 心者, 兼性情而言.]

187) (宋)黎靖德編:《朱子語類》第一冊, 王星賢點校, 中華書局1986年版, 第94頁.[性以理言, 情乃發用處, 心即管攝性情者也.]

188) (宋)朱熹:《四書章句集注》, 齊魯書社1988年版, 第5頁.[원문: 性者, 人所受之天理. 天道者, 天理自然之本體.]

칭한다. 그러나 인간이 품부 받은 기氣는 밝고明 어두운晦 구별이 있는데, 그리하여 기질의 성性이 있게 된다고 한다. "천지天地의 성性을 논할 때는 오로지 이치理를 가리켜 말하는 것이고, 기질의 성性을 논할 때는 이理와 기氣를 한데 섞어서 말하는 것이다."189) 그리하여 인성人性에는 선善도 있고 악惡도 있다는 것이다. 성性과 정情의 관계를 놓고 말할 때,

> 성性은 선善하지 않음이 없지만, 마음心이 정情을 발發하게 되면 혹 불선不善이 있기도 하다.190) 인간은 살면서生, 사물에 감응하면서 움직이지 않을 수 없다. 그래서 '사물에 감응하여 움직이는 것은 성性의 욕欲이다. 말言 역시 성性이 소유하고 있는 것인데, 그것은 심군心君이 주재主宰하는가 아니 하는가에 달려있다.'고 말하는 것이다. 마음心이 주재하면 정情이 바름을 얻게 되고, 성性의 법도常로 거느리게 되는데, 이때는 말을 욕망에 따라 함부로 할 수 없다. 마음心이 주재하지 않으면, 정情은 마구 흘러 그 성性을 함닉陷溺하게 되고, 오로지 인간의 욕망을 따르게 된다.191)

인간의 마음이 성정性情을 주재主宰해서 그 바름을 얻게 되면 그것은 천리天理로 되고, 인간의 마음이 주재하지 못해서 정情이 성性을 함닉하게 되면, 그것은 인욕人慾으로 된다. 그러므로 "천리와 인욕의 판별, 중절中節인가 아닌가 하는 구분은 특히 마음이 주재主宰 하는가 안 하는가에 달려 있는바, 이는 정情이 어찌할 수 있는 것이 아니다. 이 역시 분명해졌다."192) 이로 보면 주희의 '천리

189) (宋)黎靖德編 : 《朱子語類》第一冊, 王星賢點校, 中華書局1986年版, 第67頁.[원문 : 論天地之性, 則專指理言. 論氣質之性, 則以理與氣雜而言之.]

190) (宋)黎靖德編 : 《朱子語類》第一冊, 王星賢點校, 中華書局1986年版, 第92頁.[원문 : 性無不善, 心所發爲情, 或有不善.]

191) 朱傑人, 嚴佐之, 劉永翔主編 : 《朱子全書》第23冊, 上海古籍出版社2002年版, 第3115-3116頁.[원문 : 人之生不能不感物而動, 曰 : '感物而動, 性之欲也, 言亦性所有也, 而其要系乎心君宰與不宰耳.' 心宰則情得其正, 率乎性之常, 而不可以欲言矣. 心不宰則情流而陷溺其性, 專爲人欲矣.]

192) 朱傑人, 嚴佐之, 劉永翔主編 : 《朱子全書》第21冊, 上海古籍出版社2010年版, 第1395頁.[원문 : 天理人欲之判, 中節不中節之分, 特在乎心之宰與不宰, 而非情能病之, 亦已明矣.]

天理' 개념은 인성人性과 인정人情을 모두 포함하고 있는데, 그는 다만 성性이 자체의 법도常를 가지고, 정精이 자체로 바름을 얻을 것을 요구하고 있었다. 한편, 그의 '인욕人慾' 개념은 인정의 바름을 가리키는 것이 아니라 인정을 함부로 발현하는 것을 가리키는 것이었다. 아무튼 성性과 정情은 반드시 마음心이 통솔해야만 중절中節을 지킬 수 있다. 그렇다면 주희가 이해하고 있던 '마음心' 이란 도대체 어떤 것인가? 주희는 이렇게 말한다.

> 마음心은 기氣의 정상精爽(혹은 精靈)이다.[193] 성性은 도道의 형체이고, 마음心은 성性의 성곽郛郭이다.[194] "반드시 어떤 마음心이 있어 이 성性을 수습하고서 발해서 쓰게 된다發用.[195] 성性은 마음心의 도리이고, 마음心은 몸을 주재主宰하는 자이다. 사단四端이 바로 정情이고, 이는 마음心에서 발하여 드러나는 곳이다.[196]

주자학에서 '성性', '정情', '심心' 삼자는 구별이 있었다. '성性'은 특별히 인성의 선善을 지칭하는데, 즉 오늘날 우리가 말하는 도덕이성道德理性이다. '정情'은 특별히 인간의 정감과 욕망을 지칭하는데, 여기에는 선善도 있고 악惡도 들어 있다. '심心'은 특별히 주관적 의지를 가지고 있는 사유능력을 지칭하는데, 주희는 이를 '지각知覺'이라고 칭했다. 이는 활발한 자아의식으로서 이로 자신의 사상과 행위를 지배할 수 있다.

정이로부터 가짜僞 『고문상서古文尙書 · 대우모大禹謨』에서의 "인심人心은 위태롭고 도심道心은 은미微하니, 오로지 정미精하고 오로지 전일해야만, 진실로 중용을 잡게 된다人心惟危 道心惟微 惟精惟一 允執厥中."[197]라는 이 열여섯 글자에

---

193) (宋)黎靖德編 : 《朱子語類》第一冊, 王星賢點校, 中華書局1986年版, 第85頁.[원문 : 心者氣之精爽.]

194) (宋)黎靖德編 : 《朱子語類》第七冊, 王星賢點校, 中華書局1986年版, 第2549頁.[원문 : 性者, 道之形體, 心者, 性之郛郭.]

195) (宋)黎靖德編 : 《朱子語類》第一冊, 王星賢點校, 中華書局1986年版, 第64頁.[원문 : 須是有個心, 便收拾得這性, 發用出來.]

196) (宋)黎靖德編 : 《朱子語類》第一冊, 王星賢點校, 中華書局1986年版, 第90頁.[원문 : 性是心之道理, 心是主宰於身者. 四端便是情, 是心之發見處.]

의거하여 마음心을 인심과 도심으로 나누었다. 그는 이렇게 주장했다. 즉 "인심은 사욕私慾이므로, 그래서 위태롭고, 도심은 천리天理이므로 그래서 정미精微하다. 사욕을 없애면 천리가 밝아진다."198) 주희는 이 열여섯 글자가 요임금과 순임금의 도통의 심전心傳(마음으로 전한 진수)이라고 보았었고, 이를 정씨程氏 심론心論의 기초 위에서 한 걸음 더 나아가 발휘했다. 그는 『중용장구서中庸章句序』에서 이렇게 말한다.

마음의 허령虛靈한 작용인 지각知覺은 하나일 따름이다. 그런데 인심人心과 도심道心의 다름이 있다고 생각하는 것은 그것이 혹은 형기形氣의 사사로움에서 생겨나기도 하고 혹은 성명性命의 올바른 것에서 비롯되기도 하여 지각知覺하는 바가 똑같지 않기 때문이다. 그래서 위태로워 불안하기도 하고 혹은 미묘하여 보아내기도 어렵게 되는 것이다. 하지만 사람은 이 형체를 가지고 있지 않은 이가 없으므로, 비록 지혜로운 자上智라고 하더라도 인심이 없을 수 없고, 또한 이 본성을 가지고 있지 않은 이가 없으므로 비록 어리석은 자下愚라고 하더라도 도심道心이 없을 수 없는 것이다. 이 양자는 마음方寸에 마구 섞여 있는데, 그것을 다스릴 바를 알지 못하면 위태로움은 더욱 위태로워지고, 은미함은 더욱 은미해진다. 이렇게 마침내 천리天理의 공변됨이 인욕人慾의 사사로움을 이길 수 없게 된다. 정미精微하게 되면 도심道心과 인심 양자 사이를 잘 살펴 이들이 섞이지 않게 하고, 전일하게 되면 본심의 바름을 지켜 잃지 않게 된다. 이와 같이 함에 잠시도 끊임이 없이 반드시 도심이 늘 한 몸의 주인이 되게 하고, 한편, 인심이 매 순간 도심의 명을 듣게 하면 위태로운 것은 평안하게 되고 은미한 것은 드러나게 되어 움직이고, 멈추고, 말하고, 행하는 것이 절로 지나치고 모자람이 없게 될 것이다.199)

197) (宋)黎靖德編 : 《朱子語類》第一冊, 王星賢點校, 中華書局1986年版, 第207頁.[원문 : 人心惟危, 道心惟微, 惟精惟一, 允執厥中.]

198) (宋)程顥, 程頤, 潘富恩導讀 : 《二程遺書》, 上海古籍出版社2000年版, 第369頁.[원문 : 人心私欲, 故危殆. 道心天理, 故精微. 滅私欲則天理明矣.]

199) (宋)朱熹 : 《四書章句集注》, 上海古籍出版社2006年版, 第21頁.[원문 : 心之虛靈知覺, 一而已矣. 而以爲有人心, 道心之異者, 則以其或生於形氣之私, 或原於性命之正, 而所以爲知覺者不同, 是以或危殆而不安, 或微妙而難見耳. 然人莫不有是形, 故雖上智不能無人心, 亦莫不有是性, 故雖下愚不能無道心. 二者雜於方寸之間, 而不知所以治之, 則危者愈危, 微者愈微, 而天理之公卒無以勝夫人欲之私矣. 精則察夫二者之間而不雜也, 一則守其本

주희가 인심人心, 도심道心을 논하는 데는 정씨程氏와 좀 달랐다. 그는 간단히 인심을 사욕私欲과 같은 것으로 도심을 천리天理와 같은 것으로 보지 않았다. 그는 상지上智(지혜로운 자)와 하우下愚(어리석은 자)는 모두 인심(즉 形氣의 사사로움), 도심(性命의 올바름)을 겸하여 가지고 있고, 이것들은 마음方寸에 섞여 있다고 했다. 한편, 지각知覺 수준이 낮은 자가 어떻게 마음을 다스려야 할지를 모르면 인심은 끊임없이 팽창하고 위태로워지고, 도심은 끊임없이 위축하고 어둡게 되어 결국 천리는 인욕人欲에 굴종하게 된다고 한다. 지각 수준이 높은 자가 인심과 도심의 구별을 정미精微하게 살피고, 본심의 올바름을 지키면서 도심이 지배하게 하고 인욕이 종속되게 할 수 있으면 즉 도덕이성으로 정감과 욕망을 주도할 수 있으면, 그것이 즉 '진실로 중용을 잡는 것允執厥中.'이라고 한다. 주희는 『중용장구서中庸章句序』에서 『중용』의 글귀를 가지고 한걸음 더 나아가 이렇게 지적한다.

> 『중용中庸』에서 말하는 '천명솔성天命率性'이 도심道心을 이르는 말이고, '택선고집擇善固執'이 정일함精一(정미하고 전일함)을 이르는 말이고, '군자시중君子時中'이 중용을 잡을 것을 이르는 말이다.[200]

그가 보건대, 『중용』은 고대 성현들의 도道에 대해 그 "기강을 세우고 심오한 뜻을 밝힐 수 있는데"[201], 한편 전대前代의 뭇 성현들의 책은 "이처럼 분명하고 또 극진히 다한 것이 없었다."[202] 보다시피 주희는 이 책을 지극히 숭상하고 있었다.

주희의 심통성정론心統性情論과 인심, 도심 겸존설兼存說은 정이의 천리天理, 인욕人欲의 이분설二分說과 비교할 때, 사회와 인생의 실제에 더욱 근접해 있었

心之正而不離也. 從事於斯, 無少間斷, 必使道心常爲一身之主, 而人心每聽命焉, 則危者安, 微者著, 而動靜雲爲自無過不及之差矣.]

200) (宋)朱熹 :《四書章句集注》, 中華書局1983年版, 第15頁.[원문 : 其曰'天命率性', 則道心之謂也. 其曰'擇善固執', 則精一之謂也. 其曰'君子時中', 則執中之謂也.]

201) (宋)朱熹 :《四書章句集注》, 中華書局1983年版, 第15頁.[원문 : 提絜綱維, 開示蘊奧.]

202) (宋)朱熹 :《四書章句集注》, 中華書局1983年版, 第15頁.[원문 : 未有若是之明且盡者也.]

고 또한 사람들에게 친근감을 줄 수 있었다. 이는 그의 인륜일용人倫日用에 대한 배려에서 비롯된 것이었다. 동시에 이 또한 그가 암묵적으로 불교 심성론의 정의精義를 활용한 결과였다. 일찍 진晉나라 때, 치초郗超는 『봉법요奉法要』에서 불교의 기본 교의教義와 교규敎規를 소개하면서 '육정六情'을 논했다. 그는 불교의 말을 인용하여 이렇게 말했다.

> 경經에서는 이르기를, '마음이 하늘을 만들고, 마음이 인간을 만들고, 마음이 지옥을 만들고, 마음이 짐승을 만든다. 득도得道하는 것도 역시 마음에서 만들어 내는 것일 따름이다.'라고 했다. 그러므로 도道를 행하는 자는 늘 마음에서 신독愼獨하고 미세한 (나쁜) 조짐은 첫 시작부터 생각해서 끊어버리고, 이치理가 (나쁜 것들이 침범하지 못하게) 성지城池로 되게 해야 한다.

그는 또 '천리天理가 죄罪와 복福에 있어서의 지위'를 논했는데, 그 목적은 인과응보를 밝히기 위함이었다. 또 도道를 닦는 데는 반드시 선善으로 나아가는 마음을 길러야 하고, 지리至理와 천리天理로 마음의 순수함과 올바름을 수호해야 한다고 했는데, 이 역시 정주이학程朱理學과 통하는 관념이었다. 선종禪宗에서 혜능惠能은 말하기를, 자성自性은 본디 깨끗한 것이어서, 마음을 알아 자성을 보게 되면識心見性 곧 성불成佛할 수 있다고 했다. 한편 마음은 바름이 있고 삿됨이 있고, 깨달음이 있고 미혹이 있는 바, "세상 사람들이 마음을 바르게 하고, 지혜를 일으켜 모든 것을 살피고, 바른 마음의 본성에 비추어 본다면 절로 부처님의 지견知見이 열리게 된다."[203]고 했다. 또 "깨달은 자는 스스로 자기 마음을 깨끗하게 한다."[204]고도 했다. 도일법사道一法師는 이렇게 말했다.

> 평상심平常心이 바로 도道이다.[205] 도는 닦을 필요가 없다. 단, 오염시키지는

203) 《南宗頓敎最上大乘摩訶般若波羅蜜經六祖惠能大師於韶州大梵寺施法壇經》, 《大正藏》 第48冊, 第342頁.[원문 : 世人心正, 起智慧觀照, 自開佛知見.]

204) 《南宗頓敎最上大乘摩訶般若波羅蜜經六祖惠能大師於韶州大梵寺施法壇經》, 《大正藏》 第48冊, 第341頁.[원문 : 悟者自淨其心.]

205) 《景德傳燈錄》卷二十八, 《大正藏》第51冊, 第440頁.[원문 : 平常心是道.]

말거라. 진리를 여의고 따로 설 곳이 있는 것이 아니니, 서는 곳이 곧 진리이며, 모두가 자신의 본바탕이다.206)

선종禪宗의 취지는 도道를 깨달아 성불成佛하고, 일체 번뇌에서 해탈하는 것이었는 바, 이는 주희 이학理學의 취지가 유가 성현聖賢들의 도道를 전하는 것에 있었던 것과는 달랐다. 하지만 선종에서 주장하는 명심견성明心見性, 사람들이 '스스로 자기 마음을 깨끗하게 할 것'을 요구하는 것, 다시 말하면 정념正念을 일으키고, 사견邪見을 버리고, 오염汚染되지 말 것을 요구하는 것 같은 이런 지각知覺 공부功夫와 주희의 수심양성修心養性 학설은 모두 사람들을 이끌어 선善하게 만들고자 했는바, 양자는 한 방향으로 나아갈 수 있었고 상호 참작할 수도 있었다. 사실 선학禪學과 주자학은 모두 이렇게 하고 있었다.

4) 격물치지론格物致知論과 성의정심론誠意正心論

주희는 『대학장구서大學章句序』에서 『대학大學』이라는 책은 '사람을 가르치는 법法'이고, '사람들에게 이치를 궁구하고窮理, 마음을 올바르게 하고正心, 자신을 닦고修己 사람을 다스리는 법治人을 가르치는 도道'207)라고 강조했다. 『대학』에서는 첫머리에 요지를 밝혔었다. "대학의 도道는 밝은 덕을 밝히는데 있으며, 백성들을 새롭게 하는데 있으며, 지극한 선善에 머무르게 하는데 있다."208) 주희는 "이 삼자는 대학의 강령이다."209)라고 한다. 이어서 『대학』에서는 밝은 덕을 천하에 밝히는 여덟 개 절차를 제기한다. 즉 격물格物, 치지致知, 성의誠意, 정심正心, 수신修身, 제가齊家, 치국治國, 평천하平天下가 그것이다. 주

206) 《景德傳燈錄》卷二十八, 《大正藏》第51冊, 第440頁.[원문 : 非離眞而有立處, 立處即眞, 盡是自家體.]

207) (宋)朱熹 : 《四書章句集注》, 中華書局1983年版, 第1頁.[원문 : "敎人之法", "敎之以窮理, 正心, 修己, 治人之道".]

208) (宋)朱熹 : 《四書章句集注》, 中華書局1983年版, 第3頁.[원문 : 大學之道, 在明明德, 在親民, 在止於至善.]

209) (宋)朱熹 : 《四書章句集注》, 中華書局1983年版, 第3頁.[원문 : 此三者, 大學之綱領也.]

희는 “이 여덟 가지는 대학의 세목條目이다.”210)라고 한다. 주희는 격물치지에 대해 보충설명을 했다.

> 이른바 앎에 이르는 것致知이 격물格物 하는데 달려있다고 하는 것은 나의 앎知을 성취하고자 한다면 사물에 접해서 그 이치를 궁구해야 함을 말하는 것이다. 대개 사람의 마음의 신령함靈은 앎知이 없을 수 없고, 한편 천하의 사물은 이치理가 없는 것이 없는데, 다만 이치를 다 궁구하지 못하는 까닭에 그 앎知이 미진하게 되는 것이다. 그리하여 태학大學에서 처음 가르칠 때, 반드시 배우는 자들에게 무릇 천하 만물에 접해서, 이미 알고 있는 이치에 기대어 그것을 더욱 궁구하고, 이로써 지극함에 이르기를 요구했던 것이다. 힘쓰기를 오래 하여, 일단一旦(하루아침) 환히 뚫리게 되면 곧 모든 사물의 안과 밖表裏 그리고 정세하고 거친 것精粗이 다가오지 않음이 없고, 내 마음의 전체대용全體大用(全體란 마음의 체가 비어있으면서도 여러 원리를 온전히 갖추고 있는 것이며, 大用이란 신령하게 모든 일에 대응하는 것이다.)에 밝지 않음이 없게 된다. 이런 상태를 격물이라 이르고, 이것을 앎知에 이르는 것이라 말한다.211)

격물치지는 주자 이학의 방법론이었다. 그는 세상의 만사萬事와 만물은 모두 그 자체로 이치를 가지고 있는데, 인간 마음의 신령한 깨달음은 반드시 이미 알고 있는已知 이치에 의지하여 미지未知의 이치를 파악해야 하고 또 끊임없이 파고들어 투철한 이해를 추구해야 한다고 한다. 그러나 사물은 무궁하고, 사물의 이치 또한 무한한데, 인간의 마음으로는 이것들을 하나하나 모두 파악할 수는 없다. 그래서 또 반드시 회통시킬 줄 알아야 하겠다. 그는 이렇게 말한다.

> 단지 이것만 투철하게 알고 있으면 저것도 또 투철하게 알게 되는데, 이런 일

---

210) (宋)朱熹 : 《四書章句集注》, 中華書局1983年版, 第4頁.[원문 : 此八者, 大學之條目也.]

211) (宋)朱熹 : 《四書章句集注》, 中華書局1983年版, 第6-7頁.[원문 : 所謂致知在格物者, 言欲致吾之知, 在即物而窮其理也. 蓋人心之靈莫不有知, 而天下之物莫不有理, 惟於理有未窮, 故知有不盡也. 是以《大學》始教, 必使學者即凡天下之物, 莫不因已知之理而益窮之, 以求至乎其極. 至於用力之久, 而一旦豁然貫通焉, 則衆物之表裏精粗無不到, 而吾心之全體大用無不明矣. 此謂格物物格, 此謂知之至也.]

이 많이 쌓이게 되면 곧 관통될 수 있겠다.[212] 마음이 한량이 없는데 어떻게 다 쓸 수 있겠는가? 사물이 얼마나 많은데 또 어떻게 다 알 수 있겠는가? 그렇기는 하지만 그 관통이 되는 곳에 이르게 되면 잡기만 하면 다 알 수 있다. 이것이 앎을 다하는 것이다.[213]

주희의 격물치지론의 전반부에서는 즉물궁리卽物窮理를 논하고 있었는데, 이는 사람들이 지식을 축적하고 자연과 사회의 내적 법칙에 대한 이해를 증진하는데 많이 유익했다. 사실 그리하여 주희 본인은 학문이 박대했고 이로 세상 사람들의 칭송을 받았던 것이다. 또한 그의 이학理學은 후일 육왕심학陸王心學에서 인간의 내심內心에만 주목하던 것과는 달리, '배움을 행하면 날로 늘어난다爲學日益'는 사상을 드러내고 있었다. 그러나 그의 격물치지론의 후반부에서는 훤히 뚫려 통하는 것豁然貫通을 논하고 있었는데, 이 부분은 앞부분과 어울리지 않았고, 그 말도 지나쳤었다. 아마 성인들도 "만물의 겉과 속表裏, 정세한 것과 거친 것精粗에 모두 이르기" 어려울 것이고, "내 마음의 전체대용全體大用에 밝지 않음이 없는" 경지에 이르기 어려울 것이다. 풍우란馮友蘭은 주희의 『대학』 '격물보전格物補傳'에서 이 전후가 어울리지 않는 점에 착안하여 몇 마디 더 보충했다. 그는 이렇게 말한다.

'이로 지극한 앎에 이를 것을 추구한다.'라는 말 뒤에 이런 한 마디를 더 보태야 한다. '이는 사물의 이치理를 궁구하는 것이지만 사물의 이치理를 궁구하는 것은 결국 사람의 이치理를 궁구하기 위한 것이니, 이 이치道를 잘 알고, 공경하는 마음을 가지고 이를 행하게 되면'이라고 말이다. 그 뒤에 이 말을 이어야 한다. '하루아침에 뚫려 훤히 통하게 될 것이다.'[214]

212) (宋)黎靖德編 :《朱子語類》第三冊, 王星賢點校, 中華書局1986年版, 第1140頁.[원문 : 只是這一件理會得透, 那一件又理會得透, 積累多, 便會貫通.]

213) (宋)黎靖德編 :《朱子語類》第三冊, 王星賢點校, 中華書局1986年版, 第1425頁.[원문 : 心無限量, 如何盡得? 物有多少, 亦如何盡得盡? 但到那貫通處, 則才拈來便曉得, 是爲盡也.]

214) 馮友蘭 :《中國哲學史新編》下卷, 人民出版社1999年版, 第172頁.[원문 : 在'以求至乎其極'下麵加說 : '此窮物理也, 窮物之理乃所以窮人之理. 苟明此道, 敬以行之', 下麵就接著'而一旦豁然貫通焉.]

주희의 본뜻은 사람들이 끊임없이 격물치지 하여, 천도조화天道造化와 인륜도덕을 관통시켜, 진정하게 지선至善의 경지에 이르게 하려는데 있었다. 하지만 이는 오로지 체오體悟(절실한 깨달음)를 통해야만 가능한 것이지, 치지致知를 통해 이를 수 있는 것이 아니다. 어찌 보면, 노자의 말처럼, "도道를 행하여 날로 줄어들게爲道日損' 해야 하는 것이다. 이 또한 선종禪宗의 점수漸修와 돈오頓悟설의 영향을 받은 것이 분명하다. 주희의 즉물궁리卽物窮理설은 북종北宗 신수神秀의 점수漸修 설, 즉 "때때로 부지런히 털고 닦으라時時勤拂拭'라는 것과 아주 유사하다. 또 "하루아침에 뚫려 훤히 통하게 될 것이다而一旦豁然貫通焉."라는 말은 『단경壇經』에서 혜능慧能이 말하는 "앞생각前念에 미혹되면 범부凡夫요, 뒷생각이 깨달으면 부처이다. 앞생각이 집착하는 경계이면 곧 번뇌요, 뒷생각이 떠나는 경계이면 곧 보리이다.", "만약 바르고 참다운 반야般若를 일으켜 비춰 보면 찰나에 망념이 모두 사라질 것이니, 만일 자성을 알아 한 번에 깨달으면 곧 부처님의 경지에 이르게 되니라."[215]라는 것과도 아주 유사하다. 주희가 말하는 "하루아침에 뚫려 훤히 통하게 될 것이다."라는 것과 혜능이 말하는 "한 번에 깨달으면 곧 부처님의 경지에 이르게 되니라."라는 것은 모두 인간의 인지능력이 도달해야 할 목표를 가리키는 것이 아니고, 이는 인간의 심령心靈의 경지가 도달해야 할 차원을 가리키는 것이었다. 양자의 공통점은 즉 속세의 물질적 욕망과 협애한 정사情思에서 초탈하여, 순수하고 깨끗한 정신적 경지를 향유하려는 것이었다. 차이라면 주희는 천인합일天人合一의 경지를 지향하고 있었고, 혜능은 물物과 아我 양자를 모두 잊는 경지를 지향하고 있었다. 길은 같았지만 귀착점은 달랐다고 할 수 있겠다.

성의정심誠意正心은 『대학』에서 논술하는 팔조목八條目의 요지로서 격물치지格物致知를 이어 그 다음에 나오는 말이다. 이것이 수신修身에 있어서 관건이라고 하겠다. 주희의 주注에서는 이렇게 말한다.

215) 丁福保箋注 :《壇經》, 上海古籍出版社2011年版, 第46, 55頁.[원문 : "前念迷即凡夫, 後念悟即佛. 前念著境即煩惱, 後念離境即菩提", "若起正眞般若觀照, 一刹那間, 妄念俱滅. 若識自性, 一悟即至佛地".]

마음心은 몸의 주인이다. 성誠은 성실하다는 말이다. 의意는 마음이 발하는 것이다. 마음이 발하는 것을 성실히 하기에, 선善을 오로지하게 되고, 스스로 속임이 없게 된다.[216)]

주희가 격물치지를 논하는 목적은 이치를 궁구하고 성품을 기르는데窮理養性 있었다. 즉 천리天理로써 인욕人欲을 물리치고, 도심道心이 한 몸을 주재主宰하게 하려는 것이었다. 이것이 바로 성의정심誠意正心이다. 이런 수신修身의 근본이 세워져야만 제가, 치국, 평천하를 이룰 수 있는 것이다. 주희의 성의정심誠意正心 설은 그 목적이 우선, 군왕의 뜻을 성실하게 만들고 군왕의 마음을 바르게 만들려는 데 있었다. 군왕이 나라를 다스리는 주체이기 때문이다. 군권君權이 가장 높았던至上 제왕사회에서 군왕의 심술心術이 올바른지 여부는 확실히 나라의 흥망성쇠에 직접적으로 관련되고 있었다. 하지만 군왕의 성품을 어찌 현신賢臣과 명유名儒들이 좌지우지 할 수 있겠는가? 이것이 주자학이 직면한, 그가 자각적으로 의식하지 못했던 제도적 곤혹이었다. 『송사宋史·도학전道學傳·주희朱熹』에 따르면 주희는 수차 소疏를 올려, 이런 말들을 했다. "대저 천하의 기강紀綱은 절로 세워질 수 없습니다. 반드시 임금님人主의 심술心術이 공평하고 올바르고 거대하고正大, 편당偏黨과 반측反側의 사사로움私이 없이 된 연후에야, 맬 데가 있어 세워지게 됩니다."[217)] 또 이렇게 말했다. "폐하께서는 지난 세월을 돌이켜 보시길 바랍니다. 한 순간의 생각도 신중하게 잘 살펴보십시오. 이런 것이 천리天理였던가 아니면 인욕人欲이었던가? 만약 천리였다면 공경하는 마음으로 충실하게 해야 하고, 사소한 것들이 그것을 막히게 하지 못하게 해야 합니다. 만약 인욕이었다면 공경하는 마음으로 극복해야 하고 사소한 것들이 그것을 굳어지게 하지 못하도록 해야 합니다. 나아가 말과 행동, 인재 등용과 사무 처리에 있어서, 이것으로 재량하지 않은 것이 없다면 폐하의

216) (宋)朱熹:《四書章句集注》, 中華書局1983年版, 第3-4頁.[원문: 心者, 身之所主也. 誠, 實也. 意者, 心之所發也. 實其心之所發, 故其一於善而無自欺也.]

217) (元)脫脫等撰:《宋史》第36冊, 中華書局1977年版, 第12753頁.[원문: 蓋天下之紀綱不能以自立, 必人主之心術公平正大, 無偏黨反側之私, 然後有所系而立.]

위대한 마음이 환해지면서 안과 밖이 똑같이 깨끗하고 밝게 되고, 터럭 하나만한 사욕私慾이 그 틈을 비집고 들어가지 못할 것입니다. 한편, 천하를 다스리는 일은 오로지 폐하의 의지에 따르게 될 것이고, 뜻대로 되지 않는 일이 없을 것입니다."218) 이는 공자의 "70세가 되어, 마음이 하고자 하는 바를 좇되, 법도에 어긋나지 않는다."라는 성현聖賢의 표준으로 '천하를 자기 것으로 삼는家天下' 군왕에게 요구를 제기한 것이다. 그 마음은 지극히 선善한 것이었지만 사실 현실을 너무 이탈한 것이었다. 이 이야기는 앞에서 어떤 이가 주희에게 이렇게 권고하는 것으로부터 시작된다. "내가 보건대, '정심성의正心誠意'라는 지겹도록 들어본 논리는 절대로 언사言辭에 담지 말아야 합니다."219) 이에 "희朱熹가 말했다. '제가 평생 배운 것이 오로지 이 네 글자正心誠意뿐입니다. 어찌 묵묵히 감추고 임금님을 속일 수 있겠습니까.'"220) 그는 『대학大學』에서 말하는 "천자天子로부터 서인庶人에 이르기까지, 한결같이 모두 수신修身을 근본으로 삼는다."라는 논리를 굳게 믿고 있었다. 그리하여 계속해서 글을 올려 임금님이 몸을 닦는 일修身로부터 시작할 것을 권고했다. "놓친 마음放心을 찾아오는 것을 근본으로 삼아야"221) 그 다음 제가齊家하고 치국治國할 수 있다는 것이었다. 보다시피 주희는 참으로 성실하고 정직한 진짜 군자였다! 공자의 '자기를 닦는 학문修己之學'의 정요精要는 정심성의正心誠意에 있었는데, 주희는 이 말을 해석하기를, 정심正心은 공公과 사私를 분명히 할 것을 요구하지만 대공무사大公無私할 것을 요구하지는 않고, 성의誠意는 겉과 속이 한결 같고 착실하게 일을 할

218) (元)脫脫等撰:《宋史》第36冊, 中華書局1977年版, 第12757頁.[원문: 願陛下自今以往, 一念之頃必謹而察之, 此爲天理耶, 人欲耶? 果天理也, 則敬以充之, 而不使其少有壅閼. 果人欲也, 則敬以克之, 而不使其少有凝滯. 推而至於言語動作之間, 用人處事之際, 無不以是裁之, 則聖心洞然, 中外融澈, 無一毫之私欲得以介乎其間, 而天下之事將惟陛下所欲爲, 無不如志矣.]

219) (元)脫脫等撰:《宋史》第36冊, 中華書局1977年版, 第12757頁.[원문: 以爲'正心誠意'之論上所厭聞, 戒勿以爲言.]

220) (元)脫脫等撰:《宋史》第36冊, 中華書局1977年版, 第12757頁.[원문: 熹曰: '吾平生所學, 惟此四字, 豈可隱默以欺君乎'.]

221) (元) 脫脫等撰:《宋史》第36冊, 中華書局1977年版, 第12765頁.[원문: 以求放心爲之本.]

것을 요구하는 것이라고 했다. 이 양자가 있다면, 어찌 백성들을 편안하게 해주는 일을 걱정하랴? 다만, 집권자들을 포함하여 세상 사람들이 모두 '안과 밖이 똑같이 깨끗해지고, 터럭 하나의 사욕이 그 틈을 비집고 들어가지 못하기만 하면'[222] 된다는 것이다.

격물치지格物致知, 성의정심誠意正心을 어떻게 실천할 것인가? 이를 위해 이정二程과 주희는 또 '경敬'을 특히 강조했다. '경敬'은 수신의 태도에 관계되는 문제이다. 정이는 이렇게 말한다. "덕성德性의 함양涵養은 모름지기 경敬으로써 해야 하고, 배움에 들어감은 목적이 앎에 이르는데致知 있다." 주희도 이르기를, "경敬이라는 글자 공부功夫야말로 성문聖門의 제일의第一義이다."[223]라고 했다. 또 "거경居敬과 궁리窮理, 이 양자는 어느 것도 버릴 수 없다."[224]라고도 했다. 경敬은 유가에서 제창하는 사람을 대하고 처세를 함에 있어서 항상 공경하고, 항상 엄숙하고, 항상 참답고, 항상 삼가고 조심하는 진지한 태도를 말한다. 공자는 이렇게 말했다.

> 일을 공경敬하는 마음으로 하되 믿음이 있게 하라.[225] 백성들을 대함에 엄숙하면, 그들은 공경한다敬.[226], 거처할 때는 공손하고居處恭 일을 할 때는 공경하면서敬 해야 한다.[227], 공경하는 마음으로 몸을 닦으라.[228]

공자는 효孝를 논할 때, 부모님을 부양하는 일도 중요하지만 부모님을 마음으로 공경하는 것이 더 중요하다고 했다. "개와 말犬馬도 모두 길러줌이 있으니,

222) (元) 脫脫等撰 : 《宋史》第36冊, 中華書局1977年版, 第12757頁.[원문 : 中外融澈, 無一毫之私欲得以介乎其間.]
223) 錢穆 : 《朱子新學案》第一冊, 九州出版社2011年版, 第108頁.[원문 : 敬字功夫, 乃聖門第一義.]
224) 錢穆 : 《朱子新學案》第一冊, 九州出版社2011年版, 第111頁.[원문 : 居敬窮理, 二者不可偏廢.]
225) (宋)朱熹 : 《四書章句集注》, 中華書局1983年版, 第49頁.[원문 : 敬事而信.]
226) (宋)朱熹 : 《四書章句集注》, 中華書局1983年版, 第58頁.[원문 : 臨之以莊則敬.]
227) (宋)朱熹 : 《四書章句集注》, 中華書局1983年版, 第146頁.[원문 : 居處恭, 執事敬.]
228) (宋)朱熹 : 《四書章句集注》, 中華書局1983年版, 第159頁.[원문 : 修己以敬.]

공경하지 않으면 무엇으로 구별하겠는가?"[229] 때문에 마음으로 효도하고 공경해야 한다는 것이다. 『예기禮記·학기學記』에도 "학업에 착실히敬 하며 사람들과도 잘 어울린다敬業樂群."라는 말이 있다. '경敬'은 인격의 존엄과 성실함에 관계되기 때문에, 사람들은 늘 이를 '성실함誠'과 합쳐 '경성敬誠'이라고 말했다. 이 또한 유가에서 자기를 닦아 남을 편안하게 해주는修己安人 도道의 기반으로 되어졌었다. 만약 경성敬誠이 없었다면, 유가의 사물의 이치를 궁구하여 분명하게 밝히고格物窮理 타고난 본성을 다하여 천명에 이른다盡性至命는 주장도 유명무실하게 되었을 것이다.

5) 인내생의론仁乃生意論

주자학에서 가장 생동하고 활기가 넘치는 부분은 '생의生意(낳은 마음)'로 '인仁'을 논한 부분이다. 주희는 『주역周易』에서 말하는 '천지天地의 대덕大德을 생生(낳는 것)이라고 한다.'는 생명관生命觀을 계승하여 전체 자연과 사회를 하나의 큰 생명체로 보고 있었고, '인仁'을 우주가 만물을 낳는 그 마음心으로 보고 있었다. 그는 이렇게 말한다.

> 천지天地의 마음心은 따로 할 것이 없다. '천지의 대덕大德을 낳는 것生이라고 말하는데', 천지는 다만 만물을 낳을 따름이다.[230] 인仁이 천지가 만물을 낳는 그 마음이다.[231] 사람은 천지의 기운氣을 품부 받아 태어남으로, 그 마음心은 반드시 인하다. 인하면 만물을 낳는다生.[232] 인이라는 글자는 낳는다生는 뜻을 가지고 있는바, 이는 사람의 낳는 법도生道를 말하는 것이다.[233] 인은 낳는 마음生意에

229) (宋)朱熹 : 《四書章句集注》, 中華書局1983年版, 第56頁.[원문 : 至於犬馬, 皆能有養. 不敬, 何以別乎?]

230) (宋)黎靖德編 : 《朱子語類》第五冊, 王星賢點校, 中華書局1986年版, 第1729頁.[원문 : 天地之心別無可做, '大德曰生', 只是生物而已.]

231) 錢穆 : 《朱子新學案》第一冊, 九州出版社2011年版, 第382頁.[원문 : 仁者, 天地生物之心.]

232) (宋)黎靖德編 : 《朱子語類》第一冊, 王星賢點校, 中華書局1986年版, 第85頁.[원문 : 人受天地之氣而生, 故此心必仁, 仁則生矣.]

233) 錢穆 : 《朱子新學案》第一冊, 九州出版社2011年版, 第392頁.[원문 : 仁字有生意, 是言人之

근본 하니, 이것이 바로 측은히 여기는 마음이겠다.234)

주희는 "어진 자는 남을 사랑한다仁者愛人."는 말을 "어진 자는 낳는 것을 사랑한다仁者愛生."는 말로 확장시켰다. 이는 천지만물을 사랑하는 것을 포함한다고 하겠다. 또 인간 마음의 인仁을 천지가 만물을 낳는 인에로 거슬러 올라가 그 근원을 찾아본다. 이렇게 오상五常의 인과 천지의 덕을 일체로 관통시키고, 공자와 맹자의 인학仁學을 우주의 대생명학大生命學 차원으로 끌어올렸던 것이다. 이 또한 장재가 말하는 '민포물여民胞物與(인류는 동포이고 만물은 벗이라는 뜻)' 사상에 대한 발휘이기도 했다. 주희는 『인설仁說』에서 이렇게 말한다.

천지가 만물을 낳는 것을 마음으로 삼으니, 사람은 태어날 때 각자 그 천지의 마음을 품부 받아 자신의 마음으로 삼게 된다. 그러므로 마음의 덕을 말하자면, 비록 그것이 모든 것을 포섭하고 관통해서 갖추지 못한 바가 없겠지만, 그러나 한마디로 말하자면, 다만 '인仁'일 따름이다. 이에 대해서 좀 자세히 알아보도록 하자. 대개 천지의 마음에는 덕德이 네 가지 있는데, 원元, 형亨, 이利, 정貞이 그것이다. 여기서 원元이 모든 것을 통괄한다. 이것이 운행하면, 춘, 하, 추, 동의 차례로 된다. 여기서 봄이 만물을 낳는 기운은 모든 것에 통한다. 그리하여 사람의 마음에도 덕德이 네 가지 있는데, 즉 인仁, 의義, 예禮, 지智가 그것이다. 여기서 인이 모든 것을 포괄한다. 인이 발하여 작용하게 되면, 애愛, 공恭, 의宜, 별別의 정감이 생기는데, 한편 측은지심이 모든 것에 관통된다. 그러므로 천지의 마음을 논하는 자들은 늘 건원乾元, 곤원坤元을 말하는데, 그리하면 사덕四德의 체體와 용用을 일일이 세지 않더라도 족하게 된다. 인심人心의 신묘함을 논하는 자들은 늘 '인이란 사람다운 마음이다.'라고 말하는데, 그리하면 사덕의 체體와 용用을 일일이 거론하지 않더라도 모든 것을 포괄하게 된다. 대개 인의 법도는 천지가 만물을 낳는 마음으로서 사물에 들어 있는바, 정감이 미발未發했어도 그 체體는 이미 갖추어져 있으며, 정감이 발發해서는 그 작용이 무궁하게 된다. 성실하게 이를 체득하여 보존한다면, 온갖 선善의 근원과 온갖 행行의 근본이 여기에 있지

生道也.]

234) (宋)黎靖德編:《朱子語類》第五冊, 王星賢點校, 中華書局1986年版, 第1691頁.[원문: 仁本生意, 乃惻隱之心也.]

않음이 없게 된다. 이것이 바로 공자유학에서 배우는 자들이 반드시 인을 추구할 것을 간절히 요구했던 까닭이다.235)

주희는 또 인仁이 윤리도덕에 있어서의 핵심적 지위도 천명한다. 그가 보건대, "인仁은 사덕四德을 포함한다.", "어떤 이가 물었다. 인仁은 어떻게 넷四德을 포함할 수 있는가? 대답하기를, 인간은 오로지 이 한 마음뿐인데, 그 안에서 넷으로 나뉜다. 측은惻隱의 마음을 가지고 말한다면, 원래는 오로지 측은의 마음뿐이지만, 마땅히 사손辭遜해야 할 일에 맞닥뜨리면 사손辭遜하는 마음으로 되고, 불안한 곳에서는 수오지심羞惡之心으로 되고, 사리를 분별해야 할 곳에서는 시비지심是非之心으로 된다. 만약 그 안에 어떤 하나의 능동적으로 깨닫는 기반이 없다면, 수오羞惡도 모르고, 사양辭讓도 모르고, 시비是非도 모르게 된다."236) 주희는 『주역』에서의 "대인大人(군자)은 천지天地와 더불어 그 덕德을 합친다."237)는 말과 공자와 맹자의 인의仁義 학설을 유기적으로 결합시켜, 인仁을 체體로 삼는 생태윤리 학설을 창립했다. 이는 유학 발전사에서 하나의 큰 공헌이라고 하겠다. 전목錢穆은 이렇게 평가한다. "주희는 오로지 마음의 낳는 곳生과 마음의 인仁한 곳에 착안했는데, 이에 이르러 우주만물은 일체一體로 통하게 되었다. 알아야 할 것은 종래로 유가에서 인이라는 글자를 이 경지에까

235) 朱子學會編:《朱子學年鑒2011-2012》, 廈門大學出版社2013年版, 第38-39頁.[원문: 天地以生物爲心者也, 而人物之生又各得夫天地之心以爲心者也, 故語心之德, 雖其總攝貫通, 無所不備, 然一言以蔽之, 則曰仁而已矣, 請試詳之. 蓋天地之心, 其德有四:曰元亨利貞, 而元無不統. 其運行焉, 則爲春夏秋冬之序, 其春生之氣無所不通. 故人之爲心, 其德亦有四:仁義禮智, 而仁無不包. 其發用焉, 則爲愛恭宜別之情, 而惻隱之心無所不貫. 故論天地之心者, 則曰乾元坤元, 則四德之體用不待悉數而足. 論人心之妙者, 則曰仁人之心也, 則四德之體用不待遍擧而該. 蓋仁之爲道, 乃天地生物之心, 即物而在, 情之未發而情體已具, 情之既發而其用不窮, 誠能體而存之, 則衆善之源, 百行之本莫不在是, 此孔門之敎所以必使學者汲汲於求仁也.]

236) 錢穆:《朱子新學案》第二冊, 九州出版社2011年版, 第137頁.[원문: 問: 仁何以能包四者. 曰: 人只是這一個心, 就裏面分爲四者. 且以惻隱論之, 本只是這惻隱, 遇當辭遜則爲辭遜, 不安處便爲羞惡, 分別處便爲是非. 若無一個動底醒底在裏面, 便也不知羞惡, 不知辭讓, 不知是非.]

237) 宋祚胤注譯:《周易》, 嶽麓書社2000年版, 第15頁.[원문: 大人者, 與天地合其德.]

지 발휘한 사람은 유독 주자 한 사람뿐이었다."[238]

주희는 공자와 맹자의 인학仁學에 대해 또 하나의 중요한 창조적 해석이 있었다. 즉 '인仁'을 드러내는 '충서忠恕의 도道'에 대해 멋진 해독解讀이 있었다. 하나는 "내 속마음과 같이 하는 것은 충忠이고, 내 마음 같이 여기는 것은 서恕이다."라고 한 것이고, 다른 하나는 "자기의 최선을 다하는 것을 충忠이라 하고, 자기를 미루어 남에게 미치는 것을 서恕라고 한다."[239]라고 한 것이다. 또 정씨程子의 말을 인용하여 말하기를, "자기 마음을 가지고 사물에 미치는 것은 인仁이고, 자기 마음을 미루어 사물에 미치는 것은 서恕이다."라고 했다. 이는 공자와 맹자의 '어진 사람은 남을 사랑한다仁者愛人.'라는 말에 대한 가장 훌륭한 해석이었다. 유가의 인애仁愛는 성실하고 진지한 사랑忠이었고, 상호 존중해주는 사랑恕이었다. 모두 자신의 마음으로 미루어 남의 마음을 헤아리고, 자기로부터 타자에 미치는 것으로서 주고 받는 양자는 평등하고 또 상호 감동하는 중에 사랑을 표현한다. 많은 경우, '내가 원하는 바를 남에게 베푸는 것己所欲施於人'은 강박적이고 단방향적인 사랑으로서 늘 원망과 원한을 수반하게 된다. 하지만 충서忠恕의 사랑은 가장 위대한 참사랑으로서 이것이 바로 유학이 지니고 있던 영원히 눈부시게 빛나는 가치 관념이었다. 당대 중국의 저명한 사회학자 비효통費孝通은 "유가사상에서 핵심은 즉 자기 마음으로 미루어 남에게 미치는 것이다."[240]라고 했다. 만약 주희가 이 점을 더 발휘했더라면, 아마도 신인학新仁學은 이론적 고봉高峰에 이를 수 있었을 것이고 또한 공자와 맹자 유학의 참뜻을 가장 잘 발휘할 수 있었을 것이다. 아쉽게도 주자학朱子學은 이미 이理를 본체로 삼는 틀을 설정해 놓았었고, 또한 『중용』에서 '미발과 이발未發已發'

238) 錢穆 :《朱子新學案》第一冊, 九州出版社2011年版, 第61頁.[원문 : 朱子專就心之生處, 心之仁處著眼, 至是而宇宙萬物乃得通爲一體. 當知從來儒家發揮仁字到此境界者, 正惟朱子一人.]

239) (宋)朱熹 :《四書章句集注》, 中華書局2011年版, 第71頁.[원문 : "中心爲忠, 如心爲恕", "盡己之謂忠, 推己之謂恕".]

240) 費孝通 :《推己及人》(上), 大眾文藝出版社2010年版, 第108頁.[원문 : 儒家思想的核心, 就是推己及人.]

론의 영향을 크게 받고서, 다만 '이理' 개념으로 '인仁'을 해석할 수밖에 없었다. 그는 이렇게 말한다.

> 인의예지仁義禮智는 미발未發한 저변底 도리이고, 측은惻隱, 수오羞惡, 사양辭讓, 시비是非는 이미 발한已發 저변底 실마리이다. 인仁은 체體이고 애愛은 용用이다. 또 인仁은 사랑愛의 이치理이고, 사랑愛은 인仁에서 나온다고 말할 수 있다.[241] 인仁은 이치理이고 효제孝弟는 표현事이다. 이 인仁이 있은 후에, 이 효제가 있게 된다.[242]

이렇게 인仁을 이理에 귀결시킨 것이 주자이학朱子理學의 한계였다. 공자, 맹자의 본뜻本義에 따르면, 인이란 바로 남을 사랑하는 마음 즉 측은지심惻隱之心이고, 인 자체가 바로 일종의 속마음에서 우러나오는 정情으로서 '참을 수 없고不忍', '안정하지 않은不安' 자발성을 가지고 있다. 게다가 훗날의 교육과 수신修身을 거쳐 그것을 더욱 자각自覺적이게 만들면, "정情에서 발하여 예의禮義에서 그치게 된다."[243] 그리하여 '인仁'은 마땅히 '정情'과 '이理'의 통일이어야 하고, 이에 '경성敬誠'의 마음을 가지고 행하게 되면 곧 실현할 수 있게 된다.

주희의 이학理學은 후일 원, 명, 청 세 조대三代의 관학官學으로 되어졌고, 또한 크게 존숭 받았다. 주희는 이렇게 한나라 이후 점차 확립한 중화민족의 기본도덕규범 즉 "삼강三綱, 오상五常, 팔덕八德'을 이학理學의 형태로 한 걸음 더 나아가 튼튼히 다져놓았던 것이다. 또한 예법禮法의 사회행위에 대한 통제 역할을 더욱 강화시켰고, 예법이 사회생활의 구석구석에까지 영향을 미치게 만들었다. 이는 사회 질서의 안정과 도덕 기풍의 수립에 많이 유익했다. 그러나 동시에, 주희의 이학은 지나치게 사람들의 공성共性만 강조하고, 개성個性은 무

---

241) 錢穆:《朱子新學案》第一冊, 九州出版社2011年版, 第82頁.[원문: "仁義禮智是未發底道理, 惻隱羞惡辭讓是非是已發底端倪", "仁是體, 愛是用, 又曰愛之理, 愛自仁出也".]

242) 錢穆:《朱子新學案》第一冊, 九州出版社2011年版, 第149頁.[원문: 仁是理, 孝弟是事, 有是仁後, 有是孝弟.]

243) 李壯鷹主編:《中國古代文論》, 高等教育出版社2001年版, 第24頁.[원문: 發乎情, 止乎禮義.]

시했고 또 정情과 이理를 불합리하게 갈라놓았는데, 이 선천적 결함을 훗날의 이학가理學家들이 더욱 발전시켜 통치계급들에서 이용하게 만들었는 바, 결국 '인정人情은 멀리하고 천리天理만 논하는' 풍기가 성행하게 되었고, 심지어 '도리理로 사람을 죽이는' 비극까지 초래하게 되었던 것이다. 그리하여 육왕심학陸王心學 및 이학理學을 비판하는 사조가 크게 일어나, 이를 비판하고 교정하고 보완했던 것이다.

6) 주자이학朱子理學과 불노佛老

송나라 이학가理學家들 가운데서 양간楊簡, 진덕수眞德秀 등 소수의 학자들이 불학을 인정해주는 외에, 대다수 학자들은 불학를 배척하는 입장에 서 있었다. 그러나 그들의 목적은 다만 유가 도통의 정통적 지위를 재수립하여 유가가 불교와 도교에 밀려나 주변화 되는 상황을 막으려는 데 있었다. 따라서 그들은 한유처럼 강력한 수단을 동원하여 불교를 배척할 것을 주장하지는 않았고, 또 언설로 공격하는 것에도 찬성하지 않았다. 그들은 유·도·불 삼교 관계는 세 개 상이한 사상문화체계 간의 관계이지, 정치적 역량 간의 관계가 아니라고 보고 있었다. 따라서 삼자가 평화적으로 경쟁하는 가운데 유학 자체를 강대하게 만들어 불가와 도가를 초월할 수밖에 없고, 한편 그 와중에 유학의 학술적 권위를 수립해야 한다고 보고 있었다. 이는 한 차례 인심을 쟁취하는 과제였다. 구양수歐陽修는 이 점을 분명히 보아내고서, 이렇게 말했다.

> 불법佛法은 중국에서 천여 년 우환을 끼쳤다. 천여 년 우환은 이미 천하에 널리 퍼졌는데, 어찌 한 사람이 하루아침에 만들어낸 것이겠는가. 백성들이 이미 거기에 푹 빠졌고, 골수에까지 깊이 배겼으니, 이는 말로 이길 수 있는 것이 아니겠다. 그렇다면 어떻게 해야 하는가? 근본을 닦아 그것을 이기는 것보다 좋은 것이 없을 것이다.[244]

244) 錢穆:《朱子新學案》第一冊, 九州出版社2011年版, 第17頁.[원문: 佛法爲中國患千餘歲, 千歲之患遍於天下, 豈一人一日之可爲. 民之沉酣, 入於骨髓, 非口舌之可勝. 然則將奈何? 曰: 莫若修其本以勝之.]

이 '근본을 닦는 것'은 불로에 대한 참조와 흡수도 포함하고 있었다. 불가와 도가를 종합하고, 유학을 새롭게 창조하여 유학의 학술적 지위를 부상시키고, 유학이 다시 학술적 조류를 이끌어가게 만드는 과정에서 주희가 중견 역할을 맡았다.

주희는 젊었을 때 선학禪學을 아주 좋아했고, 후에는 또 공자와 맹자 성인의 학문을 수호하는 일을 자신의 소임으로 삼고 있었다. 그리하여 그는 유가와 불가의 차이와 공통점을 절실히 파악하고 있었다. 그는 불가와 유가의 차이를 이렇게 지적한다.

> 석씨釋氏는 다만 공空을 중요시하고, 성인은 다만 실實을 중요시한다. 석씨釋氏가 말하는 '경敬으로써 속마음을 바르게 한다敬以直內.'는 것은 다만 텅 비고 넓기만 하고, 게다가 물건 하나 없으니, 그래서 마음 바깥 행실을 바로잡을 수 없겠다. 성인이 말하는 '경敬으로써 속마음을 바르게 한다.'는 것은 깊고 고요하고 아주 밝고, 게다가 만 가지 이치를 죄다 갖추고 있으니, 그래서 '바깥 행실을 올바르게 할 수 있겠다義以方外'.245)

석씨釋氏는 인연因緣을 가지고 성공性空을 논하고, 유가에서는 성리性理를 가지고 진실眞實을 논한다. 예를 들면, 불경『중론中論·관사제품觀四諦品』에서는 이렇게 말한다.

> 인연因緣으로 생긴 모든 것들을 나는 공空하다고 말한다. 그것은 가명假名이며 또한 중도中道의 참뜻義이다. 뭇 인연因緣이 다 갖춰지고 화합해서 사물이 생기는데, 이 사물은 뭇 인연에 속하는 까닭에 자성自性이 없다. 자성이 없으므로 공空하다. 공함空도 또 공空하다. 단, 중생衆生들을 이끌어가기 위해 가명假名으로 말하는 것이다. '유有'와 '무無'의 양 쪽을 여읜 까닭에 중도라 이름 하는 것이다.

---

245) 錢穆:《朱子新學案》第一冊, 九州出版社2011年版, 第160頁.[원문: 釋氏只要空, 聖人只要實. 釋氏所謂敬以直內, 只是空豁豁地, 更無一物, 卻不會方外. 聖人所謂敬以直內, 則湛然虛明, 萬理具足, 方能義以方外.]

즉 불교에서 말하는 중도中道란 다만 진실하지 않은 사물의 거짓된 모습을 인정하는 것이겠다. 또한 그것은 뭇 인연因緣이 화합하여 생긴 것이기 때문에 자성自性이 없다고 한다. 그러나 공자는 이렇게 말한다. “하늘이 무슨 말을 하더냐? 그럼에도 사계절四時이 운행하고 온갖 것들이 생장한다.”246) 주희는 이 말에 단 주注에서 이렇게 말한다. “사계절이 운행하고 온갖 것이 생장하는 것은, 천리가 발현해서 유행하는 실체가 아닌 것이 없으니, 말에 기대지 않고도 볼 수 있는 것이겠다.”247) 『맹자』와 『중용』에서는 ‘성誠이란 하늘의 도道이다.’248)라고 하는데, 이에 단 주희의 주注에서는 ‘성誠이란 이치가 나에게 갖추어져 있어 모두 진실 되고 거짓이 없는 것이니, 이는 천도天道의 본연本然이겠다.’249)라고 한다. 즉, 불가와 유가는 우주만물의 존재 문제에 관해서, 하나는 공空하다고 보고 있고, 하나는 실實하다고 보고 있다고 하겠다. 주희는 또 선종禪宗에서 속세를 배려하는 모습을 보아냈었다. 예를 들면, 그는 ‘물 긷고 땔나무 나르는데 묘도妙道가 아닌 것이 없다.’라는 말을 아주 긍정적으로 받아들이고 있었다. 그러나 또 이렇게 지적한다.

> 귀산龜山(楊時의 號)은 방거사龐居士의 ‘신통묘용神通妙用이 곧 물 긷고 땔나무 나르는 것이다.’라는 말을 예로 들어, 맹자의 서행후장徐行后長(윗사람의 뒤를 천천히 따라가는 것)이라는 말과 비교한다. 그런데 천천히 윗사람의 뒤를 따르는 것을 제弟(공경함)라고 하고, 빨리 윗사람 앞을 달리는 것을 불제不弟라고 해야 할지 모르겠다. 만약 물 긷고 땔나무 나르는 것이 묘용妙用이라고 한다면, 천천히 따라가는 것이나 앞에서 빨리 달리는 것이나 모두 제弟라고 말할 수 있지 않겠는가?250) 마땅히 물을 길을 수 있고, 땔나무를 나를 수 있어야 신통묘용神通

246) (宋)朱熹:《四書章句集注》, 中華書局1983年版, 第180頁.[원문: 天何言哉? 四時行焉, 百物生焉.]

247) (宋)朱熹:《四書章句集注》, 中華書局1983年版, 第180頁.[원문: 四時行, 百物生, 莫非天理髮見流行之實, 不待言而可見.]

248) (宋)朱熹:《四書章句集注》, 中華書局1983年版, 第282頁.[원문: 誠者, 天之道也.]

249) (宋)朱熹:《四書章句集注》, 中華書局1983年版, 第282頁.[원문: 誠者, 理之在我者皆實而無僞, 天道之本然也.]

250) 錢穆:《朱子新學案》第一冊, 九州出版社2011年版, 第161頁.[원문: 龜山擧龐居士雲: 神通

妙用이라 하겠다. 만약 물을 길을 수 없고 땔나무를 나를 수 없다면 어찌 신통묘용이라 하겠는가?[251]

주희는 선종禪宗에서 이른바 "불법은 인간 세상에 있으니, 인간 세상을 떠나지 말고 깨달으라."[252]라는 말은 마음에 집착이 없고無住 생각이 없을 것無念을 지향하고 있는데, 그 속에는 '이치理'의 위치가 없다고 한다. 하지만 유가에서 말하는 '서행후장徐行后長'은 '오상五常', '팔덕八德'의 이치理를 따르는 것으로서 양자는 겉으로는 유사하지만 그 함의는 판이하게 다르다는 것이다. 그리하여 주희는 이렇게 말한다. "나는 마음心과 이치理를 하나로 보고 있고, 저쪽은 마음과 이치를 둘로 보고 있다. 저쪽에서 보건대, 마음은 공空하고 이치理가 없고, 이쪽에서 보건대, 마음은 비록 공空하지만 만 가지 이치가 모두 갖춰져 있다."[253]

주희는 또 불가와 유가의 공통점도 논한다. 이렇게 말한다.

불씨佛氏의 학문은 우리 유가와 아주 비슷한 곳이 있다. 예를 들면, 불가에서는 이렇게 말한다. '하늘과 땅이 생기기 전에 어떤 물건이 있었네. 형체도 없이 원래 적적하고 고요했다네. 능히 만물의 주인이 될 수 있었으니, 사계절의 변화를 쫓아 시들 지도 않을세.' 또 이렇게 말한다. '떨어지는 것이 다른 물건 아니요. 종縱으로 횡橫으로도 티끌이 아니요. 산하山河와 대지大地가 온전히 법왕法王의 몸을 드러내는 것이요.' 또 이렇게 말한다. '만약 사람이 마음을 알아 이해한다면, 천지天地에 한 줌의 흙도 없을 것이요.' 그 사람이 어떤 견식見識을 갖추었는지 보아야 하겠다. 보잘 것 없는 작은 선비가 어떻게 이런 것을 만들어내겠는가. 이는 법안이라는 한 개 종파의 종지宗旨가 이러했다.[254]

妙用, 運水搬柴, 以比徐行後長. 不知徐行後長乃謂之弟, 疾行先長則爲不弟. 如曰運水搬柴即是妙用, 則徐行疾行, 皆可謂之弟耶?]

251) 錢穆 :《朱子新學案》第一冊, 九州出版社2011年版, 第162頁.[원문 : 須是運得水搬得柴是, 方是神通妙用. 若運得不是, 搬得不是, 如何是神通妙用?]

252) 《六祖大師法寶壇經》, 《大正藏》第48冊, 第351頁.[원문 : 佛法在世間, 不離世間覺.]

253) 錢穆 :《朱子新學案》第一冊, 九州出版社2011年版, 第161頁.[원문 : 吾以心與理爲一, 彼以心與理爲二. 彼見得心空而無理, 此見得心雖空而萬理鹹備.]

254) 錢穆 :《朱子新學案》第一冊, 九州出版社2011年版, 第162頁.[원문 : 佛氏之學, 與吾儒有甚

그는 법안종法眼宗에서 허통虛通(虛로 통하는)의 심법心法으로 우주 만물을 관조觀照하는 뛰어난 경지를 아주 찬탄하고 있었다. 한편 그의 이학理學이 바로 불가의 심법을 빌려 확립한, 허령虛靈하게 지각知覺하고, 신통神通하게 묘용妙用하는 유가의 심학心學이었다. 하지만 그는 선종에는 본원本源도 있고 말류末流도 있다고 보고 있었다. "선禪이란 다만 하나의 태수법呆守法이다. 마삼근麻三斤(五代 말 송나라 초 雲門宗 洞山이 제기한 公案임. 麻가 3근이라는 뜻으로, 불법이 눈앞에 진실하게 있음을 설명하는 것임), 간시궐干屎橛(옛날 화장실에서 종이 대신 사용하던 변 닦는 대나무 절편, 씻어서 재활용 가능. 역시 불법이 눈앞에 진실하게 있음을 설명하는 것임)과 마찬가지이다. 원래 도리는 여기에 있지 않다. 다만 그들에게 이 길만 생각하라고 가르친 것이었다. 즉 한 마음一心을 다잡고, 흐트러지지 않게 하여 오래 지나게 되면, 광명이 절로 발한다고 말이다."[255] 또 말하기를, "부처에게서도 취할 것이 아주 많다."[256]고 한다. 전목錢穆은 선학禪學의 장점과 단점에 대한 주희의 견해를 이렇게 평론한다.

> 여기서 주희는 선종禪宗의 공부功夫(조예)를 가지고 선종禪宗의 경지를 밝혀 설명하고 있는데, 그는 선가禪家의 화두話頭 참선參禪 공부의 진실한 의의는 이른바 '이 마음을 비비고 닦아서 껍데기를 깡그리 벗겨버리고 그것이 말끔히 드러나게 하는데 있다'고 지적하고 있다. 이 설법은 묘희서妙喜書에서 얻어온 것이다. 이학가들 가운데서, 혜안慧眼이 횃불처럼 밝아 진정하게 선가禪家의 비밀을 파헤치고, 선가禪家의 취약점을 짚어냈던 이는 사실 주자 한 사람뿐이었다.[257]

相似處. 如雲 : 有物先天地, 無形本寂寥. 能爲萬象主, 不逐四時凋. 又曰 : 撲落非它物, 從橫不是塵. 山河及大地, 全露法王身. 又曰 : 若人識得心, 天地無寸土. 看他是甚麼樣見識. 區區小儒, 怎生得出他手. 此是法眼一派宗旨如此.]

255) 錢穆 : 《朱子新學案》第一冊, 九州出版社2011年版, 第163頁.[원문 : 禪只是個呆守法. 如麻三斤, 幹屎橛. 他道理初不在此上. 只是教他只思量這一路, 把定一心, 不令散亂, 久後光明自發.]

256) 錢穆 : 《朱子新學案》第一冊, 九州出版社2011年版, 第168頁.[원문 : 老佛亦盡有可取處.]

257) 錢穆 : 《朱子新學案》第一冊, 九州出版社2011年版, 第163頁.[원문 : 此處朱子即以禪宗功夫來證說禪宗境界, 指出禪家參話頭功夫之眞實意義, 即在所謂磨擦此心, 剝盡外皮, 精光獨露. 此一說法, 乃是從妙喜書中得來. 在理學家中, 慧眼如炬, 眞能抉發禪家秘密, 擊

보다시피 주자학은 불교의 지혜를 충분히 섭취하여 유학의 혼魂을 강하게 만들 수 있었다.

주희는 노자 학설(도가와 도교를 포함하여)에서도 영양분을 섭취하여 유가의 근본을 튼튼히 다지려고 했다. 우선, 노자와 장자의 대도론大道論을 활용한다. '도道'의 본뜻은 '길'인데, 후일 점차 추상화되어 방향, 원리, 규칙, 법칙 등 의미를 지니게 되었다. 공자는 도道를 논함에 있어서 대체로 치국의 도治國之道, 인간됨으로서의 도爲人之道 등 형이하의 범주에서 논했다. 『역전易傳·계사繫辭』는 유가와 도가에서 공유하고 있던 경전인데, 노자의 영향을 받고서 여기서 처음 '도道'로써 형이상의 일반 원리를 가리키고 있었다. 즉 "형이상자形而上者를 도道라고 일컫고, 형이하자形而下者를 기器라고 일컫는다."[258]고 했다. 또 "한번 음陰이 되고 한번 양陽이 되는 것을 도道라고 한다."고 했다. 이는 사실 음양 변화의 내적 법칙을 지향한 것이다. 이렇게 '도道'는 이미 단순하게 사회현상을 가리키던 것을 초월하여 천天, 지地, 인人 삼재三才를 지향하게 되었던 것이다. 때문에 『역전易傳』에서부터 유가와 도가는 이미 철학적 차원에서 회합會合하기 시작했던 것이다. 주희는 이理에 치중하여 논했지만, 그러나 이理의 전체가 곧 도道라고 이해하고 있었는데, 이 면에서 그는 명확하게 노자를 긍정하고 있었다. 그는 이렇게 말한다.

> 도道라는 것은 고금古今에서 공동으로 따르고 있던 이치理이다. 이를테면, 아버지는 자애롭고 자식은 효도하고, 임금은 어질고 신하는 충성해야 한다는 것은 하나의 공동으로 따르고 있던 저변底 도리이다. 덕이란 이 도를 얻어 몸에 지닌 것이다.[259] 천지天地가 있기 전부터 복희伏羲와 황제 이후에까지, 모두 이 하나의 도리를 따르고 있었는데, 예로부터 지금까지 바뀐 적이 없었다.[260] 노자는 '도道

中禪家病痛者, 實惟朱子一人.]

258) 宋祚胤注譯:《周易》, 嶽麓書社2000年版, 第343頁.[원문:形而上者謂之道, 形而下者謂之器.]

259) 錢穆:《朱子新學案》第一冊, 九州出版社2011年版, 第466頁.[원문:道者, 古今共由之理. 如父慈子孝, 君仁臣忠, 是一個公共底道理. 德便是得此道於身.]

를 잃은 후에 덕德이 생기고, 덕을 잃은 후에 인仁이 생기고, 인을 잃은 후에 의義가 생긴다.'라고 말했다. 만약 인의仁義를 여읜다면, 도의 이치理도 없어지는데, 더욱 어찌 도로 되겠는가.261)

나정암羅整庵은 『곤지기困知記』에서 이렇게 말했다. "주자는 『답가국재答柯國材』라는 글에서 '일음一陰과 일양一陽은 왕래를 그치지 않는데, 이것이 곧 도道의 전체이다.'라고 말했다."262) 주희의 도론은 요순공맹堯舜孔孟의 도통에 대한 계승과 발양에 더욱 치중하고 있었다. 그가 보건대, 도통은 하늘과 인간을 합치고 고금을 관통하는, 성현들이 천도를 이어오고 인간의 극極(표준)을 세우던 하나의 계통統緖이었다. 따라서 그의 임무는 곧 도통을 이어가는 것이었고, 그것이 실전失傳되지 않게 하는 것이었다. 이는 이미 노자와 장자의 대도大道를 유가 학설에 융화시켜 넣은 것이겠다. 도교에 대해서 주희는 선택적으로 수용하는 태도를 취하고 있었다. 하나는 태극도설太極圖說이고 다른 하나는 주정공부主靜功夫이겠다. 주희는 주돈이의 『태극도설』을 극찬한다. 육구연과 서신으로 오가면서 이에 관해 많이 토론했는데, 편지 내용은 무려 몇 만자에 달했다. 그는 편지에서 이렇게 말했다. "태극太極은 천지만물의 본연의 이치로서 옛날부터 지금까지 절대로 뒤엎고 무너뜨릴 수 없었던 것입니다."263) 이는 분명히 진단陳摶으로부터 이어받은 것이겠다. 주희는 주돈이의 '주정공부主靜功夫(고요함을 주로 하는 재주)' 설도 이어받았고, 이에 적당히 조정을 했다. 이렇게 말한다.

주자周子(周敦頤)가 말하는 '고요할 때는 없는 듯하고 움직일 때는 있다靜無而動

260) 錢穆 :《朱子新學案》第一冊, 九州出版社2011年版, 第466頁.[원문 : 自天地以先, 羲黃以降, 都即是這一個道理, 亙古今未嘗有異.]

261) 錢穆 :《朱子新學案》第一冊, 九州出版社2011年版, 第466頁.[원문 : 老子說 : '失道而後德, 失德而後仁, 失仁而後義', 若離了仁義, 便是無道理了, 又更如何是道.]

262) 錢穆 :《朱子新學案》第一冊, 九州出版社2011年版, 第466頁.[원문 : 朱子惟答柯國材一書雲 : '一陰一 陽, 往來不息, 即是道之全體'.]

263) (清)黃宗羲原著, 全祖望補修 :《宋元學案》第一冊, 陳金生, 梁運華點校, 中華書局1986年版, 第508頁.[원문 : 太極乃天地萬物本然之理, 亙古亙今, 顛撲不破者也.]

有.'라는 것에서 고요함靜이란 무無가 아니고, 다만 그것이 형태로 나타나지 않아서 무無라고 말하는 것이다. 움직인動 후에 있는 것이 아니고, 다만 그것이 보이기 때문에 유有라고 말하는 것이다. 횡거橫渠의 '심통성정心統性情' 설이 매우 훌륭하다고 하겠다. 성性은 고요함靜이요, 정情은 움직임動이라, 마음心이라면 움직임과 고요함을 아울러 이르는 말이다.[264]

그는 주돈이의 태극도설太極圖說에서 말하는 "고요함을 위주로 하면서主靜 사람의 극極(표준)을 세운다."는 설법에 대해 자기 해설이 있었다.

염계濂溪께서 이르기를, '중정中正과 인의仁義를 안정하게 지키고, 고요함을 위주로 해야 한다主靜.'고 했다. 중中과 인仁은 움직임動을 발하는 곳이고, 정正은 당연히 이치를 안정하게 지키는 곳이고, 의義는 절단하는截斷 곳이겠다. 항상 고요함을 위주로 하고자 한다면, 어찌 방출放出만 하고 수렴收斂하지 않을 수 있겠는가."[265]

그는 곽덕원郭德元을 가르칠 때, "반날은 정좌靜坐하고, 반날은 책을 읽을 것"[266]을 요구했다. 한편, 정좌할 때도 생각을 안 하는 것은 아니었다. "정좌하여 함양涵養할 때는 반드시 도리를 깊이 살펴보고 깊이 생각하고 연역해야 하는데, 이것이 바로 함양이겠다."[267] 보다시피 주희의 주정主靜 설에서는 이미 도교의 청정공부淸淨功夫(功夫는 재주나 능력임)를 함양으로 탈바꿈시켰었다. 그리하여 그는 '경敬'으로써 '정靜'을 이해할 것을 주장했던 것이다.

264) 錢穆:《朱子新學案》第二冊, 九州出版社2011年版, 第383頁.[원문: 周子謂'靜無而動有', 靜不是無, 以其未形而謂之無. 非因動而後有, 以其可見而謂之有耳. 橫渠'心統性情'之說甚善. 性是靜, 情是動, 心則兼動靜而言.]

265) 錢穆:《朱子新學案》第二冊, 九州出版社2011年版, 第385頁.[원문: 濂溪雲: 定之以中正仁義而主靜. 中與仁是發動處, 正是當然定理處, 義是截斷處. 常要主靜, 豈可只管放出, 不收斂.]

266) 錢穆:《朱子新學案》第二冊, 九州出版社2011年版, 第393頁.[원문: 用半日靜坐, 半日讀書.]

267) 錢穆:《朱子新學案》第二冊, 九州出版社2011年版, 第392頁.[원문: 當靜坐涵養時, 正要體察思繹道理, 只此便是涵養.]

5. 육구연陸九淵의 심학心學과 불·노

육구연(1139-1193)의 자字는 자정子靜이고, 그는 무주撫州 금계金溪(江西省에 있음)사람이다. 만년에 귀계貴溪의 상산象山에서 학문을 가르쳤었는데, 스스로 호號를 상산거사象山居士라 지었는 바, 그리하여 사람들은 그를 상산선생象山先生이라고 칭했다. 육구연은 주희와 동시대 사람이고, 또한 둘은 밀접히 왕래하면서 논변도 많이 했다. 육구연은 송명심학宋明心學의 창시자이다. 이 때문에 이학理學의 대표자 주희와 대립하고 있었다. 그러나 주희는 그를 아주 높이 평가한다. "남도南渡해서부터 팔자걸음을 하면서 착실히 공부하는 법을 알고 있던 자는 유독 나와 육자정陸子靜 두 사람 뿐이었다."[268] 육구연은 어릴 적부터 정이의 말이 공자와 맹자의 말과는 비길 수 없다고 생각했다. 공자의 말은 간략하고 쉬운데簡易 정씨程氏의 말은 지리支離하다는 것이다. 그는 『맹자』를 읽으면서 스스로 깨닫게 되어 간이공부簡易功夫(功夫는 재주나 능력임)를 추구하면서 심학心學의 기강綱紀을 세웠다.

1) 심학의 우주관宇宙觀과 천인관天人觀

육자심학陸子心學의 가장 전형적인 논술은 이러하다. "우주가 곧 내 마음이요, 내 마음이 곧 우주이다. 천만 년 전에 어떤 성인이 나왔어도 같은 마음을 지니고 같은 이치를 지녔었다. 천만 년 후에 어떤 성인이 나와도 같은 마음을 지니고 같은 이치를 지닌다. 동남서북해東南西北海에서 어떤 성인이 나와도 같은 마음을 지니고 같은 이치를 지닌다."[269] 또 이렇게도 말한다. "우주 안의 현상事은 자기 마음 안分內의 현상事이고, 자기 마음 안分內의 현상事이 곧 우주 안의 현상事이다."[270] 한동안 중국학계에서는 구소련에서 유심주의와 유물주의를 구

268) (宋)陸九淵:《陸九淵集》, 鐘哲點校, 中華書局1980年版, 第507頁.[원문: 南渡以來, 八字著脚, 理會著實工夫者, 惟某與陸子靜二人而已.]

269) (宋)陸九淵:《陸九淵集》, 鐘哲點校, 中華書局1980年版, 第273頁.[원문: 宇宙便是吾心, 吾心即是宇宙. 千萬世之前, 有聖人出焉, 同此心同此理也. 千萬世之後, 有聖人出焉, 同此心同此理也. 東南西北海有聖人出焉, 同此心同此理也.]

분하던 방식을 배워 육씨陸氏의 "우주는 곧 내 마음이다."라는 논설을 근거로, 이를 '주관유심론主觀唯心論'에 귀결시켰었다. 그러나 이는 심학心學의 참뜻本義을 제대로 이해하지 못하고 내린 판단이겠다. 사실 육씨는 우주를 객관적 존재로 보고 있었을 뿐만 아니라 또 무한한 것이라고 보고 있었고, 우주는 자체의 운행 법칙이 있다고 보고 있었다. 그가 보건대, 우주의 본질은 이치理에 있고, 이 이치理가 우주 안에 충만되어 있었다. 또한 이치理의 전체가 바로 도道이고, 이는 천도天道, 지도地道와 인도人道를 포함한다고 했다. 그는 이렇게 말한다.

> 이 이치理가 우주에 꽉 차 있는데, 그래서 도道 바깥에 현상事이 따로 없고, 현상事 바깥에 도가 따로 없다고 하는 것이다.[271] 도가 우주에 꽉 차 있는데, 숨겨진 것이라고는 없다. 하늘에 있으면 음양陰陽이라 일컫고, 땅에 있으면 강유剛柔라 일컫고, 사람에게 있으면 인의仁義라 일컫는다.[272]

우주에 이치理가 있고, 도道는 수많은 이치理를 포함하고 있다는 관점에서 육씨와 주희는 다름이 없었다. 이 또한 전체 도학道學의 공통 인식이었다. 한편, 육구연이 특별히 강조했던 것은 마음心과 도道의 합일, 마음心과 이치理의 합일이었다. 그가 보건대, '인의仁義란 사람의 본심本心으로서'[273], 이는 천지의 도道에서 왔고, 보편성과 영구성을 가지고 있었다. 하지만 "아둔하고 못난 자들은 이에 미치지 못하는 바, 그래서 물욕에 가려져 그 본심을 잃게 되고, 현명하고 지혜로운 자들은 이를 지나치는 바, 그래서 의견意見에 가려져 그 본심을 잃게 된다."[274] 육씨가 보건대, 우주는 종래로 사람과 계선을 가른 적이 없는데, 사람

---

270) (宋)陸九淵 :《陸九淵集》, 鐘哲點校, 中華書局1980年版, 第273頁.[원문 : 宇宙內事, 是己分內事. 己分內事, 乃宇宙內事.]

271) (宋)陸九淵 :《陸九淵集》, 鐘哲點校, 中華書局1980年版, 第474頁.[원문 : 此理塞宇宙, 所謂道外無事, 事外無道.]

272) (宋)陸九淵 :《陸九淵集》, 鐘哲點校, 中華書局1980年版, 第9頁.[원문 : 道塞宇宙, 非有所隱遁. 在天曰陰陽, 在地曰柔剛, 在人曰仁義.]

273) (宋)陸九淵 :《陸九淵集》, 鐘哲點校, 中華書局1980年版, 第9頁.[원문 : 仁義者, 人之本心.]

274) (宋)陸九淵 :《陸九淵集》, 鐘哲點校, 中華書局1980年版, 第9頁.[원문 : 愚不肖者不及焉, 則蔽於物欲而失其本心, 賢者智者過之, 則蔽於意見而失其本心.]

이 절로 우주와 계선을 두고 있었다. 육씨의 심학心學이 바로 이런 계선을 타파하고, 인간의 마음이 우주를 용납하게 하고, 그 본래의 모습을 환원시키려는 것이었다. 이 점에서도 육구연의 견해는 주희의 "내 마음의 전체대용全體大用(마음의 본바탕이 텅 비어 있으면서도 여러 원리를 모두 갖추고 있고, 신령하게 모든 일에 대응하는 것)이 밝지 않음이 없다."라는 견해와 비교적 근접해 있었다. 단, 육씨의 해석이 더 간단명료했다.

육씨가 심학을 강론함에 있어서 가장 큰 특색은 즉 수양修養을 하는 간이공부簡易功夫를 창도한 점이다. 그는 정이의 즉물궁리即物窮理설이나 주희의 격물치지格物致知론이나 모두 너무 '지리支離'하다고 보고 있었다. 그의 간이공부簡易功夫에서는 '우선 큰 것을 세울 것'을 주장했다. 그는 이렇게 말한다. "근간에 나를 의론하는 자가 말하기를, '우선 큰 것을 세운다는 한 마디를 제외하고는 전혀 딴 재주가 없다.'고 하는데, 내가 듣고서는 '참말로 그렇다.'라고 했다."[275] 그는 또 이렇게 말한다.

> 마음心은 다만 같은 하나의 마음일 뿐이다. 나의 마음心, 나 친구의 마음, 위로는 천백 년 전 성현聖賢의 마음, 아래로는 천백 년 후 성현 한 분 또 나오셔도 그 마음 역시 마찬가지이다. 마음心의 체體는 지극히 큰 데, 만약 내 마음을 다 펼친다면, 곧 하늘과 똑같겠다. 배움은 다만 이를 이해하는 것뿐이다.[276]성인의 말씀은 원래 아주 분명하다. '젊은이들은 집에 들어와서는 부모님께 효도하고 나가서는 어른들을 공경하라.'는 말을 되새겨보라. 분명히 당신한테 집에 들어와서는 부모님께 효도하고, 밖에 나가서는 어른들을 공경하라고 말했는데, 여기에 또 무슨 전주傳注가 더 필요하단 말인가. 배우는 자들은 이에 정신이 피로해지고, 부담이 날로 중해진다. 나 여기에 오면 다만 그들의 부담만 줄여줄 것이다. 이것이 바로 격물格物이겠다.[277]

---

275) (宋)陸九淵 :《陸九淵集》, 鐘哲點校, 中華書局1980年版, 第400頁.[원문 : 近有議吾者雲 : '除了先立乎其大者一句, 全無伎倆', 吾聞之曰 : 誠然.]

276) (宋)陸九淵 :《陸九淵集》, 鐘哲點校, 中華書局1980年版, 第444頁.[원문 : 心只是一個心, 某之心, 吾友之心, 上而千百載聖賢之心, 下而千百載復有一聖賢, 其心亦只如此. 心之體甚大, 若能盡我之心, 便與天同. 爲學只是理會此.]

육씨의 이 말의 의미는 즉 사람의 본심本心은 밝혀내기만 하면 곧 성현과 같아지는데, 한편 이 본심이 우주의 도道와 통하게 되면, 천인일체天人一體의 경지에 이를 수 있다는 것이다. 이것이 "우주가 곧 내 마음이요, 내 마음이 곧 우주이다."라는 말의 본뜻本義이겠다. 또 이것이 바로 '우선 큰 것을 세우는' 자의 간이공부簡易功夫이겠다. 그가 보건대, 본심을 밝혀내는 것이 가장 직접적이고 가장 명료했다. 하지만 즉물궁리卽物窮理는 끝이 없고, 갈수록 부담만 점점 더 중해지고, 이로서는 전체대용全體大用의 목적을 달성할 수 없었다. 이것이 육학陸學과 주학朱學의 가장 큰 차별이었다. 육자심학陸子心學은 본질적으로는 경계론境界論과 수양론修養論이다. 이는 서양철학에서 말하는 우주발생론, 본체론 및 인식론이 아니다. 방법론에 있어서 그는 직각直覺과 체오體悟를 강조했다. 육씨는 전주傳注에 집착하는 것에는 반대했지만, 경經을 읽는 것은 반대하지 않았다. 그가 보건대, 배우는 자들은 전주傳注를 따라 공부할 것이 아니라, 직접 성현들의 마음을 파악하고 이해하고, 직접 경서經書의 참뜻을 체득해야 했다. 그리하여 그는 교조식教條式의 훈고학訓詁學을 반대하고, 창조식創發式의 의리학義理學을 창도했던 것이다. 그는 이렇게 말한다.

> 학문을 닦아 근본을 알게 되면, 육경六經도 모두 내가 주석을 달수 있다.[278] 어떤 이가 육선생陸先生에게 말했다. '그럼 어찌하여 육경에 주注를 달지 않았는가?' 선생이 이르기를, '육경이 나에게 주를 달아야 하는데, 내가 왜 육경에 주를 달겠는가.'[279]

육자학陸子學은 자각적으로 유학을 새롭게 창조하려는 의식이 가장 강했다.

---

277) (宋)陸九淵:《陸九淵集》, 鐘哲點校, 中華書局1980年版, 第441頁.[원문: 聖人之言自明白. 且如'弟子入則孝, 出則弟'. 是分明說與你入便孝, 出便弟, 何須得傳注. 學者疲精神於此, 是以擔子越重. 到某這裏, 只是與他減擔, 只此便是格物.]

278) (宋)陸九淵:《陸九淵集》, 鐘哲點校, 中華書局1980年版, 第395頁.[원문: 學苟知本, 六經皆我注腳.]

279) (宋)陸九淵:《陸九淵集》, 鐘哲點校, 中華書局1980年版, 第522頁.[원문: 或謂陸先生雲: '胡不注六經?'先生雲: '六經當注我, 我何注六經'.]

한편, 후일 심학心學 대가들은 모두 유학 사상의 용사勇士들이었다.

2) 본심本心이 즉 공리公理라는 설說

육구연은 맹자의 '사단설四端說'을 아주 존숭하고 있었다. 그는 이를 해석하면서 '본심이 즉 이치理임'을 논술한다. 이렇게 말한다. "사단四端(惻隱之心, 羞惡之心, 辭讓之心, 是非之心)이 바로 이 마음此心이다. 하늘이 나에게 내려 준 것이 바로 이 마음이다. 사람은 모두 이 마음心을 가지고 있고, 이 마음心은 모두 이 이치理를 갖추고 있으니, 이 마음心이 즉 이치理이다."[280] 다양한 사물의 이치理는 각자 상이하다. 그런 까닭에 "천하天下의 이치理는 무궁한데, 만약 내가 평생 경험한 것으로 말하자면, 참말로 남산南山의 대나무를 죄다 채벌한다 해도 그것을 설명하기에는 내 말이 모자라다고 하겠다. 하지만 종국에는 모두 이 마음에 귀결되겠다."[281] 구체적인 이치理는 당연히 아주 많겠지만, 근본 원리는 오직 하나뿐이다. 즉 "이치理는 천하의 공리公理, 공공의 이치뿐이고, 마음心은 천하의 동심同心(같은 마음)뿐이다. 성현聖賢이 성현聖賢으로 된 것은 다만 사사로움私을 마음에 담지 않았기 때문이다."[282] 보다시피 육씨가 말하는 '본심本心'은 성현들의 공심公心(공공의 마음)이다. 이 마음은 원래 천하 사람들이 똑같이 가지고 있는 것이다. 한편, '공심公心'이 즉 '공리公理'를 갖추고 있는 마음으로서 이로써 천지天地가 만물을 낳는 도道를 인지할 수 있고 또한 이를 인륜일용人倫日用의 실천에 활용할 수 있겠다. 그리하여 '마음이 즉 이치이다心即理'라는 말은 또 '본심이 즉 공리이다本心即公理'라는 말로 바꿀 수 있겠다. 또한 이것이 바로 사람들이 되찾아와야 하는 인성人性의 정수精粹이겠다. 육씨

280) (宋)陸九淵:《陸九淵集》, 鐘哲點校, 中華書局1980年版, 第149頁.[원문: 四端者, 即此心也. 天之所以與我者, 即此心也. 人皆有是心, 心皆具是理, 心即理也.]

281) (宋)陸九淵:《陸九淵集》, 鐘哲點校, 中華書局1980年版, 第397頁.[원문: 天下之理無窮, 若以吾平生所經歷者言之, 眞所謂伐南山之竹, 不足以受我辭. 然其會歸, 總在於此.]

282) (宋)陸九淵:《陸九淵集》, 鐘哲點校, 中華書局1980年版, 第196頁.[원문: 理乃天下之公理, 心乃天下之同心. 聖賢之所以爲聖賢者, 不容私而已.]

는 '천리인욕天理人欲', '도심인심道心人心'라는 설법은 사람들이 '하늘과 인간天人'을 둘로 갈라서 보게 만들 수 있다고 생각했다. 그래서 또 이렇게 말한다.

천리인욕天理人欲이라는 말도 당연히 지론至論(가장 지당한 논설)은 아니다. 만약 하늘이 이치理를 가지고 있고, 사람이 욕심欲을 가지고 있다고 한다면, 하늘과 인간은 서로 다르게 될 것이다.[283] '인심人心은 인위人僞(거짓)적이고, 도심道心이 천리天理이다(朱熹의 말임)'라는 말은 옳지 않다. 인심은 다만 일반사람들의 마음을 말하는 것이다. 유미惟微(『尙書·大禹謨』에 나오는 말임, 人心惟危 道心惟微)란 도심道心이 정미精微하다는 것인데, 바꾸어 말하면, 사람의 재능이 거칠어 정미精微하지 못하다는 것이겠다. (그러므로) 인욕과 천리人欲天理로 갈라 말하는 것은 옳지 않겠다.[284]

그가 보건대, 인심人心은 오로지 (똑같은) 하나뿐이고, 정교함과 거칠음精粗은 상대적으로 말하는 것으로서 너무 절대화시키면 아니 되었다. "사람도 선善한 면이 있고 악惡한 면이 있고, 하늘도 선한 면이 있고 악한 면(日蝕이나 月蝕, 惡星 등)이 있는데, 어찌 선을 모두 하늘에 돌리고, 악을 모두 사람에 돌릴 수 있겠는가?"[285] 육씨陸氏의 '본심本心이 즉 공리公理이다'라는 논설은 천인일체天人一體를 전제로 한 경계함양설境界涵養說이었다. 그의 논설에서는 사람들이 성현聖賢들을 따라 배워, 인애仁愛와 포용의 마음 그리고 공평하고 정의로운 마음을 가지고 인간과 사물을 대할 것을 요구하고 있었다. 그는 이렇게 말한다.

만물은 방촌方寸(마음)에 빼곡히 들어 있는데. 마음에서 넘쳐나 우주를 꽉 채워도, 이 이치理뿐이겠다.[286] 정신을 수습하고 자체로 주재主宰하라. 만물은 모두

---

283) (宋)陸九淵:《陸九淵集》, 鐘哲點校, 中華書局1980年版, 第395頁.[원문: 天理人欲之言, 亦自不是至論. 若天是理, 人是欲, 則是天人不同矣.]

284) (宋)陸九淵:《陸九淵集》, 鐘哲點校, 中華書局1980年版, 第462-463頁.[원문: 謂'人心, 人僞也. 道心, 天理也'非是. 人心, 只是說大凡人之心, 惟微, 是精微, 才粗便不精微, 謂人欲天理, 非是.]

285) (宋)陸九淵:《陸九淵集》, 鐘哲點校, 中華書局1980年版, 第463頁.[원문: 人亦有善有惡, 天亦有善有惡, 豈可以善皆歸之天, 惡皆歸之人?]

나에게 갖추어져 있는데, 무엇인들 모자라겠는가. 그러니, 측은히 여겨야惻隱 할 때는 자연적으로 측은히 여기게 되고, 수오羞惡(자기의 나쁜 짓을 부끄럽게 생각하고, 남의 못된 짓을 미워하다)해야 할 때는 자연적으로 수오하게 되고, 너그럽고寬裕 온유溫柔해야 할 때는 자연적으로 너그럽고 온유해지고, 강의剛毅해야 할 때에는 자연적으로 강의함을 발하게 된다.287)

육자심학陸子心學의 정화精華는 바로 '정신을 수습하고 자체로 주재하라收拾精神 自作主宰.'라는 이 말에 있었다. 그렇다면 이 말을 어떻게 실천할 것인가? 육씨가 보건대, 관건은 '뜻을 변별하는데辨志' 있었다. 바꾸어 말하면, '의義와 리利의 변별'에 있었다. 이것이 바로 사적인 욕심私意을 없애고 공리公理를 세우는, '우선 큰 것을 세우는' 간이공부簡易功夫였다. 그는 이렇게 말한다.

반드시 큰 의혹과 큰 두려움을 가지고, 깊이 생각하고 뼈저리게 반성하면서, 속세의 나쁜 습속을 말끔히 버려야 한다. 마치 더럽고 추잡한 것을 버리고, 마치 적과 원수를 피하는 것처럼 말이다. 이렇게 하면 이 마음의 영성靈은 절로 어질게 되고, 절로 지혜롭게 되고, 절로 용감하게 된다. 한편, 사적인 욕심私意과 속세의 악습俗習은 마치 뜨는 해를 만난 눈송이처럼 남아있고자 해도 남아있을 수 없게 된다. 이를 일컬어 앎이 이르렀다고 말하고, 이를 일컬어 우선 큰 것을 세웠다고 말한다.288)

'우선 큰 것을 세우는 것'은 지식을 축적하는데 있는 것이 아니고, 격물궁리格物窮理에 있는 것이 아니다. 이는 한 동안의 성찰省察과 깨달음體悟을 거쳐, 공리功利적 경계로부터 도덕적 경계에로 비약하는 데에 달려 있다. 이렇게 되

286) (宋)陸九淵:《陸九淵集》, 鐘哲點校, 中華書局1980年版, 第423頁.[원문: 萬物森然於方寸之間, 滿心而發, 充塞宇宙, 無非此理.]

287) (宋)陸九淵:《陸九淵集》, 鐘哲點校, 中華書局1980年版, 第455-456頁.[원문: 收拾精神, 自作主宰. 萬物皆備於我, 有何欠缺. 當惻隱時自然惻隱, 當羞惡時自然羞惡, 當寬裕溫柔時自然寬裕溫柔, 當發強剛毅時自然發強剛毅.]

288) (宋)陸九淵:《陸九淵集》, 鐘哲點校, 中華書局1980年版, 第196頁.[원문: 必有大疑大懼, 深思痛省, 決去世俗之習, 如棄穢惡, 如避寇仇, 則此心之靈自有其仁, 自有其智, 自有其勇, 私意俗習, 如見晛之雪, 雖欲存之而不可得, 此乃謂之知至, 乃謂之先立乎其大者.]

면, 마음心의 인仁, 지智, 용勇은 자연적으로 드러나게 되고, 본심本心은 절로 세워지고 절로 주인이 되어, '마음에 얽매임累이 없고, 바깥에 얽매임이 없어, 자연적으로 자유롭게 된다.'[289] 이렇게 되면 초연하게 되고 맑고 거뿐하게 되어, 어디로 가나 불편함이 없이 되겠다.

육자심학陸子心學은 사람들이 늘 질책하던 것처럼, '공소空疏하고 실속이 없는' 학설이 아니었다. 육씨는 마음을 밝히려고明心 했을 뿐만 아니라 또한 실천에 옮길 것도 고민하고 있었다. 또한 반드시 실행이 가능해야만 참된 앎眞知이라고 보고 있었다. 그는 이렇게 말한다.

> 학문을 닦는 데는 분명히 밝혀야 하는 것도 있고 실천에 옮겨야 하는 것도 있다.[290] 하지만 반드시 한 마음으로 실속 있게 배워야 하고, 텅 빈 말을 하지 말아야 한다. 그 다음에야 분명히 밝혔다고 말할 수 있겠다. 만약 길가에서 주워들어 배운 얄팍한 지식口耳之學을 가지고 분명히 밝힌 것이라고 말한다면, 이들 또한 성인을 따라 배운 무리들이 아니겠다.[291]

그가 말하는 '마음에서 깨달아야 한다'[292]는 것은 '모름지기 혈맥血脈과 골수骨髓에서 실제적으로 깨달아야 함'[293]을 말하는 것이었다. 그는 책을 읽는 것을 반대하지 않았다. 다만, 입과 귀로만 전하고 받아들이는 피상적인 가르침과 배움을 반대했던 것이다. 그는 사실 성현들의 뜻과 마음을 깊이 이해하고 또 그 이해를 정치와 교육, 경제와 인륜人倫의 모든 면에서 표현해낼 것을 주장하고 있었다. 순자가 말했듯이, "군자의 학문은 귀로 들어와, 마음에 드러나며, 온

289) (宋)陸九淵 : 《陸九淵集》, 鐘哲點校, 中華書局1980年版, 第468頁.[원문 : 內無所累, 外無所累, 自然自在.]

290) (宋)陸九淵 : 《陸九淵集》, 鐘哲點校, 中華書局1980年版, 第160頁.[원문 : 爲學有講明, 有踐履.]

291) (宋)陸九淵 : 《陸九淵集》, 鐘哲點校, 中華書局1980年版, 第160頁.[원문 : 然必一意實學, 不事空言, 然後可以謂之講明. 若謂口耳之學爲講明, 則又非聖人之徒矣.]

292) (宋)陸九淵 : 《陸九淵集》, 鐘哲點校, 中華書局1980年版, 第444頁.[원문 : 就心上理會.]

293) (宋)陸九淵 : 《陸九淵集》, 鐘哲點校, 中華書局1980年版, 第445頁.[원문 : 須是血脈骨髓理會實處始得.]

몸으로 퍼져, 행동으로 나타나야 한다."[294]는 것이다. 이는 유가의 경세치용經世致用의 전통이었다.

3) 주학과 육학의 공통점과 차이

주희와 육구연은 학문적 친구였고, 두 사람은 또 수차 쟁론도 있었다. 그러나 모두 도학道學 내부의 쟁론이었고, 그 쟁론도 주요하게 이론적 주장과 수신修身 방법에 있어서의 쟁론이었다. 하지만 두 사람은 가치 이상과 도통 관념에 있어서는 일치했다. 두 사람 모두 "사람은 모두 같은 이 마음此心을 가지고 있고, 마음은 모두 같은 이 이치此理를 가지고 있고, 성현聖賢들이 전傳한 것은 모두 본심을 잃지 않는 것에 있었다."고 했다. 그래서 육씨陸氏는 "마음이 즉 이치이다心卽理."라고 했고, 주희는 "사람의 마음에는 만 가지 이치가 갖추어져 있는데, 만약 이를 보존할 수 있다면, 곧 성현이겠다."[295]라고 했던 것이다. 그러나 두 사람은 수양修養의 절차와 순서에 있어서는 이해가 달랐다. 순희淳熙 2년, 육구연, 육구령 형제와 주희 및 뭇 학자들이 연산鉛山 아호사鵝湖寺에 모였는데, 이 모임이 바로 유학사儒學史에서 아주 유명했던 그 '아호지회鵝湖之會'이다. 이 모임에서 주희와 육구연은 격렬한 변론이 있었다. 이 모임에 참석했던 주태경朱泰卿(즉 亨道)은 이렇게 말한다.

> 아호의 모임鵝湖之會에서는 사람을 가르치는 법에 관해 논했다. 원회元晦(朱熹)는 학생들이 많이 보고 많이 읽게 한 다음 귀납하게 할 것을 주장했다. 육씨 형제의 주장은 먼저 사람의 본심을 밝히고發明本心 그 다음 많이 읽게 해야 한다는 것이었다. 주희는 육씨의 가르침 방법이 너무 간단하다고 나무랐고, 육씨는 주희의 가르침 방법이 너무 지리支離하다고 비난했는데, 이 점에서 두 사람은 상당히 불일치했다. 육선생이 더욱 원회元晦와 변론하고자 했던 것은 요임금과 순임금

294) 張覺:《荀子譯注》, 上海古籍出版社1995年版, 第9頁.[원문: 君子之學也, 入乎耳, 著乎心, 布乎四體, 形乎動靜.]

295) 錢穆:《朱子新學案》第一冊, 九州出版社2011年版, 第152頁.[원문: 人心萬理具備, 若能存得, 便是聖賢".]

전에는 어떤 책이 있었고 어떻게 읽었냐 하는 문제였다. 복재復齋(陸九齡)가 이를 중지시켰다.

육씨는 후일 시를 지어 자신의 심경을 토로했다. "간이공부易簡工夫는 종국에는 오래가고 커질 것이지만, 지리支離한 사업事業은 단정코 부침만 거듭할 것이다."[296] 삼년 후, 주희는 육구령陸九齡에게 시를 한 수 지어 보냈다. "옛 학문을 의론했더니 학문이 더욱 치밀해졌고, 새로운 앎을 기르고 나니 그 깊이를 더하는 구려"[297] 그가 보건대, 옛 학문도 탐구해야 하고, 새로운 앎도 길러야 했다. 양자는 어느 것도 버리면 아니 되고, 반드시 이 양자 모두 중요시해야 했다. 이렇게 해야만 사람들의 학문이 더욱 치밀해지고 더욱 깊어질 수 있다는 것이다. 그는 육구연을 이렇게 나무랐다. "그의 결점은 학문의 가르침을 깡그리 버리고 오로지 실천만 중요시하는 것에 있었는데, 게다가 또 실천과정에서 사람들이 주의 깊게 성찰하고 본심本心을 깨달을 것을 요구하고 있었다. 이는 결점에서도 큰 결점이겠다."[298] 주희는 또 이렇게 말했다.

> 사람의 마음에 보이는 것은 같지 않거늘, 오로지 성인만이 죄다 볼 수가 있겠다. 오늘 육씨는 다만 자신의 한 마음에서 본 것을 가지고 마음에서 얻은 것이라고 하는데, 그리하여 다른 사람이 말한 것은 모두 바깥의 것이라고 하게 되었다. 그리하여 또한 글에서 뜻을 구하는 것은 모두 마음에서 얻는 것이 아니 되겠다. 그는 오로지 태어나면서부터 알고 편안하게 행할 것만 주장하고, 배워서 아는 온갖 것들은 전부 버리려고 했다.[299] 간책簡策(죽간서에 기록된 말들)은 모두 옛

296) (宋)陸九淵 :《陸九淵集》, 鐘哲點校, 中華書局1980年版, 第301頁.[원문 : 易簡工夫終久大, 支離事業竟浮沉.]

297) (宋)朱熹 :《朱熹集》第1冊, 郭齊, 尹波點校, 四川教育出版社1996年版, 第185頁.[원문 : 舊學商量加邃密, 新知培養轉深沉.]

298) 陳榮捷 :《朱熹》, 三聯書店2012年版, 第182頁.[원문 : 其病卻在盡廢講學而專務踐履, 卻於踐履之中要人提撕省察, 悟得本心. 此爲病之大者.]

299) 錢穆 :《朱子新學案》第一冊, 九州出版社2011年版, 第153頁.[원문 : 人心所見不同, 聖人方見得盡. 今陸氏只要渠心裏見得底方謂之內, 才自別人說出, 便指爲外. 所以指文義而求之者皆不爲內. 只是專主生知安行, 學知以下一切皆廢.]

성현들이 후학들을 배려하여 남겨준 것인데, 대대로 전해 내려오면서 가르침이 무궁했다. 그들은 '내 마음과 똑같은 것을 먼저 얻었다.' 무릇 내 마음에서 얻은 것들은 반드시 성현들의 글과 맞춰 보아야 할 것이다.[300]

이는 분명히 『중용中庸』에서 말하는 '존덕성尊德性'과 '도문학道問學'이라는 이 양자의 쟁론이다. 주희는 이렇게 명확히 지적했다.

자사子思로부터, 사람을 가르치는 법은 오로지 존덕성尊德性과 도문학道問學이라는 이 두 가지를 중심으로 했다. 오늘 자정子靜(즉 陸九淵)이 말한 것은 오로지 존덕성尊德性의 문제이고, 한편 희朱熹가 평소에 논한 것들은 오히려 문학問學에 관한 것이 많았다.[301] 오늘날에는 마땅히 몸을 돌이켜 반성하면서, 단점을 버리고 장점을 모으는데 공력을 들여야 하겠다. 바라건대, 어느 한편에 떨어지지 않으면 좋겠다.[302]

그러나 육씨는 주희의 이 타당한 논설을 받아들이지 않았다. 그는 이렇게 말한다. "주원회朱元晦는 양 켠의 단점을 버리고, 양 켠의 장점만 취하려고 하는데, 나는 이것이 불가능하다고 생각한다. 존덕성尊德性도 알지 못하는데, 어찌 이른바 도문학道問學이 있을 수 있겠는가."[303] 육구연은 개성이 강한 사람이었고, 그는 타협하려 하지 않았다! 그러나 훗날의 도학 발전사로 보면, 정주이학程朱理學에서 도문학道問學을 중요시하고, 격물치지格物致知로부터 착수하던 것은 장점도 있었고 단점도 있었다. 장점이라면 쉽게 인륜도덕 규범을 가르침의

300) 錢穆:《朱子新學案》第一冊, 九州出版社2011年版, 第153頁.[원문: 簡策之言, 皆古先聖賢所以加惠後學, 垂教無窮, 所謂'先得我心之同然'. 凡我心之所得, 必以考之聖賢之書.]

301) 錢穆:《朱子新學案》第一冊, 九州出版社2011年版, 第158頁.[원문: 自子思以來, 教人之法, 惟以尊德性, 道問學兩事爲用力之要. 今子靜所說, 專是尊德性事, 而熹平日所論, 卻是問學上多了.]

302) 錢穆:《朱子新學案》第一冊, 九州出版社2011年版, 第158頁.[원문: 今當反身用力, 去短集長, 庶幾不墮一邊.]

303) 錢穆:《朱子新學案》第一冊, 九州出版社2011年版, 第158頁.[원문: 朱元晦欲去兩短, 合兩長, 然吾以爲不可. 既不知尊德性, 焉有所謂道問學.]

과정에 납입시킬 수 있는 것이었는데, 이렇게 인륜도덕규범이 사회공동체의 행위규범으로 되어, 사회가 안정한 질서를 유지하게 만들었던 것이다. 단점이라면 사람들의 개성의 발전을 억압하고, 점차 내재한 인문정신을 상실하고, 도리어 인성人性을 질곡하는 교조敎條로 되게 만들었던 것이다. 이는 단지 지리支離의 문제만이 아니었다. 육왕심학陸王心學에서는 존덕성을 중요시하고, '우선 큰 것을 세우는 것'에서 착수했는데, 역시 장점도 있었고 단점도 있었다. 장점이라면 사람들이 자아의식과 자주정신을 발양하고, 경서를 포함한 외적 설교說教의 제약을 받지 않게 만든 것이다. 또한 자각적으로 도덕적 인격을 수립하고, 창조정신을 발휘하게 하여, 문화 건설을 크게 추진시켰었다. 단점이라면 성명性命에 대해 공리공담이 많고, 학문의 뿌리가 깊지 못하고, 사회와 민생을 관심하지 않고, 유아독존唯我獨尊하면서 여러 학파의 주장을 널리 받아들이지 않은 등이라고 하겠다. 이 또한 유학의 발전에도 불리했다. 주학과 육학은 원래 상호 보완을 이루어야 했고, 사실 충분히 상호 보완을 이룰 수도 있었다. 주씨와 육씨는 또 '무극無極, 태극太極'에 관한 논쟁도 있었고, 인물 평가에 관한 쟁론도 있었다. 이 점에 관해서는 상세한 설명을 줄인다.

4) 육자심학陸子心學과 선학禪學

육자학은 주자학과 비교할 때, 사유의 방법, 수양의 경로, 언어의 사용에 있어서 선종과 합치되는 면이 더 많았다. 육씨는 "마음이 즉 이치이다心即理", "내 마음이 곧 우주이다吾心即是宇宙."라고 하면서 인간이 우주 만사와 만물에 대한 인식認知을 본심本心의 전체대용全體大用에 귀결시켰었는데, 이는 사실 화엄종華嚴宗의 '일다원융一多圓融' 사상을 받아들인 기초 위에서 직접 선종禪宗의 직지본심直指本心, 명심견성明心見性의 지혜를 활용하여 형성한 것이겠다. 혜능慧能은 이렇게 말했다.

> 만법이 모두 자기의 마음 가운데 있거늘, 어찌하여 자기의 마음 가운데서 진여眞如의 본래 성품을 단박에 보지 못하는가.[304] 보리(자성을 깨달음)는 다만 마음에

서 찾는 것인데, 뭐 수고롭게 밖에서 현묘함을 구하려 하는가.[305)]

그래서 그는 경經을 많이 읽고, 늘 부처님에게 비는 것에 반대했고 또 고행苦行과 좌선坐禪에도 찬성하지 않았던 것이다. 또한 성불成佛하는 것은 다만 미혹과 깨달음의 한 순간에 있다고 했다. "앞생각前念에 미혹하면 곧 범부요, 뒷생각後念이 깨치면 곧 부처이다."[306)] 선종禪宗에서는 사람들이 찰나에 깨치게 하려고, 종사宗師가 제자들을 깨우칠 때는 늘 이치를 설명하는 방식이 아닌, '기봉機鋒', '통봉痛棒(棒喝)' 등 경고 또는 충고 방식을 사용했다. 육씨의 심학心學에서 바로 이런 일종의 자신의 마음에서 우주의 진리를 찾아내는 방식을 활용하고 있었다. 단, 그가 자신의 마음에서 찾던 것은 진여실상眞如實相이 아니라, 윤리 도덕에 관한 공리公理였다. 그는 스스로 자기에게는 일반적인 것과는 다른 일종의 가르침 방식이 있다고 말한다. "나는 평소에 학규學規를 세우려 하지 않았고, 다만 늘 학도들이 근본에서 깨달음을 얻으라고 했다. 근본이 있으면 끝머리가 있기 마련이다. 만약 전부 끝머리에서 깨달음을 얻는다고 해도 무익한 것만은 아니겠다. 그래서 나는 학도들이 오늘 근본에서 알게 된 것이 있다면, 이에 불을 약간 더 지펴 수시로 앎을 더 구축하라고 했다. 그러나 부엌을 새로 만들지는 말라고 했다."[307)] 『연보年譜』에서는 이렇게 말한다. "선생陸九淵이 사람을 가르치는 데는, 아주 깊고 절실하고 분명했는데, 말하자면 대개 사람들이 놓쳐버린 마음放心을 거두어들이게 했다. 학문에 뜻을 둔 자들 몇몇이 늘 그와 깊이 토론했는데, 그들은 더는 언어와 문자를 가지고 따지지 않았다."[308)] 보다시피

---

304) 《六祖大師法寶壇經》, 《大正藏》第48冊, 第351頁.[원문: 萬法盡在自心, 何不從心中頓見眞如.]

305) 《六祖大師法寶壇經》, 《大正藏》第48冊, 第352頁.[원문: 菩提只向心覓, 何勞向外求玄.]

306) 《六祖大師法寶壇經》, 《大正藏》第48冊, 第350頁.[원문: 前念迷即凡夫, 後念悟即佛.]

307) (宋)陸九淵: 《陸九淵集》, 鐘哲點校, 中華書局1980年版, 第457頁.[원문: 某平時未嘗立學規, 但常就本上理會. 有本自然有末, 若全去末上理會, 非惟無益. 今既於本上有所知, 可略略地順風吹火, 隨時建立, 但莫去起爐作灶.]

308) (宋)陸九淵: 《陸九淵集》, 鐘哲點校, 中華書局1980年版, 第489頁.[원문: 先生所以誨人者, 深切著明, 大概是令人求放心. 其有志於學者, 數人相與講切, 不復以言語文字爲意.]

육씨는 맹자의 "내 자신을 돌이켜 보는 것을 진실되고 정성스럽게 한다反身而誠."라는 주장과 선종禪宗의 "마음을 맑게 하여 성품을 본다明心見性."라는 주장을 고도로 통일시켰었다.

육구연은 제자가 아주 많았다. 강서江西에 있는 자들은 '괴당제유槐堂諸儒'라고 칭했고, 절강浙江 동쪽의 네 사람은 '용상사선생甬上四先生'이라고 칭했는데, 그들이 육자심학陸子心學 학파의 주력군이었다. 주희는 "금계金溪(陸子心學 학파를 가리킴)의 학문은 진정하게 선禪이다."[309]라고 평가했다. 육씨의 제자들 가운데서, 선禪을 잘 알고 선禪을 활용하는 데서 가장 소명昭明했던 자는 양간楊簡이다. 양간은 이렇게 말한다. "공자께서 말씀하시기를, '마음心의 정신을 성聖이라 한다'고 했다. 이는 달마께서 말씀하신 '여러 부처로부터 오로지 마음으로써 마음을 전했다'는 것과 같은 말이다. 즉 마음이 곧 부처인 바, 이밖에 부처가 따로 없다는 것이다."[310] 양간은 마음心이 만사와 만물을 포섭한다고 보고 있었다. "사람은 모두 이 마음을 가지고 있고, 이 마음은 모두 허명虛明하고 체體가 없다. 체가 없기에 가장자리際畔도 없다. 천지만물은 죄다 나의 이 허명虛明하고 체가 없는 가운데 들어있다."[311] 때문에 수양修養의 방법은 반드시 간결하고 명쾌해야 하고 직접 본심本心을 지향해야 한다고 한다. "사람은 누구나 지극히 신령하고 지극히 밝고, 지극히 광대하고 지극히 지혜로운 본성性을 가지고 있는 바, 바깥에서 구하고 바깥에서 얻을 필요 없이, 스스로 근본으로부터 구하게 되면 절로 신명神明해진다."[312] 그는 『양씨역전楊氏易傳』에서 이렇게 말한다. "천지天地의 도道는 전일한바, 둘이 아니다. 팔괘八卦는 역도易道의 변화이고, 육십사괘六十四卦는 그 변화 속의 변화이다. 사물은 크고 작음이 있지만 도

309) (宋)黎靖德編 :《朱子語類》第八冊, 王星賢點校, 中華書局1986年版, 第2973頁.[원문 : 金溪學問, 眞正是禪.]

310) 潘富恩, 徐洪興 :《中國理學》第3卷, 東方出版中心2002年版, 第83頁.[원문 : 孔子曰心之精神是謂聖, 即達磨 謂從上諸佛, 惟以心傳心, 即心是佛, 除此外更無別佛.]

311) 潘富恩, 徐洪興 :《中國理學》第3卷, 東方出版中心2002年版, 第82頁.[원문 : 人皆有是心, 是心皆虛明無體, 無體則無際畔, 天地萬物盡在吾虛明無體之中.]

312) 張偉主編 :《慈湖心舟一楊簡學術研討會論文集》, 浙江大學出版社2012年版, 第10-11頁.[원문 : 人皆有至靈至明, 廣大至智之性, 不假外求, 不由外得, 自求自根自神明.]

道는 크고 작음이 없고, 덕은 좋고 나쁨이 있지만 도道는 좋고 나쁨이 없다. 마음으로 통하는 자는 천지와 사람과 만물을 통찰함에, 모두 자기 마음의 성량性量에서 헤아리고 있다. 한편, 천지와 사람과 만물의 변화는 모두 자기 성품性의 변화인데, 왜 근본과 끝머리, 거친 것과 정교한 것, 크고 작은 것 사이에서 구한다는 말인가."313) 이로 보면 양간은 불교에서 말하는 만법유심萬法唯心, 관심섭법觀心攝法의 정요精要를 깊이 파악하고 있었다. 또한 늘 '바깥에서 구하지 않는다不假外求', '성량性量' 등의 불교 용어를 사용하고 있었다. 육자심학陸子心學에서 선학을 숭상하던 경향은 명나라 양명심학陽明心學 및 그 후학後學들에 이르러 더욱 발전되고 심화되었다. 육씨의 후학들은 맹자의 '우선 큰 것을 세운다先立乎其大者'라는 이념, '놓쳐버린 마음을 구한다求其放心'는 이념을 지극히 발휘했고 또한 선종禪宗의 '즉심성불即心成佛' 그리고 '바깥에서 구하지 않는不假外求' 지혜를 극치에서 활용하고 있었다.

6. 원나라 이학理學과 주학朱學·육학陸學의 합류

1) 요遼·금金·서하西夏의 삼교 관계 전체 구도

양송 시기 및 원나라 이전, 중국은 정치적으로 분열되고, 할거割據정권이 병존하던 상태에 처해 있었다. 또한 이 시기는 민족모순이 첨예하고, 민족전쟁이 빈번히 발생하던 시기였다. 요나라는 거란족契丹族이 세운 나라인데, 한 때는 중국 북방의 광활한 영토를 차지하고 있었다. 후일 금나라에 의해 멸망당했다. 금나라는 여진족女眞族이 세운 나라인데, 요나라를 멸망시킨 후, 영토를 중국 동북에서부터 화북華北에로 계속 확장했고, 송나라를 양자강 남쪽 지역으로 내몰았다. 가장 흥성할 때는 하북河北, 하남河南의 광활한 지역을 모두 차지하고

313) 張偉主編 :《慈湖心舟—楊簡學術研討會論文集》, 浙江大學出版社2012年版, 第12頁.[원문 : 天地之道, 其爲物不貳, 八卦者易道之變化, 六十四卦者, 又變化中之變化也, 物有大小, 道無大小. 德有優劣, 道無優劣. 其心通者, 洞見天地人物盡在吾性量之中, 而天地人物之變化皆吾性之變化, 尙何本末精粗大小之間.]

있었고, 후일 몽골군에 의해 멸망당했다. 서하는 당항족黨項族(탕구트(Tangut)로도 칭함)이 세운 나라인데, 오랫동안 중국 서북부의 광활한 지역을 차지하고 있었고, 후일 몽골군에 의해 멸망당했다. 서하국西夏國은 190년 존재했다. 요, 금, 서하와 송나라는 비록 정치적으로는 분열되고 군사적으로는 대치하고 있었지만, 문화적으로는 여전히 하나의 중화공동체였다. 유·도·불 삼교는 그들이 공동으로 신봉하는 종교였고, 상호 간 문화 교류와 종교적 왕래는 중단된 적이 없었다. 바꾸어 말하면, 이 시기 여러 민족의 정신적 유대는 견고했다. 다만 삼교를 대함에 있어서, 각자 편중하는 바가 조금 달랐을 따름이다. 요나라는 중원中原 문화를 아주 숭상하고 있었는데, 특히 유학과 예교禮教를 아주 숭상하고 있었고, 또한 자체의 교사종묘郊社宗廟 예의제도도 구축했다. 요태조遼太祖는 신하들에게 공덕功德이 큰 사람에게 제사 지내려면 누구를 우선해야 할지를 물은 바 있는데, 그때 황태자 야율배耶律倍가 말하기를, "공자 대성인大聖人을 만세萬世에서 높이 받들고 있는데, 그이를 우선하는 것이 좋겠습니다."[314]라고 했다고 한다. 이에 태조太祖는 크게 기뻐했고, 얼마 지나지 않아 공자묘孔子廟를 세우고, 황태자들에게 명을 내려 봄가을에 한 번씩 석전대제釋奠大祭를 지내라고 했다. 신책新冊 3년에는 공자묘, 불교 사찰, 도관道觀을 모두 일떠세우고, 삼교를 함께 장려하고 발전시키는 정책을 폈었다. 도종道宗 대안大安 2년에는 한림학사翰林學士 조효엄趙孝嚴, 지제고知制誥(관직명) 왕사유王師儒 등을 불러, 『오경五經』의 대의大義를 강론하게 했다. 한편, 도교와 불교를 비교할 때, 불교를 더 중요시했다.

금나라는 황하 유역에 쳐들어온 후, 송나라 예악전장禮樂典章 제도를 그대로 답습했다. 황통皇統 원년元年, 희종熙宗은 문선왕묘文宣王廟에 찾아가 공자께 제를 지니면서, 유신儒臣(儒學에 깊은 신하)에게 이렇게 말했다. "착한善 일을 격려하지 않으면 아니 된다. 공자는 비록 지위가 없었지만, 그의 도道가 존중할 만해서, 만세萬世에 이렇게 우러러보게 됐다."[315] 세종世宗은 재신宰臣들에게 이

314) (元)脫脫等 :《遼史》, 中華書局2000年版, 第823頁.[원문 : 孔子大聖, 萬世所尊, 宜先.]
315) (元)脫脫 :《金史》, 中華書局1999年版, 第533頁.[원문 : 爲善不可不勉. 孔子雖無位, 以其道

렇게 말했다. "짐朕이 『오경五經』을 번역하라고 명을 내린 것은, 바로 여진인女眞人들에게 인의도덕仁義道德이 무엇인지를 알려 주기 위해서이다."[316] 장종章宗은 조서詔書를 내려 공자묘를 세우고, 문원文院을 설립하여 유경儒經을 번역할 것을 명했다. 대정大定 중기, 공자에게 제를 지내는 행사에는 성인을 찬송하는 사辭가 반드시 있어야 했는데, 그 내용은 이러했다. "거룩하도다. 성인이시여. 도道를 모두 갖추고 덕이 우뚝 솟았구려. 다섯 가지 법도五常를 닦아 밝혔으니 가르침은 만세에 무궁하도다.", "신령을 품부 받은 니구尼丘(공자를 말함)여, 천고에 길이 빛나는 유학闕里이여. 인간이 있어서부터 누구 부자夫子만큼 거룩했는가."[317] 보다시피 금나라 때에는 공자와 유교를 아주 성심껏 받들고 있었다. 동시에 불교와 도교도 모두 받들고 있었는데, 이 시기 하북河北에서는 신도교新道教가 궐기했고, 도교는 그때부터 새로운 발전단계에 진입했다.

서하국西夏國은 중국 서북부에 위치하고 있었다. 건국 초기, '번학蕃學'을 세우고 서하문西夏文을 만들었다. 후일, 송나라를 본받아, 전문 기구를 설치하고 관리들을 배정하여 유가경전을 서하문으로 번역하게 했고, '국학國學'을 설립하고, 과거제도를 실시했다. 이렇게 점차 중국 바람中國風이 불기 시작했던 것이다. 우집虞集의 『도원학고록道園學古錄』에서는 "서하가 흥성해서는 공자를 예의를 갖춰 섬겼고, 부모님을 지극히 공경했다."[318]라고 한다. 삼교를 비교할 때, 서하에서는 불교가 가장 흥성했다. 이는 이 지역이 동·서방을 연결하는 통로에 위치하고 있었고 또한 불교가 그 당시 크게 유행했던 것과 직접적 관련이 있겠다.

이 시기 여러 민족들의 대규모 충돌이 끊임없이 발생했다. 한편, 여러 민족은

可尊, 使萬世高仰如此.]

316) 許嘉璐主編, 曾棗莊分史主編:《二十四史全譯·金史》第一冊, 漢語大詞典出版社2004年版, 第147頁.[원문: 朕所以命令翻譯《五經》, 正是想讓女眞人知道仁義道德所在.]

317) (元)脫脫:《金史》, 中華書局1999年版, 第534頁.[원문: "巍乎聖師, 道全德隆. 修明五常, 垂教無窮", "稟靈尼丘, 垂芳闕裏. 生民以來, 孰如夫子".]

318) (元)虞集:《虞集全集》(上), 天津古籍出版社2007年版, 第321頁.[원문: 西夏之盛, 禮事孔子, 極其尊親.]

일체로 융합되고 있었는데, 그 과정에 유·불·도 삼교, 특히 유학이 문화 접합제로서의 역할을 충분히 발휘했다. 요, 금, 서하 세 나라 모두 삼교 문화를 수용하고 소화시키는 단계에 처해 있었기 때문에, 그들은 흡수를 더 중요시했고, 창조는 상대적으로 적었다. 그때는 주로 송나라 도학道學의 성과를 전승傳承하고 있었다. 금나라를 예로 들면, 그때 금나라에서는 소씨촉학蘇氏蜀鶴이 가장 유행했는데, 그 영향으로 말미암아 삼교를 융통融通시키는 기풍이 상당히 성행했다. 집권자들과 문단文壇의 수령들(예를 들면 趙秉文, 王若虛)은 모두 소식蘇軾을 아주 높이 받들고 있었다. 그때, 문장대가文章大家 이순보李純甫(屛山先生)는 삼교의 합류를 크게 창도하고 있었는데, 『송원학안宋元學案』에서는 그를 이렇게 평가한다.

> 만년에는 불교를 좋아했고, 그 심오한 뜻을 애써 탐구했다. 스스로 그 글들을 유형화 했는데, 무릇 성리性理 및 불가와 도가를 논한 글은 '내고內稿'라고 칭했고, 나머지 응물應物 문자는 '외고外稿'라고 했다. 또 『능엄楞嚴』, 『금강경金剛經』, 『노자』, 『장자』, 『중용집해中庸集解』, 『명도집해鳴道集解』 등도 해석했는데 이를 '중국심학中國心學, 서방문교西方文敎'라고 칭했다. 글자 수는 무려 수십만 자에 달했다.[319] 유교를 끌어다 석교釋敎에 넣고, 석교를 가져다 유교에 붙였는데, 그 출렁이는 물결은 이미 기세가 아주 성대했다.[320]

『송원학안宋元學案』에서는 또 『왕요봉문초王堯峰文鈔·명도집설서鳴道集說序』에서 인용하여 이렇게 말한다.

> 그의 학설은 성명性命에 뿌리를 두고 있었고, 이에 변화무상함을 더하고 있었다. 그가 보건대, 요, 순, 우, 탕, 문, 무 이후, 대체로 도술道術이 갈라지는 추세였는

319) (淸)黃宗羲原著, 全祖望補修:《宋元學案》第四冊, 陳金生, 梁運華點校, 中華書局1986年版, 第3317頁.[원문: 晩年喜佛, 力探奧義. 自類其文, 凡論性理及關佛老二家者, 號'內稿', 其餘應物文字爲'外稿'. 又解《楞嚴》, 《金剛經》, 《老子》, 《莊子》, 《中庸集解》, 《鳴道集解》, 號爲'中國心學, 西方文敎', 數十萬言.]

320) 沈善洪主編:《黃宗羲全集》, 浙江古籍出版社1992年版, 第886頁.[원문: 援儒入釋, 推釋附儒, 旣已決波排瀾.]

데, 그리하여 사람들이 노담, 공자, 맹자, 장주 및 불여래佛如來를 다섯 성인으로 함께 받들고 있었다. 한편, 그는 노자와 장자, 불타의 말을 공자와 맹자의 말에 합치시킬 수 있다고 생각했다. 또 당나라 이습지李習之, 송나라 왕개보王介甫(즉 王安石) 부자父子, 소자첨蘇子瞻(즉 蘇軾) 형제를 예로 들어, 그들이 암묵적으로 노자와 장자, 불타의 말을 끌어다가 공자, 맹자의 여러 글들을 해석하여 밝힐 수 있었다고 했다.[321)]

이 책에서는 또 그가 불교를 배척하는 자들을 크게 규탄했다고 한다. 당, 송 이래 유학자들 가운데서 "병산屛山(李純甫)처럼, 감히 구속 없이 성인의 법도를 등진 자는 없었다."[322)]는 것이다. 보다시피 이순보李純甫는 유가 학자의 신분으로 불노佛老 학설을 포용하고 있었고 또한 아주 개방적이었다. 한편, 그래서 일반 유학자들은 그를 아니꼽게 보고 있었다. 이순보는 명확히 삼교귀일三教歸一을 주장하고 있었다. 그는 이렇게 말한다. 삼교는 "핵심은 똑같은데 자취가 다르고, 도道는 하나인데 가르침教이 세 개다.", "삼자는 서로 통하는데, 다만 빗장關龠이 걸려 있는 것 같고, 삼자는 서로 합치되는데, 다만 부새符璽가 찍혀 있는 것 같다. 서로 수천 리 떨어져 있는데, 마치 한 방一室에 있는 것 같고, 수만 세歲 걸쳐 왔는데 마치 한 자리一席에 있는 것 같다."[323)] 또 이렇게 말한다. "배워서 부처님의 경지에 이르게 되면, 더 배울 것이 없다. 그때면 부처님이 곧 성인이고, 그러나 성인은 부처님이 아님을 알게 된다. 서방에는 중국의 책이 있지만, 중국에는 서방의 책이 없다."[324)] "이천伊川과 제諸 유자들은 비록 성리

321) (清)黃宗羲原著, 全祖望補修:《宋元學案》第四冊, 陳金生, 梁運華點校, 中華書局1986年版, 第3317頁.[원문: 其說根柢性命, 而加之以變幻詭譎, 大略以堯, 舜, 禹, 湯, 文, 武之後, 道術將裂, 故奉老聃, 孔子, 孟子, 莊周洎(至)佛如來爲五聖人, 而推老, 莊, 浮屠之言, 以爲能合於吾孔, 孟. 又推唐之李習之, 宋之王介甫父子, 蘇子瞻兄弟, 以爲能陰引老, 莊, 浮屠之言, 以證明吾孔, 孟諸書.]

322) (清)黃宗羲原著, 全祖望補修:《宋元學案》第四冊, 陳金生, 梁運華點校, 中華書局1986年版, 第3317-3318頁.[원문: 未有從橫捭闔敢於偭聖人之規矩如屛山者.]

323) 周良霄, 顧菊英:《元史》, 上海人民出版社2003年版, 第752頁.[원문: "其心則同, 其跡則異. 其道則一, 其教則三", "其相通也, 如有關龠. 其相合也, 如有符璽. 相距數千裏, 如處一室. 相繼數萬世, 如在一席".]

性理에 깊고 밝다고 떠들고, 육경六經과 성인의 심학心學을 발양한다고 떠들지만, 그러나 그것들은 모두 우리 부처님의 책에서 슬그머니 훔친 것들이다."[325] 이런 불교에 너무 치우치는 경향성은 당연히 정통 유학자들의 공격을 받을 수밖에 없었다.

금나라와 원나라가 바뀌던 시기, 송나라 도학道學이 점차 북방으로 전해 들어왔었다. 그때, 장구성張九成의 『도학발원道學發源』이 간포刊布되면서, 사회에서 정주이학程朱理學을 창도하기 시작했는데, 한편 조병문趙秉文, 왕약허王若虛가 이 책에 전서와 후서를 써주었다. 왕씨王氏는 서序에서 이렇게 말했다. "삼년이 넘는 동안, 이 책(『道學發源』)은 세상에 널리 퍼지고 깊이 스며들기 시작했다. 호사객好事客들은 늘 소문을 듣고도 그것을 좋아했다. 오늘날 성정省庭(中書省내의 대청)의 제군諸君들이 특히 공력을 들이고 있는데, 그들은 감개무량한 말로써 이 책을 칭송하는 일을 자기소임으로 삼고 있다. 또한 모르는 자들과 이 책을 공유하려 하고 있다. 이것이 『발원發源』이라는 책이 재빨리 사람들의 마음에 새겨진 그 까닭이겠다."[326] 장구성張九成이 불교를 유교에 끌어들인 일은 주희의 비난을 받았다. 그러나 왕약허王若虛는 자신의 독특한 견해가 있었다. 그는 『논어변혹論語辨惑』에서 이렇게 말한다.

> 송유宋儒들의 의론議論은 공功도 없지 않고, 죄罪가 없지 않다. 그들이 심술心術의 정미함을 탐구하여 밝힌 것, 의義와 이利를 변별하고 구분한 것, 그리고 그들이 시세時勢에 부응할 것을 고민하던 것, 이것들은 모두 아주 자세하고 또 잘 통하는 것들이다. 많은 것은 선유先儒들이 파악하지 못했던 것이었는데, 이 점에서 당연히 공功이 있다고 하겠다. 그러나 말消息이 너무 깊고, 찬양이 지나치고, 마디마다

324) 周良霄, 顧菊英:《元史》, 上海人民出版社2003年版, 第752頁.[원문: 學至佛則無可學者. 乃知佛即聖人, 聖人非佛. 西方有中國之書, 中國無西方之書.]

325) 沈善洪主編:《黃宗羲全集》, 浙江古籍出版社1992年版, 第887頁.[원문: 伊川諸儒雖號深明性理, 發揚六經, 聖人心學, 然皆竊吾佛書者也.]

326) (金)王若虛:《滹南遺老集—附續詩集》, 中華書局1985年版, 第291頁.[원문: 三數年來, 其傳(《道學發源》)乃始浸廣, 好事者往往聞風而悅之. 今省庭諸君, 尤爲致力, 慨話以興起斯文爲己任, 且將與未知者共之, 此《發源》之書所以汲汲於鋟木也.]

반드시 기상氣象(性情을 말함)을 내포하고 있다고 하고, 일마다 반드시 조화造化(자연법칙)와 관계된다고 여기면서, 이로써 성인을 받들고 있는 것은 오히려 너무 번잡하다는 느낌을 준다. 명의상으로는 이단異端을 배척한다고 하지만 사실은 그 속異端에서 흐르고 있었던 것이다. 이 또한 어찌 죄가 없다고 하겠는가![327]

이로 보면 금나라 유학자들 가운데는 청명清明한 이성주의자들이 있었고, 그들이 정주이학程朱理學에 대한 평론은 찬양과 폄하가 적절했고, 견식 또한 아주 뛰어났었다.

2) 원나라 이학理學의 흥성

금나라와 원나라가 바뀌던 시기, 몽골족은 유목민족의 우세를 가지고 특히 기병騎兵을 가지고 북방에서 일떠섰다. 칭기즈칸의 대군大軍은 유라시아대륙을 휩쓸었고, 그 위세는 천하를 뒤흔들었다. 칭기즈칸은 위대한 군사가였을 뿐만 아니라 또한 위대한 정치가였다. 그는 서부 지역을 정복하러 나선西征 길에서부터, 어떻게 중화中華의 드넓은 대지大地와 수많은 백성들을 안정하게 다스릴지를 고민하고 있었다. 그리하여 그는 전진도全眞道의 고명한 도사道士 구처기丘處機를 서쪽으로 설산雪山에 초청하여, 그와 마주 앉아 나라를 어떻게 다스릴지治國之道에 관해 직접 의견을 물었던 것이다. 또 요나라 황실의 후예後裔 야율초재耶律楚材를 중용重用했고, 그에게 유교로 정권을 운영하는 책략에 관해 자문을 구했다. 이 모두 유·도·불을 핵심으로 하는 중화문화를 숭상하여, 이를 수용하여 국정운영에 활용하려고 한 것이겠다. 이런 주동적으로 중국화하려고 하는 의향意向은 원나라 집권자들에게서 줄곧 계승되고 있었다. 야율초재耶律楚材는 일찍부터 유교와 불교의 분공과 협력을 고민하고 있었다. 그는 이렇게

327) (金)王若虛:《滹南遺老集一附續詩集》, 中華書局1985年版, 第17頁.[원문:宋儒之議論, 不爲無功, 而亦不能無罪焉. 彼其推明心術之微, 剖析義利之辨, 而斟酌時中之權, 委曲疏通, 多先儒之未到, 斯固有功矣. 至於消息過深, 揄揚過侈, 以爲句句必涵氣象, 而事事皆關造化, 將以尊聖人, 而不免反累. 名爲排異端, 而實流於其中, 亦豈爲無罪也哉!]

말했다. "우리 부자夫子(즉 공자)의 도道로 천하를 다스리고, 우리 부처님의 가르침敎으로 사람들의 마음一心을 다스리면, 천하에서 할 수 있는 일은 끝났다."328) 또 이렇게 말했다. "우리 부자夫子의 도道로 천하를 다스리고, 노씨老氏의 도로 성性을 기르고, 석씨釋氏의 도로 마음을 닦는다. 이는 예로부터 지금까지 줄곧 통하던 올바른 도리이다. 이를 버리고 나아가는 것은 모두 이단異端이겠다."329) 원나라 초, 야율초재耶律楚材가 창도하여, 공자묘를 세우고, 유학을 일떠세우고, 일찍부터 문교文敎사업을 발전시켰었다. 동시에 야율초재耶律楚材는 또 불교와 도교도 받들고 있었는데 이렇게 원나라 문화가 중화中華의 주체성도 가지게 했고 또한 다원적 개방성도 지니게 했다. 야씨耶氏의 공적은 참말로 길이 칭송할만 하다고 하겠다.

원나라는 몽골귀족들이 정권을 잡았지만, 그러나 중화문화공동체는 모름지기 연속되어 와야 했다. 그러나 이 문제를 자각적으로 의식하고 있는 학자는 많지 않았다. 이학가理學家 조복趙復은 원나라 군대에 포로로 잡힌 후, 처음에는 자살을 시도했는데, 요추姚樞가 그를 구해주었다. 요추는 또 그에게 이렇게 권고했다. "뭇사람들이 같은 화禍를 당했소. 그러니 목숨을 버리지 마오. 그러면 위로 천백 년의 도통道統을 이어받고, 아래로 천백 세에 도통의 실마리를 드리울 수 있소. 이 일이 목숨보다 더 중하오."330) 그리하여 조복趙復은 요추를 따라 북방으로 갔고, 그에게 정주程朱의 저작 8000여 권을 넘겨주고 또 도학을 전수해 주었다. 요추, 유인劉因, 허형許衡 등 제유諸儒들의 노력을 거쳐, 정주이학程朱理學은 원나라 때 크게 흥기했고, 마침내 나라의 주도적 사상으로 자리매김하게 되었다. 대유大儒 허형許衡은 원세조元世祖 쿠빌라이를 도와 한법漢法(중국문화제도)을 널리 보급시켰고, 특히 주자학朱子學을 보급시키는데 공력을 많이 들

328) (元)耶律楚材撰, 向達校注:《西遊錄》, 中華書局1981年版, 第13頁.[원문: 以吾夫子之道治天下, 以吾佛之敎治一心, 天下之能事畢矣.]

329) (元)耶律楚材撰, 向達校注:《西遊錄》, 中華書局1981年版, 第120頁.[원문: 吾夫子之道治天下, 老氏之道養性, 釋氏之道修心. 此古今之通議也, 舍此以往皆異端耳.]

330) 査洪德編校:《姚燧集》, 人民文學出版社2011年版, 第63頁.[원문: 衆以同禍. 爰其全之, 則上承千百年之統, 而下垂千百世之緖者, 將不再是身耶.]

였다. 그리하여 그 당시 "온 나라에 집집마다 주자朱子의 책을 갖추고, 사람마다 성현聖賢의 학문을 공부하게 되었다."331)고 한다. 한편, 주자이학朱子理學은 원나라 관학官學으로 되어졌고, 나라의 정치와 과거제도를 주도하게 되었고, 사회 기풍을 이끌어갔었다. 과거에 학계에서는 이 현상에 대해 많이는 부정적으로 평가했다. 많은 사람들은 주자이학朱子理學이 인심人心을 속박하고, '천리를 보존하고 인욕을 멸하고', 한편 권력자들이 백성들을 억압하는 수단으로 전락했다고 비난했다. 이는 당연히 일리가 있는 말이겠다. 그러나 만약 시각을 바꾸어, 민족학적 및 문화학적 시야에서 본다면, 주자학朱子學의 권위를 확립한 것은 한무제漢武帝가 육경을 표창한 이후, 새로운 역사적 환경에서 중화문화에서의 주도적 학설 즉 유학의 또 한 차례의 정립과 지위 부상이라고 볼 수 있지 않겠는가. 이를 통해 중화민족의 문화적 혈맥이 연속되었고, 중화민족의 다원일체多元一體 사상의 유대를 더 튼튼히 다지게 되었고, '사서四書'를 표창하고 '천리天理'를 존숭하는 것을 새로운 특색으로 하면서, 중화 전통 도덕과 핵심 가치관을 새로운 차원에로 상승시켰고, 또한 이렇게 중화민족공동체가 정신적으로 일치한 심리적 귀착이 있게 만들었다고 볼 수 있지 않겠는가. 이렇게 본다면, 주자朱子의 역사적 지위와 영향력은 공자, 동중서董仲舒와 동등한 위치에 놓고 거론할 수 있겠다. 김극목金克木은 『주제학主題學의 시용試用 -『대학大學』을 읽고』라는 글에서 이렇게 지적한다. "공자는 마침 분열되고 와해되어, 바야흐로 불안정한 상태로 나아가던 천하에서 살았고, 동중서는 통일을 이루고서 아주 안정하던 천하에서 살았고, 주희는 분열되고 와해된 지가 오래되어, 바야흐로 대통일로 나아가던 천하에서 살았다. 유럽, 인도, 중국의 삼대三大 문화가 공존하던 '천하'에서, 이 또한 마침 대大사상가들이 출현하던 세 개 중요한 시기였다."332) 주희의 이학理學, 특히 『사서집주四書集註』에서는 고도로 간결하게

331) 周良霄, 顧菊英 :《元代史》, 上海人民出版社1993年版, 第704頁.[원문 : 海內家蓄朱子之書, 人習聖賢之學.]

332) 金克木, 段晴, 江力編 :《師道師說 · 金克木卷》, 東方出版社2013年版, 第138頁.[원문 : 孔子處在開始分崩離析趨向不穩定的天下, 董仲舒處在統一的穩定的天下, 朱熹處在分崩已

공자와 맹자의 도통의 정수를 해석하여 밝혔었는데, 이는 마침 그 당시 사람들이 수백 년의 분열을 거친 후, 국가의 통일과 사회의 안정 그리고 사회 기풍의 순후함淳厚을 동경하던 그 정신적 수요에 부응했다. 이는 단순히 정치 집단에서 제창해서 흥성했던 것은 아니다.

조복趙復(1215-1306)은 호북湖北 덕안德安사람이다. 북상北上해서 연경燕京 태극서원太極書院에서 정주이학程朱理學을 강론했다. 그는 '사서四書'를 아주 숭상하고 있었다. 우집虞集은 『발제녕이장소각구경사서跋濟寧李璋所刻九經四書』에서 이렇게 말한다. "옛날 세조황제世祖皇帝(즉 쿠빌라이) 때, 선정先正(즉 賢人) 허문정공許文正公(즉 許衡)은 주자의 '사서' 학설을 강한선생江漢先生(趙復의 號) 조씨趙氏(즉 趙復)로부터 전수받았는데, 거기에 깊이 빠져 완미玩味하고서, 그 뜻을 얻어 임금이 백성들을 잘 보살피도록 했고 또 사적으로 그것을 여러 사람들에게 가르쳐주었다. 한편, 주씨의 책들은 국가의 기본방침으로 정해졌고, 학자들은 이를 신봉하고 있었는데, 누구도 감히 그 이치를 의심하지 않았다. 그는趙復 천리天理와 민이民彝(백성들의 常性)에 있어서 참말로 공헌이 적지 않았다. 끊어진 학문을 잇고 다가오는 세상來世을 열어준 그 학문文이 바로 이것이 아니었겠는가."[333] 또 이렇게 말한다. "뭇 경經과 사서 학설은 주자가 절충하여 논증하고 확정해서부터 학자들은 그것을 전했고, 우리나라에서도 그 학설을 존숭하여 받들고 있었는데, 한편 강론하고 되새기고 가르치고 배우는 데는 모두 그것을 표준으로 삼고 있었다. 그때 천하의 학문은 모두 주자의 책에 있었다."[334] 보다시피 조복趙復은 참말로 주자학의 대 공신이었다.

久要趨向大統一的天下. 在歐洲, 印度, 中國三大文化共處的'天下'中, 這也正好是三個重要時期, 出現大思想家.]

333) (元)虞集:《道園學古錄》, 商務印書館1937年版, 第674頁.[원문: 昔在世祖皇帝時, 先正許文正公得朱子四書之說於江漢先生趙氏, 深潛玩味, 而得其旨, 以之致君澤民, 以之私淑諸人. 而朱氏諸書, 定爲國是, 學者尊信, 無敢疑二. (趙復)其於天理民彝, 誠非小補, 所以繼絶學, 開來世, 文不玆乎.]

334) (元)虞集:《道園學古錄》, 商務印書館1937年版, 第611頁.[원문: 群經, 四書之說, 自朱子折衷論定, 學者傳之, 我國家尊信其學, 而講誦授受, 必以是爲則, 而天下之學, 皆朱子之書.]

허형許衡(1209-1281)은 하내河內(河南 沁陽)사람이다. 사람들은 그를 노재선생魯齋先生이라고 칭했다. 『송원학안宋元學案』에 『노재학안魯齋學案』이 들어있고, 본인의 저작으로는 『허문정공유서許文正公遺書』, 『허노재집許魯齋集』이 있다. 그가 유학사에서 이룬 주요 업적은 다음과 같겠다. 첫째, 원나라가 한법漢法(중국문화제도)을 실행하고 이학理學을 존숭하도록 도와주었다. 둘째, 주자학 도통을 계승하는 기초 위에서 이에 육구연의 심학心學을 받아들여 주학朱學과 육학陸學의 합류를 추진했다. 그는 쿠빌라이에게 글을 올려 나라를 다스리는 일을 논했는데, 그것인 즉 『시무오사時務五事』이다. 여기서 그는 이렇게 말했다.

> 우리나라는 국토가 아득히 넓고, 여러 민족들이 섞여 살고 있고, 풍속도 다양한데, 그래서 법도를 서둘러 경솔하게 정하면 아니 되겠습니다. 전대前代를 상고해 보니, 북방에서 중하中夏(중국)를 전부 차지하는 데는 반드시 한법漢法(중국문화제도)을 실행해야만 오래 갈 수 있었습니다. 그리하여 후위後魏, 요나라, 금나라는 가장 오래 존재했습니다. 기타 한법漢法을 절실히 쓸 수 없었던 나라들은 모두 어지러워졌고 연이어 멸망했습니다. 역사책에 상세하게 기재되어 있는데, 쉽게 찾아볼 수 있겠습니다. 이로 논한다면 우리나라는 마땅히 한법을 실행해야 합니다. 폐하께서는 그것을 깊이 믿고 굳게 지켜야 합니다. … 그러면 천하 백성들의 마음은 거의 얻을 수 있고, 안정하게 다스리는 공功은 거의 이루었다고 볼 수 있겠습니다.[335]

그리하여 그는 유병충劉秉忠, 장문겸張文謙과 함께 중국 예의제도에 의거하여 원나라 관리 제도官制를 정하고, 조정의 예의제도朝儀를 세우게 되었던 것이다. 또 왕순王詢, 곽수경郭守敬과 함께 원나라 역법曆法을 정하고, 유가의 육예六藝 학문을 몽골귀족 자제들에게 가르쳐 주었다. 원우元祐 연간에는 또 주희의

335) 《元代奏議集錄》, 陳得芝輯點, 浙江古籍出版社1998年版, 第88, 89, 90頁.[원문: "國朝土宇曠遠, 諸民相雜, 俗既不同, 論難遽定. 考之前代, 北方奄有中夏, 必行漢法可以長久, 故後魏, 遼, 金歷年最多, 其他不能實用漢法, 皆亂亡相繼. 史冊具載, 昭昭可見也", "以是論之, 國家當行漢法無疑也", "陛下篤信而堅守之, …… 則天下之心, 庶幾可得, 而致治之功庶幾可成也".]

『사서집주』를 과거시험 표준 독본으로 정했다. 쿠빌라이는 그를 발탁하여 경조제학京兆提學, 국자제주國子祭酒, 좌승左丞 등 직에 등용했고, 한편 그는 높은 벼슬 직에 있으면서 유학에 박통博通한 몽골족 관원들을 수많이 양성해냈다. 이렇게 한漢(중국지역) 문화와 몽골蒙 문화의 융합을 힘차게 추진했고, 또한 유학이 원나라 각 민족 간 문화 소통에서 사상적 유대로 자리매김하게 만들었던 것이다. 이학理學 해석에 있어서 허형許衡은 한편으로는 몸 바깥에서 격물格物하고 "이치를 궁구하여窮理 마음을 밝게 할게 것明心'을 강조했고, 다른 한편으로는 직지본심直指本心, 명심궁리明心窮理도 주장했다. 즉, 그는 주학朱學과 육학陸學을 회통會通시키려고 했다. 그는 이렇게 말한다. "대저 사물이 생성하는 데는 반드시 이 이치理를 얻어야 하는데, 그 후에야 이 형체形가 있게 된다. 이치理가 없으면 형체形도 없다."336) 보다시피 그는 '이理'의 본질적 성격과 보편적 성격을 아주 중요시하고 있었다. 이는 주자의 이理 본체론 사상에 부합된다고 하겠다. 또 말하기를, "자연적 양능良能(즉 天分 또는 천품)이란, 배움에 의지하지 않고 가지고 있는 능력이다."337)라고 한다. 그래서 천지天地의 이치理는 비록 지극히 크고 지극히 심원하기는 하지만 만약 사람들이 '지성을 다하여' 자기에게서 구한다면, 곧 '도道를 체득하고' 천리天理를 얻을 수 있고, 나아가 '천지와 한 몸同體으로 될 수 있다.'는 것이다. 이런 '자기 마음을 돌이켜보면서 구하는反求吾心' 사고방식은 명나라 왕수인의 '치양지致良知' 학설의 탄생을 예시한 것으로 볼 수도 있겠다.

유인劉因(1247-1293)은 보정保定 용성容城(오늘의 徐水) 사람이다. 스스로 호를 정수靜修라 정했고, 후세에 남긴 저작으로는 『정수선생문집靜修先生文集』이 있다. 유인은 문단에서 명망이 아주 높은 학자였다. 그러나 그는 원나라가 살육과 정벌을 지나치게 행하는데 불만을 품고, 벼슬을 마다하고 산속에 들어가 은거

336) (元)許衡 : 《許衡集》, 淮建利, 陳朝雲點校, 中州古籍出版社2009年版, 第3頁.[원문 : 凡物之生, 必得此理, 而後有是形, 無理則無形.]

337) (元)許衡 : 《許衡集》, 淮建利, 陳朝雲點校, 中州古籍出版社2009年版, 第112頁.[원문 : 自然之良能, 不待學而能者.]

해 살았다. 즉 그는 소극적이었고 조정과 협력하지 않았다. 학술에서 그는 특히 이학을 숭상하고 있었다. 그는 이렇게 말한다. "소옹은 지극히 크고, 주돈이는 지극히 정미하고, 정호와 정이는 지극히 바르다. 주희는 더욱 지극히 크고, 더욱 지극히 정미하고 또한 바름正으로 그것을 관통하고 있었다."338) 보다시피 그는 주희를 아주 존숭하고 있었다. 유인劉因의 이학理學 사상은 자체적 특색이 있었다. 첫째, 『역전易傳』을 가지고 '그침 없이 낳고 또 낳는 이치'를 논하면서 천리天理의 생명 속성을 더욱 부각시켰다. 둘째, '인욕人欲이 변화하여 천리로 되고, 혈기가 변화하여 성정性情으로 되는 것'339)을 논하면서 자신의 선단善端을 확충하고 화평한 마음으로 기氣를 기를 것을 주장했다. 셋째, '도道는 시시각각 존재하고, 존재하지 않는 곳이 없다. 그러므로 선행善을 하고, 군자君子로 되는 일은 대개 시시각각, 어디서나 이룰 수 있다.'340)고 했다, 한편 이는 용세用世(세상일에 관여하는 것)와는 상관이 없다고 했다. 넷째, 소옹의 '관물觀物'론과 장자의 '제물齊物'론을 함께 아울러 논하면서 천지와 인간天地人, 성현과 나聖賢我가 '모두 통하는' 물아합일物我合一의 경지에 이를 것을 주장했다. 다섯째, "옛날에는 경經과 사史의 구분이 없었는 바, 『시詩』, 『서書』, 『춘추春秋』는 모두 역사이다. 성인이 깎고 다듬고 잘 정리해서 큰 경전을 세웠는데 이것이 즉 경經이다.'"341)라고 한다. 이로부터 후일 장학성章學誠의 '육경六經은 모두 역사이다.'라는 명제가 있게 되었던 것이다. 이 논설의 긍정적 역할이었다면 즉 역사적 안광으로 경전의 발생을 관조하게 만든 것이고, 소극적 역할이었다면 즉 사학史學의 방법으로 경전의 가치를 절하시킨 것이겠다.

338) 《元史》, 中國文史出版社2003年版, 第885頁.[원문 : 邵, 至大也. 周, 至精也. 程, 至正也. 朱子, 極其大, 盡其精, 而貫之以正也.]

339) 李修生主編 : 《全元文》第13冊, 江蘇古籍出版社1999年版, 第396頁.[원문 : 人欲化而天理, 血氣化而性情.]

340) 李修生主編 : 《全元文》第13冊, 江蘇古籍出版社1999年版, 第374頁.[원문 : 道無時而不有, 無處而不在也. 故欲爲善, 爲君子, 蓋無時無處而不可.]

341) 李修生主編 : 《全元文》第13冊, 江蘇古籍出版社1999年版, 第374頁.[원문 : 古無經史之分, 《詩》, 《書》, 《春秋》皆史也, 因聖人刪定筆削, 立大經大典, 即爲經也.]

3) 주학朱學과 육학陸學의 합류 추세

도학道學 이론 자체로 말할 때, 주자이학朱子理學과 육자심학陸子心學은 모두 『주역』, '사서'에서 나온 것으로서 모두 공자와 맹자의 '자기를 닦아 남을 편안하게 해주는修己安人' 법도와 『대학』에서의 '마음을 올바르게 가지고正心 사람을 가르치는' 법도를 발양하기 위해 제기한 것이었다. 양자는 다만 '존덕성尊德性'과 '도문학道問學'의 이 양 편에 치중하는 바가 달랐을 뿐이고, '자명성自明誠'과 '자성명自誠明'의 경로에서 차이가 좀 있었을 따름이다. 즉 양자는 근본적으로 대립하는 것은 아니었다. 양자 모두 독특한 견해가 있었고 또한 치우치는 바가 있었는데, 그리하여 상호 보완의 가능성이 존재하고, 더욱 상호 보완의 필요성이 제기되었다. 실제 상황을 놓고 볼 때, 원나라에서 정주이학程朱理學을 관학官學으로 위치 지운 후, 확실히 이는 교조화敎條化되고 번잡하게 되는 폐단이 생겼고, 생명력이 날로 약화되고 있었다. 바꾸어 말하면, 이에 내적 활력을 주입시키는 것이 필요했다. 다른 한편, 육자심학陸子心學도 이론체계가 완벽하지 못하고, 또한 후학들이 쇠미해지고 있었는데, 그리하여 주자학의 '독실篤實'한 공부工夫가 필요했고, 논증을 강화하는 것이 필요했다. 이는 객관적 정세의 수요였다. 이에 사람들은 또한 주학朱學과 육학陸學을 '종합兼綜'하고 '화회和會'하면 양자가 모두 발전할 수 있고 함께 번영할 수 있다고 보고 있었다. 그리하여 정옥鄭玉, 오징吳澄, 우집虞集 등 사람들이 나와서 주학과 육학을 회통시키게 되었던 것이다.

정옥은 『송갈자희지무창학록서送葛子熙之武昌學錄序』에서 이렇게 말한다.

> 내가 보건대, 육자陸子는 자질質이 고명했는데, 그리하여 간략하고 쉬운 것簡易을 좋아했고, 주자朱子는 자질質이 독실篤實했는데 그리하여 정밀하고 깊은 것邃密을 좋아했다. 대개 그들은 각자 자신의 자질質에 가까운 것에 기대어 학문을 닦았는데, 그리하여 들어선 길이 달랐던 것이다. 하지만 마지막에 이른다면, 삼강오상三綱五常, 인의도덕仁義道德에서 다를 것이 또 뭐가 있겠는가? 하물며 모두 요임금과 순임금을 존숭하고 모두 걸임금과 주임금을 비난하고, 모두 주공과 공자를 공경하고 모두 석씨와 노자를 배척하고, 모두 천리天理를 공평한公 것으로

보고, 모두 인욕人欲을 사적인 것으로 보고 있었으니 말이다. 큰 뿌리가 도道(儒敎를 말함)에 있는데 다를 것이 없을 것 아닌가? 훗날의 학자들은 그들의 같은 점을 찾지 않고, 오로지 다른 점만 찾았다. 강동江東(朱子學을 말함)에서는 강서江西(陸子學을 말함)를 가리켜, 그것이 황당무계한 행行(실천)이라고 비난하고, 강서에서는 강동을 가리켜, 그것이 지리支離한 학설이라고 비난했다. 한편 그들의 다름은 날로 심해졌다. 이 어찌 성현들을 참답게 따라 배우는 것이라 하겠는가? 주자 학설은 사람들에게 배움의 방법을 가르쳐주는 법도이고, 육자학설은 뛰어난 천재가 홀로 깨닫는 독특한 묘법이다. 양가兩家의 학설 또한 폐단이 없을 수도 없다. 육씨의 학설은 그 유폐流弊가 석씨가 공空을 논하고 묘妙를 논하던 것처럼, 지나치게 거칠고 무책임하여, 앎에 이르는致知 일을 잘 완수할 수 없다는데 있다. 주씨朱氏의 학설은 그 유폐가 속유俗儒들이 글귀에만 매달리고 깊은 이치는 탐구하지 않는 것에서 보아낼 수 있듯이, 소침하고 활기가 없는 지경에 이르러 노력의 효과를 거둘 수 없다는데 있다. 하지만 이 어찌 두 선생이 이론을 세우고 가르침을 행한 죄라고 하겠는가? 대개 훗날의 배우는 자들의 유폐를 말한 것이다.[342]

정옥鄭玉의 평가는 학파의 계선을 타파할 수 있었는 바, 비교적 공정했다. 오징吳澄도 이렇게 말한다. "주씨朱氏와 육씨, 두 대사大師가 가르치던 것은 똑같았다. 하지만 양가兩家의 용렬庸劣한 문하생들이 각자 자기의 주장을 세우고 잘난 척 하면서, 오늘날까지 서로 헐뜯고 비방하고 있다."[343] 그는 육학陸學에 좀 더 치우치고 있었다. 그는 본심에 관한 학문은 요임금과 순임금으로부터

342) 李修生主編:《全元文》第46冊, 鳳凰出版社2004年版, 第314頁.[원문: 以予觀之, 陸子之質高明, 故好簡易. 朱子之質篤實, 故好邃密. 蓋各因其質之所近而爲學, 故所入之途有不同爾. 及其至也, 三綱五常, 仁義道德, 豈有不同者哉? 況同是堯, 舜, 同非桀, 紂, 同尊周, 孔, 同排釋, 老, 同以天理爲公, 同以人欲爲私. 大本達道, 無有不 同者乎? 後之學者, 不求其所以同, 惟求其所以異. 江東之指江西, 則曰此怪誕之行也. 江西之指江東, 則曰此支離之說也, 而其異益甚矣. 此豈善學聖賢者哉? 朱子之說, 敎人爲學之常也. 陸子之說, 高才獨得之妙也. 二家之學, 亦各不能無弊焉. 陸氏之學, 其流弊也如釋子之談空說妙, 至於魯莽滅裂, 而不能盡夫致知之功. 朱氏之學, 其流弊也如俗儒之尋行數墨, 至於頹惰委靡, 而無以收其力行之效. 然豈二先生立言垂敎之罪哉? 蓋後之學者之流弊雲爾.]

343) (淸)黃宗羲原著, 全祖望補修:《宋元學案》第四冊, 陳金生, 梁運華點校, 中華書局1986年版, 第3046頁.[원문: 朱陸二師之爲敎一也. 而二家庸劣之門人, 各立標榜, 互相詆訾, 至於今.]

중간에 주공과 공자를 걸쳐, 주돈이, 정씨 형제, 장재, 소옹에 이르기까지, '그러하지 않은 것이 없었다.'고 강조한다. 또 "육자陸子는 도道(儒學을 말함)를 얻어 천 길 높이 벼랑에 우뚝 서 있었다壁立萬仞."344)라고도 한다.

우집虞集은 오징의 학생이다. 그는 주희의 서신을 발췌하여 편집했는데, 그가 보건대, 주희는 생전에 이미 자신의 결함을 발견했다. 그리하여 주희는 "자신을 돌이켜 반성하면서 구했던反身而求" 것이다. 그는 이렇게 말한다.

> 주자는 엽공근葉公謹의 서신에 답하면서 이렇게 말했다. '요즘에 와서 느끼는데, 확실히 여태까지 말할 때 크게 지리支離한 곳도 없지 않았다. 몸을 돌이켜 반성하면서 구해보니, 자기 몸을 똑바로 하고 앉아 열심히 공부하는 것도 다 옳은 것은 아니었다. 그래서 문자文字 공부功夫(공력을 말함)를 줄였더니, 확실히 기상氣象(性情을 말함)이 아주 적절해짐을 느끼게 되었다.' 하지만 내가 그 '몸을 돌이켜 반성하면서 구한다反身而求'는 설과 '자기를 극복하고 인을 구한다克己求仁는' 공功을 자세히 살펴보니, 그것은 또한 오늘날 학자들이 맹자의 '도성선道性善(성품이 원래 선함을 이야기한 것)' 설과 '구방심求放心(놓쳐버린 마음을 구하는 것)' 설을 보고서, 거기서 직접 가져다 활용하는 것이었다. 주자는 일찍이 자신은 '도문학道問學'의 공功이 많고, '존덕성尊德性'의 뜻意이 적었다고 말했는데, 바로 이를 말하는 것이겠다.345)

이는 사실이다. 주희와 육구연은 공통점도 있었고 차이도 있었는데, 두 사람은 서로 성심으로 대해주면서 학문을 토론하고 탐구했다. 이런 훌륭한 학풍은 늘 후학들에게서 버려졌었는데 참으로 아쉽고 안타까운 일이었다. 다행히도 유식한 자들이 점차 많아지면서 포용적인 태도와 창조적 정신을 가지고 도학의 발전을 추진시켰는데, 그리하여 명나라 심학이 궐기하게 되었던 것이다. 이

344) (淸)黃宗羲原著, 全祖望補修 : 《宋元學案》第四冊, 陳金生, 梁運華點校, 中華書局1986年版, 第3046頁.[원문 : 陸子有得於道, 壁立萬仞.]

345) (元)虞集 : 《道園學古錄》, 商務印書館1937年版, 第686頁.[원문 : "朱子答葉公謹書雲 : 近日亦覺向來說話有大支離處, 反身以求, 正坐自己用功亦未切爾, 因此減去文字功夫, 覺得氣象甚適", "然竊觀其反身以求之說, 克己求仁之功, 今學者且看孟子道性善求放心之說, 直截如此用功", "朱子嘗歎'道問學'之功多, '尊德性'之意少, 正謂此也".]

로 보면 명나라 왕양명의 심학은 단지 육구연 심학을 계승하고 발전시킨 것이 아니고, 사실 이는 원나라 때에 와서 주학과 육학이 합류한 결과였다. 확장해서 말한다면, 이는 유·도·불 삼교가 한 걸음 더 나아가 이론적으로 융합하여 이루어낸 새로운 성과물이겠다. 그리하여 왕학이 박대하고, 영명하고, 정세하고, 사람을 감동시키는 그런 기상을 가지게 되었던 것이다.

7. 왕양명王陽明 심학의 흥기 및 그 특색과 성취

1) 명나라 초 이학理學의 성쇠

명나라 초 100여 년은 주자학이 지배적 지위에 있었고 또한 주자학이 고봉에 이르렀던 시대이다. 엄격히 말한다면 정치화한 이학이 통치하던 시대였다. 그러나 이 시기 또한 정주이학程朱理學이 경직되고, 사회사상을 속박하는 도구로 전락되어 생명력이 쇠락하던 시기였다. 정치화한 이학이 독존의 지위를 확립한 표식은 즉 명성조明成祖가 흠정欽定한 세 부의 대서大書가 출시된 일이다. 세 부의 대서인 즉 『오경대전五經大全』, 『사서대전四書大全』, 『성리대전性理大全』이다. 그 후, 이 책들은 정치 의식형태(이데올로기)의 법전法典적 근거로 되어졌고, 최상至上의 권위를 가지게 되었다. 명성조明成祖는 황제의 명의로 세 부의 『대전』에 '서序'를 써주었는데, 여기서 그는 이렇게 말했다.

> 처음에는 성인이 태어나지 않아서 도道는 천지天地에 있었다. 성인이 태어나서는 도道가 성인에게 있었고, 성인이 가버리면서는 도道가 육경에 남아 있게 되었다. 육경은 성인의 다스림을 행하던 자취이다. 육경의 도道가 밝으면 천지와 성인의 마음을 볼 수 있고, 안정한 다스림의 공功을 이룰 수 있다. 육경의 도道가 밝지 못하면, 사람들의 심술心術이 바르지 못하게 되고, 반면에 사설邪說과 폭행이 차츰 찾아들어 다스림을 해치게 된다. 그렇게 되면 훌륭한 다스림을 구한들 어찌 이룰 수 있겠는가? 짐朕은 이것이 두려워, 유신儒臣들에게 명을 내려, 『오경』, 『사서』를 편수編修하고, 제가諸家들의 전傳과 주注를 모아 『대전』을 만들게 했다. 대저 경의經義를 밝힌 것들은 취했고, 경經의 취지에 어긋나는 것들은 모두 버렸다. 또 선유先儒들이 만든 책과 그에 대한 논의論議 및 격언도 수집하여 『오경』, 『사

> 서』의 보충 도서로 만들었는데, 무릇 이 도道(儒學을 말함)에 도움이 되는 것들은 모두 분류하고 편집해서 수록했고, 그 이름을 『성리대전』으로 정했다. 그다음 장인들에게 명을 내려 모두 인쇄하게 했고, 이를 천하에 반포했다. 천하 사람들이 경서 전부를 모두 볼 수 있고, 성현들의 깊은 뜻을 들여다 볼 수 있어, 이로부터 이치를 궁구하여窮理 도道에 밝고, 성실함을 세워立誠 근본에 이르고, 몸에서 닦고 집에서 행하고 나라의 다스림에 활용하고, 또한 천하에 두루 통할 수 있게 했다. 나라에서 정치를 달리 하는 일이 없게 하고, 집안에서 풍속을 달리 하는 일이 없게 하고, 순박한 옛 풍속을 크게 되돌려오고, 선왕들의 전통을 이어받고, 화락한 다스림을 이루는 데는 반드시 이에 의지해야 할 것이다.346)

이로 보면 명성조明成祖 주태朱棣는 나라를 다스리고 국정을 운영하는 데는 공자와 맹자의 도道보다 훌륭한 것이 없음을 자각적으로 의식하고 있었다. 한편, 정주이학程朱理學에서는 강상예교綱常禮教의 신성함과 보편성을 강조하고 있었는데, 이는 백성들의 사상을 통일하고, 도덕적 자율의 기준과 그것을 감독하는 표준을 세우는데 가장 적합했다. 그리하여 명성조明成祖는 이학을 높이 받들고 이로써 오경과 사서의 함의를 상세히 밝히고, 이를 통해 강상예교綱常禮教를 천하에 널리 보급시키려 했던 것이다. 그는 명나라 역사에서 가장 공적이 큰 황제이다. 그의 '예의의 나라禮儀之邦'를 구축하려는 구상에는 실제적이고 합리적인 설계가 있었고, 이학과 세 부의 『대전』 또한 유학을 보급시키고, 사상적으로 중화문명공동체를 튼튼하게 만드는데 적극적인 역할을 일으켰었다. 당연히 『대전』은 옛 책들에서 따다가 짧은 시일 내에 편집해서 만들었는데, 그래

346) 陳文新主編 :《四書大全校注》(上), 武漢大學出版社2009年版, 第8頁.[원문 : "厥初聖人未生, 道在天地. 聖人既生, 道在聖人. 聖人以往, 道在六經. 六經者, 聖人爲治之跡也. 六經之道明, 則天地聖人之心可見, 而至治之功可成. 六經之道不明, 則人之心術不正, 而邪說暴行侵尋蠹害, 欲求善治, 烏可得乎? 朕爲此懼, 乃者命儒臣編修《五經》,《四書》, 集諸家傳注而爲《大全》. 凡有發明經義者取之, 悖於經旨者去之. 又輯先儒成書及其論議格言, 輔翼《五經》,《四書》, 有裨於斯道者, 類編爲帙, 名曰《性理大全》", "遂命工悉以鋟梓, 頒佈天下, 使天下之人獲睹經書之全, 探見聖賢之蘊, 由是窮理以明道, 立誠以達本, 修之於身, 行之於家, 用之於國, 而達之天下. 使國不異政, 家不殊俗, 大回淳古之風, 以紹先王之統, 以成熙皞之治, 將必有賴於斯焉".]

서 질이 높지 못한 결점도 있었다. 특히 『오경대전五經大全』은 질이 많이 떨어져 후일 경학가經學家들의 비난을 상당히 많이 받았었고, 명나라 이후에는 사실상, 널리 유행되지 못했다. 더 중요한 것은 명성조明成祖 및 그의 후계자들은 '자신을 바르게 세우고서, 남을 바르게 세울 줄'을 몰랐고, 또한 독단적으로 '삼강三綱'을 내세우기만 하고, 유가의 어질고 너그럽고 백성을 사랑하는 도道는 발양하지 않았다. 그러니 헛되이 대전만 만든들 무슨 소용이 있었겠는가? 또 '나라에서 정치를 달리 하는 일이 없게 하고, 집안에서 풍속을 달리 하는 일이 없게'347) 하려고 했는데, 이런 식의 다양한 민족과 민속 문화를 포용하지 않는 문화적 독재는 당연히 천하의 인심을 잃을 수밖에 없었다.

다만, 이학가들, 예컨대 송렴宋濂, 유기劉基, 설선薛瑄, 오여필吳如弼, 조단曹端, 호거인胡居仁 등 사람들만이 주자朱子의 가르침을 존숭하고 있었다. 그들 가운데 송렴宋濂은 명나라 초, 유가사상으로 나라를 다스리는 방안을 확립하는 데에 많은 책략을 내놓았다. 한편, 그는 불교 경전도 깊이 탐구했다. 이렇게 말한다. "나는 원래 유자들의 무리章逢之流에 속해 있었는데, 그래서 사고서四庫書(즉 經, 史, 子, 集)를 꽤나 많이 읽었다. 중년에 들어서는 또 내전內典(불교 경전)에 깊이 빠져들었는데, 늘 그 학설이 넓고 박대하고 뛰어남을 발견할 수 있었다. 그제야 유종원이 불교와 『역』, 『논어』는 합치된다고 한 말이 허망하지 않음을 믿게 되었다." 보다시피 송렴宋濂은 유교와 불교는 합치된다고 명확하게 말했다. 그는 또 불교에서의 중도中道 사유를 가지고 본심을 알아 이치理를 밝힐 것識心明理을 논했다.

> 서방西方의 성인聖人(즉 佛祖)은 일대사인연一大事因緣으로 세상에 나왔는데, 그 목적은 미혹에 빠져있는 중생들을 깨우쳐주고, 그들이 고륜苦輪에서 벗어나게 해주려는 것에 다름 아니었다. 중국의 성인(공자와 맹자)은 하늘이 내려준 중임을 떠메고, 무수한 백성들의 주자主로서 세상에 내려왔는데, 그 목적은 백성들을 교

347) 白壽彝總主編, 王毓銓主編 :《中國通史》第九卷, 上海人民出版社2015年版, 第344頁.[원문 : 使家不異政, 國不殊俗.]

화하여 훌륭한 풍속을 세우고, 백성들이 인수지역仁壽之域(천수를 다하며 즐겁게 사는 세상)에 들어가게 해주려는 것에 다름 아니었다. 앞의 성인이나 뒤의 성인이나 그들의 이치는 똑같았다.348)

또 이렇게 말한다.

하늘이 동쪽 노魯나라 성인과 서쪽 축竺나라 성인을 낳아 온 백성을 교화하고 이끌어주도록 했는데, 비록 그들의 가르침 방법은 달랐지만, 사람들이 선善한 길로 나아가도록 하는 데는 똑같았다. 동쪽 노나라 학문을 배우는 자들은 이르기를, 나는 본심을 보존하고 성품을 기른다存心養性고 하고, 서쪽 축나라 학문을 배우는 자들은 이르기를, 나는 마음을 밝게 하여 본성을 본다明心見性고 한다. 그 실질을 따져보면 비록 약간 다름이 있는 것처럼 보이기는 하지만 그러나 세상의 도리는 마음을 벗어난 것이 있었던가?349)

그는 더 나아가 불법의 파집破執의 원리를 가지고 유가의 '욕심을 없애고 덕을 밝히려는' 목적을 실현하려 했다. 이렇게 말한다.

대개 유가 경전을 종宗으로 삼으면, 의리義理의 심오함精奧을 탐구하게 되고, 불가의 교의眞乘를 앙모하게 되면 명名과 상相의 거친 자취를 말끔히 없애버리게 된다. 양자를 겸하게 되면, 공空(佛家의 진리)과 유有(유가의 진리)가 서로 돕게 되고, 진眞(불교 진리)과 속俗(儒教 진리)을 함께 쓰게 되는데, 속세에 살면서도 속세의 것이 묻지 않게 되는 바, 마치 고리環가 끝이 없듯이 그침이 보이지 않게 되고, 마치 칼로 물을 베듯이 자취가 보이지 않게 된다.350)

348) (明)宋濂著, 黃靈庚編輯校點 : 《宋濂全集》第二冊, 人民文學出版社2014年版, 第630頁.[원문 : 西方聖人以一大事因緣, 出現於世, 無非覺悟群迷, 出離苦輪. 中國聖人受天眷命, 爲億兆生民主, 無非化民成俗, 而躋於仁壽之域. 前聖後聖, 其揆一也.]

349) (明)宋濂著, 黃靈庚編輯校點 : 《宋濂全集》第二冊, 人民文學出版社2014年版, 第563頁.[원문 : 天生東魯, 西竺二聖人, 化導烝民, 雖設教不同, 其使人趨於善道, 則一而已. 爲東魯之學者, 則曰 : 我存心養性也. 爲西竺之學者, 則曰 : 我明心見性也. 究其實, 雖若稍殊, 世間之理, 其有出心之外者哉.]

350) (明)宋濂著, 黃靈庚編輯校點 : 《宋濂全集》第二冊, 人民文學出版社2014年版, 第517頁.[원문 : "蓋宗儒典則探義理之精奧, 慕眞乘則蕩名相之粗跡, 二者得兼, 則空有相資. 眞俗並

보다시피 그는 유교와 불교가 서로 도울 수 있고, 진眞과 속俗의 진리를 병용竝用할 수 있다는 점에서 이해가 상당히 깊었다. 한편, 이것이 바로 송명 도학가道學家들이 늘 사용하던 방법이었다. 다른 점이라면 어떤 이는 명확히 말하고, 어떤 이는 암묵적으로 활용했을 따름이다. 그는 또 장자의 '제물齊物', '좌망坐忘'이라는 도가 사유방식을 가지고 물아합일物我合一의 경지를 논증한다. 이렇게 말한다.

> 나는 원래 흰 데, 검은 것은 무슨 보탬이 되는가? 나는 원래 검은 것이 없는데, 흰 것은 어떻게 만들어졌는가? 이는 흰 것과 검은 것白黑을 모두 잊어야 함을 말하는 것이다. 흰 것과 검은 것 모두 잊으면 유有와 무無가 가지런하게 되고, 유와 무가 가지런하게 되면 옳고是 그름非의 분별이 없어지고, 옳고 그름의 분별이 없어지면 부정否定의 부정이 단절되고, 부정의 부정이 단절되면 하늘과 인간은 한데 엉겨 합치게 된다.[351]

그리하여 그는 주학과 육학에 대해서도 양자를 조화시키는 태도를 취했던 것이다. 방효유方孝孺는 명나라 황실의 정통正統을 수호하고 있었고, 이를 위해 주태朱棣에게 항복하지 않았는데, 결국 전 가족이 몰살당하는 참변을 당했다. 황종희黃宗羲는 그를 이렇게 평가한다. "굳은 절개와 강인한 기개는 자양紫陽(주희를 가리킴)의 참 모습과 별 차이가 없었다."[352] 그를 두 번째 주희로 본 것이다.

이상에서 소개한 명나라 전기 이학가理學家들은 모두 유가의 "자기 행동에 부끄러워할 줄 아는行己有恥' 독립적 인격을 갖추고 있었고, 각자 모두 유학의 의리義理를 해석한 저술과 실제로 이룬 공적功績이 있었다. 그러나 그들은 이학이 쇠퇴하여 가는 추세는 만회할 수 없었다.

用", "處乎世間, 不著世間, 如環之無端, 不見其止. 如刀之剖水, 不見其跡".]

351) (明)宋濂:《宋學士全集》, 中華書局1985年版, 第956頁.[원문: 吾本爲白, 而黑何加焉? 吾本無黑, 而白何形焉? 是謂白黑忘矣, 白黑忘而有無齊矣, 有無齊而是非泯矣. 是非泯而非非者絶矣. 非非者絶, 則天與人凝而合矣.]

352) (淸)黃宗羲:《明儒學案》下冊, 沈芝盈點校, 中華書局1985年版, 第1045頁.[원문: 持守之嚴, 剛大之氣, 與紫陽眞相伯仲.]

2) 양명심학陽明心學의 창립

왕양명의 심학이 일떠서기 전, 진헌장陳獻章의 강문심학江門心學이 있었는데, 역사에서 보면 그의 심학은 마침 육구연의 심학이 왕양명의 심학에로 과도하는 시기에 존재했다. 왕학王學이 일떠서는 동시에 담약수湛若水도 강문심학江門心學을 크게 발전시켰었는데, 이 또한 왕수인의 심학의 발전에 큰 도움을 주게 되었다. 사실 진헌장이 명나라 심학을 개척했다. 『명사明史·유림전서儒林傳序』에서는 이렇게 말한다. "원래 명나라 초의 제유諸儒들은 모두가 주자의 문하생들의 지류였는데, 그들은 본래 전승하던 것(理學을 말함)이 있었다.", "학술의 갈림은 진헌장陳獻章, 왕수인으로부터 시작되었다.", "가정嘉靖, 융경隆慶 이후에는 정주程朱의 학설을 굳게 믿어, 이설異說(다른 학설)로 옮겨가지 않은 자가 더는 몇 사람 안 되었다."[353] 진헌장의 심학은 그 본인의 말로 하면, "천지는 내가 세우고, 만 가지 변화는 내가 내오고, 우주는 내 마음에 있다."[354]라고 개괄할 수 있다. 동시에 그는 또 불노佛老 학설도 받아들였다. 그는 시를 지어 이렇게 말한다. "인간 세상의 온갖 인연이 모두 큰 꿈이거늘, 천기天機(하늘의 기밀) 한 점만 얻어도 오래 살 수 있으리."[355] 또 이렇게 말한다. "배우는 자는 자연을 종宗으로 삼고서, 마음을 다해 이해하지 않으면 아니 되겠다."[356] 그의 심학의 법문(방법론)은 '허일이정虛一而靜(텅 비고 전일하고 고요함)'이었다. 그는 이렇게 말한다.

> 학문을 닦음은 마땅히 마음諸心에서 구해야 하고, 반드시 이른바 '허일이정虛明靜一(텅 비고 밝고 고요하고 전일함)'을 주主로 해야 한다. 점차 옛사람들의 중요한

353) (淸)張廷玉等:《明史》第六冊, 中華書局2000年版, 第4827頁.[원문: "原夫明初諸儒, 皆朱子門人之支流餘裔, 師承有自", "學術之分, 則自陳獻章, 王守仁始", "嘉, 隆而後, 篤信程, 朱, 不遷異說者, 無復幾人矣".]

354) 劉興邦:《白沙心學》, 社會科學文獻出版社2012年版, 第12頁.[원문: 天地我立, 萬化我出, 而宇宙在我.]

355) 劉興邦:《白沙心學》, 社會科學文獻出版社2012年版, 第231頁.[원문: 人世萬緣都大夢, 天機一點也長生.]

356) 劉興邦:《白沙心學》, 社會科學文獻出版社2012年版, 第58頁.[원문: 學者以自然爲宗, 不可不著意理會.]

글들을 얻어 읽으면, 어쩌면 계합契合되는 것이 있을 수도 있는데, 그것에 영향받지도 의지하지도 말고, 자신을 속이면서 마음 바깥에서 이치를 구하는 폐단에 빠지지 말아야 하겠다. 이것이 심학의 법문이다.[357]

여기서 그는 유·불·도 삼교의 '본심을 밝게 하고 본성을 기르는明心養性' 학문을 관통시키고 있었다.

담약수湛若水는 심학心學을 이렇게 정의했다. "심학이란 무엇인가? 만사와 만물은 모두 마음心일 따름이라고 보는 것이 심학이다."[358] 마음心이란 무엇인가? "허령虛靈하고 바르고 곧고 어느 한편에 치우치는 바가 없는 것이 마음心의 본바탕本體이다. 즉 이른바 천리天理이다. 이 마음心은 사람마다 똑같이 가지고 있고, 마음心이 곧 이치理인데, 이치理가 곧 마음心의 중정中正이겠다."[359] 보다 시피 그는 "사람은 같은 마음을 가지고 있고, 마음은 같은 이치를 가지고 있다."고 주장하고 있었다.

왕수인王守仁(1472-1529)의 자字는 백안伯安이고, 그는 절강浙江 여요餘姚 사람이다. 회계산會稽山 양명동陽明洞에 거처했는데結廬, 그리하여 사람들은 그를 양명선생陽明先生이라고 칭했다. 그의 『왕문성공전서王文成公全書』 38권이 세상에 널리 전해졌었는데, 오늘날에는 사람들이 이를 정리하여 『양명전집陽明全集』으로 만들었다. 그 가운데서 『대학문大學問』, 『전습록傳習錄』이 가장 중요하다. 그의 도학은 그가 '용장龍場에서 도道를 깨친 일'을 계기契機로, 큰 깨달음을 얻고 창립했다고 하는데, 아무튼 그는 명나라 심학心學의 종사宗師로 추앙받고 있다. 그는 주신호朱宸濠의 반란을 평정한 큰 공로로 병부상서兵部尙書 관직에 올랐

357) 張岱年主編:《中國哲學大辭典》, 上海辭書出版社2014年版, 第191頁.[원문: 爲學當求諸心. 必得所謂虛明靜一者爲之主, 徐取古人緊要文字讀之, 庶能有所契合, 不爲影響依附, 以陷於徇外自欺之弊, 此心學法門也.]

358) 關步勳等主編:《湛甘泉研究文集》, 花城出版社1993年版, 第96頁.[원문: 何謂心學? 萬事萬物莫非心也.]

359) (明)湛若水編:《聖學格物通》(二), 廣西師範大學出版社2015年版, 第756, 857頁.[원문: "虛靈方直而不偏, 心之本體, 所謂天理. 是心也, 人人之所同有", "心即理也, 理即心之中正也".]

고, 명세종明世宗은 그의 호를 신건백新建伯이라고 봉해 주었다. 그는 유학사儒學史에서 '내성內聖(聖學을 창립한 공적)'과 '외왕外王(나라를 안정하게 다스린 공적)'을 모두 이루었던 명망 높은 보기 드문 인재이다. 황종희黃宗羲는 그의 학술 발전 과정을 이렇게 서술한다.

선생은 처음에 사장詞章(즉 詩·辭·賦·騈文·雜文의 통칭)에 깊이 빠져 있었다. 이어서는 고정考亭(朱熹를 말함)의 책을 두루 널리 읽고서, 그 방법에 따라 사물을 하나하나씩 탐구해보았는데格物, 결국 사물의 이치物理와 나의 마음吾心을 둘로 갈라서는 얻을 것이 아무것도 없다고 생각하게 되었다. 그리하여 불가와 도가에 오랫동안 드나들었다. 이夷(소수민족) 지역에 거주하면서 수많은 고난을 겪으면서는 심신心身을 더욱 갈고 닦게 되었는데, 그때 성인이라면 이런 처지에서 어떤 도道를 가지고 있었을까 하고 더 많이 생각하게 되었다. 그때, 갑자기 깨달음을 얻었는데, 즉 격물치지格物致知의 취지旨나 성인의 도道나, 모두 자기 본성에 충분히 들어있고 바깥에서 구할 필요가 없음을 깨닫게 되었다. 그의 학문은 모두 세 차례의 변화를 걸쳐 확립하게 되었다. 이때부터 그는 지엽적인 것을 쳐버리고 마음을 오로지하여 본원本原을 탐구했고, 조용히 앉아 마음을 맑게 하는澄心 방법으로 학문을 탐구했다. 그때, 희노애락喜怒哀樂이 미발未發한 상태인 중中이 있어야, 발發해서 모두 중절中節인 화和가 있게 된다고 생각했다. 또 보고 듣고 말하고 실천하는 것視聽言動은 대체로 수렴收斂을 주主로 하고, 발산發散은 부득이한 것이라고 생각하게 되었다. 강우江右(江西에 부임된 일을 말함)에 온 후에는 오로지 '치양지致良知'라는 세 글자만 논했는데, 묵상默想은 앉아서 할 필요가 없었고, 마음은 일부러 맑게 할 필요가 없었고, 익히지도 않고 생각하지도 않았으나, 나오기만 하면 천칙天則(자연의 법칙)에 들어맞았다. 대체로 양지良知가 곧 정감이 미발未發한 상태인 중中으로서 이 앎知 전에는 미발의 상태가 따로 없고, 양지가 곧 발해서 중절인 화和로서 이 앎知 뒤에는 이발已發의 상태가 따로 없다고 생각했다. 또 이 앎知은 절로 수렴할 수 있는데, 일부러 노력을 더해 수렴할 필요가 없고, 이 앎知은 절로 발산할 수 있는데, 더욱 발산을 기대할 필요가 없다고 생각했다. 그는 수렴收斂하는 것이 감응感의 체體(본질)로서 고요하지만靜 움직이고動, 발산하는 것은 고요함寂의 작용用으로서 움직이지만動 고요하다靜고 생각했다. 또 앎知에서 진지하고 독실篤實한 곳이 곧 행行(실천)이고, 행行에서 훤히 깨닫고明覺 자세히 살핀精察 곳이 곧 앎知으로서 이 양자는 둘이 아니라고 했다. 월越 지역에 이주해서는 하던 일(학문을 말함)이 날로 익숙해졌고, 깨달은 바를 더욱 잘 활용했는데, 항상 옳고是 그름非을 분명히 알고 있었고, 일부러 옳고是 그름非을 가를 필요도 없었다. 입을 열면 곧 본심本心을 짚어냈고, 더욱 생각을 한데 모으는湊泊 과정이 필요 없었다. 마치 하늘에 붉은 태양이 있어 만상萬象을 죄다 비추는 것 같았다. 이 학문을 이룬 다음에는 또 삼변三變이 있었다.[360]

이 삼변三變이란, 즉 조용히 앉아 마음을 맑게 하는 것默坐澄心, 치양지致良知, 지행합일知行合一의 세 차례의 변화三變를 말한다. 즉, 왕수인 심학 사상이 모두 세 번 변화했다三變는 것이다. 황종희黃宗羲는 또 양명심학陽明心學의 정의精義(정수)도 개괄했다.

선생은 성인의 학문을 심학心學으로 보았고, 나아가 마음心이 곧 이치理라고 보았다. 그리하여 그들(주자학파)이 주장하는 치지격물致知格物이라는 학문을 닦는 방법에 견주어 부득이하게 '나 마음의 양지良知의 천리天理를 온갖 사물에 미루어 미치게 되면, 온갖 사물은 모두 그 이치理를 얻게 된다.'고 말했던 것이다. 대저 지식을 앎知으로 여기게 되면, 경박하고 실속이 없이 되는데, 그래서 또 반드시 실천力行에 힘써야 한다고 했다. 양지良知는 사물에 감응하면 깊이 도취되는데, 이 과정에는 기다림이 없다. 본심本心이 밝음明이 곧 앎知이고, 본심本心이 밝음을 속이지 않는 것이 곧 실천行인 바, 그리하여 부득이하게 '지행합일知行合一(앎과 실천이 합치됨)'을 주장했던 것이다. 이 학문의 큰 취지는 대체로 여기서 벗어나지 않는다. 한편, 어떤 이들은 석씨釋氏의 본심설本心說이 심학心學에 상당히 가깝다

360) (明)王守仁, 吳光, 錢明, 董平編校 : 《王陽明全集》(下), 上海古籍出版社2015年版, 第1279頁.[원문 : 先生之學, 始汎濫於詞章, 繼而遍讀考亭之書, 循序格物, 顧物理吾心終判爲二, 無所得入. 於是出入佛, 老者久之. 及至居夷處困, 動心忍性, 因念聖人處此更有何道? 忽悟格物致知之旨, 聖人之道, 吾性自足, 不假外求. 其學凡三變而始得其門. 自此之後, 盡去枝葉, 一意本原, 以默坐澄心爲學的. 有未發之中, 始能有發而中節之和, 視聽言動, 大率以收斂爲主, 發散是不得已. 江右以後, 專提致良知三字, 默不假坐, 心不待澄, 不習不慮出之自有天則. 蓋良知即是未發之中, 此知之前更無未發. 良知即是中節之和, 此知之後更無已發. 此知自能收斂, 不須更主於收斂. 此知自能發散, 不須更期於發散. 收斂者, 感之體, 靜而動也. 發散者, 寂之用, 動而靜也. 知之眞切篤實處即是行, 行之明覺精察處即是知, 無有二也. 居越以後, 所操益熟, 所得益化, 時時知是知非, 時時無是無非, 開口即得本心, 更無假借湊泊, 如赤日當空而萬象畢照. 是學成之後又有此三變也.]

고 하는데, 사실 그들은 유가와 불가의 경계가 이理라는 글자 하나에 있음을 모르고 있다. 석씨는 천지만물의 이치理를 도외시했고, 한번도 논한 적이 없다. 다만 '깨달음明覺'만 굳게 지키고 있었다. 속세의 유자들은 또 이 '깨달음'에 기대지 않고, 천지만물에서 이치理를 탐구한다. 그들이 행하는 바는 전혀 다르지만, 그러나 이치理를 천지만물에 귀결시키고, 깨달음明覺을 내 마음에 귀결시키는 것은 똑같다. 바깥에서 이치理를 찾는 것은 결국에는 원천이 없는 물이요, 뿌리가 없는 나무이다. 설령 마지막에 내 마음에 합치시켜 이치를 파악할 수 있을 지라도, 이미 본체에서 몇 번이나 돌고 돌았다. 그래서 집집마다 돌아다니며 구걸하는 것(格物致知를 말함)이나 눈을 감고 어두움을 보는 것(明覺을 말함)이나, 사실 별반 차이가 없다는 것이다. 선생은 마음心이 마음으로 되는 것은 깨달음明覺에 있는 것이 아니라 천리天理에 있다고 분명히 지적했다. 떨어진 금경金鏡(금거울, 유학을 말함)을 다시 치켜들면서, 마침내 유학과 불학의 강계疆界를 강산이 가로막힌 듯 아득하게 만들었던 것이다. 이는 눈이 있는 자라면 누구나 분명히 보아낼 수 있겠다.[361]

요컨대, 황종희黃宗羲는 양명심학陽明心學의 취지旨를 이렇게 개괄했다. 즉 첫째는 '마음心이 즉 이치理이다心卽理'는 것이고, 둘째는 '나 마음의 양지良知에 이른다致吾良知'는 것이고, 셋째는 '지행합일知行合一'이라고 했다. 동시에 그는 또 자신의 이해에 근거하여 양명심학과 불교 선학의 공통점과 차이도 설명했다. 공통점이라면 '사물의 이치'와 '밝은 깨달음明覺'을 마음에 귀결시킨 것이겠다. 차이라면 석씨는 다만 마음에서 깨달음을 얻을 것을 추구하고, 양명陽明은 마음心이 곧 이치理라고 강조한 점이겠다.

361) (明)王守仁, 吳光, 錢明, 董平編校:《王陽明全集》(下), 上海古籍出版社2015年版, 第1279-1280頁.[원문: 先生以聖人之學, 心學也, 心即理也, 故於致知格物之訓, 不得不言'致吾心良知之天理於事事物物, 則事事物物皆得其理'. 夫以知識爲知, 則輕浮而不實, 故必以力行爲功夫. 良知感應神迷, 無有等待, 本心之明即知, 不欺本心之明即行也, 不得不言'知行合一'. 此其立言之大旨不出於是. 而或者以釋氏本心之說頗近於心學, 不知儒釋界限只一理字. 釋氏以天地萬物之理, 一切置之度外, 更不復講, 而止守此明覺. 世儒則不恃此明覺, 而求理於天地萬物之間. 所爲絶異, 然其歸理於天地萬物, 歸明覺於吾心, 則一也. 向外尋理, 終是無源之水, 無根之木, 總使合得, 本體上已費轉手, 故沿門乞火與合眼見暗, 相去不遠. 先生點出心之所以爲心, 不在明覺而在天理, 金鏡已墜而復收, 遂使儒釋疆界渺若山河, 此有目者所共睹也.]

(1) 심즉리心卽理

양명陽明은 젊었을 때 주자朱子의 격물치지格物致知 학설을 몸소 실천하기 위해 정자亭子 앞 대나무를 열심히 탐구해보았지만格竹, 얻은 것이 아무 것도 없었다고 한다. 용장龍場에서 도道를 깨친 후, 그는 정주程朱의 "덕성의 함양은 모름지기 경敬으로써 해야 하고, 배움에 나아감은 사물의 도리를 깨달아서 앎에 이르는데 있다涵養須用敬, 進學在致知."는 학문탐구의 원리와 방법을 버리고, 오로지 속마음에서의 성의정심誠意正心에만 공력을 들였다. 그는 이렇게 말한다.

> 새 책(朱熹의 『大學章句』)에서는 우선 사물의 이치를 깊이 탐구해야 한다고 하는데, 그것은 아득하고 망망하여 낙착할 곳조차 없다. 한편 반드시 '경敬'이라는 글자를 보태서야 심신心身과 연관 지울 수 있었다. 하지만 이는 종국에는 근원이 없는 것이다. 만약 모름지기 '경'이라는 글자를 보태야 했다면, 어찌하여 공자유학에서는 이 가장 중요한 글자를 빠쳐놓고, 1000년이 지난 후, 어떤 사람이 나와서 보탤 것을 기다렸겠는가? 이는 바로 성의誠意를 위주로 해야 함을 말하는 것이고, 바꾸어 말하면 '경'자를 보탤 필요가 없음을 말하는 것이다. 그래서 '성의'를 제기하여 말하는데, 이것이 바로 이 학문의 큰 지혜가 들어있는 곳이다.362)

양명은 마음 바깥에는 현상事이 없고, 마음 바깥에는 이치理가 없다고 보고 있었다. 한편 그가 말하는 '이理'는 주요하게 인간의 윤리규범을 가리키는데, 즉 오상五常의 도道가 그것이겠다. 양명은 또 인간은 자연만물을 대할 때에도 반드시 인의지심仁義之心을 가지고 그것에 감응해야 한다고 보고 있었다. 그래서 성의誠意를 가장 중요시했던 것이다. 그는 지식이나 기능 면에서 성인이 될 것을 추구하는 것에 찬성하지 않았고, 한편 성인이 되기를 기대하여 행할 일은 다만 인격의 수립과 심경의 승화에 있다고 보고 있었다. 『전습록傳習錄』에는

---

362) (明)王守仁 :《傳習錄》, 王曉昕譯注, 中華書局2017年版, 第147頁.[원문 : 新本(朱子《大學章句》)先去窮格事物之理, 即茫茫蕩蕩, 都無著落處, 須用添個'敬'字, 方才牽扯得向身心上來. 然終是沒根源. 若須用添個'敬'字, 緣何孔門倒將一個最緊要的字落了, 直待千餘年後要人來補出? 正謂以誠意爲主, 即不須添'敬'字, 所以提出個'誠意'來說, 正是學問的大頭腦處.]

양명과 학생의 문답이 실려 있다.

> 애愛가 물었다. '지선至善을 단지 마음諸心에서 구한다면, 천하의 사리事理를 다하지 못할까 걱정됩니다.' 선생은 이렇게 대답했다. '마음이 곧 이치이다心即理. 천하에 또 마음 바깥의 현상事이 있고 마음 바깥의 이치理가 있더냐?' 애愛가 말했다. '아버지를 섬기는 효孝나, 임금님을 섬기는 충忠이나, 친구를 사귀는 믿음信이나, 백성을 다스리는 인仁 같은 것에도 수많은 도리理가 있는데, 이 역시 살피지 않을 수 없다고 생각합니다.' 선생은 이렇게 말했다. '이 말의 뜻이 가려진 지 오래다. 어찌 한마디로 깨칠 수 있는 것이겠냐? 오늘 다만 묻는 문제에만 대해서 말해줄게. 아버님을 섬기는 일이라면, 아버지에게서 효성을 드리는 도리를 찾으면 아니 되고, 임금님을 섬기는 일이라면, 임금님에게서 충성을 하는 도리를 찾으면 아니 되고, 친구를 사귀고 백성을 다스리는 일이라면 친구에게서, 백성들에게서 신信과 인仁의 도리理를 찾으면 아니 된다. 이 모두 이 마음此心에 있을 따름이고, 이 마음이 곧 이치心卽理이겠다. 이 마음이 사욕私慾에 가려지지 않으면 곧 천리天理이니, 바깥에서 그 어떤 것을 보탤 필요가 없다. 그래서 천리天理의 마음心을 순수하게 하여, 그것을 발하여 아버지를 섬기면 곧 효孝이고, 그것을 발하여 임금님을 섬기면 곧 충忠이고, 그것을 발하여 친구를 사귀고 백성을 다스리면 곧 신信과 인仁으로 되겠다. 다만 이 마음心에서 인욕人慾을 버리고 천리를 보존하는 데에만 힘쓰면 되겠다.'363)

여기서 양명陽明이 말하는 '심즉리心卽理'에서 마음心은 도덕지심道德之心을 가리키고, 이理는 인륜의 도리人倫之理를 가리킨다. 이 밖의 사리事理는 정심성의正心誠意와 아무 상관이 없겠다.

363) (明)王守仁:《傳習錄》, 王曉昕譯注, 中華書局2017年版, 第10頁.[원문: 愛問: '至善只求諸心, 恐於天下事理有不能盡.' 先生曰: '心即理也. 天下又有心外之事, 心外之理乎?'愛曰: '如事父之孝, 事君之忠, 交友之信, 治民之仁, 其間有許多理在, 恐亦不可不察.' 先生歎曰: '此說之蔽久矣, 豈一語所能悟? 今姑就所問者言之: 且如事父, 不成去父上求個孝的理. 事君, 不成去君上求個忠的理, 交友治民, 不成去友上, 民上求個信與仁的理. 都只在此心, 心即理也. 此心無私欲之蔽, 即是天理, 不須外面添一分. 以此純乎天理之心, 發之事父便是孝, 發之事君便是忠, 發之交友, 治民便是信與仁. 只在此心去人欲, 存天理上用功便是.]

여기서 '심즉리'는 인식론 의미에서 객관적 사리事理를 주관적 심식心識에 귀결시키는 것이 아니다. 이는 윤리학적 의미에서 도덕행위를 주체의 마음心意에 귀결시킨 것이다. 그는 이렇게 말한다.

> "의意를 쓰는 데는 반드시 지시하는 물건物이 있는데, 여기서 그 물건이 곧 그 일事이다. 만약 의意를 부모님을 섬기는 일에 쓴다면 부모님을 섬기는 일이 곧 일물一物로 되고, 만약 의意를 백성을 다스리는 일에 쓴다면 백성을 다스리는 일이 곧 일물一物로 되고, 의意를 책을 읽는 일에 쓴다면 책을 읽는 일이 곧 일물一物로 되고, 의意를 송사訟를 듣는 일에 쓴다면 송사訟를 듣는 일이 곧 일물一物로 된다. 무릇 의意를 쓰는 데는 물건物이 없는 법이 없고, 어떤 의意가 있으면 곧 어떤 물건物이 있고, 어떤 의意가 없으면 곧 그에 대응하는 물건物도 없다.[364]

양명陽明은 '남진관화南鎭觀花'에서 이렇게 말한다. "당신이 이 꽃을 보지 못했을 때는 이 꽃이 당신의 마음과 마찬가지로 고요함을 지키고 있었고, 당신이 이 꽃을 보러 왔을 때는 이 꽃의 색깔이 일시에 밝아지는데, 이로부터 이 꽃이 당신의 마음 바깥에 있지 않음을 알 수 있겠다."[365] 양명陽明은 사람이 미래에 이 꽃을 보러 왔을 때는 이 꽃이 존재하지 않는다고 말하지 않았다. 다만 이 꽃이 사람의 시야에 들어와야만 감지感知와 심미審美의 대상으로 된다고 말했다. 이를 확장해서 말한다면, 사람들은 비록 공동으로 하늘과 땅 사이에서 생활하고 있지만, 의미론적 시각에서 볼 때, 매 개인은 모두 각자 자기의 세계가 있다고 할 수 있겠다. 다시 말하면 그의 정신활동이 미치는 곳이 있다는 것이다. 그는 제자와 이런 대화도 있었다.

364) (明)王守仁:《傳習錄》, 王曉昕譯注, 中華書局2017年版, 第173頁.[원문: 意之所用, 必有其物, 物即事也. 如意用於事親, 即事親爲一物. 意用於治民, 即治民爲一物. 意用於讀書, 即讀書爲一物. 意用於聽訟, 即聽訟爲一物. 凡意之所用無有無物者, 有是意即有是物, 無是意即無是物矣.]

365) (明)王守仁:《傳習錄》, 王曉昕譯注, 中華書局2017年版, 第375頁.[원문: 你未看此花時, 此花與汝心同歸於寂, 你來看此花時, 則此花顏色一時明白起來, 便知此花不在你的心外.]

선생이 말했다. '너 보건대, 이 하늘과 땅 사이에서 어떤 것이 천지의 마음이냐?' 대답하기를 : '사람이 천지의 마음이라고 들었습니다.'라고 했다. 선생이 말했다. '사람에게서 또 무엇을 마음이라고 하느냐?' 대답하기를 '다만 하나의 영명靈明일 따름입니다.'라고 했다. 선생이 말했다. '사실 하늘과 땅 사이에 꽉 차 있는 것은 단지 이 영명뿐이다. 인간은 다만 형체 때문에 절로 만물과 간격을 두고 있을 따름이다. 나의 영명이 곧 천지 귀신鬼神의 주재자主宰이다. 나의 영명이 없다면, 하늘은 누가 그 높음을 우러러보겠냐? 나의 영명이 없다면, 땅은 누가 그 깊음을 헤아려보겠냐? 나의 영명이 없다면, 귀신은 누가 그 길흉재상吉凶災祥을 변별해 주겠냐? 천지와 귀신과 만물은 나의 영명을 떠나서는 존재하지 않는다. 나의 영명도 천지와 귀신과 만물을 떠나서는 역시 존재하지 않는다. 이렇게 일기一氣로 유통되는데, 어찌 그것과 간격을 둘 수 있겠냐?' 학생이 물었다. '그렇다면 천지와 귀신과 만물은 천고千古에서 줄곧 보아왔는데, 어찌하여 나의 영명이 없어지면 모두 없어진다는 겁니까?' 선생이 답하기를, '그럼 죽은 사람을 보라. 그의 정령精靈은 모두 흩어져 떠돌아다닌다. 그렇다면 그의 천지만물은 어디에 있단 말이냐?'366)

여기서 '심즉리心卽理'의 논설은 윤리학적 의미에서 감지론感知論과 심미관審美觀에로 확장되었다. 그는 여기서 매 개인의 심령心靈이 그가 생활하고 있는 세계의 전부임을 강조하고 있었고, 마음心이 그 사람이 감지하는 세계에 인생의 의의를 부여하고 있음을 강조하고 있었다. 양명陽明이 보건대, 순수 객관적인 세계는 존재하지 않았다. 그는 이렇게 설명한다. "신체를 주재主宰하는 것이 곧 마음心이고, 마음心에서 발하는 것이 곧 의意이고, 의意의 본체本體(본바탕)가 곧 앎知이고, 의意에 들어있는 것이 곧 사물이다."367) "그래서 나는 마음 바깥에

366) (明)王守仁 : 《傳習錄》, 王曉昕譯注, 中華書局2017年版, 第432頁.[원문 : 先生曰 : '你看這個天地中間, 甚麽是天地的心?'對曰 : '嘗聞人是天地的心.'曰 : '人又是甚麽敎做心?'對曰 : '只是一個靈明.' '可知充天塞地中間, 只有這個靈明, 人只爲形體自間隔了. 我的靈明, 便是天地鬼神的主宰. 天沒有我的靈明, 誰去仰他高? 地沒有我的靈明, 誰去俯他深? 鬼神沒有我的靈明, 誰去辨他吉凶災祥? 天地鬼神萬物, 離卻我的靈明, 便沒有天地鬼神萬物了. 我的靈明離卻天地鬼神萬物, 亦沒有我的靈明. 如此, 便是一氣流通的, 如何與他間隔得?' 又問 : '天地鬼神萬物, 千古見在, 何沒有了我的靈明, 便俱無了?' 曰 : '今看死的人, 他這些精靈遊散了, 他的天地萬物尙在何處?']

는 이치理가 없고, 마음 바깥에는 사물이 없다고 말한다."[368] 양명은 장재의 "천지를 위해 마음을 세운다爲天地立心."는 논설을 지극히 발전시켰다. 그리하여 인간의 주체의식과 주관능동성도 지극히 발휘하게 되었던 것이다. 양명의 본뜻은 매개인의 마음이 사회대중 및 천지만물과 정신적으로 감응하고 유통하게 만들려는 것이었고, 양자를 일체一體로 융합시키려는 것이었다. 즉, 인간의 마음으로써 세상을 지배하고 통제하려는 것이 아니었고 또한 사물을 마음에 귀속시키고 그것의 객관적 존재를 부정하려는 것이 아니었다. 이 점은 반드시 분명히 짚고 넘어가야 하겠다.

(2) **지행합일**知行合一

공자는 언행이 일치할 것을 아주 중요시했다. 자아를 닦을 때는 "말에 앞서 행동을 먼저 하고, 그 다음에 말이 따르게 하라先行其言而後從之."고 했고, 사람을 대할 때는 "그 사람의 말을 들어 보고, 그 사람의 행위를 살펴보라聽其言而觀其行."고 했다. 심지어 언어를 가볍게 여기고 행동을 중히 여기기도 했다. "군자는 말은 어눌하게 하고 행동은 민첩하게 한다君子欲訥於言而敏於行.", "군자는 말이 행동을 넘어서는 것을 부끄러워한다君子恥其言而過其行." 가장 좋기는 "말은 충실하고 신의가 있으며, 행동은 도탑고 공손하게 하는 것이다言忠信 行篤敬." 공자가 이렇게 행실을 중요시했던 것은 아마도 현실생활에서 말이 행위에 앞서고, 언행이 일치하지 않은 현상이 아주 보편적으로 존재했기 때문인 것으로 이해된다. 또한 이런 현상은 인간사회의 큰 질병으로 남아있었기 때문에, 그는 이 질병을 치유하려고 했던 것으로 보인다.

양명은 이 기초 위에서 한 걸음 더 나아가 명확하게 "지행합일知行合一'이라는 명제를 제기했다. 또한 언言과 행行의 관계를 포함하여, 지知와 행行의 관계

367) (明)王守仁:《傳習錄》, 王曉昕譯注, 中華書局2017年版, 第19頁.[원문: 身之主宰便是心, 心之所發便是意, 意之本體便是知, 意之所在便是物.]

368) (明)王守仁:《傳習錄》, 王曉昕譯注, 中華書局2017年版, 第19頁.[원문: 所以某說心外無理, 心外無物.]

문제에 대한 토론을 새로운 차원에로 끌어올렸다. 주지하다시피 이 명제가 후세에 끼친 영향은 아주 심원했다. 『전습록傳習錄』에는 양명陽明과 학생 사이에서 오갔던, 지知와 행行의 문제에 대한 토론이 실려 있다.

"애愛가 말했다. '오늘날 사람들은 모두 부모님에게 효성하고 윗사람을 공경해야 한다는 도리는 알고 있지만, 효성하지 않고 공경하지 않는자가 많은데, 이로 보면 지知와 행行은 분명히 두 가지 일입니다.' 선생이 말했다. '이는 사욕私慾에 의해 단절되었기 때문이지, 지知와 행行의 본체本體(본바탕)의 문제는 아니다. 알고서知 행行하지 않는 법이 없다. 알고서知 행行하지 않는 것은 결국 알지 못한 것이다.'[369] '예컨대, 어떤 사람이 효孝를 알고, 제弟(공경함)를 안다고 할 때, 반드시 그 사람이 과거에 효孝를 행하고 제弟를 행한 적이 있어야, 그가 참말로 효孝를 알고 제弟를 안다고 말할 수 있는 것이다.'[370] '나는 전에 이렇게 말했다. 앎知은 행行의 주된 뜻主意이고, 행行은 앎知의 공부功夫(재주)라고 말이다. 또 앎知은 행行의 시작始이고, 행行은 앎知의 이룸成이라고 말했다.'[371]

반드시 내 논설의 종지宗旨를 알아야 하겠다. 오늘날 사람들은 학문을 닦음에 있어서 지知와 행行을 둘로 갈라 행하고 있는데, 그래서 한 생각一念이 발동發動하는 곳에 비록 선善하지 못한 것이 있기는 하지만 나쁜 행동行을 한 적이 없다고 해서 그것을 금지하지 않는다. 내가 오늘 지행합일을 말하는 목적이 바로 사람들이 그 한 생각一念이 발동發動하는 곳이 곧 행行이라는 점을 알게 해주려는 것이다. 발동發動하는 곳에 선善하지 못한 생각이 있다면, 그 선善하지 못한 생각을 물리쳐 없애야 한다. 반드시 철저하게 물리쳐서 그 한 생각一念의 불선不善이 가슴에 잠복해 있지 못하게 해야 한다. 이것이 바로 내가 논설을 세운立言 종지宗旨이다.[372]

369) (明)王守仁:《傳習錄》, 王曉昕譯注, 中華書局2017年版, 第14頁.[원문 : 此已被私欲隔斷, 不是知行的本體了. 未有知而不行者. 知而不行只是未知.]

370) (明)王守仁:《傳習錄》, 王曉昕譯注, 中華書局2017年版, 第15頁.[원문 : 就如稱某人知孝, 某人知弟, 必是其人已曾行孝行弟, 方可稱他知孝知弟.]

371) (明)王守仁:《傳習錄》, 王曉昕譯注, 中華書局2017年版, 第15頁.[원문 : 某嘗說知是行的主意, 行是知的功夫. 知是行之始, 行是知之成.]

372) (明)王守仁:《傳習錄》, 王曉昕譯注, 中華書局2017年版, 第335-336頁.[원문 : 此須識我立言宗旨. 今人學問, 只因知行分作兩件, 故有一念發動, 雖是不善, 然卻未曾行, 便不去禁止. 我今說個知行合一, 正要人曉得一念發動處, 即是行了. 發動處有不善, 就將這不善的

앎知에서 진지하고 독실한眞切篤實 곳이 곧 행行이다. 행行에서 밝게 깨닫고 정세하게 살핀明覺精察 곳이 곧 앎知이다.373)

이상에서 보다시피 양명은 '지행합일'을 주로 윤리 생활 범주에서 논했다. 주로는 두 개의 사회 폐단에 초점을 맞추고 있었다. 하나는 동기動機가 불순不純한 문제이고, 다른 하나는 말이 앞서고 행동이 따르지 못하는 문제였다. 양명이 보건대, 도덕행위는 마땅히 동기와 효과가 통일을 이루어야 했다. 동기가 선善하지 못하면 설령 아직 나쁜 결과를 초래하지 않았다고 하더라도 언젠가는 그런 결과가 나온다는 것이다. 만약 입으로만 논하고 행동에 옮기지 않는다면 이 역시 참된 앎知이라고 할 수 없다고 한다. 참된 앎知은 반드시 행동으로 나타나야 하는데, 그래서 참된 앎眞知과 독실한 행동篤行은 일체一體라는 것이다.

양명의 '지행합일知行合一' 설은 후세에 거대한 영향을 끼쳤다. 그 시대 폐단을 직지했을 뿐만 아니라 또한 역사적 의의도 지극히 컸다. 이는 사람들의 언행이 일치하지 못한 통폐通弊를 바로잡는데 유익했고, 또 정의正義적 신앙의 가치를 수호하는 데에도 많이 유익했다. 사실 이는 '성실함誠'의 철학을 실제에 적용하고, 허위와 거짓이 범람하는 현상을 제거하고, 하나의 진실한 세계를 되돌려오려는 노력이었다. 당연히 지知와 행行의 관계는 복잡하고 또한 역동적이다. 지행합일은 하나의 과정인 바, 이를 사회실천 체계에 귀속시킬 수도 있겠다. 아무튼 우리는 반드시 양명의 지행합일설의 그 새로운 기풍을 열었던 거대한 역할을 충분히 긍정해주어야 할 것이다. 당대 철학가 하린賀麟 선생은 이렇게 말한다.

양명의 지행합일설은 원래 두 개 함의가 있었다. 혹은 두개 설법이 있었다고 말할 수도 있겠다. 하나는 사회에서 편향된 것들을 바로잡고, 사회 병폐를 제거하

念克倒了. 須要徹根徹底, 不使那一念不善潛伏在胸中. 此是我立言宗旨.]

373) (明)王守仁:《傳習錄》, 王曉昕譯注, 中華書局2017年版, 第159頁.[원문: 知之眞切篤實處, 即是行. 行之明覺精察處, 即是知.]

는 지행합일이고, 다른 하나는 원래 그러해야 할 지행합일로서 이를 지행知行의 본래 체질이라고 해도 될 것이다. 사회에서 편향된 것들을 바로잡고, 사회 병폐를 제거한다는 설법에서는 마지못해 지知와 행行을 두 가지 일로 갈라서 논했다. 어떤 이가 사리를 깨닫지 못하고 행동하는 경향이 있으면, 그에게 지식知을 가르쳐주어 그 폐단을 바로잡게 해주고, 어떤 이가 망령된 생각妄想에 빠져 행동하는 경향이 있으면, 그에게 행위行를 가르쳐주어 그 폐단을 바로잡게 해주었던 것이다. 이는 즉 그가 사람들이 훤히 깨닫고 정세하게 살핀明覺精察 행行(실천)에 이르게 하고, 진지하고 독실한眞切篤實 앎知에 이르게 만들려는 노력이었다. 또는 지知와 행行이 합일合一이 되는 경지에 이르게 만들려는 노력이었다.[374]

양명이 말하는 지행의 본래 체질體段, 본래의 지행합일을 또 우리가 늘 말하는 자연적 지행합일론에 상당하는 것으로 볼 수 있겠다.[375]

이것과 우리가 학문과 사변이 모두 지행합일체知行合一體라고 보는 관점, 모두 명시적 앎과 암묵적 실천의 관계라고 보는 관점은 거의 똑같다고 할 수 있겠다.[376]

오늘날 중국 사회에서, 수많은 학교들에서 '지행합일知行合一'을 학교의 교훈으로 정했는데, 이는 지知와 행行의 범위를 크게 확장시킨 것이겠다.

(3) 치양지致良知

양명陽明의 양지良知 설은 맹자로부터 온 것으로서 양지란 원래 인성人性의 선단善端(착한 실마리)을 가리키는 것이었다. 후일 양명은 인생의 곡절과 수난을 겪고서 이에 대해 더 깊고 절실한 깨달음體悟이 있었다. 양명은 양지를 인간의 시비지심是非之心으로 보고 있었다. "시비지심은 생각하지 않고도 알고 있는 것이고, 배우지 않고도 능히 행할 수 있는 것으로서 이를 양지라고 말한다. 양지는 인간의 마음에 있어서, 성인과 아둔한 자의 구분이 없고, 천하에서 고금을 막론하고 똑같은 것이다."[377] 이런 것들은 모두 맹자로부터 이어받은 것이다.

374) 賀麟:《近代唯心論簡釋》, 商務印書館2011年版, 第66頁.
375) 賀麟:《近代唯心論簡釋》, 商務印書館2011年版, 第67頁.
376) 賀麟:《近代唯心論簡釋》, 商務印書館2011年版, 第67頁.

그의 창조라면, 즉 첫째는 양지와 천리天理를 하나로 합쳐놓은 것이고, 둘째는 양지가 사람들로 하여금 광자狂者의 기상을 가지게 만든 점이겠다. 그는 이렇게 말한다. "양지는 마음이 천리를 아주 밝게昭明, 신령스레 발각發覺한 곳이다. 그리하여 양지가 곧 천리天理이다. 사려思는 양지의 발용發用이다. 만약 양지를 발용하는 사려思라면, 그 사려思는 천리밖에 없겠다."[378] "만약 사적인 욕심私意으로 안배한 사려思라면, 당연히 엇갈리고 수고롭게 되는데, 양지 또한 당연히 분별해서 얻게 된다."[379] 그는 자신의 심리발전과정을 이렇게 기술한다. "나도 남도南都에 있기 전에는 향원鄕愿(俗人의 인기를 모으는 위선자)과 같은 면이 있었다. 지금에 와서 나는 이 양지에서 진짜 옳은 것과 진짜 그른 것을 알게 되었고, 양지에 따라 손 가는 대로 행하게 되었고, 더욱 덮어 감출 것이 없게 되었다. 나는 오늘날에 와서야 광자狂者의 흉금을 가지게 되었다."[380] 이로부터 그는 본심本心으로써 직접 시비是非를 판단할 수 있었고, 더는 경전의 어구나 고사를 인용할 필요가 없었다. 그는 일반 유학자들이 말할 수 없는 고론高論을 펼쳤다. "대저 배움은 마음에서 얻는 것이 가장 중요하다. 마음에서 구했는데 그릇된 것이라면, 그 말이 공자의 입에서 나온 말이라고 하더라도 감히 옳다고 여길 수 없다. 하물며 공자보다 못한 자들의 말이라면 더 말할 필요가 있겠는가! 마음에서 구해서 이치에 맞으면, 그 말이 평범한 자의 입에서 나왔다고 하더라도 감히 그르다고 여길 수 없다. 더구나 그 말이 공자와 같은 분의 입에서 나왔다면 말이다!"[381] 양명의 본뜻은 공자의 위대함을 부정하려는 것은 아

377) (明)王守仁:《傳習錄》, 王曉昕譯注, 中華書局2017年版, 第278頁.[원문: 是非之心, 不慮而知, 不學而能, 所謂良知也. 良知之在人心, 無間於聖愚, 天下古今之所同也.]

378) (明)王守仁:《傳習錄》, 王曉昕譯注, 中華書局2017年版, 第254頁.[원문: 良知是天理昭明靈覺處, 故良知即是天理. 思是良知之發用. 若是良知發用之思, 則所思莫非天理矣.]

379) (明)王守仁:《傳習錄》, 王曉昕譯注, 中華書局2017年版, 第254頁.[원문: 若是私意安排之思, 自是紛紜勞擾, 良知亦自會分別得.]

380) (明)王守仁:《傳習錄》, 王曉昕譯注, 中華書局2017年版, 第404頁.[원문: 我在南都以前, 尙有些子鄉願的意思在. 我今信得這良知眞是眞非, 信手行去, 更不著些覆藏. 我今才做得個狂者的胸次.]

381) (明)王守仁:《傳習錄》, 王曉昕譯注, 中華書局2017年版, 第266頁.[원문: 夫學貴得之心. 求

니었다. 공자를 다만 성현으로 간주하고, 신神으로 보지 않았을 따름이다. 공자의 말도 마디마다 진리인 것은 아니므로, 반드시 이를 자신의 독립적 판단을 거쳐 선택하고 또 융통성 있게 활용해야 한다는 것이다. 이것이 바로 공자유학의 참眞 정신을 보존하고 발양하는 참된 방식이겠다. 그는 또한 이렇게 사람들이 경직된 답습에 빠지는 것도 피하게 해주었던 것이다. 만약 공자가 알았더라면, 틀림없이 그를 크게 칭찬해 주었을 것이다. 사회생활을 질서 있게 이끌어가기 위해서, 시대마다 늘 사상적 권위를 수립한다. 하지만 그 사상이 보수적이게 되면서 권위는 또 늘 사회발전을 가로막는 장애로 전락된다. 이때 창의성이 있고 담략이 있는 사상가가 나와서, 권위에 도전하고, 장애를 타파하고, 새로운 사상과 학설을 세워, 사회발전을 이끌어가는 것이 필요하다. 정주이학程朱理學이 즉 명나라 초의 사상적 권위였고, 주희의 『사서집주四書集注』 또한 영향력이 아주 거대했다. 그러나 사람들은 또 그의 주注는 마디마다 절대적 진리로서 절대로 뒤집어서는 아니 되는 것으로 여기고 있었다. 그리하여 주자학은 점차 사상적 장애로 되어졌고, 결국 사상계의 활기를 질식시켰던 것이다. 양명은 심오하고 청신한 사상 그리고 분방하고 호탕한 담략과 기백을 가지고 정주이학를 비판했고 또 공자의 절대적 권위에도 도전했다. 양명은 이렇게 한 차례 성대한 사상해방운동을 일으키게 되었고, 이 운동은 명나라 말까지 지속되었다. 참으로 대단한 일이라고 말하지 않을 수 없겠다.

양명심학陽明心學의 종지宗旨는 치양지致良知에 있었다. 이른바 '치致'란 우선, 양지良知를 확충하고 물욕物欲을 제거하는 것을 말한다. 양명은 이렇게 말한다. "오늘의 양지는 현재 이러하지만 오늘의 앎知이 늘어남에 따라 계속 확충된다. 내일의 양지는 또 새로운 깨달음이 있어, 내일의 앎知이 늘어남에 따라 계속 확충된다."[382] 다음, '치致'는 또한 양지를 사물에 미루어 적용하는 것도 포함한

之於心而非也, 雖其言之出於孔子, 不敢以爲是也, 而況其未及孔子者乎! 求之於心而是也, 雖其言之出於庸常, 不敢以爲非也, 而況其出於孔子者乎!]

382) (明)王守仁:《傳習錄》, 王曉昕譯注, 中華書局2017年版, 第335頁.[원문: 今日良知見在如此, 只隨今日所知擴充到底. 明日良知又有開悟, 便從明日所知擴充到底.]

다. 양명은 이렇게 말한다. "이른바 치지격물致知格物이란, 나 마음의 양지를 온갖 사물에 미루어 적용하는 것을 말한다."383) 양명은 만년에 치양지致良知 학설을 네 마디로 귀납해서, 이를 정론定論으로 삼아 제자들에게 전수해주었다. 이를 '사구교四句教'라고 칭한다. 『전습록傳習錄』에는 그와 학생 덕홍錢德洪, 여중汝中(王畿)의 담론 즉 '천천증도天泉証道'가 실려 있다. "여중이 선생의 가르침을 들어 이렇게 말했다. '선善도 없고 악惡도 없는 것이 마음心의 체體(본바탕)이고, 선善도 있고 악惡도 있는 것은 마음意의 움직임動이고, 선善도 알고 악惡도 아는 것은 양지이고, 선善을 행하고 악惡을 버리는 것이 격물格物이다.'"384) 이 네 마디를 어떻게 이해할지에 대해, 덕홍德洪과 여중은 쟁론이 있었는데, 양명은 두 사람의 견해를 상호 보완시킬 수 있다고 했다. 즉 이근利根(영리한 자질)을 가지고 있는 자가 직접 본체를 깨달을 수 있는 것은 조예功夫(즉 재주)이고, 습심習心(보고 들어 얻은 意念)을 가지고 있는 자는 우선 의념意念에서 실제로 선善을 행하고 악惡을 버려야 하는데, 그 연후에 본체는 밝음明을 다하게 된다는 것이었다. 양명은 재삼 '사구四句'가 그의 학설의 종지라고 강조했고, 사람에 따라 이를 달리 지도해 줄 수 있다고 했다. 중요한 것은 이근利根을 가진 자는 드물고, 습심習心을 가진 자가 상당히 많다는 것이다. 그래서 "그들에게 양지에서 실제로 선善을 행하고 악惡을 버리는 조예를 활용할 수 있도록 가르쳐주어야 한다."385)는 것이다.

'사구교四句教'의 첫마디는 "선善도 없고 악惡도 없는 것이 마음心의 본바탕體이다."이다. 양명은 이렇게 말한다. "인간 마음의 본체本體(본바탕)는 원래 맑고 깨끗하고 막힘이 없다. 원래는 미발未發한 상태인 중中이다."386) 또 이렇게 말

383) (明)王守仁:《傳習錄》, 王曉昕譯注, 中華書局2017年版, 第167頁.[원문: 所謂致知格物者, 致吾心之良知於事事物物也.]

384) (明)王守仁:《傳習錄》, 王曉昕譯注, 中華書局2017年版, 第408頁.[원문: 汝中擧先生教言曰: '無善無惡是心之體, 有善有惡是意之動, 知善知惡是良知, 爲善去惡是格物'.]

385) (明)王守仁:《傳習錄》, 王曉昕譯注, 中華書局2017年版, 第409頁.[원문: 教他在良知上實用爲善去惡功夫.]

386) (明)王守仁:《傳習錄》, 王曉昕譯注, 中華書局2017年版, 第409頁.[원문: 人心本體原是明

한다. "선善도 없고 악惡도 없는 것은 이理의 고요함이고, 선善도 있고 악惡도 있는 것은 기氣의 움직임動이다. 기氣에서 움직이지 않음이 곧 선善도 없고 악惡도 없는 것인데, 이를 일러 지선至善이라고 한다."387) "심체心體(마음의 본바탕)에는 한 생각一念의 머무름留滯도 남아 있어서는 아니 된다."388) "양지의 본체에는 원래 아무것도 없고無有, 본체는 다만 태허太虛일 따름이다." 이로 보면 양명이 말하는 선善도 없고 악惡도 없는 것이 마음의 본바탕體이라는 것은 『중용』에서의 "미발의 상태를 중中이라고 한다."는 논설, 노자의 '최고의 인至仁은 어질지仁 아니하다.'는 논설, '유有는 무無에서 생겨났다'는 논설, 불가 선종에서의 무념無念, 무주無住 논설을 종합해서 만들어낸 것이다. 또한 최고의 초월성을 자랑하고 있다고 하겠다. 그러나 맹자의 성선설로부터는 이미 많이 벗어났었다. 그래서 황종희黃宗羲는 해석을 한마디 보탰던 것이다. "사실, 선善도 없고 악惡도 없다는 것은, 선한 생각善念도 없고 악한 생각惡念도 없다는 말이지, 이는 본성性에 착함善도 없고 악함惡도 없다는 말이 아니다."

'사구교'의 두 번째 마디는 "선善도 있고 악惡도 있는 것은 마음意의 움직임動이다."이다. 이는 현실의 인생 차원에서 말하는 것이다. 현실 생활에서 사람들은 모두 의념意念이 발생하여 추구하는 바가 있게 되고 행동이 있게 된다. 그 의념에 선善과 악惡이 뒤섞여 있는데, 한편 그 의념은 늘 물욕에 차폐되어 있다. 그리하여 성의정심誠意正心을 해야만 하는데, 그래야만 마음의 본바탕心體을 맑고 깨끗하게 만들 수 있다는 것이다. 인성론人性論에서 양명은 인성人性에는 선善과 악惡이 뒤섞여 있다고 보고 있었다. 그러나 가치추구에 있어서는 중립적 태도를 취하지 않았고, 선善을 행하고 악惡을 제거할 것을 주장하고 있었다.

세 번째 마디는 "선善을 알고 악惡을 아는 것이 양지이다."이다. 이는 양명이 양지에 대한 독특한 발휘이겠다. 그는 맹자의 '측은지심惻隱之心', '수오지심羞惡

瑩無滯的, 原是個未發之中.]

387) (明)王守仁:《傳習錄》, 王曉昕譯注, 中華書局2017年版, 第110頁.[원문: 無善無惡者理之靜, 有善有惡者氣之動. 不動於氣, 即無善無惡, 是謂至善.]

388) (明)王守仁:《傳習錄》, 王曉昕譯注, 中華書局2017年版, 第431頁.[원문: 心體上著不得一念留滯.]

之心', '사양지심辭讓之心', '시비지심是非之心'을 융화시켜 양지를 이해하고 있었다. 그는 사람들이 선善을 좋아하고 악惡을 혐오하는 뜻을 성실하게 한誠意 기초 위에서, '선을 알고 악을 아는' 지각 의식知覺意識을 갖출 것을 강조하고 있었다. 이는 도덕적 자각을 말하는 것이겠다. 이는 '정情'과 '이理'를 모두 포함한다. 양지良知는 시비와 선악是非善惡에 대한 판단력으로서 이런 판단력이 없다면 도덕의식은 자발적 상태에 처해 있을 수밖에 없고, 불선不善의 충동이 섞여 있을 수밖에 없겠다.

네 번째 마디는 "선을 행하고 악을 버리는 것이 격물格物이다."이다. 양명陽明이 격물에 대한 이해는 주자와 달랐다. 주자는 천하 만물을 접하면서 그 이치를 궁구窮究하고 그 다음 그것을 관통시킬 것을 주장했는데, 양명陽明은 양지良知가 인도하는 데에 따라 악한 생각惡念을 제거하고, 착한 생각善念을 확충하고, 인지와 실천을 하나로 합치시키면서知行合一, 현실생활의 대인관계와 처세處世에서 확실하게 적용할 것을 주장하고 있었다. 이렇게 도덕의 원만함을 충분히 실현하려고 했다. 그는 『대학문大學問』에서 이렇게 말한다. "오늘 그 양지良知에서 알고 있는 선善은 그 뜻意이 소재하는 것物에 나아가서 실제로 그 선善을 행하게 되면 다하지 못함이 없고, 그 양지良知에서 알고 있는 악惡은 그 뜻意이 소재하는 것物에 나아가서 실제로 그 악惡을 제거하게 되면 다하지 못함이 없다. 그 연후에 사물은 규명格하지 못함이 없게 된다. 한편, 나의 양지에서 알고 있는 것에 결함이나 장폐障蔽가 없으면, 지선至善을 다하게 된다." 이렇게 먼저 사물의 이치를 궁구할 필요 없이, 사물은 규명하지 못함이 없게 된다. 보다시피 이는 '성실함誠으로 말미암아 자체로 밝아지는自誠明' 간이簡易한 수신修身 경로이다. 그러나 양명의 '사구교'는 선종에서의 가르침 방법과 마찬가지로, 함의는 풍부하지만 조리가 분명하지 못하고, 다만 사람들에게 계발과 계시를 주는 것을 우선시하고 있었는데, 그리하여 후학들의 엇갈린 이해와 분쟁도 많이 초래했다.

(4) 만물일체지인萬物一體之仁

양명陽明은 인仁을 논함에 있어 정호와 많이 비슷했고, 한편 더 발휘한 것도 있었다. 그가 말하는 "심즉리心卽理'가 바로 인간과 천지만물이 일체一體를 이루는 것에 대한 절실한 체득이었고, 이는 일종의 순수 이념만이 아니었다. 그는 이렇게 말한다. "대개 천지와 만물을 일체로 여기는 사랑天地萬物一體之仁이 절박하여, 그만 두고자 해도 절로 그만둘 수 없구나."389) 『대학문大學問』에서 대인大人의 학문을 해석할 때, 양명은 멋진 논술이 한 마디 있었다. 그는 이렇게 말한다.

> 대인大人이란 천지만물을 일체一體로 여기는 자이다. 대인은 천하를 한 집안一家으로 여기고, 온 나라 시람들을 한 사람 같이 여긴다. 대저 형해形骸를 사이 두고 너와 나를 가르는 자는 소인小人이겠다. 대인이 천지만물을 일체一體로 여기는 것은 일부러 그렇게 한 것이 아니고, 그 마음의 인仁이 본래 그러한 것으로서 자연스럽게 천지만물과 더불어 일체가 된 것이다. 어찌 대인만이 그러하겠는가. 소인의 마음이라고 할지라도 역시 그러하지 않음이 없겠다. 다만 그들은 작은 일을 생각할 따름이다. 이런 까닭으로 어린아이가 우물에 빠지는 것孺子入井을 보고서, 사람들은 반드시 슬퍼하고 걱정하는 측은지심惻隱之心이 생기는 것이다. 이는 그의 인仁한 마음이 어린 아이와 더불어 일체를 이루었기 때문이다. 어린 아이는 같은 인간이라서 그렇다면 바꾸어 만약 새와 짐승의 애처로운 울음소리를 듣거나 죽을까봐 벌벌 떠는 모습을 보고서도 반드시 불인지심不忍之心이 생길 것이다. 이는 그의 인仁한 마음이 새와 짐승과 더불어 일체를 이루었기 때문이다. 새와 짐승은 지각知覺이 있는 동물이라서 그렇다면 바꾸어 초목이 꺾이고 잘리는 것을 보고서도 반드시 불쌍히 여기는 마음이 생길 것이다. 이는 그의 인仁한 마음이 초목과 더불어 일체를 이루었기 때문이다. 초목은 생명을 가진 존재라서 그렇다면 기와나 벽돌이 깨지고 망가지는 것을 보고서도 반드시 애석한 마음이 생길 것이다. 이는 그의 인仁한 마음이 벽돌이나 기와와 더불어 일체를 이루었기 때문이다. 이 일체지인一體之仁은 소인이라고 하더라도 반드시 가지고 있는 마음이고, 이는 천명의 본성에 뿌리를 두고 있고, 이 또한 자연적이고 아주 밝고 사심私心에 어둡지 아니 하다. 그리하여 이를 명덕明德이라 이른다.

389) (明)王守仁:《傳習錄》, 王曉昕譯注, 中華書局2017年版, 第283頁.[원문: 蓋天地萬物一體之仁, 疾痛迫切, 雖欲已之而自有所不容已.]

양명의 천지일체지인天地一體之仁에 관한 논설은 이에 이르러, 안팎으로 철저하게, 확 트이고 공평무사한 새로운 경지에 이르렀다. 양명심학陽明心學의 주요 취지가 바로 생명의 주체의 초탈과 자득自得, 진지함과 활발함, 활기가 완연한 경지를 추구하는 것이었다. 이것이 즉 양지良知의 발용發用이다. 그는 인심仁心(어진 마음)을 실제로 양지에 이렇게 적용한다.

앎知은 마음心의 본체本體(본바탕)로서 마음은 자연적으로 앎知(인지)이 있게 된다. 아버지를 보면 자연적으로 효도孝를 알게 되고, 이상 분을 보면 자연적으로 공경弟을 알게 되고, 어린 아이가 우물에 빠지는 것을 보고서는 자연적으로 측은惻隱이 여길 줄 알게 된다. 이것이 양지良知이다. 이는 바깥에서 구할 필요가 없다. 만약 양지를 발發할 줄 안다면, 더욱 사욕의 장애가 없게 된다. 즉 이른바 '측은지심惻隱之心이 꽉 차게 되면, 인仁은 쓰고도 남음이 있다'는 것이다.[390]

이는 양명이 양지설로써 공자와 맹자의 인학仁學을 가장 눈부시게 발휘한 논설이다. 하지만 그는 정情과 이理, 지知와 의意의 관계를 전부 관통시키지는 못했다. 오히려 '마음心'을 '인仁' 위에 위치 지우고 있었고, 인仁을 체體로 삼고서 양지를 해석할 수 없었다.

다른 한편, 양명은 비록 '천지만물일체지인天地萬物一體之仁'을 주장하고 있었지만, 묵자의 겸애兼愛설에는 찬성하지 않았다. 그는 사랑愛에는 등급과 차별이 있다고 보고 있었고, 가족의 따뜻한 사랑을 본원으로 삼고서, 이를 바깥으로 널리 확장할 것을 주장했다. 이렇게 해야만 '낳고 또 낳는 법도生生之道'에 부합된다는 것이다. 그는 이렇게 말한다.

인仁은 조화造化(대자연)가 만물을 끊임없이 낳고 또 낳는 이치理이다.[391] 부모

390) (明)王守仁 : 《傳習錄》, 王曉昕譯注, 中華書局2017年版, 第23頁.[원문 : 知是心之本體, 心自然會知. 見父自然知孝, 見兄自然知弟, 見孺子入井自然知惻隱, 此便是良知, 不假外求. 若知良知之發, 更無私意障礙, 即所謂'充其惻隱之心, 而仁不可勝用矣.]

391) (明)王守仁 : 《傳習錄》, 王曉昕譯注, 中華書局2017年版, 第98頁.[원문 : 仁是造化生生不息之理.]

형제의 사랑이 바로 인간의 마음에서 낳는 뜻生意이 발단發端하는 곳이다. 마치 나무가 싹이 트는 것처럼 말이다. 이로부터 백성을 사랑하고, 만물을 사랑하게 된다. 마치 나무가 줄기를 만들고 가지를 뻗고 잎사귀를 생성하는 것처럼 말이다. 묵씨墨氏가 말하는 '겸애兼愛', '무차등無差等'은 사실 자기네 아버지와 형제들을 길가는 나그네와 똑같이 취급하는 것인데, 결국 스스로 발단하는 곳을 없애버린 것이겠다. …… 이는 끊임없이 낳고 또 낳는 도道가 아니다. 그렇다면 어찌 인仁이라 할 수 있겠는가?"

이는 분명히 『논어論語』에서 말하는 "효제孝悌가 인仁의 근본이다孝悌爲仁之本."라는 논설과 맹자가 말하는 "친족을 가까이하고 나서야 백성들에게 인의를 베풀 수 있고, 백성들에게 인의를 베풀고 나서야 세상만물을 사랑할 수 있다親親而仁民 仁民而愛物."라는 논설을 전승傳承한 것이다. 묵자의 겸애兼愛 설과 비교할 때, 이는 더욱 인정人情과 사리事理에 부합된다고 하겠다. 풍우란은 이렇게 말한다.

『대학문大學問』은 한편의 완전한 철학 저작이다.[392] 『대학문大學問』과 주희의 『격물보전格物補傳』은 심학心學과 이학理學이라는 이 두 학파의 대표작이다. 두 학파의 목표는 모두 인간이 온전한 인간으로 되게 만들려는 것이었다. 그러나 두 학파는 각자 자신들이 착수하는 곳이 따로 있었다. 심학에서 착수하는 곳은 '치양지致良知'였고, 이학에서 착수하는 곳은 '즉물궁리即物窮理'였다. 『격물보전格物補傳』은 '궁물리'에서 '궁인리窮人理'로 넘어갔는데, 그리하여 두 그루터기가 있는 것처럼 보인다. 심학에서는 오로지 '궁인리'만 했는데, 그리하여 간단하고 명쾌하게 보인다.[393]

양명은 '끊임없이 낳고 또 낳는' 법도를 가지고 인仁을 논했는데, 이는 그가 생명을 존중하고 있었음을 말해주는 것이겠다. 교육에 활용할 때는 생명의 성장에 대한 보호와 생명 주체의 발육을 강조하고 있었다. 그는 특히 아동교육을

392) 馮友蘭 :《中國哲學史新編》下卷, 人民出版社1999年版, 第201頁.
393) 馮友蘭 :《中國哲學史新編》下卷, 人民出版社1999年版, 第202頁.

중요시했다. 그는 엄격히 단속만 하고 통제만 하는 '마치 죄수를 대하는 듯한' 각박한 훈육제도에 반대했고, 대신 생동하고 활발한 유도誘導 교육을 주장했다. 그는 이렇게 말한다.

> 대체로 어린 아이들의 정감은 깔깔거리며 떼 지어 놀러 다니기를 좋아하고, 단속 당하는 것을 두려워하고 싫어한다. 이는 풀과 나무가 싹을 트기 시작할 때, 쾌적하게 해주면 견실하게 자라고, 반대로 자주 꺾거나 휘어놓으면 시들어 죽게 되는 것과 마찬가지이다. 오늘날, 아이들을 가르치는 데는 반드시 그들의 정감을 북돋우어 주어야 하고, 마음속으로부터 즐겁고 쾌적하게 해주어야 한다. 이렇게 하면 그들의 발전은 막을 수 없이 된다. 비유컨대, 적시에 내리는 봄비가 꽃나무를 차분히 적셔주면, 싹이 트고 꽃이 피고, 날로 자라고 여물어가는 것과 마찬가지이다. 만약 얼음이 얼고 서리가 내려 이파리들을 떨어뜨린다면, 꽃나무는 생명의 활기를 잃게 되고, 시들어 죽고 말 것이다.[394]

양명의 주장은 즉, 그들의 성정性情의 발달에 맞추어 계발해주고, 내버려두지도 말고 강박하지도 말아야 한다는 것이다. 이것이 즉 아동들의 심신발달 법칙에 부합되는 교육이겠다. 또한 오늘날에도 여전히 적용되는 진리眞諦라고 하겠다. 양명은 또 학생들을 가르칠 때 그들이 무턱대고 따르도록 요구하지 말아야 한다고 한다. 반대로 반드시 그들의 독립적 사고능력을 키워주어야 한다는 것이다.

> 무릇 배움은 마음에서 얻는 것이 중요하다.[395] 군자君子가 배움을 논한 것을 살펴보면, 그 핵심이 마음에서 얻는 것에 있었다. 뭇사람들이 모두 옳다고 여기는 것을 만약 마음에서 구해서 훤히 알지 못한다면, 감히 옳다고 여기지 않는다고

394) (明)王守仁 :《傳習錄》, 王曉昕譯注, 中華書局2017年版, 第305頁.[원문 : 大抵童子之情, 樂嬉遊而憚拘檢, 如草木之始萌芽, 舒暢之則條達, 摧撓之則衰萎. 今教童子, 必使其趨向鼓舞, 中心喜悅, 則其進自不能已. 譬之時雨春風, 沾被卉木, 莫不萌動發越, 自然日長月化. 若冰霜剝落, 則生意蕭索, 日就枯槁矣.]

395) (明)王守仁 :《傳習錄》, 王曉昕譯注, 中華書局2017年版, 第266頁.[원문 : 夫學, 貴得之心.]

한다. 뭇사람들이 모두 그르다고 여기는 것을 만약 마음에서 구해서 이치에 들어맞다면, 감히 그르다고 여기지 않는다고 한다.

가르침을 통하여, 배우는 자들이 용감하게 진리를 추구하고 진리를 수호하도록 격려해주고, 그들이 의존적이지 아니 한, 독립적인 진짜 학자로 성장하게 해주어야 한다는 것이다. 이로 보면 가르침은 반드시 학습자의 수준에 맞추어 행해야 하고, 주로 계발을 주는 방식으로 행해야 하겠다. 획일적이고 가지런하게 가르쳐서는 아니 되고 더욱 강박적으로 스승의 말을 따를 것을 요구해서는 아니 되겠다. 양명은 공자의 가르침 방식을 크게 찬양한다. "성인이 가르침을 행하는 데는, 모든 사람을 묶어서 똑같은 모습으로 만들어내는 것이 아니었다. 광자狂者라면 광분하는 그 점에서 그가 성취하게 해주고, 견자狷者(뜻은 높지 않으나 규범을 잘 지키는 사람)라면 견개(狷介, 정직하고 도고함)한 그 점에서 그가 성취하도록 해주었을 따름이다. 사람의 재능과 기질이 어떻게 똑같을 수 있겠는가?"396)

(5) 양명심학陽明心學과 불노佛老

중국 유·불·도 삼교의 합류를 놓고 말할 때, 송, 명 이전에는 불가와 도가가 유가 덕德문화에 접근하는 경향이 좀 많았다. 구체적으로 말하자면, 불가는 사회적 차원에서는 유가에 접근하고 있었고, 철학적 차원에서는 노장 도가의 용어를 대량으로 활용하여 선禪의 지혜를 표현하고 있었다. 도가와 도교도 유가 도덕을 고도로 인정하고 있었고, 한편 철학적 차원에서는 불교를 융회融會하는 방향으로 나아가고 있었다. 송나라 때부터 명나라 때까지, 유가는 그 전에 자고자대하고 보수적이고 수동적이던 국면에서 벗어나 더욱 대담하게 주동적으로 불노佛老의 지혜를 섭취했고, 이론적으로 개척과 창조를 이어왔었다. 말하자면, 정주이학程朱理學은 불교 화엄종華嚴宗의 '사법계四法界'설과 '일다원융一多圓融'

---

396) (明)王守仁:《傳習錄》, 王曉昕譯注, 中華書局2017年版, 第361頁.[원문: 聖人教人, 不是個束縛他通做一般, 只如狂者便從狂處成就他, 狷者便從狷處成就他. 人之才氣如何同得.]

설을 많이 흡수했고, 육왕심학陸王心學은 불교 선종禪宗의 '명심견성明心見性'설과 '돈오頓悟'설을 많이 흡수했다. 한편, 이학이나 심학이나 모두 노자의 '대도大道'론과 장자의 '물아합일物我合一'설을 심층적으로 받아들였다. 하지만 표현에 있어서는, 어떤 이들은 숨김없이 솔직하게 말하고 있었고, 어떤 이들은 겉으로는 배척하면서 속으로 섭취하고 있었다.

양명심학陽明心學은 불교를 가까이 하고 있었고 특히 선종에서 많이 받아들였다. 당연히 노자학설에서도 많이 받아들였다.

첫째, "마음이 곧 이치이다心卽理", '마음 바깥에는 현상事이 없고, 마음 바깥에는 이치가 없다心外無事 心外無理'는 주장은 화엄종華嚴宗에서 말하는 "온갖 법이 마음의 자성인 줄 알면, '부처님의 지혜'를 성취하게 되니, 이는 다른 사람의 도움으로 깨닫는 것이 아니다."397)라는 논설 및 선종에서 말하는 "세상 사람들의 성품은 본래 청정하거늘, 온갖 법이 자성自性에서 나온다."라는 논설과 일치하다고 하겠다. "만법유심萬法唯心'은 불교의 기본 교의敎義의 하나이다. 구나발타라求那跋陀羅, Gun.abhadra의 『능가사자기楞伽師資記』에서는 분명히 이렇게 말한다. "이치理가 곧 마음心이다. 마음이 능히 평등하면 이를 이치理라 이름하고, 이치理가 비추어서 능히 밝으면 이를 마음心이라 이름 하고, 마음心과 이치理가 평등하면 이를 불심佛心이라 이름 한다."398) 양명도 자신이 말하는 "심즉리心卽理'는 "불가에서 말하는 심인心印과 비슷하다."399)라고 했다.

둘째, "한 생각이 발동하는 곳이 곧 행行(즉 실천)이다一念發動處便卽是行."와 선종禪宗에서 말하는 "이는 모름지기 마음으로 행할 것이지, 입으로 외우는 데 있지 않느니라此須心行 不在口念.'는 것과 "한 생각一念으로 수행하면, 자신이 곧 부처이니라一念修行 自身是佛'라는 것과 일치하다고 하겠다. 선종에서는 인간 마음의 염두念頭(생각의 실마리)의 발동發動을 지극히 중요시한다. "앞생각에 미혹

---

397) 《大方廣佛華嚴經》卷第十七, 《大正藏》第10冊, 第88頁.[원문 : 知一切法, 即心自性, 成就慧身, 不由他悟.]

398) 《楞伽師資記》, 《大正藏》第85冊, 第1284頁.[원문 : 理即是心. 心能平等, 名之曰理, 理照能明, 名之曰心, 心理平等, 名之爲佛心.]

399) (明)王守仁 : 《傳習錄》, 王曉昕譯注, 中華書局2017年版, 第324頁.[원문 : 如佛家說心印相似.]

하면 곧 범부요, 뒷생각이 깨달으면 곧 부처이다."

셋째, "선善도 없고 악惡도 없는 것이 마음의 체體(본바탕)이다."라는 것과 선종에서 말하는 "불성은 선善하지도 않고 불선不善하지도 않다.", "옳음是도 없고 그름非도 없고, 선善도 없고 악惡도 없다."라는 것은 모두 절대적 초월의 심경心境을 지향하고 있다. 고헌성顧憲成은 이렇게 말한다. "불학 삼장십이부오천사백팔십권三藏十二部五千四百八十卷은 한마디로 말하자면, '선善도 없고 악惡도 없다'라고 할 수 있겠다. 『칠불게七佛偈』를 보면, 훤히 알 수 있다."

양명의 '사구교四句教'에서 첫마디는 사실 노장 도가의 철학적 사유와도 밀접한 관련이 있다. 노자는 선善과 악惡, 미美와 추醜는 상대적으로 세워진다고 했다. 하지만 이는 이상적 상태는 아니고, 최고의 이상은 상대적인 것들을 초월하여, 자연에 순응하고 애초의 순박한 본연의 모습으로 돌아가는返璞歸眞, 도道가 있는 세상에 이르는 것이라고 했다. 노자는 이렇게 말한다. "천지는 어질지 아니 하니, 만물을 풀 강아지(제사 때 쓰고 버리는 풀로 만든 강아지)처럼 여긴다. 성인은 어질지 아니 하니, 백성을 풀 강아지처럼 여긴다."[400] 천지天地와 성인이 '어질지 않음不仁'이 곧 일반적인 인仁을 초월하여 지인至仁의 경지에 이른 것이다. 장자도 이렇게 말한다. "대도大道는 겨루지 않고, 큰 변론은 말로 하지 않으며, 큰 인仁은 어진 척하지 않는다."[401] 양명도 선善이 없고 악惡이 없는 것이 지선至善이라고 했다. 그러나 이는 인仁과 선善을 부정하는 것은 아니고, 오히려 최고의 인仁과 선善을 추구하는 것이겠다.

넷째, 양명은 여러 논설에서 심학心學과 불노佛老의 관계를 논했는데, 불로를 비난한 적도 있고, 불로를 긍정해준 적도 있다. 말하기를, 불佛, 노老, 양楊, 묵墨의 학설은 "성인의 도道와는 다르지만, 그래도 자득自得(스스로 깨달아 앎)할 것이 있는 것 같다."고 했다. 그는 일부 유자儒者들이 다만 유가와 불교의 다른 점만

400) 陳鼓應 : 《老子注譯及評介》, 中華書局1984年版, 第78頁.[원문 : 天地不仁, 以萬物爲芻狗. 聖人不仁, 以百姓爲芻狗.]

401) 陳鼓應 : 《莊子今注今譯》上冊, 商務印書館2007年版, 第91頁.[원문 : 大道不稱 大辯不言 大仁不仁.]

논하고, 감히 불학을 인용하려 하지 못하는 것에 찬성하지 않았다. 이렇게 말한다. "석씨釋氏네 학설에도 우리 유가와 같은 것들이 있는데, 그렇다고 해서 우리의 것과 다른 것이라는 점에는 해害가 안 된다. 다만 아주 미세한 것일 따름인데, 구태여 그 공통점을 꺼려 감히 논하지 못할 필요까지 있겠는가. 양자의 다른 점에만 사로잡혀, 그것(공통점)을 살피지 않을 필요까지 있겠는가." 양명은 젊어서 불노佛老에 뜻을 두었다. 단, 후에는 뜻을 바꾸어 주돈이와 정씨程顥, 程頤의 도학을 탐구했다. 그리하여 불로에 대해 잘 알고 있었던 것이다. 그는 이렇게 말한다. "대저 불씨佛氏와 노씨老氏의 학설은 그 현묘함妙이 성인의 것과 다만 미세한 차이毫厘가 있을 따름이다."402) 양명은 가르침을 행할 때, 늘 선가禪家의 언어를 사용하고, 선사禪師들의 이야기를 인용하고, 선종禪宗의 공안公案과 화두話頭 기법을 모방하여 제자들에게 계시를 주었다. 이런 가르침 방식은 체오體悟를 강조하고 격물을 거부하는 심학心學에 있어서는 아주 당연하고 합리한 것이었다. 그는 시 『시제생示諸生』에서 이렇게 말한다. "그대 몸이 각각 하늘로부터 진리를 품부 받았으니, 다른 사람에게 구할 필요도 묻을 필요도 없겠소. 다만 그대 마음에 있는 양지良知를 붙잡아서 덕업德業을 완성하면 되거늘, 쓸데없이 낡은 종이(經典을 말함)에서 구하느라 정신만 허비하는구려. 건곤乾坤이 역易임은 확실하나 본래는 획畫이 아니거늘, 심성心性에 어찌 모양이 있어 먼지가 쌓이겠소? 선생이 선어禪語를 따라 한다 말하지 마시오. 이 말은 단적으로 그대를 위해 늘어놓는 것이요." 또 『영양지사수시제생詠良知四首示諸生』권4에서는 이렇게 말한다. "소리도 없이 냄새도 없이 홀로 때를 아니, 이야말로 천지만물의 기초로다. 제 집의 무진장 보화를 버려두고, 남의 집 문전에서 밥그릇 들고 거지노릇 하는구려." 뒤의 두 마디는 『전등록傳燈錄』에서 나오는 말인데, 후세에 끼친 영향이 상당히 컸다.

다섯째, 양명은 불교를 받아들이는 동시에 또 늘 불교와 심학의 차이를 논했다. 이렇게 유가의 본심을 드러냈던 것이다. "어떤 이가 물었다. '석씨도 마음을

402) (明)王守仁:《傳習錄》, 王曉昕譯注, 中華書局2017年版, 第139頁.[원문: 大抵二氏之學, 其妙與聖人只有毫釐之間.]

기르는 것養心에 힘쓰는데, 하지만 그것을 가지고는 천하를 다스릴 수 없습니다. 무엇 때문인지요?' 선생이 답했다. '우리 유가에서 마음을 기르는養心 데는 사물을 여읜 적이 없고, 다만 자연스럽게 하늘의 법칙天則을 따르기만 하오. 즉 이런 공부工夫만 하오. 석씨는 온갖 사물을 완전히 단절하려 하고, 마음을 환상幻相으로 간주하고, 점차 허적虛寂함에 빠져 들어가 버렸소. 인간세상과 그 어떤 관련交涉도 없는 것처럼 말이요. 그러니 어찌 천하를 다스릴 수 있겠소.'"[403] 양명은 더 나아가 불씨佛氏가 인륜人倫을 저버리는 것은 그 목적이 사심私心을 성취하려는 데 있다고 지적한다. "어떤 이가 또 물었다. '석씨는 인간 세상의 온갖 사사로운私 정욕情欲에 오염되지 않는데, 이는 사심이 없는 것으로 보입니다만, 그러나 바깥에서 인륜을 버리는 것은 이치에 맞지 않는 것 같습니다.' 선생이 말했다. '역시 똑같은 일일 따름이요. 모두 자기의 사적인 욕심을 성취하려는 것일 따름이요.'"[404] 선종에서는 "무념無念(생각이 없음)을 종宗으로 삼고, 무상無相(형상이 없음)을 본바탕體으로 삼고, 무주無住(집착이 없음)를 근본으로 삼는다." 그러나 양명은 선종에서 '형상에 집착하지 않는 것不着相'을 실제로 행하지 못했다고 비난한다. 한편, 자신은 참말로 '형상에 집착하지 아니하면서' 인륜人倫 관계를 대할 수 있다고 한다. 이렇게 말한다.

> 선생님께서는 전에 '불씨佛氏는 형상相에 집착하지 않는다고 말하지만 실제로는 형상에 집착하고 있다. 우리 유가 성인은 형상에 집착한다고 말하지만 사실은 형상에 집착하지 않고 있다.'고 말씀하셨습니다. 무슨 뜻인지요? 선생이 답했다. 불씨는 부자父子 간의 누累가 두려워 부자 관계를 피했고, 군신君臣 간의 누가 두려워 군신 관계를 피했고, 부부夫婦 간의 누가 두려워 부부 관계를 피했다. 이

403) (明)王守仁:《傳習錄》, 王曉昕譯注, 中華書局2017年版, 第371頁.[원문: 或問: '釋氏亦務養心, 然要之不可以治天下, 何也?'先生曰: '吾儒養心, 未嘗離卻事物, 只順其天則自然, 就是工夫. 釋氏卻要盡絶事物, 把心看作幻相, 漸入虛寂去了. 與世間若無些子交涉, 所以不可以治天下'.]

404) (明)王守仁:《傳習錄》, 王曉昕譯注, 中華書局2017年版, 第100頁.[원문: 又問: '釋氏於世間一切情欲之私都不染著, 似無私心. 但外棄人倫, 卻似未當理.' 曰: '亦只是一統事, 都只是成就他一個私己的心.]

모두 군신, 부자, 부부의 형상相에 집착한 것이고, 그래서 반드시 도피해야만 했다. 우리 유가 성인을 보라. 아버지와 아들이父子 있으면, 그들에게 인仁을 돌려주고, 임금과 신하君臣가 있으면 그들에게 의義를 돌려주고, 남편과 아내夫婦가 있으면 그들에게 구별別을 돌려주었다. 언제 부자, 군신, 부부의 형상相에 집착한 적이 있었냐?[405]

양명이 말하는 '형상에 집착하지 않는 것不着相'은 현실 도피逃避가 아니었다. 이는 인륜 관계에서 책임을 다하면서도 거기에 구애받지 않는 것이었다. 즉, 왕필이 우러러 숭상하던 '사물을 응하되 사물에 얽매이지 않는應物而無累於物' 성인의 모습이었다. 이는 확실히 속세를 피해 출가해서 산림에 거처하는 것보다 더 고명하다고 하겠다.

(6) 양명심학陽明心學의 역사적 지위와 공적

당대 사상사 학자 혜문보嵇文甫은 이렇게 지적한다.

왕양명은 송, 명 500년 도학사道學史에서 가장 빛났던 인물이다. 그가 이끌었던 학술운동은 일종의 도학道學 혁신 운동이었고, 다시 말하면 즉 일종의 주자학朱子學을 뒤집는 운동이었다.[406] 이번 혁신 운동은 백사白沙(陳獻章을 위수로 하는 白沙학파)에서 발단했고, 양명에 이르러 크게 이루어졌다. 우리는 양명의 학설 곳곳에서 도학의 진부한 틀을 깨트리고, 곳곳에서 일종의 활동의 자유정신을 표현해내고 있음을 찾아볼 수 있겠다. 그 당시 사상계에서 참말로 아주 거대한 해방의 역할을 다했다고 하겠다.[407]

405) (明)王守仁 :《傳習錄》, 王曉昕譯注, 中華書局2017年版, 第344頁.[원문 : 先生嘗言 : 佛氏不著相, 其實著了相. 吾儒著相, 其實不著相.'請問. 曰 : 佛怕父子累, 卻逃了父子. 怕君臣累, 卻逃了君臣. 怕夫婦累, 卻逃了夫婦. 都是爲個君臣, 父子, 夫婦著了相, 便須逃避. 如吾儒有個父子, 還他以仁. 有個君臣, 還他以義. 有個夫婦, 還他以別, 何嘗著父子, 君臣, 夫婦的相?]

406) 嵇文甫 :《晩明思想史論》, 北京出版社2016年版, 第3頁.

407) 嵇文甫 :《晩明思想史論》, 北京出版社2016年版, 第7頁.

그는

독단獨斷하고 있었고, 독행獨行하고 있었고, 자기주장만 펼치고 있었다. 성현聖賢이나 본보기나, 도리나 격식 같은 것들을 모두 눈에 넣지 않았다.[408] 양명은 사실 도학계道學界의 마틴 루터Martin Luther였다고 할 수도 있겠다. 그는 도학이 중흥中興하게 했고, 도학을 더욱 간결하고 명료하게 만들었다.[409] 그는 한편으로는 대대적으로 개혁을 진행하여 전통 사상의 권위를 타파하고, 새 시대의 도래를 위해 숙청 작업을 했다. 동시에 그는 또 수많은 천재적 계시를 제기했는데, 이렇게 새 시대의 도래를 위해 앞길을 열어 주었던 것이다.[410]

채원배蔡元培은 이렇게 평가한다.

양명은 지극히 예민한 천재天才를 가지고, 지극히 풍부한 경험을 가지고, 지극히 깊은 탐구를 거쳐, 박대한 데로부터 출발하여 간략함에 이르러, 본원本原을 직지直指 했다. 문장의 뜻에 구애 받고 경계를 구분 짓던 온갖 나쁜 습속을 배척하면서, 육씨의 마음心과 이치理가 일치하다는 의리義理를 더 발휘했고, 여기에 또 지행합일知行合一 설을 더 보탰다. 공자가 말하는 '내가 인仁하고자 하면, 인仁이 이를 것이다.'라는 것, 맹자가 말하는 '사람마다 요임금과 순임금이 될 수 있다.'라는 것은 양명의 학설을 통해 그 이치가 더욱 분명해졌다. 당연히 그가 옛 책의 문자에 의존하기도 하고 거스르기도 하면서, 천박한 학자들의 나쁜 습속을 지적한 것은 모두 논리가 정확했다고 말할 수는 없다. 하지만 그가 주의를 기울였던 것도 원래 이에 있지 않았다. 만약 그 본뜻本義을 찾아본다면, 그것은 주자학의 후학들의 폐단을 바로잡아주고, 사상적 자유를 추진하고, 한편 실천적 용사勇士들을 격려해주는 것이었다. 그 공功은 확연한 바, 가려져서는 아니 될 것이다.[411]

웅십력熊十力은 이렇게 말한다.

408) 嵇文甫 :《晚明思想史論》, 北京出版社2016年版, 第19頁.
409) 嵇文甫 :《晚明思想史論》, 北京出版社2016年版, 第19頁.
410) 嵇文甫 :《晚明思想史論》, 北京出版社2016年版, 第19頁.
411) 蔡元培 :《中國倫理學史》, 中國文史出版社2016年版, 第164頁.

명나라 때에 이르러 양명 선생이 '양지良知'라는 개념을 제기해서부터, 사람들은 줄곧 그 말 속의 무궁한 보물을 발굴하고 확충해나가게 되었다. 스스로 근본을 이루고, 스스로 믿고 스스로 긍정하고, 스스로 발전하고 스스로 개척하게 만들었는데, 사람들은 아주 소탈하고 자유로왔다. 이성理性의 대大해방 시기(이성은 즉 良知의 發用임)였다고 말할 수도 있겠다. 정주程朱가 미완성한 공功이 양명에 이르러 분명하게 나타나기 시작했던 것이다. 이것이 양명의 위대한 점이겠다.[412]

양명심학陽明心學이 당대 신유가에 끼친 영향도 아주 거대했다. 웅십력의 제자들, 예컨대 당군의唐君毅, 모종삼牟宗三, 서복관徐復觀 및 재전제자再傳弟子 두유명杜維明은 모두 양명심학을 가지고 공자와 맹자 학설을 부흥시켰고, 또한 이에 서학西學을 융화시켜 당대 유학의 새로운 형태를 구축했다.

8. 왕양명王陽明의 후학들과 태주학파泰州學派

왕양명은 명나라 중엽 이후, 시대의 조류를 이끌었던 사상 거두였다. 양명 이후, 심학心學은 수많은 학파를 형성했다. 예컨대, 서애徐愛, 전덕홍錢德洪, 왕기王畿, 황관黃綰을 대표자로 하는 절중학파浙中學派, 추수익鄒守益, 섭표聶豹, 나홍선羅洪先, 호직胡直을 대표자로 하는 강우학파江右學派, 황성증黃省曾, 주충周沖 등 사람들의 남중학파南中學派, 장신蔣信, 기원형冀元亨 등 사람들의 초중학파楚中學派, 목공휘穆孔暉, 장후각張后覺 등 사람들의 북방학파北方學派, 설간薛侃, 주탄周坦 등 사람들의 월민학파粵閩學派, 왕간王艮, 나여방羅汝芳, 안균顔鈞, 하심은何心隱 등 사람들의 태주학파泰州學派 등이 그것이다. 그 가운데, 절중浙中 학파와 태주泰州 학파는 또 각각 다섯 갈래로 나뉘었고, 강우江右 학파는 아홉 갈래로 나뉘었다. 심학은 사방으로 퍼져나갔고 또한 인재들이 수많이 출현했는데, 마치 수많은 배들이 앞 다투어 나아가듯이, 전례 없는 대성황을 이루고 있었다. 이 시기, 유학계에는 또 나흠순羅欽順, 왕정상王廷相, 오정한吳廷翰, 여곤呂坤, 고헌성顧憲成, 고판룡高攀龍, 유종주劉宗周, 황도주黃道周, 손기봉孫奇逢, 장박

412) 熊十力:《略談〈新論〉要旨(答牟宗三)》,《學原》1948年第2卷第1期.

張溥, 부산傅山 등 다수의 탁월한 대학자들이 있었다. 또 양신楊愼, 초횡焦竑, 진제陳第 등 다수의 고거考據 박학가博學家들이 있었고, 이시진李時珍, 서하객徐霞客, 주재육朱載堉, 서광계徐光啟, 송응성宋應星 등 다수의 의학자, 지리학자, 과학자들도 있었다. 또 고공高拱, 장거정張居正, 해서海瑞, 척계광戚繼光 등 다수의 실정實政 군사가軍事家들이 있었다. 또 서위徐渭, 탕현조湯顯祖, 원굉도袁宏道, 풍몽룡馮夢龍, 능몽초凌濛初 등 다수의 문학가, 예술가들이 있었는데, 참말로 전체 사상문화계, 문학예술계에서 백가百家가 흥성하고 학문의 꽃이 만발하는 대성황을 이루고 있었다고 하겠다. 이 시기 문화의 하나의 큰 특색은 양명심학이 문화예술계에 광범하게 침투하고, 심학철학이 문학과 예술의 영혼으로 되어진 점이겠다. 그리하여 서위徐渭의 '본색론本色論'이 출현하고, 공안파公安派 원씨袁氏 삼 형제의 '성령설性靈說'이 출현하고, 『서유기西遊記』, 『모란정牡丹亭』, 『금병매金瓶梅』, 『삼언三言』, 『이박二拍』 등 경전經典 장·단편 소설과 희곡戲曲이 출현하게 되었던 것이다. 이때는 상품경제의 전례 없는 번영에 수반하여, 더욱 심학心學이 이끌어가면서, 한 차례 중국식 문예부흥운동이 바야흐로 일어나고 있었다. 철학과 문예 분야뿐만 아니라, 사회 윤리, 민간 풍속도 몽롱한 중에 새 시대의 기상을 드러내고 있었다. 아래에 왕문王門 후학들에서 대표적 인물 및 그들의 학설을 간략히 소개한다.

1) 왕기王畿

왕기(1498-1583)의 자는 여중汝中이고, 호는 용계龍溪이다. 절강浙江 산음山陰 사람이다. 그의 학설에서는 선천先天과 정심正心을 독특하게 해석하고 있었는데, 그리하여 그의 학설을 '선천정심학先天正心學'이라고도 칭한다. 그는 선천과 후천後天을 가지고 정심과 성의誠意를 구별했다. 이렇게 말한다. '정심은 선천학이고, 성의는 후천학이다.'[413] 그 이유는 이러하다.

413) (明)王畿撰, 吳震編:《王畿集》卷十六, 鳳凰出版社2007年版, 第445頁.[원문: 正心, 先天之學也. 誠意, 後天之學也.]

마음心은 본래 지극히 선善한 데, 의意(생각)가 움직이면서 불선不善이 있게 된다. 만약 선천先天적 심체心體(마음의 본바탕)에 뿌리를 세울 수 있다면, 의意가 움직인다 해도 불선不善이 있을 수 없게 되고, 세상물정에 대한 온갖 욕구도 받아들일 수 없게 되고, 앎에 이르는 공부致知功夫도 자연적으로 간단하고 쉽고 힘을 덜 들이게 된다.[414] 만약 후천적 동의動意(변동하는 생각)에 뿌리를 세운다면, 세상물정에 대한 잡다한 욕구가 없을 수 없게 되는 바, 그 생각이 얽히고설켜 있어, 그것을 자르고 끊어버리느니, 앎에 이르는 공부致知功夫는 도리어 번거롭고 어렵다고 느끼게 된다.[415]

이는 왕기王畿가 양명陽明의 사구교四句教를 더 발휘한 것이겠다. 그는 양지의 심체良知心體(도덕성)가 선천적으로 충분히 갖추어져 있고, 그것은 지극히 청정淸淨하고 지극히 선善하고, 그것이 바로 성명性命의 근원이라고 한다. 한편, 그 심체에 뿌리를 세울 수 있으면, 그 자체가 곧 치양지致良知라고 한다. 즉, 본체가 곧 공부功夫(조예)라는 것이다. 그는 '양지良知를 가지고 양지에 이른다.'[416]는 명제를 제기했다. 왕기는 또 이렇게 말한다. "천고千古의 성인들의 학문聖學은 단 한 생각一念의 영명함靈明으로써 알아내야 하는데, 이것이야말로 성인의 경지에 들어가는 참된 경로이다."[417] 그는 배움學, 가르침教, 격물格物, 성의誠意, 정심正心을 모두 양지의 영명한靈明 본체本體(본바탕)를 알아내는 것에 귀결시켰었다. 이런 '쉽고 간단하고 직접적인' 공부功夫 방식은 양명심학陽明心學에서 모든 것을 본심에 귀결시키는 이념과 방식을 계승하고 발전시킨 것이겠다. 한편, 그는 심학에서 주체의 깨달음을 중요시하는 풍격을 더 명료한 방식으

414) (明)王畿撰, 吳震編 : 《王畿集》卷十六, 鳳凰出版社2007年版, 第10頁.[원문 : 心本至善, 動於意始有不善. 若能在先天心體上立根, 則意所動自無不善, 一切世情嗜欲自無所容, 致知功夫自然易簡省力.]

415) (明)王畿撰, 吳震編 : 《王畿集》卷一, 鳳凰出版社2007年版, 第10頁.[원문 : 若在後天動意上立根, 未免有世情嗜欲之雜, 才落牵纏, 便費斬截, 致知功夫轉覺繁難.]

416) (明)羅洪先撰, 徐儒宗編 : 《羅洪先集》卷六, 鳳凰出版社2007年版, 第185頁.[원문 : 以良知致良知.]

417) (明)王畿撰, 吳震編 : 《王畿集》卷十六, 鳳凰出版社2007年版, 第451頁.[원문 : 千古聖學, 只從一念靈明識取, 只此便是入聖眞脈路.]

로 표현해냈었다.

왕기의 학설은 양명이 노자와 석씨의 학설을 융화시키던 그 길을 따라 계속하여 더 멀리 나아갔다. 그는 불가와 도가의 '허적虛寂'의 개념을 빌려 심학이론을 더 승화시킬 수 있다고 솔직하게 토로했다. 그는 『삼교당기三教堂記』에서 이렇게 말한다.

> 삼교의 논설은 그 유래가 오래 되었다. 노씨老氏도 텅 빔虛을 논했고, 성인의 학설에서도 텅 빔을 논했다. 불씨佛氏도 고요함寂을 논했고, 성인의 학설에서도 고요함을 논했다. 그럼 누구의 말을 좇을 것인가? 속세의 유자들은 늘 근본을 따지지 않고 노씨老氏와 불씨佛氏를 이단異端으로 몰아붙이는데, 이 역시 통론通論이 못 된다고 하겠다.418)
>
> 사람은 천지의 중中(즉 理와 氣를 말함)을 품부 받고 태어났는바, 모두 항성恒性(변하지 않는 본성)을 가지고 있다. 천지는 처음에 어느 누구에게 유儒를, 어느 누구에게 도道를, 어느 누구에게 불佛을 갈라서 전수해주지도 않았다. 양지良知란 성품性의 영험함靈으로서 천지만물을 일체一體로 삼고 있고, 삼교의 중추樞(가장 중요한 부분)를 범위範圍(둘러싸고)하고 있다. 양지는 어떤 경전의 법도를 따르지도 않고, 사고와 행위와도 무관하다. 양지는 허실상생虛實相生하지만 무無가 아니고, 적감상승寂感相乘(고요함이 상호 감응하여 더해 줌)하지만 멸滅이 아니니다. 양지良知는 모든 백성들이 똑같은 호오(好惡의 정감)를 가지게 하고, 한편 인륜과 물리의 감응感應을 떠나지 않고 있는데, 이는 성인의 거룩한 공적聖功에서 밝혀졌겠다. 도가와 석가를 공부하는 자도 만약 본성性에 돌아오는 것復性을 종宗으로 삼고, 환망幻妄(허황하고 망령됨)에 빠지지 아니 하면, 곧 도가와 석가의 유자이겠다. 우리 유자들도 사사로운 욕심을 가지고 보잘 것 없는 잔꾀를 쓰고, 일반 사물에 두루 미치고 그 종宗(근본)을 밝히지 못한다면, 역시 유가의 이단異端이겠다. 터럭만한 차이의 변별이니, 그 기미機는 아주 미약하겠다. 우리 유가 학문에서 훤히 밝힌 것明을 이씨二氏(道家와 佛家)도 증득히기證 시작했다. 모름지기 그 정수를 얻어야 하는데, 하지만 이는 언어적 사고를 통하여 얻을 수 있고 잴 수 있는 것이

418) (明)王畿撰, 吳震編 :《王畿集》卷十六, 鳳凰出版社2007年版, 第486頁.[원문 : 三教之說, 其來尚矣. 老氏曰虛, 聖人之學亦曰虛. 佛氏曰寂, 聖人之學亦曰寂. 孰從而辨之? 世之儒者, 不揭其本, 類以二氏爲異端, 亦未爲通論也.]

아니겠다.[419)]

이 말은 아주 중요하다. 또한 아주 투철하고 객관적이다. 유·도·불 삼교는 길이 다르지만, 그러나 모두 인성의 회귀와 승화를 지향하고 있는데, 그리하여 상호 참조하고 학습할 수 있다는 것이다. 즉 유가에서 불노佛老로부터 '허실상생虛實相生', '적감상승寂感相乘'의 도道를 학습할 수 있을 뿐만 아니라 또한 "우리 유가 학문에서 훤히 밝힌 것明을 이씨二氏(道家와 佛家)도 증득하기證 시작했는데", 바꾸어 말하면 유학 학설도 역시 불가와 도가에서 가져다 활용할 수 있다는 것이다. 당연히 삼교는 피차 각자의 특색을 충분히 갖추고 있다고도 했다.

중국사상사에서 후기 발전과정은 객관적으로 확실히 이러했다. 사람들의 태도는 다만 이를 자각적으로 인지할 수 있었는지, 솔직하게 털어놓고 말할 수 있었는지에 차이가 있었을 따름이었다. 왕기王畿의 학설에서는 분명하게 선종禪宗을 내세우고 있었다. 그는 이렇게 주장한다.

> 성인과 광자狂者의 차이는 다른 것에 있는 것이 아니다. 다만 한 생각一念이 있고克 없는罔 그 사이에 있을 따름이다. 한 생각이 안정해지게 되면, 곧 집희緝熙(눈부시게 빛남)의 학문이겠다. 한 생각이란 무념無念을 말하는데, 즉 생각하면서 생각을 여의는 것이겠다. 그래서 군자君子의 학문은 무념을 종宗으로 삼는다.[420)]

또 이렇게 말한다.

---

419) (明)王畿撰, 吳震編 :《王畿集》卷十七, 鳳凰出版社2007年版, 第486頁.[원문 : 人受天地之中以生, 均有恆性, 初未嘗以某爲儒, 某爲老, 某爲佛而分授也. 良知者, 性之靈, 以天地萬物爲一體, 範圍三教之樞. 不徇典要, 不涉思爲. 虛實相生而非無也, 寂感相乘而非滅也. 與百姓同其好惡, 不離倫物感應, 而聖功證也. 學佛老者, 苟能以復性爲宗, 不淪於幻妄, 是即道釋之儒也. 爲吾儒者, 自私用智, 不能普物而明宗, 則亦儒之異端而已. 毫釐之辨, 其機甚微. 吾儒之學明, 二氏始有所證. 須得其髓, 非言思可得而測也.]

420) (明)王畿撰, 吳震編 :《王畿集》卷十五, 鳳凰出版社2007年版, 第440頁.[원문 : 聖狂之分無他, 只在一念克與罔之間而已, 一念以定, 便是緝熙之學. 一念者, 無念也, 即念而離念也. 故君子之學, 以無念爲宗.]

> 만약에 양지를 참말로 깨달았다면, 오로지 마음을 비우고 사물을 응하기만 하면 된다. 사람들이 각자 성정을 다하게 하되, 기회가 닥칠 때마다 강한 사람은 강하게 부드러운 사람은 부드럽게 성정을 발휘하게 하면 된다. 그렇게 되면 기술 좋은 백정이 잘 드는 칼 한 자루를 들고 커다란 소 한 마리를 해체할 때처럼, 조금도 망설이거나 고민하는 것을 섞어 넣지 않게 될 것이다. 비유하자면, 밝은 거울은 예쁘거나 추한 모습을 비추자마자 그대로 나타내는데, 이것이 바로 거울의 경영 능력과 수단인 것과 같겠다.[421]

왕기王畿는 선종禪宗의 화두話頭를 직접 사용하기도 했다. 그의 선리시禪理詩에서는 이렇게 말한다.

> 생각念에는 본디 생각念이 없거늘, 이발已發이 곧 미발未發이구려. 망념妄念(망령된 생각)은 여기서 잃어지거늘, 극념克念(깊은 생각)은 여기서 얻어지는구려. 이 생각念은 움직임動도 고요함靜도 없으니, 오가는 것은 마치 일월日月과도 같구려. 움직임動과 고요함靜도 억지로 이름 붙인 것이거늘, 건乾과 곤坤으로 짝 지워 놓을 수도 있겠다. 일월은 그 정화精를 모으고 있거늘, 그 모인 것을 나누고 가르면 곧 텅 비게 되니라. 머무를 곳도 갈 곳도 없거늘, 그것이 있으면 곧 현혹하게 되니라. 같은 생각 가진 이들에게 부탁하거늘, 절대로 분별을 만들지 말거라.[422]

보다시피 왕기王畿는 이미 선학禪學과 도가 학설을 깊이 융화시켜 들여왔었다. 한편, 유가의 처세處世의 입장과 태도는 잃지 않고 있었다.

왕기는 양명의 정신을 따라 배웠을 따름이고, 그의 논설은 따르지 않았다. 그는 마음으로 깨달을 것을 중요시하고 있었고, 한편 성현聖賢들의 말을 기준으로 삼을 필요가 없다고 했다. 여기서 그의 자유분방하고 호탕한 기상을 보아

421) (明)王畿撰, 吳震編 :《王畿集》卷十五, 鳳凰出版社2007年版, 第8頁.[원문 : 若是眞致良知, 只宜虛心應物, 使人人各得盡其情, 能剛能柔, 觸機而應, 迎刃而解, 更無些子摻入, 譬之明鏡當臺, 姸媸自辨, 方是經綸手段.]

422) (明)王畿撰, 吳震編 :《王畿集》卷十五, 鳳凰出版社2007年版, 第560頁.[원문 : 念中本無念, 已發即未發. 妄念斯爲失, 克念斯謂得. 此念無動靜, 往來同日月. 動靜亦強名, 乾坤偶對列. 日月凝其精, 匪凝將空裂. 無處亦無方, 有之即成惑. 寄語同心人, 切莫生分別.]

낼 수 있겠다. 그는 독립적 창조를 핵심과 중추樞要로 삼고 있었다. 이렇게 말한다. "천하의 공공의 학문公學은 스승先師이 개인적으로 가지고 있었던 것이 아니다."[423] 그의 포부는 이러했다. "평생에서 만약 천고千古의 참된 호걸이 되려고 한다면, 반드시 온갖 속박하는 것羅籠(소쿠리와 새장)들을 까부수고, 모든 낡은 틀窠臼을 까부수어야 할 것이다. 안팎으로 철저하게, 골수까지 철저하게, 더 없이 깨끗하게, 더 감춰진 것이 없게, 그에 부착하는 것도 없게 말이다. 그래야만 마음이 태연하고 안정하게 될 것이다."[424] 그리하여 주장하기를, "스승의 말에 대해서도 일반적으로 또 빗장關捩子을 한번 돌려보아야 하는데"[425], "이렇게 해야만, 대大세계를 향유하고 누릴 수 있고, 출세한 대大호걸로 될 수 있고, 한편 옹졸한 모습을 드러내지 않게 될 것이다."[426]라고 한다. 그리하여 그는 양명심학陽明心學에서 개성의 진지함에 이르고, 과감하게 새로운 길을 개척하던 정신을 크게 발전시킬 수 있었던 것이다. 또한 정통 유학을 비판하는 이견異見을 가진 용사勇士로 될 수 있었던 것이다. 이지李贄는 그를 이렇게 찬양했다. "성세聖世의 유종儒宗으로서 인간과 하늘을 바라보는 법안法眼을 가졌고, 백옥白玉처럼 티 없이 맑았고, 황금처럼 오래 단련되었다."[427] "마침내 양지良知의 밀장密藏(숨겨진 보물)을 훤히 일월日月처럼 밝혀 하늘 중천에 내걸었고, 삽시에 수사洙泗(공자의 학풍을 말함)의 연원淵源이 세차게 강하江河를 터치고 사해四海에 흘러들게 했다."[428] 용계龍溪(王畿)의 학설은 그 장점이 "날마다 새로워지는 것을

423) (明)王畿撰, 吳震編 : 《王畿集》卷八, 鳳凰出版社2007年版, 第178頁.[원문 : 天下之公學, 非先師所得而私也.]

424) (明)王畿撰, 吳震編 : 《王畿集》卷八, 鳳凰出版社2007年版, 第206頁.[원문 : 一生若要做個千古眞豪傑, 會須掀翻籮籠, 掃空窠臼, 徹內徹外, 徹骨徹髓, 潔潔淨淨, 無些復藏, 無些陪奉, 方有個宇泰收功之期.]

425) (明)王畿撰, 吳震編 : 《王畿集》卷八, 鳳凰出版社2007年版, 第207頁.[원문 : 先師之言, 一般還須轉個關捩子.]

426) (明)王畿撰, 吳震編 : 《王畿集》卷八, 鳳凰出版社2007年版, 第167頁.[원문 : 方是享用大世界, 出世大豪傑, 方不落小家相.]

427) (明)李贄 : 《焚書 續焚書》卷三, 中華書局1975年版, 第121頁.[원문 : 聖代儒宗, 人天法眼. 白玉無瑕, 黃金百煉.]

428) (明)李贄 : 《王龍溪先生告文》, 《焚書 續焚書》卷三, 中華書局1975年版, 第121頁.[원문 : 遂

성덕盛德이라 이른다."는 데 있었고, 이렇게 또한 유학이 낡은 틀을 고수하는 경직된 것이 아니 되게 만들었다. 그러나 또 지나치게 새롭고 독특한 견해를 추구하는 편파적인 면도 있었는 바, 결점이라면 늘 공리公理를 여의고 한없이 범람한 것이겠다. 이 또한 상도常道에 손상 주고 뭇사람들의 이익에 손해를 끼칠 수 있었다. 공자는 "중용中庸의 도道를 행하는 자를 찾아내어, 나의 도를 전해주지 못한다면, 차라리 광자狂者나 견자狷者와 더불어 할 것이다. 광자는 진취적이고, 견자는 행하지 않는 바가 있는 자이다."라고 하면서, 과격하고 진취적인 행위에 대해 적당히 긍정해 주었다. 그러나 또한 사람들에게 "지나침은 미치지 못한 것과 같다過猶不及."라고 일깨워 주었고, 바른 것正으로 비뚤은 것을 바로잡아주어야 하고, 비뚤은 것으로 비뚤은 것을 바로잡아줄 수는 없다고 했다. 하지만 역사는 늘 좌우로 흔들리면서 앞으로 나아가고 있었고, 중용中庸은 다만 이상적 목표일 따름이었다. 중용은 이르기에는 어려웠지만, 그러나 끊임없이 각종 편파적인 것들을 바로잡아주는 데에는 아주 유익했다.

2) 섭표聶豹와 나홍선羅洪先

섭표(1487-1563)의 자는 문울文蔚이고, 스스로 호를 쌍강雙江이라 지었다. 나홍선(1504-1564)의 자는 달부達夫이고, 호는 염암念庵이다. 두 사람은 강우江右 학파에서 정통 왕학王學을 이탈한 자로 잘 알려져 있었다. 섭표는 '양지는 본래 고요하다良知本寂.'는 명제를 제기했고, 나홍선은 '양지는 본래 조용하다良知本靜'는 명제를 제기했는데, 양자 모두 불가와 도가의 색채가 짙었다고 하겠다. 『명유학안明儒學案』에서는 섭표 학설의 창립과정과 이에 대한 동문들의 질의를 이렇게 기술하고 있다.

> 선생聶豹의 학설은 그가 옥중에서 오랫동안 한가롭게 지내면서, 지극히 조용한 가운데 홀연 이 마음此心의 진체眞體(참된 본바탕)가 지극히 맑고 밝고 깨끗하고

令良知密藏, 昭然揭日月而行中天. 頓令洙泗淵源, 沛乎決江河而達四海.]

또한 만물을 모두 갖추고 있음을 발견하고서 제기한 것이다. 그는 기뻐서 이렇게 말했다. "이것이 미발未發의 상태인 중中이로다. 이것을 지켜 잃지 않으면, 천하의 이치理는 모두 여기서 나온다." 옥에서 나와서는 학생들과 더불어 정좌법靜坐法을 세웠고, 그들이 고요함에 빠져歸寂 통감通感을 형성하고, 양지良知의 본체를 잡고서執體 그것을 활용應用하라고 했다. 그때, 동문들은 모두 양지를 공부하는 자들이었는데, 그들은 미발(정감의 미발)이 즉 이발已發 속에 들어 있다고 생각했다. 대개 발發한 적이 없는 것을 발發하기 때문에, 미발의 공功은 발發하는 데서 쓰이게用 되고, 선천先天(천부적)적 공은 훗날에 쓰이게用 된다고 이해하고 있었다. 그들이 선생聶豹의 학설에 대한 질의는 세 가지였다. 첫째, 선생은 말하기를, 도道(良知를 가리킴)는 잠시도 떠나면 아니된다고 했는데, 오늘 움직이는動 곳에서는 하늘 일功이 없다. 이는 그것을 떠난 것이겠다. 둘째, 도道(良知)는 움직임動이나 고요함靜을 분별하지 않는다고 했는데, 오늘날 공부功夫는 다만 고요함靜을 주로 하는 것에 있다. 이는 그것을 갈라놓은 것이겠다. 셋째, 마음心과 현상事은 합일이 되고, 마음은 현상事을 지각하는 과정에 항상 존재한다고 했는데, 오늘 유행流行에 감응하는 데는 힘이 닿지 못한다. 이는 마음이 현상을 이탈한 것이겠다. 이는 선종禪宗의 말과 비슷하다.[429]

유독 나염암羅念庵(羅洪先)의 생각만 그의 생각과 깊이 합치되고 있었다. 그는 이렇게 말했다. 쌍강雙江(聶豹)이 말한 것은 참말로 벽력같은 수단霹靂手段이었는데, 수많은 영웅들이 숨기고 있는 것들이 그의 한마디에 의해 분명히 드러났다. 마치 탄탄대로 같았는데, 더 의심할 바가 없었다.[430]

"선종禪宗의 말과 비슷하다."라는 비난에 대해서 섭표聶豹는 이렇게 회답했

429) (淸)黃宗羲:《明儒學案》卷十七, 沈芝盈點校, 中華書局1986年版, 第372-373頁.[원문: 先生之學, 獄中閑久靜極, 忽見此心眞體光明瑩徹, 萬物皆備. 乃喜曰: 此未發之中也守是不失, 天下之理, 皆從此出矣. 乃出, 與來學立靜坐法, 使之歸寂以通感, 執體以應用. 是時同門爲良知之學者, 以爲未發即在已發之中. 蓋發而未嘗發, 故未發之功, 卻在發上用. 先天之功, 卻在後天上用. 其疑先生之說者有三: 其一, 謂道不可須臾離也, 今日動處無功, 是離之也. 其一, 謂道無分別於動靜也, 今日功夫只是主靜, 是二之也. 其一, 謂心事合一, 心體事而無不在, 今日感應流行, 著不得力, 是脫落事爲, 類於禪語也.]

430) (淸)黃宗羲:《明儒學案》卷十七, 沈芝盈點校, 中華書局1986年版, 第373頁.[원문: 唯羅念庵深相契合, 謂雙江所言, 眞是霹靂手段, 許多英雄瞞昧, 被他一口道著, 如康莊大道, 更無可疑.]

다. "대저 선禪이 유儒와 다른 점이라면, 선禪에서는 인간세상의 번뇌를 느끼고서, 온갖 것을 단절하고 적멸한다寂滅. 오늘 내가 고요함에 빠져歸寂 이로 천하의 온갖 것에 감응하여 통하고, 허虛에 이르러 이로 천하의 유有를 세우고, 고요함을 주로 하면서主靜 이로 천하의 움직임을 대하는데, 선禪은 또 왜 꺼린단 말인가."[431] 즉 선과 무슨 상관이 있냐는 것이다. 이로 보면 섭표聶豹의 학설이 의거하고 있던 것은 『역전易傳』에서 말하는 "『역』은 생각思도 없고 하는 일爲도 없이 적연寂然하고 움직이지 아니 하는 것이로되, 사람의 덕德이 신명하면 스스로 『역易』의 신神에 감응하여 천하의 모든 연고故에 통하는 것이니, 천하의 지신至神(易의 神과 통하는 자를 말함)이 아니고서야 누가 여기에 잘 참여할 수 있겠는가?"라는 원리라고 하겠다. 그가 불로의 적정寂靜설을 활용한 것도 자신의 심학을 심화시키려는 목적에서 나온 것이었다. 이는 그가 회피할 수 없는 일이었다. 그러나 최종적으로는 천하의 유有에 통하고, 천하의 움직임에 감응하려고 했는데, 다시 말하면 인륜일용人倫日用에 적용하려고 했는데, 이로 보면 그는 항상 유가의 본색을 여의지 않고 있었다.

나홍선羅洪先의 학설은 망상을 제거하고 마음을 고요히 하는 것主靜을 특색으로 하고 있었다. 그는 우선 '정靜'과 '명明'과 '선善'을 연관시킨다.

> 대저 양지良知란 배우지도 않고 생각하지도 않고서 가지고 있는 자연적인 밝은 깨달음明覺을 말한다. 대체로 지극히 선한 것至善을 말하는 것이다.[432]
>
> 대개 사람이 태어나서는 조용하고靜, 불선不善함이 없다. 불선은 망령되게 행동하는妄動 데서 나온 것이다. 마음을 고요히 하여主靜 그것(조용함)을 되돌려오면, 도道(良知)는 여기서 응결되고, 흘러다니지 않는다.[433]

---

431) (淸)黃宗羲:《明儒學案》卷十七, 沈芝盈點校, 中華書局1986年版, 第376頁.[원문: 夫禪之異於儒者, 以感應爲塵煩, 一切斷除而寂滅之. 今乃歸寂以通天下之感, 致虛以立天下之有, 主靜以該天下之動, 又何嫌於禪哉.]

432) (淸)黃宗羲:《明儒學案》卷十八, 沈芝盈點校, 中華書局1986年版, 第415頁.[원문: 夫良知者, 言乎不學不慮, 自然之明覺, 蓋即至善之謂也.]

433) (淸)黃宗羲:《明儒學案》卷十八, 沈芝盈點校, 中華書局1986年版, 第415頁.[원문: 蓋人生而靜, 未有不善. 不善, 動之妄也. 主靜以復之, 道斯凝而不流矣.]

양지는 원래 고요하고 밝은데, 망동妄動으로 그것을 어지럽게 뒤섞어雜 몇 번 거듭 잃게 되면 되돌려오기 어렵다. 그리하여 반드시 거두어들이고 모아 보존하는收攝保聚 노력功이 있어야 하는데, 이를 양지가 충족하고 활달하게 오래 길러주는 곳으로 삼으면, 후일 정정안려定靜安慮(『大學』에서 나오는 말: 정해진 뒤에 능히 동요되지 않을 수 있으며, 동요되지 않은 뒤에 능히 안존할 수 있으며, 안존한 뒤에 능히 생각할 수 있으며, 생각한 뒤에 능히 얻을 수 있다.)는 여기서 나온다.434)

그렇다면 마음을 고요히 하는 것主靜은 어디로부터 착수해야 하는가? '계구戒懼(삼가 조심하고 두려워함)'로부터 시작해야 한다고 한다. "양지는 양심良心라고도 말할 수 있다. 주정主靜을 행하는 자가 이에 이르려면, 거두어들여收攝 모아야斂聚 하고, 계구戒懼로부터 정미精微함에 들어가야 하겠다."435) 그렇다면 정미함이란 또 무엇을 말하는 것인가? 그는 이렇게 말한다. "금년에 안팎을 모두 잊는다는 한마디를 체득했는데, 참말로 치양지致良知의 공功이라고 하겠다."436) 이는 사실 선가禪家의 조예功夫라고 하겠다. 나홍선은 『이단론異端論』에서 이렇게 말한다. "유자들은 석씨를 가리켜 늘 이단異端이라고 말한다. 그 연고故를 상고考해보았더니, 석씨가 윤리를 버렸기 때문이었다. 대저 임금이 임금답지 못하면, 그것은 큰일이겠다. 대저 성인이 천명天命을 좇아 나라 안의 백성들을 안정시키는 데는, 명교名教를 세워 재앙과 변란의 근원을 끊어버려야 했는데, 이에 만물의 이치를 분명히 밝히고 인륜 도덕을 잘 살피는 것보다 중요한 일이 없었다. 하지만 석씨釋氏는 그것을 내버리려고 했으니, 양자를 보면 각자 남과 북으로 내달리는 격이라고 하겠다."437) 그러나 이것은 다만 사람들이 "늘 거듭

434) (清)黃宗羲:《明儒學案》卷十八, 沈芝盈點校, 中華書局1986年版, 第415頁.[원문: 良知者, 靜而明也. 妄動以雜之, 幾始失而難復矣. 故必有收攝保聚之功, 以爲充達長養之地, 而後定靜安慮由此出.]

435) (明)羅洪先撰, 徐儒宗編:《羅洪先集》卷十一, 鳳凰出版社2007年版, 第474頁.[원문: 良知猶言良心, 主靜者求以致之, 收攝斂聚, 自戒懼入精微.]

436) (明)羅洪先撰, 徐儒宗編:《羅洪先集》卷十一, 鳳凰出版社2007年版, 第308頁.[원문: 今歲體會得內外兩忘一言, 眞是致良知之功.]

437) (明)羅洪先撰, 徐儒宗編:《羅洪先集》卷十一, 鳳凰出版社2007年版, 第27頁.[원문: 儒者指釋氏莫不曰: 異端, 異端. 及考其故, 而棄倫理遺之. 夫不君, 其大也. 夫聖人立中國生民之

하는 말일 따름이고, 그렇게 된 원인은 살피지 못한 것이다."[438] 나홍선이 보건대, 더 심층적인 원인은 불교에서 삶과 죽음生死의 곤경을 회피하려 하는데 있었다. 삶과 죽음은 원래 "산 사람이라면 반드시 있을 일이고, 성인은 이를 특별한 일로 보지 않았고 또한 생사의 문제에 얽매이지도 않았다. 그래서 세상과 더불어 호오好惡를 함께 할 수 있었던 것이다. 그러나 불교에서는 우선 이에서 벗어나려고만 했다."[439]는 것이다. 나홍선은 지적하기를, 유가와 불가의 근본 차이는 즉 유가에서는 '순리대로 살다가 편안하게 죽을 것生順死寧(張載의 말)'을 주장하고, 불가에서는 "삼세인과三世因果'를 주장하는데 있다고 한다. 한편, 불교에서 말하는 육도윤회六道輪回, 인과응보因果應報는 가장 민중들의 사랑을 받고 있는 신앙관념인데, 마침 이것이 유학에서 가장 결핍한 것이라고 한다. 나홍선의 학설은 사회 엘리트 계층의 학설이었다고 하겠다. 그는 대애大愛(큰 사랑)의 정신적 경지를 추구하고 있었다. 그는 장재의 『서명西銘』, 정호의 『식인편識仁篇』과 양명의 '만물일체론萬物一體論'을 종합하여 '인체仁體' 설을 제기했고, 이에 '극고명極高明'과 '도중용道中庸'을 일체一體로 융합시켰었다. 그는 이렇게 말한다. "천지만물을 체體(본바탕)로 삼을 수 있으면 내我가 크고, 천지만물에 얽매이지 않으면 내我가 귀貴하다. 대저 천지만물을 체體로 삼는 자는 만물과 더불어 체體를 함께 하게 되니, 근본本에 체體가 없이 된다. 체體가 없는 중中에 큰 쓰임大用(신령하게 모든 일에 대응함)이 유행하니流行, 일찍이 발한 적이 없는 것未發들을 발發하게 된다. 정좌靜坐하면서 편안하고 쾌적하고, 일을 잡고 있으면서 평안하고 근엄하고, 집에 거처하면서 부드럽고 온화한 것은 모두 이발已發(情을 發함)이라고 말하는데, 이를 체體로 삼아서는 아니 되겠다. 늘 고요하고寂 늘 텅 비어 있고虛, 자유롭게 구부리고 펼 수 있으니, 마음의 본바탕이 온전하고全體(비어 있으면서도 여러 원리를 갖추고 있고) 맑고 깨끗하구려."[440] 이렇게 정신적

命, 設名教以絶禍亂之源, 莫大於明物而察倫. 而釋氏顧遺棄之, 其相去不啻南北之背馳.]

438) (明)羅洪先撰, 徐儒宗編 :《羅洪先集》卷十一, 鳳凰出版社2007年版, 第28頁.[원문 : 習其常談, 未有察其所認然也.]

439) (明)羅洪先撰, 徐儒宗編 :《羅洪先集》卷十一, 鳳凰出版社2007年版, 第28頁.[원문 : 生人之所必有, 聖人不以爲病而不爲生死之所拘, 故能與世同好惡. 而爲佛之說者, 首欲脫之.]

으로 가장 큰 자유와 자주성을 획득하고, 행위에서 여유 있게 세운世運에 대처하고, 실제에 적용하면서도 그것에 얽매이지 않는 것, 이것이 바로 그의 내성외왕內聖外王의 인생의 이상理想이었다.

3) 태주학파泰州學派의 대학자들

태주학파는 명나라 사상사에서 한 떨기 기이한 꽃이었다고 하겠다. 명나라 중기와 말기는 중국 역사에서 근대적 기상氣象이 나타나던 변혁기였다. 따라서 태주학파는 전체 중국 사상사에서 한 떨기 기이한 꽃이었다고 말해도 되겠다. 대표학자들로는 왕간王艮(1483-1541), 왕벽王襞(1511-1587), 안균顔鈞(1504-1596), 하심은何心隱(1517-1579), 나여방羅汝芳(1515-1588), 초횡焦竑(1540-1619), 이지李贄(1527-1602) 등이 있었다.

(1) 왕간王艮

왕간의 자는 여지汝止이고, 호는 심재心齋이다. 태주泰州 사람이다. 중년에 들어 양명을 스승으로 모시고 학문을 닦았고, 또 독특한 태주학파도 개척해냈다. 그의 학설은 분명하게 평민의 풍격을 가지고 있었다. 즉 하나는 "백성들의 일용日用이 도道이다."라고 강조한 점이고, 다른 하나는 평민교육을 중요시한 점이겠다. 그는 또 성현聖賢의 도道를 하층 민중들의 일상생활에 적용시키려고 노력했다. 『연보年譜』에는 이렇게 기재되어 있다.

> 선생王艮은 '백성들의 일용日用이 도道이다'라고 말했다. 처음 들을 때 많은 사람들은 이 말을 믿지 않았다. 선생은 아이종僮僕을 가리키면서 설명하기를, 그가 오가고, 보고 듣고, 수행을 하고, 모든 일에 대처하는 동작에서 보다시피 그는

440) (明)羅洪先撰, 徐儒宗編 :《羅洪先集》卷十一, 鳳凰出版社2007年版, 第669頁.[원문 : 能以天地萬物爲體, 則我大. 不以天地萬物爲累, 則我貴. 夫以天地萬物爲體者, 與物爲體, 本無體也. 於無體之中而大用流行, 發而未嘗發也. 靜坐而清適, 執事而安肅, 處家而和婉, 皆謂之發, 而不可執以爲體. 常寂常虛, 可卷可舒, 全體廓如.]

의도적으로 행하지 않지만 모두 성현의 법도에 들어 맞다고 했다. 도는 지극히 허무한至無 가운데 존재하고有, 지극히 가까운데 있어 신령神스럽다는 것이었다.[441] 어리석은 백성들에게 가르쳐주어 알게 하고 행하게 할 수 있는 것이 바로 도이다.[442]

그는 애써 도道의 신비한 색채를 제거해 버리려고 했다. 이렇게 말한다. "성인의 도道란 백성들의 일용을 떠난, 다른 것이 아니다. 무릇 다른 것들은 모두 이단異端이라고 칭한다."[443] 그렇다면 이단은 불노佛老가 아니고, 오히려 백성들의 일용을 이탈한 비현실적인 공허한 말들이겠다. 백성들의 일용의 도道란, 우선 가장 기본적인 물질생활을 만족시켜 주는 것이다. 따라서 도덕 수준을 제고하는 일이 급하지 않겠다. 그는 이렇게 말한다. "당면한 일을 처리하는 것이 학문이고, 당면한 일을 처리하는 것이 도이다. 사람이 가난함에 빠져 있고, 추위와 굶주림에 시달린다면, 근본을 잃어 학문을 할 수도 없다. 부자孔夫子께서는 이렇게 말씀하셨다. '내 어찌 뒤웅박과 같아서 한 곳에 매달린 채 먹기를 구하지 않겠느냐?'"[444] 그는 맹자의 왕도인정王道仁政 사상을 계승하여, 『왕도론王道論』을 저술했다. 여기서는 '근본(농사일과 養蠶)에 힘쓰고 절약해서 사용하고', 농업생산을 크게 발전시키고, 상층 관료집단의 지출을 줄일 것을 주장하고 있었다. 이렇게 말한다. "오늘날 토지 제도가 정해지지 않아서 떠돌이 하는 자들이 아주 많다. 또 물건을 절제없이 사용하고, 풍속이 문란하고 사치하고 낭비가 많다. 이른바 한 사람이 농사 지어 열 사람이 먹고, 한 사람이 누에를 쳐

441) (明)王艮著, 陳祝生主編 : 《明儒王心齋先生遺集》卷三《年譜》, 《王心齋全集》, 江蘇敎育出版社2001年版, 第72頁.[원문 : 先生言百姓日用是道. 初聞多不信. 先生指僮僕之往來, 視聽, 持行, 泛應動作處, 不假安排, 俱是順帝之則, 至無而有, 至近而神.]

442) (明)王艮著, 陳祝生主編 : 《明儒王心齋先生遺集》卷三《年譜》, 《王心齋全集》, 江蘇敎育出版社2001年版, 第6頁.[원문 : 愚夫愚婦, 與知能行便是道.]

443) (明)王艮著, 陳祝生主編 : 《明儒王心齋先生遺集》卷三《年譜》, 《王心齋全集》, 江蘇敎育出版社2001年版, 第10頁.[원문 : 聖人之道無異於百姓日用. 凡有異者, 皆謂之異端.]

444) (明)王艮著, 陳祝生主編 : 《明儒王心齋先生遺集》卷三《年譜》, 《王心齋全集》, 江蘇敎育出版社2001年版, 第13頁.[원문 : 即事是學, 即事是道. 人有困於貧而凍餒其身者, 則亦失其本而非學也. 夫子曰 : '吾豈匏瓜也哉, 焉能系而不食?']

백 사람이 옷을 입는데, 이렇게 해서는 백성들이 기아와 추위에서 벗어나게 할 수 없다. 기아와 추위가 몸에 닥쳤는데, 그들이 나쁜 짓을 못하게 하려는 것은 안될 소리이겠다."445)

그는 그 이전의 정주이학程朱理學 및 육왕심학陸王心學의 주류 학파와는 달리, 군자가 성현으로 되는 도道를 탐구하는 데 힘쓰지 않았다. 반대로 그는 성인의 도道를 백성들의 일상생활에 실제적으로 적용하는 일을 우선시하고 있었고, '백성들을 안정시키는' 책임을 성실하게 짊어지고 있었다. 그는 도덕교화를 중요시하고 있었고, 폐단이 속출하는 과거제도를 개혁할 것을 주장하고 있었고, '덕행德行을 우선 하고 문예文藝를 뒤로 할 것'을 주장하고 있었다. 그 목적은 현명하고 유능한 인재를 발탁하고, 천하 사람들이 모두 착하게 살 것을 권장하려는 것이었다. 한편, 평민교육을 발전시키는 것은 공자의 '유교무류有敎無類(가르침에 차별을 두지 않는다.)' 사상을 실천하고, 사회문화의 발전을 전면적으로 추진하는 근본이라고 보고 있었다. 왕동王棟은 왕간의 평민 학설의 중요성을 평가할 때 이렇게 말했다.

> 예로부터 사士, 농農, 공工, 상商은 하는 일業은 달랐지만, 모두 이 학문을 공유하고 있었다. 공자의 문하에서도 마찬가지였다. 그의 제자 3,000명을 상고考해보더라도, 육예六藝를 통달한 자는 72명밖에 안되고, 나머지는 모두 무지하고 비천한 자들이었다. 진秦나라가 망하고 한나라 흥하면서, 옛사람들이 남겨준 경經을 기송記誦하던 자들만이 경사經師로 일떠서서, 가르침과 배움을 번갈아 가면서 이어 왔었는데, 그리하여 이 학문은 다만 경생經生(經을 탐구하던 자들)과 문사文士들의 일業(직업)로 되어졌고, 천고의 성인들이 원래 사람들과 공유하고 함께 밝히던 학문은 결국 사라져버리고 전해지지 못했던 것이다. 하늘이 나의 스승을 낳아 바닷가에 우뚝 서게 했는데, 그는 확연히 홀로 깨닫고, 곧바로 공자를 초월하여 사람들의 마음을 직지하고 있었다. 그다음, 속세의 어리석은 인간들, 한 글자도

445) (明)王艮著, 陳祝生主編 :《明儒王心齋先生遺集》卷三《年譜》,《王心齋全集》, 江蘇敎育出版社2001年版, 第64頁.[원문 : 今天下田制不定, 而遊民眾多. 制用無節而風俗奢靡. 所謂一人耕之, 十人從而食之. 一人蠶之, 百人從而衣之, 欲民之無饑寒不可得也. 饑寒徹身, 而欲民之不爲非, 亦不可得也.]

모르는 자들도 모두 자성自性이 자체로 신령神靈하고 자체로 온전하고 자족적임自足을 알게 되어, 듣고 보는 것聞見에 의지하지 않고 입과 귀를 성가시게 굴지 않고도, 2000년 전해지지 않았던 소식消息(학문을 말함)이 하루아침에 다시 훤히 밝아지게 되었다. 스승의 공功은 하늘처럼 높고 땅처럼 두텁다고 할 수 있으리라.446)

보다시피 평민교육은 귀족들의 문화적 독점을 타파하고 일반 백성들의 인문소양을 제고하는데 있어서 그 의의가 아주 중대했다.

왕간王艮의 학설은 또 두 가지 특색이 있었다. 하나는 개인적 존엄과 피차간 상호 존중을 모두 강조한 것이고, 다른 하나는 학문을 즐거움으로 삼은 것이다. 그는 '회남격물淮南格物'설에서 이렇게 말한다.

격格이란 격식格式에서의 격과 같은 말인데, 즉 혈구絜矩(곱자를 가지고 잰다는 뜻)를 이르는 말이겠다. 내 몸이 구矩(곱자)이고, 천하 국가는 방方(곱자로 재단 한 것)이니, 혈구絜矩해보게 되면, 곧 방方이 똑바르지 못한 것은 구矩(곱자)가 똑바르지 못함에서 말미암은 것임을 알 수 있다. 그러니 다만 자기한테서 똑바르지 못한 단점을 제거해버리면 되고, 그 단점을 방方에서 찾을 필요는 없겠다. 구矩가 똑바르면 방方이 똑바르게 된다.447)

격물格物하면 근본을 알게 되고, 근본을 세우면立本 자기 몸을 편안하게安身 할 수 있다. 자기 몸을 편안하게 하여 집을 다스리면 집이 정연하게 다스려지고, 자기 몸을 편안하게 하여 나라를 다스리면 나라가 안정하게 다스려지고, 자기

446) (明)王艮著, 陳祝生主編:《明儒王一庵先生遺集》卷一《語錄》,《王心齋全集》, 江蘇教育出版社2001年版, 第161頁.[원문: 自古士農工商, 業雖不同, 人人皆共此學. 孔門猶然. 考其弟子三千, 而身通六藝者才七十二, 其餘則皆無知鄙夫耳. 至秦滅漢興, 惟記誦古人遺經者, 起爲經師, 更相授受. 於是指此學獨爲經生文士之業, 而千古聖人原與人人共同共明之學, 遂泯滅而不傳矣. 天生我師, 崛起海濱, 慨然獨悟, 直超孔子, 直指人心. 然後愚夫俗子, 不識一字之人, 皆知自性自靈, 自完自足, 不假聞見, 不煩口耳, 而二千年不傳之消息, 一朝復明. 先師之功, 可謂天高而地厚矣.]

447) (明)王艮著, 陳祝生主編:《明儒王一庵先生遺集》卷一《語錄》,《王心齋全集》, 江蘇教育出版社2001年版, 第34頁.[원문: 格如格式之格, 即絜矩之謂. 吾身是個矩, 天下國家是個方, 絜矩則知方之不正由矩之不正也, 是以只去正矩, 卻不在方上求. 矩正則方正矣.]

몸을 편안하게 하여 천하를 다스리면 천하가 태평하게 다스려진다. 그래서 '자기를 닦아 남을 편안하게 해주고', '자기를 닦아 백성들을 편안하게 해준다.'고 말하는 것이다.[448]

'안신安身'이란 말은 『주역周易 · 계사하繫辭下』에서 처음 나왔다. "이치義를 정미롭게 하여 신의 경지에 들어가는 것은, 그로써 쓰임을 이루는 것이고精義入神以致用也, 쓰는 것을 이롭게 하여 몸을 편안하게 함은 그로써 덕을 높이는 것이다利用安身以崇德也."

후일, '입명立命'과 함께 사용했는데, 그 목적은 주로 사람들의 정신생명을 안정시키고, 사람들에게 심령心靈이 귀의歸依할 곳을 마련해주려는데 있었다. 그러나 왕간은 '안신'을 논함에 있어서 주로 개체 생명의 건강과 안전, 자애自愛와 존엄을 강조하고 있었다. 그는 몸과 마음의 두 방면을 모두 고려하고 있었는데, 이는 노자의 명철보신明哲保身 관념과 "내 몸을 천하처럼 귀하게 여기면 가히 천하를 맡길 수 있고, 내 몸을 천하처럼 아끼면 가히 천하를기탁할 수 있다貴以身爲天下 若可寄天下, 愛以身爲天下 若可托天下."는 사상에서 영향을 받은 것이겠다. 그는 대학의 도大學之道를 이렇게 해석한다.

선善에 머무르는 것은 몸을 편안하게 하는 것이고安身, 몸을 편안하게 하는 것은 천하를 세우는 대본大本이다. 근본을 다스려 끝머리가 다스려지게 하고, 자기를 올바르게 하여 사물이 올바르게 하는 것이 대인大人의 학문이다. 그러므로 몸이 천하 만물의 근본이 되고, 천지와 만물은 끝머리로 되겠다. 성인은 몸이 근본임을 알았기 때문에, 밝은 덕을 밝히고 백성들을 새롭게 만들었던 것이다. 몸이 편안하지 못하면 근본이 세워지지 않는다. 몸을 편안하게 할 줄 모른다면 밝은 덕을 밝히고 백성들을 새롭게 한다고 하더라도 천하 국가의 근본을 세울 수 없겠다. 그런 까닭에 천지를 주재主宰할 수도 없고, 조화造化를 중재할 수도 없겠다.[449]

448) (明)王艮著, 陳祝生主編 :《明儒王一庵先生遺集》卷一《語錄》,《王心齋全集》, 江蘇教育出版社2001年版, 第34頁.[원문 : 格物, 知本也. 立本, 安身也. 安身以安家而家齊, 安身以安國而國治, 安身以安天下而天下平也. 故曰 : '修己以安人', '修己以安百姓'".]

449) (明)王艮著, 陳祝生主編 :《明儒王心齋先生遺集》卷一《語錄》,《王心齋全集》, 江蘇教育出版社2001年版, 第33頁.[원문 : 止至善者, 安身也. 安身者, 立天下之大本也. 本治而末治,

그는 명철보신明哲保身을 이렇게 해석한다.

> 명철名哲이란 양지良知이다. 명철보신이란 양지와 양능良知良能이다. 이른바 생각을 거치지 않고도 알고, 배우지 않고도 능히 할 수 있는 능력이다. 또 사람마다 가지고 있고, 성인이 가지고 있는 것과 내가 가지고 있는 것 또한 똑같다. 보신할 줄 아는 자는 반드시 몸을 보물처럼 아낄 것이다.[450]

왕간王艮은 『대학大學』에서 덕을 세우는 것立德을 위주로 하는 수신위본론修身爲本論을 자아생명을 사랑하는 안신위본론安身爲本論으로 바꾸었고, 자기애自愛를 전례 없는 높은 차원에로 끌어올렸다. 이는 자아의식의 각성을 표현한 것이라고 하겠다. 그는 다른 사람을 사랑하여 자기를 희생하고, 찍하면 자기를 버리고 나라를 위하는 행위를 제창하지 않았다. "만약 남을 사랑할 줄만 알고 자신의 몸을 보호할 줄 모른다면, 기필코 병든 부모님을 위해 넙적 다리 살을 베어내어 공양하고, 몸과 생명을 다 바쳐 나라에 도의道義를 다하는 데에 이르게 되는데, 그렇게 되면 내 몸을 지킬 수 없게 된다."[451] "내 몸을 지킬 수 없다면 또 어떻게 천하와 나라를 지킬 수 있겠는가."[452] 왕간의 명철보신론의 취지는 남에게 손해를 끼치면서 자기의 이익을 챙기는 것을 제창하는데 있었던 것은 아니다. 반대로 다만 자신을 아끼고 사랑하는 중요성을 강조하려는 데 있었다. 그는 묵자의 겸애兼愛사상을 발휘하여 독립적 개체로서의 매 개인을 존중

正己而物正, 大人之學也. 是故身也者, 天下萬物之本也. 天地萬物, 末也. 知身之爲本, 是以明明德而親民也. 身未安, 本不立也. 不知安身, 則明明德, 親民卻不曾立得天下國家的本, 是故不能主宰天地, 斡旋造化.]

450) (明)王艮著, 陳祝生主編 :《明儒王心齋先生遺集》卷一《語錄》,《王心齋全集》, 江蘇教育出版社2001年版, 第29頁.[원문 : 明哲者, 良知也. 明哲保身者, 良知良能也, 所謂不慮而知, 不學而能者也, 人皆有之, 聖人與我同也. 知保身者, 則必愛身如寶.]

451) (明)王艮著, 陳祝生主編 :《明儒王心齋先生遺集》卷一《語錄》,《王心齋全集》, 江蘇教育出版社2001年版, 第29頁.[원문 : 若夫知愛人而不知保身, 必至於烹身割股, 舍生殺身, 則吾身不能保矣.]

452) (明)王艮著, 陳祝生主編 :《明儒王心齋先生遺集》卷一《語錄》,《王心齋全集》, 江蘇教育出版社2001年版, 第29頁.[원문 : 吾身不能保, 又何以保天下國家哉.]

하고, 서로 사랑하고 상호 존중하고, 평등하게 잘 지내는 그런 목표에 도달할 것을 제창했다. 그는 이렇게 주장했다. "나는 남이 나한테 억지로 무엇을 부가加하기를 원치 않는다." 또 "나도 남에게 억지로 무엇을 부가加하기를 원치 않는다." 자기를 사랑하는 것과 남을 사랑하는 것은 통일되는 것이다. "남을 사랑하는 자는 남도 항상 그를 사랑해준다."453) 만약 "남이 나를 사랑하지 않는다면, 특히 남이 어질지 않은 것이 아니고, 여기서 자기가 어질지 못함을 알 수 있겠다."454) 왕간王艮은 또 공자의 "배우고 때때로 그것을 익히면 또한 기쁘지 아니한가?"라는 말을 발휘하여, 대학大學의 도道를 배우는 일이 인생에서 가장 큰 즐거움이라고 한다. 그는 시 『낙학가樂學歌』를 지어 이렇게 말한다.

> 사람의 마음은 본래 즐거운 것이거늘, 절로 사욕私慾으로 묶어놓는구려. 사욕이 싹틀 때는 양지良知로 돌아가 자각自覺하라. 한 번 깨달으면 없어지니, 마음은 본래 그대로 즐거워진다. 즐거움은 이 배움을 즐거워하는 것이요, 배움은 이 즐거움을 배우는 것이라. 즐겁지 아니 하면 배움이 아니요, 배우지 아니 하면 이 즐거움이 없구려. 즐거운 후에 배우고, 배운 후에 즐거워하라. 즐거움이 배움이고 배움이 즐거움이구려. 오호! 천하의 즐거움이 어떤 것이 이 배움만 하랴. 천하의 배움이 어떤 것이 이 즐거움만 하랴!455)

『낙학가樂學歌』는 왕간이 양명의 "즐거움樂이 인간 마음의 본체本體(본바탕)이다."라는 이념에 의거하여 더 발휘해서 만든 것이다. 여기서 왕간은 유학이 사람들의 정신적 경지를 승화시키면서 가져다주는 심령心靈의 희열과 충실함을 부각시키고 있었고 또한 정감情과 이성理을 고도로 통일시키고 있었다. 동

453) (明)王艮著, 陳祝生主編 : 《明儒王心齋先生遺集》卷一《語錄》, 《王心齋全集》, 江蘇教育出版社2001年版, 第30頁.[원문 : 愛人者, 人恒愛之.]

454) (明)王艮著, 陳祝生主編 : 《明儒王心齋先生遺集》卷一《語錄》, 《王心齋全集》, 江蘇教育出版社2001年版, 第30頁.[원문 : 人不愛我, 非特人之不仁, 己之不仁可知矣.]

455) (明)王艮著, 陳祝生主編 : 《明儒王心齋先生遺集》卷二, 《王心齋全集》, 江蘇教育出版社2001年版, 第54頁.[원문 : 人心本自樂, 自將私欲縛. 私欲一萌時, 良知還自覺. 一覺便消除, 人心依舊樂. 樂是樂此學, 學是學此樂. 不樂不是學, 不學不是樂. 樂便然後學, 學便然後樂. 樂是學, 學是樂. 嗚呼! 天下之樂, 何如此學. 天下之學, 何如此樂.]

시에 또 왕간 학설의 간이簡易하고 평범한 평민적 성격을 보여주고 있었다. 그는 학문을 이해하기 어렵게 번잡하게 만들어 사람들이 보기만 해도 두려워하게 하는 그런 것에 찬성하지 않았다.

(2) 왕벽王襞

왕벽의 자는 종순宗順이고 호는 동애東厓이다. 그는 왕간王艮의 차남이다. 중년 후에는 학문만 가르치면서 살았다. 나여방羅汝芳의 초빙을 받고 안휘安徽 녕국寧國 수서서원水西書院에서 학문을 가르친 적이 있고, 이어서는 복건福建 건녕부建寧府, 강소江蘇 금릉金陵에서 학문을 가르쳤었다. 후일 경정향耿定向의 초빙을 받고 태주泰州 안정서원安定書院, 의징儀徵 낙의서원樂儀書院에서 학문을 가르쳤었다. 또 소주蘇州에서도 학문을 가르쳤었고, 그 후에는 주로 금릉에서 학문을 가르치면서 지냈다. 매번 그의 강연에는 선비와 평민들이 구름처럼 모여들었고, 그 당시 그는 중국 동남부에서 명성이 아주 높았다. 이지李贄가 바로 그의 문하생이다. 만년에는 주로 고향에서 학문을 가르쳤는데, 배우고자 하는 자는 누구나 차별 없이 가르쳐 주었다. 수강자들은 늘 강당을 꽉 채웠었는데, 위로는 조정朝廷의 관리官吏들로부터 아래로는 장인과 어부들까지, 무릇 배우고자 하는 자들은 누구나 그의 강론을 들을 수 있었다. 그는 그 당시 평민교육平民敎育을 추진하던 주력이었다. 역사에서는 이렇게 평가한다.

> 심재心齋(즉 王艮)는 소금장수로부터 우뚝 일어나, 뛰어난 깨달음으로 독자적 조예詣를 이루었고, 언어와 문자에 매달리는 습속을 깡그리 쓸어버렸다. 제자諸子들은 그 뒤를 이어 지칠 줄 모르고 부지런히 계승하여 나갔고, 날마다 새로움을 더했는데, 참말로 아주 흥성했다고 하겠다. 동애東厓(즉 王襞)가 남쪽에서 행하던 가르침을 상기해보면, 도회지 선비들도 그의 가르침을 받고 일떠선 이가 헤아릴 수 없이 많았는데, 모두 그의 늠름한 정신적 풍채豊采에서 배웠고, 어느 누구도 누구의 어떤 말에서 깨달았다고 말하지 않았다.[456]

456) (明)王艮著, 陳祝生主編:《明儒王心齋先生遺集》卷二,《王心齋全集》, 江蘇敎育出版社

왕벽王襞의 학설은 왕간王艮의 양지자족良知自足 설을 계승하고 있었고, 이에 선학禪學에서의 인륜일용人倫日用을 떠나지 않는 도道를 회통會通시켜 『중용中庸』에서의 "천성性을 따르는 것을 도道라 한다率性之謂道."라는 말을 더 깊이 있게 해석했다. 그는 이렇게 말한다.

> 성性에는 원래 모든 것이 갖추어져 있는 바, 본성性을 따르면 온갖 선善이 나오게 되는데, 이는 하늘의 명命이겠다. 천성天性의 명命을 따르는 것이 곧 도道이다.[457] 순임금이 부모님을 섬기던 일이나 공자의 처사가 곡당曲當(합당하다)한 것이나, 한결 같이 모두 자기 마음에서 나온 묘용妙用이다. 이는 '배고프면 밥 먹고, 졸리면 잠자는 것'과 똑같은 묘용이겠다.[458]

왕간, 왕벽 부자의 가르침을 받고, 평민학자로 명성이 높았던 자들로는 나무꾼 주서朱恕, 도공陶工 한정韓貞 등이 있었다. 주서는 땔나무를 해서 팔아 생계를 유지했고, 학문을 이룬 다음에도 본색을 잃지 않고 안빈낙도安貧樂道했고, 그냥 그런 생활방식을 영유하고 있었다. 의관衣冠(벼슬을 하는 자들을 가리킴)을 한 자들과도 많이 교류했지만, 그는 나무꾼이라는 신분 때문에 주눅이 들지 않았고, 항상 자기 존엄을 지키고 있었다. 한정은 질그릇을 만드는 장인이었고, 그는 주서朱恕를 스승으로 모시고 가르침을 받았었고 또 왕간을 스승으로 모시고 배우기도 했다. 그 후에는 고향에 돌아와 철부지 아이童蒙들을 가르치면서 지냈다. 의로운 일도 많이 했는데, 그리하여 10여 년 사이 그의 명성은 사방에 널리 전해 졌었다. 그는 도道를 밝혀 백성들을 교화하는 일을 자신의 소임으로

2001年版, 第205頁.[원문 : 心齋特起魚鹽之中, 超悟獨詣, 盡掃語言文字之習. 諸子繼其後, 亹亹勿替, 新新無已, 可謂盛矣. 嘗憶東厓南遊, 都人士陶鑄興起者不可縷數, 皆從精神丰采得之, 未嘗曰某從某語進也.]

457) (明)王艮著, 陳祝生主編 : 《明儒王心齋先生遺集》卷二, 《王心齋全集》, 江蘇教育出版社 2001年版, 第215頁.[원문 : 性本具足, 率性而衆善出焉, 天之命也. 率天性之命, 即是道.]

458) (明)王艮著, 陳祝生主編 : 《明儒王東厓先生遺集》卷一, 《王心齋全集》, 江蘇教育出版社 2001年版, 第217頁.[원문 : 舜之事親, 孔之曲當, 一皆出於自心之妙用耳, 與'饑來吃飯倦來眠'同一妙用也.]

삼았었고, 벼슬자리와 입신양명立身揚名은 마다했고, 누구로부터 재물을 증여받지도 않았다.

선생韓貞은 학문을 크게 이루고서, 의연히毅然 도道를 널리 펼치고 사람들을 교화하는 일을 자신의 소임으로 삼고 있었다. 장인이나 장수나, 품팔이꾼이나 몸종을 불문하고, 모두 그를 따라 학문을 배울 수 있었다. 그는 형편에 따라 소질에 맞추어 적절하게 가르쳐 주었는데, 가르침을 받고 선량하게 된 자가 수천 명이 넘었다.459)

(3) 안균顔鈞

안균의 자는 자화子和이고, 호는 산농山農이다. 강서江西 사람이다. 서월徐樾(王艮의 제자)의 추천으로 왕간을 스승으로 모시게 되었다. 사방四方을 돌아다니면서 학문을 가르쳤었고, 출중한 제자로는 나여방羅汝芳이 있다. 그의 학설은 『대학』, 『중용』에 의탁하여 일가를 이루었는데, 사람들은 그의 학설을 '대중인학大中仁學'이라 칭했다. 그는 자아의 인심仁心의 자주적인 묘용妙用을 강조했다. 이렇게 말한다.

사람마다 인仁을 더없이 좋아하고, 마음마다 막능莫能을 잡을 줄 알아, 이로 정신精神(元氣를 말함)을 이루게 되면, 시시각각 만물을 낳고 만들고 변화시키면서, 시작도 끝도 없이 순환하게 할 수 있다. 하늘天(공자성인을 말함)이 이러하다면, '마음이 하고 싶은 바를 따르면서도 법도를 넘어서지 않는다從心所欲不逾矩.'고 말하고, 범부가 이러하다면, 한 뭉개一團 활기로 한 무리 인간을 기른다고 말한다. 스스로 광대함에 이르고 고명함에 이르고, 스스로 정미함을 다하고 중용을 다하고, 스스로 즐거움을 지선至善에 머물게 하니, 옥영玉英이 빛나는구려. 정신의 막능莫能이 어찌 텅 빈 것이겠는가."460)

459) 劉元卿 :《劉元卿集》(下), 彭樹欣編校, 上海古籍出版社2014年版, 第964頁.[원문 : 先生學有得, 毅然以倡道化俗爲任, 無問工賈傭隸, 鹹從之遊, 隨機因質誘誨之, 化而善良者以千數.]

460)《中華大典》工作委員會,《中華大典》編纂委員會編纂 :《中華大典 · 哲學典 · 儒家分典 ·

이른바 '막능莫能'이란 맹자로부터 온 말이다. 그 의미는 정신이 영묘하여 헤아려볼 수 없음을 말하는 것이다. 그는 이를 또 '신막神莫'이라고도 칭했다. 그는 인간의 주체 정신의 잠재적 역량과 역할을 아주 중요시하고 있었다. 이렇게 말한다.

마음心의 정신을 성聖이라 이르고, 성聖으로 알 수 없는 것을 신神이라 이르며, 그렇게 된 연고를 모르거늘 그렇게 된 것을 막莫이라 이르는데, 이것이 즉 부자夫子가 50세에 천명을 알고 난 뒤에, 천운天運을 돕는 정신이 한 덩어리로 된 마음의 깨달음心印이라고 하겠다. 질농耋農(자신을 가리킴)도 역시 마음을 따르는 것을 성정性情으로 삼고 있고, 한편 이로써 신막神莫을 묵회默會(마음속으로 깨달음)하고 있다.[461]

그는 스스로 자신의 학설을 '중정의 도中正之道'라고 칭했다. 이렇게 말한다.

대저 이 중中이 큰大 삶生을 주도한다. 대저 이 큰 것大이 중中(마음)에서 인仁의 집으로 된다. 그런 까닭에 학문을 닦음은 만 가지 선善의 영묘함妙을 합해서翕 아름답게 만들고, 평범한 것庸을 밝게 드러내서晰 중정中正의 도道에 알맞게 해야 한다. 이 도道나 이 묘妙는 모두 인온絪縕에 뿌리 두고 있고, 그 정묘함의 변화는 하늘이 이루고 있는 바, 이를 명철明哲하게 파악해서, 자기를 닦고 집안을 가지런하게 하고, 나라를 다스리고 천하를 평정하는 일을 규제할 수 있겠다. 뭇사람보다 뛰어나 사람들을 놀라게 하는 것도 즐거움이 그 속에 있겠고, 또한 이렇게 교묘하게 덮고 싣고 잡고 둘러치면서 삼강三綱과 구경九經(『易』, 『書』, 『詩』, 『周禮』, 『儀禮』, 『禮記』, 『公羊傳』, 『穀梁傳』, 『左傳』)을 우뚝 세울 수도 있겠다. 이것이 바로 공자가 홀로 있으면서도 신중하게 중화中和를 지켜 지선至善에 머물고, 절차탁마切磋琢磨

六》, 雲南教育出版社2007年版, 第5664頁.[원문 : 人人好仁無尙, 心心知秉莫能, 以遂精神, 爲時時生生化化迴圈無終始也. 天是之謂'從心所欲不逾矩', 夫是之謂一團生氣育類人. 自致廣大高明, 自盡精微中庸, 自樂止乎至善, 玉英斐也. 精神莫能, 豈虛間哉.]

461) 《中華大典》工作委員會, 《中華大典》編纂委員會編纂 : 《中華大典 · 哲學典 · 儒家分典 · 六》, 雲南教育出版社2007年版, 第5664頁.[원문 : 心之精神是謂聖, 聖不可知之謂神, 不知其然而然之謂莫, 即夫子五十知天命以後翊運精神成片之心印. 耋農亦從心以爲性情, 而默會神莫.]

하여 아름다운 광채를 발하고, 행단杏壇(강단)에서 정중히 위엄을 보여주고 눈부시게 빛났던 점이다. 경초耕樵(자신을 가리킴)도 마음속으로 깊이 깨닫고 이해해서 반드시 이 일을 이룰 것을 맹세한다.[462]

그리하여 『대학』, 『중용』에서 미완성한 일들을 자세히 분석하고, 아울러 인도仁道로써 천운을 돕는 굳은 의지를 분명히 밝히고, 행단杏壇(공자의 강단)과 구우丘隅(자신이 가르치는 곳)에서 홀로 이르렀던 바를 표창表彰하는 것이다.[463]

이로 보면 안균顔鈞의 대중인학大中仁學에서는 인성人性과 인심仁心의 선善을 향해 나아감에 있어서의 자아 각성, 자아 운행, 자아 성취를 중요시하고 있었고 또 이를 확장하여 발휘할 것을 중요시하고 있었다. 이로써 지극히 신묘한 인생의 경지를 창조해내려고 했던 것이다. 한편, 그의 가치 추구는 여전히 수신修身, 제가齊家, 치국治國, 평천하平天下에 있었고, 유학으로써 백성들을 교화하여 미풍양속을 구축하려는 데 있었다. 안균의 유문遺文은 산실된 지 오래다. 그래서 논자들은 황종희黃宗羲의 『명유학안明儒學案 · 태주학안泰州學案』의 자료와 평론에 많이 의거하고 있었다. 근래에 와서 그의 고향에서 족각본族刻本(역대로 가족에서 인쇄한 책) 『안산농선생유집顔山農先生遺集』이 발견되었는데, 이를 황선민黃宣民(중국사회과학원 역사연구소 연구원, 이미 사망)이 교정을 보고 정리를 해서 『안균집顔鈞集』으로 만들어 정식으로 출판했다. 그제야 사람들은 그의 사상과 언행을 더 전면적으로 살펴볼 수 있게 되었다.

(4) 하심은何心隱

하심은의 본명은 양여원梁汝元이고, 자는 주건柱乾이고, 호는 부산夫山이다.

462) 《中華大典》工作委員會, 《中華大典》編纂委員會編纂 : 《中華大典 · 哲學典 · 儒家分典 · 六》, 雲南教育出版社2007年版, 第5390頁.[원문 : 夫是中也, 主乎大之生. 夫是大也, 家乎中之仁. 是故爲學以翕麗乎萬善之妙, 晰庸而適達乎中正之道. 是道是妙, 根乎氤氳, 化工天成, 知格明哲, 以律修齊治平. 出類拔萃, 震乎樂在其中, 巧力覆載持幬, 以峙三綱九經. 此尼夫獨愼中和, 以止至善, 聚斐切磋琢磨, 瑟僴喧赫於杏壇者也. 耕樵神會心領, 亦矢誓必有爲.]

463) 《中華大典》工作委員會, 《中華大典》編纂委員會編纂 : 《中華大典 · 哲學典 · 儒家分典 · 六》, 雲南教育出版社2007年版, 第5390頁.[원문 : 故晰剖《大學》, 《中庸》之緒功, 合晰仁道翊運之矢毅, 表彰杏壇邱隅之獨至.]

강서江西 사람이다. 일찍 안균을 스승으로 모시고, '심재王艮 학설의 근본 취지立本之旨'를 공부했고, 일생동안 유학游學을 업으로 삼았다. 정치와 관련된 일은 두 건 있었다. 하나는 실권을 잡은 재상權相 엄숭嚴嵩을 뒤엎는 일에 참여했다가 실패하고서, 화를 피해 떠돌이 생활을 했던 일이고, 다른 하나는 장거정張居正이 학술강론을 금지시키고 서원書院을 해체시키던 일에 반대하여, 그와 변론하고 학술적 자유를 수호한 일이다. 나중에 결국 엄숭의 도당들에 체포되어 살해당했다. 그의 유문遺文으로는 『찬동집爨桐集』이 있다. 또 이지李贄가 만든 『하심은론何心隱論』, 추원표鄒元標가 만든 『양부산전梁夫山傳』도 있다. 『명유학안明儒學案·태주학안泰州學案』에도 그와 관련되는 일부 내용이 기재되어 있다. 당대 학자 용조조容肇祖도 그와 관련되는 자료들을 수집·정리해서 『하심은집何心隱集』을 만들어 출판했다.

하심은의 학설에서 가장 개성이 있는 논설은 '무욕無欲'을 비판하고 '육욕育欲'을 주장한 논설이다. 그는 직설적으로 이학理學에서 주장하는 '존천리, 멸인욕存天理 滅人欲' 설을 질책했다. 『변무욕辯無欲』에서 그는 주돈이의 무욕無欲은 도가의 말이고, 이는 공자와 맹자가 말하는 과욕寡欲과는 다르다고 한다. 그는 이렇게 말한다.

> 욕慾은 다만 적게寡 해야 하고, 그래야 마음心을 보존하게 되는데, 한편 마음에 욕慾을 두지 않을 수는 없다. 물고기를 욕망하고 웅장熊掌을 욕망하는 것은 모두 욕欲이다. 물고기를 버리고 웅장熊掌을 취하는 것은 욕欲이 적을寡 따름이다. 삶을 욕망하고 의義를 욕망하는 것도 욕欲이다. 삶을 버리고 의義를 취하는 것도 욕欲이 적을寡 따름이다.[464]
>
> 인仁을 욕망하는 것도 욕欲이 아닌가? 인仁을 베풀고 무엇을 탐貪내지 않는 것은 과욕이 아니겠는가? 하고 싶은 대로 하는 것은 욕欲이 아니겠는가? 법도를 넘어서지 않으려는 것은 과욕이 아니겠는가?[465] 그렇다면 염계濂溪(周敦頤)의 무

464) (明)何心隱著, 容肇祖整理:《何心隱集》卷二, 中華書局1960年版, 第42頁.[원문: 欲惟寡則心存, 而心不能以無欲也. 欲魚欲熊掌, 欲也. 舍魚而取熊掌, 欲之寡也. 欲生欲義, 欲也. 舍生而取義, 欲之寡也.]

465) (明)何心隱著, 容肇祖整理:《何心隱集》卷二, 中華書局1960年版, 第42頁.[원문: 欲仁, 非

욕 또한 '무욕관묘無欲觀妙(노자가 말하는 욕심이 없어야 자연의 오묘한 이치를 알 수 있다는 말)'에서의 무욕이 아니겠는가?466)

『취화노노문聚和老老文』에서는 더 나아가 '육욕育欲(욕망을 길러줌)'이라는 개념을 제기한다.

무엇을 욕망하는 것을 욕欲이라고 이른다. 화색貨色(재물과 여색)을 욕망하는 것도 욕欲이요, 취화聚和(모여서 화목하게 지내려는 것)를 욕망하는 것도 욕欲이다. 가족들이 취화하지 못하면, 욕欲은 모두 분주해진다. 화색을 욕망하는 것은 아닐 것이고, 그렇다면 그들은 무엇을 욕망慾하고 있단 말인가? 가족들이 취화했어도 욕欲은 또 욕欲을 기른다育欲. 취화를 욕망하는 것은 아닐 것이고, 그렇다면 그들은 또 무엇을 욕망하고 있단 말인가?467)

옛날 공류公劉는 재물에 탐욕스러웠으나, 그 욕欲은 백성들과 똑같은 욕欲으로서 그는 이로써 선조들이 쌓은 공을 두터이 했고, 이에 욕欲을 길렀던 것이다. 태왕太王은 여색色에 탐욕스러웠으나, 그 욕欲 역시 백성들과 똑같은 욕欲으로서 그는 이로써 왕의 공적을 쌓는 토대를 다졌고, 이에 욕欲을 길렀던 것이다. 육욕의 목적이 이에 있었거늘, 더 무엇을 욕망했단 말인가? 중니仲尼는 천하에 밝은 덕德을 밝히려고 욕망했고 또 나라를 다스리고, 가정을 다스리고, 몸을 닦고, 마음을 바르게 하고, 뜻을 성실히 하고誠意, 사물의 이치를 탐구하여 앎에 이를 것格物致知을 욕망했다. 70세가 넘어서도 욕망하는 바를 따르되, 평천하平天下의 법도는 넘어서지 않으면서, 욕欲을 길렀었다育欲. 육욕의 목적이 이에 있었거늘, 더 무엇을 욕망했단 말인가? 여원汝元(자신을 가리킴) 또한 무엇을 더 욕망하겠는가? 오로지 욕欲이 서로 이끌어주고, 서로 보조해주고, 서로 이어주고, 서로 길러줄 것을 욕망하고, 사람들이 취화聚和하여 함께 화목하게 오래 살 것을 욕망할 따름이다. 더 무엇을 욕망한단 말인가?468)

欲乎? 得仁而不貪, 非寡欲乎? 從心所欲, 非欲乎? 欲不踰矩, 非寡欲乎?]

466) (明)何心隱著, 容肇祖整理:《何心隱集》卷二, 中華書局1960年版, 第42頁.[원문: 然則濂溪之無欲, 亦'無欲觀妙'之無欲乎?]

467) (明)何心隱著, 容肇祖整理:《何心隱集》卷二, 中華書局1960年版, 第72頁.[원문: 所欲者曰欲. 貨色, 欲也. 欲聚和, 欲也. 族未聚和, 欲皆逐逐. 雖不欲貨色, 奚欲哉? 族既聚和, 欲亦育欲. 雖不欲聚和, 奚欲哉?]

468) (明)何心隱著, 容肇祖整理:《何心隱集》卷三, 中華書局1960年版, 第72頁.[원문: 昔公劉雖

보다시피 하심은의 육욕설에서는 첫째, 욕欲을 물욕物慾과 신욕神欲(정신적 욕구)을 모두 아우르는 개념으로 이해하고 있었는데, 이렇게 그 차원을 한 층 높였고, 둘째, 개인의 욕구와 백성들의 욕구를 결합하고 있었고 또 인욕人欲의 합리한 발육을 주장하고 있었다. 인욕을 없애면서 천리天理를 보존할 수는 없다는 것이다. 그것은 인성에 위배되는 일이고 또한 행할 수도 없다는 것이다.

용조조容肇祖는 『하심은 및 그의 사상何心隱及其思想』에서 하심은을 아주 높이 평가한다.

> 태주泰州 학파는 왕수인 학파에서 가장 절실하고 가장 유위有爲하고 가장 격렬했던 한 개 학파였다. 하심은은 이 학파에서 후일 일떠선 학자로서 역시 가장 절실하고 가장 유위하고 가장 격렬했던 한 사람이다. 그는 지극히 자유롭고 지극히 평등한 견해를 가지고 있었고, 학술 강론으로 분주히 보냈고, 세상을 구제하려는 포부를 가지고 있었다. 한편 종족을 실험대상으로 삼았고, 집이 파산 당했어도 관계치 않고, 스승과 벗들을 목숨처럼 아끼고 있었는데, '그 행실이 협객俠客과도 유사했다.' 지방 관료의 원한을 사고, 그 당시 재상宰相의 원한을 사서 목숨을 잃게 되었지만 그는 개의치 않았다. 그는 죽음을 두려워하지 않았고, 결국 죽음으로써 명성을 크게 떨치게 되었다. 그의 사상은 절실했고, 그의 영향은 오래도록 지속되었다. 그가 보건대, 욕심은 적게 할 수는 있지만 없앨 수는 없고, 선택할 수는 있지만 멸滅할 수는 없었다. 그는 학문을 가르침에 동분서주했고, 수많은 영재들을 모아 키웠는데, 이로써 천하의 큰 공백을 메우려고 했던 것이다. 그의 목표는 너무 컸고, 반면 사회 상황은 너무 나빴다. 그의 행위는 그 당시 사회의 금기를 저촉하게 되었는 바, 결국 그는 정의正義를 위해 목숨을 바치게 되었던 것이다.[469]

(5) 나여방羅汝芳

나여방의 자는 유덕惟德이고 호는 근계近溪이다. 강서江西 사람이다. 안균顔鈞

欲貨, 然欲與百姓同欲, 以篤前烈, 以育欲也. 太王雖欲色, 亦欲與百姓同欲, 以基王績, 以育欲也. 育欲在是, 又奚欲哉? 仲尼欲明明德於天下, 欲治國, 欲齊家, 欲修身, 欲正心, 欲誠意, 欲致知在格物, 七十從其所欲, 而不逾乎天下之矩, 以育欲也. 育欲在是, 又奚欲哉? 汝元亦奚欲哉? 惟欲相率相輔相維相育, 欲聚和以老老焉, 又奚欲哉?]

469) 《容肇祖集》, 齊魯書社1989年版, 第388頁.

을 스승으로 모시고, 그를 따라 사방을 다니면서 학문을 가르쳤었다. 후일 경정향耿定向을 좋은 벗으로 사귀고 그와 오랫동안 잘 지냈다. 일찍이 재상首輔 서계徐玠의 물음에 답하기를, 인재를 키우고 학술 강론講學을 진흥시키는 일이 그 당시 요긴한 일이라고 했다. 그의 강학講學 활동은 노년에 와서 더 충실해졌고, 수많은 사람들이 그의 가르침에서 수혜受惠했다고 한다. 『명유학안明儒學案』에서는 이렇게 기술하고 있다. "풍문을 듣고 스스로 제자로 되겠다고 찾아온 자는 부지기수였다. 또한 친구의 소개로 찾아오고, 무작정 찾아든 자들 역시 부지기수였다. 몸이 머무는 곳마다 제자들이 자리를 꽉 채웠지만, 그는 스승으로서 격을 차린 적이 없었다. 그의 문하에 들어섰던 자는 수천 명에 달했고, 임시로 강론을 들으러 찾아들던 자는 더욱 부지기수였다."470) 그때, 왕기王畿와 나여방의 문하門下가 가장 흥성했는데, 그 가운데 후자의 강연이 더 매력이 있었다. 황종희黃宗羲는 이렇게 평론한다.

> 논자들은 용계龍溪(즉 王畿)는 붓이 입보다 세고, 근계近溪(즉 羅汝芳)는 입이 붓보다 세다고 말했다. 주위를 둘러보면서 강의를 시작하면 구수한 이야기나 격렬한 논변이나 막 쏟아져 나왔고, 그 자리에 있던 자들은 마치 봄이 따스해지고 우레가 우는 것처럼 느꼈었다. 설령 종래로 학문이 뭔지 몰랐던 자들이라고 할지라도 삽시간에 마음이 명랑해지고, 도道가 눈앞에 보이는 것 같았다. 이학理學의 천박하고 틀에 박혀 있던 그 풍기를 일신시켰고, 사람들이 그 자리에서 바로 활용이 가능하게 해주었는데, 아마도 선생 같은 분은 그 전에는 없었던 것 같다.471)

그의 학설은 양명의 학설을 이어받아 인仁을 체體(본질)로 삼고 있었고, 경전

470) (淸)黃宗羲著 :《明儒學案》卷三十四, 沈芝盈點校, 中華書局1986年版, 第760頁.[원문 : 順風下拜者不計其數, 而接引友朋, 隨機開發者, 亦不計其數. 身所止處, 輒弟子滿座, 而未嘗以師席自居. 及門者數千人, 直下承當者亦衆]

471) (淸)黃宗羲著 :《明儒學案》卷三十四, 沈芝盈點校, 中華書局1986年版, 第762頁.[원문 : 論者謂龍溪筆勝舌, 近溪舌勝筆. 顧盼呿欠, 微談劇論, 所觸若春行雷動, 雖素不識學之人, 俄頃之間, 能令其心地開朗, 道在眼前. 一洗理學浮淺套括之氣, 當下便有受用, 顧未有如先生者也.]

으로는 『대학』을 높이 받들고 있었다. 그는 이렇게 말한다.

> 공자 학설에서는 인仁을 추구하는 것을 취지로 삼고 있었는데, 한편, 『대학』이 공자 문하에서 인을 구하는 전서全書로 되어졌었다. 대개 인한 자는 혼연渾然 만물과 한 몸으로 되기 때문에, 대인大人은 가정과 나라와 천하를 한데 아우르면서 자기 몸을 성취한다. 오늘날 밝은 덕을 밝히는 일明明德을 말할 때는 반드시 '천하에서'라는 말을 붙이는데, 이로 보면 천하에 통하는 것은 모두 나의 밝은 덕德에 들어 있는 것이다. 그 정신적 혈맥血脈은 얼마나 친근한가.[472] 이 책(『大學』)이 한 번 밝혀주니, 오로지 배우는 자들만 그 신성한 경지에서 노닐 수 있었던 것이 아니라, 천하 만세萬世의 진정하게 부릴 수 있는 모든 사물이 각자 제자리를 얻게 되었다. 크도다, 인이여, 이것이 그 극치로구나.[473]

또 이렇게 말한다. "공자는 일생동안 인仁을 추구했는데, 중심中心에 인仁을 안착시킬 것을 논한 것은 천하에서 그가 일인자이다. 그의 마음에서 자신의 몸을 인仁하게 만드는 것은 곧 만세萬世에서 사람들의 몸을 모두 인仁하게 만드는 것이었다."[474] 나여방羅汝芳은 더 나아가 '갓난아기의 마음赤子之心'을 가지고 인심仁心의 순진함과 혼연함을 논하고, 공부功夫에서 본성을 따르고 속박이 없을 것을 논한다. 그는 이렇게 말한다.

> 하늘이 나를 처음 낳을 때를 돌이켜보면, 그때 나는 갓난아기였다. 하지만 갓난아기의 마음은 오히려 혼연渾然한 천리天理를 말했다.[475]

---

472) (明)羅汝芳撰, 方祖猷, 梁一群, 李慶龍等 編校整理 :《羅汝芳集》, 鳳凰出版社2007年版, 第8頁.[원문 : 孔門之學在於求仁, 而《大學》便走孔門求仁全書也. 蓋仁者渾然與物同體, 故大人聯屬家, 國, 天下以成其身. 今看明明德而必曰'於天下', 則通天下皆在吾明德之中也. 其精神血脈何等相親.]

473) (明)羅汝芳撰, 方祖猷, 梁一群, 李慶龍等 編校整理 :《羅汝芳集》, 鳳凰出版社2007年版, 第8頁.[원문 : 此書一明, 不唯學者可身遊聖神堂奧, 而天下萬世眞可使之物物各得其所也. 大哉仁乎, 斯其至矣.]

474) (明)羅汝芳撰, 方祖猷, 梁一群, 李慶龍等 編校整理 : :《羅汝芳集》, 鳳凰出版社2007年版, 第5頁.[원문 : 孔子一生求仁, 而曰中心安仁者, 天下一人者也. 其心將以仁其身者, 仁萬世人人之身.]

갓난아기는 엄마 뱃속에서 나와서 처음 울음소리를 한번 낸다. 그가 울 때, 우리는 다만 그가 엄마의 품이 그리워愛 운다고 생각한다. 그러나 우리는 이 애근愛根을 가리켜 인仁이라 이름 하고, 이 애근을 충실하게 해서 인간으로 살아간다. 한마디로 말하자면, 인이란 인간人을 말하는 것이고, 인에서 친절함이 가장 큰 것이겠다. 만약 인간으로서 늘 스스로 친절하게 되면, 사랑愛이 깊어져 그 기氣는 절로 온화하게 되고, 기氣가 온화하게 되어 그 모습은 절로 유순하게 되고, 차마 남을 미워하지 못하게 되고, 차마 남을 감히 모멸하지 못하게 된다. 그리하여 시시각각 중용中庸을 지키게 되는데, 그 기상氣象이 나오는 것은 자연스럽고, 그 공功이 이루어지는 것은 혼연하다.476)

그대가 만약 과연 대금大襟(장포, 성인을 말함)을 입는 날이 있고, 큰 기력이 있고 또 큰 식견을 갖추게 되면, 이 마음으로 즐거움에 안착하고, 천하의 넓은 터에 거처하면서, 눈을 크게 뜨고 담을 키워 천하의 달도達道를 행하라. 공부功夫(조예)가 한데 모여지기 어렵다면, 곧 한데 모여 들지 않은 것을 공부功夫로 삼으라. 흉금이 망망하기를 가장자리가 없다면, 가장자리에 기대지 않는 것을 흉금으로 삼으라. 닻줄을 풀어 배를 떠나보내고, 순풍에 돛을 달고 노를 저으면, 넓은 바다에서 나 마음껏 종횡하게 된다. 이것이 가장 즐거운 일이 아니겠는가.477)

나여방의 갓난아기赤子설에서는 사랑과 친절함을 토대로 삼고 있었고, 진실하고 순수함을 본체로 삼고 있었고, 마음껏 행行(실천)할 것을 주장하고 있었다. 그가 사회에 끼쳤던 가장 큰 영향은 "닻줄 풀어 배를 떠나보낸다."는 말에 있었다. 이는 즉 사상을 해방하고 개성을 발양할 것을 주장한 것이겠다.

475) (明)羅汝芳撰, 方祖猷, 梁一群, 李慶龍等編校整理:《羅汝芳集》, 鳳凰出版社2007年版, 第74頁.[원문: 反思原日天初生我, 只是個赤子, 而赤子之心卻說渾然天理.]

476) (明)羅汝芳撰, 方祖猷, 梁一群, 李慶龍等編校整理:《羅汝芳集》, 鳳凰出版社2007年版, 第74-75頁.[원문: 赤子出胎, 最初啼叫一聲. 想其叫時, 只是愛戀母親懷抱. 卻指著這個愛根而名爲仁, 推充這個愛根以來做人. 合而言之, 曰仁者人也, 親親爲大. 若做人的常自親親, 則愛深而其氣自和, 氣和而其容自婉, 一些不忍惡人, 一些不敢慢人. 所以時時中庸, 其氣象出之自然, 其功化成之渾然也.]

477) (明)羅汝芳撰, 方祖猷, 梁一群, 李慶龍等編校整理:《羅汝芳集》, 鳳凰出版社2007年版, 第62頁.[원문: 汝若果然有大襟期, 有大氣力, 又有大識見, 就此心安樂意而居天下之廣居, 明目張膽而行天下之達道. 功夫難得湊泊, 即以不湊泊爲功夫. 胸次茫無畔岸, 便以不依畔岸爲胸次. 解纜放船, 順風張棹, 則巨浸汪洋, 從橫任我, 豈不一大快事也耶.]

(6) 초횡焦竑

초횡의 자는 약후弱候이고 호는 의원漪園, 담원澹園이다. 강녕江寧(오늘의 南京) 사람이다. 청년 시절에는 경정향耿定向의 문하에서 수학했고, 중년에 들어서는 왕벽, 이지, 나여방과 가깝게 지냈는데, 그들의 영향을 받고서, 초횡焦竑의 학설에서는 비판정신과 개성화 특색을 더 많이 드러냈었다. 그는 지식이 연박했고 또한 저술도 아주 많이 했다. 예컨대, 『국사경적지國史經籍志』, 『양정도해養正圖解』, 『담원집澹園集』, 『초씨필승焦氏筆乘』, 『노자익老子翼』, 『장자익莊子翼』, 『옥당총어玉堂叢語』 등이 그것이다. 그는 이지와 우정이 특히 돈독했고, 그를 위해 『장서서藏書序』를 써준 일도 있다. 이지가 옥에서 억울하게 죽자, 초횡焦竑은 『추천소追薦疏』를 썼고 또 그를 위해 『이씨유서李氏遺書』를 편집해서 출판했다. 그는 이지를 이렇게 평가한다. "꼭 성인이라고 할 수는 없어도, 어깨에 광狂자를 짊어지고 성인의 두 번째 자리에 앉을 수는 있었다." 정통 학자들의 눈에는 "분별없고 도리에도 어긋나는狂悖' 논설로 보일 수도 있었을 것이다.

그는 공자와 맹자의 학설을 '타고난 본성性을 다하고 천명命에 이르는 학문'으로 보고 있었다. 한편, 한, 당 이래, 이 학문은 밝을 때도 있었고 어두울 때도 있었다고 한다. 그는 정주程朱의 학설은 "성性의 종宗으로부터 깨달아 들어간 것이 아니라, 형사形似(겉모습의 유사함)에 따라 모방하는 것을 일삼고 있고", 지리支離하게 "바깥 사물의 주변에서 이치를 찾고 있고, 거꾸로 몸과 마음은 뒷전으로 하고 논하지 않았다."[478]고 비판한다. 그는 심학을 아주 중요시하고 있었다. 이렇게 말한다. "양명 선생은 양지良知라는 두 글자를 제기하여, 배우는 자들이 자기 몸에서 찾아 구할 것反求諸身을 창도했는데, 그 공이 아주 거대하다고 하겠다."[479] 양명의 뒤로 그는 왕간, 왕벽을 상찬했고, 또 나여방을 스승으로 모시고 공부했다. 그가 보건대, 왕간의 뒤를 이어, "나羅선생이 그가 미완성한 부분을 발전시켰는데, 자유롭게 발휘하고 요체를 직접 짚어낼 수 있었으니, 더

478) (明)焦竑:《澹園集》, 中華書局1999年版, 第87頁.[원문: 旁搜物理, 而於一片身心反置之不講.]

479) (明)焦竑:《澹園集》, 中華書局1999年版, 第87頁.[원문: 陽明先生始倡良知二字示學者, 反求諸身, 可謂有大功矣.]

숨겨진 것이 없이 되었다."[480] "대체로 마땅히 흩으려 밝혀야 할 묶이고 가려진 것들을 빼고는 본심本心을 직지直指하면서 드러냈었는데, 배우는 자들은 활연 질곡에서 벗어나고 고향집으로 되돌아오는 느낌이었다. 그리하여 성인은 반드시 성취할 수 있다고 믿게 되었고, 양명도 나를 속이지 않았다고 생각하게 되었다."[481] 초횡焦竑의 학설은 세 가지 특징이 있었다.

첫째, 스스로 깨닫고 스스로 증득證할 것을 강조한다. 학문의 길은 그 어느 일가의 문호門戶에 기댈 것이 아니라, 자신의 체득에 의지해야 한다는 것이다. 그는 또 유가는 다만 선가禪家의 길을 걷지 말아야 할 뿐만 아니라 또한 유가의 옛 것도 그대로 답습하지 말아야 한다고 한다. 이렇게 말한다. "배우는 자는 마땅히 옛사람들의 풀 강아지芻狗(제사 때 쓰고 버리는 풀 강아지)를 말끔히 쓸어버리고, 자기 마음에서 건곤乾坤을 하나 개척해내어야 진짜로 쓸모 있게受用 된다. 왜 달갑게 죽은 사람의 발밑에만 이르겠는가?"[482] 이는 사람들을 격동시키는 외침소리였다. 그래서 그는 장구학章句學을 쓸모없는 하찮은 것이라고 비난했던 것이다. "당나라 소疏나 송나라 주注는 나의 총명함을 가두어 버렸다."[483] "한나라와 송나라 제유諸儒들의 소疏는 모두 술지게미이다."[484] 그는 온갖 힘을 다해 학문을 함에 있어서의 개성의 자유와 독립적 인격을 선양하고 있었다.

둘째, 공개적으로 삼교합일三敎合一을 주장하고 있었다. 그는 자신은 진리만 추구하고 학파를 관계치 않는다고 했다. 그가 보건대, 양지良知는 자체로 원만한 것인데, 각 학파에서는 모두 자체의 방식으로 그것을 논하고 있었다. 이렇게 말한다. "도道는 나 자신이 가지고 있는 물건인데, 선니宣尼(공자)와 고타마

480) (明)焦竑:《澹園集》, 中華書局1999年版, 第245頁.[원문: 羅先生衍其餘緒, 則可謂橫發直指, 無復餘蘊矣.]

481) (明)焦竑:《澹園集》, 中華書局1999年版, 第245頁.[원문: 蓋當支離困蔽之餘, 直指本心以示之, 學者霍然如梏得脫, 客得歸, 始信聖人之必可爲, 而陽明非欺我也.]

482) (明)焦竑:《焦氏筆乘》, 上海古籍出版社1986年版, 第230頁.[원문: 學者當盡掃古人之芻狗, 從自己胸中辟取一片乾坤, 方成眞受用, 何至甘心死人腳下?]

483) (明)焦竑:《焦氏筆乘》, 上海古籍出版社1986年版, 第227頁.[원문: 唐疏宋注, 錮我聰明.]

484) (明)焦竑:《焦氏筆乘》, 上海古籍出版社1986年版, 第229頁.[원문: 漢宋諸儒之所疏, 其糟粕也.]

Gautama(석가모니)가 번거롭게 굴어 도가 망가졌다. 성인이 도를 하나 가지고 있고, 부처가 도를 하나 가지고 있는 것이 아니다."[485] 그가 보건대, 공자와 맹자의 성명학性命學은 후세의 유자儒者들에 와서는 잃어졌고, 도리어 불교에서 밝히고 있었다. 이렇게 말한다. "석씨釋氏의 여러 경經이 즉 공자와 맹자의 참뜻을 소疏한 것이다."[486] "석씨가 소疏를 한 것들은 공자와 맹자의 정수이고, 한나라와 송나라 제유諸儒들이 소疏를 한 것은 그 찌꺼기이다."[487] "석씨의 경전이 한번 소통하기만 하면, 공자의 말을 곧바로 깨닫게 된다."[488] 당연히 그는 유자였다. 그는 불교에 대해서 그 이치만 취하고 법식儀은 버릴 것을 주장했다. "불교를 배척하는 자들은 그 이치를 깡그리 폐廢해 버리려고 하고, 부처에게 아첨하는 자들은 그 자취도 함께 취하려고 하는데, 이는 그들이 이 속에서 분명히 깨닫지 못했기 때문이다."[489] 그는 중도中道를 취해 실천하려 했다. 다른 한편, 그는 도가는 찬양했지만, 도교는 비판했다. 도교에서도 외단外丹을 크게 질책했고, 한편 전진도全眞道는 어느 정도 인정해주었다. 그는 도가의 정신을 아주 긍정해주었다. "도道(道家를 말함)는 심오함을 뿌리根로 삼고, 간약함約을 기강紀으로 삼고, 비움에 이르기를 지극히 하고, 고요함 지키기를 돈독히 하는 것虛極靜篤을 최고至로 삼는다." 그는 유가와 도가가 서로 배척하는 것에 찬성하지 않았고, 반대로 양자의 상호 보완을 주장했다. "유학에서는 노자를 배척하고 노자道家 역시 유학을 배척한다. 유학을 배척하는 자들은 단지 유학을 모를 뿐만 아니라 또한 노자도 모른다. 노자道家學說를 배척하는 자들은 단지 노자를 모를 뿐만 아니라 또한 유학도 모른다."[490] 사실『노자』야말로 '도道를 밝힌 책'

485) (明)焦竑:《澹園集》, 中華書局1999年版, 第745頁.[원문: 道是吾自有之物, 只煩宣尼與瞿曇道破耳. 非聖人一道, 佛又一道也.]

486) (明)焦竑:《焦氏筆乘》, 上海古籍出版社1986年版, 第229頁.[원문: 釋氏諸經即孔孟之義疏.]

487) (明)焦竑:《焦氏筆乘》, 上海古籍出版社1986年版, 第229頁.[원문: 釋之所疏, 孔孟之精也. 漢宋諸儒之所疏, 其糟粕也.]

488) (明)焦竑:《焦氏筆乘》, 上海古籍出版社1986年版, 第227頁.[원문: 釋氏之典一通, 孔子之言立悟.]

489) (明)焦竑:《澹園集》, 中華書局1999年版, 第719頁.[원문: 辟佛者欲盡廢其理, 佞佛者又兼取其跡, 總是此中未透脫故耳.]

으로서 "무위無爲로써 행하고 무사無事를 일로 삼는데, (유가에서) 행하거나爲 일삼는事 데는 아무런 장애가 없다."491)는 것이다. 공자와 맹자는 무無를 유有에 포함시켰는데, 배우는 자들이 유有에 구애되어 무無에 통하지 못했기 때문에, 장자가 이에 역점을 두고 무無의 의미를 발휘했는데, "어쩌면 공자와 맹자를 도와 그들이 미치지 못했던 것들을 말해 준 셈이다."492)라고 한다.

셋째, 성명학性命學을 강조하는 동시에 전적학典籍學을 폐廢하지 않았다. 그는 "널리 배우지 않으면 간약함簡約을 이룰 수 없다."고 주장한다. 그 자신은 경經, 자子, 문文, 사史, 불佛, 도道 및 박물博物, 전장제도典章制度, 금석金石(고고학을 말함), 목록학目錄學 등 각 학문 영역을 광범하게 섭렵했고, 특히 『역』학과 문헌학文獻學에 연구가 아주 깊었다. 그의 견해를 다음과 같이 정리할 수 있겠다. 첫째, "내가 말하는 타고난 본성性을 다하고 천명에 이른다盡性至命는 것은 아래 학문下學을 버리고 망령된 생각으로 위에 이르려고 하는 것上達이 아니다. 배워서 위에 이를 것上達을 바라는 것은 비유하자면, 우물을 파서 샘물을 얻을 것掘井及泉(맹자의 말)을 기하는 것과 마찬가지이다."493) 둘째, "내가 옛사람들의 예악禮樂과 덕행德行과 기예技藝를 상고考해보니, 그들은 들지 않는擧(아우르지 않는) 물건이 없었다."494) "정사政事를 의론하고, 헌수獻囚(포로를 바치는 것)를 하고, 헌곽獻馘(적의 머리나 귀를 잘라 바치는 것)을 하는 것은 모두 반드시 학문學에 들어있었다."495) "그물로 고기를 잡는 데는 늘 그물 눈 하나에 달려 있지만, 수많은 그물 눈이 있어서 그물이 이루어진다. 사람이 도道를 깨닫는 데는 늘 간약함約에 이르는데 있지만, 널리 배우지 않고서는 간약約하게 묶을 수 없겠

490) (明)焦竑 : 《焦氏筆乘》, 上海古籍出版社1986年版, 第227頁.[원문 : 儒學絀老子, 老子亦絀儒學. 絀儒學者, 非獨不知儒, 亦不知老. 絀老子者, 非獨不知老, 亦不知儒.]

491) (明)焦竑 : 《澹園集》, 中華書局1999年版, 第136頁.[원문 : 爲無爲, 事無事, 而爲與事擧不足以礙之.]

492) (明)焦竑 : 《澹園集》, 中華書局1999年版, 第138頁.[원문 : 庶幾乎助孔孟之所不及.]

493) (明)焦竑 : 《澹園集》, 中華書局1999年版, 第80頁.[원문 : 某所謂盡性至命, 非捨下學而妄意上達也. 學期於上達, 譬掘井期於及泉也.]

494) (明)焦竑 : 《澹園集》, 中華書局1999年版, 第235頁.[원문 : 禮樂行藝, 靡物不擧.]

495) (明)焦竑 : 《澹園集》, 中華書局1999年版, 第235頁.[원문 : 論政獻囚獻馘, 皆必於學.]

다."[496] 셋째, 학문의 길은 갈래가 복잡하지만 청허淸虛, 의리義理, 명절名節, 사장詞章의 학문에서 만약 근본을 궁구할 수만 있다면, 모두 본성性에 돌아가고 천명命에 이르기復性至命에 족하다. 만약 근본을 여의고 배움을 추구한다면, "명절은 바깥사물에서 구하게 되고, 사장은 순박한 심성을 가라앉히게 되고, 청허는 질곡桎梏을 보태게 되고, 의리義理는 번뇌의 마디節를 더하게 된다."[497] 넷째, 학문을 탐구해서 마음을 알고知心, 실천을 함으로써 앎을 이루어야 한다고 한다成知. "말만 해서는 일에 도움이 안 되고, 반드시 실천을 해야 한다."[498]는 것이다. 이는 양명의 '지행합일知行合一' 설을 더 발휘한 것이겠다. 실천에서 가장 큰 일은 천하를 다스리는 일이다. 그는 전시殿試(과거시험에서 최종시험)의 책대策對(대책을 내놓는 시험)를 볼 때, 정치를 실속 있게 해야 한다고 주장했다. "신하가 듣건대, 제왕이 천하를 다스리는 데는 반드시 기획하고 다스리는 실질적인 정책이 있어야 한다고 합니다. 그 다음 그것이 모두 분명하게 드러나면 천하를 가지런하게 교화할 수 있다고 합니다. 반드시 지배하고 다스리는 실속이 있어야 그다음 근본이 세워져, 신묘하게 천하의 중요한 일機을 처리하는데 옮겨질 수 있다고 합니다."[499] 또 관직에 몸을 둔 자는 정무政務에 밝아야 한다고 했다. "나라의 전장제도典章制度를 환하게 익히는 것이 가장 중요하다."[500]는 것이다. 그는 농업을 근본으로 삼고 나라를 풍족하게 만들 것을 주장했고, 제왕이 늘 검박儉朴함으로써 백성들을 감화시킬 것을 주장했고, 백성들을 부유하게 해주고 백성들을 사랑해줄 것을 주장했다. 그는 의義와 리利를 가르는 논설에는 반대했다. "세상에서 외람되게도, 인의仁義와 공리功利를 양쪽으로 갈라

496) (明)焦竑 :《焦氏筆乘》, 上海古籍出版社1986年版, 第205頁.[원문 : 網之得魚, 常在一目, 而非眾目不能成網. 人之會道, 常於至約, 而非博學不能約.]

497) (明)焦竑 :《澹園集》, 中華書局1999年版, 第19頁.[원문 : 名節爲逐物, 詞章爲溺心, 淸虛增其桎梏, 義理益其葢纏節.]

498) (明)焦竑 :《澹園集》, 中華書局1999年版, 第715頁.[원문 : 口說不濟事, 要須實踐.]

499) (明)焦竑 :《澹園集》, 中華書局1999年版, 第6頁.[원문 : 臣聞帝王之 臨馭宇內也, 必有經治之實政, 然後其具彰而有以成整齊天下之化. 必有宰治 之實心, 然後其本立而有以妙轉移天下之機.]

500) (明)焦竑 :《澹園集》, 中華書局1999年版, 第123頁.[원문 : 明習國朝典制爲要.]

놓으면서부터, 공리적이면서 그것을 조리條理가 분명하게 세우는 것이 곧 의義라는 것은 모르게 되었다."[501] 다섯째, 문자, 음운音韻, 훈고訓詁를 중요시했고, 고거학考據學 탐구의 새 기풍을 열어놓았다. 그는 『소학연의서小學衍義序』에서 이렇게 말한다. "나는 어렸을 적에, 스승 경공간耿恭簡(즉 耿定向)을 남도南都에서 섬겼었는데, 스승은 나에게 이렇게 말했다. '선철先哲들이 이르기를 학문은 소학小學(음운, 문자, 훈고의 공부) 단계의 공부功夫가 없으면, 그 뿌리가 세워지지 않는다.'"[502] 『초씨필승焦氏筆乘』에는 고서古書의 진위에 대한 고변考辯(상고와 변별)도 있고, 전傳과 주注에 대한 평론도 있고, 허신許愼의 '육서六書' 이론에 관한 의론議論도 있고, 『시경詩經』의 음운에 대한 새로운 견해도 있었다. 초횡焦竑의 가까운 친구 진제陳弟는 『시경』을 깊이 탐구했는데, 초횡焦竑이 말하는 "옛 시에는 엽음葉音이 없다."라는 논설을 듣고서 이를 칭찬하여 '천년 만에 나온 독실한 논설千載篤論'이라고 했다고 한다. 또 그리하여 『모시고음고毛詩古音考』 네 권을 저술하여 이를 더 발휘하게 되었다고 한다. 초횡焦竑과 진제陳弟 두 사람이 사용했던 인증引證, 변위辨僞, 감오勘誤 등 방법이 후일 청나라 고거학考據學의 서곡序曲으로 되어졌다. 그들은 아마도 그들의 문자文字, 음운音韻, 훈고訓詁의 문헌학文獻學 방법론이 청나라 건가乾嘉 연간에 와서 한 시기 학술적 주류로 발전할 줄을 생각지 못했을 것이다.

(7) 이지李贄

이지의 호는 탁오卓吾이고, 그는 복건福建 사람이다. 그는 20여 년 관직에 있었는데, 하는 일이 그의 자유분방한 개성에 맞지 않아 늘 괴롭게 지냈었다. 결국에는 벼슬자리에서 사직하고 호북湖北 황안黃安에 가서 친구 경정리耿定理를 찾아 그를 의탁하고 살았다. 후에는 마성麻城 용호龍湖에 거주지를 옮기고,

501) (明)焦竑 : 《澹園集》, 中華書局1999年版, 第272頁.[원문 : 自世猥以仁義功利爲二塗, 不知即功利而條理之乃義也.]

502) (明)焦竑 : 《澹園續集》, 中華書局1999年版, 第757頁.[원문 : 余少侍先師耿恭簡公(耿定向)於南都, 嘗語餘曰 : '先哲謂 : 學無小學一段功夫故根基不立'.]

지불원芝佛院을 짓고 살았다. 그때, 심유深有 스님이 시중을 들어주었고, 여기서 20년 은거하면서 책을 읽고, 글을 썼다. 저작으로는 『분서焚書』, 『장서藏書』, 『속장서續藏書』, 『역인易因』 등이 있다. 그는 왕기王畿, 나여방羅汝芳을 아주 숭배하고 존경하고 있었고, 왕벽王襞을 스승으로 모셨었고, 초횡焦竑과 절친한 친구로 지냈었다. 그는 태주泰州의 학술전통을 잘 알고 있었고 또한 태주학파泰州學派의 중요한 구성원이었다. 하심은何心隱이 피살된 후, 이지는 『하심은전何心隱傳』을 써서 깊은 애도를 표했고, 경정향耿定向에게 편지를 써서 경씨耿氏가 도학을 입으로만 논하고, 하심은을 구원하는 데는 힘을 쓰지 않았다고 비난했다. 즉 그의 도학은 가짜 도학이라는 것이다. 그리하여 경씨의 불만을 사게 되었고, 결국 경씨는 사람을 파견하여 지불원芝佛院을 허물어버리고 이지를 쫓아냈다. 만력 29년, 이지는 북통주北通州에 있는 친구 마경륜馬經綸네 집에 와서 머물렀다. 그때, 명나라 조정朝廷에서 그를 체포했는데, 죄명은 "감히 앞장서서 세도世道를 어지럽히고, 세상 사람들을 속이고 미혹시킨 죄敢倡亂道 惑世誣民."였다. 이듬해, 이지는 옥에서 자살했다.

이지의 가장 대표적인 작품은 『동심설童心說』이다. 이지는 이렇게 말한다. "대저 동심童心이란 진심眞心이다."[503] "대저 동심이라는 것은 거짓을 끊어버린 순수하고 참된 것으로서 최초 한 생각一念의 본심本心이다. 만약 동심을 잃는다면, 곧 진심을 잃게 되고, 진심을 잃는다면, 곧 진인眞人을 잃게 된다. 사람됨이 참되지 않으면 온전히 처음 상태로 돌아가지 못할 것이다. 동자童子는 인간의 처음이고, 동심은 마음의 처음이다."[504] 그러나 사람들은 대부분 동심을 잃어버린다. 무엇 때문인가? 유행하는 '도리를 듣고 보게 되어' 그것에 차폐되기 때문이다. 한편 도리를 듣고 보는 것은 또한 '책을 많이 읽고, 의리義理를 탐구하는 것'에서 오게 된다. 사람들은 늘 이를 성인의 뜻으로 받아들인다. 하

503) (明)李贄:《焚書 續焚書》卷三, 中華書局1975年版, 第98頁.[원문: 夫童心者眞心也.]

504) (明)李贄:《焚書 續焚書》卷三, 中華書局1975年版, 第98頁.[원문: 夫童心者, 絶假純眞, 最初一念之本心也. 若失卻童心, 便失卻眞心. 失卻眞心, 便失卻眞人. 人而非眞, 全不復有初矣. 童子者, 人之初也. 童心者, 心之初也.]

지만 옛날의 성인은 "설령 책을 읽지 않았더라도 동심을 원래 스스로 가지고 있었고, 설령 독서를 많이 했더라도 또한 이 동심을 지켜 그것을 잃지 않도록 했다."505) 이 도리를 모르고, 배우는 자들은 '독서를 많이 하고 의리를 많이 알아 동심을 막아버린다.'506)는 것이다.

동심이 막히고 보면, 말을 해도 말이 마음속으로부터 나오지 않게 되고, 정사政事를 보더라도 정사政事는 근저根柢가 없이 되며, 문사文辭를 저술해도 문사文辭는 활달하지 못하게 된다. 속으로 머금어 아름다움을 드러내지도 못하고, 독실篤實해서 찬란한 빛을 발하지도 못하며, 한 마디 덕이 있는 말을 구하려 해도 결국 구할 수 없이 된다. 왜 그럴까? 동심이 막히고 보면, 밖으로부터 들어오는, 보고 들은 도리를 자신의 마음으로 삼게 되기 때문이다."507) "그 말이 비록 공교工하다 한들 내게 있어 무슨 상관이겠는가? 그것은 거짓된 사람이 거짓말을 하고, 거짓된 행위를 일삼으며, 거짓된 글을 짓는 것이 아니겠는가? 대개 그 사람이 거짓되고 보면, 거짓되지 않는 바가 없다. 그리하여 거짓말을 가지고 거짓된 사람과 말하면 거짓된 사람이 기뻐하고, 거짓된 일을 가지고 거짓된 사람과 논하면 거짓된 사람이 기뻐하며, 거짓된 글을 가지고 거짓된 사람과 이야기하면 거짓된 사람이 기뻐한다. 거짓이 아닌 것이 없고 보면, 기뻐하지 않을 바도 없게 된다. 온통 전부가 거짓이고 보니, 난장이가 어찌 변별할 수 있겠는가. 그렇다면 비록 천하의 빼어난 글至文이 있다고 한들, 그것이 거짓된 사람들에게 인멸湮滅되어, 후세 사람들이 다시 보지 못하게 된 것들은 또 어찌 적다고 하겠는가? 왜 그런가? 천하의 빼어난 글은 동심에서 나오지 않은 것이 없기 때문이다.508)

505) (明)李贄:《焚書 續焚書》卷三, 中華書局1975年版, 第98頁.[원문: 從不讀書而童心固自在也, 從多讀書亦以護此童心而使之勿失焉耳.]

506) (明)李贄:《焚書 續焚書》卷三, 中華書局1975年版, 第98頁.[원문: 以多讀書識義理障其童心.]

507) (明)李贄:《焚書 續焚書》卷三, 中華書局1975年版, 第98頁.[원문: 童心既障, 於是發而爲言語, 則言語不由衷. 見而爲政事, 則政事無根柢. 著而爲文辭, 則文辭不能達. 非內含以章美也, 非篤實生輝光也, 欲求一句有德之言, 卒不可得. 所以者何? 以童心既障, 而以從外入者聞見道理爲之心也.]

508) (明)李贄:《焚書 續焚書》卷三, 中華書局1975年版, 第98頁.[원문: 言雖工, 於我何與? 豈非以假人言假言, 而事假事, 文假文乎? 蓋其人既假, 則無所不假矣. 由是而以假言與假人言, 則假人喜. 以假事與假人道, 則假人喜. 以假文與假人談, 則假人喜. 無所不假, 則無所不

이지는 사회생활에서 인성人性이 이화異化되는 현실에 초점을 두고, 사상계에 "진실眞'로 "거짓假'을 까부수는 역사적 사명을 제기했던 것이다. 사실 이렇게 태도가 분명하고, 또한 첨예하고 심각한 주장은 역사적으로 전례 없던 것이었다.

인류문명사에서 보면 인성의 변천은 그것이 풍부해지고 다양해지는 동시에 그 원초적 순박함과 진실함은 퇴화되어 왔다. 한 개인의 성장을 놓고 볼 때, 지식이 증가하고 경험이 축적되면서 다수 사람들은 점차 동년의 순진함을 잃고 세속적이게 된다.

중국사상사에서 볼 때, 공자와 맹자의 원시原始 유학은 시대와 더불어 창조적으로 발전하는 동시에 또한 교조적이고 권위적이게 되었고, 인성을 질곡桎梏하는 멍에로 되었고, 결국에는 역방향으로 나아가게 되었다. 이로부터 인간은 거짓된 인간으로 변했고, 말은 거짓된 말로 변했고, 일은 거짓된 일로 변했던 것이다. 즉 사회는 온통 거짓으로 넘쳐나게 되었던 것이다. 이지가 동심을 제창하고, 진실로써 허위를 물리치고, 순수함으로써 거짓된 것을 타파하려던 것은 세도世道와 인심人心을 구원하는데 있어서 세상을 뒤흔드는 우렛소리와 같았다. 다시 말하면, 세상사람들을 깨우치는 거대한 영향을 일으켰었다. 그의 '진실과 거짓의 변별'은 여러 학설에서 온 것이었다. 첫째는 유가의 '성誠'학에서 온 것이다. 그는 이렇게 말한다. "그러므로 성실함誠이란 그 도道가 자연적인 것으로서 자연이라 이르기에 충분하고, 그리하여 그것을 천지天地라고 이르는 것이다. 성誠스러운 것은 그것이 자연적이기 때문에, 이를 선善을 택하는 것이라고 이르고, 그리하여 이로 인간을 이르는 것이다."[509] 둘째는 도가의 '진眞'학에서 온 것이다. 노자는 "지혜가 나오니 큰 거짓이 생겼다智慧出 有大僞."라고 했다. 그리하여 애초의 순수함과 순박함으로 돌아가야 한다는 것이다. 즉 "덕을

喜. 滿場是假, 矮人何辨也. 然則雖有天下之至文, 其湮滅於假人而不盡見於後世者, 又豈少哉! 何也? 天下之至文, 未有不出於童心焉者也.]

509) 關海鷹主編 :《回族典藏全書》, 甘肅文化出版社2008年版, 第293頁.[원문 : 故誠者, 其道自然, 足謂自然, 是以謂之天地. 誠之者, 之其所自然, 是謂擇善, 是以謂之人也.]

두텁게 지닌 사람은 갓난아기와 같으니', '영아로 되돌아가라'는 것이다. 셋째는 불교의 선학禪學에서 온 것이다. 예컨대, 『성유식론成唯識論』에서는 이렇게 말한다. "진眞이란 진실하여 허망하게 드러나지 않는 것을 말하며, 여如란 항상 같이如常 변화하지 않는 것으로 나타나는 것을 말한다. 말하자면 이 진실은 어느 곳에서나 항상 그 본성과 같기 때문에 이를 진여眞如라고 이르는 것이다."[510] 이로 보면 이지의 '동심설'은 이론적으로 유·도·불 삼교가 융합된 산물이다.

시대정신의 변천으로 볼 때, 이지의 이른바 동심설은 또한 명나라 말기 상품경제가 번영하고 신新시민계층이 형성되면서 배태해낸 신新의리관義理觀의 산물이었다. 즉 정주이학程朱理學에서 '사私를 버리고 공公을 위할 것'을 요구하던 수신修身 이념으로부터 공개적으로 정당한 사적 이익私利을 수호할 것을 호소한 것으로 바뀐 것이다. 이지는 사심私心이 바로 인심人心이고, 또한 동심童心이고 진심眞心이라고 한다. 그는 이렇게 말한다. "대저 사私가 인간의 마음이다. 사람은 반드시 사욕이 있는데, 시간이 지나면 그것을 보아낼 수 있다. 만약 사욕이 없다면 이는 곧 인성人性이 없는 것이다."[511] 이지가 말하는 '사私'란 남에게 손해를 끼치면서 자기 이익을 챙기는 그런 사私가 아니다. 말하자면 이는 인간의 생존과 발전 및 행복한 생활에 대한 정상적인 욕구이고, 개체가 자신의 권익權益에 대한 배려이고 또한 공자의 '눈앞의 이익을 보면 먼저 의리를 생각하라見利思義'는 요구에도 부합되는 것이다. 하지만 도학가들은 늘 인간의 자기애自愛와 자기 이익自利을 말살해버리고, 무턱대고 대공무사大公無私할 것만 주장하고, 인간사정을 멀리 하고 천리天理만 논했는데, 결국 이렇게 위선僞善에 빠지게 되었던 것이다.

이지는 동심설로 가짜 도학을 사정없이 비판한다. 그는 이렇게 지적한다.

510) (唐)玄奘譯, 韓廷傑校釋:《成唯識論校釋》卷九, 中華書局1998年版, 第598頁.[원문: 眞謂眞實, 顯非虛妄. 如謂如常, 表無變易. 謂此眞實, 於一切位常如其性, 故曰眞如.]

511) (明)李贄:《焚書 續焚書》卷三, 中華書局1975年版, 第68頁.[원문: 夫私者, 人之心也. 人必有私, 而後其心乃見. 若無私, 則無私矣.]

"세상에서 명성을 좋아하는 자들은 반드시 도학을 가지고 떠드는데, 이는 도학으로 명성을 떨칠 수 있기 때문이다. 쓸모없는 자無用者들도 반드시 도학을 가지고 떠드는데, 이는 도학이 그들에게 충분히 쓸모 있기 때문이다. 하늘을 속이고 사람을 기만하는 자들도 반드시 도을 가지고 떠드는데, 이는 도학으로 충분히 그들의 기만술을 팔아먹을 수 있기 때문이다."[512] 그는 더 나아가 경전과 성인을 의론한다. 지적하기를, 『육경』, 『논어』, 『맹자』는 모두 성인의 말씀인 것은 아니고, 설령 '성인의 말씀'이라고 할지라도 '성급히 만세萬世의 지당한 논설로 받아들이면' 아니 된다고 한다. "그렇게 되면, 『육경』, 『논어』, 『맹자』는 비로소 도학의 구실로 되어버리고, 거짓된 사람들이 모여드는 소굴淵藪이 되어버린다. 그러니 절대로 동심의 말을 할 수 없을 것이 분명하다."[513] 그는 공자를 신격화하지 않았다. "대저 하늘이 어느 한 사람을 낳았을 때는 그 사람만의 쓰임이 있기 마련이다. 공자의 가르침을 받은 이후에만 사람으로서 사람다워진다고 말할 수는 없다. 만약 반드시 공자의 가르침을 충분히 받아야만 사람다워진다고 말한다면, 천고千古 이전에는 공자가 없었는데, 결국 그때 사람들은 사람노릇도 못했다는 말이 아닌가?"[514] 또 이렇게 말한다. "전前 삼대三代(夏, 商, 周를 말함)를 나는 논하지 않겠다. 후后 삼대는 한, 당, 송이다. 그 가운데 천백여 년 기간만 유독 시비是非관념이 없었는데, 어찌 그때 사람들이라고 시비 관념이 없었겠는가? 모두 공자의 시비 관념을 시비 관념으로 삼고 있었기 때문에, 그때는 시비관념이 없었던 것이다."[515] 이지는 유·불·도 삼교를 평등하게 보고 있었다. 그는 『삼교품서三敎品序』에서 이렇게 말한다.

---

512) (明)李溫陵:《李贄文集初潭集》卷二十, 北京燕山出版社1998年版, 第324頁.[원문: 世之好名者必講道學, 以道學之能起名也. 無用者必講道學, 以道學之足以濟用也. 欺天罔人者必講道學, 以道學之足以售其欺罔之謀也.]

513) (明)李贄:《焚書 續焚書》卷三, 中華書局1975年版, 第99頁.[원문: 然則《六經》,《語》,《孟》, 乃道學之口實, 假人之淵藪也, 斷斷乎其不可以語於童心之言明矣.]

514) (明)李贄:《焚書 續焚書》卷一, 中華書局1975年版, 第16頁.[원문: 夫天生一人, 自有一人之用, 不待取給於孔子而後足也. 若必待取足於孔子, 則千古以前無孔子, 終不得爲人乎?]

515) (明)李贄:《藏書》, 中華書局1959年版, 第1頁.[원문: 前三代吾無論矣, 後三代漢唐宋是也. 中間千百餘年, 而獨無是非者, 豈其人無是非哉? 鹹以孔子之是非爲是非, 故未嘗有是非耳.]

> 삼교의 성인들은 하늘을 떠받치고 땅위에 우뚝 서 있는데, 공통점과 차이도 분명치 않다. 그래서 '천하에는 도道가 둘이 아니고, 성현聖賢의 마음도 둘이 아니다.'라고 말하는 것이다.[516] 대저 성인의 학문聖學은 모두 자기의 생사生死의 근인根因을 궁구窮究하고, 자기의 성명性命의 행방을 탐구한 것이다. 유독 삼교의 대성인大聖人만 그것을 알고 있었으니, 그리하여 평생의 힘을 다해서 그것을 밝혔었다. 깊이 깨닫고 자유자재로 활용하게 된 후에는 역할이 각자 달랐지만, 그 다른 점은 다만 겉모습일 따름이었다. 기왕 세 사람으로 나뉘었으니, 어찌 똑같은 모습일 수 있겠는가? …… 어찌하여 세 성인이 똑같은 그 원인에 대해서는 매일 탐구하고 토론하지 않는가?[517]

이지는 또 여성을 차별 대우하는 것에도 아주 반대했다. 이렇게 말한다. "사람은 남자와 여자의 구별이 있다고 말하는 것은 가능하겠다. 하지만 어찌 견식에 남자와 여자의 차별이 있다고 말하겠는가? 견식에 길고 짧음이 있다고 말하는 것은 가능하겠다. 그러나 남자의 견식은 넓고 여자의 견식은 좁다고 말한다면, 이 또한 어찌 될 소리이겠는가?"[518] 이를 여성해방운동의 전주곡으로 볼 수 있겠다. 마땅히 이지의 시대의 조류에 거스르는 대담한 논설은 그 대부분이 사상적 권위의 속박을 타파하는 창조적인 논설이었다고 해야 할 것이다. 그러나 다른 한편, 과격하고 지나친 극단적인 말도 적지 않았다. 예컨대, 그는 공자가 중화문명사에서 가졌던 숭고한 지위를 완전히 부정해버렸는데, 이는 타당치 못한 것이라고 하겠다. 그 당시 주요문제는 '공자의 시비관념을 시비관념으로 삼는데' 있었던 것이 아니라, 공자의 시비관념이 진정하게 활용되지 못했던 것에 있었다. 그 당시 공자 사상은 다만 지배계급들에서 자신들의 사적 이익을

---

516) 容肇祖 :《明代思想史》, 齊魯書社1992年版, 第254頁.[원문 : 三教聖人, 頂天立地, 不容異同明矣. 故曰 : '天下無二道, 聖賢無兩心'.]

517) (明)李贄 :《續焚書》卷一, 社會科學文獻出版社2000年版, 第1頁.[원문 : "凡聖學, 皆爲窮究自己生死根因, 探討自家性命下落", "唯三教大聖人知之, 故竭平生之力以窮之. 雖得心應手之後, 作用各不同, 然其不同者特面貌爾. 既是分爲三人, 安有同一面貌之理? ……曷不於三聖人之所以同者而日事探討乎?"]

518) (明)李贄 :《焚書 續焚書》卷二, 中華書局1975年版, 第59頁.[원문 : 謂人有男女則可, 謂見有男女豈可乎? 謂見有長短則可, 謂男子之見盡長, 女人之見盡短, 又豈可乎?]

추구하기 위해 허위적으로 활용하던 화려한 장식품으로 전락되었다. 논제를 '진짜와 가짜 공자'로부터 '옳고 그름의 공자'로 전환시킨 것은 이지 동심설의 본뜻을 이탈한 것이겠다. 또한 비판의 예봉과 그 의의도 약화시켰었다. 이는 그가 미처 의식하지 못했던 문제일 수도 있다.

4) 태주학파泰州學派에 대한 역사적 평가

명나라와 청나라가 바뀌던 시기, 황종희黃宗羲는 『명유학안明儒學案·태주학안泰州學案』을 편저했는데, 여기서 그는 이렇게 평론했다. "양명陽明 선생의 학설은 태주泰州(王艮)와 용계龍溪(王畿)가 있어 천하에 널리 유행했다. 그러나 또한 태주와 용계 때문에 점차 그 전통을 잃게 되었다. 태주와 용계는 늘 스승의 학설에 불만을 품고 있었고, 더욱 가우타마Gautama Buddha의 비법을 풀어서 스승의 뜻으로 돌렸는데 대체로 양명을 선禪으로 올려놓았다고 하겠다. 하지만 용계 이후, 역량이 용계를 초과한 자가 없었고 또한 강우江右학파에서 도와 이를 바로잡아주게 되어 완전히 결렬되기에 이르지는 않았다. 태주 이후, 사람들은 많이는 맨손으로 용과 뱀을 잡을 수 있었는데, 안산농顔山農, 하심은何心隱 일파로 전해져서는 드디어 더는 명교名教(儒學을 말함)로 통제할 수 있는 것이 아니 되었다. 고단문공顧端文公(顧憲成을 말함)은 이렇게 말했다. "심은心隱 따위들은 이욕利慾의 끈적끈적한 대야에 앉아 있었기에 사람들을 선동할 수 있었는데, 이는 다만 그의 일종의 총명함에서 연유한 것이고 또한 그래서 이를 수 없는 곳이 있을 수밖에 없었다.'라고 한다. 희(黃宗羲 자신)가 보건대, 이는 총명함의 문제가 아니라 바로 그의 학술의 문제이다. 즉 조사선祖師禪(南宗禪法)에서 말하는 작용作用을 가지고 성품을 보았기見性 때문이다. 제공諸公(태주학파의 학자들)들은 천지를 발칵 뒤집었는데, 앞을 내다봐도 옛사람이 없었고, 뒤를 돌아봐도 따라오는 이가 없었다고 하겠다. 하지만 석씨釋氏가 일봉일갈一棒一喝하면서, 그때 그 자리에서는 횡행했지만, 지팡이를 내려놓고는 어리석은 자愚人로 되던 것과 마찬가지였다. 제공諸公들이 맨몸으로 짊어지기만 하고, 내려놓는 때가 없었으니, 그 폐해害는 이럴 수밖에 없었다."[519] 황종희黃宗羲는 왕용계王

龍溪(王畿)에 대해서는 어느 정도 너그럽게 평가했지만, 왕간王艮 이후의 여러 학자들에 대해서는 심하게 비판했다. 하나는 그들이 이욕利慾에 빠져 명교名教를 타파했다는 것이고, 다른 하나는 그들이 선학禪學을 본받고 있었는데 지나쳤다는 것이다. 사실 전자는 공정하지 못하고, 후자 또한 편견이겠다. 그러나 황종희黃宗羲는 또 글에서 때로는 동정과 찬양도 해주고 있었다. 황종희는 이렇게 말한다. "산농山農 협객游俠은 사람들의 어려움을 해결해주는 것을 좋아했다."[520] 하심은何心隱의 학설은 "대개 한번 변하면 의(張儀를 말함)와 진(蘇秦을 말함)의 학설로 될 수 있었다."[521] 나여방에 대해서는 "선생의 학설은 갓난아기의 양심을 가지고, 배우지 않고 생각하지 않는 것을 목표로 천지만물을 한 몸으로 삼고 형해形骸를 버리고 물아를 잊는 것을 큰 일로 삼고 있었다."[522]고 한다. 또 주국정朱國禎의 말을 인용하여, "약후弱侯(즉 焦竑)는 자기만 옳다고 여기는 진인眞人이였는데, 오로지 자기 편견만 고집하고 타인의 말을 잘 받아들이지 않았다."[523]라고 한다. 여기서 황종희가 태주학파泰州學派를 평가할 때 가지고 있었던 모순되는 심경을 엿볼 수 있겠다. 황종희의 『태주학안』은 여러 권인데, 그는 여기서 학자들을 상당히 많이 소개했다. 유독 이지에 대한 소개가 없었는

519) (淸)黃宗羲:《明儒學案》卷三十五, 沈芝盈點校, 中華書局1986年版, 第703頁.[원문: 陽明先生之學, 有泰州, 龍溪而風行天下, 亦因泰州, 龍溪而漸失其傳. 泰州, 龍溪時時不滿其師說, 益啟瞿曇之秘而歸之師, 蓋躋陽明而爲禪矣. 然龍溪之後, 力量無過於龍溪者, 又得江右爲之救正, 故不至於十分決裂. 泰州之後, 其人多能以赤手搏龍蛇, 傳至顔山農, 何心隱一派, 遂復非名教之所能羈絡矣. 顧端文曰:'心隱輩坐在利欲膠漆盆中, 所以能鼓動得人, 只緣他一種聰明, 亦只有不可到處.' 羲以爲非其聰明, 正其學術也. 所謂祖師禪者, 以作用見性. 諸公掀翻天地, 前不見有古人, 後不見有來者. 釋氏一棒一喝, 當機橫行, 放下拄杖, 便如愚人一般. 諸公赤身擔當, 無有放下時節, 故其害如是.]

520) (淸)黃宗羲:《明儒學案》卷三十五, 沈芝盈點校, 中華書局1986年版, 第703頁.[원문: 山農遊俠, 好急人之難.]

521) (淸)黃宗羲:《明儒學案》卷三十五, 沈芝盈點校, 中華書局1986年版, 第711頁.[원문: 蓋一變而爲儀, 秦之學矣.]

522) (淸)黃宗羲:《明儒學案》卷三十五, 沈芝盈點校, 中華書局1986年版, 第762頁.[원문: 先生之學, 以赤子良心, 不學不慮爲的, 以天地萬物同體, 徹形骸, 忘物我爲大.]

523) (淸)黃宗羲:《明儒學案》卷三十五, 沈芝盈點校, 中華書局1986年版, 第830頁.[원문: 弱侯自是眞人, 獨其偏見不可開.]

데, 참으로 유감스러운 일이라 하겠다.

당대 대학자 용조조容肇祖 선생도 『명대사상사明代思想史』를 저술했는데, 그는 저술과정에 『명유학안明儒學案』을 많이 참조했다. 한편, 계승도 있었고 또 초월도 있었다. 앞에서 용씨容氏가 하심은何心隱에 대한 높은 평가를 인용했다. 그는 『명대사상사』에서 또 이렇게 말한다. "사실 왕간王艮의 학설은 처음에는 서월徐樾에게로 전해졌고, 그를 거쳐 안균顔鈞에게로 전해졌고, 그 다음 나여방, 하심은에게로 전해졌는데, 그 과정은 줄곧 해방의 길로 나아가면서 진보했다."[524] 그렇다면 그는 황종희의 평가에 찬동할 수 없었다. 실제로 그는 황종희가 하심은의 학설을 장의張儀, 소진蘇秦의 학설과 같은 것으로 간주하는 것에 찬성하지 않았고, 반면 이지가 하심은을 성인이라고 평가한 것에 대해 공감을 표하고 있었다. 그는 역사상 처음으로 태주학파를 사상해방운동의 선구자라고 평가한 학자이다. 그는 이 책에서 큰 편폭을 할애하여 이지를 소개했는데, 그를 좌파 왕학王學의 중요한 대표인물이라고 평가했다. 이렇게 말한다. "이지의 사상은 왕수인 학파의 해방적·혁명적 사상에서 온 것이다. 그는 거의 모든 옛 성현들의 사상 또는 우상偶像을 타파했고, 지극히 자유롭고, 지극히 평등하고, 지극히 해방적인 길에 들어섰었다. 한편, 그는 또한 자연주의적이고, 적성適性주의적인 사상가였다. 비판적 측면에서 적지 않은 창조적이고 독특한 견해를 공헌해냈었다."[525] 나(이 책의 저자)는 그의 계시를 받고 이런 견해를 제기하고자 한다. 즉, 만약 선진 시기의 백가쟁명과 위진 남북조 시기의 현玄, 불佛, 도道, 유儒의 병진竝進을 중국사상사에서의 두 차례 사상해방운동으로 본다면 명나라 중후기의 왕학王學 및 그의 후학들이 일으킨 활기 넘치는 학술적 쟁명은 세 번째 사상해방운동이라고 칭할 수 있다는 것이다. 그 특색은 자신심自信心을

524) 容肇祖:《明代思想史》, 齊魯書社1992年版, 第237頁.[원문: 其實王艮學派, 一傳爲徐樾, 再傳爲顔鈞, 三傳而爲羅汝芳, 何心隱, 是朝著解放的路徑而進步的.]

525) 容肇祖:《明代思想史》, 齊魯書社1992年版, 第256頁.[원문: 李贄的思想, 是從王守仁一派解放的革命的思想而來, 他幾乎把一切古聖賢的思想或偶像打破了, 到了極自由, 極平等, 極解放的路上. 而他又是一個自然主義, 適性主義的思想家, 在批評方面貢獻了不少創新的獨特的見解.]

선동하고, 의타심依他心을 배격하고, 주체정신을 우뚝 세우고, 개성 및 독립적 인격을 치켜세워, 이렇게 사람들이 무궁한 정신적 창조의 역량을 방출하게 하는 것이었다. 우리는 또한 태주학파에 대한 잘못된 비난에 대해서도 변해辨解해야 할 것이다. 태주학파는 정통파 왕세정이 질책하던 것처럼 안균顔鈞에 이르러 '완전히 변질하지魚餒肉爛(생선이 상하고 고기가 부패해짐)' 않았다. 또 그들은 '재물과 여색에 탐욕스러운 것은 모두 자성自性에서 나온 것이다.'라고 주장하지도 않았다. 또 그들은 명교名教와 도의道義를 완전히 무시해버렸던 것도 아니다. 사실 그들은 스스로 마지노선이 있었다. 즉 중화미덕中華美德이 그것이겠다. 그들이 정통파正統派의 허위와 경직됨을 비판했던 것은 중화문명의 참 정신眞精神을 회복하고 발양하기 위함이었다. 다만 과격한 언행이 있었을 따름이다. 당연히 용씨容氏의 『명대사상사明代思想史』도 시대적 제한성이 있었다. 용씨는 '5·4'신문화운동의 긍정적 및 부정적 영향을 모두 받았었는바, 그리하여 왕학王學의 혁명적 의의를 충분히 긍정하는 동시에 또한 공자유학의 핵심적 가치에 대해서는 '동정同情의 묵응黙應과 심성心性의 체득體會'(湯用彤의 말)이 결핍했다.

제3절 전진도全眞道의 삼교 원융 과정에서의 발전과 강남 정명도淨明道의 유·도 일체화

1. 송·원·명 시기 도교 발전 개황과 황실에서의 숭도崇道

수, 당 시기를 이어, 송, 원, 명 세 조대三代는 도교가 새롭게 활기를 가졌던 시기였다. 도교 자체의 발달로 볼 때, 내단학內丹學은 진단陳摶과 장백단張伯端의 종합과 창조를 거쳐 이론적으로 더욱 심화되고 체계적이게 되었고 점차 성숙되었다. 또한 도교 교파도 변천하고 분화되었는데, 금, 원 시기에 이르러서는 전진도와 정일도正一道가 양립하는 구도를 형성했고, 이와 유가 도학과 불가 선학은 각자 정립하고 있었다. 전진도 남종南宗은 송나라에서 일떠섰고, 전진도 북종北宗은 금나라에서 일떠섰었다. 북종이 후일 도교의 주류로 되고 또 그 내부에는 여러 교파가 출현했는데, 그 가운데 구처기丘處機가 창립한 용문파龍門派가 가장 흥성하고 발달했다. 용문파龍門派는 교의와 교리, 조직제도와 사회적 영향이 모두 비약적인 발전이 있었고, 분명한 삼교합일의 색채를 지니고 있었고, 후기 도교의 주요 대표자로 되어졌었다. 남방의 정일도正一道는 원래 있던 정일正一, 상청上淸, 영보靈寶 삼대 체계를 제외하고도 또 신소神霄, 청미淸微, 천심天心, 정명淨明 등 신교파가 출현했는데, 이 역시 유교와 불교를 포용하고 융합하는 특색을 드러내고 있었다.

정교政敎 관계로 볼 때, 송, 원, 명 시기의 군왕들은 모두 대폭적으로 도교를 지지해주고 있었는데, 그리하여 도교의 발전은 비교적 훌륭한 정치적 환경을 영유하게 되었다. 송진종宋眞宗은 도교를 받들고 있었고, 천서天書와 부서符瑞 및 천신이 강림한다는天神下臨 등 신적神迹(불가사의한 이야기)을 만들었고, 전통 호천상제昊天上帝와 도교의 옥황대제玉皇大帝를 일체一體로 융합시켜 이를 지상신至上神으로 섬겼었다. 또 옥황의 명이라는 명의로 조송趙宋(송나라 시조는 조씨임)의 시조始祖를 보생대제保生大帝로 봉했다. 송진종宋眞宗은 태상노군太上老君의 호도 '혼원상덕황제混元上德皇帝'로 봉해 주었다. 이 시기 왕흠약王欽若이 총책임을 맡고 도교 전적典籍을 정리하여 만든 『보문통록寶文統錄』이 있었다. 이 책은 후일 장군방張君房이 재정리해서 『천궁보장天宮寶藏』으로 거듭났었다. 또 그 정요精要를 모아 『운급칠첨雲笈七籤』을 만들었는데, 사람들은 이 책을 '소도장小道藏'이라고 미칭했다. 진종眞宗은 또 제24대 천사天師 장정수張正隨를 '진정선생眞靜先生'으로 봉해 주었는데, 이 일이 황제가 천사天師에게 호를 '선생'으로 봉封해주는 시작으로 되어졌다. 진종眞宗은 이렇게 말했다. "짐은 희이希夷(즉 陳摶)의 가르침을 받들고, 청정함을 본받으면서 백성들을 다스리겠다."[526] 송휘종宋徽宗은 도사 통진선생通眞先生 임령소林靈素를 아주 숭배하고 있었고, 스스로 자신을 '교주도군황제敎主道君皇帝'로 책봉했다. 이렇게 역사에서 유일하게 천신天神, 교주敎主, 임금을 한 몸에 지닌 황제로 되었던 것이다. 또 명을

526) (元)脫脫等撰 :《宋史》卷462, 中華書局, 1977年版, 第13515頁.[원문 : 朕奉希夷以爲敎, 法淸靜以臨民.]

내려 태학太學, 벽옹璧雍에서 각각 『내경』, 『도덕경』, 『장자』, 『열자』 박사博士 두 명을 두고, 도서를 경학經學 전적典籍의 범주에 들여 넣도록 했다. 『송사宋史·휘종본기徽宗本紀』에서는 그가 금나라 사람들에게 나라를 빼앗긴 연유緣由를 두 가지로 설명한다. 첫째는 "개인의 작은 지혜에 기대어, 마음을 외곬으로 쓰고, 의로운 자正士들을 멀리하고, 간사하고 아첨을 잘 하는 자들을 가까이 한 것이고", 둘째는 "허무虛無를 맹신하고, 궁궐을 장식하기를 좋아하고 유람하기를 좋아해서 민력民力을 고갈시키고", "국정을 팽개치고 날마다 황당무계한 일만 행한 것이다."[527]라고 한다. 휘종徽宗이 도교를 믿으면서 이룬 성취는 『만수도장萬壽道藏』을 만든 일이라고 하겠다. 이 책을 『정화도장政和道藏』이라고도 칭하는데, 이것이 가장 이른 조판 인쇄본이다. 북송이 멸망하면서 부록符籙을 가지고 재앙을 쫓는 일을 주로 하던 옛 도교는 점차 쇠락했고, 대신 연양煉養과 권선勸善을 위주로 하는 신도교新道教가 점차 일떠섰다. 이는 도교 발전과정에서 한 차례 중요한 전환점으로 되었다. 남송 이종理宗은 정일도正一道 제35대 천사天師 장가대張可大를 소견召見한 적이 있는데, 그에게 명을 내려 삼산三山(즉 龍虎山, 茅山, 閣皀山) 부록을 추천하라고 했고, 그의 호를 '관묘선생觀妙先生'이라고 봉해 주었다. 이종理宗은 황제皇帝의 신분으로 사람들에게 도교의 권선서勸善書 『태상감응편太上感應篇』을 추천해주었고, 몸소 "제악막작 중선봉행諸惡莫作 衆善奉行'이라는 여덟 글자를 제사題辭로 써주었다. 이 책은 또 명유名儒 진덕수眞德秀가 서序와 발跋을 써주었고, 재상宰相 정청지鄭淸之가 찬문贊文을 써주었다. 마지막에 태을궁太乙宮 도사道士 호영미胡瑩微가 인쇄를 책임졌었다. 황제가 추천하고, 명유名儒와 권신權臣들이 대폭적으로 지지해주게 되면서 이 책은 세상에 널리 전해졌고, 또한 중화 전통 도덕을 보급하는 방향에서 유·도·불 삼교의 융합을 크게 추진시켰었다.

금나라와 원나라가 바뀌던 시기, 북방에서는 세 개의 도교 신新 교파가 일떠섰다. 첫째는 태일교太一教로서 이 교파는 금나라 천권天眷 연간, 도사 소포진蕭

527) (元)脫脫等撰 :《宋史》卷8, 中華書局1977年版, 第418頁.[원문 : "恃其私智小慧, 用心一偏, 疏斥正士, 狎近奸諛", "溺信虛無, 崇飾遊觀, 困竭民力", "怠棄國政, 日行無稽".]

抱珍을 종사宗師로 섬기면서 태일 삼원三元 부록술符籙術을 전했다. 교풍은 남방의 천사도天師道에 가까웠다. 둘째는 진대도교眞大道教로서 이 교파는 금나라 도사 유덕인劉德仁이 세웠고, 고절위행苦節危行(어려움 속에서도 지켜 나가는 굳은 절개와 시속時俗을 좇지 않는 고상한 행동을 말함)을 핵심으로 삼고 있었다. 셋째는 전진도로서 이 교파는 금나라 때에 일떠섰고, 원나라 때에 와서 흥성했다. 태일교와 진대도교는 모두 한 때 금, 원 황실의 특별한 중시를 받았었는데, 하지만 원나라 말기에 와서는 모두 쇠미해졌다. 유독 전진도만 오랫동안 흥성했다. 『원사元史·석로지釋老志』에는 이에 대한 상세한 기재가 있다. 중화민국 시기, 종교사 학자 진단陳壇은 『남송초하북신도교고南宋初河北新道教考』를 저술했는데, 이 책에서 그는 대량의 비석에 새겨진 문헌자료를 가지고 증빙하면서 이상 세 교파의 변천을 논술했다. 후일 이 책은 이 시기 도교 변천사를 연구하는 경전 작품으로 되어졌다. 구처기丘處機가 설산에 찾아가서 칭기즈칸을 만났던 연고로 원나라 조정朝廷에서는 특히 전진도를 중요시하고 있었는데, 일찍 태조太祖는 명을 내려 구처기가 천하의 도교를 관장하게 했다. 동시에 원나라 조정朝廷에서는 남방의 정일도正一道도 크게 신뢰하고 있었는데, 후일 원세조元世祖는 제36대 천사天師 장종연張宗演을 소견召見하고서 어명을 내려 그가 강남江南의 도교를 인솔하게 했다. 성조成祖는 제38대 천사 장여재張與材를 소견하고서 그를 정일교주正一教主로 임명했고, 어명을 내려 그가 삼산三山(즉 龍虎山, 茅山, 閣皂山)의 부록파符籙를 인솔하게 했다. 원나라 조정에서는 또 장유손張留孫과 오전절吳全節(스승과 제자 사이임)을 크게 신임하고 있었는데, 장유손張留孫의 호를 '현교대종사玄教大宗師'로 봉해 주기도 했다.

명나라 황제들도 도교를 높이 받들고 있었다. 명성조明成祖 영락제永樂帝는 건문제建文帝 때 인고印誥를 몰수당한 제43대 천사 장우초張宇初의 봉호를 회복해주었고, 특히 무당산武當山 현무玄武(즉 眞武) 대제大帝를 크게 숭상했다. 또 화룡진인火龍眞人 장삼풍張三豊에게 크게 매료되었는데, 그리하여 무당산武當山 도관道觀을 굉장하게 구축해주었고, 진무眞武의 호를 추가로 '북극진천진무현천상제北極鎭天眞武玄天上帝'로 봉해 주었다. 영락永樂 연간, 성조成祖는 제43대

천사 장우초張宇初에게 명을 내려 『도장道藏』을 편집하고 교감輯校 하라고 시켰는데, 그는 이 일을 완성하지 못하고 죽었다. 영종英宗 정통正統 연간에 와서 영종은 다시 통묘진인通妙眞人 소이정邵以正에게 명을 내려 『도장道藏』을 교감校勘하는 일을 감독하게 했고, 미비한 부분을 보충하라고 시켰다. 마침내 정통正統 10년, 수정과 교감이 끝나고 이 일이 마무리되었는데, 이 책이 즉 『정통도장正統道藏』이겠다. 모두 5305권, 480함函이었다. 신종神宗 만력萬曆 35년, 제50대 천사 장국상張國祥은 후속 『도장道藏』을 편집했는데, 이를 『만력속도장萬曆續道藏』이라 칭한다. 정속正續 『도장道藏』은 모두 5485권, 512함이었다. 명세종明世宗은 중년 이후, 도교 재초齋醮와 장생술長生術에만 푹 빠져 있었고, 조정의 정사는 관계치 않았는데, 그리하여 대권은 엄숭嚴嵩에게로 넘어가게 되었다. 그는 또 정일도正一道 도사道士 소원절邵元節, 도중문陶仲文에게 많은 물건을 상으로 하사했고, 스스로 자기를 제군帝君으로 봉하고서는 재초齋醮와 청사靑詞(天神에게 올리는 글)에 열중했다. 그리하여 대신들은 앞 다투어 청사靑詞를 만들어 임금님의 총애를 얻고자 했다고 한다. 후일 엄숭이 관직에서 쫓겨나 유배지에 가서 죽고, 서개徐玠가 대신 재상宰相을 맡으면서 상황은 조금 나아졌었다. 세종世宗은 죽기 전, 깨달은 바가 조금 있었던 것으로 보인다. 그는 유조遺詔(황제가 죽기 전 남긴 詔書)에서 이렇게 말했다. “병이 많은 연고로 지나치게 장생長生을 추구했는데, 결국 간사한 자들의 속임수에 미혹되기에 이르렀다.”[528] 이로 보면 그는 깊이 반성하고 자책한 것 같지는 않다.

2. 전진도의 흥기와 창성

1) 장백단張伯端 : 남방에서 전진도 정초定礎

장백단은 전진도남종의 창시자이다. 호는 자양진인紫陽眞人이고, 그는 북송北宋 천태天台 사람이다. 그때 남방에는 ‘전진全眞’이란 이름이 없었다. 후일 북

528) (淸)夏燮 :《明通鑒》卷六十三, 中華書局1959年版, 第2486頁.[원문 : 只緣多病, 過求長生, 遂至奸人誑惑.]

방 전진도가 금나라가 원나라로 바뀌던 시기에 일떠선 후, 장백단張伯端의 교파敎派를 전진도남종이라 칭하게 되었다. 장백단 및 그의 교파는 내단內丹 연양煉養을 중요시하고, 성명性命 쌍수雙修를 중요시하고, 오진悟眞 성선成仙을 추구했는데, 이는 남방에서 유행하던 재초齋醮와 기양祈禳을 위주로 하는 천사도天師道와 많이 달랐다. 오히려 전진도 북종의 교의敎義와 아주 유사했는데, 그리하여 전진도남종이라 칭하게 되었던 것이다. 장백단은 『오진편悟眞篇』을 저술했는데, 후세 사람들은 이 책을 당나라 사마승정司馬承禎의 『좌망론坐忘論』과 가지런히 위치 지운다. 『오진편悟眞篇』에서는 『도덕경道德經』과 『음부경陰符經』을 높이 받들고 있었고, 진단陳摶의 "순행順行하면 (일반)사람을 낳고, 역수逆修하면 단丹을 맺는다順行生人 逆修成丹."는 연양煉養의 법식을 계승하고 있었고, 불가 선종禪宗의 자오설自悟說을 융화시키고 있었고, 『주역』의 음양陰陽의 도道를 가지고 금단대법金丹大法을 해석하고 있었다. 또 "감괘坎에 들어 있는 양陽으로써 이괘離에 들어 있는 음陰을 채운다."는 원리를 금단金丹 연양煉養의 관건으로 삼고 있었고, 그 목표는 순수 양純陽의 체體를 만들어내는 것이었다. 그의 '성명性命 쌍수雙修' 설에서는 북종北宗에서 '성性(心性)을 우선으로 하고 명命(生理)을 다음으로 하는 것'과 달리, '명命을 우선으로 하고 성性을 다음으로 할 것'을 주장했다. 『오진편悟眞篇』 서序에서는 "명命이 존재하지 않으면, 성性이 어찌 존재하랴?", "우선 명命을 수련하는 방법으로써 욕망하는 바에 순응하고, 그다음 점차 도道에 이끌어간다."라고 한다. 명命을 수련하는 것이 기초인 바, 우선 기초를 닦는 것으로부터 착수하고, 이어서 연정화기煉精化氣(精을 단련하여 氣로 변화시킴)하고, 그다음 연기환신煉氣還神(氣를 단련하여 神을 되돌려옴)하고, 마지막에 연신환허煉神還虛(神을 단련하여 虛, 즉 先天의 경지에 되돌아감)하여, 연허합도煉虛合道(虛를 단련하여 道에 합치시킴)를 이룬다는 것이다. 내단의 연양煉養은 명공命功(生理 단련)에서 시작하여 성공性功(心性 단련)에서 완성된다. 이른바 명공이란 기氣를 단련하는 것으로서 즉 생리적 훈련이다. 이른바 성공이란 정신神을 단련하는 것으로서 즉 심리적 훈련이다. 유·불·도 삼교에서는 모두 심성心性의 학문을 중요시하고 있었는데, 다시 말하면 성공을 중요시하고 있었는데,

이 방면에서 삼교는 관통되고 또 상호 보완적이었다고 하겠다. 다만 명공, 즉 형기形氣를 연양煉養하여 금단金丹을 맺는 것만이 도교에서 독특하게 가지고 있는 조예였다. 『오진편悟眞篇』에서는 세상을 도피하여 산속에 은거하고, 문을 닫고 수련하는 것에 찬성하지 않았다. 반대로 도를 닦는 자(수도자)들이 선행을 많이 하고 덕을 많이 쌓을 것을 권장한다. 즉 공功과 행行 양자를 모두 이룰 것을 강조하고 있었다. 이렇게 말한다. "만약 선善을 쌓아 음덕陰德을 베풀지 아니 하면, 행동에 마귀무리들의 훼방이 있게 된다."[529] "덕행을 닦아 팔백八百을 넘기고, 음공陰功을 쌓아 삼천三千이 되고, 물아物我와 친원親寃(주변의 모든 사람과 사물)을 모두 가지런히 하게 되면 신선神仙의 본원本願(원래 소원)에 합치되기 시작한다."[530] 즉 외부 행위로써 내공을 협동해주게 되면 머지않아 곧 선도仙道를 이룰 수 있다는 것이다. 한편, 이로부터 후일 전진도에서는 내수內修와 외행外行을 결합하고, 선행을 특히 중요시하는 방향으로 나아가게 되었다. 20세기 도교학 대가 진영녕陳攖寧은 장백단張伯端을 평가할 때 이렇게 말했다.

> 자양紫陽(張伯端의 號) 도사道師는 원래 일개 도필리刀筆吏였다. 철저히 깨달은 후, 비상非常 수단으로써 속세와의 온갖 번거러운 인연을 끊어버릴 수 있었는데, 이는 큰 지혜와 큰 용맹함이라 말하지 않을 수 없겠다. 『오진편悟眞篇』 '서序'에서 말하는 것들은 삼교의 경서經書 및 형법刑法과 서산書算, 의복醫卜과 전진戰陣, 천문天文과 지리地理의 술수術數를 아우르고 있는데, 어느 하나 상세히 탐구하지 않은 것이 없었다. 옛 성현들이라고 그이보다 더 고명高明했겠는가? 어찌 공문公門(즉 朝廷)에 있는 자들이 그이와 비길 수 있었겠는가? 금단金丹 현지玄旨를 위조魏祖(즉 魏伯陽)가 직접 마음으로 전해 준心傳 외에, 또 오진편悟眞篇 외집外集이 있는데, 그 내용은 달마達摩의 최상일승最上一乘의 묘도妙道와 깊이 합치되고深契 있다. 이는 오래 전에 이미 불교 선종禪宗의 어록에 수록되어 있던 것이다. 성명쌍수性命雙修 학설은 선생에 이르러서야 집대성하게 되었는데, 그이 전에도 옛사람

529) (宋)張伯端原著, 張振國著 : 《悟眞篇導讀》, 宗教文化出版社2001年版, 第117頁.[원문 : 若非積行施陰德, 動有群魔作障緣.]

530) (宋)張伯端原著, 張振國著 : 《悟眞篇導讀》, 宗教文化出版社2001年版, 第153頁.[원문 : 德行修逾八百, 陰功積滿三千, 均齊物我與親冤, 始合神仙本願.]

이 없었고 그이 후에도 따라온 자가 없었다.531)

진영녕陳攖寧은 그를 아주 높이 평가했을 뿐만 아니라 또한 『오진편悟眞篇』이 삼교를 융회融會시킨 작품이라고 지적했다. 그리하여 집대성할 수 있었다는 것이다.

2) 왕중양王重陽 : 북방에서 전진도 정식 창립

왕중양의 원명은 중부中孚이고, 자는 윤경允卿이다. 무과武擧에 응應(그때는 武擧制度가 생기지 않아서 及第라 안 하고 應이라 칭했다.)한 후, 이름을 덕위德威로 바꾸고 자를 세웅世雄으로 바꿨다. 입도入道(도교에 들어온 후)한 후에는 이름을 왕철王喆로, 자는 지명知名으로, 호는 중양자重陽子로 바꿨다. 함양咸陽 사람으로서 송나라 정화政和 2년에 태어났고, 금세종金世宗 대정大定 10년에 세상을 떠났다. 스스로 말하기를, 금나라 정륭正隆 연간, 지인至人을 만나 득도得道하고서 대정大定 3년 종남終南 유장촌劉蔣村에 터를 잡았는데, 그때는 제자를 몇 명 못 받았다고 한다. 관중關中에서 도교를 발전시키려 했지만 효과가 좋지 않아 결국 거처를 불태우고 홀몸으로 동쪽으로 떠나 교동膠東 녕해寧海에 갔는데, 그 곳 이로정怡老亭에서 마옥馬鈺을 만났고, 그 후 제자 일곱 명을 받았다고 한다. 그 일곱 명이 즉 마옥(즉 丹陽), 손불이孫不貳(즉 淸靜), 담처단譚處端(즉 長眞), 유처현劉處玄(즉 長生), 구처기丘處機(즉 長春), 왕처일王處一(즉 玉陽), 학대통郝大通(즉 廣寧)이다. 대정大定 8년과 9년, 왕중양王重陽은 이 일곱 제자와 함께 문등文登, 영해寧海, 복산福山, 내주萊州 일대에서 다섯 개의 '삼교'를 표식標識으로 한 교단敎團 조직會社을 창립했다. 즉 '삼교칠보회三敎七寶會', '삼교금련회三敎金蓮會', '삼

531) 自王沐 :《道敎丹功宗派漫談》,《中國道敎》1987年第2期. 재인용. [원문 : 紫陽師一刀筆吏耳, 徹悟後, 居然能用非常手段斬絶塵緣, 不可謂非大智大勇矣!《悟眞篇》'序'所言涉獵三敎經書, 以至刑法書算, 醫蔔戰陣, 天文地理之術, 靡不詳究. 雖古聖哲何以加玆, 豈公門中人所能望其項背哉? 除金丹玄旨直接魏祖心傳而外, 尙有悟眞篇外集, 深契達摩最上一乘之妙道, 久已收入佛敎禪宗語錄內. 性命雙修之學, 至師始集大成, 前無古人, 後無來者.]

교삼광회三教三光會', '삼교옥화회三教玉華會', '삼교평등회三教平等會'가 그것이다. 이는 전진도가 정식으로 일떠섰음을 의미한다. 이를 '삼주오회三州五會'라고도 칭한다. 대정大定 10년, 왕중양王重陽은 구처기丘處機, 유처현劉處玄, 담처단譚處端, 마옥馬鈺, 이 네 제자를 거느리고 관중關中으로 돌아오던 중, 변경汴京에서 세상을 떠났다. 후일 이 일곱 제자七大弟子는 산동山東, 하북河北, 하남河南 일대에서 도道를 닦고 교道教를 전했는데, 그들은 깨끗한 절개와 고통스러운 수행苦行으로써 세상 사람들을 크게 감동시켰었다.

왕중양王重陽이 도교에 대한 혁신은 주로 아래와 같은 몇 가지가 있었다.

첫째, 도교를 귀신鬼神을 숭배하던 종교로부터 심신心身의 해탈을 얻는 종교로 탈바꿈시켰다. 그 당시 도교는 재초齋醮, 부록符籙, 외단外丹 등 도술道術을 우선시하고 있었고, 한편 대도大道로 인간세상을 이끌어가는 역할은 결핍했다. 중양重陽 조사祖師는 노장 도가 철학을 가지고 도교를 술수術數에만 집착하던 종교로부터 사람들이 안심입명安心立命하게 하는 종교로 승화시켰고, 사람들이 일종의 자연주의 생활 태도를 영유하게끔 했다. 이렇게 도교가 사람들의 심령을 정화시키고, 심리를 조절해주는 역할을 발휘하게 만들었던 것이다. 한편, 도교는 사람들이 인생의 고민과 불안, 긴장감을 떨쳐버리고 해탈과 자유, 평안함을 얻게 해주는 마음의 기탁으로 자리매김하게 되었다. 이는 노장 도학이 도교로 종교화된 후, 한 차례 도가철학으로 회귀하는 혁신이었다. 동시에 도교의 기본 신앙은 보류하고 있었는데, 그래서 이는 또 한 차례 나선식 승화였다. 중양重陽은 단양丹陽(馬鈺)을 가르칠 때, 그더러 12가지를 끊으라고 했다. 즉 주酒, 색色, 재財, 기氣, 반攀, 원援, 애愛, 념念, 우憂, 수愁, 사思, 려慮가 그것이다. 그는 시를 지어 이렇게 말한다. "색色과 재財의 덤불에서 마음의 초월을 찾고, 술酒과 고기肉의 숲에서 마음의 승화를 구하리."532) 그는 여기서 명확하게 '초월'이라는 이념을 제기했다. 그는 도교를 수련하는 자들이 명리名利, 향락과 번뇌의 속박을 떨쳐버리고, '진성眞性'을 실현하여, 즉 진실한 자아를 현현顯現하

532) 王重陽 :《重陽全眞集》卷一,《道藏》第二十五冊, 文物出版社, 上海書店, 天津古籍出版社 1988年版, 第696頁.[원문 : 色財叢裏尋超越, 酒肉林中覓擧升.]

여 심령의 청정함淸靜과 자유를 획득할 것을 요구하고 있었다. 그가 이해하고 있던 장생長生은 전에 갈홍葛洪이 말하던 육체가 하늘에 날아올라 신선이 되는 그런 것이 아니었고, 이는 '정신적 자아'가 영원히 살아 있는 것이었다. 즉 "진성眞性이 어지럽지 않고, 만연萬緣(온갖 인연)이 엉켜 있지 않고, 떠나지도 않고 다가오지도 않는, 이런 것이 장생불사長生不死이다."[533] 그는 비난하기를, 과거에 도인들은 "영원히 죽지 않을 것을 욕망하여 속세를 떠나려고 했는데, 이는 어리석기 그지 없는 자들이 도道의 이치理를 알지 못하고 행한 짓거리이다."[534] 라고 했다. 이는 도교 의리義理에 대한 한 차례 심각한 변혁이었다. 원나라 이정李鼎의 『대원중수고루관종성궁기大元重修古樓觀宗聖宮記』에서는 이렇게 말한다.

이경二經(즉 『道德經』 상, 하편을 말함)을 가르치고 배우면서 도교가 유행하게 되었다. 세월이 흘러 아래로 내려오면서, 그것을 전하는 자들이 바뀌어 그것은 여러 번 변했는데, 한번 변해서는 진한 때의 방약方藥으로 되었고, 다시 변해서는 위진 때의 허현虛玄으로 되었고, 재차 변해서는 수당 때의 양회禳禬로 되었다. 그 나머지 왜곡된 학설曲學과 작은 술수術數는 이루 다 말할수 없겠다. 그들은 오천 글자 현훈玄訓을 높은 시렁에 얹어 두고, 그것을 쓸모없는 기물로 만들어버렸던 것이다. 금나라 대정大定 연간 초에, 중양조사重陽祖師가 나와서 도덕道德과 성명性命의 학문을 가지고 전진도를 만들어 널리 전했고, 백가百家들의 유폐流弊를 말끔히 씻어버리고, 천년 끊어진 학문을 다시 이었다.[535]

원나라 서염徐琰의 『학종사도행비郝宗師道行碑』에서는 이렇게 말한다.

---

533) 《道藏》第二十五冊, 文物出版社, 上海書店, 天津古籍出版社1988年版, 第807頁.[원문 : 眞性不亂, 萬緣不掛, 不去不來, 此是長生不死也.]

534) 《道藏》第二十五冊, 文物出版社, 上海書店, 天津古籍出版社1988年版, 第154頁.[원문 : 欲永不死而離凡世者, 大愚不達道理也.]

535) 《道藏》第十九冊, 文物出版社, 上海書店, 天津古籍出版社1988年版, 第555頁.[원문 : 二經授受而教行矣. 世既下降, 傳之者或異, 一變而爲秦漢之方藥, 再變而爲魏晉之虛玄, 三變而爲隋唐之禳禬, 其餘曲學小數, 不可殫紀. 使五千言之玄訓束之高閣, 爲無用之具矣. 金大定初, 重陽祖師出焉, 以道德性命之學, 唱爲全眞, 洗百家之流弊, 紹千載之絶學.]

도교를 신봉하는 자들은 그것이 원래 노자와 장자로부터 나온 것이었지만, 후세에 와서는 그 본래 취지本旨를 잃고, 그것을 갈라서는 방술方術을 만들고, 부록符籙을 만들고, 소련燒煉(鍊丹을 말함)을 하고, 장초章醮를 행했다. 갈래가 많아지면서 점점 더 헷갈리게 되었는데, 그렇게 된 지가 오래다. 금나라 말엽에 이르러, 중양진군重陽眞君이 스승과 친구들의 도움을 받지 않고, 단번에 크게 깨닫고서 크게 혁신을 이루었는데, 어쩌면 천신天神이 전수해준 것 같았다. 그는 종남終南(陝西에 있음)을 떠나 곤유昆崳(山東에 있음)에 갔고, 거기서 같은 뜻을 가진 자들을 불러 모아 깨우쳐주고, 단련시키면서 일개 종교를 세웠는데, 그 이름을 전진全眞이라 했다. 수행修持의 대략大略은, 즉 식심견성識心見性하고, 정情을 버리고 욕欲을 끊고, 굴욕을 참고 견디고, 자신을 괴롭히면서 남을 이롭게 해주는 것을 근본宗으로 삼는 것이었다. …… 노장의 도道는 이로부터 다시 도교와 합치되었다.536)

중양조사重陽祖師는 종교적 방식으로써 노자와 장자의 정신을 발양했는데, 이는 도가사상을 민간에 보급시키는데 많이 용이했다. 그 목적은 즉 속세에서 이익의 욕구에 빠져 있는 자들이 진실하고 건강한 자아를 되찾아오게 하려는 것이었다. 대만의 복초復初는 이렇게 말한다.

인류의 생명이 인간이 창조한 문명에 깊이 미혹되고 휘말리고, 한편 존재의 본연과 생명의 진정한 의의 및 가치는 망각해버린 이 시대에 이런 운동(王重陽의 全眞道 창립을 가리킴)을 참조하여 인류가 만들어낸 이러저러한 미스터리와 장폐障蔽를 다시 꿰뚫어보고, 내적 영성靈性에 대한 깨달음과 추구를 다시 열어내는 것이 바로 전진도의 흥기興起가 오늘 이 시대에 주는 중대한 계시이겠다.537)

536) 《道藏》第十九册, 文物出版社, 上海書店, 天津古籍出版社1988年版, 第740頁.[원문 : 道家者流, 其源出於老莊, 後之人失其本旨, 派而爲方術, 爲符箓, 爲燒煉, 爲章醮, 派愈分而迷愈遠, 其來久矣. 迨乎金季, 重陽眞君, 不階師友, 一悟絶人, 殆若天授, 起於終南, 達於昆侖, 招其同類而開導之, 鍛煉之, 創立一家之教曰全眞. 其修持大略以識心見性, 去情去欲, 忍恥含垢, 苦己利人爲之宗. ……老莊之道於是乎始合.]

537) 復初 : 《中國十二, 十三世紀的“靈性覺醒”運動》, 載《丹道文化》第26期“王重陽專輯”, 臺灣丹道文化敎育基金會2002年版. [원문 : 在這個人類生命深爲人造文明所迷惑及繳繞, 而遺忘了存在之本源以及生命之眞正意義及價值的時代當中, 借鑒於這樣的運動, 重新穿透由人類自身所建構起來的種種謎團, 障蔽, 重新開啟對於內在靈性的體悟及追求, 這正是全眞道的興起對於這個時代的重大啟示所在.]

둘째, 삼교는 일가一家라고 주장하고, 애써 삼교 융합을 추진했다. 도교는 초기에 유교와 도교의 합류는 주장했지만 불교에 대해서는 많이 배척했다. 후기에 와서야 삼교 합류 사조의 영향을 받고서, 점차 유교와 불교를 모두 받아들이고 융화시키려고 했다. 당나라 이후에는 특히 도道와 선禪의 회통에 많은 힘을 기울였는데, 하지만 여전히 도교를 위주로 할 것을 강조하고 있었다. 이에 반해 중양조사重陽祖師는 완전히 개방적이었다. 그는 삼교는 일가이고三敎一家, 삼교는 평등하다三敎平等고 주장하면서 삼교를 회통시켜 도교를 발전시키는 길로 나아갔다. 그는 시를 지어 이렇게 말한다.

> 석가와 도가는 종래로 일가一家였거늘, 양가는 형태나 모습이나 이치에서 차별이 없었네.[538] 유문儒門과 석호釋戶와 도가는 서로 통하거늘, 삼교는 종래로 같은 조풍祖風이었네.[539] 마음을 단정히 하고 삿된 생각을 하지 말거라. 삼교에서 찾아와서 일가로 삼거라. 의리義理가 드러날 때는 무엇이 다르더냐. 묘하게 현통玄通한 뒤에는 더욱 다름이 없느니라.[540]

그에게는 생동한 비유가 하나 있었다. "삼교는 모두 진도眞道를 떠나지 않느니라. 비유하자면, 나무 한 그루가 세 가지를 뻗은 것과 같으니라."[541] 금원주金源鑄의 『종남산중양진인전진교조비終南山重陽眞人全眞敎祖碑』에서는 이렇게 말한다. "진인眞人은 사람들이 『반야심경般若心經』, 『도덕道德』, 『청정淸靜』등 경經과 『효경孝經』을 모두 외우라고 권유했고, 이로써 수행修行과 증오證悟를 모두 잘 이룰 수 있다고 했다."[542] 그는 삼교에서 가장 간결한 경전을 선정하여 전진

538) 《道藏》第二十五冊, 文物出版社, 上海書店, 天津古籍出版社1988年版, 第691頁.[원문 : 釋道從來是一家, 兩般形貌理無差.]

539) 《道藏》第二十五冊, 文物出版社, 上海書店, 天津古籍出版社1988年版, 第693頁.[원문 : 儒門釋戶道相通, 三教從來一祖風.]

540) 《道藏》第二十五冊, 文物出版社, 上海書店, 天津古籍出版社1988年版, 第696頁.[원문 : 心中端正莫生邪, 三教搜來做一家. 義理顯時何有異, 妙玄通後更無加.]

541) 《道藏》第二十五冊, 文物出版社, 上海書店, 天津古籍出版社1988年版, 第802頁.[원문 : 三教者, 不離眞道也, 喻曰 : 似一根樹生三枝也.]

542) 《道藏》第十九冊, 文物出版社, 上海書店, 天津古籍出版社1988年版, 第725頁.[원문 : 眞人

도의 경전으로 삼고서, 이를 세상 사람들에게 널리 보급시키려고 했다. 그는 이렇게 말한다.

> "석가釋家는 공적空寂을 펼치고, 도가는 청정淸靜을 지키고, 유종儒宗은 세상일에 주도면밀하다. 세 가지가 세워져서는 번갈아가면서 양연良緣(좋은 인연)을 밝혀 주었다. 니부尼父(공자)는 지성至聖으로 명성을 날렸고, 여래如來는 대각금선大覺金仙이라 알려 졌다. 우리 도교의 시조 노군老君의 예호睿號(슬기로운 이름)는 옛날부터 지금까지 줄곧 전해져 내려왔다. 이들의 현묘함은 똑같은 한 바탕으로서 누가 높고 누가 낮고, 누가 앞에 있고 누가 뒤에 있음에 관계없이, 함께 온 나라의 다스림에 도움을 주었고, 함께 온 누리의 교화에 이로움을 주었다. 한데 합치면 넓고 아득한 바다와도 같고, 여러 갈래로 갈라지면 여러 시냇물에서 흘러넘친다. 그렇지만 두루 흘러서는 결국 모두 한 근원으로 되돌아간다."543)

중양조사重陽祖師가 삼교는 일가라고 주장함에 있어서 특히 찬양할 것은 그가 삼교의 평등을 강조하고, 높고 낮음을 비기지 아니한 점이겠다. 이렇게 박대한 흉금은 여러 종교에서도 찾아보기 힘들다. 그는 '평등'을 아주 중요시하고 있었다. 이렇게 말한다. "내개 보건대, 평등은 도덕道德의 시조祖요, 청정淸靜의 우두머리元이다."544) 그가 보건대, '도덕', '청정'의 본뜻은 '평등'에 있었다. 즉 무한한 포용심을 가지고, 분별심이 없고, 배타심排他心이 없고, 누구나 차별 없이 대해주고, 일체를 모두 사랑하는 것이었다. 어질고 자애롭고仁慈 사람들을 구원하는 데 유익하기만 하다면, 모든 종교는 모두 지기知己로 될 수 있다는 것이다. 그의 평등관은 이미 삼교의 범위를 넘어, "도道로 보게 되면, 만물은

勸人誦《般若心經》, 《道德》, 《淸靜》經及《孝經》, 雲可修證.]

543) 賴賢宗 : 《簡論全眞養生與三教會通》, 載《丹道文化》第26期"王重陽專輯", 臺灣丹道文化教育基金會2002年版. [원문 : 釋演空寂, 道談淸靜, 儒宗百行周全. 三枝既立, 遞互闡良緣. 尼父名揚至聖, 如來證大覺金仙. 吾門祖老君睿號, 從古至今相傳. 玄玄, 同一體, 誰高誰下, 誰先誰後, 共扶持邦國, 普化人天. 渾似滄溟大海, 分異派, 流泛諸川. 然如是, 周遊去處, 終久盡歸源.] 재인용.

544) 《道藏》第二十五冊, 文物出版社, 上海書店, 天津古籍出版社1988年版, 第788頁.[원문 : 竊以平等者, 道德之祖, 淸靜之元.]

귀하고 천한 구별이 없다以道觀之 物無貴賤.”는 우주의 경지에 이르렀었다.

셋째, 성性과 명命을 모두 닦는 데는, 성을 우선하고 명을 다음으로 해야 한다고 했다. 중양조사重陽祖師는 “성은 뿌리이고, 명은 꼭지蒂이고, 명은 손님이고 성이 주인이다.”545)라고 한다. 나아가 성명쌍수性命雙修는 성공性功(心性의 수련)을 위주로 하고, 겸하여 명공命功(신체의 수련)을 닦아야 하는데, 그 핵심은 징심정의澄心靜意(마음을 맑게 하고 생각을 고요히 하는 것)에 있다고 한다. 그는 이렇게 말한다.

> 마음에서 청정淸靜이란 두 글자를 쓰는 것을 내놓고, 나머지는 모두 수행이 아니다. 진진인晉眞人이 이르기를: 진공眞功(참된 조예)을 닦는 데는, 반드시 마음心을 맑게 하고 생각意을 안정시키고, 모습과 자태를 똑바로 하고, 움직이지도 않고 일으키지도 않고, 참으로 맑게 하고 참으로 조용하게 하고, 근원元을 껴안고 하나一를 지키면서, 신神을 보존하고 기氣를 튼튼히 다져야 하는데, 이것이 진공眞功이라고 했다.546)

이때부터 전진도의 수행은 청정淸靜이라는 두 글자에 집중하고 있었고, 남종南宗의 선명후성先命后性 관념은 선성후명先性后命 관념으로 바뀌게 되었고, 생리적 훈련을 중요시하던 것으로부터 심리적 훈련을 중요시하는 것으로 바뀌게 되었다.

넷째, 교의敎義는 간단명료하고 행하기 쉽게 만들었고, 도법道法은 민간 대중들의 실천에 적용이 가능하게 만들었다. 전진도내단內丹 철학은 노자와 장자의 지혜를 천양闡揚(밝혀서 널리 퍼뜨림)한 것으로서 중양조사重陽祖師는 그 철학적 사유의 심오하고 미묘하고 현통함玄通을 일반 대중들에게 보급시키고, 민간대중들의 일상생활에 스며들어가게 하는데 많은 힘을 기울였다. 그 경로의 하나

545) 《道藏》第三十二冊, 文物出版社, 上海書店, 天津古籍出版社1988年版, 第807頁.[원문: “根是性, 命是蒂”, “賓者是命, 主者是性”.]

546) (金)王重陽著, 白如祥輯校:《王重陽集》, 齊魯書社2005年版, 第256頁.[원문: “只用心中淸靜兩個字, 其餘都不是修行”, “晉眞人雲: 若要眞功者, 須是澄心定意, 打疊神情, 無動無作, 眞淸眞靜, 抱元守一, 存神固氣, 乃眞功也”.]

가 바로 현리玄理를 이해하기 쉽고 유창한 구두어로 표현하는 것이었다. 그는 특히 도의道意를 형상적이고 생동한 시구詩句로써 표현하는 데 아주 능했는데, 이렇게 그것이 민가民歌의 풍격과 미감美感을 가지게 만들었고, 읽으면 또랑또랑하고 유창하여, 사람들이 더욱 즐겨 듣고 즐겨 보게 만들었던 것이다. 또한 대중화한 언어문자로 단도丹道와 공법功法을 설명했기에 간단하고 배우기 쉽고 또한 실천에도 편리했다. 그는 시 『탄세嘆世』에서 이렇게 말한다. "슬프구나, 사람들은 인간 세상의 명예名와 이익利을 아침에도 탐내고 저녁에도 사랑하는구나, 쉴 틈이 없이. 깨고 보면 장기 한판 구경한 것 같고, 빠지고 보면 멍청하기를 장기 한판 진 것 같구나."547) 여기서는 장기를 두는 것으로 속세의 인생을 비유하고 있다. 장기 한판 구경하는것으로 도道를 깨닫는 것을 비유했는데, 아주 형상적이고 또한 아주 적절하다고 하겠다. 『당공구수행시唐公求修行詩』에서는 이렇게 말한다.

> 수행修行은 인간사정人情을 따르는 것을 삼가라. 인간사정을 따르게 되면 도道는 이루어지지 않는다. 도를 닦고 수진修眞하는 일은 대강대강 할 것이 아니다. 때때로 속마음을 깨끗이 쓸어버려야 하느니라.548) 맑고 깨끗함이 신선으로 되는 길이니, 한가로운 가운데 속마음을 잘 기르기만 하면 되니라.549) 자기를 순결하게 하여 대선大善의 마음을 간직하고, 늘 측은지심惻隱之心을 가지고 행동하라.550)

민간의 일상생활에 들어가는 두 번째 경로는 즉 분명하고 실용적인 교의敎義와 교규敎規를 세우고, 도인들을 핵심요원으로 민간 교단조직敎團會社을 구축하

547) 《道藏》第二十五冊, 文物出版社, 上海書店, 天津古籍出版社1988年版, 第746頁.[원문 : 堪歎世間名與利, 朝貪暮愛沒休時. 悟來恰似觀棋者, 迷後渾如敗者棋.]

548) 《道藏》第二十五冊, 文物出版社, 上海書店, 天津古籍出版社1988年版, 第704頁.[원문 : "修行切忌順人情, 順著人情道不成", "學道修眞非草草, 時時只把心田掃".]

549) 《道藏》第二十五冊, 文物出版社, 上海書店, 天津古籍出版社1988年版, 第747頁.[원문 : 淨淸便是神仙路, 只要閑中養內顔.]

550) 《道藏》第二十五冊, 文物出版社, 上海書店, 天津古籍出版社1988年版, 第757頁.[원문 : 潔己存心歸大善, 常行惻隱之端.]

고서, 일반인들이 교단 활동에서 전진도의 생활방식을 배우게 하는 것이었다. 『중양입교십오론重陽立教十五論』을 전진도의 교의와 교규로 볼 수 있겠다. 그 요점은 다음과 같다. (1) 무릇 출가한 자들은 우선 반드시 암자庵子에 몸을 들여 놓아야 한다. 몸이 의탁할 곳이 있으면 마음이 편안하고, 기와 신氣神이 화창和暢하다. (2) 책에서 배우고 글귀에서 찾느라 눈을 어지럽힐 것이 아니라, 그 의미를 마음으로 깨닫는 것이 좋다. (3) 약물을 정밀하게 연구하여, 사람을 살리고 목숨을 구한다. (4) 모암茅庵(작은 초가집)을 지어 해와 달을 가리되, 웅장하고 화려한 궁궐을 만들어 지맥地脈을 끊지 않는다. (5) 도인道人은 반드시 고명한 자를 택하여 동반자로 삼는다. (6) 무릇 정좌靜坐하는 자는 반드시 마음이 태산 같아, 움직이지도 않고 흔들리지도 않고, 사념思念이 조금도 없어야 한다. (7) 오행五行의 정기精氣를 한 몸一身에 조화調和시켜, 오기五氣와 짝을 이루게 한다. (8) 느긋해져 있는 이성理性을 근엄緊肅하게 다잡아 성性을 단련한다. (9) 성인의 경지에 들어가는 길에서 반드시 수년간 뜻을 세우고 고행하면서 공행功行을 쌓아야 한다. (10) 욕계欲界, 색계色界, 무색계無色界를 초탈한다. 이상은 출가한 도사道士들에 대한 요구이겠다. 한편, 재가신도在家信徒들은 회비를 조금 내기만 하면, 삼주오회三州五會 활동에 참가할 수 있었는데, 그리하여 민간 신도는 그 수가 단기간에 아주 빨리 불어났었다. 『역세진선체도통감속편曆世眞仙體道通鑑續篇』권1의 기재에 따르면 "집회가 열리면 원근遠近 사방에서 소문을 듣고 찾아온 자가 1000명에 달했다."[551]고 한다. 또 『금련정종기金蓮正宗記』권2에 따르면, 일 년이 좀 넘는 동안, 중양조사重陽祖師는 "삼주三州의 백성들을 널리 교화시켰고, 모두 오회五會에 들어오도록 했다."고 한다. 이는 원인이 있었다. 우선 객관적으로는 삼주는 할거割據 정권의 변두리에 위치해 있었고 또 그 당시 사회가 안정하지 못해서 민심이 어수선했는데, 그리하여 많은 사람들은 정신적으로 위로가 필요했던 것이다. 주관적으로는 중양重陽과 일곱 제자들은 모두 뭇사람들과는 다른 굳은 지조를 가지고 있었고, 시대의 조류에 휩쓸리지

551) 《道藏》第五冊, 文物出版社, 上海書店, 天津古籍出版社1988年版, 第416頁.[원문 : 遠近風動, 與會者千餘人.]

않는 숭고한 인격 매력을 가지고 있었고, 전진도의 교의와 교규 또한 청신하고 행하기 쉬워 민중들의 마음을 사로잡을 수 있었고, 사람들이 동경하게 만들 수 있었던 것이다. 교동膠東 삼주三州는 역사적으로 삼교 문화가 뿌리 깊은 지역이었고, 도풍道風이 민간 풍속으로 되어졌었고, 또한 문재文才들이 아주 많았는데, 중양조사重陽祖師가 참신한 도학으로 이끌어주면서 드디어 삼주가 전진도의 진정한 발상지로 자리매김하게 되었던 것이다.

3) 구처기丘處機 : 전진도 흥왕興旺 · 발달發達의 중견 인물

왕중양王重陽은 전진도를 창립한 조사祖師이고, 마단양馬丹陽은 전진全眞의 조정祖庭을 건설한 수령이고, 왕옥양王玉陽은 도교의 교동膠東 기지基地를 굳게 지키면서 전진도를 전국으로 확산시킨 공신功臣이다. 그렇다면 구처기 장춘진인長春眞人은 전진도를 전성기로 이끌었던 동량대현棟梁大賢이라고 하겠다. 그의 덕행과 공훈, 특히 서행西行해서 설산에서 칭기즈칸을 성공적으로 회견한 일로, 그는 전진도역사에서 지위가 왕중양보다 더 높았다. 사실 상, 그는 중국 도교사에서 일인자이다. 또한 민간의 평민백성들을 구제하는 큰 공덕을 쌓았던 연유로 그는 고금에서 찬송하고 온 국민이 우러러 받드는 역사적 위인으로 널리 알려지게 되었다. 그가 생명 전체로 구축한 '구조정신丘祖精神'은 도교계道教界에서뿐만 아니라, 유·도·불 삼교 모두에서, 더욱 전체 중화민족의 정신에서, 오랫동안 지대한 영향을 끼쳤었다. 원나라 초, 유학자 진시가陳時可는 『장춘진인본행비長春眞人本行碑』에서 그를 '백세이인百世異人(百世에 걸출한 인물)'이라고 찬양했다. 청나라 때 나부산羅浮山 고도高道 진명규陳銘珪의 『장춘도교원류長春道教源流』에서는 그를 '옛날의 박대한 진인古之博大眞人'이라고 칭송하면서 그를 대우大禹와 후직后稷, 공자와 묵자 등 현인들과 가지런히 위치지을 수 있다고 했다. 또한 그를 크게 어질고大仁, 크게 자애롭고大慈, 크게 용감한大勇 진인眞人이라고 찬양했다. 사실 구처기는 이런 칭송을 받기에 손색이 없는 현인賢人이었다. 구조정신丘祖精神은 아래와 같이 개술概述할 수 있겠다.

첫째, 도道에 뜻을 두고 고행苦行을 지속하던 정신. 구처기는 중양重陽의 문하에 들어와서 가장 일찍 도를 닦았지만, 가장 늦게 득도한 도사이다. 일찍 섬서陝西 반계磻溪에서 6년간 도를 닦았고, 후일 용문산龍門山에서 7년간 도를 닦았는데, "하루에 한 끼니一食 먹고, 도롱이(짚으로 만든 비옷)를 하나 걸치고 다녔고", "밤낮 자지 않고 도를 닦은 시간이 무려 6년이 넘었다." 이렇게 도지道志(得道의 의지)를 연마하고, 심성을 수련하고, 교리를 깊이 탐구하고서 현도玄道를 깨달았던 것이다. 그의 제자 이지상李志常은 『장춘진인서유기長春眞人西遊記』에서 말하기를, 그이는 "진짜로 닦고 오랫동안 쌓아 마침내 득도하게 되었는데"552), 그리하여 도업道業은 깊고 두텁고, 도력道力은 웅대하게 되었다고 한다. 말하자면 "사람들이 견딜 수 없는 것을 참고 견디고, 사람들이 지킬 수 없는 것을 애써 지키고, 스스로 도의 경지에 이르게 되었는데"553), 이렇게 전진全眞 대사大士의 품격을 갖추게 되었다는 것이다. 그리하여 그 후, 각종 간난신고를 모두 이겨낼 수 있었고, 위대한 사업을 성취할 수 있었던 것이다.

둘째, 어질고 너그럽게 백성을 사랑하는 정신. 원태조元太祖 14년(1219), 구처기가 칭기즈칸의 조청詔請을 받고 서쪽으로 설산을 향해 떠날 때는 이미 73세의 고령이었다. 이 길은 노정이 아득히 멀고 또한 간난신고를 수많이 겪어야 했다. 더 두려운 것은 그가 만나 뵐 사람은 천만대군을 이끌고 유라시아대륙을 횡행하던 전설의 영웅 칭기즈칸이라는 점이었다. 하지만 그는 제자 18명을 거느리고 서행西行 할 뜻을 굳혔다. 그것은 그가 몽골칸국이 멀지 않아 흥성할 것을 예견했기 때문이었고, 또한 이번 회견을 통해 전진도의 발전을 위해 훌륭한 정치적 환경을 마련하고자 했기 때문이었다. 더 중요한 것은 이 기회에 자신의 영향력을 빌려 칭기즈칸을 설복하여 살육을 멈추고, 백성들을 적게 상해傷害하라고 권고하고자 했던 것이다. 확실히 그때는 끊이지 않는 전쟁으로 백성들

552) (元)李志常著, 黨寶海譯注 :《長春眞人西遊記》, 河北人民出版社2001年版, 第3頁.[원문 : 眞積力久, 學道乃成.]

553) 李修生主編 :《全元文》第27冊, 鳳凰出版社2004年版, 第662頁.[원문 : 堅忍人之所不能堪, 力行人之所不能守, 以自致於道.]

이 도탄에 빠져 있었고, 백성들의 고난은 막심했다. 구처기는 서행西行 길에 오르기 전, 함께 도를 닦던 연경燕京의 벗에게 시詩를 한 수 지어 보냈다. "십년의 전화戰火로 만백성이 시름 깊어 가거늘, 천만 사람에서 남은 자가 고작 한 둘뿐이라. 지난 해 다행히도 인자하신 임금님이 조서詔書를 내려 보냈으니, 올봄에는 모름지기 추위를 무릅쓰고 그리로 다녀와야 하겠지. 북령北嶺 3000리 길 마다하지 않음은 산동山東의 200개 주州를 마음에 두고 있어서라오. 죽음에서 요행 살아남아 숨 쉬는 자들이 다급하여 일찍이 목숨에 대한 것을 가르쳐야 마음속의 걱정이 사라지겠지."[554] 그는 서역으로 가는 길에서도 시를 한 수 지었다. 시구 한마디는 이러했다. "우리 제왕이 계시는 강 위쪽에서, 전쟁을 그치고 태평세상에 이르게 하련다."[555] 어질고 너그럽게 백성을 사랑하는 마음이 눈앞에 확연히 떠오른다고 하겠다.

칭기즈칸이 구처기를 초청한 목적은, 하나는 구처기가 북방에서 가지고 있는 명망을 빌려 이미 정복한 한족漢族 지역 사회를 안정시키려는 것이었고, 다른 하나는 건강과 장생長生에 관한 비법道을 묻고자 한 것이었다. 칭기즈칸은 구처기가 금나라와 송나라의 조청詔請은 마다하고, 유독 자신의 초청만 받아들인 점에 아주 감격해 했다. 또 73세 고령에 산을 넘고 물을 건너 먼 길을 걸어 자기를 찾아온 성의에도 아주 감동했다. 구처기의 태도는 비굴하지도 않고 거만하지도 않고, 또한 그의 논리는 올바르고 의젓했는데, 이에 걸출한 정치가로서 칭기즈칸은 또한 진심으로 탄복했다. 『원사元史·석로전釋老傳』에서는 이렇게 말한다.

> 처기處機의 매 한마디는 천하의 제왕이 살육을 좋아하지 말게 하려는데 목적이 있었다. 다스림의 방책에 관해 물었을 때는 대답하기를, 하늘을 공경하고 백성을

554) (元)李志常著, 黨寶海譯注:《長春眞人西遊記》, 河北人民出版社2001年版, 第22頁.[원문: 十年兵火萬民愁, 千萬中無一二留. 去歲幸逢慈詔下, 今春須合冒寒遊. 不辭北嶺三千裏, 仍念山東二百州. 窮急漏誅殘喘在, 早教身命得消憂.]

555) (元)李志常著, 黨寶海譯注:《長春眞人西遊記》, 河北人民出版社2001年版, 第80頁.[원문: 我之帝所臨河上, 欲罷干戈致太平.]

사랑하는 것을 근본으로 삼아야 한다고 답했다. 장생구시長生久視의 도道를 물었을 때는 마음을 깨끗이 하고 욕심을 줄이는 것이 관건이라고 알려주었다. 태조太祖는 그의 말에 깊이 공감하여, 이르기를 '하늘이 선옹仙翁을 내려주어 짐朕의 생각을 깨쳐주었다.'라고 했다. 그리고는 옆에 있는 신하에게 명을 내려 그의 말을 기록하도록 했고, 이 말로 여러 아들들을 가르치라고 했다. 칭기즈칸은 그에게 호부虎符를 하사했고, 이에 짝 지워 새서璽書도 내려주었다. 그의 이름은 부르지 않고, 오로지 신선神仙이라고만 일렀다.[556]

구처기의 서행西行 길은 수십 개 나라를 걸쳐 지났고, 그 노정은 만 리가 넘었다. 그 과정에 전쟁터의 위험을 경험했고, 도적들이 살판치는 지역을 피해 다녔고, 사막에서 양식이 떨어지는 고생도 겪었다. 곤유산昆嵛山(山東省 煙台에 있는 산)으로부터 설산(오늘의 아프가니스탄 힌두쿠시(Hindu Kush) 산맥)까지 왕복하는데 무려 4년이 걸렸으니, 그 고생은 이루 다 말로 하기 어렵겠다. 『원사元史·석로전釋老傳』에서는 또 이렇게 말한다. "처기處機가 연나라에 돌아와서는 제자들이 그의 서찰을 가지고持牒 가서 전쟁이 끝난 터에 구제가 필요한 자들을 구제해주게 했는데, 그때 노예로부터 양민良民으로 탈바꿈하고, 죽음의 변두리에서 생명을 되찾게 된 자가 얼핏 헤아려도 2, 3만 명이 넘었다. 중주中州사람들은 오늘까지도 이 일을 찬송하고 있다."[557] 이는 구처기의 일생에서 가장 큰 공덕이었다. 그 어질고 너그럽게 백성들을 사랑하는 정신은 사실 유·도·불 삼교를 통합해서 구축해낸 것이었다. 또 그리하여 칭기즈칸에게 '경천애민敬天愛民'이라는 다스림의 도道를 가르쳐주고, '청심과욕淸心寡欲'이라는 장생의 도道를 알려주고, '자비를 베풀고 사람을 구제하라'고 권유하게 되었던 것이다. 청나라 건륭乾隆 황제는 북경 백운관白雲觀 구조전丘祖殿에 이런 대련對聯을 써

556) (明)宋濂等撰:《元史》卷二百二, 中華書局1976年版, 第4525頁.[원문: 處機每言, 欲一天下者必在乎不嗜殺人. 及問爲治之方, 則對以敬天愛民爲本. 問長生久視之道, 則告以淸心寡欲爲要. 太祖深契其言, 曰:'天錫仙翁, 以寤朕志.'命左右書之, 且以訓諸子焉. 於是錫之虎符, 副以璽書. 不斥其名, 惟曰神仙.]

557) (明)宋濂等撰:《元史》卷二百二, 中華書局1976年版, 第4525頁.[원문: 處機還燕, 使其徒持牒招求於戰伐之餘, 由是爲人奴者得復爲良, 與濱死而得更生者, 毋慮二三萬人. 中州人至今稱道之.]

주었다. "만고萬古의 장생長生은 노을을 먹으면서 비결을 찾을 필요가 없다고 했고, 한 마디로 살육을 그치고 세상을 구제할 것을 가르친 데는 기이한 공功이 있었다萬古長生不用餐霞求秘訣, 一言止殺始知濟世有奇功." 이는 구처기의 공적에 대한 정확한 평가라고 하겠다. 당대 대학자 남회근南懷瑾은 이렇게 평론한다.

> 당나라 때 현장玄奘 법사法師는 불법佛法을 구하기 위해 교통이 불편하던 그 당시에 홀로 험악한 고비와 사막을 지나 멀리 인도로 가서 18년 유학했다. 그의 명성은 중·외에 널리 알려졌고, 공적功業은 인간 세상에 길이 남게 되었는데, 이는 세상 사람들이 영원히 존숭해야 할 역사 사실이라고 하겠다. 하지만 많은 사람들은 칭기즈칸의 힘이 가장 강대할 때, 그가 멀리 인도 변경에서 역시 한 학자 도사學者道士를 만나기 위해 군대를 동쪽으로 중국에 파견하여 구장춘丘長春을 영접해간 일을 까마득히 잊고 있다. 또한 사람들은 더욱 구장춘의 선견지명先見之明을 도외시하고 있다. 그가 간난신고를 마다하지 않고 설산雪山 남쪽에 갔던 것은 민족국가 문화전통을 미리 배정하고 보존하기 위해서였다! 이 얼마나 감동적이고 비장한 역사이야기인가![558]

남회근南懷瑾은 구처기의 서행西行과 현장玄奘의 서행을 동등한 위치에 올려놓고 논하면서, 이 일이 감동적이고 비장하다고 평가했다. 이 견해는 전 사람들과 다른 새로운 견해라고 하겠다. 수정하고 보충해야 할 것은 첫째, 칭기즈칸은 군사를 파견하여 구처기를 영접해 간 일이 없고, 다만 근신近臣 유중록을 파견하여 조서詔書를 들고 가서 구처기를 만나게 했을 따름이다. 또 유중록은 얼마 안 되는 근위병만 데리고 왔었다. 둘째, 구처기의 서행 길은 확실히 민족국가 문화전통을 보존하기 위해서였고 또한 그 효과도 확실히 후일 원나라 문화에서 분명히 나타났다고 하겠지만, 그러나 구처기의 마음에서 더 급박했던 것은 전란 속에서 헤매는 백성들의 생명을 구하는 일이었다. 만약 현장의 서행 길은 문화교류의 길文化之旅이였다고 한다면, 구처기의 서행 길은 생명구원의 길이었다고 할 수 있겠다. 각자 자체의 특색이 있기는 하지만 그러나 모두 위대한

558) 南懷瑾 :《中國道教發展史略》, 復旦大學出版社1996年版, 第109頁.

원행遠行이었고, 모두 우리가 칭송해야 할 일이라고 하겠다.

셋째, 자애롭고 용감하고 자존自尊하는 정신. 『노자』에서는 "대저 자애롭기에 용감할 수 있다夫慈, 故能勇. 대저 자애로움으로 싸우면 이기고, 자애로움으로 지키면 견고하다夫慈 以戰則勝 以守則固."라고 한다. 공자도 이르기를, "인자한 자는 걱정하지 않고, 지혜로운 자는 미혹하지 않고, 용감한 자는 두려워하지 않는다仁者不憂 智者不惑 勇者不懼."라고 한다. 구처기의 용감한 정신은 인자함에서 온 것이고 또한 지혜로써 이를 돕고 보조할 수 있었다. 그리하여 큰일에 봉착해서도 진정할 수 있었고, 자존自尊하면서도 절제할 수 있었고, 위엄 앞에서도 침착할 수 있었다. 사실 설산의 서행西行 길 자체가 한 차례 용감한 자의 장정長征이었다. 전쟁을 주도하고 있는 군사 통수를 어떻게 설복할지는 더욱 어려운 문제였다. 사나운 표정과 거센 목소리는 당연히 불가不可할 것이고, 아첨과 순종은 더욱 안 될 일이었다. 그러나 구처기는 비굴하지도 거만하지도 않았고, 힘들이지 않고 여유 있게, 지혜롭게 일을 처리했다. 칭기즈칸이 구처기가 멀리서 찾아온 일을 찬양하자, 구처기는 "민간인이 조명詔命을 받고 임금님을 찾아오는 것은 천명을 따르는 것이겠습니다."[559]라고 답했다. 그는 자신의 설산 행의 의미를 하늘의 뜻을 따르는 것에로 돌렸는데, 이렇게 이번 걸음의 신성함과 장엄함을 표현했고 또한 칭기즈칸의 은혜에 대한 감격 표현도 회피할 수 있었다. 사실 이는 자신의 정중한 신분을 수호하기 위해서였다. 구처기는 또 '경천애민敬天愛民'이라는 말로 칭기즈칸의 다스림에 관한 물음에 대답했고, '청심과욕淸心寡欲'이라는 말로 칭기즈칸의 장생長生에 관한 물음에 대답했는데, 모두 성실하고 솔직한 대답이었다. 중요한 것은 이 대답들은 모두 국가 및 인생에 유익하고, 허황하고 신비하고 과장되고 황당하지 않고, 또한 그리하여 칭기즈칸을 감동시킬 수 있었다는 점이겠다. 청나라 함풍咸豐 연간, 나부산羅浮山 도사 진명규陳銘珪는 『장춘도교원류長春道敎源流』 '서序'에서 이렇게 말했다.

559) (元)李志常著, 黨寶海譯注:《長春眞人西遊記》, 河北人民出版社2001年版, 第80頁.[원문: 山野奉詔而赴者, 天也.]

> 구장춘자丘長春子를 말하자면, 전쟁터에 한창 살기등등할 때, 70여세 늙은이의 신분으로 만 수 천리 떨어져 있는 곳에 찾아가서 도리를 가지고 임금을 설복하여 살육을 그치게 했고, 마음을 돌려세우게 했다. 이는 하우夏禹와 후직后稷, 문왕文王이 백성들의 굶주림과 재앙을 자신의 책임으로 삼던 것과 거의 똑같다. 또한 공자의 방석이 따뜻해질 새 없고, 묵자의 굴뚝이 연기에 그을릴 새 없이, 세상을 구제하는 일에 바삐 돌아치던 것과도 똑같다. 대개 이것이 인仁에서 가장 큰 것이라고 하겠다.[560]

또 이렇게 말한다.

> 대저 장춘長春이라는 이 늙은 도사道士는 전쟁에서 이기는 재간도 없고, 재물을 관리하는 재주도 없이, 맨몸으로 태조太祖를 만났다. 태조 같은 영웅호걸에게 그는 공손하지 않게도, 귀에 거슬리는 솔직한 말을 드렸고, 교제가 깊지 않음에도 깊은 이야기를 했으니, 이는 법도에 어긋나는 일이라고 하겠다. 하지만 태조는 크게 기뻐했는데, 그것은 대개 그가 성실함으로 감동시켰기 때문이고, 양심天良에서 우러나온 말을 했기 때문이었다. 그는 하늘의 위엄만 가지고 태조를 두렵게 만들지 않았다.[561]

구처기는 유가의 인서仁恕와 도가의 자용慈勇, 불가의 비원悲愿과 묵가의 검고儉苦, 이런 성품을 모두 갖추고 있는 바, 그리하여 사람을 감동시키는 일종의 비범한 역량을 가지게 되었고, 마침내 위대하고 빛나는 업적을 성취하게 되었던 것이다.

넷째, 순수하고 진실하고 검박한 정신. 구처기는 일찍 이렇게 말했다. "나는 50년 동안 '실實'이라는 글자 하나를 배웠다."[562] 그가 말하는 '실實'은 네 가지

560) (淸)陳銘珪撰 :《長春道敎源流》, 廣文書局有限公司1976年版, 第3頁.[원문 : 至丘長春子, 當殺運方熾之時, 以七十餘歲之老翁, 行萬數千裏之絶域, 斷斷然以止殺勸其主, 使之回車, 此則幾於禹稷文已溺已饑, 而同符於孔席不暇煖, 墨突不得黔之義, 蓋仁之大者也.]

561) (淸)陳銘珪撰 :《長春道敎源流》, 廣文書局有限公司1976年版, 第3頁.[원문 : 夫長春一老道士耳, 非有戰勝之能, 理財之術, 素結於太祖也. 以太祖之梟雄, 躬爲不孝, 而進以批鱗逆耳之談, 交淺言深, 宜其相戾, 而太祖乃深悅之者, 蓋其眞誠感格, 實發其天良, 而非但以天威警動之矣.]

함의를 가지고 있었다. 첫째는 소박하고 수수하다는平實 실實로서 신비하고 기이한 술법方術으로 사람을 속이지 않는 것이다. 둘째는 성실하다는 실實로서 사람을 진지하게 대해주고, 할 말이 있으면 숨기지 않고 솔직히 말하는 것이다. 셋째는 실용적이라는 실實로서 도교를 일떠세워 세상을 구제하고, 대중들을 이롭게 해주는 것이다. 넷째는 질박하고 순수하다는 실實로서 실속 없이 겉치레만 하는 것을 숭상하지 않고, 검박하게 자아를 잘 단속하는 것이다. 그의 서행西行 길은 큰 성취를 이루었는바, 이번 걸음으로 그 자신은 대종사大宗師라는 작위를 하사받았고, 천하의 도교를 관장하게 되었고, 또 도원道院과 도인道人들의 일체 세금과 노역을 감면한다는 조서詔書도 받게 되었다. 이번 걸음으로 또한 그는 명성이 자자해졌고 만백성의 존경을 받게 되었다. 그러나 구처기는 득의양양하지 않았고, 방종하게 허세를 부리지 않았다. 그는 계속 검소하고 소박한 풍격을 보존하고 있었고, 계속 자신을 괴롭히면서 남을 이롭게 해주는 전진도의 취지를 실천하고 있었다. 그는 칭기즈칸을 만나고 돌아오는 길에서 제자들에게 이렇게 말했다. "오늘, 전쟁이 일어났던 지역에는 백성들이 도탄에 빠져있는데, 거처할 곳이 없고, 먹을 것이 없는 자들이 수없이 많다. 도관道觀을 세워 백성들을 구제하는 일은 시기를 놓치지 말아야 할 것이다. 이것이 수행에서 가장 우선해야 할 일인 바, 누구나 마땅히 마음에 깊이 새겨야 하겠다."563) 그는 사람을 구하는 일救人을 도를 닦는修道 첫째 의무로 위치 지우고 있었는데, 이것이 바로 전진도가 민중들의 환영을 크게 받았던 근본 원인이었다. 『북유어록北游語錄』에서는 이렇게 말한다. "장춘長春 사부師父가 처음 장춘궁長春宮에 들어와서는 보현당寶玄堂에 올라서서, 건물이 화려하고 시설이 새롭게 갖추어져 있는 것을 한참 우두커니 바라보다가 말없이 나가 버렸다. 뭇사람들이 자리에 앉으라고 권했으나 그는 거절했다. 이는 다름이 아니었다. 그는 복福이

562) (元)尹志平 :《淸和眞人北遊語錄》,《道藏》第33冊, 文物出版社, 上海書店, 天津古籍出版社1988年版, 第159頁.[원문 : 俺五十年學得一個'實'字.]

563) 孫勐, 羅飛編著 :《北京道教石刻》, 宗教文化出版社2011年版, 第41頁.[원문 : 今大兵之後, 人民塗炭, 居無室, 行無食者皆是也, 立觀度人, 時不可失, 此修行之先務, 人人當銘記諸心.]

사라질까 걱정했던 것이다."[564] 보다시피 그는 자기를 엄격히 단속하고 있었고 또 줄곧 변함없이 계율을 잘 지키고 있었다.

다섯째, 포용적이고 겸허한 정신. 구처기는 중양조사重陽祖師의 가르침을 받들고 유·도·불 삼교의 평등과 융합을 강력히 주장했다. 구처기는 도경道經을 깊이 탐구한 외에 주요 유서儒書와 불전佛典도 모두 훤히 꿰뚫고 있었다. 그는 시를 지어 이렇게 말했다. "유교, 석교, 도교는 세 교조敎祖로부터 나왔거늘, 원래 뭇 성인들은 고금古今에 똑같았구려."[565] 그는 불교에서 "중생은 모두 불성佛性을 가지고 있다."는 말을 본 따서 유정중생有情衆生은 모두 도성道性을 가지고 있다고 주장했다. 『장춘조사어록長春祖師語錄』에서는 이렇게 말한다. "무릇 칠규七竅를 가진 자는 모두 진인眞人으로 될 수 있다."[566] "아귀餓鬼와 짐승도 모두 성불成佛할 수 있다."[567] 또 말하기를 "우리 종宗에서 장생長生을 논하지 않는 것은 장생하지 못해서가 아니라, 삶生을 초월했기 때문이다."[568] 이른바 '삶生을 초월한다'는 것은 불교 선종禪宗에서 말하는 무념無念, 무주無住의 해탈의 도道이겠다. 그는 이렇게 말한다. "한 생각一念이 생기지 않으면 곧 자유이고, 마음에 물건 하나 없으면 곧 선과 불仙佛이다." 남종과 비교할 때, 구처기는 성공性功(심성의 수련)을 더 중요시했다. 그는 이렇게 말한다. "우리 종宗은 오로지 견성見性만 귀하게 여기는데, 수水와 화火를 배합하는 일은 그 다음이겠다."[569] "삼할三割은 명술命術이고 칠할七割은 성학性學이다."[570] 그가 말하

564) (金)丘處機, 趙衛東輯校:《丘處機集》, 齊魯書社2005年版, 第565頁.[원문: 長春師父初入長春宮, 登寶玄堂, 見棟宇華麗, 陳設一新, 立覗良久乃出. 眾邀之坐, 不許. 此無他, 恐消其福也.]

565) (金)丘處機:《磻溪集》卷一,《道藏》第25冊, 文物出版社, 上海書店, 天津古籍出版社1988年版, 第815頁.[원문: 儒釋道源三教祖, 由來千聖古今同.]

566) (金)丘處機著, 趙衛東輯校:《丘處機集》, 齊魯書社2005年版, 第150頁.[원문: 凡有七竅者, 皆可成眞.]

567) (金)丘處機著, 趙衛東輯校:《丘處機集》, 齊魯書社2005年版, 第149頁.[원문: 餓鬼畜生, 皆堪成佛.]

568) (金)丘處機著, 趙衛東輯校:《丘處機集》, 齊魯書社2005年版, 第150頁.[원문: 吾宗所以不言長生者, 非不長生, 超之也.]

569) (金)丘處機著, 趙衛東輯校:《丘處機集》, 齊魯書社2005年版, 第153頁.[원문: 吾宗唯貴見

는 성공性功은 불교와 도교를 하나로 합친 것이었다. 그는 "성색聲色(속세의 유혹을 말함)을 버리고, 청정함淸靜을 즐거움娛으로 삼고, 자미滋味를 끊고, 염담恬淡을 아름다움美으로 삼는다."고 했다.

도교 내부에서 구처기는 위로는 스승, 중간으로는 동문, 아래로는 제자들과 모두 화목하게 잘 지냈고, 항상 겸허한 자세로 배움을 즐겼고, 여러 사람들을 잘 협조해주었고, 다투고 겨루는 일은 전혀 없었다. 일곱 동문은 친형제처럼 지냈는데, 비록 멀리 떨어져 살았지만 마음은 항상 통하고 있었고, 종파에 구애받지 않았고, 내·외를 구분하지 않았고, 한편 제자들은 늘 어려움 없이 문벌(종파를 말함)을 바꿀 수 있었고, 종래로 의발衣鉢(스승으로부터 물려받는 권위) 때문에 다투는 일이 없었다. 오히려 구처기가 별세한 후, 제자들은 교주敎主의 자리를 서로 양보했다. 현인賢人의 덕성을 갖추고, 권위와 지위를 다투지 않던 것은 모두 스승의 가르침을 전승한 것이라고 하겠다.

도교 외부 인사들에 대해서도 구처기는 항상 겸허하고 온화하게 예우해주었고, 그들과 서로 도와주면서 의롭게 지냈다. 『장춘진인본행비長春眞人本行碑』에서는 이렇게 말한다. "무릇 장수將帥가 찾아와서 배알할 때면 반드시 편리를 봐서 사람을 죽이지 말 것을 권고했고, 어려운 일이 있다면 반드시 해결해주었다. 적에게 포로 된 자가 있으면 반드시 도와서 구출해주었다. 군대가 이르게 되면 그를 스승으로 모시고서 전란의 재앙禍을 피하려는 자들이 아주 많았다. 제자들을 제도濟度해 줄 때는 반드시 그들의 재능이 어떤지를 살펴보고서, 재능이 높은 자는 도道로써 이끌어주었고, 다음은 공행功行으로써 타일러 주었고, 그 다음은 죄罪와 복福으로써 교화했다. 하지만 빠뜨린 자는 하나도 없었다."[571] 이것이 바로 일체개애一體皆愛(모든 것을 사랑한다.)의 이념과 실천이겠다.

性, 水火配合其次也.]

570) (金)丘處機著, 趙衛東輯校:《丘處機集》, 齊魯書社2005年版, 第150頁.[원문: 三分命術, 七分性學.]

571) (金)丘處機著, 趙衛東輯校:《丘處機集》, 齊魯書社2005年版, 第414頁.[원문: 凡將帥來謁, 必方便勸以不殺人, 有急必周之. 士有俘於人者, 必援而出之. 士馬所至, 以師與之名, 脫欲兵之禍者甚眾. 度弟子皆視其才何如, 高者挈以道, 其次訓以功行, 又其次化以罪福, 罔有遺者.]

그의 마음속에는 교문教門의 계선과 민족의 차별, 계층의 높고 낮음이 따로 없었고, 그는 진정하게 천하는 일가天下一家라고 생각하는 흉금을 가지고 있었다.

구처기의 정신은 사실 중화민족의 진리를 추구하는 정신, 박애하게 세상을 구원하는 정신, 두려움 없는 자강自强의 정신과 꾸밈없이 질박한 정신, 너그럽고 포용적인 정신을 나타내고 있었다. 이는 우리가 더욱 발양해야 할 것들이라고 하겠다.

구처기의 주요 저작으로는 『대단직지大丹直指』, 『섭생소식론攝生消息論』, 『반계집磻溪集』 등이 있다. 구처기 이후, 전진全眞의 역임 교주敎主들, 예컨대 윤지평尹志平, 이지상李志常, 장지경張志敬, 왕지탄王志坦, 기지성祁志誠 등은 모두 원나라 황실에서 하사한 진인眞人이라는 호號를 가지고 있었고, 많이는 현교대종사玄敎大宗師 직무를 맡고 있었는데, 그들은 모두 구처기의 유훈遺訓을 높이 받들고, 도법을 더욱 확대발전시키고, 세상을 구제하고 백성들을 이롭게 해주는데 노력을 아끼지 않았다. 이때 전진도는 전성기에 들어갔었다. 또한 강남에 전해져 남종南宗과 합류하게 되었는데, 남방에서는 무당산武當山을 중심으로 남방 전진도를 확대·발전시켰었다. 저명한 학자로는 이도순李道純, 이월계李月溪, 김지양金志揚, 진치허陳致虛 등이 있었다. 도교 학자 이도겸李道謙은 『조정내전祖庭內傳』, 『칠진년보七眞年譜』, 『감수선원록甘水仙源錄』 등을 저술했는데, 특히 전진도의 역사자료 축적에서 걸출한 공헌이 있었다. 또 송피운宋披雲과 제자 진지안秦志安은 평양平陽 현도관玄都觀에서 도경을 편찬했는데, 『현도보장玄都寶藏』 총 7800여 권을 완성했다. 원나라 때에는 도경을 불태우는 일이 두 번 있었는데, 그것은 불교와 도교의 이익 쟁탈과 우선 순위 쟁탈에서 기인한 것이었다. 결국 불교가 승리하고 도교가 패배하는 것으로 막을 내렸다. 이는 삼교 합류 과정에서 역류逆流였고 또한 지류支流였다. 다행하게도 이 사태는 크게 확대되지는 않았다. 전진도는 원나라 말에 와서 쇠락했는데, 내부가 점차 부패해진 것이 주요 원인이었다. 전진도수령들이 낭비와 사치가 심해졌고, 권세를 가진 자들과 결탁하면서 속세의 더러운 풍속습관을 끌어들였던 것이다. 예를 들면, 교주 장지선張志仙, 손덕욱孫德彧, 남도원藍道元, 채도태蔡道泰 등은 공덕功

德이 없었을 뿐만 아니라, 늘 도풍道風을 물란케 하는 행실들이 있었는데, 그리하여 전진도는 결국 세상 사람들로부터 외면당하게 되었던 것이다.

4) 이도순李道純 : 내단학內丹學과 중화中和 사상

이도순은 원나라 때 강남江南 전진도의 걸출한 대표학자였고, 저명한 내단학內丹學 대가였다. 저작으로는 『중화집中和集』, 『전진집현비요全眞集玄秘要』, 『삼천역수三天易髓』, 『도덕회원道德會元』 등이 있다. 그 가운데 『중화집』이 대표작이다. 그는 삼교귀일三教歸一을 강력히 주장했다. 『중화집』에서는 이렇게 말한다. "선종禪宗, 이학理學과 전진全眞은 삼교로 세워져 후세 사람들을 맞아 주었다."572) "만 가지 다름은 모여서 하나에로 돌아올 것이요, 희대熙臺의 안팎은 항상 봄이 화창할 것이라."573) 『삼천역수三天易髓』에서는 더 명확하게 말한다. "유가와 석가의 이치를 끌어들여 도道(教)를 밝히고, 배우는 자들이 삼교는 원래 하나임을 알게 해준다."574) 그가 보건대, 유가의 태극太極, 불교의 원각圓覺, 도교의 금단金丹은 이름은 셋이지만 실질은 하나이고, 삼교의 수행은 모두 조용하고 안정할 것靜定을 숭상한다. 『중화집』에서는 내단內丹 연양煉養의 요점을 이렇게 설명한다.

> 태허太虛를 정鼎으로 삼고, 태극太極을 화로爐로 삼고, 청정함을 단기丹基(즉 心과 腎)로 삼고, 무위함無爲을 단전丹田으로 삼고, 성명性命을 연鉛과 홍汞(鉛은 명命이고 홍汞은 성性임)으로 삼고, 정혜定慧를 수水와 화火로 삼고, 노여움과 욕심을 눌러 자제하는 것窒欲懲忿을 수水와 화火의 사귐交으로 삼고, 성性과 정情을 하나로 합치는 것을 금金과 목木의 병합으로 삼고, 잡념을 없애는 것洗心滌慮을 목욕沐

572) 《道藏》第4冊, 文物出版社, 上海書店, 天津古籍出版社1988年版, 第514頁.[원문 : 禪宗, 理學與全眞, 敎立三門接後人.]

573) 《道藏》第4冊, 文物出版社, 上海書店, 天津古籍出版社1988年版, 第514頁.[원문 : 會得萬殊歸一致, 熙臺內外總登春.]

574) 李道純 : 《道敎五派丹法精選》, 中醫古籍出版社1989年版, 第138頁.[원문 : 引儒釋之理證道, 使學者知三敎本一.]

浴으로 삼고, 성실함誠을 보존하고 생각을 안정시키는 것存誠定意을 고착제固濟로 삼고, 계, 정, 혜戒定慧를 세 관건으로 삼는다.575)

보다시피 여기서 그는 유·불·도 삼교를 융화시키고 있었고, 한편 전진도의 본래 취지는 잃지 않고 있었다. 이도순李道純은 『중용中庸』에서의 중화 사상을 벼리綱로 삼고서, 전진全眞 내단학內丹學을 개척했고, '수중치화守中致和(中道를 지키고 和諧에 이른다)'의 원리를 가지고 '귀근복명歸根復命(자연의 본성에 돌아감)'과 '성명쌍수性命雙修(性理와 命理를 함께 닦음)'를 재해석하고 재창조했다. 『중화집』에서는 이렇게 말한다. "중中은 유종儒宗이고, 중中은 도본道本(도교의 근본)이고, 중中은 선기禪機(禪門說法의 機鋒)이다. 이 삼교의 가풍家風은 중中을 지름길로 삼고 있고, 오상五常과 백행百行은 중中으로써 뿌리를 세운다. 움직임과 멈춤이 중中을 얻고得中(적절함을 얻음), 중中을 잡고서 변함이 없고, 더욱 중中 가운데서 정미함을 찾아본다."576) 보다시피 그는 '중中'이라는 이념으로 삼교를 관통시키고 있었다. 잠효청岑孝淸 박사는 『이도순의 중화사상 및 그의 단도 해석李道純中和思想及其丹道闡眞』(종교문화출판사, 2010년판)에서 이씨李氏의 중화 사상은 현학玄學, 역학易學, 단학丹學, 통학通學의 사학四學을 포괄한다고 한다. 원래 현학에서는 '허정통화虛靜通和'의 우주론을 논하고, 역학에서는 '신통치화神通致和'의 심역론心易論을 논하고, 단학에서는 '수중치화守中致和'의 단도론丹道論을 논하고, 통학에서는 '통변치화通變致和'의 삼교론三敎論을 논했다. 이 책에서는 이씨의 중화론中和論이 우선 도교의 중화 사상을 계승하고 발전시켰다고 한다. '허정도성虛靜道性', '중위현관中爲玄關' 사상을 계승하고, '허정위중虛靜爲中', '수중치화守中致和' 사상을 발전시켰다는 것이다. 이 단학은 후일 전진도의 주류로 되어졌다. 예컨대, 명나라 고제高第의 『성명규지性命主旨』에서는 수중守中을 요

575) (元)李道純, (元)蕭廷芝:《中和集》, 上海古籍出版社1989年版, 第59頁.[원문: 以太虛爲鼎, 太極爲爐, 淸淨爲丹基, 無爲爲丹田, 性命爲鉛汞, 定慧爲水火, 窒欲懲忿爲水火交, 性情合一爲金木並, 洗心滌慮爲沐浴, 存誠定意爲固濟, 戒定慧爲三要.]

576) 《李道純集》, 嶽麓書社2010年版, 第78頁.[원문: 中是儒宗, 中爲道本, 中是禪機. 這三敎家風, 中爲捷徑, 五常百行, 中立根基. 動止得中, 執中不易, 更向中中認細微.]

결要訣로 삼고 있었는데, 특히 유·불·도 삼가를 합쳐 사용하는 것이 최상이라고 강조하고 있었다. 또 청나라 유일명劉一明은 『지남침서指南針序』에서 '중정中正의 도道'가 '삼교를 관통하는 이치'로서 "유가에서는 중용으로 되겠고, 석가에서는 일승一乘이라 칭하고, 도교에서는 금단이라 칭한다."577)고 한다. 이씨의 중화론에서는 또 유가의 중화 사상도 융통融通시킨다. 그는 『중용』에서의 "성실함을 다한다盡誠"는 사상과 "십육자진전十六字眞傳'에 의거하여, '중中'을 단도丹道의 근본으로 확립했다. 그는 이렇게 말한다. "성실함誠을 보존함에 가장 중요한 것은 우선 이치를 궁구하는 것이고, 이치를 궁구하는 뛰어난 조예神功는 성실함誠을 다함에 있다. 성실함을 지극히 하고 이치를 궁구하는 것이 하늘의 대본大本이니, 천성天性이 드러나면 크게 밝아진다. 하늘의 뜻에 순응하고 자기의 운명에 만족하면 곧 진군자眞君子이고, 이치를 궁구함에 정밀함을 다하면 곧 대성인大聖人이다. 중정中正의 도道를 행하는 것을 대본으로 삼는다면, 대본이 온전히 밝아져 곧 신神과 통하게 된다."578) 이씨의 중화론에서는 또 불교의 중화 사상도 회통시킨다. 그는 『영유석도삼교총증정결암詠儒釋道三教總贈程潔庵』에서 이렇게 말한다. "이신二身(色身과 法身)은 일체一體이고 삼심三心은 하나이다. 장애礙를 없애고 공空을 깨달으면, 드러난 것(현상계)과 은미한 것(본체계)에 빈틈이 없으니, 유有와 무無가 세워지지 않는다. 계, 정, 혜戒定慧는 정해진 법도가 없으니, 허虛로 관통하면虛徹 영통靈通해진다. 진여眞如의 깨달음의 성품覺性이 상락아정常樂我淨이거늘, 아침햇볕 아래서 해진 옷을 깁고, 달빛 아래서 남은 경經 마저 읽는다."579) 이렇게 불교 이치에 대한 이해를 표현했는데, 비교적 정확하다고 하겠다. 이씨는 또 "한 생각一念이 융통하니 온갖 허虛가

577) (淸)劉一明著, 曹志淸等點校:《指南針》, 太原人民出版社1990年版, "前言"第1頁.[원문: "中正之道", "爲貫通三敎之理", "在儒爲中庸, 在釋謂之一乘, 在道謂之金丹".]

578)《淸庵瑩蟾子語錄》卷6, 轉引自岑孝淸:《李道純中和思想及其丹道闡眞》, 宗敎文化出版社2010年版, 第271頁.[원문: 存誠至要先窮理, 窮理神功在盡誠, 誠極理窮天大本, 性天發露大光明. 樂天知命眞君子, 盡理窮微大聖人, 只要厥中爲大本, 全明大本便通神.]

579)《李道純集》, 嶽麓書社2010年版, 第194頁.[원문: 二身一體, 三心則一, 消礙悟空, 顯微無間, 不立有無, 戒定慧, 無有定法, 虛徹靈通, 眞如覺性, 常樂我淨, 朝陽補破衲, 對月了殘經.]

맑아지고, 삼심三心이 맑고 깨끗하니 제諸 인연이 그친다一念融通万虛澄, 三心剔透諸緣息."라고 했다. 어떤 사람이 물었다. "선생께서는 말씀하시기를, '삼교는 이치가 하나이다三教一理.'라는 말을 지극히 개발極荷開發할 수 있다고 했습니다. 그러나 석씨의 열반涅槃과 도가의 탈태脫胎는 다른 것 같습니다." 그는 이렇게 대답했다. "열반과 탈태는 같은 말이겠다. 탈태란 범태凡胎를 벗어버리는 것인데, 그것이 열반이 아니겠는가? 도가에서 연정화기煉精化氣하고, 연기화신煉氣化神하고, 연신환허煉神還虛 하는 것인 즉 근본을 껴안고 하나로 되돌아가는 것抱本歸一인데, 이것은 석씨가 말하는 '말끔히 쓸어버린다掃空'는 것과 같은 말이겠다. 양자는 차별이 없다."580)

중화中華의 중화中和 사상은 중국철학의 주류 사상으로 되어졌었고, 삼교에서 모두 숭상하고 있었다. 그러나 삼교 각자의 특색도 있었다. 유가의 중화中和는 인예仁禮의 중화中和의 도道라고 할 수 있겠고 또는 대중大中의 중화中和의 도道라고 할 수 있겠다. 도가의 중화中和는 음양의 중화中和의 도道라고 할 수 있겠고 또는 성명性命의 중화中和의 도道라고 할 수 있겠다. 불교의 중화中和는 인연因緣의 중화中和의 도道라고 할 수 있겠고 또는 공유空有의 중화中和의 도道라고 할 수 있겠다.

5) 명나라 전진도내단연양술內丹煉養術의 분화分化

명나라 전진도가 점차 은미隱微해지고 또 남과 북에서 합류하게 될 때, 무당도교武當道教(그 당시, 正一道와 全眞道가 병존했음)만 홀로 흥성했고, 정일도正一道의 지위가 높았다. 또한 무당도교 천사天師들이 몇 대에 걸쳐 전국의 도교 업무를 관장했다. 전진도에서 가장 추앙받고 있던 도사道士는 장삼풍張三豊(全眞道 계열)이었다. 장삼풍은 화룡진인火龍眞人을 스승으로 섬겼었고, 그 본인의 경력은 전설 같은 신비한 색채를 가지고 있었다. 그의 이름으로 만들어진 저작(그가

580) (元)李道純, (元)蕭廷芝:《中和集》, 上海古籍出版社1989年版, 第142, 83頁.[원문: "涅槃與脫胎只是一個道理. 脫胎者, 脫去凡胎也, 豈非涅槃乎? 如道家煉精化氣, 煉氣化神, 煉神還虛, 即抱本歸一, 與釋氏掃空一理, 無差別也.]

저술한 것인지는 확실하지 않음)은 청나라 도광道光 연간에 도교 학자들이『장삼풍선생전서張三豊先生全書』로 편집해서 출판했다. 명나라 전진도의 교리敎理는 삼교귀일三敎歸一을 특색으로 하고 있었고, 성명쌍수性命雙修를 종지宗旨로 삼고 있었다. 수행 내용과 방법에 있어서는, 어떤 이들은 성리性理의 수련에 치중하고 있었고, 어떤 이들은 명리命理의 수련에 치중하고 있었고, 어떤 이들은 스스로 조용히 내심세계內心世界를 수련할 것을 주장하고 있었고, 또 어떤 이들은 남·여(부부 사이)가 함께 수련할 것을 주장하고 있었다.『장삼풍선생전서張三豊先生全書』는 삼교합일三敎合一의 색채를 지니고 있었고, 이 책에서는 내단內丹에서 말하는 연홍鉛汞이 곧 공자와 맹자가 말하는 인의仁義라고 한다. 이렇게 말한다. "인仁은 목木에 속한다. 목木에는 화火가 감추어져 있는데, 대체로 광명光明을 화육化育해내는데 쓰이는 바, 그래서 인仁이라 칭한다. 의義는 금金에 속한다. 금金에서 수水가 생기는데, 대체로 유통流通을 제어하는 데 쓰이는 바, 그래서 의義라고 칭한다."[581] 이 책에서는 유학에서의 심성心性의 수련과 윤리적五倫 실천의 논리를 가지고 공功과 행行의 두 방면을 모두 온전케 할 것을 논한다. 특히 인도人道를 다하게 되면 선도仙道를 이룰 수 있다고 강조한다. 이렇게 말한다. "평소에 음덕陰德(숨은 덕행)을 많이 행하고, 인자仁慈하고 비민悲憫(불쌍히 여김)하고, 충성하고 효도하고 신의를 지키고 성실하게 살면忠孝信誠, 즉 이렇게 인도人道를 온전히 하게 되면, 선도仙道는 자연적으로 멀지 않다."[582] 또 선종禪宗의 무주無住, 무념無念의 풍격을 발양하여 이렇게 말한다. "집에 있으나 출가하나, 속세에 있으나 속세를 떠나나, 일에 있어서는 일에 집착하지 않고 사물에 있어서는 사물에 연연하지 않는다." 구체적 연양煉養 순서와 절차에 있어서『장삼풍선생전서張三豊先生全書·대도가大道歌(道情歌라고도 함)』에서는 이렇게 말한다. "환단還丹을 연마煉하기 전에 연성煉性이 먼저요, 대약大藥을 닦기修 전에

581) (明)張三豊:《張三豊全集》, 浙江古籍出版社1990年版, 第2頁.[원문: 仁屬木, 木中藏火, 大抵是化育光明之用, 乃曰仁. 義屬金, 金中生水, 大抵是裁制流通之用, 乃曰義.]

582) 陳全林點校:《新編張三豊先生丹道全書》, 團結出版社2008年版, 第22頁.[원문: 只要素行陰德, 仁慈悲憫, 忠孝信誠, 全於人道, 仙道自然不遠也.]

수심修心이 우선이다. 마음이 안정하면 자연히 단丹의 소식이 오리니, 성정性情이 청정淸淨해진 연후에 약재藥材가 생긴다."583) 내약內藥이란 몸에 들어있는 원정元精을 말하고, 외약外藥이란 허공虛空에 들어있는 진일眞一의 기炁를 말하는데, "내약內藥은 성性을 기르고養, 외약外藥은 명命을 세우니立, 성명쌍수性命雙修를 해야 비로소 신선神仙의 도道에 합치된다." 일양一陽이 움직이기 시작할 때 적시에 약藥으로 굳히고, 정기精氣를 연화煉化하는 것을 "금액환단金液還丹'이라고 칭한다. 수심연성修心煉性(마음을 닦고 性理를 수련함)하여 정기화신精氣化神(精이 氣로 변화하고, 氣가 神으로 변화함)하고, 유위有爲로부터 무위無爲에 이르는 중에, 천성天性을 이끌어 천명天命에 되돌아가면 곧 득도할 수 있다는 것이다.

명나라 내단가內丹家들은 '성性 → 명命 → 성性'의 연양煉養 양식을 형성했다. 즉 마음을 가다듬고 성性을 수련하는 것에서 출발하여, 정기精氣를 연화煉化하고 명리命理를 닦는 단계를 거쳐 마지막에 "허공을 분쇄하여粉碎虛空' 성性을 수련하는 일을 마친다는 것이다. 다수의 내단가들은 홀로 수련할 것單修을 주장하고 있었고, 소수 사람들만 쌍수雙修를 창도하고 있었다. 동파東派 육서성陸西星이 바로 부부가 함께 수련할 것을 주장했던 도사이다. 그는 『청천가주靑天歌注』에서 이렇게 말한다. "도道를 닦을 때 처음에는 반드시 자기를 닦아야 한다. 자기를 닦는다는 것은 즉 자신을 극복하는 것이다. 자신을 극복하여 사욕을 버리고 사욕이 깨끗이 없어지면 본체本體(본바탕)는 잠연湛然(맑고 고요함)해지는데, 이렇게 되면 비로소 진성眞性을 볼 수 있다."584) 진성을 본 다음, 약藥을 취해서 화로爐에 넣고, 취감전리取坎塡離(감괘의 것을 가져다가 이괘를 채움)하여 정기精氣를 연화煉化하는데, 이때 반드시 남·여가 함께 수련해야 한다는 것이다. 그는 『현부론玄膚論』에서 이렇게 말한다. "반드시 알아야 할 것은, 피아彼我의 기氣는 동일한 태극에서 갈라져 나왔는데, 음과 양陰陽의 정精은 상호 상대방의

583) 陳全林點校:《新編張三豐先生丹道全書》, 團結出版社2008年版, 第83頁.[원문: 未煉還丹先煉性, 未修大藥先修心, 心定自然丹信至, 性淸然後藥材生.]

584) 陸西星:《邱長春眞人淸天歌測疏》,《藏外道書》第5冊, 巴蜀書社1992年版, 第357頁.[원문: 學道初關先須煉己, 煉己者克己也, 克己去私, 私欲淨盡, 本體湛然, 乃見眞性.]

집宅에 숨겨져 있어, 홀로 수련할 수 없다는 점이다."[585] 여성의 체體에는 진양眞陽이 숨겨져 있고, 남성의 체에는 진음眞陰이 숨겨져 있는데, 그리하여 반드시 남·여가 함께 수련하여 음과 양을 상호 보충해주면서 공동으로 단丹을 이루어 내야 한다는 것이다.

명나라 도교 내단술內丹術은 도교 내부에서 유행했을 뿐만 아니라 또한 유가 학자들에게도 널리 확산되었다. 예를 들면, 왕양명은 내단內丹을 수십 년 연마했는데, 그는 이것이 양생養生과 건강, 심신을 조절하는데 있어서 효과가 좋다고 아주 긍정해 주었다. 『전습록傳習錄』에서는 이렇게 말한다. "다만 한 건件인데, 유행하면 기氣가 되고, 맺히면 정精이 되고, 묘하게 쓰면 신神이 된다."[586]

3. 강남江南 신도파新道派 정명충효도淨明忠孝道 : 유·도 합일과 불·도 융합

정명도淨明道는 전형적인 유가와 도가를 하나로 합친 도교 종파이다. 정명도淨明道에서는 허손진인許遜眞人을 봉사奉祀하고 있었다. 허손許遜은 서진 사람으로서 효도를 제창했고, 예장豫章(오늘의 江西省 북부) 일대에서 30여 년 도교를 전했다. 그때 이미 교단敎團의 초기 형태를 갖추고 있었는데, 후일 그 전통은 끊이지 않고 줄곧 이어져 왔다. 후세 사람들은 당고종唐高宗 때의 도사道士 호혜초胡惠超, 장운張蘊, 곽박郭璞을 정명도를 세운 선사先師로 받들고 있었다. 후일 송진종宋眞宗은 허손을 신공묘제진군神功妙濟眞君으로 봉해 주었다. 일찍 송 황실이 남도南渡(남쪽으로 이전)하던 그 해, 도사 주진공周眞公은 남창南昌 일대에서 정명도의 교의敎義를 선전宣傳하면서 말하기를, 허손許遜 등 여섯 진인眞人이 유수渝水에 강신降神해서 정명영보비법淨明靈寶秘法을 알려주었고, 그 후 허진인은 또 옥륭 만수궁玉隆 萬壽宮에 강림降臨해서, 비선도인경飛仙度人經과 정명충효대법淨明忠孝大法을 전수해주었는데, "진공眞公은 그것을 얻고서, 익진단翼

585) 陸西星 : 《玄膚論》, 《藏外道書》第5冊, 巴蜀書社1992年版, 第361頁.[원문 : 須知彼我之氣, 同一太極之所分, 其中陰陽之精互藏其宅, 有不可以獨修者.]

586) (明)王守仁撰 : 《傳習錄》(上), 《王陽明全集》卷一, 上海古籍出版社2014年版, 第22頁.[원문 : 只是一件, 流行爲氣, 凝聚爲精, 妙用爲神.]

眞壇을 세우고 제자 500여 명을 제도傳度해 주었다."[587]고 했다. 원나라 초, 남창南昌 서산西山에 은거하여 살던 유사儒士 유옥劉玉(1257-1310)도 스스로 말하기를, 25세 때 호혜초胡惠超를 만났는데, 호혜초가 그에게 알려주기를告知, "정명대교淨明大敎는 곧 흥성할 것이요, 아마도 800명 제자가 나올 것이니, 당신이 그들의 스승이 될 것이요."[588]라고 말했다고 했다. 여러 선진仙眞께서 전수해주었다는 명의를 빌려, 유옥劉玉이 정식으로 정명도종淨明道宗을 창립했다. 정명도는 허손許遜(許旌陽)을 제1대 조사祖師로, 유옥劉玉을 제2대 조사로, 황원길黃元吉을 정양許旌陽의 삼전三傳(세 번째 세대 계승자)으로, 서이徐異를 사전四傳으로, 조의진趙宜眞을 오전五傳으로, 유연연劉淵然을 육전六傳으로 받들고 있었는데, 유연연 때는 이미 명나라 초에 들어섰었다. 청나라 이후, 정명도는 쇠미해지다가 결국 사라졌다. 『정명충효전서淨明忠孝全書』는 모두 여섯 권인데, 전부 『도장道藏』 태평부太平部에 수록되어 있다. 권1부터 권5까지는 '정명전도법사 황원길 편집, 사법제자 서혜 교정明傳道法師黃元吉編集, 嗣法弟子徐慧校正'이라고 밝히고 있고, 권6은 '정명법자옥륭 진천화 편집, 여릉 서혜 교정淨明法子玉隆陳天和編集, 廬陵徐慧校正'이라고 밝히고 있다. 이 전서全書에는 서문 일곱 편이 실려 있다. 책에는 정명도 역대 법사들의 전기傳記가 수록되어 있는데, 유옥의 작품 또는 어록語錄이 주를 이루고 있다. 이 책은 원나라 태정泰定 4년에 완성되었다.

정명도의 종지宗旨는 '정, 명, 충, 효淨明忠孝' 네 글자에 있었다. 유옥은 이렇게 말한다.

> 무엇을 정淨이라 하는가? 사물에 오염되지染 않는 것이겠다. 무엇을 명明이라 하는가? 사물에 접촉하지觸 않는 것이겠다. 오염되지 않고 접촉하지 않으면 충효忠孝는 자득自得하게 된다. 정명淨明은 다만 정심성의正心誠意일 따름이고, 충효는 다만 강상綱常을 육성하는 일扶植일 따름이겠다. 본심本心은 정명을 핵심으로 삼

587) 黃元吉編集, 徐匯校正 :《淨明忠孝全書》,《道藏》第24冊, 文物出版社, 上海書店, 天津古籍出版社1988年版, 第629頁.[원문 : 眞公得之, 建翼眞壇, 傳度弟子五百餘人.]

588) 黃元吉編集, 徐匯校正 :《淨明忠孝全書》,《道藏》第24冊, 文物出版社, 上海書店, 天津古籍出版社1988年版, 第629頁.[원문 : 淨明大敎將興, 當出八百弟子, 汝爲之師.]

아야 하고, 수행의 법도는 충효에 있겠다.[589]

'정명淨明'이라는 두 글자는 원래 불교에서 '자성은 본래 깨끗하고 밝다自性本淨本明.', '티끌만큼도 오염되지 않았다一塵不染.'라는 말에서 따온 것으로서 이를 수도자修道者들이 마땅히 이르러야 할 마음의 경지를 설명하는데 활용했던 것이다. 불교에서 말하는 것처럼 정명가淨明家들이 보건대, 인간의 마음은 본래 순결하고 투명한 것이지만, 후일 물욕物欲과 사사로운 정情에 가려지게 되어, 깨끗하지도 않고不淨 밝지도 않게不明 되는데, 그리하여 도道를 닦아 그 처음 상태로 되돌려 와야 한다는 것이다. 유옥은 이렇게 말한다. "인간의 본성은 원래 아주 밝아 위로 하늘과 통하는데, 하지만 고생이 많아지고 점차 세습에 오염되고, 방자하게 화를 내고 제멋대로 욕심을 발하면서, 도리를 곡해하고 어둡게 만들어, 인간됨의 도道를 얻지 못하게 된다."[590] 정명의 도道를 닦는 것인 즉, 사람들에게 청심과욕淸心寡欲, 정심성의正心誠意를 가르쳐주어, 그들이 이욕利慾에 빠지지 않고, 탐욕과 원한이 없고, 편협하지 않고, 원망과 분노가 없도록 해주는 것이다. 즉 이렇게 마음이 넓고 깨끗하고 밝아지게 만들어주는 것이다. 마음을 닦는 동시에 또 충효忠孝도 지극히 해야 하는데, 유옥은 더 나아가 군왕에게 충성하고 부모님에게 효도해야 하는 도리를 확충해서 설명한다. "큰 충성大忠이란 한 물건도 업신여기지 않는 것이고, 큰 효성大孝이란 만물을 모두 사랑하는一體皆愛 것이다."[591] 이는 유가의 "자기 몸과 마음을 다하는 것을 충忠이라 하고, 자기 마음을 미루어 남을 헤아리는 것을 서恕라고 한다."[592]는 말의

589) 黃元吉編集, 徐匯校正 :《淨明忠孝全書》,《道藏》第24冊, 文物出版社, 上海書店, 天津古籍出版社1988年版, 第635頁.[원문 : "何謂淨? 不染物. 何謂明? 不觸物. 不染不觸, 忠孝自得", "淨明只是正心誠意, 忠孝只是扶植綱常", "本心以淨明爲要, 行制責在忠孝".]

590) 黃元吉編集, 徐匯校正 :《淨明忠孝全書》,《道藏》第24冊, 文物出版社, 上海書店, 天津古籍出版社1988年版, 第635頁.[원문 : 人之一性本自光明, 上與天通, 但苦多生來漸染熏習, 從忿恣欲, 曲昧道理, 便不得爲人之道.]

591) 黃元吉編集, 徐匯校正 :《淨明忠孝全書》,《道藏》第24冊, 文物出版社, 上海書店, 天津古籍出版社1988年版, 第635頁.[원문 : 大忠者一物不欺, 大孝者一體皆愛.]

592) (宋)朱熹 :《四書章句集注》, 中華書局1983年版, 第72頁.[원문 : 盡己之謂忠, 推己之謂恕.]

정의精義에 다름 아니다. 유옥은 명확하게 말하기를, 정명도에서는 충효로써 삼강오상綱常을 육성한다고 했다. 속세의 유학자들은 늘 이를 다만 케케묵은 옛말로만 간주하고 있는데, 그리하여 정명도에서는 "오히려 진실하게 실천하는데 힘쓰고 있다"593)는 것이다. 정명도의 공과격功過格에서는 민중들을 구제해주는 구체적 요구도 규정했다. 예컨대, 굶주림과 추위에 시달리는 자들을 구제해주는 일, 주인 없는 사골死骨과 묻을 자리 없는 사체死體를 매장해주는 일, 떠돌이 생활을 하는 자들을 구제해주는 일, 길을 닦고 다리를 놓는 일, 백성들의 일상생활을 도와주는 일 등이 그것이겠다. 그리하여 정명도는 사방에서 받들고 따르는 자들이 수없이 많았고, 사회 상층계급과 지식인들의 찬양을 받았을 뿐만 아니라 사회 하층 민중들의 숭배와 존중도 많이 받게 되었던 것이다. 황원길, 서이, 유연연은 선후로 경성京城에 올라와 학술 강연을 했고, 작위도 받았다封爵. 명나라 양명의 후학들, 예컨대 왕룡계王龍溪, 나여방羅汝芳 등도 정명도를 크게 찬양했다.

정명도는 필경 도교였는 바, 당연히 도道를 닦아 신선으로 되는 일에 많은 관심을 기울였다. 그러나 정명도는 자체의 독특한 방식이 있었다. 정명도에서는 전통적 내단술內丹術과 외단술外丹術, 벽곡辟谷(오곡을 먹지 않는 수련법)과 토납吐納(입으로 묵은 기운을 내뿜고 코로 새로운 기운을 들이마시는 호흡법) 같은 도술을 경멸하고 있었다. 그들은 정명충효도淨明忠孝道의 수양은 내단內丹보다 경지가 훨씬 높다고 보고 있었다. 『정명대도설淨明大道說』에서는 이렇게 말한다. "도道를 닦는 관건은 참선參禪하고 도道를 묻고, 산에 들어가 형체를 단련하는 데煉形 있는 것이 아니다. 오히려 충효로 근본을 세우고, 마음을 깨끗하고 밝게 만드는 것이 더 중요하다. 사미四美가 모두 갖추어지고, 신神이 점차 영험함靈에 통하게 되면, 수련이 필요 없이 자연적으로 도道를 이루게 된다."594) 유옥은 이렇게

593) 黃元吉編集, 徐匯校正 :《淨明忠孝全書》,《道藏》第24冊, 文物出版社, 上海書店, 天津古籍出版社1988年版, 第635頁.[원문 : 卻務眞踐實履.]

594) 黃元吉編集, 徐匯校正 :《淨明忠孝全書》,《道藏》第24冊, 文物出版社, 上海書店, 天津古籍出版社1988年版, 第634頁.[원문 : 要不在參禪問道, 入山煉形, 貴在乎忠孝立本, 方寸淨

말한다. "노여움을 눌러 자제하면 심화心火가 내려가고, 욕심을 눌러 억제하면 신수腎水가 올라오고, 이치에 밝아 어둡지 아니하면 원신元神이 날로 건장해지고, 복덕福德이 날로 늘어나고, 수水는 올라가고 화火는 내려오고, 정精과 신神은 기제旣濟를 얻게 되는데, 그 속中에서 진토眞土가 이를 주재한다. 이것이 바로 정심수신正心修身의 학문이고, 참된 충성眞忠과 지극한 효성至孝의 도道이다."[595] 수행을 오래 하면, "반드시 장생長生하지 않더라도 장생長生의 성품을 보존하게 되어, 죽어서도 어둡지 아니 하고, 신선의 반열에 들어가게 되는데, 한편, 이를 장생長生이라 이른다."[596] 정명도에서 추구하는 장생은 육체의 영원한 존속이 아니고, 오히려 덕성德性을 잃지 않는 것으로서 이는 유가의 성현聖賢의 경우에 아주 근접해 있었다고 하겠다. 정명도에서도 부록符籙과 기양祈禳 같은 것을 논하는 데, 독특한 점이라면, 그들은 부법符法을 행함에 있어서 마땅히 마음의 수련을 근본으로 삼아야 한다고 주장하고 있었다. 이렇게 지성至誠으로 천지를 감동시키고, 마음속의 이매망량魑魅魍魎(온갖 요괴와 잡귀신)을 없애버리면, 곧 외부의 삿된 기운邪氣이 자연적으로 사라지게 할 수 있다는 것이다. 정명도에서는 유가의 윤리를 직접 종교 교의와 계율로 환골탈태시켰고, 도법의 수행과 유가의 수신修身 및 세상을 구제하는 도道(救世之道)를 일체로 융합시켰었다. 이는 유학을 종교화시킨 성공적인 사례이기도 하고 또한 도교사에서 상당히 새롭고 독특한 개혁과 창조이기도 했다. 또한 도교가 유가에 접근하는 표현이기도 했다. 그러나 정명도는 전통 도교의 특색을 상당히 많이 상실했기 때문에 다만 도교의 지류支流로서 지역적 성격을 가진 도교로서 존재할 수밖에 없었고, 줄곧 전해 내려오지는 못했다.

明, 四美具備, 神漸通靈, 不用修煉, 自然道成.]

595) 黃元吉編集, 徐匯校正 : 《淨明忠孝全書》, 《道藏》第24冊, 文物出版社, 上海書店, 天津古籍出版社1988年版, 第634頁.[원문 : 片忿則心火下降, 窒欲則腎水上升, 明理不昧則元神日壯, 福德日增, 水上火下, 精神既濟, 中有眞土爲之主宰, 只此便是正心修身之學, 眞忠至孝之道.]

596) 黃元吉編集, 徐匯校正 : 《淨明忠孝全書》, 《道藏》第24冊, 文物出版社, 上海書店, 天津古籍出版社1988年版, 第614頁.[원문 : 非必長生而長生之性存, 死而不昧, 列於仙班, 謂之長生.]

제4절 불교와 유·도의 합류 및 대표적 학설

1. 송·요·금·서하·원·명 시기 불교 발전 개황

이 시기 불교의 주류는 내부로는 선禪·정淨·교敎를 융합하고, 외부로는 계속하여 유·불·도를 관통하는 방향으로 나아가고 있었다. 송, 명 시기에는 유가 도학이 번성했고 또 국가에서 이를 대폭적으로 지지했다. 이에 비교할 때, 불교가 사회와 일상생활에서 가지고 있던 지위는 당나라 때보다 훨씬 못했고, 전체적으로는 하락하는 추세였다. 그러나 정신적 영역에서의 영향력은 여전히 더 확대되고 있었다. 불학은 끊임없이 새로운 창조가 있었고, 또한 유학, 도학과 상호 보완하고 상호 빛내주는 양호한 관계를 형성하고 있었다. 불교는 이 시기, 상이한 지역과 상이한 왕조王朝에서 상이한 양상을 보여주고 있었고, 사회적 역할도 다소 차이가 있었다.

양송兩宋 때, 선종禪宗은 불교 각 종파 가운데서 가장 실력 있는 종파였다. 그러나 그 아래 오가五家의 발전은 똑같지 않았는데, 그 가운데서 위앙潙仰, 법안法眼은 쇠미해지고 있었고, 임제臨濟, 운문雲門, 조동曹洞은 지속적으로 발전하고 있었고 또한 끊임없이 사대부士大夫 계층에 침투하고 있었다. 한편, '문자를 세우지 않던不立文字' 데로부터 '문자선文字禪'으로 전환했고, 등록燈錄과 어록을 편찬했고, 나아가 새로운 문체를 형성했는 바, 이렇게 전파 경로도 확장하게 되었다. 임제종臨濟宗은 송나라 때에 와서 황룡혜남黃龍慧南과 양기방회楊岐方會 두 종파가 날로 흥성했는데, 황룡黃龍 파에서는 극문克文이 방대한 승려단체 조직을 구축했고, 양기楊岐파에서는 극근克勤이 극력 문자선文字禪을 추진하고 있었다. 조금 후에는 대혜종고大慧宗杲가 또 '간화선看話禪'을 창도했고, 이로 조동종曹洞宗 정각正覺 선사의 '묵조선默照禪'을 비판했다. 한편 이렇게 임제종臨濟宗의 진로를 개척했다. 조동종曹洞宗에서는 부용도해芙蓉道楷가 가장 유명했다. 운문종雲門宗은 문언文偃 후에, 설두중현雪竇重顯, 대각회련大覺懷璉, 명교계숭明敎契嵩 등 우수한 전법傳法 제자들이 있었다. 문자선文字禪에서는 유명한 선사들의 전법 언론을 기록하여, 이를 '어록語錄'으로 만들어 옳고 그름을 평판하는 '공안公案'으로 삼았고, 이를 학습하고 해독했다. 또한 이를 평창評唱하면서, 이렇게 선禪과 교敎의 협동을 추진했다. 선禪은 부처님의 마음이요, 교敎는 부처님의 말씀이다. 묵조선默照禪은 문자선에서 너무 언어문자의 미美만 중요시하고, 반면에 선오禪悟(禪의 깨달음)는 도외시하는 폐단을 바로잡기 위해 제기한 것이었다. 이를 창도한 이는 조동종曹洞宗 굉지정각宏知正覺이다. 묵조선默照禪에서는 침묵 속에서 조용히 수선修禪하고, 관조觀照하는 가운데 도道를 깨달을 것을 주장했는데, 그리하여 특히 선정禪定을 중요시하고 있었다. 간화선看話禪의 대표자는 대혜종고大慧宗杲이다. 그는 묵조선에서 모든 것을 단념하고 마음만 편안히 가지고以心歇心, 제멋대로 움직임과 고요함을 분별하고妄分動靜, 사람들의 마음이 혼란스럽고 묘망하게 만든다고 비난했다. 한편, 일용행침日用行臥은 모두 도道라고 보고 있었고, 선사들의 '활구화두活句話頭'를 참구參究하여, 문자 표층의 함의를 꿰뚫고 직접 내적 선기禪機를 파악할 것을 주장했다. 송나라 때, 불교는 선종 외에도 천태종, 율종, 화엄종, 유식종, 정토종에서 모두 어느 정도 발전이 있었다. 그 가운데 정토신앙은 민간에 널리 보급되는 동시에 또한 각 종파에 융회되어 들어갔고, 한편 선禪·정淨·교敎의 일체화 추세를 형성하고 있었다.

요나라 불교는 거란귀족들의 대폭적인 지지를 받으면서 날로 번성했고, 또한 사회 하층에서 거대한 조직규모를 가지고 있었다. 예컨대, '천인읍사千人邑社'가 바로 불교 민간단체였는데, 이 단체에서는 늘 사원을 협조하여 여러가지 활동을 전개했다. 교파로는 화엄종, 밀종이 가장 발달했는데, 한편, 이론적 창조는 많지 않았다.

금나라 황실에서는 불교에 대해 제창도 하고 제한도 했다. 이때는 불교 제諸교파에서 선종이 가장 흥성했다. 가장 유명한 선사禪師는 조동종曹洞宗 승려 만송행수萬松行秀이다. 『오등엄통五燈嚴統』의 기재에 따르면, 행수行秀는 "공자, 노자, 장주와 백가의 학설을 회통하지 못한 것이 없었고", "유儒와 석釋을 겸비했고, 종설宗說에 정통했고, 변재辯才가 무애無碍했다." 그는 유교로 나라를 다스리고, 불교로 마음을 다스릴 것을 극력 주장했다. 그의 속가제자俗家弟子 야율초재耶律楚材는 금나라와 원나라 두 왕조의 중신重臣이었고, 특히 칭기즈칸으로부터 크게 신뢰받았다. 그는 이렇게 말한다. "세 성인의 학설은 약속이나 한 듯이 일치하다."597) "대저 우리 부자夫子(공자)의 법도로 천하를 다스리고, 노씨(노자)의 법도로 천성을 기르고養性, 석씨의 법도로 마음을 닦아야 하는데, 이는 고금古今을 막론하고 통의通議(세상에서 널리 통하던 도리)였다. 이를 버리고 나아가면 모두 이단이겠다."598) 금나라 비구니 최법진崔法珍은 산서山西 해주解州 천녕사天寧寺에서 팔을 자르고 발원發愿하고서, 모금활동을 벌여 자금을 마련해 북송 때 만든 『대장경大藏經』을 보충하고 각인했다. 20여 년에 걸쳐 『조정금장趙城金藏』 총 7,000여 권을 완성했는데, 이는 중국 불교사에서 한 차례 성대한 사업이었다고 하겠다. 당대 『중화대장경中華大藏經』에는 이 경經이 완전하게 수록되어 있다.

원나라 때에는 여러 종교를 모두 지지하고 격려하는 종교정책을 실시했다. 특히 불교를 숭상하고 있었는데, 그 가운데서도 티베트불교를 특히 예우禮遇하여 높이 받들고 있었다. 그 덕분에 불교는 전란戰亂으로 기인한 암담하고 처절한 사회 분위기 속에서 재빨리 부흥하게 되었다. 원나라 선정원宣政院의 통계에 따르면, 원나라 28년(1291)까지 전국에는 모두 "사찰이 24318개 있었고, 승려와 여승 21만 3148명 있었다."599) 원나라 중엽에 이르러, 승려와 여승의 수는 100만 명을 초과했다. 『원사元史·석로전釋老傳』에는 이렇게 기재되어 있다. "대저 천하의 사원은 모두 내·외 선정원에서 관장하고 있었는데, 그들을 이를 선禪 또는 교敎 또는 율律이라고 칭했다. 그들은 자기들이 하던 일을 계속해서 하고 있었다."600) 한전漢傳 불교의 주류는 여전히 선종이었고, 임제臨濟와 조동曹洞

597) 石竣等編 : 《中國佛敎思想資料選編》第三卷第三冊, 中華書局1983年版, 第141頁.[원문 : 三聖之說, 不謀而合.]

598) 石竣等編 : 《中國佛敎思想資料選編》第三卷第三冊, 中華書局1983年版, 第140頁.[원문 : 若夫吾夫子(孔子)之道治天下, 老氏之道養性, 釋氏之道修心, 此古今之通議也. 舍此以往, 皆異端耳.]

599) (明)宋濂 : 《元史》, 中華書局2000年版, 第110頁.

600) (明)宋濂 : 《元史》, 中華書局2000年版, 第3026頁.[원문 : 若夫天下寺院之領於內外宣政院,

에서 불교계를 이끌어가고 있었다. 대표인물로는 만송행수萬松行秀 외에, 또 인간印簡이 있었는데, 사람들은 그를 임제중흥대사臨濟中興大師라고 칭했다. 인간의 제자 유병충劉秉忠은 군정대계軍政大計를 세우는 일에도 참여했다. 원나라 몽골귀족들은 정치적으로 몽골과 티베트의 단결을 아주 중요시하고 있었고, 신앙에 있어서는 티베트불교를 더 중요시하고 있었다. 원세조는 티베트 승려 파스파Phagspa를 제사帝師로 봉했고, 그에게 티베트 지역의 정교 사무를 관장하는 동시에 전국의 불교를 관장하는 권한을 주었다. 이렇게 라마교喇嘛教는 국교國教의 지위를 향유하게 되었고, 또 비교적 순조롭게 북방에서 전파되었다. 『원사元史·석로전釋老傳』에서는 또 이렇게 말한다. “원나라는 북방에서 일떠섰는데, 그들은 석교釋教를 숭상하고 있었다. 서역西域을 정복하고서, 세조世祖는 그 땅이 넓고 험악하고 멀리 떨어져 있고, 그 지역 사람들이 거칠고 싸우기를 좋아한다고 여겨, 불교 풍속으로 그 사람들을 유연하게 만들려고 했다.”[601] 몽골족 집권자들은 북방 지역의 사람들이 용맹하고 싸우기를 좋아하는 점을 많이 고민하고 있었다. 『중용中庸』에서 말했듯이, ‘북방 사람들이 강하여’, 사회의 안정을 이루기 어려웠던 것이다. 그리하여 티베트 지역의 다스림에서 훌륭한 역할을 발휘했던 라마교의 성공적인 경험을 참조하여 이 교教를 널리 보급시키려고 했던 것이다. 즉 불교의 유연함으로 이 지역 사람들의 강한 성격을 유연하게 만들려고 했던 것이다. 이는 ‘대일통’ 국가 정권을 튼튼히 세우려는 일종의 장원한 전략적 구상이었다.

명나라 황실에서는 계속하여 불교를 존숭하고 있었는데, 그러나 구체적 정책에 있어서는 약간 조정이 있었다. 예를 들면, 라마교 승려들이 전국에서 향유하고 있던 특권을 폐지하는 동시에 적당히 존중은 해주었고, 또 승려들이 정치를 간섭하지 못하고, 기타 세속의 사무에도 관여하지 못한다고 명확히 규정했다. 정토종淨土宗은 천하에서 공동으로 믿고 받들고 있었고, 특히 민간에서 널

曰禪, 曰教, 曰律, 則固守其業.]

601) (明)宋濂:《元史》, 中華書局2000年版, 第3023頁.[원문: 元起朔方, 固已崇尙釋教, 及得西域, 世祖以地廣而險遠, 民獷而好鬥, 思有以其俗而柔其人.]

리 유행하고 있었고, 선종은 여전히 주요 교파로서 위치를 굳히고 있었고, 특히 지식인 계층에서 크게 환영받고 있었다. 사림士林(유가 지식인 사회)에는 불법을 탐구하는 자들이 아주 많았는데, 예를 들면, 한림翰林 학사學士 송렴宋濂은 『호법록護法錄』을 저술했고, 태주泰州학파에서 이지李贄는 『문자선文字禪』, 『정토결淨土訣』 등을 저술했고, 문론가 원굉도袁宏道는 『서방합론西方合論』을 저술했다. 명나라 초 선종 임제종臨濟宗 명승名僧으로는 초석범기楚石梵琦, 소암덕보笑岩德寶, 밀운원오密雲圓悟, 한월법장漢月法藏 등이 있었고, 조동종曹洞宗 명승으로는 무명혜경無名慧經, 무이원래無異元來, 영각원현永覺元賢 등이 있었다. 만력연간, 불교사상은 개척과 창조의 고봉을 이루었는데, 이때 명승 사대가四大家가 출현했다. 즉 운서주굉雲栖袾宏, 자백진가紫柏眞可, 감산덕청憨山德淸, 우익지욱藕益智旭이 그들이다. 그들은 선禪·교敎·정淨을 상호 보완시키고, 불·유·도를 회통시키는 유력한 추진자들이었다.[602]

2. 송·명 불교계에서 삼교 융합을 추진하던 대표학자와 그들의 주요 논설

1) 고산지원孤山智圓

지원智圓(976-1022)은 천태종 문인門人이다. 속성俗姓은 서씨徐氏이고 스스로 호를 중용자中庸子라고 정했다. 그는 '삼교는 근원이 같고三敎同源', '각자 자체의 역할이 있고各有其能', '유교를 높이는 것을 근본으로 할 것宗儒爲本'을 주장했다. 그는 『한가편자서중閑居編自序中』에서 이렇게 말한다. "나는 불경을 강론하는 외에도 주周, 공孔, 양揚, 맹孟의 책을 읽기를 좋아했다. 늘 고문古文으로써 배우면서(古文과 儒道는 상통하기 때문에) 그 도道(儒道)를 높이게 되었다. 또 5언, 7언 시도 즐겨 읊으면서 그 성정性情을 즐겼다."[603] 불교가 전해 들어온 것에

602) 참조: 牟鐘鑒, 張踐:《中國宗教通史》, 社會科學文獻出版社2000年版.
方立天主編:《中國佛教簡史》, 宗教文化出版社2001年版.

603) 石峻等編:《中國佛教思想資料選編》第三卷第一冊, 中華書局1987年版, 第118頁.[원문: 於講佛經外, 好讀周, 孔, 揚, 孟書. 往往學爲古文, 以宗其道, 又愛吟五七言詩, 以樂其性情.]

대해서, 그는 중국인들은 마땅히 환영하는 태도를 취해야 한다고 했다.

> 불타浮圖의 가르침敎이 화하華夏에서 흐르기 시작한 것은 동한 때의 일이 아닌가! 백성을 교화하는 데訓民 있어서 이것은 대체로 희공姬公, 공자의 학설과 서로 겉과 속表裏을 이루었다. 무엇 때문인가? 자비로 이끌었기 때문에 널리 생명을 사랑하고 살육을 혐오하게 했다. 희사喜捨에 애썼기 때문에 널리 은혜를 베풀어 뭇사람을 구제하는 일을 많이 하게 했다. 신명神明이 불멸한다고 가르쳐주었기 때문에 사람들이 귀신을 섬기는 일이 허망하지 않음을 알게 되었다. 삼세三世 응보應報를 말해주었기 때문에 복福과 선善과 화禍와 음淫이 훤하게 밝아졌다. 이렇게 백성들이 선善으로 나아가고 악惡을 멀리하고, 마음을 다스려 본성에 되돌아오게 했다. 그 이치를 따져보면 손금보다 더 훤하고, 그 교화를 따르게 되면 빠르기를 치우置郵(신속한 정보 전달을 이름)와도 같았다.[604]

그는 유가 경전을 즐겨 읽었고 특히 『중용』을 좋아했다. 그는 "중용을 말하자면 바로 용수龍樹가 말하는 중도의中道義이겠다."[605]라고 했고, 그 후 사람들은 '혹은 공空에서 왔다 갔다 하고, 혹은 유有에 얽매여 있었는데', '공空에서 왔다 갔다 하는 것도 지나친 것이고, 유有에 교착되어 있는 것도 역시 미치지 못한 것인 바'[606], "오로지 중도中道만이 훌륭하겠다."라고 했다. 유교와 불교의 관계에 있어서도, 중용의 도道는 양단兩端에 편집偏執하는 잘못을 바로 잡아줄 수 있다고 했다. 그는 이렇게 말한다.

---

604) 石峻等編 : 《中國佛敎思想資料選編》第三卷第一冊, 中華書局1987年版, 第119頁.[원문 : 浮圖之敎流於華夏者, 其權輿於東漢乎! 其於訓民也, 大抵與姬公, 孔子之說共爲表裏耳. 何耶? 導之以慈悲, 所以廣其好生惡殺也. 敎之以喜舍, 所以申乎博施濟眾也. 指神明不滅, 所以知乎能事鬼神之非妄也. 談三世報應, 所以證福善禍淫之無差也. 使夫黎元遷善而遠罪, 撥情而反性. 核其理也, 則明逾指掌. 從其化也, 則速若置郵.]

605) 曾棗莊, 劉琳主編, 四川大學古籍整理研究所編 : 《全宋文》第8冊, 巴蜀書社1990年版, 第289頁.[원문 : 言中庸者, 龍樹所謂中道義也.]

606) 曾棗莊, 劉琳主編, 四川大學古籍整理研究所編 : 《全宋文》第8冊, 巴蜀書社1990年版, 第289頁.[원문 : "或蕩於空, 或膠於有", "蕩空也過, 膠有也不及".]

세상에는 역내域內(유가를 가리킴)에 제한된 자들이 있어, 세적世籍(유가전적儒家典籍을 가리킴)에 쓰여 있지 않음을 보고서는 인간사정을 헤아릴 수 없다는 이유로 우리 불교를 심하게 비방하고, 버려도 된다고 말한다. 세상에는 석씨釋氏에 얽매여 있는 자들이 있어, 스스로 자기네 학문을 과장하면서 늘 유교를 희롱한다. 이 사람들은 도대체 중니仲尼의 가르침敎이 없으면, 나라를 다스릴 수 없고, 가정이 안정할 수 없고, 몸이 편안할 수 없다는 도리를 알고 있는 것인가?

나라가 다스려지지 않고, 가정이 안정하지 않고, 몸이 편안하지 않다면, 석씨의 도道 또한 어찌 행해진다는 말인가? 그래서 나는 유교로 몸을 닦고修身, 석교로 마음을 닦는데, 이를 마음에 깊이 새겨 잊지 않고 있고, 감히 게으르고 거만하지 않고 있고, 오히려 도道에 이르지 못할까 두려워한다. 더구나 그것을 어찌 버린단 말인가? 유교를 좋아하고 석교를 싫어하거나, 석교를 귀하게 여기고 유교를 천하게 여긴다면, 어찌 중용에 가까워질 수 있겠는가?[607]

대저 유교와 석교는 말이 다르지만 이치는 관통되는데, 모두 백성들을 교화하여 선善으로 나아가고 악惡을 멀리 하도록 해준다. 유교는 몸을 단장하는 교敎로서 그래서 외전外典이라 이르고, 석교는 마음을 닦는 교敎로서 그래서 내전內典이라 이른다. 몸과 마음이라면 다만 안과 밖의 구별일 따름이다. 아무것도 모르는 백성들이 어찌 몸과 마음을 벗어나 생각할 수 있겠는가? 우리 이 두 교敎가 아니라면, 무엇으로 그들을 교화하겠는가? 허허, 그래서 유교와 석교가 함께 서로 겉과 속을 이루고 있다는 것이다!

그가 보건대, 삼교는 "그 뜻旨이 원래 혼융하여 있는데, 나무 그루터기를 지키고 있으면守株 막히고, (고기를 잡은 뒤에) 통발을 잊으면忘筌 통한다."[608]고

607) 曾棗莊, 劉琳主編, 四川大學古籍整理研究所編 :《全宋文》第8冊, 巴蜀書社1990年版, 第289頁.[원문 : "世有限於域內者, 見世籍之不書, 以人情之不測, 故厚誣於吾教, 謂棄之可也. 世有滯於釋氏者, 自張大於己學, 往往以儒爲戲. 豈知非仲尼之教, 則國無以治, 家無以寧, 身無以安", "國不治, 家不寧, 身不安, 釋氏之道何由而行哉? 故吾修身以儒, 治心以釋, 拳拳服膺, 罔敢懈慢, 猶恐不至於道也, 況棄之乎? 嗚呼! 好儒以惡釋, 貴釋以賤儒, 豈能庶中庸乎?"

608) 曾棗莊, 劉琳主編, 四川大學古籍整理研究所編 :《全宋文》第8冊, 巴蜀書社1990年版, 第289頁.[원문 : "夫儒, 釋者, 言異而理貫也, 莫不化民俾遷善遠惡也. 儒者, 飾身之教, 故謂之外典也. 釋者, 修心之教, 故謂之內典也. 惟身與心, 則內外別矣, 蚩蚩生民, 豈越於身心哉? 非吾二教, 何以化之乎? 嘻! 儒乎, 釋乎, 其共爲表裏乎!", "其旨本融, 守株則塞, 忘筌

산지원孤山智圓은 유학을 긍정하고 있었을 뿐만 아니라, 이를 불교가 유행하는 사회적 기반으로 보고 있었다. 또한 유교 수신修身 학설을 승려들의 수행修行 규범에 끌어들였다. 자신의 호를 스스로 '중용자中庸子'라고 정한 것도 바로 중용中庸의 도道에 대한 긍정과 활용이겠다. 즉 이렇게 유가와 석가를 일체로 융합시켰던 것이다. 중화민국 시기 학자 진인각陳寅恪은 풍우란馮友蘭의 『중국철학사中國哲學史』에 써준 '심사보고서 3'에서 이렇게 지적한다. "북송의 지원智圓은 『중용』을 제창하고 있었는데, 심지어 승려 신분으로서 호를 중용자라고 했다. 또한 스스로 전傳을 만들어 그 함의를 밝혔다(孤山의 『閑居編』). 그 연대는 오히려 사마군실司馬君實(즉 司馬光)이 『중용광의中庸廣義』를 저술하기 전인데(孤山은 宋眞宗 乾興元年에 사망, 그때 47세), 그래서 또한 송나라 신유가에 앞선 선각자로 보인다."[609] 진인각은 송나라 신유가가 유교와 불교를 융통하면서 일떠서는 데 있어서 지원智圓이 일으켰던 역할에 대해 아주 심각하게 설명하고, 높이 평가했다.

2) 명교계숭明教契嵩

계숭契嵩(1007-1072)의 자는 중령仲靈이고 속성俗姓은 이씨李氏이다. 등주藤州(오늘의 廣西 藤縣) 심진鐔津 사람이다. 그는 운문종雲門宗 학승學僧이었다. 저서로는 『보교편輔教編』, 『전법정종기傳法定宗記』, 『전법정조도傳法定祖圖』 등이 있다. 일찍 인종仁宗으로부터 '명교대사明教大師'라는 호를 하사받았었고, 항주杭州 영은사靈隱寺에서 오래 지냈다. 후인後人들은 그의 논저를 편집해서 『심진문집鐔津文集』을 만들었다.

북송北宋 시기, 일부 유가 학자들, 예컨대 구양수歐陽修 등 사람들은 사실상 융불融佛(불교를 유가에 융화시킴)하면서도 말로는 불교를 배척하고 있었고, 그들

乃通".]

609) 馮友蘭:《中國哲學史》附錄《陳寅恪:審查報告三》, 重慶出版社2009年版, 第464頁.[원문: 北宋之智圓提倡《中庸》, 甚至以僧徒而號中庸子, 並自爲傳以述其義. 其年代猶在司馬君實作《中庸廣義》之前, 似亦於宋代新儒家爲先覺.]

은 한유가 불교와 도교를 배척하던 기치를 치켜들고 내려놓지 않으려 했다. 이런 상황에서 계숭契嵩은 간단히 비판하고 반박한 것이 아니라, 이론적으로 유가와 불가의 상호 의존과 상호 보완을 논증했다. 『심진명교대사행업기鐔津明教大師行業記』의 저자 진순유陳舜愈는 이렇게 설명한다.

그 당시, 천하의 선비들은 모두 고문古文을 배우면서, 한퇴지韓退之(즉 韓愈)가 불교를 배척하고 공자를 높이던 일을 앙모하고 있었다.[610] 중령仲靈(즉 契崇) 한 사람만이 홀로 『원교原教』, 『효론孝論』 등 십여 편을 저술하여 유가와 석가의 도道가 관통됨을 밝혔고, 이로 그들의 논설을 반박했다. 제군諸君들은 그 글을 읽고, 한편으로는 그 글을 좋아하면서도 또 그 논리를 아무도 이기지 못할까 봐 두려워 했다. 그 논리를 따르면서 그를 따라 노닐지 아니할까 두려워했던 것이다.[611]

보다시피 계숭契嵩의 작품은 유자들이 불교를 기시하는 편견을 해소해주고, 불교와 유교의 회합을 추진하는데 있어서 긍정적인 역할이 있었다. 그는 성인의 가르침教과 불도는 근본은 하나인데, 다만 각자의 권설權設(가르침 방식)이 다를 뿐이라고 했다.

대저 성인의 가르친教은 선善할 따름이다. 대저 성인의 도道는 바름正 따름이다. 그 사람이 바르면 사람들은 그이를 따라가고, 그 일이 바르면 사람들은 그 일을 본받게 된다. 승려도 마찬가지요 선비도 마찬가지이다. 저쪽도 마찬가지요 이쪽도 마찬가지이다. 저쪽과 이쪽彼此이란 정情을 말하는 것이요, 승려와 선비僧儒란 자취迹를 말하는 것이겠다. 성인이 자취迹를 드리워 보여주는 데는, 이런 까닭에 근본을 보존하고 있었고, 성인이 정情을 행하는 데는 이런 까닭에 성性을 따르고 있었다. 근본을 보존하고 그 자취에 얽매이지 않게 되면 대저 중용權(中庸)의 말을 할 수 있고, 성性을 따르면서 정情(마음)에 얽매이지 않게 되면 대저 실질

610) (宋)蘇軾, 李之亮箋注 : 《蘇軾文集箋注(詩詞附)》第八冊, 巴蜀書社2011年版, 第493頁.[원문 : 當是時, 天下之士, 學爲古文, 慕韓退之排佛而尊孔子.]

611) (宋)蘇軾, 李之亮箋注 : 《蘇軾文集箋注(詩詞附)》第八冊, 巴蜀書社2011年版, 第493頁.[원문 : 仲靈獨居, 作《原敎》, 《孝論》十餘篇, 明儒, 釋之道一貫, 以抗其說. 諸君讀之, 既愛其文, 又畏其理之勝而莫之奪也, 因與之遊.]

實을 말할 수 있겠다.[612)]

그는 인종仁宗께 올린 글에서 『상서尙書』에서의 '황극皇極'설을 인용하여 이렇게 말했다. "대저 왕도王道란 황극이고, 황극이란 중도를 말하는 것입니다."[613)](공영달의 소疏에서는 이르기를, "황皇은 대大이고, 극極은 중中이다. 무릇 일을 세우는 데는 마땅히 대중大中의 도道를 써야 한다."라고 한다.) "부처佛의 도道 역시 중도中道인데", 그리하여 "부처佛의 도道와 왕도王道는 합치됩니다."[614)] 『보교편輔敎篇』에서 그는 유가의 인의仁義를 가지고 선종禪宗의 마음心을 해석한다. "『단경壇經』에서 말하는 마음心 또한 의義를 깨달은覺 마음이고 어진仁 마음이다."[615)] 그는 '이일분수理一分殊'의 사유방식을 활용하여 더 나아가 이렇게 말했다.

> 옛날에 성인이 있어, 불佛이라고 칭했고, 유儒라고 칭했고, 백가百家라고도 칭했는데, 그들은 마음心은 같았지만一 그 자취는 달랐다異. 대저 같았다는 것一은 그들이 모두 사람들이 선善하게 되기를 바랬다는 것이고, 달랐다는 것異은 그들이 종파를 갈라서分家 각자 나름대로 가르침을 행했다는 것이다.[616)] 천하에는 유가가 없어도 아니 되고, 백가가 없어도 아니 되고, 불가가 없어도 아니 된다. 그 가운데 일교一敎가 이울게 되면, 천하의 선도善道가 하나 줄게 된다. 선도가 하나

612) (宋)契嵩, 鐘東, 江暉點校:《鐔津文集》, 上海古籍出版社2016年版, 第34頁.[원문: 夫聖人之教, 善而已矣. 夫聖人之道, 正而已矣. 其人正, 人之. 其事正, 事之. 不必僧, 不必儒, 不必彼, 不必此. 彼此者, 情也. 僧儒者, 跡也. 聖人垂跡, 所以存本也. 聖人行情, 所以順性也. 存本而不滯跡, 可以語夫權也. 順性而不滯情, 可以語夫實也.]

613) (宋)契嵩, 鐘東, 江暉點校:《鐔津文集》, 上海古籍出版社2016年版, 第152頁.[원문: 夫王道者, 皇極也. 皇極者, 中道之謂也.]

614) (宋)契嵩, 鐘東, 江暉點校:《鐔津文集》, 上海古籍出版社2016年版, 第152頁.[원문: "佛之道亦曰中道", "佛之道與王道合也".]

615) (宋)契嵩, 鐘東, 江暉點校:《鐔津文集》, 上海古籍出版社2016年版, 第61頁.[원문:《壇經》之所謂心者, 亦義之覺也, 心之心也.]

616) (宋)契嵩, 鐘東, 江暉點校:《鐔津文集》, 上海古籍出版社2016年版, 第46頁.[원문: 古之有聖人焉, 曰佛, 曰儒, 曰百家, 心則一, 其跡則異. 夫一焉者, 其皆欲人爲善者也. 其異焉者, 分家而各爲其教者也.]

줄게 되면, 천하에는 악惡이 하나 더 많아진다. 대저 교敎란 성인의 자취이고, 근본本이란 성인의 마음이다. 그 마음을 알게 되면 천하에는 올바르지 않음이 없게 되고, 그 자취를 좇아 따르게 되면 천하에는 그릇된 일이 없게 된다. 이런 까닭으로 현자賢者들은 대저 성인의 마음을 아는 것을 귀하게 여겼던 것이다.617)

이 해설에서는 한편으로는 불교에서 말하는 마음이 온갖 법을 낳는다心生萬法는 교의敎義를 수호하고 있었고, 다른 한편으로는 또 유가의 인仁에 머물고 의義를 따르고居仁由義, 덕德을 쌓고 선善을 행한다積德行善는 성현聖賢의 도道를 융합시키고 있었다. 그 출발점은 이미 단순히 불교를 수호하는 것을 초월했고, 오히려 이는 전체 사회의 다스림을 위한 것이었다. 그는 여러 방면을 아울러 두루 살피면서 고민하고 있었고, 여러 종교에서 권선勸善의 역할을 각자 잘 발휘하여 사회의 도덕 기풍을 바로잡을 것을 주장하고 있었다. 그 흉금은 박대했다고 하겠다.

계숭契嵩도 지원智圓과 마찬가지로 『중용』을 높이 받들고 있었다. 『중용해中庸解』도 저술했는데, 그는 여기서 이렇게 말한다. "군자君子가 유위有爲하고, 실제 행동이 있으려면 반드시 『중용』을 공부한 연후에 실천에 옮겨야 한다. 먹고 마시는 일도 끊을 수 있고, 부귀富貴하고 숭고崇高한 지위도 양보할 수 있지만 『중용』만은 버리면 아니 된다. 마음을 성실하게 하고誠心, 몸을 닦고修身, 집안을 바르게 하고正家, 나라를 다스리고治國, 천하에 밝은 덕을 밝히는 것明明德을, 『중용』을 버리고서 무엇으로 이루겠는가?"618) 이는 완전히 유가 학자의 말투라고 하겠다. 유가에서는 효孝를 온갖 선善의 우두머리로, 종법윤리宗法倫理의

617) (宋)契嵩, 鐘東, 江暉點校 :《鐔津文集》, 上海古籍出版社2016年版, 第47頁.[원문 : 方天下不可無儒, 無百家, 不可無佛. 虧一教, 則損天下之一善道. 損一善道, 則天下之惡加多矣. 夫教也者, 聖人之跡也. 本也者, 聖人之心也. 見其心, 則天下無有不是. 循其跡, 則天下無有不非. 是故賢者貴知大聖人之心.]

618) (宋)契嵩, 鐘東, 江暉點校 :《鐔津文集》, 上海古籍出版社2016年版, 第73頁.[원문 : 君子將有爲也, 將有行也, 必修《中庸》然後舉也. 飲食可絶也, 富貴崇高之勢可讓也, 而《中庸》不可去也. 其誠其心者, 其修其身者, 其正其家者, 其治其國者, 其明明德於天下者, 舍《中庸》其何以爲也?]

근본으로 삼고 있다. 한편, 계숭도 효도를 크게 찬송한다. 그는 이렇게 말한다. "대저 효는 대계에 우선하는 것이다. 계戒가 있어 뭇 선행衆善이 생기게 된다. 선善을 행하는데 계戒가 미약하다면 선善이 어떻게 생기겠는가? 계戒를 지키는데 효孝가 미약하다면 계戒 또한 어디서 나오겠는가? 그런 까닭에 경經에서 이르기를, '내가 무상無上(최고의)의 바르고 참된 도道를 증득證得하게 해주는 것은 효덕孝德에서 말미암은 것이다'라고 한 것이다."[619] 또 "대저 오계五戒에는 효孝의 의미가 들어있는데, 오늘날 천하에서 복福을 욕구하는 것은 효도를 지극히 행하기보다 못하고, 효도를 지극히 행하는 것은 계戒를 잘 닦기보다 못하다."라고 한다. 출가해서 수계守戒하고, 부모님을 위해 명복冥福을 비는 것이 곧 대효大孝인데, "대저 효孝는 제諸 교敎에서 모두 받들고 있지만 불교에서는 특히 더 높이고 있다. 불교에서도 지극히 높이고 있는데, 유교로써 그것을 지키고 불교로써 그것을 넓히고, 유교로써 그것을 사람에게 적용하고, 불교로써 그것을 신성화 시켜, 이런 효가 이른다면 지극히 크지 않겠는가."[620] 이렇게 보면 불교에서는 효도를 삼가 받들고 있을 뿐만 아니라, 더욱 효도孝道를 신성화시켜 높이고 있었다. 그는 송인종宋仁宗에게 유교와 불교를 겸하여 활용하면 나라의 다스림에 유익하다고 설명했다. 이렇게 말했다. "유교와 불교 모두 성인의 가르침敎입니다. 나온 곳은 비록 다르지만, 모두 나라를 안정되고 평안하게 다스리는데 쓸수 있습니다. 원하옵건대, 임금님께서 베풀어주시어 천하에서 유자들이 나름대로 유교를 펴고, 불자들이 나름대로 불교를 펴게 하여, 각자 자체의 법도를 가지고 폐하의 다스림과 교화를 돕게 하시옵시오."[621] 계숭戒嵩은 불교

---

619) (宋)契嵩, 鐘東, 江暉點校 :《鐔津文集》, 上海古籍出版社2016年版, 第49頁.[원문 : 夫孝也者, 大戒之所先也. 戒也者, 眾善之所以生也. 爲善微戒, 善何生耶? 爲戒微孝, 戒何自耶? 故經曰 : 使我證成於無上正真之道者, 由孝德也.]

620) (宋)契嵩, 鐘東, 江暉點校 :《鐔津文集》, 上海古籍出版社2016年版, 第48, 54, 55頁.[원문 : "夫五戒有孝之蘊", "今夫天下欲福, 不若篤孝, 篤孝不若修戒", "夫孝, 諸教皆尊之, 而佛教殊尊也", "佛也極焉. 以儒守之, 以佛廣之. 以儒人之, 以佛神之. 孝其至且大哉!"

621) (宋)契嵩, 鐘東, 江暉點校 :《鐔津文集》, 上海古籍出版社2016年版, 第149, 161頁.[원문 : "儒, 佛者, 聖人之教也, 其所出雖不同, 而同歸於治", "願垂天下, 使儒者儒之, 佛教佛之, 各以其法贊陛下之治化".]

의 계율戒律과 유가의 윤리규범을 합치시키기 위해 오계五戒의 계율로 오상五常의 덕을 해석했다. "오계란 첫째, 살생殺하지 않고, 둘째, 도둑질하지 않고, 셋째, 사음邪淫하지 않고, 넷째, 망언妄言하지 않고, 다섯째, 술을 마시지 않는 것이다. 대저 살생殺하지 않는 것은 인仁이고, 도둑질 하지 않는 것은 의義이고, 사음邪淫하지 않는 것은 예禮이고, 술을 마시지 않는 것은 지혜智이고, 망언妄言하지 않는 것은 믿음信이다."622) 이렇게 보면 계율과 명교名教는 통하여 하나로 되는데, 그는 이렇게 불교와 유교를 융회시켜 일반 백성과 신도들에게 보급시킬 수 있게 만들었다. 계숭契嵩의 유교와 불교 회통론會通論은 이론적 높이가 있었고, 전체적 시야가 있었고, 요의要義를 상호 해석해주고 있었고, 또한 간단하고 용이하여 실천에도 편리했다. 참말로 칭송할만한 일이라고 하겠다. 또한 그리하여 집권자들과 유학계儒學界 인사들의 인정을 받을 수 있었던 것이다.

3) 대혜종고大慧宗杲

종고宗杲(1089-1163)는 임제종臨濟宗 양기파楊岐派 고승高僧이다. 속성俗姓은 해씨奚氏이고, 안휘安徽 선주宣州 녕국寧國 사람이었다. 그는 원오극근圓悟克勤의 문하門下에 있었다. 일찍 주전파主戰派 장구성張九成과 도우道友(佛道 친구)였다는 이유로 유배당한 적이 있다. 후일 항주杭州 영은사靈隱寺에서 주지住持로 있었고, 그 후에는 경산사徑山寺에서 주지로 지냈었다. 그의 명성은 원근遠近에 널리 알려져 있었다. 송효종宋孝宗은 그에게 '대혜선사大慧禪師'라는 호를 하사했고, 사람들은 또 그를 '대혜보각선사大慧普覺禪師'라고도 칭했다. 작품으로는 『대혜보각선사어록大慧普覺禪師語錄』이 있는데, 이 어록은 『대정장大正藏』 권사십칠卷四十七에 수록되어 있다. 종고宗杲는 비록 속세 바깥에서 살던 승려였지만, 그러나 나라와 백성을 크게 걱정했고憂國憂民, 또한 충의忠義를 크게 제창했

622) (宋)契嵩, 鐘東, 江暉點校 : 《鐔津文集》, 上海古籍出版社2016年版, 第54頁.[원문 : 五戒, 始一曰不殺, 次二曰不盜, 次三曰不邪淫, 次四曰不妄言, 次五曰不飮酒. 夫不殺, 仁也. 不盜, 義也. 不邪淫, 禮也. 不飮酒, 智也. 不妄言, 信也.]

다. 그의 『어록語錄』에서는 이렇게 말한다. "보리심菩提心이라면 곧 충의심忠義心이고, 이름은 다르지만 본바탕體은 똑같다. 단, 이 마음心이 의義와 만나게 되면, 속세 바깥이나 속세 안이나 모두 한 그물에 포섭하게 되고, 빠뜨린 것이 하나도 없이 된다."623) 그가 보건대, '왕사王事'와 '민사民事'는 모두 보리심菩提心의 표현이었다. 이렇게 말한다. "이른바 왕사나 민사나 일일이 분명히 알고 일일이 오차가 없이 하면, 그다음에는 자유롭게 말았다 폈다 할 수 있고, 임시로 가져다 쓸 수도 있는데, 이 모두 내 마음의 본분常分이고 다른 술법術에서 빌린 것이 아니다."624) 그는 불교의 염정설染淨說로 충의忠義와 간사함奸邪을 해석했다. "충의와 간사함은 태어날 때부터 가지고 온 것이다. 충의가 간사함에 처해 있어서는 마치 맑고 깨끗한 마니보주摩尼寶珠를 진흙탕에 놓아두는 것과 같아 백년 천년이 지나도 더렵혀지지 않는다. 무슨 연고인가? 본래 맑고 깨끗하기 때문이다. 간사함이 충의에 처해 있어서는, 마치 잡독雜毒을 깨끗한 그릇에 넣어두는 것과 같아, 백년 천년이 지나도 바뀔 수 없다. 무슨 연고인가? 본성이 탁예濁穢(혼탁하고 더럽다)하기 때문이다."625) 그는 충의로운 자는 간사함을 두려워하지 않는다고 강조한다. 왜냐하면 본성이 맑고 깨끗하기 때문이다. 그런 까닭에 진여眞如의 불법을 깨달은 자는 반드시 충의로운 자라고 한다. 종고宗杲는 불교 진속불이론眞俗不貳論을 가지고 유가의 "위학僞學'과 "위도爲道'의 일체적 성격一體性을 설명했다. 반면에 그는 이학가理學家들이 '존덕성尊德性'과 '도문학道問學'을 둘로 갈라놓는 것에 찬성하지 않았다. "대체로 학문에 힘쓰는

623) 純聞主編 :《雲居法匯》第六冊, 《大慧普覺禪師法語卷二十四·示成機宜》, 大象出版社 2014年版, 第68頁.[원문 : 菩提心則忠義心也, 名異而體同. 但此心與義相遇, 則世出世間, 一網打就, 無少無剩矣.]

624) 純聞主編 :《雲居法匯》第五冊,《大慧普覺禪師住徑山能仁禪院語錄卷第六》, 大象出版社 2014年版, 第98頁.[원문 : 所謂王事民事, 一一明瞭, 一一無差, 然後卷舒自 在, 從奪臨時, 皆吾心之常分, 非假於他術.]

625) 純聞主編 :《雲居法匯》第六冊, 《大慧普覺禪師法語卷二十四·示成機宜》, 大象出版社 2014年版, 第67頁.[원문 : 忠義奸邪與生俱生. 忠義者處奸邪中, 如清淨摩尼寶珠置於淤泥之內, 雖百千歲不能染汙. 何以故? 本清淨故. 奸邪者處忠義中, 如雜毒置於淨器, 雖百千歲亦不能改. 何以故? 本性濁穢故.]

것爲學과 도를 닦는 일爲道은 같은 일이다. 그런데 오늘날 학자들은 늘 인의예지신仁義禮智信을 학문으로 여기고, 격물格物과 충서忠恕를 하나의 이치로 관통시키는一以貫之 그런 것들은 도道로 여긴다. 말하자면, 인仁은 성性의 인이고, 의義는 성性의 의이고, 예禮는 성性의 예이고, 지智는 성性의 지이고, 신信은 성性의 신이다. 의리義理의 성性 역시 성性이다. 의義롭지 못한 일을 행하는 것은 곧 이 성性을 거스르는 것이고, 의義로운 일을 행하는 것은 곧 이 성性을 따르는 것이다. 하지만 따르고順 거스르는背 것은 사람에게 달려 있지, 성性에 달려 있지 않고, 인의예지신仁義禮智信은 성性에 달려 있지, 사람에 달려 있지 않다.", "만약 인의예지신의 성性이 일어나는 곳을 알고 있다면, 격물格物과 충서忠恕를 하나의 이치로 관통시키는 일一以貫之은 곧 그 속에 있게 된다."[626] 이런 도덕수양을 심성心性의 근본에 귀결시키는 논리가 후일 육왕심학陸王心學에 큰 계시를 주었던 것이다. 육왕심학은 정주이학程朱理學과 달리 본심을 밝히는 방향으로 나아갔었다. 종고宗杲는 특히 맹자를 높이 받들고 있었다. 그의 『어록語錄』에는 이런 말이 있다. '이 도道(원리)로써 이 백성들을 깨우치는 것(孟子 萬章上)'은 유자儒者들의 일이다. 하지만 우리 부처님께서도 말씀하시기를, '성각性覺(自性을 證悟함)이 묘명妙明(묘하게 밝음)하고, 본각本覺(태어날 때부터의 깨달음)이 묘명하다.'라고 했다. 또 이르기를, '불佛은 깨달음覺이다. 스스로 깨닫고 나서는 이 깨달음으로 제諸 미혹된 무리들을 깨쳐준다'고 했다. 그래서 대각大覺이라 이르는 것이다."[627] 송나라 유자들은 늘 맹자가 양묵楊墨을 비판하던 말을 가지고 불교와 도교를 비판했는데, 종고宗杲는 이를 일종의 근본을 버리고 지엽적인

626) 純聞主編 : 《雲居法匯》第六卌, 《大慧普覺禪師法語卷二十八·答汪狀元》, 大象出版社 2014年版, 第124頁.[원문 : 大率爲學爲道一也. 而今學者往往以仁義禮智信爲學, 以格物忠恕一以貫之之類爲道. 仁乃性之仁, 義乃性之義, 禮乃性之禮, 智乃性之智, 信乃性之信. 義理之性亦性也. 作無義事, 則背此性. 作有義事, 即順此性. 然順背在人, 不在性也. 仁義禮智信在性, 不在人也", "若識得仁義禮智信之 性起處, 則格物忠恕一以貫之在其中矣".]

627) 純聞主編 : 《雲居法匯》第六卌, 《大慧普覺禪師法語卷第二十·示覺空居士》, 大象出版社 2014年版, 第23頁.[원문 : 以斯道覺斯民, 儒者之事也. 吾佛亦曰 : 性覺妙明, 本覺妙明. 又 : 佛者, 覺也, 既已自覺, 而以此覺覺諸群迷, 故曰大覺.]

것에 매달리는棄本逐末, 옛사람들의 글에서 멋진 구절만 깊은 이해 없이 베끼는 尋章摘句 행위로 보고 있었다. 한편, 그는 맹자의 성선설性善說과 불성론佛性論은 근본적으로는 일치하다고 했다. 종고宗杲는 기분파였고, 그는 협객游俠들의 두려움 없는 기백을 상당히 많이 지니고 있었다. 그는 간사하고 아첨을 잘 하는 자들을 풍자하는 게偈도 만들었다. 이렇게 말한다. "몸에는 유마복維摩裳을 걸치고, 머리에는 방공모龐公帽를 둘러쓰고, 자태는 유연하고 부드러워 보이는데, 마음은 참으로 조포하구나. 입을 벌리면 욕설만 퍼붓고, 옳고 그름은 따지지도 않는구나. 형양衡陽에서 지방 벼슬아치에게 단속받고 있으니, 입으로 지은 업보果報에 틀림없겠지? 세상에 영원히 돌려보내지 않으니, 그제야 비로소 천도天道에 합쳐지는구려."[628] 그는 이렇게 권세를 잡은 간신들을 두려워하지 않았고, 배척당하고 추방당해도 두려워하지 않았고, 누가 뭐라고 해도 자기 방식대로 살아가고 있었고, 진성眞性을 드러내는 것을 즐거움으로 삼고 있었다. 그는 성인이나 범부나, 삼교 신도들을 막론하고, 스스로 깨달아 진인眞人으로 되기만 하면 만물을 융합시킬 수 있다고 했다. 이렇게 말한다. "유儒가 석釋이고, 석釋이 유儒이고, 승려가 속인俗人이고, 속인이 승려이고, 범부凡夫가 성인이고, 성인이 범부凡夫이고, 나가 너이고, 네가 나이고, 하늘이 땅이고, 땅이 하늘이고, 파도가 물이고, 물이 파도이다. 그래서 소락제호酥酪醍醐(치즈, 제호)를 휘저어 한 맛一味으로 되게 하고, 병반차천甁盤釵釧(병, 소반, 비녀, 팔찌)을 녹여 일금一金으로 되게 하는 것이다." 관건은 자신감을 수립하는 데 있다고 한다. "부처님을 의심하지 않고, 공자님을 의심하지 않고, 노군老君을 의심하지 않고, 그 다음 노군, 공자, 부처님의 콧구멍을 빌려 절로 기氣를 내보내야 한다."[629] 보다시피 종고宗杲는 박대한 흉금을 가지고 있었고, 대장부大丈夫의 기개를 가지고 있었

628) 純聞主編 :《雲居法匯》第六冊,《大慧普覺禪師年譜》, 大象出版社2014年版, 第264頁.[원문 : 身著維摩裳, 頭裹龐公帽, 資質似柔和, 心中實躁暴. 開口便罵人, 不分青白皂. 編管在衡陽, 莫非口業報? 永世不放還, 方始合天道.]

629) 純聞主編 :《雲居法匯》第六冊, 大象出版社2014年版, 第28頁.[원문 : 不疑佛, 不疑孔子, 不疑老君, 然後借老君, 孔子, 佛鼻孔, 要自出氣.]

다. 또한 유학의 정수精髓를 깊이 파악하고 있었는 바, 그리하여 삼교를 하나로 융합시킬 수 있었던 것이다.

4) 명나라 사대가(1) : 운서주굉雲栖袾宏

주굉(1535-1615)의 자는 불혜佛慧이고, 호는 연지蓮池이다. 속성俗姓은 심씨沈氏이고 항주杭州 인화仁和 사람이다. 어려서 유학을 배웠고, 성년이 된 후 많은 고난을 겪고서, 후일 출가하여 승려로 되었다. 각 지역을 떠돌면서 방랑하고서, 항주 오운산五雲山에 돌아와 암자를 짓고結庵 거처했는데, 암자 이름을 운서雲栖라 짓고, 불법을 널리 전했다. 그 당시, 그는 연박한 학식과 고상한 성품으로 원근遠近에서 명성이 높았고, 조정朝廷과 민간에서 모두 존경하고 있었다. 그의 학설에서는 선禪, 교敎, 정淨의 합일을 주장하고 있었고, 그의 저작들은 후일 통합하여 『운서법회雲栖法會』로 만들어졌다.

주굉은 『죽창수필竹窓隨筆 · 경교經敎』에서 이렇게 말한다. "가르침敎을 여의고 참선參禪하는 것은 곧 삿되게 따르는 것이고邪因, 가르침敎을 여의고 깨닫는 것은 곧 삿되게 이해하는 것이다邪解."[630] 그는 또 율律, 경經, 선禪의 회통滙通도 강조했다. 『운서유고雲栖遺稿』에서 그는 이렇게 말한다. "만약 어떤 사람이 계율律을 지킨다면, 계율律은 불교제도로서 마침 염불念佛하기 좋은 때이고, 만약 어떤 사람이 경經을 읽는다면, 경經은 부처님의 말씀으로서 마침 염불念佛하기 좋은 때이고, 만약 어떤 사람이 참선參禪한다면, 선禪은 부처님의 마음으로서 마침 염불念佛하기 좋은 때이다."[631] 그가 보건대, 계율을 지키고, 경經을 읽고, 참선하는 것은 모두 필요한 것이고, 모두 염불(念佛은 淨土 신앙이다)을 강화할 수 있고, 사람들이 불법을 철저히 깨닫게 할 수 있었다. 여러 종파를 두루

630) (明)雲棲袾宏撰, 明學主編 :《蓮池大師全集》第三册, 上海古籍出版社2011年版, 第1403頁.[원문 : 離敎而參, 是邪因也. 離敎而悟, 是邪解也.]

631) (明)雲棲袾宏撰, 明學主編 :《蓮池大師全集》第三册, 上海古籍出版社2011年版, 第1755頁.[원문 : 若人持律, 律是佛制, 正好念佛. 若人看經, 經是佛說, 正好念佛. 若人參禪, 禪是佛心, 正好念佛.]

융합시켰기 때문에, 정토종淨土宗에서는 그를 '연종제8조蓮宗第八祖'로 받들고 있었고, 화엄종華嚴宗에서는 그를 규봉종밀圭峰宗密 아래 22세로 받들고 있었다. 덕청德淸은 그를 찬양하여, "법문法門에서 불법의 전체대용全體大用을 크게 이룬 자이다."[632]라고 말했다. 그는 흉금이 아주 넓은 고승高僧이었다. 한편으로는 내부에서 불교 각 종파를 융합하고, 다른 한편으로는 외부에서 삼교 학설을 회통시켰었다. 불교와 유교 관계에 있어서 그는 이교의 합일을 주장하지 않았고, 오히려 길은 다르지만 귀착점이 같을 것을 주장했다. 그는 『죽창수필竹窓隨筆·유불배합儒佛配合』에서 이렇게 말한다. "불가와 유가의 성인은 각자 주로 맡은 바가 있는데, 그래서 둘로 가를 필요도 없고, 억지로 합칠 필요도 없다. 무슨 일을 맡고 있는가? 유교는 주로 세상을 다스리는 일을 맡고 있고, 불교는 주로 속세 바깥의 일을 맡고 있다."[633] 하지만 이 두 교二敎는 서로 협력할 수 있다고 한다. 『죽창수필竹窓隨筆·유불교비儒佛交非』에서는 이렇게 말한다. "유가와 불가는 서로 힐난할 것이 아니라 서로 협력해야 한다. 대략 말한다면, 대저 속인들이 악행惡行을 저지르는 데는 살아서 법전憲典을 피해 도망갈 수는 있지만, 죽은 다음 지옥을 피할 수 없는 일이 두려워, 개과천선改惡從善하게 된다. 이렇게 군왕의 덕화王化가 미치지 못하는 곳을 뒤에서 몰래 도와주는 것이 불교이다. 승려들 가운데 계율로 단속할 수 없는 자들은 또 형벌이 두려워 감히 제멋대로 행동하지 못한다. 이렇게 불법이 미치지 못하는 곳을 드러내고 도와주는 것이 유교이다."[634] 그는 『정와집正訛集·삼교일가三教一家』에서 이렇게 말한다. 즉 삼교는 "이치가 다르지 않지만, 깊고 옅음은 분명히 다르다. 깊고

632) 石峻等編:《中國佛教思想資料選編》第三卷第二冊, 中華書局1987年版, 第285頁.[원문: 法門得佛之全體大用者也.]

633) (明)雲棲袾宏撰, 明學主編:《蓮池大師全集》第三冊, 上海古籍出版社2011年版, 第1459頁.[원문: 佛儒二教聖人, 其設化各有所主, 固不必歧而二之, 亦不必強而合之. 何也? 儒主治世, 佛主出世.]

634) (明)雲棲袾宏撰, 明學主編:《蓮池大師全集》第三冊, 上海古籍出版社2011年版, 第1441頁.[원문: 儒與佛, 不相病而相資. 試擧其略. 凡人爲惡, 有逃憲典於生前, 而恐地獄於身後, 乃改惡修善. 是陰助王化所不及者, 佛也. 僧人不可以淸規約束者, 畏刑罰而弗敢肆, 是顯助佛法所不及者, 儒也.]

옅음은 비록 다르더라도 모두 같은 하나의 이치에 귀결된다. 그런 까닭에 삼교는 일가一家라고 하는 것이다."[635] 이로 보면 "삼교일가三敎一家' 관념은 이때 이미 사회에서 일반 상식으로 되어졌었다. 주굉은 특히 효孝와 충忠을 중요시했다. 그는 『죽창수필竹窓隨筆·효친지행총론孝親之行總論』에서 이렇게 말한다. "속세의 사람들은 석씨釋氏의 눈에는 아버지도 없다고 비난하는데, 사실 석씨가 부모님에 대한 효성은 오히려 속세의 사람들을 초과한다."[636] 그는 『난분성회蘭盆盛會』에서 목련目連이 어머니를 구한目連救母 이야기를 예로 들면서 이 일을 찬양하여 이렇게 말한다. "살았을 때 봉양하고 죽은 후 예를 갖춰 장사葬事를 지내는 것은 작은 효孝이다. 살았을 때 즐겁게 해드리고 죽은 후 세상에 훌륭한 명성을 남기게 해드리는 것은 큰 효이다. 살았을 때 부모님이 참되고 올바른 믿음正信을 가지도록 이끌어주고, 죽은 후 영혼靈神을 제도濟度해 드리는 것은 큰 효 가운데서도 가장 큰 효이다."[637] 임금님에게 충성하는 것은 승려와 속인이 좀 다른데, 승려가 불도를 높이면서 속세의 다스림을 돕는 것도 역시 큰 충성이라고 한다. 그는 『고상지행총론高尙之行總論』에서 이렇게 말한다.

> 암혈岩穴(석굴)에서 불도를 열심히 닦아, 명성이 조정에 알려지고, 위로는 임금님을 제도濟度해 드리고, 아래로는 백성들을 제도해주는 것이 승려들이 해야 할, 불법을 널리 펼쳐 사람들의 삶을 이롭게 해주는 올바른 일이 아니겠는가? 다만 안타까운 것은, 어떤 이들은 대도大道를 세우지 않고, 자신이 바르지 못하면서도 허영虛榮만 추구하고 있는데, 이렇게 승려들을 수치스럽게 만들었구려. 어허! 출가한 자들이 성실하게 불도를 닦아 스스로를 높이고, 임금과 대신大臣들이 천하에는 불도를 숭상하고 권세에 연연하지 않는 승려들이 있다는 말을 듣고서 찬탄

635) (明)雲棲袾宏撰, 明學主編:《蓮池大師全集》第三冊, 上海古籍出版社2011年版, 第1532頁.[원문: 理無二致, 而深淺曆然. 深淺雖殊, 而同歸一理. 此所以爲三敎一家也.]

636) (明)雲棲袾宏撰, 明學主編:《蓮池大師全集》第二冊, 上海古籍出版社2011年版, 第829頁.[원문: 世人病釋氏無父, 而釋氏之孝其親反過於世人.]

637) (明)雲棲袾宏撰, 明學主編:《蓮池大師全集》第二冊, 上海古籍出版社2011年版, 第830頁.[원문: 生養死葬, 小孝也. 生俾底豫, 死俾流芳, 大孝也. 生導其正信, 死葬其靈神, 大孝之大孝也.]

하고 흠모하게 된다면, 이런 충성도 큰 것이겠다. 어찌 반드시 임금님 앞에서 자기의 의견을 내놓고 계책을 올리는 것만 충성이라 하겠는가?[638]

그렇다면 석가는 충성을 다할 뿐만 아니라, 더욱 사회 기풍을 격려해주는 더 큰 충성을 다한다고 하겠다.

5) 명나라 사대가(2) : 자백진가紫柏眞可

진가(1543-1603년)의 자는 달관達觀이고 호는 자백紫柏이다. 강소江蘇 오강吳江 사람이다. 17세에 호구虎丘 운암사雲岩寺에서 출가했고, 20세에 구족계具足戒를 받고서, 명산과 큰 사찰들을 널리 돌아다니면서 경교經敎를 배웠고, 상종相宗을 탐구하고 화엄을 익혔었고, 참선하면서 깨달음을 얻었다. 배움에 정해진 스승이 없었고, 제가들의 학문을 널리 탐구했다. 만력萬曆 연간, 『방책장方冊藏』(즉 『嘉興藏』)을 판각했다. 만력 31년(1603년), 『요서妖書』 사건으로, 원한을 품은 자들에게 모해당하여 옥에 갇히고 형을 받았고, 그해 연말에 세상을 떠났다. 그의 저술들은 후일 덕청德淸 등 사람들이 편집해서 『자백존자전집紫柏尊者全集』, 『자백존자별집紫栢尊者別集』, 『부록附錄』으로 만들었다. 명나라 학자 고중공顧仲恭은 『발자백존자전집跋紫柏尊者全集』에서 진가를 이렇게 평가한다. "가장 존경스러운 점은 석가로써 공자와 노자를 누르지 않고, 내전內典을 가지고 자사子史를 폐廢하지 않은 점이다. 불법 내부에서는 종宗으로써 교敎를 누르지 않았고, 성性으로써 상相을 폐하지 않았고, 현수賢首로써 천태天台를 폐하지 않았다."[639] 그는 내부로는 불교 학설을 융합시키고 외부로는 여러 학설을 관통시키던 불교 사상가였다. 그는 내부로는 성性과 상相, 종宗과 교敎를 융합시켰었다. 이렇

638) (明)雲棲袾宏撰, 明學主編:《蓮池大師全集》第二冊, 上海古籍出版社2011年版, 第839頁. [원문: 道充於岩穴, 而名聞於廊廟, 上度吾君, 下度吾民, 非弘法利生之正務乎? 獨惜大道不立, 而枉己以求榮者, 貽釋子之羞也. 噫! 爲僧者, 誠以道自重, 使國王大臣聞天下有樂道忘勢之僧, 而歎之羨之, 其忠亦多矣, 豈必面陳獻替, 而後爲忠乎?]

639) 蔡惠明編寫:《高僧傳新編》, 浙江天臺國淸寺1989年版, 第101頁.[원문: 最可敬者, 不以釋迦壓孔老, 不以內典廢子史. 於佛法中, 不以宗壓教, 不以性廢相, 不以賢首廢天臺.]

게 말한다. "법상法相은 물결波과도 같고, 법성法性은 물과도 같다. 후세의 학자들은 각자 자기 종문宗門에만 박혀 서로 배척했는데, 그리하여 그 물결과 물은 갈라져 하나로 되지 못했다."[640] "종宗과 교敎는 비록 파벌이 나뉘기는 했지만, 그러나 부처님의 말씀과 부처님의 마음을 떠나지는 못한다. 부처님의 마음을 전하는 자를 종주宗主라 이르고, 부처님의 말씀을 전하는 자를 교주敎主라 이른다."[641] 바깥으로는 불교와 유교, 도교를 회통시켰었다.

> 대저 몸과 마음은 처음에 무심신無身心이라는 것이 있었는데, 맑고 고요하고 원만하게 홀로 존재했다. 복희씨伏羲氏가 그것을 얻어서는 괘卦를 그렸고, 중니씨仲尼氏가 그것을 얻어서는 『역易』에 십익十翼을 만들었고, 노씨老氏가 그것을 얻어서는 이편二篇(즉 도경과 덕경)을 만들었고, 우리 대각大覺 노인이 그것을 얻어서는 영산회상靈山會上(석가모니가 제자들에게 설법한 모임)에서 염화미소拈花微笑(석가모니가 꽃을 들고 가섭이 미소를 지었다는 이야기)를 지었다. 그 후, 아난씨阿難氏로부터 달마씨達磨氏, 대감씨大鑑氏, 남악씨南岳氏, 청원씨青原氏에 이르기까지 …… 세간과 출세간의 법法은 서로 비기면서 거듭 창조造化를 이루었다.[642]

진가의 내·외 융회론融會論은 자성自性이 원만圓滿한 초심初心을 토대로 삼고 있었다. 이는 육왕심학陸王心學에서 말하는 "마음이 곧 이치이고 마음 밖에는 현상이 없다."는 주장과 거의 일치하다. 그는 이렇게 말한다. "마음으로 사물을 보면, 사물은 크고 작음이 없고, 사물로써 마음을 구애하면 마음은 깨달음을 얻을 수 없다. 오로지 깨달음을 얻은 자만이 마음 바깥에 사물이 없음을 알 수 있다."[643] 그가 보건대, 만약 본심本心으로 되돌아올 수 있다면, 일체 외적

640) (明)紫柏眞可, 明學主編 :《紫柏大師全集》, 上海古籍出版社2013年版, 第330頁.[원문 : 法相如波, 法性如水. 後世學者, 各專其門, 互相排斥, 故波之與水不能通而爲一.]

641) (明)紫柏眞可, 明學主編 :《紫柏大師全集》, 上海古籍出版社2013年版, 第104頁.[원문 : 宗, 敎雖分派, 然不超乎佛 語與佛心. 傳佛心者, 謂之宗主. 傳佛語者, 謂之敎主.]

642) (明)紫柏眞可, 明學主編 :《紫柏大師全集》, 上海古籍出版社2013年版, 第270頁.[원문 : 自是由阿難氏乃至達磨氏, 大鑒氏, 南嶽氏, 青原氏……世出世法, 交相造化.]

643) (明)紫柏眞可, 明學主編 :《紫柏大師全集》, 上海古籍出版社2013年版, 第158頁.[원문 : 以心觀物, 物無大小. 以物累心, 心不能覺. 惟能覺者, 始知心外無物.]

차이는 모두 해소될 수 있었다. 진가는 『오상게五常偈』에서, 유가의 인의예지신仁義禮智信을, 즉 이 '오상'을 '사람마다 본래부터 가지고 있는' '오여래五如來'라고 말한다. 또 이 오상에 귀의歸依하고 이를 높이게 되면, 곧 불과佛果를 성취할 수 있다고 한다. 진가는 맹자의 학설을 가지고 불성설佛性說을 상세히 해석했다. 그는 『법어法語』에서 이렇게 말한다.

> 공자의 마음은 어떻게 구해야 하는가? 맹자로부터 구하는 수밖에 없다. 맹자의 마음을 구하는 것은 또 자기한테서 구하는 수밖에 없다. 자기 마음에서 구해서 얻게 되면, 곧 공자와 맹자의 마음에서 얻은 것이겠다. 그렇다면 자기 마음은 또 어떻게 구할 것인가? 마땅히 일용日用에서 구해야 하겠다.
>
> 마음은 비록 변환變幻을 예측하기 어렵고, 출입出入도 무시로 이루어지지만, 그러나 그것은 물物과 아我 사이를 떠나지 않는다. 만약 물아物我를 여의고離 마음을 구한다면, 이는 세찬 물결潑波에서 물을 찾는 것과 같겠다. 만약 물物에 닿은 것卽(즉 눈앞에 나타난 것)이 곧 마음이라고 한다면, 이는 또 도둑賊을 자식으로 삼는 꼴이 된다. 여의는 것離도 마음이 아니요, 닿은 것卽도 마음이 아니라면, 도대체 어떤 것이 마음인가? 여기서物我(사이) 그것을 참답게 살펴, 오랫동안 공을 쌓고 닦으면, 하루아침에 활연히 깨달음을 얻게 되는데, 맹자가 놓쳐버린 마음放心을 구하던 효험效驗을 더는 맹자에게 기대어 구할 필요 없겠다.644)

이렇게 구한 것이 곧 불성佛性이고 진여眞如라는 것이다. 『법어法語』에서는 또 이렇게 말한다. "유교이든, 석교이든, 도교이든 상관없이, 우선 자기 마음을 묘오妙悟하고서, 많은 책들을 널리 통달하면, 이를 일러 '추문낙구推門落臼(문을 여닫을 적에 문이 암돌쩌귀를 벗어나지 않는 것)'라고 하고, 자연의 신묘함이라 한다. 이를 출세出世에 쓰면 최상승最上乘이라 이르고, 이것으로 세상을 다스리면 왕

---

644) (明)紫柏眞可, 明學主編:《紫柏大師全集》, 上海古籍出版社2013年版, 第132, 133頁.[원문:"孔子之心當如何求? 衕諸孟子而已. 欲求孟子之心者, 求諸己而已矣. 自心旣得, 孔孟之心得矣. 自心如何求? 當於日用中求也", "心雖變幻 不測, 出入無時, 然不出物我之間. 若離物我求心, 即如潑波覓水也. 若即物是心, 又成認賊爲子也. 離不是心, 即不是心, 畢竟如何是心? 於此參之, 眞積力久, 一旦豁然而悟, 則孟子求放心效驗, 不待求於孟子矣".]

도王道라 이른다. 이것이 진짜 학문이고 진정한 재능이겠다."645) 『법어法語』에서는 심학心學을 극치에로 밀어부친다.

> 만약 사람이 마음心에서 깨달아 얻는다면, 대지大地에는 촌토寸土도 없을 것이다. 땅이 있어 사람이 있고, 사람이 있어 법法이 있고, 성인이 있어 범부凡夫가 있고, 속세가 있어 출세出世가 있는 것이다. 촌토도 없는데, 온갖 것이 어떻게 존재한단 말인가? 그리하여 아둔한 자들은 자기 마음自心을 훤히 깨닫지 못하고서, 인간사정을 보고도 훤히 꿰뚫지 못하고, 제멋대로 온갖 것을 분별하고, 유가에 있으면 유가에 묶이고, 도가에 있으면 도가에 얽매이고, 불가에 있으면 불가에 매달리는 것이다. 그리하여 불조佛祖와 진자眞子(불교 후계자)들이 원력愿力을 타고 와서, 유儒로 되고 불佛로 되어, 갖가지 이도異道에 있는 중생들을 부류類에 따라 삶을 이롭게 해주었다. 마치 수은이 땅에 떨어져 구슬마다 둥글게 되는 것처럼 말이다.646)

이것이 바로 인연緣에 따라 진리를 깨닫고隨緣覺悟, 닿는 곳마다 진리의 세계이고觸處皆眞, 만법이 마음에 돌아오는萬法歸心 경지이겠다. 진가는 문화계에서 친구들이 아주 많았다. 저명한 문학가 풍몽정馮夢禎, 탕현조湯顯祖는 그를 따라 유학游學을 한 적이 있었고, 대학자 전겸익錢謙益, 동기창董其昌은 글을 써서 그의 공덕을 칭송한 적이 있다.

6) 명나라 사대가(3) : 감산덕청憨山德清

덕청德清(1546-1623)의 자는 징인澄印이고 호는 감산憨山이다. 소년 시기에 이

645) (明)紫柏眞可, 明學主編 :《紫柏大師全集》, 上海古籍出版社2013年版, 第121頁.[원문 : 無論若儒若釋若道, 先妙悟自心, 而博達群書, 謂之'推門落臼', 自然之妙. 用之出世, 則謂之最上乘. 以之經世, 則謂之王道. 此眞學眞才也.]

646) (明)紫柏眞可, 明學主編 :《紫柏大師全集》, 上海古籍出版社2013年版, 第123頁.[원문 : 若人識得心, 大地無寸土. 有土有人, 有人有法, 有聖有凡, 有世出世. 一寸土不可得, 則一切何存? 自是癡人不了自心, 情見不破, 妄生分別, 在儒被儒縛, 在老被老殺, 在佛被佛累", "是以佛祖眞子乘願而來, 可儒可佛, 至於種種異道, 隨類利生, 如水銀墮地, 顆顆成圓.]

미 시서詩書와 예전禮典을 통달했다. 19세에 금릉金陵 서하사栖霞寺에서 출가했고, 선禪과 정淨을 함께 닦았고, 화엄華嚴 교의敎義도 많이 공부했다. 북경北京, 오대五臺, 동해東海 뇌산牢山(嶗山임)을 두루 돌아다녔었고, 공익公益 자선慈善사업에 공력을 많이 들였다. 만력萬曆 23년(1595년) 신종神宗 황제는 덕청에게 "사사로이 사원을 창립했다"는 죄명을 씌워 군인으로 충당시켜 광동廣東 뇌주雷州에 보냈었다. 일찍 조계曹溪(禪宗 南宗의 별명이기도 함)에 들어가 육조六祖 혜능慧能의 남화사南華寺를 복구하고서 주지住持를 맡은 바 있다. 사면赦免을 받은 후에는 여산廬山 오유봉五乳峰 법운사法雲寺에 거처하면서 대중들에게 『법화法華』, 『능엄楞嚴』, 『금강金剛』, 『기신起信』, 『유식有識』 등의 제諸 경론經論을 강론했고, 『화엄경강요華嚴經綱要』 80권卷을 저술했다. 후일 그의 제자들은 그의 논저들을 편집하여 『감산대사몽유전집憨山大師夢遊全集』 총 55권을 만들었다. 덕청의 사상은 내부로는 선禪, 교敎, 정淨을 융합하고, 외부로는 불, 유, 도를 관통시키고 있었는데, 참말로 대가大家의 기품氣度이 넘쳤었다. 『정토지귀서淨土指歸序』에서는 이렇게 말한다.

> "우리 세존世尊께서 중생群生을 교화함에 설하던 법문法門의 방편方便은 하나가 아니었다. 하지만 법요法要(불법의 요체)에는 항상 성종性宗과 상종相宗이 있었는데, 중생들의 기機(緣을 만나서 발동하는 가능성을 말함)가 크고 작음이 있어 가르침敎에는 돈頓(갑자기 깨닫게 하는 것)과 점漸(차츰 깨닫게 하는 것)의 설정이 있었다. 마지막에는 선禪과 교敎의 이문二門으로 나누었는데, 교敎는 삼근三根(중생의 세 개 根性, 즉 利根, 中根, 鈍根)을 끌어들여 섭수하게 했고引攝, 선禪은 한 마음一心으로 돈오頓悟하게 했다."647)

그는 '성性과 상相을 한데 융합시키고' '선禪과 정토淨土를 함께 닦을 것'을 창도했다. 그가 보건대, 수행修行의 핵심은 오로지 선과 정토 둘 뿐이었다. 『법

647) 石峻等編:《中國佛教思想資料選編》第三卷第二冊, 中華書局1987年版, 第331頁.[원문: 吾佛世尊, 攝化群生, 所說法門, 方便非一. 而始終法要, 有性相二宗, 以其機有大小, 故教有頓漸之設. 末後分爲禪教二門, 教則引攝三根, 禪則頓悟一心.]

어法語·시혜경심선인示慧鏡心禪人』에서는 이렇게 말한다. "처음 참선하여 깨달음을 얻지 못했을 때는 염불하지 않으면 자기 마음을 깨끗하게 할 수 없다. 하지만 마음이 깨끗해지는 것이 곧 마음을 깨달은 것이겠다. 보살은 이미 깨달음을 얻었어도 염불을 그만두지 않는데, 이는 염불하지 않으면 정각正覺(진정한 깨달음)을 얻을 수 없기 때문이다."648) 유·불·도 삼교 관계에 있어서 덕청은 개방적이고 포용적인 태도를 취하고 있었다. 한편, 그는 '만법은 오로지 마음이다萬法唯心'라는 도리를 우선 깊이 이해해야 한다고 한다. 『관노장영향론觀老莊影響論』에서 그는 이렇게 말한다.

> 나는 어렸을 적에 공자를 스승으로 삼고 배웠지만 공자를 몰랐고, 노자를 스승으로 삼고 배웠지만 노자를 몰랐고, 부처님을 스승으로 삼고 배웠지만 부처님을 몰랐다. 속세를 떠나 깊은 산 큰 호수에 들어가, 조용히 마음을 보는觀心 법도를 익혔는데, 이때부터 삼계三界는 오로지 마음이고三界唯心, 만법萬法은 오로지 식萬法唯識임을 알게 되었다. 오로지 마음으로 이해하고 관찰해보니, 온갖 형체形는 마음의 그림자影이고, 온갖 소리聲는 마음의 울림響이었다. 그렇다면 일체 성인은 그림자影의 실마리端이고, 일체 언교言敎는 울림響을 따름順이겠다. 만법萬法이 오로지 마음으로부터 드러나기 때문에, 치세治世의 말들과 삶을 영위하는 일들은 모두 정법正法(진리 즉 부처님의 가르침)을 따르고 있고, 마음 바깥에는 법法이 따로 없기 때문에 또한 모든 법이 모두 참된 것이겠다. 어리석은 자는 이를 잡고 있지만 신묘하게 쓰지 못하는데, 만약 자기 마음을 깨달아 알게 되면, 법은 신묘하게 쓰지 못함이 없겠다. 마음의 법心法을 모두 신묘妙하게 쓰는 것은 오로지 성자聖者만이 능히 할 수 있다.649)

648) 蔡惠明編寫:《高僧傳新編》, 浙江天臺國淸寺1989年版, 第118頁.[원문: 初參禪未悟之時, 非念佛無以淨自心, 然心淨卽悟心也. 菩薩旣悟, 而不舍念佛, 是則非念佛無以成正覺.]

649) (明)那羅延曲, (明)海印沙門釋德淸, 逸塵注解:《〈老子道德經憨山注〉解讀》, 同濟大學出版社2013年版, 第8頁.[원문: 餘幼師孔不知孔, 師老不知老, 師佛不知佛. 退而入於深山大澤, 習靜以觀心焉, 由是而知三界唯心, 萬法唯識. 旣唯心識觀, 則一切形, 心之影也. 一切聲, 心之響也. 是則一切聖人, 乃影之端者. 一切言敎, 乃響之順者. 由萬法唯心所現, 故治世語言, 資生業等, 皆順正法. 以心外無法, 故法法皆眞. 迷者執之而不妙, 若悟自心, 則法無不妙. 心法俱妙, 唯聖者能之.]

이렇게 본다면 불교를 가지고 유가와 도가를 배척하는 자들은 단지 유가와 도가를 모를 뿐만 아니라 더욱 불법의 신묘함妙도 모른다. 만법萬法이 오로지 마음이라는 도리를 깨닫고 세상의 학문을 관조觀照하게 되면, 출세出世와 속세世間는 다름이 없다. 그는 이렇게 말한다.

> 이로 보면 불법에 어찌 세제世諦(속세의 진리)가 없을 수 있고, 세제 또한 어찌 모두 불법이 아닐 수 있겠는가? 사람들이 대도大道의 신묘함을 깨닫지 못하고, 스스로 안과 밖의 차이를 만들어내고, 도道가 원래 그렇다고 말하는 것이다! 내가 슬그머니 고금古今에서 도의 울타리를 지키던 자들을 살펴보니, 이쪽에서는 저쪽이 외도外道라고 말하고, 저쪽에서는 이쪽이 이단異端이라고 말하더라. 이는 모두 자기 마음의 신묘함妙을 깨닫지 못하고, 그 부질없는 말戱論만 늘리고 더하는 것이겠다. 대개 고금의 성인은 다른 것이 없었다. 다만 특이하게 마음의 신묘함妙을 깨달은 자로서 일체 언교言敎가 모두 묘오심妙悟心에서 흘러나오고, 중생들의 형편에 따라 깊고 옅음을 드러낸 자일 따름이었다.[650]

덕청은 불가의 삼계유심설三界唯心說을 가지고 삼교 및 제가의 동귀同歸(같은 곳으로 돌아감)를 해석했고 또 응기방편설應機方便說을 가지고 각 교敎 사이의 차이를 해석했다. 그는 불가의 입장에 서서 여러 학설을 포용해주었고, 또 불교를 믿으면서 불교를 초월할 수 있었다. 이것이 바로 그의 넓은 흉금이었다고 하겠다. 그는 더 나아가 지적하기를, 유전儒典 및 노장과 제자들의 학문을 공부하는 것은 불법을 배우는데 반드시 필요한 공부라고 한다. 역으로 불법을 공부하지 않아도 역시 유교와 도교를 진정하게 이해할 수 없다고 한다. 이렇게 말한다.

650) (明)那羅延曲, (明)海印沙門釋德清, 逸塵注解 :《〈老子道德經憨山注〉解讀》, 同濟大學出版社2013年版, 第5頁.[원문 : 由是觀之, 佛法豈無世諦, 而世諦豈盡非佛法哉? 由人不悟大道之妙, 而自畫於內外之差耳, 道其然乎! 竊觀古今衛道藩籬者, 在此, 則曰彼外道也. 在彼, 則曰此異端也. 是皆不悟自心之妙, 而增益其戲論耳. 蓋古今之聖人無他, 特悟心之妙者, 一切言敎, 皆從妙悟心中流出, 應機而示深淺者也.]

> 불법만 배우고 백가에 통하지 못한다면, 세법世法만 알지 못할 뿐만 아니라 또한 불법도 알지 못하게 된다. 한편, 『장자』를 해석하면서 불경의 뜻을 다했다고 말한다면, 그것 역시 부처님의 뜻을 모르는 것만이 아니라, 『장자』의 뜻도 모르는 것이겠다. 이것이 그들이 진정하게 깨닫지 못하는 원인이다. 그리하여 성인이 이르기를, '큰 시야로 작은 것을 다 보지 못하고, 작은 안광으로 큰 것을 밝게 보지 못한다'고 한 것이다. 나는 세 가지 일로 스스로를 고무해주었다. 즉 『춘추』를 모르면 세상을 살아갈 수涉世 없고, 노장을 모르면 세상을 잊을 수忘世 없고, 참선參禪하지 않으면 속세를 떠날 수出世 없다고 말이다. 이 도리를 알면 그와 더불어 학문을 논할 수 있겠다.[651]

덕청은 이를 "위학삼요爲學三要'로 개괄했다. 그는 유·도·불의 기능을 각각 "섭세涉世', '망세忘世', '출세出世'의 세 차원에 위치시키고, 비교적 적절하게 유·도·불 三家가 사람들의 인생에서, 현실로부터 초월로 나아가는 각 단계에서 일으키는 상이한 역할을 밝혔었다.

덕청은 『노자』, 『장자』를 즐겨 읽었고, 『도덕경해道德經解』도 저술했다. 그는 특히 장자를 좋아했다. 이렇게 말한다. "나는 전에 스스로 이렇게 말했다. 즉 중국에서 성인을 빼고, 아래위로 수천 년 동안, 속세를 초탈하는 식견을 가진 이는 노자를 내놓고는 유독 장자 한 사람뿐이라고 말이다. 도道를 실은 말들은 광대하고 자유로웠는데, 불경을 제외하고, 제자백가諸子百家들에서 하늘과 인간에 관한 학문을 탐구한 것은 유독 『장자』라는 책 하나뿐이다."[652] 덕청이 보건대, "노자의 글이 간결하고 옛스럽고 뜻이 심오했기 때문에 장자는 사실 그것에 주注와 소疏를 달아주었던 것이다."[653] 그는 더 나아가 불학으로 노자

651) (明)那羅延曲, (明)海印沙門釋德清, 逸塵注解 :《〈老子道德經憨山注〉解讀》, 同濟大學出版社2013年版, 第15頁.[원문 : 學佛而不通百氏, 不但不知世法, 而亦不知佛法. 解《莊》而謂盡佛經, 不但不知佛意, 而亦不知《莊》意. 此其所以難明也. 故曰 : 自大視細者不盡, 自細視大者不明. 餘嘗以三事自勖曰 : 不知《春秋》不能涉世, 不知老莊不能忘世, 不參禪不能出世. 知此, 可與言學也.]

652) (明)那羅延曲, (明)海印沙門釋德清, 逸塵注解 :《〈老子道德經憨山注〉解讀》, 同濟大學出版社2013年版, 第9頁.[원문 : 閑嘗私謂 : 中國去聖人即上下千古, 負超世之見者, 去老唯莊一人而已. 載道之言, 廣大自在, 除佛經, 即諸子百氏, 究天人之學者, 唯《莊》一書而已.]

학설을 해석한다. 또한 오로지 불학을 끌어들여야만 노자학설을 해석할 수 있다고 한다. 이렇게 말한다. "노씨老氏가 받들고 있던 것은, 허무虛無하고 자연自然적인 것을 묘도妙道로 삼는 것이었다. 이것이 바로 『능엄경楞嚴經』에서 말하는 '분별分別이 전혀 없는, 색色도 아니고 공空도 아닌, 저 구사리拘舍離(Gosari) 무리들이 어리석게도 명제冥諦라고 여기던' 그것이다. 이것이 바로 능엄경楞嚴經에서 말하는, '여덟 번째 식八識은 텅 비어 있고空 어둑함昧을 본바탕體으로 삼는다.'는 그것이다. 이 식은 가장 멀고 깊은 곳에 있고, 미묘하고 알아차리기 어려운데, 그래서 깨달은 자佛가 아니라면 그 깊이를 다하기 어렵겠다."[654] 또 이렇게 말한다. "깊고 멀고 어둑한杳杳冥冥 그 가운데 정기精가 있으니, 이 정기精는 아주 참되다. 이것의 체體(본바탕)는 지극히 텅 비어 있고 지극히 큰 데, 그래서 색으로써 제 인연諸緣을 만들어낼 수 있는 것이 아니고, 그래서 텅 빈 것空이 아니라면 천지만물이 모두 이 식에서 변현됨變現을 깨달을 수 없겠다. 그리하여 노자는 이를 저절로 그러하다고自然 말했던 것이다. 그 팔식의 움직임을 미루어 짐작하거나 살펴서 헤아릴 수 없는데, 그리하여 노자는 그것을 일컬어 오묘하다妙고 했던 것이다. 또 그 식이 지극히 정미하고 혼잡하지 않기 때문에, 노자는 그것을 일컬어 참되다眞고 했던 것이다. 천지가 망가져도 이 체體는 망가지지 않고, 사람의 몸이 없어져도 이 본성性은 항상 존재하는데, 그리하여 노자는 이를 늘 그러하다常고 했던 것이다. 만물의 변화는 모두 여기서 나오는데, 그리하여 노자는 이를 천지의 근원, 온갖 오묘함의 문衆妙之門이라고 했던 것이다."[655] 이로 보면 덕청은 노장 사상을 공을 들여 깊이 탐구했다.

653) (明)那羅延曲, (明)海印沙門釋德清, 逸塵注解 :《〈老子道德經憨山注〉解讀》, 同濟大學出版社2013年版, 第55頁.[원문 : 以老文簡古而旨幽玄, 則莊實爲之注疏.]

654) (明)那羅延曲, (明)海印沙門釋德清, 逸塵注解 :《〈老子道德經憨山注〉解讀》, 同濟大學出版社2013年版, 第60頁.[원문 : 老氏所宗, 以虛無自然爲妙道, 此即《楞嚴》所謂分別都無, 非色非空, 拘舍離等, 昧爲冥諦者是已. 此正所雲'八識空昧'之體也. 以此識最極幽深, 微妙難測, 非佛不足以盡之.]

655) (明)那羅延曲, (明)海印沙門釋德清, 逸塵注解 :《〈老子道德經憨山注〉解讀》, 同濟大學出版社2013年版, 第60頁.[원문 : 杳杳冥冥, 其中有精, 其精甚眞. 由其此體至虛至大, 故非色以能生諸緣, 故非空不知天地萬物皆從此識變現, 乃謂之自然. 由不思議熏, 不思議變, 故

그리하여 속에 들어가 깊이 분석하고 바깥으로 나와 자유롭게 활용할 수 있었던 것이다.

7) 명나라 사대가(4) : 우익지욱藕益智旭

지욱(1599-1655)의 자는 소화素華이고 호는 팔불도인八不道人이다. 만년에는 우익노인藕益老人이라 칭했다. 강소江蘇 오현吳縣 사람이다. 소년시기 이학理學의 영향을 받고 불노佛老를 비난하는 글을 많이 썼었다. 후일, 주굉袾宏의 불학을 공부하고서는 운서사雲棲寺에서 수계受戒하고 승려로 되었다. 남방의 여러 성省을 두루 많이 돌아다니면서 공부했고, 만년에는 절강浙江 영봉靈峰에 거주했는데, 그때는 저술을 주로 했고 불법을 전하는 일에 전념했다. 그의 문집文集은 제자들이 편집해서 『영봉종론靈峰宗論』으로 만들었다. 또 목록目錄과 총론綜述 등도 여러 편 있다. 그는 또 유가 전적을 해석해서 『주역선해周易禪解』, 『사서우익해四書藕益解』 등도 만들었다.

지욱은 유학을 깊이 탐구한 바 있고, 후에는 또 불교 천태종天台宗의 심성학心性學을 깊이 탐구했는데, 그리하여 마음心을 본체本體로 하는 높은 차원에서 유교와 불교를 융회融會시킬 수 있었다. 그가 보건대, 불교와 유교는 모두 '마음을 다하는 학문盡心之學'이었다. 그는 이렇게 말한다.

> 불조佛祖와 성현聖賢들의 학문은 다른 것이 없고, 다만 자기의 마음을 알아내는 것을 추구했을 따름이다. 자기의 마음을 아는 자는 마음 밖에서 따로 일법一法을 세우지도 않고, 마음 안에 일법이 결핍되어 있지도 않다. 이런 까닭에 자식과 신하와 아랫사람과 벗의 위치에 있는 자들은 다만 효도孝와 충성忠과 순종順과 믿음信을 다하고, 측은惻隱, 수오羞惡, 사양辭讓, 시비是非의 마음으로 속을 채우기만 하면, 인의仁義는 이루 다 쓸 수 없게 된다. 급작스러운 상황에서도造次, 엎어지고 자빠지는顚沛 순간에도 반드시 이(인의仁義)에 머물고, 곤궁함에 오래 견딜 수

謂之妙. 至精不雜, 故謂之眞. 天地壞而此體不壞, 人身滅而此性常存, 故謂之常. 萬物變化皆出於此, 故謂之天地之根, 眾妙之門.]

있고 즐거움에 오래 머물 수 있는 것도 모두 심성心性을 훤히 깨달았기 때문이겠다. 육조六祖 대사께서 이르기를, '온갖 법에 모두 통하고, 온갖 법을 모두 갖추고 있어 어느 한 법도 얻을 것이 없는 것을 최상승最上乘이라 이름 한다'고 했다.656)

또한 그가 보건대, "대도는 사람의 마음에 있다"는 것은 삼교에서 공동으로 추구하던 바였다. 이렇게 말한다.

대도가 인간의 마음에 있다는 것, 고금에 유독 이 이치 하나만은 불조佛祖와 성현聖賢들이 개인적으로 가지고 있던 것이 아니다. 지극히 다른 것至異을 거느리고, 지극히 같은 것至同을 모으는 것도 공자와 석가와 노자가 제한할 수 있는 것이 아니었다. 그 실질을 따져보면, 도道는 속세에 있는 것도 아니요, 속세를 떠나 있는 것도 아니기 때문이었다. 한편, 도道를 가지고 참된 세상에 들어가면入眞(진리의 경지에 들어감) 출세出世라 이름 하고, 도道를 가지고 속세에 들어가면 세간世間이라고 이름 한다. 참된 세상眞과 속세俗는 모두 자취迹이고, 한편 자취迹는 도道를 여의지 못한다.657)

공자와 노자는 모두 참된 기운眞을 타고 속세를 다스려, 속세에서 참된 것眞을 거스르지 못하게 했고, 석가는 속세에서 참된 것眞을 밝혀, 참된 것眞이 속세에 뒤섞이지 못하게 했다.658)

이렇게 그는 심성心性과 대도大道를 일체一體로 융합시키고, 유가의 도통설道統說을 개조하여, 그것이 불교의 법통法統을 포괄하게 했던 것이다.

---

656) 蕅益著述 :《靈峰宗論》, 孔宏點校, 北京圖書出版社2005年版, 第251頁.[원문 : 佛祖, 聖賢之學無他, 求盡其心而已. 盡其心者, 不於心外別立一法, 不於心內欠缺一法. 是故爲子臣弟友, 只孝忠順信, 充惻隱, 羞惡, 辭讓, 是非之心, 而仁義不可勝用. 造次顚沛必於是, 可以久處約, 長處樂, 皆由了達心性故也. 六祖雲 : 法法皆通, 法法皆備, 而無一法可得, 名最上乘.]

657) 蕅益著述 :《靈峰宗論》, 孔宏點校, 北京圖書出版社2005年版, 第330頁.[원문 : 大道之在人心, 古今唯此一理, 非佛祖聖賢所得私也. 統乎至異, 會乎至同, 非儒釋老所能局也. 克實論之, 道非世間, 非出世間, 而以道入眞, 則名出世. 以道入俗, 則名世間. 眞與俗皆跡也, 跡不離道.]

658) 蕅益著述 :《靈峰宗論》, 孔宏點校, 北京圖書出版社2005年版, 第330頁.[원문 : 儒與老, 皆乘眞以禦俗, 令俗不逆眞者也. 釋乃即俗以明眞, 眞不混俗者也.]

지욱이 기타 여러 불가 학자와 달랐던 점은, 그는 삼교가 "길은 다르지만 귀착점은 똑같다"는 이치를 이론적으로 설명하는데 만족하지 않았다. 그는 불가 학문승學僧의 신분으로 직접 유가 경전을 해석詮注했다. 그 가운데 『주역선해周易禪解』, 『사서우익해四書藕益解』가 가장 대표적이라 하겠다. 『주역선해周易禪解』에서는 불문佛門의 '사실단四悉檀(부처가 중생을 교화하는 네 가지 방법)'의 함의에 의거하여 괘효사卦爻辭를 해석한다. 그는 『주역선해周易禪解』 '서序'에서 이렇게 말한다. "내가 『역易』을 해석하는 것은 다름이 아니고, 다만 선禪을 가지고 유가에 들어가 유가에서 선禪을 알게 하려는 것이다."[659] 그 목적은 즉 『역』을 좋아하는 자들이 불교 법문法門에 들어와, 선禪의 지혜를 이해하도록 이끌어 주려는 것이었다. 『사서우익해四書藕益解』를 저술한 목적은 불교를 믿는자들이 '사서四書'의 깊은 함의를 이해하고, 이를 통해 유가와 불가의 참 뜻眞心은 일체一體임을 이해하게 하려는 것이었다. 그는 '자서自序'에서 이렇게 말한다.

> 우익자藕益子는 열두 살에 이학理學을 논했지만 이치理를 몰랐고, 스무 살에 현문玄門을 익혔지만 현玄을 몰랐고, 스물 셋에 참선參禪했지만 선禪을 몰랐고, 스물일곱에 율律을 배웠지만 율律을 몰랐고, 서른여섯에 교教를 펼쳤지만演 교教를 몰랐다. 큰 병으로 거의 죽어가는 고비를 넘기고서, 구화산九華山에 돌아와 조용히 누워 비지腐滓를 반찬으로, 쌀겨와 쭉정이糠秕를 먹거리로 삼으면서, 형해形骸를 잊고 세상사를 끊고, 만 가지 생각을 죄다 없애고, 한 마음의 기탁도 없이 했는데, 그 연후에야 유儒나 현玄이나, 선禪이나 율律이나 교教는 모두 양엽楊葉(버드나무 잎)이나 공권空拳(빈 주먹)을 가지고 어린 아이의 욕구를 달래는 것에 다름 아님을 알게 되었다. 잘 달래게 되면 아이는 방긋방긋 웃고, 잘 달래지 못하면 아이는 응아응아 운다. 울고 웃는 것은 당연히 어린 아이 몫인데, 부모가 어찌하여 얼리고 닥치고 하는가? 대개 아이가 웃으면 부모가 기쁘고, 아이가 울면 부모가 걱정하기 때문이다. 이는 천성天性에 관계되고, 이런 마음은 그만두고자 해도 그만둘 수 없는 것이다.[660]

659) (明)智旭著, 方向東, 謝秉洪校注 :《周易禪解》, 廣陵書社2006年版, "序"第2頁.[원문 : 吾所解《易》者無他, 以禪入儒, 誘儒知禪耳.]

660) (明)蕅益大師 :《四書蕅益解》, 中國水利水電出版社2012年版, 第1頁.[원문 : 蕅益子, 年十

지욱이 보건대, 그 어떤 학설이나 가르침이나 모두 상이한 방식으로 인성人性의 본심을 밝히는 것이었다. 그래서 여러 학설들은 상호 협동하여, 갓난아기嬰兒의 그런 순진한 본성에로 되돌아올 수 있다는 것이다. 그는 『중용직지中庸直指』에서 불교를 가지고 유교를 해석한다. 그는 이렇게 말한다.

> 한 부의 『중용』은 전부가 생멸문生滅門을 집약한 것이고 귀진歸眞(죽음)을 오가는 것이다. 도道를 닦는 데는 비록 해解, 행行, 위位의 세 가지가 있기는 하지만 사실 이는 삼법三法으로 분명히 갈라서, 하나하나 모두 진여眞如의 이성理性으로써 깨닫고悟, 관하고觀, 밝히는証 것이 아니다. 참된 것眞은 오늘날 글에서는 '소리도 없고, 냄새도 없는 것'에 귀결시키는데, 이는 원인과 결과가 부합되고 본성性과 수행修을 가르지 않은 것이라고 하겠다.[661]

그러나 그는 이어서 밝히기를, 이것은 그가 불법을 가지고 『중용』을 깊이 해석한 것이고, 이는 유자들의 『중용』의 본뜻은 아니라고 했다. 그는 이렇게 말한다. "그러나 이것은 모두 『법화法華』에서 방편을 거두고 진실한 교리를 나타내는 취지를 가지고 권교權教(즉 儒教)의 실질적 함의를 드러낸 것으로서 속세의 유학이 본래 원종圓宗과 차별이 없다고 말할 수는 없다."[662] 그는 효도孝道를 아주 중요시했다. 이렇게 말한다. "유가는 효孝를 백행百行의 우두머리로 삼고 있고, 불가는 효孝를 지극한 도至道의 종宗으로 삼고 있다."[663] 그는 불교나 유

二談理學而不知理, 年二十習玄門而不知玄, 年二十三參禪而不知禪, 年二十七習律而不知律, 年三十六演教而不知教. 逮大病幾絶, 歸臥九華, 腐滓以爲饌, 糠秕以爲糧, 忘形骸, 斷世故, 萬慮盡灰, 一心無寄, 然後知儒也, 玄也, 禪也, 律也, 教也, 無非如楊葉與空拳, 隨嬰孩所欲而誘之. 誘得其宜, 則啞啞而笑. 不得其宜, 則呱呱而泣. 泣笑自在嬰孩, 於父母奚加損焉. 顧兒笑則父母喜, 兒泣則父母憂, 天性相關, 有欲罷而不能者.]

661) 蕅益著述 :《靈峰宗論》, 孔宏點校, 北京圖書出版社2005年版, 第782頁.[원문 : 一部《中庸》, 皆是約生滅門, 返往歸眞. 修道之事, 雖有解, 行, 位三, 實非判然三法, 一一皆以眞如理性, 而爲所悟, 所觀, 所證. 眞至今文, 結歸'無聲無臭', 可謂因果相符, 性修不二矣.]

662) 蕅益著述 :《靈峰宗論》, 孔宏點校, 北京圖書出版社2005年版, 第783頁.[원문 : 但此皆用《法華》開顯之旨來會權文, 令成實義, 不可謂世間儒學本與圓宗無別也.]

663) 蕅益著述 :《靈峰宗論》, 孔宏點校, 北京圖書出版社2005年版, 第420頁.[원문 : 儒以孝爲百

교냐 가르는 데는 명名과 상相이 중요한 것이 아니라, 오히려 진불眞佛이냐 진유眞儒이냐 하는 것이 중요하다고 한다. 이렇게 말한다. "유가의 덕업德業과 학문은 사실 불가의 명맥命脈과 골수骨髓이다. 그러므로 속세에서 참된 유자儒者는 출세出世하게 되면 곧 진불眞佛이겠다."664) 또 이렇게 말한다. "진불眞釋이 세상을 다스리기에 부족한 것이 아니다. …… 진유眞儒도 충분히 출세出世할 수 있다."665) 또 이렇게 말한다. "오로지 불학을 공부한 다음에야 유학을 알 수 있고, 또한 오로지 진유眞儒여야만 불교를 닦을 수 있다."666) 여기서 지욱은 유교와 불교를 일체화一體化 시켰고, 양자가 깊은 차원에서 상호 의존하는 관계를 가지게 만들었다. 이는 사실, 명나라 때 유가가 불학화佛學化하고, 불가가 유학화儒學化하던 추세를 반영한 것이겠다. 양자 모두 아주 높은 수준에 도달했는데, 참말로 "너 속에 내가 있고, 나 속에 네가 있었다."

제5절 송·원·명 시기 유·도·불 삼교 융합의 특징과 그 높이

중국사상사에서 유·도·불 삼교의 합류는 이 시기에 이르러 참신한 단계에 진입했고, 전례 없던 높이에 도달했다. 그 특징은 아래와 같이 개괄할 수 있겠다.

(1) 유학은 도통을 발양하고, 불노佛老를 받아들여, 송명도학宋明道學을 창립했고, 새롭게 이론적 고봉을 형성했다. 유학은 위진 육조 및 수당 시기, 다만 정치와 도덕 영역만 굳게 지키고, 철학적 차원에서는 불학과 전진학全眞學에

行之首, 佛以孝爲至道之宗.]

664) 蕅益著述 :《靈峰宗論》, 孔宏點校, 北京圖書出版社2005年版, 第129頁.[원문 : 儒之德業學問, 實佛之命脈骨髓. 故在世爲眞儒者, 出世乃爲眞佛.]

665) 蕅益著述 :《靈峰宗論》, 孔宏點校, 北京圖書出版社2005年版, 第451頁.[원문 : 非眞釋不足以治世……而眞儒亦足以出世.]

666) 蕅益著述 :《靈峰宗論》, 孔宏點校, 北京圖書出版社2005年版, 第461頁.[원문 : 惟學佛然後知儒, 亦惟眞儒乃能學佛.]

뒤떨어져 있던, 이런 피동적이던 상황을 일신시키고, 삼교에서 새로이 전면적으로 주도적 지위를 차지하게 되었다. 한편 불교와 도교는 보조적 지위에 처해 있었다. 풍우란은 『중국철학사신편中國哲學史新編』 제5책第五冊에서 지적하기를, 송명도학宋明道學은 아래에 이학理學(二程과 朱熹), 심학心學(陸九淵과 王陽明), 기학氣學(張載와 王夫之)의 세 갈래로 나뉘어져 있었는데, 이는 유가의 '인간학人學'이었고, 이의 전형적 명제는 '인자仁者는 혼연 만물과 더불어 동체同體를 이룬다."는 것이었고, 이가 추구하는 인생의 경지는 "초超도덕적, 초超사회적 의미를 지니고 있었다."고 한다. 완미完美한 우주와 인생 철학을 추구함에 있어서 중국과 서방에는 주로 세 개 경로가 있었다. 본체론 경로, 인식론 경로, 윤리학 경로가 그것인데, 플라톤이 본체론 경로의 대표자이고, 칸트가 인식론 경로의 대표자이고, 도학가道學家들이 윤리학 경로의 대표자라고 하겠다.

도학의 최고 경지는 '공안락처孔顏樂處(즉 빈곤하더라도 즐거움을 간직하고 있는 孔子와 顏回의 인생태도)'였다. 즉 '천인합일天人合一', '물아합일物我合一'의 경지에서, '만물일체지인萬物一體之仁'의 지선至善의 즐거움을 체득하는 것이었다.

도학은 어떻게 철학의 새로운 경지에 이를 수 있었는가?

첫째, 노자의 도론道論을 계승하여 '도道'로 신유학의 우주론을 구축했다. 노자는 '도'를 우주의 시초로 보고 있었다. "도는 하나를 낳고, 하나는 둘을 낳고, 둘은 셋을 낳고, 셋은 만물을 낳는다." 또 '도'를 우주의 본체로 보고 있었다. "도는 만물의 보금자리이고道者萬物之奧', '깊고 고요한데, 만물의 선조처럼 보이고淵兮似萬物之宗', '도는 늘 하는 일이 없지만 하지 못하는 바가 없다道常無爲而無不爲." '도'는 말言이나 상象으로써 분명히 설명할 수 없는 것이다. "도는 말로 표현할 수 있으나 말해진 도는 항상 있는 도가 아니다道可道 非恒道." 공자는 '도道'를 주로 치국治國과 처세處世 측면에서 논하고 있었다. 예컨대, '선왕先王의 도', '도에 뜻을 둔다志於道', '나의 도는 한 가지 이치로 일관되게 꿰뚫는 것이다吾道一以貫之.' '사람이 도를 넓힐 수 있다人能弘道', '천하에는 도가 있다天下有道', '군자는 도를 배운다君子學道'는 등이다. 송명도학宋明道學에서는 선왕先

王들의 도를 우주만물의 도에로 승화시켰고, 이를 우주의 진리 즉 '천리天理'로 간주하고 있었다. 이렇게 공자와 맹자의 도가 처음으로 자체의 본체론 철학을 가지게 만들었고, 동시에 또한 신유학이 도학이라는 이름을 가지게 만들었던 것이다. 양명의 '사구교四句敎'의 첫마디는 "선이 없고 악이 없는 것이 마음의 본바탕이다無善無惡是心之體."인데, 이것이 바로 노자와 장자의 "지극한 인은 인하지 않다至仁不仁."는 대도를 양지良知의 본체로 삼은 것이겠다.

둘째, 유가와 도가의 지혜를 융합하고 있는 『역전易傳』의 철학적 사유를 천명하고 발휘했다. 『계사繫辭』에서는 이렇게 말한다.

> 한번 음陰이 되고 한번 양陽이 되면서 끊임없이 변화하는 것을 도道라고 한다. 이를 잘 이어가는 것이 선善이고, 이를 잘 이루는 것이 성成이다. 어진 자仁者는 그것을 보고 인仁이라 하고, 지혜로운 이智者는 그것을 보고 지智라고 하고, 백성들은 매일 쓰면서도 그것을 모른다一陰一陽之謂道. 繼之者善也, 成之者性也. 仁者見之謂之仁, 智者見之謂之智, 百姓日用而不知. 역易은 아무런 생각도 행위도 없이 적연부동하다가, 일단 감응하면 천하의 모든 연고에 통한다易無思也, 無爲也, 寂然不動, 感而遂通天下之故. 형이상을 도道라 하며, 형이하를 기器라 하고, 바꾸며 마름질하는것을 변變이라 하고, 미루어 나아가는 것을 통通이라 하며, 이로써 천하의 백성을 교화하는 것을 사업事業이라 한다形而上者謂謂之道, 形而下者謂之器, 化而裁之謂之變, 推而行之謂之通, 擧而錯之天下之民, 謂之事業. 천지의 큰 덕德을 낳는 것生이라 하고天地之大德曰生', '천하에서는 같은 곳으로 돌아가지만 저마다의 길이 있고, 이치는 하나이지만 백가지 생각이 있다天下同歸而殊途, 一致而百慮.

또 예를 들면, 『설괘說卦』에서는 이렇게 말한다.

> 자연의 이치를 탐구하고 사람의 본성을 다하여, 이로 천명에 이른다窮理盡性以至於命. 옛날 성인이 역易을 만든 것은 이로 성과 명性命의 이치理를 순통하게 만들기 위함이었다. 그래서 하늘의 도道를 세워 음陰과 양陽이라 했고, 땅의 도를 세워 유柔와 강剛이라 했고, 사람의 도道를 세워 인仁과 의義라고 했다. 삼재三才를 두 번 거듭했으므로, 역은 6획으로 괘를 이룬다.

송명 도학가道學家들은 『역전易傳』에 들어 있는 철학적 사유와 그 자료를 충분히 활용하여, 형이상의 도道와 형이하의 기器, 적연부동寂然不動하는 본체體와 감응하여 통하는 작용用을 결합시켰었다. 그리하여 "체體와 용用은 근원이 하나이고, 드러남顯과 은미함微에는 간극間이 없다"는 철학적 사유를 가지게 되었고, "같은 곳으로 돌아가지만 저마다의 길이 있고, 이치는 하나이지만 백가지 생각이 있다."는 논리를 가지고 상이한 학설과 상이한 학파를 대하는 기본 태도로 형성하게 되었다. 또 그리하여 불교와 도교와 상호 학습하고 상호 침투할 수 있었고, 서로 협력하고 보완하면서 각자의 장점을 더욱 잘 드러낼 수 있었다. 심지어 "자연의 이치를 궁구하고 사람의 본성을 다하여 이로 천명에 이른다."는 것을 도학道學의 기본 추구로 삼고 있었고, 한편 이는 이학理學, 심학心學, 기학氣學에서 공통한 인식으로 되었다.

셋째, 불교 불성론佛性論과 도교 도성론道性論이 철학의 중심 논제로 되던 시대적 변천에 순응하여, 깊이 있게 불노佛老 특히는 선종禪宗 사상을 받아들이고, '사서四書'를 신경전新經典으로 삼아, 자체의 박대하고 두텁고 형태가 다양한 심성론心性論을 구축하여, 새로운 이론적 고봉을 형성했다. 선종禪宗은 불교가 중국화한 성공적인 사례라고 하겠다. 선종禪宗에서는 불교의 '만법유심萬法唯心'의 교리敎理와 노자의 "도道는 숨겨져 있고 이름이 없다道隱無名"는 사상, 맹자의 "놓쳐버린 마음을 구한다求其放心'는 사상을 결합하여, "문자를 세우지 않고, 가르침 바깥에서 별도로 전하고, 곧장 사람의 마음을 가리키고, 자기의 본성을 보아 성불成佛한다"는 참선參禪의 도道를 제기했는데, 참으로 독특하고 또한 그 왕성한 기세는 막을 수 없었다. 도학가道學家들은 선종禪宗의 지혜를 유가의 심성론心性論에 끌어들여, "심즉리心卽理', '치양지致良知' 학설을 형성했는데, 그 목적은 모두 본심을 밝히고, 바깥에서 구하지 않고, 지선至善의 경지에 머무는 것에 있었다. 당연히 주자이학朱子理學에서는 "도심道心이 미약하여道心惟微', '하루아침에 갑자기 확 트일 것"을 논하는 동시에 또한 격물궁리格物窮理할 것도 주장한다. 그들은 화엄종華嚴宗의 "이사무애관理事無碍觀, 평등한 진리의 본체인 이치理는 물과 같고, 현상事은 변화하는 형상으로서 파도와 같다.

평등한 이법理法과 차별있는 사법事法은 보기에는 서로 다르지만 그 근본은 하나인 것을 관하는 것이 이사무애관이다."과 "한 달이 일체의 물에 널리 나타나고, 일체 물의 달은 한 달이 포섭한다一月普現一切水 一切水月一月攝."는 말에서 계시를 받고, 이일분수설理一分殊說을 제기했던 것이다.

주돈이의 『태극도설太極圖說』은 도교 내단학內丹學에서 온 것이고, 소옹의 "선천학先天學'은 도교의 『역경易經』육십사괘六十四卦 상수학象數學을 설명한 것이었다. 이들은 이렇게 북송 도학의 선구자로 되었는데, 이는 의심할 바 없는 명백한 역사 사실이라고 하겠다. 그 후, "역易에는 태극이 있고, 이것이 양의兩儀를 낳고, 양의가 사상四象을 낳고, 사상이 팔괘八卦를 낳는다."라는 말은 '태극太極 → 음양陰陽 → 오행五行 → 만물萬物 → 인류人類'라는 우주생성도식으로 그 의미가 변천되었고演義, 주류 사회의 공통 인식으로 자리매김했다. 요컨대, 송명도학宋明道學은 불로에서 많은 것을 받아들였고, 그 다음 불로를 초월했던 것이다.

(2) 삼교의 인사들은 자신들의 경전과 핵심 신앙을 굳게 지키는 동시에, 기타 이교의 경전과 요지에 대해 모두 깊은 탐구가 있었고 심층적 파악이 있었다. 그리하여 삼교 융합을 철학적 차원에서 실천하게 되었던 것이다. 삼교의 융합은 기능적 차원에서 동일성을 추구하는데 머물지 않았었고, 오히려 인성人性의 근저에 깊이 파고들어 상통相通하는 점을 탐구했다. 그리하여 '동정同情의 묵응默應, 심성心性의 체득'[667]이 있었고, 상호 간 성실하게 학습하고 서로 존중해주면서 "같은 점이 다른 점을 방애하지 않고, 다른 점이 같은 점을 해치지 않고, 오색이 서로 빛내주어 서로를 돋보이게 해주고, 팔음八音이 합주合奏하게 되어 결국 화평함을 이루게 되었던 것이다."[668] 정程, 주朱, 육陸, 왕王은 모두 불교 경전을 깊이 탐구했고 또한 이해도 깊었다. 예컨대, 왕양명은 선종禪宗에서의

667) 湯用彤 :《漢魏兩晉南北朝佛教史》, 北京大學出版社2011年版, 第487頁.[원문 : 同情之默應, 心性之體會.]

668) 馮友蘭 :《哲學人生》, 天津人民出版社2016年版, 第272頁.[원문 : 同無妨異, 異不害同. 五色交輝, 相得益彰. 八音合奏, 終和且平.]

'무상無相을 체體로 삼는다無相爲體'는 논리를 가지고 '군신, 부자, 부부' 관계에 있어서의 '인仁, 의義, 별別'의 윤리문제를 해석했다. 그는 형상相에 집착하지 아니 하면 도피할 필요도 없다고 했다. 한편, 불교의 고승高僧들도 모두 '사서'를 높이 받들고 있었고 또 깊이 탐구했다. 앞에서 기술이 있었듯이, 그들은 강상명교綱常名敎를 아주 긍정해주고 있었고, 특히 '충'과 '효'의 이덕二德을 높이 받들고 있었다. 그들은 이와 불법의 일치함을 논증했을 뿐만 아니라, 나아가 강상명교綱常名敎는 불교가 생존하는 기본 토대이고, 또한 불교에서 마땅히 높이 받들고 있어야 할 기본 도리라고 설명한다. 그들은 늘 유학으로 불리佛理를 해석하고 있었다. 전진도의 고도高道들은 모두 불교 경전과 유가 경전을 정통했다. 전진도내단학內丹學에서는 한편으로는 육신肉身이 신선으로 된다는 설을 부정하면서 정신적 해탈을 추구하고 있었는데, 이 면에서 그들은 불교에 접근하고 있었다고 하겠다. 다른 한편으로는 또 하늘이 내려준 성天命之性을 논하면서 특히 인륜人倫과 선행善行을 강조하고 있었는데, 이 면에서는 유가에 접근하고 있었다고 하겠다. 예를 들면, 원나라 이도순李道純은 『삼천역수三天易髓』에서 이렇게 말한다. "유교와 석교의 이치를 끌어들여 도道를 밝히고, 배우는 자들이 삼교가 본래 하나임을 알게 한다."669)

(3) 삼교의 이론은 심성心性 학설에서 고도의 통일을 이루었고, 이로 삼교 융합의 철학적 토대를 구축했다. 유가의 심성心性 학설은 맹자로부터 왔고, 『역전易傳』에 집약되어 있었는데, 이때에 와서 장재가 발양하고, 주희가 논증하고, 양명陽明이 크게 빛냈다. 맹자가 처음 천도天道와 인성人性을 하나로 합치시켰었고, 그는 "만물은 모두 나 마음에 갖추어져 있다.", "마음을 다하여 본성性을 알고 하늘天을 안다.", "본심을 보존하고 본성을 기르면서 하늘을 섬긴다."라는 등 명제를 제기했다. 또 인간의 성장은 "우선 그 큰 것을 세워야 한다先立乎其大者'라고 했고, 인성人性에서의 "인의예지仁義禮智'의 선단善端을 확충하면, 천도

669) 李道純:《道教五派丹法精選》, 中醫古籍出版社1989年版, 第138頁.[원문: 引儒, 釋之理證道, 使學者知三教本一.]

天道에 통할 수 있다고 했다. 『역전易傳』에서는 "자연의 이치를 탐구하고 사람의 본성을 다 알아서 이로 천명命에 이른다."는 논단論斷을 귀납해냈고, 또 심성心性을 수양修養하는 길은 사물의 이치를 탐구하는 과정에 인성의 착한 면을 발휘하는 것에 있고, 이렇게 되면 지천명知天命의 목표에 도달할 수 있다고 했다. 장재張載는 "마음을 크게 가지면 천하 만물을 체득할 수 있다大其心則能體天下之物."고 말하면서 천지만물과 자기를 일체화 시켰었다. 그리하여 "민포물여民胞物與'의 흉금을 가지게 되었던 것이다. 한편, 인간의 책임은 즉 "천지를 위해 마음心을 세우고, 백성들을 위해 사명命을 세우는 것인데", 이것이 즉 대인大人의 마음이겠다. 주희는 천리天理 학설을 제기했는데, 이는 얼핏 보면 심본론心本論이 아니고 이본론理本論인 것 같다. 하지만 사실 그는 분명히 천리天理로써 인심人心을 해석했다. 그리하여 "인심은 위태롭고 도심은 미약하다人心惟危, 道心惟微'라는, 공자 문하에서 심법心法을 전수하는 논설이 있게 되었던 것이다. 그는 "인심人心은 사욕私慾이고 도심道心은 천리天理임"을 강조하고 있었고, "사람은 똑같이 이 마음을 가지고 있고, 마음은 똑같이 이 이치를 가지고 있다"고 믿고 있었다. 때문에 격물궁리格物窮理는 "하루아침에 훤히 관통하게 되면, 온갖 사물의 겉과 속, 정교한 것과 거친 것이 이르지 아니함이 없고, 내 마음의 전체대용全體大用(마음의 본바탕이 텅 비어 있으면서도 여러 원리를 모두 갖추고 있고, 신령하게 모든 일에 대응하는 것)이 밝지 않음이 없을 것"을 위한 것으로 되어졌던 것이다. 그리하여 그의 이학 또한 심성心性의 학문에 귀결시킬 수 있겠다. 양명은 직접 심학을 표방하고 있었다. 그렇다고 해서 그가 천리天理를 논하지 않은 것은 아니다. 그는 다만 "마음이 곧 이치이고心卽理, 양지良知가 곧 천리天理임"을 강조하고 있었다. 그는 인간 마음의 사랑愛은 "만물일체지인萬物一體之仁'의 경지에 이르러야 한다고 했다. 인간과 천지만물은 밀접한 관계를 가지고 있고, 우주는 하나의 대 생명체라고도 했다. 또 인간은 하늘과 땅 사이에서 가장 영명靈明한 존재로서 마땅히 모든 생물과 무생물을 아껴주고 보호해주어야 한다고도 했다. 이렇게 우주적 시야에서 심학을 발휘했던 것이다. 양명은 '대아大我'의 흉금을 가지고 있었다고 하겠다.

도가는 노자로부터 대도大道의 지혜를 가지고 인간의 마음의 용량을 확장하고, 인간의 심성心性을 순박하게 만들기에 공력을 들였다. 노자는 이렇게 말한다. '상선약수上善若水', "불변하는 것을 알면 너그러워지고, 너그러워지면 공평해지고, 공평해지면 완전하게 되고, 완전하게 되면 하늘 같이 되고, 하늘 같이 되면 도道와 하나 같이 되고, 도와 하나 같이 되면 오래 간다. 성인은 늘 정해진 마음이 없고, 백성들의 마음을 자기 마음으로 삼는다." 또 이렇게 말한다. "덕을 두텁게 품은 자는 갓난아기에 비길만하다.", "변함없는 덕常德이 충족되면, 소박함朴으로 되돌아간다.", "소박함을 지니고 사욕을 줄인다見素抱朴 少私寡慾." 노자의 목표는 즉 천지자연을 포용할 수 있는 문명한 인간을 만들어내려는데 있었다. 노자는 공자와 달리, 인성을 윤리화하는 길로 나아가지 않았고, 그는 인성을 자연화하는 길로 나아갔었다. 노자의 사상을 받들고 송, 원 시기에 일떠선 전진도내단학內丹學에서는 성명쌍수性命雙修를 제창하고 실천했다. 여기서 성공性功(性理를 수련함)은 심리 훈련을 가리키는데, 수련의 방법에 있어서는 유가와 불가의 심성心性 수련 학설을 참고하여, 도덕적 경지를 승화시킬 것을 주장하고 있었다. 명공命功(命理를 수련함)은 생리적 훈련으로서 연정화기煉精化氣(精을 단련하여 氣로 변화시킴)하고, 연기환신煉氣還神(氣를 단련하여 神으로 돌아감)하고, 연신환허煉神還虛(神을 단련하여 虛 즉, 先天의 경지에 돌아감)하고, 연허합도煉虛合道(虛를 단련하여 道에 합치시킴)하는 것인데, 최종목표는 '삶生과 도道가 합일이 되는 경지'에 이르고, 생명을 영원히 보존하는 것이다. 전진도는 비록 자체의 독특한 연양煉養이론이 있기는 했지만, 이의 철학적 중심은 후일 점차 심성心性의 승화와 '자신이 힘들더라도 남을 이롭게 해주는' 선행善行을 중요시하는 데로 옮겨가고 있었다.

선종禪宗을 대표자로, 불학에서는 '만법유심萬法唯心'이라는 기치를 내걸고, '식심견성識心見性'에서 그 지견智見을 발휘하고 있었다. 선종禪宗에서 말하는 '무념無念을 종宗으로 삼고, 무상無相을 체體으로 삼고, 무주無住를 근본本으로 삼는다'는 것은 아법이집我法二執(我와 法이 모두 空인데도, 我와 法이 실제로 존재한다고 믿어 거기에 집착하는 것)을 타파하고, 심성心性을 정화淨化시켜, 그 '무아無我'

의 지견智見으로써 '상락아정常樂我淨'의 '대아大我'를 성취하려는데 목적이 있었다. 이렇게 심성心性 학설을 '드디어 절정에 올라서니 뭇 산들이 작아 보이는' 경지에로 끌어올렸던 것이다. 유·도·불 삼교의 심성학心性學은 다소 차이가 있었지만, 마음에서 지선至善을 추구하는 것만은 똑같았다. 그리하여 삼교는 함께 손을 잡고, 상호 학습하는 과정에 인류의 정신의 신세계新世界를 개척할 수 있었던 것이다.

(4) 삼교의 인사들 중에는 '삼교일가三教一家'를 외치는 학자들이 많았는데, 그들은 또한 삼교는 마땅히 분공·협력하여 공동으로 사회질서와 인륜도덕을 수호하고, 인성人性을 훌륭하게 만들고, 권선징악의 역할과 기능을 발휘해야 한다고 주장하고 있었다. 예컨대, 왕기王畿는 『삼교당기三教堂記』에서 이렇게 말한다. "불노佛老는 본성性으로 되돌아가는 것을 종宗으로 삼고 있는데, 이에 허황하고 망령됨에 빠지지 않으면 곧 유학이다. 유가도 사욕私慾을 채우기 위해 작은 지혜를 쓰면 곧 이단異端이겠다."[670] 초횡焦竑은 『초씨필승焦氏筆乘』에서 "석씨釋氏의 전적典籍에 통하기만 하면, 공자의 말은 그 자리에서 깨닫게 된다."[671]라고 한다. 북송北宋 선승禪僧 극문克文은 이렇게 말한다. "온갖 법은 본래 그러하고, 온갖 마음은 본래 부처의 마음이다. 벼슬아치나 평민이나, 승려나 속인俗人이나, 지혜로운 자나 아둔한 자나, 범부凡夫나 성인이나, 하늘이나 땅이나 일단 깨닫게 되면 이를 같은 일가一家로 여기게 되고, 미혹하게 되면 천차만별하다고 여기게 된다"[672] 전진도 구처기는 시에서 "유교, 석교와 도교는 세 교조教祖로부터 나왔는데, 원래 뭇 성인들은 고금에 똑같았다."[673]

670) (明)王畿撰, 吳震編 :《王畿集》卷十七, 鳳凰出版社2007年版, 第486頁.[원문 : 佛老以復性爲宗, 不淪於幻妄, 即是儒學. 而儒以私用智, 即是異端.]

671) (明)焦竑撰 :《焦氏筆乘》, 上海古籍出版社1986年版, 第227頁.[원문 : 釋氏之典一通, 孔子之言立悟.]

672) (宋)賾藏主編集 :《古尊宿語錄》, 中華書局1994年版, 第793頁.[원문 : 法法本然, 心心本佛, 官也私也, 僧也俗也, 智也愚也, 凡也聖也, 天也地也, 悟則視同一家, 迷則千差萬別.]

673) (金)丘處機 :《磻溪集》卷一,《道藏》第25冊, 文物出版社, 上海書店, 天津古籍出版社1988

라고 한다. 그러나 삼교는 각자 치중하는 바가 있어, 이들을 뒤섞어 하나로 만들어도 아니 되었다. 다만 각자 자체의 우세를 충분히 발휘하면서 상호 보완해주면서 발전해가야 했다. 몇 가지 설법이 있었다. 첫째, 고산지원孤山智圓은 "나는 유교로써 몸을 닦고修身, 석교로써 마음을 닦는다."[674]라고 했다. 둘째, 야율초재耶律楚材는 "우리 부자夫子(공자)의 도道로써 천하를 다스리고, 노씨老氏의 도道로써 성性을 기르고, 석씨釋氏의 도道로써 마음을 닦는다."[675]라고 했다. 셋째, 감산덕청憨山德淸은 "『춘추春秋』를 모르면, 세상을 살아갈 수 없고, 노장을 깊이 알지 못하면 세상을 잊을 수忘世 없고, 참선參禪하지 않으면, 세상 바깥에 나갈 수出世 없다."[676]라고 했다. 넷째, 『성명규지性命圭旨』에서는 이렇게 말한다. "유가에서는 '존심양성存心養性'한다고 하고, 도가에서는 '수심연성修心煉性'한다고 하고, 불가에서는 '명심견성明心見性'한다고 한다."[677]

(5) 삼교가 합류하는 과정에 네 부의 경전이 사상적 핵심으로서의 역할을 발휘했다. 즉 유가의 '사서四書', 도가의 『노자』, 유가와 도가에서 함께 받들고 있던 『주역』, 불가의 『단경壇經』이 그것이다. 주희는 『사서집주』를 만들 때, 『대학』에서의 수기치인修己治人의 가르침敎 방법과 『중용』에서의 중화中和와 지성至誠의 도道를 활용하고, 여기에 공자와 맹자의 인의仁義 학설을 끌어들이고, 불교와 도교를 그 속에 융화시켜 넣으면서 이학가理學家의 예지叡智를 가지고 창조적 해석을 했다. 그리하여 유학은 "존덕성尊德性(德性을 높임)하면서 또

年版, 第815頁.[원문 : 儒釋道源三教祖, 由來千聖古今同.]

674) 石峻等編 :《中國佛教思想資料選編》, 中華書局1987年版, 第125頁.[원문 : 吾修身以儒, 治心以釋.]

675) 耶律楚材撰 :《湛然居士全集》, 中華書局1985年版, 第120頁.[원문 : 吾夫子之道治天下, 老氏之道養性, 釋氏之道修心.]

676) (明)那羅延屈, (明)海印沙門釋德淸, 逸塵注解 :《〈老子道德經憨山注〉解讀》, 同濟大學出版社2013年版, 第15頁.[원문 : 不知《春秋》, 不能涉世. 不精老莊, 不能忘世. 不參禪, 不能出世.]

677) (淸)尤侗撰 :《性命圭旨》卷一, 屈麗萍點校, 太原出版社1988年版, 第8頁.[원문 : 儒曰存心養性, 道曰修心煉性, 佛曰明心見性.]

도문학道問學(묻고 배우는 길로 나아감)하고, 광대함에 이르면서도 정미함精微을 다하고, 극고명極高明(높고 밝음을 지극히 다함)하면서도 도중용道中庸(中庸의 길로 나아감)하는" 박대하고 깊고 정교한 기상을 드러내게 되었던 것이다. 이렇게 유학의 이론적 높이를 지극히 끌어올렸고, 사람들의 마음을 응집하는 역량과 각종 사상에 미치는 복사력輻射力을 강화시켰는 바, 이 책은 전 사회에서 보물 경전으로 높이 받들고 있었다.

『주역』은 유가와 도가에서 공유하고 있던 경전이다. 이 책에서 해석하는 음양의 도道, 천, 지, 인 삼재의 도道, 감응하여 통하면서感通 변화하는 도道는 유학에 우주관과 방법론을 제공했을 뿐만 아니라 또한 도교 내단학의 이론 양식과 방법론으로도 되어졌었다.

『노자』라는 책은 노자의 큰 지혜를 담은 책이다. 이 책에서는 지극히 간략한 문자로 지극히 풍부하고 정미한 사유방식을 함축하여 표현하고 있다. 이는 지견智見의 부란기孵卵器로서 역할하고 있었고, 끊임없이 사회와 인생에 있어서의 풍부한 철리哲理를 이끌어내고 있었다. 그 현묘하게 변화시키는妙化 잠재력에 사람들은 참으로 감탄을 금할 수 없었다. 이 책에서 해석하는 '대도'는 진리이고, 철학이고, 또한 신앙이었다. 이는 인류가 인성人性의 이화異化를 극복하고, 애초의 순박한 본연의 모습으로 돌아가는데 있어서, 지대한 계시와 계발을 주었다. 그리하여 이 책은 오랫동안 쇠락하지 않았고, 삼교에서 모두 줄곧 받들고 있었던 것이다.

혜능대사慧能大師의 홍법집弘法集『단경壇經』은 당, 송, 원, 명 각 조대에 걸쳐, 혜능대사의 대자대비大慈大悲한 인격으로써, 명심견성明心見性하는 통찰력으로써, 그리고 간결하고 생동한 언어로써 수많은 지식인들을 매료시켰었다. 이 책은 명실공히 불학 필독서로 자리매김했다. 불교도들이나 불교 바깥의 인사들이나 모두 그 속에서 심령心靈을 정화할 수 있었고, 자신의 정신적 경지를 승화시킬 수 있었다.

'사서四書'에서 천양闡揚하는 충서忠恕의 도道, 마음을 탐구하여 본성性을 알고 하늘을 안다는 것, 어울리기는 하되 휩쓸리지 않는다는 것, 수신修身을 근본으로 삼는 것, 『역전易傳』에서 말하는 이치는 하나이지만 백가지 생각이 있고, 귀착점은 똑같지만 저마다의 길이 있다는 것, 『노자』에서 밝히는 성인은 사심私이 없다는 것, 다투지 않는 덕을 품고 있다는 것, 받아들일 수 있으면 크다는 것有容乃大, 조화를 아는 것이 진리라는 것知和曰常, 『단경壇經』에서 가르쳐 준 무념위종無念爲宗, 무상위체無相爲體, 무주위본無住爲本, 중생들은 평등하다는 것 등, 이것들은 모두 인류가 스스로 깨치고 나서 남을 깨우쳐주고, 화목하게 공존하게 하는 법도인 바, 그리하여 "아름다움을 서로 찬미해줄 수 있었던 것이다美美與共." 유가 경전에서는 "도道는 병행하되, 어긋나지 않는다道竝行而不悖."라고 하고, 도경道經에서는 "길러주되, 지배하지 않는다長而不宰."라고 하고, 불경에서는 "한 달이 만 갈래 강을 비춰준다月印萬川."라고 하는데, 이는 모두 진리의 다원성을 인정하는 것이겠다. 그리하여 삼교 학설은 자체의 전통을 굳게 지키는 동시에 자아를 초월하고, 타자를 존중해줄 수 있었던 것이다. 송, 원, 명 시기에는 유·도·불의 네 부의 경전이 널리 유행하면서, 삼교 융합의 정신적 기둥으로 되어졌었다.

제7장 유·도·불 삼교 융합 사조의 하향 이전下移과 확장 단계(명·청 시기)

명나라 시기는 삼교 이론이 심층적으로 융합하던 시기였고 또한 삼교가 일체로 되는 추세가 사회 하층으로 이전하고 확산되던 시기였다. 명나라 시기는 삼교 관계사에서 두 단계를 걸치는 성격을 보여주고 있는데, 그리하여 이 책에서는 이를 두 단계로 나누어 기술한다. 청나라 시기, 유·도·불 삼교에서는 각자 모두 신학파新學派가 탄생했고, 삼교 융합은 여전히 계속되고 있었다. 그러나 삼교 관계에서 중대한 이론적 혁신은 없었고, 삼교 융합 사조의 발전추세는 사회 하층으로의 이전下移과 확산이 주를 이루고 있었다.

제1절 명나라 말부터 청나라 말까지 유·도·불 삼교 발전 개황

1. 유학의 발전

1) 명 말 청 초의 삼대가: 황종희黃宗羲·고염무顧炎武·왕부지王夫之

명나라와 청나라가 바뀌던 시기는 중국사회에서 한 차례 대변동을 거치던 시기였다. 민족모순과 계급모순, 새로운 모순과 오랜 모순이 전례 없이 격렬했는데, 그리하여 일부 학식이 있는 유학자들이 참담게 지난 일을 총화하고, 미래 전망을 탐색하게 되었던 것이다. 그들 가운데, 영향력이 가장 컸던 학자로는 황종희, 고염무, 왕부지이겠다. 이들은 앞사람들을 계승하여 앞길을 개척했고, 그들의 영향은 줄곧 근·현대에까지 크게 미쳤다.

황종희(1610-1695)의 자字는 태충太沖이고 호號는 남뢰南雷이다. 절강浙江 여요

餘姚 사람이다. 학자들은 그를 존경하여 이주선생梨洲先生이라고 칭했다. 대표작으로는 『명유학안明儒學案』, 『송원학안宋元學案』, 『명이대방록明夷待訪錄』이 있다. 20세기 80년대 이후, 절강고적출판사에서는 육속 『황종희전집黃宗羲全集』 총 12권을 출판했다.

『명이대방록明夷待訪錄』은 한 부의 군주독재를 비판하고 민주정치제도를 호소하는 근대 계몽적 성격을 가진 명작이다. 이 책은 청나라 말 중화민국 초의 혁명적 사상가 담사동譚嗣同, 양계초梁啓超 등 사람들에게 직접적으로 큰 영향을 끼쳤었다. 황종희는 『제사題辭』에서 이렇게 말한다. “나는 이미 늙었다. 기자箕子가 주무왕의 접견을 받던 때와 비슷하거나 또는 그에 가깝다. 그러나 어찌 “여명 전 암흑함에 광명이 아직 나타나지 않았다’고 해서, 그 말들을 비밀로 숨기겠는가?”[1] 이 책에는 『원군原君』, 『원신原臣』, 『원법原法』 등 편이 있다. 또 치상置相, 학교學校, 취사取士, 건도建都, 방진方鎭, 전제田制, 병제兵制, 재계財計, 서리胥吏(하급 벼슬아치), 엄관奄官(궁중의 잡일을 맡은 관원) 등 사회 관리에서의 각 방면에 관한 논술이 있는데, 내용이 아주 풍부하다. 『원군』에서는 군주독재를 신랄하게 비판한다. 이런 제도 하에서 황제는 천하를 사유재산으로 여기고, “자손에게 물려주고 자손들은 그것을 물려받아 무진장 향유하게 되는데”[2], 그리하여 재난이 그치지 않는다는 것이다. 그자들은 “천하의 간뇌肝腦에 독을 뿌리고, 천하의 자녀들을 뿔뿔이 흩어지게 하면서, 나 한 사람의 재산과 공적만 늘이고”[3] “천하의 골수骨髓를 수탈하고, 천하의 자녀들을 뿔뿔이 흩어지게 하면서, 나 한 사람의 농탕질만 섬긴다.”[4]는 것이다. “그렇다면 천하에서 가장

1) (淸)黃宗羲:《明夷待訪錄》, 段志強譯注, 中華書局2011年版, 第1頁.[원문: 吾雖老矣, 如箕子之見訪, 或庶幾焉. 豈因‘夷之初旦, 明而未融’, 遂秘其言也.]
2) (淸)黃宗羲:《明夷待訪錄》, 段志強譯注, 中華書局2011年版, 第8頁.[원문: 傳之子孫, 受享無窮.]
3) (淸)黃宗羲:《明夷待訪錄》, 段志強譯注, 中華書局2011年版, 第8頁.[원문: 屠毒天下之肝腦, 離散天下之子女, 以博我一人之産業.]
4) (淸)黃宗羲:《明夷待訪錄》, 段志強譯注, 中華書局2011年版, 第8頁.[원문: 敲剝天下之骨髓, 離散天下之子女, 以奉我一人之淫樂.]

해로운 자는 임금일 것이고"[5], "천하 사람들은 자기네 임금을 원망하고 혐오하고, 그를 원수처럼 여기고, 독부獨夫(인심을 잃어 원조를 받을 곳이 없게 된 외로운 남자)라고 이름 하는데, 그 원인은 당연히 여기에 있겠다."[6]고 한다. 『원신』에서는 이렇게 말한다. "내가 나와서 벼슬을 하는 것은 천하를 위한 것이지, 임금을 위한 것이 아니다. 만민을 위한 것이지, 한 성씨(皇族을 말함)를 위한 것이 아니다."[7] 천하를 다스리는 의미는 "한 성씨(皇族)의 흥망에 있는 것이 아니라, 만민의 괴로움과 즐거움에 있다."[8] 『원법』에서는 이렇게 말한다. "삼대三代 전에는 법이 있었는데, 삼대 후에는 법이 없었다."[9] 삼대 이후, "그 이른바 법이란 것은 일가의 법이었지, 천하의 법이 아니었다."[10] 또 "법이 날로 세밀해졌는데, 한편 천하의 혼란은 그 법에서 생겨나왔다."[11] 그리하여 마땅히 "천하를 공평하게 하는" 법이 있어야 하고, "법을 정비한 다음, 사람을 다스려야 한다."[12]는 것이다. 이 책에서는 일련의 민주주의 색채가 짙은 사회개혁 방안도 제기했다. 예를 들면, 재상을 두어 정무政務를 관장하게 하고, 이로 군왕의 권력을 분산시키고, 학교의정學校議政(주로 학술로 정치를 이끌어감)제도를 세워 중앙정권을 견제하고, 인구에 따라 땅을 분배하는 제도를 실행하여 백성들이 가난한 문제를 해결해

5) (淸)黃宗羲:《明夷待訪錄》, 段志強譯注, 中華書局2011年版, 第8頁.[원문: 然則爲天下之大害者, 君而已矣.]

6) (淸)黃宗羲:《明夷待訪錄》, 段志強譯注, 中華書局2011年版, 第9頁.[원문: 天下之人怨惡其君, 視之如寇仇, 名之爲獨夫, 固其所也.]

7) (淸)黃宗羲:《明夷待訪錄》, 段志強譯注, 中華書局2011年版, 第14頁.[원문: 我之出而仕也, 爲天下, 非爲君也. 爲萬民, 非爲一姓也.]

8) (淸)黃宗羲:《明夷待訪錄》, 段志強譯注, 中華書局2011年版, 第16頁.[원문: 不在一姓之興亡, 而在萬民之憂樂.]

9) (淸)黃宗羲:《明夷待訪錄》, 段志強譯注, 中華書局2011年版, 第21頁.[원문: 三代以上有法, 三代以下無法.]

10) (淸)黃宗羲:《明夷待訪錄》, 段志強譯注, 中華書局2011年版, 第21頁.[원문: 其所謂法者, 一家之法而非天下之法也.]

11) (淸)黃宗羲:《明夷待訪錄》, 段志強譯注, 中華書局2011年版, 第24頁.[원문: 法愈密, 而天下之亂即生於法之中.]

12) (淸)黃宗羲:《明夷待訪錄》, 段志強譯注, 中華書局2011年版, 第25頁.[원문: 有治法而後有治人.]

주고, 구식 과거제도를 대체하여 "절학絶學(과학기술)'을 장려하는 제도를 세우고, 공업과 상업을 발전시켜 백성들이 부유해지게 하고, 징병제를 실시하고 군비물자를 충족하게 하는 등이다. 고염무는 『명이대방록明夷待訪錄』을 읽고서, 황종희에게 편지를 띄워 이렇게 말했다. "여러 번 읽어보고서, 나는 여기서 천하에 인재가 없지 않음을 알게 되었고, 백왕百王들이 남긴 폐허도 다시 일떠세울 수 있고, 삼대三代의 흥성함도 천천히 되찾아올 수 있음을 알게 되었습니다"[13] 풍우란은 『중국철학사신편中國哲學史新編』 제60장에서 이렇게 말한다. "황종희가 설계한 정치제도는 세 개 기둥支柱이 있었다. 하나는 임금이고, 하나는 재상이고, 하나는 학교이다. 이는 현대 서방 자산계급정치에서 군주입헌제의 최조 형태였다."[14] 이 책은 청나라 건륭 연간에는 유통이 금지되었고, 청나라 말에 와서야 사람들이 다시 볼 수 있게 되었다.

고염무(1613-1682)의 자는 녕인寧人이고, 그는 강소江蘇 곤산昆山 사람이다. 학계에서는 그를 정림선생亭林先生이라고 칭했다. 대표작으로는 『일지록日知錄』 총 32권이 있다. 그는 유가의 경세치용經世致用(세상을 다스리는데 실제로 도움이 되는) 학설을 가지고 송명이학宋明理學과 심학心學을 비판했다. 이들은 "공자와 맹자를 공리공담淸談하면서", "명심견성明心見性이라는 텅 빈 말로 수기치인修己治人(자신을 닦고 남을 다스리는)의 실학을 대체했다."[15]는 것이다. 또한 그리하여 "신주神州(중국)가 완전히 뒤집혔고, 나라宗社가 폐허가 되었다."[16]는 것이다. 그는 "이학은 경학이다."[17]라는 명제를 제기하여, "오늘날 말하는 이학은 선학禪學이다."라고 보는 폐단을 바로잡았다. 그는 청나라 때 성행했던 고거考據와

13) (明)黃宗羲, 孫衛華校釋 :《明夷待訪錄校釋》, 嶽麓書社2011年版, 第1頁.[원문 : 讀之再三, 於是知天下之未嘗無人, 百王之敝可以復起, 而三代之盛可以徐還也.]

14) 馮友蘭 :《中國哲學史新編》(下), 人民出版社1999年版, 第375頁.

15) (淸)顧炎武, 黃汝成集釋 :《日知錄集釋》, 欒保群, 呂宗力校點, 上海古籍出版社2014年版, 第158頁.[원문 : 以明心見性之空言, 代修己治人之實學.]

16) (淸)顧炎武, 黃汝成集釋 :《日知錄集釋》, 欒保群, 呂宗力校點, 上海古籍出版社2014年版, 第158頁.[원문 : 神州蕩覆, 宗社丘墟.]

17) (淸)顧炎武 :《亭林詩文集》, 華沈之點校, 中華書局1983年版, 第58頁.[원문 : 理學, 經學也.]

훈고訓詁 학풍의 창도자였다. 그 목적은 경經을 탐구하여 실제에 활용하려는데 있었다. 고염무는 문자 고변考辨에만 매달리고 있고, 반면에 "수신, 제가, 치국, 평천하修身齊家治國平天下'는 도외시하는, 그런 서재書齋형 학자가 아니었다. 그는 실학을 제창했는데, 그 방법은 즉 성인의 도道의 종지宗旨를 밝혀 실제에 활용하는 것이었다. "성인이 이르기를, 글에서 널리 배우고, 자기 행동에 부끄러움을 알라고 했다. 한 몸의 수련으로부터 천하 국가의 다스림에 이르기까지 모두 배움의 일이겠다."[18] 그는 '망국亡國'과 '망천하亡天下'의 다름을 변별했는데, 그의 이 관점은 후세에 지대한 영향을 끼쳤었다. 그는 이 양자의 다름은 중화문화의 흥성과 쇠망興亡에 있다고 했다. 그는 이렇게 말한다.

> 나라를 잃는 일이 있고亡國, 천하를 잃는 일이 있다亡天下. 망국과 망천하를 어떻게 변별하겠는가? 말하자면, 성을 바꾸고 호를 고치는 것을 망국이라 한다. 인의仁義가 막히고, 짐승을 이끌고 사람을 잡아먹고, 사람들끼리 서로 잡아먹기에 이르게 되면, 이를 망천하라 한다.[19] 그런 까닭에 천하를 지킬 줄 안 다음에야 나라를 지킬 줄 알게 된다. 나라를 지키는 것은 임금이나 신하와 같은, 그런 고기를 먹는 자들이 꾀할 일이고, 천하를 지키는 것은 필부匹夫(평범한 자) 같은 천한 자도 똑같이 책임을 지니고 있다.[20]

그는 전체 중화민족문화를 수호하려고 했고, 유가의 인의의 도道를 높이 세우려고 했다. 그의 이 말은 중국인들의 문화적 자각의식을 지극히 높이 끌어올렸었다. 그 후, 중국에서 인인지사仁人志士들은 줄곧 "천하의 흥망에는 필부匹夫

18) (淸)顧炎武:《亭林詩文集》, 華沈之點校, 中華書局1983年版, 第41頁.[원문: 曰博學於文, 曰行己有恥. 自一身以至於天下國家, 皆學之事也.]

19) (淸)顧炎武, 黃汝成集釋:《日知錄集釋》, 欒保群, 呂宗力校點, 上海古籍出版社2014年版, 第297頁.[원문: 有亡國, 有亡天下. 亡國與亡天下奚辨? 曰: 易姓改號, 謂之亡國. 仁義充塞, 而至於率獸食人, 人將相食, 謂之亡天下.]

20) (淸)顧炎武, 黃汝成集釋:《日知錄集釋》, 欒保群, 呂宗力校點, 上海古籍出版社2014年版, 第298頁.[원문: 是故知保天下, 然後知保其國. 保國者, 其君其臣肉食者謀之. 保天下者, 匹夫之賤, 與有責焉耳矣.]

도 책임이 있다天下興亡, 匹夫有責."라는 말을 좌우명으로 삼고 있었다.

왕부지(1619-1692)의 자는 이농而農이고, 그는 호남湖南 형양衡陽사람이다. 만년에 석선산石船山에 은거해 살았는데, 그리하여 학계에서는 그를 선산선생船山先生이라 칭했다. 그는 저작을 아주 많이 남겼다. 주요한 것으로는 『장자정몽주張子正蒙注』, 『주역외전周易外傳』, 『상서인의尙書引義』, 『독통감론讀通鑒論』, 『사문록내외편思問錄內外篇』, 『독사서대전설讀四書大全說』 등이 있다. 이 책들은 처음에는 세상에 전해지지 않았었는데, 청나라 도광道光, 함풍咸豐 연간 이후, 세상에 전해지기 시작했고, 또한 날로 사람들의 중시를 받게 되었다. 그 영향력은 오늘날까지 쇠락하지 않고 있다. 그는 철학적 차원에서 송명도학宋明道學에 대해 전면적인 비판과 총결을 했는데, 그 체계는 아주 박대했다. 풍우란은 『중국철학사신편中國哲學史新編』에서 왕부지의 학설을 '후기 도학의 고봉'이라고 평가한다. 그의 학설에서는 장재의 기학氣學을 계승하고 발전시키고 있었는데, 한편 이학과 심학 바깥에서 독자적으로 새로운 길을 개척했다. 요지를 살펴보면, 첫째, 이理와 기氣의 관계에 있어서, 기氣 바깥에 이理가 따로 있는 것이 아니고, 천하에는 오로지 기器만 존재한다고 강조한다. 이렇게 말한다. "기氣 바깥에는 허虛에 의탁하는 고립된 이理가 따로 없다."[21] "천하에는 오로지 기器만 있을 따름이다."[22] "그 기器가 없으면 그 도道도 없다."[23] 둘째, 신·구新舊 관계에 있어서, 매일 변화가 새롭고, 날마다 생기고 날마다 이루는 것을 강조한다. 이렇게 말한다. "천지의 덕은 바뀌지 않는데, 천지의 변화는 날로 새롭다."[24] '대저 성性이라는 것은 낳는生 이치理인데, 매일 낳으면 매일 이루게 된다(性이 후천적임을 강조했음).'[25] 셋째, '능能(인식능력)'과 '소所(인식대상)'의 관계에

21) (淸)王夫之:《讀四書大全說》(下), 中華書局1975年版, 第660頁.[원문: 氣外更無虛托孤立之理.]

22) (淸)王夫之:《周易外傳》, 中華書局1977年版, 第203頁.[원문: 天下惟器而已矣.]

23) (淸)王夫之:《周易外傳》, 中華書局1977年版, 第203頁.[원문: 無其器則無其道.]

24) (淸)王夫之:《思問錄俟解》, 中華書局1956年版, 第23頁.[원문: 天地之德不易, 而天地之化日新.]

25) (淸)王夫之:《尙書引義》, 中華書局1976年版, 第63頁.[원문: 夫性者生理也, 日生則日成也.]

있어서, 소에 따라 능을 발하고, 능은 반드시 소를 수반하게 된다고 한다. 이렇게 말한다. "경지境가 쓰임用을 기다리는 것을 소라고 이르고, 쓰임用에 경지(境)를 더하여 공功을 이루게 되면, 이를 능이라 이른다."[26] 넷째, 지知(인지)와 행行(실천)의 관계에 있어서, 그는 정씨程氏와 주씨朱氏의 앎이 우선하고 행위가 뒤따른다知先行后는 주장에 찬성하지 않았고 또한 양명의 지행합일知行合一 설도 반대했다. 이렇게 말한다. "행行은 지知를 포함할 수 있지만, 지는 행을 포함할 수 없다."[27] "군자君子의 학문은 행行을 여의고 지知를 이룬 적이 없었다."[28] 그는 학습과 인지認知도 중요시하고 있었지만, 더욱 행동과 실천을 중요시하고 있었다. 풍우란은 이렇게 말한다. "왕부지의 공헌은 구시대의 총결에 있었고, 황종희의 공헌은 신시대의 개척에 있었다."[29]

2) 안리학파顔李學派

안원顔元(1635-1704)의 자는 역직易直이고 호는 습재習齋이다. 직례直隸 박야博野 사람이다. 저술로는 『사존편四存編』이 있다. 그는 이학理學에서 조용히 앉아 책만 읽는 것을 비난했고, 한편 모든 일을 실속 있게 할 것을 제창했다. 이렇게 말한다. "문文을 실속 있게 하고實文, 행동을 실속 있게 하고實行, 본바탕을 실속 있게 하고實體, 활용을 실속 있게 하고實用, 마지막에는 천지를 위해 실적을 쌓아야 한다. 그러면 백성들이 편안하게 살고, 물건이 풍부하게 될 것이다."[30] 그는 습행실학習行實學을 제기했다. "만약 하늘이 나를 폐廢하지 않는다면, 일곱 글자로 천하를 부유하게 만들 것이다. 황무지를 개간하고墾荒, 밭을 골고루 나눠주고均田, 수리 공사를 일떠세우는 것興水利이 그것이겠다. 여섯 글자로 천

26) (淸)王夫之:《尙書引義》, 中華書局1976年版, 第141頁.[원문: 境之俟用者曰所, 用之加乎境而有功者曰能.]

27) (淸)王夫之:《尙書引義》, 中華書局1976年版, 第78頁.[원문: 行可兼知, 而知不可兼行.]

28) (淸)王夫之:《尙書引義》, 中華書局1976年版, 第78頁.[원문: 君子之學, 未嘗離行以爲知也.]

29) 馮友蘭:《中國哲學史新編》(下), 人民出版社1999年版, 第332頁.

30) (淸)顔元:《存學編》, 中華書局1985年版, 第8頁.[원문: 實文, 實行, 實體, 實用, 卒爲天地造實績, 而民以安, 物以阜.]

하를 강하게 만들 것이다. 사람마다 병사로 되게 하고人皆兵, 벼슬을 가진 자는 모두 장군으로 되게 하는 것官皆將이겠다. 아홉 글자로 천하를 안정하게 만들 것이다. 인재를 천거하고擧人才, 대경大經을 바로 세우고正大經, 예악禮樂을 흥성시키는 것興禮樂이겠다."31) 전목錢穆은 『중국근삼백년학술사中國近三百年學術史』에서 이 주장을 이렇게 평가한다. "습재習齋(顔元의 號)가 군사와 농사일을 탐구한 것은 나라를 부강하게 만들기 위해서였고, '육예六藝'와 '예악禮樂'을 익힌 것은 백성들을 교화하기 위해서였다. 내성과 외왕內聖外王은 모두 실제적인 일과 실제적인 행동에서 보아낼 수 있었다."32)

이공李塨(1659-1733)의 자는 강주剛主이고 호號는 서곡恕谷이다. 하북河北 여현蠡縣 사람이다. 청년 시절, 안원을 스승으로 모시고 배웠었고, 육덕六德, 육행六行, 육예六藝를 학문의 근본으로 삼고, 이를 실제적으로 활용할 것을 주장했다. 사방의 현명한 선비들과 사귀어 좋은 친구로 지냈고, 안원의 실학實學 사상을 전파하는 일에 많은 공력을 들였다. 그가 보건대, 송나라와 명나라가 멸망한 것은 '필묵筆墨(이론적 공론)의 정신이 많고, 경제經濟(현실의 다스림)의 정신이 적었던'33) 탓이었다. 그는 안원이 한유漢儒들에 대한 비판을 아주 높이 평가했다. 안원은 한유들이 "올바른 도리誼만 말하고 사람들의 이익利은 도모하지 않고, 천도道만 밝히고 실제적인 공功은 헤아리지 않았다."고 비판했다. 안원은 그 대신, '도리義를 올바로 세우고, 이로 이익利을 도모하고, 도道를 훤히 밝히고 공功을 확실하게 헤아릴 것'34)을 주장했다. 이공은 한 걸음 더 나아가 한유들의 말을 이렇게 비판한다. "배우는 자들이 이 말을 받들고 취지로 삼는다면, 배움

31) (淸)戴望:《顔氏學記》, 劉公純標點, 中華書局1958年版, 第68頁.[원문: 如天不廢予, 將以七字富天下: 墾荒, 均田, 興水利. 以六字強天下: 人皆兵, 官皆將. 以九字安天下: 擧人才, 正大經, 興禮樂.]

32) 錢穆:《中國近三百年學術史》下冊, 商務印書館1997年版, 第193頁.[원문: 習齋治兵農, 所以爲富強. 習六藝禮樂, 所以爲敎化. 內聖外王, 胥於實事實行見之.]

33) (淸)戴望:《顔氏學記》, 劉公純標點, 中華書局1958年版, 第184頁.[원문: 筆墨之精神多, 而經濟之精神少.]

34) (淸)顔元:《顔元集》上冊, 中華書局1987年版, 第163頁.[원문: 正其誼不謀其利, 明其道不計其功", "正其義以謀其利, 明其道而計其功.]

은 실제적인 공功을 세우는 것이 아니 되고, 온 세상에서 육지가 가라앉고 말 것이다. 이 말이 일으킨 재앙禍은 도道(儒學)보다 크다고 하겠다."[35]

3) 건가학파乾嘉學派 : 혜동惠棟과 대진戴震

건가학파乾嘉學派란 청나라 건릉乾隆 연간과 가경嘉慶 연간에 번성했던 유가 경학 학파를 말한다. 그들은 한나라 고문경학古文經學 전통을 발양하고 있었고, 송명도학宋明道學에서 '덕성을 높이 받들고尊德性', '높고 밝음을 지극히 다하는 것極高明'을 추구하던 것에는 극력 반대했다. 그들은 유경 문헌자료를 정리하고 복원하는데 공력을 많이 들였다. 그들은 또 고거考據, 훈고訓詁, 문자文字, 음운音韻 등 학문에 조예가 깊었고, 학풍이 질박質朴했다. 그래서 이 학파를 또 박학樸學이라고도 칭한다. 박학이 일떠선 것은 유학 자체의 학술적 발전과 변천으로 볼 때, 이는 송명도학宋明道學에서 허무한 이치虛理만 숭상하고 내성內聖만 중요시하던 것에 대한 반동反動이었다. 한편, 그들은 문헌자료에 대한 허위僞 판별과 고증을 학문탐구의 주요 방향으로 삼고 있었다. 사실 이는 명청 실학의 구성부분이었다. 사회 환경의 변화로 볼 때, 청나라 만족滿族 귀족 통치자들은 "사서四書'를 숭상하고 있었고, 정주이학程朱理學을 사회 의식형태(이데올로기)의 근본으로 삼고 있었다. 그들은 이에 대한 이론적으로 한 걸음 더 나아간 발전과 갱신이 필요하지 않았고, 오히려 학자들이 새로운 사상을 제기하는 것을 꺼리고 있었다. 반면에, 그들은 이학理學을 교조화敎條化시키고, 정치화政治化시켰었고, 그것을 예禮만 있고 인仁이 없는 예교禮敎로 만들어버렸었다. 조정朝廷에서는 『사고전서四庫全書』를 편집할 때, 그들의 통치 사상에 부합되지 않는 논저를 수태 불살라 버렸고 또 많은 것들은 의도적으로 삭제하고 변경했다. 불태워버린 도서는 무려 3,000여 종, 70만 부에 달한다고 한다. 또한 만족滿族 귀족들의 통치를 거부한다고 여겨지는 유학자들에 대해서는 문자옥文字獄을 세워 처벌

35) (淸)馮辰 : 《李恕穀先生年譜》卷一, 淸道光十六年刻本, 第14頁.[원문 : 學者奉斯言爲旨, 則學無事功, 擧世陸沉, 此言之禍可勝道哉.]

했고, 그들의 논저를 깡그리 없애버렸었다. 이런 식으로 문화 독재주의를 실시했던 것이다. 이런 상황에서 학자들은 새로운 사상을 제기할 수 없었고, 결국 그들은 문헌학에만 몰두하게 되었다. 그 결과 건가乾嘉 고거학考據學이 크게 일떠서게 되었던 것이다. 청나라 때, 고거학은 유가 경학의 주류와 특색으로 되어졌었다. 한편, 이렇게 훗날의 이론 탐구를 위해 견실한 기초자료를 마련해 놓게 되었고, 또한 근현대 언어학, 문자학, 문헌학 등 학과를 배태해내게 되었다. 그들 가운데는 창조적 견해를 가진 사상가들도 적지 않게 있었다.

일찍 명나라 후기, 초횡焦竑과 진제陳第는 경전 텍스트의 고증을 중요시했는데, 그들은 많은 사람들이 "소학小學(음운, 문자, 훈고를 말함) 단계의 공부功夫가 없어서 뿌리가 세워지지 못했다."[36]고 보고 있었다. 한편, 청나라가 세워진 후에는 모기령毛奇齡, 염약거閻若璩, 요제항姚際恒, 주이존朱彝尊 등 학자들이 고적古籍에 대한 "가짜와 진짜 판별辨僞"과 정리에 공력을 들였다. 건가乾嘉 연간에 이르러 혜동을 대표자로 하는 오파吳派가 출현했고, 대진을 대표자로 하는 환파皖派가 출현했고, 또 왕념손王念孫, 왕인지王引之, 단옥재段玉裁, 완원阮元 등 저명한 학자들이 나왔는데, 이들이 크게 진흥시켜, 이때 청나라 학술은 전성기를 이루었다. 왕념손王念孫의 『광아소증廣雅疏證』, 왕인지의 『경전석사經傳釋詞』, 단옥재段玉裁의 『설문해자주說文解字注』, 완원阮元이 교감校勘한 『십삼경주소十三經注疏』는 모두 후일 경학 연구에서 반드시 갖추어야 할 문헌자료와 전적으로 되어졌었다.

혜동(1697-1758)의 자는 정우定宇이고, 그는 강소江蘇 오현吳縣 사람이다. 그는 한학을 아주 숭상하고 있었고, 뭇 경諸經을 모두 고증했다. 강번江藩은 『국조한학사승기國朝漢學師承記』에서 혜동의 학술적 성취를 이렇게 기술한다.

> 50세가 넘어 경술經術에 전념했고, 특히 『역』을 통달했다. 말하기를, 선니(공자)가 『십익十翼』을 만들었고, 그 함축된 말 속에 담긴 심오한 뜻을 70명 제자와

36) (明)焦竑, 李劍雄點校 : 《澹園集》(下冊), 中華書局1999年版, 第757頁.[원문 : 無小學一段功夫故根基不立.]

재전제자들이 줄곧 이어서 전했는데, 한나라 때에 와서는 많이 잃어졌다고 했다. 또 왕필이 일떠서면서부터 한학은 사라졌는데, 다행히 이정조李鼎祚의 『주역집해周易集解』에서 그 대략大略을 전하고 있었다고 했다. 그는 30년 동안 깊이 탐구하여, 그 뜻을 확장하고 관통시켜 『주역술周易述』 한 편을 저술했다. 그는 우중상虞仲翔을 본받으면서 그 뜻을 풀이했고, 이에 순상荀爽과 정현鄭玄 등의 제가들의 해석을 참고하여, 그들의 취지를 묶어서 주를 만들었고, 그들의 논설을 확장해서 소疏를 만들었다. 한학이 단절된 지 1500년이 넘었는데, 이때에 이르러 다시 눈부시게 빛났다.37)

혜동은 또 『구경고의九經古義』 등도 저술했다. 혜동은 한나라 『역』학을 부흥시키는 일을 한학 부흥의 우선 과제로 삼고 있었다. 그의 경학에서는 문자 고정考訂만 중요시하지 않았고, 오히려 옛 유경의 뜻을 살려 훗날의 유경의 함의를 명료하게 밝히는 데 역점을 두고 있었다. 예를 들면, 그는 『주역』에서 말하는 "말을 닦음으로 성실함을 세운다."38)는 것으로 『대학』, 『중용』에서 말하는 '신독愼獨(홀로 있을 때에도 道理에 어그러짐이 없도록 삼감)'을 해석했고, 『요전堯典』에서 말하는 '극명준덕克明俊德(능히 큰 덕을 밝힌다.)'과 『대학』에서 말하는 '명명덕明明德(밝은 德을 밝힌다.)'을 일체一體로 여기고 있었고, 『순자·유좌宥坐』에서 말하는 "공자께서 이르기를, '내가 듣기로는, 유좌의 그릇宥坐之器은 비면 기울고, 알맞게 차면 바로 서고, 가득 차면 뒤집힌다.'"39)라는 말로써 '중정中正'을 해석했다. 또 "『역易』의 도道는 깊은데, 한마디로 말한다면 시중時中이라고 할 수 있다."40)고도 했다. 그가 『주역』과 한유들의 말을 가지고 '중화中和'의 도道를

37) (淸)江藩, (淸)方東樹 :《漢學師承記(外二種)》, 三聯書店1998年版, 第30頁.[원문 : 年五十後, 專心經術, 尤邃於《易》, 謂宣尼作《十翼》, 其微言大義, 七十子之徒相傳, 至漢尤有存者. 自王弼興而漢學亡, 幸傳其略於李鼎祚《集解》中. 精研三十年, 引申觸類, 始得貫通其旨, 乃撰《周易述》一編, 專宗虞仲翔, 參以荀, 鄭諸家之義, 約其旨爲注, 演其說爲疏, 漢學之絶者千有五百餘年, 至是而粲然復章矣.]

38) (淸)惠棟 :《周易述》, 上海古籍出版社1990年版, 第224頁.[원문 : 修辭立其誠.]

39) 王雲五主編 :《易例及其他二種》, 商務印書館1936年版, 第35頁.[원문 : 孔子曰 : '吾聞宥坐之器者, 虛則欹, 中則正, 滿則覆'.]

40) (淸)惠棟 :《周易述》, 上海古籍出版社1990年版, 第107頁.[원문 :《易》道深矣, 一言以蔽之曰

설명하는 목적은 '미발未發'이나 '이발已發'을 해석하려는 것만이 아니었다. 그 목적은 다중적이었다. 말하자면, 예禮와 악樂의 관계에 있어서는 "예는 중中이요, 악은 화和이다."41)라고 했고, 나라를 다스리고 국정을 운영하는데 있어서는 『상서尙書·홍범洪範』에서 인용하여 "왕이 하늘을 본받아, 정성情性을 쏟아 다섯 가시 일(모양새를 다듬고, 말을 하고, 바르게 보고, 시비를 살펴 듣고, 마음으로 사고하는 일)을 이루는 것이 중화中和의 정치이다."42)라고 했다. 전대흔錢大昕은 『혜선생동전惠先生棟傳』에서 이렇게 말한다. "혜씨惠氏가 살던 시대에는 옛 학문古學을 지키고 있었는데, 한편 선생의 이해가 특히 깊었다. 한나라 유학자들과 비교해 본다면, 그 수준은 아마도 하소공何邵公과 복자신服子愼 사이에 있었을 것이고, 마융馬融과 조기趙岐 따위들은 따라오지도 못했을 것이다."43)

대진(1724-1777)의 자는 동원東原이고 그는 안휘安徽 휴녕休寧 사람이다. 평생의 저작에서 가장 대표적인 것으로는 『맹자자의소증孟子字義疏證』이고, 그밖에 『원선原善』, 『서언緖言』, 『맹자사숙록孟子私淑錄』 등이 있다. 학문을 함에 아주 근엄하고 세심했고, 경전 텍스트의 고정考訂을 아주 중요시하고 있었다. 그는 이렇게 말한다. "나는 열일곱살 때부터 도道(儒學)를 배우는데 뜻을 두었다. 말하기를, 이는 반드시 '육경六經'과 공자와 맹자에게서 구하지 않으면 아니 된다고 했다. 또 자의字義, 제도制度, 명물名物을 탐구하지 않으면 그들에 말에 통할 수 없다고 했다. 송유宋儒들이 훈고학訓詁學을 비난하고 언어문자를 무시하는 것은, 강을 넘으려 하면서 배와 삿대를 버리고, 높이 오르려고 하면서 사다리를 버리는 것과 마찬가지이겠다. 30여 년 유학을 공부하면서, 옛날이나 지금이나, 어지럽게 되는 그 근원은 여기에 있었음을 훤히 알게 되었다."44) 『맹자자의소

:時中.]

41) 王雲五主編:《易例及其他二種》, 商務印書館1936年版, 第22頁.[원문: 禮, 中也. 樂, 和也.]

42) 王雲五主編:《易例及其他二種》, 商務印書館1936年版, 第25頁.[원문: 王象天, 以情性覆成五事, 爲中和之政也.]

43) (淸)李元度, 易孟醇校點:《國朝先生事略》(上), 嶽麓書社2008年版, 第1051頁.[원문: 惠氏世守古學, 而先生所得尤深, 擬諸漢儒, 當在何邵公, 服子愼之間, 馬融, 趙岐輩不能及也.]

44) (淸)戴震, 何文光整理:《孟子字義疏證》, 中華書局1961年版, 第184頁.[원문: 僕自十七歲

증』에는 『여모서與某書』 편이 있는데, 여기서는 이렇게 말한다. "우리 세대가 글을 읽는 것은 원래 훗날의 유자들과 겨루어 학설을 세우려는 것이 아니다. 마땅히 평온한 마음을 가지고 경문經文을 체득해야 할 것이다. 한 글자가 잘못 해석되면 그 말의 의미가 반드시 변하게 되고, 한편 도道는 이로부터 잃게 된다."[45] 그는 송, 명 유학자들을 이렇게 비난한다. "송나라 이래, 유자들은 자기들의 견해를 기어이 옛 성현들이 학설을 세운 참뜻이라고 주장했는데, 사실 그들은 그 언어문자의 본뜻을 알지 못하고 있었다. 그들은 천하의 다스림에 있어서도, 자기의 이른바 이치理를 가지고 억지로 단정 짓고 실천했는데, 늘 사건의 자초지종을 알지 못하고 있었다. 그리하여 대도大道를 잃어버리고, 늘 사리에 어긋나게 처사했던 것이다."[46] 대진은 이학가理學家들이 훈고고증을 도외시한다고 비판했을 뿐만 아니라 또한 이학에서 불노佛老를 배워 이理를 중요시하고 욕欲을 도외시하는 경향에 대해서도 비난했다. 말하기를, "이理는 정情이 상쾌하지 못하면 잃게 되고, 정情이 없이 이理를 얻는 경우는 없다."[47]고 했다. 또 이理와 욕欲은 대립되는 것이 아니고, 욕欲은 다만 절제만 가능하고 금지할 수는 없다고 했다. 왜냐하면 이것은 인의仁義를 행하는데 필요한 것이기 때문이다. "인간의 삶에서 그것慾을 이루지 못하면서 살아가는 것이 가장 큰 병이다. 욕慾이 자신의 삶을 이루어주고 또한 다른 사람의 삶도 이루어주게 되면, 이는 인仁한 것이고, 욕慾이 자신의 삶을 이루어주지만, 다른 사람의 삶은 돌보지 않고 마구 해치게 되면, 이는 인仁하지 않은 것이다."[48]

時, 有志聞道, 謂非求之《六經》, 孔孟不得, 非從事於字義, 制度, 名物, 無由以通其語言. 宋儒譏訓詁之學, 輕語言文字, 是欲渡江而棄舟楫, 欲登高而無階梯也. 爲之三十餘年, 灼然知古今治亂之源在是.]

45) (淸)戴震 : 《戴東原集》卷九, 《與某書》, 四部叢刊景經韻樓本, 第103頁.[원문 : 我輩讀書, 原非與後儒競立說, 宜平心體會經文, 有一字非其的解, 則於所言之意必差, 而道從此失.]

46) (淸)方東樹 : 《漢學商兌》卷中之上, 淸光緖十一年刻本, 第29頁.[원문 : 宋以來儒者, 以己之見硬坐爲古聖賢立言之意, 而語言文字實未之知. 其於天下之事也, 以己所謂理強斷行之, 而事情原委隱曲未能得, 是以大道失而行事乖.]

47) (淸)戴震 : 《孟子字義疏證》, 何文光整理, 中華書局1961年版, 第1頁.[원문 : 理也者, 情之不爽失也, 未有情不得而理得者也.]

"천리天理란 욕망慾을 절제하는 것이고, 사람의 욕망人慾을 다하지 않는 것이다. 그런 까닭에 욕慾은 다해서는 아니 되지만, 가지고 있어서 아니 되는 것은 아니다. 가지고 있으면서 절제하고, 사용함에 지나치지도 않게 하고 미치지 못함도 없게 하는 것, 이를 천리天理라 말하지 않을 수 있겠는가!"[49] 만약 사람들의 정감人情에 어긋나는 도리理를 가지고 세상을 다스린다면 폐해가 막심하겠다. 오늘날, 세상에서는

> 존자尊者가 도리理로써 비천한 자를 나무라고, 장자長者가 도리理로써 아이를 나무라고, 귀貴한 자가 도리理로써 천賤한 자를 나무라면, 그 도리가 그르더라도 이를 순리順理라고 말한다. 비천한 자, 아이, 천한 자들이 도리를 내세워 윗사람과 다투게 되면, 비록 그것이 옳더라도 이를 반역이라고 말한다. 그리하여 아랫사람은 천하의 같은 정감을 가지고, 천하의 같은 욕망을 가지고 윗사람과 통할 수 없게 된다. 윗사람이 도리理를 내세워 아랫사람을 나무란다면, 아랫사람의 죄는 헤아릴 수 없이 많게 된다. 사람이 법에 걸려 죽게 되면, 불쌍하다고 생각하는 자가 있겠지만, 도리理에 걸려 죽게 되면 누가 불쌍하다고 생각하겠는가![50] 가혹한 관리는 법으로써 사람을 죽이고, 후세의 유자(程朱를 말함)들은 도리理로써 사람을 죽인다. 그들은 법을 버리고 도리理만 따지는데 깊이 빠져들었는데, 사람들이 이렇게 죽게 되면, 더욱 구해줄 수도 없구나![51]

공정하게 말하자면, 송유宋儒들의 "천리를 보존하고 인욕을 멸한다存天理 滅人欲."라는 논설은 원래 권력자들의 사치함과 탐욕을 제한하려고 제기한 것이

48) (淸)戴震 : 《孟子字義疏證》, 何文光整理, 中華書局1961年版, 第8頁.[원문 : 人之生也, 莫病於無以遂其生. 欲遂其生, 亦遂人之生, 仁也. 欲遂其生, 至於戕人之生而不顧者, 不仁也.]

49) (淸)戴震 : 《孟子字義疏證》, 何文光整理, 中華書局1961年版, 第11頁.[원문 : 天理者, 節其欲而不窮人欲也. 是故欲不可窮, 非不可有. 有而節之, 使無過情, 無不及情, 可謂之非天理乎.]

50) (淸)戴震 : 《孟子字義疏證》, 何文光整理, 中華書局1961年版, 第10頁.[원문 : 尊者以理責卑, 長者以理責幼, 貴者以理責賤, 雖失, 謂之順. 卑者, 幼者, 賤者以理爭之, 雖得, 謂之逆. 於是下之人不能以天下之同情, 天下之所同欲達之於上. 上以其理責下, 而在下之罪, 人人不勝指數. 人之死於法, 猶有憐之者. 死於理, 其誰憐之.]

51) 王雲五主編 : 《戴東原集》第二冊, 商務印書館1934年版, 第33頁.[원문 : 酷吏以法殺人, 後儒以理殺人, 浸浸乎舍法而論理, 死矣, 更無可救矣.]

었고, 일반 백성들의 생존의 수요를 제한하려고 한 것은 아니었다. 하지만 이 논설이 이론적으로 '천리'와 '인욕'을 대립시키면서 심각한 후유증을 남겼던 것이다. 통치자들은 늘 '천리'라는 명분을 가지고 민중들의 일상생활에서의 정욕情欲과 정당한 요구를 말살해버렸었고 또 늘 '존천리存天理'라는 명분으로 충의忠義로운 자들과 하층 백성들의 항쟁을 탄압했다. 이렇게 '천리'는 독재자들의 공범으로 전락했고, '이理'로써 사람을 죽이는 것은 '법法'으로 사람을 죽이는 것보다 더 가혹하고 지독하게 되었던 것이다. 왜냐하면 형법 바깥의 사회여론도 인정人情이 없이, 냉혹하게 변해버렸기 때문이다. 대진戴震이 "도리理로써 사람을 죽이는 것"에 대한 비판은 사실 독재정치에 의해 심하게 왜곡된 이학理學에 대한 비판이었고, 그 세상을 뒤흔들었던 거대한 위력도 여기에 있었던 것이다. 반드시 분명히 해야 할 것은, 그가 반대했던 것은 학문으로서의 이학이 아니었다는 점이다. 그밖에 대진은 "이理로써 사람을 죽이는 것"을 비판하는 동시에 또 불로 학설도 함께 비판했는데, 그리하여 타격의 대상이 너무 방대하고, 정서가 너무 격양된 것으로 보여졌다. 그는 이렇게 말한다.

> 송유들은 노자와 석씨의 학설에 드나들고 있었는데, 그리하여 도가와 석씨의 말을 그들의 말에 섞어 넣게 되었던 것이다."[52] "사람들은 원래 노자와 장자, 석씨는 성인과 다르다고 알고 있었고, 그들의 무욕無欲 학설은 더욱 믿을 것이 못된다고 여기고 있었다. 그러나 송유宋儒들은 그들이 성인과 똑같다고 보고 있었다.[53] 우후~, 노자와 석씨의 말을 섞어서 자기 말로 만든 것은, 그 재앙禍이 신불해申不害와 한비자韓非子가 하던 짓거리보다 더 심하구나![54]

그러나 사실, 노자와 불가의 '무욕' 설과 '천리, 인욕' 설은 같은 차원의 논설

52) (淸)戴震 :《孟子字義疏證》, 何文光整理, 中華書局1961年版, 第9頁.[원문 : 宋儒出入於老, 釋, 故雜乎老, 釋之言以爲言.]

53) (淸)戴震 :《孟子字義疏證》, 何文光整理, 中華書局1961年版, 第10頁.[원문 : 人知老, 莊, 釋氏異於聖人, 聞其無欲之說, 猶未之信也. 於宋儒, 則信以爲同於聖人.]

54) (淸)戴震 :《孟子字義疏證》, 何文光整理, 中華書局1961年版, 第10頁.[원문 : 嗚呼, 雜乎老, 釋之言以爲言, 其禍甚於申, 韓如是也.]

이 아니다. 전자는 개인이 물욕에 대한 태도이고, 후자는 종법宗法 윤리와 정감적 수요의 관계에 관한 논설이다. 때문에 양자를 한데 뒤섞어 논하면 아니 된다. 사실 노자는 "백성들의 마음을 자기 마음으로 삼고以百姓心爲心", "남는 것을 덜어서 부족한 것을 보태줄 것損有余以輔不足"을 주장하고 있었고, 불교의 윤리 원칙 또한 "악을 버리고 선을 행하고, 평등하게 대해주고 자비를 베풀어 주고, 자기도 이롭게 하고 남도 이롭게 해주는 것"이었다. 노자와 불교 모두 세상을 비탄하고 백성을 불쌍히 여기고, 백성들의 질고를 관심하고 있었다. 하물며 이 시기, 삼교는 이미 심층적으로 융합되었는데, 만약 여전히 불로를 배척하는 태도를 취한다면, 이는 시대와 동떨어진 것이 아니겠는가.

4) 장학성章學誠의 경사회통론經史會通論

장학성(1738-1801)의 자는 실재實齋이고, 그는 절강浙江 회계會稽 사람이다. 그는 문학과 역사를 잘했는데, 그리하여 그의 경학 사상의 특색 또한 경학과 사학을 융회시켜, 사학적 관념과 방법으로 경을 탐구한 것이겠다. 또한 이렇게 그는 송학과 한학 바깥에서 유경을 탐구하는 한 갈래 독특한 경로를 개척했다. 대표작으로는 『문사통의文史通義』가 있다. 그는 주장하기를, 학자들은 마땅히 고증考證, 사장詞章, 의리義理의 세 학문을 모두 탐구해야 하고, 어느 것도 버려서는 아니 되고, 상호 폄하와 배척은 더욱 아니 된다고 했다. 이렇게 말한다.

> 학문의 길에는 큰 흐름도 있고 갈라짐도 있다. 하지만 고증을 좋아하는 자들이 사장詞章을 폄하하고, 의리義理를 탐색하는 자들이 증실証實을 무시하면서, 자기 성향에 가까운 것을 가지고 각자 홀로 얻었다고 표방한다면, 복건服虔과 정현鄭玄의 훈고, 한유와 구양수歐陽修의 문장, 정씨程氏 형제와 주희朱熹의 어록은 그리하여 삼각을 이루면서 대치하게 되고 높낮음을 가르기 어렵게 된다. 각자 문호門戶를 꼭 가르려고 하고, 서로 비난하고 헐뜯게 되면, 의리義理는 허무에 빠지고, 고증은 헛되이 찌꺼기로 되고, 문장은 다만 장난감으로 되어버린다. 한, 당 이래, 초나라가 잃고 제나라가 얻었다고楚失齊得(사실은 누구도 얻은 것이 없음을 이르는 성어) 지금까지도 시끄럽게 떠드는데, 그 판별이 쉽지 않다고 하겠다. 오직 통인通

人(두루 널리 통달한 자)에게서 나온 논설만이 그렇지 않을 것이다. 고증은 그 의리를 충실하게 할 것이요, 문장은 이에 이르는 도구로 될 것이다. 사실은 다를 것이 없는데, 왜 어지럽게 갈라놓는가.[55]

그는 더 나아가 지적하기를, 세 학문의 목적은 모두 도道를 구하는 데 있다고 한다.

의리義理는 반드시 탐색해야 하고, 명수名數는 반드시 고정考訂해야 하고, 문사文辭는 반드시 능숙해야 하는데, 이 모두 학문이고, 모두 도道를 구하는데 반드시 의지해야 하는 것으로서 어느 한 쪽을 잡고서 도道를 탐구할 수 있다고 말해서는 아니 되겠다. 군자가 배워서 도道에 이르는 것도 삼자三者를 모두 중요시하고 어느 쪽도 무시하지 않는 것일 따름이겠다.[56]

이런 여러 학문을 아울러 모두 탐구하면서 도道를 구해야 한다는 관점을 가지고, 장학성은 송학宋學, 한학漢學, 고거학考據學 모두에 대해 비교적 공평타당한 평가를 내렸었다. 특히 칭송할 것은, 그는 건가乾嘉 연간의 학자들이 송학宋學을 반대하는 이유로 불노佛老까지 배척하는 것에 반대했다. 그는 이렇게 지적한다. "마땅히 그들이 과연 성인군자와 같았는지를 따져보아야 한다.", "반드시 그들이 어떻게 석가를 가까이 하고, 도가를 활용했는지를 자세히 따져보아야 한다. 석씨와 노자도 역시 사람이다. 그들에게도 역시 성인과 완전히 다르지 않은 것이 있음을 알아야 한다."[57] 장학성의 가장 큰 이론적 창조는 "육경은

55) (淸)章學誠 :《與族孫汝南論學書》,《章學誠遺書》, 文物出版社1985年版, 第224頁.[원문 : 學問之途, 有流有別. 尙考證者薄詞章, 索義理者略證實, 隨其性之所近而各標獨得, 則服, 鄭訓詁, 韓, 歐文章, 程, 朱語錄, 固已角鼎峙而不能上下. 必欲各分門戶, 交相譏議, 則義理入於虛無, 考證徒爲糟粕, 文章只爲玩物. 漢唐以來, 楚失齊得, 至今囂囂, 有未易臨決者. 惟自通人論之則不然, 考證即以實此義理, 而文章乃所以達之之具. 事非有異, 何謂紛然.]

56) (淸)章學誠 :《與朱少白論文》,《章學誠遺書》, 文物出版社1985年版, 第335頁.[원문 : 義理必須探索, 名數必須考訂, 文辭必須嫻習, 皆學也, 皆求道之資, 而非可執一端謂盡道也. 君子學以致其道, 亦從事於三者, 皆無所忽而已矣.]

57) (淸)章學誠 :《章學誠遺書》, 文物出版社1985年版, 第82頁.[원문 : "當問其果類聖人君子否

모두 역사이다."라는 논점을 제기한 것이다. 그는 이렇게 말한다.

> 육경六經은 모두 역사이다. 옛사람들은 책을 저술하지 않았고, 옛사람들은 사실事을 여의고 이치理만 말한 적이 없다. 육경은 모두 선왕先王들의 다스림에 관한 전적政典이다.[58] 옛날 이른바 경經이란 바로 삼대三代의 성사盛事였다. 전장典章과 법도法度는 정치와 교화, 일을 행하는行事 실천에서 추려낸 것이다.[59] 육예는 공자의 저술이 아니다. 이는 주나라 예의에 관한 옛 전적이다. 『역易』은 태복太卜이 관할하는 것이었고, 『서書』는 외사外史를 기록한 것이었고, 『예禮』는 종백宗伯에게 있었고, 『악樂』은 사락司樂이 관장하고 있었고, 『시詩』는 태사太師들이 이끌었고, 『춘추』는 국사國史를 보존하고 있었다. 부자夫子(공자)가 절로 이르기를, 서술만 할 뿐 새로 지어내지 않는다述而不作고 한 것도 관직에서 물러나고, 제자들을 가르치면서 그 일들을 전하던 과정에 나온 말임이 분명하다. 여기서 판별할 수 있다는 것이다.[60]

그가 "육경은 모두 역사이다."라고 강조하는 이유는 이러했다. 즉 첫째, "기물器을 여의고 도道를 논하는 것"을 피하게 되면, 사실을 "심각하고 절실하고 분명하게 보아낼 수 있고", 둘째, "사실을 여의고 이치를 드러내는 것"을 피하게 되면 성인의 도道가 텅 빈 말에 가려지지 않게 할 수 있기 때문이었다. 장학성의 "육경은 모두 역사이다."라는 논설은 긍정적 측면에서 말하자면, 사람들이 역사적으로 그리고 구체적으로 육경의 진실한 함의를 파악하는 데 유익했다. 그 속에 함축되어 있는 항상 된 진리를 발굴할 수 있게 했고 또한 그것의 수시로 변화하는 형태를 식별할 수 있게 했고, 그 문구들을 맹목적으로 믿지

耳", "必斤斤而摘其如何近釋, 如何似老, 不知釋老亦人, 其間亦有不能與聖人盡異者".]

58) (淸)章學誠 :《章學誠遺書》, 文物出版社1985年版, 第1頁.[원문 : 六經皆史也. 古人不著書, 古人未嘗離事而言理, 六經皆先王之政典也.]

59) (淸)章學誠 :《章學誠遺書》, 文物出版社1985年版, 第8頁.[원문 : 古之所謂經, 乃三代盛事, 典章法度, 見於政教行事之實.]

60) (淸)章學誠 :《章學誠遺書》, 文物出版社1985年版, 第10頁.[원문 : 六藝非孔氏之書, 乃周官之舊典也.《易》掌太蔔,《書》藏外史,《禮》在宗伯,《樂》 隸司樂,《詩》領於太師,《春秋》存乎國史. 夫子自謂述而不作, 明乎官司失守, 而師弟子之傳業, 於是判焉.]

않게 만들었다. 부정적 측면에서 말하자면, 그 영향은 중화민국 시기에 와서 장태염章太炎이 "국고國故'를 정리할 것을 제창하면서, 경학을 순수 고대사 고증으로 매도시키고, 한편 그 속에 들어 있는 '도道' 즉 가치 지향은 말살해버리고, 경학이 서학西學의 과학주의 이념 아래의 사학 또는 사료학史料學에 종속되게 만들어버리기에 이르렀다. 그리하여 경학이 중화中華 정신을 길러주는, 살아 있는 영혼을 잃어버리게 되었던 것이다.

5) 공자진龔自珍과 위원魏源의 각성 및 그들의 신사유新思惟

공자진, 위원이 살았던 시대는 중국사회가 역사적 대전환을 겪던 시대였다. 즉 아편전쟁 전후였는데, 한편으로는 제왕사회가 말기에 접어들어 신속하게 쇠락하고 부흥할 가능성이 거의 없고, 사회의 주도적 사상으로서의 유학이 점차 생명의 활력을 잃었던 시대였다. 다른 한편으로는 서방 공업문명이 궐기하면서, 동방의 전통 농업문명보다 전면적으로 우월한 새로운 양식을 펼쳐 보여주고 있었고, 세계의 조류를 이끌어가고 있었고 또한 기세등등하게 아시아와 중국에 전해 들어왔었다. 만청滿清 정치집단은 쇄국 정책을 실시하고 있었고, 야랑자대夜郎自大하고 있었고, 개혁을 추진하지 않았다. 유가 경학은 한학이나 송학을 막론하고 모두 말로에 이르렀고, 계속해서 내리막 질 하고 있었다. 그리하여 선각자들이 나와서 대성질호하면서, 깊은 잠에 빠져있는 중국인들을 깨우치고, 사상적으로 새로운 한 갈래 길을 개척하려고 노력했던 것이다.

공자진(1792-1841)의 별호는 정암定庵이고, 그는 절강浙江 인화仁和(오늘의 杭州) 사람이다. 양계초梁啓超는 『청대학술개론清代學術概論』에서 그를 이렇게 평가한다. 공씨龔氏는 "늘 『공양公羊』을 인용하여 그 당시의 정치 상황을 비꼬았고, 독재정치를 비난했다. 만년에는 또 불학에 깊이 빠졌었고, 명리名理學를 담론하기를 좋아했다."[61] "청나라 말 사상 해방에는 자진自珍의 공로가 확실히 컸었

61) (清)梁啟超:《清代學術概論》, 上海古籍出版社1998年版, 第74頁.[원문: 往往引《公羊》義譏切時政, 詆排專制. 晚歲亦耽佛學, 好談名理.]

다."[62] 공자진은 『공양춘추公羊春秋』의 "삼세설三世說'을 인용하여, 한 개 조대를 "치세治世', '쇠세衰世', '난세亂世' 세 시기로 나누고, 자기는 마침 쇠세에 처해있다고 했다. 이 시기는 표면적으로는 혼란하지 않지만, 그러나 바야흐로 큰 혼란을 발효시키고 있다고 한다. 그의 『을병지제저의乙丙之際著議』 제25편에서는 그 당시의 사회 모습을 이렇게 묘사하고 있다. "조정朝廷에는 왼쪽에 재능이 있는 재상宰相이 없고, 오른쪽에 재능이 있는 사관史官이 없고, 군대閫에는 재능이 있는 장군이 없고, 학교庠에는 학문에 깊은 선비가 없고, 시골隴에는 재능이 있는 백성이 없고, 전방廛에는 재능이 있는 장인이 없고, 길거리衢에는 재능이 있는 상인이 없었다."[63] 설령 재능이 있는 선비나 백성이 나온다고 하더라도, "통치자들에게 아부하는 무리들이 나와서 감독하고 단속하고 억압하고, 나중에는 죽여 버리기에 이른다.", "그들의 마음心만 죽였는데, 다시 말하면 그들의 우려심憂을 죽이고, 분개심憤을 죽이고, 사려심思慮을 죽이고, 작위심作爲을 죽이고, 염치심廉恥을 죽이고, 사재渣滓(찌꺼기)가 없는 마음을 죽였다."[64] 그가 가장 걱정했던 것은, 사회가 활기가 없고, 인재들을 억압하고, 바른 기풍이 세워지지 않고, 청렴하지 못하고 수치를 모르는 것이었다. 그래서 변법變法과 개혁을 호소했던 것이다. 그는 시를 지어 속마음을 토로한다. "구주九州의 활기는 광풍과 우레에 의지하거늘, 만마萬馬가 일제히 침묵하니 결국 슬픔만 더해 주는구려. 천공天公께 권하거늘, 한번 다시 뒤흔들어주시소. 격에 구애 없이 인재를 내려 보내주소."[65] 공자진의 호소는 몇 세대를 걸쳐 중국인들의 마음에서 울려 퍼졌었다.

62) (淸)梁啟超:《淸代學術概論》, 上海古籍出版社1998年版, 第74頁.[원문: 晚淸思想之解放, 自珍確與有功焉.]

63) 《龔自珍詩文選譯》, 朱邦蔚, 關道維譯注, 巴蜀書社1994年版, 第7頁.[원문: 左無才相, 右無才史, 閫無才將, 庠無才士, 隴無才民, 廛無才工, 衢無才商.]

64) 《龔自珍詩文選譯》, 朱邦蔚, 關道維譯注, 巴蜀書社1994年版, 第7頁.[원문: 徒戮其心, 戮其能憂心, 能憤心, 能思慮心, 能作爲心, 能有廉恥心, 能無渣滓心.]

65) 《龔自珍全集》, 上海古籍出版社1999年版, 第521頁.[원문: 九州生氣恃風雷, 萬馬齊暗究可哀. 我勸天公重抖擻, 不拘一格降人才.]

위원(1794-1857)의 자는 묵심默深이고, 그는 호남湖南 소양邵陽 사람이다. 아편전쟁 시기, 항영抗英 투쟁에 참가했고, 저술로는 『성무기聖武記』, 『해국도지海國圖志』 등이 있다. 그의 『서고미書古微』, 『시고미詩古微』는 『청경해속편淸經解續篇』에 수록되어 있다. 위원의 사상은 두 개의 특색이 있었다. 하나는 금문경학今文經學의 경세치용經世致用의 전통을 제창한 것이고, 다른 하나는 시야를 넓혀 전 세계를 바라보면서 서양 문명을 배워 중국 발전에 활용할 것을 주장한 것이다. 그는 금문경학자今文經學者 유봉록劉逢祿의 문집에 써준 "서序"에서 이렇게 말한다. "오늘날 복고復古(옛 것을 돌이킴)에서 중요한 것은 훈고訓詁 소리로부터 동경東京(東漢 수도)의 전장제도典章制度에 들어가는 것인데, 이것이 옛날 제나라가 한번 변해서 노나라 수준에 이르던 것이겠다. 전장제도典章制度로부터 서한의 미언대의微言大義에 들어가 경술經術, 정사政事, 문장文章을 하나로 꿰는 것, 이것이 옛날 노나라가 한번 변해서 도道에 이르던 것이겠다."[66] 그의 미언대의微言大義에서는 군왕의 독재를 제한하려고 했다. 『묵고默觚』에서는 이렇게 말한다. "천하가 어찌 한 사람의 것이겠는가!", "천자는 자기를 뭇사람 가운데 한 사람으로 보아야 하는데, 이렇게 되면 천하를 모든 사람의 천하로 보게 된다.", "홀로 가지고 있는 견해는 반드시 뭇사람들이 의론해서 얻어낸 것보다 못하다."[67] 보다시피 여기에는 이미 민주주의 사상의 맹아가 들어있었다. 위원魏源은 임칙서林則徐의 『사주지四洲志』를 참고하여, 『해국도지海國圖志』를 편찬했다. 이 책은 1842년에 간행되었는데, 이 책의 『자서自敍』에서 그는 저술 목적을 명확히 밝혔다. "이夷의 것으로 이夷를 치기以夷攻夷 위해 만들었고, 이夷의 것으로 이夷의 수준에 이르기以夷款夷 위해 만들었고, 이夷의 재주長技를 배워 이夷를 제압하기 위해 만들었다."[68] 그 후부터, "이夷의 재주를 배워 이夷를 제압하

66) 《魏源集》(上), 中華書局1976年版, 第242頁.[원문 : 今日復古之要, 由訓詁聲音以進於東京典章制度, 此齊一變至魯也, 由典章制度以進於西漢微言大義, 貫經術, 政事, 文章於一, 此魯一變至道也.]

67) 《魏源集》(上), 中華書局1976年版, 第67, 44, 35頁.[원문 : "天下豈一身歟", "故天子自視爲衆人中之一人, 斯視天下爲天下之天下", "獨得之見, 必不如衆議之參同也".]

68) 《魏源集》(上), 中華書局1976年版, 第207頁.[원문 : 爲以夷攻夷而作, 爲以夷款夷而作, 爲師

자師夷長技以制夷'라는 슬로건은 주류 사회의 공통 인식으로 자리매김하게 되었다. "이夷를 배우는 것師夷'은 주요하게는 서방 공업과학기술문명의 성과를 학습하는 것으로서 그 목적은 중국을 강하게 만들려는 데 있었다. 이로부터 후일 양무운동洋務運動이 출현하게 되었던 것이다. 양무운동洋務運動의 지도자의 한 사람으로서 좌종당左宗棠은 『중간〈해국도지〉서重刊〈海國圖志〉序』에서 이렇게 말한다. "『해국도지海國圖志』에서 제시한 방략이 모두 실행 가능한 것은 아니지만, 큰 것은 더 보탤 것이 없겠다."69)

6) 강유위康有爲의 금문경학今文經學과 담사동譚嗣同의 인학仁學

청나라 말 경학에서는 고문경학古文經學과 금문경학今文經學이 병행하여 발전하고 있었는데, 양자에서 모두 대학자들이 출현했다. 고문경학 대가로는 이런 학자들이 있었다. 유월兪樾, 대표작으로는 『군경평의群經平議』, 『경의술문經義述聞』이 있다. 손이양孫詒讓, 대표작으로는 『주례정의周禮正義』, 『묵자간고墨子閒詁』가 있는데, 『묵자간고墨子閒詁』는 청나라 때의 묵자 주해를 집대성大成한 책이다. 완원阮元, 건륭乾隆과 도광道光 연간을 걸쳐 살아온 학자인데, 그는 학자들을 조직해서 『경적찬고經籍纂詁』를 편찬하고, 『십삼경주소十三經注疏』를 교정하여 간행했다. 뿐만 아니라 또 사람들을 조직해서 『황청경해皇淸經解』도 모아서 간행했다. 후일 왕선겸王先謙이 이를 이어 『황청경해속편皇淸經解續篇』을 만들었다. 금문경학자들로는 이런 학자들이 있었다. 피석서皮錫瑞, 대표작으로는 『경학역사經學歷史』가 있는데, 이 책은 중화민국 시기 학자 주여동周予同이 주해를 달면서, 중대한 영향을 끼치게 되었다. 여가석余嘉錫, 대표작으로는 『사고제요변증四庫提要辨證』이 있다.

강유위(1858-1927)의 자는 광하廣廈이고 호는 장소長素이다. 광동廣東 남해南海 사람이다. 요평廖平의 영향을 받고 열심히 금문경학을 창도했는데, 이렇게 청나

夷長技以制夷而作.]

69) 《左宗棠全集·家書·詩文》, 劉訣訣等校點, 嶽麓書社2014年版, 第227頁.[원문: 《海國圖志》所擬方略, 非盡可行, 而大端不能加也.]

라 말 금문경학今文經學 부흥운동의 대표학자로 되었다. 그는 광서光緖 14년(1888)에 글을 올려 변법變法할 것을 제기했다. 청나라가 중일갑오전쟁中日甲午戰爭에서 실패한 후, 강유위는 1300여 명의 거자擧子들과 연합하여, 조정에 글을 올려 화해를 거절하고, 수도를 옮기고, 변법을 실시할 것을 주장했는데, 역사에서는 이를 "공차상서公車上書'라고 칭한다. 광서光緖 황제의 소견召見을 받았었고, 변법유신變法維新을 주도했고, 무술변법戊戌變法이 실패한 후에는 해외에 망명했다. 중화민국이 건립된 후 귀국했는데, 정견政見에서 여전히 군주입헌제를 고집하고 있었기 때문에 손중산孫中山의 혁명사상과 공화제共和制 구상에 맞지 않아, 손중산과 협력할 수 없었다. 서방의 양식을 따라 배워 공교孔敎 운동을 발기하고, 유학을 종교화시키려고 했지만 이 일도 성공하지 못했다. 저작으로는 『신학위경고新學僞經考』, 『공자개제고孔子改制考』, 『대동서大同書』 등이 있다.

정치에 있어서, 강유위는 영국을 따라 배워 "허군공화虛君共和(군왕의 실권을 폐하고 공화제를 실시할 것)', '군민합치君民合治, 군왕과 백성들이 함께 나라를 다스릴 것' 할 것을 주장하고 있었고, 대권大權을 내각內閣에 넘겨 줄 것을 주장하고 있었다. 학술적으로, 그는 공양학公羊學에 의거하여, "옛 것에 의탁한 제도개혁托古改制'을 많이 논했고, 『춘추좌전春秋左傳』은 유흠劉歆이 위조한 작품이라고 비난했다. 그의 『대동서』에서는 『춘추공양전春秋公羊傳』에서의 "삼세설三世說(즉 據亂世, 昇平世, 太平世)'에 근거하여, 이에 『예운禮運』에서의 "소강小康', '대동大同'설을 끌어들이고 또 서방의 박애博愛설과 불교에서의 자비, 평등, 해탈 등 논설을 융합시켜, "대동세계大同之世'라는 사회 이상을 구축했다. 『대동서』에서는 중생들이 수많은 고난 속에서 허덕이고 있다고 한다.

> 제 고난諸苦의 근원을 종합해보면, 모두 구계九界에서 기인한 것이다. 구계란 무엇인가? 첫째는 국계國界라고 하는데, 강토疆土와 부락部落을 가르는 것이다. 둘째는 급계級界라고 하는데, 귀천貴賤과 청탁淸濁을 가르는 것이다. 셋째는 종계種界라고 하는데, 황黃, 백白, 종棕, 흑黑을 가르는 것이다. 넷째는 형계形界라고 하는데, 남·여를 가르는 것이다. 다섯째는 가계家界라고 하는데, 부자, 부부, 형제의 친근함을 사적으로 가지는 것이다. 여섯째는 업계業界라고 하는데, 농農, 공工,

상商이 재산을 사사로이 하는 것이다. 일곱째는 난계亂界라고 하는데, 불평不平, 불통不通, 부동不同, 불공不公한 법이 존재하는 것이다. 여덟째는 유계類界라고 하는데, 인간과 곤충, 새와 짐승, 물고기는 구별이 존재하는 것이다. 아홉째는 고계苦界라고 하는데, 고苦가 고를 낳아 불가사의하게 그 종자種가 끝이 없이 전해지는 것이다."[70]

『대동서』에서는 이어서 또 이렇게 말한다. "내가 고난苦을 구원하는 도道는 구계를 타파하는 것일 따름이다. 첫째는 국계國界를 버리고 대지大地를 합치는 것이다. 둘째는 급계級界를 버리고 민족을 평등하게 하는 것이다. 셋째는 종계種界를 버리고 인류를 똑같이 대하는 것이다. 넷째는 형계形界를 버리고 인격의 독립을 보호하는 것이다. 다섯째는 가계家界를 버리고 사람들을 평등하게 대하는 것이다. 여섯째는 산계產界를 버리고, 생업을 공평하게 하는 것이다. 일곱째는 난계亂界를 버리고, 태평세상을 이루는 것이다. 여덟째는 유계類界를 버리고 중생들을 사랑하는 것이다. 아홉째는 고계苦界를 버리고 극락極樂 세계에 이르는 것이다."[71] 대동 세상을 실현하는 정신적 역량은 어디서 오는가? "지각知覺이 있으면 곧 흡섭吸攝(끌어당기고 거두어들임)이 있는데, 자석磁石이 그러하거늘, 사람은 더 말할 필요가 없겠다. 참지 못하는 것不忍이 바로 흡섭吸攝의 힘이다." 사람은 "참지 못하는不忍 사랑하는 성질愛質을 가지고 있는데", 이는 "기氣가 공간에 가득 차서 없는 곳이 없는 것과도 같고, 전파가 기에서 다니는데 통하지 못함이 없는 것과도 같고, 물이 땅위에서 두루 흘러 다니는데 스며들지 못함이

70) (淸)康有爲:《大同書》, 遼寧人民出版社1994年版, 第66頁.[원문: 總諸苦之根源, 皆因九界而已. 九界者何? 一曰國界, 分疆土, 部落也. 二曰級界, 分貴賤, 淸濁也. 三曰種界, 分黃, 白, 棕, 黑也. 四曰形界, 分男女也. 五曰家界, 私父子, 夫婦, 兄弟之親也. 六曰業界, 私農, 工, 商之產也. 七曰亂界, 有不平, 不通不同, 不公之法也. 八曰類界, 有人與鳥獸, 蟲魚之別也. 九曰苦界, 以苦生苦, 傳種無窮無盡, 不可思議.]

71) (淸)康有爲:《大同書》, 遼寧人民出版社1994年版, 第85頁.[원문: 吾救苦之道, 即在破除九界而已. 第一曰去國界, 合大地也. 第二曰去級界, 平民族也. 第三曰去種界, 同人類也. 第四曰去形界, 保獨立也. 第五曰去家界, 爲天民也. 第六曰去產界, 公生業也. 第七曰去亂界, 治太平也. 第八曰去類界, 愛衆生也. 第九曰去苦界, 至極樂也.]

없는 것과 같고, 맥脈이 온몸에서 돌아다니는데, 꿰뚫지 못함이 없는 것과도 같다."[72]

강유위의 『대동서』는 공상空想적 성격을 가지고 있었고, 대동大同으로 통하는 확실한 길은 제시해주지 못했지만, 그러나 그는 여기서 현실의 사회제도에 대해 많은 비판을 행했다. 현실의 사회제도란, 즉 중국의 종법宗法 등급제도, 서방의 사유자본제도 및 종족을 차별 대우하는 것, 동물을 참살하는 것, 인생의 번뇌 등을 포함한다고 하겠다. 또한 여기서 그는 유가의 대동大同설과 성선性善설, 도가의 자연 회귀回歸설, 불가의 자비와 평등慈悲平等 설 및 고난의 구제와 극락세계 설, 사회주의의 재산 공유 및 연합 설 등을 융합하여 인류공동체의 미래를 설계했다. 인류가 평화와 공동 번영을 동경하고, 태평한 천하를 동경하는 숭고한 이상을 표현했다고 하겠다.

담사동(1865-1898)의 자는 복생復生이고 호號는 장비壯飛이다. 호남湖南 유양瀏陽 사람이다. 무술변법戊戌變法이 실패한 후, 담사동은 국법에 의해 처형당했다. 그는 '무술 육군자戊戌六君子' 중 한 사람이었다. 세상에 남긴 저서로는 『인학仁學』이 있고, 후세사람들은 이 책과 그의 기타 저작을 합쳐 『담사동전집譚嗣同全集』으로 집성했다. 담사동의 『인학』은 획기적인 작품이다. 이 책에서 그는 유가의 정화精華 즉 인학을 계승하고 창조했고, 군왕의 독재에 의해 왜곡된 예교禮教 삼강三綱에 대해 첨예한 비판을 행했고, 중국이 미래에 세계로 진출하는 청사진을 그렸었다. 낡은 것과 새것新舊이 교체되던 시대에 가장 가치가 있었던 사상이라고 하겠다. 『인학』에서는 경직된 명교名教를 맹렬하게 비판한다.

> 한탄스럽구나. 명분名을 가지고 가르침教을 행한다면, 그 가르침教은 실實의 손님賓으로 되지, 절대로 실實이 아니 된다. 하물며 명분名은 사람이 창조한 것으로서 위에서 아래로 내리먹이면 받들지 않을 수 없게 된다. 수천 년래 삼강오륜의

72) (淸)康有爲 :《大同書》, 遼寧人民出版社1994年版, "緒言"第1頁.[원문 : 有知覺則有吸攝, 磁石猶然, 何況於人. 不忍者吸攝之力也, 人有"不忍之愛質, 如氣之塞於空而無不有也, 如電之行於氣而無不通也, 如水之周於地而無不貫也, 如脈之周於身而無不徹也".]

> 참혹한 재앙은 이로 말미암아 가혹해졌던 것이다. 임금은 명분名을 가지고 신하들을 족쇄 채우고, 관리官吏는 명분名을 가지고 백성들을 멍에 씌우고, 아버지는 명분名을 가지고 아들을 억누르고, 남편은 명분名을 가지고 아내를 묶어두고, 형제와 친구들은 각자 명분名 하나를 겨드랑이에 끼고 서로 대항한다. 그렇다면 인仁은 아주 적게 남아 있는 것이 아니겠는가.[73]

담사동이 공격하는 명교名教란 바로 '삼강三綱'이 도구화되고, 허위적으로 된 儒教였다. 그는 나아가 '삼강三綱'에 의해 등급화 한 '오륜五倫' 및 이를 변호하는 여러 설교說教도 공격했다. 한편, 그는 인학仁學으로써 "명교名教의 그물網羅을 타파할 것"을 주장하고 있었다.

> 그물網羅은 겹겹이 쌓였고, 허공과 더불어 극極이 없다. 우선 이록利祿의 그물을 타파해야 하고, 다음 속학俗學, 예컨대 고거考據, 사장詞章과 같은 그물을 타파해야 하고, 그 다음 온 세상의 뭇 학설群學의 그물을 타파해야 하고, 그 다음 군왕의 그물을 타파해야 하고, 그 다음 오륜倫常의 그물을 타파해야 하고, 그 다음 하늘天의 그물을 타파해야 하고, 그 다음 전 세계의 뭇 교群教의 그물을 타파해야 하고, 마지막에 불법의 그물을 타파해야 한다.[74]

담사동은 명교名教의 그물을 타파하는 동시에 또한 지대한 열정을 가지고 유가 인학을 종합적으로 창조했다. 그가 보건대, "대저 인학仁學이란 대체로 불교 서적에서는『화엄』및 심종心宗과 상종相宗의 책들과 통하는 것이고, 서양 서적에서는『신약新約』및 산학算學, 격치格致, 사회학의 책들과 통하는 것이고, 중국 서적에서는『역』,『춘추공양전』,『논어』,『예기』,『맹자』,『장자』,『묵자』,

---

73) (淸)譚嗣同, 吳海蘭評注 :《仁學》,《仁學一》, 華夏出版社2002年版, 第23頁.[원문 : 嗟乎, 以名爲教, 則其教以爲實之賓, 而決非實也. 又況名者由人創造, 上以制其下而不能不奉之, 則數千來, 三綱五倫之慘禍烈毒, 由是酷焉矣. 君以名桎臣, 官以名軛民, 父以名壓子, 夫以名困妻, 兄弟朋友各挾一名以相抗拒, 而仁尙有少存焉者得乎.]

74) 何執編 :《譚嗣同集》, 嶽麓書社2012年版, 第312頁.[원문 : 網羅重重, 與虛空而無極. 初當沖決利祿之網羅, 次沖決俗學若考據, 若詞章之網羅, 次沖決全球群學之網羅, 次沖決君主之網羅, 次沖決倫常之網羅, 次沖決天之網羅, 次沖決全球群教之網羅, 終將沖決佛法之網羅.]

『사기』 및 도연명陶淵明, 주무숙周茂叔, 장횡거張橫渠, 육자정陸子靜, 왕양명王陽明, 왕선산王船山, 황리주黃梨洲의 책들과 통하는 것이다."[75] 이로 보면 그는 내부로는 유·도·불 및 제자諸子들을 회통시킬 것을 주장하고 있었고, 특히 개성해방의 사상 전통을 중요시하고 있었다. 외부로는 중학中學과 서학西學을 회통시킬 것을 주장하고 있었는데, 서학에는 기독교도 있었고 인문학과 과학기술도 있었다. 담사동은 중국사상가들 중에서 가장 일찍 중국 학문과 서양 학문을 융회시킬 것을 주장한 학자이다.

인학仁學이란 도대체 무엇인가? "인은 통通하는 것을 제1의第1義로 삼고 있다. 말하자면, 에테르Luminiferous aether나, 전기나, 심력心力이나 모두 통通하는 도구이다."[76] '에테르Luminiferous aether'란 담사동이 그 당시 전해 들어온 서방 자연과학의 개념을 빌려 더 발휘한 것으로서 그 목적은 우주만물을 연결하고 관통하는 기본물질을 찾으려는 것이었다. 그의 가장 큰 이론적 공헌은 즉 '통通'이라는 개념으로 '인仁'의 함의를 재해석한 것이겠다. 그는 "통通의 상象(모습)은 평등하다."고 보고 있었고 "통通은 네 개 함의를 가지고 있다."고 한다. 첫째는 "중·외통中外通'으로서 "관문을 닫아걸고 통상通商을 단절하던 것"을 타파하고, "항해에 관한 금지령을 풀고", 학술적으로 통하고, 정치적으로 통하고, 종교적으로 통하고, 상업적으로 통하게 하는 것이다. 둘째는 '상·하통上下通'으로서 등급等級 예속隸屬을 타파하는 것이다. 셋째는 '남·여통男女通'으로서 '삼강오륜의 참혹하고 지독한 재앙'과 '절개를 위해 목숨을 버리는 풍속'을 타파하는 것이다. 넷째는 '인·아통人我通'으로서 '제멋대로 피차를 가르고, 제멋대로 경계를 가르면서, 자기 이익만 추구하고 타인을 배려하지 않는' 전통을 타파하는 것이다. 그는 '통通'으로 '인仁'을 해석하는데 있어서, 여러 가지 사상적 자원을

75) (淸)譚嗣同 :《仁學》, 吳海蘭評注, 華夏出版社2002年版, 第8頁.[원문 : 凡爲仁學者, 於佛書當通《華嚴》及心宗, 相宗之書. 於西書當通《新約》及算學, 格致, 社會學之書. 於中國書當通《易》,《春秋公羊傳》,《論語》,《禮記》,《孟子》,《莊子》,《墨子》,《史記》及陶淵明, 周茂叔, 張橫渠, 陸子靜, 王陽明, 王船山, 黃梨洲之書.]

76) 何執編 :《譚嗣同集》, 嶽麓書社2012年版, 第313頁.[원문 : 仁以通爲第一義. 以太也, 電也, 心力也, 皆指出所以通之具.]

활용했다. 예컨대, “『역』에서는 처음에 만물의 씨앗이 싹을 틔우는 것元을 말하고, 다음 이어서 무성하게 성장 발전을 이루는 것亨을 말한다. 원元이 인仁이고, 형亨이 통通이다.”라고 한다. 또 인자仁者는 “적연부동寂然不動하다가, 감응하면 천하의 모든 연고故에 통한다.”라고도 한다. 또 『장자』에서 “도道에서는 모두 통通하여 하나가 된다.”77)라는 말을 인용했는데, 아마 이 말이 통通의 의미를 설명하는데 가장 포괄적인 것 같다. 또 묵자의 겸애兼愛설을 인용하고, 불가의 무상無相, 유심唯心설을 인용하고, 예수교의 “남을 자기처럼 사랑하라.”는 논설을 인용했는데, 그는 이런 여러 학설들을 관통시키고 종합하고 재조합해서, 신인학新仁學을 창조했던 것이다. 그의 인학은 ‘통’을 가장 큰 특색으로 하고 있었는데, 그 목적은 첫째, 등급 속박을 타파하고 인간의 독립과 자유를 획득하려는 것이었고, 둘째, 관문을 닫아걸고 쇄국하던 전통을 타파하고 대외개방을 실시하고 공상업을 발전시키려는 것이었다. 이렇게 유가의 인학은 담사동에 의해 참신한 시대정신을 부여받게 되었던 것이다. 또 그리하여 현대사회의 “평등하고 개방적이고, 상호 존중해주고, 백성들을 부유하게 해주는” 특질도 새롭게 가지게 되었던 것이다. 담사동은 “어진 자는 남을 사랑한다仁者愛人.”라는 이념을 새로운 높이에로 끌어올려 “만물을 널리 사랑하는 것博愛이 인仁이다.”라고 강조했다. 반면에, 통通하지 않으면, 널리 사랑할 수博愛 없고, 사랑하는 마음愛心이 있어도 막혀 버리게 되고, 사랑하려고 해도 결국에는 도리어 해치게 된다고 했다. 그래서 “어진지仁 어질지仁 아니 한지에 대한 변별은 그것이 통하는지通 막혔는지塞를 보아야 한다.”는 것이다. 그는 묵자가 검약함을 숭상하고尙儉 음악을 비판하던 것非樂과 도가에서 지나치게 사치함을 비난하고 검약함을 숭상하던 것에 찬성하지 않았다. 반면에 그는 ‘물건을 많이 만들어내고 일을 많이 이루어내고開物成務’, ‘상업을 유통시키고 공업에 혜택을 주면서通商惠工’, 새로운 재원財源을 창출해서 백성들이 부유해지는 출로를 찾아야 한다고 주장하고 있었다. 왜냐하면 “재원은 매일 개척하면 날로 형통하게 되고, 지출을 매일 줄

77) 何執編:《譚嗣同集》, 嶽麓書社2012年版, 第313, 318, 320, 361, 317, 318, 313頁.[원문: “《易》首言元, 即繼言亨. 元, 仁也, 亨, 通也”, “寂然不動, 感而遂通天下之故”, “道通爲一”.]

이면 날로 가난해지기 때문이다."[78] 또 오로지 '고요함靜'과 '검약함儉'만 논하는 것은 '두 가지 우매함'이고, "이 두 가지 우매함을 모두 갖추게 되면, 반드시 생명을 가지고 있는 모든 것을 죄다 죽이기에 모자람이 없게 된다."[79]고 한다. 그는 통상通商이란 타인과 자아의 양쪽을 통하게 하는 도道로서 즉 "서로 어질게仁 대해주는 도道이다."[80]라고 한다. "오늘날 책략에서, 상책上策은 공예工藝를 장려하고, 상인들에게 혜택을 주고, 제조업을 가속화시키고, 화물유통을 보호해 주고, 특히 광산개발을 중요시하는 것이다. 대체로 저쪽에서 나를 인仁하게 대해 주고 나도 저쪽을 인仁하게 대해주면서, 사람들이 서로 인仁하게 대해줄 수 있으면, 재물이 골고루 많아지고 또 잘 유통하게 된다."[81]고 한다.

이상 논술에서 이런 평가를 이끌어낼 수 있겠다. 즉 담사동은 가장 처음 중국이 현대화로 나아가고, 개혁개방으로 나아갈 것을 주장한 사상가였다. 아쉽게도 무술변법戊戌變法이 실패하면서 담사동은 젊은 나이에 너무 일찍 세상을 떠났다. 그리하여 그의 인학은 엄밀한 체계를 이루지 못했고, 거대한 영향력을 형성하지도 못했다. 유독 풍우란만이 혜안을 가지고 그의 공적을 보아냈었다. 그는 『중국철학사신편中國哲學史新篇』 제6책에서 그를 아주 높이 평가해 주었다. 이렇게 말한다. "담사동은 그 당시 시대가 제기한 문제에 해답을 주었고, 시대가 나아가야 할 방향을 분명히 가리켜 주었다. 이 두 가지만으로도 그는 중국역사에서 한 차례 대운동의 최고 이론가라고 칭하기에 손색이 없다. 또한 그는 중국역사에서 한 명의 시대정신을 대표하던 대철학가라고 칭하기에도 손색이 없다."[82]

---

78) 何執編 :《譚嗣同集》, 嶽麓書社2012年版, 第345頁.[원문 : 源日開而日亨, 流日節而日困.]
79) 何執編 :《譚嗣同集》, 嶽麓書社2012年版, 第347頁.[원문 : 兼此兩愚, 固將殺盡含生之類而無不足.]
80) 何執編 :《譚嗣同集》, 嶽麓書社2012年版, 第349頁.[원문 : 相仁之道也.]
81) 何執編 :《譚嗣同集》, 嶽麓書社2012年版, 第349頁.[원문 : 爲今之策, 上焉者, 獎工藝, 惠商賈, 速製造, 藩貨物, 而尤扼重於開礦. 庶彼仁我而我 亦有以仁彼, 能仁人, 斯財均而已亦不困矣.]
82) 馮友蘭 :《中國哲學史新編》(下), 人民出版社1999年版, 第501頁.[원문 : 譚嗣同回答了當時時代提出的問題, 指明了時代前進的方向, 就這兩點說他不愧爲中國歷史中的一個大運動

2. 도가와 도교 및 불교의 발전

이 시기 노장도가는 한편으로는 도교에서 발전하고 있었는데, 특히 전진도 내단학內丹學에서 老莊哲學을 융화시켜, 성性과 명命의 수련에 활용하고 있었다. 다른 한편, 유가 학자들이 노장철학을 탐구하는 것이 보편화되어 있었는데, 그 중에는 비판을 위주로 하는 자도 있었고, 흡수를 위주로 하는 자도 있었다.

1) 유가 학자들의 노장도가 연구

왕부지는 『노자연老子衍』이란 책을 저술했는데, 그는 이 책에서 비판을 위주로 하고 있었다. 저술 목적은 이러했다. "부지夫之(자신을 가리킴)는 그 어그러진 점을 살핀지 오래 되는데, 제가諸家들의 논설을 모두 버리고서廢 그 함의를 넓혀보았다. 대체로 그 보루壘에 들어가, 그 짐수레輜에 뚫고 들어가서, 그것이 의지하는 바恃를 드러내고, 그 허물을 찾아보았다. 그 허물을 보고 나서야 도道(儒敎를 말함)를 되돌릴 수 있었다."[83] 또 노자에 대해 제가諸家들은 모두 그의 요지를 파악하지 못하고 있었는데, 유독 "사마천司馬遷이 말하는, '노담老聃은 무위함無爲으로써 스스로 변화하게 하고自化 청정함으로써淸靜 스스로 바르게 되게 했다自正.'는 것만이 그래도 그 요지에 가깝다."라고 한다. 왕부지가 보건대, 노자의 도는 소극적이었고, 그래도 요임금과 순임금의 예악교화禮樂敎化의 도를 신봉해야만 쇠락한 세상衰世의 위기를 구제할 수 있었다. "성도聖道에서 말하는, '문文(문명 또는 문화)은 예악으로써 중화中和의 표준을 세워야 한다'는데 있어서, 도가는 그 깊이를 더불어 하는데 충분하지 못하다."[84]는 것이다.

왕부지는 『장자통莊子通』과 『장자해莊子解』도 저술했는데, 장자에 대해서도 역시 비판을 위주로 했다. 하긴, 그 가운데 일부 적극적인 요소는 적당히 긍정

的最高理論家, 也不愧爲中國歷史中一個代表時代精神的大哲學家.]

83) (淸)王夫之 : 《老子衍 莊子通》, 中華書局1962年版, 第13頁.[원문 : 夫之察其悖者久之, 乃廢諸家以衍其意. 蓋入其壘, 襲其輜, 暴其恃, 而見其瑕矣. 見其瑕而後道可使復也.]

84) (淸)王夫之 : 《老子衍 莊子通》, 中華書局1962年版, 第13頁.[원문 : 故於聖道所謂文之以禮樂以建中和之極者, 未足以與其深也.]

해주기도 했다. 그는 『장자통』에서 자신이 어지러운 세상亂世이 싫어 결국 산에 들어가 사는 신세는 장자가 세상을 도피하던 것과 유사하다고 한다. 그러나 그는 장자처럼 즐겁지 아니 했을 뿐만 아니라, 오히려 스스로 자신에게 이렇게 묻기도 한다. "이런 도피행위를 하면서 양심의 가책을 크게 받지 않는가?", "나는 결코 장자 따위가 아니다.", "나는 할 수 없이 여기에 온 것이다."[85] 『장자통』「제물론」에서는 더 분명하게 말한다. "지혜가 마르고 도道를 깡그리 잃어, 몸 숨길 곳을 찾은 것일 따름이다."[86] 그는 장자의 '소요유'에 대해서는 비판적으로 흡수했다. 『장자해』에서는 인간과 만물은 상호 의존적이라고 한다.

> 내가 사물에 소요逍遙를 부여하지 않는다면, 소요逍遙란 있을 수 없다.[87] 오로지 천하를 잃은 자만이 천하를 가질 수 있고, 사물에 맡겨 각자 스스로 얻을 수 있고, 어디로 가나 마음이 편안하게 노닐 수 있겠다.[88]

위원은 『노자본의老子本義』와 『논노자論老子』를 저술했는데, 노자에 대해 찬양을 위주로 하고 있었다. 『노자본의』에서는 이렇게 말한다. "『노자』는 세상을 구원하는 책이다."[89] "노자는 학술이 날로 엇갈리고 침체되고 가라앉는 모습을 보고서 참되고 항상 되고 부족함이 없는 도道로 이를 구원하려고 생각했던 것이다."[90] 『논노자』에서는 "성인의 책은 세상을 다스리는 책이고, 『노자』는 세상을 구제하

85) (淸)王夫之:《老子衍莊子通》, 中華書局1962年版, 第75頁.[원문: "得無大疚愧?", "予固非莊 子之徒也", 是"不容不出乎此".]

86) (淸)王夫之:《老子衍莊子通》, 中華書局1962年版, 第77頁.[원문: 智窮道喪, 而別求一藏身之固.]

87) (淸)王夫之:《老子衍莊子通》, 中華書局1962年版, 第77頁.[원문: 不予物以逍遙者, 未能有逍遙者也.]

88) (淸)王夫之:《老子衍莊子通》, 中華書局1962年版, 第77頁.[원문: 唯喪天下者可有天下, 任物各得, 安往而不適其遊哉.]

89) 魏源全集編輯委員會編:《魏源全集》第十二冊, 嶽麓書社2011年版, 第20頁.[원문:《老子》救世之書也.]

90) 魏源全集編輯委員會編:《魏源全集》第十二冊, 嶽麓書社2011年版, 第17頁.[원문: 老子見學術日歧, 滯有溺跡, 思以眞常不弊之道救之.]

는 책이다."[91]라고 한다. 『노자본의』에서는 "대개 『노자』라는 책은 위로는 도道를 밝힐 수 있고, 중간에서는 몸을 다스릴 수 있고, 이를 미루어 활용하면 사람을 다스릴 수 있다."[92]고 한다. 또 이는 역사에서 이미 검증된 사실이라고 한다.

> 한나라 때 황로를 배운 자로서 개공蓋公, 조삼曹參, 급암汲黯에게서는 세상을 다스리는데 쓰는 학문으로 되었고, 소광疏廣, 유덕劉德에게서는 분수를 지켜 만족할 줄을 아는知足 학문으로 되었고, 사호四皓에게서는 정치무대에서 물러나 은거하는隱退 학문으로 되었고, 자방子房(즉 張良)은 마치 용처럼 이상 삼자三者에 넘나들면서 체體와 용用을 여유있게 다루었다. 한나라 선제宣帝가 처음 황로를 이어받았고, 그는 이에 신불해申不害와 한비자韓非子의 법가 학설도 보태서 썼었다. 그는 왕도王(王道)와 패도伯(霸道)를 섞어서 쓴다고 했고, 또 황로 사상이 왕도이고 신한申韓의 학설이 패도라고도 했다. 유독 공명孔明(諸葛亮)만은 담담하고 조용하게 법으로써 엄하고 공평하게 다스렸는데, 황로의 사상과 비슷하기도 했지만 황로의 사상은 아니었고, 신한申韓의 이야기를 글로 써서 훗날의 임금들을 가르쳤지만 사실은 신한의 주장이 아니었다. 후유! 달고 시고 맵고 쓴 맛은 같지 않거늘, 입맛에 맞는지가 중요하구나. 약은 특별히 훌륭한 것이 없거늘, 병증에 맞아 효과를 내면 좋은 약이라고 하겠다. 즉, 사람이 쓰기에 달렸다는 것이다.[93]

『논노자』에서는 지적하기를, 유가와 도가는 합치시킬 수 있다고 한다. "노자께서 말씀하시기를, 나에게는 세 보물이 있다고 했다. 하나는 자애로움慈이고 둘은 검약함儉이고 셋은 감히 천하에서 앞장서지 않는 것이라고 했다. 자애로움慈이 인仁이 아닌가? 검약함儉이 의義가 아닌가? 천하에서 앞장서지 않음이

91) 魏源全集編輯委員會編 : 《魏源全集》第十二冊, 嶽麓書社2011年版, 第9頁.[원문 : 聖人經世之書, 而《老子》救世之書也.]

92) 魏源全集編輯委員會編 : 《魏源全集》第十二冊, 嶽麓書社2011年版, 第84頁.[원문 : 蓋《老子》之書, 上之可以明道, 中之可以治身, 推之可以治人.]

93) 中華書店出版社編輯部編 : 《魏源集》上冊, 中華書局1976年版, 第260頁.[원문 : 漢人學黃老者, 蓋公, 曹參, 汲黯爲用世之學, 疏廣, 劉德爲知足之學, 四皓爲隱退之學, 子房猶龍, 出入三者, 體用從容. 漢宣始承黃老, 濟以申韓, 其謂王伯雜用, 亦謂黃老王而申韓伯也. 惟孔明澹泊寧靜, 法制嚴平, 似黃老非黃老, 手寫申韓教後主, 而實非申韓. 嗚呼! 甘酸辛苦味不同, 蘄於適口, 藥無偏勝, 對症爲功, 在人用之而已.]

예禮가 아닌가?"[94] 당연히 양자는 다름도 있는데, 또한 그래서 음陰과 양陽의 상호 보완을 이룰 수 있다고 한다. "성인의 도道는 항상 양陽을 부추기고 음陰을 억누르는 것을 일로 삼고 있고"[95], 한편 "노자는 유약함을 주인으로 삼고 강인함을 손님으로 삼고 있는데', '그 체體와 용用은 모두 음陰에서 나온 것"[96]으로서 양자는 "천지의 도道는 한번 음陰이 되었다가 한번 양陽이 된다."[97]는 이치에 부합된다는 것이다. 그래서 이를 잘 활용하기만 하면 곧 나라의 다스림에 유익하게 된다는 것이다.

2) 도교 발전 개술概述

청나라 전기前期, 정일도正一道는 쇠락했다. 청淸정부에서는 이학理學과 티베트불교 즉 황교黃教에만 관심을 두고 있었고, 정일도에 대해서는 태도가 냉담했다. 이때 도교에는 오로지 용호산龍虎山 법관法官 누근원婁近垣이 저술한 『황록과의黃籙科儀』가 있었는데, 이 책은 그 당시 재초과의齋醮科儀, 첩문牒文, 부록符籙을 집대성한 책이다. 이 책에서는 또 불佛, 선仙, 성聖 삼교는 같은 도道이고同道 같은 마음一心이라고 창도하고 있었다. 이 책의 『천진편闡眞篇』에서는 이렇게 말한다. 득도한 자는 "마음이 사물에 있지 않으므로, 마음마다 부처의 마음佛心이고, 마음이 도道(儒教를 말함)에 있지 않으므로, 이느 곳이나 모두 도道의 체體이다."[98] 또 무주無住, 무심無心의 성공性功(性理를 수련함)에서 착수하여, 연

94) 中華書店出版社編輯部編 :《魏源集》上冊, 中華書局1976年版, 第258頁.[원문 : 老子言我有三寶 : 一慈, 二儉, 三不敢爲天下先. 慈非仁乎? 儉非義乎? 不敢先非禮乎?]

95) 中華書店出版社編輯部編 :《魏源集》上冊, 中華書局1976年版, 第261頁.[원문 : 聖人之道恒以扶陽抑陰爲事.]

96) 中華書店出版社編輯部編 :《魏源集》上冊, 中華書局1976年版, 第261頁.[원문 : "老子主柔賓剛", "其體用皆出於陰".]

97) 中華書店出版社編輯部編 :《魏源集》上冊, 中華書局1976年版, 第261頁.[원문 : 天地之道一陽一陰.]

98) 재인용, 牟鍾鑒 :《中國道教》, 廣東人民出版社1996年版, 第161頁.[원문 : 無心於物, 故心心皆佛心. 無心於道, 故處處是道體.]

정화기煉精化氣(精을 단련하여 氣로 변화시킴)하여, 명공命功(命理를 수련함, 즉 생리적 수련임)을 닦으면, 마지막에 '저쪽 환형幻形을 바꾸어, 자신의 진체眞體를 이루고, 이 진체에서 나와 다시 저쪽 환형에로 되돌아가는' 선진仙眞의 경지에 이르게 된다고 한다. 이는 분명히 선학禪學을 도교에서 도道를 닦는 학문에 융화시켜 넣은 것이겠다.

전진도는 명나라 말에 와서 도풍道風이 퇴폐해졌고, 교계敎誡가 느슨해졌다. 그리하여 용문파龍門派 제7대 율사律師 왕상월王常月이 나와서, 계율戒律을 재정리하고서, 단壇을 세우고 계율을 전수했다. 그는 북경 및 각 지역에서 단을 세우고 계율을 전수했고, 정규正規 제자들도 수많이 제도濟度해주었는데, 이렇게 교풍을 크게 일떠세우게 되었다. 그리하여 그 본인은 전진도중흥中興(중간에 일떠세운)의 시조始祖로 추대 받고 있었다. 이로부터 전진용문파全眞龍門派는 비교적 큰 발전이 있었고, 그 성황은 선종禪宗 임제종臨濟宗과 비슷했다. 그리하여 "임제臨濟, 용문龍門이 천하를 반씩 가졌다."는 말이 있게 되었던 것이다. 왕상월王常月이 강론한 계율을 제자들이 정리하여 『용문심법龍門心法』 총 20강으로 만들었는데, 여기에는 "귀의삼보歸依三寶', '참회죄업懺悔罪業', '단제장애斷除障碍', '사절애원舍絶愛源', '계행정엄戒行精嚴', '인욕강심忍辱降心', '청정신심淸靜身心', '제도중생濟度衆生', '요오생사了悟生死', '공덕원만功德圓滿' 등 편이 들어있었다. 그 내용은 모두 불교와 도교를 깊이 융화시킨 것이었다.

청나라 초, 오충허伍冲虛, 유화양柳華陽은 "오류파伍柳派'를 창립했는데; 그들은 선법禪法을 빌려 단술丹術을 설명했고, 또 『금선증론金仙証論』도 저술했다. 강희康熙 연간에는 고도高道 주원육朱元育이 『참동계천유參同契闡幽』, 『오진편천유悟眞篇闡幽』를 저술했는데, 그는 여기서 삼교의 요지를 모아 내단內丹에 귀결시켜 넣었다. 이 책은 그 당시 크게 중시 받았다. 옹정雍正과 건륭乾隆이 바뀌던 시기, 고도高道 장청야張淸夜는 『현문계백玄門戒白』을 저술했는데, 그는 여기서 이렇게 말한다. "도덕경道德經 5000글자는 결국 청정淸靜을 종宗으로 삼고 있고, 금단金丹 400글자는 오로지 본성을 지키는 일守眞을 기원하고 있고", "대도大道는 강상綱常에서 나왔고, 강상 밖에는 대도大道가 없다."[99] 즉 이렇게 유교와 도교를 일체로 융합시키고 있었다. 용문파龍門派 제11대 도사道士 유일명劉一明은 내단학 대가였고, 저술로는 『도서십이종道書十二種』이 있다. 그는 이 책에서 유교와 불교를 넘나들면서, 새로운 용어들을 따로 창조해서 청수파淸修派 단법丹法 설명했는데, 그 설명은 지극히 투철했다. 그는 연양煉養의 공부功夫(조예)도 깊었는 바, 그리하여 전진도의 한 세대 종사宗師로 추대 받고 있었다. 그는 유·도·불 삼교를 융회融會시켜, 성명쌍수性命雙修의 순서를 설명했다. 『수진구요修眞九要』에서는 단법丹法 순서를 아래와 같이 설명한다. 즉 세상사를 자세히 꿰뚫어보고, 덕을 쌓고 도道를 닦고, 마음을 다해서 이치를 궁구하고窮理, 참스승을 찾아 법도를 배우고, 자기를 단련하여 기초를 다지고, 음양을 화합하고, 화후火候를 살펴 밝히고, 외약外藥으로 명命의 수련을 마치고, 내약內藥으로 성性의 수련을 마치고, 마지막에 '허공虛空을 분쇄하는 것'으로 시원하게 일을 끝마친다는 것이다. 여기서 본성으로 되돌아가는 것返本歸眞은 전진도의 본색을 계승한 것이고, 점수漸修와 돈오頓悟를 겸하는 방법은 불교 선학禪學에서 흡수한 것이고, 마음을 다해서 이치를 궁구한다는 것盡心窮理은 유학을 활용한 것이겠다. 그는 반복적으로 "유儒는 도道이고, 도道는 유儒이고, 유儒 바깥에는 도道가 없고, 도道 바깥에는 유儒가 없음"100)을 강조했다.

청나라 강희康熙 연간, 팽정구彭定求는 명나라 『정통도장正統道藏』에서 200여 종의 도서를 선정하여, 『도장집요道藏輯要』를 편집했는데, 이 책은 『도장道藏』의 간이본으로서 편리하게 사용할 수 있어 사회에서 널리 유행했다. 이밖에도 신도서新道書 또는 도교경전주석道教經典注釋이 많이 나왔었는데, 예컨대 동덕녕董德寧, 민일득閔一得, 부금전傅金銓, 주규사朱珪梭 등 도인道人들은 『참동계參同契』, 『음부경陰符經』, 『오진편悟眞篇』 등 책에 새로이 해설을 했고 또한 단도丹道의 함의도 새롭게 밝혔었다. 한편, 청나라 때에는 도교 바깥 인사들도 도서

99) 蒙文通輯校:《道書輯校十種》, 巴蜀書社2001年版, 第1200, 1201頁.[원문: "道德五千言, 總以淸靜爲宗. 金丹四百字, 惟期守眞是務", "大道出於綱常, 綱常外無大道".]

100) 牟鐘鑒:《中國道教》, 廣東人民出版社1996年版, 第166頁에서 재인용. [원문: 儒即是道, 道即是儒, 儒外無道, 道外無儒.]

道書를 주해注解하는 일에 많이 참여했다. 예를 들면, 혜동은 『태상감응편주太上感應篇注』를 만들었고, 이광지李光地는 『참동계주參同契注』, 『음부경주陰符經註』를 만들었고, 장국조蔣國祚는 『태상황정내경경주太上黃庭內景經注』, 『태상황정외경경주太上黃庭外景經注』를 만들었다.

청나라 말엽, 전진도에는 몇몇 전진내단학全眞內丹學 고도高道가 있었다. 예컨대, 이함허李涵虛는 내단도 서파西派 창시자로서 대표작으로는 『도규담道竅談』이 있었고, 유명단劉名端은 남무파南無派 제20대 종사로서 『도원정미가道源精微歌』 등 여러 책을 저술했는데, 그는 이 책들에서 도교와 불교를 내단학에 융화시켜 넣었다. 황원길은 『도덕경주해道德經注釋』 등 책을 저술했다. 그의 성명쌍수性命雙修의 비결은 즉 움직이는 곳에서 성性을 단련하고, 고요한 곳에서 명命을 단련하고, 한편 인자함仁慈을 근본으로 삼는 것이었다.

3) 중국 불교의 발전

청나라 때, 불교의 변천은 그 전 역사시기와는 다른 모습을 드러내고 있었다. 첫째, 한전漢傳 불교는 전체적으로 쇠락하고 있었고, 여전히 선종을 위주로 하고 있었고, 각 종파는 모두 정토종淨土宗을 신봉하고 있었다. 또 불교가 세속화하는 과정이 빨라지고 있었고, 민간신도의 수가 엄청 많았다. 둘째, 청나라 조정朝廷에서 몽골족, 티베트족과 손을 잡고 한족漢族과 회족回族을 억압하는 정책을 실시하고 있었기 때문에, 티베트불교는 대폭적인 지지를 받게 되었고, 전국 규모의 강대한 정치영향력을 가진 대교파大敎派로 부상했다. 셋째, 역경譯經하고, 각경刻經하는 풍기가 성행했는데, 『용장龍藏』, 『빈가대장경頻伽大藏經』이 이때 출판되었다. 넷째, 거사불교居士佛敎가 일떠섰고, 불학의 주류로 자리매김했다.

(1) 선종禪宗

선종은 임제종臨濟宗, 조동종曹洞宗이 주도하고 있었다. 임제 아래에는 천동계天童系, 반산계盤山系가 갈라져 나왔고, 조동 아래에는 수창계壽昌系, 운문계雲

門系가 갈라져 나왔는데, 이들이 청나라 선종의 주체를 이루고 있었다. 천동계天童系 명승名僧으로는 밀운원오密雲圓悟, 은원륭기隱元隆琦, 목진도민木陳道忞, 파산해명破山海明 등이 있었다. 은원隱元은 청나라 초에 일본에 건너가서, 일본 황벽종黃檗宗을 창립했다. 반산계盤山系 명승으로는 약암통문箬庵通問, 옥림통수玉林通琇 등이 있었다. 수창계壽昌系 명승으로는 위림도패爲霖道霈, 각랑도성覺浪道盛 등이 있었다. 도성道盛은 넓은 의미에서 '집대성'이란 불학을 중심으로 유·불·도 삼가를 집대성하는 것이고, 좁은 의미에서 '집대성'이란 선종을 중심으로 불가의 제 학설을 집대성하는 것이라고 했다. 그는 "진유眞儒는 불가를 배척할 필요가 없고, 진불眞佛은 유가를 배척할 필요가 없다."고 주장했다. 또 이렇게 말했다. "우리 불조佛祖의 도道도 오종五宗에 이르러 집대성하는 자가 있어야 했는데, 그리하여 내가 『회조규會祖規』를 만들었다. 이로 공자가 집대성하던 그 뜻을 본받으려고 했던 것이다."101) 그의 제자들은 이를 『천계각랑도성선사전록天界覺浪道盛禪師全錄』 및 『어록語錄』으로 편집해서 세상에 전했다.

(2) 티베트 불교

티베트불교는 티베트족과 몽골족 민중들에게서 널리 유행했다. 15세기 초, 총카파Tsongkhapa 대사가 황교黃教를 창립했는데, 16세기 이후, 황교는 역량이 막강해졌고, 이때 달라이, 판첸班禪 활불活佛 계승자를 결정하는 제도轉世制度도 형성되었다. 청나라가 건립된 후, 청나라 조정에서는 달라이, 판첸을 높이 예우해주었다. 또 외몽골 젭춘담바哲布尊丹巴와 내몽골 장가章嘉를 활불活佛로 봉해주었고, 계승자를 결정하는 제도轉世制度도 세웠었다. 티베트 지역 사회를 안정시키기 위해서 후일 청나라 조정에서는 활불계승자를 결정하는 제도를 보완했는데, 그 중 중요한 일환으로서 '금병체첨金瓶掣簽'제도를 세웠었다. '금병체첨'이란 이런 것이다. 즉 활불 계승자를 결정하는 일은 반드시 티베트에 주재하는

101) 재인용, 麻天祥 :《中國禪宗思想發展史》, 武漢大學出版社2007年版, 第414頁.[원문 : 吾佛祖之道, 至於五宗, 亦當有集大成者, 故吾作《會祖規》, 以追孔子集大成之意.]

대신大臣이 황제에게 보고해서 황제의 승인을 받은 후, 티베트에 주재하는 대신의 감독 하에 추첨抽籤을 진행하고, 그 결과를 황제에게 보고해서 황제의 승인을 받아야 계승자가 결정되고, 이 일이 마무리된다. 이는 지방 세력이 그 가운데서 조종하는 것을 방비하기 위해서였다. 건륭乾隆 황제는 늘 피서산장避暑山莊 및 승덕承德 외팔묘外八廟에서 알현하러 온 몽골 왕공王公과 티베트 고승高僧들을 회견했다. 북경성北京城 동북쪽 옹화궁雍和宮은 원래 옹친왕부雍親王府였는데, 건륭 연간, 티베트불교 사찰로 용도를 변경했다. 이 일은 티베트불교가 전국 불교계에서 중심의 지위를 영유하고 있다는 상징으로 되었다.

(3) 거사불교居士佛教

불교 거사교단居士教團은 예로부터 있어왔는데, 청나라 후기에 새로이 크게 일떠섰다. 영향력이 거대한 대학자들이 많이 출현했고, 그들은 불교 문화교육 사업을 개척하는 일에 공력을 들이고 있었고, 그들의 노력을 거쳐 불교는 새로운 기상氣象을 가지게 되었다. 동치同治 연간, 정학천鄭學川은 양주楊州에서 강북각경처江北刻經處를 창건하고, 허운허許雲虛, 양문회楊文會, 관여법사貫如法師 등과 함께 『방책장方冊藏』을 새겼는데, 15년간 경經을 모두 3,000여 권 새겼다.

양문회(1837-1911)의 자는 인산仁山이다. 그는 금릉각경처金陵刻經處를 세우고, 대량의 보급용 불전을 새겼는데, 이로 근대 법상유식학法相唯識學을 크게 진흥시켰었다. 그는 또 각경처刻經處를 기지로 삼고, 불학당佛學堂과 "지원정사祇洹精舍'를 창립하고서, 여기서 지식인 승려를 양성하고 그들과 함께 불학이론을 탐구했다. 선후로 그를 따라 불학을 공부하고 사회 명류로 된 자로는 담사동, 장태염章太炎, 구양점歐陽漸, 한청정韓清淨, 매힐운梅擷芸, 괴약목蒯若木 등이 있었다. 양계초梁啓超는 그를 이렇게 평가한다. 청나라 말 "양문회라는 사람이 있었는데, 그는 화엄華嚴의 힘을 빌려 일떠섰고, 사람들에게 정토淨土를 가르쳐 주었고, 불전을 크게 유통시켰었다. 그는 지칠 줄 모르고 열심히 일했다. 오늘날, 불학을 탐구하는 자들은 열에서 아홉은 모두 문회文會의 가르침을 받고 일떠선 자들이다."[102] 조박초趙朴初는 이렇게 말한다. "근세近世 불교의 창명昌明

과 의학義學의 진흥에서 거사居士의 공로가 가장 컸다."[103]

3. 유·도·불 삼교 합류 사조의 하향 이전下移

삼교가 장기간 상호 접근하고 융통했기 때문에, 삼교 사상은 엘리트집단으로부터 점차 민간사회에로 확산되어 거대한 영향력을 가진 사회신앙문화를 형성하게 되었다. 이 시기에 이르러, 민중들은 보편적으로 삼교를 모두 신앙하거나 혹은 삼교 가운데 하나 아니면 둘을 신앙하고 있었다. 삼교는 경계가 날로 모호해졌고, 삼교는 점차 민속民俗으로 되어졌고, 사람들의 일상생활에 깊이 스며들었다. 발전과정으로 본다면, 이는 송나라 때에 시작되었고, 명나라 때에 와서 분명해졌고, 청나라 때에는 아주 보편화 되었다. 삼교 합류 사조가 민간사회에로 확산된 표현은 첫째, 민간 종교로 자리매김한 것이고, 둘째, 민간 권선서勸善書를 많이 탄생시킨 것이고, 셋째, 종교적 성격을 가진 민속 문화로 변천한 것이겠다.

1) 유·도·불 삼교 합류가 민간종교에 끼친 영향

명나라 시기는 민간 종교가 지극히 흥성하고 활발하고 또 교파敎派가 우후죽순마냥 생겨나던 시기이다. 이는 주요하게 조직적인 민간종교단체를 말하는데, 사실 일종의 민속 문화로서의 민간종교(속칭 민간신앙)는 전국 방방곡곡에 더욱 광범하게 존재했다. 사회학적 시각에서 볼 때, 민간종교가 흥성한 것은 중국 종법宗法 등급사회 후기, 민간 역량이 발전하고 강대해진 표현이었다. 이때 민중들은 갈수록 점점 더 자신의 운명을 자신의 역량에 의지하여 개변하려고 했고, 교敎를 세워 스스로 자신을 구제하려고 했다. 동시에 유·도·불 삼교의 합

102) (淸)梁啟超 :《佛學研究十八篇》, 商務印書館2014年版, 第17頁.[원문 : 有楊文會者, 得力於華嚴, 而教人以淨土, 流通經典, 孜孜不倦. 今代治佛學者, 什九皆聞文會之風而興也.]

103) (淸)楊文會 :《楊仁山全集》, 黃山書社2000年版, 第624頁.[원문 : 近世佛教昌明, 義學振興, 居士之功居首.]

류와 문화적 복사輻射는 또 민간종교에 신앙의 자원과 사상적 영양분 및 조직 모델을 제공해주었다. 이 시기, 유학에는 향토유학鄉土儒學이 있었고, 도교에는 민간도교民間道敎가 있었고, 불교에는 민간불교民間佛敎가 있었다. 이 삼자三者는 또 상대적으로 독립적인 민간 종교와 상호 영향을 주게 되었는데, 그 과정에 피차 간 경계는 점점 더 모호해졌다. 민간종교 신도들은 대부분 농민, 수공업자, 광산노동자, 유랑민, 조운漕運 선원, 도시의 빈민들이었는데, 신도들의 수는 늘 수백 만 명 이상이었다. 핵심 성원들도 사회의 하층에서 생활하고 있었는데, 이것이 사회 상층 계급의 신앙으로서의 유·도·불 삼교와 다른 점이었다. 만약 민속 성격을 가진 민간종교를 포함한다면, 신도들의 수는 수천만 내지 수억에 달했다. 이 숫자는 어마어마한 숫자라고 하겠다. 민간종교의 각 교파는 일반적으로 지역적 성격을 가지고 있었고, 관리가 느슨하고, 신도들의 유동이 심했다. 전국적·통일적 교회조직은 없었고, 절대 부분 정부의 승인을 받지 못했고, 늘 비밀리에 또는 어느 정도 숨겨져 운영되고 있었다. 간혹 귀족사회 내부에 들어가 발전을 꾀하던 민간 종교도 있었지만, 합법적 종교로 부상하는 경우는 거의 없었다. 사회모순이 격렬해지고, 민중들의 재난이 심해질 때면, 일부 민간종교는 하층 민중들이 스스로 자신을 구제하고 압박에 반항하는 조직 단체로 탈바꿈했다. 하지만 항쟁에 성공하는 경우는 아주 드물었고 통치자들은 늘 이를 "이단사교異端邪敎'로 규정짓고 잔혹하게 진압했다. 그러나 민간종교는 좌절 후에는 또다시 일떠섰고, 줄곧 왕권王權과 함께 존재하고 있었다. 민간 종교의 경서經書를 신도들은 늘 "보권寶卷'이라 칭했다. 아래에 주요 교파敎派를 살펴보도록 한다.

(1) 백련교白蓮敎

백련교는 송, 원 시기, 정토아미타淨土阿彌陀 신앙에서 기원한 것이다. 이 교敎에서는 연사蓮社를 결성하여 불사佛事를 행하면서 다음 생往生에 서방정토西方淨土에 갈 것을 기원했다. 중기中期에는 미륵彌勒 신앙을 끌어들였는데, 이때 "미륵불이 속세에 내려오고, 명왕(명나라 王)이 나와 세상을 구한다."는 말이 있었다. 미륵은 미래불未來佛이다. 이 말에는 장차 "왕권을 뒤엎는다."는 사상이 들어 있었다. 주지하다시피, 주원장朱元璋이 바로 이 백련교를 이용하여 원나라를 뒤엎고 명나라를 세운 황제이다. 그러나 주원장은 나라를 세운 다음에는 백련교를 해산시켰다. 그것은 백련교가 새 정권을 뒤엎을까봐 두려워서였서였다. 후기(명나라 중엽부터 청나라 말엽까지)에 이르러 백련교에는 수백 개 교문教門이 존재했다. 그리하여 주류 사회에서는 늘 그 교문을 분간하지 못했고, 두루뭉술하게 모두 백련교라고 칭했다. 이 교는 민중들의 반항운동의 한 폭의 기치로 되어 졌었다.

(2) 나조교羅祖教

나조교는 간칭 나교羅教라고도 한다. 창시자는 나몽홍羅夢鴻(羅淸이라고도 칭했음, 1442-1527)이다. 교도教徒들은 그를 존경하여 나조羅祖라고 칭했다. 그는 산동山東 내주萊州 사람이다. 나씨羅氏는 원래 선종 임제종臨濟宗 승려였는데, 그래서 불교에 대해 아주 잘 알고 있었다. 나씨는 명나라 성화成化 18년(1482)에 나교를 창립했고, 경권經卷을 다섯 부 여섯책 저술했다. 『고공오도권苦功悟道卷』, 『탄세무위권嘆世無爲卷』, 『파사현정월시권破邪顯正鑰匙卷』(상, 하), 『정신제의자재권正信除疑自在卷』, 『외외불동태산심근결과보권巍巍不動泰山深根結果寶卷』이 그것이다. 이 책들을 저술하면서 그는 『금강경金剛經』, 『열반경涅槃經』, 『반야경般若經』, 『화엄경華嚴經』, 『원각경圓覺經』에서 말마디를 대량으로 따다가 인용했다. 그 가운데 선종과 정토종淨土宗 교리에서 가장 많이 인용했다. 그는 달마達摩를 정종正宗으로 받들고 있었고, 육조혜능六祖慧能을 아주 존숭하고 있었다. 또 "삼교는 이치가 하나이다."라고 주장했다. 그는 선종의 교리를 가지고 '허공虛空'의 함의를 크게 발휘했다. 이렇게 말한다. "홀연 허공을 깊이 깨닫고 보니, 하늘과 땅은 있은 적이 없고, 처음에는 움직이지 않는 허공만 있었구려."104)

104) 喻松青 : 《明淸白蓮敎硏究》, 四川人民出版社1987年版, 第33頁.[원문 : 忽然參透虛空, 未曾有天有地, 先有不動虛空.]

"부처와 속인俗人, 승계僧界와 속계俗界, 선善과 악惡, 삼교와 보살과 바름을 닦는 것修正, 천당과 지옥과 경서經書, 이런 것들은 모두 무너지게 되어 있다. 본래면목本來面目(사람마다 지니고 있는 본래의 심성)은 한량 없는無量 광대曠大한 겁劫에서 오고, 이것은 영원히永劫 무너지지 않는다.", "고불古佛도 없고 중생衆生도 없다. 이것만이 오래 존재하고 다른 일이 더는 없다. 본래 물건 하나 없는데, 어디에 티끌이 있단 말인가."[105] 그는 불조佛祖, 보살菩薩을 포함하여 세상의 온갖 사물을 인정하지 않았다. 다만 하나의 절대적이고 영원히永劫 무너지지 않는 우주의 본체 즉 '진공眞空'만 인정하고 있었는데, 말하기를 이것이 '본분本分의 고향'이라고 한다. 한편, 인간세상은 '유랑의 고향'으로서 최종적으로는 '본분의 고향'에 돌아가게 되어 있다고 한다. 그는 또 '무생부모無生父母'라는 말을 만들어냈었다. 이렇게 말한다. "다만 '아미타불'이라는 네 글자만 읽어대는데, 천천히 읽으면 또 저세상 하늘 위에서 무생부모가 듣지 못할까봐 두렵구려."[106] 또 '무생부모'는 천하 사람들의 공통한 부모로서 중생들은 모두 그이로부터 세상에 나오게 되었다고 한다. 이로부터 민간종교에는 '무생부모 진공고향無生父母 眞空家鄕'이라는 여덟 글자로 된 진결眞訣이 있게 되었던 것이다. '무생부모'는 후일 '무생노모無生老母'라는 말로 바뀌었다. 사실 나교는 또 노자가 말하는 "자체로 생기지 않기 때문에 능히 오래 사는 것이다以其不自生 故能長生", "비움에 이르기를 지극히 하고, 고요함을 지키기를 도탑게 하라致虛極 守靜篤", "천하 만물은 유에서 생기고, 유는 무에서 생긴다天下萬物生於有 有生於無."라는 사상도 끌어들였고, 이에 더하여 불교의 '성공性空' 이념도 끌어들여 섞어서 활용했다. 그리하여 사람들은 나교를 또 무극교無極教, 무위교無爲教라고도 칭했다. 하지만 그 당시 고승高僧 덕청德淸, 주굉袾宏은 이를 비판했는데, 그들은

---

105) 喻松青:《明淸白蓮教硏究》, 四川人民出版社1987年版, 第33頁.[원문: 佛人僧俗善惡, 三教菩薩修證, 天堂地獄經書, 這些都有壞. 本來面目, 從無量曠大劫來, 永劫不壞", "也無古佛, 也無衆生. 這個長存, 再無別事. 本來無一物, 何處有塵埃."]

106) 馬西沙, 韓秉方:《中國民間宗教史》, 上海人民出版社1992年版, 第210頁.[원문: 單念四字:阿彌陀佛, 念得慢了, 又怕彼國天上, 無生父母不得聽聞.]

이를 '외도外道'라고 보고 있었고, "바른 것을 빌려 삿된 것을 돕는다假正助邪." 고 비난했다. 명나라 조정朝廷에서는 이를 "좌도左道'로 판정 짓고 엄격히 금지했다. 명나라 만력萬曆 46년(1618), 남경南京 예부禮部에서는 이 경권經卷 오부육책五部六冊을 모두 불태워버렸다. 고지서告示에서는 이렇게 말했다. "조사 결과, 무위교無爲教는 세상을 미혹시키고 백성들을 속이고 있는데, 이는 원래 '대명률大明律(명나라 기본 법)'에서 금지하던 바이다."[107] "그 말들은 모두 저속하고 이치에 맞지 않는데, 하지만 무지한 백성들을 유도하여 이를 믿고 미혹되도록 부채질 하기에는 충분했다. 그리하여 사람들이 숨어서 결탁하여 나쁜 짓을 많이 하게 되었다. 풍속을 어지럽히고 교화에 해를 끼치기를 이보다 더 심한 것이 없었다.", "더는 사적으로 무위無爲教 같은 것들을 익히면서 스스로 죽을 죄를 짓는 것을 허용하지 않는다."[108]

(3) 대승교大乘教

대승교는 나교羅教의 한 갈래分枝이다. 그 자체는 또 두 갈래로 나뉘었다. 이 교教는 북경, 화북華北에서 일떠서서 강남江南에로 전해 졌었다. 『용화보경龍華寶經』에는 "서대승西大乘은 여보살呂菩薩이요', '동대승東大乘은 석불조石佛祖이다."라는 말이 있다. 서대승西大乘은 경성京城 교외의 여승女僧 여우呂牛가 창립했는데, 그때 사람들은 그녀를 관세음觀世音 보살의 화신이라고 여기고 있었다. 후일 또 장씨張氏 여승(法名은 歸元임)이 나와 나청羅淸을 모방하여 새로이 오부육책五部六冊을 저술했는데, 그 사상은 대승불교에서 온 것이었고, 한편 나청의 사상과도 일치했다. 이 책에서는 '무생노모無生老母', '무극노조無極老祖'를 높이고 있었고, 말세末世의 큰 재앙을 선양하고 있었다. 만력 연간, 기동冀東

107) (明)沈潅:《南宮署牘》卷四, 轉引自馬西沙, 韓秉方:《中國民間宗教史》, 中國社會科學出版社2004年版, 第145頁.[원문: 照得無爲教惑世誑民, 原系《大明律》所禁.]

108) (明)沈潅:《南宮署牘》卷四, 轉引自馬西沙, 韓秉方:《中國民間宗教史》, 中國社會科學出版社2004年版, 第145頁.[원문: "其言皆俚俗不經, 能誘無知良民, 聽從煽惑, 因而潛結爲非, 敗俗傷化, 莫此爲甚", "再不許私習無爲等自取死罪".]

계주薊州 사람 왕삼王森(원명은 石自然임)이 자처하기를 고불古佛이 환생했다고 하면서, 스스로 호號를 법왕석불法王石佛이라 짓고, 삼기말겁三期末劫을 선양하고, 본원本源으로 되돌아갈 것을 선양했다. 그는 석가불釋迦佛, 연등불燃燈佛, 미래불未來佛을 신봉하고 있었는데, 그리하여 고불古佛이 환생했다고 자처했던 것이다. 사람들은 그를 문향교주聞香敎主라고도 칭했다. 후일 정부당국에 체포되어 옥에서 죽었다. 그의 제자 서홍유徐鴻儒는 신도들을 이끌고 천계天啓 2년(1622) 거사를 일으켰었고, 스스로 중흥복렬제中興福烈帝라고 자처하면서 대승흥승大乘興勝이라는 나라를 세웠었다. 그의 군사는 붉은 수건을 두르고 이를 봉기군 표식으로 삼았다. 운성鄆城, 추현鄒縣, 등현滕縣 등 지역을 공략했는데, 한때는 기세가 아주 드높았다. 하지만 거사는 한 달이 좀 지나 곧 실패했고, 결국 그와 그의 도당들은 정부당국에 체포되어 처형당했다. 사형을 받기 전, 그는 스스로 자기네 법문法門의 제자가 이미 200만 명을 넘었다고 말했다. 왕삼王森의 후손들은 세대를 이어가면서 이 교를 전했는데, 후일 교 이름을 청차문교淸茶門敎, 일주향교一炷香敎, 대승원돈교大乘圓頓敎 등으로 여러 번 개칭했다.

(4) 황천교黃天敎

황천교는 별칭으로 황천도黃天道라고도 한다. 그 이름은 삼세삼천三世三天 신앙에서 유래한 것이다. 후일 청나라 관청의 기록문서에서 밝혀졌는데, 이 교는 삼불삼천三佛三天을 신봉하고 있었다. 즉 "과거에 연등불燃燈佛이 도사道士와 여도사道姑를 제도濟度해주는 데는 삼엽금련三葉金蓮(세 잎으로 된 金蓮)으로 창천蒼天(푸른 하늘)에 데려다 주었고, 현재에 석가불釋迦佛이 승려와 여승女僧을 제도해주는 데는 오엽금련五葉金蓮으로 청천靑天에 데려다 주고, 미래에 미륵불彌勒佛이 집에 있는 가난한 남자와 여자들을 제도해주는 데는 구엽금련九葉金蓮으로 황천黃天에 데려다 준다."[109]는 것이다. 이 교는 황천을 아름다운 미래와

109) 《淸代檔案史料叢編》三輯, 中華書局1979年版, 第65頁.[원문: "過去是燃燈佛", "度道人道姑, 是三葉金蓮爲蒼天". "現在是釋迦佛", "度僧人尼姑, 是五葉金蓮爲青天". "未來是彌勒佛", "度在家貧男貧女, 是九葉金蓮爲黃天".]

이상으로 받들고 숭배하고 있었는데, 그리하여 이 이름을 가지게 된 것이다. 이 교는 북직예北直隸 만전위萬全衛 사람 이빈李賓이 명나라 가정嘉靖 연간에 창립한 것이다. 신도들은 이빈을 존경하여 보명불普明佛이라고 칭했다. 이씨李氏가 사망한 후, 교권敎權은 그의 부인 왕씨王氏(道號는 普光임)가 이어 받았다. 보광普光이 사망한 후, 교권은 장녀 보정普淨, 차녀 보조普照에게로 넘어갔었다. 그 후, 또 정광조鄭光祖(즉 普靜), 왕장생汪長生즉 普善이 강남江南에서 이 교를 전했다. 보명普明은 『보명보권普明寶卷』저술했는데, 그는 여기서 불교와 도교를 융합시키고 있었고, 또 이를 토대로 독자적으로 더 발휘했다. 그는 이렇게 말한다. 옛 아미타불은 "법선法船을 몰고 고해苦海를 다니면서 중생들을 제도濟度해 주었다. 부류에 따라 교화를 행하고, 사람들을 권고하여 나쁜 마음을 돌려세우게 했다. 삼귀의三歸依(佛·法·僧에 歸依)를 받게 하고, 오계五戒(죽이지 말 것, 훔치지 말 것, 음란하지 말 것, 거짓말하지 말 것, 술 마시지 말 것)를 지키게 하면서 중생들에게 진경眞經을 가르쳐주었다. 속세의 인정情을 버리고, 부처님의 넓고 큰 서원을 발하고, 삼계三界(慾界, 色界, 無色界)를 초월하라고 했다." 보다시피 이것은 아미타불 신앙이다. 『보명보권普明寶卷』에서는 또 사람들이 성性과 명命을 모두 닦을 것을 요구한다. 이렇게 말한다.

감괘坎와 이괘離가 사귀고, 성性과 명命이 합쳐져, 함께 일체를 이루고, 성性과 명命이 합쳐져 한 알粒과 같으면 황파黃婆(도교 용어임)가 안정함을 지키게 된다. 금단金丹을 맺고, 아홉 번 돌면, 절로 신통함이 있게 되고, 하늘에는 달이 차고 이지러는 일이 없고, 사람은 늙는 일이 없고, 사람은 살고 죽는 일 없고, 달은 항상 밝게 비추어준다. 굶주림도 배고픔도 없고 추위도 더위도 없고, 물들지도 않고 더렵혀지지도 않고 절로 항상 청량淸凉해진다. 수명은 8만1천세를 넘길 것이요, 18세 동안童顔은 늙지 않고 그대로일 것이다."[110]

110) 馬西沙, 韓秉方:《中國民間宗敎史》, 上海人民出版社1992年版, 第449, 450頁.[원문: "坎離交, 性命合, 同爲一體", "性命合, 同一粒, 黃婆守定. 結金丹, 九轉後, 自有神通", "天無圓缺人無老, 人無生死月常明. 無饑無餓無寒暑, 無染無汙自淸涼. 壽活八萬一千歲, 十八童顔不老年".]

이것은 분명히 전진도내단內丹의 조예라고 하겠다. 『보정보권普靜寶卷』에서는 명확하게 삼교원융三教圓融도 제기한다. "일체 중생은 하늘로 돌아가는데, 중생을 구원하는 법도에서收圓了道, 삼교는 하나에 돌아온다."111) 황천교에서는 또 나교羅教에서 무생노모無生老母 신앙을 끌어들여 이렇게 말한다. 즉 속세의 중생들은 영산靈山에서 무생노모無生老母를 잃고 뿔뿔이 흩어져 고해苦海에서 허덕이고 있는데, 그리하여 아미타불이 속세에 내려와 명사진인名師眞人으로 화신해서, 중생들이 고향에 되돌아가게 해준다는 것이다. 황천교는 교의教義에서 불교와 도교 및 나교羅教를 혼합하고 있었는데, 그러나 불교의 법통法統과 도교의 도통道統의 제약은 받지 않았었고, 아주 임의적이었다. 그들의 교단教團 활동은 청나라 때까지 지속되어 왔었다.

(5) 홍양교紅陽教

홍양교를 혼원홍양교混元紅陽教라고도 칭한다. 교조教祖 표고飄高는 속명俗名이 한태호韓太湖이다. 그는 이 교를 명나라 만력 22년(1594)에 창건했다. 그는 귀족, 태감太監들과 잘 사귀어 가깝게 지냈었는데, 그리하여 홍양교보권弘陽教寶卷을 황가내경皇家內經 인쇄 공장에서 인쇄할 수 있었고, 또 어인경전御印經典이라는 명의를 빌려 보권寶卷을 널리 유통시켰었다. 하지만 이 교는 명나라 조정朝廷의 공식적인 승인은 받지 못했고, 주요하게는 민간에서 유행했다.

표고飄高는 나청羅淸을 본받아, 『홍양오부경紅陽五部經』을 만들었는데, 사람들은 이를 '대오부大五部'라고 칭했다. 그는 또 '소오부小五部'도 만들었다. 그 교의教義의 주체는 삼양설三陽說과 홍양겁변설紅陽劫變說이었다. 『혼원교홍양중화경混元教弘陽中華經』 '서序'에서는 말하기를, 과거는 "청양의 세상靑陽之世'이었는데, 그때는 연등고불燃燈古佛이 교를 관장했고, 미래는 "백양의 세상白陽之世'인데, 그때는 미륵불彌勒佛이 교를 관장할 것이고, 현재는 "홍양의 세상紅陽

111) 馬西沙, 韓秉方:《中國民間宗教史》, 上海人民出版社1992年版, 第460頁.[원문: 一切眾生歸天去, 收元了道, 三教歸一.]

之世'인데, 석가불釋迦佛이 교를 관장하고 있다고 한다. 또 '홍양紅陽의 세상'에서, 인간무리들은 대재앙大劫難을 겪게 되는데, 표고飄高 조사祖師가 속세의 동토東土에 내려와서, 고해苦海에서 허덕이는 중생들을 구원하여, 법선法船에 태우고 행복한 천궁天宮으로 데려다 준다고 한다. 그래서 사람들이 홍양교를 믿어야 한다는 것이다. 홍양교 주신主神은 혼원노조混元老祖인데 일명 무극노조無極老祖라고도 칭한다. 그는 무생노모無生老母와 부부 사이이고, 공동으로 천궁天宮을 관장하고 있고, 인간세상을 주재主宰하고 있다. 홍양교에서는 노자를 '노군성인老君聖人'이라고 칭했는데, 그를 석가, 공자와 함께 "삼교당三教堂'에 모시고 봉안했다. 홍양교의 도덕 신조信條는 선악응보善惡應報를 선양하고, 삼보三寶를 공경하고, 부모님께 효성을 다하고, 이웃과 화목하게 지내고, 자손들을 사랑하는 등이었다. 이런 것들은 중국 전통 윤리에 부합된다고 하겠다. 하지만 홍양교 삼세설三世說, 말세겁변설末世劫變說에는 "왕권을 뒤엎는" 사상이 들어 있었는 바, 쉽게 민중들의 현실에 대한 불만을 조장하고, 나아가 반항 행위도 유발할 수 있었다. 바꾸어 말하면, 정부 당국의 정권 운영에 저촉되었는 바, 그리하여 집권자들은 이 교를 "사교邪教', '이단異端'으로 판정 짓고, 포교를 금지하고 신도들을 진압했다.

(6) 삼일교三一教

이 교는 지식인 사단社團이 종교로 탈바꿈한 특례特例이다. 창시자는 복건福建 유가 학자 임조은林兆恩(1517-1598)이다. 임씨는 중년에 들어 삼교를 모두 깊이 탐구했고, 많은 제자들을 받아들이고 학문을 전수했다. 처음에는 '동산종공당東山宗孔堂'을 세웠고, 후에는 또 '삼강오상당三綱五常堂'을 세웠었다. 양자 모두 학술 사단社團 조직으로서 그 당시 영향력이 상당히 컸다. 만년에 들어, 임씨는 교주로 자처하면서, 학당學堂을 교당教堂으로 만들어버렸고, 교당에서는 종교 제사도 지냈었다. 신도들은 그를 삼일교주三一教主라고 칭했다. 삼일교당에서는 사대우상四大偶像을 섬기고 있었다. 사대우상四大偶像에서 공자 즉 유중니씨儒仲尼氏는 성교聖教의 종사宗師이고, 노자 즉 도청니씨道清尼氏는 현교玄教의 종사宗師이고, 여래如來 즉 석모니씨釋牟尼氏는 선교禪教의 종사宗師이고, 임조은林兆恩 즉 하오니씨夏午尼氏는 삼일교주三一教主이다. 임조은이 사망한 후, 삼일교는 갈라져 삼대三大 분파를 형성했는데, 그들은 양자강 남과 북에서 이 교를 널리 전했다. 삼일교는 청나라 때까지도 크게 유행했고, 후일 대만과 동남아시아에도 전해졌다. 중국 복건福建과 해외에서, 이 교教는 오늘날까지도 존재하고 있다. 임씨의 저작들은 후일, 제자들이 모아서『임자전집林子全集』으로 만들었다. 삼일교에서는 삼교합일三教合一을 주장하고 있었는데, 그 가운데서 상대적으로 유가를 더 높이고 있었다. 이 책에서는 이렇게 말한다. 삼교는 "나무에 비유하자면, 대저 나무는 하나인데 갈라져 세 개의 큰 가지를 뻗은 것과 같겠다. 이를 각자 유儒, 도道, 석釋이라 이름 한다. 석가의 적멸寂滅, 도가의 허무虛無, 유가의 격치格致는 그 취지가 똑같다."[112] 하지만 공자의 가르침教은 "가장 백성들의 일용日用과 일상日常에 절실하고 또 하루 없어서도 아니 된다. 공씨孔氏의 가르침教은 아주 거대한데, 어느 하나도 공씨의 가르침에 들어있지 않는 것이 없다."[113] 그에게는 또 '비비지교非非之教'라는 논설이 있었다. 즉 "삼교의 결점을 가지고 그 자체를 부정하는 것이었다." 예를 들면, 순자 학설荀學은 사람의 본성性을 모르고, 한유漢儒들은 심성心性에 어둡고 도맥道脈을 파괴하고, 한유의 성삼품性三品 설은 사리에 어긋난다는 등이겠다. 또 주자朱子의 주훈注訓(주해)은 너무 이르고 이천伊川의 말은 너무 신중한데, 말하자면 그들은 이학理學을 부정하고 오히려 심학을 찬양했다는 것이다. 또 도교의 장생長生설은 황당무계하고 터무니없는데, 하지만 종이권鍾離權과 여동빈呂洞賓의 내단학內丹學은 마땅히 계승해야 한다고 한다. 또 불교 선학禪學에서 명심견성明心見性하고, 바깥에서 구하지 않는 것不假外求은 진수眞髓이고 정종正宗인데, 그러나 결

112) 《三教合一大旨》, 《林子三教正宗統論》, 北京出版社1998年版, 第676頁.[원문 : "譬之樹然, 夫樹一也, 分而爲三大支 : 曰儒, 曰道, 曰釋", "釋迦之寂滅, 道之虛無, 儒之格致, 其旨一也".]

113) 馬西沙, 韓秉方 : 《中國民間宗教史》, 上海人民出版社1992年版, 第770頁에서 재인용. [원문 : "最切於民之日用之常, 而又不可一日無焉", "孔氏之教之大, 無一而不在孔氏所容蓄之中".]

혼하지 않고 자손을 늘리지 않고, 일상의 일은 하지 않고 참선하여 우두커니 앉아있는 것, 이런 것들은 모두 못마땅하니 응당 버려야 한다고 한다. 임씨林氏는 심학心學으로 삼교를 통석通釋한다. "사람의 마음에 지극한 이치가 모두 갖추어져 있으니, 유儒로 되려고 하면 유儒로 되고, 도道로 되려고 하면 도道로 되고, 석釋으로 되려고 하면 석釋으로 되겠다. 이 모두 나한테 달린 것이지, 바깥에서 구할 것이 아니다."114) 그는 삼교를 합쳐 하나로 만들어, 그것을 '중일도통中一道統'에 귀결시키려는 큰 서원이 있었다. '중일도통'이란 "마음心과 정기精가 하나로 되어 황중黃中에 모여드는 데는, 치우침이 없이 적절한 것을 말하는데, 이것이 요임금과 순임금이 도통을 열어 전하던 이유이고, 한편 이 또한 만고萬古의 성학聖學의 종宗이다." 양명陽明의 후학後學으로서 태주학파泰州學派의 하심은何心隱은 이를 크게 찬미했고, 임씨林氏에게 이렇게 말했다. "유·석·도의 큰 일은 공자, 노자, 釋迦가 해냈소. 후에는 다만 삼교를 하나로 합치는 큰 일이 남았었는데, 이 일을 또 당신이 해냈소."115)

(7) 팔괘교八卦教

팔괘교 창시인은 유좌신劉佐臣이다. 그는 청나라 강희康熙 연간 초에 산동山東 서남쪽 단현單縣 일대에서 이 교를 창립했다. 경서經書로는 『오녀전도五女傳道』를 편찬했다. 이 교에서는 『팔괘도八卦圖』에 의거하여 교인教徒들을 편성하고, 교단조직체계를 구축했는데, 그리하여 팔괘교라고 칭하게 되었다. 이 교를 또 오훈도수원교五葷道收元教, 청수고淸水鼓, 천리교天理教, 구궁교九宮教, 선천교先天教, 재리교在理教라고도 칭한다. 팔괘는 팔궁八宮인데, 중앙궁中央宮을 더해서 구궁교九宮教라고도 칭했다. 이의 조직원칙은 '안에서는 구궁九宮을 안정시키고, 바깥에서는 팔괘를 세우는 것'이었고, 팔괘八卦는 각자 조직이 있고 책임

114) 《三教合一大旨》, 《林子三教正宗統論》, 北京出版社1998年版, 第676頁.[원문: 以人之心, 至理鹹具, 欲爲儒則儒, 欲爲道則道, 欲爲釋則釋, 在我而已, 而非有外也.]

115) 馬西沙, 韓秉方:《中國民間宗教史》, 上海人民出版社1992年版, 第841-842頁에서 재인용. [원문: 儒, 釋, 道大事也正爲孔老釋迦作了, 以後只三教合一是一件大事, 又被吾子作了.]

자가 있었는데, 그 조직체계는 아주 엄밀했다. 『오녀전도五女傳道』를 또 『오성전도五聖傳道』라고도 칭한다. '오녀五女'란, 관음觀音, 보현普賢, 백의白衣, 어람魚籃, 문수文殊 등 다섯 보살菩薩을 원형으로 삼아 창조한 인물형상이다. 하지만 그들은 불교가 아니라, 도교 단도丹道(내단을 닦는 법도)를 가지고 사람들을 교화했다. 도를 닦는 방법은 이러하다. 즉 먼저 고요함에 들어가고, 다음 기氣를 단련하여 그것이 유전流轉하게 하고, '미려尾閭(미추의 끝 꼬리뼈)에 기대어, 삼관三關(즉 尾閭, 夾脊, 玉枕)을 뚫고 나오고, 또 운문雲門을 뚫고 나오면 하늘 바깥에 하늘이 있는데', 마지막에 '성태聖胎'를 맺어 니환궁泥丸宮에 운반하여 가서, 원신元神을 뚫고 나오면, 곧 속세를 떠나 신선의 경지에 들어갈 수 있다는 것이다. 건륭乾隆 연간, 팔괘교도八卦教徒 유조괴劉照魁가 『팔괘교리조八卦教理條』를 공개했는데, 이에 따르면, 이 교에서는 팔괘괘도八卦卦畵 및 구결口訣을 강목綱目으로 삼아 도를 닦는 요령을 해석하고 있었다. 이 교教의 종지宗旨는 즉, 연단煉丹하는 것을 통해, 생로병사生老病死의 고달픔을 초탈하게 해주고, 불교로 관조觀照해주고, 도교로 제도濟度해주는 것이었다. 청나라 『군기처록부주절軍機處錄付奏折』에는 팔괘교경권문八卦教經卷文이 수록되어 있는데, 여기에는 이런 말들이 있다. "만약 진성眞性이 밝아 천리天理를 통달하게 되면, 선현先賢들과 전혀 다르지 않게 된다." 천리는 "하늘 위에 있어서는 원형이정元亨利貞이고, 땅에 떨어져서는 춘하추동春夏秋冬이고, 사람의 몸에 떨어져서는 인의예지仁義禮智이다." 또 "인의예지신仁義禮智信'을 오행五行으로 삼고, "살육을 아니 하고, 도둑질 아니 하고, 사음邪淫을 아니 하고, 훼멸을 아니 하고, 사기 치지 아니 하는 것不殺不盜不淫不毁不欺'을 오계五戒로 삼고, "온화溫和 · 선량善良 · 공경恭敬 · 검약儉約 · 겸양謙讓'을 오상五常으로 삼는다고 한다. 또 "진공고향眞空家鄕, 무생부모無生父母'를 신봉하고 있었고, 세상은 세 개 단계를 거쳐 발전해 왔다고 한다. 즉 첫 단계는 청양青陽의 세상으로서 이때 무생노모無生老母는 연등불燃燈佛을 속세에 내려 보내, 황태皇胎의 아들딸 2억명을 제도濟渡해 주었고, 둘째 단계는 홍양紅陽의 세상으로서 무생노모無生老母는 석가불釋迦佛을 속세에 내려 보내, 또 황태皇胎의 아들딸 2억명을 제도濟渡해 주었고, 셋째 단계는 백양白陽의 세상으로서 무생노모無生老母는 미륵불彌勒佛을 속세에 내려 보내 나머지 황태皇胎의 아들딸 92억명을 제도濟渡해 줄 것이고, 그들이 천궁天宮 즉 진공의 고향眞空家鄕에 돌아와 영원히 행복한 생활을 영위하게 해줄 것이라고 한다. 팔괘교에서는 주장하기를, 현재 인류는 마침 홍양겁紅陽劫이 끝나고 백양겁白陽劫이 시작되는 시기에 처해 있는데, 이때는 재앙이 전례 없이 많고 죄악이 도처에 흘러넘친다고 한다. 그리하여 사람들은 마땅히 이 교에 들어와 새로운 세상을 맞이하고, 새로운 삶을 영위해야 한다는 것이다. 또 청나라는 곧 멸망할 것이라고 예언했는데, 그리하여 결국 청나라 정부로부터 진압 당하게 되었던 것이다. 사실 팔괘교는 수차 진압당했다. 하지만 진압당하고서는 또 일어났었고, 끈질긴 생명력을 가지고 오랫동안 존재해 왔었다. 건륭乾隆 중기로부터 아편전쟁 시기까지, 그 사이 팔괘교는 민간종교로부터 농민봉기운동의 주력군으로 탈바꿈했고, 그들은 청수교淸水敎 봉기와 "계유지변癸酉之變"도 일으켰었다. 건륭 중기, 청수교 수령 왕륜王倫이 무장봉기를 일으켰는데, 그때 팔괘교 교도들은 곧바로 수천명 봉기군으로 탈바꿈했다. 봉기는 실패로 막을 내렸고, 그때, 처형당한 자는 1700명이 넘었다. 이 사건은 그 당시 전 중국을 뒤흔들었다. 가경嘉慶 중기, 팔괘교 수령 임청林淸, 이문성李文成, 풍극선馮克善 등이 또 무장봉기를 발동했는데, 한 시기 자금성紫禁城 동화문東華門, 서화문西華門도 공략했다. 역시 실패로 막을 내렸는데, 그때 처형당한 자는 700명이 넘었다. 그때 팔괘교는 또 직直, 노魯, 예豫 세 성省의 10여 개 주州와 현縣에서 동시에 봉기를 일으켰었는데, 이 사건은 더욱 전 중국을 뒤흔들었다. 역시 실패로 막을 내렸는데, 그때는 더욱 7, 8만 명이 참살당했다. 도광道光 연간, 팔괘교 우두머리 조순曹順은 또 한 차례 무장봉기를 발동했는데, 결국 실패로 막을 내렸고 그 자신은 참수를 당했다. 함께 처형당한 자는 100여 명에 달했다.

(8) 천지회天地會

천지회는 청나라 건륭乾隆 연간에 창립되었다. 초기에는 복건福建, 광동廣東 일대에서 활동했고, 원래는 가난한 노동자들이 스스로 구제하고 서로 도와주는 민간조직이었다. 건륭 51년, 대만臺灣에서 임상문林爽文이 봉기를 일으키면서부터, 천지회는 명확하게 "청나라를 뒤엎고 명나라를 되돌려오자."라는 슬로건을 내걸었고, 종교적 색채가 짙은 정치단체로 탈바꿈했다. 그 후, 양자강 남쪽江南의 여러 성省 및 남양南洋(동남아시아)의 화교華僑 거주 지역에 전해졌다. 천지회는 또 '홍문洪門', '삼합회三合會'라고도 칭했다. '홍洪'이라는 글자는 두 가지 의미가 있었다. 하나는 명태조明太祖의 연호年號가 홍무洪武로서 명나라를 되찾아오겠다는 의미이고, 다른 하나는 '홍'은 "한漢'이라는 글자에서 '중토中土'를 빼버린 것으로서 한족漢族의 부흥을 잊지 않겠다는 의미이다. 이 모두 오랑캐 민족이 세운 청나라를 뒤엎고 한족이 세운 명나라를 되돌려오려는 것과 연관된다. 입회자入會者는 모두 홍씨洪氏 성을 가진 자들이었다. 삼합회三合會란 천天, 지地, 인人 삼재三才를 합쳤음을 의미한다. 소일산蕭一山의 『청대통사淸代通史』에 따르면, 천지회는 엄격한 입회의식入會儀式이 있었다. 이 행사에는 반드시 향주香主의 연설이 있었는데, 연설사의 내용은 대략 이러했다.

> 천지만물 그대로 명나라를 되돌려오고, 호인胡人 오랑캐를 깡그리 없애버린다. 우리는 같이 살고 같이 죽고, 도원이야기桃園(劉備, 關羽, 張飛가 의형제 맺던 이야기)에서처럼 의형제를 맺고, 홍씨洪氏 의형제金蘭들은 합쳐서 한 가족을 이룬다. 하늘을 아버지로 섬기고, 땅을 어머니로 섬기고, 해를 형으로 삼고, 달을 여동생으로 삼는다. 또 오조五祖 및 시조始祖 만운룡萬雲龍 등과 홍씨洪氏 가문의 모든 신령을 섬긴다. 우리는 진근남陳近南의 명령을 행동에 옮겨야 하며, 오호사해五湖四海를 넘나들면서 영웅호걸이 될 것을 약속한다. 향을 피우고 서원하거늘, 하늘의 이치를 따르면서 도道를 행하고, 명나라를 되돌려오고, 원수를 갚고 치욕을 씻는다. 피를 마시고 맹세하거늘, 신령神靈이 하늘에서 내려다보고 있다.[116]

116) 蕭一山 :《淸史大綱》, 上海古籍出版社2014年版, 第28-29頁.[원문 : 天地萬有, 回復大明, 滅絶胡虜. 吾人當同生同死, 仿桃園故事, 約爲兄弟, 姓洪名金蘭, 合爲一家. 拜天爲父, 拜地爲母, 日爲兄, 月爲姊妹, 復拜五祖及始祖萬雲龍等與洪家之全神靈. 吾人當行陳近南之命令, 曆五湖四海, 以求英雄豪傑. 焚香設誓, 順天行道, 恢復明朝, 報仇雪恥, 啜血盟誓, 神明降鑒.]

이상에서 보다시피 천지회의 종교 신앙은 중국 전통에서 하늘땅을 공경하고 조상들의 법도를 본받는 것에서 온 것이다. 아울러 일월日月도 함께 섬긴다. 하지만 그들은 이 전통을 바꾸어버렸다. 그들은 관아의 '하늘의 명을 받들고 세상을 다스리는 것奉天乘運'과 대립되는 '하늘을 대신하여 도道를 행하는替天行道', 반항적 성격을 가진 종교단체를 만들었다. 이는 어쩌면 『수호전水滸傳』에서 영웅들이 정의를 위해 한데 모인 것과 아주 흡사하다. 동시에 천지회는 또 짙은 민족혁명의 색채를 지니고 있었다. 함풍咸豐 연간 초, 호남湖南 사람 초량焦亮은 이름을 홍대전洪大全으로 바꾸고, 천지회 각 분파의 세력을 연합하여 광동廣東에서 청나라를 뒤엎는 투쟁을 발동했고, 자칭 '천덕황제天德皇帝'라고 했다. 이 조직은 태평군太平軍과도 연합했는데, 하지만 종교 신앙과 정치적 강령이 많이 달라, 겉으로는 합쳤지만 사실 속은 딴판이었다. 상해 천지회 분파 소도회小刀會의 수령 유려천劉麗川 등도 상해에서 거사擧事를 일으켰었는데, 결국 실패로 막을 내렸고 그 본인은 처형당했다. 남은 사람들은 일부는 태평군太平軍에 가입했고, 일부는 강서江西에 옮겨와서 천지회 봉기에 참여했다. 가로회哥老會 역시 천지회의 한 분파였다. 회원은 대부분 옛 군인들이었다. 천지회는 인의예지신仁義禮智信에 따라 오문五門으로 나뉘었는데, 오문에는 각자 통솔자가 있었다. 손중산孫中山(즉 孫文)이 이끌었던 신해혁명辛亥革命도 초기에는 민간 결사結社에 크게 의지했는데, 특히 천지회, 가로회哥老會에 많이 의지하고 있었다. 손중산孫中山, 정사량鄭士良은 모두 홍문洪門의 사람들이었다. 국민당國民黨은 흥중회興中會에서 발원發源했는데, 흥중회의 핵심역량이 즉 대부분 천지회와 가로회哥老會 성원들이었다. 황흥黃興, 마복익馬福益이 이끌었던 화흥회華興會, 도성장陶成章, 심영沈英, 장공張恭이 이끌었던 용화회龍華會는 모두 가로회哥老會에 토대를 두고 있었다. 해외의 화교들이 국민혁명에 자금을 지원하고 또 신군新軍이 무장봉기를 일으킨 것도 모두 민간 결사結社 조직의 역량에 의지했다. 청나라 말년에는 민간종교에서 비밀리에 근대 정당조직도 탄생시켰는바, 국민당이 바로 이렇게 탄생된 정당이겠다. 이는 종교 반항운동을 민족혁명으로 발전시킨 것이고, 더 나아가 국민혁명으로 승화시킨 것이겠다. 이는 민중들이 각성하는 과정이기도 하고 또 민중들의 조직 능력과 수준이 제고되는 과정이기도 했다.

(9) 일관도一貫道

일관도 창시자는 산동山東 청주青州 사람 왕각일王覺一이다. 이 교敎는 동치同治 연간에 창립되었고, 산동魯, 하남豫, 강소蘇, 안휘皖, 호북鄂 등 여러 성省에서 널리 전해졌었다. 교주 왕각일은 스스로 고불古佛이 속세에 내려왔다고 자처했다. 그는 『고불천진고증용화보권古佛天眞考證龍華寶卷』에서 이렇게 말한다.

> 고불古佛이 속세에 내려와 종문宗門을 세웠으니, 여기에는 범부凡夫도 있고, 성인도 있고, 닦음修도 있고 깨달음證도 있겠다.[117] 설립해서부터 마지막까지 일一이라는 글자 하나를 종宗으로 삼고, 대승大乘을 법도法으로 삼고, 원돈圓頓을 가르침敎으로 삼는다. 고불古佛의 법문法門이 마지막 한번 나타났으니, 수천 수만의 갈래를 죄다 불문佛門에 되돌려온다.[118]

용화삼회龍華三會(미륵보살이 성불한 후 중생을 제도하는 법회)도 논하면서 말겁末劫이 바야흐로 닥쳐오는 시점에 고불古佛이 속세에 내려와 마지막으로 한번 중생들을 제도濟度해준다고 했다. 그리하여 이 교를 "말후일착교末后一着敎'라고도 칭했다.

일관도라는 명칭은 공자의 말에서 유래한 것이다. 공자는 "나의 도道는 하나로써 관통된다吾道一以貫之."라고 했다. 그러나 왕각일이 하나로 관통시키려던 것은 유가의 충서忠恕의 도道만이 아니었다. 그는 유·불·도 삼교를 관통시켜, 이것들을 하나로 만들려고 했다. 왕각일의 저술로는 『삼역탐원三易探源』, 『학용성해學庸聖解』, 『일관탐원一貫探源』 등이 있는데, 여기서 그는 삼교는 일관된다

---

117) 馬西沙, 韓秉方:《中國民間宗敎史》, 上海人民出版社1992年版, 第869頁에서 재인용. [원문: 古佛出世, 設立宗門, 有凡有聖, 有修有證.]

118) 馬西沙, 韓秉方:《中國民間宗敎史》, 上海人民出版社1992年版, 第869頁에서 재인용. [원문: 置立爲起, 收源爲落, 一字爲宗, 大乘爲法, 圓頓爲敎, 古佛法門, 末後一著, 千門萬戶, 盡歸佛門.]

는 논설을 펴고 있었다. 즉 "사물의 이치를 궁구하고 타고난 본성을 다해 천리天理에 이르는 것"을 도道를 닦는 요지로 삼고 있었고, 최후의 재앙末劫이 바야흐로 닥치게 되는 이 시점에 이 도道에 가입해서 계율을 지키며 수행하면, 재앙을 피할 수 있다고 했다. 또 내단공법內丹功法을 닦아, 연정화기煉精化氣하고 연기화신煉氣化神하고, 무극無極, 태극太極, 황극皇極의 삼도三道를 받들고, 여러 부처님과 선조들의 주문咒語을 공부하는 등에 관해서도 논하고 있었다. 광서光緖 8년부터 일관도는 강소江蘇, 호남湖南과 호북湖北, 광동廣東과 광서廣西 일대에서 청나라를 뒤엎는 폭동을 조직했다. 실패한 후, 왕각일은 은닉했고, 그는 광서 10년, 천진天津 양류청楊柳靑에서 사망했다.

(10) 여론餘論

명, 청 시기 민간종교는 교문教門이 아주 많았다. 또 교문의 분화와 조합도 끊이지 않았다. 민간종교는 대부분 비밀리에 발전하고 있었는 바, 따라서 그 맥락을 분명히 밝히기도 어렵다. 교문은 또 잡다하게 많았다. 상술한 아홉 개 교문을 제외하고도, 청나라 때에는 또 원교圓教, 청련교靑蓮教(즉 齋教), 진공교眞空教 등 규모가 비교적 큰 민간종교조직들이 있었다. 이들의 공통점은 아래와 같이 귀납할 수 있겠다. 첫째, 유·불·도 삼교에서 탈태하여 나왔고 또 상당히 많은 변이變異가 있었다. 둘째, 여러 신神을 숭배하고 있었는데, 그 가운데 무생노모無生老母를 최고의 신으로 섬기고 있었다. 셋째, 삼기말겁三期末劫을 선전하고 있었고, 중생들을 재앙에서 구제해주고 재앙에 대처하는 것을 소임으로 삼고 있었다. 넷째, 교단教團 조직은 가부장제 통치를 실행하고 있었다. 다섯째, 경서와 보권經書寶卷은 많이는 강창講唱의 방식으로써 보급하고 있었는데, 아주 효과적이었다. 여섯째, 활동방식은 대부분 민간의 제사祭祀, 질병 치료, 신체 단련, 문학예술과 결합하고 있었다. 일곱째, 늘 민중들의 반항운동과 연관이 있었고, 늘 불법으로 존재했다. 여덟째, 생명력이 완강했고, 온갖 좌절을 겪으면서 근대까지 전해 내려왔었다.

그러나 종교적 색채를 가지고 있는 두 개 민간조직은 상술한 민간종교와 달랐다. 하긴, 이는 사실 특례이다. 그 중 하나는 태평천국太平天國 운동이다. 1850년, 홍수전洪秀全은 광서廣西 금전촌金田村에서 청나라를 뒤엎고자 무장폭동을 발동했는데, 10여 년간 기세가 아주 드높았다. 한 시기 남경南京도 점령했다. 증국번曾國藩의 상군湘軍의 정벌에 의해 이 운동은 결국 동치同治 3년(1864)에 실패로 막을 내리게 되었다. 태평군太平軍의 종교 신앙은 기독교 교의教義를 뜯어 고쳐 만든 "배상제교拜上帝教'였다. 이들은 공자유학을 거부했고 공자묘를 마구 부수고 훼손시켰었고, 불교와 도교도 거부했고, 묘우廟宇를 보게 되면 묘우를, 불상佛像을 보게 되면 불상을 무차별 불사르고 파괴했다. 그 손실은 참으로 아주 막대했다. 풍우란은 『중국철학사신편中國哲學史新編』 제65장에서 이렇게 지적한다. 즉 태평천국은 기독교의 신권정치神權政治를 실행하려고 했는데, "만약 홍수전洪秀全과 태평천국이 중국을 통일했더라면, 아마도 중국을 서방의 중세기로 되돌아가게 만들었을 것이고, 중국의 근대화를 몇 세기 뒤로 미루게 했을 것이다.", "증국번曾國藩은 성공적으로 중국의 후퇴를 저지시켰는데, 그는 이 면에서 제국주의 문화침략을 성공적으로 물리쳤었다. 이것이 그의 하나의 큰 공헌이다."[119] 특례의 다른 하나는 의화단義和團 운동이다. 의화단은 처음에 의화권義和拳이라고 칭했다. 원래는 산동 농촌의 권술과 무술을 연마하는 민간 조직이었다. 조직적으로는 팔괘교 형식을 갖추고 있었는데, 신앙에 있어서는 무생노모無生老母, 진공고향眞空家鄉, 삼양겁변三陽劫變을 논하지 않았다. 한편, 신화전설과 명청 시기 소설에서 나오는 신선神仙과 요괴妖怪를 숭배의 대상으로 삼고 있었는데, 사실 그들의 숭배는 지극히 난잡했다. 정치적 목표는 청나라를 도와 서방 침략자들을 몰아내는 것이었다. 19세기 말, 북경에서 많이 활약했고, 한 시기 청나라 조정에 매수되었다. 1900년, 서방 열강들의 조계지, 영사관을 공격했는데, 후일 팔국八國 연합군의 반격을 받고 이 조직은 거의 박산났다. 그들은 제국주의 침략에 반격하는 두려움없는 영웅적 기개를 보여주었다고는 하겠지만, 그러나 다른 한편, 맹목적으로 외국인들을 배척하고 증오하는 정서

119) 馮友蘭 :《中國哲學史新編》(下), 人民出版社1999年版, 第419頁.

가 심했다고 하겠다. 이는 명청 시기, 종교적 성격을 가진 민간 조직에서 가장 일찍 제국주의를 반대하는 기치를 치켜들었던 민간조직단체이다. 이상 두 개 특례特例는 모두 근대 서방 세력 및 그들의 문화가 대거 중국으로 들어오면서 유발된 것이었다.

2) 유·도·불 삼교 합류가 조장한 민간보급용 독본과 권선서의 유행

(1) 유학 보급용 독본讀本

역사적으로 유학의 보급은 일찍 시작되었지만, 몽학독본蒙學讀本이 광범하게 유행한 것은 명청明淸 시기의 일이다. 학자들은 이에 많은 공력을 들였다.

『삼자경三字經』. 저자는 남송 때의 왕응린王應麟이다. 그러나 이 책에 대한 확충, 증보, 수정과 해석은 명청 시기 학자들의 공로가 크다. 예컨대, 청나라 학자 왕상王相이 만든 『삼자경훈고三字經訓詁』는 영향력이 아주 거대했던 독본이다. 중화민국 시기에 와서 『삼자경三字經』은 "계몽소학용서啓蒙小學用書'로 정해 졌었고, 아동들은 이 책에서 중국역사와 수신修身의 요지를 초보적으로 이해할 수 있었다.

『백가성百家姓』. 역시 송나라 때에 처음 만들어졌다. 원래는 438개 성씨姓氏를 수록했는데, 후일 증보하여 504개 성씨를 수록했다. 명청明淸 시기에는 『천가성千家姓』이 출현하기도 했다. 청나라 강희康熙 황제는 『어제백가성御制百家姓』도 만들었는데, 보다시피 상층 계급에서는 이를 아주 중요시하고 있었다. 『백가성百家姓』은 수백 년 간, 사람들이 거의 누구나 다 잘 알고 있던 책이다. 이는 중국인들의 종족의식宗族意識, 근원 찾기 의식尋根意識을 강화시켰었고, 또 중화민족은 성씨가 많고 민족이 다양한 대가족이라는, 이런 민족의식을 형성시켜 주었다.

『천자문千字文』. 남조 양무제梁武帝 때 주흥사周興嗣가 만들었는데, 중국에서 오랫동안 민중들의 환영을 크게 받았다. 그밖에도 또 당나라 승려 의정義淨이 만든 『범어천자문梵語千字文』이 있었고, 송나라 호인胡寅이 만든 『서고천자문敍

古千字文』이 있었고, 명나라 여재지呂裁之가 만든 『여씨천자문呂氏千字文』이 있었고, 청나라 오성란吳省蘭이 만든 『공경황상칠순만수천자문恭慶皇上七旬萬壽千字文』이 있었다. 이 책들은 몽학독본蒙學讀本 가운데서 문채文采가 특히 아주 독보적이었다.

『제자규弟子規』. 저자는 청나라 저명한 학자, 교육가 이육수李毓秀이다. 이 책은 『논어』를 보급하고, 청소년들에게 처세處世의 법도와 배움의 도리를 가르치는 데 있어서 역할과 영향이 모두 아주 거대했다. 또한 사회에서 아주 환영받고 있었다. 이 책에서는 『논어』에서의 "자제는 집에 들어와서는 효도하고, 집을 나가서는 공손하며, 행동을 삼가고 말을 미덥게 하고, 널리 사람들을 사랑하되 어진 이와 친하게 지내라, 이를 행하고도 남은 힘이 있거든 글을 배워라弟子入則孝, 出則悌, 謹而信, 泛愛衆, 而親仁, 行有余力, 則以學文."라는 말을 발휘하고 있었는데, 한편 이것이 바로 공자의 교수요목이겠다. 이 말은 효제孝悌, 충신忠信, 인애仁愛, 공근恭謹 등 군자君子가 갖추어야 할 주요 성품을 모두 아우르고 있다고 하겠다. 『제자규弟子規』에서는 이를 더 발휘하여 사회행위규범으로 구체화시켰었다. 그 설명이 상세하고, 일상생활을 이탈하지 않고, 인륜일용과 밀접히 연관되어 있었기 때문에, 청소년들이 이를 공부하여 실천에 옮기기에 상당히 편리했다.

『유학경림幼學瓊林』. 명나라 말 청나라 초, 정윤승程允昇이 저술했다. 후일 청나라 사람 추성맥鄒聖脈, 中華民國 시기 사람 비유용費有容, 엽포손葉浦蓀, 채동번蔡東藩 등이 증보를 했다. 이 책의 문구는 모두 대구對偶로 되어 있다. 그 내용은 천문지리, 역사인물, 유·도·불 삼교에 관한 지식 그리고 대량의 성어전고成語典故로 이루어졌다. 이 책은 청소년들이 시가와 산문 짓기 공부를 하는데 아주 유익했다. 후일 종제화鍾際華가 이 책에 백화문白話文 해석을 추가했는데, 청소년들이 공부하기에 더욱 편리해졌고, 그리하여 또한 더욱 환영받게 되었다.

『용문편영龍文鞭影』. 명나라 소량유蕭良有가 만들었고, 청나라 초 양신쟁楊臣諍이 이를 증정增訂했다. 초집初集에는 4248개 글자를 수록했고, 이집二集에는 4024개 글자를 수록했다. 네 글자로 한 마디를 이루고, 두 마디로 한 구절節을 이루고, 여덟 글자로 대구對偶를 이루는데, 매 한마디의 네 글자는 전고典故 하나를 응축하여 표현하고 있었다. 모두 2056개 옛古典 이야기가 들어있었다. 운율이 정연하여 외우기에도 아주 편했다. 이야기의 소재는 자부子部, 사부史部에서 많이 따왔는데, 이렇게 사서오경四書五經의 결점도 미봉해줄 수 있었다.

『성률계몽聲律啓蒙』. 청나라 진사進士 차만육車萬育이 만든 책이다. 이 책의 내용은 삼라만상을 포괄한다고 하겠다. 이 책은 대구對偶식으로 만들어졌고, 독자들은 이 책에서 언어, 음운音韻, 수사修辭에 관해 공부할 수 있었다. 시 창작, 전사塡詞, 글짓기에 많이 편리했다.

『주백로치가격언朱柏盧治家格言』. 저자는 명나라 말 청나라 초의 학자 주백로朱柏盧이다. 아 책의 격언들은 주희의 『주자가훈朱子家訓』에서 따온 것인데, 한편 더 구체적이고 간결하고 실제적이었다. 모두 500여 글자이다. 수백 년 쇠락하지 않고 전해 내려왔는데, 『안씨가훈顔氏家訓』 이래, 영향력이 가장 컸던 가훈이라고 하겠다. 이 책은 유가사상에 의거하여 집안사람들과 후손들을 잘 가르치는 것을 취지로 삼고 있었다. 주요내용으로는, 근검하게 가정을 운영하고, 자제들을 잘 가르치고, 윤리도덕을 잘 지키고, 양친의 상사에는 슬픔을 다하고 제사에는 공경을 다하고愼終追遠, 타인을 착하게善 대해주고, 가문이 화순하고和順, 다투지 말고 양보를 많이 하라는 등을 포함하고 있었다. 전통 사회는 가정을 중심으로 운영되고 있었는데, 가훈家訓이 바로 가정교육의 교과서였다. 가훈을 배우고 실천함으로써, 유가의 훌륭한 가풍을 대대로 전할 수 있었다. 이는 사서오경에 대한 중요한 보충이었다고 하겠다.

(2) 도교 권선서勸善書

명청 시기에는 도교 도덕道德 신조信條를 통속화한 각종 권선서가 크게 유행했다. 이는 유가 윤리교육의 중요한 보충교재로 되었고 또한 민간풍속을 순박하게 만드는 효과적인 수단으로 되어졌었다. 송나라 이창령李昌齡은 『태상감응편太上感應篇』을 저술했는데, 이 책은 명청 시기 민간에서 거대한 영향을 일으켰었고, 한편 황제와 왕공대신王公大臣, 명유名儒와 문사文士들의 주목과 지원도 크게 받았다. 순치順治 황제는 이 편에 『권선요언서勸善要言序』를 써주었고, 여사홍黎士弘, 양헌梁憲, 경개耿介, 시윤장施閏章, 주찬周燦, 팽정구彭定求, 진정경陳廷敬, 탕래하湯來賀, 팽소승彭紹昇, 육롱기陸隴其, 혜동惠棟, 주규朱珪, 정안丁晏, 유월兪樾 등 명사名士들은 이 편에 주注 또는 소疏를 했고, 많은 관료와 토호土豪 및 부자들은 돈을 기부하여 이 편篇을 찍어 세상에 널리 전해지게 했다. 이 편은 모두 1,200 글자이다. 이 편篇에서는 태상노군太上老君을 지상신至上神으로 받들고 있었고, 그 종지宗旨는 "복福과 화禍는 들어오는 문이 따로 없고, 다만 사람이 절로 만들어낼 따름이다. 선善과 악惡의 과보는 그림자가 형체를 따르듯이 떨어지지 않는다福禍無門 唯人自招 善惡之報 如影隨行."는 것이었다. 이 편篇에서는 26가지 선행善行, 170가지 악행을 명시했는데, 특히 '덕을 쌓고 공을 쌓고, 만물에 자비를 베풀며積德累功 慈心於物' '충성과 효도와 우애와 공손함을 지키고, 자기를 올바르게 하고 남을 감화시키고, 고아와 과부를 불쌍히 여기고, 늙은이를 공경하고 어린이를 따뜻이 보살필 것忠孝友悌 正已化人 矜孤恤寡 敬老懷幼'을 강조하고 있었다. 내용적으로는 유가 윤리를 주로 선양하고 있었고, 교화 방식에 있어서는 도교의 승부설承負說과 불교의 응보설應報說을 결합하고 있었다. 이 역시 '신도神道로써 백성들을 교화하는 방식'이었다고 하겠다.

많이 유행했던 권선서로는 또 『관제각세진경關帝覺世眞經』, 『문창제군음즐문文昌帝君陰騭文』, 『여조공과격呂祖功過格』, 『문제효경文帝孝經』 등이 있었는데, 이 책들은 후일 모두 『도장집요道藏輯要』에 수록되었다. '음즐陰騭'이란 음덕陰德을 쌓는다는 뜻이다. 『음즐문陰騭文』에서는 천인감응天人感應설과 인과응보因果應報설에 의거하여, 유가의 도덕규범을 설파하고 있었고 또 도교와 불교의 계율도 선양하고 있었다. 『음즐문』에서는 문창제군文昌帝君의 이야기를 가지고 음덕陰德을 널리 행하면 선善한 과보를 받게 된다고 설명하고 있었다. 또 여러 행위준칙도 열거하고 있었는데 예를 들면, 임금에게 충성하고, 부모님에게 효도하고, 윗사람을 공경하고, 친구에게 믿음을 주고, 노인을 존경하고, 가난한 자를 불쌍히 여기고, 고아와 과부를 가엾게 여기고, 남의 재물을 탐내지 않고, 남의 부녀자와 간통하지 않으며, 부유하다고 가난한 자를 업신여기지 않고, 권세를 가졌다고 선량한 자들을 깔보지 않는 등이 그것이다. 또 이를 행하게 되면, 백가지 복이 함께 이르게 되고, 천 가지 상서로움祥이 구름처럼 모여들고, 가까이로는 개인에게 착한 과보를 가져다주고, 멀리로는 자손들에게 복택을 가져다준다고 한다. 『공과격功過格』은 성찰 일지와 유사한 것이다. 공격功格은 선의善意, 선언善言, 선행善行을 적는 기록부이고, 과격過格은 악의惡意, 악언惡言, 악행惡行을 적는 기록부이다. 신봉자들은 매일 자신이 행한 착한 일들을 공격功格에 적어 넣고, 자기가 저지른 악한 일들을 과격過格에 적어 넣는다. 매일 자신이 생각한 바와 행한 바를 정리하는데, 한 달에 한 번씩 현재와 과거를 작게 비교해보고, 일 년에 한 번씩 현재와 과거를 크게 비교해본다. 당연히 선이 많아지면 악이 줄고, 악이 많아지면 선이 줄게 된다. 또 공功이 많아지면 복福을 많이 받게 되고, 과過가 많아지면 죄를 많이 받게 된다. 이렇게 절로 자신의 언행을 살펴보고 또 그 후과를 알게 되면, 절로 악행惡을 버리고 선행善을 많이 하도록 격려해주게 된다는 것이다.

(3) 불교 통속 독본讀本과 설창說唱 문학 및 권선서勸善書

불교는 중국화하는 과정에 일찍부터 불법佛法 강론의 대중화, 통속화에 많은 공력을 들였다. 혜능慧能의 『단경壇經』이 바로 불법을 구두로 생동하게 설파하던 불전佛典인데, 일반인들도 그 강론을 듣고서 곧바로 깨칠 수 있었기 때문에, 평민 계층에서 널리 유행했던 것이다. 민간에서 영향력을 확장하기 위하여 중국 승려들은 불법 교의를 설명할 때, 변문變文, 보권寶卷, 탄사彈詞, 고사鼓詞 등 설창문학說唱文學 형식도 창조했다. 또 '전독轉讀', '범패梵唄', '창도唱導' 등 불법 표현방식도 활용했다. 불법 강론은 이렇게 설명도 있고 노래도 있어 아주 생동했고, 사람들의 관심도 많이 끌게 되었던 것이다. '변문'은 불경 이야기를 설창說唱하는 문학형식이다. 예를 들면, 『유마힐경변문維摩詰經變文』, 『대목건련명간구모변문大目乾連冥間救母變文』, 『강마변문降魔變文』 등이 그런 것들이다. 보권은 송나라 때 형성되었고, 명, 청 시기에 와서 성행했다. 보권은 불교 이야기를 가지고 인과응보를 선양하는 문학형식이다. 송나라 이래, 『향산보권香山寶

卷』, 『어람보권魚籃寶卷』, 『목련삼세보권目連三世寶卷』 등이 있었고, 명·청 시기에는 『양산박보권梁山泊寶卷』, 『토지보권土地寶卷』, 『약명보권藥名寶卷』 등이 있었다. 명·청 시기에는 또 탄사가 크게 유행했는데, 이는 보권을 일종의 곡예曲藝로 탈바꿈시킨 것이다. 탄사는 설명도 하고 노래도 하면서 불법을 강론하는 문학형식인데, 한편 민중들은 곡예를 즐기면서 권선의 가르침을 들을 수 있었다.

불교 거사居士 가훈家訓에서 가장 대표적인 것은 『요범사훈了凡四訓』이다. 저자 원요범袁了凡은 강소江蘇 오강吳江 사람이다. 명나라 만력 연간에 살았던 사람이다. 진사進士 출신으로서 조관朝官과 현관縣官을 역임했는데, 후일 벼슬자리에서 억울하게 쫓겨나 고향에 돌아와 살았다. 그는 불교를 믿고 있었는데, 매일 같이 경經을 읽고 주문呪文을 외우고, 참선參禪을 하고, 지관止觀(마음을 고요히 하여 진리의 실상을 관찰하는 불교수행법)을 했다. 또 늘 선행善行을 하고 보시를 했고, 민생을 관심해 주었다. 『요범사훈了凡四訓』에서는 가훈으로써 자식을 가르치는 방식으로, 유·불·도 삼교 사상을 선양하고 있었다. 이 책의 '입명편立命篇'에서는 "운명은 내가 만들어내는 것이요, 복은 나 절로 구하는 것이다.命由我作 福自己求"라고 한다. 한편 이렇게 가르친다. "운명命이 영현榮顯하더라도 늘 적막함에 떨어지는 경우를 생각하고, 오늘날이 순조로울 지라도 늘 일이 불순拂逆한 경우를 생각하고, 눈앞에 먹을 것이 풍족하더라도 늘 빈궁할 때를 생각하고, 사람들이 사랑하고 존경해주더라도 늘 두려움으로 생각하고, 가문이 명성이 높을지라도 늘 지위가 비천할 때를 생각하고, 학문이 아주 훌륭하더라도 늘 식견이 짧다고 생각하라. 멀리로는 조상들의 덕을 발양할 것을 생각하고, 가까이로는 부모님의 허물衍을 묻어둘 것을 생각하고, 위로는 나라의 은혜에 보답할 것을 생각하고, 아래로는 가정의 행복을 만들어낼 것을 생각하고, 바깥으로는 다른 사람의 어려움을 도와줄 것을 생각하고, 안으로는 자신의 삿된 짓을 없애버릴 것을 생각하라."120) 이 책의 "개과편改過篇'에서는 "선善을 행하

120) [원문: 即命當榮顯, 常作落寂想. 即時當順利, 常作拂逆想. 即眼前足食, 常作貧窶想. 即人相愛敬, 常作恐懼想. 即家世望重, 常作卑下想. 即學問頗優, 常作淺陋想. 遠思揚祖宗之

기 전에 우선 잘못過을 고칠 것"을 선양하는데, "첫째는 수치심恥心을 발해야 하고, 둘째는 외심畏心을 발해야 하고, 셋째는 모름지기 용심勇心을 발해야 한다."고 한다. 이 책의 '적선편積善篇'에서는 "선을 쌓은 집안에는 반드시 후일 경사가 있다積善之家 必有余慶."고 한다. 한편, 이렇게 가르친다. "선에는 진짜와 가짜가 있고, 곧은 것도 있고 구부러진 것도 있고, 음陰도 있고 양陽도 있고, 옳은 것도 있고 그른 것도 있고, 기울어진 것도 있고 올바른 것도 있고, 절반 찬 것도 있고 꽉 찬 것도 있고, 큰 것도 있고 작은 것도 있고, 어려운 것도 있고 쉬운 것도 있는데, 모두 자세히 변별해야 한다." 그래서 선을 행하려면, 반드시 이치를 깊이 탐구해야 하는데, 그래야만 가장 좋은 효과를 얻을 수 있다는 것이다. 이 책의 '겸덕편謙德篇'에서는 "교만은 손해를 불러오고, 겸손은 이익을 얻게 해준다滿招損 謙受益."라고 한다. 또 반드시 기억해야 할 것이 있다고 한다. 즉 "머리 위 삼척 되는 곳에는 반드시 신명神明이 있다. 길한 쪽으로 나아가고 흉한 쪽을 피하는 것은 단연코 나에게 달렸다. 반드시 나 마음에 이를 간직하고 자기 행위를 단속해야 한다. 천지天地 귀신의 노여움을 추호도 사지 말아야 한다. 한편 마음을 비우고 자기를 굽혀, 천지 귀신이 때때로 나를 가엾게 여기게 해야만, 복을 받을 토대가 있게 된다."

원요범袁了凡은 『요범사훈了凡四訓』 외에 또 '공과격功過格'도 만들었다. '공과격功過格'에서 그는 선행善과 악행惡에 등급을 매기고, 이에 상응한 공과 과功過를 짝지웠었다. 예를 들면, "한 사람의 죽음을 구원하면 백공百功에 해당하고", "수계제자受戒弟子 한 명 제도濟度해주면 삼십공三十功에 해당하고", "권고하여 한 사람이 소송을 그만두게 하면 오공五功에 해당하고", "한 사람의 선행善行을 찬양해주면 일공一功에 해당하고", "한 사람을 죽이게 되면 백과百過에 해당하고", "한 사람의 혼인을 파괴하면 오십과五十過에 해당하고", "일체 정법경전正法經典을 비방하면 오과五過에 해당하고", "한 사람의 선행을 묻어두면 일과一過에 해당한다."는 등이다. 이 가훈家訓에서는 삼교를 가르지 않고 모두

德, 近思蓋父母之衍: 上思報國之恩, 下思造家之福. 外思濟人之急, 內思閑己之邪.]

선양하고 있었다. 또한 불교를 신앙하는 동시에 천명天命과 귀신鬼神도 존숭하고 있었다. 내용적으로는 유가의 윤리도덕倫常을 중심으로 하고 있었다. 이는 전형적인 혼합형 권선서勸善書였다.

3) 유·도·불 삼교의 민속 문화생활에로의 침투

중국인들의 민속 문화는 줄곧 분명한 종교적 성격을 가지고 있었다. 중국인들의 민속문화생활은 줄곧 천조귀신天祖鬼神 숭배와 밀접한 관련이 있었고, 또한 민족성, 지역성, 다양성의 특색을 가지고 있었는데, 그리하여 늘 천태만상으로 나타났었다. 한편, 종교적 성격을 가진 민속문화는 하나의 주제가 관통되고 있었다. 즉 재앙禍을 피하고 복福을 구하고避禍求福, 흉한 일凶에 봉착해서 길吉하게 변화시키고逢凶化吉, 신도神道로써 도덕 기풍를 훌륭하게 만드는 것이 그것이겠다. 이렇게 사람들이 심리적으로 안위를 얻게 하고, 생활이 더욱 풍부해지게 만들었던 것이다. 민간풍속에 영향을 끼친 종교로서 가장 오래 되고 가장 보편적이던 것은 중국에 예로부터 있었던 전통 신앙이었다. 즉 천신天神, 조령祖靈, 사직社稷, 성현聖賢, 일월日月, 산천山川, 강하江河, 호해湖海, 풍우風雨, 뇌전雷電, 방위方位, 백물百物 등 여러 신령 및 그 제사를 포함한다고 하겠다. 그 가운데 경천법조敬天法祖 신앙이 핵심으로 되어졌었다. 제도문화 측면에서 말할 때, 이것들은 유가 예교禮教의 중요한 구성부분이었다. 일찍 『예기·제통』에서는 "예禮에는 오경五經이 있는데, 제사祭보다 중요한 것이 없다."[121]고 했다. 명청 이후, 이런 종교적 성격을 가진 예속禮俗 문화는 더욱 번영하고 창성했다. 당연히 도교와 불교도 민속문화에 영향을 많이 끼쳤었다. 이때에 와서 이 두 종교는 한편으로는 학술적 차원에서 송, 명 신유학과 상호 작용하고 상호 침투했고, 다른 한편으로는 민간도교와 민간불교로 되어져, 민간의 풍속문화와 민중들의 일생생활에 지대한 영향을 끼쳤었다.

121) (唐)孔穎達疏:《禮記疏》,《祭統第二十五》, 淸嘉慶二十年南昌府學重刊宋本十三經注疏本, 第1146頁.[원문: 禮有五經, 莫重於祭.]

(1) 유가 예교禮敎의 제사祭祀 풍속

한나라 이후, 천조天祖와 백신百神을 공경하여 제사 지내는 민속이 점차 형성되었는데, 발전과정에 국부적 조정은 있었지만, 전체 구도에서 큰 변화는 없었다. 명, 청 시기, 이런 제사 활동은 더욱 세밀해졌고, 더욱 보편화되었다. 또한 한족들로부터 몽골족, 만족 등 수많은 소수민족들에로 확산되었다. 이때에 이르러 경천법조敬天法祖는 진정하게 전체 중화민족의 기초 신앙으로 자리매김하게 되었다.

명절과 세시 풍속에서의 종교 민속. 중국에서는 '백 가지 명절에서 춘절을 우두머리로 삼고 있었는데', 이 명절은 한족과 수많은 소수민족들에서 가장 중요시하고 있던 명절이다. 춘절에는 가족 구성원들이 함께 모여 행복을 기원하고 새해를 축복한다. 춘절에는 집집마다 '천지군친사天地君親師' 및 선조들의 위패와 제諸 신상神像을 세우고 봉안한다. 섣달에는 부뚜막 신竈神에게 제사지내고, 도부桃符(마귀魔鬼를 쫓기 위해 문짝에 붙이던 조그마한 나뭇조각. 복숭아나무로 만들고 길상吉祥한 문자文字를 새겨 넣음)를 걸어놓는 풍속이 있다. 그믐날에는 밤을 새우고, 폭죽을 터뜨린다. 초하루 날에는 조상들에게 제사 지내고, 초닷새 날에는 재신財神에게 제사 지내고, 보름날에는 정월 대보름을 쇤다. 2월 2일은 '용龍이 머리를 쳐드는 날'로서 이 날 이후 비가 자주 오고 생활하기가 편해진다고 여겨, 용등龍燈춤을 추고, 용왕龍王에게 제사지내, 비와 바람을 시기적절하게 내려줄 것을 기원한다. 3월 3일은 삼짇날上巳節로서 이날 사람들은 온갖 상서롭지 못한 기운을 물리칠 것을 기원하고, 자손들의 평안을 기원하고 새해의 행복을 기원한다. 민간에는 계제사禊祭祀(액운을 떨쳐 버리기 위해 물가에서 지내는 제사)가 있는데, 이때는 '유상곡수流觴曲水(매년 음력 3월 3일 여러 사람이 굽이진 도랑에 둘러앉은 후, 위에서 띄운 술잔이 흐르다 멈추면 그 앞에 앉은 사람이 술을 마시는 놀이)'를 한다. 이 명절날, 태족傣族, 백족白族은 발수절潑水節을 지낸다. 청명절淸明節에는 성묘하고 조상들에게 제사 지내고, 버드나무가지를 꺾어 몸에 달고 이로 액막이를 한다. 5월 5일은 단오절이다. 이날 사람들은 쫑쯔粽子를 먹고, 용선龍舟 경기를 하고, 굴원屈原을 기리고, 창포菖蒲를 걸고, 쑥대艾草를 꽂고, 온역瘟疫

을 쫓는다. 7월 7일은 칠석절七夕節로서 사람들은 견우와 직녀를 기리며, 젊은 이들의 사랑이 좋은 결실을 맺을 것을 축복한다. 7월 15일은 중원절中元節로서 백가지 귀신에게 제사 지내고, 망령들을 섬긴다. 8월 15일은 추석명절中秋節로서 함께 달구경을 하고 가족이 단란하게 모여서 행복을 기원한다. 9월 9일은 중양절重陽節로서 사람들은 수유茱萸나무 가지를 꺾어 몸에 차고, 국화술菊花酒를 마시고, 중양고重陽糕를 먹는다. 섣달 8일은 납팔절臘八節로서 납팔죽臘八粥을 끓여 가난한 사람들에게 시주施舍한다.

인생人生 예의禮儀에서의 종교 민속. 금방 낳았을 때의 예의 풍속으로서 '세삼洗三(낳은 지 사흘째 되는 날에 목욕을 시키는 일)'을 하고, 백일째 되는 날 예의 풍속으로서 '백세百歲'라 칭하는데, 백가의百家衣를 입고, 장명쇄長命鎖(어린아이의 목에 걸어 장수함을 기원하는 자물쇠 모양의 장식물)를 걸고, 한 돌이 되는 날 로서 '돌잡이抓周'를 한다. 이름을 짓는 예의로서 팔자八字(출생한 연·월·일·시의 간지의 여덟 글자)를 배열하여 길吉한 이름을 선택한다. 성인례成人禮에서는 남자는 관례冠禮(남자가 성인이 되어 관모를 쓰는 것)를 지내고, 여자는 계례笄禮(15세가 되면 비녀 같은 장식품을 머리에 꽂음)를 지낸다. 혼례婚禮에서는 "두 성씨의 결합을 축복하고, 위로는 종묘宗廟를 섬기고, 아래로는 후세를 이어갈 것을 약속한다."[122] 이 행사에는 신랑과 신부가 함께 천지신령과 양가 부모님에게 절을 한 후 맞절하는 의례도 있다. 수례壽禮에서는 장수함을 축하하고 기원하는데, 민간에서는 남극선옹南極仙翁을 섬기고 있었다. 장례葬禮에서는 신종추원愼終追遠(喪事를 당하여 예절을 정중히 갖추고 조상의 덕을 생각하며 제사에 정성을 다함)하는데, 죽은 이가 땅속에 묻혀 평안하게 지낼 것을 기원하고, 효성孝을 지켜 사십구재(죽은 뒤 49일, 매 7일마다 드리는 제사)를 치른다. 즉 "살아서는 예禮로 섬기고, 죽어서는 예로 애도하고, 제사祭祀도 예로 지내는 것"이 효도孝道를 행하는 전 과정이다. 명, 청 시기의 상복喪服 제도는 더욱 번잡하고 엄격했다.

민간 속신俗神 숭배. 옥황숭배玉皇崇拜는 송나라 이후, 예로부터 전해 내려오

122) (唐)孔穎達疏:《禮記疏》, 清嘉慶二十年南昌府學重刊宋本十三經注疏本, 第1385頁.

던 호천상제昊天上帝 숭배와 도교에서의 옥황대제玉皇大帝 숭배를 하나로 합친 것이다. 민간에서는 옥황묘玉皇廟를 세워 제사를 지냈다. 또 전설 속의 서왕모西王母를 왕모마마王母娘娘라고 칭하면서, 옥황과 짝을 지워 함께 제사 지냈다. 중국 대만 지역의 민간에서는 서왕모를 요지금모瑤池金母라고 칭하는데, 그녀를 섬기고 제사 지내는 자혜당慈惠堂이 대만 전 지역에 널리 세워져 있다. 관공關公은 '충의忠義와 절개'로써 사람들의 경배를 받고 있었는데, 명나라 이후에는 '관성제군關聖帝君'으로 승격했고, 관제묘關帝廟도 전국의 도시와 농촌에 널리 세워져 있었다. 관제의 직능도 악마를 굴복시키고 사악함을 쫓던 것으로부터 질병을 치료하고 재앙을 없애고, 저승冥司을 순찰하고, 금은보화를 가져다주는 것으로 확장되었는데, 거의 전지전능의 신神으로 되어졌었다. 재신財神으로는 일찍이 비간比干, 범려范蠡가 있었고, 후에는 또 조공명趙公明이 있었다. 민간에서는 정월 초닷새 날, 다섯 재신財神을 섬긴다. 즉 조공원수趙公元帥, 초보재신招寶財神, 납진재신納珍財神, 초재재신招財財神, 이시재신利市財神에게 제사 지낸다. 상가들에서는 모두 위패를 세워 제사 지냈는데, 이로써 재물이 거침없이 들어오기를 기원하고, 장사가 흥성하기를 기원했다. 성황城隍은 도시를 보호하는 신으로서 이 신은 늘 그 지역의 영웅과 공신功臣의 신령神靈이 맡고 있었다. 예를 들면, 북경 성황묘城隍廟에서는 명나라 때 청렴한 관리 양초산楊椒山과 명나라 말 문천상文天祥을 봉안하고 있었고, 상해 성황묘城隍廟에서는 한나라 곽광霍光, 명나라 진유백秦裕伯, 청나라 말 애국 장군 진화성陳化成을 봉안하고 있었다. 문창제군文昌帝君은 문교文教를 관장하는 신神으로서 학도들과 선비들은 모두 그를 섬기고 제사 지내면서 공명功名을 추구하고 있었다. 문화용품 상점에서는 늘 이를 섬기고 제사 지내면서 장사가 흥성하기를 기원하고 있었다. 복록수삼성福祿壽三星은 사람들의 부유함과 존귀함, 장수함에 대한 추구를 상징하고 있었다. 명나라 때 소설 『경세통언警世通言』에는 「복록수삼성도세福祿壽三星度世」라는 한 편이 있었고, 민간에서는 '세 별星이 높은 곳에서 비춰주어 희사喜事가 문에 들어오기를' 기대하고 있었다.

농업신農業神과 바다신海神. 중국은 오랜 기간 가족사회였고 또 오랜 기간농업 국가였다. 그리하여 줄곧 천단天壇, 지단地壇에서 천지에 제사 지내고, 종묘宗廟에서 조상에게 제사 지내고, 사직社稷에서 농업신에게 제사 지내는 일을 아주 중요시했다. 명, 청 시기, 조정朝廷에서는 북경 남쪽 교외에 천단天壇을 세워 하늘에 제사지냈고, 북쪽 교외에 지단地壇을 세워 땅에 제사 지냈었다. 고궁故宮 오문午門 양편에는, 좌측左側에 종묘宗廟를 세우고 우측右側에 사직社稷을 세우는 예의제도에 따라, 태묘太廟와 사직단社稷壇을 세웠다. 사社는 토지신土地神이고, 직稷은 양식신糧食神이다. 민간에서는 토지묘土地廟에서 토지신에게 제사 지내고, 향사鄉社에서 양식신에게 제사 지냈었다. 사일社日에는 민중들이 모여서 함께 즐거움을 나누었는데, 이때는 늘 제사 활동과 문예활동을 병행했다. 이는 가족을 초월한, 지역적 성격을 가진 집단행위였다. 후일 '사일집회社日集會'는 '사회社會'라는 말로 간칭하게 되었는데, 이로써 정권 바깥의, 가정을 초월한 단체조직의 형식 및 생활방식을 표현하게 되었던 것이다.

중국은 아주 긴 해안선海岸線을 가지고 있는 나라이다. 민중들이 바다에 나가서 고기잡이를 하고 바다를 넘나들면서 무역을 하는 데는 모두 변화가 무상無常한 바다를 상대해야 했는데, 그리하여 점차 바다신海神 마조媽祖를 숭배하는 신앙이 생기게 되었던 것이다. 사람들은 마조신媽祖神이 해난海難 사고를 구조해주고, 선민船民들의 평안平安을 보우해줄 수 있다고 믿고 있었다. 마조 신앙은 송나라 때에 생겼는데, 미주도湄州島로부터 점차 남북 연해지역으로 전해졌었다. 마조媽祖는 후일 중국연해지역에서 공동으로 신봉하는 강해江海의 여신으로 되어졌다. 마조媽祖는 송, 원, 명, 청 각 조대朝代에서 칙명勅命으로 봉封해준 이름이 있었다. 예컨대 '천비天妃', '천후天后', '성모聖母'가 그것이다. 연해 도시, 예컨대 천진天津, 연대煙臺, 남경南京, 상해上海, 녕파寧波, 천주泉州, 하문廈門 및 광주廣州, 홍콩, 마카오에는 모두 천후궁天后宮, 마조묘媽祖廟라고 이름하는 묘당이 많이 있다. 대만臺灣에는 마조묘媽祖廟가 800여 곳 있는데, 신도는 1400만 명 이상으로 집계된다. 사실 이는 대만에서 가장 큰 신앙단체이다. 후일 마조媽祖 신앙은 불교, 도교와 융통하면서 때로는 불교 체계에 납입되기도 하고, 때로는 도교체계에 납입되기도 했다. 그러나 시종 상대적 독립성은 보존하고 있었다.

성현聖賢 숭배. 성현聖賢 숭배는 중화민족의 오랜 전통이다. 그러나 숭배하는 성현들은 법력法力이 무한한 대신大神들이 아니었고, 이들은 중화문명을 창조하고 발전시키고, 백성들을 위해 큰 공덕을 쌓은 문화적 영웅 선조들이었다. 그들을 기념하는 의미가 복을 기원하는 동기를 초월했다고 하겠다. 사회에서는 위아래를 막론하고 모두 염제炎帝와 황제黃帝를 숭배하고 있었는데, 우선 이들을 중화민족의 창립자로 보고 있었다. 또 요, 순, 우, 탕, 주문왕과 주무왕, 공자를 숭배하고 있었는데, 이들을 위해 묘당廟을 세우고 정기적으로 제사를 지냈었다. 이는 중화민족공동체를 응집하는 역할이 있었다. 이를 통해 또 성현들의 문명하고, 인덕을 베풀고, 백성을 사랑하고, 화목함을 소중히 여기고, 창조를 추구하던 훌륭한 전통을 계승하고 발양하고 있었다. 그 가운데서 공자에게 지내는 제사가 후세에 끼친 영향이 가장 컸다고 하겠다. 서한西漢 때부터 공자를 섬기고 제사 지냈었는데, 당나라 개원 연간 중기에는 공자에게 제사 지내는 일이 중사中祀(나라에서 지내던 제사의 하나. 의식이 대사보다 조금 간단함)로 승격했고, 청나라 동치同治 연간 중기에는 대사大祀로 승격했다. 공자문묘孔子文廟 대성전大成殿에는 사배四配(즉 顏回, 曾參, 子思, 孟子)를 세워 함께 봉안하고 있었고, 그 아래에는 십철十哲(즉 子思(후일 사배로 승격했음), 子騫, 伯牛, 仲弓, 冉有, 子貢, 子路, 宰我, 子游, 子夏) 및 역대의 대유大儒들을 배사陪祀하고 있었다. 각 지역에서도 문묘文廟를 세웠었는데, 그 목적은 유가 문화를 제창하고, 도통의 연속을 강화하고, 공자의 대성지성선사大成至聖先師로서의 도덕지존道德至尊의 형상을 수립하고, 학문을 숭상하고 교화를 중요시하는 기풍을 수립하려는데 있었다. 이는 기타 민간 신령에게 제사 지내는 것과는 많이 달랐다.

(2) 도교와 불교의 영향을 받은 종교적 성격을 가진 민속民俗

명절과 묘회廟會. 2월 19일은 관음보살 탄생일로서 중국 절강浙江 보타산普陀山에는 이 날 참배하러 오는 사람들로 붐빈다. 4월 8일은 부처님 탄생일로서 사찰에서는 성대한 경축행사가 열리고 있다. 삼원절三元節 : 도교에서는 이렇게 말한다. 천관天官은 복을 하사하는데, 그는 정월 15일에 태어났고, 이를 상원上

元이라고 하고, 지관地官은 죄를 용서해주는데, 그는 7월 15일에 태어났고, 이를 중원中元이라고 하고, 수관水官은 액厄을 풀어주는데, 그는 10월 15일에 태어났고, 이를 하원下元이라고 한다는 것이다. 이 세 명절날, 도관道觀과 민중들은 함께 경축행사를 진행하는데, 이 행사에는 제사활동도 있고 문예오락 활동도 있다. 중원절中元節 : 불교에서는 우란분ullambana 행사를 거행한다. 이 명절에는 시방十方의 승려들을 공양供養하고, 민중들은 스님들에게 시주한다. 사찰에서는 법회를 거행하고 수륙재水陸齋를 올려, 지옥에서 고통 받는 자들이 해탈을 얻게 해준다. 북경에는 이런 묘회廟會가 수십 곳 있는데, 달마다 정기적으로 개방하는 도교 궁관宮官으로는 동악묘東嶽廟, 여조각呂祖閣, 숭원관崇元觀이 있고, 불교 사찰로는 백탑사白塔寺, 호국사護國寺, 융복사隆福寺가 있다. 매년 새해를 맞이하여 개방하는 도교 궁관宮觀으로는 백운관白雲觀 벽하원군묘碧霞元君廟가 있고, 불교 사찰로는 대종사大鐘寺, 옹화궁雍和宮, 만수사萬壽寺가 있다. 민간에는 이런 말들이 전해지고 있다.

> 초하루 날 동악묘東嶽廟를 돌고, 보름날에는 꽃등 놀이를 즐기고, 연구燕九(음력 정월 19일)에는 백운관白雲觀에 가고, 삼십(30일) 날에는 옹화궁雍和宮에서 노닌다. 재신묘財神廟에서 원보元寶를 빌리고, 각생사覺生寺에서 큰 종을 울리고, 동악묘東嶽廟에서 아기를 붙들어오고, 백운관白雲觀에서 순성順星(음력 정월 8일에 별에 제사 올리는 행사)을 행하고, 성황묘城隍廟에서 화판火判(진흙으로 염라대왕 수하手下에 있다는 판관判官의 형상을 만들어 칠규七竅를 뚫고 그 안에 불을 지피면 귀나 코 구멍으로 화염을 내뿜도록 만든 것)을 구경하고, 숭원관崇元觀에서 꽃등을 구경하고, 화신묘火神廟에서 양보회亮寶會를 여는데, 묘회廟會에서 가장 성대한 것으로는 제경帝京이겠다.

북경은 명나라와 청나라 때의 수도였는바, 북경 시민들의 종교 생활은 대표적 성격을 가지고 있다고 하겠다.

분향하면서 신을 참배하고, 산에 들어가 복을 기원하는 일. 중국 민중들에서(특히 漢族들에서), 출가해서 승려나 도사로 된 자는 적었고, 집에서 거사居士로 된 자도 역시 많지 않았다. 하지만 늘 사찰에 가서 부처님께 소원을 빌거나 도관道觀에 가서 신선을 섬기는 자는 엄청 많았다. 사람들은 늘 묘당廟에 가서 신神에게 사람과 가축이 평안하고, 오곡이 풍성하고, 재앙禍을 쫓고, 건강하고 장수하고, 자손이 많기를 보우保佑해줄 것을 기원했다. 혹은 어떤 어려운 일에 봉착해서 신에게 복을 기구했다. 오랜 기간, 이는 민중들의 일상생활의 일부분으로 되어졌었다. 각 지역의 수많은 불교 사찰과 도관은 출가한 사람들에게 거처와 활동 장소를 제공해주었을 뿐만 아니라, 또한 하나의 중요한 사회적 기능이 있었다. 그것인 즉, 주변 민중들에게 개방하여 그들의 일상생활에서 수시로 출현하는 종교적 수요를 만족시켜주는 것이었다. 전국의 명산대찰名山大刹은 줄곧 속세의 민중들이 우러러 동경하는 신성한 장소였고, 재가在家 신도들은 정기적 혹은 비정기적으로 사면팔방에서 먼 길을 떠나 여기에 와서 향을 피우면서, 부처님과 신선을 참배하고, 자신들을 보우해줄 것을 기구했다. 불교 명산대찰名山大刹로는 오대산五臺山, 아미산峨眉山, 보타산普陀山, 구화산九華山, 국청사國淸寺, 서하사棲霞寺, 자은사慈恩寺, 화엄사華嚴寺, 대명사大明寺, 소림사少林寺, 남화선사南華禪寺가 있고, 유명한 도교 명산과 도관道觀으로는 무당산武當山, 면산綿山, 노산 嶗山, 청성산靑城山, 태산泰山, 용호산龍虎山, 천사부天師府, 중악묘中嶽廟, 영락궁永樂宮, 누관대樓觀臺, 청양궁靑羊宮이 있었다. 이 모두 신앙문화의 거대한 매력과 복사력輻射力을 가지고 있었다. 속세의 민중들의 정신적 수요를 만족시켜주기 위해, 불교 사찰과 도교 도관道觀에서는 늘 사회 인사들과 연합하여 함께 규모가 비교적 큰 '수륙도장水陸道場(佛敎)'과 재초기양대회齋醮祈禳大會(道敎)를 거행했는데, 이런 행사에는 항상 수많은 민중들이 불원천리하고 몰려왔었다. 명, 청 시기, 유가 서원書院과 종사宗祠, 불교 사찰과 도교 궁관宮官은 전국의 도시와 농촌에 두루 널리 세워져 있었고, 이로써 민중들의 다원적 신앙의 수요를 만족시켜주고 있었다. 또한 그들의 신앙 활동 장소로도 되어졌었다. 이는 민족공동체를 응집하는 데에도 유익했고, 향토문명을 추진하는 데에도 유익했다. 민중들은 늘 천조, 부처, 신선 숭배에 고난을 물리치고, 행복한 생활을 동경하는 소원을 기탁하고 있었다. 이런 신앙과 숭배 또한 사회의 도덕교화 및 사회의 안정에 있어서도 도움이 컸다.

장례喪葬를 치르고, 망령亡靈을 제도濟度하는 일. 불교 승려와 도교 도사道士들의 하나의 중요한 사회적 역할이 바로 민간 상장喪葬 행사에 직접 참여하여, 망령亡靈을 제도濟度해주는 법사法事를 진행해주고, 사망자 가족을 위로해주는 것이었다. 부유한 집안에서는 늘 불교와 도교 법사法師를 함께 청해서, 추천追薦(죽은 자의 명복을 비는 행사)을 강화했다. 『홍루몽紅樓夢』 소설에서는 그 당시 부유한 집안에서 상사喪事를 치르던 상황을 역사기록보다 더 생동하게 묘사하고 있다. 제13회에서는 진가경秦可卿이 사망 후, 녕국부寧國府에서 상사를 치르던 상황을 이렇게 기술하고 있다.

> 영구靈柩가 49일 조용히 머무를 곳을 찾고서, 삼일 후 상례喪禮를 치른다고 부고를 보냈다. 이 49일, 승려만 108명 청해서 대청에서 대자참大慈懺 법회를 거행하면서 죽은 자의 귀鬼와 혼魂을 제도濟度해주도록 했다. 또 천향루天香樓에 단壇을 하나 설치하고서, 전진도사全眞道士 99명을 청해서 해원세업초解寃洗業醮 행사를 19일 거행하게 했다. 그 다음, 영구를 회방원會芳園에 가져다 놓고, 영전靈前에서 다른 고승高僧 50명과 고도高道 50명이 7이라는 숫자(불교에서 유래한 습속)에 맞추어 제도濟度 행사를 잘 마치게 했다.

이는 상층 귀족들이 장례를 치르던 상황이고, 일반 백성들의 장례식은 이에 비할 바가 못 된다고 하겠다. 하지만 민간의 장례 행사에서도 늘 승려와 도사들을 청해서 망령을 제도해 주었다. 일반적으로 불교 사찰과 가까운 곳에 사는 자들은 승려를 청하고, 도관道觀과 가까운 곳에 사는 자들은 도사道士를 청했다. 그들은 불교와 도교를 별로 분간하지 않았다. 요컨대, 명, 청 시기, 이 풍속은 아주 보편화되었다.

채식과 방생放生. 양무제 이후, 채식은 불교도들의 계율淸規로 되어졌고, 점차 민간에도 영향을 끼치게 되었다. 즉 일종의 보편적인 습속으로 되어졌었다. 소수의 재가在家 신도들도 승려들처럼 채식을 했는데, 이를 "장재長齋'라고 칭했다. 다수의 속가俗家 신도들은 정기적 혹은 비정기적으로 채식을 했는데, 이를 '화재花齋'라고 칭했다. 채식은 후일 많은 사람들이 선호하는 식생활 습관과 풍속으로 되어졌고, 하나의 음식문화 계열도 형성해냈다. 이는 사람들의 건강에도 많이 유익했다.

방생放生은 불교에서 유정중생有情衆生들에게 자애慈愛를 베푼다는 교의敎義에서 유래한 것이다. 민간에서 자비심이 많은 인사들은 포획된 짐승이나 물고기를 보게 되면, 늘 돈을 주고 사서 산림이나 강에 풀어 주었다. 일부 사찰 또는 일부 지역에서는 방생 못放生池을 만들어 방생 활동을 거행하기도 했다. 사람들은 늘 이런 자선慈善 행위를 일종의 선善을 쌓고 덕德을 쌓는 일로 간주하고 있었다.

염불念佛과 기공氣功. 불교 정토종淨土宗은 명, 청 시기에 이르러 보편적인 민간신앙으로 되어졌고, 간단하고 행하기 쉬워 민간에서 널리 유행했다. 길가에서 늘 손으로는 구슬을 헤아리고念珠 입으로는 불호佛號를 외우는 자들을 많이 볼 수 있었다. 특히 나이가 많고 질병이 많은 사람들과 집 문밖을 나가기 어려운 부녀들이 더욱 염불念佛을 좋아했다. 이들은 매일 수만 번 이상 염불했다. 이렇게 불타를 생각하면서, 욕심을 줄이고 마음을 깨끗이 비우고, 원한과 고통을 잊어버리고, 잡념을 말끔히 쓸어버렸는데, 이는 심신건강에도 좋은 일이었다.

도교 내단학內丹學에서는 성명쌍수性命雙修를 강조했는데, 여기서 '기氣를 단련하여 신神으로 변화시키는 것煉氣化神', 그 위로는 도교 내부 인사人士들의 전문적인 수련방식 및 그들의 신비한 체험으로서 이는 일반인들이 장악하기 어려웠었다. 하지만 '정精를 단련하여 기氣로 변화시키는煉精化氣' 초급 공법功法은 용이하여 민간에서 널리 전해졌었고, 이 또한 질병을 치료하고 몸을 건강하게 만드는 데에도 효과가 아주 좋았다. 명, 청 이래, 민중들의 기공氣功 수련활동은 아주 활발했고 또한 아주 보편적이었다. 이는 대부분 도교 내단학內丹學에서 발전해 나온 것이었다. 예컨대, 명나라 도서道書 『성명규지性命圭旨』에서 많은 기공氣功 공법功法이 파생되어 나왔었다. 이는 후일, 중국 민중들이 양생養生하는 중요한 수련방식으로 되어졌다.

관음觀音과 미륵彌勒. 불교 여러 보살들 가운데서 가장 민중들의 존경과 사랑을 받았던 것으로는 관세음보살과 미륵보살이다. 이 보살들은 민중들로부터 존숭 받고 있었을 뿐만 아니라 또한 사람들에게 친근감을 많이 주었다. 관음은 인도 불교에서 원래는 남성 형상이었는데, 중국에 들어온 후, 여성 형상으로 탈바꿈했다. 중국인들의 모성母性을 숭상하는 관념이 이루어낸 것이겠다. 관음보살은 대자대비大慈大悲하고, 사람들의 고난을 구제해주는 위대한 흉금과 지혜를 가지고 있었는 바, 그리하여 사람들의 마음속 깊이 파고 들어갈 수 있었고, 한편 수많은 가정에서 봉안하는 불상으로 되어졌었다. 관음보살은 자상했고, 큰 사랑大愛을 지니고 있었다. 그녀는 아름답고 품위 있고 우아했고 또 무한한 법력法力을 가지고 있었다. 사람들을 기사회생起死回生시킬 수 있었고, 원한을 풀어주고 재앙을 없애줄 수 있었고, 질병을 치료하고 목숨을 구해줄 수 있었고, 단비를 내려주고 가뭄을 퇴치해줄 수 있었고, 아이를 점지해 주고 아기를 보호해줄 수 있었다. 참말로 전지전능한 보살이었다. 관음보살의 형상은 다양했다. 천수천안관음千手千眼觀音이 있었고, 십일면관음十一面觀音이 있었고, 여의륜관음如意輪觀音이 있었고, 백의관음白衣觀音이 있었다. 또 수월관음水月觀音이 있었고, 양류관음楊柳觀音이 있었고, 어람관음魚籃觀音이 있었고, 송자관음送子觀音이 있었다.

미륵불彌勒佛은 미래불未來佛이다. 중국에서 미륵불은 세 개 형상이 있었다. 첫째는 고귀한 미륵불 형상으로서 절강浙江 신창대불新昌大佛과 사천四川 악산대불樂山大佛이 대표적이다. 표정과 자태가 엄숙한 것이 특징이라고 하겠다. 둘째는 반역적인 미륵불 형상으로서 민간에서 신봉하는 "미륵불이 속세에 내려왔으니, 명왕明王(명나라 왕)이 나와 세상을 구한다彌勒下凡, 明王出世."는 그런 미륵불 형상이 대표적이다. 셋째는 화락和樂한 미륵불 형상으로서 즉 배불뚝이 미륵불 형상이겠다. 배불뚝이 미륵을 포대스님布袋和尙이라고도 칭한다. 배불뚝이 미륵의 본명은 계차契此이고, 그는 오대 때 후량後梁의 승려였다. 후일 절강浙江 봉화奉化 악림사嶽林寺에서 좌화坐化(앉은 채로 죽음)했다고 한다. 아무튼 그의 형상은 유가의 화락함和樂과 도가의 소탈함, 불가의 자비慈悲를 융회融會

하고 있었는데, 이는 완전히 중국화한 미륵 조형이라고 하겠다. 늘 이런 대구가 미륵불의 좌우에 붙어있었다. "배불뚝이는 너그럽게 받아들일 수 있으니, 천하에서 받아들이기 어려운 일들도 받아들인다. 항상 입을 벌리고 크게 웃고 있으니, 세상에서 우스운 사람들을 웃는 것이겠다." 미륵불은 항상 낙관적이고, 상냥하고 너그럽고 온후한 표정과 자태를 취하고 있었는데, 이는 중화민족의 성격과 소망에 부합되었다고 하겠다. 따라서 머무는 곳마다 크게 환영을 받고 있었다. 불교 사찰에서는 늘 산문山門 어구에 배불뚝이 미륵을 앉혀놓고, 부처님께 예배하러 오는 자들을 반기고 있었다. 민간의 불당佛堂과 불감佛龕은 물론이고, 많은 사람들은 자택에서도 미륵불을 봉안하고 있었다. 미륵불이 평안을 보우해준다고 믿고 있었던 것이다.

팔선八仙, 동악東嶽과 진무眞武. 팔선八仙이란 도교 전설에 등장하는 여덟 명의 선인仙人을 말한다. 즉 철괘리鐵枴李, 한종리漢鐘離, 장과로張果老, 하선고何仙姑, 남채화藍采和, 여동빈呂洞賓, 한상자韓湘子, 조국구曹國舅가 이들이겠다. 이들 가운데는 늙은이도 있고 젊은이도 있고, 존귀한 자도 있고 비천한 자도 있고, 남자도 있고 여자도 있고, 교양이 있는 자도 있고 성품이 거친 자도 있다. 이렇게 사회 각 계층을 대표할 수 있었고 또한 그들은 교묘한 조합을 이루었는 바, 그리하여 사회 각 계층과 집단에서 널리 존경 받고 있었던 것이다. 팔선을 소재로 한 민간이야기도 아주 많다. 예를 들면, '팔선이 바다를 건너가다八仙過海.', '팔선이 장수함을 경축하다八仙慶壽'는 등이겠다. 산동山東 봉래蓬萊에는 봉래각蓬萊閣이 있는데, 전하는 바에 따르면, 이곳이 바로 팔선이 바다로 나가던 곳이라고 한다.

동악대제東嶽大帝인 즉 태산신泰山神이다. 송나라 때에는 "동악천제인성대제東嶽天齊仁聖大帝'로 봉해졌었다. 전하는 바에 따르면, 동악대제東嶽大帝는 인간세상의 생사生死를 관장하는데, 이는 온갖 잡귀신의 임금이고 유명령지幽冥靈地(저승을 말함)의 제왕 신이라고 한다. 이 신은 저승에 음조지부陰曹地府(저승을 관리하는 기구)를 설치하고, 75개 사司를 세워, 전문 죽은 자의 생전生前의 행위를 심사하고, 그의 공功과 죄罪에 근거하여 판결을 내리고 처벌을 준다고 한다.

그래서 민간에서는 이 신을 아주 두려워하고 있었다. 각 지역에는 모두 동악묘東嶽廟가 있었고, 동악묘東嶽廟에서는 향불이 늘 피어오르고 있었다.

진무眞武는 원래 현무玄武라고 칭했다. 거북과 뱀의 별칭이었다. 이는 북방의 별자리星宿 신神이다. 명성조明成祖는 천하를 얻고 나서, 진무대제眞武大帝가 신령으로 나타나 도와주었다고 하면서, 진무대제를 "북극진천진무현천상제北極鎭天眞武玄天上帝'로 봉封해 주었다. 또 호북湖北 무당산武當山에 진무도관眞武道觀을 웅장하게 건조建造하여, 이를 진무眞武 신의 조정祖廷으로 삼고 진무대제를 섬겼었다. 또한 북경과 전국 각 지역에도 진무묘眞武廟를 세우고, 진무대제에게 제사지내는 일을 크게 창도했다. 이로써, 명성조明成祖는 진무대제가 마귀를 쫓아주고 재앙을 없애주고, 나라를 보호해주고 백성들을 보우해줄 것을 기원했던 것이다.

선악응보善惡應報 설說의 유행. 사람들은 아주 일찍부터 선악과 화복禍福의 관계 문제를 관심하고 있었지만 그 해답은 찾지 못했다. 처음에는 "복선화음福善禍淫'설說이 있었는데, 이 설에서는 눈에 보이지 않는 어두컴컴한 곳에 귀신이 있어 인간세상의 행위를 감독하고 있고, 선善한 자에게는 복福을 내려주고, 악惡한 자에게는 재앙禍을 내려준다고 했다. 그러나 이 설說은 많은 경우 현실과 맞아떨어지지 않았다. 『역전易傳』에서도 "선善을 쌓은 집안에는 반드시 자손들에게 경사가 생기고, 불선不善을 쌓은 집안에는 반드시 자손들에게 재앙이 따른다."라고 했다. 후일 도교에서는 '승부承負'설을 제기했는데, 여기서는 앞사람先人들이 잘못을 저지르면 반드시 후세에 재앙이 따르고, 만약 나라가 혼란昏亂하면 온 세상이 응보應報를 받게 된다고 했다. 이런 응보설應報說은 사람들의 가정에 대한 책임감과 사회에 대한 사명감을 강화시켜줄 수는 있었지만, 사람들을 완전히 납득시키기에는 여전히 불충분했다. 불교가 전해 들어와서 '삼세인과응보三世因果應報'설을 제기하면서부터 이 문제는 비교적 원만한 해답을 얻게 되었다. 동진 혜원慧遠은 『삼보론三報論』을 저술하여, 이 문제를 이렇게 해석했다. 즉 업에는 삼보三報가 따르는데, 즉 현보現報, 생보生報, 후보後報가 있다는 것이다. 또 과보果報가 나타나는 데는 늦고 빠름이 있고, 선과 후가 있다고 한다. 그는 이 이치로 세상에서 선악과 화복이 대응하지 않는 현상을 해석했다. "세상에는 선을 쌓았지만 재앙이 따르는 경우도 있고, 악한 짓을 했지만 경축을 받는 경우도 있는데, 이는 현세에 쌓은 업의 응보가 이르지 않은 것이고, 과거에 쌓은 업의 응보가 나타난 것이다." 즉 착한 사람들이 화를 당하는 것은 전세前世에 악한 일을 저지른 응보이고, 금세의 선한 행위는 반드시 후세에 복을 받게 된다는 것이다. 반대로, 악한 자들이 복을 받는 것은 전세에 착한 일을 한 응보이고, 금세에 행한 악한 짓은 반드시 후세에 재앙禍을 받게 된다는 것이다. "삼보론三報論'은 현실에서 선악과 화복이 대응하지 않는 현상을 원만하게 해석했을 뿐만 아니라 또한 선행을 격려하고, 악행을 징계하는 역할도 충분히 발휘했다. 그리하여 대중들로부터 크게 환영받았던 것이다. 후일, 중국인들은 삼보론에서 제기한 자연적 인과관계 응보설을 영혼이 환생하고, 불신佛神이 상과 벌賞罰을 준다는 설로 탈바꿈시켰다. 또 이와 육도윤회六道輪回, 음조지부陰曹地府(저승을 말함) 설을 결합하여, 삼세응보설三世應報說을 더 구체적이고 생동하게 설명했다. 삼세응보설三世應報說은 이렇게 민간에서 일종의 주류 의식형태로 자리매김하게 되었는데, 명, 청 시기에는 아주 성행했다. 예컨대, 명나라 때 사회에서 널리 유행했던 풍몽룡馮夢龍의 소설 『삼언양박三言兩拍』에서는 삼세인과응보三世因果應報를 상당히 많이 논한다. 예를 들면, "장흥가蔣興哥가 진주삼珍珠衫을 다시 만나다蔣興哥重會珍珠衫."는 이야기에서 장흥가의 아내 왕삼교王三巧는 남편이 장사하러 멀리 떠난 뒤에, 다른 남자와 간통했는데, 후일 그녀는 정실正室로부터 소실少室로 되어진다. 한편, 왕삼교王三巧와 간통한 안휘安徽 상인 진대랑陳大郎은 길에서 병사하고, 그의 아내 평씨平氏는 후일 장흥가의 정실正室로 들어오게 된다. 소설에서는 이를 시로 묘사한다. "사랑이 깊었던 부부는 끝가지 함께 있기는 했거늘, 아내는 나중에 첩으로 되어졌고 그 치욕도 하는 수 없이 참아야 했네. 화와 복의 과보는 그릇된 것이 없거늘, 지척咫尺이 청천青天이니 멀리서 구하지 말세."[123] 이는 현보現報에 관한 이야기이다. 청나

123) (明)馮夢龍 :《喻世明言》, 華夏出版社2013年版, 第28頁.

라 포송령蒲松齡의 『요재지이聊齋志異』에는 '삼생三生'이라는 편이 있는데, 여기서는 이런 이야기를 한다. 말하자면, 유효렴劉孝廉은 전세前世의 일들을 기억할 수 있었다. 그는 일세一世에는 벼슬을 했는데, 악행을 많이 저질러 이세二世에는 벌을 받아 말이 되었고, 모진 고통에 시달리다 못해 결국 단식하고 죽어버렸다. 다시 환생해서는 개로 되었는데 또 주인의 몽둥이에 맞아 죽었다. 다시 환생해서는 뱀으로 되었는데, 다시는 살생하지 않겠다고 맹세했다. 그 다음, 다시 환생해서는 사람이 되었다는 것이다. 이 책에는 '사십천四十千'이라는 편도 있는데, 여기서는 이런 이야기를 한다. 왕씨네 집안에서 아들을 낳을 때, 꿈에 한 사나이가 뛰어 들어와서, 자기가 빚진 사십천四十千(4만 임) 동전을 되돌려주겠다고 말하면서 그 돈을 거실에 놓아두고 돌아갔다는 것이다. 왕씨네 집안에서는 아들이 먹고 입고 쓰고 질병을 치료하는 돈을 모두 여기서 지출했는데, 그 돈을 다 쓰고 나니 아들은 죽어버렸다고 한다. 저자는 이렇게 말한다. "대저 훌륭한 자식을 낳는 것은 나의 인연緣에 보답하는 것이요, 어리석은 자식을 낳는 것은 내가 진 빚을 받아가는 것이로다. 살았다고 즐거워하지 말고, 죽었다고 슬퍼하지 말거라."124) 이런 유類의 이야기에서는 대부분 착한 일을 많이 하여 지은 죄를 씻고, 부귀하더라도 교만하지 말고, 가난하고 비천하더라도 슬퍼하지 말고, 음덕陰德을 많이 쌓고, 사람들의 어려운 일을 적극 도와주고, 소나 말과 같은 짐승도 불쌍히 여겨 사랑해주고 착하게 대해줄 것을 권장한다. 또 착한 사람은 나중에는 결국 좋은 과보果報가 있게 되고, 악한 사람은 나중에는 결국 악한 과보果報가 있게 되는데, 다만 그 과보果報가 빨리 오고 늦게 오는 차이가 있을 따름이라고 한다. 이런 이야기는 도덕 교화에 많이 유익했다.

4. 유·도·불 삼교 합류 사조의 확장

유·도·불 삼교 문화는 중화문화의 핵심으로서 지대한 복사력輻射力과 영향력을 가지고 있었고, 끊임없이 사회의 기타 문화 영역에로 확장되었는데, 이런

124) 趙伯陶注評:《聊齋志異譯注新評》, 人民文學出版社2016年版, 第155頁.

확장은 명, 청시기에 고조를 이루었다. 주로 세 방면에서 표현되었는데, 첫째는 기타 큰 종교에로 확장된 것이고, 둘째는 문학예술에로 확장된 것이고, 셋째는 근대 인문학자들에게로 확장된 것이겠다. 세 번 째에 관해서는 앞에서 강유위康有爲, 담사동譚嗣同을 논할 때 이미 언급했으므로, 여기서는 논술을 줄인다. 아래에 첫째와 둘째 방면만 살펴보도록 한다.

1) 삼교가 기타 큰 종교에로의 확장

(1) 천주교에 끼친 영향

명나라 후기, 천주교 예수회 선교사 마테오 리치Matteo Ricci(1552-1610)가 중국에 와서 평화적으로 선교했다. 그는 중화문화와 역사에 대해 아주 잘 알고 있었고 또 서방의 천문, 지리, 역법과 산술 지식도 많이 갖추고 있었다. 또한 중국 상층계층 및 지식인들과 교제를 잘 했는데, 그 덕분에 그의 선교활동은 아주 효과적이었다. 1598년, 마테오 리치는 북경에 와서 만력황제萬曆皇帝에게 자명종自鳴鐘, 철현금鐵弦琴, 『성경聖經』, 성상聖像 등 선물을 드렸고, 만력황제萬曆皇帝로부터는 북경에 거주하는 권한을 묵인 받았다. 또 서광계徐光啟, 이지조李之藻, 양정균楊廷筠 등 신도들을 발전시켜 영향력을 확대했는데, 후일 중국인들은 이들을 중국천주교 '세 기둥三柱石'이라고 칭했다. 교의敎義와 교리敎理에서 그는 천주교를 유학화儒學化시키는 전략을 택했고, 이로써 천주교를 중국사회에서 크게 발전시킬 것을 꾀했다. 그는 저서 『천주실의天主實義』에서 중국에 예로부터 있었던 '호천상제昊天上帝'와 '천주天主'를 동일시했다. 이렇게 말한다. "옛 책들을 두루 살펴보고서 알게 되었는데, 상제上帝와 천주天主는 특히 이름만 다를 따름이었다."[125] 그는 유가의 '인仁'과 천주교의 '애愛'를 동일시했고, 이학가理學家들의 의義를 중요시하고 이利를 도외시하고, 천리天理를 보존하고 인욕人慾을 멸滅한다는 주장을, 천주교에서 현실세계를 멸시하고, 천국의 이상을 추구한다는 주장과 같은 것이라고 했다. 또 유가의 효도孝道를 긍정적으로 받

125) 朱維錚主編 :《利瑪竇中文著作譯集》, 復旦大學出版社2001年版, 第21頁.

아들여 천주교의 삼대三大 의무로 발전시켰었다. 즉 천주天主에게 효孝를 다하고, 군왕에게 효孝를 다하고, 아버지에게 효孝를 다해야 한다는 것이다. 풍응경馮應京은 『천주실의天主實義』 '서序'에서 이렇게 말한다. 마테오 리치는 "육경六經의 말들을 인용하여 그것(천주교)의 실질을 밝혔고, 한편 공론만 하는 잘못된 것들은 크게 비난했다."[126] 즉, 그가 불교 선종禪宗 및 왕학王學 후인들末流의 내용이 없고 소략하던空疏 논설들을 비판했다는 것이다. 서광계徐光啟는 『발이십오언跋二十五言』에서 이렇게 말한다. 『천주실의天主實義』의 "백 천만 마디에서, 충효忠孝의 대의大旨에 부합하지 않는 말 한마디를 찾을 수 없고, 인간의 마음과 세상의 도리에 무익한 말 한 마디를 찾을 수 없다."[127] 보다시피 마테오 리치가 천주교를 유학화儒學化시킨 일은 아주 성공적이었다. 마테오 리치의 유학화 작업은 실용화하는 일면도 있었다. 그는 솔직하게 말했다. "공부자孔夫子라는 이 유교 창시자가 남겨준 어떤 분명하지 않은 말마디는 내가 해석을 거쳐 적절하게 활용했다."[128] 그러나 꼬집어 말한다면, 이는 다만 그가 공자 학설에 대해 이해가 투철하지 못했음을 말해줄 따름이다. 하지만 분명히 그는 유학과 중화문화를 사랑하고 존중하고 있었다. 그는 가장 일찍 '사서'를 라틴어로 번역한 학자이다. 그는 '사서'를 번역해서 문예부흥의 발원지 이탈리아에 보냈었다. 조금 후에 벨기에 사람 트리고Nicolas Trigault가 '오경五經'을 라틴어로 번역해서 서양으로 보냈었다. 이렇게 중국 경전이 서양으로 전해지기 시작했고, 이 또한 유럽의 계몽운동에도 힘을 실어주게 되었다. 마테오 리치는 유가의 '친구 이론'에 의거하여 『우론友論』도 저술했다. 그는 이렇게 말한다. "어려움에 봉착했을 때, 친구의 정이 드러난다. 대개 어려운 일에 봉착했을 때, 진짜 친구는 더욱 가까워오고 친밀해지고, 가짜 친구는 날로 소원해지고 멀어진다." 또 이렇게 말한다. "내가 번창할 때에는 청해서야 오고, 내게 재앙이 닥쳤을 때에는 청하지 않아도 절로 찾아오는 친구가 진짜 친구이다."[129] 이는 참말로 절실한 깨달

126) 謝和耐 :《中國文化與基督教的衝撞》, 於碩等譯, 遼寧人民出版社1989年版, 第16-17頁.
127) 謝和耐 :《中國文化與基督教的衝撞》, 於碩等譯, 遼寧人民出版社1989年版, 第98頁.
128) 德禮賢 :《利瑪竇全集》第2卷.

음이라고 하겠다. 이것이 바로 중화의 충의지사忠義之士들이 중요시하고 있던, 그 "환난 속에서 참된 우정을 보아낼 수 있다"는 것이 아닌가.

청나라 초엽, 천주교 로마교정羅馬教廷에서는 마테오 리치Matteo Ricci의 선교傳教 방침을 변경했다. 중국 천주교도들이 하늘에 제사 지내고, 조상에게 제사 지내고, 공자에게 제사 지내는 것을 금지했던 것이다. 또한 그리하여 "예의禮儀' 에 관한 모순을 야기하게 되었던 것이다. 이는 중국인들의 하늘을 공경하고, 공자를 공경하고, 조상을 공경하는 기본 신앙에 저촉되는 것이었다. 결국 강희康熙황제는 명을 내려 선교사들을 모두 내쫓았다. 조서의 내용은 이러했다. "오늘 이후부터 만약 마테오 리치의 규범을 따르지 않으면, 중국에 거주하는 것을 절대로 허용하지 않고, 반드시 되돌려 보낸다."130) 그 후, 옹雍, 건乾, 가嘉 세 조대朝代에서는 모두 천주교를 금지했다.

(2) 이슬람교에 끼친 영향

명나라 건국 공신功臣들 가운데는 회족回族이 아주 많았다. 말하자면, 상우춘常遇春, 호대해胡大海, 탕화湯和, 등유鄧愈, 목영沐英, 남옥藍玉 등이 그들이겠다. 그런 까닭에 조정에서는 이슬람교를 아주 우대해주었고, 몇 조대朝代에 걸쳐 황제들은 모두 이슬람교를 보호해주었다. 한편, 이렇게 유교와 이슬람교의 융회融會에도 훌륭한 정치적 환경을 마련해주게 되었다. 영락永樂 연간, 회족回族 무슬림Muslim '삼보태감三保太監' 정화鄭和는 사절로 파견되어, 그 당시 세상에서 가장 강대한 함대를 이끌고 아프리카에까지 다녀왔었다. 정화鄭和는 선덕宣德 연간 중기까지 모두 일곱 차례 서양에 다녀왔었다. 정화가 서양으로 다녀오면서 중국은 아시아, 유럽, 아프리카의 30여개 나라와 경제, 정치, 문화 교류를 크게 추진하게 되었고, 한편 이는 시종 평화적 교류였다. 또한 그리하여 해상 실크로드의 장려한 시편으로 후세에 길이 남겨지게 되었던 것이다. 명성조明成

129) 朱維錚主編 :《利瑪竇中文著譯集》, 復旦大學出版社2001年版, 第108, 112頁.

130) (意)馬國賢 :《淸廷十三年 : 馬國賢在華回憶錄》, 李天綱譯, 上海古籍出版社2013年版, 第148頁.

祖는 유가의 '만국 협화協和萬邦' 이념을 받들고, 대외적으로 문명하게 교류할 것을 주장했다. 그는 이렇게 말했다. "안에서는 제하諸夏(전 중국)를 안정시키고, 바깥에서는 사이四夷를 보살펴주고. 누구나 차별하지 않고 똑같이 대해주고, 모두가 좋은 삶을 영유하게 해준다." 이는 평화적 외교 방침을 표명한 것이라고 하겠다. 정화鄭和는 서양에 가서, "임금이 천하를 다스리는 데는 은혜를 베풀고 덕을 베풀어야 하고, 적은 자寡를 업신여기면 아니 되고, 약한 자弱를 능욕하면 아니 되고, 모두들 함께 태평세상太平의 복을 누리게 해야 한다."는 성훈聖訓을 준수했다. 그리하여 방문했던 여러 나라들에서 모두 크게 환영받고 예우받았던 것이다. 이 위대한 문명외교文明外交 배후에는 유교와 이슬람교가 융회하여 형성된, 어떤 사상적 요소가 있었다고 하겠다. 보태어 말한다면, 앞에서 소개한 명나라 저명한 사상가 이지李贄도 회족回族 학자이다. 앞에서 언급이 있었듯이, 이지李贄는 명나라 양명 심학사心學史에서 중요한 지위를 가지고 있었던 학자이다. 그는 유·불·도 삼교를 융화시키려고 많이 노력했고, '동심설童心說'도 제기했다. 그가 학계에 깊이 빠져 들어 있었기 때문에. 학자들은 그가 회족回族이라는 것, 즉 그의 민족 신분은 까마득히 잊고 있었던 것이다.

명나라 회족 이슬람교 학자들은 이슬람교 경전을 한문으로 번역했고 또 한문으로 이슬람교 관련 이론 저서도 저술했다. 그 목적은 당연히 우선 회족 민중들이 일상생활에서 한어문자를 사용해야 하는 수요를 만족시켜 주려는데 있었다. 그러나 다른 한편, 이는 이슬람교를 중국화하는, 특히는 유학화儒學化하는 사업이기도 했다. 그들은 이런 방식으로 이슬람교가 중국에서 뿌리내리고, 꽃이 피고 열매를 맺도록 추진했던 것이다. 이슬람교 경전의 한역漢譯 사업은 명나라 후기에 시작되어, 청나라 전기에 전성기를 이루었다. 명성이 높았던 학자로는 왕대여王岱輿, 유지劉智, 마계서馬啓西, 마덕신 등이 있었는데, 사람들은 이들을 "사대四大 할리파khalifa'라고 칭했다. 왕대여王岱輿는 명나라 만력萬曆 연간에 살았던 사람이다. 한문 역저로는 『정교진전正教眞詮』, 『청진대학淸眞大學』, 『희진정답希眞正答』 등이 있다. 『정교진전正教眞詮』에서는 유교 사상을 가지고 이슬람교를 해석한다. 이렇게 말한다. "인간 세상에는 세 개의 올바른 일正事

이 있는데, 즉 주主에게 순종하고, 임금에게 순종하고, 부모에게 순종하는 것이다."[131] 또 '오상五常'을 가지고 '오공五功(즉 念功, 禮拜, 戒齋, 天課, 朝覲)'을 해석한다. 즉 경經을 외울 때念功 주主를 잊지 않으면 인仁하다고 하고, 진주眞主가 가난한 자들에게 희사하는 일天課을 의義라 하고, 진주眞主를 섬기고 임금과 부모님을 섬기는 일禮拜을 예禮라 하고, 자성自性을 경계하는 것戒齋을 지智라 하고, 순례를 하고 약속을 지킬 수 있는 것朝覲을 신信이라 한다는 것이다. 그는 성명학性命學도 창도했다. "선천적인 것을 명命이라 하고, 후천적인 것을 성性이라 하는데, 명命은 종자이고 성性은 열매이다."[132] 그는 '충서忠恕'의 도道를 칭송하여 이렇게 말했다. "진실한 자는 온갖 삿된 짓을 화멸化滅하고, 충성하는 자는 만물을 모두 끊어버리는데, 이것이 인간으로서의 큰 근본大本이다.", "자신을 자제하고 타인을 너그럽게 대해 주어야만 올바른 길正道에 들어설 수 있다."[133] 그는 "자기의 욕심을 극복하고 주나라 예의를 회복하는 것克己復禮'도 선양하고 있었다. "만약 예의가 아니라면 보지를 말고, 본다면 반드시 똑바로 보아야만 하고, 만약 예의가 아니라면 듣지를 말고, 듣는다면 반드시 똑바로 들어야만 하고, 만약 예의가 아니라면 말하지를 말고, 말한다면 반드시 똑바로 말해야만 한다."[134] 유가 학자 하한경何漢敬은 이 책에 써준 '서序'에서 이렇게 말한다. "그가 대중들에게 군신, 부자, 부부, 형제, 친구의 윤리관계를 폐廢하지 말라고 가르치고, 한편 자신을 깨끗이 하고 베풀어 주기를 좋아하라고 가르치는 데는 그 경지가 우리 유가보다 훨씬 높았다."[135] 왕대여王岱輿의 『청진대학淸眞大學』은 이슬람교 우주관을 해석한 책이다. 그는 송명이학宋明理

131) (明)王岱輿 :《正教眞詮淸眞大學希眞正答》, 餘振貴點校, 寧夏人民出版社1987年版, 第89頁.

132) (明)王岱輿 :《正教眞詮淸眞大學希眞正答》, 餘振貴點校, 寧夏人民出版社1987年版, 第163頁.

133) (明)王岱輿 :《正教眞詮淸眞大學希眞正答》, 餘振貴點校, 寧夏人民出版社1987年版, 第88, 94頁.

134) (明)王岱輿 :《正教眞詮淸眞大學希眞正答》, 餘振貴點校, 寧夏人民出版社1987年版, 第115頁.

135) (明)王岱輿 :《正教眞詮淸眞大學希眞正答》, 餘振貴點校, 寧夏人民出版社1987年版, 第603頁.

學을 참고하고서, 중국식 이슬람교 우주생성 도식을 제기했다. '진일眞一(즉 眞主)→ 수數 → 무극無極 태극太極 → 음양陰陽 → 천지天地(즉 日月星辰)→토수화기土水火氣 →세상만물世上萬物'이 그것이겠다. 왕대여王岱輿의 한문 역저는 회족 민중들이 아주 중요시하고 있었을 뿐만 아니라, 중국 유학계에서도 아주 중요시하고 있었다. 또한 높은 평가를 받았다.

유지劉智는 강소江蘇 상원上元(오늘의 南京) 사람이다. 그는 청나라 초에 많이 활약했다. 대표작으로는 『천방성리天方性理』, 『천방전례天方典禮』, 『천방지성실록天方至聖實錄』, 『오공석의五功釋義』 등이 있다. 그는 이슬람교 철학과 유가 및 불로 철학을 회통시켜 중국 이슬람교 사상체계를 완전하게 구축했다. 『천방전례天方典禮』에서는 이슬람교 '진일眞一'설과 이학理學의 '태극太極'설을 결합하고 있었다. 그는 이렇게 말한다.

> 진일眞一에는 만 가지 다른 이치가 있었는데, 그 후에 무극無極에 만 가지 다른 명命이 있게 되었고, 태극太極에 만 가지 다른 성性이 있게 되었고, 양의兩儀가 만 가지 다른 형체形 있게 되었다.136) 진재眞宰는 형체가 없지만, 태극을 드러내고, 태극을 가르니 음양陰陽이 나뉘고, 음양이 나뉘니 천지가 이루어지고, 천지가 이루어지니 만물이 생기고, 천지만물이 갖추어지니 진재의 묘용妙用이 그 속에서 드러나는구나.137)

격물치지格物致知의 궁극적 목적은 주신主을 찾는 것이고, 주신主을 찾는 데는 반드시 자신을 먼저 찾아보아야 한다고 한다. "자기 몸의 영명함靈明을 보아내고서야 성性이 있음을 알게 되고, 천지天地의 조화造化를 탐구하고서야 주主가 있음을 알게 된다."138) 유지劉智는 중국 주류 학계에서 광범한 영향력을 향

136) (淸)馬注 :《淸眞指南》, 寧夏人民出版社1988年版, 第77頁.[원문 : 眞一有萬殊之理, 而後無極有萬殊之 命, 太極有萬殊之性, 兩儀有萬殊之形.](조사 결과 이 말은《天方典禮》에 나온 것이 아님.)

137) (淸)劉智, 納文波譯注 :《天方典禮譯注》, 雲南省少數民族古籍整理出版規劃辦公室 編, 雲南民族出版社1990年版, 第2頁.[원문 : 眞宰無形, 而顯有太極, 太極判而 陰陽分, 陰陽分而天地成, 天地成而萬物生, 天地萬物備, 而眞宰之妙用貫徹乎其中.]

유하고 있었다. 내각內閣 학사學士 겸 예부禮部 시랑侍郎이었던 서원정徐元正은 『천방성리天方性理』에 서序를 써주었는데, 그는 이 책을 찬미하여 이렇게 말했다. "성리性理를 논하는 것은 우리 유가와 완전히 합치되고, 선천先天과 후천後天, 대세계大世界와 소세계小世界의 원류源流와 순서를 논하는 것은 모두 앞사람들이 미발未發한 것을 발發하고 있고, 한편 미언묘의微言妙義(뜻이 깊고 미묘한 의미)는 우리 유가보다 더 자세히 밝혔다." 또 이렇게 말한다. "천방天方(아라비아를 말함)의 성인이 그것을 전에 만들었고, 뭇 현인들과 석학들이 그것을 후에 전했는데, 백문白門(南京을 말함)의 유자劉子(즉 劉智)가 그것을 중국어漢語로 번역해서 중국에 전했다. 중국에서는 이 책에서 요, 순, 우, 탕, 문, 무, 주, 공의 도道를 다시 엿볼 수 있게 되었는데, 이것이 이 책의 역할이겠다. 비록 천방天方을 해석하고 있기는 하지만 실제로는 우리 유교를 더욱 빛내고 있다."139) 보다시피 유자儒者들은 이 책에 대해 평가가 아주 높았다. 『천방전례택요해天方典禮擇要解』는 건륭乾隆 47년에 헌상進呈했는데, 후일 이 책은 유일하게 『사고전서四庫全書』 목록에 들어간 이슬람교 작품으로 되었다. 『사고제요四庫提要』에서는 저자를 찬양하여, "유서儒書를 익히고 경의經義(이슬람교 經義)를 전했는데, 글이 아주 우아하고 담박하다."라고 했다. 유지劉智의 한문 역저는 중국 이슬람교 신교파新教派 서도당西道堂의 탄생에 직접적인 영향을 끼쳤었다. 서도당 창시자 마계서馬啓西는 『사서』, 『오경』과 제자백가를 많이 읽고 또 유지劉智의 논저도 깊이 탐구하고서, 청나라 광서 연간, 감숙甘肅 남부 임담臨潭에서 서도당西道堂 교파教門를 창건했다. 그가 강론하던 주요내용은 유지와 왕대여王岱輿의 사상이었다. 사람들은 이들을 '한학파漢學派'라고 칭했다. 그는 후일, 군벌軍閥 마안량馬安良에게 잡혀 살해당했다. 하지만 서도당西道堂이 창립한 종교, 경제, 문화 삼

138) (淸)劉智, 納文波譯注 :《天方典禮譯注》, 雲南省少數民族古籍整理出版規劃辦公室 編, 雲南民族出版社1990年版, 第79頁.[원문 : 視己身之靈明, 而知有性. 參天地之造化而知有主.]

139) 秦慧彬 :《中國的伊斯蘭教》, 商務印書館1997年版, 第96頁.[원문 : 天方聖人創之於前, 群賢宿學傳之於後, 白門劉子漢譯以授中國, 中國將於是書復窺見堯舜禹湯文武周孔之道, 則是書之作也, 雖以闡發天方, 實以光大吾儒.]

위일체三位一體식 동방 '음마Ummah(종교 공동체)' 공동체는 줄곧 존재해왔었다. 마계서의 저작은 그때 모두 불에 타 없어졌는데, 후세에 남겨진 몇 마디 대련구對聯에서 그의 학설을 조금이나마 엿볼 수 있겠다.

> 궁신지화窮神知化(신묘한 최고의 경지를 명확히 파악하는 것이 窮神이며, 지혜로써 변화를 주도하는 지혜의 최고 경지가 知化이다.)하여 앎의 정교함에 이르는 것은 무아無我에 달려있고, 복명귀진復命歸眞(자연의 본성에 되돌아가고 진실한 세상에 되돌아감)하는 첫 번째 인품은 바로 그(마호메트)와 같아지는 것이다. 재계把齋는 마음을 고요하게 하고 마음이 맑아지게 하는 것을 귀히 여기고, 주主를 섬기는 데는 반드시 본성을 함양하고 마음을 바르게 하여 중천中天을 대하는 것처럼 해야 한다. 말문을 열면 '심오하게 해석하고 신묘하게 해석하는 데는 성실함이 근본이라'고 말하는 것은, 대인大人이 앎에 이르는 학문이고, 재계하여 뜻을 얻는 데는 '몸이 가지런하고 마음이 가지런하고 정情이 바로 서야 한다'는 것은 군자君子가 자신을 단속하는 공부功夫(조예)이다. 충후함은 여지를 남겨주고, 화평함은 천기天機를 길러준다. 큰 공평함大公을 깨닫고 주主의 명命을 따르고, 자기 몸을 잘 보존하고 세상을 착하게 살아가면, 이는 인仁을 다하고 의義를 다하는 것이다. 진실하고 성실하게 성인의 행동을 따르면서 자기를 이루고 남을 이루어주면, 이는 도道가 온전하고 덕德을 모두 갖춘 것이다.140)

그는 이렇게 유교와 이슬람교 사상을 일체一體로 융합시켰었다. 한편 그 가운데는 또 불노佛老의 지혜도 들어있었다.

마덕신馬德新(1794-1874)의 자는 복초復初이다. 그는 청나라 후기 운남雲南에서 명성을 크게 떨친 무슬림 대학자이다. 그는 민족모순이 첨예하고, 집권자들이 늘 폭력으로 백성들을 억압하는 시대에 살았다. 그는 운남의 경당교육經堂敎育을 개척한 학자이다. 또한 함풍咸豐, 동치同治 연간에는 운남雲南 동남부 회족 민중들을 이끌고 무장봉기도 일으켰었다. 후일 정부와 평화적 담판을 거쳐 화

140) 《馬啟西詩聯》, 西道堂編印1992年版. [원문: "窮神之化至精學問在無我, 復命歸眞第一人品要如他", "把齋貴淸心上地, 拜主須養性中天", "開之謂言微解妙解一本誠, 是大人致知學問. 齋之取意身齊心齊情欲正, 爲君子克己功夫", "忠厚留有餘地步, 和平養無限天機", "體大公而遵主命, 善身善世, 洵哉仁熟義盡. 本眞誠以履聖行, 成己成人, 允矣道全德備".]

해를 이루고서는 학문연구에만 전념했다. 그는 아랍문화와 아랍어를 정통했고, 이슬람교의 핵심 신앙을 굳게 지키고 있었고 또 한문과 유가 사상도 깊이 파악하고 있었다. 국가, 민족, 종교 삼자에 있어서, 그는 항상 실제적이고 이성적이고 관용적인 태도를 취하면서 민족모순을 잘 해결했다. 이슬람교의 발전에 있어서는, 유교로써 이슬람교를 해석하고, 유교로써 이슬람교를 보완하는, 이런 이슬람교를 중국화하는 길로 나아가도록 추진했다. 학술적 성취도 풍부하다. 마덕신이 보건대, 유가에서는 인도人道를 중요시하고, 이슬람교에서는 천도天道를 중요시하는데, 이것이 양자의 다른 점이었다. 그러나 양자는 상호 보완해 줄 수 있고, 이렇게 되면 사회와 인생에 모두 유익하다고 한다. 그는 『사전회요四典會要 · 유명석의幽明釋義』에서 이렇게 말한다.

> 주공과 공자는 오늘날 세상今世을 다스리는 성인이었다. 그들은 오로지 인정人情만 귀하게 여기고, 다만 사람과 사람이 교제하는 이치만 논했다. 요와 순과 주공이 하는 일은 전적으로 인도人道에만 있었는데, 한편 천도天道는 그 속에 들어있었다. 그래서 오로지 윤리만을 중요시하고 있었고, 생전과 사후의 일은 말하지 않았다.

하지만 천방天方(아라비아)의 성인은 "천도天道를 탐구하는 것을 자신의 소임으로 삼고, 인간과 진재眞宰(즉 眞主)가 교류하는 도道를 논했는데, 한편 인도人道는 그 속에 들어 있었다."141) 그는 『예공정의禮功精義』 '자서'에서 이렇게 말한다.

> 청진淸眞에서 섬기는 자는 천지를 창조하고, 만물을 양육하고, 우주의 법도數理를 다스리고, 인간과 신神을 관장하고 있는 진재眞宰이다. 유가에서는 이를 하늘天이라고 칭하는데, 이는 사실 천하 만세萬世에서 함께 받들고 있는 자이다. 이런 신조를 받들고 지키는 자들은 하늘을 따르고, 하늘을 섬기고, 하늘을 공경하고,

141) (淸)馬德新 著, 楊永昌, 馬繼祖標注 :《四典要會》, 靑海人民出版社1988年版, 第67, 68頁. [원문 : "周公孔子是治今世之聖人", "專以人情爲貴, 只言人與人相處之理", "彼堯舜周公之專任在人道, 而天道亦在其中. 故唯以倫理爲重, 而不言生前死後之事", 而天方聖人"以天道爲己任, 言人與眞宰(眞主)相處之道, 而人道亦在其中".]

하늘을 두려워하는데, 이 역시 천고千古 만국萬國에서 마땅히 따라야 할 공통 예의이겠다.[142]

그는 유가 경전『대학』과 송유宋儒들의 이욕설理慾說을 참고하여 명덕설明德說을 제기했다. 여기서 그는 사람들이 사욕私慾을 버리고, 밝은 덕성德性을 키울 것을 요구하고 있었다. "오공五功(즉 念功, 禮拜, 戒齋, 天課, 朝觀)은 진재眞宰가 사람들에게 가르쳐준, 마음을 치유하는 훌륭한 처방이다. 오공五功은 사실 주신主를 가까이하는 도道이다. 주신主에 가까이 다가선 자에게는 밝음이 오고, 밝음이 오면 어두움은 사라진다."[143] 마덕신은 유교로써 금세今世에 유익하게 하고, 이슬람교에서 내세來世의 기탁을 찾을 것을 주장했다. 이렇게 중국식 사유방식으로 두 세상兩世에서 모두 즐거울 것을 기원했고, 금생今生과 내생來生을 유기적으로 통일시켰었다.

청나라 초, 이슬람교는 사대 교파門宦를 형성했다. 호비예虎非耶(a1-Khuflyyah), 가적림예嘎的林耶, 철혁인예哲赫忍耶, 고불인예库不忍耶가 그것이다. 청나라 후기에 출현한 신교파, 예컨대, 의헤이와니依黑瓦尼(Ahl al-Sunnah) 및 이 교파의 후속 파벌 화시교파花寺門宦, 목부제교파穆夫提門宦, 사라교撒拉教, 철혁인예교파哲赫忍耶門宦는 모두 자체의 교의와 교규教規 및 조직형태를 어느 정도 중국화 시켰었다. 그 가운데 가장 많이 받아 들였던 것은 유학과 종법문화宗法文化였다. 그들의 경당교육經堂教育은 유가 사숙私塾과 서원書院의 경험을 많이 받아들여 비교적 발달한, 효과적인 종법宗法 교육모델을 형성했다.

2) 삼교가 문학 서사에 끼친 영향

중국문학사 발전의 단계적 특징을 말할 때, 사람들은 늘 '선진 시기의 산문散

142) (淸)馬德新 著, 楊永昌, 馬繼祖標注 :《四典要會》, 青海人民出版社1988年版, 第19頁.[원문 : 淸眞所尊奉者, 造化天地, 養育萬物, 維綱數理, 掌握人神之眞宰也. 儒門稱之爲天, 是天下萬世所公共者也. 其所持守者, 順天, 事天, 敬天, 畏天, 亦千古萬國所當行之公禮也.]

143) 李偉, 吳建偉主編 :《回族文獻叢刊》, 上海古籍出版社2008年版, 第223頁.[원문 : 五功乃眞宰示人醫心之良方也. 五功實爲近主之道, 近主者明, 明來暗消.]

文, 한나라 때의 부賦, 당나라 때의 시詩, 송나라 때의 사詞, 원나라 때의 곡曲, 명, 청 시기의 소설'이라고 말한다. 비록 완전하지는 못하지만 그러나 이 말은 대체로 핵심을 파악했다고 하겠다. 명, 청 시기에는 소설이 가장 발달했는데, 많은 작품이 후일 중국문학에서 경전 작품으로 되어졌고, 지금까지도 쇠락하지 않고 줄곧 전해져 내려오고 있다. 한편, 이 소설들은 사상 내용, 예술적 구상, 소재와 줄거리, 언어문자에 이르기까지, 모두 유·도·불 삼교 문화의 영향을 깊이 받았다. 일반 민중들은 경서 텍스트가 아니라, 주요하게는 이런 소설 및 희곡, 설창을 통해 삼교를 이해하고, 삼교의 가치 추구와 인생의 지혜를 수용했다. 이렇게 교육과 예술을 한데 융합하여, 사람들이 예술을 즐기면서 교육을 받을 수 있게 했는데, 한편, 선善과 미美를 선양하는 효과도 지극히 훌륭했다.

(1) 신마소설神魔小說 : 『서유기西遊記』와 『봉신연의封神演義』

『서유기』는 오승은吳承恩이 민간 전설을 토대로 새롭게 엮어낸 이야기이다. 이 소설은 종교 신화이야기를 소설예술의 형식으로 탈바꿈시킨 것이다. 소설에서는 신神과 마귀의 투쟁을 주요 줄거리로, 인간 세상의 정의와 사악邪惡의 대립과 투쟁을 심각하고 해학적이고 또 형상적으로 표현해내고 있다. 이 소설에서 구축한 당승唐僧, 저팔계豬八戒, 손오공孫悟空 등의 생동한 인물형상은 신성神性, 인성人性과 수성獸性을 한데 혼합하고 있고, 여기에 보태여 소설에서는 기이하고 환상적인 내용과 낭만적이고 흥미로운 시공간 환경을 제공하고 있다. 소설은 독자들을 지극히 신비한 세계에로 안내하는데, 이렇게 사람들의 이상의 추구와 심미적 정취를 크게 만족시켜 줄 수 있었던 것이다. 또한 그리하여 오랫동안 수많은 독자들의 변함없는 사랑을 받고 있었던 것이다. 『서유기』에는 세 개의 관념체계가 존재하는데, 각자 유·도·불 삼교를 대표한다고 하겠다. 옥황대제를 위수로 하는 천궁天宮과 당태종唐太宗을 위수로 하는 조정朝廷은 유가의 정치관리 양식을 대표하고, 태상노군太上老君을 위수로 하는 신선神仙과 진인眞人은 도교의 이상적 세계를 대표하고 불조佛祖 여래불如來佛을 위수로 하는 보살과 고승들은 불교의 정신적 성역聖域을 대표한다고 하겠다. 이 세 개 종교사상체계가 한 책에 집성되어 있는데, 소설에서는 이를 고도로 형상화시키고, 예술화시키고, 감성화感性化시켰다. 특히 제천대성齊天大聖 손오공이 천궁에서 크게 소란 피우고, 요귀와 악마를 항복시키던 일과 그 신후神猴(원숭이) 형상은 오랫동안 사람들이 늘 흥미진진하게 이야기하던 화제로 되었다. 삼교 신화는 소설을 빌려 영원한 매력을 가지게 되었던 것이다. 『서유기』에 나오는 시사詩詞 및 용어는 전진도내단학內丹學에서 나온 전문용어가 많다. 사실, 도교 내부 전문가가 아니라면 이런 전문용어를 사용하는 것은 거의 불가능하다. 그리하여 어떤 사람들은 『서유기』 저자는 아마도 구처기인 것 같다고 말하기도 한다. 어찌 됐든, 구처기의 제자 이지상李志常이 저술한 『장춘진인서유기長春眞人西遊記』가 『서유기』의 저자에게 큰 계발을 주었다는 말은 신빙성이 꽤나 있다고 하겠다.

『봉신연의』는 주무왕周武王이 상나라를 멸망시켰다는 옛 이야기를 소재로 한 소설이다. 이 소설은 천교闡教와 절교截教라는 도교의 양대 파벌이 지혜와 용맹을 겨루는 이야기를 주축으로 전개되고 있다. 소설에서는 강자아姜子牙의 뛰어난 신성을 돌출하게 부각시키고 있는데, 소설에서 강자아姜子牙는 제단을 설치하고 신을 봉封해주는 최고의 신이다. 소설에서는 또 나타哪吒 등의 신인神人 형상도 생동하게 구축해냈다. 한편, 이들 봉신封神영웅들에게 기괴하고 특이한 모습과 신통력을 부여함으로써, 인간이 자신의 한계를 초월하려는 풍부한 상상력도 표현해내고 있다. 예를 들면, 양임楊任은 손바닥에 눈이 있고, 뇌진자雷震子는 늑골 밑에 날개가 있고, 나타哪吒는 머리 세 개와 팔 여섯 개를 만들어 낼 수 있고, 사행손土行孫은 지하에 잠적할 수 있고 물밑에 숨을 수 있다. 이 소설의 예술적 성취는 『서유기』보다는 못하지만 그러나 역시 민간에서 널리 전해졌었고, 후일 희곡戲曲에서 이를 많이 본받고 있었다. 이 소설은 도교의 영향력도 크게 확대시켰었다. 한편 강태공姜太公은 한 시기, 민간에서 제사 지내는 무성인武聖人으로도 되어졌었다.

(2) 역사연의歷史演義 소설

『삼국연의三國演義』가 대표적이다. 원나라 말 명나라 초, 나관중羅貫中은 『삼국지三國志』와 민간전설을 토대로 『삼국연의』를 저술했는데, 후세 사람들은 이 소설을 평가하기를, "칠할은 사실이고, 삼할은 허구이다."라고 한다. 소설에서는 관우關羽의 형상을 빌려 유가의 충의忠義 정신을 선양하고 있다. 또 제갈공명諸葛孔明의 지혜와 모략을 생동하게 묘사하고 있는데, 그는 마치 신神처럼 항상 적들의 동태를 정확히 파악하고 있었고 또 천문지리天文地理도 훤히 꿰뚫고 있었다. 그는 길흉을 미리 알 수 있었고, 비바람을 좌지우지할 수 있었고, 북두北斗에 기양祈禳하여 액막이를 할 수 있었고, 정군산定軍山에 현귀한 자의 신령이 나타나게 할 수 있었다. 사실 이는 도교 고도高道의 형상이었다. 이 소설 시작부의 『점강홍点絳紅』에서는 이렇게 말한다. "양자강 도도히 동으로 흐르거늘, 물보라에 영웅호걸들 자취는 사라졌네. 시비是非나 성패成敗나 돌이켜보니 모두 헛된 짓이로구려. 청산靑山은 옛날과 다름없거늘, 몇 번이나 석양은 붉었던가?" 여기서는 불교 공관空觀 사상을 표현하고 있다고 하겠다.

(3) 영웅 전기傳奇 소설

『수호전水滸傳』이 대표적이다. 저자는 시내암施耐庵이다. 이 소설에서는 양산梁山 호걸들이 봉기를 일으키고 또 결국에는 귀순 권고招安를 받아들이던 이야기를 하고 있다. 수박양산水泊梁山 영웅들이 '하늘을 대신하여 도道를 행하고替天行道' '충의정忠義廳'에서 거사를 의논하는 것은, 관아에서 '천명天命을 받들고 정권을 운영하고奉天承運', 군왕에게 충성을 다하는 것과는 완전히 상반되는 반역적 천도관天道觀과 충의관忠義觀이라고 하겠다. 그러나 마지막에는 결국 조정의 귀순 권고를 받아들이고, 유가의 강상명교綱常名教 체계 안에 되돌아온다. 이 소설은 불교와 도교의 영향도 많이 받았다. 소설은 장천사張天師가 기양제祈禳祭를 올리면서 온역瘟疫을 쫓는 것으로부터 시작된다. 한편, 홍태위洪太尉가 요괴와 마귀를 잘못 풀어주어, 36명의 천강天罡(북두성 신)과 72명의 지살신地煞神이 속세에 내려와 108명의 장군으로 되었다고 한다. 소설에서는 또 송강宋江이 구천현녀九天玄女를 만나 세 권의 천서天書를 하사 받던 일을 서술하고 있고, 입운룡入雲龍(별명) 공손승公孫勝이 고렴高廉과 법술法術을 겨루던 일을 묘사하고 있다. 후자는 사실 도교에서 신선과 악마의 겨룸이었다. 노지심魯智深이 오대산五臺山에서 출가한 일과 대상국사大相國寺에서 아름드리나무를 송두리 채 뽑아버리던 일은 불교와 관련이 있다고 볼 수 있겠다. 그러나 불교 요소는 도교에 비교해 볼 때 상대적으로 적었다.

(4) 세정소설世情小說 : 『금병매金甁梅』와 『홍루몽紅樓夢』

『금병매』는 명나라 융경隆慶, 만력萬曆 연간에 창작된 소설이다. 이 소설의 저자는 남릉소소생藍陵笑笑生으로 알려져 있다(원명은 불확실함). 당대 문예이론가 정진탁鄭振鐸 선생은『삽도본중국문학사揷圖本中國文學史』에서 이 책을 아주 높이 평가했다. 그는 이렇게 말한다.

> 『금병매』의 출현은 중국 소설의 발전사에서 최고봉이라고 할 수 있다. 문학적 성취를 놓고 말하자면, 『금병매』는 사실 『수호전水滸傳』, 『서유기西遊記』, 『봉신전封神傳』보다 더욱 위대하다. 『서유』와 『봉신』은 다만 중세기의 유물일 따름이다. 『수호전水滸傳』도 엄격히 말하자면, 근대의 작품이 아니다. 유독 『금병매』만이 철두철미한 한 부의 근대기 작품이다.[144)]

확실히 정선생의 말처럼, 『금병매』에는 신선도 마귀도 영웅도 없다. 다만 "진실한 민간사회의 일상적 이야기일 따름이다." 한마디 더 보탠다면, 『금병매』에는 전통 사회에서의 충의와 사악의 투쟁도 없다. 다만 명나라 때, 상품경제의 번영에 수반하여 일떠선 신新시민 계층의 생활을 반영했을 따름이다. 때문에 가치관에서 질적 비약이 있었다. 이때부터는 이익을 중요시하고 의리를 도외시하고, 욕망을 중요시하고 천리를 도외시하기 시작했던 것이다. 때문에 유가의 예교禮敎를 초탈했다고 말할 수 있겠다. 그러나 신앙에 있어서는 전통 종교 특히는 불교와 도교를 떨쳐버리지 못했다. 왜냐하면 종교는 이미 현실 속에 깊이 스며들어, 시민들의 정신생활의 중요한 구성부분으로 되어졌기 때문

144) 鄭振鐸 : 《插圖本中國文學史》下冊, 中央編譯出版社2012年版, 第752頁.

이다. 예를 들면, 제29회 '오신선吳神仙이 한번 보고 일생을 정하다吳神仙冰鑑定終身.'에서는 운유雲遊 오도사吳道士가 '13종의 자평子平(즉 占星術)을 알고 있고, 마의상법麻衣相法(관상술의 일종)을 잘 알고 있고 또 육임신과六壬神課(점술의 일종)를 알고 있어', 서문경西門慶 일가의 관상을 보고 말한 예언은 빠짐없이 모두 영험했다고 서술하고 있다. 제39회 '관가官哥에게 이름 지어주는 자는 도복道服을 입었다寄法名官哥穿道服.'에서는 서문경의 아들 관가에게 옥황묘玉皇廟에서 이름 지어주는 일을 이야기하고 있는데, 여기서 오도관吳道官은 도단道壇을 설치하고 관가를 위해 복을 기원해준다. 제62회 '반도사潘道士가 법술로써 황건사黃巾士를 쫓아 버리다潘道士法遣黃巾士.'에서는 반도사가 이병아李瓶兒를 위해 법술로써 사악한 무리를 쫓고 질병을 치료해주고 재앙을 없애주는 일이 효험이 없었음을 서술하고 있다. 불교문화 측면에서 제74회 '설씨薛氏 여승이 불경을 논하다薛姑子佛口談經.'에서는 비구니가 월낭月娘의 방에 들어가 불경을 이야기해주고 불교 노래를 불러주던 일을 이야기하고 있다. 제84회 '오월낭吳月娘이 벽하궁碧霞宮에서 크게 소란을 피우고, 보정법사普靜法師가 설간동雪澗洞에서 동냥하다吳月娘大鬧碧霞宮, 普靜師化緣雪澗洞.'에서는 태산泰山 석도사石道士와 악신惡紳 은천석殷天錫이 결탁하여 오월낭을 괴롭히고 모욕하던 일을 이야기하고 있다. 또 보정법사普靜法師가 월낭의 아들을 제도濟度해주려고 하던 일도 이야기하고 있다. 제100회 '보정법사普靜法師가 효가아孝哥兒를 엉터리로 제도濟度해주다普靜師幻度孝哥兒.'에서는 제84회와 연관 지어, 오월낭이 금나라 군대의 침공을 피해 도망가다가 길에서 보정법사普靜法師를 만나, 영복사永福寺에서 효가아孝哥兒를 보정법사普靜法師에게 제자로 떠맡기던 일을 서술하고 있다. 이 책은 여동빈呂洞賓의 시 세 수로 시작된다.

호화롭던 시절 떠나가니, 행인의 발길이 끊기고, 퉁소簫와 아쟁箏(가야금) 소리 울리지 않으니, 노랫소리도 잠기네. 칼을 찬 사나이 위풍이 없으니 광채가 가라앉고, 보금寶琴소리가 드문드문 들려오니 모든 별이 빛을 잃네豪華去后行人絶, 簫箏不響歌喉咽. 雄劍無威光彩沉, 寶琴零落全星滅. 옥돌계단玉階에 가을 서리 내려 적막함만 감돌고, 해는 그때 가무가 흥성하던 그곳을 비추어 주는구려. 그때 노래하고 춤추던 자들은 돌아오지 않고, 오늘날 서릉西陵의 재로 변해버렸구려玉階寂寞墮秋露, 日照當時歌舞處. 當時歌舞人不回, 化爲今日西陵灰. 이팔청춘 미인佳人은 자태가 찌릿하게 아름다운데, 허리춤에 찬 검은 어리석은 사나이 목을 베는구나. 머리가 떨어지는 것은 보이지 않거늘, 무언중 당신께 골수骨髓가 마르는 것을 가르쳐주네二八佳人體似酥, 腰間仗劍斬愚夫. 雖然不見人頭落, 暗里教君骨髓枯.

이 시 몇 수는 사람들이 "주酒, 색色, 재財, 기氣'를 간파하도록 해준다. 이 책의 마지막 부분에서는 선악善惡의 응보應報를 말해주는 시구로 결말을 맺는다.

홀로 앉아 글을 읽고 아득한 생각에 잠기는데, 천도가 돌고 도는 것을 누가 알겠는가. 호사했던 서문경은 대를 잇지 못하고, 진경제는 미쳐 날뛰다 몸을 망쳤구려. 선량한 옥루玉樓와 월낭月娘은 천수를 누렸는데, 음탕한 이병아와 춘매는 저승길이 빨랐구려. 불쌍하게도 금련金蓮은 악보惡報를 받게 되었으니, 더러운 그 이름 천년동안 전해지리閥閱遺書思惘然, 誰知天道有循環. 西門豪橫難存嗣, 敬濟癲狂定被殲. 樓月善良終有壽, 瓶梅淫佚早歸泉. 可怪金蓮遭惡報, 遺臭千年作話傳.

저자는 인과응보를 최종 정신적 기탁으로 삼고 있었다.

『홍루몽紅樓夢』은 청나라 건륭乾隆 연간에 창작된 소설이다. 그때 조정朝廷에서는 공자를 받들고, 이학理學을 숭상하고, 티베트불교를 중요시하고, 도교를 도외시하고 있었다. 그러나 『홍루몽』의 저자 조설근曹雪芹은 오히려 이학을 거부하고, 선종禪宗을 가까이하고, 도교를 좋아하고 있었다. 홍루紅樓의 꿈은 즉 인성人性에 맞지 않는, 예禮만 있고 인仁이 없는 예교禮教의 추악함과 삼강오륜의 비열함을 비판하려는 것이었다. 소설에서는 여성의 청순함淸純과 남성의 혼탁함混濁을 찬미하고 있다. 이 소설에서는 녕국부寧國府와 영국부榮國府가 흥성하고 쇠락하던 이야기를 통하여, 부권가장제 귀족집안의 겉으로는 금옥처럼 아름답게 보이지만, 속은 완전히 썩어버린 그 진상과 곧 무너질 암담한 앞날을 그려내고 있다. 저자는 주인공 가보옥賈寶玉의 형상을 생동하게 구축하여, 그를 빌려 간접적으로, 과거시험을 통해 벼슬자리에 오르고 그 다음 세상을 다스리게 되는 그런 현실과, 경經을 읽고 글을 만드는 것을 숭상하는 기풍 및 벼슬아치들의 비열하게 윗사람에게 아부하는 그 추태를 신날하게 비판한다. 가보옥은 '고집불통이었고' 또 '괴벽'했고, 성격은 항상 '정통'을 거스르고 있었고, 반면에 그는 반역 정신이 강한 젊은이였다. 이런 의미에서, 『홍루몽』은 한 부의 군권君權 후기 예교禮敎를 비판한 대서大書였다. 한편, 저자의 창작은 주요하게는 불가와 도가 사상의 영향을 받았고, 이에 더하여 좌파左派 왕학王學의 영향도 받았다. 이 책에서는 승려와 도사가 시종 떠나지 않고 있다. 불교에는 "삼법인三法印'이 있다. 첫째는 제법무아諸法無我(諸法은 인연으로 생김으로 진실한 자아가 없음.)이고, 둘째는 제법무상諸行無常(만물은 항상 생사와 인과가 끊임없이 윤회하므로 한 모양으로 머물러 있지 않음.)이고, 셋째는 열반적정涅槃寂靜(열반의 경지가 모든 모순을 초월한 고요하고 청정한 경지임.)이다. 홍루몽 이야기에서 곧 이런 이념을 반영하고 있다. 즉 부귀함富貴은 항상 되지 않고, 인생은 꿈만 같다는, 이러한 이해를 표현해내고 있었다. 제1회에서 저자는 이렇게 제시해준다. "이 회回에서 '몽夢'이나 '환幻' 등의 글자를 사용한 것은, 대저 독자들의 주의를 환기시키기 위한 것이고, 또한 이 책을 저술한 본래 취지이기도 하다." 제5회 홍루몽곡紅樓夢曲에서는 이렇게 말한다. "세상을 간파한 자는 불문佛門에 숨어 들어갔고, 얼빠진 자는 헛되이 목숨을 잃어버렸다. 먹이를 다 주어먹은 새들은 숲에 날아들어 흩어지고, 남은 것은 망망한 대시뿐이니, 아무것도 없이 참말로 깨끗하구나." 참으로 인생은 잠시 설치한 무대에 지나지 않았다. 왁자지껄 법석이던 그대의 춤이 끝나면 이어서 유유한 내 노랫가락이 시작되지 않았던가. 더 황당한 것은 이 모두 타인을 위해 춤을 추고 노래를 불렀다는 것이다. 가보옥은 힘이 없는 아주 하찮은 존재였고, 일개 꼭두각시에 지나지 않았다. 그는 변고를 당할 때마다 애간장을 태웠고, 그때면 곧바로 참선參禪하고 도道를 깨치려 했다. 마지막에는 결국 "벼랑 끝에서 결단을 내리고, 모든 것을 버리고 중으로 되었다." 불교는 저자로 하여금 현실생활에 대한 일종의 분명한 비판의식을 가지게 만들었던 것이다.

이 책 전체로 볼 때, 도가와 도교의 영향을 더 많이 받은 것으로 보인다. 첫째, 가보옥의 형상은 위진 현학가 완적과 아주 흡사하다. 그는 풍류하고 정감 도지만 경박하고 방탕하지는 않았고, 여자를 좋아했지만 그것은 다만 정감적 사랑情愛에 그쳤었고, 공명이록功名利祿을 혐오했지만 감히 공개적으로 반항하지는 못했다. 옛날 완적도 마음 내키는 대로 제멋대로 살던 사람이었지만, 그도 방탕하지는 않았고, 음탕하게 여색에 빠져 있지도 않았다. 또 세상을 저주하고 있었지만, 그 때문에 목숨을 버리려고 하지는 않았다. 가보옥은 어쩌면 완적이 환생한 것처럼 보인다. 한편, 저자는 스스로 '몽완夢阮'이라고 칭하기도 했다. 가보옥은 실의에 빠질 때면, 『장자』를 읽고 참선하고, 죽은 청문晴雯을 위해 부용추도문芙蓉誄文을 쓴다. 그는 스스로 이렇게 말한다. "나는 그런 공명功名 따위를 희한하게 생각하지도 않고, 세상 사람들이 이 글 읽고 칭송해주는 것도 바라지 않는다. 그러니 왜 먼 옛날 楚나라 사람들의 『대언大言』, 『초혼招魂』, 『이소離騷』, 『구변九辯』, 『고수枯樹』, 『문난問難』, 『추수秋水』, 『대인선생전大人先生傳』 등을 본받지 않겠는가. 기쁘면 글을 놀이로 삼고, 슬프면 말로 아픔을 달랜다."이 전통이 바로 초문화에서의 도가문학 전통에서 유래한 것이다. 둘째, 가보옥賈寶玉과 임대옥林黛玉은 원곡元曲(원나라 때의 희곡문학) 『서상기西廂記』와 명극明劇(명나라 희곡) 『모란정牡丹亭』을 좋아했는데, 사실은 그들이 모두 개성의 해방과 사랑의 자유를 동경했다. 한편, 『모란정牡丹亭』의 저자 탕현조湯顯祖는 좌파 왕학王學의 영향을 깊이 받았는데, 그는 이지李贄를 아주 숭배하고 있었다. 또 성령설性靈說을 주장하는 공안公安(湖北 公安縣) 세 원씨袁氏(袁宗道, 袁宏道, 袁中道)와도 호흡이 잘 통했는데, 그는 성정性情에 따라 내키는대로 행동하고, 순수하게 자연에 그대로 맡길 것率性而行 純任自然을 주장했다. 이는 즉 왕학王學과 도가의 융합이라고 하겠다. 셋째, 절름발이 도인跛足道人은 『호료가好了歌』로 견사은甄士隱을 깨우쳐주는데, 그는 이렇게 말한다.

세상 사람들 모두 신선神仙 좋은 줄 알지만, 공명功名만은 잊지 못하는구려! 고금古今의 장군과 재상들은 어디로 가고, 황폐한 무덤에는 잡초만 무성하구려! 세상 사람들 모두 신선 좋은 줄 알지만, 돈만은 잊지 못하는구려! 종일 많이 모으지 못했다고 안달아 하더니, 많이 모아지니까 눈을 감고 말았구려. 세상 사람들 모두 신선 좋은 줄 알지만, 아리따운 아내만은 잊지 못하는구려! 당신이 살았을 때는 매일같이 사랑 노래만 하더니, 당신이 죽자마자 다른 사람 품에 안겨 버렸구려. 세상 사람들 모두 신선 좋은 줄 알지만, 자손만은 잊지 못하는구려! 예로부터 바보 같은 부모는 많았지만, 효도하는 자손은 누가 보았었던가?

이 『호료가好了歌』는 사람들을 깨우쳐주려는 것이 목적이었다. 즉 세상사람 마음을 훤히 꿰뚫어보니, '세상만사는 좋은 것이 마치는 것이고, 마치는 것이 좋은 것'이라는 것이다. 오로지 세상사를 마치고, 출가하여 도를 닦아야만 영원한 행복을 영위할 수 있다는 것이다. 넷째, 『홍루몽』은 도교 신선 이야기를 많이 활용하여 '텅 비고 몽롱한 환상적 경지太虛幻境'를 구축했다. 또 시와 사詩詞는 도교 전고典故를 많이 활용하고 있었고, 용어는 '봉래蓬萊', '요지瑤池', '단약丹藥' 등의 도교 용어를 많이 사용하고 있었다. 소설에는 또 대관원大觀園이 소란해지자, 도사道士가 법사法事를 행해 사악한 요귀무리를 쫓아버리는 장면이 있고, 청허관淸虛觀 장법관張法官이 권세를 가진 자들과 교제하는 장면이 있고, 천제묘天齊廟 도사道士 왕일첩王一帖이 가짜 약을 팔아먹는 장면이 있다. 또 동네방네를 떠들썩하게 하던 마도파馬道婆는 말솜씨가 대단한 사람能說會道(중국어에서 원래 뜻은 도를 잘 알고 행할 수 있다는 뜻임)이었고, 녕부寧府의 가경賈敬은 단약丹藥을 제련하다가 중독되어 죽어버린다. 이로 보면 저자는 노장 도가와 도교 수련淸修에 관심을 많이 가지고 있었고, 속세를 초탈하는, 얽매임이 없는 정신적 경지를 추구하고 있었다. 한편, 부록符籙, 외단外丹과 도교의 용속화庸俗化에 대해서는 비판적이었다. 『홍루몽』에 나오는 불교와 도교 이야기는 역사자료로 볼 수는 없지만, 그러나 이는 분명히 생활속에서 온 것이고 또 그 당시 사회생활을 심각하게 반영한 것이다. 일부 파편적인 역사자료보다는 오히려 더욱 전형적 의의를 가지고 있고, 진실성을 가지고 있다고 하겠다. 비록 역사사실은 아니지만 말이다. 이 소설은 유·도·불 삼교 관계의 하나의 형상화한 예술적 표현 작품이었다.

(5) 백화문白話文 단편소설 : '삼언양박三言兩拍'

'삼언양박'은 명나라 단편소설집으로서 그 당시 및 후세에 널리 전해졌었다.

'삼언三言'이란 『유세명언喩世明言』, 『경세통언警世通言』, 『성세항언醒世恒言』을 말한다. 저자는 풍몽룡馮夢龍이다. '양박兩拍'은 『초각박안경기初刻拍案驚奇』와 『이각박안경기二刻拍案驚奇』를 말한다. 저자는 능몽초凌濛初이다. 이 소설집은 종교 이야기를 대량 수집하여 소설의 소재로 삼았었는데, 그 당시 민간에서 다원적 신앙을 가지고 있던 상황을 아주 절실하게 반영했다고 하겠다. 또한 제목에서부터 분류해서 서술하고 있다. 『유세명언』에서 도교 이야기를 소재로 삼은 것으로는 「장도릉張道陵이 조승趙昇을 일곱 번 시험보다張道陵七試趙昇.」, 「진희이陳希夷가 조정朝廷의 명을 네 번 거절하다陳希夷四辭朝命.」가 있다. 불교 이야기를 소재로 삼은 것으로는 「한운암閑雲庵에서 완씨阮氏네 셋째가 원한의 빚을 갚다閑雲庵阮三償冤債.」, 「월명月明스님이 유취柳翠를 제도濟度해주다月明和尙度柳翠.」, 「양무제가 거듭 수행하여 성불하다梁武帝累修成佛.」가 있다. 전통 귀신 숭배 이야기를 소재로 삼은 것으로는 「등대윤滕大尹이 귀신같이 재산문제를 판결하다滕大尹鬼斷家私.」, 「지옥을 떠들썩하게 한 사마모司馬貌를 옥에 가두다鬧陰司司馬貌獄.」가 있다. 『경세통언警世通言』에서 도교와 관련이 있는 것으로는 「장자가 대야를 두드리면서 대도大道를 이루다莊子鼓盆成大道.」, 「진가상陳可常이 단오端陽에 신선이 되다陳可常端陽仙化.」, 「정양궁旌陽宮의 소철나무가 요괴를 진압하다旌陽宮鐵樹鎭妖.」가 있다. 『성세항언醒世恒言』에서 도교와 관련이 있는 것으로는 「관원수灌園叟(동산에 물을 주는 늙은이)가 선녀를 늦게 만나다灌園叟晩逢仙女.」, 「가죽장화에 붙은 쪽지를 조사해 이랑신二郞神을 찾아내다勘皮靴單證二郞神.」가 있다. 불교와 관련이 있는 것으로는 「불인대사佛印師가 네 마디로 금낭琴娘을 구해주다佛印師四調娘.」가 있다. 『초각박안경기初刻拍案驚奇』에서 도교와 관련이 있는 것으로는 「서산관西山觀에서는 부록符籙 을 만들어 망혼亡魂을 제도濟度하고, 개봉부開封府에서는 관棺을 마련하고서 산목숨을 좇는다西山西山觀設籙度亡魂, 開封府備棺追活命.」, 「단객丹客이 반쪽 기장쌀로 아홉 번 단약을 만들고, 부자는 천금을 상상하며 즐거워 웃는다丹客半黍九還 富翁千金一笑.」가 있다. 불교와 관련이 있는 것으로는 「위장 바꾸기로 호자胡子가 음란하고, 응보應報를 받고 와법사臥法師가 입정入定하다喬兌換胡子宣淫 顯報施臥師入定.」, 「문인생

聞人生은 취부암翠浮庵에서 야전野戰을 벌이고, 정관靜觀 여승은 부귀를 얻고 황사항黃砂巷에 돌아오다聞人生野戰翠浮庵 靜觀尼晝錦黃沙弄.」가 있다. 『이각박안경기二刻拍案驚奇』에서 도교와 관련이 있는 것으로는 「소도인小道人은 바둑 한 수로 천하를 용서하고, 여자 아이는 바둑 두 판으로 일생을 정하다小道人一着饒天下 女棋童兩局注終身.」가 있고, 불교와 관련 있는 것으로는 「왕씨 어부는 거울을 버리고 세 가지 보물을 숭배하고, 백수白水의 중은 물건을 훔치고 두 생生을 잃다王漁翁舍鏡崇三寶 白水僧盜物喪雙生.」가 있다. 이상의 소설이야기에서 어떤 것들은 선악응보善惡應報, 육도윤회六道輪回를 선양한 것이고, 어떤 것들은 속세를 초탈하고 신선神仙의 도道를 추구하고, 세상을 구제하고 사람들을 제도濟度해주는 것을 찬미한 것이다. 또 어떤 것들은 이야기를 빌려, 불가와 도가에 숨어있는 나쁜 자들과 그들이 저지른 나쁜 일들을 꼬집어 비난한 것이다. 당연히 또 유가의 '오상五常', '팔덕八德', 충효와 절개를 선양하는 이야기도 아주 많다. 사실 불교와 도교 이야기에서도 모두 유가 윤리를 기본과 토대로 삼고 있었고, 모두 '신도神道를 가지고 백성들을 교화하는神道說教' 특징을 보여주고 있었다.

(6) 문언문文言文 단편소설: 『요재지이聊齋志異』

청나라 초 포송령蒲松齡은 민간신화전설을 광범하게 수집한 기초위에서, 이를 정리하여 『요재지이』를 저술했다. 이 책에는 모두 400여 편의 이야기가 실려 있다. 이 이야기들은 현실생활의 내용에다가 낭만적이고 환상적인 색채를 보탠 것이 특징이다. 그 속에는 유·도·불 삼교 문화의 요소도 들어있고, 전통적 천신天神 귀령鬼靈 숭배도 들어있고, 여우신선狐仙과 초목요괴精怪, 물고기의 정령魚精과 꽃의 요정花妖에 관한 전설도 들어있고, 사람과 귀신이 혼인을 맺고, 사람과 동식물이 서로 변환하는 기이한 이야기도 들어있다. 이런 이야기들은 사람들이 그 이야기에 푹 빠지게 할 수 있었을 뿐만 아니라 또한 사람들이 이야기에서 인생의 도리를 깨치고 세상을 똑똑히 바라볼 수 있게 했다. 포송령蒲松齡은 '자서'에서 이렇게 말한다.

벽려薜荔를 어깨에 걸치고 여라(女蘿)를 허리에 차고(隱者를 말함), 삼려씨三閭氏(屈原을 가리킴)는 몸으로 깨달으면서 소騷를 만들었다. 장조랑長爪郎(李賀를 가리킴)은 소귀신과 뱀귀신을 논하는 것이 버릇으로 되었다. 천뢰天籟가 절로 울리게 하고, 좋은 소리를 따로 택하지 않은 것은 그런 이유가 따로 있었다.(莊子를 가리킴. 나 재주는) 간보干寶와 비길 바 못되지만, 나도 귀신 찾기搜神를 무척 즐겼다(干寶의 『搜神記』를 말함). 나의 성향은 황주黃州에 유배를 온 이(蘇東坡가 黃州에서 있었던 일)와 비슷하게, 귀신을 논하는 것을 아주 좋아했다. 그러나 오부가두(공자의 五父衢頭)에서 들은 것처럼 확실치 않을 수도 있다(『檀弓』). 하지만 삼생석三生石 이야기에서 앞사람들의 그 연고를 많이 깨달아 만들었으니(『續酉陽雜俎』), 방종한 말마디라고 하더라도, 나의 지위가 낮다고 해서 모두 버리지는 말기 바란다. 대개 내가 속세의 인연을 끊어버리지 못해서, 인간과 하늘의 정과正果를 맺지 못하고, 결국 '바람 따라 날려 다니다가 땅에 떨어져, 울바자 바깥 똥무지 옆에 피어난 꽃이 되었다'고 해서(範縝과 蕭子良의 대화), 망망한 육도六道를 어찌 그 자체의 도리가 없다고 하겠는가! 이 적막하고 암흑한 밤에 등불은 가물가물하고 당장 꺼질 것만 같은데, 한편 추위는 뼛속까지 스며드는구나. 책상은 마치 얼음장 같이 찬데, 나는 큰 술잔을 들고 글을 썼고, 홀로 한비자의 『고분孤憤』 같은 글을 만들었다.

포송령蒲松齡의 서序에서 보다시피 그는 초문화에서의 낭만적이고 환상적인 문학전통을 계승하고 있었고, 불교의 인과응보설을 많이 수용하고 있었다. 한편, 그는 귀신鬼神 신화이야기로 인간세상의 윤리를 표현하고 있었고, 세상의 불합리한 모든 것에 분개하고 혐오하는 태도를 보여주고 있었다. 『요재지이聊齋志異』의 명편名篇으로서 『석방평席方平』에서는 포악한 무리들을 두려워하지 않는 정의적 인격을 찬양하고 있었고, 『사문랑司文郎』, 『어거악於去惡』에서는 과거시험장의 암흑한 일면을 폭로하고 있었고, 『몽랑夢狼』에서는 '호랑이와 승냥이' 벼슬아치들이 백성들에게 가져다준 재앙을 기술하고 있었고, 『촉직促織』에서는 권세를 가진 자들의 향락이 일반백성들에게 주는 폐해를 서술하고 있었다. 이 모두 강렬한 비판적 현실주의 정신을 표현한 것이고, 이는 유가의 중요한 전통이었다고 하겠다. 『노산도사嶗山道士』, 『화피畵皮』, 『전도인癲道人』, 『선인도仙人島』 등 편은 모두 도교 이야기와 관련이 있고, 『금화상金和尙』, 『번승番僧』, 『제천대성齊天大聖』, 『승술僧術』은 또 불교 이야기와 관련이 있다. 이 신화이야기들은 사실적이면서도 허구가 많고, 허구가 많으면서도 현실을 이탈하지 않고 있었다. 여기서는 삼교 자원을 통합하여 활용하고 있었고, 민간의 잡귀신들을 함께 아우르면서 민간 신앙생활의 잡다함을 표현해내고 있었다. 소설의 문언문文言文은 아주 간결하고 생동하고, 문채文采는 아주 우아하고 화려하다. 이 소설은 민간에서 널리 유행했고 오랫동안 사람들의 입에서 오르내렸었다. 이 소설은 문언문 단편소설의 최고봉에 이르렀었다고 평가받고 있다.

(7) **유기소설遊記小說 : 『노잔유기老殘遊記』.**

이 소설은 청나라 말 유악劉鶚이 만든 것이다. 소설에서는 벼슬아치들의 암흑한 일면을 폭로하고 백성들의 고난을 서술하고 있다. 이 책에서 저자는 강렬한 비판적 현실주의 정신을 표현하고 있었다. 이 책에서 저자는 유·도·불 삼교에 대해 독특하게 기술한다. 저자가 숭배하는 산속의 은둔자隱士 황룡자黃龍子는 도교와 불교와 유교를 한 몸에 지닌 인물형상이다. 저자는 시를 지어 이렇게 말한다.

> 옛날 요지瑤池(서왕모가 거처하던 곳)의 구품련九品蓮(부처의 좌석)을 배알했는데, 희이希夷(陳摶)는 나에게 『지원편指元篇(陳摶이 저술한 책)』을 전수해 주었다. 다라수 잎貝葉(인도에서 佛經을 새기는 데 쓰였음, 여기서는 경전을 말함)은 낡았지만 『법화法華(太大谷學派의 法華를 말함)』는 새롭고, 남과 북에서 똑같이 등불 하나一點燈(불법을 말함)를 전한다.

그는 『주역周易』을 가지고 사회의 사변事變을 예측했는데, 소설에서 그는 확실히 대大예언가였다. 소설에서 태산泰山 벽하궁碧霞宮 한 도사道士의 딸 여고璵姑는 손님들에게 황룡자黃龍子의 말을 이렇게 인용하고 있다.

> 유교, 석교, 도교는 비유하자면, 세 점포에 세 간판을 걸어놓은 것과 같은데, 사실 모두 잡화를 팔고 있습니다. 땔감·곡식·기름·소금 등의 생활필수품은 모두 갖추어져 있습니다. 다만 유가의 점포는 규모가 크고, 불가와 도가의 점포는 규모가 좀 작을 따름입니다. 그러나 삼자 모두 아우르지 않은 것이 없습니다. 무

릇 도道는 늘 양 면으로 나뉩니다. 하나는 도道의 겉이고 하나는 도道의 속입니다. 도道의 속은 모두 똑같고, 도道의 겉은 각자 다릅니다.

저자는 일상생활 용어를 가지고 삼교 관계에 대한 이해를 표현했다. 그가 보건대, 삼교는 본질적으로는 섞여서 하나로 되었고, 다만 표현방식에서 조금 구별이 있을 따름이었다.

(8) 삼교 각자의 소설

세 작품을 예시로 들 수 있겠다. 유가의 『포공안包公案』은 명나라 때의 작품으로서 이 소설에서는 청렴한 관리官吏를 찬양하고 탐관오리를 비판하고 있다. 소설에서는 민중들의 법치法治의 공평함에 대한 기대를 반영해내고 있었다. 도가의 『녹야선종綠野仙踪』은 청나라 사람 이백천李百川이 쓴 소설로서 이 소설에서는 냉어빙冷於冰이 스승을 찾아 도道를 구하고, 연단煉丹하여 신선으로 되던 이야기를 하고 있다. 이 소설은 도교 백과전서百科全書식 소설로 볼 수 있다. 불가의 『제공전전濟公全傳』은 청나라 사람 곽소정郭小亭이 쓴 소설로서 이 소설에서는 활불生佛 제공濟公이 참모습을 숨기고 인간 세상에 내려와 살던 이야기를 하고 있다. 제공은 재주가 굉장히 많았다. 늘 세상을 구원하고 사람들을 제도濟度해주었는데, 그리하여 민중들이 아주 좋아하고 숭배하는 우상偶像으로 되어졌었다.

삼교가 명, 청 시기 희곡戲曲예술, 건축예술, 회화繪畵예술 및 음악과 춤에 끼친 영향은 저자의 졸작 『종교·문예·민속宗教·文藝·民俗』(中國社會科學出版社 2006년 출판)을 참고하기 바란다.

유·도·불 삼교의 주변화와 부흥 단계
(민국 시기 및 그 이후)

제1절 사회·역사적 배경 개술概述

1. 중국 근대의 고난과 사회 변혁의 곡절

이 단계는 신해혁명으로부터 20세기 후기를 아우른다.

시대적 특징으로 볼 때, 이 시기 중국은 진, 한 이래 2,000여 년의 제왕사회를 결속 짓고, 내우외환 속에서 현대사회로 전환하는 굴곡적인 발전과정에 들어갔다. 이 단계는 1840년에 발생한 아편전쟁으로부터 시작되는데, 이때부터 중국은 점차 서양 열강들의 반식민지로 전락되었다. 중국내에서는 1851년부터 1864년까지 태평천국운동이 발생했는데, 이들은 왜곡된 기독교 기치를 내걸고, 배상제회拜上帝會와 폭력조직을 만들어, 천부상제를 유일한 진신眞神으로 섬기는 한편, 성현聖賢과 불조佛祖, 신선은 요괴와 악마로 몰아붙이면서, 유·도·불 삼교를 맹렬하게 공격했다. 14년간, 이들은 강남江南 십여 개 성省에서 횡행하면서, 공자묘, 불전과 도관을 파괴하고, 문물을 훼손하고, 수많은 사람들을 학살했다. 그들이 전통 문화에 대한 파괴와 훼손은 "삼무일종三武一宗'이 불교를 멸滅하던 것과는 비길 수도 없을 정도로 막대했다. 사실상 대재앙이었고 대폭행이였다.

중국과 서양의 관계로 볼 때, 종법宗法등급사회와 농업자연경제 토대 위에 구축된 진부한 중국사회는 문예부흥에서 일떠서고 공업혁명에서 강대해지고 과학기술의 신속한 발전에 힘입어 강성해진, 상품경제가 발달한 서방 구미 열강들에게 전면적으로 초월당할 수밖에 없었다. 한편 자본의 본성은 탐욕이다.

그 결과는 항상 제국주의와 식민주의의 확장과 침략으로 나타난다. 그리하여 두 차례의 아편전쟁과 팔국연합군八國聯軍이 원명원圓明園을 불사른 일이 발생했던 것이다. 관문을 닫아걸고 쇄국하던 무기력한 중국은 힘없이 그들 앞에 무릎을 꿇고 말았다.

일본은 메이지유신 이후, 신속한 발전을 이루고 발달한 유럽국가의 행렬에 들어갔다. 일본은 동아시아에서 새로 일떠선 제국주의국가로 탈비꿈했고 한편, 중국과는 악연을 맺게 되었다. 갑오전쟁에서 중국을 패배시킨 후, 일본은 중국 영토를 빼앗고, 전쟁배상금도 받아갔다. 또 조선반도를 침점하고, 중국 땅에서 일·러 전쟁도 발동했다. 더 나아가 중국에서 '9·18' 사변을 발동하고 중국 동북 삼성三省을 침점했고, 또 남쪽으로 진군해서 '노구교사변盧溝橋事變'을 일으키고, 상해와 남경을 침점하고 '남경대학살'을 감행했다. 그때, 일본은 전 중국을 멸망시키고 아시아와 태평양에서 패권을 잡으려고 했다. 그러나 중화민족은 민족의 존속이 위태하던 가장 긴요한 관두에 깊은 잠에서 깨어났고, 항일통일전선抗日統一戰線을 구축하여 이 파시즘과 14년간 악전고투를 했다. 결국 아편전쟁 이래 처음으로 되는 외부침략에 맞선 반격에서 승리를 거두었다. 후일 중국공산당의 인솔 하에 100여 년간 중국의 인인지사仁人志士들이 자나 깨나 갈망하던 국가의 독립과 해방은 마침내 이루어내게 되었고, 중국인들은 이때부터 정치적으로 새롭게 일떠서게 되었다.

사회적 변혁으로 볼 때, 아편전쟁 이후 중국의 수많은 유식한 인사들은 사회개혁을 활발하게 추진했다. 특히 갑오전쟁 이후, 강유위康有爲 등 사람들은 사회개량운동을 발기했는데, 그들은 원유의 사회체제를 토대로, 서양을 따라 배워 개명군주제開明君主制를 실시할 것을 주장했다. 이를 역사에서는 '무술변법戊戌變法'이라고 칭한다. 그러나 이는 자희태후慈禧太后를 위수로 하는 보수파의 진압을 받았고, 변법유신變法維新은 결국 실패로 막을 내렸다. 그리하여 혁명파 손중산孫中山이 신해혁명辛亥革命을 일으켜 만청滿淸정부를 뒤엎고, 중화민국中華民國을 창건하고 민주공화제民主共和制를 실시하게 되었던 것이다. 그러나 사회의 진부한 세력이 지나치게 강대하여 수 차 좌절을 당했다. 주지하다시피,

원세개袁世凱는 다시 황제 자리에 오르려고 했고, 이 일이 실패한 후에는 이어서 군벌들이 수년 간 혼전混戰을 벌였다. 민주적으로 나라를 건립하려던 노력은 그 후 또 일본의 침략으로 중단되었다. 신新중국이 창립되어서야 중국은 초보적으로 통일을 이루었고, 이때부터 현대화한 경제제도와 민주적인 법제도를 건설하기 시작했다. 개혁개방 정책을 실시한 이래, 중국은 사회발전에서 전략적 중심을 전이했는데, 즉 경제건설을 중심으로 했고, 사회 관리에서는 중국 특색의 사회주의 길로 나아갔다. 이 40년 간, 거대한 발전을 이룩했고, 현재 중국은 바야흐로 전면적으로 소강사회小康社會를 건설하는 목표를 향해 발걸음을 재촉하고 있다.

2. 서학西學의 충격과 유·도·불 삼교의 쇠미

사상과 문화적 차원에서 말할 때, 청나라 말부터 중국의 진보적 인사들은 줄곧 서양에서 나라를 구하고 사회를 구하는 진리를 찾기에 노력했다. 그들은 중국이 근대에 와서 빈곤하고 낙후하게 된 것은 전통 문화가 진부하고 또한 시대에 뒤떨어진 것에서 비롯되었다고 보고 있었다. 그래서 반드시 서학으로 전통 문화를 대체해야 한다는 것이다. 이에 장지동張之洞은 『권학편勸學篇』에서 '중학中學을 체體로 삼고 서학을 용用으로 삼자.'라는 주장을 제기했다. 아쉽게도 이 주장은 거대한 호응은 얻어내지 못했다. 엄복嚴復(1854-1921)은 '이夷(서양을 말함)를 스승으로 삼는다以夷爲師.'는 것은 과학과 기술 등 '형이하形而下의 거친 자취粗迹'를 말하는 것이 아니고, 이는 서양의 문화정신 즉 '자유自由를 체體로 삼고, 민주民主를 용用으로 삼는 것(『原强』)'을 말하는 것이라고 했다. 한편, 중국의 가장 큰 폐해弊害는 군주독재에 있다고 했다. 그는 헉슬리Huxley의 『진화론天演論』을 중국어로 번역했고, 나아가 생물진화론 관점으로 중국과 서양 사회의 관계를 해석했다. 그가 보건대, 양자는 즉 생존경쟁의 관계이고, 경쟁의 결과는 우승열패優勝劣敗이고 약육강식弱肉强食이었다. 그 당시 그의 학설은 거대한 영향을 일으켰었다. 긍정적 영향이라면 이는 중국인들의 분발정신을 격려해주었고, 나라를 진흥시키려는 욕망을 불러일으켰었다. 바꾸어 말하면, 세계 경쟁에서 도태되지 말자는 것이었다. 부정적 영향이라면 이는 문화진화론과 유럽 중심론이 중국 사회에 들어오는 계기로 되었다. 중국인들은 보편적으로 중화 전통 문화를 서양문화보다 낮은 발전단계로 보고 있었고, 이는 또 전반적으로 서구화하자는 논설全盤西化論의 유행에 문화학적 토대를 마련해주게 되었다.

중요한 것은 수천 년 내려오면서 중국인들은 유·도·불 삼교 자체의 경직된 타성惰性 및 쇠패衰敗한 정치제도의 왜곡으로 말미암아 개성의 자유와 진취 정신에서 많은 속박을 받고 있었다는 점이다. 이것이 유·도·불 삼교의 부정적 영향의 주요 방면을 구성하고 있었다. 따라서 이 점에서 개혁자들은 유·도·불 삼교를 크게 질책하고 있었다. 특히 사회 사상을 주도하던 유학은 창조력이 결핍하고, 낡은 관습만 답습하고 있었고, 새로이 광채를 발하지 못하고 있었다. 반면, 이는 사회 혁신의 걸림돌이 되어졌었다. 그래서 유학은 특히 진보적 인사들의 맹렬한 공격을 받게 되었던 것이다. '과학'과 '민주'라는 기치를 내걸고 나온 '5·4' 신문화운동에서 공자유학은 사상 혁명의 주요대상으로 되어졌었다. 한 시기, "공자네 가게孔子店를 타도하자"는 것이 신세대 문화엘리트들의 슬로건이었다. 구미歐美 자유파였던 호적胡適이나 아니면 러시아를 스승으로 삼던 이대소李大釗, 진독수陳獨秀나, 심지어 민주주의자 노신魯迅도 모두 공자를 비판하고 유학을 비난하는 선두에서 내달리고 있었다. 당연히 그들은 비판의 화살을 전부 공자로 향하고 있었던 것은 아니고, 더 많이는 인애仁愛 정신을 상실한 이학理學과 예교禮教를 향하고 있었다. 하지만 수많은 진보적 청년들을 놓고 말할 때, 그들은 공자의 참뜻本義과 시대에 뒤떨어진 '공자네 가게'를 정확하게 분별하지 못했고, 그들은 늘 '공자를 받들고 유경儒經을 읽는 것'을 보수적이고 진부한 관념과 관습이라고만 보고 있었다. 반대로 공자를 비판하고 유학을 타도하는 것을 진보적 혁명으로 간주하고 있었다. 또한 유학과 과학, 민주를 완전히 대립시키고 있었고, 유학과 '봉건 독재주의'를 동의어로 만들어버렸고, 게다가 이를 주류 사회에서 공인 받게 만들어버렸었다. 유학은 주변에로 밀려났을 뿐만 아니라 더욱 요귀와 악마로 매도되었다. 반면, 그들은 서방문화를 지극히 찬미하고 동경하고 있었다. 예를 들면, 호적胡適은 『여러분, 거울에 비추어 봅시다請大家來照鏡子』라는 글에서 중국문화가 중국의 낙후함을 초래했다고 비난하면서[1], 반드시 전면적으로 서구화西化해야 할 것을 주장했다. 진독수는 『〈신청년〉죄안답변서(〈新青年〉罪案答辯書)』에서 "그 독德(democracy의 음역, 民主를 가리킴) 선생을 옹호하려면 공자의 가르침을 반대할 수밖에 없다."[2]라고 했다. 그가 보건대, "서양식 신新국가를 건설하고, 서양식 신新사회를 구축하여, 오늘날 세계에서 일떠서려면, 우선 서양식 사회와 서양식 국가의 기초를 끌어 들여오지 않을 수 없다. 이는 이른바, 평등한 인권에 대한 신新신앙을 말하는 것이다. 이런 새로운 사회, 새로운 국가, 새로운 신앙과 서로 화합할 수 없는 공자유교에 대해서는 철저한 깨달음覺悟과 용맹한 결단이 없으면 아니 된다. 아니할 경우, 막히지도 않고 흐르지도 않고, 그치지도 않고 행해지지도 않는다."[3] 노신은 『현대 중국에서의 공부자在現代中國的孔夫子』라는 글에서 이렇게 말한다. "공부자孔夫子는 과거에 아주 훌륭한 치국治國의 방안을 설계했다. 그러나 그것은 모두 민중을 다스리는 자들 즉 권세를 가진 자들을 위해 설계한 것이었다. 민중들을 위한 것은 오히려 티끌만큼도 없었다."[4] 노신은 『광인일기狂人日記』에서 광인의 입을 빌려 이렇게 말한다. "나는 역사를 펼쳐 한번 찾아보았다. 그런데 이 역사는 연대가 없었다. 비뚤비뚤하게 페이지마다 모두 '인의도덕仁義道德'이라는 몇 글자만 적혀 있었다. 나는 뒤척거리며 잠들지 못했다. 밤새 자세히 뜯어보아서야 글자 틈새에서 무엇인가 보아냈다. 책에는 온통 두 글자뿐이었는데, '사람을 잡아먹는다吃人.'라는 두 글자였다."[5] 그는 『'공평경쟁fair play'은 마땅히 완행緩行해야 함을 논함論"費厄潑賴"應該緩行』이라는 글에서 또 유가의 "서도恕道'와 '중용中庸'도 비난한다. 그가 보건대, '충후忠厚는 무용無用의 다른 이름인 바', 그래서 '물에 빠진 강아지를 호되게 족쳐야 했다.' 『죽음死』에서는

1) 胡適 : 《胡適文集》卷二《請大家來照鏡子》, 花城出版社2013年版, 第421頁.
2) 載陳壽立編 : 《中國現代文學運動史料摘編》(上), 北京出版社1985年版, 第32頁.
3) 陳獨秀 : 《憲法與孔教》, 載《陳獨秀文章選編》(上), 三聯書店1984年版, 第148頁.
4) 魯迅 : 《在現代中國的孔夫子》, 《魯迅文集 · 散文詩歌》, 中國商業出版社2016年版, 第266頁.
5) 魯迅 : 《狂人日記》, 《魯迅小說全集》, 群言出版社2015年版, 第8頁.

'관용寬容(恕를 말함)을 주장하는 자들은 절대로 그들과 접근하지 말라.'[6]라고 도 했다. 그의 말은 단호했고 무정無情했다. 그는 유학 전체를 부정하고 있었다.

중화민국 시기, 제왕 제도가 붕괴되고 종법宗法 등급사회가 해체되면서 국가 차원의 교사郊社, 종묘宗廟 제도도 따라서 무너졌다. 천단天壇, 지단地壇, 태묘太廟, 사직社稷 및 선농先農, 일日, 월月, 성星, 신辰, 오악五嶽, 사독四瀆 등에 제사지내는 국가의 종교제사 행사大典도 일괄 폐지되었다. 진보적 사상가들은 모두 '군권君權은 하늘에서 부여했고', '하늘의 명을 받들고 천하를 다스린다.'는 관념을 비판하고 있었다. 당연히 이는 역사발전의 필연적 추세였다고 하겠다. 청나라 말, 과거제도도 폐지되었다. 중화민국 초년, 채원배蔡元培가 교육총장教育總長을 맡으면서는 대·중·소학교에서 경전을 가르치는 것도 금지했다. 한편, 유가 경전은 해체하여 인문, 역사, 철학 등의 각 학과에 들여왔다. 이렇게 중국에서 신 세대 청소년들은 중화中華의 원전元典을 배우지 못하게 되었고, 그 결과는 입으로만 "옛일이나 옛 전적을 외우고, 조상들의 빛나는 업적은 잊어버린 것數典忘祖'이었다. 불교와 도교는 신문화운동新文化運動에서 주요 비판대상으로 되어지지는 않았지만, 진보적 인사들은 이를 역시 시대와 동떨어진, 반드시 대체해야 할 진부한 문화로 매도하고 있었다. 호적胡適을 대표자로 하는 실증사학實證史學 학파에서는 국학國學 연구를 '국고國故(나라의 옛 문화와 전통)를 정리하는 것'으로 위치 지우고 있었고, 손쉽게 그 가치와 함의를 지워버렸었다. 호적은 불교 선종禪宗에 대한 연구에서도 주로 훈고訓詁, 변위辯僞, 교감校勘에 관심을 두고 있었고, 과학적인지 아닌지를 선종禪宗을 평가하는 기준으로 삼고 있었다. 그는 이렇게 말한다. "선종 불교에서 90%, 심지어 95%는 모두 허튼 소리이다. 이는 날조한 것이고, 사기 치는 것이고, 거짓으로 꾸며낸 것이고, 허장성세하는 것이다."[7] 그는 이렇게 불교에서의 우주와 인생에 관한 대지혜大智慧를 말살해버렸던 것이다. 도교에 대해서, 그는 이렇게 말했다.

---

6) 魯迅:《其他散文匯編·死》,《魯迅文集·散文詩歌》, 中國商業出版社2016年版, 第297頁.

7) 胡適口述, 唐德剛譯注:《胡適口述自傳》, 廣西師範大學出版社2005年版, 第244頁.

도교는 오늘날 일반 학술계에서 이미 한 무더기 미신迷信으로 간주되고 있다. 도교에서 '삼동칠보三洞七輔'라고 하는, 성서聖書라고 일컫는 『도장道藏』은 처음부터 마지막까지, 참답게 꾸며낸 위서僞書이다. 그 속에는 사람들을 놀라게 하는 미신만 가득 들어 있고, 반면에 학술적 가치는 아주 적다고 하겠다.[8)]

호적은 대학자였고 역사적 공적도 아주 크다. 그러나 그는 서학을 맹목적으로 숭배하고 있었고, '과학만능'을 깊이 믿고 있었고, 이에 조금도 의심치 않고 있었다. 그는 도구이성으로서의 서양의 실험과학이 사람들에게 정신적 의탁을 제공해줄 수 없음을 보아내지 못했고, 또한 불교와 도교가 존재하는 근원, 발전 법칙, 사회적 기능의 이중적 성격 및 그것의 가치학價値學, 지혜학智慧學, 심리학으로서의 의의와 가치를 파악하지 못했다. 그 결과는 '과학'을 '하나님上帝'과 동일시하는 것이었다. 그는 불교와 도교 문화의 정화精華와 찌꺼기를 분별하지 못했고, 결국 스스로 자신이 줄곧 반대하던 미신과 "비과학적인 것"에 빠져버렸던 것이다. 이는 그의 처음 예상과는 다른 결과였다. 보다시피 신문화운동의 영향은 광범하고 충격적이었다. 그 선두에는 호적, 진독수, 노신 등의 청년 수령들이 있었고, 그들이 수십 년간 사회 사조와 학술기풍을 이끌어 갔었다. 그 결과 서방문화에서의 과학, 민주, 자유 등의 현대 이념이 '5·4'운동 이래의 주류적 이데올로기로 자리매김하게 되었고, 서방문화에서의 과학주의, 단선진화론單線進化論과 일신교一神教 원교지주의原教旨主義가 오랫동안 중국대지를 휩쓸게 되었다. 중화문화의 핵심 유·도·불 삼교의 비참한 운명을, 독자들은 미루어 짐작할 수 있을 것이다.

이번에 서방문화가 중국에 전해 들어오던 것과 옛날 인도 불교가 중국에 전해 들어오던 것은 사회, 역사, 문화적 배경에서 아주 달랐다. 불교가 중국에 전해 들어올 때는 중국이 한당漢唐 성세盛世에 처해 있었고, 유학의 정통적 지위는 아주 튼튼했다. 중국인들은 민족문화에 대해 아주 자신하고 있었고, 주동적으로 불교를 받아들이고 소화시킬 수 있었고, 성공적으로 불교의 중국화를

8) 胡適口述, 唐德剛譯注 : 《胡適口述自傳》, 廣西師範大學出版社. 2005年版, 第244頁

실현할 수 있었다. 중국은 불교를 받아들이면서 불교 국가로 되지 않았고, 오히려 불교에서 흡수하여 유학을 갱신하고, 중화문화를 더욱 풍부하게 만들었다. 하지만 아편전쟁으로부터 중화민국 시기에 이르기까지 중국은 형편없이 쇠패衰敗했고, 정부는 무기력했고 백성들은 가난했고, 유학은 경직되고 불교와 도교는 낡은 틀에서 벗어나지 못하고 있었다. 열강들의 능욕을 실컷 당하고 나서야 중국인들은 깊은 잠에서 깨어나기 시작했던 것이다. 그러나 서방 열강들의 강대한 국력 및 문화적 공세 앞에서 중국의 주류 인사들은 문화자신감을 상실했고, 그들은 서방문명을 받아들여 중국을 구원하는데 급급했다. 그들에게는 서학의 좋고 나쁨을 변별할 겨를도 없었고 또 중학의 정교함과 조잡함을 변별·분석할 시간도 없었다. 다만 가져다 쓰기에만 다급했고, 이로 당면한 문제를 시급히 해결하려고만 했다. 심지어 조상들이 물려준 문화 자산을 훼멸시키면서 생사존망의 위급한 상황만 구제하려고 했다. 그러나 그들이 의식하지 못했던 것은, 이렇게 나아가면 중국은 기필코 서방 열강들의 문화식민지로 전락될 수밖에 없고, 세계의 수많은 우수한 민족들 가운데서 탈락될 수밖에 없다는 점이었다. 이런 연고로 중국의 문화 위기는 날로 깊어갔고, 오랫동안 중화 사상 문화의 핵심 삼각 구도를 이루고 있었던 유·도·불 삼교는 일제히 중심무대에서 밀려나, 밑바닥에 떨어지게 되었던 것이다. 특히 유학은 한 차례 생사존망의 위기에 직면하고 있었다. 하린賀麟은 『유가 사상의 전개儒家思想之開展』에서 이렇게 지적한다. "서양문화가 전해 들어오면서 유가 사상을 한번 시험해 보게 되었다. 한 차례 생사존망에 관계되는 큰 시험이고 큰 고비였다. 만약 유가사상이 서양문화를 이해하고, 흡수하고, 융회하고, 전환시켜 자신을 충실하게 하고 발전시킬 수 있다면, 유가사상은 생존하고 부활하고 또한 새로운 발전이 있을 것이었다. 만약 이 시험을 넘지 못하고, 이 고비를 넘길 수 없다면 곧 죽어버리고, 소멸되고, 몰락할 것이고 영원히 다시 일떠서지 못할 것이었다."[9] 이 한 차례 문화의 고험考險은 유학 발전의 위기이기도 하고 또한 유학 부흥의 계기

9) 賀麟:《文化與人生》, 上海文藝出版社2001年版, 第4頁.

이기도 했다. 그러나 반드시 짚고 넘어가야 할 것은, 비록 유학이 중화민국 시기 학술적 주류에서 밀려났다고 할지라도, 이의 강상예속綱常禮俗은 여전히 민간에서 널리 유행하고 있었고, 이는 여전히 중국 민중들의 일상생활에서 기본 도덕규범으로 자리하고 있었다는 점이다. 특히 '오상五常', '팔덕八德'은 민간문화의 옥토에 깊이 뿌리박고 있었고, 여전히 중국인들의 혈맥에서 흐르고 있었고, 중국인들의 가정, 가족, 향사鄕社에서 일상 윤리규범으로 자리하고 있었다. 비록 약화되기는 했지만 사회운동에서 비판했다고 해서 사라지지는 않았다는 것이다.

중화민국 시기, 정부의 종교정책은 새로운 것과 낡은 것이 교착하는新舊交錯 양상을 보여주고 있었다. 한편으로는 서방의 '종교 신앙 자유' 사상과 모델을 받아들여 정치와 종교政教를 분리하는 정책을 실행하고 있었고, 다른 한편으로는 상이한 종교에 대해 상이한 태도를 취하고 있었다. 예를 들면, 기독교와 민간 종교에 대해서는 개방적 태도를 취했고, 이슬람교와 티베트불교에 대해서는 통제를 강화했고, 불교와 도교에 대해서는 제한하고 있었다. 상이한 시기, 상이한 지역의 관리 방식 또한 상이했다. 정부에서는 '사찰의 자산과 산업을 가지고 학술을 진흥시킬 것'을 주장하면서, 대량의 불교 사찰과 도교 도관道觀 및 그들의 토지와 산업을 몰수했다. 그 명목은 '교육을 발전시키기 위한 것'이었지만, 사실은 불교와 도교의 발전을 제한하기 위해서였다. 그들이 보건대, 이런 것(불교 사원과 도교 궁관)들은 사회의 자원만 점유하고 있고, 국가의 발전에는 그 어떤 기여도 없었던 것이다. 1928년, 국민정부에서는 신사존폐표준神祠存廢標準을 반포하고, 그 당시 민간에서 유행하고 있던 전통 종교 신앙을 점검하고 정돈했다. 그때 남겨둔 것들로는 복희伏羲, 신농神農, 황제黃帝, 창힐蒼頡, 대우大禹, 공자, 맹자, 악비岳飛, 관제關帝, 토지신土地神, 부엌신竈神, 태상노군太上老君, 원시천존元始天尊, 삼관三官, 천사天師, 여조呂祖, 풍우뢰신風雨雷神 등이었다. 반면, 폐지한 것들로는 일日, 월月, 화火, 오악五嶽, 사독四瀆, 용왕龍王, 성황城隍, 문창文昌, 송자낭낭送子娘娘, 재신財神, 온신瘟神, 조현단趙玄壇, 호선狐仙 등이었다. 그러나 이 신사존폐표준神祠存廢標準을 제정한 사람은 중국 전통 종교에 대한 기본 상식이 결핍했다고 하겠다. 여기서 이 사람은 원래 경천법조교敬天法祖教 체계에도 속하고 도교 체계에도 속하는 신사神祠를 굳이 '존存'과 '폐廢'의 두 부류로 나누어 상반되는 방안을 내놓았다. 보다시피 그 당시의 종교정책은 아주 혼란했다. 1912년, 강서江西 도독부都督府에서는 정일도正一道를 '봉건미신封建迷信'으로 몰아붙이면서 용호산龍虎山 천사부天師府를 파괴하고, 천사天師의 봉호封號와 봉지封地를 거두어들였다. 그리하여 62대 천사 장원욱張元旭은 할 수 없이 상해로 떠났고, 북방의 전진도全眞道와 연락을 취해 함께 도교를 부흥시킬 것을 꾀했던 것이다. 63대 천사 장은부張恩溥는 한 시기 감금당한 적도 있다. 1930년대, 그는 정부에 천사의 봉호封號를 회복해줄 것을 요구했는데, 정부로부터 거절당했다. 그때, 정부에서는 전진도를 종교단체로 등록할 것만 허용해주었고, 일체 무격巫覡활동은 금지했다. 엘리트 계층에서는 보편적으로 종교를 도외시하고 있었고, 오히려 각종 '종교대체론'이 출현했다. 호적, 진독수의 '과학으로써 종교를 대체하자는 논설', 채원배蔡元培의 '미육美育으로써 종교를 대체하자는 논설', 양수명梁漱溟의 '윤리로써 종교를 대체하자는 논설', 풍우란馮友蘭의 '철학으로써 종교를 대체하자는 논설'이 대표적이라 하겠다. 이들은 모두 종교가 미래의 현대화한 중국에서 존재할 필요성과 정당성이 없을 것으로 보고 있었다.

3. 삼교의 소생·부활과 삼교관계의 새로운 특징

서구화 물결의 충격을 받고 유학은 쇠락하고 있었지만, 다행히 뿌리는 살아 있었고, 유학은 소생의 봄바람을 기다리고 있었다. 도교와 불교도 역시 쇠미해지고 있었지만, 그러나 수많은 민간 신도들을 보유하고 있는 거대 종교로서 이들 역시 완강하게 생존하고 있었다. 서방문화의 이 한 차례 세례는 삼교에 있어서 타격이기도 했고, 격려이기도 했고 또 거울이기도 했다. 이 또한 삼교가 소생하고 부활하는 계기이기도 했고, 새로운 생명력을 발하는 기회이기도 했다. 하린은 『유가사상의 전개』에서 지적하기를, 신문화운동의 가장 큰 공헌은 유교의 경직된 껍데기 분분 및 그 개성을 속박하는 진부한 전통 부분을 제거하고 갱신시킨 것에 있다고 한다. 이는 공자와 맹자의 참 정신, 참 뜻, 참 학술을 타도하지는 않았다는 것이다. 반대로 이는 세척을 하고 청소를 하는 작업이었고, 이를 통해 공자, 맹자, 정씨, 주희의 참모습이 더욱 분명하게 드러나게 되었다는 것이다.[10] 이 견해는 보수파들의 옛 틀에만 얽매여 있던 보수적인 사고방식을 초월한 것이고 또한 급진파들의 간단하고 난폭하고 급진적이던 생각과 태도를 초월한 것이라고 하겠다. 여기서 하선생의 뛰어난 통찰력과 탁월한 식견을 보아낼 수 있겠다. 한편, 진독수가 공자 유교에 대한 공격은 군주독재를 반대하는 것과 연관되어 있었고, 그의 비판의 화살은 '삼강三綱'을 겨냥하고 있었다. 그는 이렇게 말했다.

> 유자들의 삼강 학설은 모든 도덕정치의 근본이었다. 하지만 임금이 신하의 벼리라고 한다면, 백성은 임금에게 있어서 다만 부속품일 따름이고, 독립적 인격이란 있을 수 없다. 아버지가 자식의 벼리라고 한다면, 자식은 아버지에게 있어서 다만 부속품일 따름이고, 독립적이고 자주적인 인격이란 있을 수 없다. 남편이 아내의 벼리라고 한다면, 아내는 남편에게 있어서 다만 부속품일 따름이고, 독립적이고 자주적인 인격이란 있을 수 없다.[11] 이 금과옥조金科玉律의 도덕 명사에서 연유緣由하여, 충忠이라는 것, 효孝라는 것, 절節이라는 것은 모두 자기 마음으로 미루어 남을 헤아려주는 주인의 도덕이 아니 되고, 이는 자기를 남에게 귀속시키는 노예의 도덕으로 되어졌다.[12]

진독수가 밝힌 '삼강'의 등급 구조와 종속 관념이 인격의 독립을 말살한다는 것이 바로 하린이 지적한, 후기 유학에서 사람들의 개성을 속박했다는, 그 부패한 부분이겠다. 이것은 반드시 제거해야 할 부분이라고 하겠다. 하지만 진독수는 이해하지 못했던 것이 있었다. 바로 '오상五常', '팔덕八德'의 기본 함의가 곧 유학의 참 정신, 참 모습을 드러내고 있다는 점이겠다. 특히 인애충서仁愛忠

10) 賀麟:《文化與人生》, 上海文藝出版社2001年版, 第1頁.

11) 田曉青主編:《民國思潮讀本》第一卷, 作家出版社2013年版, 第422頁.

12) 田曉青主編:《民國思潮讀本》第一卷, 作家出版社2013年版, 第423頁.

恕의 도道가 바로 그가 찬미하는, '자기 마음으로 미루어 남을 헤아려주는 주인의 도덕'이 아니겠는가? 이런 시각에서 본다면, 신문화운동은 객관적으로 유학의 갱신과 발전에 큰 공헌을 했다고 할 수 있겠다.

사실, 서학이 밀물처럼 밀려들어오면서 삼교가 낡은 관습만 답습하고 발전이 없고 활기가 날로 사라지던 상태를 개변시켰을 뿐만 아니라 또한 사람들이 전통 문화에 대해 전면적으로 반성해보게 만들었다. 이에 더하여, 이 와중에 중국인들은 근대 서방 문화에서의 과학, 민주, 자유, 평등이라는 새로운 이념, 그리고 서방 철학에서 진리를 추구하는 이성 및 논리를 분석하는 방법론도 받아들였다. 객관적으로 이는 삼교의 현대 사회에서의 형태 전환에 새로운 사유방식과 실용적 도구를 제공해주었고, 삼교가 환골탈태하는 과정을 가속화시켰다. 그리하여 또한 중화민국 시기에 당대 신유가가 일어서게 되었던 것이다. 신유가 대표 학자들로는 양계초梁啓超, 장병린章炳麟, 양수명梁漱溟, 장군매張君勱, 마일부馬一浮, 진인각陳寅恪, 웅십력熊十力, 풍우란馮友蘭, 하린賀麟, 전목錢穆, 방동미方東美, 용조조容肇祖 및 모종삼牟宗三, 당군의唐君毅, 서복관徐復觀 등이 있었다. 이들은 한 차례 굉장한 학술문화 운동을 일으켰었다. 20세기 20년대, 장군매張君勱와 정문강丁文江은 '과학과 인생관'에 관한 한 차례 논쟁이 있었다. 장씨는 주장하기를, 인생관은 과학과 달리, 주관성, 직각성直覺性, 개인성을 가지고 있고, 반면에 과학은 객관성, 법칙성, 동일성을 가지고 있다고 했다. 한편, 정씨는 주장하기를, 과학은 만능萬能한 것이고, 따라서 마땅히 과학적 인생관을 수립해야 한다고 했다. 그는 장씨를 '현학귀玄學鬼'라고도 비난했다. 이는 한 차례 철학 가치론과 과학주의에 관한 쟁론이었다. 이 쟁론에서 장씨는 중국철학의 의미의 세계意義世界를 수호하려고 했고, 인생의 '과학화'에는 찬성하지 않았다. 사실 이는 일리가 있는 견해였다. 1935년, 상해의 10명의 교수가 연명聯名으로 발표한 『중국을 본위로 하는 문화 선언中國本位的文化宣言』에서는 중국을 본위本位로 하는 문화를 건설하고, 선택적으로 구미歐美 문화를 흡수하고, '과거를 반성하고', '현재에 입각하여', '미래를 창조할 것'을 강조했다. 그렇다면 이는 한 차례 민족문화 주체성에 대한 자아 각성이었다고 하겠다.

이 시기, 불교에서는 태허법사太虛法師가 불교 부흥운동을 크게 추진했다. 그는 인간세상불교人間佛教를 창도했는데, 그의 영향력은 아주 거대했다. 그 후에는 조박초趙朴初 거사가 이를 계승하고 확대·발전시켰다. 또 홍일법사弘一法師도 불문佛門의 계율戒律을 엄격히 하고 교문教門을 질서정연하게 다스렸다. 그밖에도 허운虛雲, 원영圓瑛, 인순印順 등 법사들이 있었는데, 그들은 품행과 학문에서 모두 아주 뛰어났었다. 한편, 구양점歐陽漸, 탕용동湯用彤, 진원陳垣, 여징呂澂 등은 또 당대 불학 연구를 크게 추진시켰다.

도교에서 진영녕陳攖寧 대사大師는 신선학新仙學을 창립했고, 역심영易心瑩, 악숭대岳崇岱는 또 도교를 크게 발전시켰다. 한편, 허지산許地山, 부근가傅勤家, 진원陳垣, 진국부陳國符 등 학자들은 당대 도교학 연구를 새롭게 개척해냈다.

이상에서 보다시피 삼교의 엘리트들은 자체의 우수한 문화 전통을 포기하지 않았고, 오히려 과감하게 외래의 신문화를 받아들여, 기존의 문화와 학설을 종합적으로 갱신하고 창조하여, 시대의 발전에 부응하게 만들었다. 이렇게 삼교의 소생과 부활을 추진시켰던 것이다. 이 장에서는 중화민국 시기 삼교의 대표적 학자들과 그들의 학술활동을 소개하고자 한다. 일부 학자들의 학술활동은 당대에까지 이어져 왔기에, 될수록 완전하게 기술하고자 한다. 단, 20세기 후반에 새로이 출현한 학자들은 이 책에서 논하지 않기로 한다.

삼교 관계는 시대의 심각한 변화로 말미암아, 일련의 새로운 특색을 가지고 있었다.

첫째, 삼교는 사회 주류적 사상문화로부터 밀려나 지류로 되었고, 그 대신 구미의 사상문화와 후일 일떠선 맑스주의와 사회주의 문화가 사회발전의 주류로 자리매김하게 되었다. 특히 후자는 중국공산당의 신앙으로 되어졌고, 이는 중화민족이 외래 침략을 물리치고, 민족의 독립과 해방을 실현하는 과정에 거대한 결정적인 역할을 발휘했다. 이렇게 중국에서 사상문화는 새로운 삼가三家가 병존하는 구도를 형성했는데, 즉 맑스주의, 서방문화, 중화문화가 그것이겠다. 이 삼자三者는 상호 충돌하는 가운데 또한 교융交融하고 있었다. 한편, 유·도·불 삼교는 함께 중화의 전통 사상문화로 인식되어졌고, 사회의 변두리에서 힘겹게 생존하고 발전하고 있었다.

둘째, 삼교 사이는 마찰이 아주 적었을 뿐만 아니라, 한 걸음 더 나아가 상호 학습하고 서로 받아들이면서 발전하고 있었다. 한편, 유·도·불 삼교의 계선을 가르지 않고, 이를 한데 아울러 깊이 탐구한 학자들도 많이 출현했다. 이 학자들 가운데서 어떤 이들은 그나마 교통敎統 신분은 간직하고 있었고, 어떤 이들은 어느 교통에 귀속시키기도 어려웠다. 예를 들면, 양수명梁漱明은 불교를 신봉하면서 유교에 치우치고 있었고, 웅십력熊十力은 불자佛子로부터 변신하여 유자儒子로 되었고, 양계초는 유교도, 도교도, 불교도 믿지 않았지만 삼교 문화에 대해서는 아주 긍정해주고 있었다. 이런 학자들은 아주 많았는데, 이들을 통유通儒 또는 통사通士라고 칭할 수 있겠다.

셋째, 삼교 간 소통과 교류는 모두 중·서 문화 간 교류와 밀접한 관련이 있었다. 삼교의 혁신과 발전의 주요 동력과 자원은 삼자 내부에 있었던 것이 아니라, 오히려 서양문화로부터 왔었다. 삼교 인사들은 반드시 서학의 엄준한 도전에 맞서 정면에 나서야 했고, 비판적으로 서양 문화를 흡수하고 또 중·서 문화를 융합시켜야 했다. 또한 근본으로부터 새롭게 창조해야 했고, 종합적으로 재창조해야 했다. 이 와중에 그들의 현대 의식意識, 세계 관념도 크게 강화되었다고 하겠다.

넷째, 삼교 문화는 군주君主 독재 체제의 왜곡과 정치 의식형태(이데올로기)의 속박을 떨쳐버렸기 때문에 독립적인 민간 신앙과 학술연구 대상으로 될 수 있었다. 또한 나라를 사랑하고 법규를 준수하고, 선善을 권장하고 악惡을 제거하는 것을 전제로, 자유롭게 발전할 수 있었고, 백가가 쟁명(百家爭鳴)할 수 있었다. 예컨대, 진인각陳寅恪은 '독립적 정신, 자유로운 사상獨立之精神, 自由之思想'이라는 슬로건을 내걸고 자유로운 학술연구를 창도했는데, 중화민국 시기 이런 사회 환경과 분위기에서 삼교 학술은 당대의 새로운 학술형태를 형성했고, 생동하고 활기찬 모습을 보여주었다. 여기에는 분명히 서학의 큰 공헌이 있었다고 하겠다.

다섯째, 삼교 문화는 거대한 잠재적 매력과 에너지를 가지고 계속하여 기타 종교와 민간 종교에로 확장되고 있었고, 이런 종교들이 계속하여 중국화하는 방향으로 나아가고, 또한 중국사회에 더욱 잘 적응하도록 영향 주었다. 예를 들면, 이슬람교에는 왕관王寬, 왕정재王靜齋, 합덕성哈德成, 달포생達浦生, 마송정馬松亭, 방사겸龐士謙, 양중명楊仲明, 마견馬堅, 마익린馬翼鄰, 백수이白壽彝 등 대학자들이 있었는데, 그들은 모두 나라를 사랑하고 종교를 사랑하고, 한편 여러 민족은 단결해야 하고, 상이한 종교 사이는 화목해야 한다고 주장하고 있었다. 그들은 중국, 서양, 아랍의 사상을 아울러 함께 흡수하여 이슬람교 학술과 교육을 창조적으로 개혁했고, 그 성취 또한 거대했다. 천주교와 기독교는 중국을 정복征服하여 중국을 기독교화 시키려던 계획을 포기하고, 바꾸어 기독교를 중국화하는 길로 나아갔었다. 1919년, 로마교황은 공개적으로 인정하기를, 천주교와 유교는 "겉모습은 비록 다르지만, 근본은 똑같다. 모두 자기의 본심을 간직하고 자신의 본성을 기르는存心養性 학문이다."[13]라고 했다. 기독교에서는 '본색교회本色教會' 운동을 전개했고, "교회教會와 중국문화가 결혼하게 했고, 서양의 색채를 제거해 버렸었다."[14] 항일전쟁시기, 이슬람교, 천주교, 기독교의 주류 인사들과 수많은 신도들은 애국자들이었고, 그들은 항일 구국救國 운동에서 훌륭한 모습을 보여주었다. 민간종교는 봉건제왕 사회의 압박에서 벗어나 공개적으로 발전하고 있었고, 새로운 교문教門도 우후죽순 마냥 생겨났다. 그들의 교의教義는 계속하여 삼교를 혼합하는 색채를 드러내고 있었다. 한편, 정치적 경향성은 각자 달랐다. 어떤 종교는 애국적이었고 항일투쟁에도 적극 참여했고, 어떤 종교는 다만 민간에서 유행했고, 소수의 종교는 일본침략자들에게 매수되어 통제받고 이용당하면서 앞잡이 노릇을 했고, 어떤 종교는 해외에 전해져 화교華僑 사단社團 조직으로 변천했다.

13) 卓新平 :《基督教猶太教志》, 上海人民出版社1998年版, 第170頁.

14) 國家宗教事務局四司, 政法司組編 :《宗教政策法規教程》, 宗教文化出版社2014年版, 第100頁.

제2절 삼교 부흥과정에서의 대표인물 및 그들의 사상과 학설

1. 삼교와 서학을 넘나들던 통사通士와 대사大師들

1) 중학과 서학을 융통시킨 민주주의혁명의 선구자 : 손중산孫中山

손중산(1866-1925)의 이름은 문文이고, 자는 덕명德明이고, 호는 일선逸仙이다. 광동廣東 향산현香山顯 취형촌翠亨村 사람이다. 유년 시절에는 유학을 배웠고, 소년 시절에는 하와이에서 공부했고, 청년 시절에는 홍콩서의서원香港西醫書院에서 공부했다. 여기서 의학 석사학위를 취득했다. 보다시피 그는 어려서부터 서방문화를 널리 접했다. 당연히 그는 중화 경전도 많이 읽었다. 그리하여 중국문화와 서방문화에 모두 익숙한, 종합적 소양을 갖춘 학자로 성장할 수 있었던 것이다. 그는 『상이홍장서上李鴻章書』에서 이렇게 말했다. "성현의 육경의 뜻旨은 나라의 혼란함을 다스리는 근본이고, 백성들의 근본문제를 해결해주는 계략으로서 항상 내 마음에서 오르내렸습니다. 오늘날 이른바 서학이라는 것도 대개 이미 섭렵했고, 이른바 전문 학문이라는 것도 그 가운데 하나를 깊이 탐구했습니다."[15] 조금 지나, 그는 『복적이사함復翟理斯函』에서 또 이렇게 말했다. "문文(자칭임)은 어렸을 적에 뜻이 원대했고, 신기함을 좋아하는 성격이었는데, 그리하여 배운 것들은 많고 넓고 잡다하고, 순수하지 않았습니다. 중학에서는 특히 삼대, 양한 시기의 글을 좋아했고, 서학에서는 다윈주의Darwinism를 특히 좋아했습니다. 한편 격물과 정사에 관해서도 늘 글을 찾아 읽었습니다. 종교에 있어서는 예수를 숭상하고 있었고, 인물에 있어서는 중화의 탕무湯武와 미국의 워싱턴Washington을 앙모하고 있었습니다."[16] 이로 보면 손중산은 주동적으로 중화의 학문과 구미의 기독교 및 진화론 이래의 인문주의와 과학을 수용했다. 그가 이끌었던 신해혁명과 그가 제기한 삼민주의三民主義는 중·서 문화를 융합한, 그의 휘황한 성취라고 하겠다.

15) 《孫中山全集》第一卷, 中華書局1981年版, 第16頁.

16) 《孫中山全集》第一卷, 中華書局1981年版, 第48頁.

손중산이 '5·4' 신문화운동의 선구자들과 달랐던 점은 두 가지이다. 첫째, 그는 사람들이 서방 문화를 학습할 때, 중국문화를 전부 부정해버리는 것에 찬성하지 않았다. 둘째, 그는 중·서 문화를 융합하는 과정에 이론적 창조와 사회적 실천에 공력을 많이 들였고, 새로운 제도, 새로운 생활양식을 개척해내는 데 많은 힘을 기울였다. 혁명을 발동하고, 제왕제도를 뒤엎고, 중화민국을 건립하고, 민주공화제를 실시한 것, 이는 서방에서 배운 것이고, 이는 프랑스, 미국을 모델로 삼은 것이었다. 그는 이렇게 말한다.

> 중국혁명의 사조는 구미에서 발원한 것이다. 평등과 자유에 관한 학설도 구미에서 전해 들어온 것이다.[17] 중국인들의 민권사상은 모두 구미에서 전해 들어온 것이다. 때문에 우리가 근래 혁명을 일으키고, 정치를 개량하는 것은 모두 구미를 본받은 것이겠다.[18]

그러나 그는 간단히 그대로 답습만 하지 않았다. 그는 중화문화에 대한 이해가 깊었다. 신해혁명이 일어난 후에 있은 『유럽에서의 연설在歐洲的演說』에서 그는 건국방침을 이렇게 설명했다. "연방공화제 정치체제를 구축하는데 있어서, 특히 변하지 말아야 할 원칙이 있다. 저쪽에서 구미의 민주를 가져다 본보기로 삼고, 동시에 수천 년 전 옛 문화에서 취해 이를 융합하고 관통시켜야 한다."[19] 이 과정에 그는 줄곧 이론적 강령과 행동방침을 개진했고, 이를 중국 상황에 적합하게 조정했다. 아래에 삼민주의三民主義를 살펴보도록 하자.

첫째는 민족주의民族主義이다. 처음에 내걸었던 슬로건은 "달로韃虜(청나라 滿族을 말함)를 몰아내고, 중화를 되돌려오자. 민국을 건립하고 토지를 공평하게 나누자."라는 것이었다. 여기에는 분명히 한족漢族이 오랑캐 민족(滿洲族을 말함)을 배척하려는 의지가 들어있었다. 이때는 국민혁명을 다만 한족이 만청滿淸 제왕 제도를 뒤엎는 행동으로 간주하고 있었는데, 비교적 협애했다고 하겠다.

17) 《孫中山全集》第九卷, 中華書局1986年版, 第293頁.
18) 《孫中山全集》第九卷, 中華書局1986年版, 第314頁.
19) 《孫中山全集》第一卷, 中華書局1981年版, 第560頁.

하지만 후일, 그는 유가의 “천하는 만백성의 것이다天下爲公.”라는 대동大同 사상을 받들고, 한족을 주체로 하던 민족 혁명을 전체 중화민족의 혁명으로 탈바꿈시켰고, 마침내 다민족 통일의 민주공화국을 건립하게 되었다. 손중산은 『임시대총통선언서臨時大總統宣言書』에서 이렇게 선포했다. “나라의 근본은 국민이다. 한漢, 만滿, 몽蒙, 회回, 장藏(티베트)의 모든 지역을 합쳐 한 나라를 만든다. 다시 말하면, 한漢, 만滿, 몽蒙, 회回, 장藏의 모든 민족을 합쳐 한 개 민족으로 만든다. 이를 민족의 통일이라고 한다.”[20] 동시에 그는 민족의 평등을 강조하고 있었다. 『임시약법臨時約法』에서는 명확하게 규정하기를, “중화민국 국민은 누구나 평등하고, 종족, 계급, 종교에 차별을 두지 않는다.”[21]라고 했다. 그는 ‘국족國族’이라는 개념도 제기했다. 이는 오족五族을 포함하는 개념이었고, 그는 이를 ‘중화中華’라고 칭했다. 이렇게 중화민족은 중화문명공동체를 지칭하는 명칭으로 되어졌던 것이다. 대외 관계에 있어서 그는 독립, 평등, 평화, 반패권反霸權, 대동大同을 강조하고 있었다. 『임시대총통선언서臨時大總統宣言書』에서 그는 대외방침을 이렇게 선포했다.

> 임시정부를 건립한 후, 마땅히 문명국가가 응당 짊어져야 할 의무를 다해야 하고, 이로써 문명국가가 응당 향유해야 할 권리를 향유할 것을 기대해야 한다. 만청滿淸 시기, 나라를 욕되게 했던 조치와 외국을 배척하던 심리는 반드시 깨끗이 청산해 버려야 한다. 우리의 우방국들과는 더욱 화목하게 지내고 우의를 날로 늘이고, 평화주의를 실시해야 한다. 국제사회에서 중국을 존중하게 만들고 또 세계가 점차 대동大同으로 나아가게 해야 한다.[22]

손중산은 맹자의 ‘왕도王道를 창도하고, 패도霸道를 반대하는’ 사상을 가지고 중국문화에서 덕德으로 백성들을 교화하는 것을 찬미하고, 서양문화에서 힘으로 백성들을 억압하는 것을 질책했다. 그는 이렇게 말한다. “동방의 문화는 왕

20) 《孫中山全集》第二卷, 中華書局1982年版, 第2頁.
21) 《孫中山全集》第二卷, 中華書局1982年版, 第220頁.
22) 《孫中山全集》第二卷, 中華書局1982年版, 第2頁.

도王道이고, 서방의 문화는 패도이다. 왕도를 주장하는 것은 곧 인의도덕仁義道德을 주장하는 것이고, 패도를 주장하는 것은 곧 공리功利와 강권强權을 주장하는 것이다. 인의도덕仁義道德을 주장하는 것은 곧 정의正義와 공리를 가지고 사람을 감화시키는 것이고, 공리와 강권을 주장하는 것은 곧 총과 대포로 사람을 압박하는 것이겠다."[23] 손중산은 가장 일찍 '중화를 진흥시키자'라는 슬로건을 제기한 사상가이다. 그의 민족주의民族主義는 현대적 사상이었고 또한 중국 특색도 가지고 있었다. 이는 역사적으로 전례 없던 높은 차원의 이념과 주장이었다고 하겠다.

둘째는 민권주의民權主義이다. 손중산은 서방의 민주 사상과 유가의 대동 사상을 결합하여, 이른바 '중국모델'을 설계했다. 『중국국민당제1차전국대표대회선언中國國民黨第1次全國代表大會宣言』에서 그는 이렇게 말했다. "국민당國民黨의 민권주의民權主義라면, 곧 일반 평민들이 모두 가지고 있는 것이지, 소수 사람들이 사私적으로 가지고 있는 것이 아니다."[24] 손중산은 "천하는 만백성의 것이다天下爲公."라는 이념을 가지고 민권주의民權主義를 승화시켰었다. 그 목적은 "중국을 개변시켜, '온 국민이 정치에 참여하는全民政治' 중화민국을 건립하여, 구미를 초월하려는 것이었다."[25] 일찍 신해혁명 전에 그는 서방의 삼권三權 분립 제도의 장·단점을 분석해보았다. 그리고서 삼권 분립 제도가 합리하지 못하다고 판단되어, 그는 '오권헌법五權憲法'구상을 제기했다. 오권이란 즉 삼권에다가 고선권考選權과 규찰권糾察權을 추가한 것이다. 이 두 권한은 중국 고대의 과거제도와 어사御史 감찰監察제도를 참조하여 설계한 것이겠다.

셋째는 민생주의民生主義이다. 민생주의는 손중산의 삼민주의三民主義에서 중심이었다. 그 취지는 오래 지속된, 민중들이 몹시 빈곤하던 문제를 해결하고, '공동으로 부유해지는' 이상을 실현하려는 것이었다. 그의 방안은 즉, 하나는 토지 소유권을 공평하게 하는 것이고, 다른 하나는 자본을 절제하는 것이었다.

23) 《孫中山全集》第十一卷, 中華書局1986年版, 第407頁.
24) 《孫中山全集》第九卷, 中華書局1986年版, 第120頁.
25) 《孫中山全集》第九卷, 中華書局1986年版, 第314頁.

토지 소유권을 공평하게 하는 것은 맹자의 '백성들의 생업을 제정해준다制民之產.'는 사상에서 온 것이겠다. '농사 짓는 자들이 자기 땅이 있게 되면', 수많은 농민들은 항산恒産(즉 부동산)이 있어 항심恒心이 있게 되고, 농업생산도 빠른 발전을 이룰 수 있고, 그러면 먹고입는 것이 걱정 없이 되는데, 이렇게 되면 천하는 태평해진다는 것이다. 손중산은 이렇게 말한다. "만약 토지를 공평하게 나누어주었다면, 사회혁명은 이미 7, 8할은 성공한 셈이겠다."[26] 그는 중국혁명의 근본문제는 즉 농민의 문제와 토지의 문제임을 보아냈었다. 자본을 절제한다는 것은 손중산이 서방의 자유시장경제와 발달한 공업을 학습하려는 동시에 또 독점자본이 초래한 빈부의 분화와 노동자들이 받고 있는 고통을 목격하고서 제기한 중국식 발전 방안이었다. 그는 자본주의경제의 발전추세는 '경제를 집중하는 것으로써 자유경쟁을 대체하는 것임'[27]을 보아냈었다. 그가 보건대, '그 폐해를 막으려면, 오로지 모든 대기업조직을 전 국민의 공동소유로 만드는 방법밖에 없었다.'[28] 또한 더 나아가 나라의 '재산을 공유해야 하고', 대동大同의 세상을 이루어내야 했다. 그는 이렇게 말한다. "민생주의는 곧 사회주의이고 또 공산주의라고 칭할 수도 있겠다. 이것이 바로 대동주의大同主義이다."[29] 보다시피 손중산의 민생주의民生主義는 사회주의에 아주 근접해 있었다. 그는 대동이상大同理想을 가지고, 토지와 기업의 소유권을 전체 국민들에게 돌리려고 구상했다. 소수 사람들에게 집중시키지 말자는 것이다. 그는 사람들이 공평하게 경쟁하고 공동으로 부유해질 것을 주장하고 있었다.

다음, 삼민주의三民主義를 종합적으로 살펴보도록 하자. 손중산은 자신의 사회 이상을 종합적으로 이렇게 논술한다. "삼민주의란 바로 백성들이 소유하고民有, 백성들이 다스리고民治, 백성들이 향유하는 것民享이다." 즉, "국가는 국민들이 공동으로 소유하고, 정치는 국민들이 공동으로 관리하고, 이익은 국민들

26) 《孫中山全集》第二卷, 中華書局1982年版, 第320頁.
27) 《孫中山全集》第六卷, 中華書局1985年版, 第396頁.
28) 《孫中山全集》第六卷, 中華書局1985年版, 第397頁.
29) 《孫中山全集》第九卷, 中華書局1986年版, 第355頁.

이 공동으로 향유하는 것이다.", "바로 공자가 기대하던 대동세계大同世界이다."[30] 그가 '민유民有, 민치民治, 민향民享'으로 삼민주의를 해석한 것은 아주 멋진 논설이었다고 하겠다.

국민 도덕건설에 있어서, 손중산은 신팔덕新八德을 제기했다. 이는 중화 전통 도덕문화를 계승하고 발전시킨 것이었다. 그가 보건대, 사회주의 인도주의人道主義에서 선양하는 "자유', '평등', '박애'는 중화 미덕美德을 승화시킬 수 있고, 발양할 수 있었다. 그는 이렇게 말한다. "중국 고유의 도덕을 말하자면, 중국인들이 지금까지 잊을 수 없는 것은 첫째, 충효忠孝이고, 둘째, 인애仁愛이고, 셋째, 신의信義이고, 넷째, 화평和平이다."[31] 그러나 새 시대의 새로운 정신에 의거하여 이를 개변시켜야 한다고 한다. 예컨대, 충덕忠德은

> 임금에게 충성하는 것이 아니라, 나라에 충성하고 국민들에게 충성하는 것이고, 하는 일에 충성하는 것이다. 효孝는 특히 중국인들의 우점으로서 더욱 버릴 수 없는 것이다. 인애仁愛는 중국인들의 훌륭한 도덕이다. 묵자墨子가 말하는 겸애兼愛는 예수가 말하는 박애博愛와 같은 것이다. 신의信義를 말하자면 중국에서는 옛날에 이웃나라와 친구에게 모두 신의를 잘 지키고 있었다. 참말로 외국인들에 비해 많이 훌륭했다. 일본과 같은 제국주의 국가는 신信도 지키지 않고, 의義도 지키지 않는다. 평화를 사랑하는 것은 더욱 중국인들의 일종의 지극히 훌륭한 도덕이다. 오늘날 세계상의 국가와 민족들에서 유독 중국만이 평화를 제창한다. 외국은 모두 전쟁만 주장하고, 제국주의가 인간들이 살고 있는 국가를 멸망시킬 것만 주장한다.

그는 반드시 신팔덕新八德을 널리 발양해야 한다고 주장했다. 왜냐하면 "이런 것들이 바로 우리의 민족정신이기 때문이다."[32] 손중산은 또 『중용中庸』에서 말하는 '인仁, 지智, 용勇', 이 세 달덕達德은 마땅히 '군인軍人 정신의 요소'[33]

30) 《孫中山全集》第九卷, 中華書局1986年版, 第394頁.
31) 《孫中山全集》第九卷, 中華書局1986年版, 第243頁.
32) 《孫中山全集》第九卷, 中華書局1986年版, 第244-246頁.
33) 《孫中山全集》第六卷, 中華書局1985年版, 第16頁.

로 되어져야 한다고 강조했다. 그 후부터 '충효忠孝, 인애仁愛, 신의信義, 평화和平'라는 이 신팔덕新八德은 중화민국에서 널리 유행했고, 국민 도덕의 발전방향으로 되어졌었다.

손중산이 제기한 삼민주의와 신팔덕은 중국이 전통 군주제君主制 사회로부터 현대 민주제民主制 사회로 전환하는데 있어서 강령이고, 방향이고, 경로였다. 이는 중·서 문화에서 장점을 받아들이고 단점을 제거하면서, 양자의 장점만 융회시켜 형성한 것이었다. 그는 중국의 현대화는 반드시 서방 문명과 사회주의, 그리고 중화문명을 한데 융화시켜야 한다는 점을 의식한 첫 사람이었다. 그의 사상은 그 당시 중국 상황에 아주 적합했다. 손중산은 『건국방략建國方略』에서 '심리건설心理建設', '실업건설實業建設', '사회건설社會建設'이라는 체계적인 건국방안을 제기했다. 심리건설에 있어서, 그는 심본론心本論 양명심학陽明心學을 많이 참고했고, 실업건설에 있어서, 그는 서방의 시장관리와 기업문화를 많이 참고했고, 사회건설에 있어서는 중·서 문화를 함께 아우르면서 활용했다. 하지만 아쉽게도 효과적으로 실행되지는 못했고, 도리어 끊임없이 좌절을 당하고 왜곡을 당했다. 중화민국이 건립된 후, 처음에는 원세개袁世凱가 제왕으로 복벽復辟하는, 정세가 역전하는 상황에 봉착했는데, 그래서 손중산은 부득이하게 2차 혁명을 발동했던 것이다. 이어서는 군벌들의 혼전이 벌어졌는데, 국민당과 공산당이 협력하여 창건한 국민군國民軍이 북벌 전쟁에서 승리하자, 이번에는 손중산이 사망했다. 손중산은 『유서遺囑』에서 이렇게 말했다.

> 나는 국민혁명에 몸을 담고 40여 년 열심히 일했다. 그 목적은 중국인들이 자유와 평등을 누리게 하려는데 있었다. 40년 경험을 통해 나는 이 목적에 도달하려면 반드시 민중들을 불러일으켜야 하고 또 세계상의 평등하게 우리를 대해주는 민족들과 연합하여 함께 노력해야 함을 깊이 깨닫게 되었다. 현재 혁명은 아직 성공을 거두지 못했다. 무릇 우리 동지同志들은 반드시 내가 저술한 건국방략建國方略, 건국대강建國大綱, 삼민주의三民主義 및 제1차전국대표대회선언第1次全國代表大會宣言에 따라 계속 노력하고 이를 관철해야 하겠다. 가까운 시일내에 국민회의를 개최하고 불평등조약不平等條約을 폐지하기 바란다. 특히 가장 짧은 시간

내에 그것을 실현해야 하겠다. 이것이 가장 간곡한 부탁이다.[34]

그의 이상은 곧 중국을 세계상의 평등한 일원으로 만들고, 국민들이 자유롭고 행복하고 평안하게 살게 해주는 것이었다. 그러나 얼마 지나지 않아 장개석蔣介石은 '4·12' 반혁명 정변政變을 발동했고, 국·공합작을 파기하고, 소베트 지역(공산당 점령 지역) 토벌에 나섰다. 다른 한편, 일본제국주의는 중국을 침략하는 전쟁을 발동했고, 중국 동북을 침점하고서는 침략전쟁을 또 중국 내지에로 확대시켰다. 내우외환內憂外患이 동시에 중국인들에게 들이닥쳤는데, 이때는 중국을 생사존망의 위기에서 구하는 일이 급선무였다. 제2차 국·공합작을 개시하고, 국내·외 항일통일전선을 구축하고, 8년간 악전고투를 거쳐서야 마침내 일본침략자들을 몰아내게 되었다. 그러나 이어서 국민당과 장개석은 또 손중산의 삼민주의와 '러시아와 연합하고, 공산당과 연합하고, 농공을 부축하고 도와주는' 삼대 정책을 폐기하고 내전을 발동했다. 하지만 결국에는 민심을 잃고 패배하여 대만으로 퇴각하는 지경에 이르렀다. 한편, 중국인들은 중국공산당의 인솔 하에, 신민주주의 혁명의 승리를 거두고, 중화인민공화국을 건립하고, 모든 불평등한 조약을 폐지했다. 중국은 이렇게 독립과 해방을 얻게 되었고, 손중산이 제기한, '국가가 통일되고, 민족이 평등하고, 백성들이 부유하고, 독립적이고 자주적이고, 이웃나라들과 화목하게 지내고, 파시즘을 물리치고 태평성세를 이루는' 이상을 실현하게 되었던 것이다.

2) 제가諸家와 서학을 정통한 고문경학의 종결자 : 장병린章炳麟

장병린(1869-1936)의 자는 매숙枚叔이고, 호는 태염太炎이다. 절강浙江 여항餘杭 사람이다. 젊어서 『민보民報』의 편집장을 맡으면서, 동맹회同盟會와 협력했고, 만족滿族을 몰아내는 혁명을 고취했다. 그는 공화제共和制를 실시하고 민권을 존중할 것을 주장했고, 군주입헌제와 개명군주독재제開明專制에는 반대했다.

34) 《孫中山全集》第十一卷, 中華書局1986年版, 第639-640頁.

『민보民報』는 강유위康有爲 유신파의 『신민총보新民叢報』와 대립하고 있었는데, 한편 손중산이 인솔하는 국민혁명에는 공헌이 컸다. 후일, 장병린은 학술에만 전념했는데, 육경과 제자백가에 박통博通했고 또 서학도 깊이 탐구했다. 그는 고문경학의 집대성자였고, 한편 강유위 금문경학의 유력한 비판자이기도 했다. 또 서방 실증사학을 가지고 전통 경학의 역사를 결속 지었다. 그의 언론에서는 앞사람들이 말한 적이 없는 것들未發을 많이 찾아볼 수 있었고, 이 또한 세상 사람들을 크게 깨우쳐줄 수 있었다. 그는 장학성章學誠의 "육경六經은 모두 역사이다."라는 관점을 발전시켜 이렇게 말한다.

> 공씨孔氏의 가르침儒敎은 원래 역사를 종宗으로 삼고 있었다. 공씨를 높이 받들고 있는 자들은 마땅히 '그 벼슬을 하고 현실에 적용하는' 술수를 버리고, 오로지 선왕들이 이룬 공적에서 감명을 받을 수 있는 것들만 취하여, 거기에 빠져 들어가야 한다. 『춘추春秋』 위로는 '육경'이 있었는데, 그래서 공씨의 학설은 역사학이다. 『춘추』아래로는 『사기史記』, 『한서漢書』가 있고 또 역대의 서지書誌, 기전紀傳으로 이어져 내려왔는데, 역시 공씨의 역사학이겠다.35)

그는 강유위의 금문경학에서 "옛 것에 의탁하여 사회 체제를 개조한다"는 논설을 비판하여 이렇게 말한다. "오늘날 학자들은 잘 모르고 있다. 그들은 공자를 소왕素王이라고 말하기도 하면서, 법도를 한나라 학술에 기대어 정하려고 한다. 한나라 때의 법도는 원래 『춘추春秋』를 본받은 것도 아니거니와, 공자 또한 예의 법도儀法를 대충이라도 갖출 수 없었는데, 다만 오늘날의 일에 옛 말들을 붙여 사람들이 맞추어보게占射 하는 것은, 그 어리석음이 상고上古 시기 새끼에 매듭을 지어 일을 기록하던 것보다도 더 심하다고 하겠다. 만약 스스로 소왕을 맡고자 하는 자라면, 그이는 성씨와 이름을 바꾸고서 법도를 만들고, 그 공적을 자랑하는 자로 되겠다."36) 그는 '국학國學'을 제창하는 일을 민족주의를 추진하는 중요한 한 방면으로 보고 있었다. 이렇게 말한다. "그러므로 나

35) 《章太炎全集》(四), 上海人民出版社1985年版, 第371頁.
36) 《章太炎全集》(三), 上海人民出版社1984年版, 第412頁.

는 민족주의가 농사일과 같은, 그런 것이라고 본다. 역사전적史籍에 실려 있는 인물, 제도, 지리, 풍속과 같은 것들로 그것을 관개해주게 되면, 무성하게 잘 자랄 수 있다. 그렇지 않고 다만 주의主義의 소중함만 알고, 우리민족의 사랑스러운 것들을 모른다면, 나는 그것이 점차 누렇게 말라들까 걱정이다."37) 그가 보건대, 유신파維新派들이 모든 일에서 일본의 메이지유신을 본보기로 삼는 것은 수치스러운 일이였다. "스스로 자신의 소중한 것들을 버리고 남에게 기대는 그런 것을 군자는 수치스럽게 여긴다. 이제부터는 근본으로 되돌아가서 국수國粹를 말하자."38)

장병린은 사학, 법학, 어문논리학, 종교사상, 철학에 있어서 모두 독특한 견해가 있었다. 하지만 이는 모두 서학 이성주의 영향을 받고서 나온 견해였다. 예컨대, 그는 무신론을 주장했다. 한편, 그가 법상종法相宗을 탐구했던 것은 여기서 '명상名相 분석'과 근대 논리과학이 일치했기 때문이었고, 공교孔教를 세우는 것을 반대했던 것은 그것이 '지혜로운 자는 직접 이치에 이른다.'는 서양의 논리에 위배되기 때문이었고, 또 공자는 범신론자泛神論者로서 종교와는 무관했기 때문이었다. 장병린은 『원유原儒』, 『원도原道』, 『원명原名』, 『원묵原墨』, 『명견明見』, 『정공訂孔』, 『원법原法』 등을 저술했다. 이 저술들은 모두 근대 서양의 과학적 방법론을 활용하여 제자백가의 학설을 정리한 것이었고, 한편 그는 이것들을 모두 서방의 근대 학과체계에 납입시켰었다. 장점이라면 과학 이성을 밝혀준 것이고, 단점이라면 생명의 지혜를 말살해버린 것이겠다.

그는 공자유학에 대해 찬양도 있었고 비난도 있었다. 그는 공자가 역사학자, 교육가로서 이룬 공적은 인정해주었다. 하지만 공자 학설은 시세時勢에 부응하는 '국원國愿(나라 일을 걱정하고 소망하는 것, 향원鄉愿과 상대적임)'의 학문으로서 진정한 학문은 아니라고 비난했다. 사실, 그가 바로 '5·4'운동에서 공자를 비판하는 서막을 열었던 장본인이다. 그는 『제자학약설諸子學略說』에서 이렇게 말한다.

37) 《章太炎全集》(四), 上海人民出版社1985年版, 第371頁.
38) 《章太炎全集》(四), 上海人民出版社1985年版, 第207頁.

역사를 상고하여 정리한 공자가 있는데, 육경을 다듬어 정리한 것이 그의 공적이겠다. 교육에 종사한 공자가 있는데, 『논어論語』, 『효경孝經』이 그의 공적이겠다. 앞의 도道로부터 흘러 경사經師들에게 전해졌고, 뒤의 도道로부터 흘러 유가에 전해졌었다. 공자의 가르침敎은 오로지 시세時勢에 부응하는 것에 있었다. 이른바 중용中庸이라는 것은 곧 국원國愿이겠다. 이는 향원鄕愿보다 더 심한 것이다. 공자는 향원을 비난하고 국원은 비난하지 않았는데, 여기서 또 이록利祿에 빠져 있는 그의 속심을 알 수 있겠다. 유가의 도덕을 지녔기 때문에, 간고하게 분투하여 진취하는 자는 절대 없었고, 반대로 모두가 탐욕스럽게 이록을 위해 뛰어다니는 자들이었다.39)

장병린은 이렇게 공자의 인의도덕仁義道德의 역사적 공적, 그리고 인인지사仁人志士들을 양성해냈던 그 역사적 사실마저 말살해버렸다. 그 과격한 언설은 고문경학 학자들도 용인할 수 없을 정도로 지나쳤다. 사실 그는 서방의 과학이성을 가지고 전통 경학을 전부 타도했던 것이다.

장병린은 또 노자도 폄하하고 비난했다.

노자가 권술權術을 가지고 공자를 가르쳤다고 하는데, 옛 책에서 찾아보니, 역시 모두 공자가 사기를 쳐 얻은 것이고, 사실 공자의 권술은 노자를 초월하고 있었다. 도사道士들은 그의 학설에 의지하고 있고, 그를 교조敎祖로 받들고 있는데, 사실 노자와는 아무런 상관이 없는 일이겠다.40)

장병린은 『건립종교론建立宗敎論』에서 중·서 사상사에서 종교와 철학이 번갈아 흥성하고 쇠락하고, 때로는 서로 대체하던 일을 비교한다.

도덕이 보급되던 세상은 곧 종교가 사라지던 세상이었다. 이때 학자들이 나와서 그 덕음德音을 가지고 신화神話를 현묘하게 만들어내고, 한편 고상한 이상으로써 그것을 잘 포장하여 학설을 만들어냈었다. 예컨대, 중국의 공자, 노자, 그리스

39) 《章太炎政論選集》, 中華書局1977年版, 第271頁.
40) 《章太炎政論選集》, 中華書局1977年版, 第272頁.

의 소크라테스, 플라톤 같은 이들은 모두 철학으로부터 종교를 일떠세운 자들이다. 소크라테스와 플라톤의 학설은 기독교가 생겨난 연유로 되었고, 공자와 노자의 학설은 한유漢儒들에게 전해져서는 철학이 다시 종교로 되어버렸다.[41]

그는 한유들이 음양오행陰陽五行, 천인감응天人感應 학설을 창도하던 것을 종교에로의 후퇴라고 보고 있었던 것이다. 그리하여 그는 또 왕충王充을 크게 찬양한다. 왕충은 "『논형論衡』을 만들어 허망함虛妄을 바로잡으려 했고, 맞는 것과 그른 것을 자세히 따져보고, 회의懷疑적인 논설을 100가지 분석하여 폭로한 것이 많았다. 그는 성현들을 두려워하지 않았고 회피하지도 않았다. 한나라 때에는 출중한 학자 한 사람이 있어, 족히 수치스러움을 떨쳐버릴 수 있었다. 오늘날에도 그이를 따를 만한 자가 극히 드물다고 하겠다."[42] 보다시피 그는 한나라 때, 시대 조류潮流를 거스르던 이성주의 사상가 왕충을 아주 높이 찬양하고 있었는데, 여기서 그의 학설의 독특한 풍격을 충분히 보아낼 수 있겠다. 그러나 객관적으로 말해서 동중서董仲舒의 천인감응天人感應설에서 제기한 "군왕을 굽히고 하늘을 편다屈君而伸天."는 사상의 긍정적 가치를 부정할 수는 없다고 하겠다. 철학과 종교는 절대적으로 대립되는 것이 아니다.

장병린은 『사향원思鄕原』(상, 하)에서 송나라 유자들과 청나라 공양학公羊學을 크게 풍자하고 비난한다. 그는 이렇게 말한다.

향원鄕原(시비를 가를 줄 모르는 시골뜨기)들에는 오상五常을 받들고 가르침을 행하는 선비들이 많았는데, 한편 고명한 자들은 낙雒(洛)(程顥와 程頤 학설)과 민閩(朱熹 학설)의 학설을 높이 받들고 있었다. 명나라 때에 와서는 낙과 민의 학설이 얼마간 낡아서 좀이 먹었고, 청나라 때에 이르러서는 아첨꾼들이 이를 빌려 거짓말을 하게 되었는데, 그리하여 세상에서는 그것을 날로 도외시하게 되었다. 낙과 민의 학설이 보잘 것 없다고 하는 것은, 그것이 장리문인長吏聞人들에게서 나왔기 때문이다. 그들은 농사일을 하지 않고, 인간 사정과 백성들의 고충을 모르고 있었

41) 《章太炎全集》(四), 上海人民出版社1985年版, 第418頁.

42) 《章太炎全集》(三), 上海人民出版社1984年版, 第444頁.

다. 그리하여 그자들의 절개와 품행은 중용에 이르지 못하고, 그자들은 다만 행실을 조심하고 잘못을 적게 저지르고, 임금을 정성스레 모시기만 했던 것이다. 정程, 양楊, 왕王, 주朱를 향원鄕原의 으뜸이라고 할 수 있겠다. 하지만 중행中行(중용을 지키는 행위)에는 미달한 자들이다.43)

그는 『정안正顔』과 『석대釋戴』, 이 두 편에서, 송명유학宋明儒學을 날카롭게 비판하는 한편, 안원顔元과 대진戴震의 실학은 크게 찬미했다. 『정안正顔』에서는 이렇게 말한다.

명나라가 쇠락한 것은 정주程朱 따위들이 힘없고 느른하고 쓸모없었기 때문이고, 육왕陸王 따위들이 기이하고 모가 서고 항상 되지 못했기 때문이다. 눈 감고 앉아서 외우고 헤아리기만 하는 자들과 양지에 이르는致良知 자들이 중임을 떠맡을 수 없었기 때문에, 안원이 지관地官에 되돌아가 찾은 도道가 삼물三物이었다. 바로 육덕六德, 육행六行, 육예六藝가 그것이겠다. 이를 일러 격물이라고 한다.44)

『통정通程』에서는 이렇게 말한다. “쇠락한 세상에서 대진戴震은 그 의미를 깊이 탐구하고서, 이理와 욕慾은 서로 배척하는 것(存天理 滅人慾을 말함)이 아님을 밝혔다. 이를 민중들에게 공개하고, 이로써 민중들의 이익을 보살펴줄 수 있었는데, 이는 정씨程氏 따위들이 따라올 수 있는 것이 아니었다.”45)

장병린은 늘 자고자대하고 잘난 체 했고, 뭇 현인들을 얕잡아보고 있었다. 그는 ‘명리名理를 자세히 분석하고, 인문人文에서 자세히 살펴보는’ 이성적 방법론을 높이 받들고 있었고, “지혜로운 자는 이치에 통달해 소탈하고, 우매한 자는 회의懷疑만 하고 확고한 주견이 없다.”46)고 하면서, 조리條理가 분명하고 치밀할 것을 애써 추구했다. 그리하여 그의 학설은 서방 근대 인문사회과학과 쉽게 연결될 수 있었던 것이다. 반면에, 중화中華의 유·불·도에서의 ‘원만하게

43) 《章太炎全集》(四), 上海人民出版社1985年版, 第129-132頁.
44) 《章太炎全集》(三), 上海人民出版社1985年版, 第469頁.
45) 《章太炎全集》(三), 上海人民出版社1984年版, 第454頁.
46) 《章太炎全集》(四), 上海人民出版社1985年版, 第195頁.

도道를 깨치는圓覺悟道' 정신은 여의게 되었다. 하지만 그의 학문은 확실히 고금古今에 박통博通했고 또 중·서를 아울러 함께 받아들이고 있었다. 첫째, 위로는 노자, 장자, 공자, 맹자, 순자, 한비자로부터, 중간에서는 한, 위, 육조, 당, 송, 명, 청의 학자들을 걸쳐, 아래로는 청나라 말 강유위康有爲, 담사동譚嗣同, 엄복嚴復에 이르기까지, 이들에 대해 모두 독특한 견해가 있었었고, 특히 순자와 한비자를 높이 받들고 있었다. 둘째, 서방철학도 많이 수용하고 있었는데, 위로는 고대 그리스의 엘리아학파Eleatic school, 스토아학파Stoic school 및 소크라테스, 플라톤, 아리스토텔레스, 에피쿠로스로부터, 중간에서는 베이컨, 흄, 버클리, 라이프니츠, 스피노자를 걸쳐, 근세의 칸트, 페쉬트, 헤겔, 쇼펜하우어, 니체, 다윈 등에 이르기까지, 널리 섭렵했다. 불교에서 법화法華, 화엄華嚴, 법상法相, 선종禪宗 등의 제가諸家 경전에 대해서도 아주 손쉽게 인증할 수 있었다. 후외로侯外廬는 그의 철학연구방법론을 이렇게 총화했다. 즉 그의 철학연구방법론은 '명상名相 분석으로부터 시작하여, 명상을 배제해버리는 것으로 마무리 짓는 것이었고'47), 그 체계의 정수는 '『제물齊物』에서 구해서 엇갈린 것들을 풀고, 천예天倪(자연의 계선)를 밝혀 가늠자로 삼고서, 큰 도리를 할제割制(절단)했는데, 순통하지 아니함이 없었다는데 있었고'48), 그가 스스로 짊어지고 있었던 사명은 '한나라와 송나라의 분쟁'을 종결짓고, '진, 한 이래, 저것과 이것 사이에서 확실한 주견이 없이, 한 좁은 모서리에만 집착하고 있던' 경직된 국면을 타파하고, 더 나아가 '중국과 인도 성철聖哲들의 의제義諦(즉 진리)와 동양과 서양 학자들의 학설을 통일하는 것'49)이었다고 한다. 그러나 장병린은 뜻은 컸지만 도량器量이 작았는바, 학술적 창조는 있었지만 사상의 거장으로 되지는 못했다. 중요한 원인 중 하나는 그 웅대하고 정교했던 공자와 노자의 지혜를 터득하지 못하고, 결국 사려의 폭만 넓고, 잡되기만 한 대학문가 수준에 머물러 있었기 때문이었다. 그는 정신적 가치를 무시하는 한 경사經師에 지나지 않았다. 장병린은 이런

47) 章太炎 :《章太炎生平與學術自述》, 江蘇人民出版社1999年版, 第166頁.

48) 薑義華 :《章炳麟評傳》, 南京大學出版社2002年版, 第556-557頁.

49) 侯外廬 :《中國近代啟蒙思想史》, 人民出版社1993年版, 第218頁.

말을 한 적이 있다.

> 근세近世의 경사들은 모두 이런 것들을 취하여 법도로 삼았다. 즉 명실名實을 자세히 살피는 것이 첫째이고, 증거를 중요시하는 것이 둘째이고, 함부로 끌어오는 것을 경계하는 것이 셋째이고, 범례를 지키는 것이 넷째이고, 정감을 끊는 것이 다섯째이고, 화려한 언사를 버리는 것이 여섯째이다. 이 여섯 가지를 갖추지 못하고 경사로 된 자는 없었다.50)

그는 경학을 증거만 중요시하는 순수 지식체계로 바꾸어 버리려고 했다. 한편, 인생에서의 의의 및 나라를 안정하게 다스리는데 있어서의 역할은 깡그리 배제해버렸다. 또한 '스승은 도道를 전한다.'는 이 가장 큰 책임을 밀어버렸었다. 이런 연고로 장태염章太炎은 전통 경학을 결속 지었지만, 신형의 경학은 개척해낼 수는 없었다. 그가 제자백가諸子百家에 대한 역사학적 연구는 사마천司馬遷의 '하늘과 인간 사이를 탐구하고, 고금의 변천에 통달하여, 일가의 학설을 이룬다.'라는, 옛 것을 거울로 삼아 오늘을 아는, 그런 목표를 버리고, 서방 근대 실증사학實證史學의 부속물로 전락되고 말았다. 그리하여 후일 중화中華 상고上古 문명과 요순堯舜의 도道를 부정하고, 단지 고거考據만 표방하는 "고사변파古史辨派'가 출현했던 것이다. 이는 장태염章太炎의 사학관史學觀에서 유래한 것이었다.

3) 중·서 학문과 사론史論에 박통한 사상가 : 진인각陳寅恪

진인각(1890-1969)은 강서江西 수수修水사람이다. 일찍 구미歐美에서 수년간 유학留學 생활을 했고, 여러 나라 문화와 문자에 능숙했다. 경經, 사史, 자子, 집集과 불경을 모두 깊이 탐구했고, 특히 사학에 조예가 깊었는데, 역사를 바라보는 안광이 남달랐다. 중화민국 시기, 청화대학교 국학원 사대도사四大導師(즉 陳寅恪, 梁啓超, 王國維, 趙元任) 가운데 한 사람이다. 그는 학술연구에서 종교학, 사학, 문학, 언어학, 인류학, 교감학校勘學 등 여러 학문분야를 널리 아우르고 있었는

50) 《章太炎全集》(四), 上海人民出版社1985年版, 第119頁.

데, 그 가운데 중고사中古史연구가 가장 깊었다. 그의 저술로는『당대정치사술론고唐代政治史述論稿』,『수당제도연원약론고隋唐制度淵源略論稿』 등이 있는데, 이 모두 학계에서 높이 평가 받고 있다. 하지만 그의 영향력은 학술적 성취에 있었던 것이 아니라, 오히려 그가 학문탐구와 인간됨에서 보여준 독립적 인격, 선견지명과 넓은 흉금에 있었다. 한편, 이것이 바로 현대 학자들이 학술 연구에서 반드시 갖추어야 할 정신적 풍모였다. 아래에 그 핵심을 몇 가지로 요약해본다.

첫째, 당대 학자들이 마땅히 갖추어야 할 정신적 품격을 제시해주었다. 즉 독립적 정신과 자유로운 사상이 그것이다. 1929년, 진인각은『청화대학왕관당선생기념비명清華大學王觀堂先生記念碑銘』에서 이렇게 말했다.

> 지식인이 책을 읽고 학문을 탐구하는 데는, 대체로 마음과 뜻을 속제俗諦의 질곡桎梏에서 벗어나게 해야 한다. 진리는 그리하여 발양하게 된다. 사상이 자유롭지 못하면 죽기보다 못하다. 이는 고금의 어진 성인들이 똑같이 추구하던(몸과 마음을 바치던) 정의인데, 어찌 비속한 자들이 감히 소망할 수 있는 것이겠는가. 선생은 한번 죽음으로 그 독립과 자유의 의지를 보여주었는데, 이는 한 사람의 원한으로 논할 것이 아니고, 한 사람의 흥망으로 논할 것도 아니다. …… 내세는 모른다. 선생의 저술들이 어떤 때에는 드러나지 못할 수도 있고, 선생의 학설은 어떤 때에는 토론이 분분할 수도 있다. 하지만 유독 이 독립적 정신, 자유로운 사상만은 천만년이 지나도 오래도록 하늘땅과 같이 하고, 삼광三光(해, 달, 별의 빛)과 함께 영원히 빛날 것이다.[51)]

진인각이 찬미했던 것은 왕국유王國維의 학술적 관점이 아니고 또 왕국유가 호수에 뛰어들어 자살한 행위도 아니었다. 그가 찬미했던 것은 왕국유 자신의 문화 이상理想을 위해 몸을 바친 그 고상한 인격과 정신이었다. 즉, 절대로 학문을 왜곡하지 않고, 세상에 아부하지 않던 그 정신이었다. 이런 인격과 정신은 옛 성현들이 중요시하던 지조, 절개와 당대 학술적 자유정신을 융화시켜 형성

51) 陳寅恪 :《陳寅恪集 · 金明館叢稿二編》, 三聯書店2009年版, 第246頁.

한 것이고, 이것이야말로 참된 학술의 영혼이라는 것이다. 그는 『유여시별전柳如是別傳』 제1장 시작부에서 이렇게 말한다. "대저, 작더라도 정의로운 것은 반드시 악한 세력을 물리칠 수 있다(중국어 성어는 〈三戶亡秦〉임)라는 말과 『구장九章·애영哀郢』의 언사는 특히 오늘날 사대부들이 소중히 여기고 크게 발양해야 할 것들이라고 하겠다. 이로 우리 민족의 독립적 정신과 자유로운 사상을 표창해야 한다는 것이다. 설령 이것이 예쁘게 문에 기대어 서 있는婉孌倚門 소녀에게서 나오고, 고지식하고 변통성이 없는綢繆鼓瑟 아낙네에게서 나왔다고 하더라도 말이다. 또한 그 당시 진부한 생각을 가진 자들이 많이 헐뜯고, 후세의 경박한 자들이 크게 무함誣陷하던 사람에게서 나왔다고 하더라도 말이다."[52] 이로 보면 "독립적 정신, 자유로운 사상"은 절대로 학자들과 사대부들만 갖추어야 할 품격이 아니다. 사실 이는 전체 중화민족이 원래부터 가지고 있었던, 비굴하지도 않고 오만하지도 않고, 굽히지도 않고 굴하지도 않는 품격과 존엄이라고 하겠다.

둘째, 고대역사와 성현들에 대한 연구는 동정同情의 이해가 있어야 하고, 경지의 소통이 있어야 한다고 한다. 그는 단순이 일부 자료에만 근거하여 현상적 기술만 하는 것에 찬성하지 않았고 또 견강부회牽强附會하고 주관적으로 억측하는 것에도 반대했다. 진인각은 풍우란의 『중국철학사中國哲學史』 상권에 써 준 『심사보고일審査報告一』에서 이렇게 말한다.

> 대저 중국 고대 철학사를 저술하는 학자는 옛사람들의 학설에 대해 마땅히 이해了解의 동정同情을 가지고 있어야 글을 시작할 수 있다. 대개 옛사람들이 저술을 하고 학설을 세우는 데는, 우선 행한 것이 있었는데, 늘 그것을 토대로 학설을 만들어냈다. 때문에 그들이 처했던 환경이나 그들이 영향 받은 배경에 대해서 완전하게 알지 못하면, 그 학설은 평론하기가 쉽지 않다. 하물며 고대 철학가들은 이미 수천 년 전에 세상을 떠났고, 그 시대의 진상眞相을 추리하여 알기에는 어려움이 아주 많다. 우리들이 오늘날 의거할 수 있는 자료는 다만 그 당시 남겨놓은 아주 작은 일부분이다. 이 잔존하는 지극히 적은 자료를 빌려 그 전부 구조를

52) 陳寅恪 :《柳如是別傳》(上冊), 三聯書店2001年版, 第3-4頁.

들여다보고 헤아려보려면, 반드시 예술가가 고대 회화繪畫와 조각雕刻을 감상하는 그런 안광과 정신을 갖추어야 할 것이다. 그 다음, 옛사람들이 학설을 세운 그 의도用意와 대상을 비로소 진짜로 이해할 수 있겠다. 진짜로 이해하는 데는, 반드시 정신적으로 자유로이 깊은 생각에 잠기면서, 학설을 세운 옛사람과 동일한 경지에 머물면서, 그가 이런 논설을 펼 수밖에 없었던 그 상황과 심경에 대하여, 일종의 동정同情을 가지고 있어야 할 것이다. 그래야만 비로소 그 학설의 시비득실是非得失을 비평할 수 있고, 그래야만 장벽이 없고 헷갈림이 없고, 실제에 부합되지 않는 그런 논의가 없게 될 것이다."[53]

그는 또 이렇게 말한다.

그러나 이런 동정同情의 태도는 아주 쉽게 견강부회牽强附會하는 악습惡習으로 전락된다. 오늘날 볼 수 있는 고대 자료는 대부분 산실散失되던 중, 유일하게 남은 것뿐이거나 혹은 이해하기 어려운 것들로서 해석과 비교의 과정을 거치지 않고서는 절대로 철학사로 될 수 없다. 하지만 만약 상호 연관시키고 종합하면서 수집하고, 체계를 조리條理 분명하게 정리하려고 한다면, 그 와중에 저자는 저도 모르게 늘 자신이 처한 시대와 환경, 영향 받은 학설에 의거하여, 옛사람들의 뜻을 추측하여 해석하게 된다. 이런 연고로, 오늘날 중국 고대철학을 논하는 자들은 대저 오늘날의 철학을 논하는 자들이다. 또 그들이 저술한 중국철학사도 오늘날의 철학사로 되겠다. 그 언론이 조리가 있고 체계가 분명할수록 옛사람들의 학설의 진상眞相과는 더 멀어지게 되는데, 이 폐단은 오늘날 묵학墨學을 논하는 데서 극極에 달했다. 오늘날 묵학墨學은 절대로 옛책이나 옛 글자의, 그 어떤 근거도 없다. 또 일시적으로 우연히 흥미가 생겨 그것을 바꾸기도 하는데, 이것을 도박을 잘하는 자들이 로盧를 외치면 로盧가 되고呼盧成盧(고대 도박유희의 일종, 주사위가 다섯 개 있는데 모두 검게 변하면 盧라고 했음), 치雉(주사위 색깔의 일종)를 외치면 치雉가 되는 것에 비교할 수도 있겠다. 이것이 요즘 중국에서 국고國故을 정리한다고 떠드는 자들의 일반적 상황이다. 참말로 한숨밖에 나오지 않는다. 오늘날 중국 고대철학사에 있어서, 부회傅會하는 악습惡習을 떨쳐버리고 또 이해의 동정同情을 가지고 있는 것으로는, 풍군馮君의 이 저작이 어쩌면 그에 가깝다고 하겠다.[54]

53) 陳寅恪 :《陳寅恪集 · 金明館叢稿二編》, 三聯書店2009年版, 第279頁.

54) 陳寅恪 :《陳寅恪集 · 金明館叢稿二編》, 三聯書店2009年版, 第280頁.

이어서 그는 또 고거학考據學에서의 이른바 "가짜 자료僞材料'를 전부 말살하면 아니 되고, 만약 그 시대와 저자를 밝혀낼 수 있다면, 역시 참된 자료眞材料로 될 수 있다고 했다.

위에서 진인각이 풍우란에 대한 평론은 그 당시 '국고國故를 정리하던' 사람들에 초점을 맞추어 논한 것이다. 보다시피 그의 견식은 그이들을 훨씬 초월하고 있었다. 장태염章太炎은 '정감情感을 끊을 것' 요구했지만, 진인각은 오히려 "이해了解의 동정同情'을 요구하고 있었다. 호적胡適은 『중국철학사대강中國哲學史大綱』 상권에서 중국 고대 철학 자료를 가지고 그가 이해하고 있던 미국의 실용주의를 증명하고 있었는데, 진인각은 저자 이름은 밝히지 않으면서 그것은 그의 '자신의 철학사'에 지나지 않는다고 비판했다. 고사변파古史辨派들이 걸핏하면 여러 고적을 '위서僞書'로 판정했지만, 진인각은 오히려 이런 고적들이 역사적 가치를 가지고 있음을 증명하려고 했다. 진인각은 오늘날 학자들이 넓고 깊게 사고할 것을 요구하고 있었고, 옛사람들의 처지에서 문제를 생각해볼 것을 요구하고 있었는데, 사실 이는 일부 자고자대하면서 오늘날의 것으로 옛것을 부정하는 학자들을 비판한 것이었다. 그들은 고대 성현들을 공경하는 마음을 가지지 않고, 성현들의 학설을 진정하게 깨닫고 또 성현들과 참답게 소통할 수도 없었는데, 이렇게 해서는 높은 수준의 신사학新史學을 만들어낼 수 없다는 것이다. 이런 관점은 오늘날에도 여전히 생명력을 가지고 있다고 하겠다.

셋째, 당대 문화건설에서 민족을 본위로 할 것을 잊지 말고 또한 세계적 흉금을 가져야 한다고 했다. 그는 풍우란의 『중국철학사中國哲學史』 하권下卷에 써준 『심사보고삼審査報告三』에서 이렇게 말한다.

> 도교에서는 전해 들어온 사상에 대하여, 예컨대 불교, 마니교摩尼教 등에 대하여 될수록 많이 흡수하려고 했다. 하지만 본래 민족의 지위는 여전히 잊지 않고 있었다. 일가一家 학설로 융화시킨 후에는 이하夷夏를 구분하는 논리를 고수하고 있었고, 이로써 외래의 교의教義와 맞서고 있었다. 이런 사상思想 상에서의 태도는 이미 육조六朝 시기로부터 있어 왔다. 양자(외래문화 흡수와 전통문화 고수)는 비록 상반되는 것처럼 보이지만 사실 이는 서로 이루어주기에 충분하다. 종래로

신유가는 이런 유업遺業을 계승하고 있었고, 그리하여 크게 이룰 수 있었다. 내가 걱정하는 것은, 중국에서 오늘 이후부터 북미 혹은 동유럽의 사상을 충실하게 들여올 수 있다고 할지라도, 그 결과는 현장玄奘의 유식학唯識學과 같은, 그런 것으로 되지 않을까 하는 것이다. 유식학唯識學은 우리나라 사상사에서 최고의 지위를 자랑한 적도 없었고 또 마지막에는 결국 단절되고 소실되지 않았는가. 참말로 사상적으로 하나의 체계를 이룰 수 있고 얼마간이라도 창조가 있으려면, 반드시 한편으로는 전해 들어온 외래 학설을 흡수해야 하고, 다른 한편으로는 본래 민족의 지위를 잊지 말아야 한다. 이 둘은 상반되기는 하지만 그러나 양자는 서로 이루어줄 수 있다고 보는 태도가 바로 도가의 참 정신이고, 신유가의 옛 경로였다. 이 또한 2000년, 우리 민족의 사상과 다른 민족의 사상이 접촉하던 역사에서 밝혀낸 진리이다.[55)]

진인각의 이 말은 2000여 년, 중화문화가 중·외 교류의 과정에서 발전하던 역사적 경험을 고도로 개괄한 것이다. 즉 민족 주체성도 보존해야 하고 외래문화도 흡수해야 한다는 것이다. 그는 도가에서 중화 전통을 고수하는 동시에 불교를 포용하던 일을 크게 찬양했고, 송명 신유가에서 불교와 도교를 회통하여 크게 이룬 것을 긍정해주었고, 유식종唯識宗에서 인도 불교를 그대로 답습하면서 결국 쇠미해졌던 일을 반성해 보았다. 이로부터 북미, 동유럽의 사상을 받아들일 때 반드시 중국화의 길을 걸어야 한다고 결론지었다. 아니할 경우, 오래가지 못한다는 것이다. 이는 신문화건설에서 아주 위대한, 독창적인 견해와 구상이었다. 오늘날에도 여전히 눈부시게 빛나고 있다고 하겠다.

넷째, 중국의 사상은 유교, 석교, 도교가 대표적이고, 이 삼교는 상호 간 장점으로 단점을 보완해줄 수 있다고 상세히 설명했다. 진인각은 풍우란의 『중국철학사中國哲學史』 하권에 써준 『심사보고삼審查報告三』에서 다원多元 문명의 상호 교류와 상호 학습이라는 시각에서, 아주 큰 편폭을 할애하여 삼교가 합류하던 역사를 돌이켜보고서, '오색五色이 사귀어 눈부시니 서로 더욱 돋보이게 해준다五色交輝 相得益彰(馮友蘭의 말)'라는 도리를 설명했다. 그는 이렇게 말한다.

55) 陳寅恪 : 《陳寅恪先生全集》, (臺北)裏仁書局1979年版, 第1365頁.

불교 경전에서는 부처가 일대사인연一大事因緣을 위해 세상에 나왔다고 한다. 중국에서 진秦나라 이후부터 오늘날에 이르기까지, 사상변천의 과정은 지극히 복잡하고 지극히 오래다. 하지만 요약하면, 오로지 일대사인연을 위한 것일 따름이다. 즉 신유학의 탄생 및 그 전승과 변천이 그것이다.56) 오늘 이 책의 저자馮友蘭가 서양의 철학 관념을 가지고, 자양紫陽 학설을 상세히 해석했는데, 아주 체계적이고 또한 아주 신선하다. 원래 신유가의 탄생은 도교에서 영향을 많이 받았는데, 예컨대, 신안학설新安學說(程顥, 程頤, 朱熹의 학설)이 도교에서 받은 영향이 지극히 깊고 지극히 크다. 자고로 이를 해석하는 자들은 훌륭한 작품을 내놓지 못했다. 요즘 일본학자 토키와다이조常盤大定가 유교와 도교 관계를 논했는데, 그 논설東洋文庫本은 번잡하기만 하고, 해결하지 못한 문제는 여전히 많이 남아있다. 대개 도장道藏의 전적典籍들은 오늘날에도 깊이 탐구하는 자가 없는데, 사실 위진 남북조로부터 수, 당, 오대에 이르기까지 수백 년간, 도교의 전파와 변천의 시말始末 및 도교와 유가, 불가의 관계 사실은 더 깊이 탐구해야 할 아주 중요한 문제이다. 이는 우리나라 사상사 연구에서 전 사람들이 남겨준 유감스러운 일이라고 하겠다. 한편, 그래서 후현後賢들이 보완할 것을 기대하고 있다. 남북조 시기에 이미 유·석·도 삼교 관계의 틀(北周 위원숭(衛元嵩)이 저술한 『제삼교론(齊三教論)』七卷을 말함)이 형성되었는데, 『구당서경적지舊唐書經籍志』를 보면, 이당李唐 시기에 이르러서는 마침내 고정된 제도를 형성했다. 나라에 경축활동이 있을 때마다 삼교의 학사學士들을 초청하여 궁정宮庭에서 강론하게 했는데, 이것이 곧 일례이겠다. 때문에 진晉나라 때부터 오늘에 이르기까지, 중국의 사상을 말하자면, 유·석·도 삼교로 이를 대표할 수 있다고 하겠다. 이 말은 비록 통속적이기는 하지만 옛 역사 사실에서 찾아보고 오늘의 세상물정에서 검증해보면, 삼교 논설은 확실히 진리이다. 유자들은 고대에 원래는 전장典章 학술에 몸을 담그고 있던 전문가들이었다. 이사李斯는 순경荀卿의 학술을 물려받고서 진秦나라의 다스림을 잘 보좌했다. 진秦나라의 법제法制(法家의 법제도)는 사실 유가 학파의 한 개 지류에 의탁한 것이었다. 『중용中庸』에서 '수레는 바퀴의 폭을 같게 하고, 글은 같은 문자를 사용하고, 몸가짐은 같은 규범을 준수한다車同軌, 書同文, 行同倫.'(즉 태사공太史公이 말하는 '진시황에 이르러 관대지륜冠帶之倫을 병합할 수 있었다'에서의 륜倫임)라는 것은 사실 유가의 이상적인 제도였고, 한편 진시황에게서 그것을 실현하게 되었던 것이다. 한나라는 秦나라를 이어받았고, 그 관리제도와 법률도 전대前代의

56) 陳寅恪 : 《陳寅恪先生全集》, (臺北)裏仁書局1979年版, 第1363頁.

것을 그대로 답습하고 있었다. 진晉나라 이후에 와서는 법률과 예경禮經을 병칭竝稱하게 되었다. 유가의 『주관周官』 학설은 모두 법전에 들어갔다. 무릇 정치와 사회의 모든 공적·사적公私 행동은 법전과 상관되지 않는 것이 없었고, 한편 법전은 모두 유가 학설을 구체적으로 실현한 것이었다. 때문에, 2000년래 화하華夏 민족이 받은, 가장 깊고 가장 거대했던 유가학설의 영향은 사실 제도와 법률, 공적·사적생활의 측면에 있었다고 하겠다. 한편, 학설과 사상적 측면에 있어서는 혹시 불교와 도교보다 못한 면이 있을 수도 있다. 예컨대, 육조 때 사대부들은 방달放達했다고 잘 알려져 있지만, 그 실질을 잘 상고해보면, 그들은 늘 효의孝義를 독실하게 행하고, 가정에서 규범을 엄격히 지키고 있었는데, 이는 모두 유가의 가르침과 타이름敎訓에서 나온 것이었다. 본래 불교와 도교의 현풍玄風과는 아무 관련이 없는 것이다. 석가의 교의에는 부모도 없고 임금도 없는데, 이와 우리나라 전통 학설과 존재하는 제도는 어느 하나 충돌되지 않는 것이 없었다. 중국에 전해 들어온 후, 만약 오랫동안 바꾸지 않았다면 절대로 생존하기 어려웠을 것이다. 때문에 불교 학설이 우리나라 사상사에서 중대한 영향을 오래 끼칠 수 있었던 것은, 모두 우리나라 사람들이 흡수하고 개조하는 그 과정을 거친 덕분이라고 하겠다. 충실하게 받아들이기만 하고 그 본래의 모습을 바꾸지 않은 것, 예를 들면 현장玄奘의 유식학唯識學과 같은 것은, 비록 한 시기 사람들을 크게 감동시켰었지만, 결국에는 사그라지고 없어지고 말았다. 근래에 와서 어떤 사람들이 그것을 되살리려고 노력하고 있지만, 아마도 결국에는 다시 일떠세우기 어려울 것으로 보인다. 그 연고緣故는 다름이 아니고, 성질과 환경이 서로 전혀 어울리지 않기方圓鑿枘 때문에, 그렇게 될 수밖에 없다는 것이다. 육조 이후, 도교는 지극히 광대했고, 그 변천 또한 지극히 복잡했다. 유교에서 정치사회제도에 편중하던 것과 달랐기 때문에, 사상적으로는 특히 쉽게 융회하고 관통하고 흡수할 수 있었다. 대저 신유가의 학설은 도교 혹은 도교와 관련이 있는 불교를 자체의 선도자로 삼지 않은 것이 없는 것으로 보인다. 예컨대, 천태종天台宗은 불교 종파에서 도교 색깔이 가장 짙은 한 개 종파이다. 이 종파의 양경지梁敬之가 이습지李習之와 교류하면서, 신유가를 창립하는 동기를 유발시켰던 것이다. 북송北宋 때, 지원智圓은 『중용中庸』을 제창했는데, 심지어 승려 신분으로서 스스로 호를 중용자中庸子라고 했고, 친히 전傳을 만들어 그 함의를 논술하기도 했다(고산(孤山)『한거편(閑居編)』). 그 연대는 더욱 사마군실司馬君實이 『중용광의中庸廣義』를 저술하기 전이었다(고산은 송진종宋眞宗 건흥원년乾興元年에 사망했고, 그때 나이는 47세였다.) 그도 송나라 신유가의 선각자先覺者로 보인다.

여기서 진인각의 '심사보고審査報告' 원문을 그대로 길게 인용했는데, 그것은 대개 근대학자들이 삼교 관계사에 대해 체계적인 논술이 적었기 때문이고, 한편 진인각의 글은 삼교합류에 대한 간략한 총론과도 같았기 때문이다. 학술적 가치로 말하자면, 진인각은 여기서 삼교가 상호작용하는 과정에 새롭게 변모했음을 지적했고 또 불교, 도교의 이질적 사상이 적셔주면서 송명 신유학이 탄생하게 되었음을 지적했다. 한편, 불교, 도교는 또 유가의 이론과 사상 차원에서의 결함을 보완해줄 수 있었고, 다른 한편 유가의 현실의 인생에 대한 관심과 배려를 따라 배우고서, 중국사회에 적응할 수 있었다고 밝혔다. 이렇게 긍정적인 태도를 가지고 삼교 관계사를 평론한 학자는 근대 학자들 중에서 찾아보기 힘들다. 당연히 진인각의 글은 부족한 면도 있었다. 내용적으로 지나치게 간략한 점을 제외하고도 또 유가가 중국 역사에서 있었던 주도적 역할에 대해서, 더 많이는 법률제도 차원에서의 역할만 강조하고 있었다. 그는 여기서 공자, 맹자와 한나라 육경 학설은 생략해버리고, 다만 순자, 이사李斯, 진시황의 법률제도와 관리제도 및 그 전승傳承만 논하고 있었다. 또한 한나라 이후, '덕德으로써 이끌고, 예禮로써 가지런하게 하고', 덕을 주로 하고 형刑을 보조로 하던 나라를 다스리는治國 방식 및 '오상五常', '팔덕八德'으로 중국인들의 도덕생활을 이끌어가던 그 역할은 논하지 않았다. 그 원인은 아마도 진인각이 '5·4' 신문화운동에서 많은 사람들이 공자를 비판하던 상황에서, 의도적으로 "낡은 도덕을 선양하고 있다."라는 질책을 회피하려는 것에 있었던 것으로 보인다.

다섯째, 당대 학자들은 마땅히 민족 부흥의 사명을 짊어져야 하고, 학술적 새 영역을 개척해야 한다고 천명했다. 진인각은 『왕정안선생유서서王靜安先生遺書序』에서 이렇게 말한다.

> 옛날부터 대사大師와 거장들은 민족의 성쇠와 학술의 흥폐에 있어서, 선철先哲들의 가라앉은 학문을 이어 받아 그것을 부흥시키는 사명을 짊어질 수 있었을 뿐만 아니라, 더욱이 학술적 공간을 개척하고 전 사람들의 탐구에서 이루지 못했던 것들을 보충할 수 있었다. 그리하여 그들의 저작은 한 시기 기풍을 전이할 수 있었고, 뒤따라오는 자들에게 규칙과 본보기를 보여줄 수 있었다. 선생의 학문

은 넓고 정교한데, 거의 그 한계가 보이지 않고, 억지로 만든 흔적과 자취도 찾아 볼 수 없다. 하지만 유서를 자세히 뜯어보면, 학술적 내용과 학문 탐구의 방법은 대체로 세 조목으로 개괄할 수 있다. 첫째는 지하의 실물과 종이 위의 유문遺文을 가지고 상호 해석하고 증명한 것이다. …… 둘째는 이민족異族의 옛 책과 우리나라의 옛 전적典籍을 가지고 상호 보충하고 상호 교정한 것이다. …… 셋째는 외래의 새 관념을 가지고 우리 고유의 자료와 상호 비교하고 상호 검증한 것이다. …… 이 세 유형의 연구들은 학술적 성격에서 원래 공통점과 차이가 존재하고, 그가 사용하던 방법도 완전히 똑같지는 않다. 하지만 이 모두 한 시기 기풍을 전이하기에 충분하고, 뒤따라오는 자들에게 본보기를 보여줄 수 있겠다. 후일 우리나라 문사文史 고거학考據學은 범위가 아주 넓어지고 경로도 아주 많아지겠지만, 이 세 유형 바깥으로 벗어나기는 어려울 것 같다.57)

그는 고거학 연구의 새로운 방향을 지적했다. 연구방법으로 말할 때, 그는 지하의 고고考古 자료와 옛 문헌자료를 상호 실증實證하고, 여러 민족 역사 전적典籍과 전통 경사자집經史子集을 가지고 상호 보충하고, 외국의 새로운 학술 관념과 중국의 문사文史 자료를 상호 참조하면서, 청나라 고거학에서 많은 경우 옛 책무지에서 학문을 탐구하던 한계를 타파하여, 종교, 언어, 문학, 역사의 비교연구의 새로운 천지를 개척할 것을 주장하고 있었다. 주지하다시피, 그는 돈황학燉煌學, 돌궐학突厥學, 티베트학藏學, 몽골학蒙古學과 서방의 언어문화학 등 영역을 널리 섭렵했다. 그리하여 그의 시야는 아주 광활했고, 새로운 견해가 그치지 않고 연이어 나오고 있었던 것이다. 이론 구축을 놓고 말할 때, 그는 신송학新宋學을 아주 높이 평가했다. 그는 『등광명송사직관지고증서鄧廣銘宋史職官志考證序』에서 이렇게 말한다.

우리나라 근년의 학술, 예컨대, 고고考古, 역사, 문예文藝 및 사상사 등에서는 정세가 크게 어지럽고 또한 외래 영향을 크게 받은 원인으로 말미암아, 모두 현저한 변천이 있었다. 장래에 머물러야 할 경지는 지금 감히 단정 지을 수 없다. 단, 한마디로 한다면 그것은 즉, 송나라 학술의 부흥이다. 또는 신송학新宋學의 구축

57) 陳寅恪 : 《陳寅恪先生全集》, (臺北)裏仁書局1979年版, 第1435-1436頁.

이라고 하겠다. 화하華夏 민족의 문화는 천년의 발전을 거쳐, 조송趙宋 시기에 이르러 최고점에 도달했다. 후일 차츰 쇠미해졌는데, 나중에는 반드시 다시 일떠설 것이다. 비유컨대, 겨울철의 나무는 비록 잎은 이미 시들어 떨어졌지만, 뿌리가 죽지 않아, 이듬해 봄에 날씨가 따뜻해지면 싹이 트고 날로 자라, 한 여름에 이르면 가지와 잎이 무성하기를 마치 차양과도 같아질 것이다. 또 100여 명 사람들에게 그늘을 만들어 줄 것이다.[58]

진인각은 학술로써 중화中華를 진흥시키려고 했다. 한편 중화 학술문화의 뿌리는 죽지 않아 결국에는 반드시 다시 일떠설 것이고, 그 인솔자들이 사상과 학파에서 일떠서게 되면, 신송학은 새로이 나라와 사회를 개변시키는 역사적 사명을 짊어질 수 있다는 것이다. 당대 신유가의 궐기 및 신유가에서 송명 유학을 계승하고 창조하던 것은 진인각의 영명한 예견預見을 사실로 증명했다고 하겠다.

4) 시대발전에 발맞추어 종합적 창조를 이룬 사상의 거장: 양계초梁啓超

양계초(1873-1929)의 자는 탁여卓如이고 호는 임공任公이다. 광동廣東 신회新會 사람이다. 그는 강유위의 학생이고, 무술변법戊戌變法에서 골간이었다. 그리하여 사람들은 늘 "강량康梁'이라고 병칭했다. 백일유신百日維新이 실패한 후, 그는 화를 피해 일본에 도망갔었다. 신해혁명이 발생한 후에 귀국해서, 원세개袁世凱 정부의 사법총장司法總長을 맡았다. 원세개袁世凱가 제왕으로 복벽하려고 하자, 양계초는 원씨袁氏를 반대하는 호국운동에 적극 뛰어들었다. 제1차 세계대전이 끝난 후, 양계초는 유럽에서 1년간 머물며 유럽 사회 상황을 고찰했다. 그 후, 양계초는 신문사를 창설하고, 학교를 운영하고, 학술강연을 하고, 저술을 하는데 심혈을 쏟았다. 앞에서 언급이 있었는데, 그는 청화대학교 국학원國學院 사대도사四大導師 가운데 한 사람이었다. 그의 정치 생애는 우유곡절과 기복이 많았고, 그는 늘 사회 조류의 선봉자로 나섰었다. 그의 정론政論, 이론理論과

58) 陳寅恪 :《陳寅恪集 · 金明館叢稿二編》, 三聯書店2009年版, 第277頁.

문론文論은 모두 새시대의 발전과 호응할 수 있었고, 창조적인 것이 지극히 많았다. 그는 중화민국 전기, 가장 영향력이 있는 대사상가大思想家였고, 사람들은 그를 '여론의 총아, 하늘에서 내려온 문호'라고 칭송했다. 중화민국이 창립된 후, 그는 강유위와 정식으로 길을 갈랐고, 자신이 가야 할 길로 나아갔다. 한편, 강유위는 여전히 군왕을 남겨둔 공화제共和制를 주장하고 있었고, 옛 것에 의탁하여 제도를 개혁할 것을 주장하고 있었다. 강유위는 이렇게 제왕시대의 최후의 동반자와 순직자로 되었던 것이다. 그러나 양계초는 이와 반대로, 국민입헌國民立憲을 주장하는 대열에 뛰어들었고, 자신의 방식으로 중국의 정치, 경제, 문화, 교육의 변혁을 추진했다. 양계초는 또 이렇게 현대 사회의 개척자로 되었던 것이다. 그리하여 강유위는 청나라 말 옛 지식인에 속하고, 양계초는 중화민국 시기 신新학자에 속한다고 말하는 것이다. 양계초는 중국과 서양 학문에 모두 해박했고, 그는 중국 사상계에서 공인받는 한 세대 종사宗師이다. 양계초의 특색을 말하자면, 이런 몇 가지로 개괄할 수 있겠다. 첫째, 그는 정치가 겸 학자였는데, 이 두 방면에서 모두 걸출한 공적이 있었다. 둘째, 그는 중학과 서학을 모두 정통했는데, 양자 모두에서 정화精華를 취해 널리 활용할 수 있었고, 찌꺼기를 버리고 훌륭한 것들만 취해 합칠 수 있었다. 셋째, 그는 연박한 이론지식을 갖추고 있었고 또 현지를 고찰한 실증적 체험이 있었는 바, 이론과 실제를 훌륭히 연관지을 수 있었다. 넷째, 그는 끊임없이 자신을 초월할 수 있었고, 날마다 새롭게 변화시킬 수 있었고, 시대의 발전에 부응할 수 있었다. 다섯째, 그의 문화 개량주의改良主義는 국수파國粹派들의 구습舊習에 매달리던 것과도 달랐고 또 문화 급진주의자들이 문화열등감에 빠져 '전반적으로 서구화하자'는 주장과도 달랐다. 그는 계승하는 가운데 창조를 이룰 것을 주장하고 있었다. 이는 민족문화를 실질적으로 부흥시키는데 아주 유익했다.

아래에 양계초가 학술이론에서 이룬 종합과 혁신을 간략히 소개한다.

첫째, 중·서문화 비교라는 거대한 시야에서 유학을 주도로 하는 중화 문명의 영구적 가치를 재확인했고, 상도常道와 변도變道를 분명히 갈랐고, 이의 중국 특색과 당대적 가치와 의의를 분명히 밝혔다. 그는 젊었을 때 문화관에서 비교적 급진적이었는데, 한 때는 '파괴주의'를 받들고 옛 문화를 비판할 것도 주장했다. 다행히, 후기에 와서는 온건해졌고, 이성적이게 되었다. 그는 1927년에 출판한 『유가철학儒家哲學』 제1장에서, 우선 중·서 철학의 차이를 비교한다. 이렇게 말한다.

> 서방철학은 완전히 지혜智를 사랑하는 것에서 말미암은 것이었다. 서양철학은 우주론 또는 본체론으로부터 논리학을 중요시하는 데로 나아갔고, 더욱이 인식론을 중요시하는 데로 나아갔는데, 이는 철두철미하게 모두 '앎을 추구하는 것'에서 나온 것이다. 그래서 그들의 이 학파의 학문을 '애지학愛智學'이라고 칭하는데, 참말로 적절하다고 하겠다. 중국의 선철先哲들은 비록 지식을 경시하지는 않았지만, 그러나 지식을 추구하는 것을 출발점으로 삼지 않았고, 또한 지식을 추구하는 것을 귀착점으로 삼지도 않았다. philosophy를 직역한다면, 그 함의는 사실 중국의 상황에 맞지 않다. 만약 억지로 이를 빌려 사용해야 한다면, 그 앞에 형용사를 하나 보태어, '인생철학'이라고 칭할 수밖에 없을 것 같다. 중국철학은 인류를 연구하는 것을 출발점으로 삼고 있었는데, 가장 중요한 것은 인간이 인간으로 되는 그 도道였다. 즉 어떻게 되어야만 한 인간으로 볼 수 있겠는가? 인간과 인간은 상호 간 어떤 관계인가? 이런 것이었다.[59]

양계초가 보건대, 세계 상의 철학은 대체로 크게 세 유형으로 나눌 수 있었다. 즉 인도, 유대猶太 등의 오로지 인간과 신神의 관계를 중요시하는 것, 그리스 및 현대 유럽에서 오로지 인간과 사물의 관계를 중요시하는 것, 중국에서 오로지 인간과 인간의 관계를 중요시하는 것이 그것이다. "중국의 모든 학문은 어느 시대를 막론하고, 어느 종파를 막론하고, 그 추세와 방향은 모두 이 점에 있었다. 특히 유가에서 가장 넓고 깊고, 절실하고 분명했다."[60] 그는 이어서 유학의 중심사상을 밝힌다.

> 유가 철학은 범위가 아주 넓은데, 개괄하여 말하자면, 그 기능과 역할은 『논어

59) 《梁啟超全集》(9), 北京出版社1999年版, 第4954頁.

60) 梁啟超 : 《清代學術概論》, 鳳凰出版集團, 江蘇文藝出版社2007年版, 第104頁.

論語』에서 나오는 '수기안인修己安人'이라는 한 마디로 포괄할 수 있겠다. 이 학문(儒家哲學)의 최고 목적은 『장자莊子』에서 이른바 '내성외왕內聖外王'이라는 한 마디로 포괄할 수 있겠다. 자기를 닦는 공부功夫가 극極에 이르는 것이 내성內聖이고, 남을 편안하게 해주는 공부가 극에 이르는 것이 외왕外王이다. 조리條理와 순서次第에 있어서는 『대학大學』에서 말하는 것이 가장 간단명료하다. 『대학』에서 말하는 '격물치지格物致知하고 성의정심誠意正心하여 수신修身하는 것'이 바로 자기를 닦고修己 내성內聖으로 되는 공부功夫이고, 이른바 '제가치국평천하齊家治國平天下'한다는 것이 바로 남을 편안하게 해주고安人, 외왕外王으로 되는 공부이겠다.61)

양계초의 이 경전식 개괄은 오늘날까지도 유행하고 있다. 그는 더 나아가 유가철학의 범위도 논한다. 그가 보건대, 공자가 말하는 "인仁·지智·용勇 삼자三者는 천하의 달덕達德이다.", "유가에서 볼 때, 반드시 삼덕三德이 구비되어야 인격이 완성되었다고 할 수 있다. 이렇게 보면 서방에서 말하는 '지혜를 사랑한다는 것愛智'은 유가의 삼덕 가운데 하나에 지나지 않는다. 즉 지혜智의 부분이 그것이다. 그러므로 유가 철학의 범위는 서방철학의 범위보다 훨씬 더 크고 광활하다."62) 양계초는 유가 철학사에서 토론하던 주요문제를 네 가지로 귀납한다.

첫째, 본성性의 선과 악善惡의 문제인데, 이를 맹자와 순자가 토론했다. 둘째, 인의仁義의 안과 밖의 문제인데, 이를 고자告子와 맹자가 토론했다. 셋째, 이理와 욕慾의 관계 문제인데, 이를 송유宋儒들이 토론했다. 넷째, 지행知行의 분합分合 문제인데, 이를 명유明儒들이 토론했다.63)

『유가철학』 제2장에서, 그는 유학의 역사적 변천과 그 가치를 논한다. 여기서 그는 문화급진주의자들의 유학에 대한 난폭한 질타에 대해 사리에 맞게 반

61) 《梁啟超全集》, 北京出版社1999年版, 第4955頁.
62) 《梁啟超全集》, 北京出版社1999年版, 第4955頁.
63) 《梁啟超全集》, 北京出版社1999年版, 第4955頁.

박하고 비판했다. 그가 보건대, 유학 같은 이런 저명한 학설은 연구할 가치가 많고, 원래는 문제시할 것도 없었다.

> 그런데 근래에 와서 수많은 신기하고 극단적인 의론議論이 생기고, 이것이 사회에서 점차 세력을 가지게 되었는데, 그리하여 일반 사람들이 유가 철학에 대해 대단히 회의懷疑하게 되었다. 청년들의 머리에는 일종의 비정상적인 사상으로 가득 채워지게 되었는데, 예컨대 이른바 '오로지 공자네 가게店만 타도하자.' '선장본線裝本(옛 학문을 말함) 책은 마땅히 뒷간에 삼천년 버려져야 한다.'라는 등이다."64)

그가 보건대, 이는 독약과도 같아, 가끔 신체 속의 병독病毒을 몰아낼 수는 있겠지만, 절대로 끼니로 삼을 수는 없었다.

양계초는 유학의 가치를 이렇게 총화 한다. 첫째, 이는 중국문화를 대표하는 바, "유가 철학을 탐구하는 것이 곧 중국문화를 탐구하는 것이다." 둘째, 이에는 바꿀 수 있는 것이 있고 또 바꿀 수 없는 것이 있다. 즉 『예기禮記』에서 말하는 "백성들과 더불어 변혁할 수 있는 것이 있고, 백성들과 더불어 변혁할 수 없는 것이 있다."는 것이 그것이겠다. 예를 들면, '인仁, 지智, 용勇의 세 달덕達德'은 시간과 장소에 관계없이, 언제나 적용할 수 있다는 것이다. 셋째, 유가의 이상에서 "사람마다 사군자士君子의 행실이 있는 것", 이는 사회에서 본보기를 수립하기 위한 것으로서 이를 '귀족貴族'문화라고 질책할 수는 없다는 것이다. 넷째, 역대의 제왕들은 유가를 간판으로 내걸고 독재를 실시했는데, 그러나 유가에서 가장 유력했던 학파, 즉 공자, 맹자로부터 주희, 왕양명에 이르기까지, 그들은 모두 반항정신을 가지고 있었다는 것이다. "유가 철학을 민권民權을 신장伸張하는 학문이었다고 말할 수도 있다. 즉 독재를 옹호하는 학문이 아니라는 것이다. 이는 압박에 반항하는 학문이지, 백성들을 능욕하고, 백성들을 노예로 만드는 학문이 아니다." 다섯째, "유학과 과학은 특히 서로 위배되지 않을 뿐만 아니라

64) 《梁啟超全集》, 北京出版社1999年版, 第4956頁.

반대로 아주 근접해 있다. 왜냐하면 유가에서는 인간을 본위로 삼고 있고, 자신이 처한 환경을 출발점으로 삼고 있는데, 이는 과학정신에 비교적 가깝기 때문이다."[65] 결론은 "유가의 도술을 탐구하는 것은 오늘날 참말로 유익하고 또한 필요하다."[66]는 것이다. 이로 보면 양계초의 유학관儒學觀은 민족적 감정을 가지고 있었고 또 이성적이고 중도적이었다.

둘째, 긍정적이고 객관적인 태도를 가지고 노자 도학과 불교를 받아들이고 있었다. 양계초는 노자철학을 아주 좋아했고 이에 대한 평가도 아주 높았다. 그는 『노자철학老子哲學』이라는 글에서 이렇게 말한다.

> 노자의 큰 공덕은 중국을 대표하는 일종의 체계적인 철학을 만들어냈다는데 있다. 그의 철학은 처음으로 만들어진 것이지만, 그 규모는 아주 거대했고, 여기서 그는 수많은 문제를 제기하여 후세 사람들이 줄곧 탐구하도록 만들었다. 그의 인생관은 지극히 고상하고 또 활용에 지극히 적합한 것이었다. 장자는 그를 비판하여 이렇게 말했다. '만물의 근원을 정순한 것精으로 보고, 형체 있는 물건은 조잡한 것粗으로 보며, 부가 쌓여 있는 것을 부족한 것으로 보고, 담담히 홀로 신명神明과 더불어 생활한다. …… 언제나 만물을 너그럽게 대해주고 남에게 모질게 대하지 않으니, 궁극에 도달했다고 할 만하다. 관윤關尹과 노담老聃은 참말로 옛사람들 중에서 박대博大한 진인眞人이다.' 이 몇 마디는 오히려 노자에 대한 상찬像贊(肖像畵에 쓰여진 書題)으로 보기에 충분하다.[67]

그는 사람들이 노자 학설을 염세厭世 철학으로 보는 것에 찬성하지 않았다. 그가 보건대, '무위無爲' 가운데 '유위有爲'가 있고, 후퇴後退하는 가운데 돌진猛進이 있는바, 이는 사람들이 현명하게 또 변증법적으로 사회문제에 대처하고 화해和解를 도모하게 해줄 수 있었다. 노자 철학의 핵심은 '도道'이다. 즉 우주, 사회, 인생의 도道이다. 그 이론적 기초는 자연주의이고, 노자는 사람들이 자연

65) 《梁啟超全集》, 北京出版社1999年版, 第4957-4958頁.

66) 《梁啟超全集》, 北京出版社1999年版, 第4958頁.

67) 易鑫鼎編 : 《梁啟超選集》下卷, 中國文聯出版社2006年版, 第945頁.

법칙에 따라 일을 행할 것을 요구하고 있었다.

양계초는 젊었을 때, 불교에 관심이 많았다. 1922년, 지나내학원支那內學院에 입학하여 구양점歐陽漸의 유식학唯識學 강론을 듣고서, "그제야 진짜 불학이 있음을 알게 되었다." 그는 불교에 대해 정감적으로 신앙하는 부분도 있었고 또 이성적 탐구도 있었다. 후에는 학술적 가치가 비교적 높은 불학 저작도 상당히 많이 저술했다. 중국 불학사佛學史 방면으로는 『중국불법흥쇠연혁 설략中國佛法興衰沿革說略』, 『불교교리의 중국에서의 발전佛教教理在中國之發展』 등 책을 저술했다. 여기서 그는 중국 불교의 변천을 논술했을 뿐만 아니라, 불교가 흥성하고 쇠락하고 또 변혁하던 그 원인과 법칙도 해석했다. 그는 이렇게 지적한다. "대저 불교는 본래 세교世教가 아니다. 하지만 불교를 신앙하는 자들 가운데, 열에 아홉은 모두 세상을 저주하는 것厭世을 동기로 삼고 있었는데, 사실 이는 기피할 필요가 없는 일이다. 그래서 세상이 난잡할수록 세상을 도피하여 들어오는 자들이 날로 많아졌었다. 이것이 사대부들이 부처를 섬기는 원인이었다."[68] 또 불법이 흥성하는 데는 반드시 도안道安과 같은 조예가 깊은 고승이 출현해야 한다고도 했다. 문화교류 방면에서 그는 불경이 중국문학에 끼친 삼대 영향을 지적했다. 첫째는 한어漢語 어휘를 확장시킨 것이고, 둘째는 한어의 문법과 문체를 탈바꿈시킨 것이고, 셋째는 불교 요소를 문학 창작에 침투시킨 것이라고 한다. "근세의 거작, 예컨대 『수호전水滸傳』, 『홍루몽紅樓夢』 같은 것들은 그 결체結體와 용필用筆에 있어서, 『화엄華嚴』, 『열반涅槃』의 영향을 참말로 아주 많이 받았다."[69] 그는 또 『불교와 서역佛教與西域』, 『중국과 인도의 교통中國印度之交通』 등 글에서 불교가 중국과 인도 문화 교류에서 가졌던 역할을 논한다. 불학 이론 방면에서 그는 불학을 우주와 인생의 가치를 탐구하는데 있어서의, 일종의 '자유와 해방을 획득하여 인생의 최고 목적을 실현하는'[70] 학문으로 간주하고 있었다. 그는 이를 인연관因緣觀, 업業과 윤회輪回, 무상無常과 무아無

68) 《梁啟超全集》, 北京出版社1999年版, 第3717頁.
69) 《梁啟超全集》, 北京出版社1999年版, 第3807頁.
70) 梁啟超:《飲冰室合集·專集》第十四冊, 中華書局2015年版, 第7925頁.

我, 해탈解脫과 열반涅槃의 네 가지로 귀납한다. 이를 바탕으로, 그는 『인도불교개관印度佛教概觀』, 『불교교리의 중국에서의 발전佛教教理在中國之發展』, 『설사아함說四阿含』 등도 저술했다. 그는 불교에 대해 현대식 개괄도 있었다. "불가에서는 늘 '법法'을 논한다. 만약 누군가 나한테 '법'이란 무엇인가 하고 묻는다면, 나는 조금도 주저하지 않고 '바로 심리학이다.'라고 대답하겠다."[71] 그는 서방 심리학의 시각에서 불법의 역할을 바라보고 있었는데, 이는 과학주의에서 종교와 과학을 대립시키던 한계를 크게 초월한 것이라고 하겠다. 불교 또는 모든 종교의 가장 본질적인 속성은, 즉 사람들에게 일종의 진실하고 신빙성 있는 과학지식을 제공하는 것이 아니고, 오히려 사람들의 고통스럽고 괴로운 속마음에 안위를 주고, 번뇌에서 해탈시켜주는 것이다. 이는 고급적인 신앙 심리학이다. 그리하여 나름대로의 존재 가치가 있는 것이고, 이는 과학으로 대체할 수 있는 것이 아니다.

셋째, 종교와 철학의 차이를 변별·분석하고, 현대의 신식 종교관을 제기했다. 양계초도 공자를 높이 받들고 있었다. 하지만 그는 유학을 종교로 만드는 공교孔教 운동은 찬성하지 않았다. 그는 『보교비소이존공론保教非所以尊孔論』에서 말하기를, 서방 사람들이 말하는 종교는 '미신迷信 신앙'이고, 이는 "영혼을 근거로 삼고, 예배禮拜를 의식儀式으로 삼고, 인간세상을 떠나는 것을 목적으로 삼고, 천국天國에 열반涅槃하는 것을 귀착점으로 삼고, 내세來世의 화복禍福을 법문法門으로 삼는다."라고 한다. 또 그 교教를 신봉하는 자들은 "의심을 품지 말아야 하고, 마귀를 항복시키는데伏魔 성급하지 말아야 한다."고 한다. 그런 까닭에 서양 종교는 사람들의 사상적 자유를 속박하고, 문호門戶를 세우고서 바깥의 것들을 모두 배척한다는 것이다. 그러나 "공자는 그렇지 않다. 공자가 가르치는 것은 세상과 나라의 다스림에 관계되는 일이다. 아니면 윤리도덕의 근본 문제이다. 여기에는 미신도 없고, 예배禮拜도 없고, 회의懷疑도 금지하지 않고, 바깥의 도道도 적대시하지 않는다." 때문에 "공자는 철학가이고, 경세가

71) 《梁啟超全集》, 北京出版社1999年版, 第3898頁.

經世家이고, 교육가이지만, 종교가는 아니다.", "공자는 인간이고, 선성先聖이고, 선사先師이지만, 하늘天이 아니고, 도깨비鬼가 아니고, 신神이 아니다."[72] 그는 이렇게 단언한다. "세상에 만약 정치가 없고, 교육이 없고, 철학이 없다면, 공자의 가르침孔教은 사라질 것이다. 만약 이 삼자三者가 있다면, 공자의 가르침은 한창 번성해야 할 때라고 하겠다."[73] 그는 종교 신앙의 자유선택을 주장하고 있었다. 그러나 반드시 "정치와 종교의 권한을 명확하게 구분지어, 서로 침범하지 않고 한도를 넘어서지 않도록 해야 한다."고 한다. 그는 『평비종교동맹評非宗教同盟』이라는 글에서 지적하기를, '종교는 매 개인의 신앙의 대상'이라고 한다. 그 특징을 말하자면 "첫째, 신앙은 정감의 산물이지, 이성의 산물이 아니고, 둘째, 신앙은 목적이지, 수단이 아니다."라고 한다. 그는 "종교는 신성한 것이고, 종교는 인류사회에 유익하고 또 필요한 것"이라고 보고 있었고, "중국인들의 현재 가장 큰 질병의 근원病根은 바로 신앙이 없는 것"[74]이라고 지적했다. 그는 『종교가와 철학가의 장단점과 득실을 논함論宗教家與哲學家之長短得失』이라는 글에서 또 이렇게 지적한다. 즉 "철학은 회의疑를 중요시하고, 종교는 믿음信을 중요시하고"[75], 종교도덕은 사람을 감동시킬 수 있고, 하늘땅을 뒤흔드는 사업을 성취할 수 있고, 종교는 철학과 상호 보완할 수 있다는 것이다. 양계초가 종교와 철학을 구분 지은 것, 공자유학이 종교가 아니고 철학이라고 규명한 것, 신앙의 자유 및 정치와 종교의 권한을 분리할 것에 관한 주장은 모두 중국과 서양의 학설을 결합한 산물이다. 이는 중화민국 시기 학자들 가운데서 가장 높은 수준을 자랑하고 있다고 하겠다. 또한 획기적인 의의를 가진, 중국 종교관宗教觀 역사에서의 이정표였다고 하겠다.

넷째, 중·서 문화의 장·단점을 비교하고, 양자의 우세만 취해 상호 보완하고자 했다. 양계초는 제1차 세계대전 직후, 유럽에서 1년간 머무르면서 서방사

72) 《梁啟超文集》, 北京燕山出版社2009年版, 第130-131頁.
73) 《梁啟超文集》, 北京燕山出版社2009年版, 第136頁.
74) 《梁啟超全集》, 北京出版社1999年版, 第3717頁.
75) 梁啟超 : 《飲冰室合集 · 專集》第四冊, 中華書局2015年版, 第799頁.

회에 대해 절실한 체험을 가졌었다. 귀국 후, 『구유심영록歐遊心影錄』을 저술했고, 여기서 그는 비교적 전면적으로 서방문화의 우열優劣을 분석하고 평가했다. 그가 보건대, 서방문명이 조우한 전쟁의 재난은 그 근원이 경제자유주의가 만들어낸 현저한 빈부 격차와 사회적 대립에 있었고 또 사회 다윈주의Darwinism와 개인주의가 성행하면서 군국주의와 제국주의를 탄생시킨 데 있었다. 그는 이렇게 말한다.

> 현재 빈곤층과 부유층의 커다란 격차는 한편으로는 당연히 기계의 발명과 생산력의 집중이라는 변화에서 말미암은 것이고, 다른 한편으로는 또 생계生計에서의 자유주의가 금과옥조金科玉律로 되어졌기 때문이다. 자유경쟁의 결과, 이런 악惡현상은 자연적으로 출현하게 된다. 이를 제외하고도, 19세기 중엽에는 더욱 두 개의 지극히 유력한 학설이 출현하여 파란波瀾을 조장했다. 하나는 생물진화론이고, 다른 하나는 자기를 본위本位로 하는 개인주의이다. …… 때문에 개인적 차원에서 말하자면, 세력勢力을 숭배하고, 황금을 숭배하는 것이 아주 당연한, 불변의 진리로 받아들여졌다. 국가적 차원에서 말하자면, 군국주의, 제국주의가 가장 성행하는 정치적 방침으로 되어졌다. 이번 전 세계의 국제대전國際大戰은 사실 여기서 말미암은 것이겠다.[76]

그밖에, '과학만능주의' 신앙도 유럽인들이 '안신입명安身立命'의 근본을 잃게 만들었다고 한다. 이는 얼마나 심각하고 명석한 식견이었는가! 그 당시 학계에서 사람들이 따라오지 못했을 뿐만 아니라, 오늘날에도 시대에 뒤떨어진 식견이라고 볼 수는 없겠다. 그렇기는 하지만 양계초는 여전히 서방문화의 우점을 긍정하고 있었다. 첫째, '자유로운 비평自由批評'으로서 그 덕분에 그들은 자아반성의 능력을 가질 수 있었고 또 문화의 활력도 보존할 수 있었다고 한다. 그런 까닭에 "사상의 해방은 좋은 점만 있고 나쁜 점은 없다."[77]는 것이다. 둘째, 과학주의를 반대하는 동시에 또한 과학을 크게 발전시켜 물질문명을 고도

76) 《梁啟超全集》, 北京出版社1999年版, 第2972頁.

77) 《梁啟超全集》, 北京出版社1999年版, 第2981頁.

로 성취해내야 한다고 한다. "이번 전쟁에서 각종 발명은 날로 새로워졌는데, 아쉽게도 그 태반은 사람을 죽이는데 사용되었다. 이번 대재난을 거쳐, 국제사회는 미래 삼십여 년의 평화는 기대할 수 있을 것이다. 이 기회에 우리가 이것들을 가져다 잘 활용하면, 물질문명은 기필코 더욱 몇 배나 발달할 것이다."[78] 셋째, 개성해방이 아주 필요하다고 한다. 그는 독립적 인격이 있어야 독립적 국가가 있을 수 있다고 한다. 그는 이를 '진성주의盡性主義'라고 칭했다. "이 진성주의는 매 개인의 천부적 재능을 아주 원만하게 발휘할 것을 요한다. …… 사회와 국가 차원에서 말할 때도, 반드시 이렇게 되어야 한다. 그 후에야 사람마다 각자 자신의 장점을 발휘하여 주동적으로 창조하고 진화하게 되는데, 합쳐서 결국 강성한 국가와 진보한 사회를 이루게 된다."[79] 그가 보건대, 이상 세 가지는 서양문화의 장점인 반면, 중화문화의 단점이었다. 그리하여 중국은 서양에 뒤떨어지게 되었다는 것이다. 그러나 또 서양문화의 단점은 바로 중화문화의 장점임도 보아내야 한다고 한다. 그리하여 그는 자신을 봉폐하고 야랑자대夜郞自大하는 '서학중원설西學中源說'에도 찬성하지 않았고 또 "중국의 것은 아무것도 볼품 없다."라고 하는 역사허무주의에도 찬성하지 않았던 것이다. 그는 서학의 자원을 잘 활용하여 중화문화를 개조하고 진흥시킬 것을 주장했다. "우리의 문화를 발양하는 데는 그들의 문화를 빌려 경로로 삼지 않으면 아니 된다. 왜냐하면 그들이 연구하는 방법은 참말로 정밀하기 때문이다. 말하자면, '장인이 물건을 잘 만들려면, 반드시 우선 연장을 잘 다듬어야 한다.'는 것이겠다."[80] 양계초는 한 편의 글에서 "대저 성질이 다른 것이 결합하게 되면, 얻은 결과는 반드시 개량改良이 있다."라는 생물학적 원리를 가지고, 중·서 문명의 우세優勢의 상호 보완을 논했다. "대체로 이 땅위에는 오늘날 다만 두 개의 문명이 있다. 하나는 태서泰西문명으로서 즉 구미歐美의 것이 그것이다. 다른 하나는 태동泰東문명으로서 즉 중화의 것이 그것이다. 20세기는 두 문명이 결혼

78) 《梁啟超全集》, 北京出版社1999年版, 第2978頁.

79) 《梁啟超全集》, 北京出版社1999年版, 第2980頁.

80) 《梁啟超全集》, 北京出版社1999年版, 第2980頁.

하는 시대이다. …… 저쪽 서방의 미인은 반드시 우리 집을 위해 귀염둥이를 낳아주고 우리 가문을 빛내줄 수 있을 것이다."[81]

2. 당대 신유가의 대표 학자와 그들의 학설

당대 신유가新儒家란 20세기 20년대에 일떠선 유가 신新 학파를 말한다. '당대當代'라는 두 글자를 붙인 것은 송, 명 시기 신유가와 구별 짓기 위함이다. 또 이의 당대적 특징을 분명히 표식하기 위해서이다. 이들의 사상은 국수파國粹派와도 달랐고 더욱 급진적 서구화西化파와도 달랐다. 그들은 유학의 주체성을 보존하는 것을 전제로, 서학을 융회하고, '근본으로 되돌아와 새롭게 개척하면서', 유학의 현대 이론형태를 구축할 것을 주장하고 있었다. 사람들은 이들을 '문화보수주의자'라고 칭했다. 사실, 그들을 '문화개량주의자'라고 칭하는 것이 더 적절할 것이다. 이들은 전통을 고수하기도 하고, 전통을 버리기도 하면서, 더욱 창조를 많이 했다. 이들은 전통 문화를 파괴하는데 주력하지 않았고, 오히려 옛것에서 쓸모없는 것은 버리고 좋은 것을 찾아내는 이른바 '문화건설'에 심혈을 쏟았다. 그 당시, 옛 문화의 타성惰性(오래되어 굳어진 버릇)의 완고함 및 전통을 거부하는 급진파들의 강력함 때문에, 문화의 '혁명'이 가장 성행하던 슬로건으로 되어졌었고, 한편, 문화의 '개량'은 낡은 세력과 타협하는 표현으로 간주되어 주류 학자들의 질책을 많이 받았고, 그리하여 신유가는 변두리 지대에서 가까스로 생존할 수밖에 없었다. 전체 사회가 격앙된 분위기로부터 점차 이성적이게 되고, 모두들 마음을 차분히 가라앉힌 후에야, 당대 신유가는 점차 사람들의 중시를 받게 되었다. 이들은 사실, 중국 당대 신문화운동에서 진정하게 올바른 발전방향을 대표하고 있었다. 이들은 각자 단독으로 고군분투하던 학자들이었고, 이들은 각자 개인의 학술적 역량을 가지고, 끊임없이 흐르는, 흐르면서 점차 광활해지고 거세진, 사상의 조류를 형성했다. 대표적 학자들로는 고홍명辜鴻銘, 장군대張君勱, 임어당林語堂, 양수명梁漱溟, 웅십력熊十力, 마일

81) 梁啟超:《飮冰室合集》第7冊, 中華書局1989年版, 第4頁.

부馬一浮, 풍우란馮友蘭, 하린賀麟, 전목錢穆, 방동미方東美 및 조금 후의 당군의唐君毅, 모종삼牟宗三, 서복관徐復觀 등이 있었다.

이 책에서는 편폭의 제한으로, 그들 중 양梁, 전錢, 웅熊, 풍馮, 하賀, 방方, 이 여섯 학자와 조금 후의 당唐, 모牟, 서徐 세 학자만 택하여, 그들의 삼교 관계에 관한 논설 및 중·서관계에 관한 논설을 간략히 소개할 것이다. 이렇게 함은 기타 학자들이 중요하지 않다는 것은 아니다. 사실 그들은 모두 걸출한 학자들이었다. 예를 들면, 고홍명辜鴻銘은 완고하게 옛것만 고수하던 학자가 아니었다. 그는 중·서 문화를 모두 잘 알고 있었고, 유럽의 근 10개 나라의 언어문자를 정통했고, 견식도 아주 넓었다. 그는 『중국인의 정신中國人的精神』에서 중국과 서양을 비교하고서 이렇게 말한다.

> 전형적인 중국인의 '전체적 인상은 온화하고 선량하고', '이런 온화함과 선량함은 동정同情과 지능智能이라는 이 두 가지 성품이 결합된 산물이고', '중국인들은 애심愛心을 가지고 있는데', '그들은 일종의 심령心靈의 생활을 영위하고 있고, 일종의 정감적 또는 인류를 사랑하는 생활을 영위하고 있고', '진정한 중국인은 어린 아이童子의 마음과 성인成人의 지혜를 모두 갖추고 있고', '인류의 모든 순진한 정감은 모두 중국글자 하나에 포함시킬 수 있는데, 그것이 바로 '仁'이겠다.[82]

그는 생활 속에서 중국인의 성격과 심령을 통찰했고, 급진파들이 국민성國民性을 깎아내리던 것과는 반대로, 중국인의 순박함과 선량함을 크게 찬미하고 있었다. 사람들을 상당히 많이 감동시켰다고 하겠다.

또 예를 들면, 임어당林語堂은 중화문화를 구미歐美에 널리 전한 대공신大功臣이다. 그는 '우리나라와 우리 국민吾國與吾民'이라는 책에서 중국인의 성격의 장단점과 특징을 아주 객관적이고 공정하게 평가했다. 그는 이 책의 제4장 '인생의 이상'에서 이렇게 말한다. "중국인들은 명확하게 말한다. 즉 인생의 진제眞諦는 순박한 생활을 향유하는 데 있고, 특히는 가정생활의 환락함과 사회 제

82) 辜鴻銘 :《中國人的精神》, 海南出版社1986年版, 第65, 66頁.

반 관계의 화목함에 있다고 말이다."[83] 이어서 그는 중국과 서양의 다른 점을 대비한다. "중국과 유럽의 다른 점은, 서방 사람들은 더 큰 능력이 있어 획득과 창조는 잘 하지만 사물을 향수하는 능력은 좀 적은 것으로 보이고, 중국인들은 조금 가지고 있는 물건을 향수하는 결심과 능력이 모두 비교적 큰 것 같다."[84] 그는 유가를 이렇게 평가한다. "용견庸見(보편적인 견해) 또는 사리에 밝게 처사하는 정신에 대한 신앙은 유가 인문주의의 구성부분이었다. 바로 이런 공정하고 합리적인 정신이 유가의 중심사상 즉 중용의 도道가 탄생하게 만들었다."[85] 도가와 도교는 임어당林語堂이 보건대, 이는 마침 유가가 너무 현실주의적이던 결점을 미봉해주었다. "노자의 자연주의철학은 민중들의 심리적 요인心理因을 통해 중국인들의 영혼의 세계에 대한 해석과 결합되었다.", "도교는 사람들에게 유교에서 제공할 수 없었던, 환상적이고 미묘한 어린 아이의 세계를 제공해주었다."[86] 불교에 대해서 임어당林語堂은 이렇게 평가한다. "불교가 중국인들에게 있어서의 역할은 기타 종교가 외국인들에게 있어서의 역할과 똑같다. 다시 말하면, 즉 일종의 만백성들이 곤경에서 벗어나오도록 구원해주는 역할을 맡고 있었다.", "불교는 일종의 철학으로서 또한 일종의 종교로서 중국을 정복했다. 철학은 문인文人들과 학사學士들이 혜택을 받게 했고, 종교는 일반인들이 혜택을 받게 했다."[87] 임어당이 유·불·도 삼교에 대한 평가는 아주 공정하고 합리했다. 중국과 서양 민족의 성격 차이에 대한 논설도 아주 통찰력이 있었다고 하겠다.

또 예를 들면, 마일부馬一浮는 육예六藝가 모든 학술을 통섭한다고 주장했다. 그는 이렇게 말한다.

육예란 즉 『시詩』, 『서書』, 『예禮』, 『악樂』, 『역易』, 『춘추春秋』이다. 이는 공자의

83) 林語堂:《中國人》, 學林出版社1994年版, 第110頁.
84) 林語堂:《中國人》, 學林出版社1994年版, 第110頁.
85) 林語堂:《中國人》, 學林出版社1994年版, 第117-118頁.
86) 林語堂:《中國人》, 學林出版社1994年版, 第125頁.
87) 林語堂:《中國人》, 學林出版社1994年版, 第131頁.

가르침敎이다. 우리나라에서는 2,000여 년 이래, 보편적으로 모든 학술은 모두 여기에 근원하여 나왔다고 인정하고 있다. 왜 육예가 모든 학술을 통섭한다고 말하는가? 대략 두 가지이다. 첫째, 육예가 제자諸子를 통솔하고, 둘째, 육예가 사부四部를 통솔했기 때문이다.[88]

이 관점이 보편적으로 인정받고 있다고 말할 수는 없지만, 그러나 그는 확실히 유학과 중화문화의 가치에 대해 심각하게 파악하고 있었다. 그는 또 불학을 가지고 유교를 심각하게 해석할 수 있었다. 양수명은 마일부를 찬양하여 '천년의 국수國粹, 한 세대 유종儒宗'이라고 했다. 하린賀麟이 보건대, 마일부는 "전통 중국문화를 대표하는, 유일하게 남아 있는 석학이었다." 그가 운영하던 복성서원復性書院은 경학이 폐지되고 서학이 창성하던 사회 환경에서, 전통 서원書院 교육의 특색을 보존하고 있었는데, 그 공적 역시 후세 사람들이 반드시 기념해야 할 일이겠다. 특히 상기해야 할 것은 중화민국 초년, 채원배蔡元培가 교육부 장관을 맡으면서 마일부를 교육부 비서장으로 초빙했는데, 채원배는 경經을 폐지할 것을 주장하고 마일부는 경經을 폐지할 수 없다고 주장하면서, 둘이 충돌이 발생하여 결국 마일부가 보름이 채 안 되어 사직하고 관직에서 물러났던 일이다. 현대교육에서 반드시 경전의 훈련을 보존해야 한다는 마일부의 주장은 후일, 주자청朱自淸과 엽성도葉聖陶의 긍정을 크게 받았다. 이 점에서 마일부는 채원배蔡元培보다 훨씬 고명했다고 하겠다.

위에서 고홍명, 임어당, 마일부, 세 선생만 간략히 소개했는데, 사실 이때 유학을 기점으로 한 학자 집단群에는 저명한 학자들이 아주 많았다.

1) 불학과 유학을 넘나들던 신문화학新文化學 창시자 : 양수명梁漱溟

양수명(1893-1988)의 자는 수명壽銘이고, 그는 북경 태생이다. 양수명은 사회활동가였고, 사상가였다. 한 때 북경대학교에서 교편을 잡았었고, 항일전쟁 전

88) 《馬一浮集》第一冊, 浙江古籍出版社1996年版, 第12頁.

에는 산동山東에서 향촌鄕村 건설운동을 추진했다. 주요 저작으로는 『동·서 문화 및 그 철학東西文化及其哲學』, 『중국문화요의中國文化要義』, 『인심과 인생人心與人生』 등이 있다. 양수명은 심령心靈에 있어서는 '일생동안 불법佛法을 빠져 있었고', 사회사업에 있어서는 '유학을 근본으로 삼고 있었다.' 그는 이렇게 말했다. "앞사람이 이르기를, '떠나간 성인을 위해 끊어진 학문을 잇고, 만세를 위해 태평한 세상을 연다.'라고 했는데, 이것이 바로 나 일생의 사명이었다."[89] 그는 왕심재王心齋(王艮을 말함)의 영향을 받고, 불학과 유학 사이에 연결다리를 구축했는데, 이 와중에 그는 사상가로부터 활동가로 변신하게 되었다. 양수명은 당대 신유가에서 가장 일찍 신新문화학을 제기한 대유大儒이다. 그의 문화철학 및 사회실천은 중화문화가 곤경으로부터 부흥으로 나아가는데 한 갈래 새로운 길을 열어주었다. 그 의의와 가치는 지금까지도 쇠락하지 않고 빛을 발하고 있다고 하겠다.

첫째, 상이한 민족문화의 다선발전이론多線演化理論을 제기했고, 중화 전통문화가 세계 다원多元 문화에서 마땅히 가져야 할 숭고한 지위와 특색을 논증했다. 청나라 말 중화민국 초, 문화의 단선진화론單線進化論이 중국에서 크게 성행했는데, 그때 사람들은 이렇게 이해하고 있었다. 즉, 사람들은 문화와 경제발전 수준은 대응하고 있고, 문화는 한 갈래 똑같은 길로 나아가고 있고, 서방문화는 선진적이고 중국문화는 낙후하고, 중·서양 문화의 차이는 인류문화 발전의 고급단계와 저급단계의 차이라고 보고 있었다. 때문에 중국문화의 현대화는 반드시 서방문화의 길을 걸어야 한다는 것이다. 이렇게 중국문화는 '저급低級'적인 것으로 규정 짓게 되었고, 그 우세는 조금도 없이 되어 버렸다. 양수명은 간단히 중화문화를 위해 변호하지 않았다. 그는 문화이론에서 단선진화론單線進化論을 무너뜨리고, 다원문화관을 구축하면서, 하나의 새로운 시야를 개척해냈다. 그는 『동·서 문화 및 그 철학東西文化及其哲學』에서 서방문화, 중국문화, 인도문화의 차이는 본질적으로 역사발전의 선과 후의 차이가 아니고, 이는 민족성의

89) 梁漱溟 :《我的努力與反省》, 灕江出版社1987年版, 第290頁.

차이가 만들어낸 '근본정신'과 '문화적 경로와 방향'의 차이라고 밝힌다. 이는 각자의 특색인 바, 이를 우열로써 논할 수는 없다는 것이다. 그는 이 책에서 문화란 "다만 그 민족의 생활방식의 패턴에 지나지 않는다."라고 한다. 그는 이렇게 지적한다. "모든 인류의 생활은 대체로 이런 세 개 경로와 방향을 벗어나지 않는다. 즉 첫째는 앞으로 나아가려는 욕구이고, 둘째는 자신의 의사를 변환하고 조화시키고 중도를 지키려는 욕구이고, 셋째는 몸을 돌려 뒤로 되돌아가려는 욕구이다. 이는 세 개 상이한 경로와 방향이다." 서방문화가 "걸었던 것은 첫 번째 경로이다. 즉 앞으로 나아가려는 욕구이다." 그리하여 '자연을 정복하는 이채異彩'가 있었고, '과학적 방법의 이채'가 있었고, '민주주의의 이채'가 있었던 것이다. "중국문화는 자위自爲, 조화調和, 지중持中(中道를 지킴)을 욕구하는 것을 근본정신으로 삼고 있었다. 인도문화는 몸을 돌려 뒤로 되돌아가려는 욕구를 근본정신으로 삼고 있었다."[90] 근세의 서방문화는 "이지理智적 활동이 너무 강하고 너무 성한데, 정신적으로도 이 때문에 상처를 입었고 또한 생활적으로도 이 때문에 고난을 겪게 되었다." 인도문화에서 "유일하게 홀로 흥성한 것은 다만 종교 하나뿐인데", 인도 사람들은 "생활에서 해탈하려고 노력하고 있었고, 앞으로 나아가려고 하지도 않았고, 중도를 지키려고 하지도 않았고, 그들은 몸을 돌려 뒤만 향하고 있었다."[91] 양씨의 태도는 즉 "첫째, 인도의 태도는 버려야 하고, 이는 추호도 용납해서는 아니 되고, 둘째, 서방문화는 전반적으로 받아들이되 그 근본은 개조해야 하는데, 즉 그 태도는 좀 고쳐야 하고, 셋째, 비판적으로 중국 원래의 태도를 다시 가져와야 한다."는 것이었다. 다시 말하면, 양수명은 인도문화는 거절했고, 서방문화는 수용하되, 좀 고쳐야 한다고 했고, 중국문화는 갱신하고 발양해야 한다고 했다. 그가 서방문화에 대해 "전반적으로 받아들이되, 그 근본을 개조하자"고 한 것은 즉 중국문화를 계승하고 발양하는 토대 위에서 서방문화를 수용하고 변화시키자는 것이었다. 이는 중국문화를 모두 버리고 '전반적으로 서구화하자'는 주장과는 본질적 차

90) 《梁漱溟全集》第一卷, 山東人民出版社2005年版, 第382, 383頁.

91) 梁漱溟 :《東西文化及其哲學》, 商務印書館2009年版, 第394頁.

이가 있었다.

양수명은 저서 『중국문화요의中國文化要義』에서 중국 민족의 품성을 이렇게 논한다. 그 특징으로는 자사자리自私自利하고, 근검하고, 예의를 잘 지키고, 평화적이고 문약文弱하고, 스스로 만족할 줄 알고知足 자득自得할 줄 알고, 옛 것을 잘 지키고, 무책임하고, 참을성이 강하고, 잔인하고, 끈질기고 유연성이 강하고, 노련하고 주도면밀하다는 것이다. 이를 임어당林語堂이 『우리나라와 우리 국민吾國與吾民』에서 논한 것과 대조해볼 수 있겠다. 임어당林語堂은 이 책에서 '중국인의 덕성德性'을 이렇게 기술했다. 즉 원숙圓熟하고, 참을성 있고, 아무래도 좋고, 노련하고 교활하고 능글맞고, 평화적이고, 스스로 만족할 줄 알고, 유머적이고, 보수적이라는 등 여덟 가지였다. 보다시피 양씨가 열거한 열 가지와 대체로 맞아떨어진다. 양수명은 더 나아가 지적하기를, 중국문화는 전반 인류 문화 가운데서 조숙한 문화에 속한다고 한다. 예컨대, 중국인들은 일찍부터 '백성들이 소유하고, 백성들이 향유해야 하는 이치'를 알고 있었고, 중국인들은 비록 의무를 중히 여기고 권리를 가볍게 여기고 있었지만, 그것은 "윤리적으로 상대방을 존중하는 것에서 기인한 것이고", 이는 "도덕적 의무를 강조하는 것이지 법률적 의무를 강조하는 것이 아니고", 이는 "근대 서양인들이 상호 쟁탈로부터 상호 인정에 이르던 것"과 비교할 때, 겉으로 보기에는 못한 것 같지만 실제로는 이를 초월하고 있다는 등이다. 또 이렇게 말한다. "중국은 첫째, 일찍부터 이성이 발달했고, 도덕적으로 자각적이고 진취적일 것을 중요시하고 있었는 바, 그리하여 종교는 부족하게 되었고, 둘째, 이성으로 일찍 깨쳤는데, 사물을 대하는 방식으로 인간을 대하지 않았고, 한편 내부를 대하는 방식으로 외부를 대했고, 오로지 서로 화목하게 지내는 것만 숭상했고, 무력은 숭상하지 않았다.", "서양문화는 신체로부터 출발하여, 점차 마음에로 발전해 나간 것이다. 중국에서는 오히려 어떤 것들은 직접 마음으로부터 발해 나와 전체에 영향 주었다. 전자는 순차적으로 발전해 나아간 것이고, 후자는 즉 조숙한 것이다. '문화 조숙'의 의미는 바로 여기에 있었다."[92] 양씨가 보건대, 조숙한 중국은 "이로 말미암아 결국 과학이 없었고", "이성은 훌륭했지만 이지理智는 부족했고 빙빙 돌기만 하고 앞으로 나아가지 못했는데", 이렇게 여러 가지 병폐가 나오게 되었던 것이다. 그래서 서방문화를 받아들여 중국문화의 부활을 촉진시켜야 한다는 것이다. 동시에, 조숙한 중국문화는 기필코 자체의 현대적 가치와 미래적 의의를 드러낼 것이고, 오늘 이후 세계의 문화발전에 크게 공헌할 수 있을 것이라고 한다. 그가 보건대, 중국문화의 민족성은 버릴 수 없는 것이었다. 그는 『중국민족자구운동의 최후 각오中國民族自救運動之最後覺悟』라는 글에서 이렇게 지적한다. "한 개 민족의 진정한 생명은 그 민족의 근본정신에 기탁해야 한다. 자기 민족의 근본정신을 버리게 되면 곧 자기 민족의 앞길을 버리게 된다."[93] 중화민족의 근본정신이 바로 유가 문화에서의 윤리 이성이라고 하겠다.

둘째, 윤리를 본위로 할 것과 도덕으로 종교를 대체할 것을 주장했다. 양수명은 『중국문화요의中國文化要義』 제5장 "중국은 윤리를 본위로 하는 사회이다."에서 지적하기를, 서양과 비교할 때, 중국은 가족사회이고, 가정윤리를 중히 여겼는데, "중국에는 종교가 없어 가정윤리생활로써 그것(종교)을 대신했다."고 한다. 그러나 그는 또 이렇게 말한다. "만약 중국에도 종교가 있다고 한다면, 그것은 곧 조상에게 제사 지내고 하늘에 제사 지내는 그런 것들이다." 그러나 그것은 "하늘을 섬기는 것에 그치지 않고, 이를 배천교拜天教라고 칭할 수도 없다. 조상을 섬기는 것에 그치지 않았기 때문에, 역시 종법宗法사회의 선조교祖先教도 아니다. 이는 명칭도 없었고 더욱 그 신도들의 교회조직도 없었다. 마지못해 교教라고 말한다면, '윤리교倫理教'라고 할 수밖에 없겠다. 그 교의教義가 마침 이 윤리 관념에서 벗어나지 않기 때문이고, 한편 그 교도들 또한 이 중국의 만백성들이기 때문이다."[94] 이 책의 제6장 "도덕으로써 종교를 대체하자."에서는 "인류문화는 모두 종교로부터 발단했고 또 늘 종교를 중심으로 삼고 있었다."[95]라고 한다. 종교의 공통점은 "모든 종교는 모두 인류의 앎을 초월

92) 《梁漱溟全集》第三卷, 山東人民出版社2005年版, 第258頁.
93) 《梁漱溟全集》第五卷, 山東人民出版社2005年版, 第105頁.
94) 《梁漱溟全集》第三卷, 山東人民出版社2005年版, 第90頁.
95) 《梁漱溟全集》第三卷, 山東人民出版社2005年版, 第97頁.

하는 곳에서 근거를 세우고 있고, 한편 인류의 정감을 안위하는 것과 의지를 격려하는 것을 취지로 삼고 있다."[96]고 한다. 한편, 근대 이래, 과학이 발달하고, 이지理智가 강화되면서, 종교는 실세失勢했고 결국 이 추세를 돌려세울 수 없게 되었다. 중국도 상고上古 시기에는 역시 종교를 이탈할 수 없었는데, 그러나 주공과 공자 이래의 "삼천년 문화는 그 발전과 통일에 있어서 종교를 중심으로 삼지 않았고', '중국의 풍교風敎문화는 공자가 사실상, 그 중심에 서 있었다."[97] 고 한다. 그가 보건대, 하늘에 제사 지내고 조상들에게 제사 지내는 것은 공자의 교화 내용의 일부분으로 되어졌고, 외래의 종교는 모두 우선 공자를 존경한다고 태도표시를 해야 했다. 그러나 공자는 종교에서 반드시 구비해야 할 요소를 갖추고 있지 않았고, 한편 그는 사람들이 모두 이성을 가지고 있고, 시비를 분별하는 마음을 가지고 있다고 믿고 있었다. 공자는 비록 종교를 배척도 비판도 하지 않았지만, 그러나 "한편으로는 온갖 힘을 다해 종교의 미신과 독단을 피하려고 했고, 다른 한편으로는 이성을 계발하는 것을 자신의 소임으로 삼고 있었다." 그는 이렇게 말한다. "이는 도덕이지, 종교가 아니다.", "중국에서 종교를 대체했던 것은 사실 주공과 공자의 '예禮였다. 하지만 그 취지는 사람들이 도덕의 길로 나아가게 하는데 있었고, 한편 이것이 바로 종교와 구별되는 점이다. 그래서 중국에서는 도덕으로써 종교를 대체했다고 말하는 것이다."[98] 양수명은 더 나아가 그가 이해하고 있던 중국인의 도덕이성을 이렇게 해석한다. 이성理性이란 무엇인가? "나는 청淸, 명明, 안安, 화和라는 네 글자로 그것을 표현하고 기술하고자 한다. 하지만 분명히 이성과 위배되는 것으로는 둘이 있다. 하나는 우매하고 사리에 밝지 못하고 편파적으로 고집하는 정감이고, 다른 하나는 난폭하고 충동적인 성격이다."[99] "이는 공자가 가장 두려워했던 것이다."[100] "이 양자를 고대 종교에서 늘 피할 수 없었는데, 그孔子는 이를

96) 《梁漱溟全集》第三卷, 山東人民出版社2005年版, 第98頁.
97) 《梁漱溟全集》第三卷, 山東人民出版社2005年版, 第103頁.
98) 《梁漱溟全集》第三卷, 山東人民出版社2005年版, 第106頁.
99) 《梁漱溟全集》第三卷, 山東人民出版社2005年版, 第112頁.
100) 《梁漱溟全集》第三卷, 山東人民出版社2005年版, 第112頁.

아주 교묘하게 피했고, 그리하여 종교의 길에서 벗어나게 되었던 것이다."[101] 유가에서는 "옛 종교를 예로 탈바꿈시켰고, 더욱 종교가 미치지 못하는 것들도 예악禮樂으로써 교화시키지 못한 것이 없었다. 이른바 '예악은 잠시도 몸과 마음에서 떠나면 아니 된다禮樂不可斯須去身.'라는 것은 대개 사람들이 항상 청명안화清明安和를 잃지 말고, 날마다 우매하고 사리에 밝지 못한 것과 난폭한 것에서 멀어지면서도 스스로는 모를 것을 요구하는 것이었다."[102]

양수명과 임어당은 모두 중국인들의 성품의 장단점을 낱낱이 헤아려보았고, 모두 향토에 대한 깊은 사랑을 간직하고 있었고 또한 중화민족의 미덕을 찬양하고 있었다. 양수명은 이를 '청명안화清明安和'라고 했고, 임어당은 이를 '원숙圓熟, 자화慈和, 지혜智慧'[103]라고 했고, 이를 '새 가을의 정신'으로 형용했다. 양수명이 말하는 중국문화는 윤리를 본위本位로 하고 있었다는 것, 유가에서는 옛 종교를 예禮로 탈바꿈시켰다는 것, '청명안화清明安和'라는 네 글자로 중화中華의 인문이성人文理性을 형용한 것, 이는 모두 탁월한 식견이었다고 말하지 않을 수 없겠다. 그렇다면 유가 윤리가 완전히 종교를 대체했는가? 그건 아니다. 만약 그렇게 되었다면 왜 또 불교와 도교로써 유교를 보완했겠는가? 중국은 다민족국가이고 종교가 많은 나라이다. 수많은 소수 민족들은 유학의 인문이성人文理性의 훈도薰陶를 받는 동시에 또 자체의 종교를 버린 적이 없었다. 한족漢族 민중들도 사실 '오상五常', '팔덕八德'을 기본 도덕관념으로 삼는 동시에 또 천신조령天神祖靈 및 각종 신령神靈들을 신봉하고 있었다. 비록 잡다하기는 했지만, 그들은 생활에서 다신多神 숭배를 여읠 수 없었다. 역사에서 증명되었듯이, 종교는 변천할 수는 있으나 대체할 수는 없고, 과학으로 대체할 수도 없거니와 도덕으로 대체할 수도 없었다. 사실 중국에서 종교는 도덕의 조력자였고, 특히 불교와 도교는 모두 유가 윤리를 전파하던 공신功臣이었다.

셋째, 유·도·불 삼가三家는 모두 사회와 인생에서 꼭 필요한 것들이라고

---

101) 《梁漱溟全集》第三卷, 山東人民出版社2005年版, 第112頁.

102) 《梁漱溟全集》第三卷, 山東人民出版社2005年版, 第113頁.

103) 林語堂 : 《吾國與吾民》, 陝西師範大學出版社2016年版, 第303頁.

했다. 양수명은 후기에 와서 『동방학술개관東方學術概觀』을 저술했는데, 그는 여기서 전문 유·도·불 삼가의 특색과 기능을 논술한다. 그가 보건대, 유가 학설은 "외적 사물과 지식에 대한 학설이 아니고 또한 그 어떤 철학적 환상도 아니다. 이것은 그들 자신의 생활에서 보다 높은 목표에 도달할 것을 추구하는 일종의 학문이다. 이런 학문을 인생 실천의 학문이라고 칭해도 무방할 것이다. 만약 좀 더 많이 말해도 괜찮다면, 그것은 즉 보다 높은 목표에 도달하기 위해 애쓰는 자들이, 그들의 인생이 우주에서 날로 자각적이고 자립적이고 자유롭게 되기 위해 노력하는 실천이겠다."104) 그는 유학을 일종의 생활화한 학문이라고 강조한다. 이는 문명한 인생을 영위하려는 일종의 자아각성이라는 것이다. 그렇다면 도가 학설은 어떠한가? 도가와 유가는 근원을 같이 하고 있고 다만 흐름이 다른데, 마침 서로 호응하면서 상호 보완할 수 있었다고 한다.

> 유가와 도가는 모두 오랜 연원淵源을 가지고 있는데, 유가는 정면을 대표하고, 도가는 뒷면負面을 대표했다. 두 사상의 발전경로가 달라진 유래를 말하자면, 일찍이 우주의 변화를 깨닫고 나서 자신의 생명에 대해 깊은 이해가 있었던 것에서 비롯된 것이었다. 즉 내향적인 면이 외향적인 면보다 많았던 것이 원인이었다. '태극太極', '음양陰陽', '천지天地', '건곤乾坤', '성명性命' 등과 같은 것들은 모두 양자가 공동으로 늘 사용하는 어휘와 개념인데, 그러나 양자는 각자 치중하는 바가 달랐다."105)

이는 유가와 도가가 중국문화의 두 개 주요한 측면으로서 상호 보완을 이루고 있었음을 밝힌 것이다. 구체적으로 생명에 대한 이해에서 유가와 도가는

> 모두 생명에 대한 탐구에 공력을 들였지만, 그러나 경향성은 각자 달랐다. 유가는 학문을 탐구함에 있어서, 인간의 본심에 근본을 두고 있었고, 이 마음의 명랑함으로써 인생의 실천에서 자주적이고 자유롭게 될 것을 추구하는 방향으로 나아갔다. 도가는 학문을 탐구함에 있어서, 인간의 신체를 중요시했는데, 이 신체를

104) 《梁漱溟全集》第七卷, 山東人民出版社2005年版, 第330頁.
105) 《梁漱溟全集》第七卷, 山東人民出版社2005年版, 第338頁.

영통靈通하게 만들어 그것을 자유자재로 활용하는 경지를 추구하는 방향으로 나아갔다. 개체의 생명은 이 몸에 붙어 있지만, 한편 인간의 마음은 그의 사회생명의 기초이다. 공자는 당세當世의 정치와 교화에 관심을 두고 있었는데, 사람들이 받아들이지 않을까 불안해하고 초조해 했다. 그러나 노자는 반대로, 세상을 피해 외딴 곳에 은둔하고 있었는데, 심지어 누구도 그의 생의 마감을 모른다. 학술적으로 두 길로 분명하게 갈라진 것은 즉 하나는 마음을 탐구하고, 다른 하나는 신체를 탐구했던 다름 때문이었다. 그러나 양가에서 학문탐구에 착수하던 곳은 모두 인간의 속마음에 대한 자각에 있었다.[106]

양수명은 "인간의 신체는 자연을 본받는다."라는 학설로써 노자도가와 신선이 될 것을 추구하는求仙 도교를 통일시킨다. 그는 이렇게 말한다.

도가에는 이런 말이 있다. 즉, 순응하면 사람(자손을 말함)을 낳고 거스르면 신선神仙으로 된다고 한다. 그들道教의 공부功夫(조예)가 착수하는 곳이 곧 거스르는 것이겠고, 이는 자연적인 것이 아니다. 그러나 동시에 또한 순응하는 것이기도 한데, 말하자면 반드시 자연에 순응해야만 한다. 그렇다면 이 학설은 결국 자연을 종宗으로 삼고 있겠다. 자연이란 인간의 신체가 우주생명의 유행流行에 통하게 되어 그 음양변화의 법칙을 가지게 되는, 그런 자연을 말하는데, 처음에는 사람의 생각으로 거기에 미칠 수 없겠다. 공부功夫(조예)가 깊어지면, 절로 밝은 곳에서 의식이 통한다고 느끼게 되는데, 이렇게 되면 또 자연적으로 활용하기 어렵지 않게 된다. 이런 이들이 바로 '지인至人' '진인眞人'이라고 일컫는 자들이다."[107]

양수명은 이렇게 말한다. "도교는 섭생攝生과 양생養生의 학문으로부터 발전해 나온 것이다." 그리하여 의학이 발달했고, 이 또한 서양 의학의 부족한 점을 보완해줄 수 있다고 한다. 특히 기공氣功 요법과 침구針灸 요법의 효과는 세상에서 공인받고 있다는 것이다.

불가 학설에 관해 논할 때, 양수명은 우선 자신이 젊었을 때 불교를 숭상하고

106) 《梁漱溟全集》第七卷, 山東人民出版社2005年版, 第339頁.
107) 《梁漱溟全集》第七卷, 山東人民出版社2005年版, 第341頁.

유가와 도가를 배척하고, 후에는 공자와 맹자를 칭송하고 도가를 비난하고, 더 후에 와서는 유·도·불 삼교에 대해 모두 긍정적 인식을 가지게 되었던 일을 회고한다. 그리고서 그는 이렇게 말한다. 불교에는 소승小乘과 대승大乘이 있는데, 대승불교는 "인간 세상을 떠났다가 또 인간 세상에 되돌아왔고, 떠났지만 떠나지 않았고, 떠나지 않았지만 또 떠났다.", "집착을 버리는 것破執이 불가의 종지宗旨이다.", "불가의 학문은 대개 인간 세상의 미망迷妄한 생명에서 해방을 얻는 학문이다." 그러자면 "아집我執을 버리고 번뇌장煩惱障을 깨끗이 없애고, 법집法執을 버리고 소지장所知障을 깨끗하게 없애야 한다.", "솔직히 말하면, 불가의 길은 즉 미망迷妄한 생활에서 조용히 망심을 버리는 길이다. 『능엄경楞嚴經』에서 말하는 '망심의 사라짐이 바로 보리이다歇即菩提.'라는 것이 그것이겠다."108) 양수명은 자신의 옛 저서 『인도철학개론印度哲學概論』에서 인용하여 이렇게 말한다.

> 불법佛法은 비록 집착을 버리는 것破執을 최종 목표로 삼고 있기는 하지만 그러나 늦고 빠름의 순서가 있고 방편方便의 구별이 있다. 오로지 중생들을 교화하는 것으로 말한다면, 그 말들은 중생들이 심오한 철리를 깨닫고 진리의 세계에 들어가게 하려는 것通玄이 아니라, 다만 어리석은 자들을 이끌어주고 깨우쳐주려는데 뜻을 두고 있었다. 교화하는 데는化度 깨우쳐주는 것開明이 중요하고, 한편 어리석은 자들을 이끌어주는 데는 방편方便이 있어야 하겠다. 그리하여 인연을 따르고 시기에 맞추어 교화하는 방법은 결국 등급과 유형의 구별이 있게 되었던 것이다. 솔직히 말하면, 불법에서는 원래 미집迷執을 세우지 않는데, 다시 말하면, 이른바 종교식 신앙 단체를 만들어 중생들의 집취執取를 늘이지 않는데, 그러나 그 순차적 일깨움에서는 종교식 신앙의 자취가 없지 않은 것으로 보인다. 그것이 점차 허울을 벗게 되면, 무집無執에 이르게 된다. 그들이 개혁한 점을 보면, 종교식 신앙의 정신은 전부 없어졌고, 근본은 이미 파괴되었지만, 그러나 속세에 뿌리를 내리던 순서의 자취는 또 이러저러하게 찾아볼 수 있다. 대저 본토의 고유한 사상, 학술, 전설에서 세법世法을 깊이 파악한 것이 곧 불법이다.

108) 《梁漱溟全集》第七卷, 山東人民出版社2005年版, 第355-356頁.

그래서 "중생들에게 유익한 말을 하는 것은 모두 불설佛說이고, 만약 무익하다면 그것은 곧 외도外道이다."109) 양수명은 『금광명경金光明經』에서 인용하여 모든 인간 세상의 모든 선론善論은 모두 이 경經에 의지하고 있다고 말한다. 양수명은 불법을 일생동안 탐구했고 또한 깊은 깨달음이 있었다. 그의 논설에서는 이미 유가의 "도道는 병행하되, 서로 어긋나지 않는다."는 사상과 노자의 "너그러우면 공평해지고, 공평하면 온전해지고, 온전해지면 하늘 같이 되고, 하늘 같이 되면 도道와 같아지고, 도道와 같아지면 오래 간다."라는 포용정신이 드러나고 있었다. 동시에 그는 불법이 이미 종교식 미집迷執이 아니 되었다고 명확하게 밝힌다. 그러나 방편을 설정하기 위해 여전히 종교식 신앙의 자취를 보존하고 있는데, 이것이 바로 철학으로서의 불법佛法과 종교로서의 불교가 병존하는 연유라는 것이다. 양씨의 마음에서 불법은 시종 일종의 비종교식 인생의 지혜였고, 또한 불법은 권선勸善을 근본정신으로 삼고 있었다. 동시에 그는 또 민중들이 부처를 섬기는 종교식 신앙을 이해하고 포용해줄 수 있었다.

넷째, 신문화관新文化觀의 사회적 실천 : 향촌鄉村건설. 양수명은 인문소양이 깊었을 뿐만 아니라 또한 이를 적극적으로 사회실제에 적용하고 실천하던 신유가였다. 그는 향토문명鄉土文明이 곧 중화문명의 뿌리라고 이해하고 있었다. 그런데 중국의 농촌은 근대에 와서 제국주의, 독재주의와 중화민국 시기 군벌들의 파괴로 말미암아 파산되기 시작했고, 한편 농민들은 전란戰亂, 비적들의 약탈, 독재자들의 억압과 착취를 겪을 대로 겪으면서 모진 고난과 도탄에 빠지게 되었다는 것이다. 그가 보건대, 이렇게 나아간다면, 중국의 향촌은 미래가 없고, 중국 및 그 문화도 앞날이 없었다. 그리하여 그는 향촌건설운동을 창도했고 또 그 운동에 직접 뛰어들었다. 한 갈래 중국을 절실히 개변시키는 새로운 길을 찾으려는 것이었다. 1928년, 그는 광동廣東에서 향치鄉治(鄉에서 자체로 다스림) 강습소를 창립했고, 1929년에는 초빙을 받고 하남촌치학원河南村治學院의 교무장을 맡았다. 1931년, 그는 하남촌치학원河南村治學院의 친구들과 함께 산

109) 《梁漱溟全集》第一卷, 山東人民出版社2005年版, 第64頁.

동山東에서 향촌건설연구원鄕村建設硏究院을 창립했다. 그들은 '지행합일知行合一'을 종지宗旨로 삼고서, 향촌건설이론鄕村建設理論을 탐구했고, 향촌건설鄕村建設 지도자를 양성했고, 추평鄒平과 하택荷澤 지역에서 상당한 규모를 갖춘 향촌鄕村건설 실험도 진행했다. 7년 후, 이 획기적 의의를 가졌던 향촌건설운동은 일본 침략군이 산동을 점령하면서 막을 내리게 되었다. 비록 풍성한 수확은 거두지 못했지만, 그러나 소중한 경험과 계시를 후세에 남겨주었다고 하겠다. 그는 『향촌건설이론鄕村建設理論』에서 중국 향촌은 이미 세 개 역량에 의해 파괴당했다고 지적한다. 첫째는 전쟁의 재난과 비적들의 약탈 및 잡다하고 과중한 세금 징수 등의 정치적 파괴력이다. 둘째는 외국의 경제적 침략과 외국상사와 매판買辦계급들의 경제적 파괴력이다. 셋째는 예속, 제도, 학술, 사상의 변화에서 기인한 문화적 파괴력이다.

> 원래 중국사회는 향촌을 토대로 삼고 있었고 또한 향촌을 주체로 하고 있었다. 모든 문화는 그 태반이 향촌에서 나왔고 또한 향촌을 위해 만들어진 것이었다. 법제法制, 예속禮俗, 공상업工商業 등에서 그렇지 않은 것이 없었다. 근 100년 동안, 제국주의 침략은 직접적 혹은 간접적으로 모두 향촌을 파괴하고 있었다. 즉 중국인들의 모든 실천, 유신維新 혁명과 민족 자구民族自救 운동도 향촌을 파괴하지 않는 것이 없었다. 때문에 중국의 근 100년 역사를 또 한부의 향촌파괴사鄕村破壞史라고 말할 수도 있겠다.[110)]

그렇다면 어떻게 구할 것인가? 외부역량을 찾을 수 없을 경우, 향촌 자구鄕村自救운동으로부터 착수할 수밖에 없다고 한다. 더 멀리 내다본다면 "중국의 향촌건설鄕村建設 운동은 중국사회를 적극적으로 건설하기 위한 수요로부터 시작된 것이다."[111)] 또 "하나의 새로운 사회구조를 형성하기 위한 수요에서 시작된 것이다."[112)] 새로운 예속禮俗을 건설하고, 새로운 질서를 건설하고, 새로운 조

110) 《梁漱溟全集》第二卷, 山東人民出版社2005年版, 第150頁.
111) 《梁漱溟全集》第二卷, 山東人民出版社2005年版, 第155頁.
112) 《梁漱溟全集》第二卷, 山東人民出版社2005年版, 第161頁.

직을 건설하고, 신식 농업을 발전시키고, 협력조직을 창립하고, 농업은행을 설립하고, 지방자치제도를 실시하는데 있어서는 또한 사회주의를 참고할 필요가 있다고 한다. 그는 『산동향촌건설연구원 설립 취지 및 운영방법 개요山東鄉村建設研究院設立旨趣及辦法概要』에서 오로지 향촌의 문제가 해결되어야만 중국의 문제는 진정하게 해결될 수 있다고 강조한다.

> 오직 향촌이 안정해야만 방랑자들을 안정시킬 수 있고, 오직 향촌 산업이 일떠서야만 과잉 노동력을 수용할 수 있고, 오직 농산물이 많아져야만 나라가 부유해질 수 있고, 오직 향촌의 자치가 진정하게 이루어져야만 중국의 정치는 기초가 튼튼하다고 볼 수 있고, 오직 향촌의 보편적 문화수준을 제고해야만 중국사회는 진보가 있다고 볼 수 있다. 요컨대, 오직 향촌에 방책辦法이 있어야만 중국은 방책이 있다고 볼 수 있다. 정치나 경제나 교육을 막론하고 말이다."[113]

그는 촌치학원村治學院과 향촌건설연구원鄉村建設研究院의 학원學員들에게 이런 정신적 도야陶冶와 훈련을 시켜주었다. 첫째는 합리적인 인생 태도에 대한 평론이고, 둘째는 중국역사와 문화에 대한 분석이고, 셋째는 인생의 실제문제에 대한 토론이었다. 그는 학문으로써 향촌을 이끌어가려고 했고, '사회를 학교화學校化' 시키려고 했다. 또 향촌 건설은 일본의 길을 걸으면 아니 되고, 서방의 자본주의 길을 걸어도 아니 되고, 반드시 '민치화民治化(백성들이 자체로 다스림)'하고, '생산과 분배를 사회화하는' 사회주의 길로 나아가야 한다고 했다. 그는 이렇게 말한다. "우리나라는 농업국가로서 농업은 근본적으로 자본주의에 적합하지 않고, 반면 사회주의에 더 적합하다."[114]

양수명은 중화민족의 자강불식하는 지조와 용기를 가지고 있었고 또한 두터운 덕으로써 만물을 실어주는厚德載物 넓은 흉금도 가지고 있었다. 그는 『중국민족자구自救운동의 최후 각오』라는 글의 '8. 우리의 오늘 이후의 새로운 추세' 부분의 결말부에서 역사적 사명감과 원대한 식견을 펼쳐 보여주었다.

113) 《梁漱溟全集》第五卷, 山東人民出版社2005年版, 第225頁.

114) 《梁漱溟全集》第四卷, 山東人民出版社2005年版, 第913頁.

서양문화가 갑자기 들이닥쳐 우리에게 심한 타격을 안겨 주기는 했으나, 이 또한 우리가 궁지에서 초탈해 나올 계략을 꾀할 수 있는 기회이기도 하다. 그것이 우리 민족에게 주는 혜택은 아주 크다고 하겠다! 무릇 오늘날 모든 문제들에서 해결되지 못한 것들에 대하여, 그 문제의 깊이와 크기를 똑바로 보게 만들었는데, 그 의미가 아주 유다르다. 한편 이는 또 우리 국민들이 이를 위해 더욱 노력하도록 지극히 격려해주었고, 이로써 인류문화의 새로운 구도를 개척하도록 해주었다. 후유! 우리 국민들은 마땅히 어떻게 이 사명을 짊어져야 하는가![115]

2) 불학에서 나와 유학에 들어온 존생건동철학尊生健動哲學의 창립자 : 웅십력熊十力

웅십력(1885-1968)의 원명은 계지繼智, 승항昇恒, 정중定中이고, 호는 자진子眞, 칠원漆園, 일옹逸翁이다. 이름과 호는 여러번 바뀌었다. 그는 호북湖北 황강黃岡 사람이다. 젊어서 신해혁명과 호법운동에 참가했다. 1918년부터 학계에 발을 들여놓고, 마음을 오로지하여 중화 학술이론을 탐구했다. 일찍 남경南京에서 구양경무歐陽竟無로부터 불법을 배운 적이 있다. 1922년, 채원배蔡元培의 초빙을 받고 북경대학 교수로 취임했고, 그 후 20세기 50년대 말까지 줄곧 북경대학 교수로 재직했다. 대표작으로는 『신유식론新唯識論』, 『불가명상통석佛家名相通釋』, 『독경시요讀經示要』, 『십력어요十力語要』, 『논육경論六經』, 『원유原儒』, 『체용론體用論』, 『명심편明心篇』, 『건곤연乾坤衍』, 『존재수필存齋隨筆』 등이 있다. 웅십력은 광자형狂者型 학자였고, 개성이 지극히 강했다. 그렇지만 '건방지고 오만한狂妄' 학자는 아니었다. 그는 중국, 인도, 서양의 학문을 널리 통달했고, 이를 토대로 자신의 독특한 철학체계를 구축했다. 그는 제가들의 전통의 속박을 받지 않고, 자유자재로 의론을 발할 수 있었다. 한편 그는 중국문화에 대한 지대한 자신감을 가지고 있었고 또한 뭇사람들보다 훨씬 뛰어난 인생의 지혜를 보여주었다. 그는 또 변통하고 절차切磋하는 훌륭한 품격을 갖추고 있었는데, 마일부, 양수명, 전목, 탕용동, 여징 등 학자들과의 교류와 쟁론을 통해, 끊임없

115) 《梁漱溟全集》第五卷, 山東人民出版社1990年版, 第116頁.

이 자신을 초월하고, 자신의 학설을 갱신하고 발전시켰었다. 그는 『주역』을 근본으로 삼는 유가 철학의 항구적 가치를 활성화시키기에 노력하고 있었고, 이로써 중화민족문화의 부흥을 실현할 것을 꾀했다. 그는 현대 신유가에서 '중심적·개척형 인물'로 칭송받고 있다. 그는 학술적으로 영향력이 거대했던 학자였고 또 현대 신유가 2세대의 당군의, 모종삼, 서복관, 이 세 명의 대사급大師級 학자들도 양성해냈다. 이렇게 신유가 학문이 다음 세대로 이어지게 했고, 더욱 확대발전하게 만들었던 것이다.

첫째, 우환憂患 의식과 문화 자각自覺. 웅십력은 항상 나라와 백성을 걱정하던 학자였고, 그는 견결히 일본 침략자를 물리치고 나라를 구할 것을 주장했다. 뿐만 아니라 더욱 민족정신을 진작시켜 잃어버린 민족문화 자존심을 되찾아오고, 민족문화의 생명을 이어갈 것을 호소했다. 그가 보건대, 이것이 나라를 구하는 근본 경로였다. 만약 사람들이 모두 남의 눈치만 보고 남의 뒤를 기꺼이 따라가려고만 한다면, 민족은 아름다운 미래가 있을 수 없다는 것이다. 그는 문화 자신감과 문화적 자각自覺을 일떠세우는 일은 민족의 흥망성쇠에 관계된다고 했다. 또한 '5·4'운동에서 급진파들이 전통 문화를 부정하던 것에 대해서도 깊이 우려했다. 『십력어요초속十力語要初續』에서 그는 이렇게 말한다.

> 나는 '5·4운동'이후, 고유한 것들을 하찮게 여기고 전반적으로 서구화하자는 경향에 대해 어쩐지 불안하다.[116] 청나라 말부터 지금까지, 학자들은 고유한 보물을 죄다 버리면서, 탐구할 가치가 없다고 말한다. 한편 서학에 대해서도 그 근저根柢를 깊이 탐구하지 않고, 다만 대충 섭렵하여 얻은 약간의 피상적인 이해를 가지고 제멋대로 자긍심을 가지고 있다. 그 천박한 견식을 가지고 자기 나름대로 우쭐댄다면, 이 또한 진리와 무슨 상관이 있단 말인가? 그 허황한 말들을 모아놓고서 저작이라고 말한다면, 그것 또 무슨 의미가 있단 말인가? 이로써 천하를 거느리고자 하는 것은 학문에 근본이 없는 것이겠다. 사상에서 자주自主를 잃고, 정신에서 독립을 잃게 되면, 이런 마음은 당연히 정사政事를 해치게 된다. 그렇게 되면, 나라가 다른 이들에게 의지하지 않게 하고, 종족이 남의 노예가 되지 않게 하는

116) 熊十力:《十力語要初續》, 上海書店出版社2007年版, 第18頁.

일을 또 어떻게 이룬단 말인가! 하늘은 수많은 강인한 것들剛을 쌓아 스스로 강해지고, 세상은 수많은 강하고 유력한 자들을 쌓아 태평성세를 이룬다. 남에게 의지하는 자들이 있게 되면서, 이 의지하는 자들을 지배하는 자들이 있게 되었고, 남의 노예가 되는 자들이 있게 되면서, 이 노예들에게 채찍질하는 자들이 있게 되었다. 그렇게 되면, 잘 다스려진 태평성세는 또 어떻게 이룬다는 말인가? 우리 국민들이 오늘날 시급히 수요 하는 것은 사상적 독립, 학술적 독립, 정신적 독립이다. 모든 것을 자신에 의지하고 남에게 의지하지 않고, 고개를 쳐들고 큰 걸음으로 드넓은 천지에서 자유롭게 거닐고, 모든 의지하던 것들을 쳐버리고, 스스로 성실해지고, 스스로 명석해져, 이로써 스스로 일떠서서 세계문화에 새로운 생명을 개발해내야 하겠다. 어찌 유독 스스로 구원하는 일에만 그치겠는가![117]

웅십력은 그 당시 중국이 직면한 자주성 위기에 대해 심각하고 투철한 이해가 있었다. 그는 문화급진주의자들의 '전반적으로 서구화하자'는 논설에 대해 주밀하고 심각하고 신날하게 비판했다. 또 그들이 중화 자체의 문화 보물에 대해 깊은 탐구가 없다고 지적했고, 서학에 대해서도 역시 옅은 이해에 만족하면서 오히려 제멋대로 지혜를 뽐내고, 천하를 이끌어가려고 한다고 비판했다. 그 폐해는 지극히 크다는 것이다. 그때는 확실히 그러했다. 서구화파들은 파괴는 잘 했지만 새로운 것을 세울 능력은 없었고, 중화문화 연구와 서학 연구에서 모두 내놓을만한 성취가 없었다. 다만 위풍과 성세를 조장하여 사람들의 이목끌기를 잘 했고, 자고자대하면서 우쭐거리기만 했다. 그들은 이를 '나라를 구하는 훌륭한 처방'이라고 자랑하고 있었으나, 이것이 '문화적 자살'이라는 것과 그 엄중한 후과에 대해서는 전연 망각하고 있었던 것이다.

웅십력은 학문 탐구에서 전통을 고수하지도 않았고, 옛것에 얽매이지도 않았다. 오히려 문호와 학파를 타파하고, 절로 새로운 사상을 제기하려고 했다. 그는『신유식론新唯識論』에서 이렇게 말한다. "나 평생의 저술과 서신은 매 한 글자가 내 가슴에서 흘러나온 것이다."[118] "육상산陸象山이 말하기를, 육경六經

117)《熊十力全集》第五卷, 湖北人民出版社2001年版, 第25頁.
118)《熊十力全集》第三卷, 湖北人民出版社2001年版, 第538頁.

은 모두 내가 주해를 달아야 하고, 여언如言(如言이란 언설에 집착하는 것을 말한다.)에서 의미를 얻을 수는 없다고 했다."[119] 그는 '스스로에 근본을 두고, 스스로를 믿고 스스로 자족하고, 스스로 발하고 스스로 개척하는 정신'[120]을 제창하고 있었다. 즉 그는 육왕심학陸王心學에서 '안으로 깊이 파고들고 바깥으로 멀리 나아가는' 그런 기상을 가지고 있었다. 웅십력은 서양의 언어문자를 몰랐지만, 한역본漢譯本을 읽고 서양에서 유학했던 학자들보다 서방철학을 더 깊이 이해하고 있었다. 또한 중국철학과 서방철학의 정화를 잘 융회시켜, 중국식 본체론 철학을 구축했는데, 이는 해외의 학계에서도 많은 찬양을 받았다. 1968년에 출판한 『대영백과전서大英百科全書』에는 그의 전기傳記가 실렸는데, 여기서 그들은 그의 철학을 불학, 유가와 서학西學 삼자의 요의要義를 잘 종합한 독창적인 학설이라고 찬양했다. 더욱 사람들의 감탄을 자아냈던 것은, 웅십력은 문화 자심감이 넘쳤었는데, 그는 그 당시에 이미 중국문화는 중화를 진흥시킬 수 있을 뿐만 아니라 또한 '세계문화에 새로운 생명을 개발해줄 것'이라고 예견했다. 큰 지혜를 가진 학자가 아니라면, 이런 달견이 있을 수 없다고 하겠다.

둘째, 『신유식론新唯識論』, 『체용론體用論』과 신철학新哲學. 웅십력의 新哲學은 개괄해서 말하자면, 즉 '체와 용은 둘이 아니고體用不貳', '열리고 닫히면서 변화를 이룬다翕闢成變'는 것이다. 『신유식론新唯識論』은 그 토대로 되어졌었고, 『체용론體用論』은 이를 더 충실하게 만들었다고 하겠다. 웅십력은 불학을 깊이 탐구했고, 불가의 체용론體用論에서 이를 발전시켜냈다. 『신유식론新唯識論』에서 그는 '본체를 나 마음을 떠나 바깥에 존재하는 사물로 간주하는 것'[121]에 찬성하지 않았고 또 '본체를 부인하고, 오로지 지식론만 논하는 것'[122]에도 찬성하지 않았다. '바꾸어 말하면, 즉 만물의 본원本原과 우리들의 진성眞性은 본래 둘이 아님(여기서 眞性은 즉 이른바 本心이다. 이를 우리들의 삶의 도리로 삼게 되면 眞性

119) 《熊十力全集》第三卷, 湖北人民出版社2001年版, 第539頁.
120) 《熊十力全集》第五卷, 湖北人民出版社2001年版, 第22頁.
121) 《熊十力全卷》第三卷, 湖北人民出版社2001年版, 第17頁.
122) 《熊十力全集》第三卷, 湖北人民出版社2001年版, 第17頁.

이라고 한다. 이로 우리의 신체를 주도하게 되면 本心이라고 한다.)을 몰라서 결국 제멋대로 우주의 본체가 자신의 마음을 떠나서 바깥에 존재한다고 억측하기에 이르는데, 그리하여 양지量智(즉 理智)에 의지하여 바깥에서 구하게 된다."[123]는 것이다. 그렇다면 본체는 무엇인가? 그는 이렇게 말한다.

> 본체가 본체로 되는 것은 간략히 말하면, 여섯 가지 의미가 있다. 첫째, 본체는 만 가지 이치를 갖추고 있고, 만 가지 덕德을 품고 있고, 만 가지 변화를 발생시키고, 청정한 본연을 본받는다. 여기서 본받는다法爾라는 것은 대待(지시대상 또는 의지할 대상)하는 것이 없이 이룬다는 의미를 가지고 있다. 청정이라는 것은 더러운 것에 물들지 않음을 말한다. 즉 이른바 악惡이 없음을 말하는 것이다. 본연이란 단어에서 본本은 본래를 말하고 연然은 본래 그러함을 말한다. 알아야 할 것은, 본체는 본래 없던 것이 오늘에 와서 있게 된 것이 아니고, 더욱 제멋대로 상상하여 만들어낸 것이 아니다. 그래서 본래라고 말하는 것이다. 그것은 영원히 개변되지 않는 것이다. 그리하여 여래라는 어휘로 그것을 형용한다. 둘째, 본체는 절대적이다. 만약 대待하는 것이 있다면, 모든 행하는 것의 본체라고 이름 하지 않는다. 셋째, 본체는 깊이 숨겨져 있고, 형태와 모습이 없다. 즉 공간성이 없다는 것이다. 넷째, 본체는 항구적이고, 시작도 끝도 없다. 즉 시간성도 없다는 것이다. 다섯째, 본체는 완전하고 원만하고 결함이 없고, 쪼개고 가를 수도 없는 것이다. 여섯째, 만약 본체가 변하지 않고 바뀌지 않는 것이라고 말한다면, 이미 변화와 바뀜의 의미를 포함한 것으로 된다. 만약 본체가 변하고 바뀌는 것이라고 말한다면, 이미 불변의 의미를 포함한 것으로 된다. 보다시피 이는 아주 어려운 개념이다. 본체는 무한하고 끝이 없는 것으로 드러나는 쓰임새功用이다. 즉 이른바 모든 행하는 것行을 가리키는 바, 그리하여 변화하고 바뀐다고 말하는 것이다. 하지만 본체는 비록 만 가지 상이한 쓰임새功用 또는 온갖 행行으로 드러나지만 필경 그것의 자성自性을 개변한 적은 없다. 그것의 자성自性은 항상 청정하고, 강건하고, 막힘이 없다. 때문에 변하고 바뀌지 않는다고 말하는 것이다.[124]

『체용론體用論』에서는 또 이렇게 말한다.

---

123) 《熊十力全集》第三卷, 湖北人民出版社2001年版, 第17頁.

124) 《熊十力全集》第三卷, 湖北人民出版社2001年版, 第75頁.

> 어떤 이가 '본체는 어떤 의미를 가지고 있는가?'라고 묻는다면, 대체로 네 가지 함의가 있다고 말할 수 있겠다. 첫째, 본체는 만 가지 이치理의 근원이고, 만 가지 덕德의 실마리이고, 만 가지 변화의 시작이다(시작(始)이란 근본(本)과 마찬가지이다). 둘째, 본체는 짝이 없는 것이기도 하고 짝이 있는 것이기도 하고, 짝이 있는 것이기도 하고 짝이 없는 것이기도 하다. 셋째, 본체는 시작도 끝도 없다. 넷째, 본체는 무궁무진한 대용大用으로 나타나는데, 마땅히 변화하는 것이라고 말해야 할 것이다. 하지만 대용의 유행流行은 필경 그 본체가 고유하게 가지고 있는, 끊임없이 낳고 또 낳는 성질과 건장하게 움직이는 성질을 개변시킨 적이 없고, 또한 여러 가지 덕성德性을 바꾸고 개변시킨 적도 없다. 때문에 마땅히 변화하고 바뀌는 것이 아니라고 말해야 할 것이다.[125]

웅십력은 본체를 논함에 있어서 중국 철학과 서방 철학을 결합했다. 그는 서방철학에서 계시를 받고, 우주의 만사와 만물에 하나의 절대적이고 근본적인 궁극적 존재를 찾아주려고 했다. 그러나 이 절대적 존재는 만사만물을 이탈한 '절대 이념'도 아니고 또 만물을 지배하는 절대적이고 유일한 신, 즉 '하나님'도 아니었다. 그는 노자와 『주역周易』철학의 훈도薰陶를 받고, 본체를 체體와 용用이 하나로 합치되는, 만사만물과 분리할 수 없고 또 만사만물에 성질을 부여하는 대도大道라고 이해하고 있었다. 그것은 "만물을 길러주지만 지배하지는 않고衣養萬物而不爲主, 도道는 늘 하는 일이 없지만 이루지 못하는 것이 없고道常無爲而無不爲", 그것은 "만물을 원만하고 완전하게 생성시키되, 하나도 빠뜨리지 않으며曲成萬物而不遺, 낳고 또 낳는 것을 역易이라고 말하고生生之謂易, 적연부동하다가도, 감응하면 천하의 이치에 통하고寂然不動 感而遂通天下, 하늘의 운행은 건장하여, 군자는 이를 본받아 자강불식한다天行健, 君子以自强不息."는 것이다. 그리하여 웅십력은 특히 본체의 사물을 지배하지 않는 성질, 사물과 분할할 수 없는 성질 즉 '체용불이體用不貳'를 강조했던 것이다. 또 본체의 '낳고 또 낳고, 건장하게 움직이는' 성질도 강조한다. 이는 사실, 본체를 우주 운동과 변화의 생명의 원천으로 본 것이다. 그는 본체를 또 '항상 돌아가는 것恒轉'이라고

125) 《熊十力全集》第七卷, 湖北人民出版社2001年版, 第14頁.

했다. "항恒이라는 글자는 끊어지지 않는다는 의미를 가지고 있고, 전轉이라는 글자는 항상 되지 않다는 의미를 가지고 있다. 항상 되지 않고 끊어지지 않아야만 변화를 이룰 수 있고, 그래야만 대용大用이 유행流行할 것이다." 보다시피 웅십력의 '체용불이體用不貳'론은 중국식 이론이고 더욱이 『주역』 철학의 정신을 많이 드러내고 있었다. 다시 말하면, 낳는 것을 높이고尊生 건강하게 움직이는 것健動을 중요시하는 정신을 많이 드러내고 있었다. 당연히 그 속에는 또 佛家와 양명심학陽明心學의 사상도 들어 있었다. 예를 들면, 본체에 '잠연湛然', '청정淸淨', '무체무애無滯無碍', '이상離相', '이염離染' 등의 속성을 부여한 것이겠다. 또 "심체心體는 즉 성체性體의 다른 이름이다. 이것을 우주만물의 근원으로 삼으면 성체라고 말하고, 이것으로 우리의 신체를 주도하면 심체라고 말한다."126)라는 등이겠다. 이는 중국 유가의 '천인합일天人合一'의 전통이라고 하겠다.

"열리고 닫히면서 변화를 이룬다翕辟成變."라는 것이 웅십력의 본체 운동관運動觀이었다. 이는 『역易·계사繫辭』에서 "대저 곤坤은 고요하면 닫히고, 움직이면 열리는데, 그리하여 만물을 널리 낳는다夫坤其靜也翕, 其動也闢, 是以廣生焉." 라는 말과 "문을 닫는 것을 곤坤이라 말하고, 문을 여는 것을 건乾이라고 말한다. 한번 닫고 한번 여는 것을 변變이라고 하고, 끝이 없이 오가는 것을 통通이라고 한다闔戶謂之坤, 辟戶謂之乾, 一闔一辟謂之變, 往來不窮謂之通."라는 말에서 온 것이다. 닫는 것翕은 응집凝聚하여 사물을 만들어내는 것을 말하고, 여는 것辟은 새로운 것을 분화해내는 것을 말한다. "본체의 유행流行은 한번 닫히고 한번 열리고, 상반되면서 변화를 이루는 것으로 나타나는데, 이런 것을 변變이라고 하고 또는 용用이라고도 한다."127) 웅십력은 또 "굴신屈伸', '건곤乾坤' 등 용어를 가지고 이를 표현했는데, 이는 모두 『주역』철학에서 온 것이겠다. 그는 이렇게 말한다. "『역대전易大傳』에서 지정至精의 운행과 생명의 흐름을 찬양한 것은 어쩌면 그 함의를 죄다 표현한 것이겠다. 건乾은 생명과 정신이고, 곤坤은 물질과 능력이다. 우주만물은 다만 이 두 방면뿐이라는 것을 어찌 부인할 수 있겠는

126) 《熊十力全集》第六卷, 湖北人民出版社2001年版, 第116頁.

127) 《熊十力全集》第五卷, 湖北人民出版社2001年版, 第14頁.

가."[128] 하지만 "닫힘翕은 반드시 열림闢 후에야 유행流行으로 드러난다."[129] "우주 전체의 발전으로 볼 때, 양명陽明과 강건剛健의 열림은 한발 한발 물질의 감금을 타파하면서, 그 분명하고 주동적인, 바르고 변치 않는 성질을 천천히 드러낸다."[130]

웅십력의 신철학을 존생건동尊生健動의 생명철학이라고 칭할 수 있다. 그는 『독경시요讀經示要』에서 자신의 학술생애를 이렇게 총화했다.

> 나 평생의 학문은 대승大乘을 깊이 탐구하여, 그것을 『역易』에 관통시키는 것이었다. 생生을 높여야 하고 고요함에 빠지면 아니 되고, 유有를 현양해야 하고 공空에 빠지면 아니 되고, 건장하게 움직여야 하고健動 퇴폐해지면 아니 되고, 본성을 따라야 하고 욕망을 끊으면 아니 된다. 이 『신유식론新唯識論』을 저술한 것도 사실은 『대역大易』에 의거하여 나온 것이다(위에서 서술한 존생尊生, 창유彰有, 건동健動, 솔성率性의 이 네 가지 함의는 중국과 서양 철학에 모두 들어있고 또 상통하는 것이다. 유독 불씨佛氏의 편파적인 면만을 교정한 것에 그치지 않는다.) 왕선산王船山의 『역외전易外傳』에서는 이 뜻을 상당히 많이 받아들였는데, 그러나 그 언어는 흩어져 있어, 배우는 자들은 혹시 그 강요綱要를 종합할 줄 모를 수도 있다. 위진 사람들은 옛사람들을 본받아 허무를 숭상하고 있었고, 주하柱下(노자를 가리킴)로부터 전해 내려온 풍속을 이어받았는데, 그 변통이 날로 심해졌고, 결국에는 불법을 끌어들이게 되었다. 송유宋儒들은 불씨佛氏와 선종禪宗의 영향을 받고, 고요함을 지키려는 생각이 많았다. 한편, 건장하게 움직이는健動 힘의 양성에 있어서는 소홀했고, 욕심을 줄이는 것寡慾에 많은 힘을 기울였던 것으로 보인다. 반면, 치용致用(실제에 적용하는)의 도道(방법론)는 결국 크게 펼쳐지지 못했다.[131]

명나라 말에는 왕선산王船山이 『역내외전易內外傳』을 저술했는데, 그는 여기서 횡거橫渠(즉 張載)를 받들고 있었고 또 염계濂溪(즉 周敦頤), 이천伊川(즉 程頤), 주자朱子(즉 朱熹)를 높이고 있었다. 하지만 유독 소씨邵氏(즉 邵雍)에 대해서는 불만을 품고 있었다. 그의 학설에서는 생生을 높이는 것으로써 적멸寂滅을 경계했고, 유有

128) 《熊十力論著集之二》, 中華書局1994年版, 第450頁.
129) 《熊十力全集》第三卷, 湖北人民出版社2001年版, 第102頁.
130) 《熊十力全集》第七卷, 湖北人民出版社2001年版, 第22頁.
131) 《熊十力全集》第三卷, 湖北人民出版社2001年版, 第916頁.

를 분명하게 밝히는 것으로써 텅 비고 없는 것空無을 거부했고, 주동적인 것主動으로써 퇴폐한 것들頹廢을 일떠세웠고, 본성을 따르는 것으로써 정욕情欲을 가지런하게 했다. 한편, 논설이 웅장해질수록 점점 서양사상과 근접해지고 있었다.132)

이 한 단락은 웅십력의 신철학의 정수이다. 그 핵심은 '생生을 높이고尊生, 유有를 분명히 드러내고彰有, 건장하게 움직이고健動, 본성을 따르는 것率性'에 있었다. 위로는 횡거관학橫渠關學을 이어받았고, 불씨佛氏에서 나와 『역易』학에 들어왔다고 하겠다. 그는 이렇게 진정하게 유가의 인애仁愛, 귀생貴生, 자강自强, 중정中正의 풍격을 분명하게 드러냈었고, 생명의 주체성, 생동함과 창조성을 중요시했다. 반면에 "종교에 미혹됨이 없었고, 인간무리를 떠나고, 인간세상을 버리고, 사물을 단절하는 등의 그릇됨過失이 없었다. 또한 물욕에 빠져 활발한 정신생활을 상실하기에 이르지도 않았다."133) 그는 정신생명이 자발적으로 스스로 열리고 또한 활발하고 소탈할 것을 강조하고 있었다. 이것이 바로 유가철학의 참 정신이고, 참된 의취이다. 한편, 이는 웅십력의 신철학을 통해 표현되고 드러났다. 그 기세는 아주 웅장했고, 그 이념은 아주 심오했고, 사람들의 지혜를 크게 계발시켜 주었고 또 사람들을 깊이 감동시켰었다. 그리하여 후일 그의 곁에는 제자들이 수많이 모여들게 되었고, 마침내 영향력이 거대한 신유학 학파를 형성하게 되었던 것이다.

셋째, 유학 탐구를 위주로 하면서 이에 불학과 도학을 창조적으로 활용하고 있었다. 유식학唯識學은 웅십력 철학의 근원의 하나였다. 유식학에서 말하는 '만법유식萬法唯識', '유식무경唯識無境', 그리고 '진여眞如', '불성佛性'으로써 주관과 객관의 대립을 해소하던 것, 이 모두 웅십력에게 많은 지혜와 계발을 주었다. 그러나 웅십력은 이 옛 유식론唯識論 학설을 초월하여 새로운 논설을 제기했다. 『신유식론新唯識論』에서 그는 이렇게 말한다.

132) 《熊十力全集》第四卷, 湖北人民出版社2001年版, 第140頁.

133) 《熊十力全集》第七卷, 湖北人民出版社2001年版, 第95頁.

유식唯識을 말하자면, 여기서는 바깥 경지外境를 가리기는遮 하지만 경지가 없다境無고는 말하지 않는데, 한편 경境과 식識이 동체同體를 이루고 서로 여의지 않기 때문에 유식이라 말하는 것이다. 유唯란 특수하다는 뜻이지, 유독이라는 뜻이 아니다. 식識은 경지를 훤히 알 수 있고, 힘의 사용은 특수하다는 것인데, 식識이 특수하다唯고 말하는 것에는 이미 경지를 포함했다고 하겠다. 어찌 '유식'을 경지가 없는 것境無이라고 말하겠는가?[134]

보다시피 『신유식론』과 옛 유식론의 공통점은 즉 양자 모두 '식識이 경境을 포함하고', 식識을 여읜 경境은 존재하지 않는다는데 있었다. 다른 점은, 즉 신론新論에서는 식과 경이 '동체'임을 강조하고, 옛 논설에서는 경을 식에 귀결시키는 것에 찬성하지 않았다는 점이겠다.

우주관과 방법론에서 웅십력은 유식종唯識宗과 법상종法相宗의 학설을 참조하여 논리정신邏輯精神을 강화하고, 이를 서방철학과 회통시킬 것을 주장하고 있었다. 『불가명상통석佛家名相通釋』이라는 책에서 그가 불교의 역사, 교의, 종파에 대해 오랫동안 깊이 탐구했던 그 노력을 충분히 보아낼 수 있다. 한편, 그리하여 이런 통속적이고 분명한 불교 입문서를 저술할 수 있었던 것이다. 이 책은 간단명료한 불교 사전과 유사한데, 한편 사전의 수준은 많이 초과했고, 이 책에서는 주로 주요한 명상에 대해 깊은 해석을 했다. 만약 수년간의 공력功力이 없었더라면 이런 책을 저술하기 어려웠을 것이다. 이 책의 '저술대의撰述大意'에서는 이렇게 말한다.

명상名相을 소석疏釋(통하게 해석함)하는 데는 다만 유식唯識과 법상法相에서 취했다. 무엇 때문인가? 유식과 법상은 그 연원이 광원하고 참고할 만한 것이 아주 많다. 한편, 이런 책들은 또 조리가 분명하고(예를 들면 法相書 같은 것들) 체계가 엄밀하고 정연하다(예를 들면 唯識書 같은 것들). 불가 철학 방면의 명사는 대개 또한 유식과 법상의 여러 중요한 전적典籍에 많이 갖추어져 있는데, 그 중요한 것들을 간추려 해석하면, 이 책을 읽으면서 이 학문에 통할 수 있기 때문이다.[135] 집을

134) 《熊十力全集》第二卷, 湖北人民出版社2001年版, 第23頁.

지으려면 기초가 있어야 하고, 배를 다루려면 노가 있어야 하는데, 이 학문을 탐구하는 자가 어찌 의탁할 것이 없을 수 있겠는가?[136] 명상名相을 경經(세로)으로 삼고, 뭇 함의衆義를 위緯(가로)로 삼고, 순수 철학적 관점을 본받고, 될수록 공상空想적 들뜬 말들은 피하고, 근저根柢는 원래 그대로 바꾸지 않고, 정확한 판단은 반드시 스스로 내렸다.[137] 오늘날 철학을 탐구하는 자들은 중국, 인도, 서양의 철학에서 어느 하나를 버려도 아니 된다.[138] 불가는 속마음內心에 대한 조찰照察에서, 인생에 대한 깨달음에서, 우주에 대한 해석에서, 진리에 대한 증회證會(체득과 검증)에서 모두 특수하고 독특한 곳이 있다. 그것인 즉 논리정신을 중요시하는 것인데, 이로써 특히 중토中土(중국)에서 비뚤어진 것들을 바로잡아줄 수 있겠다.[139]

그는 중국불교사를 거슬러 올라가 살펴본다. "불법이 동쪽으로 전해 들어오면서, 십什(즉 羅什), 조肇(즉 僧肇), 장奘(즉 玄奘), 기基(즉 窺基)는 이미 그것(논리정신)을 받아들이는 능력을 충분히 발휘했고, 화엄종華嚴宗과 천태종天台宗에서는 모두 그것을 새로이 창조하는 업적을 이룩했다."[140] 그 후,

위·진 때에는 불교를 삼현三玄(즉 『노자』, 『장자』, 『주역』)에 융화시켜 넣었는데, 함부로 방종하게 만들어버리는 결점이 있었고,[141] 송·명 때에는 불교를 사자四子(『논어』, 『대학』, 『중용』, 『맹자』)에 융화시켜 넣었는데 진부하게 만들어버리는 결함이 있었다.[142] 옛 일을 돌이켜보면, 중국인들은 인도 불교사상을 융회融會함에 있어서 인연因緣을 거스르는 경우가 많았고, 그것을 잘 활용하지 못했다. 오늘날 서양문화가 동쪽으로 전해 들어오고 있는데, 우리의 과학은 아직 일떠서지 못했고 물질은 아직 풍부하지 못하다. 이런 상황에서 방탕하게 욕망만 따르게 되면

135) 《熊十力全集》第二卷, 湖北人民出版社2001年版, 第344頁.
136) 《熊十力全集》第二卷, 湖北人民出版社2001年版, 第345頁.
137) 《熊十力全集》第二卷, 湖北人民出版社2001年版, 第346頁.
138) 《熊十力全集》第二卷, 湖北人民出版社2001年版, 第346頁.
139) 《熊十力全集》第二卷, 湖北人民出版社2001年版, 第346頁.
140) 《熊十力全集》第二卷, 湖北人民出版社2001年版, 第346頁.
141) 《熊十力全集》第二卷, 湖北人民出版社2001年版, 第347頁.
142) 《熊十力全集》第二卷, 湖北人民出版社2001年版, 第347頁.

스스로 멸망하게 될 것이다. 우리들이 과연 스스로 보존할 것을 생각하고 또한 전 인류의 행복을 꾀한다면, 반드시 욕망慾을 절제하고 그것이 이치理를 따르게 해야 하고, 한편 정감도 막힘이 없게 해야 한다. 본심으로써 사물을 지배하는데 그 쓰임에 이롭지 못함이 없고, 이생異生(서로 다른 생명들)이 모두 성해性海(본성의 바다)에 적합하게 되고, 인류가 각자 모두 자신의 소망分愿을 만족하게 만들려면, 그것은 반드시 중국, 인도, 서양의 사상을 조화調和시키는 것에 의탁해야 한다. 한편, 또한 미래 세계의 새로운 문화를 위해 그 뿌리를 심어놓아야 한다. 그렇다면 불학을 폐廢하고 논하지 않을 수 있겠는가?[143]

웅십력은 서방문화에서 물질주의物質主義의 위해성을 의식하고 있었다. 한편, 불학은 자체의 독특한 지혜를 가지고 있는 바, 이 또한 중국, 인도, 서양 문화를 회통會通시켜 인류의 문명을 촉진하는 데 있어서 중요한 역할을 발휘할 수 있다고 했다.

인도 불교는 사라진 지 아주 오래고, 이의 참 뜻眞義은 반드시 중국에서 찾아보아야 한다. 중국 불교에서, 성종性宗의 전적典籍은 구마라습Kumārajīva이 주로 번역했고, 상종相宗의 전적典籍은 현장玄奘이 주로 번역했다. 그래서 "구마라습과 현장, 이 두 대사의 학설은 정확성을 확인하는 준거로 삼을 수 있다."[144] 그는 불교 서적을 읽는 데는 네 개의 요점이 있다고 한다. "분석分析과 종회綜會, 착실함踏實과 능공凌空이 그것이다."[145] 분석이란 명상에 대해 한 조목 한 조목 세밀하고도 조리있게 따져보는 것을 말한다. 종회란 계통을 찾아내서 그것을 이치에 관통시키는 것을 말한다. 착실함踏實이란 이해하는 과정에서 실질적인 이해를 얻어야 함을 말한다. 능공이란 책을 버리고 정신을 활발하게 만들어 책 바깥에서 깨달음을 얻는 것을 말한다. 이때 진리는 자연적으로 드러나게 되는데, 이것이 바로 명상名相을 초월하여 진정한 깨달음에 이르는 것이겠다. 그는 현대 용어를 가지고 더 나아가 이렇게 논설한다.

143) 《熊十力全集》第二卷, 湖北人民出版社2001年版, 第347頁.
144) 《熊十力全集》第二卷, 湖北人民出版社2001年版, 第349頁.
145) 《熊十力全集》第二卷, 湖北人民出版社2001年版, 第349頁.

불가 철학은 오늘날 철학의 용어를 가지고 말하자면, '심리주의'라고 말해도 무방할 것이다. 이른바 '심리주의'란 심리학을 말하는 것이 아니다. 이는 그 철학이 심리학으로부터 출발했음을 말하는 것이다. 오늘날 이 학설(심리주의)에 기대여 말하자면, 우주론 방면에서 불가는 만물을 죄다 마음에 귀결시킨다고 할 수 있겠다. 이른바 '삼계유심三界唯心', '만법유심萬法唯心'이 그런 것들이다.[146] 인생론 방면에서는 염정染淨, 찰식察識에서 분명하게 드러난다. 한편, 이 마음이 더러운 것에 물들지 않고 깨끗함을 얻고, 식識을 전환하여 지혜를 이루고, 고해에서 떠나 환락함을 얻는 것, 이것이 인생의 최고 이상이라고 하겠다. 본체론 방면에서는 '그 마음 그대로가 열반의 경지이다即心是涅槃'로 되겠다. 인식론 방면에서는 해석解析으로부터 나아가 증회證會에 귀착되는데, 처음에는 사고를 빌려 이해하다가 마지막에는 마음의 길이 막히는 것에서 끝난다.[147]

한편, 증회證會는 "암묵적으로 진리에 합치될 수 있는데, 이는 사고와 이해를 초월하는 경지이다.[148] 오늘 서양철학에서는 이지理智와 반이지反理智 두 학파가 서로 용납하지 못하고 있는데, 그러나 불학은 이를 한데 넣고 융화할 수 있다."[149] 이것이 바로 불가 인식론의 독특한 공헌이다. 그는 독자들에게 이렇게 타이른다. "대저 불가에서는 책을 두 부류로 가른다. 그 가운데 유종론有宗論 서적에서는 다만 명상名相을 논술하고 있고, 공종론空宗論 서적, 예컨대 종경宗經 같은 것들에는 다만 세 개 법식法式이 있을 따름이다. 이 책을 읽는 자들은 언어 바깥에서 의미를 얻는 것이 좋겠다. 만약 언어에만 머물게 되면 의취義趣가 조금도 없다고 느끼게 될 것이다."[150] 웅십력이 불교를 탐구하는 데는 그 내용에 대한 동정同情의 이해도 있었고 또 그 바깥에서 그 득실得失(장단점)에 대한 평가도 있었다. 또한 이의 우주론, 본체론, 인식론의 특색을 갈라서 정리했는데, 이런 식으로 현대 서방철학과 연관 지었던 것이다. 그는 불교계 인사가

146) 《熊十力全集》第二卷, 湖北人民出版社2001年版, 第350頁.
147) 《熊十力全集》第二卷, 湖北人民出版社2001年版, 第350頁.
148) 《熊十力全集》第二卷, 湖北人民出版社2001年版, 第351頁.
149) 《熊十力全集》第二卷, 湖北人民出版社2001年版, 第351頁.
150) 《熊十力全集》第二卷, 湖北人民出版社2001年版, 第352頁.

아니었다. 그리하여 그의 관점은 불교계 학자 예컨대, 여징 등의 비난을 받았다. 그러나 그는 불학의 정의精義를 깊이 파악한 학자였고 또 불학을 현대화시킨 공신功臣이었다. 웅십력이 보건대, 대승공종大乘空宗은 "성덕性德을 완전하게 이해하지 못했다." 사실, "고요함 속에서 활기가 흘러 다니고流行 있는데, 공종空宗에서는 다만 성체性體가 고요하다는 것만 보아냈고, 성체가 흘러 다닌다는 것은 모르고 있었다."151) 이렇게 웅십력은 공종을 경유하여 『역전易傳』의 생생지덕生生之德, 대화유행大化流行의 철학에 들어갔던 것이다. 웅십력이 보건대, 대승유종大乘有宗도 장단점得失이 있었다. "대승유종에서는 일부러 공종空宗과 구별 지으면서, 우주론을 상당히 많이 논한다. 그러나 그들 유종有宗에서는 우주의 본 모습體原과 진여眞如의 본체를 두 쪽으로 갈라놓았다.152) 또한 본체를 번성하고 변화하는 사물과 현상이라고 말할 수 없고, 다만 아무 것도 하지 않고無爲 아무것도 일으키지 않는 것이라고 말할 수 있다고 한다."153) 그는 이른바 본체의 진실은 '응결되어 견고하게 자리 잡은 사물과 현상이 아니고, 그것은 항상 번성하고 발전하는 과정에 처해 있는 사물과 현상'154)이라고 했다. 이렇게 그는 또 유종도 초월하여 『역전易傳』철학에 되돌아왔다. 『체용론體用論』은 이렇게 나오게 되었고, 그는 이렇게 자신의 철학을 구축하게 되었던 것이다.

웅십력이 노장도가에 대한 태도 역시 불가에서와 마찬가지로, 장점을 취하고 단점을 버리면서 변통하여 활용하는 것이었다. 노자에 관해서 웅십력은 노자의 도론道論을 가장 중요시했다. 그가 보건대, '도道', '무無', '일一'은 모두 우주의 진리와 만물의 실체를 지향하고 있었다. 그는 이렇게 말한다.

> 온갖 만상萬象은 도道를 체體로 삼는다. 그렇다면 도道는 당연히 모든 만물을 여의고 따로 존재하는 사물이 아니다. 만약 도道가 과연 일체 만물을 초월한 바깥 사물이라고 말한다면, 도道 역시 의식과 사고와 관계없는 허무한 것頑空으로 되어

151) 《熊十力全集》第三卷, 湖北人民出版社2001年版, 第175頁.
152) 《熊十力全集》第三卷, 湖北人民出版社2001年版, 第209頁.
153) 《熊十力全集》第三卷, 湖北人民出版社2001年版, 第209頁.
154) 《熊十力全集》第四卷, 湖北人民出版社2001年版, 第204頁.

버리는데, 어떻게 우주의 실체實體라는 이름을 가졌겠는가? 노자의 후학後學 장주莊周는 묘언妙言 있었다. 그는 '도道는 오줌과 똥에 들어있다.'고 했다. 보다시피 도道는 모든 만물을 여의고 홀로 존재하는 것이 아니다.155)

노자는 천지만물은 하나一를 얻어 청명하다 했고, 장자는 그것을 본받아 피아彼我의 차별을 없앴고玄同, 옳고是 그름非의 양쪽 모두 달래면서 천균天鈞에 머물렀었다. 한편, 그는 "천균이란 하나一를 말하는 것이다."156)라고 했다. "요컨대, 노자는 종宗을 열었고 그 아래로는 줄곧 체體를 드러냈다. 장자는 노자의 뜻을 이어받아 이를 발전시켰는데, 늘 쓰임用에서 그것을 형용하고 있었다. 『노자』와 『장자』, 이 두 책을 합쳐서 보아야만, 그 신묘함妙을 죄다 보아낼 수 있다."157)

웅십력이 노자의 '도'에 대한 이해는 정확했다. 도는 만물의 체體이고 또한 만물에 들어있는 바, 그리하여 체體와 용用은 둘이 아니다. 도는 서방 철학에서 말하는 현상계를 초월하는 '절대 이념'과 같은 것이 아니다. 그는 『독경시요讀經示要』에서 이렇게 말한다.

대저 무無란 우주의 본체를 말하는데, 이른바 태극太極 또는 태일太一(즉 易)이 그것이다. 그 체體는 적연寂然하고 형체가 없는데 그래서 무無라고 말한다. 이는 텅 비고 아무 것도 없다는空無 무無가 아니다. 유有란 본체가 큰 쓰임大用으로 나타나는 것을 말한다. 이른바 건원乾元이 그것이다.158) 무(無가 있는 것을 말함)란 그것이 낳고 또 낳음이 성盛한 것을 말하는 것이고, 그것의 변화를 헤아릴 수 없음을 말하는 것이다.159)

여기서 웅십력은 "체體와 용用은 둘이 아니다."라는 관점을 가지고 노자의

155) 《熊十力全集》第四卷, 湖北人民出版社2001年版, 第204頁.
156) 《熊十力全集》第四卷, 湖北人民出版社2001年版, 第100頁.
157) 《熊十力全集》第二卷, 湖北人民出版社2001年版, 第295頁.
158) 《熊十力全集》第三卷, 湖北人民出版社2001年版, 第952頁.
159) 《熊十力全集》第三卷, 湖北人民出版社2001年版, 第952頁.

유무론有無論을 해석했고, 또한 이를 『주역周易』의 끊임없이 번성하고 변화하고 유행한다는 철학에 귀결시켰다. 즉 이렇게 노자철학과 『역易』학을 관통시켰는데, 이것이 바로 웅십력이 창조적으로 노자철학을 해석한 뛰어난 점이겠다. 노자가 무無를 논하는 데는 원래 허무虛無를 추구하는 결점이 있었는데, 웅십력은 『역易』에서의 강건함剛健으로 이를 보완했다. 그는 『신유식론新唯識論』에서 이렇게 말한다. "노자는 다만 무無를 논하기만 좋아했고, 이른바 무無라는 것이야말로 지극히 강剛하고 지극히 튼튼한 것健임을 몰랐다. 내가 보건대, 노자는 허무의 경지에 현혹되어 거기서 헤어 나오지 못했다."160) 그는 『독경시요讀經示要』에서 또 이렇게 말한다. "공자는 '하늘의 운행은 굳세다天行健.'"라고 말했는데, 노자는 다만 "두루 행하되 위태롭지 않다.'라고만 했다. 사실, 본체는 큰 쓰임새大用로 나타나고, 이는 순수 강건한 것剛健인데, 그래서 끊임없이 흘러 다니는 것流行이다. 노자는 허정虛靜에 빠져, 건덕健德에 대해서는 거들떠보지도 않았다."161) 결론은 분명하다. 중국철학의 발전은 반드시 유가와 도가를 상호 보완하면서 추진시켜야 한다는 것이다.

장자에 관해서 웅십력은 특히 장자의 주체의식, 자유정신과 광자狂者의 기질을 높이 평가했다. 장자는 『대종사大宗師』에서 도道를 이렇게 논한다.

> 대개 도道라는 것은 정情도 있고 믿음信도 있지만, 하는 일도 없고無爲 형체도 없다. 전할 수는 있지만 받을 수는 없고, 행할 수는 있지만 보이지는 않는다. 스스로를 근본으로 삼고 있고, 천지가 있기 전에 오래 전부터 있어 왔다. 귀신을 신령스레 만들고, 상제上帝를 신령스레 만들고, 하늘을 낳고 땅을 낳았다. 태극太極에 앞서 있지만 높은 체 하지 않고, 육극六極 아래에 있지만 깊은 체 하지 않는다. 천지에 앞서 생겼지만 오래다고 자랑하지 않고, 상고上古보다 더 오래되었지만 늙었다고 뽐내지 않는다.

『소요유逍遙遊』에서는 정신적 자유를 추구한다. '세상에서 그宋榮子를 찬양

160) 《熊十力全集》第三卷, 湖北人民出版社2001年版, 第115頁.
161) 《熊十力全集》第三卷, 湖北人民出版社2001年版, 第731頁.

해도 그는 이 때문에 더 열심히 하지 않았고, 세상에서 그를 나무라도 그는 이 때문에 더 실망하지 않았고', '천지의 올바름正을 타고, 자연의 변화六氣之辯를 부리면서, 무궁無窮한 곳에서 노닐었고', '무하유無何有의 고향'에서 소요逍遙했다는 것이다. 『제물론齊物論』에서는 '천지는 나와 함께 살고, 만물은 나와 하나가 됨'을 논했다. 『양생주養生主』에서는 "두께가 없는 칼날을 두께가 있는 틈새에 넣으니, 널찍하여 칼날을 움직이는데 반드시 여유가 있었다."고 했다. 『인간세人間世』에서는 '사물(의 변화하는 법칙)을 타고 마음(정신적 자유)이 노니는 것'을 논했다. 『천하天下』에서는 '홀로 천지의 정신과 왕래하면서도 만물을 오만하게 대하지 않는 것'을 논했다. 웅십력은 장자의 이런 자강自强, 독립獨立, 자유自由, 합천合天, 분방狂放 의식에서 많은 영향을 받고 많은 격려를 받았고, 이로써 생명철학을 더욱 승화시켰다. 그는 이렇게 말한다. 철학은

> 자기를 돌이켜보면서 자신의 근본을 알아내야 하지, 바깥에서 근본을 찾아보아서는 아니 된다. '자본자근自本自根'이라는 말은 『장자』에서 나온 것이다. 장자의 이 말은 아주 묘妙한데, 대개 『대역大易』의 뜻을 깊이 깨달은 데서 나온 것이다.[162] 나의 생명과 우주의 대생명은 하나이다. 이른바 무대無待에서 노닐고 무궁無窮에서 진작한다는 것이 그것이다.[163] 도가에서는 대개 개인의 생명이 즉 우주의 대생명이라고 보고 있고, 우주의 대생명이 즉 개인의 생명이라고 보고 있다. 장자가 말하는 '천지는 나와 함께 살고, 만물은 나와 하나가 된다.'라는 것이 바로 진실을 밝힌 말이다.[164] 사회의 여러 모델은 비록 우리들의 저변底생명을 제한하고 있지만, 그러나 우리들이 만약 그 저변에 고정된 불합리한 제한과 속박을 받지 않고, 될수록 스스로 강해지고, 스스로 움직이고, 스스로 창조하여 그 저변의 모델을 파괴하고 그 저변의 제한을 타파한다면, 이것이 곧 다른 하나의 새로운 사회를 창조해내서 우리 무리들이 모두 새로운 생명을 확장하게 해주는 것으로 되겠다.[165]

162) 《熊十力全集》第三卷, 湖北人民出版社2001年版, 第732頁.
163) 《熊十力全集》第三卷, 湖北人民出版社2001年版, 第733頁.
164) 《熊十力全集》第七卷, 湖北人民出版社2001年版, 第173頁.
165) 《熊十力全集》第四卷, 湖北人民出版社2001年版, 第477-478頁.

보다시피 웅십력의 철학에서 자신自信하고 자립自立하고, 자명自明하는 것, 그리고 그 인격의 방자함과 구애를 받지 않는 것 및 세교世教(儒教)를 낮게 보는 것은 모두 장자의 독특하고 분방한 풍격에서 크게 영향 받은 것이다. 그리하여 용감하게 진부한 틀을 깨고 새로운 논설을 내놓을 수 있었던 것이다. 하지만 웅십력은 장자 학설 및 그 후학들의 소극적이고 무위無爲하던 것에 대해서는 비판도 있었다. 그는 이렇게 말한다.

> 남화南華(莊子를 가리킴)의 근본적인 미혹과 잘못은 즉 하늘이 변화시키는 힘天化을 가장 높은 위력으로 보고, 한편 우리 인간의 생명을 다만 대화大化에서의 우연한 변화로 본 것이다. 즉 우담화優曇花처럼 잠깐 나타났다가 바로 사라져버리는 것으로 본 것이다.[166] 장생莊生(즉 莊周)의 우주관과 인생관에서는 다만 인간의 마음을 운명에 맡기기만 했고, 자유로운 역량을 존중하는 면은 거의 없었다.[167]

이는 순자가 "장자는 하늘에 가려져 인간을 몰랐다."라고 비판하던 것과 아주 유사하다고 하겠다. 한편, 웅십력은 또 『대역大易』의 존생건동尊生健動 사상으로써 이를 더 보완시켰었다.

3) 중학과 서학 및 삼교를 융통시킨 신이학新理學 창립자 : 풍우란馮友蘭

풍우란(1895-1990)의 자는 지생芝生이다. 하남성河南省 당하현唐河縣 사람이다. 북경대학교 철학과를 졸업하고 미국에 유학 갔었고, 미국 컬럼비아대학교에서 철학박사 학위를 취득했다. 1928년부터 1952년까지, 청화대학교 철학과 교수, 청화대학교 문학원 원장, 서남연합대학교 철학과 교수 겸 문학원 원장 직을 맡았다. 그 후에는 북경대학교 철학과 교수, 중국과학원 철학사회과학학부 학부위원을 역임했다. 주요 저서로는 『중국철학사中國哲學史』상·하, 『중국철학간사中國哲學簡史』, 『중국철학사신편中國哲學史新編』, 『신이학新理學』, 『신사론新事論』,

---

166) 《熊十力全集》第四卷, 湖北人民出版社2001年版, 第17頁.
167) 《熊十力全集》第四卷, 湖北人民出版社2001年版, 第17-18頁.

『신세훈新世訓』, 『신원인新原人』, 『신원도新原道』, 『신지언新知言』 등이 있다. 95세 생일에 스스로 자기한테 쓴 대련對聯에서는 "삼사로 고금을 해석했고, 육서로 정원(순수하고 바름)을 기록했다三史釋今古, 六書紀貞元."[168]라고 했는데, 이는 자신의 연구에 대한 아주 지당한 평가라고 하겠다. 만년에는 『삼송당자서三松堂自序』를 저술했는데, 이 책은 가치가 상당히 높은 학자 자신의 회고록이다.

풍우란은 당대 중국에서 가장 완벽한 철학체계를 구축하고, 가장 영향력이 컸던 철학가 겸 철학사가이다. 또한 미국과 서방에서 중국철학을 가장 성공적으로 전했던 학자이다. 그의 철학은 '신이학新理學'이라고 칭하는데, 그것은 한편으로는 송명이학宋明理學을 계속해서 논하고, 다른 한편으로는 서방의 논리분석 방법론을 활용하여 이학이 새롭게 당대의 이론형태를 갖추게 만들었기 때문이다. 그의 신이학은 중국철학과 서방철학을 융합한 산물이라고 하겠다. 그는 『중국철학간사』에서 "서방철학이 중국철학에 있어서의 영구한 공헌은 즉 논리분석방법이다."[169]라고 했다. 그는 플라톤철학과 신실재론新實在論의 영향을 깊이 받았다. 동시에 그의 신이학은 그가 중국철학사에 대한 깊은 이해를 토대로 삼고 있었는데, 그것인 즉 주요하게는 유·도·불 삼교에서의 인생철학에 관한 지혜라고 하겠다. 그리하여 그의 신이학은 또한 분명히 중국 특색을 가지고 있었다.

풍우란은 강렬한 역사사명감을 가지고 있었고, 인문적 소양이 높았고, 또 중국철학정신을 깊이 이해하고 있었다. 그의 집에는 항상 이런 대련對聯이 걸려 있었다. "옛 문화전통을 밝혀 새 사회의 사명을 보좌하고, 정신적 경지의 높고 밝음을 지극히 다하되 중용을 길로 삼는다闡舊邦以輔新命, 極高明而道中庸." 위의 한마디는 자신의 나라와 사회에 대한 사랑과 사명감을 표현했다고 하겠다. 그가 중국철학사를 탐구하는 목적은 그 사상 자원을 발굴하여 새 시대의 문화건설에 영양분을 제공하려는 것이었다. 아래 한 마디는 자신의 중국철학정신에 대한 이해를 표현한 것이겠다. 그가 보건대, 중국철학에서는 형이상의

168) 《三松堂全集》第十四卷, 河南人民出版社2001年版, 第569頁.

169) 《三松堂全集》第六卷, 河南人民出版社2000年版, 第277頁.

체體(본질)에 대한 탐구도 중요시 했고, 형이하의 용用에 대한 탐구도 중요시 했다. 그는 정감도 넘치고 또 이성적이기도 한 철학가였다. 항일전쟁 시기에 쓴 '정원육서貞元六書'에서는 '정하기원貞下起元(天道와 人事는 끊임없이 순환하고 왕복한다.)'의 이치를 밝히면서 중화민족은 반드시 '일양래복一陽來復(陰氣가 사라지고 陽氣가 되살아남)'할 것인데, 그리하여 사상적으로 각성하고, 문화적으로 새로운 것을 개척하여, 이렇게 민족의 부흥을 추진해야 한다고 했다. 그는 『신원인』 '자서'에서 이렇게 말한다.

> '천지를 위해 마음을 세우고, 백성을 위해 사명을 세우고, 떠나간 성인을 위해 끊어진 학문을 잇고, 만세萬世를 위해 태평을 열어준다(張載의 말).' 이는 철학가들이 마땅히 스스로 기원하고 추구해야 할 것이다. 하물며 우리 국가와 민족은 신구新舊가 교체되는 시기에 처하여 있고, 단절과 계승의 교차점에 서 있는데, '하늘과 인간 사이를 훤히 깨닫고, 고금古今의 변천에 통달하고, 내성외왕內聖外王의 도道에 밝을 것'을 어찌 마음껏 논하지 않을 수 있겠는가? 우리의 국가가 태평성세에 이르고, 우리의 만백성이 안신입명安身立命하는데 잘 활용하기 위해서 말이다. 이르지 못할 지라도 마음으로는 그것을 동경해야 할 것이다. 배워서 잘 할 수 있다는 것은 아니고, 배우기를 기대하는 것뿐이다. 이것이 『신이학新理學』, 『신사론新事論』, 『신세훈新世訓』 및 이 책을 저술한 연유이다.170)(후일 또 『新原道』, 『新知言』이 있었다.)

그가 항일 전쟁이 승리한 후에 쓴 『서남연합대학기념비비문西南聯合大學記念碑碑文』에도 애국열정과 민족자긍심이 흘러넘쳤었다. 이 글에는 애정이 흘러넘쳤고 또한 글은 아주 힘이 있었다. 이 글을 읽으면서 사람들은 늘 정열에 불탔었다. 이 글은 후세 사람들의 입에서 자주 오르내리던 명작으로 남겨졌다. 아래에 풍우란의 학설에서 다원적 철학과의 회통에 관련되는 부분만 택해서 그 요지를 살펴보기로 한다.

첫째, 신이학과 공상설共相說. 풍우란은 플라톤철학에서 공상설과 수상설殊

170) 《三松堂全集》第十三卷, 河南人民出版社2000年版, 第32頁.

相說을 수용하고, 정주이학程朱理學에서 이기설理氣說을 계승하여, 양자를 하나로 융합해서 신이학의 형이상학形而上學 즉 공상설을 구축해냈다. 그가 보건대, "인식론과 논리학의 근본 문제는 공상과 수상의 분별과 관계문제였다."[171] 또 "이 문제는 중국철학의 발전과정에 관통되던 하나의 근본문제였다."[172] 풍우란은 만년에 저술한 『삼송당자서』 제6장에서 이렇게 말한다.

> 그들程朱은 비록 공상共相과 수상殊相, 일반과 특수와 같은, 이런 명사를 사용하지 않았지만, 그들이 토론하던 것이 바로 이 문제였다. 이 문제에 대한 토론이 정주이학程朱理學의 주요내용이다. '신이학'에서 '이어서 논하려는 것', 역시 이 문제에 관한 토론이다. 이 문제는 정주이학에서는 이理와 기氣의 문제로 나타나고 있었다. 그들이 말하는, 매 한 개 부류類의 사물이 그렇게 되게 만드는, 그 이치가 바로 그 부류의 사물의 공상共相이다. 그 속에는 그런 부류의 사물이 공통하게 가지고 있는 규정성規定性이 포함되어 있다. 그 규정성을 가지고 있어, 그 부류의 사물과 기타 부류의 사물이 질적 구별이 있게 된다. 그러나 이런 공상만 가지고 있어서는 구체적 세계에 이런 사물이 존재하게 할 수 없다. 공상은 추상적인 것인데, 이것은 반드시 일정한 물질적 기초가 있어야 구체화될 수 있다. 구체적 세계의 전체 물질적 기초를 '기氣'라고 한다."[173]

그는 『주역周易·계사繫辭』에서의 "형이상자形而上者를 도道라고 하고, 형이하자形而下者를 기器라고 한다."라는 말을 인용하여 "이理는 형이상자이고, 기器는 형이하자이다."라고 했고, 기器는 기氣로 구성된 것이라고 분명히 밝혔다. 『신이학』에서는 "이理의 세계를 '진제眞際'라고 칭하고, 기器의 세계를 '실제實際'라고 칭한다."[174]고 한다. 또 "정주이학程朱理學과 '신이학'에서는 모두 '이理가 사事(현상) 앞에 있고' '이理가 사事 위에 있음'을 주장한다."[175]고 한다. 예를

171) 《三松堂全集》第十三卷, 河南人民出版社2000年版, 第438頁.
172) 《三松堂全集》第十三卷, 河南人民出版社2000年版, 第438頁.
173) 《三松堂全集》第一卷, 河南人民出版社2000年版, 第211頁.
174) 《三松堂全集》第一卷, 河南人民出版社2000年版, 第212頁.
175) 《三松堂全集》第一卷, 河南人民出版社2000年版, 第212頁.

들면, "먼저 비행기의 이치理가 있고, 그 다음에야 비행기가 있게 되었다."176)는 것이다. 우리가 오늘날의 유물변증법에 의거하여 논할 때, 신이학에서 말하는 공상共相과 수상殊相, 이理와 기器(혹은 道와 器)의 관계는 바로 일반성(보편성)과 개별성(특수성), 본질과 현상의 관계이다. 하지만 유물변증법에서는 공상은 수상에 들어 있고, 일반성은 개별성에 들어 있다고 보는데, 신이학에서는 이를 분명하게 해석하지 못하고 있었다.

그렇다면 신이학의 공상설共相說은 그 당시에 어떤 실용적 의의가 있었는가? 바로 중국의 현대화와 중화문화 특색을 보존하는, 이 양자의 모순을 해결하는 데 있었다. 한편에서는 '전반적으로 서구화하자.'고 주장하고, 다른 한편에서는 '본위本位 문화를 지키자.'고 하는 그 당시 상황에서 풍우란은 자신의 견해를 이렇게 밝혔다. 즉 그가 보건대, 중국은 '가정을 본위로 하는 사회이지만', 그 당시 서방은 '사회를 본위로 하는 사회였는데', 그 원인은 서방에서 산업혁명을 거쳐 공업화를 실현했기 때문이었다. 그가 보건대, 이것이 바로 근대화의 '공상共相'이었다. 하지만 민족문화는 특수성이 있는 바, 서방을 그대로 본받을 수는 없다는 것이다. 『신사론』에서는 '보편성과 특수성을 분간하는데', 여기서는 이렇게 지적한다. "우리는 다만 우리의 문화를 한 개 유형으로부터 다른 한 개 유형으로 옮겨갈 따름이고, 우리의 하나의 특수한 저底문화를 다른 하나의 특수한 저문화로 개변시키려는 것이 아니다."177) 다시 말하면, 그것이 근대 형태를 가지게 하는 것일 뿐이고, 모든 문화형태에서 모두 서방 특유의 문화를 모방하려는 것이 아니라는 것이다. 예를 들면, "기본도덕, 이 방면에는 현대화된 기저底라는 것 또는 현대화가 아니 된 기저라는 것이 없다."178)는 것이다. 『삼송당자서』에서는 이렇게 말한다. "중국이 현재 직면한 문제는 기본적으로 여전히 지난 세기 말년에 남겨준 문제이다. 그것인 즉 공업화이다. 『신사론』의 부제목은 '중국이 자유의 길에 들어서기中國到自由之路'이다. 이 길이 바로 공업화이

176) 《三松堂全集》第一卷, 河南人民出版社2000年版, 第213頁.
177) 《三松堂全集》第四卷, 河南人民出版社2000年版, 第207頁.
178) 《三松堂全集》第四卷, 河南人民出版社2000年版, 第331頁.

다."[179] 풍우란은 중국에서 상품경제를 발진시키고 공업화의 길로 나아갈 것을 주장하고 있었고 또한 중국문화 특색을 보존하고 자체의 전통을 전승할 것도 주장하고 있었다. 한편, 이렇게 전통을 고수하고 제자리걸음을 하려는 그런 경향성이나 또는 전반적으로 서구화하자는 그런 경향성을 모두 피할 수 있었던 것이다. 이것이야말로 중국이 자유의 길에 들어서는 것이라고 하겠다. 풍우란의 "공상共相과 수상殊相'에 관한 논설은 사람들이 다원 문명 간 관계를 잘 처리하고, 민족관계를 정확하게 처리하는 데 있어서, 중대한 계시가 있었다. 하지만 풍우란의 공상설共相說은 후일, 1957년에 와서는 전통문화의 '추상적 의미'로 탈바꿈하게 되었다. 이는 사람들이 생각지 못했던 일이다. 그때 진백달陳伯達은 풍우란의 공상설을 발전시켜 이른바 '추상계승법抽象繼承法'을 개괄해냈었다. 그의 주장은 즉, 중국철학의 명제에 대하여, 그 속의 추상적 의미와 구체적 의미를 변별하고, 보편적 법칙성을 가지고 있는 부분을 계승하고, 구체적 시대성의 부분은 제거하고, 또한 보편성을 가지고 있는 의리義理를 당대의 현실과 결부하여, 그것에 새로운 구체적 의미를 부여해야 한다는 것이었다. 진백달의 의도는 원래 전통을 강렬하게 부정하는 사회분위기에서 중화 고전철학에 하나의 생존공간을 확보해주려는 것이었지만, 생각밖에 이로부터 한 차례 풍우란을 비판하는 풍조를 유발하게 되었던 것이다. 개혁개방 후에 와서야 북경대학교에서는 정식으로 그의 억울한 누명을 벗겨주었다.

둘째, 『신원인新原人』과 경계설境界說. 중국어에서 '경境'의 본뜻은 국가의 강계疆界였다. 후일 그 의미는 등급과 차원을 가지고 있는 것으로 확장되었는데, 많이는 '문화 표현'에서 사용되고 있었다. 『장자·제물론』에서는 "그이는 세월을 잊고 옳고 그름도 잊고, 무궁의 경지에서 마음껏 노닐었는데, 그래서 모든 것을 무궁한 경지에다 그냥 놓아두게 되었던 것이다忘年忘義 振於無竟 故寓諸無竟."라고 하는데, 여기서 경지는 일종의 물아합일의 상태를 말한다. 곽상의 『장자주』에서는 "현명玄冥의 경지'를 제기했는데, 여기서 경지는 즉 자기를 사물에

179) 《三松堂全集》第一卷, 河南人民出版社2000年版, 第220頁.

융화시키는 것을 말한다. 경境과 계界를 합친 '경계'라는 말은 불전에서 처음 나왔다. 삼국 시기, 『무량수경無量壽經』이 중국에 전해 들어왔는데, 여기서 이르기를, "비구가 부처에게 고했다. 이 의미는 넓고 깊어서 나의 경계가 아닙니다 比丘白佛 斯義洪深 非我境界."라고 했다. 불교에서 '경계'는 불법 조예의 수준을 가리킨다. 또 늘 '심心', '경境'을 대립시키면서, 이로써 주와 객의 관계를 나타내기도 한다. 근대에 와서 '경계'라는 말은 많이는 미학과 철학에서 사용되고 있었다. 왕국유王國維는 『인간사화人間詞話』에서 경계설을 가지고 역대의 사인詞人들의 사詞를 만드는 조예를 평가하고 분석했는데, 이 책은 미학 명작으로 남겨졌다. 풍우란에게는 '인생의 네 경계人生四境界' 설이 있었고, 당군의에게는 '심령의 아홉 경계心靈九境' 설이 있었다.

풍우란은 『신원인』에서, 우선 '각해覺解'라는 단어로써 불교의 각오覺悟(즉 體證)와 개념의 이해(즉 知識)를 하나로 종합한다. "각해는 밝은 것明이고, 불각해는 밝지 못한 것이다. 각해는 밝음이 없는 것無明을 부셔 없애버리는 것이다."[180] 풍우란이 보건대, 사람들은 하나의 '공공의 세계'에서 생활하고 있는데, 하지만 우주와 인생에 대한 각해 정도는 같지 않고, 우주와 인생은 상이한 사람들에게 있어서 상이한 의미가 있고, 상이한 사람들의 상이한 경계를 구축해주게 된다. 그가 보건대, 이 설법은 '불가의 말과 상식적인 것 사이'에 끼어 있는데, 즉 『역전易傳』에서 말하는 "어진 자가 보게 되면 인仁이라 이르고, 지혜로운 자가 보게 되면 지智라고 이른다."는 것이 그것이겠다. 그는 경계를 이렇게 나눈다. 즉 경계는 "네 차원으로 나눌 수 있다. 자연적 경계, 공리적 경계, 도덕적 경계, 천지의 경계가 그것이다.[181] 자연적 경계의 특징은 즉, 이 경계에 있는 저底사람들은 그들의 행위가 재능을 따르거나 또는 습속을 따른다."[182] 이 경계에서 생활하는 사람들은 인생의 의의에 대해서 '드러내지도 않고 살펴보지도 않는데', 시에서 고대 사람들의 생활을 묘사한 것이 전형적이라 하겠다. "우

180) 《三松堂全集》第四卷, 河南人民出版社2000年版, 第477頁.
181) 《三松堂全集》第四卷, 河南人民出版社2000年版, 第497頁.
182) 《三松堂全集》第十四卷, 河南人民出版社2001年版, 第34頁.

물 파서 마시고, 농사 지어 먹고, 이해도 않고 알지도 않고, 제왕의 법도만 따른다." 또 "해가 뜨면 일을 하고, 해가 지면 일을 그친다. 하늘이 하는 일을 모르는데, 어찌 제왕의 힘을 알 수 있겠는가?"[183] 풍우란이 보건대, 현대 사회에도 자연적 경계에 처하여 있는 사람들이 아주 많았다. 그들이 하는 일은 아주 중대한 일일 수도 있지만, 그러나 그들은 늘 "행함에 있어서 부득이하여 행하고, 그침에 있어서 부득이하여 그치고', '그렇게 해야 하는 이유를 모른다."[184]는 것이다.

공리功利적 경계의 특징은 즉, 이 경계에 있는 저底사람들은, 그들의 행위는 '이익을 추구하는 것'을 근저底로 삼고 있다. 이른바 '이익을 추구하는 것'이란 그 자신의 이익을 추구하는 것을 말한다. 공리功利적 경계에서 저底 사람들은 '자기'와 '이익'에 대해서 분명한 저각해底覺解를 가지고 있다. 그들의 행위는, 혹은 그들 자신의 재부를 늘리는 것을 추구하거나 혹은 그들 자신의 사업을 발전시키는 것을 추구하거나 혹은 그들 자신의 영예를 추가할 것을 추구한다. 그들의 행위는 사실, 다른 사람들에게 이익을 줄 수도 있다.[185] 도덕적 경계의 특징은 즉, 이 경계에 있는 저底사람들은, 그들의 행위는 '의義를 행하는 것'을 근본으로 삼고 있다. 이 경계에서 저底사람들은 인간의 본성에 대해 이미 각해를 가지고 있다. 그들은 인간의 본성은 사회의 근저底를 내포하고 있음을 알고 있다.[186] 공리功利적 경계에서 인간의 행위는 모두 '점유'를 목적으로 하고 있지만 도덕적 경계에서 인간의 행위는 모두 '공헌'을 목적으로 하고 있다.[187]

이것이 즉 옛 사람들의 논설에서의 '취取'와 '여與'의 문제이겠다. "천지의 경계의 특징은 즉, 이 경계에 있는 저底사람들은, 그들의 행위는 '하늘을 섬기는 것'을 근저底로 삼고 있다."[188] "그들은 이미 완전히 천성을 알고 있는데, 이는

183) 《三松堂全集》第四卷, 河南人民出版社2000年版, 第498頁.
184) 《三松堂全集》第四卷, 河南人民出版社2000年版, 第499頁.
185) 《三松堂全集》第四卷, 河南人民出版社2000年版, 第499頁.
186) 《三松堂全集》第四卷, 河南人民出版社2000年版, 第499頁.
187) 《三松堂全集》第四卷, 河南人民出版社2000年版, 第500頁.
188) 《三松堂全集》第四卷, 河南人民出版社2000年版, 第500頁.

그들이 이미 하늘天을 알고 있기 때문이다. 그들은 이미 하늘을 알고 있기 때문에, 그들은 인간이 사회 전체의 한 개 부분일 뿐만 아니라 또한 우주 전체의 한 개 부분임을 알고 있다. 사회에 대해서 인간은 마땅히 공헌이 있어야 할 뿐만 아니라, 우주에 대해서도 인간은 마찬가지로 마땅히 공헌이 있어야 한다."[189] 자연적 경계로부터 공리적 경계에로 나아가고, 다시 도덕적 경계로부터 마지막에 천지의 경계에로 나아가는 것은 저급 단계로부터 고급 단계로 나아가는 것이겠다. 이는 그들의 각해 수준의 차이에 달려 있다. 한편, 최고의 경계 즉 천지의 경계에 있는 사람을 "성인이라고 칭한다." 풍우란은 이렇게 지적한다. "경계는 시간 상, 길고 짧음이 있다. 이 말의 뜻인 즉, 한 사람의 경계는 변화할 수 있다는 것이다."[190] 때문에 사람들은 반드시 많이 함양하고 많이 배워야 하고, 거경居敬하면서 성실함을 간직해야 한다는 것이다. 풍우란은 송명도학宋明道學을 아주 높이 평가한다. "도학가들은 불가와 도가 학설의 영향을 받고, 맹자의 뒤를 이어, 하나의 최고의 경계를 논했다. 하지만 이 최고의 경계는 인륜일용人倫日用 바깥에서 구할 필요는 없고 또 반드시 인륜일용 바깥에 있는 것도 아니다. 사람들은 각자 자신의 사회적 지위에 따라서 일용日用에서 근저底의 일을 하고, 가장 기본적인 생활에서 천성을 다하고 천명에 이르는 경지에 도달해야 하겠다. 그들의 말은 지극히 평이하다고 할 수 있고 또 지극히 미묘하다고 할 수도 있겠다. 이것이 도학가들의 가장 큰 저底공헌이다."[191]

풍우란의 사경계설四境界說은 그의 신철학新哲學의 정화이다. 그는 중국 경험을 가지고 철학의 효용은 인생의 의의를 승화시키는데 있다고 밝힌다. "이런 철학의 저底관념은 비록 사람들에게 적극적인 저底지식을 주지는 못하지만 그러나 사람들이 일종의 신경계新境界를 가지게 할 수 있다."[192] "이런 신경계가 천지天地의 경계이다. 이는 철학의 큰 쓰임새大用이다. 서양철학에서의 말로 하

189) 《三松堂全集》第四卷, 河南人民出版社2000年版, 第500頁.
190) 《三松堂全集》第四卷, 河南人民出版社2000年版, 第503頁.
191) 《三松堂全集》第四卷, 河南人民出版社2000年版, 第581頁
192) 《三松堂全集》第四卷, 河南人民出版社2000年版, 第591頁.

면, 철학의 쓰임새는 원래 지식을 추구하는데 있는 것이 아니라 지혜를 추구하는데 있다는 것이겠다."[193] 이와 지식과 기술을 추구하는 것은 모순되지 않는다. "사람들이 만약 윤리를 다하고 직책을 다하기 위해 지식과 기술을 추구한다면, 그 추구 역시 도덕 행위로 되고, 그 사람의 경계 역시 도덕적 경계로 된다. 사람들이 만약 하늘을 섬기고 조화를 돕기 위해 지식과 기술을 추구한다면, 그 추구 역시 도덕을 초월하는 저底의의가 있고, 그 사람의 경계 역시 천지의 경계이다."[194] 보다시피 이는 인생철학이지 서방에서 지식론을 위주로 하는 그런 철학이 아니다. 서방의 주류 철학에서도 우주론과 본체론을 논하지만 그러나 그 목적은 사유능력을 개발하여 세계를 더 잘 인식하려는데 있었다. 반면에 한 사람의 인생이 더욱 의의를 가지게 만드는데 있었던 것이 아니다. 한편, 후자를 서방에서는 기독교에 맡겨 해결하도록 했다.

셋째, 『신원도新原道』와 중국철학정신. 『신원도』는 한부의 간단명료한 중국철학사와도 흡사하다. 그러나 이 책에서는 주로 역사 사실을 가지고 철학을 논술했고, 사실 철학적 내용이 많고 역사학의 내용은 적다. 이 책은 한유가 『원도原道』에서 유가의 도통을 천명하던 것과 유사한데, 그리하여 저자는 책 이름을 『신원도』라고 정했다. 하지만 이 책에서 저자는 불가와 도가 및 제자諸子들의 사상을 널리 받아들이면서 중화철학의 대도통大道統을 천양闡揚한다. 그리하여 부제목을 '중국철학의 정신'이라고 달았던 것이다. 한편, 이 책은 이학理學으로부터 신이학으로 변모하는 흐름을 주요 맥락으로 삼고 있었다. 『삼송당자서三松堂自序』에서 풍우란은 이렇게 말한다. "이 책을 저술한 목적은 대개 중국철학의 주요 흐름을 기술하고, 그 득得(장점)과 실失(단점)을 비평하면서, 이로써 신이학이 중국철학에서 가지는 지위를 살펴보려는 것이다."[195] 보다시피 이 책은 신이학을 논증하기 위한 책이었고, 또한 신이학 체계의 유기적 구성부분이었다.

193) 《三松堂全集》第四卷, 河南人民出版社2000年版, 第592頁.
194) 《三松堂全集》第四卷, 河南人民出版社2000年版, 第596頁.
195) 《三松堂全集》第五卷, 河南人民出版社2000年版, 第3頁.

그렇다면 중국철학의 기본정신은 무엇인가? 바로 "높고 밝음을 지극히 다하고極高明 중용을 길로 삼는 것道中庸'이다. 풍우란은 『삼송당자서三松堂自序』에서, 그때 국립편역관國立編譯館에서 그에게 간명簡明 『중국철학사中國哲學史』를 저술할 것을 부탁하던 일을 회고한다. "나는 동의했다. 나는 '극고명極高明 도중용道中庸'이라는 이 말을 단서로 중국철학이 발전하는 추세를 설명하겠다고 했다."[196] 그는 『신원도』 '서론'에서 이렇게 말한다. "중국철학에서 추구하던 저底최고경계境界는 인륜일용人倫日用을 초월하는 한편 인륜일용 속에 들어가는 것이었다. 그것이 인간세상의 근저底이기 때문에 '도중용'이라고 말하는 것이다. 그것이 또 인간세상의 바깥으로 나간 근저이기 때문에 '극고명'이라고 말하는 것이다." 다시 말하면 "가장 이상주의 근저는 동시에 또한 가장 현실주의 근저이다. 어떻게 통일할 것인지가 중국철학에서 해결해야 할 하나의 근저 문제이다. 이 문제의 해결을 구하는 것이 중국철학의 정신이다. 이 문제를 해결하는 것이 곧 중국철학의 공헌이겠다."[197]

풍우란은 또 '극고명極高明 도중용道中庸'을 "내성외왕內聖外王의 도道"라고 칭한다. 한편으로는 정신적으로 형상을 초월하는 경계를 추구하면서 '허하고 드넓은 것을 섭렵하고 다루는經虛涉曠' 높이에 이르고, 다른 한편으로는 또 행위적으로 일상생활을 잘 영위하면서 '평범한 말과 평범한 행동'을 하는 태도를 드러내려는 것이었다. 이런 생활방식은 동시에 종교의 허황함과 세속의 용속함을 모두 피할 수 있고, 현실적 책임감도 있고 또 초탈한 각해覺解도 있는 바, 이것이 바로 하나의 가장 이상적인 인생이라는 것이다. 『신원도』 '제1장 공맹孔孟'에서는 그들이 "도덕을 실천하는 과정에 높고 낮은 경계를 모두 추구했다. 이 방향이 후일 도학의 방향이었다."[198]라고 한다. 하지만 그들은 도덕의 경계와 천지의 경계를 분명하게 가르지 못했고, '고명高明'의 방면에서 많이 부족했던 것으로 보인다고 한다. '제2장 양묵楊墨'에서 양주楊朱는 "다만 공리功利적

196) 《三松堂全集》第一卷, 河南人民出版社2000年版, 第229頁.
197) 《三松堂全集》第五卷, 河南人民出版社2000年版, 第6頁.
198) 《三松堂全集》第五卷, 河南人民出版社2000年版, 第23頁.

경계만 논했고", 묵자의 "행위는 비록 도덕에는 부합되지만, 그러나 그의 경계는 공리功利적 경계境界였는데'[199], 이 모두 '고명高明'의 요구에 도달하지 못한 것이라고 한다. '제3장 명가名家'에서는 이렇게 말한다. "중국철학사에서 가장 일찍 진정하게 형상을 초월한 저底철학을 논한 것은 명가의 철학이다."[200] 그러나 "그들은 그들의 형상을 초월한 저底지식을 충분히 활용하여 일종의 현실적 생활을 영위할 수는 없었다."[201]고 한다. '제4장 노장'에서는 "그들의 사상은 명가에 비해, 또 한 차원 더 높았다. 명가에서는 유명有名을 논했는데, 도가에서는 명가에서 형상세계에 대한 저底비평을 초월하여 유명 바깥에서 무명無名을 논했다."[202]라고 한다. 그러나 도가는 늘 천지의 경계와 자연의 경계의 차별을 분간하지 못했고 또 늘 방내方內(세속)와 방외方外(세속 바깥)를 구분했다고 한다. 그리하여 "이 철학은 극고명極高明했지만, 그러나 '극고명 도중용道中庸'의 요구에는 도달하지 못했다."[203]는 것이다. '제5장 역용易庸'에서는 『역전易傳』, 『중용中庸』에서 말하는 성인들은 모두 "일반적인 도덕행위를 실천하고, 일반적인 말에 신중했는데", 그들은 인간세상과 인간세상 바깥을 일행一行으로 삼을 수 있었지만, 그러나 무명을 논하지 않았다고 한다. 한편, "유명은 형상의 기저刑象底를 죄다 초월하기에는 불충분하기" 때문에 그들의 철학은 '도중용道中庸'의 요구에는 부합되지만 '극고명'의 요구에는 아주 부합되지는 않는다."[204]고 한다. '제6장 한유漢儒'에서는 "엄격히 말하면, 한나라 때에는 종교, 과학만 있었고, 순수 저底철학은 없었다."[205]라고 한다. 또 "한나라 사람들은 실제를 중요시하고 실행을 중요시했지만, 그들의 경계는 대체로 모두 그다지 높지 못했다."[206]라고 한다. '제7장 현학玄學'에서는 왕필은 유정有情과 무정無情을 통일

199) 《三松堂全集》第五卷, 河南人民出版社2000年版, 第33頁.
200) 《三松堂全集》第五卷, 河南人民出版社2000年版, 第36頁.
201) 《三松堂全集》第五卷, 河南人民出版社2000年版, 第42頁.
202) 《三松堂全集》第五卷, 河南人民出版社2000年版, 第45頁.
203) 《三松堂全集》第五卷, 河南人民出版社2000年版, 第57頁.
204) 《三松堂全集》第五卷, 河南人民出版社2000年版, 第74頁.
205) 《三松堂全集》第五卷, 河南人民出版社2000年版, 第77頁.

시켰고, “향수向秀와 곽상郭象의 노력은 그 목적이 도가의 원래 적막하고 고요하고 황홀하던 논설을 세상사에 관계되는 논설로 바꾸려는 데 있었다. 그들은 인간세상과 인간세상 바깥을 통일시켰는데”207), 이것이 그들의 장점이었다고 한다. “그러나 그들이 말하는 근저底를 따져보면, 고명과 중용은 여전히 양행兩行이지 일행一行이 아니었다.”208)라고 한다. ‘제8장 선종禪宗’에서는 이렇게 말한다. 선종에서 보건대, “일에 대처하거나 세상에 대처하는 것이 성인들에게 있어서는 곧 묘도妙道이고, 그것을 ‘사용하는 영역’이 곧 ‘무위의 경지’이다. 이렇게 말한다면 다만 일행一行만 있고 양행兩行은 없다. 그러나 만약 물 긷고 땔나무를 나르는 것이 바로 묘도妙道라고 한다면, 어찌하여 도를 닦는 사람들은 그래도 출가出家해야만 하는가? 어찌하여 ‘부모님을 섬기고 임금님을 섬기는 일’은 묘도妙道가 아니 되는가? 이는 또 아래의 다른 해석이 필요하겠다.”209) ‘제9장 도학道學’에서는 이렇게 말한다. “도학에서는 이미 이른바 고명高明, 중용中庸, 내외內外, 본말本末, 정조精粗 등의 대립을 통일시켰다.210) 부모님을 섬기고 임금님을 섬기는 것도 묘도이다. 도학에서는 선종에서 아직 약간 부족해서 깨치지 못한 자들에게 한 말을 한마디로 정곡을 찔러 밝혀주었다. 이를 ‘이미 충분히 향상했는데도 더욱 분발하고 더 많이 성취하게 한 것百尺竿頭更進一步’이라고 말할 수 있겠다.211) 그러나 송명도학宋明道學은 직접적으로 명가의 세례를 받은 적이 없기 때문에, 그들이 말하는 것은 형상으로 드러날 수밖에 없었다.212) 아직 선종에서 말하는 ‘맺고 끊지 못하고 간결하지 못한拖泥帶水’ 결점이 있었다.”213) ‘제10장 신통新統’에서는 이렇게 말한다. 신이학은 “중국철

206) 《三松堂全集》第五卷, 河南人民出版社2000年版, 第84頁.
207) 《三松堂全集》第五卷, 河南人民出版社2000年版, 第95頁.
208) 《三松堂全集》第五卷, 河南人民出版社2000年版, 第99頁.
209) 《三松堂全集》第九卷, 河南人民出版社2000年版, 第643頁.
210) 《三松堂全集》第五卷, 河南人民出版社2000年版, 第124頁.
211) 《三松堂全集》第五卷, 河南人民出版社2000年版, 第124頁.
212) 《三松堂全集》第五卷, 河南人民出版社2000年版, 第126頁.
213) 《三松堂全集》第五卷, 河南人民出版社2000年版, 第127頁.

학의 각 방면의 가장 훌륭한 저底전통을 이어받고, 한편 또한 현대 신논리학新邏輯學에서 형이상학에 대한 비평을 걸쳐, 이로써 저底형이상학을 구축했다.[214) 신이학은 가장 심오하고 복잡한 저底철학이다. 그러나 여기서 말하는 저底는 여전히 '내성외왕內聖外王의 도道'이고, 더욱 '내성외왕의 도'에서 가장 정치精緻하고 순수한 저底요소이다."[215)]

풍우란이 『신원도』에서 논술한 '극고명極高明 도중용道中庸'의 중국철학정신은 저자가 이 책 그리고 다른 책에서 한 해석을 아울러 살펴보면, 세 개 측면에서 그 함의를 파악할 수 있다. 첫째는 내성외왕의 도로서 즉 인간의 내적 정신적 경지의 초탈과 외적 사회적 공적의 성취를 통일시킨 것이다. 이것이 바로 유가에서 추구하는 "사물의 이치를 궁구하고 천성을 충분히 발휘하여 천명에 이른다窮理盡性以至於命."는 것과 "자기를 닦아 백성들을 편안하게 해준다."는 것이겠다. 둘째는 이상주의와 현실주의의 통일이겠다. 사회의 '대동大同'과 인생에서 '성현의 경지에 이를 것希賢希聖'을 함께 추구하고, 동시에 또한 "인습하는 것도 있고 변혁하는 것도 있고有因有革, 세상을 다스리는 데 실제적으로 쓸모 있게 한다經世致用."는 것이다. 셋째는 허학과 실학의 통일이겠다. 즉 '텅 비고 드넓은 것을 섭렵하고 다루는 것經虛涉曠'과 '일상적인 말과 일상적인 행위를 하는 것庸言庸行'의 통일이다. 사물바깥에 초탈하여 나와 하늘과 인간의 간극을 없애고 또 인륜을 다하고 책임을 다하고 본체(여기서는 유가사상을 가리킴)에 밝고 그 활용을 잘 해야 한다는 것이다. 요컨대, 중국철학은 강렬한 초월의식을 가지고 있고 또 깊고 절실한 현실적 배려도 있어, 사람들이 사물의 본질을 깊이 탐구하게 할 수 있고 또한 안신입명安身立命하게 할 수 있다는 것이다. 중국철학정신의 발전을 논술하는 과정에 풍우란은 유가, 도가, 불가의 중요한 공헌을 충분이 긍정해주었고 동시에 그들의 결점도 지적해 냈었다. 또한 제자들의 학설도 포괄하여 논했다. 그는 전체 중화민족의 입장에서 중국철학정신을 논했고, 어느 일가一家의 입장에서 그것을 계승하고 발양하지 않았다. 그는 만년에

214) 《三松堂全集》第五卷, 河南人民出版社2000年版, 第127頁.
215) 《三松堂全集》第五卷, 河南人民出版社2000年版, 第138頁.

신이학에 '이론적 모순'이 존재함을 성찰해 냈지만, 그러나 '극고명極高明 도중용道中庸'에 대해서는 일생동안 의심치 않고 굳게 믿고 있었다. 1985년, 『〈중국철학사신편中國哲學史新編〉 책임편집의 물음에 답함』(『三松堂全集』에 수록)에서 그는 이렇게 표명했다. "나는 『신원도』에서 중국철학의 특징을 '극고명 도중용'이라고 개괄했는데, 지금도 나는 이렇게 보고 있다"[216]

넷째, '삼사三史로 고금을 해석한 것'과 '옛 문화전통을 밝혀 새 시대의 사명을 보좌한다는 것'이다. 풍우란은 철학가였지만 오히려 일생동안 중국철학사 저작을 세 부나 저술했다. 이는 단순히 역사를 즐겼기 때문이 아니고, 이는 역사로부터 논설을 세워, 신철학이 견실한 역사학적 뿌리가 있게 만들고, '옛 문화전통을 이어받아 새 시대의 사명을 보좌하기' 위함이었다. 그는 애국열정을 중화문화에 대한 사랑과 이해와 탐구에 쏟아부었고, 그는 문화자신감이 아주 넘치던 학자였다. 그는 『신사론新事論』 '제11편 논항건論抗建'에서 중화민국 초 일부 사람들이 가지고 있던 문화식민지 심리를 이렇게 비판했다. "어떤 사람도 늘 이렇게 말한다. 우리는 우리의 민족정신을 발양해야 하고, 우리는 우리의 민족자신감을 회복해야 한다고 말이다. 그러나 여기까지 말하고서는 이어서 이렇게 말한다. 우리는 반드시 독일의 피히테Johann Gottlieb Fichte를 배우는 자가 있어야 한다고 말이다. 이 말은 곧 그 자신이 민족자신감이 없음을 의미하는 것이겠다. 이 말이 드러내는 저底심리 역시 식민지 사람들의 심리이다."[217] 즉, 우리 문화가 서양보다 못하다고 생각하는 심리라는 것이다. 그는 '제5편 원충효原忠孝'에서 이렇게 지적한다. 즉 중화민국 초 사람들은 공자유학을 타도하고, '사람을 잡아먹는 저底예교禮敎'를 타도하려고 했고, 늘 이르기를 "만악萬惡에서 효孝가 우두머리이다."라고 했는데, 사실 "중화민국 초 사람들의 이런 견해는 지극히 잘못된 근저底가 있다."[218]는 것이다. 그는 "그들이 스스로 대단하다고 뽐내던 저底총명함은 사실 그들의 대단한 저底우매함이다."[219]라고 한다.

216) 《三松堂全集》第十三卷, 河南人民出版社2000年版, 第434頁.
217) 《三松堂全集》第四卷, 河南人民出版社2000年版, 第314頁.
218) 《三松堂全集》第四卷, 河南人民出版社2000年版, 第249頁.

왜냐하면 그들은 역사적으로 그리고 전반적으로 중화도덕을 바라볼 줄 모르고, 민족정신의 원천을 알지 못하기 때문이겠다. 그는 '제12편 찬중화贊中華'에서 이렇게 말한다. "이른바 '중학中을 체體로 삼고, 서학을 용用으로 삼는다.'라는 말은 이런 의미이다. 즉 조직사회의 도덕은 중국인이 본래 가지고 있는 근저底를 보존하고, 현재 보태야 할 것은 서양의 지식, 기술, 공업임을 말하는 것이다.[220] 무엇이 중국인들의 정신적 역량인가? 또한 그것으로써 중국인들이 장엄하고 엄숙한 저底태도를 가지고 큰 재앙(항일을 가리킴)을 물리치게 할 수 있는가? 우리는 이렇게 말한다. 이 역량은 일상적인 말로 하면, 즉 위에서 말한 저底도덕력道德力이다. 좀 특별하게 말한다면, 이것은 묵가와 유가의 엄숙함이고, 도가의 초탈함이고, 유가와 묵가에서 '마음에 두는 것在意'이고, 도가에서 '조금도 개의치 않는 것'이다."[221] 그는 신심에 가득 차, 이렇게 선포했다. "진정한 저底'중국인'은 과거에 이미 저底위대함과 저底중국을 만들어냈다. 이 '중국인'들은 하나의 새로운 중국을 만들어낼 것이고, 그 어떤 면에서도 세계상의 그 어떤 나라보다도 더 훌륭한 국가를 만들어낼 것이다. 이것은 우리가 굳게 믿고 있는 것이고, 추호도 회의할 여지가 없는 것이다."[222]

'삼사三史'에서 제1사인 『중국철학사中國哲學史』 상, 하권은 20세기 30년대 초(상권은 1931년 출판, 하권은 1933년 출판)에 출판한 책으로서 처음으로 되는 현대적 의의를 가진 완전한 중국철학사이다. 중국철학사계에서는 보편적으로 이 책에서 설계한 철학사체계 기본구조를 수용하고 있다. 그 이전에는 호적胡適의 『중국철학사대강中國哲學史大綱』(상권)이 있었는데, 이 책은 사실 반쪽의 중국철학 '비판'사였다. 이 책에서는 서양철학의 '실험 방법'을 활용하여, 과학주의와 서방 중심론으로써 중화 도통의 가치관, 도덕론을 무너뜨렸고, 그 당시 '옛 것을 회의하는' 사조와 '국고國故를 정리하는' 기풍을 조장했다. 즉 한 부의 서구화한

219) 《三松堂全集》第四卷, 河南人民出版社2000年版, 第250頁.
220) 《三松堂全集》第四卷, 河南人民出版社2000年版, 第332頁.
221) 《三松堂全集》第四卷, 河南人民出版社2000年版, 第332頁.
222) 《三松堂全集》第四卷, 河南人民出版社2000年版, 第333頁.

사학이었다. 풍우란의 『중국철학사』(상, 하권)가 출판되자, 진인각陳寅恪은 이 책을 평가하기를, '자료가 엄밀하고 논리가 정확하고', '동정同情의 이해를 가지고 있다.'고 했다. 또한 재빨리 호적胡適의 저서를 대체하게 되었고, 국내외 학계에서 보편적으로 수용하게 되었다. 이는 풍우란의 저서가 완전하고 엄밀하기 때문만이 아니고, 더욱이 풍우란의 저작이 중국철학정신을 긍정하고 고양시켰기 때문이었다.

풍우란은 1934년 프라하Prague에서 열린 제8차 국제철학대회에서 이렇게 연설했다.

> 철학가 호적胡適은 『중국철학사대강中國哲學史大綱』 상권을 출판했는데, 이 책은 사실 한 권의 중국철학을 비판하는 책이지, 한 권의 중국철학의 역사서는 아니다. 중국철학에서 영향력이 가장 큰 학파 즉 유가와 도가는 그의 공리주의와 실용주의 관점의 비판과 회의懷疑를 받았다. 호적은 개인의 자유로운 발전을 찬양하고 있었다. 그리하여 그는 유가가 개인들이 군주君主와 부모에게 복종할 것을 요구하고, 나라와 가정에 충성할 것을 요구하는, 그런 잘못된 학설이라고 보고 있었다. 호적은 또 개인 분투와 자연을 정복하는 정신을 찬양하고 있었다. 그리하여 그는 도가도 소극적이고 잘못된 학설이라고 보고 있었다. 우리는 호적의 책을 읽으면서, 그가 중국문화에서의 전부의 관점은 모두 완전히 잘못된 것이라고 이해하고 있었음을 느끼지 않을 수 없었다.[223]

적지성翟志成은 위의 글을 이렇게 평론했다.

> 풍우란은 중국철학이 중국문화에서 정화精華 가운데의 정화일 뿐만 아니라 또한 화하華夏 민족의 영혼과 얼心이라고 확신하고 있었다.[224] 풍우란의 책에서는 중국문화의 정화에 대한 대규모적인 발굴과 정리를 거쳐, 그리고 이를 이론화시키고 체계화시켜, 중국문화의 밝은 일면을 충분히 드러냈었다. 이렇게 중국인들

223) 馮友蘭 :《三松堂學術文集》, 北京大學出版社1984年版, 第287頁.
224) 翟志成 :《師不必賢於弟子—論胡適和馮友蘭的兩本中國哲學史》, 載宗璞編 :《走近馮友蘭》, 社會科學文獻出版社2013年版.

이 이 책을 읽고서, 중국문화가 서방문화보다 못하지 않다는 점을 확신하게 만들었던 것이다. 봄날의 난초와 가을날의 국화는 각자 나름대로 아름다움이 있다고 한다. 이렇게 그들이 민족문화 허무주의 진흙탕에서 벗어나와 다시 자기들의 민족문화를 인식하고 사랑하고, 그들이 역사 기억과 축적에서 중국문화에 대한 자긍심을 재구축하는 가능성을 열어주었다.[225]

의심할 바 없이 풍우란의 『중국철학사』는 그의 '옛 문화 전통을 밝혀 새 시대의 사명을 보좌하는' 중요한 작업이었다.

『중국철학간사』는 1948년, 풍우란이 영어로 저술하여 미국에서 출판한 책이다. 이 책은 글자 수가 20여 만자인데, 저자는 이 책에서 간단명료하고 생동하고 심각하게 수천 년 중국 철학사를 논술했다. 이 책의 '자서自序'에서 그는 이렇게 말한다. '비유컨대, 그림을 그리는 것처럼, 작은 화폭에 형形과 신神이 모두 갖추어져 있게 했다. 전체 역사가 마음에 환하지 않다면 어찌 이 경지에 이를 수 있겠는가.'[226] 확실히 이렇게 만들어진 책이라고 하겠다. 이 책을 『중국철학사』(상, 하권)의 정화본精華本으로 볼 수도 있다. 또 중·외 청년들이 중국 전통 철학을 공부하는데 있어서 가장 좋은 입문서入門書라고 볼 수도 있겠다. 이 책은 아래와 같은 특징을 가지고 있다. 첫째, 이 책은 저자가 미국에서 저술한 책이다. 즉 풍우란이 1947년부터 1948년까지 펜실베이니아대학교에서 방문교수로 재직하고 있을 때 저술한 책이다. 이는 창작 환경 방면의 특징이겠다. 둘째, 이 책은 20세기 40년대 후기에 저술한 책이다. 즉 풍우란이 『중국철학사』 상, 하권과 '정원육서貞元六書'를 완성한 다음, 그리고 항일 전쟁이 승리한 다음 완성한 작품이다. 이는 창작 시대배경 방면의 특징이겠다. 셋째, 이 책은 국내 독자들을 대상으로 저술한 책이 아니고, 주로는 미국과 서방의 독자들을 대상으로 저술한 책이다. 때문에 이 책은 국제학술교류의 산물이겠다. 당연히 후일 다시 중국어로 번역되어 중국에 돌아왔는데, 마찬가지로 중국 독자들의 열렬한

225) 翟志成 :《師不必賢於弟子—論胡適和馮友蘭的兩本中國哲學史》, 載宗璞編 :《走近馮友蘭》, 社會科學文獻出版社2013年版.

226)《三松堂全集》第六卷, 河南人民出版社2000年版, 第3頁.

환영을 받았다.

내용적 측면에서, 『중국철학간사』에서는 중국철학의 주요 학파의 2,000여 년 역사를 기술하고 있다. 유·도·불 삼가와 묵, 명, 음양, 법 등 제가들을 모두 아우르고 있는데, 중심축은 유가로부터 신유가에 이르기까지, 도가로부터 신도가에 이르기까지의 철학사상의 발전과 변천과정이다. 마지막 부분에서는 서방철학이 중국에 전해 들어온 이후의 중국철학 상황을 논술한다. 이 책은 『중국철학사』처럼 풍부하고 또 『신원도』처럼 간결하다고 하겠다.

사상적 측면에서, 이 책은 '정원육서貞元六書'에 반영되어 있는 일련의 철학적 반성과 성찰의 성과, 즉 '옛 문화전통을 밝혀 새 시대의 사명을 보좌하는' 역사적 사명감, 그리고 '극고명極高明 도중용道中庸'의 중국철학의 정신을 아울러 그 속에 관통시키고 있고, 이에 논설을 보태고 있다. 중국철학가의 인생 추구와 사상적 풍모를 돌출하게 부각시켰다고 하겠다.

창조적인 면에서, 이 책은 중국 철학과 서양 철학을 비교하는 와중에, 중국철학의 특징과 우세를 부각시켜 보여주고 있다. 아울러 서양인들이 서방 중심주의를 타파하고 객관적이고 이성적인 태도를 가지고 중국철학을 바라보게 했고, 중국과 서양의 철학가들이 평등한 심리 상태를 가지고 학술교류에 임하도록 했다. 이를 위해 이 책에서는 일련의 새로운 관점을 제기하여 사람들에게 계시를 주었고 또한 사람들의 시야를 넓혀주었다.

이 책의 '제1장 중국철학의 정신'에서는 서방 사람들이 유가를 종교로 보는 오해를 변별·분석하고서 이렇게 지적한다. '사서'에는 창세기가 없고 또 그들은 천당, 지옥도 논하지 않았다."[227] 그렇다면 철학이란 무엇인가? "내가 말하는 철학은, 즉 인생에 대해 체계적으로 반성해본 사상이겠다."[228] 그럼 종교란 무엇인가? "대종교大宗教는 모두 일종의 철학에 어떤 상부구조를 추가한 것이다. 즉 미신迷信, 교조教條, 의식儀式과 조직組織을 추가한 것이다."[229] 이런 시각

227) 《三松堂全集》第六卷, 河南人民出版社2000年版, 第5頁.
228) 《三松堂全集》第六卷, 河南人民出版社2000年版, 第6頁.
229) 《三松堂全集》第六卷, 河南人民出版社2000年版, 第7頁.

에서 본다면 중국의 "유가는 종교가 아니다. 도가를 말하자면, 이는 하나의 철학 학파이다. 한편, 도교야말로 종교이다."[230] "철학으로서의 불학과 종교로서의 불교도 구별이 있다."[231] 전체적으로 보면 "중국문화의 정신적 토대는 윤리이지, 종교가 아니다."[232] 그렇다면 중국인들은 초도덕적 가치 추구 즉 현세를 초월하려는 추구가 없었던 것인가? 아니다. "그들이 종교에 관심이 크게 없었던 것은 그들이 철학에 관심이 지극히 많았기 때문이다."[233] "그들은 철학에서 그들이 현세를 초월하려는 추구를 만족시키고 있었다." 철학의 효용은 "유용한 지식을 늘리는데 있는 것이 아니라, 정신적 경계를 끌어올리는 데 있었다."[234] 그는 이렇게 예언했다. 종교가 "상상과 미신이 혼잡하게 뒤섞여 있기 때문에, 미래의 세계에서 인류는 철학으로 종교를 대체할 것이다."[235]

풍우란이 유학은 종교가 아니고 윤리형 철학이라고 한 것, 중국에서는 인문주의가 발달했다고 지적한 것, 또 도가와 도교, 불학과 불교를 변별한 것, 이 모두 확실히 독창적인 견해였다. 그러나 "철학으로 종교를 대체할 것이다."라는 논단은 현실에서 부정당했다. 왜냐하면 인문철학은 다만 엘리트 계층의 인생관으로 될 수밖에 없고, 수많은 민간대중들은 내세와 천국을 논하는 종교를 여읠 수 없기 때문이다. 그들은 심리적으로 반드시 신령과 피안세계의 안위가 필요하다고 하겠다. 당연히 철학의 계몽도 필요하기는 하지만 말이다. 유가에서 대중들에게 보급시킬 수 있었던 것도, 다만 유가에서 전통적으로 계승해온 경천법조예교敬天法祖禮教와 자체 스스로 구축한 '오상五常', '팔덕八德'의 도덕규범일 따름이었다. 반면에 각 세대의 유학에서 창립한 철학체계는 아니었다. 풍우란은 정확하게 이해했다. 즉 중국철학은 인생철학이라고 말이다. 그는 이렇게 말한다. "철학의 주제가 내성외왕內聖外王의 도였기 때문에, 철학을 배움

230) 《三松堂全集》第六卷, 河南人民出版社2000年版, 第7頁.
231) 《三松堂全集》第六卷, 河南人民出版社2000年版, 第7頁.
232) 《三松堂全集》第六卷, 河南人民出版社2000年版, 第7頁.
233) 《三松堂全集》第六卷, 河南人民出版社2000年版, 第8頁.
234) 《三松堂全集》第六卷, 河南人民出版社2000年版, 第8頁.
235) 《三松堂全集》第六卷, 河南人民出版社2000年版, 第9頁.

에 있어서, 단지 이런 지식만 획득하면 아니 되고, 반드시 이런 인격도 양성해야 했다."[236] 그는 김악림金岳霖의 말을 인용하여 이렇게 말한다. 즉 중국 철학가들에게 있어서, "그들의 철학은 그들이 그 속에서 생활하는 것이 필요했고, 그들 자신이 몸으로 도道를 싣는 것이 필요했다."[237] 철학은 "그들의 행동에 내재한 잠언箴言체계였고, 극단적으로 말하자면, 그들의 철학은 거의 그들의 전기傳記라고 말할 수도 있겠다."[238]

'제2장 중국철학의 배경'에서 풍우란은 유가와 도가를 비교한다. "유가는 '방내方內(속세)에서 노닐었기' 때문에 도가보다 세속적인 것入世으로 보이고, 도가는 '방외方外(속세 바깥)에서 노닐었기' 때문에 유가보다 출세한 것으로 보인다. 이 두 가지 추세는 피차 대립되지만, 그러나 또한 서로 보완도 해주었다. 양자는 일종의 힘의 평형을 연습하고 있었다. 이는 중국인들이 입세入世와 출세에 대해 훌륭한 평형감각을 가지게 만들었다."[239] 풍우란은 이어서 이렇게 지적한다. "3~4세기, 일부 도가 학자들은 도가를 유가에 더욱 근접시키려고 했고, 11~12세기, 일부 유가 학자들은 유가를 도가에 더욱 근접시키려고 했다. 우리는 이 도가 학자들을 신도가라고 칭하고, 이 유가 학자들을 신유가라고 칭한다."[240] 전자는 사실 위진 현학을 가리키는 것이고, 후자는 사실 송명 유학을 가리키는 것이다. 풍우란은 이렇게 기대했다. "미래의 철학은 아주 가능하게, 입세도 하고 출세도 하는 그런 것일 것이다. 이 방면에서 중국철학은 공헌하는 바가 있을 수 있다."[241] 풍우란은 이 책의 마무리 부분에서 이렇게 지적한다. 즉 철학 형이상학에는 정正의 방법과 부負의 방법이 있는데, 전자는 형이상학의 대상이 무엇인지를 기술하려고 하고, 후자는 다만 직각直覺에 의지하고 이에 기술을 보태지 않는다고 한다. 전자는 서방 철학의 주류이고, 후자는 중국철

236) 《三松堂全集》第六卷, 河南人民出版社2000年版, 第12頁.
237) 《三松堂全集》第六卷, 河南人民出版社2000年版, 第13頁.
238) 《三松堂全集》第六卷, 河南人民出版社2000年版, 第13頁.
239) 《三松堂全集》第六卷, 河南人民出版社2000年版, 第23頁.
240) 《三松堂全集》第六卷, 河南人民出版社2000年版, 第23頁.
241) 《三松堂全集》第六卷, 河南人民出版社2000年版, 第303頁.

학의 주류이겠다. 한편, 도가에서는 부의 방법을 활용하고 있는데, "불가에서는 또 도가의 부의 방법을 강화시켰다."[242]고 한다. 그는 나아가 이렇게 지적한다. "선종 철학을 나는 차라리 정묵靜默의 철학이라고 칭하고자 한다."[243] 풍우란이 보건대, "하나의 완전한 형이상학 체계는 마땅히 정正의 방법으로부터 시작되어야 하고, 부의 방법에서 끝을 맺어야 한다."[244] "오직 양자가 결합되어야만 미래의 철학이 탄생할 수 있다."[245] "사람들은 반드시 먼저 말을 많이 하고서야, 그다음 정묵을 지키게 된다."[246]

풍우란의 『중국철학간사』는 대등(중국과 서양을 평등하게 봄)한 심리상태를 가지고 서양에서 진행한 한 차례 철학적 대화였다. 그는 서방철학의 정신을 잘 알고 있었고, 양자를 비교하는 와중에 중국철학의 정신도 깊이 발굴하게 되었고, 양자의 장단점도 깊이 파악하게 되었다. 또한 양자를 상호 보완시키면서 서방 사람들의 마음을 움직일 수 있었고, 나아가 그들이 중국철학에 접근하게 만들었다. 이로써 중국과 서양이 손을 잡고 함께 세계철학의 발전을 추진할 것을 기대했던 것이다. 그는 『철학이 당대 중국에서哲學在當代中國』라는 글에서 동·서양 철학이 상호 참조하고 융통할 것을 기대했다. "멀지 않은 장래에 우리가 유럽 철학 관념에서 중국의 '직각直覺'과 '체험體驗'을 받아들여 보충하고, 중국 철학 관념에서 유럽의 '논리'와 '명확한 사상'의 세례를 받는 것을 볼 수 있기를 기대한다."[247] 이렇게 보면 『중국철학간사』는 중국에서 '옛 문화전통을 밝혀 새 시대의 사명을 보좌하기' 위한 것일 뿐만이 아니라 또한 전 세계에서 '옛 문화전통을 밝혀 새 시대의 사명을 보좌하기' 위한 것이었다고 하겠다.

『중국철학사신편中國哲學史新編』은 모두 7권인데, 1990년에 완성되었고, 후일 육속 출판되었다. '문화대혁명' 전, 풍우란은 『중국철학사신편』 1, 2책(1964)을

242) 《三松堂全集》第六卷, 河南人民出版社2000年版, 第287頁.
243) 《三松堂全集》第六卷, 河南人民出版社2000年版, 第287頁.
244) 《三松堂全集》第六卷, 河南人民出版社2000年版, 第288頁.
245) 《三松堂全集》第六卷, 河南人民出版社2000年版, 第288頁.
246) 《三松堂全集》第六卷, 河南人民出版社2000年版, 第289頁.
247) 《三松堂全集》第十一卷, 河南人民出版社2000年版, 第270頁.

출판한 적이 있다. 개혁개방 후, 그는 이 두 책이 마음에 들지 않아, 1977년부터 다시 쓰기 시작했는데, 20여 년의 노력 끝에 드디어 완성되었다. 그의 노년의 염원도 마침내 이루어졌다고 하겠다. 그때 저자는 이미 95세를 넘겼고, 그 후 얼마 안 지나서 별세했다. 풍우란은 『삼송당자서三松堂自序』에서 자신이 '문화대혁명' 시기에 공자유학을 비판하는 글을 쓴 일을 반성했는데, 여기서 그는 『주역周易·문언文言』에서의 "말을 닦음에 그 성실함을 세운다修辭立其誠"는 말을 인용하여, 자기는 "성실함을 세우도록 한 것이 아니라 거짓말을 세웠다不是立其誠, 而是立其僞."라고 반성하고 자책했다. 여기서 그의 '허물이 있으면 고치는 것을 꺼리지 않는過則勿憚改' 군자의 풍격을 보아낼 수 있겠다. 1977년, 그는 이미 세상을 뜬 아내를 추모하여 대련對聯을 하나 썼는데, 대련의 아랫말은 이러했다. "명예의 관문을 닫고, 이익의 밧줄을 끊고, 올려보고 내려 보아도 부끄럼없이, 드넓은 허공에서 나 홀로 날았다."[248)]

그는 이렇게 사상이 해방적이고 자유로운 학자였다. 그런 까닭인지 『중국철학사신편』은 쓰면 쓸수록 특색이 있었고, 쓰면 쓸수록 창의성이 넘쳤다. 예를 들면, 제4책에서 그는 위진 현학의 주제는 '유有와 무無의 문제'라고 했다. 현학의 발전도 세 단계로 나누었는데, 왕필王弼, 하안何晏의 '귀무론貴無論'이 첫 번째 단계이고, 배위裴頠의 '숭유론崇有論'과 구양건歐陽建의 '언진의론言盡意論'이 두 번째 단계이고, 곽상郭象의 '무무론無無論'이 세 번째 단계라고 했다. 또 불학과 불교의 주제는 '형形과 신神의 문제'이고, 중국에서 불학의 발전 역시 세 단계로 나눌 수 있다고 했다. 즉 승조僧肇, 혜원慧遠, 도생道生의 '격의格義'가 첫 번째 단계이고, 삼론종三論宗, 『대승기신론大乘起信論』, 유식종唯識宗, 화엄종華嚴宗의 '교문敎門'이 두 번째 단계이고, 선종 및 그 아래 각 종파의 '종문宗門'이 세 번째 단계라고 했다. 제5책에서는 도학을 논했는데, 여기서 그는 도학의 인학人學적 특질을 해석한다. 그 인학작 특질이라면, 즉 지식인들의 정신적 경지를 승화시켜주는데 있다고 했다. 여기서 그는 '인간이 우주에서의 지위와 임

248) 《三松堂全集》第十卷, 河南人民出版社2000年版, 第485頁.

무, 인간과 자연의 관계, 인간과 인간 간의 관계, 인성人性과 인간의 행복 등'[249])을 논했다. 그 심리상태는 주희가 말하는 '마음이 한가롭고 자연스러워, 곧바로 천지 만물과 더불어 위아래로 함께 흐르고, 천지만물이 각기 제자리를 얻는 묘함이 은연중 말 밖에 나타나는 것'[250]) 같았다. 풍우란이 보건대, 철학가들이 현실을 초월하는 길은 세 갈래가 있었다. 말하기를, 플라톤이 걸었던 것은 본체론의 길이고, 칸트가 걸었던 것은 인식론의 길이고, 도학가들이 걸었던 것은 윤리학의 길이라고 한다. 그는 또 유·도·불 삼가에서 인생에 대한 태도도 개괄했다. "도교에서는 '장생長生'을 논하고, 불교에서는 '무생無生'을 논하고, 유교에서는 '낙생樂生'을 논한다."[251])는 것이다. 풍우란은 또 '도학'이라는 이름으로 송·명 신유학을 통섭했는데, 즉 정주이학程朱理學, 육왕심학陸王心學, 장왕기학張王氣學의 세 갈래를 모두 도학에 귀속시켰었다. 또 주희는 전기 도학의 집대성자이고, 왕부지는 후기 도학의 집대성자라고 했다.

제6책에서 가장 참신한 관점은 태평천국과 증국번에 대한 재평가이다. 여기서 그는 20세기 50년대 이래 가장 유행했던, 전자를 찬양하고 후자를 폄하하던 평가를 뒤집어 놓았다. 그는 이렇게 말한다. "홍수전洪秀全과 태평천국의 신권神權 정치는 중국역사를 앞으로 진전시킨 것이 아니라 뒤로 후퇴시켰었다.[252]) 홍수전과 태평천국은 국가정권의 힘으로 기독교의 보급을 밀어붙였는데, 이는 제국주의가 해낼 수 없었던 일을 해낸 것이라고 하겠다.[253]) 증국번은 성공적으로 중국의 후퇴를 저지했는데, 그는 이 방면에서 제국주의 문화침략을 막아냈었다. 이는 그의 하나의 큰 공헌이라고 하겠다."[254]) 풍우란이 담사동譚嗣同에 대한 높은 평가도 동시대 사람들의 인식을 많이 초월했다. 그는 이렇게 말한다.

---

249) 《三松堂全集》第十三卷, 河南人民出版社2001年版, 第485頁.

250) (宋)朱熹:《朱子全書》第六冊, 上海古籍出版社, 安徽教育出版社2002 年版, 第165頁.[원문: 胸次悠然, 直與天地萬物上下同流, 各得其所之妙, 隱然自見於言外.]

251) 《三松堂全集》第十卷, 河南人民出版社2000年版, 第132頁.

252) 《三松堂全集》第十卷, 河南人民出版社2000年版, 第348頁.

253) 《三松堂全集》第十卷, 河南人民出版社2000年版, 第358頁.

254) 《三松堂全集》第十卷, 河南人民出版社2000年版, 第358頁.

"담사동은 그 당시 시대가 제기한 문제를 해답했고, 시대가 나아가야 할 방향을 분명하게 가리켜 주었다. 이 두 가지만 보더라도 그는 중국역사에서 한 차례 큰 운동에서의 가장 걸출한 이론가였음에 손색이 없다. 또한 중국역사에서 한 명의 시대정신을 대표하는 대철학가였음에도 손색이 없다."[255)]

제6책과 제7책에서 하나의 중대한 창조는 즉 장재張載의『태화편太和篇』에 대한 존숭과 당대적 활용이었다.『태화편太和篇』에서는 변증법을 네 마디로 종합한다. "형상이 있으면 곧 이 형상의 짝이 있고, 짝은 반드시 작용에서 그 형상에 반대되는 것이 있다. 반대되는 것이 있으면 곧 적敵이 있게 되며 적과의 관계는 반드시 화해로 풀린다有象斯有對, 對必反其爲. 有反斯有仇, 仇必和而解." 풍우란은 이를 더 발휘하여 이렇게 말했다. "객관적 변증법은 오직 하나뿐이지만, 사람들이 이에 대한 인식과 이해는 아주 많을 수 있는데, 적어도 두 가지가 있을 수 있다. 하나의 통일체의 두 개 대립 면은 모순되면서 통일을 이루는데, 이는 모두들 인정하는 것이다. 그러나 일종의 인식은 모순을 위주로 할 수 있고, 다른 일종의 인식은 통일을 위주로 할 수 있다. 후자는 '원수는 반드시 화해로 풀린다仇必和而解'고 생각하고 있고, 전자는 '원수는 반드시 끝까지 원수이다仇必仇到底.'라고 생각하고 있다. 이는 두 가지 변증법적 사상의 근본 차별이다."[256)] 풍우란은 제7책 제11장『중국철학사신편』'총결'에서 재차 장재의『태화편太和篇』에서의 네 마디를 인용하면서 한 걸음 더 나아가 발휘한다. 이렇게 말한다. "그 어떤 혁명도 모두 두 개 대립 면이 함께 존재하는 그 통일체를 파괴하려고 한다."[257)] "혁명가들과 혁명의 정당政黨은 원래 그 당시 통치자들에게 반항했는데, 현재는 통치자로 바뀌었다. 새로운 통치자로서 그들의 임무는 그 어떤 통일체를 파괴하는 것이 아니라, 이 새로운 통일체를 수호하고 그것이 더욱 튼튼해지고 더욱 발전하게 하는 것이다. 그래서 '원수는 반드시 끝까지 원수이다.'는 노선으로부터 '원수는 반드시 화해로 풀린다.'는 노선으

255)《三松堂全集》第十卷, 河南人民出版社2000年版, 第427-428頁.

256)《三松堂全集》第十卷, 河南人民出版社2000年版, 第130頁.

257)《三松堂全集》第十卷, 河南人民出版社2000年版, 第663頁.

로 바뀌게 된다."[258] 그는 이 책의 결말에서 이렇게 말한다. "현대 역사는 '원수는 반드시 화해로 풀린다.'는, 이 방향으로 발전하고 있다. 그러나 역사 발전의 과정에는 곡절이 많다. 소요하는 시간은 반드시 세기를 단위로 계산해야 한다."[259] "인간은 가장 총명하고 가장 이성적인 동물이다. 영원히 '원수는 반드시 끝까지 원수이다.'라는, 그런 길을 걷지는 않을 것이다. 이것이 중국 철학의 전통과 세계철학의 미래이겠다."[260]

풍우란은 『중국철학사신편』을 저술하는 과정에 자각적으로 유물사관唯物史觀과 변증법을 활용하고 있었고, 후기에 오면서는 더욱 구소련의 즈다노프 Zhdanov 교조주의 모델을 떨쳐버리고, 한편 그것을 중화철학과 결합시키려고 노력했다. 그는 장재의 "원수는 반드시 화해로 풀린다."라는 관점으로 변증법에서의 대립의 통일의 법칙을 재해석했고, 이를 조화로운 중국사회 건설과 조화로운 세계관계 건설의 수요에 부응시켰었다. 이는 아마도 현재 중국에서 추진하고 있는 '인류운명공동체' 건설에도 중국식 지혜를 제공해줄 수 있을 것으로 기대된다. 이렇게 풍우란은 당대 중국에서 처음으로 귀화貴和(화목함을 귀하게 여기는) 철학을 창도하는 한 폭의 기치로 되어졌었다. "옛 문화전통을 밝혀 새 시대의 사명을 보좌한다."라는 역사적 사명감은 여기서 충분히 드러난다고 하겠다.

다섯째, 청화대학교, 서남연합대학교, 북경대학교에서의 재직 생활과 교육건국의 실천. 풍우란은 철학가 겸 교육가였다. 그의 교육실천은 철학 강론과 대학교 업무 관리를 포함한다고 하겠는데, 양자에서 모두 걸출한 공헌이 있었다. 이 역시 그의 '중국과 서양을 회통하고, 옛 것을 알아서 오늘을 비추어보는' 실천의 중요한 표현이라고 하겠다. 그는 청화대학교 문학원 원장 직을 18년간 맡았다. 그때 그는 학술적으로 독자적 한 학파를 이룰 것을 창도했고, 이렇게 청화학파淸華學派도 형성해 냈었다. 왕요王瑤는 청화학파의 특징을 이렇게 개괄했다.

258) 《三松堂全集》第十卷, 河南人民出版社2000年版, 第664頁.
259) 《三松堂全集》第十卷, 河南人民出版社2000年版, 第665頁.
260) 《三松堂全集》第十卷, 河南人民出版社2000年版, 第665頁.

> 전통문화에 대해 두루뭉술하게 '믿거나信' '의심하는疑' 태도를 취하지 않고, 오히려 '옛 것을 해석하는데釋古' 공력을 들였고, 합리적으로 그 당시 상황에 부합되는 해석을 했다. 이를 위해 반드시 '중국과 서양을 관통시켜야 했고, 옛 것과 오늘날의 것을 융회시켜야 했고', 이에 북경파와 상해파의 장점을 모두 취해야 했고, 미시적인 것과 거시적인 것을 결합시켜야 했다.[261)]

풍우란은 이렇게 말한다.

> 청화대학교의 창립은 중국인들이 학술적 독립을 추구하던 그 반영이었다. 일본침략자들과 전면 전쟁을 개시하기 전, 청화대학교의 발전은 참말로 하루에 천리를 내달렸었다. 중국과 서양을 융통하고 새로운 것과 낡은 것을 융합하는 면에서도 특히 성공적이었다. 이것이 청화대학교의 학술전통으로 되었다.[262)]

항일전쟁 시기, 북경대학교, 청화대학교, 남개대학교가 합쳐 곤명昆明에 세운 서남연합대학교는 당대 중국 고등교육사에서 하나의 중요한 이정표였다. 국난이 눈앞에 닥치고, 민족이 멸망의 위기에 처해 있던 그 당시, 이 학교는 나라의 운명과 시종 함께 하고 있었다. 학교는 조건이 나쁘고, 시설이 누추했지만, 오히려 대사들이 구름처럼 모여 들었고, 정신은 고양되어 있었다. 학술은 자유롭고, 수업은 생동하고, 학교는 훌륭한 인재들로 넘쳤었다. 이 대학교에서 선후로 2,000여 명이 졸업했는데, 그 가운데 800여 명이 참군하여 항일 전선에서 피를 흘리며 싸웠었다. 후일 학술적으로 중국과 외국에서 명성을 크게 떨친 대학자, 대과학가들도 아주 많다. 참말로 장려한 사업이었다고 하겠다.

풍우란은 그때, 서남연합대학교 철학과 교수, 문학원 원장으로 재직했다. 대학 지도부의 골간으로서 그는 대학의 교풍 건설에서 거대한 공헌이 있었다. 1940년, 진립부陳立夫는 교육부 장관의 신분으로 세 차례 명을 내려 서남연합대학교에서 교육부에서 통일적으로 제정한 교육과정, 교재와 고시考試 규정을 준

261) 蔡仲德 :《馮友蘭先生評傳》, 廣東人民出版社1999年版,《中國現代哲學史》附錄.
262)《三松堂全集》第十三卷, 河南人民出版社2000年版, 第751頁.

수할 것을 강요했다. 이에 대학 교무회의에서는 편지를 써서 논박했다.

> 대저 대학은 최고학부로서 만상萬象을 망라하고 있는바, 귀착점은 같아도 길은 다를 수 있고, 이르는 곳은 같겠지만 백가지 생각을 가질 수 있어야 하는데, 어찌 판에 박힌 글만 읽고 통일적인 규정을 준수하라고 명령한단 말인가. 대저 본교는 북경대학, 청화대학, 남개대학의 옛 전통을 이어 받았는바, 모든 관리 면에서 정해진 규정이 있고 또한 이를 여러 해 실천해왔었다. 감히 공적이 지극히 크다고 말하기는 어려울 지라도 큰 유폐는 없었다고 말할 수는 있는지라, 경솔하게 변경하고 조정할 필요는 없는 것으로 보인다.[263]

이렇게 서남연학대학교의 학술적 독립을 수호했다. 역사학자 하병체何炳棣는 이 공문서가 풍우란의 손에서 나온 것으로 보인다고 했다.

1952년, 학과 구조조정을 거쳐 청화대학교에서는 문과文科를 취소했다. 그리하여 풍우란은 북경대학교 철학과에 전근했고, 세상 뜰 때가지 줄곧 북경대학교 철학과 교수로 재직했다. 줄곧 비판을 받고 있던 환경에서도 풍우란은 여전히 완강하게 자신의 성실한 학술적 추구를 실천했고, 맑스주의와 중화철학을 결합시키려고 노력했고, 날로 '좌左'적으로 되어가는 반전통 사조와 타협하지 않았다. 1957년, 풍우란은 『중국철학 유산의 계승 문제에 관하여』(〈광명일보〉 1957.1.8.)라는 글을 발표했다. 그가 보건대, 이 몇 해, "중국 고대철학에 대해 부정한 것이 너무 많은 것 같았다." 그리하여 그는 중국철학 명제의 두 방면의 의의를 구분할 것을 제기했다. "하나는 추상적 의의이고, 다른 하나는 구체적 의의이다.[264] 우리는 그 추상적 의의를 취해야 하는데, 이는 맑스주의에서 헤겔 변증법의 합리적인 부분을 취하던 것과 마찬가지이다." 이렇게 하면 계승할만한 것이 많아진다는 것이다. 그러나 결국, 진백달陳伯達 등 사람들의 무자비한 비판을 받게 되었다. 1958년 6월8일 〈광명일보〉 '철학' 전문란副刊에는 풍우란

263) 北京大學, 淸華大學, 南開大學, 雲南師範大學編 :《國立西南聯合大學史料(三)·教學, 科研卷》, 雲南教育出版社1998年版, 第113, 114頁.

264)《三松堂全集》第十二卷, 河南人民出版社2000年版, 第94頁.

의 『하나의 대립 면을 수립하자』라는 글을 실었는데, 여기서 그는 그 당시 유행하던 일종의 관점에 찬성하지 않았다. 그것인 즉 북경대학 철학과는 문화가 있는 일반노동자를 양성해야 하는데, 그리하여 공장, 농촌에 내려가 열린 교육을 진행해야 한다는 관점이었다. 풍우란이 관점은 공장이나 농촌에 내려가 단련하는 것은 필요하지만 그러나 종합대학 철학과의 주요 임무는 '이론 연구를 하거나 철학을 연구하는 일꾼'을 양성하는 것으로서 "우리는 학생들을 양성하는데 있어서, 한편으로는 그들의 학문과 수양을 고려해야 하고, 다른 한편으로는 그들의 장래의 직업과 직장도 배려해 주어야 한다."265)는 것이었다. 그리하여 또 진백달 등 사람들의 난폭한 비판을 받게 되었다. 그러나 풍우란은 여전히 자기의 견해를 고집하고 있었다. 그 주장이 인정과 사리에 통했기 때문에 후일 결과적으로는 맞는 것으로 증명되었다. 풍우란은 북경대학교 철학과에서 상당히 긴 시간 교수로 재직하고 있었는데, 비판을 많이 받았다고 해서 소극적이지 않았고, 여전히 기회가 되고 조건이 허락되면 학생들에게 중국 철학사를 강론해주었고, 석사 및 박사 대학원생들의 논문을 지도해주었다. 또 저작과 논문 저술을 계속해왔고, 적극적으로 학술토론에 참가했고, 수많은 철학 및 철학사 전문가와 학자들을 양성해냈다. 중국에서 개혁개방 이후 중국철학사 및 철학학계에서 활약하던 수많은 학자들은 거의 모두 풍우란의 직접 가르침 또는 간접 훈도薰陶를 받았다. 풍우란은 중국철학사 학과의 시조라고 할 수 있겠다.

부록 : 풍우란의 『서남연합대학교기념비비문西南聯合大學記念碑碑文』 원문

중화민국 34년 9월 9일, 우리나라는 남경에서 일본의 항복을 받아들였다. 26년 7월 7일 노구교사변盧溝橋事變으로부터 8년만이고, 20년 9월 18일 심양지변瀋陽之變으로부터 14년만이고, 청일 갑오전쟁으로부터 51년만이다. 이 50년간, 일본이 우리나라에서 병탄하고 잠식했던 강토는 오늘에 이르러 모두 되돌려왔다. 이런 완승은 진, 한이래, 있은 적이 없는 일이다.

265) 《三松堂全集》第十三卷, 河南人民出版社2001年版, 第782頁.

국립 북경대학교, 국립 청화대학교는 원래 북평(즉 북경)에 있었고, 사립 남개대학교는 원래 천진에 있었다. 심양지변이 있은 뒤, 우리 국가의 위세와 권력은 점차 남쪽으로 이전했고, 오로지 문화적 역량만 북경과 천진에 남아 일본과 맞서 싸웠는데, 이 세 대학교가 그 중견 역량이었다. 26년, 북경과 천진이 함락되면서, 이 세 대학교는 명을 받고 호남에 이전했고, 합쳐서 국립 창사임시대학교로 개편했고, 이 세 대학교의 총장 장몽린蔣夢麟, 매이기梅貽琦, 장백령張伯苓이 상무위원을 맡고 학교를 관리했다. 학교는 법학원, 이학원, 공학원을 창사長沙에 세우고, 문학원은 남악에 세우고, 11월1일부터 수업을 시작했다. 남경과 상해가 함락되고 무한武漢(국민정부를 가리킴)이 흔들리면서, 임시대학교는 또 명을 받고 운남으로 이전했다. 선생과 학생들은 걸어서 귀주를 지나, 27년 4월 26일에 곤명에 도착했다. 곧 이어서 또 명을 받고 국립서남연합대학교로 개칭했고, 이학원理學院, 공학원工學院은 곤명에 세우고, 문학원, 법학원은 몽자蒙自에 세우고, 5월 4일부터 수업을 시작했다. 한학기가 지나서 문학원, 법학원도 곤명에 옮겨왔다. 27년에는 사범학원을 증설했다. 29년, 사천四川 서영敍永에 분교를 설립했고, 일학년이 지나, 이도 본부에 병합했다. 곤명昆明은 원래 후방의 유명한 도시였는데, 일본군이 안남(베트남)으로 쳐들어오고, 미안마가 함락되면서 또 전방의 중진重鎭으로 되어졌다. 연합대학교가 버티고 있던 기간, 선후로 졸업생 2,000여 명을 배출했는데, 그 가운데 군인으로 된 자는 800여 명이다. 강산이 되돌아오고, 나라가 광복되면서, 연합대학교는 전시戰時의 사명을 마치고, 명을 받고 35년 5월 4일 문을 닫았다.

원래의 세 대학교는 곧 옛 터에 되돌아가서 옛 일을 계속하게 된다. 간난신고를 거치면서 버텨왔던 이 8년을 돌이켜보면, 세 대학교의 협력에서 기념할만한 일은 대개 네 가지이다.

우리나라는 세계에서 역사가 유구한 나라로서 동아시아의 천부天府(땅이 비옥하고 자원이 풍부한 지역)에 위치하고 있는데, 원래는 한, 당 성세의 유열遺烈(후세에 길이 남는 공적)을 이어받고 세상의 본보기로 되어야 했다. 장래에 나라를 다시 일떠세우게 되면, 반드시 세계 역사에서 독특한 지위를 가지게 될 것이다.

대개 오늘날 열강들을 보면, 새로 일떠서기는 했으나 역사가 유구하지 못하고, 그리스와 로마는 역사가 유구하지만 오늘날의 번영이 없다. 유독 우리나라만이 예로부터 지금까지 이어져 왔고, 새롭기도 하고 유구하기도 한데, 이를 일러 "주나라는 비록 오래 되었지만 그 명命은 새롭도다周邦雖舊 其命維新."라고 할 수 있겠다. 오늘날 세상에 견줄 자가 없는 위대한 업적은 또 8년이라는 기간, 항일전쟁을 거쳐 그 규모를 갖추게 되었고, 그 기초를 다지게 되었다. 오늘날의 승리는 우리나라에서 하늘과 땅乾坤을 뒤바꾸어 놓는 지대한 공功이 있는데, 한편 서남연합대학교의 사명은 처음부터 마지막까지 줄곧 항일전쟁과 함께 하고 있었다. 이것이 기념할 만한 첫 번째 일이다.

문인들은 예로부터 늘 서로 경멸했는데, 옛 사람들의 말은 오늘날에도 똑같이 감개무량하다. 하지만 세 대학교는 같지 않은 역사를 가지고 있고, 각자 다른 학풍을 가지고 있었으나, 8년이라는 세월, 아주 친밀하게 협력했다. 같은 것同은 다른 것異을 방해하지 않았고, 다른 것은 같은 것을 해지지 않았고, 오색이 사귀어 눈부시니 상호 더욱 빛내주게 되었고, 팔음八音이 합주合奏하니 시종 화기가 넘쳤고 평화로웠다. 이것이 기념할만한 두 번째 일이다.

만물은 함께 길러지되, 서로 해치지 아니 하고, 천도天道는 함께 행해지되, 서로 어긋나지 아니 하고, 작은 덕小德이 냇물처럼 흐르고 큰 덕大德이 두터이 감싸주면서 만물을 길러주니, 이것이 바로 천지가 클 수 있었던 원인이겠다. 이는 선민先民들이 항상 하던 말인데, 사실 또한 민주民主의 진제眞諦, 진리이기도 하겠다. 연합대학교에서는 모든 것을 포용해주는 정신으로 사회의 한 시기 풍기를 바꾸어 놓았고, 내부로는 학술적 자유의 기풍을 수립하고, 외부로는 '민주의 보루'라는 명성을 얻게 되었는데, 천 사람이 고분고분 순종하는 것을 거부하고, 오히려 한 선비의 강직한 직언을 격려해 주었다. 이것이 기념할만한 세 번째 일이다.

지난 역사를 돌이켜보면, 우리 민족은 중원에서 지위를 잃게 되면 늘 양자강揚子江 남쪽에 옮겨왔었는데, 이를 남도南渡라고 칭했다. 남쪽으로 양자강을 건너 온南渡 사람들은 북쪽으로 다시 되돌아간 이가 없었다. 진晉나라 사람들이 남쪽으로 건너 온 일이 첫 번째 사례이고, 송나라 사람들이 남쪽으로 건너 온 일이 두 번째 사례이고, 명나라 사람들이 남쪽으로 건너온 일이 세 번째 사례이다. "풍경이 다르지 않다風景不殊(나라의 영토가 분열되고 나라가 망해 감을 비탄하여 이르는 말)"라는 것이 진晉나라 사람들의 깊은 슬픔이었고, "우리 강산을 되찾아 오자還我河山"라는 것이 송나라 사람들의 허튼 소망이었다. 우리는 네 번째로 남쪽에 건너왔는데, 10년이 안 되어 강토疆土를 전부 되찾아왔다. 더는 유신庾信이 강남에서 슬퍼하지 않게 되었고, 오히려 두보杜甫가 계북薊北의 수복을 즐거워하게 되었다. 이것이 기념할만한 네 번째 일이다.

연합대학에서는 초기에 교가를 만들었다. 그 가사를 보면 시작부에서는 남쪽으로 이전하면서 떠돌이생활을 하던 간난신고를 비탄하고, 중간 부분에서는 선생과 학생들의 굽히지 않는 웅대한 뜻을 찬송하고, 마지막 부분에서는 최후의 승리를 기원한다. 대학교의 오늘날 상황에 비추어보면, 분명하고 똑똑하기를, 마치 부적이 꼭 들어맞는 것 같다若合符契. 연합대학교의 역사가 어찌 한 세대의 성사盛事가 아니겠는가! 어찌 백세에 드문 일이 아니겠는가! 가사歌詞를 사랑하여, 비명碑銘에 새겨 넣는다. 우리는 남도南渡를 슬퍼하며 궁궐을 떠났다. 형상衡湘(衡陽과 長沙)에 자리 잡았지만 또 이별을 해야 했다. 그 다음 더 멀리로 떠났고, 위험도 더 많이 겪어야 했다. 중원中原을 바라보니 어디서나 피를 뿌리고 있구나. 우리는 변새邊塞에 와서 강의를 이어갔다. 시서詩書는 모두 잃고 입만 남아 있구려. 하지만 스승은 남김없이 가르쳐주었고 이에 스승과 학생의 정은 날로 두터워졌다. 드디어 천추千秋의 치욕을 씻어버리게 되었다. 원수를 보니 연기처럼 사라져버렸구려. 북방을 떠나 남월南越에 왔는데, 다시 돌아와 국토를 보니 이제는 완전하구나. 대일통大一統은 기울지도 부러지지도 않았구려. 중국을 흥성시키고 선열들을 이어가자. 세 학교를 형제처럼 나란히 세우고, 떨어지지 않는 일체一體로 만들고, 어려움도 즐거움도 함께 하고, 연합하여 앞 다투어 사명을 완성하고, 경성神京을 되돌려오고 연갈燕碣(수도)을 부흥시키자. 이 돌에 굳은 절개를 담고, 즐거운 마음을 새겨, 후세의 현자들에게 알려 주고자 한다.

4) 사부四部 및 제가에 박통한 신국학新國學 대사 : 전목錢穆

전목(1895-1990)의 자는 빈사賓四이다. 강소江蘇 무석無錫 사람이다. 중화민국 원년에는 향촌 초등학교 교사를 했고, 후에는 중학교 교사를 했다. 그 후에는 학술적 성취가 컸던 연고로, 선후로 연경대학교, 북경대학교, 청화대학교, 북경사범대학교, 서남연합대학교 등 대학교에서 교수로 재직했다. 1949년 후에는 친구와 함께 홍콩에서 신아서원新亞書院을 창립했고, 원장 직을 맡았다. 1979년 신아서원을 떠나 세상 뜰 때까지 줄곧 대만에 거주했다.

전목의 학술적·발전과정을 보면, 그는 사학대가史學大家로부터 신국학대가新國學大家로 변신했다. 그는 경經, 사史, 자子, 집集 및 당대의 철학, 문학, 예술, 과학, 교육 등 학문에 박통했고, 특히 저서가 대단히 많다. 사람들은 그를 백과전서식의 학자라고 한다. 그의 사학 저작으로는 『유향흠부자연보劉向歆父子年譜』, 『선진제자계년先秦諸子繫年』, 『중국근삼백년학술사中國近三百年學術史』, 『국사대강國史大綱』, 『진한사秦漢史』 등이 있다. 그의 경학經學 저작으로는 『논어신해論語新解』, 『사서석의四書釋義』, 『양한경학금고문평의兩漢經學今古文平議』, 『주자신학안朱子新學案』 등이 있다. 자학子學 저작으로는 『장자찬전莊子纂箋』, 『장로통변莊老通辨』 등이 있다. 그의 신국학新國學, 문화학 저작으로는 『국학개론國學概論』, 『중국문화사도론中國文化史導論』, 『중국역사정신中國歷史精神』, 『중국현대학술논형中國現代學術論衡』, 『만학맹언晩學盲言』 등이 있다.

전목이 사학대가로부터 신국학대가로 나아갈 수 있었던 것은, 그가 사학 연구에서 자각적으로 장태염章太炎, 호적胡適 등 사람들의 '국고國故를 정리하는' 과학주의 사학관을 떨쳐버리고, 바꾸어 공자가 『춘추』를 편찬하고, 사마천이 『사기』를 저술할 때 가지고 있었던, '옛것에 비추어보면서 오늘을 알고鑒古知今', '이치를 밝혀 덕성德性을 기르는明理育德' 중화사학의 정통正統을 계승하고 발양하는 데서 말미암은 것이었다. 그리하여 그는 역사에 기대어 논설을 펼 수 있었고, 역사사실과 논설을 결합시킬 수 있었다. 그는 『현대중국학술논형現代中國學術論衡』 '중국사학 약론略論中國史學'에서 이렇게 지적한다.

서한 이후, 사마천은 중국에서 그 이후 사학자들의 본보기로 되었다. 그가 역사를 저술한 목적은 그의 말로 하면, '하늘과 인간 사이를 밝히고, 고금의 변천을 통달通하기' 위함이었다. 이 두 마디 또한 중국 사학의 대의를 포괄하고 그 핵심을 잡은 것이라고 할 수 있겠다. 세상에는 인도人道도 있고 천도天道도 있다. 그러나 인도는 천도를 거스를 수 없다. 아니할 경우, 하늘과 땅 사이에 오래 존재할 수 없게 된다. 인도는 천도에서 발전해 나온 것인데, 하늘과 인간 사이를 밝히는 것이 즉 자연과 인문, 천도와 인도의 공통점과 차이를 밝히는 것이겠다. 하늘과 인간 사이를 밝히게 되면, 고금의 변천에도 통달할 수 있다. 변하는 것이 있을지라도, 여전히 불변하는 것이 존재하는데, 그리하여 '옛것에 비추어 오늘을 알 수 있다鑒古知今'고 하는 것이다. 이것이 중국 사학의 대강령大綱領이었다.[266]

그 아래에 이어서 전통과 현대화에 관해서 논했는데, 여기서 그는 그 당시 성행하던, 서방의 새로운 것을 본받으면서 중국의 옛 전통은 버리던 사조를 비판한다. 그는 이렇게 말한다.

중국인의 입장에서 마땅히 중국의 옛 전통으로부터 현대화로 나아가야 하지, 옛 전통을 버리고서 서방의 현대화를 모방하지 말아야 한다. 새 것만 좋아하고 낡은 것을 싫어해서는 아니 되고, 마땅히 자신의 옛 것으로부터 새로운 것에 이르러야 한다. 이렇게 해야만 얻는 것이 있게 된다. 사마천이 이르기를, '하늘과 인간 사이를 밝히고, 고금의 변천을 통달하여, 일가一家의 학설을 이룬다明天人之際, 通古今之變, 成一家之言.'라고 했다. 이는 정치제도, 사회경제, 문교文教와 군사, 과학과 예술의 모든 것을 회통시켜 그 변화를 밝히는 것으로 되겠고 또 종교, 철학, 천문, 지리, 사학, 생물 등의 여러 학과를 회통시켜 그것을 통달하는 것으로 되겠다. 이는 전문가專家 한사람이 일가를 이루는 것을 말하는 것이 아니다. 이는 사람들이 고금의 전승에서 장점을 취하여 하나의 학술 전통을 형성하는 것을 말하는 것이다. 중국의 사학이 바로 이러한 것이다. 어찌 지난 일을 기록하는 것만으로 사학을 이루어냈다고 하겠는가?[267]

266) 錢穆 :《現代中國學術論衡》, 三聯書店2001年版, 第134頁.
267) 錢穆 :《現代中國學術論衡》, 三聯書店2001年版, 第134頁.

전목은 바로 중국 사학에서 "변천을 밝히고 통달을 추구하던", 이 길로 나아가면서 신국학 체계를 구축했던 것이다. 아래에 그 요지를 간략히 소개한다.

첫째, 중·서 문화를 비교하는 와중에, 민족 자신감이 넘치는 신문화사관新文化史觀을 구축했다. 전목은 자연환경, 생활방식이 문화에 주는 영향으로부터 세계의 상이한 문화 유형을 천명한다. 그는 『중국문화사도론中國文化史導論』 '변언弁言'에서 이렇게 지적한다. "근원으로 볼 때, 크게는 세 가지 유형을 떠나지 않는다. 첫째는 유목문화이고, 둘째는 농경문화이고, 셋째는 상업문화이다. 유목문화는 해발이 높고 추운 초원 지대에서 발원했고, 농경문화는 하류가 있어 관개를 할 수 있는 평원에서 발원했고, 상업문화는 연해 지역 및 육지에 가까운 섬들에서 발원했다." 더 나아가 그는 또 세 개 유형의 문화를 두 개 유형으로 나눈다. 즉 유목·상업문화와 농경문화가 그것이다. 전자는 내부에서 부족했기 때문에 외부에서 구했는데, "그리하여 유동적이고 진취적이었다." 후자는 자체로 자급자족할 수 있어 외부에서 구할 필요가 없었는데, "그리하여 조용하고 안정적이고 보수적이었다." 전자의 민족심리에는 "일종의 강렬한 '대립감對立感'이 있고", 그들은 '자유를 숭상하고, 독립을 쟁취하려 하고', '이런 문화의 특징은 늘 침략으로 나타난다.' 후자의 "가장 심층의 내적 감각은 물아일체物我一體이고, 천인감응天人相應이고, 또 순응하는 것順이고 화해로운 것和이다. 스스로 격려할 때는 '자기 본분을 지키라安分而守己.'라고 말한다. 때문에 이런 문화의 특성은 늘 '평화적인 것'으로 나타난다."[268] 그러나 오늘날은 공업화 시대로서 농업대국은 반드시 '새로운 과학과 새로운 공업에 부응해야 하고', 이렇게 해야만 자신을 보존할 수 있다고 한다. 세계 전체 구도로 볼 때, "중국은 세상에서 유일한, 농경·평화문화가 가장 우수한 대표자이고, 한편 중국에서 결핍한 것은 새로운 과학과 새로운 기계 장비(및 보조설비)이다. 그렇다면 중국이 발전하고, 중국이 참신한 대형 농업국가로 변신하면서도 여전히 그 깊이 있는 안정감과 자족감을 보존한다면, 사실 이는 중국이라는 한 나라의 행운일

---

268) 參見錢穆 :《中國文化史導論》, 商務印書館1994年版, "弁言"第2-3頁.

뿐만 아니라 또한 전 세계 인류 문화의 미래 및 세상에서 갈망하는 평화에 있어서도, 반드시 지대한 공헌이 있게 될 것이다."[269] 이어서 전목은 이 책의 본문에서 중화中華의 유구한 역사에서 민족이 융합하고 국가가 형성되던 과정, 중국인들의 가족 관념으로부터 생겨난 충서忠恕와 경애敬愛의 인도주의人道主義 및 중국 고대 학술과 문자의 발전 과정을 돌이켜본다. 그는 이렇게 지적한다. 특히 "중국문자는 참말로 간이簡易하고 안정穩定한, 이 두 조건을 구비하고 있다. 이 점은 중국 인문사에서 하나의 대성공大成功이라고 말하지 않을 수 없다."[270] 그는 굳게 믿고 있었다. 만약 당대에 '중국문화가 널리 보급되고 충실하게 되면', 중국인들은 '천하가 태평하고 세계가 대동大同'한, 궁극적 이상에 도달할 수 있을 것이라고 말이다.

전목은 중국인들이 민족문화자신감을 수립해야 하는 필요성을 아주 강조한다. 첫째는 중국문화가 위대하기 때문이고, 둘째는 문화가 민족의 뿌리이기 때문이라고 한다. 그는 『문화와 교육』에서 이렇게 말한다.

> 중국문화는 4억 5천만 대중을 보유하고 있는데, 이 넓은 영토와 수많은 인구는 세상에서 비길 자가 없다. 이것이 곧 중국문화가 위대한 하나의 징표이다.[271] 인류의 전체 역사 발전을 총람해보면, 로마가 있을 때는 미국과 소련이 없었고, 미국과 소련이 있을 때는 로마가 없어졌다. 하지만 유독 중국만은 인류의 전체 역사 과정에 우뚝 서 있었고, 오늘날에 이르러서도 변고가 없다. 이것이 그 위대함의 전체 모습이겠다.[272] 때문에 중국문화는 확장이 있었을 뿐만 아니라 또한 특히 길게 이어져왔다. 반드시 시공간적으로 크게, 전체적으로 보아야만, 중국문화의 우수함과 그 가치를 보아낼 수 있다.[273]

그는 『중국역사정신中國歷史精神』에서 '민족', '문화', '역사'를 일체一體로 보

269) 錢穆 :《中國文化史導論》, 商務印書館1994年版, "弁言"第5頁.
270) 錢穆 :《中國文化史導論》, 商務印書館1994年版, 第91頁.
271) 錢穆 :《文化與教育》, 三聯書店2009年版, 第11頁.
272) 錢穆 :《文化與教育》, 三聯書店2009年版, 第12-13頁.
273) 錢穆 :《文化與教育》, 三聯書店2009年版, 第13頁.

고 있었다. "그리하여 역사가 없으면 곧 문화가 없는 것이고, 문화가 없어도 역사가 있을 수 없다. 왜냐하면 역사와 문화가 바로 하나의 민족정신의 표현이기 때문이다. 그러므로 역사가 없고 문화가 없으면, 민족이 성립되지도 않고 존재할 수도 없다."[274] 그의 마음속에서 중국문화는 중화민족의 영혼이었다. 그의 문화자신감은 중화민족 역사문화에 대한 체계적인 연구와 깊고 절실한 이해에 기초하여 구축된 것이었다.

둘째, 종합적으로 새로운 것을 창조하는 과정에서 신국학 대도통大道統과 전환 체계를 구축했다. 전목의 국학의 새로움은 여기에 있었다. 즉 첫째, '국고國故를 정리하는' 기존의 틀에서 떨쳐 나와, 경의敬意를 가지고 국학의 당대적 가치를 밝혔다. 둘째, 유학의 부흥을 위주로, 제자백가를 종합했다. 셋째, 정주이학의 도통을 계승하고 확장했다. 넷째, 당대의 문학, 역사, 철학, 종교, 교육, 예술 등 제반 학과와 연관 지어 신국학을 구축했는데, 이렇게 신국학이 새로운 형태를 가지게 되었다.

그는 『현대중국학술논형現代中國學術論衡』 '서序'에서 장병린章炳麟을 이렇게 비난한다. "그의 저작 『국고논형國故論衡』에서는 중국의 모든 옛 전통을 '국고'라는 두 글자로 깔끔하게 개괄해냈다. '논형'은 주로 비판만 하고 설명과 해석은 보태지 않았다. 그리고는 '중국에는 왕충이라는 사람이 있었는데, 수치하기를 짝이 없었다.'라고 한다. 그가 전통을 비하하는 의도는 여기서 더욱 분명하게 드러난다."[275] 또 호적胡適도 비난한다. "호적은 직접 서학에 기대어 국고를 논하는데, 대체로 태염章太炎의 『국고논형國故論衡』에서 취한 것이었다. 호적은 석가를 높이 받들지 않았을 뿐만 아니라, 또한 서구화를 주장하면서도 예수耶蘇를 높이 받들지 않았다. 한편, 그가 국고를 풍자하고 비난하는 데는 그 격앙된 정도가 태염章太炎을 훨씬 초월하고 있었다."[276] 그는 이렇게 지적한다. "옛 학문은 웅장하고 박대하고, 게다가 회통도 요구되고 또 시대에도 적절히 부응시

274) 韓復智編著 :《錢穆先生學術年譜》卷4, 中央編譯出版社2012年版, 第1136頁.
275) 韓復智編著 :《錢穆先生學術年譜》卷6, 中央編譯出版社2012年版, 第1841頁.
276) 韓復智編著 :《錢穆先生學術年譜》卷6, 中央編譯出版社2012年版, 第1842頁.

켜야 하는 바, 그 일은 쉽지 않다. 하지만 흠집을 찾아 마구 비판하는 일은 오히려 어렵지 않다. 호적은 또 신문학新文學, 백화문白話文을 제창하면서, 구학舊學의 대전통大傳統을 이탈하여 그것을 부지런히 배우지 않고도 전문가로 될 수 있다고 떠벌인다. 누군들 단번에 뛰어오르고 싶지 않겠는가. 그의 제자 고힐강顧頡剛은 오히려 강씨, 강유위의 '옛 것에 의탁하여 제도를 개혁하는' 이념을 이어 받고, 의고疑古를 크게 외쳤고, 『고사변古史辨』이라는 책을 저술했는데, 날개 돋친 듯이 국내·외에 재빨리 전해져 풍미했고, 그는 스승 호적과 명성이 가지런하게 되었다."[277] 그는 또 이렇게 지적한다. "호적보다 더 대담한 가설을 제기한 자도 있다. 그는 선장고서線裝古書를 뒷간毛厠에 버리고, 한자를 폐지하고, 로마자를 사용하자고 했다."[278] 그는 서구화파의 정곡을 찌르기도 했다. "요컨대, 그들은 옛 것을 버리는 것만 중요시하고, 어떻게 새롭게 만들 것인지에 대해서는 사실 깊이 있게 논하지 못했다.[279] 모든 학술에서 옛 것을 버리는 것은 곧 중국의 것을 버리는 것으로 되어졌고, 새 것을 개척하는 것은 즉 서방에서 구하는 것으로 되어졌다. 서방만 있고 중국은 없는데, 오늘날 중국인들의 이른바 '현대화'라는 것도 이에 그칠 뿐이다."[280] 전목의 이런 비평은 심각했고 또 멀리 내다 본 것이었다. 국고론자들은 확실히 중화문화의 혈맥을 끊고, 중국 선통문화를 역사박물관에 집어넣고, 중국인들이 맹목적으로 서방문화를 쫓아 가도록 부추겼던 것이다.

전목이 보건대, 중화문화의 부흥은 반드시 유학의 부흥을 주체로 해야 하고, 한편 유학문화는 또한 공자와 주희를 대표자로 삼아야 하고, 그 다음에 백가百家를 아울러야 했다. 그는 『주자신학안朱子新學案』 '주자학제강(대서)朱子學提綱(代序)'에서 거시적으로 평가를 했다.

277) 韓復智編著 :《錢穆先生學術年譜》卷6, 中央編譯出版社2012年版, 第1842頁.
278) 韓復智編著 :《錢穆先生學術年譜》卷6, 中央編譯出版社2012年版, 第1843頁.
279) 韓復智編著 :《錢穆先生學術年譜》卷6, 中央編譯出版社2012年版, 第1843頁.
280) 韓復智編著 :《錢穆先生學術年譜》卷6, 中央編譯出版社2012年版, 第1843頁.

중국 역사에서 전고前古에는 공자가 있었고, 근고近古에는 주자가 있었는데, 이 두 사람은 모두 중국 학술사상사 및 중국 문화사에서 더 없이 크게 빛났고, 더 없이 지대한 영향을 끼쳤었다. 넓게 전체 역사全史를 살펴보면, 아마도 이들과 비길 수 있는 세 번째 인물이 더는 없을 것이다. 공자는 전고前古의 학술사상을 집대성하여 유학을 창립했는데, 그것이 중국 문화전통에서 큰 줄기骨幹로 자리매김하게 되었다. 북송 때, 이학理學이 일떠섰는데, 이는 유학이 새로이 빛을 발한 것이겠다. 주자는 남송 때 궐기했는데, 그는 북송 이래의 이학을 집대성했을 뿐만 아니라 또한 공자 이후의 학술사상을 집대성했다.281)

그는 또 이렇게 지적한다. 즉, 유학은 또 백가의 주목을 받았는데, 백가 모두 공자, 주자를 중심으로 삼고 있었다는 것이다.

하지만 유학도 다만 중국 전통 문화에서 하나의 큰 줄기였을 따름이다. 유학을 제외하고도 또 백가의 뭇 학자들이 있었다. 그들 가운데 공자를 존숭하고 주자朱子를 받들고 있던 자들은 제외하고, 기타 백가의 뭇 학자들은 절로 학설을 세우고 따로 일가를 이루려 하지 않는 자가 없었다. 하지만 공자와 주자가 중도에 우뚝 서 있었기 때문에, 이들은 기타 백가의 뭇 학자들의 공통한 비판의 대상과 공격의 목표로 되어졌었다. 그러므로 이 두 사람은 사실 유학 전통에서 중심이었을 뿐만 아니라 또한 중국 학술사상사에서 정·반正反 양면에서 공동으로 향하고 있던 중심이었다. 유학을 탐구하는 자들이 반드시 이 두 사람을 주목해야 했을 뿐만 아니라, 기타 백가百家의 학문을 탐구하는 뭇 학자들도 반드시 이 두 사람을 주목해야 했다. 비유하자면, 그래야만 그물의 벼리를 잡을 수 있고, 갓옷의 옷깃을 잡을 수 있었던 것이다. 또한 정·반 양편을 모두 아우를 수 있을 뿐만 아니라, 전체를 모두 관통시킬 수 있었던 것이다.282)

이것이 바로 대국학大國學의 이념이었다. 즉 한편으로는 공자유학, 주자이학의 강요綱要를 잡고, 다른 한편으로는 백가의 뭇 학설의 변천을 아울러 살펴보는 것이었다. 그는 사상사를 돌이켜보고서 이렇게 말한다. “한유들이 그 당시에

281) 韓復智編著:《錢穆先生學術年譜》卷5, 中央編譯出版社2012年版, 第1568頁.

282) 韓復智編著:《錢穆先生學術年譜》卷5, 中央編譯出版社2012年版, 第1568頁.

이룬 공적은 하나는 도儒學를 탐구한 실적에 있고, 다른 하나는 경經(유경)을 후세에 전한 일에 있다."[283] 삼국, 양진 남북조시기, 유·불·도는 "마치 정鼎의 세 다리三足와도 같았는데, 유독 유가 쪽의 다리가 가장 약했다." 당나라 때에는 『오경정의五經正義』가 있었는데, 이 책은 경학이 이룬 업적의 하나의 대결집大結集이다. 한편, 정관貞觀 연간의 다스림을 말하자면, 즉 『정관정요貞觀政要』라는 책에 모은 것으로 말하자면, 역시 많은 것들은 순수 유가 학설에 속한다고 하겠다.[284] 당나라 때에 이르러, 비록 여전히 유·석·도 삼가가 대치하는 구도를 이루고 있었지만, 사실 이미 불교가 홀로 빼어난 것으로 되어졌었다.[285] 한유는 온갖 힘을 다해 불교를 배척했지만[286], 그 노력은 컸으나 거둔 효과는 미미했다. 송나라 때에 이르러, "송유宋儒들의 학술은 세 갈래로 나뉘었는데, 하나는 정사치도政事治道였고, 하나는 경사박고經史博古였고, 하나는 문장자집文章子集이었다."[287] 남송 때의 주자에 이르러서는, 그의 학설은 '이학理學을 집대성했고', 그의 사상은 주요하게 이기론理氣論과 심성론心性論 두 부분이었다고 한다. 전목은 또 주자와 선학의 관계도 논했다. 말하기를, "주자는 선禪을 아주 깊이 알고 있었는데, 그리하여 선에 대한 비판에서도 역시 정곡을 찌를 수 있었다.[288] 하지만 주자는 또 늘 선림禪林의 사람들을 칭찬했는데, 유독 주자만이 진짜로 선을 알고 있었기 때문에, 그것을 논박할 수도 있었고 또 칭찬할 수도 있었다."[289]고 한다. 전목은 또 주자의 역학, 시학, 사서학, 사학, 문학 및 잡학도 논한다. 전목은 독자들에게 이렇게 일깨워준다. "한개 학파門戶의 관점은 사실 주자학을 탐구하는 자들의 하나의 절대적으로 거대한 장폐障蔽이다."[290] 그의 『주자학제강朱子學提綱』에서는 독자들이 "이로부터 주자 사상의

283) 韓復智編著 :《錢穆先生學術年譜》卷5, 中央編譯出版社2012年版, 第1571頁.
284) 韓復智編著 :《錢穆先生學術年譜》卷5, 中央編譯出版社2012年版, 第1571頁.
285) 韓復智編著 :《錢穆先生學術年譜》卷5, 中央編譯出版社2012年版, 第1572頁.
286) 韓復智編著 :《錢穆先生學術年譜》卷5, 中央編譯出版社2012年版, 第1572頁.
287) 韓復智編著 :《錢穆先生學術年譜》卷5, 中央編譯出版社2012年版, 第1572頁.
288) 韓鐘文 :《中國儒學史·宋元卷》, 廣州教育出版社1998年版, 第490頁.
289) 錢穆 :《朱子學提綱》, 三聯書店2002年版, 第146, 147頁.

심오함과 정치함과 그 학술체계의 박대함을 알고, 이를 통해 그가 세상에 견줄 자가 없었던 대학자임을 알고, 경솔하게 자기 견해를 부가하지 말고, 한편 설령 찬양이라고 할지라도 그것은 분수에 넘친 일임을 알고, 반면 함부로 비난하고 질책하는 것은 더욱 절대로 적절치 않을 것임을 알 것"[291]을 요구하고 있었다. 이 몇 마디에서 전목이 주자학에 대한 깊은 사랑과 존경을 보아낼 수 있겠다. 이 방면에서 그는 당대 학자들 가운데서 으뜸이었다. 한편, 그가 주자학을 선양하는 데는 단지 그 정수精髓만 해석했던 것은 아니다. 그는 주자학의 박대함과 심오함도 칭송한다. 주자학이 박대하고 심오했기 때문에 백가의 뭇 학설과 소통하고 교류할 수 있었다는 것이다. 주자학은 전목의 신국학新國學의 핵심이었다.

도통道統에 관해서 전목은 『중국학술통의中國學術通義』에서 도통설道統說을 자세히 검토한다. 그가 보건대, 송명 유가에서 쟁론하던 도통은 "일종의 주관적 도통이고 또는 일종의 단선적으로 전해지던 도통이었다.[292] 만약 진짜 도통이라면, 반드시 역사문화 대전통에서 논해야 하고, 마땅히 이 전체 문화대전통이 바로 도통임을 알아야 한다."[293] 그는 '송명도학宋明道學의 제유諸儒들이 중국 유학 전통에서 지대한 성취와 공헌이 있었음'을 긍정해주는 동시에 또 이렇게 지적한다. "우리가 오늘날 중국문화를 논하는데 있어서, 다만 유가 하나만을 논해서는 아니 된다. 하물며 유가에서도 따로 갈라져 나온 것이 없이 이 하나뿐이라고 표방하고, 엄숙하지 못하게 주관적으로 그런 고립적이고 쉽게 단절되던 도통을 들고 나와서야 되겠는가."[294] 전목의 신국학은 대도통大道統이었고, 그래서 또한 대국학大國學이었다. 이는 중국역사문화의 각 방면의 성과를 포괄하고 있었다. 전목은 『현대중국학술논형現代中國學術論衡』 '서序'에서 이렇게 말한다.

---

290) 錢穆 :《朱子學提綱》, 三聯書店2002年版, 第220-221頁.
291) 韓復智編著 :《錢穆先生學術年譜》卷5, 中央編譯出版社2012年版, 第1565頁.
292) 錢穆 :《中國學術通義》, 臺灣學生書局1984年版, 第94頁.
293) 錢穆 :《中國學術通義》, 臺灣學生書局1984年版, 第94頁.
294) 韓復智編著 :《錢穆先生學術年譜》卷5, 中央編譯出版社2012年版, 第1389頁.

나는 『중국학술통의中國學術通義』이라는 책을 저술했는데, 여기서 경經, 사史, 자子, 집集, 네부를 회통하고 화합하려고 했다. 오늘 그 책을 이어 이 편을 계속하여 저술하고 있는데, 오늘날當前의 각종 신학술에 기대어 학과를 분류하여 더 깊이 논의하고자 한다.[295] 이 편에서는 일단 종교, 철학, 과학, 심리학, 사학, 고고학, 교육학, 정치학, 사회학, 문학, 예술, 음악 등 12개 학과로 분류했다. 그 명칭은 혹은 중국에 원래부터 있던 옛 것이고, 혹은 전해 들어온 것을 번역해서 새로 추가한 것이다. 내가 대략적으로 옛 전적典籍을 살펴본 데 의하면, 중국과 서양, 새로운 것과 낡은 것에는 차이도 있고 공통점도 있었는데, 이것들을 회통시켜 연구할 수 있었다.[296]

전목은 홍콩에서 수년 간 거주했고 또 일본과 미국에서 강연도 여러 번 한 적이 있다. 그리하여 서방 당대 학술을 많이 접할 수 있었고, 깊이 파악할 수 있었다. 그는 유가의 화합 정신을 가지고 중국과 서양의 문화를 회통시키려고 했고, 국학이 자체의 전통을 굳게 지키는 동시에 또 당대의 각 신흥학과에 분류별로 들어갈 수 있도록 만들었다. 이렇게 중국과 서양의 학술문화의 비교와 상호 학습을 추진했던 것이다. 이는 아주 의의 있는 작업이었다. 이는 전목의 국학에서 창조를 추구하던 중요한 표징이라고 하겠다.

셋째, 선유先儒들의 인학仁學에서 '천인일체天人一體' 사상을 계승하는 기초 위에서 대생명철학관大生命哲學觀을 개척해냈다. 전목은 『주자신학안朱子新學案』 상·중·하, 세 책을 저술했는데, 이 책들은 그가 후기에 가장 공력을 들여 저술한 저작이다. 이 책들은 분류를 잘 했고, 체계가 분명하다. 기술도 있고 논의도 있고, 테마도 58항으로 나누었는데, 이를 주자학 대전서大全書라고 칭해도 무방하겠다. 전후로 6년이란 시간을 들여 저술했는데, 사실은 그가 반평생 주자학을 연구한 그 축적으로 이룬 것이었다. 주자 본인이 원래 백과전서百科全書식 학자였다. 전목이 『주자신학안朱子新學案』 '예언例言'에서 말하는 것처럼, "주자학은 넓고 크고 정교하고 심오한데, 포함하지 않은 것이 없고 또한 투철

295) 韓復智編著 :《錢穆先生學術年譜》卷6, 中央編譯出版社2012年版, 第1843頁.

296) 韓復智編著 :《錢穆先生學術年譜》卷6, 中央編譯出版社2012年版, 第1844頁.

하지 않은 것이 없다. 단정하건대, 그 문호門戶에 깊이 빠져들지 않은 자가 깊이 들여다보고 따질 수 있는 것이 아니다."[297] 한편, 전목이 『주자신학안』을 저술할 때에도 옛날 주자가 '사서'에 집주를 하던 것처럼, 아주 부지런했고 또한 아주 깊이 탐구했다. 그리하여 후기 유학을 집대성한 주자학의 모습을 전체적으로 드러낼 수 있었고, 또한 많은 창조를 이룰 수 있었던 것이다. 전목을 당대의 주자라고 칭할 수도 있겠다. 『주자신학안』에서 가장 멋진 한 개 장은 '주자가 인仁을 논하다.'(상·하)일 것이다. 이는 주자와 전목의 심령心靈의 묵응默應의 결실이었다.

공자는 인학仁學을 창립했고, 남을 사랑하는 본성性을 창도했다. 또한 이를 하늘의 덕天德과 연관 지었다. 그리하여 "하늘이 나에게 덕을 내려주셨다天生德於予.", "어진 이는 산을 좋아한다仁者樂山"라는 논설도 있었던 것이다. 맹자는 이를 계승하여 인의학설을 만들었고, "부모님을 친애하고 나서 백성을 사랑하고, 백성을 사랑하고 나서 만물을 사랑한다親親而仁民, 仁民而愛物"라고 하면서 인애仁愛를 인간으로부터 만물에로 확장했다. 북송 때 장재는 『서명西銘』에서 '민포물여民胞物與'라는 천하관天下觀과 "천지를 위해 마음을 세운다爲天地立心."라는 우주적 사명을 제기했다. 정호는 『식인편識仁篇』에서 "어진 자는 혼연 만물과 한 몸이 된다仁者渾然與物同體."라는 천인天人 학설을 제기했다. 주자는 위로 대역大易의 도를 이어받고서, 생생지덕生生之德으로써 인학仁學을 풍부하게 만들고, 천인일체天人一體의 인학 우주관宇宙觀을 구축했다. 전목은 주자의 인학에 대해서 멋들어진 논술이 많았다. 한편, 주자 인학의 정화를 발굴하면서, 그의 이기설理氣說의 결점도 지적했다. 그는 『주자논인朱子論仁』에서 이렇게 말한다. "하지만 이기理氣라는 두 글자는 인생계人生界에 있어서는 종국에는 어쩐지 텅 비고 친절하지 못한 느낌이 든다.[298] 그가 인仁이라는 글자로써 이기를 해석하는 것에서는 그가 인생에 대한 친절함을 보아낼 수 있겠지만 그의 논설에서 하늘과 인간이라는 두 세상은 참말로 일체를 이루고 있었다."[299] 공자와

297) 韓復智編著:《錢穆先生學術年譜》卷5, 中央編譯出版社2012年版, 第1566頁.
298) 錢穆:《朱子新學案》上, 巴蜀書社1987年版, 第237頁.

맹자는 많이는 인생에서 인을 논했지만, 확실히 주자는 천지의 생의天地生意(천지가 낳는 뜻)로써 인을 논했다. 예를 들면, "인仁은 천지의 생기生氣(낳는 氣)이다."[300] "나는 오로지 생의生意에서 인仁을 논한다."[301] "비유컨대, 곡식의 종자처럼, 낳는生 본성이 곧 인仁이다.", "인仁은 천지가 만물을 낳는 마음이다."[302] "인仁은 생의生意(낳는 뜻)에서 나오는데, 그것인 즉 측은지심이겠다."[303] "어진 자仁者의 마음이 곧 이치理이다."[304] 그래서 "공자유학에서는 반드시 인仁을 추구하는 것을 우선하고 있었는데, 그것은 대개 이것이 만 가지 이치萬理의 근본이고 만 가지 현상萬事의 근본이기 때문이었다."[305] 전목은 특히 주자의 "어진 자仁者는 천지만물을 일체로 삼는다."라는 논설을 중요시하고 있었다. 그는 『주자학제강朱子學提綱』에서 이에 대해 이렇게 평론했다. 그는 우선 주자의 말을 몇 마디 인용한다. 예를 들면 이런 것들이다. "심心이라는 글자를 분명히 밝힌다면, 한마디로 낳는 것生일 따름이라고 말할 수 있다. 천지의 대덕大德을 낳는 것生이라고 하는데, 인간이 천지의 기氣를 품부 받아 태어났기生 때문에, 이 마음은 반드시 어질고仁, 어질게 되면仁 곧 낳게生 된다."[306] "천지가 만물을 낳는데生, 하나의 사물에 곧 하나의 천지의 마음이 들어 있다. 성인은 하늘 아래에 있는데, 한 사람에게 곧 하나의 성인의 마음이 들어있다."[307] 그 다음, 전목은 이렇게 평론한다. "주자는 오로지 마음의 낳은生 곳, 마음의 어진 곳仁에 착안하고 있었는데, 그리하여 우주만물은 일체로 통하게 되었다. 반드시 알아야 할 것은, 종래로 유가에서 인仁이라는 글자를 이 경지에까지 발휘한 학자는 유독 주자 한 사람뿐이었다."[308] 전목의 『주자신학안朱子新學案』에는

---

299) 錢穆 :《朱子新學案》上, 巴蜀書社1987年版, 第237頁.
300) (宋)黎靖德編, 王星賢校對 :《朱子語類》, 中華書局1986年版, 第107頁.
301) (宋)程頤, 程顥 :《二程集》卷十八, 中華書局1981年版, 第183-184頁.
302) (宋)朱熹, 呂祖謙撰 :《朱子近思錄》, 上海古籍出版社1999年版, 第246頁.
303) (宋)黎靖德編 :《朱子語類》第五冊, 王星賢點校, 中華書局1986年版, 第1691頁.
304) (宋)黎靖德編 :《朱子語類》第五冊, 王星賢點校, 中華書局1986年版, 第984頁.
305) (宋)黎靖德編 :《朱子語類》第一冊, 王星賢點校, 中華書局1986年版, 第114頁.
306) 錢穆 :《朱子學提綱》, 三聯書店2002年版, 第55頁.
307) 韓復智編著 :《錢穆先生學術年譜》卷5, 中央編譯出版社2012年版, 第1590頁.

"주자가 하늘과 인간을 논하다朱子論天人"라는 한 개 장이 있는데, 여기서는 주자의 이런 말들을 인용하고 있다. 즉 "천지가 말할 줄 모르면, 성인을 청해 나와서 말하게 하라."[309] "하늘이 곧 하나의 대저인大底人이고, 사람이 곧 하나의 소저천小底天이다."[310] 전목은 한 걸음 더 나아가 이렇게 말한다. "성性은 마음속에 들어있고, 이理는 기氣 속에 들어있는데, 하늘과 인간이 하나로 합치되니, 하늘은 또한 사람의 마음 속에 들어있겠다."[311]

전목은 『만학맹언晩學盲言』에서 우주대생명관宇宙大生命觀을 제기한다. 우주는 하나의 전체적 대생명이고, 인간의 생명은 하나의 소생명小生命으로서 인간의 소생명은 우주만물이 화합한 대생명에서 오게 되는데, 한편 이 대생명 또한 소생명에 들어 있다는 것이다. 만약 인류만 놓고 말한다면, 그 생명 또한 크고 작은 구분이 있는데, 개체 생명은 소생명이고, 가정, 국가, 천하는 대생명이라는 것이다. "인생의 대생명에는 소생명이 포함되어 있고, 소생명은 대생명에서 오게 된다."[312] "만물이 생명이 있고 없는 것은 모두 현상일 따름이다. 오직 천지대자연만이 그 본체(본질)의 시초이겠다."[313]

요컨대, 전목은 주자의 계시를 받고, '천인합일'론을 강조하고 있었고, 우주를 대생명체로 보고 있었고, 또한 끊임없이 낳고 또 낳아야만生生不息 인류사회 및 그 개체가 있게 된다고 했다. 한편, 인간은 반드시 "우주의 생명과 인간의 생명은 일체一體임"을 알아야 하고, 이렇게 되어야만 인애지심仁愛之心을 확장하여 대자연을 사랑하게 되고, 그 생명이 발육하고 번성하도록 추진할 수 있다는 것이다. 또한 이렇게 되어야만 인간의 마음이 천인일체지인天人一體之仁의 경지에 이를 수 있고, 진정하게 천지를 위해 마음을 세울 수 있다는 것이다. 전목은 만년에 『중국문화가 인류의 미래에 대한 가능한 공헌』이라는 글을 썼

308) 韓復智編著:《錢穆先生學術年譜》卷5, 中央編譯出版社2012年版, 第1590頁.
309) (宋)黎靖德編:《朱子語類》第四冊, 王星賢點校, 中華書局1986年版, 第1612頁.
310) (宋)黎靖德編:《朱子語類》第四冊, 王星賢點校, 中華書局1986年版, 第1426頁.
311) 錢穆:《朱子新學案》第一冊, 三民書局1971年版, 第376頁.
312) 錢穆:《晩學盲言》, 廣西師範大學出版社2004年版, 第125-133頁.
313) 錢穆:《晩學盲言》, 廣西師範大學出版社2004年版, 第9頁.

는데, 여기서 그는 이렇게 말한다. "중국문화에서의 '천인합일'관을 나는 일찍 여러 번 이야기 했지만, 최근에 와서야 이 관념이 참말로 전체 중국 전통 문화 사상의 귀결점이라는 것을 절실히 깨닫게 되었다. 나는 중국문화가 세계 인류의 미래 생존에 대한 가능한 공헌은 주요하게 역시 여기에 있다고 굳게 믿는다. 즉, '천명'과 '인생'을 화합하여 하나로 되게 해야 한다는 것이다."314) 전목이 이렇게 '천인합일'을 중요시했던 것은 대개 사람들이 전체적 대생명관大生命觀을 수립하고, 정감적 및 인지認知적으로 자연, 사회, 개인을 일체로 융합시켜, 보다 긴밀한 관계를 형성하도록 하려는데 그 목적이 있었다. 인류는 이 경지에 도달해야만, 조화로운 세상을 영위할 수 있고, 한편 인류의 생존도 오랫동안 지속될 수 있겠다.

넷째, 중국과 서양 문화를 비교하는 와중에 중국식 종교관을 구축했다. '종교'라는 어휘는 청나라 말 중화민국 초, 서방으로부터 일본을 거쳐 중국어 전해 들어와 유행하기 시작했고, 그때 이미 이 용어는 인문학에서 회피할 수 없는 중요한 신개념으로 자리매김했다. 그러나 학계에서 이 용어에 대한 이해는 다양했고, 일치한 해석을 이끌어내지 못했다. 중국에는 종교가 없다고 하는 자들도 있었고, 중국 종교와 서방 종교는 완전히 다르다고 하는 자들도 있었고, 유학이 곧 종교라고 하는 자들도 있었고, 종교는 중국에서 과학, 미육美育, 윤리, 철학으로 대체될 것이라고 주장하는 자들도 있었다. 학계에는 전문 중국 종교와 서방 종교의 공통점과 차이에 대해 회통식 탐구를 전개하는 학자가 아주 드물었는데, 그리하여 '중국 종교학'은 오래도록 탄생하지 못했다. 전목은 홀로 이 중임을 떠맡고, 직접 종교 개념들을 변별·분석하고, 중국과 서양 문화를 대비하면서 새로운 학설을 제기했다.

그의 『현대중국학술논형現代中國學術論衡』의 첫 장이 바로 "중국종교를 간략히 논함略論中國宗教'이다. 여기서 그는 두 개 절로 나누어 전문 자신의 종교관을 논술한다. 전목이 보건대, 중국과 서양 문화에서는 모두 믿음信을 중요시하

314) 郭齊勇, 汪學群 :《錢穆評傳》, 百花洲文藝出版社1995年版, 第86頁.

고, 모두 신神을 중요시하고, 모두 영혼이 있다고 믿고 있고, 모두 '최고 존재'를 숭상하고 있고, 모두 제사祭祀 활동과 도덕교화를 중요시 하는데, 하지만 또 각자 자체의 특징이 있었다. 그래서 양자를 간단히 유추해서는 아니 된다고 한다. '믿음信'을 놓고 말할 때, 중국에는

효孝, 제弟, 충忠, 신信이 있고, 오상五常에서의 인仁, 의義, 예禮, 지智, 신信이 있다. 한편, 서방 종교에서 믿음은 바깥에 있는데, 신자信者와 믿음은 둘로 나뉜다. 하지만 중국에서 믿음은 인간과 인간의 교류에서의 믿음을 말하고, 중요시하는 것도 안쪽이고[315], 믿음과 믿는 바所信가 하나로 합치된다.[316]

중국인들은 신神을 중요시 하는데,

그러나 신은 오로지 하늘에만 있지 않고, 오로지 하나님上帝에게만 속하지 않고, 사실 인간과 만물에도 들어있다.[317] 성인聖도 또한 하늘天과 신과 하나로 화합和合되기 때문에, 성인을 높이 받드는 것을 즉 중국의 종교라고 말할 수 있다.[318] 서방 종교에서는 믿음을 탐구하여 밝히지 않는다. 예컨대, 하나님, 천당, 영혼 같은 것들은 그것이 존재한다고만 믿고 있는데, 여기에 그칠 뿐이다.[319]

중국에서 영혼을 믿는 것은

믿음이 마음心에 있어, 반증反證이 없으면 곧 마음이 편안하고 사리에 맞게 된다.[320] 무덤을 만들어 해마다 제사를 지내는 것, 이것도 마음을 편안하게 하는 바이다. 사당祠堂의 신주神主(위패를 말함)도 혼기魂氣가 머무르는 곳이니, 아침저녁으로 공경하여 예禮를 드릴 수 있다.[321] 서방의 하나님은 하나의 구체적 존재이

315) 錢穆:《現代中國學術論衡》, 三聯書店2001年版, 第1頁.
316) 錢穆:《現代中國學術論衡》, 三聯書店2001年版, 第1頁.
317) 錢穆:《現代中國學術論衡》, 三聯書店2001年版, 第2頁.
318) 錢穆:《現代中國學術論衡》, 三聯書店2001年版, 第2頁.
319) 錢穆:《現代中國學術論衡》, 三聯書店2001年版, 第3頁.
320) 錢穆:《現代中國學術論衡》, 三聯書店2001年版, 第3頁.

지만, 중국의 하늘은 추상적 존재이다.[322] 중국에서는 신자 자신을 더 중요시하고 있는데, 평생 동안 하는 일에서 과연 마음에 한 점의 부끄러움이 없다면, 설령 하나님을 섬기지 않더라도 하나님은 벌을 내리지 않는다.[323]

전목은 불교와 예수교 및 회교回教의 차이와 공통점도 비교한다. 차이는 이렇다. 첫째, 열반涅槃의 추상적 성격抽象性은 하나님과 천당의 구체적 성격과 다르다. 둘째, 전생에 업을 쌓아 생로병사의 사고四苦가 있게 된다고 말하는 것과 서방에서 영혼을 믿는 것은 다르다. 셋째, "불교를 믿어서는 함께 수련을 해서 함께 부처로 될 수 있다. 예수교와 회교에서 신자들은 다만 영혼이 천당으로 갈 수 있을 뿐, 절대로 함께 예수나 마호메트로 될 수는 없다. 이것이 또한 크게 다른 점이다."[324] 전목은 또 이렇게 지적한다. "불교는 전해 들어온 것인데, 중국 전통 문화와 근사한 면도 있었지만, 또한 크게 다른 면도 있었다. 불교는 예수교, 회교와 마찬가지로 인생에 대해 비관적이었지만, 중국인들은 인생에 대해 낙관적이었다."[325] 그러나 "중국의 고승들은 또 자기의 마음을 돌이켜 보면서, 즉신성불卽身成佛할 수 있고, 입지성불立地成佛할 수 있음을 깨닫고 있었다."[326] 선종, 천태종, 화엄종에서는 모두 이 논리를 크게 받들고 있었는데, "이것이 바로 중국화한 불교이다."[327] 전목은 또 일신一神과 다신多神의 문제도 논한다. "일신과 다신 문제 또한 근대 중국인들이 중국과 서양의 종교 신앙의 높고 낮음을 가늠하고 평가하는 하나의 표준으로 되어졌었다."[328] "대저 중국인들은 친근하게 여기고 공경하려고 하는 것들을 반드시 신으로 섬기고 있었는데"[329] 그리하여 조상신祖宗神, 천지신天地神, 농신農神, 일월신日月神 등이 있

321) 錢穆 :《現代中國學術論衡》, 三聯書店2001年版, 第3-4頁.
322) 錢穆 :《現代中國學術論衡》, 三聯書店2001年版, 第4頁.
323) 錢穆 :《現代中國學術論衡》, 三聯書店2001年版, 第4頁.
324) 錢穆 :《現代中國學術論衡》, 三聯書店2001年版, 第5頁.
325) 錢穆 :《現代中國學術論衡》, 三聯書店2001年版, 第6頁.
326) 錢穆 :《現代中國學術論衡》, 三聯書店2001年版, 第6頁.
327) 錢穆 :《現代中國學術論衡》, 三聯書店2001年版, 第6頁.
328) 錢穆 :《現代中國學術論衡》, 三聯書店2001年版, 第9頁.

게 되었던 것이다. "중국 관념에서 신은 바깥에 있고, 성聖은 안쪽에 있는데, 오직 하늘과 인간 사이에서 통하고, 안과 바깥을 똑같이 대할 수 있어야만, 이를 신神과 성聖이라는 두 글자를 합쳐 신성하다고 말했다. 예컨대, 중국인들은 '천지군친사天地君親師'를 합쳐 말하기 좋아하는데, 때로는 천지天地의 대덕大德을 칭송하기도 하지만 그러나 종래로 성천성지聖天聖地라고 말한 적이 없고, 천성지성天聖地聖이라고 말한 적도 없다."330) 전목은 또 이렇게 지적한다. "중국의 예禮가 곧 중국의 종교인데, 그 처음 시작은 아득히 멀리 주공周公 전에 있었다. 하지만 그 전승은 줄곧 근세에까지 이어져 왔다. 그리하여 또 중국에도 종교가 있었다고 말할 수 있다. 다만 교주敎主가 없었을 따름이다.331) 그 주자主는 하늘天이었고, 하나님이었고, 역대의 훌륭한 조상들이었다."332) 중국인들은 유가의 영향을 받아 성정性情이 "넓고 크고 모든 것을 융통할 수 있었는데, 그리하여 중국인들은 불교를 믿을 수 있었고, 동시에 또 회교, 예수교도 믿을 수 있었다. 한편 이들은 평화롭게 공존했고 상호 충돌은 없었다. 노장의 후학들도 후일 도교를 창립했다. 한편, 유가는 끝까지 일교一敎로 되지 않았는데, 여기서 더욱 그 광대함과 고명함을 보아낼 수 있겠다."333) 전목은 또 이렇게 말한다. "공자께서 이르기를, '귀신은 공경하되 멀리 하라敬鬼神而遠之.'고 했다. 또 이르기를, '신에게 제사 지낼 때는 마치 신이 계시는 것처럼 하고, 내가 몸소 제사에 참가하지 않으면 제사를 지내지 않은 것과 같다祭神如神在, 吾不與祭如不祭.'라고 했다. 이는 공자가 귀신을 믿거나 믿지 않음을 말하는 것이 아니다. 종묘宗廟와 사직社稷 및 조상들의 사당祠堂에서 제사 지내는 예禮는 특히 공경하는 법敬을 가르치려는 것이었는데, 다만 여기에 그칠 따름이었다."334) 한편 "예에는 반드시 귀신이 있어야 했다.335) 그러므로 공자의 가르침敎을 예교禮敎라고 할 수

329) 錢穆:《現代中國學術論衡》, 三聯書店2001年版, 第9頁.
330) 錢穆:《現代中國學術論衡》, 三聯書店2001年版, 第10頁.
331) 錢穆:《現代中國學術論衡》, 三聯書店2001年版, 第12頁.
332) 錢穆:《現代中國學術論衡》, 三聯書店2001年版, 第12頁.
333) 錢穆:《現代中國學術論衡》, 三聯書店2001年版, 第17頁.
334) 錢穆:《現代中國學術論衡》, 三聯書店2001年版, 第17頁.

있겠다.[336] 중국의 예는 모두 크게 통하고大通 하나로 합치되는데合一, 그리하여 중국의 종교 역시 똑같이 이 문화의 대체계大體繫 속에 들어 있겠다. 한편 따로 하나의 체계一體로 갈라놓지 않아도 된다.[337] 주공과 공자가 예를 논하던 것도 역시 그것이 종교가 아니고, 철학이 아니고, 과학이 아니고, 문학이 아니었다고 말할 수 있겠다.[338] 기타 민족의 문화를 가지고 자신의 결점을 바로잡는 데는, 적당한 것이 하나도 없음을 보아내야 하겠다."[339]

전목은 이 책의 제2장 '약론중국철학略論中國哲學'에서 공자의 인예仁禮 학설과 정주이학程朱理學, 육왕심학陸王心學을 아쉬운 대로 중국철학이라고 칭한다. 하지만 중국철학에서 덕성德性과 양지良知를 중요시하던 것은 또 서방철학에서 사상과 지식에만 관심을 가지던 것과는 다르다고 한다.

이상에서 논술한 것은 전목의 종교관의 개요이다. 이상에서 보다시피 전목의 종교관은 비록 엄밀하지 못하고 체계적이지 못하기는 하지만 그러나 이미 일련의 중대한 개척이 있었다. 예를 들면 그는 이렇게 말했다. 즉, 중국에서 예로부터 전해 내려온 예교禮敎, 즉 천지와 종묘와 사직에 제사 지내고, 선조들의 종사宗祠에서 제사 지내고, 일월산천과 백신百神들에게 제사 지내던 것들을 포함하여, 이런 것들이 곧 중국인들의 전통 종교라고 했다. 또 중국인들의 종교는 다신교多神敎로서 서방의 일신교一神敎와 다르고, 또한 중국 종교에서의 천天, 성聖, 불佛, 선仙과 신자信者는 모두 통해서 하나로 합치될 수 있지만, 서방 종교에서의 하나님, 선각자와 신자는 영원히 둘로 갈라져 있다고 했다. 또한 유학이 본질적으로는 종교가 아니고 또 넓고 크고 모든 것을 융통할 수 있었기 때문에 중국 종교가 각종 외래 종교를 받아들이고 평화적으로 공존할 수 있었다고 했다. 또 불교는 원래 비관적이고 속세를 싫어했는데厭世, 하지만 중국화한 불교는 즉신성불卽身成佛을 논하고, 현실을 중요시하며, 인간과 부처의 통합

335) 錢穆 :《現代中國學術論衡》, 三聯書店2001年版, 第19頁.
336) 錢穆 :《現代中國學術論衡》, 三聯書店2001年版, 第20頁.
337) 錢穆 :《現代中國學術論衡》, 三聯書店2001年版, 第20頁.
338) 錢穆 :《現代中國學術論衡》, 三聯書店2001年版, 第20頁.
339) 錢穆 :《現代中國學術論衡》, 三聯書店2001年版, 第20頁.

을 주장하고 있었다고 했다. 마지막으로, 유가는 종교가 아니고, 철학이 아니고 또한 자체적 특색이 있는 바, 그래서 기타 민족의 문화를 가지고 그 결점을 바로잡을 수 없다고 했다. 이상의 지견智見은 서방 종교 연구성과를 참고하여, 중국 특색이 있는 종교학을 구축하는 데 있어서 중대한 계시가 있다고 하겠다.

5) 서학과 삼교를 회통하고서 생명철학을 재구축한 대학자: 방동미方東美

방동미(1899-1977)의 이름은 순珣이고, 그는 안휘安徽 동성桐城 사람이다. 남경 금릉대학교를 졸업하고서, 그 후 미국에서 3년간 유학하면서 서양 철학을 공부했고, 철학박사학위를 취득했다. 귀국 후, 선후로 무창고등사범대학교, 동남대학교, 중앙당무학교, 중앙대학교 등 대학교에서 서방 철학을 가르쳤었다. 1929년부터 1947년까지 중앙대학교 철학과 교수, 학과장으로 재직했다. 대만에 이주한 후, 1948년 대만대학교에 취직하여, 1973년 퇴직할 때까지 철학과 교수, 학과장 직을 맡았다. 전기에는 주로 서방철학을 강의했고 후기에는 주로 중국철학을 강의했다. 퇴직 후, 보인대학교로부터 초빙을 받고, 전문 '중국철학의 정신 및 그 발전'을 강의했다. 1977년에 세상을 떠났다. 방동미는 일생동안 저술을 아주 많이 했다. 대표작으로는 전기의 『생명의 정조情調와 미감生命情調與美感』, 『과학철학과 인생科學哲學與人生』, 중기의 『철학삼혜哲學三慧』, 『중국인생철학中國人生哲學』, 후기의 『중국철학의 정신 및 그 발전中國哲學精神及其發展』이 있다. 방동미의 평생의 이론 탐구는 '생명철학'으로 개괄할 수 있다. 그는 학술적 토대가 다른 사람들과 달랐고, 또한 당대 중국의 학술에 대해 반성을 많이 했는데, 그리하여 그는 '가치를 중심으로 하는' 사상 노선으로 나아가게 되었던 것이다. 그의 생명철학은 당대 신유가 학설에서 독보적인 지위를 가지고 있었다.

첫째, 연박한 지식과 포용 정신을 토대로 구축한 특색 있는 생명철학. 그는 비교문화학比較文化學의 안광을 가지고 세계 상의 사대四大 문화를 탐구했다. 즉 고대 그리스문화, 근대 유럽문화, 인도문화, 중국문화가 그것이다. 고대 그리스문화는 철학을 결정적 요소로 삼고 있었는데, 이는 "계리문화契理文化로서 핵심은 이치를 밝히고 진실을 추구하는데 있었다."340)고 한다. 이 문화에서는 "진리眞가 곧 미美이고, 진리가 곧 선善이다."341)라고 하는데, 결점이라면 즉 '진'를 절대화시킨 것이라고 한다. 근대 유럽문화는 과학을 결정적 요소로 삼고 있는데, 이는 '능력을 숭상하는 문화'로서 "핵심은 정감情을 내달리고 환상을 추구하는데 있다."고 한다. 이 문화에서는 '실제 감각'을 숭상하고 있는데, 나아가 "온갖 지식을 모든 것을 훼멸하는 기술로 변화시켰다."342)고 한다. 인도문화와 중국문화의 공통점이라면, "자연 및 인간이 역사와 혼연일체를 이루어, 넓고 거대한 흐름을 함께 하고 있다."343)고 보는 데 있다고 한다. 그러나 인도문화는 종교를 결정적 요소로 삼고 있고, 또한 '신神과 마귀가 뒤섞여 있고, 선善과 악惡을 둘로 가르는' 결점이 있다고 한다.344) 그가 보건대, 오직 중국문화만이 동방문화의 전형적 대표자로 될 수 있고, 이는 조숙早熟했고, 이는 기타 민족보다 수백 년 앞서, 종교로부터 이성理性에로의 전환을 실현했다. 방동미가 보건대, 원시 유가 학자들의 하나의 큰 공헌은 즉 유가가 '상서尙書, 홍범洪範을 숭상하던 데로부터 주역을 숭상하게 만든 데'345) 있었다. 또 한나라 이후, 유가 정신은 날로 쇠락했는데, 송·명·청 시기의 신유가는 이미 공자와 맹자와 비길 수 없이 되었다고 한다. 하지만 다행히 원시도가와 대승불학이 있어, 원시유가와 송나라 이후의 신유가와 서로 통하면서, 그제야 중국 문화정신의 최고점에 도달할 수 있었다는 것이다. 그 특징은 '생명을 중심으로 삼고 있고', 우주는 끊임없이 낳고 또 낳는 유행流行의 과정에 처하여 있다고 보고 있고, 인간과 우주는 혼연일체라고 간주하는 것인데, 이렇게 이상적 경지에 가까워질 수 있었다는 것이다. 그는 이것이 바로 유가의 '삼극三極의 도道이고', 도가의 '초월과 해방의

340) 方東美 :《生生之德》, 黎明文化公司1978年版, 第140頁.

341) 方東美 :《方東美集》, 群言出版社1993年版, 第18頁.

342) 方東美 :《方東美先生講演集》, 黎明文化公司1978年版, 第64頁.

343) 方東美 :《方東美集》, 群言出版社1993年版, 第161頁.

344) 方東美 :《方東美集》, 群言出版社1993年版, 第187頁.

345) 方東美 :《原始儒家道家哲學》, 黎明文化事業股份有限公司1983年版, 第47-49頁.

도이고', 불가의 '보리의 도'라고 한다. 또 이런 문화에서는 "인간의 생명을 펼쳐 우주에 계합契合시킨다."346)고 한다. 방동미가 보건대, 서방철학가들 가운데서 베르그송HenriBergson, 화이트헤드Whitehead의 생명철학이 『주역』의 생생철학生生哲學과 가장 잘 통할 수 있었다. 그는 이렇게 말한다. "나는 또 의도적으로 일부 구절을 선택하여 사용했는데, 이것들은 베르그송, 모르간Morgan, 화이트헤드의 용어와 근사한 것들이다. 왜냐하면 만약 그들이 한 걸음 더 나아가 중국문명을 접했더라면, 그들은 우주의 완연한 활기에 대해 (중국인들과) 똑같은 견해를 가지고 있음을 발견했을 것이기 때문이다."347) 또 독일의 헤겔 철학도 방동미에게 중요한 영향을 끼쳤다. 왜냐하면 헤겔도 우주는 하나의 전체라고 강조하고 있었고, 우주는 내적 모순을 포괄하고 있고 또 끊임없이 그 모순을 해결하는 운동과 발전의 과정에 처해 있다고 강조했기 때문이다. 이상에서 보다시피 방동미는 외부에서 선택적으로 서방철학의 영양분을 흡수했고, 내부에서는 유·도·불 삼교를 아울러 종합했다. 그는 유학에서 특히 『주역』철학을 중요시하고 있었고 또 송명이학宋明理學을 계승도 하고 초월도 했다. 그는 생명철학을 주축으로 삼고서, 여러 학설의 장점을 널리 받아들였다.

방동미가 보건대, 근대 서방에서 과학을 강조하는 것은 그 목적이 자연을 "통제하고 이용하는데 있었다." 하지만 중국인들이 자연에 대한 태도는 이와 달랐다. "우리의 철학사상은 '천인합일天人合一', '천인무간天人無間'으로서 전부 생명을 모두 자연계에 기탁했고, 모든 사상과 정서는 모두 오랫동안 자연계의 품속에서 길러졌고, 자연계에 대해 생소하다고 느끼지도 않았다. 즉 내가 바로 자연계이고, 자연계가 바로 나로서 나와 자연계는 물과 우유처럼 서로 잘 융화되어 하나로 합치되었던 것이다."348) 그는 또 이렇게 말한다. "중국 철학가들이 보건대, 인간과 우주의 만남은 오히려 아주 원융圓融하고 조화로운 것이었다. 인간의 소생명은 일단 우주의 대생명에 융화되어 들어가게 되면, 양자는 동정

346) 方東美:《生生之德》, 黎明文化公司1978年版, 第102頁.

347) 方東美:《方東美集》, 群言出版社1993年版, 第62頁.

348) 方東美:《方東美集》, 群言出版社1993年版, 第435頁.

同情하고 교감交感하고 일체로 되어 함께 변화했는데, 혼연 동체同體로 되어 성대하게 함께 흘렀다. 절대로 적대적이거나 혹은 모순되는 일이 없었다."[349] 중국인들의 마음속에서, "진인眞人, 지인至人, 완인完人, 성인의 인격이야말로, 도덕적 인격에 있어서 가장 소중하게 여길만한 이상적 인격이었다. 그들이 공통하게 추구하던 것이 바로 우주의 생명에서 섭취하여 자아의 생명을 충실하게 하고, 자아의 생명의 활력을 더욱 확장시켜 우주의 생명을 증진하는 것이었다. 이런 우주생명의 흐름에서만이 우주와 인생은 비로소 조화를 이룰 수 있고, 공동으로 창조와 발전을 이룰 수 있고, 그 다음 무궁을 직지直指하고, 지선至善에 머무를 수 있다. 이것이 바로 중국민족의 가장 소중한 생명정신이다."[350] 이는 방동미의 생명철학에서 가장 정요한精要 기술이다. 그 핵심은 하늘과 인간의 관계였고, 그 요지는 하늘과 인간의 화해로움和諧이었고, 그 특색은 하늘과 인간이 상호 섭수하는 것이었다.

방동미는 서방의 이성주의 및 직각주의直覺主義를 동방 중국의 천인합덕天人合德의 가치관과 융합시켰었다. 그리하여 그의 생명철학에서는 '예술, 철학, 종교', 이 삼자三者의 '합덕'을 추구하고 있었고, 초월적인 경지를 추구하고 있었고, 형이상학 본체론을 추구하고 있었고, 우주생명과 인류생명의 같은 흐름과 화해를 추구하고 있었고, 직각적 체험을 중요시하고 있었다. 그러나 그는 서방의 과학주의와 중국역사에서의 훈고訓詁와 고거考據의 연구방법 및 중화민국 시기 호적, 풍우란의 실증주의 역사관은 반대했다.(사실 胡適과 馮友蘭의 역사관은 똑같지 않았다.)

둘째, 원시유가原始儒家 : 중국문화정신의 근원 다시 찾기. 일반적으로 사람들은 육경六經이 유가에서 의거하고 있는 경전이고, 공자가 유학을 창립했기 때문에, 『논어』가 공자를 연구하는 주요 전적으로 되어졌고, 유학사에서 후기에 '사서'가 유행하게 되면서 『논어』의 지위가 더욱 숭고해졌다고 보고 있다. 그러나 방동미는 서방 플라톤주의 철학 전통의 영향을 받고, 『논어』를 다만 도덕

349) 方東美 :《方東美集》, 群言出版社1993年版, 第200頁.
350) 方東美 :《方東美集》, 群言出版社1993年版, 第212頁.

'격언'으로 간주하고 있었고, 철학 작품으로는 보지 않았다. 그 이유는 이러하다. "『논어』라는 책은 학문적 분류로 말할 때, 이는 우주발생론이나 또는 우주론의 문제를 논한 것이 아니고 또 본체론의 순수 이치의 문제를 논하지도 않았고, 또한 본체론을 초월한 최후의 근본문제를 논하지도 않았다. 한편, 가치 방면에서도 도덕의 가치, 예술의 가치, 종교의 가치 등 각종 가치를 포함하는 보편가치를 논하지 않았다."[351] 때문에 이 책은 '순리철학純理哲學'에 귀속시킬 수는 없다는 것이다. 이 책은 다만 "실제적 인생의 체험에 근거하여, 간결한 언어로써 그것을 표현해낸 것이다. 즉 이른바 '격언'으로 말이다!" 그래서 이를 '격언학格言學'[352]이라고 칭할 수 있다는 것이다. 방동미가 보건대, 원시유가의 정신과 중국철학의 근원은 마땅히 『상서』와 『주역』, 이 두 책에서 찾아야 했다. 『상서·홍범洪範』에서는 '오행'과 '황극'이라는 이 두 관념을 제기했다. "오행'은 선진 시기에 이미 철학적 의미를 지니고 있었고, 중국의 우주론, 자연철학, 역사철학의 맹아로 되어졌었다. 한편, '황극皇極'은 최고 가치의 추상이었다. "『상서·홍범』에서의 '황극'은 우주의 최고 진상眞相과 가치를 대표한다."[353]

방동미는 『주역』을 중요시하고 있었는데, 그가 보건대, 『역전易傳』의 '십익十翼'이 중국 생명철학의 정신을 가장 잘 드러낼 수 있었다. 이렇게 말한다. "가치학價値學적 해석은 '십익'에서는 곧 『문언전文言傳』이겠다."[354] "『단전彖傳』에서의 해석은 단지 도덕적, 미학적 해석만이 아니었고, 이는 통일적인 철학 해석이었다."[355] 그는 생명철학의 시각에서 중국철학의 형성을 논했다. 이렇게 말한다.

> 중국 철학을 놓고 말할 때, 역시 하나의 통일적 우주를 형성하고 있었지만, 그러나 통일적 우주에서의 기본 현상은 순수 자연사물에 그치는 것이 아니었고,

351) 方東美:《新儒家哲學十八講》, (臺北)黎明文化公司1993年版, 第25頁.
352) 方東美:《新儒家哲學十八講》, (臺北)黎明文化公司1993年版, 第25頁.
353) 方東美:《原始儒家道家哲學》, (臺北)黎明文化公司1983年版, 第75頁.
354) 方東美:《方東美集》, 群言出版社1993年版, 第445頁.
355) 方東美:《方東美集》, 群言出版社1993年版, 第446頁.

더욱이 이는 하나의 생명 현상이었다. 때문에 중국 철학은 춘추 시대로부터 곧 하나의 생명을 중심으로 하는 철학에 집중되었다. 즉 하나의 생명철학 체계였다. 이 생명은 동식물과 인류가 소유하고 있는 것만이 아니었다. 심지어 중국인들은 환상 속에서도 죽은 사물의 기계적인 질서가 있다고 인정하지 않았다.[356] 중국에서는 종래로 인간의 생명으로부터 사물의 생명을 체득하고 있었고, 나아가 전체 우주의 생명을 체득하고 있었다. 그렇다면 중국의 본체론은 사실 하나의 생명을 중심으로 하는 본체론이었고, 모든 것을 생명에 집중시키고 있었다. 한편 생명활동은 도덕적 이상, 예술적 이상, 가치적 이상에 의거하고 있었고, 이를 생명의 창조 활동에서 완성하고 있었다. 그리하여 『주역』의 '계사대전繫辭大傳'에서는 사실 하나의 본체론 체계를 형성했을 뿐만 아니라, 더욱 가치를 중심으로 하는 본체론 체계를 형성했다. 먼저는 생명을 중심으로 하는 철학 체계였고, 다음은 가치를 중심으로 하는 철학체계였다. 그렇다면 『주역』은 우주론, 본체론, 가치론의 형성으로부터 하나의 가치 중심의 철학체계를 형성했던 것이다.[357]

방동미가 『역전易傳』을 중요시했던 것은 여기에 "하늘과 땅이 감응하면서 만물을 화생한다天地感而萬物化生."는 우주발생론이 들어 있고, 또 "형이상자를 도라고 하고, 형이하자를 기라고 한다形而上者謂之道, 形而下者謂之器."는 우주본체론이 들어있고, 또 "낳고 또 낳는 것을 역이라고 한다生生之謂易.', '천지의 대덕을 낳는 것이라고 한다天地之大德曰生."라는 생명론과 가치론이 들어있었기 때문이었다. 또한 『역전』철학은 '음양불측陰陽不測', '천지의 조화道를 개괄하는 彌綸天地之道' 등의 형이상形而上의 성격을 가지고 있고, '감응하여感 천하의 이치에 통하는感而遂通天下' '일반적인 언어의 믿음성과 일반적인 행위의 신중함이 있어庸言之信, 庸行之谨', 생명의 성장과 생활의 일반상태에 밀접히 관련되기 때문이었다. 바꾸어 말하면, 이는 서방철학에서 형이상 본체에 대한 추구와 모순되지 않는 동시에 이에는 중국철학에서 생명의 대화유행大化流行에 대한 존중이 간직되어 있었기 때문이었다. 그리하여 방동미 생명철학의 경전적 근거와 의탁으로 되어졌던 것이다.

356) 方東美 :《方東美集》, 群言出版社1993年版, 第446頁.
357) 方東美 :《方東美集》, 群言出版社1993年版, 第446頁.

사회정치 이상에서 서방의 개인주의는 나아가 제국주의와 대민족주의를 형성시켰고 심지어 파시즘 제도가 출현하게 만들었다. 하지만,

> "우리 중국의 전통 사상은 '천하는 모든 사람의 것이다天下爲公'라는 것이었다. 『예기·예운편禮運篇』에서는 '대도가 행해지면 천하가 모든 사람의 것이 된다大道之行也, 天下爲公.'라고 하는데, 이로부터 '이를 대동大同이라고 한다是謂大同'라는 말마디까지, 이 단락에는 수많은 소중한 이치가 들어있고, 피차 모두 관련이 있는 바, 만약 그것들을 조화롭게 만들 수 있다면, 국민들의 생활은 곧 안정함을 보장받게 된다. '천하는 모든 사람들의 것이다天下爲公.'라는 말은 인본주의자들의 지극히 숭고한 정치이상을 대표할 수 있다.[358] 이는 사리사욕만 채우려는 심리를 희생하고, 웅장하고 거대한 개인을 완성하고, 이상적인 국가를 건설하고, 더 확충하여, 대동의 세상을 창조할 것을 요구한다. 이런 위대한 이상은 우리 민족정신의 생명선生命線이었다. 묻건대, 오늘날 세계에서 어느 나라의 주의主義 또는 제도가 이런 숭고한 이상을 가지고 있는가?[359]

보다시피 방동미의 천인합일天人合一은 '사람마다 화해롭게 지내는 것'을 포함하고 있었다. '천하는 모든 사람의 것이다天下爲公'라는 사상은 그의 '우주일체宇宙一體' 이념의 사회적 차원이었고, 그의 생명철학의 중요한 구성부분이었다.

셋째, 도가철학 : 정신적 초탈과 해방의 도道. 방동미 생명철학에서 도가철학은 중요한 위치에 자리하고 있었고, 심지어 유가를 초과하고 있었다. 그의 생명철학에서는 유가와 도가가 상호 보완하고, 도가로써 유가를 이끌어가는 구도를 형성하고 있었다. 그가 보건대, "도가에서 일관되던 도는 간단히 말하자면, 장자의 '천지와 나가 함께 살고, 만물과 나가 하나로 된다.'는 말로 대표할 수 있다. 이렇게 인간의 정신과 우주의 전체 정신을 일체로 관통시켰던 것이다."[360] 하지만 근원을 따지자면 또 노자의 도에 되돌아가야 한다고 한다. "우주의 근원, 우주의 비밀을 노자는 '현玄'이라는 한 글자로 개괄했다."[361] 그러나

358) 方東美 :《方東美集》, 群言出版社1993年版, 第439頁.
359) 方東美 :《方東美集》, 群言出版社1993年版, 第439頁.
360) 方東美 :《原始儒家道家哲學》, 黎明文化公司1983年版, 第28頁.

그는 장자를 더 찬양하고 있었다. "장자의 정신은 노자의 정신에 비해 더욱 위대하다. 왜냐하면 노자는 정신이 위로 향해 발전할 것을 중요시했지만, 장자는 위로 향하는 정신적 경로를 펼쳐 아래로 향하게 만들었기 때문이다. 이렇게 현실의 세계에 접하고, 현실의 인생에 접하게 만들었는데, 현실의 인생은 그리하여 아름답게 되었던 것이다."[362] 방동미가 보건대, 장자철학은 높은 경지에서 인간세상을 내려다 볼 수 있었는데, 그리하여 그는 철학을 공부하려면 반드시 장자처럼, 비행기를 타고 고공에서 인간 세상을 내려다보는 것처럼 해야 한다고 한다. 이렇게 되면 밝고 찬란한 세상을 감수할 수 있다는 것이다. "장자는 분명히 알고 있었다. 그의 정신은 대붕大鵬으로 되어, 회오리바람을 타고 구만리 상공에 날아올랐었는데, 고공高空에서 자유로운 정신을 가지고 종횡으로 마음껏 내달리면서, 인간 세상을 두루 돌아보아야만 여러 가지 철학과 지혜가 생길 수 있다는 것을 말이다."[363] 그는 또 이렇게 말한다. "만약 한 사람이 그의 생활상의 경력에서, 물질세계로부터 생명의 경지 → 심령의 경지 → 예술의 경지 → 도덕의 경지에로 나아갔다면, 그가 이렇게 위를 향해 그의 생명의 지위, 생명의 성취, 생명의 가치를 끌어올렸다면, 이때에 이르러 그는 진정하게 장자가 말하는 '하늘天을 종宗으로 삼고, 덕德을 근본本으로 삼고, 도道를 문門으로 삼고, 모든 변화를 초월하는 자를 성인이라고 한다.'라는, 이런 경지에 도달할 수 있겠다."[364] 이가 '진정한 대인大人'이고, "그의 전체 생명은 온 세상을 포용할 수 있고, 온 세상을 통섭할 수 있다."[365]는 것이다.

방동미는 또 도가와 유가를 비교했다.

> 도가에서 말하는 도道는 초탈하고 해방하는 도道이고, 유가에서 구축한 정신은 육예六藝정신이라고 할 수 있다. 육예六藝정신이 지배하는 세상은 주요하게는 시

361) 方東美:《原始儒家道家哲學》, 黎明文化公司1983年版, 第29頁.
362) 方東美:《中國大乘佛學》, 黎明文化公司1984年版, 第18頁.
363) 方東美:《方東美集》, 群言出版社1993年版, 第44頁.
364) 方東美:《方東美集》, 群言出版社1993年版, 第416頁.
365) 方東美:《方東美集》, 群言出版社1993年版, 第417頁.

서예악詩書禮樂과 같은, 이런 가치가 표출되는 세상이다. 이것이 바로 인문人文의 세상이다. 인간이 우주 가운데 있는데, 유가에서는 인간을 우주의 중심, 우주의 주체로 보고 있다. 한편, 도가에서는 '인간은 땅을 본받고, 땅은 하늘을 본받고, 하늘은 도道를 본받고, 도道는 자연을 본받는다.'라고 말한다. 다시 말하면, 인간 위에는 또 수많은 등급이 존재하고, 수많은 상이한, 아주 높은 경지가 존재한다고 한다. 도가에서는 이 방면에서 또 더 위로 초월하려 하고 있는데, 어떤 경우에는 유가의 가치에 대해 완곡한 비평도 있었다. 왜냐하면 그 가치는 다만 인류의 가치를 대표할 수 있을 따름이기 때문이었다. 그러나 전체 우주에서, 이것이 최고의 절대적 가치가 아니다.[366] 장자의 소요유逍遙遊, 제물론齊物論에서, 그(莊子)는 우주의 상층세계上層世界를 끌어내린 것이 아니라, 오히려 우주의 하층경지下層境界를 위로 끌어 올렸다. 줄곧 넓은 허공寥天에까지 말이다. 이는 정신적 우주에서 최고봉이라고 하겠다.[367]

다시 유학사를 돌이켜보면, "한나라 이래, 줄곧 송나라 때까지, 우리는 중국에서 최고의 지혜는 오직 유가에만 있다고 생각했다. 그러나 이는 아주 편협한 견해이다. 도가의 정신은 적어도 유가의 폐단은 바로잡을 수 있었다."[368] 방동미는 철학의 초월정신을 추구하고 있었고, 철학은 반드시 우주의 최고봉에서 인간세상을 내려다 보아야 한다고 주장했다. 이렇게 되어야만 '전인全人(완전한 인간)'의 경지에 도달할 수 있다는 것이다. 그래서 그는 도가철학을 편애하고 있었고, 특히 장자를 높이 받들고 있었다. 장자가 세상 사람들에게 무한한 정신적 공간을 개척해주었기 때문이었다.

넷째, 대승불학大乘佛學 : 법계가 원융法界圓融하고 광대하고 화해로운 지혜. 방동미는 통시적歷時 및 공시적共時이라는 이 두 시각에서 불교가 동쪽으로 전해 들어오던 과정을 고찰했다. 그가 보건대, 불교는 중국 주류 사상의 영향을 많이 받았는데, 특히 도가의 정신을 많이 받아들여 점차 사람들의 마음속에 깊이 파고 들게 되었다. 먼저는 '육가칠종六家七宗'의 학설이 있었고, 이어서는

366) 方東美 :《方東美先生演講集》, 黎明文化事業公司1984年版, 第51-52頁.
367) 方東美 :《方東美先生演講集》, 黎明文化事業公司1984年版, 第53頁.
368) 方東美 :《方東美先生演講集》, 黎明文化事業公司1984年版, 第53頁.

승조僧肇, 도생道生의 학설이 있었고, 수, 당 시기에 이르러서는 십종十宗이 함께 일떠서게 되었다. 한편, 화엄종華嚴宗의 "주요 이론체계는 중국인들이 철학적 지혜에서 발휘한 광대함과 화해로움和諧을 지극히 현양顯揚할 수 있었다. 적어도 이론적으로 말할 때(역사적으로 모두 그런 것은 아니지만), 화엄 철학은 중국 불학사상의 발전을 집대성한 것으로 볼 수 있는데, 마치 백 갈래의 하천이 바다에 모여들고, 만 갈래 물 흐름이 한 곬으로 돌아가는 것 같았다."[369] 그는 화엄 철학을 찬미하여 이렇게 말한다.

> 화엄의 요지는 우선, 우주 만법의 온갖 차별의 경지와 인간세상의 모든 고상한 업력, 그리고 과거, 현재, 미래 삼세의 모든 부처님의 일체 공덕과 성취의 총체를 융합하여, 일거一擧에 그것을 '일진법계一眞法界'에 통섭해 넣고서, 이를 무상無上의 원융으로 본 것이다. 그 목적은, '사람마다 마음속에 성덕을 갖추고 있고 또 스스로 불성을 충분히 발할 수 있어, 갑자기 깨닫고 원만함을 이루는 데서 아주 자유롭고 저애가 없음'을 설명하려는데 있었다. 이 일진법계一眞法界는 인간세상을 떠나지 않는데, 오로지 사람마다 어떻게 몸소 체득하고 힘써 실천하고, 지혜에 기대어 행동할 것인 지를 철지하게 깨닫는 데에 달려 있다. 이것이 원래 참불하는 지혜이다. 불성 본체는 전부 인성에 스며들어가 그들의 영구한 정신을 형성하고 원만하게 모든 것을 갖추게 해줄 수 있다. 이를 일러 법계가 원만하고, 일왕평등一往平等하고, '평등한 성지平等性智(자기와 타인의 평등함을 아는 지혜)'를 이루는 것이라고 한다. 이 정신계의 태양은 만물을 찬란하고 아름답게 비추어 주는데, 한편, 모든 중생 즉 유정중생有情衆生이나 무정중생無情衆生을 막론하고, 모두 보편적으로 섭수攝受하고 관통하고 융화하게 해주어, 각자 홀로 이채異彩를 발하는 동시에 또한 서로 빛내주면서 아름다운 풍경을 이루게 해준다. 그리하여 이성의 당체(본바탕)가 쓰임새가 있게 되어, 변화가 무궁하게 온갖 인생 활동에 구체적으로 나타나게 되고, 한편 넓고 크고 모든 것을 갖추고 있고, 일왕평등一往平等한 '일진법계一眞法界'와 더불어 공동으로 원음圓音을 드러내게 된다. 부처님이 진광眞光을 발하고, 진여眞如의 도리를 나타내면, 더 없이 눈부시게 아름다운데, 이로써 일체 유정중생有情衆生들이 공동으로 증득하게 해준다. 온갖 차별의 심법差別心法과 온갖 차별의 경지가 동시에 함께 융화되고, 무차별 경지의 본체진여本體眞如로 나타

369) 方東美：《方東美集》, 群言出版社1993年版, 第397頁.

나는데, 참말로 아주 원만하고 또 모든 것을 다 갖추고 있다고 하겠다. 이것이 보살의 정각正覺을 이룬 것이고, 만법萬法을 함께 갖춘 것이고 또 서로 관통하여 융합된 그것이겠다.370)

방동미는 두순杜順, 지엄智儼, 법장法藏, 징관澄觀, 종밀宗密 등 다섯 사람이 화엄종 이론체계를 구축하던 일을 논하면서, 그들의 법계관을 세 가지로 귀납한다. 즉 진공관眞空觀, 이사무애관理事無礙觀, 주편함용관主遍含容觀이 그것이다. 방동미가 보건대, 이것들은 "삼대 원리를 드러낸다. 즉 첫째, 서로 섭취하는 원리, 둘째, 서로 의존하는 원리, 셋째, 두루 포함하고 용납하는周遍含容 원리이다. 요컨대, 이런 원리들은 법계의 연기緣起와 무한하게 이어지는 현상重重無盡을 훤히 밝힐 수 있다. 한편 이것이 일체원융一體圓融의 취지이기도 하다."371) 방동미는 특히 화엄종의 '이사무애理事無礙', '일다호섭一多互攝'의 이념을 찬양한다. 이렇게 되어야만 무차별 경지의 본체진여本體眞如에 가까워질 수 있다는 것이다. 방동미는 화엄의 정의에 대하여, 이미 동정同情의 이해의 수준이 아니었고, 거의 학문승學僧의 깨달음體悟에 도달했다. 그리하여 대승불학은 곧 방동미의 생명철학의 내적 요소로 자리 잡게 되었던 것이다.

다섯째, 유·도·불 삼학 종합 논술 : 이채異彩가 눈부신 중화생명철학의 주요 구성. 방동미가 생명철학을 구축하는데 의거했던 중화철학 자원은 주요하게 유가, 도가, 불가의 학설이었다. 그는 늘 이것들을 함께 아우르면서 논술하고 있었고, 이로써 삼자가 서로 빛내주면서 아름다운 풍경을 이루는 모습을 보여주려고 했다. 중국 형이상학을 논할 때, 그는 이렇게 말한다.

유가를 놓고 말하자면, 특히 '입인극立人極(인간됨의 최고표준을 세움)'을 주장하고 있었는데, 개인들이 마땅히 하늘과 땅 사이에서 스스로 우뚝 일떠서야 하고 또한 끊임없이, 끝이 없이 자아실현을 추구해야 한다고 보고 있었다. 도가를 놓고 말하자면, 그들은 개인들이 마땅히 영원한 소요逍遙와 해탈을 추구해야 한다고

370) 方東美 :《方東美集》, 群言出版社1993年版, 第398頁.
371) 方東美 :《方東美集》, 群言出版社1993年版, 第398頁.

보고 있었다. 불가에서 볼 때, 개인들은 마땅히 끊임없이 스스로를 정화해야 하고, 영혼이 승천할 것을 추구해야 했다. 결국 삼교에서 숭상하는 인격 이상人格理想은, 즉 사람들이 도덕, 미懿美, 종교의 세 방면에서, 그 수양이 모두 원만하고 결함이 없는 경지에 도달할 것을 추구하는 것이었다.372)

중국인들이 정신적으로 예술(정신이 자유롭고 변화무쌍하고 초탈함精神自由空靈超脫), 도덕(웅대하고 숭고함巍然崇高), 형이상(신묘하게 중현重玄을 이룸妙造重玄), 종교(경건하고 숙연함虔敬肅穆)의 경지를 추구하던 일을 논할 때, 그는 이렇게 말한다.

> 그 어떤 생활영역에서도 그 경지의 조예가 여기에 미치지 못하는 자들은 곧 고통과 근심과 슬픔에 빠지게 되고, 암담하고 실성하게 되고, 삶의 흥미를 전연 잃게 된다. 이것이 바로 유가에서 천도의 끊임없이 낳고 또 낳고, 멈추지 않고 진전하는 건원 정신을 동경하고, 이로 하나의 광대하고 조화로운 도덕의 우주 질서를 구축하려고 하던 그 원인이다. 또 이것이 바로 도가에서 중현重玄을 숭상하는 원인이고, 일심으로 무無를 품에 껴안으려고 하던 이상이고, 이로 유有의 세계의 만물을 초탈하려고 하는 상대성 그 자체이다. 또한 이것이 중국 불가에서 자비와 지혜를 모두 중요시하고, 열심히 불도에 정진하고, 한번 마음먹으면 끝까지 해내고, 마음으로 불성을 깨닫고, 보리菩提의 도道를 닦고, 일승인과一乘因果를 증득하는 이유이다.373)

유가에서는 도덕적 인생을 중요시하고, 도가에서는 예술적 인생을 중요시하고, 불가에서는 종교적 인생을 중요시하고 있었는데, 한편 삼가에서는 모두 속세의 고통 받는 인생을 초월하려고 했다는 것이다.

불교가 중국에 전해 들어와 도가 및 유가와 회통하던 과정을 논할 때, 그는 이렇게 말한다.

> 불학이 중국에 들어온 후, 우리는 도가의 최고의 지혜를 가지고 맞이했고, 대승

372) 方東美:《方東美集》, 群言出版社1993年版, 第378頁.

373) 方東美:《方東美集》, 群言出版社1993年版, 第374頁.

불학이 더 나아가 선종의 최고의 지혜를 발전해내도록 했다. 또한 유가의 성선性善 정신과 결합하여, 원래 외국으로부터 들어온 불학이 완전히 중국의 지혜로 탈바꿈하게 만들었다.[374] 이 몇 가지 중국사상에서 그 대표자 본인들의 내적 정신은 도대체 어떤 것이었는가? 간단하게 말하면, 이런 여러 상이한 정신은 모두 한 점에 집중되는데, 이런 데서 표현된다. 즉 '인성人性의 가장 깊은 곳에 들어가 알아보고, 그 다음 인성 자체와 그 모든 노력의 성취를 몸으로 깨달으면서, 어느 곳에서나 인성의 위대함을 보아낼 수 있었던 것이다.' 특히 유가에서 배워서 '끊임없이 생명을 창조하는 세계에 인류의 생활을 배치하고, 인류 정신생활의 위대함을 표현하기' 시작했다. 도가, 심지어는 불학에서도 모두 한 걸음 더 나아가 이 점을 발양하고 있었다.[375] 중국의 사대 사상 전통, 즉 유가, 도가, 불가, 신유가에서는 모두 하나의 공통한 예설豫設(사전 설정)이 있었다. 즉 철학의 지혜는 위대한 정신적 인격에서 흘러나온다는 것이었다.[376] 송명이학宋明理學을 말하자면, 그들은 세 전통을 이어 받았다. 첫째는 유가이고, 둘째는 도가와 도교이고, 셋째는 불학(대부분은 禪宗)이었다. 그래서 송, 명 이학가들은 생명과 우주를 조화시킬 것을 주장하고 있었고, 천지와 하나로 합치되는 경지를 만들어낼 것을 주장하고 있었다. 왜냐하면 일체의 경지는 '시간과 공간을 모두 아우르는 의의'를 가지고 있기 때문이다. 이 사람들을 '시공간을 모두 아울러 종합한 사람들'이라고 칭할 수도 있겠다.[377]

방동미가 보건대, 불가, 도가와 유가 삼자는 완전히 갈라놓기 어려운데, 그래서 그는 유가 도통을 수호한다는 이유로 불가와 도가를 배척하는 것에 찬성하지 않았다. 그는 이렇게 말한다. 대승불학에서

노장사상은 그 가운데 지극히 중요한 한 개 부분이다. 이런 시각에서 송명이학宋明理學을 살펴본다면, 송, 명 유학자들은 대체로 모두 도가와 불가에 10여 년씩 넘나들었는데, 그래서 도가와 불가의 영향을 깊이 받았음은 더 말할 필요도 없겠지만, 그러나 그들은 덮어놓고 도가와 불가를 배척했다. 오늘날 사람들은 이 도리

374) 方東美 :《方東美文集》, 武漢大學出版社2013年版, 第149-150頁.

375) 方東美 :《方東美文集》, 武漢大學出版社2013年版, 第150頁.

376) 方東美 :《原始儒家道家哲學》, (臺北)黎明文化公司1983年版, 第40頁.

377) 方東美 :《方東美文集》, 武漢大學出版社2013年版, 第174頁.

> 를 살피지 않고, 맹목적으로 송, 명 유학자들의 뒤를 따라 불가와 도가를 배척한다. 또한 특별히 유가만 감싸주려고 하고, 이를 위해 일부러 숨기고 감추면서, 역사 사실을 말살해버리는데, 이는 특히 명지하지 못한 짓이다![378]

방동미의 박대한 흉금은 여기서 충분히 드러나고 있다고 하겠다.

여섯째, 민족 자신감을 수립하고, 민족의 철학 정신을 발양하고, 중국과 세계의 미래를 위해 공헌할 것을 주장했다. 방동미는 우수한 중화민족과 그 문화를 깊이 사랑하고 있었다. 그리하여 근대이래, 중국청년들이 가지고 있었던 민족 열등감에 대해 아주 우려하고 걱정했다. 그는 이를 교육의 결손이 초래한 결과라고 보고 있었다. 미국에서 학술강연을 할 때, 그는 유태인 교수 앞에서 유태인의 우수함을 찬미했다. 그러자 그 교수는 도리어 미국 중학생(미국 국적을 가진 중국인 후예, 인도인 후예, 유대인 후예 포함)들의 지능 측정결과, 중국인들의 지능이 가장 높고, 인도인이 두 번째이고, 유태인이 세 번째라고 알려 주었다. 이 말을 듣고 그는 한탄을 금치 못했다. 이렇게 우수한 민족이

> 오늘날에 와서 도리어 자기 민족이 우수하다는 자신감을 잃고, 실없이 스스로 열등감을 가지고 스스로를 비천하게 여기고, 모든 방면에서 모두 하나의 '빈 주머니'로 변해버렸다! 다른 문화와 감히 부딪치지도 못하는데, 일단 부딪치게 되면 또 모든 것이 남의 것이 좋고 자기의 것이 너무 나쁘다고 한다![379] 이는 교육에 방책이 없고, 문화에 이상理想이 결핍했던 탓이라고 말할 수 있겠다. 지금까지 어느 누구도 원대한 안광을 가지고, 중국의 유구한 전체 역사와 우수하고 아름다운 문화에 대해 진정하게 체계적으로 설명해주지 못했는바, 그리하여 현대 청년들이 '우리는 나라를 세울 수 있는 역량을 가지고 있고, 우리민족은 튼튼한 뿌리를 가지고 있다'는, 이런 신심을 가지게 하지 못했던 것이다. 반대로, 우리의 우수한 청년들이 고귀한 천품을 가지고 있지만, 자신감을 상실하고, 자존심을 말살해 버리고, 이상을 포기하게 만들었던 것이다.[380]

378) 方東美 :《方東美文集》, 武漢大學出版社2013年版, 第278頁.
379) 方東美 :《方東美文集》, 武漢大學出版社2013年版, 第300頁.
380) 方東美 :《方東美文集》, 武漢大學出版社2013年版, 第300頁.

그는 만년에 저술한 『중국철학이 미래의 세계에 대한 영향』에서 이렇게 말한다. 그가 대만대학교에서 교편을 잡았던 20여 년, "여기에는 진정한 중국문화란 근본 없었다! 설령 있다고 하더라도, 그것은 아주 가벼웠다!"[381] 젊은이들은 서방에 유학을 가서 "그들의 교육의 좋은 면은 배우지 못하고, 옅고 경박한 그런 풍기만 가득 배우고 돌아왔다. 복장, 습관으로부터 심지어 말을 하는 어투와 표정까지, 모두 '양경빈洋涇浜(서양 스타일을 서투르게 모방하는 자들)'의 냄새가 물씬물씬 풍긴다.[382] 오늘날에 이르기까지, 중국에는 아직 독립적인 문화정책이 없다."[383] 그는 이렇게 지적한다. 즉 세계철학은 쇠퇴하고 있고, 중국철학은 건가乾嘉 때에 이미 죽어버렸는데, 현재는 "하루 빨리 각성해야 하고 정신적으로 다시 분발해서, 장래의 중국을 위하여, 장래의 세계를 위하여, 결심하고 일종의 새로운 철학을 구축해야 한다. 가령 철학의 명맥이 우리의 정신세계에서 아직 죽지 않았다면, 우리는 마땅히 일종의 책임을 짊어져야 하고, 미래의 세계를 위하여, 이 철학에서 하나의 청사진을 그려내야 한다. 마치 건축사들처럼, 반드시 하나의 새로운 철학 체계를 구축해내야 한다."[384]

그렇다면 이 청사진이 의거하고 있는 것은 어떤 것인가?

> 동방에서 원시유가의 공자, 맹자와 순자, 원시도가의 노자와 장자는 말할 필요가 없을 것이고, 대승불학에서 천태종, 법상종, 화엄종, 심지어 선종까지도 최종 목적은 모두 인간의 정신을 자연계로부터 끌어올려 정신적 절정絶頂에 도달케 하는 것이었다. 그 다음, 인류가 지능과 재성才性에서 완전무결하게 되고, 신성神聖하게 될 것을 추구했다.[385] 만약 이런 청사진을 체득하고, 이를 세워, 하나의 입체적 우주를 구축할 수 있다면, 이 입체적 우주에서 하나의 최고로 신성한 인류 생명의 가치를 위쪽에 위치시켜놓고, 그다음 천천히 한 걸음 한 걸음 인류의 정신을 위로 끌어올리면 되겠다.[386]

381) 方東美:《方東美文集》, 武漢大學出版社2013年版, 第607頁.
382) 方東美:《方東美文集》, 武漢大學出版社2013年版, 第608頁.
383) 方東美:《方東美文集》, 武漢大學出版社2013年版, 第608頁.
384) 方東美:《方東美文集》, 武漢大學出版社2013年版, 第609頁.
385) 方東美:《方東美文集》, 武漢大學出版社2013年版, 第629頁.

이 강연에서 그는 이렇게 호소했다. "우리 청년들은 누구나 모두 용기를 가지고 일떠설 수 있고, 우리는 사상적으로 이렇게 독립적이고 자주적일 수 있고, 고도로 훌륭한 철학적 지혜를 표현하고, 고도로 훌륭한 종교정신을 표현하고, 고도로 훌륭한 예술적 취향을 표현할 수 있다. 그렇게 되면, 현재 각 TV방송국에서는 절대로 감히 다시 매일 지저분한 프로그램을 가지고 우리를 곤혹케 하지 못할 것이다."[387] 그는 평생 철학을 연구하고 또 서방, 중국, 인도의 최고로 우수한 철학적 지혜를 접했던, 퇴직한 학자의 신분으로 이렇게 말했다. "희망컨대, 모두들 이 방면에서 이 이미 잃어버린 민족의 지혜, 민족의 영혼, 민족의 문화, 민족의 우수한 문자를 다시 움켜잡고, 자신의 생활을 변화시키기 바란다. 이는 다만 장식품만이 아니다. 이는 영원히 썩지 않는 내적 정신이다!"[388] 이는 대만 청년들에게 희망한 것이겠지만, 이 또한 전체 중국인들에게 기대한 바라고 볼 수 있겠다.

6) 중·서와 고·금을 회통시킨 신심학新心學 대학자 : 하린賀麟

하린(1902-1992)의 자는 자소自紹이고, 그는 사천四川 금당현金堂縣 사람이다. 소년 시기, '사서', '오경' 및 제자백가를 아울러 널리 공부했고, 후일 양계초, 양수명의 영향을 받고서 육왕심학陸王心學에 관심을 돌렸다. 청화학교(淸華大學校 전신임) 고등과를 나왔었다. 청년 시기, 미국에서 4년간 유학했고, 독일에서 1년간 공부했는데, 그때는 신헤겔주의 학파를 접하면서 헤겔철학에 빠져들었다. 귀국 후, 오랫동안 북경대학교, 서남연합대학교에 재직했고, 청화대학교에서도 겸직교수를 했다. 그 사이, 중앙정치학교에서 1년간 철학을 가르쳤었다. 대학에서는 주로 헤겔철학과 서방철학사를 강의했다. 20세기 50년대 중기, 중국과학원 철학연구소에 전근했고, 주로 서방철학 전적典籍을 번역하는 일을 맡아 했는데, 그때 『헤겔전집黑格爾全集』 편역위원회 명예 위원장을 맡았다. 주요

386) 方東美 :《方東美文集》, 武漢大學出版社2013年版, 第629頁.
387) 方東美 :《方東美文集》, 武漢大學出版社2013年版, 第630頁.
388) 方東美 :《方東美集》, 群言出版社1993年版, 第425頁.

저작으로는 『근대유심론간석近代唯心論簡釋』, 『문화와 인생文化與人生』, 『당대중국철학當代中國哲學』 등이 있다. 그는 학식이 아주 연박한 대학자였고, 시대를 앞서가는 대사상가였다. 또한 근대 걸출한 대번역가였다. 그의 논저들은 유가의 위기의식을 창조의식으로 전환하게 만들었고, 또한 중국과 서양의 고전철학을 회통하는 길을 열어주었다.

첫째, '5·4' 신문화운동이 유학에 가져다 준 충격을 유학이 소생하는 계기로 전환시켰다. 현대 신유학의 발전에서 하린의 중요한 공헌은 즉 '5·4'운동을 직시하고 또 '5·4'운동을 초월할 것을 제기한 일이다. 그가 쓴 『유가사상의 새로운 전개儒家思想之新開展』란 글은 거시적 안광을 가진, 획기적인 작품이었다. 그의 사상은 동시대의 사람들보다 훨씬 앞서 있었었고, 지금까지도 여전히 눈부시게 빛나고 있다. 하린은 중화민족이 처한 시대적 특징과 책임에 대해 거시적 안목과 깊은 이해가 있었다. 그는 이렇게 지적한다. "중국이 당면한 시대는 한차례 민족 부흥의 시대이다. 민족의 부흥은 항전抗戰의 승리를 쟁취하는 것만이 아니고 또 중화민족이 국제 정치무대에서 자유와 독립과 평등을 쟁취하는 것만이 아니다. 민족의 부흥은 본질적으로 민족문화의 부흥이고, 유가문화의 부흥이다."[389] 그는 유가문화를 민족의 운명과 앞날과 긴밀히 연관 지었다. 이는 아주 심각한 견해였다. 그가 보건대, "중국의 근 100년래의 위기는 근본적으로는 문화의 위기였다."[390] 중국에서는 아편전쟁을 나라의 수치國恥로 생각하고 있는데, 사실 학술문화에서의 나라의 수치는 일찍부터 있어왔다. '5·4'신문화운동에서 유가사상은 청년들의 맹렬한 공격을 받았는데, 사실 "유가사상이 가라앉고, 경직되고, 활기가 없이 되고, 공자와 맹자의 참 정신眞精神을 잃어버리고, 또 신문화운동에 무능하게 대처하던 것, 이런 것들은 일찍 '5·4'운동 전에 이미 존재했다. 유가사상이 중국 문화생활에서 자주권을 잃어버리고, 신생명新生命을 상실한 것, 이것이야말로 중화민족의 가장 큰 위기이다."[391] 하린이

389) 賀麟:《文化與人生》, 上海文藝出版社2001年版, 第2頁.

390) 賀麟:《文化與人生》, 上海文藝出版社2001年版, 第2頁.

391) 賀麟:《文化與人生》, 上海文藝出版社2001年版, 第2頁.

보건대, '5·4'신문화운동은 "유가사상의 새로운 발전을 촉진하는 한 차례 큰 계기였다."392) 비록 표면적으로 신문화운동이 공자네 가게店를 까부수고, 유가사상을 뒤엎는 운동이었지만, 그러나 사실 이 운동은 '유가사상의 새로운 발전을 촉진하는 공적功績'이 컸다는 것이다. 왜 이렇게 말하는가? "신문화운동의 가장 큰 공헌은, 유가의 경직된 부분의 껍데기, 그 형식과 지엽적인 것, 그리고 개성을 속박하는 전통의 부패한 부분을 파괴하고 쓸어버린 데 있다. 그들은 공자와 맹자의 참 정신, 참뜻, 참된 학술은 타도하지 않았다. 도리어 그들의 세척과 청소를 거쳐 공맹정주孔孟程朱의 참모습은 더욱 분명히 드러나게 되었던 것이다."393) 서학의 대규모 진입을 놓고 말할 때, "표면적으로는 서양문화가 유가문화를 대체하는 것처럼 보였지만", 사실 "서양문화의 진입은 유가사상을 한번 고험해 본 것이다. 한 차례 생사존망生死存亡의 큰 시험이었고, 큰 고비였다. 만약 유가사상이 서양문화를 이해하고, 흡수하고, 융회融會하고 전환시켜, 자신을 충실하게 하고 자신을 발전시킬 수 있다면, 유가사상은 곧 생존하게 되고, 부활하게 되고, 또한 새로운 전개가 있게 될 것이다. 만약 이 시험을 통과하지 못하고, 이 고비를 넘기지 못한다면, 곧 죽게 될 것이고, 소멸될 것이고, 몰락할 것이고, 영원히 일떠서지 못할 것이다."394) 그는 '서양문화를 유학화儒學化'하여 중국문화 나아가 전체 중화민족의 부흥을 촉진하는 역사적 사명을 제기했다. "유가사상이 다시 일떠설 수 있는가 하는 문제는, 곧 서양문화를 유학화하는 일이 가능할지, 그리고 유가의 정신을 체體(본바탕)로 삼고 서양문화를 용用(쓰임)으로 삼는 것이 가능할지 하는 문제이다. 중국문화가 부흥할 수 있는가 하는 문제는 곧 서양문화를 중국화하는 것이 가능할지, 그리고 민족정신을 체體로 삼고 서양문화를 용用으로 삼는 것이 가능할지 하는 문제이다."395) 이 문제를 해결하지 못하면 후과는 엄중하다. "만약 중화민족이 유가사상 또는

392) 賀麟 :《文化與人生》, 上海文藝出版社2001年版, 第2頁.
393) 賀麟 :《文化與人生》, 上海文藝出版社2001年版, 第3頁.
394) 賀麟 :《文化與人生》, 上海文藝出版社2001年版, 第3頁.
395) 賀麟 :《文化與人生》, 上海文藝出版社2001年版, 第4頁.

민족정신을 주체로 하여 서양문화를 유학화 또는 중국화시킬 수 없다면, 중국은 문화에서의 자주권을 잃어버리게 되고, 결국 문화에서의 식민지로 전락될 것이다."[396]

하린의 상술한 논설은 동시대 사람들에게서는 찾아보기 힘든 심각성과 전망성을 가지고 있었다. 그는 근대 중국의 위기가 근본적으로는 문화의 위기라고 지적했고, '5·4'신문화운동은 유학에서 경직되고 부패한 부분을 제거한 공적이 있다고 했고, 서양문화의 충격은 유학이 기사회생하는 계기라고 했고, 서양문화를 유학화하여 민족문화 자주권을 회복해야만 문화식민지로 전락되는 비참한 운명을 피할 수 있다고 지적했다. 이런 견해는 "전반적으로 서구화하자"는 자들이 유학과 전통 문화를 부정하는 극단적이고 천박한 주장을 초월했을 뿐만 아니라 또한 그 당시 '문화본위론文化本位論'자들이 신문화운동을 규탄하고, 서방문화를 거부하는 협애함과 보수적인 면도 초월했다. 그는 변증법적으로 신·구, 중·서 사이의 충돌을 바라볼 수 있었다. 여기서 하린이 중국문화에 대한 자신감, 반성적이고 개방적인 흉금을 보아낼 수 있겠다.

둘째, 유가사상의 새로운 전개를 촉진하는 세 개 경로와 '삼합三合'의 원칙을 제기했다. 즉 철학, 종교, 예술 이 세 방면에서 함께 촉진해야 한다는 것이다. "첫째, 반드시 서양의 철학을 가지고 유가의 이학理學을 발휘해야 한다."[397] 중국 철학과 서양 철학은 모두 반드시 정통 철학이여야 하는데, 즉 "소클라테스, 플라톤, 아리스토텔레스, 칸트, 헤겔 철학과 중국의 공孔, 맹孟, 정程, 주朱, 육陸, 왕王의 철학을 회합시키고 융화시키고 관통시키면[398] 유가 철학을 내용적으로 더 풍부하고, 체계가 더 엄밀하고, 조리가 더 분명하게 만들 수 있어, 도덕에 있어서 가능한 이론적 기초로 삼을 수 있을 뿐만 아니라, 과학에 있어서도 가능한 이론적 토대로 삼을 수 있다."[399]는 것이다. "둘째, 반드시 기독교의

396) 賀麟:《文化與人生》, 上海文藝出版社2001年版, 第4頁.
397) 賀麟:《文化與人生》, 上海文藝出版社2001年版, 第6頁.
398) 賀麟:《文化與人生》, 上海文藝出版社2001年版, 第6頁.
399) 賀麟:《文化與人生》, 上海文藝出版社2001年版, 第6頁.

정화精華를 흡수하여 유가의 예교禮敎를 충실하게 해야 한다."[400] 그가 보건대, 유가에서는 필경 인륜도덕을 중심에 위치 지우고 있는데, 한편, "종교에서도 도덕을 중요시하고 있고, 이에 열정을 쏟아붓고 있다. 종교에는 정성어린 신앙이 있고, 절개가 굳고 바른 정신이 있다. 종교에는 박애와 자비의 정신이 있고, 인류를 위하는 정신이 있다. 또 종교에는 흉금이 박대하고, 현실을 초탈하는 정신이 있다. 기독교문명은 사실 서양문명의 기둥이고, 이것이 서양인들의 정신생활을 주재하고 있는데, 참말로 심각하고 주밀하다고 하겠다. 그러나 우리의 천박한 자들은 늘 이를 무시하고 있다."[401]는 것이다. "셋째, 반드시 서양의 예술을 이해하고서, 이로 유가의 시교詩敎를 발전시켜야 한다."[402] 그가 보건대, "『악경樂經』이 산실되면서, 악교樂敎는 중도에서 쇠락했고, 시교 또한 쇠미해졌다."[403] 때문에, "앞으로, 신유가의 흥기는 마땅히 신시교新詩敎, 신악교新樂敎, 신예술新藝術의 흥기와 연관 지어 함께 추진해야 하고, 이를 갈라놓지 말아야 한다."[404] 하린의 마음에서, 유가는 입체화한 종합체였다. "유학은 시교詩敎, 예교禮敎, 이학理學, 이 삼자를 일체로 합친 학문이다. 즉, 예술, 종교, 철학, 이 삼자가 조화롭게 조합된 종합체이다. 때문에 신유가 사상의 전개는 대체로 예술화, 종교화, 철학화의 길로 나아가야 할 것이다."[405] 그는 사상문화, 생활수양, 민주정치, 이 세 방면에서 핵심적인 것들을 취하여 더 깊이 해석했다.

사상과 문화 방면에서, 그는 '인仁'과 '성誠', 이 두 개 중요한 철학개념에 대해 새로이 해석한다. 하린은 '인仁'을 아주 숭상하고 있었다. 그가 보건대, "인仁이야말로 유가사상에서 중심개념이다."[406] 시교 또는 예술 방면에서 볼 때, "인仁이 즉 온유溫柔하고 돈후敦厚한 시교"[407]이고, "인仁이 즉 천진하고

400) 賀麟:《文化與人生》, 上海文藝出版社2001年版, 第9頁.
401) 賀麟:《文化與人生》, 上海文藝出版社2001年版, 第7頁.
402) 賀麟:《文化與人生》, 上海文藝出版社2001年版, 第7頁.
403) 賀麟:《文化與人生》, 上海文藝出版社2001年版, 第7頁.
404) 賀麟:《文化與人生》, 上海文藝出版社2001年版, 第7頁.
405) 賀麟:《文化與人生》, 上海文藝出版社2001年版, 第7頁.
406) 賀麟:《文化與人生》, 上海文藝出版社2001年版, 第7頁.

순박한 정情이다." 종교적 관점에서 볼 때, "인仁이 즉 세상을 구원하고 만물을 구제하고, 세상만물을 사랑하는 종교 열정과 정성이다. 『요한복음』에는 '하나님上帝이 곧 사랑이다'라는 말이 있는데, 그 참뜻인 즉 하나님이 어질다仁는 것이다. '인을 구하는 것求仁'은 사람과 사물을 대하는 도덕적 수양일 뿐만 아니라, 또한 하늘을 알고 하늘을 섬기는 종교 공부工夫이겠다."408) 철학적으로 볼 때, "어진 것仁의 체體(본질)로서 인仁은 천지의 마음이고, 인仁은 하늘땅의 끊임없이 낳고 또 낳는 활기이고, 인仁은 자연만물의 본성이고, 인仁은 만물이 일체로서 활기가 보편화되는, 유기적 관계의 신비한 경지이다."409) 이를 '인仁적 우주관', '인仁적 본체론'이라고 칭할 수 있겠다.

'성誠'의 개념을 보면,

> 유가사상에서 성誠의 주요한 의미는 진실하고 허망하지 않은 이치理 또는 법도道를 가리켜 말하는 것이다. 이른바 성이란 즉 실리實理, 실체實體, 실재實在 혹은 본체를 가리켜 말하는 것이다.410) 다음, 성 또한 유가사상에서 가장 종교적 의미가 풍부한 글자이다. 성이란 즉 종교에서의 신앙이다. 이른바 지성至誠이 천지를 움직일 수 있고 귀신을 울릴 수 있다는 것이 그것이겠다. 정성精誠이 지극하면 금석金石도 열린다고 한다. 정성이 지극하면至誠 신과 통할 수 있고通神, 정성이 지극하면至誠 선지식을 가질 수 있다고도 한다. 정성으로 인간을 감동시킬 수 있을 뿐만 아니라 또한 사물도 감동시킬 수 있고, 신에게 제사 올릴 수도 있다. 즉 이것은 하늘과 인간, 만물과 나를 관통시키는 종교 정신이라고 하겠다.411)

예술 방면에서 말할 때, "생각에 사특함이 없거나思無邪 사특한 생각이 없는無邪思 시교詩教가 바로 성誠이라고 하겠다. 성은 또한 성실하고 진지하고 순진한 감정이다. 예술 천재는 다른 장점이 있는 것이 아니고, 다만 그 성을 보존하

---

407) 賀麟:《文化與人生》, 上海文藝出版社2001年版, 第7頁.
408) 賀麟:《文化與人生》, 上海文藝出版社2001年版, 第8頁.
409) 賀麟:《文化與人生》, 上海文藝出版社2001年版, 第8頁.
410) 賀麟:《文化與人生》, 上海文藝出版社2001年版, 第9頁.
411) 賀麟:《文化與人生》, 上海文藝出版社2001年版, 第9頁.

고, 그 성을 발휘할 수 있을 뿐이다. 예술가가 예술에 충실하고, 다른 것을 추구하지 않는 것도 역시 성이겠다."412)

생활 수양에 있어서, 하린은 "유자儒者의 기상氣象과 유자의 풍도風度'를 창도하고 있었다. 그는 '유자'를 넓은 의미에서 이해하고 있었다. "유자는 곧 품행과 학문이 모두 훌륭한 사람이다."413) 때문에 마땅히 "유가의 장군儒將', '유가의 의사儒醫', '유가의 신하儒臣', '유가의 농민儒農', '유가의 노동자儒工', '유가의 상인儒商'이 있어야 한다는 것이다. 풍도를 놓고 말할 때, "무릇 시詩와 예禮의 풍도를 갖춘 자는 모두 유자의 기상을 가지고 있다고 할 수 있다."414) 하린은 또 중국과 서양의 소통을 거쳐, 신유학의 "삼합三合'의 태도를 형성할 것을 제기했다. 그는 이렇게 말한다. "인정人情에 부합되게 하는 것合인 즉 '돌이켜 자기 마음에서 평안함을 구하는 것反諸內心而安'이다. 이성理性에 부합되게 하는 것合인 즉 이른바 '천리를 밝혀 이를 따르는 것이다揆諸天理而順.' 시대에 부합되게 하는 것合인 즉 시기와 형세를 잘 살펴, 이에 적절하게 대처하는 것이다."415)

민주정치를 놓고 말할 때, '유가의 민치주의民治主義'도 있고 또 서방의 민주정치民主政治도 있다. "유가사상을 다만 독재 제왕을 위해 변호하고, 그들의 이익을 도모하는 도구로 볼 수는 없는데"416), 만약 그렇게 본다면, "이는 유가에서 말하는 '하늘이 보는 것은 곧 백성들이 보는 것이고, 하늘이 듣는 것은 곧 백성들이 듣는 것이다天視民視 天聽民聽', '백성이 귀하고, 군왕은 가볍다民貴君輕'라는 등 논설의 참 정신眞精神을 잃어버린 것일 뿐만 아니라 또한 서양의, 유가의 민치사상民治思想을 대표할 수 있는 다른 한 개 학파도 무시해버린 것이다."417) 이 학파에서는 "주권은 백성들에게 있다는 원칙을 확인하고 있었는데", 예를 들면, 그 당시 미국 대통령이었던 루스벨트Roosevelt가 실행했던 것이

412) 賀麟 :《文化與人生》, 上海文藝出版社2001年版, 第9頁.
413) 賀麟 :《文化與人生》, 上海文藝出版社2001年版, 第10頁.
414) 賀麟 :《文化與人生》, 上海文藝出版社2001年版, 第11頁.
415) 賀麟 :《文化與人生》, 上海文藝出版社2001年版, 第12頁.
416) 賀麟 :《文化與人生》, 上海文藝出版社2001年版, 第14頁.
417) 賀麟 :《文化與人生》, 上海文藝出版社2001年版, 第14頁.

바로 유가식 민주정치였다. 중국에서 "국부國父 손중산孫中山은 의심할 바 없이, 유자의 기상을 가지고 있고 또 예수식耶蘇式의 인격을 갖추고 있던 선각자였다.[418] 그의 민권주의를, 즉 가장 유가의 정신을 대표할 수 있는 민주정치 사상이라고 말할 수 있겠다."[419] 또한 그가 주의主義를 세우고, 혁명의 원칙을 실행에 옮기던 것도 역시 이성에 부합되고, 인정人情에 부합되고, 시대에 부합될 것을 표준으로 삼고 있었다고 한다. 모든 면에서 전형적 중국인의 정신을 대표하고 있었고, 유가의 규범에 부합되었다는 것이다. 『손문학설孫文學說』의 '뜻만 있으면 반드시 이룬다有志竟成'라는 장에서 그는 이렇게 말한다.

> 대저 일을 함에 있어서, 천리天理를 따르고, 인정人情에 맞고, 세계의 조류에 부응하고, 사람들의 수요에 부합되고, 이에 선각자들의 뜻을 굳히고 행하게 되면, 결코 이루지 못할 것이 없다. 이는 고금의 혁명과 유신維新, 나라를 세우고 국가를 일떠세우는 등 일에서 이미 분명히 밝혀졌다. '천리를 따르는 것'이 즉 이성에 부합시키는 것合이고, '인정에 맞게 하는 것'이 즉 인정에 부합시키는 것合이고, '세계 조류에 부응하고 사람들의 수요에 부합되게 하는 것'이 즉 시대에 부합시키는 것合이다.[420]

그의 결론은 이러하다. 즉,

> 유가사상에 대해 선의善意적 동정同情의 이해를 할 수 있고, 그 참 정신眞精神과 참 의의眞意義를 파악할 수만 있다면, 현대 생활에서의, 정치에서의, 문화에서의 많은 중요한 문제는 모두 이치에 부합되고, 인정에 부합되고, 시대에 부합되는 해답을 얻어내기 어렵지 않다. 이른바 '공자와 맹자가 말하지 않은 것을 말하지만 공자와 맹자가 말하려던 말을 하고, 공자와 맹자가 행하지 않은 일을 행하지만 공자와 맹자가 반드시 행해야 했던 일을 한다.'는 것이 그것이겠다. 다시 말하면, 유가사상을 끊임없이 생장하고 발전하는 유기체로 삼아야 하지, 경직되고 기계적

418) 賀麟:《文化與人生》, 上海文藝出版社2001年版, 第15頁.
419) 賀麟:《文化與人生》, 上海文藝出版社2001年版, 第15頁.
420) 賀麟:《文化與人生》, 上海文藝出版社2001年版, 第15頁.

인 죽은 신조信條로 삼아서는 아니 된다는 것이다. 그렇다면 우리는 중국의 수많은 문제에 있어서, 반드시 유가정신에 부합되는 해결을 얻어야만, 중정中正에 이르고, 가장 합리하고, 유폐流弊가 없는 해결을 얻었다고 할 수 있을 것이다. 정치와 사회, 문화와 학술의 모든 문제에 있어서, 그 해결 방법이 모두 유가정신에 부합되고, 모두 전형적 중국인의 참뜻과 참된 태도를 대표할 수 있는 것, 이것이 바로 '유가사상의 새로운 전개'이다. 또한 민족문화 부흥의 새로운 기회라고 하겠다.[421]

셋째, 중학과 서학을 잘 조화시킨 신심학을 창립했다. 하린은 자기의 철학을 유심론唯心論이라고 말한다. 그러나 그가 '심心'에 대한 이해는 우리가 늘 말하는 '유심唯心', '유물唯物'에서의 '심'과 달랐다. 그는 '심'에 독특한 함의를 부여했다. 그는 『근대유심론간석近代唯心論簡釋』의 시작부에서 이성理性 분석의 방법을 활용하여 '심' 개념을 논한다. 그는 이렇게 말한다.

심心은 두 가지 함의가 있다. 하나는 심리적 의미에서의 심이고, 다른 하나는 논리적 의미에서의 심이다. 논리적 의미에서의 심은 즉 이理이고, 이른바 '마음心이 곧 이치理이다心即理.'라는 것이다. 심리적 의미에서의 심은 사물이다. 예를 들면, 심리적 경험에서의 감각, 환상, 잠꼬대, 사려思慮, 영위營爲 및 희노애락애증욕喜怒哀樂愛憎慾의 정감情은 모두 사물物이고, 모두 기하학幾何 방법에서 점, 선, 면적點線面積을 취급하듯이 취급할 수 있는 실물이다. 일반 사람들이 말하는 '사물'은 유심론자들이 보건대, 그 형태와 모습色相은 모두 의식이 반영되어渲染 이루어진 것이고, 그 의의, 조리條理와 가치는 모두 인식하는 또는 평론하는 주체로부터 나온 것이다. 이 주체가 바로 심이다.[422] 만약 중국 전통 언어로 표현한다면, 즉 '사람은 똑같이 이 마음을 가지고 있고, 마음은 똑같이 이 이치를 가지고 있기人同此心, 心同此理'때문이다. 심을 여의고 사물을 논한다면, 이 사물은 사실 형태와 모습이 없고, 의미가 없고, 조리가 없고, 가치가 없는 하나의 혼돈한 덩어리일 따름이다. 다시 말하면, 사물이 없는 것과 마찬가지이다.[423]

421) 賀麟:《文化與人生》, 上海文藝出版社2001年版, 第17頁.
422) 賀麟:《近代唯心論簡釋》, 上海人民出版社2009年版, 第3頁.
423) 賀麟:《近代唯心論簡釋》, 上海人民出版社2009年版, 第3頁.

그는 주희의 말을 인용한다. 즉 심心이란 "신체를 지배하는 자로서 이는 하나뿐이고 둘로 나눌 수 없고, 주인으로 되고 손님으로 되지 않으며, 사물을 지배하지만 사물에 지배당하지 않는다."424) 이에 하린은 이렇게 말한다. "논리적 의미에서의 심心은 하나의 이상적, 초경험적 정신의 원칙이다. 그러나 또한 경험, 행위, 지식 및 평가의 주체로 된다. 이 심心이 즉 경험의 통섭자이고, 행위의 주재자이고, 지식의 조직자이고, 가치의 평판자이다. 자연과 인생을 이해할 수 있고, 그것이 의의, 조리와 가치를 가질 수 있는 것은 모두 심즉리心卽理라는 이 심心에서 나온 것이다."425) 하린은 주와 객이 짝을 이루고, 정신은 자각적이라는 의미에서 '심心'을 논했다. 그래서 마음이 곧 이치로 되고心卽理, 마음이 사물과 일체로 되었던 것이다. 만약 심리적 의미에서 과학적 상식을 가지고 심心과 사물의 관계를 논한다면, 하린은 당연히 물질이 먼저 있고 후에 인류의 심령心靈이 있게 되었고, 신체가 심령을 결정한다고 인정했겠지만, 그러나 이것은 철학가의 이론이 아니다. 오해를 피하기 위해 그는 자신의 유심론을 또 '유성론唯性論'이라고 칭했다. "성性은 한 사물이 그렇게 된 원인 및 그 당연한 본질을 대표한다. 성은 한 사물의 모든 변화와 발전을 지배하는 본칙 또는 패러다임이다."426) 성은 사람에게 있어서는 바로 성격인데, '성격이 곧 운명이고, 성격이 곧 인격이다.'라는 말은 유성론자唯性論者들이 인성에 대한 두 마디 격언이다.427)

하린의 신심학 또는 신성학의 방법론은 서학에서 온 것이다. 그러나 그 사상적 근원은 육왕심학陸王心學에 있었다. 그는 이렇게 말한다.

> 상산陸象山에게는 '우주는 곧 내 마음이요, 내 마음이 곧 우주이다.'라는 위대한 견해가 있었는데, 그는 이렇게 내 마음을 인식하는 본칙으로써 우주의 본칙을 인식하는 유추방법에 확고한 기초를 다졌었다. 이 또한 세계철학사에서 가장 분

424) 賀麟 :《近代唯心論簡釋》, 上海人民出版社2009年版, 第3頁.
425) 賀麟 :《近代唯心論簡釋》, 上海人民出版社2009年版, 第3頁.
426) 賀麟 :《近代唯心論簡釋》, 上海人民出版社2009年版, 第5頁.
427) 賀麟 :《近代唯心論簡釋》, 上海人民出版社2009年版, 第5頁.

명하고 견결한, 주관적 또는 이상적인 시공관時空觀을 대표하고 있다고 하겠다.[428] 육상이 '심즉리心卽理'라는 말을 꺼낸 뒤로, 철학은 근본적으로 방향을 돌리게 되었다.[429] 마음心이 곧 이치理라면, 마음 바깥에는 이치理가 없고, 마음 바깥에는 사물物이 없다. 한편, 우주만물, 시공간 속의 모든 것이 이 마음의 산물이고, 이는 마음 바깥에서 얻어온 것이 아니다.[430]

하린이 심즉리라는 말을 이렇게 현대철학의 의미를 가지게 설명할 수 있었던 것은, 그가 서양 철학자 스피노자, 칸트, 헤겔의 철학사상을 깊이 받아들인 덕분이었다. 또한 신헤겔주의의 해석을 경유하여, 이성주의를 활용하는 동시에 직각법直覺法을 보태게 된 덕분이었다. 예컨대, 신헤겔주의자 크로체Croce가 즉 직각을 강조하고 있었다. 크로체가 보건대, 직각은 심령心靈의 기본 활동이고, 그 속에는 주체와 객체의 구별이 없고, 한편 이지理智적 활동은 직각을 토대로 삼아야 하고, 마땅히 헤겔을 시인으로 간주하여 그의 사상을 읽어내야 했다. 하린은 변증관辨證觀으로써 변증법을 활성화시킬 것을 제기했다. 이는 후자가 기계적인 양식으로 변모하는 것을 막으려는 것이었다.

이런 변증辨證적 직관直觀은 친절한 체험과 혜안의 식찰識察에서 나온것이고, 항상 유다르게 활발하고 힘이 있다(절대로 기계적이고 딱딱한 슬로건 또는 공식이 아니다). 한편, 철학가들의 특징을 말하자면, 그들은 다만 정신생활 또는 문화적 및 역사적 체험에서 이런 변증적 직관 혹은 인식에 도달하는 것이 아니고, 그들은 자세히 사고하고 명확히 변별하고, 엄밀한 변증 방법을 활용하면서, 이런 변증적 직관을 관통되는 체계로 발휘해낸다.[431]

이로 보면 하린의 신심학의 새로움은 육상산 심학에서의 심물일체心物一體 사상과 서방철학에서의 직각적 체험 및 이지理智적 사고 원리를 융통融通시켜,

428) 賀麟 :《近代唯心論簡釋》, 上海人民出版社2009年版, 第23頁.
429) 賀麟 :《近代唯心論簡釋》, 上海人民出版社2009年版, 第23頁.
430) 賀麟 :《近代唯心論簡釋》, 上海人民出版社2009年版, 第23頁.
431) 賀麟 :《近代唯心論簡釋》, 上海人民出版社2009年版, 第105頁.

심즉리心卽理, 심즉물心卽物이라는 우주 일체의 정신적 경지를 보존하는 동시에 또 변증적 및 논리적 방법론으로써 이를 철학의 체계로 되게 만들고, 그러면서도 대생명을 배려하는, 우주 사랑愛의 영혼은 잃지 않았던 데 있었다.

하린은 왕양명의 지행합일知行合一설을 계승하고 발전시킨다. 『근대유심론간석近代唯心論簡釋』에는 '지행합일신론知行合一新論'이라는 장이 있다. 그는 우선 이렇게 말한다. "왕양명이 지행합일知行合一설을 제기한 목적은 도덕의 수양 또는 치양지致良知의 공부工夫에 이론적 토대를 구축하는데 있었다."[432] 이 학설은 "참말로 사실적 근거가 있고, 이론적 기초가 있고, 학술적 탐구와 도덕적 실천에 있어서도 모두 효과적인 활용이 가능한 학설이다."[433] 동시에 그는 또 이렇게 지적한다. "지행의 문제는 중국의 신이학 또는 신심학에서, 서양의 심리학 또는 지식론에서, 모두 다시 토론을 제기하고, 다시 비평연구를 수행할 필요가 있겠다."[434] 그는 지행 개념을 이렇게 정의한다. 즉 "지知는 모든 의식 활동을 가리킨다. 행行은 모든 생리 활동을 가리킨다."[435] 그 다음, 그는 지와 행의 여러 등급 구별, 지행합일의 다양한 표현, 서방철학사에서 스피노자, 토마스 그린Thomas Hill Green(영국 신헤겔주의자)의 지행관을 자세히 고찰한다. 하린은 지행합일론을 두 가지로 귀납한다. 하나는 '자연적 지행합일론'으로서 이는 일부러 행할 필요 없이, 무릇 윤리 활동이라면 모두 이러하지 않음이 없는 것이다. 다른 하나는 '가치적 또는 이상적 지행합일론'으로서 이는 반드시 인위적 노력을 거쳐야만 도달할 수 있는 것이다. 중요한 것은 이는 소수 사람들의 공적功績이라고 한다. 하린이 보건대, 왕양명의 지행합일知行合一론과 "자연적 지행합일론은 많은 면에서 상호 증명하고 밝혀줄 수 있다. 그러나 양명王陽明의 지행합일설은 시간관념만은 똑똑하게 설명하지 못했다."[436] 구체적으로 말하자면, 지知와 행行은 동시적으로 합일이 되는 것인가 아니면 비동시적으로 합일이 되는

432) 賀麟 :《近代唯心論簡釋》, 上海人民出版社2009年版, 第44頁.
433) 賀麟 :《近代唯心論簡釋》, 上海人民出版社2009年版, 第44頁.
434) 賀麟 :《近代唯心論簡釋》, 上海人民出版社2009年版, 第44頁.
435) 賀麟 :《近代唯心論簡釋》, 上海人民出版社2009年版, 第45頁.
436) 賀麟 :《近代唯心論簡釋》, 上海人民出版社2009年版, 第49頁.

것인가? 이렇게 보면 양명王陽明은 순수 자연적 지행합일관을 가지고 있었던 것이 아니고 또한 노력을 거친, 주자식 지행합일관을 가지고 있었던 것도 아니다. 그는 '일종의 진실한 또는 자발적인 지행합일관'을 가지고 있었다. 이를 '직각直覺적인 또는 솔직하고 진실한率眞 지행합일관'이라고 칭할 수 있겠다. 하린은 이렇게 지적한다. "아쉬운 것은, 양명王陽明이 말하는 지행은 거의 순수 덕행과 심성의 함양 방면의 지행이었다." 그렇지만 이를 자연과학 영역에서는 널리 활용할 수 있다고 한다.

넷째, 신심학新心學의 종교관宗教觀과 책임·권리관責權觀, 의리관義利觀과 군중·자아관群己觀을 제기했다. 중화민국 시기, 서구화론자들이나 신유가 학자들이나, 대부분 사람들은 종교연구를 도외시하고 있었고 또한 종교를 깔보고 있었다. 때문에 '종교대체론'이 크게 유행했던 것이다. '5·4'신문화운동에서 주류 학자들은 서방에서 전해 들어온 '과학'과 '민주'라는 두 기치를 높이 내걸고 있었지만, 그들은 서방 문명과 도덕의 초석으로 되는 기독교가 서방 현대화 과정에서 일으킨 역할에 대해서는 잘 모르고 있었다. 그때문에 또한 그들은 중국의 불교, 도교가 현대 중국 사회 건설에 있어서의 지위와 역할도 올바르게 이해할 수 없었다. 중화민국 연간에는 또 '기독교를 거부하는 운동'도 발생했는데, 이때는 기독교를 완전히 부정했다. 하지만 하린은 소수의 예외적인 학자였다. 그는 긍정적으로 자기의 종교관을 제기했고, 종교의 항구적 가치를 인정하면서, 종교정신은 제창할 가치가 있다고 주장했다. 위에서 설명했는데, 하린은 종교에 삼대三大 정신이 있다고 찬양했다. 즉 종교는 "견정불이堅貞不貳하고, 인류를 배려하고, 현실을 초탈한다."는 것이다. 그는 또 기독교가 서양 문명의 '큰 줄기骨幹'라고 밝혔다. 그리하여 그는 인륜도덕을 중심으로 하는 유학이 기독교를 학습하여 '유학의 종교화'를 실현할 것을, 유학을 새로 전개하는 삼대 경로의 하나로 삼았던 것이다. 그가 보건대, 진정하게 인간을 이해하고, 인간의 지위와 의의를 이해하려면, 인간과 인간의 관계에만 머물러 있어서는 아니 되고, 이를 위해 또한 "인간과 하늘, 인간과 신, 또는 인간과 항구적인 이치理의 관계를 이해해야만 완전할 수 있었다."437) 그는 『문화의 체體와 용用(文化的體和

用)』이라는 글에서 지적하기를, “종교는 도덕의 체體이고 도덕은 종교의 용用이다.”438)라고 했다. 그는 일부 학자들이 기독교와 근대 서방을 대립시키는 견해를 비난하면서, 이렇게 지적했다. “중세기 기독교는 중고中古 문화의 중심이었고, 근대의 기독교는 전체 근대 서양 문화의 축영縮影이고 반영이다. 서양 근대정신의 온갖 특징은 기독교에 모두 갖추어져 있다.”439) 참으로 독창적인 견해라고 하겠다. 그는 『서양문화를 인식하는 새로운 노력認識西洋文化的新努力』이라는 글에서 자신의 상술한 관점을 체계적으로 논술한다. 첫째, 그는 기독교가 반과학적이라는 말에 찬성하지 않았고, 오히려 “기독교는 분명히 과학을 보호하고 촉진하는 공로功가 있었다.”440)라고 했다. 예컨대, 중세기 선교사教士들은 고대 그리스 철학과 과학 전적典籍을 보존했고, 선교사들은 과학지식을 가지고 있었다는 것이다. 둘째, 종교개혁을 거친 후, 기독교에서는 평민정신을 더 발양하게 되었고, 인간과 인간은 형제 사이이고, 하나님 앞에서는 사람마다 평등하다고 주장했다는 것이다. 또한 민간에 교육, 의료 서비스를 제공해 주었고, 관용과 사랑을 선양했고, 민주정치를 보조적으로 추진했다는 것이다. 셋째, 그는 웨버weber의 관점을 수용하여 이렇게 말한다. “종교개혁을 거친 후, 기독교의 관념은 사실 자본주의 공업화 사회에 가장 적합했다. 예컨대, 부지런하고, 충실하고, 신용을 지키는 등은 모두 공상업의 발전에 도움이 되었다.”441) 그는 이렇게 성명聲明을 발표했다. “나는 기독교 신자가 아니다. 때문에 나는 절대로 종교적 입장에서 선교하는 것이 아니다. 나는 순수하게 철학과 문화적 입장에서 서양문화를 이해하려면 기독교를 모르면 아니 된다고 느꼈을 뿐이다. 하지만 기독교는 확실히 많은 우점을 가지고 있는데, 이는 우리가 주의를 기울이고 또 수용할 가치가 있는 것이라고 하겠다.”442) 그는 『유가사상의 새로운 전개』

437) 賀麟 :《文化與人生》, 上海文藝出版社2001年版, 第7頁.
438) 賀麟 :《文化與人生》, 上海書店出版社1991年版, 第28頁.
439) 賀麟 :《中華現代學術名著叢書 近代唯心論簡釋》, 上海人民出版社2009年版, 第198頁.
440) 賀麟 :《文化與人生》, 商務印書館2005年版, 第308頁.
441) 賀麟 :《文化與人生》, 商務印書館2005年版, 第310頁.
442) 賀麟 :《文化與人生》, 商務印書館2005年版, 第305頁.

에서 이렇게 총화 한다.

> 만약 종교에서 '하늘天'에 대한 인식과 과학에서 '사물物'에 대한 인식이 힘을 합쳐 함께 발전하지 않았더라면, 만약 종교정신을 체體로 삼지 않고 물질문명을 용用으로 삼지 않았더라면, 절대로 이렇게 위대하고 찬란한 근대 서양문화가 탄생되지 못했을 것이다. 나는 감히 이렇게 단언한다. 만약 중국인들이 기독교 정신을 수용할 수 없다면, 절대로 강유력한 신유가 사상을 탄생시킬 수 없을 것이다. 물론 기독교의 찌꺼기는 버려야 하겠지만 말이다.443)

그러나 하린의 평가는 전면적이지 못했다. 특히 근대 서방 열강들이 기독교를 이용하여 중국을 침략하던 역사에 대해서는 설명이 없었다. 하지만 그는 분명히 기독교문화의 가치와 정신을 긍정하고 찬양했고, 마침 이 또한 그 당시 중국학계에서 빈자리였다. 그는 종교와 과학이 대립된다는 논설, 종교는 현대사회에 어울리지 않는다는 논설에 대해서 비판적이었고, 이 또한 다른 학자들의 보편적인 견해를 많이 초월한 것이었다. 또한 그는 중국을 기독교화 시키려고도 하지 않았다. 그는 다만 유학을 체體로 삼고, 서양문화를 유학화儒學化시킬 것을 주장했다. 그는 다만 유학에서 기독교의 일련의 소중한 정신만 취할 것을 주장했다. 비록 어떤 때에는 표현에서 적절하지 못하게 "각 부문에시 본질적으로 마땅히 철저히 서구화해야 하고, 심각하게 서구화해야 한다."444)고 주장했지만, 그러나 그의 진실한 입장은 중화민족의 정신을 주체로 하고서, 나아가 심층적으로 서양문화와 기독교를 소화시켜, 그 정화가 진정하게 중국 정신의 유기적인 구성부분으로 되어지게 만들려는 것이었다. 그는 근본적으로는 여전히 유가 학자였다.

하린은 『근대유심론간석近代唯心論簡釋』 제11장 '오륜관념의 재검토五倫觀念的再檢討'에서 유가의 오륜五倫의 중요성을 강조한다. 그는 이렇게 말한다.

---

443) 賀麟 :《文化與人生》, 上海書店出版社1991年版, 第7頁.

444) 賀麟 :《文化與人生》, 商務印書館2005年版, 第305頁.

오륜관념에서는 인륜이 변하지 않는 상도常道이고, 인간과 인간 사이의 이 다섯 개 관계는 인생에서 정상적이고 영구한 관계라고 보고 있다.(五常은 두 가지 의미가 있다. 하나는 仁, 義, 理, 智, 信의 다섯 개 常德이고, 다른 하나는 君臣, 父子, 夫婦, 兄弟, 親友의 다섯 개 常倫인데, 여기서는 후자를 말한다.)[445]

이런 사회단체 생활을 중요시하고, 속세를 피하여 적막하게 은둔하는 생활을 반대하고, 가정, 친구, 군신 간의 정상적인 관계를 중요시하고, 오륜 바깥에서 따로 주의를 받드는 것을 반대하고, 따로 '거두巨子'의 비밀단체 조직을 받드는 것을 반대하는 주장, 역시 인성을 발전시키고, 사회를 안정시키는 건전한 사상으로서 이는 도덕적으로나 정치적으로나 모두 필수적인 것이다. 따라서 이는 크게 비난할 바가 아니다.[446]

그러나 그는 동시에 이렇게 지적한다.

이런 오상윤五常倫을 편파적으로 중요시하는 사상이 일단 교조화되고, 제도화되어, 강제적인 역량을 발휘하게 되면, 곧 개인의 자유와 독립에 손해를 주게 된다.[447] 또한 비인륜적인, 초사회적인 여러 가지 문화적 가치에 크게 손상 주게 된다.[448]

그는 특히 "삼강三綱'을 비판했다. 그는 이렇게 말한다.

이는 인심人心을 질곡桎梏하고, 개성個性을 속박하고, 진보를 방애했는데, 그 역사가 수천 년이 넘는다.[449] 사람들이 편면片面적인 사랑을 다하고, 편면적인 순수 의무를 다하라는 것이, 삼강설의 본질이다.[450]

때문에, 서방의 계몽사상으로 이를 보완하는 것이 필요하고, 개명開明과 자

445) 賀麟:《中華現代學術名著叢書 近代唯心論簡釋》, 上海人民出版社2009年版, 第205頁.
446) 賀麟:《文化與人生》, 商務印書館2005年版, 第54頁.
447) 賀麟:《文化與人生》, 商務印書館2005年版, 第54頁.
448) 賀麟:《文化與人生》, 商務印書館2005年版, 第54頁.
449) 賀麟:《文化與人生》, 商務印書館2005年版, 第60頁.
450) 賀麟:《文化與人生》, 商務印書館2005年版, 第61頁.

유自由의 방면에서 이를 승화시키는 것이 필요하다는 것이다. 전통 도덕에서는 의義와 리利를 변별할 것을 주장하고 있었는데, 한편, 의義와 리利 또한 공公과 사私를 경계로 삼고 있었는 바, 이런 방향과 진로進路는 분명히 현대 공·상업 사회의 발전에 부응할 수 없다고 한다. 만약 의義와 리利, 무리群와 자기己를 대립시키게 되면, 필연코 도덕의 위선僞善이 살판 치고, 인욕이 마구 범람하는 상황이 발생할 것이라고 한다. 하린은 이런 것들을 일찍 보아냈었다. 그리하여 그는 서방 근대정신을 가지고 중국 역사에서의 합리적 이기주의利己主義를 재해석했던 것이다. 그는 개인이 마땅히 영유해야 할 권리와 행복을 확인했고, 서방의 근대정신으로 유가도덕에서 의義를 중요시하고 리利를 도외시하고, 무리群를 중요시하고 자기己를 도외시하는 결함을 보완하려고 했다. 또한, 그는 의義와 리利, 무리群와 자기己의 통일론統一論을 주장했고, 양주楊朱의 "위아爲我"를 통해 墨子의 '겸애兼愛'에 도달하려고 했다. 그는 이렇게 지적한다. 서방의 신식新式공리주의를 대표자로 하는 근대 윤리사상은 오래 전에 이미 존천리存天理 멸인욕滅人慾의 사상과 사私를 끊고 공公을 위하는絶私濟公 도덕신조信條를 초월했는데, "한편으로는 인욕人慾과 천리天理의 조화調合를 추구하고, 공리公利(공적인 이익)와 사리私利를 함께 도모共濟할 것을 추구했고, 다른 한편으로는 또 한 걸음 더 나아가 인욕人慾을 빌려 천리天理를 도모하고, 이기적인自私 면을 빌려 공적인 것大公을 돕도록 했다."[451] 이렇게 도덕 건설은 이치에 부합되고合理, 인정에 부합되고合情, 시대에 부합되는合時, 즉 '삼합三合'의 원칙에 의거하여 추진할 수 있다는 것이다.

7) 변증·종합적 신유가 도덕철학 체계의 창건자 : 당군의唐君毅

당군의(1909-1978)은 사천四川 의빈宜賓 사람이다. 청년 시절, 북경대학교, 남경 중앙대학교에서 공부했고, 양계초, 양수명, 방동미, 탕용동, 웅십력 등 스승들로부터 가르침을 받았다. 졸업 후, 중앙대학교, 화서대학교, 강남대학교에서 교수

451) 賀麟 :《文化與人生》, 商務印書館2005年版, 第66頁.

로 재직했다. 1949년 홍콩에 가서, 전목 등 사람들과 함께 신아서원新亞書院을 창립했고, 교무장, 철학과 학과장 직을 맡았다. 그는 특히 모종삼牟宗三과 친분이 두터웠다. 1957년에는 미국에 가서 고찰한 바 있다. 그는 『중국문화를 세계 인사들에게 정중히 알리는 선언爲中國文化敬告世界人士宣言』을 작성했고, 이 글을 1958년 원단元旦(새해 첫날)에 발표했다. 그 후, 수 차 국제 동서 철학 대회에 참석하면서 국제적으로 유명한 학자로 알려지게 되었다. 1963년, 신아서원이 홍콩중문대학교에 병합되면서, 문학원 원장, 신아연구소 소장 직을 맡았다. 후일, 홍콩중문대학교의 체제 개혁에 반대하다가 실패하자, 전목 등 사람들과 함께 신아서원에서 퇴출했다. 1975년에는 대만대학교 교수로 취임했고, 얼마 안 지나서 1978년, 대만에서 세상을 떠났다.

당군의는 중국 철학과 서양 철학을 모두 잘 알고 있었고 깊이 이해하고 있었다. 그는 특히 이 양자의 변증법적 종합과 창조에 많은 심혈을 기울였고 또 평생동안 부지런히 저술을 했다. 그의 저작들은 내용이 유달리 풍부하고 심각했는데, 동시대 학자들 가운데서 으뜸을 자랑하고 있었다. 특히 그는 하나의 방대한 도덕철학 체계를 구축했다. 현대 신유가에서 그는 웅십력 다음의 삼대 대표인물 가운데 한사람이다. 다른 두 사람은 즉 모종삼과 서복관이다.

당군의의 철학에 영향을 준 사상 자원은 주요하게 세 가지였다. 첫째는 중국의 유가철학, 특히 맹자의 성선론性善論과 왕양명의 심학이다. 둘째는 인도에서 유래한 대승불학의 불성론과 열반학涅槃學이다. 셋째는 서방철학, 특히 독일고전철학가 칸트, 피히테Fichte, 헤겔의 철학이다. 당군의는 중국, 인도, 서양의 철학 사유의 진로와 성과를 융회하고 관통시켰었는데, 그리하여 그의 철학은 분명한 중국특색이 있었을 뿐만 아니라 또한 세계적인, 광활한 시야도 가지고 있었다. 모종삼은 그를 찬양하기를, "당 선생은 문화 의식의 우주에서의 거인이었다."[452]라고 했다. 또 이렇게 지적했다. "중국식 철학가들은 늘 문화의식의 우주를 배경으로 삼고 있었다. 유가의 인문으로 교화하고, 타고난 본성性을 다

452) 牟宗三:《文化意識宇宙中的巨人》, 載羅義俊編著:《評新儒家》, 上海人民出版社1989年版, 第520頁.

해 천명命에 이르게 하는盡性至命 성덕의 가르침은 그 차원에 있어서 과학의 우주, 철학의 우주, 나아가 모든 특정한 종교의 우주를 초월하고 있었다. 한편, 또한 이런 우주를 포괄하고 잘 이루어주고, 잘 변화시켜 주고 있었다. 당 선생은 이런 의식이 특히 강했다."[453]

대만 동해대학교 채인후蔡仁厚 교수는 당군의를 추모하는 글 『당군의선생의 일생과 학술』에서 당군의의 저작과 사상을 세 단계로 나누어 기술했다. 첫 단계에는 세부의 저작이 있는데, 즉 『인생의 체험人生之體驗』, 『도덕적 자아의 건립道德自我之建立』, 『심물과 인생心物與人生』이 그것이다(이 책들은 『인생의 길(人生之路)』에 수록되었음). 여기서는 "인생의 지혜를 개발하고, 도덕적 자아를 구축하고, 인생의 방향을 정하는 것"[454]을 중심으로 하고 있었다. 두 번째 단계에는 네 부의 저작이 있는데, 즉 『중국문화의 정신적 가치中國文化之精神價值』, 『인문정신의 재건人文精神之重建』, 『중국 인문정신의 발전中國人文精神之發展』, 『중화의 인문과 오늘의 세계中華人文與當今世界』가 그것이다. 여기서는 중국 문화와 서양 문화의 회통, 중국문화의 함의, 직면한 도전과 대응, 세계 문화의 전망 등을 논하고 있었다. 그 사이, 『철학개론哲學概論』도 저술했는데, 이 책에서는 중국, 인도, 서양의 삼대 철학 체계를 아우르고 있었고, 이로써 세 번 째 단계로 과도하는 준비를 했다. 세 번 째 단계의 저작으로는 『중국철학원론中國哲學原論』에 수록된 『도론편導論篇』, 『원성편原性篇』, 『원도편原道篇』, 『원교편原教篇』 등이 있다. 이 책들에서는 중국철학의 독립적이고 자주적인 특징 및 그 의의와 가치를 체계적으로 정리했고, 또한 세계 철학도 광범위하게 아울렀다. 그는 "이를 통해 문화의 혜명慧命(지혜로운 생명)의 연속을 시원하게 관통시키고, 앞과 뒤를 이어가는 문화 생명의 큰 흐름을 나타내려고 했다."[455] 당군의의 마지막

453) 牟宗三 :《文化意識宇宙中的巨人》, 載羅義俊編著 :《評新儒家》, 上海人民出版社1989年版, 第523頁.

454) 蔡仁厚 :《唐君毅先生的生平與學術》, 載羅義俊編著 :《評新儒家》, 上海人民出版社1989年版, 第497頁.

455) 蔡仁厚 :《唐君毅先生的生平與學術》, 載羅義俊編著 :《評新儒家》, 上海人民出版社1989年版, 第500頁.

저서 『생명의 존재와 심령의 경지生命存在與心靈境界』는 그의 사상을 총화한 책으로 볼 수 있다. 여기서는 생명과 심령의 아홉 경지九境를 논하고 있었는데, "사실, 이는 일종의 판교判教 작업이었다." 채인후 교수는 당군의의 문화 및 학술에 있어서의 공헌을 세 마디로 요약한다. "첫째는 진지하고 심오한 인생 체험이고, 둘째는 깊고 강렬한 문화 의식이고, 셋째는 두루 널리 아울러 융회하고 관통시키는 회통 정신이다."[456] 아래에 당군의의 도덕체용론道德體用論의 요지를 살펴보기로 하자.

첫째, 도덕철학의 핵심은 도덕적 자아의 구축이라고 한다. 당군의는 자신의 정신생활 체험에 대한 반성을 통하여 인생은 우선 생존의 궁극적 목적과 의의를 해결해야 한다고 보고 있었다. 그가 보건대, 이(인생의 목적과 의의)는 욕망의 만족이 아니고, 이는 도덕적 자아를 구축하는 것이었다. 그것(도덕적 자아)은 진실한 자아이고, 자각적인 본심本心이다. "현 시점에 자각적으로 스스로 정한 자주적인 활동을 완성할 수 있는 것이 인생의 목적이다."[457] 그 근거는 '즉 나의 심체心體(마음의 본바탕)에 있는데', 즉 '심체는 영명靈明한 지혜이고 또 끝이 없는 정감이기'[458] 때문이다. 맹자의 성선설이 그의 도덕적 자아론道德自我論의 역사적 근거였다. 그는 이렇게 말한다. 맹자가 인성人性은 본래 착하다善는 것에 대한 논증을 살펴보면,

> 하나는 자발적 정서가 바깥으로 드러나는 단서에서 본성性이 착하다善고 지적했고, 다른 하나는 인간의 마음의 안정함에서 본성性이 착하다善고 지적했다. 전자는 사단四端의 원인因으로부터, 그것이 반드시 인의예지仁義禮智의 결과가 있게 됨을 지적함으로써 본성이 착하다고性善 설명했고, 후자는 인간이 인의예지의 결과를 즐거워하는 것으로부터 반드시 인의예지를 즐거워하는 본성의 요소(착함)가 있음을 지적했다.[459]

456) 蔡仁厚 : 《唐君毅先生的生平與學術》, 載羅義俊編著 : 《評新儒家》, 上海人民出版社1989年版, 第500頁.

457) 唐君毅 : 《唐君毅全集》第4卷, 九州出版社2016年版, 第28頁.

458) 唐君毅 : 《人生之體驗》, 《唐君毅全集》第三卷, 九州出版社2016年版, 第155頁.

불교의 무상無常 철학도 당군의의 도덕적 자아론道德自我論의 또 하나의 근거였다. 그가 보건대, 진실한 자아는 바깥에서 찾을 수 없는데, 왜냐하면 세상은 진실하지 않고 고난이 많기 때문이다. 그는 이렇게 말한다.

> 현실 세계에서의 모든 사물은 시간 속에서 흘러 다니고, 이는 변화가 많고無常, 꿈만 같고, 환영 같고, 진실하지 아니 하다. 모든 존재는 반드시 소멸되는데, 시간의 흐름은 마치 온갖 만물을 소멸의 길로 흘려보내고 있는 것 같다. 온갖 꽃, 온갖 빛, 온갖 사랑, 온갖 인생의 것들이 이러하고, 온갖 우리가 좋아하는 사물은 모두 반드시 사라지게 되어 있다.[460]

세상은 진실하지 않을 뿐만 아니라 또한 어질지도仁 아니 한데, 세상의 흐름은 "영원히 하나의 절로 자기가 낳은 것들을 죽이는 과정이다."[461] 그러나 당군의는 비관적이지도 않았고 염세厭世하지도 않았고, 오히려 그는 이를 빌려 우리 자신의 마음의 본체를 발견했다. 그는 본심은 허황하고 어질지 않은 것不仁을 접하게 되면, 슬픔과 고통이 생기게 되는데, 그리하여 선善과 미美를 추구하고 갈망하게 된다고 한다. 또한, 이는 진실한 것이고, 이는 마음이 초월적 성격을 가질 수 있음을 증명한 것이고, 이는 항구적으로 존재하는 것이라고 한다. 이것은 맹자의 학설과 양명심학陽明心學으로써 불학을 해석한 것이리고 하겠다. 당군의는 왕양명의 심학을 긍정적으로 받아들이고 있었는데, 그는 마음의 본체를 도덕의 본체로 보고 있었고 또한 이를 '순수 능각純粹能覺'이라고 보고 있었다. 한편, 이것 자체는 생멸生滅이 없다고 한다. 왕양명은 이렇게 말했다. "성인의 마음은 밝은 거울과도 같으니, 밝음明 하나만 가지게 되면 느끼면서 감응하여 비추지 않는 사물이 없게 된다."[462] 당군의도 '순수 능각'을 거울에 비유한다. 이것이 만물을 비출 수 있고, 비추게 되면 밝은 곳도 있고 어두운

459) 唐君毅 :《唐君毅全集》第 27卷, 九州出版社2016年版, 第197頁.
460) 唐君毅 :《唐君毅全集》第4卷, 九州出版社2016年版, 第69頁.
461) 唐君毅 :《唐君毅全集》第4卷, 九州出版社2016年版, 第70頁.
462) (明)王守仁 :《傳習錄全集》, 天津人民出版社2014年版, 第47頁.

곳도 있는데, 하지만 거울이 비추는 것은 항상 하나같다는 것이다. 당군의는 강조하기를, 사람들의 인식활동은 상호 영향 주는 한편, 마음의 본체에서 합치된다고 한다. "나의 인식활동은 타인에게 널리 퍼지고, 타인의 인식활동도 역시 나에게 두루 미친다. 나와 타인은 현실의 세계에서, 인식활동으로써 상호 교류하고, 한편 초월적 마음의 본체에서 서로 합치된다."[463] 마음과 신체는 항상 교감하고, 마음은 항상 경지를 떠나지 않기 때문에, 인간의 인식은 항상 나와 사물이 만나 사귀는 지점에서 드러난다.

> 우리의 눈에 보이는 세상은, 우리가 일반적으로 말하는 '바깥 사물의 작용'에서 말미암는 것이다. 이는 신체와 접촉하는 교차점에서 개척해낸 세상이다. 이 개척해낸 세상은 우리가 일반적으로 말하는 신체 또는 바깥사물에 있지 않고, 일단은 양자가 사귀는 교차점에 있다고 말할 수 있겠다. 한편, 우리가 일반적으로 말하는 신체와 바깥사물을, 우리는 사실 종래로 본 적이 없다. 우리가 본 것은 모두 이 교차점에서 개척해낸 세상이다.[464]

당군의가 말하는 심체心體란 도덕의 심체로서 이는 죽지 않고 진실하고眞 착하고善 즐거운樂 심체이고, 동시에 또한 인식의 심체로서 이의 인식활동에는 주主와 객客이 갈라져 있고分列, 이는 끊임없이 발전하는 과정에 처해 있는데, 최종적으로는 모두 도덕적 자아의 구축을 지향하고 있다. 이 심체는 한편으로는 불교 지혜를 가지고 끊임없이 욕망을 제거하고 '자아를 잊고忘我', 다른 한편으로는 끊임없이 도덕의 선善을 확충해야 한다. 특히 양명王陽明의 지행합일知行合一 사상을 가지고 도덕 심리와 행위를 길러, 물욕에 빠지지 않게 해야 한다. 즉

> 점유하고 획득하려는 생각이 생기지 않게 하고, 현실의 대상을 자신에게 예속隸屬시키지 않게 만든다. 또 마음은 늘 청명하게 신체와 사물을 품어주고 덮어주는데, 즉 거기에 빠져드는 생각이 생기지 않게 한다.[465] 사물과 나의 대치對峙를

463) 唐君毅 :《唐君毅全集》第4卷, 九州出版社2016年版, 第79頁.
464) 唐君毅 :《唐君毅全集》第4卷, 九州出版社2016年版, 第83頁.

잊으면, 나의 활동은 모두 이치를 따르게 되는데, 그리하여 또 이를 일러, '천리天理의 유행流行은 천기天機에 따라 움직인다.'라고 할 수 있다.466)

당군의는 심본체론으로부터 출발하여, 나아가 인간의 본질은 정신적 존재라고 말한다.

바깥에서 볼 때, 인간은 시공간 속의 물질적 존재이고, 안에서 볼 때, 인간은 시공간을 초월한 정신적 존재이다.467) 도대체 인간은 정신인가 아니면 물질인가? 유한有限한 것인가 아니면 무한한 것인가? 자유롭지 못한가 아니면 자유로운가? 만약 우리가 이 양자들 가운데서 선택할 수밖에 없다면, 우리의 결론은 즉, '인간은 근본적으로는 정신이고, 자유로운 것이고, 무한한 것이다.'라고 할 수 있다. 다시 말하면, 물질이 아니고, 자유롭지 못한 것이 아니라는 것이다.468)

당군의는 인간의 도덕심에 대해 아주 자신하고 있었고, 이를 크게 승화시켰었다. 즉 공자가 말하는 '법도에 어긋나지 않되, 하고 싶은 대로 하는', 지극히 자주적이고 자유로운 경지에 이르게 했던 것이다. 이것이 바로 도덕적 인격의 구축이겠다. 그는 유가의 자기를 이루고서 만물을 이루어준다成己成物는 정신에 근거하여 도덕적 인격의 완성은 자기를 닦아 타인을 편안하게 해주는修己安人 과정에 실현해야 한다고 한다.

그리하여 우리는 마지막에 결국 온갖 인격에 관계되는 일을 완성하는데 귀결하게 되는데, 즉 왜 '나'의 인격을 완성해야 하는지에 귀결하게 된다. 한편, '나'의 인격을 완성한다는 생각에서 출발하게 되면, 반드시 타인의 인격을 완성해줄 것을 요구하게 되고, 응당 있어야 할 문화와 정교政教 활동에 종사하면서, 타인을 도와 그들이 자신의 인격을 완성하도록 해주게 되고, 이로써 이상적 인격의 세상을 실현하게 되겠다.469)

465) 唐君毅:《唐君毅全集》第4卷, 九州出版社2016年版, 第132頁.
466) 唐君毅:《唐君毅全集》第4卷, 九州出版社2016年版, 第132頁.
467) 唐君毅:《唐君毅全集》第4卷, 九州出版社2016年版, 第107頁.
468) 唐君毅:《唐君毅全集》第4卷, 九州出版社2016年版, 第107頁.

이렇게 당군의의 도덕철학은 문화를 배려하는 단계에 진입하게 되었다.

둘째, 도덕적 자아를 사회문화에 대한 배려에로 확장한다. 당군의는 이렇게 말한다.

> 인류의 모든 문화 활동은 모두 도덕적 자아 또는 정신적 자아, 초월적 자아에 귀속되는데, 한편 이것들의 상이한 표현으로 되겠다. 혹은 하나의 특수한 문화적 가치의 실현으로 되겠다.470) 모든 문화 활동이 존재할 수 있는 것은, 모두 하나의 도덕적 자아가 이를 받쳐 주기 때문이다. 모든 문화 활동은 모두 비자각적으로 또는 초超자각적으로 하나의 도덕적 가치를 표현하고 있다. 도덕적 자아는 일一이고, 근본이고, 이는 모든 문화적 이상을 함섭涵攝(포함하고 통섭함)하고 있다. 문화 활동은 다多이고, 끝머리이고, 이는 문명한 현실을 성취하는 방식이다. 도덕 실천은 개인들의 인격에 내재하고 있는 한편, 문화적 표현은 개인들의 객관적 사회를 초월하고 있다. 하지만 일一이 다多로 나타나지 못하고, 근본本이 끝머리末에 관통되지 못하고, 이상이 현실화되지 못하고, 개인들에게 내재해 있는 것이 개인들을 초월하는 것으로 나타나지 못하게 되면, 도덕적 자아는 그 자체를 성취할 수 없다.471)

당군의가 '문화'에 부여한 함의는 즉 "무릇 인간이 자연에 창조하여 보탠 것은 모두 문화에 속한다."472)는 것이었다. 때문에 문화 활동은 즉 도덕적 자아의 대상화이다. 그는 서방 이성주의 학과 분류에 따라 문화를 이렇게 분류했다. 즉 진리를 추구하는 과학과 철학, 미美를 추구하는 문학과 예술, 자아를 초월하는 종교, 도덕, 기술, 경제, 정치, 가정윤리, 체육, 군사, 법률, 교육 등 모두 12가지 유형이었다. 도덕은 비록 다만 그 가운데의 한 개 유형이지만, 12가지 유형의 문화는 모두 도덕 이성을 전개한 것이다. 다만 도덕 활동은 자각적이고, 기타 문화 활동의 도덕적 가치는 비자각적일 따름이다. 과학과 철학에서는 우주의 진리를 탐구하는데, 어떤 이들은 이것이 순수 이성적 활동이고 여기에는

469) 唐君毅 :《唐君毅全集》第4卷, 九州出版社2016年版, 第136頁.
470) 唐君毅 :《文化意識與道德理性》,《唐君毅全集》卷二十, 臺灣學生書局1986年版, 第5頁.
471) 唐君毅 :《文化意識與道德理性》,《唐君毅全集》卷二十, 臺灣學生書局1986年版, 5-6頁.
472) 唐君毅 :《唐君毅全集》第12卷, 九州出版社2016年版, 第451頁.

도덕의 선악이 존재하지 않는다고 보고 있었다. 하지만 당군의는 그렇게 생각하지 않았다. 그는 이렇게 지적한다. "이 활동의 마음心에 선과 악의 도덕관념이 없는 것은 한 방면의 일이고, 이 활동의 마음心 자체가 도덕적 가치를 표현하고 있는지는 또 다른 한 방면의 일인데"473), 진리를 추구하는 마음心은 자아의 사욕에 대한 초월로서 이는 하나의 도덕적 심령이라는 것이다. 문학과 예술은 미를 추구하는 문화로서 역시 도덕의 심령을 표현하고 있다고 한다. 그는 칸트, 쇼펜하우어의 심미審美는 비공리적이라는 관점에 찬성하고 있었다. 하지만 더 나아가 또 지적하기를, 심미의 주체가 다른 사람들과 공유하려고 하는 것은 바로 도덕심령의 표현이라고 한다. 또 말하기를, 진리를 추구하는 것과 미美를 추구하는 것은 서로 의존하고 서로 통하는데, 모두 반드시 주관적 심신心身 활동을 망각하고, 실용적 목적을 초월해야 한다고 한다. 양자는 모두 객관적 보편성을 가지고 있고, 양자는 또 상호 전환하고 보완해 줄 수 있는데, 이를 도덕적 가치가 뒷받침 해주고 있다는 것이다. 그러나 생명을 안정시키는데 있어서 양자만으로는 부족한 데, 그리하여 종교가 필요하다는 것이다. 당군의가 보건대, 종교 의식의 핵심은 자연생명의 해탈, 신神에 대한 숭배 및 귀의歸依 의식이었다. 당군의는 도덕 본심을 가지고 기타 여러 문화 활동을 해석했다. 예컨대, 가정윤리는 인간의 어진 마음仁心과 어진 본성仁性의 표현이고, 확대하여 말하자면 바로 사회도덕이라고 했다. 사회 경제활동 역시 인문 활동으로서. "역시 직접적 또는 간접적으로 인류의 자각적自覺 또는 비자각적 도덕 이성을 기초로 하여 성립된다."474)고 했다. 또 국가는 자아의 도덕이성의 객관화라고 말했는데, 이는 헤겔 법철학을 계승한 것이고 동시에 또한 개인이 국가의 근본임을 강조한 것이겠다. 정치제도에 있어서는 서방의 법치法治 및 민주 정치를 기초로, 예치禮治와 덕치德治를 실현해야 한다고 했다.

당군의는 인류의 문화는 타락했다고 한다. 즉 우리는 문화의 성과만 향유하고 창조는 하지 않고, 문화를 구분하고 쪼갤 줄만 알고 하나로 통합할 줄은

473) 唐君毅 :《文化意識與道德理性》,《唐君毅全集》卷二十, 臺灣學生書局1986年版, 309頁.
474) 唐君毅 :《唐君毅全集》第12卷, 九州出版社2016年版, 第73頁.

모르고, 각자 자기 것만을 받들고 기타 문화는 배척한다는 것이다. 때문에 당군의는 도덕이성으로 인류문화를 진흥시켜, 문화정신이 더욱 훌륭하게 발전하고, 문화 활동이 구분도 있고 회통도 있게 만들려고 했던 것이다.

셋째, 정신생명의 원융圓融한 완성 : 심령心靈의 구경九境 설. 당군의의 도덕형이상학 체계는 그의 학술생애의 세 번째 단계에서, '심령의 구경'에 대한 해석에서 완성된다. 이는 당군의의 도덕철학에서 가장 특색이 있고, 가장 가치가 있는 새로운 사상이고 새로운 학설이다. 이 학설은 당군의가 중국 유학, 인도불교, 독일 고전철학, 이 세 개 자원을 활용하여 새롭게 종합해낸 결과물이다. 그는 이 학설을 『생명의 존재와 심령의 경지生命存在與心靈境界』라는 책에서 집중적으로 논술했다. 이 책에서는 이렇게 말한다.

> 인간이 자신의 생명의 존재와 심령 및 그것이 대응하고 있는 세계 또는 경지를 살펴볼 때, 처음에는 반드시 그것이 대응하고 있는 세계 또는 경지가 하나의 객관적으로 존재하는 세계라고 간주하게 된다. 다음 이 객관적으로 존재하는 세계가 하나의 주관적 심령에 귀속된다고 간주하게 된다. 그 다음, 하나의 초超주관적 심령과 세계가 있어, 이 주主와 객客의 위에서 그것을 통일하고, 혹은 더욱 이 주와 객의 분별을 초월한 바깥에서 이 주와 객, 심령心靈과 그것이 반영하는 세계를 선후 순서를 정해서 관통시킨다고 말한다. 이것이 즉 내가 생명의 존재와 심령의 경지를 아홉 단계로 나누고, 그 가운데 처음 세 단계는 객관적 경지이고, 다음 세 단계는 주관적 경지이고, 마지막 세 단계는 주관과 객관을 초월한 경지라고 말하는 연고이다.475)

이 구경九境은 어떻게 나누었는가? 그는 이렇게 말한다.

> 이 구경은 우리들의 심령의 생명과 그것이 대응하는 경지가 서로 감응하여 통한다感通는 원리를 바탕으로 세 차원으로 나눌 수 있고, 한편 이 속의 세 경지 또한 모두 이 세 차원의 어느 하나에 들어갈 수 있다는 이념으로 나눈 것이다. 간략하게 말하면, 이 아홉 경지는 세 차원으로 묶을 수 있고, 이 세 차원 또한

475) 唐君毅 :《生命存在與心靈境界》(下), 九州出版社2016年版, 第197頁.

'우리들의 심령의 생명과 경지가 서로 감응하여 통한다感通.'라는 이 원리 하나로 나눈 것일 따름이다.476)

보다시피 심령心靈과 경지가 서로 감응하여 통하는 것感通이 관건이다. 그가 보건대, 이는 감응하여 통하는感通 정도와 범위가 같지 않아, 세 차원, 아홉 경지로 드러난다. 첫 번째 차원은 객관적 경지이다. 그 중 제1경은 만물산수경萬物散殊境으로서 그 생명 활동과 지식은 모두 개체적 성격을 가지고 있다. 제2경은 의류성화경依類成化境으로서 이는 개인의 심령과 사회 무리가 감응하여 통하면서 이루게 된다. 제3경은 공능서운경功能序運境으로서 이는 "한 사물 또는 어떤 존재의 기능이 그 순서와 운행에 있어서 기타 사물 또는 존재가 이룬 경지에서 표현됨을 말한다."477) 중간 차원은 주관적 경지이다. 이는 심령이 자신을 돌이켜 관조觀照하는 자각적 경지인데, 역시 세 경지로 나뉜다. 제1경은 감각호섭경感覺互攝境으로서 여기서는 심신의 관계와 시공계를 관조한다. 제2경은 관조능허경觀照凌虛境으로서 여기서는 의미의 세계를 관조한다. 제3경은 도덕실천경道德實踐境으로서 여기서는 도덕행위를 관조하고, 인간의 도덕적 인격과 도덕적 생활을 완성한다. 가장 높은 차원은 주관과 객관을 초월한 절대형상경絶對形上境이다. 제1경은 귀향일신경歸向一神境으로서 여기서는 신계神界를 관조하는데, 주요하게는 서방 일신교一神敎 신앙이겠다. 제2경은 아법이공경我法二空境으로서 여기서는 법계法界를 관조하는데, 주요하게는 불교의 법상法相과 성공性空의 깨달음이겠다. 제3경은 천덕유행경天德流行境으로서 이를 또 진성입명경盡性立命境이라고도 칭한다. 여기서는 성명계性命界를 관조하는데, 주요하게는 유가의 사물의 이치를 궁구하고 타고난 본성을 다하여窮理盡性 천명에 이르고以至於命, 주主와 객客, 하늘天과 인간, 물物과 아我를 관통시키는 경지이겠다. 이를 최고의 도덕실천경道德實踐境이고 할 수 있다.

당군의의 심령구경설心靈九境說에서, 객관적 경지로부터 주관적 경지로 나아

476) 唐君毅:《唐君毅全集》, 九州出版社2016年版, 第204頁.

477) 唐君毅:《生命存在與心靈境界》(下), 九州出版社2016年版, 第166頁.

가고, 더 나아가 주관과 객관을 초월한 절대형상경絶對形上境에 이르는데 활용한 방법론과 사고방식은 헤겔 철학에서의 '절대정신'의 변증법적 운동 법칙에서 얻어 온 것이겠다. 한편, 도덕이성道德理性을 고양高揚하는 것과 천인일체天人一體의 최고의 도덕적 경지를 숭상하는 것은 중국 신유가 철학에서 받아들인 것이겠다. 또한 속세의 성견成見을 버리고, 중국철학과 서양철학, 인도철학을 변증법적으로 종합하고 원융무애圓融無碍하던 것은 불교의 초월적 지혜에서 크게 도움 받은 것이겠다. 이는 전통 유학과 달랐다. 그는 서방철학에서의 논리분석과 추리연역방식을 활용하여 형이상학 철학체계를 재구축했을 뿐만 아니라 또한 심체心體의 도덕적 자아를 강조하고 있었고, 동시에 또 이성적 인지의 중요성을 강조하고 있었고, 심체를 도덕의 주체와 인식의 주체의 결합으로 간주하고 있었다. 그의 심령구경설은 계발과 깨달음體悟을 중요시하는 중국철학에서 볼 때, 번잡한 면도 없지는 않다. 하지만 이 학설은 인간의 심령의 세계의 광대함과 풍부함 그리고 자각정도의 차이로 말미암아 형성된 심령의 다차원적 성격을 밝혔고, 사람들이 끊임없이 자아와 사회의 정신생명을 승화시키도록 격려해주었고, 이로써 하나의 원만하고 행복한 세상을 창조할 것을 추구하게 만들었다. 사람들에게 준 계시가 컸다고 하겠다.

넷째, 민족문화 부흥의 사명감과 책임감. 당군의의 일생에서 신아서원을 창건하고, 유가도덕 철학체계를 새롭게 구축하던 그 원동력은 서방문화의 맹렬한 충격을 받은 상황에서, 중화문화의 생명을 연속하고, 그것이 단절되지 않도록 하려는 것에서 온 것이었다. 그는 중국문화가 서방문화를 거울로 삼고 소생하는, 그런 길을 찾으려고 노력했다. 참다운 탐구를 거쳐, 그는 중국철학과 문화의 영구적 가치에 대해 깊은 이해를 가지게 되었고, 그것이 중국에 되돌아오고 또한 세계로 나아갈 것이라고 굳게 믿고 있었다. 대만의 황진화黃振華는 『당군의 선생과 현대 중국』이라는 글에서 이렇게 말한다.

> 그는 중국의 인문정신은 서방의 과학사상과 충돌하는 면이 있을 수 있다고 보고 있었다. 이 충돌을 제거하는 방법은 과학적 이지理智의 발전을 이해하고,

그 토대를 인류의 '인仁'심心에 두는 것이었다. 그리하여 중국의 인문정신은 과학의 발전을 방애하지 않을 뿐만 아니라, 반대로 과학의 발전을 빌려 이로써 인문정신의 확대와 표현을 촉진할 수 있게 되었다. 중국 인문정신과 서방 민주정치 사상의 충돌 문제에 있어서 당선생은 만약 우리들이 민주제도를 구축할 것을 확인할 수 있다면, 이는 인류의 도덕 심령 자체가 객관화를 추구하는 표현으로서 이렇게 되면 이런 충돌은 사라지게 된다고 보고 있었다. 또 중국 문화와 외래 종교의 충돌 문제에 관해서 당선생은 중국 인문사상 자체가 즉 종교정신을 포함하고 있다고 보고 있었다. 예를 들면, 중국에서 예로부터 유자儒者들의 가르침敎에서 중요시하고 있던 삼제三祭(천지天地에 제사 지내고, 종묘宗廟에 제사 지내고, 사직社稷에 제사 지내는 일)가 바로 중국인들의 종교 신앙이라는 것이다. 그리하여 중국문화는 종교사상을 배척하지 않는데, 다만 어떤 종교의 형식에 구애 받을 필요는 없다고 했다.[478]

당군의는 『철학개론哲學槪論』을 저술한 목적을 이 책의 서언에서 이렇게 기술한다.

오늘날 중국인들을 위해 비교적 이상적인 철학개론을 하나 쓰기도 사실 쉽지는 않다. 이는 중국의 고유한 철학 전통이 이미 서방 사상의 충격을 받고 절단되었고, 서방의 철학 또한 중국에서 뿌리를 내리지 못했기 때문이다. 중국인들의 철학 관념에 직접 서방철학의 전통을 들여오는 것도 역시 쉽지 않다. 반드시 철학이 있은 후에 개론이 있게 되고, 전문 학문이 있은 후에 초학자들을 이끌어 전문 학문에 입문하게 하는 서적이 있게 된다. 오늘날 중국에서 철학의 옛 혜명慧命은 이미 끊어졌고, 새로운 혜명은 아직 세워지지 못했는데, 철학이라고는 거의 논할 수도 없다. 그러니 더욱 어찌 철학개론이 있을 수 있겠는가?[479]

그리하여 그는 용감하게 이 사명을 짊어지고 나서서, 중국 고유의 철학을 재정리하고 재해석하는 일을 떠맡고, 중국 철학의 함의와 가치를 재발굴했는데, 이렇게 『중국철학원론中國哲學原論』이라는 이 거작이 탄생하게 되었던 것이

478) 羅義俊編著 :《評新儒家》, 上海人民出版社1989年版, 第512頁.

479) 羅義俊編著 :《評新儒家》, 上海人民出版社1989年版, 第512頁.

다. 당군의의 가장 마지막 저작 『생명의 존재와 심령의 경지生命存在與心靈境界』는 서방철학 형이상학과 지식론이 중국철학에 제기한 각종 문제를 해답하기 위해 저술한 책이다. 서방철학에서는 사변적 이론체계를 중요시하고, 도덕적 깨달음과 실천을 중요시하지 않는다. 그러나 당군의의 저작에서는 철학의 최고 경지는 곧 실천적 도덕의 경지이고, 사변적 철학은 비록 유익한 면이 있기는 하지만 그러나 최고 경지에 도달하려면 반드시 스스로 깨닫고自悟, 스스로 각성하고自覺, 스스로 실천해야自行 하는데, 그리하여 중국 문화 전통은 독특하게 문화의식의 우주를 개척하고 드러낼 수 있다고 설명한다. 한편, 당군의가 바로 이 문화의식의 우주의 계승자였고, 이를 더욱 확대발전시킨 대학자였고, 거룩한 문화거인巨人이었다. 그는 민족문화와 철학을 수호하고 개척함에 있어서, 후학들에게 훌륭한 본보기를 보여주었다고 하겠다.

8) 신유가 도덕 형이상학을 개척한 사상의 거장 : 모종삼牟宗三

모종삼(1909-1995)은 산동山東 서하栖霞 사람이다. 청년 시절, 북경대학 철학과를 졸업했다. 장신부張申府, 김악림金嶽霖의 논리학 강론을 들었고, 특히 웅십력의 인격에 매료되었고 또 그의 '문화생명' 사상의 계시를 많이 받았다. 그리하여 생명철학 탐구에 전념하게 되었고, 평생 줄곧 생명철학을 탐구했다.

웅십력과 모종삼은 스승과 제자 사이였고, 정분이 두터웠다. 모씨牟氏는 후일 『생명의 학문生命的學問』에서 웅십력을 이렇게 칭송한다. "유학의 부흥, 중국문화 생명의 소생은 선생熊十力에 이르러 그 토대를 마련하고 모델을 만들게 되었는데, 그리하여 후학들이 이어갈 수 있었고, 계속하여 전진할 수 있었다. 그의 생명이 곧 한 폭의 이상적이고 찬란하게 빛나던 생명이었다."[480] 모씨는 『오십자술五十自述』에서 이렇게 말한다. 북경대학교에서 그가 웅熊선생을 만났을 때, 그는 "처음으로 진인眞人 한 분 보게 되었고, 그때부터 학문과 생명의 의미를 맛보기 시작했다.[481] 내가 속세 바깥에서 섭렵하고 쫓아다니던 데로부

480) 牟宗三 :《中國哲學的特質》, 上海古籍出版社2007年版, 第147頁.

터 해방을 얻은 것은 웅熊선생의 가르침 덕분이었다. 여기서 일종의 혜명慧命을 열게 되었다. 이 혜명慧命이 바로 예수가 말하는 '내가 바로 생명이다.'라는 생명이고, '내가 바로 길이다.'라는 길이었다."[482] 다른 한편, 웅십력도 모종삼을 아주 신임하고 사랑하고 있었다. 항일전쟁 시기, 웅십력은 중경重慶에서 탕용동에게 편지를 띄워 이렇게 말했다. "종삼은 북경대를 나왔는데, 북경대학에 철학과가 있어서부터, 유독 이 한 사람만은 잘 키워볼 만 했습니다."[483] 보다시피 두 사람은 서로 아주 신뢰하고 있는 사이였다.

대학 시절, 모씨는 『주역』을 깊이 탐구했고 연구 성과도 꽤 있었다. 항일전쟁 초기, 러셀Russell, 화이트헤드Whitehead의 영향을 받고 그는 『논리의 패러다임邏輯典范』을 저술했고, 여기서 '초월적·논리적 자아'를 구축했다. 후일, 웅십력의 초청을 받고 한동안 면인서원에 가서 공부했다. 후에는 화서대학교와 중앙대학교에서 강의를 했고, 항일 전쟁이 승리한 후에는 금릉대학교와 절강대학교에서 강의를 했다. 1950년에는 대만사범학원 국문과 교수로 취임했고, 그 후에는 동해대학교 중문학과에 전근했다. 1958년, 그는 당군의, 장군매, 서복관 등 학자들과 함께 『중국문화를 세계 인사들에게 정중하게 알리는 선언爲中國文化敬告世界人士宣言』을 발표했다. 60년대 초에는 홍콩대학교에 가서 8년 간 강의를 했고, 그 후 홍콩중문대학교에 전근하여 신아서원 철학과 학과장 직을 맡았고, 1974년에 퇴직했다. 1976년부터 대만대학교 철학연구소에 근무했고, 동시에 동해대학교에서도 중국문화 영예강좌榮譽講座를 맡았다. 수차, 국제중국철학대회에 참석했고, 학계에서 아주 큰 영향력을 과시했다. 주요 저작으로는 『역사철학歷史哲學』, 『도덕의 이상주의道德的理想主義』, 『정도와 치도政道與治道』, 『오십자술五十自述』, 『재성과 현리才性與玄理』, 『심체와 성체心體與性體』, 『생명의 학문生命的學問』, 『지적 직각과 중국철학智的直覺與中國哲學』, 『불성과 반야佛性與般若』, 『육상산으로부터 유즙산까지從陸象山到劉蕺山』, 『현상과 물자체現象與物自身』, 『중

481) 白欲曉編:《牟宗三哲學與文化論集》, 南京大學出版社2010年版, 第65頁.
482) 白欲曉編:《牟宗三哲學與文化論集》, 南京大學出版社2010年版, 第58頁.
483) 白欲曉編:《牟宗三哲學與文化論集》, 南京大學出版社2010年版, 第58頁.

국철학19강中國哲學十九講』 등이 있다. 칸트의 삼대 거작 『순수이성비판純粹理性批判』, 『실천이성비판實踐理性批判』, 『판단력 비판判斷力批判』도 번역했다. 이 거작들을 번역하고서, 그는 중국에서 칸트철학을 가장 잘 알고 있고 또 유일하게 칸트를 초월할 수 있는 대학자로 추앙 받았다.

모종삼은 지극히 훌륭한 이론적 사변 능력을 소유한 학자였다. 그는 선택적으로 그가 비판했던 서방철학 이론과 방법론을 활용하여 중국 특색 있는 도덕 형이상학 철학체계를 구축했다. 그는 도덕 형이상학 철학을 이념의 표현이 명확하고 논리구조가 체계적이고, 학문체계가 엄밀하고, 규모가 웅장하게 만들었는데, 이로 그 자신은 당대에 가장 국제적 영향력을 가진 중국 대철학가로 추대받게 되었다. 그는 당군의와 함께 수많은 걸출한 제자들을 양성해냈다. 예컨대, 두유명杜維明, 유술선劉述先, 채인후蔡仁厚, 당역남唐亦男, 소신옥蘇新鋈, 주군진周群振, 대련장戴璉璋, 양조한楊祖漢, 왕방웅王邦雄, 임안오林安梧, 이명휘李明輝, 증소욱曾昭旭, 당단정唐端正, 왕재귀王財貴, 곽도회霍韜晦, 이서전李瑞全, 유국강劉國强, 주박유周博裕 등이겠다. 이들은 함께 거대한 신흥 학파를 형성했고, 모종삼의 신철학新哲學도 이들을 통해 전 세계로 전해지게 되었다.

첫째, 도덕 형이상학의 구축. 칸트는 서방 철학가들 가운데서 도덕 종교 의식을 가장 많이 가지고 있던 학자이다. 칸트가 보건대, 하나님上帝은 인식의 범주에 속하지 않고, 논증할 수도 없는 존재였다. 그러나 하나님은 지선至善의 대표자이고, 도덕에 있어서 꼭 필요한 존재였다. 칸트는 개념분석을 통하여 도덕의 보편성과 필연성으로부터 자유의 의지自由意志가 도덕이 존재하는 선결先決 조건임을 분석해냈었다. 모종삼은 이렇게 말한다. 칸트는 "도덕 법칙의 보편성과 필연성을 꿰뚫어 보고서, 수동적으로 의지의 자율에 이르게 되었고, 의지의 자율로부터 수동적으로 의지가 자유롭다는 가정假定에 이르게 되었는데"484), 이는 개념 분석의 결과라는 것이다. 그러나 중국철학에서 도덕의 실체는 양지良知이다. 모씨는 이렇게 말한다.

484) 牟宗三 : 《心體與性體》(上), 吉林出版集團有限責任公司2013年版, 第117頁.

양지는 도덕 실천의 근거일 뿐만 아니라 또한 모든 존재의 존유론存有論의 근거이다. 이로 말미암아, 양지 또한 형이상학적 실체의 의미를 가지고 있다.[485] 도덕실천에서 양지의 감응이 미치는 사물과 존유론存有論에서 존재하는 사물, 이 양자 사이에는 거리가 존재하지 않는다.[486] 양지의 명각明覺(밝은 깨달음)은 '내'가 덕행을 실천하는 근거이다. 사물을 놓고 말하자면, 양지의 명각이 즉 천지만물의 존유론存有論의 근거이다. 때문에 주관적으로 말하자면, 이는 인심仁心으로부터 느껴 통하여感通 일체로 되는 것이다. 한편, 객관적으로 말하자면, 이 일체로 된 인심은 일시에 곧 천지만물이 생기고 변화하는 근원으로 된다.[487]

여기서 모씨는 칸트를 초월했다. 그가 보건대, 인간은 '지적 직각智的直覺'이 있어, 직접 양심良心의 본체를 파악할 수 있다. 그러므로 양심良心은 진실한 존재이지 논리적 가정假定이 아니다. 모씨가 보건대, 칸트가 말하는 "도덕의 최고 명령을 자유의 의지라고 한다."라는 것에서 '자유의 의지'를 "중국의 유자들은 본심本心, 인체仁體 또는 양지良知라고 칭하는데, 그것이 즉 우리들의 본성性이다."[488] "본심과 인체가 절대적이고 무한한 것이라면, 본심의 명각明覺으로부터 발하는 직각直覺은 당연히 반드시 지知적 직각直覺이다."[489] 도덕 실천에 있어서 맹자가 말하는 "아이가 우물에 빠질 때, 사람들은 모두 두려워하고 측은하게 생각하는 마음이 있다."는 것이 바로 양지良知 본체가 즉각적으로 드러나는 것이다. 모씨가 보건대, 도덕 형이상학은 유가에서 줄곧 탐구하던 이론 체계였다. 그는 이렇게 말한다.

유가에서는 공자가 인仁을 논하기(孔子는 踐仁以知天이라고 했음) 시작해서부터 맹자가 '본심本心이 곧 성性이다.'(孟子는 盡心知性知天이라고 했음)라고 말하면서, 곧 이 원교圓敎 아래의 도덕 형이상학을 향해 나아가는 추세를 암묵적으로 형성했다. 『중용中庸』에서의 천명天命의 본성性 및 '지극한 정성으로써 타고난 본성을

485) 牟宗三 : 《從陸象山到劉蕺山》, 臺灣學生書局1984年版, 第223頁.
486) 牟宗三 : 《從陸象山到劉蕺山》, 臺灣學生書局1984年版, 第223頁.
487) 牟宗三 : 《從陸象山到劉蕺山》, 臺灣學生書局1984年版, 第241頁.
488) 牟宗三 : 《智的直覺與中國哲學》, 中國社會科學出版社2008年版, 第190頁.
489) 牟宗三 : 《智的直覺與中國哲學》, 中國社會科學出版社2008年版, 第193頁.

다하는 것至誠盡性'에 대한 논설을 거쳐, 더 나아가 『역전易傳』에서의 궁신지화窮神知化(신묘한 최고의 경지를 명확히 파악하는 것이 窮神이며, 지혜로써 변화를 주도하는 지혜의 최고 경지가 知化이다.)에 대한 이해에 이르면서, 이 원교圓教 아래의 도덕 형이상학은 선진 유가에서 이미 초보적으로 완성되었다. 송, 명 유학자들이 계승하고 발전시키면서, 이를 더욱 충분히 완성했다. 상산陸象山, 양명王陽明은 단적으로 공자의 인仁과 맹자의 본심本心으로부터 그것을 직접 완성한 자들이다. 북송의 염계濂溪, 횡거橫渠, 명도程明道의 학설을 발전시킨 호오봉胡五峰, 및 명나라 말 유즙산劉蕺山은 『논論』, 『맹孟』, 『중용中庸』, 『역전易傳』을 모두 아우르면서 한번 굽이를 돌아 그것을 완성한 자들이다. 이천伊川, 주자朱子는 뒤범벅이었고, 이에 이르지 못했다.490)

모종삼은 육왕심학陸王心學과 칸트철학을 회통시켜 도덕 형이상학을 구축했는데, 그는 심학을 정종正宗으로 받들고 있었다. 그리하여 정주이학程朱理學에 대해 비판이 많았고, 이를 "별자別子(정통이 아닌 가지)를 종으로 삼고 있었다別子爲宗."라고 비난했던 것이다.

둘째, '양지良知 자아감함自我坎陷'과 '삼통三統 병건竝建'. 모종삼이 보건대, 중국문화의 득得(장점)과 실失(단점)은 '도통道統은 있지만 학통學統이 없고', '치도治道는 있지만 학도가 없는 것'에 있었다. 그래서 민주가 세워지지 못하고, 과학이 독립하지 못했다는 것이다. 그 원인을 따져보면, 그것은 '종합하여 이치를 궁구하는 정신'만 있고, '분해하여 이치를 추구하는 정신'은 결핍했던 데서 비롯된 것이다. 한편, 후자가 바로 서방문화의 우점이고 장점이라는 것이다. 그가 보건대, 중국문화의 현대화를 실현하기 위해서는 '이성의 운용 표현'으로부터 '이성의 구조 표현'으로 전환해 나와야 하고, '이성의 내용 표현'으로부터 '이성의 외연外延 표현'으로 전환해 나와야 했다. 다시 말하면, 도덕 이성은 자아 감함坎陷을 통해 현대 민주와 과학을 열어내야 한다는 것이다. '감함'이라는 말은 『주역』에서 나온 말이다. 『설괘』에서는 "감坎이란 함陷이다."라고 한다. 감坎은 수水이고, 이는 낮은 지대에 쌓이는데, 그래서 감坎을 함陷이라고 하는

490) 牟宗三 :《從陸象山到劉蕺山》, 臺灣學生書局1984年版, 第224頁.

것이다. 모씨牟氏는 이로써 함락陷落, 전출轉出, 자아부정과 곡통曲通의 의미를 표현했다. 그는 『이성의 운용 표현과 구조 표현理性的運用表現和架構表現』에서 정식으로 감함이라는 용어를 사용한다. 그가 보건대, 도덕 이성의 운용 표현에서는 직접 민주와 과학을 추리해낼 수 없고, 오직 자아부정을 통해야만 민주와 과학을 성취할 수 있었다. 그는 『정도와 치도政道與治道』에서 이렇게 말한다.

> 덕성德性은 그 직접적 도덕 의의에서, 그 작용 표현에서, 비록 구조 표현에서의 과학과 민주를 함유하고 있지는 않지만, 그러나 도덕이성은 그 본성으로 말하자면, 지식을 대표하는 과학과 정의와 공정함公道을 표현하는 민주정치를 요구하지 않을 수 없다. 한편, 과학과 민주의 내적 측면에서 말할 때, 이 양자를 성취하는 '이성理性의 구조 표현'은 그 본성이 또 덕성의 도덕 의의와 작용 표현에 위배된다. 즉 관해이성觀解理性과 실천이성實踐理性은 서로 위배된다는 것이다. 바로 이 '위배'되는 것에서 결국 하나의 '역逆'의 의의를 드러내게 된다. 이는 그것의 본성에 거스르는 어떤 것을 요구한다. 이는 분명히 모순이다. 이것이 요구하는 것은 반드시 그 자체에 대한 부정을 거쳐 그 자성自性에 거스르는 반대물反對物(즉 觀解理性으로 된다.)을 만들어내서야 성립된다.491)

모씨가 보건대, 중국 도덕 이성에서의 '지적 직각智的直覺' 즉 '지체명각知體明覺'의 감응은 물아가 합일이 되는 것으로서 따라서 사물을 대상화對象化하여 인식할 수 없고, 그리하여 과학적 지식에 이를 수 없다. 때문에 자아 감함坎陷이 요구되는 것이다. 그는 『현상과 물자체現象與物自身』에서 이렇게 말한다.

> 지체명각은 영원히 명각明覺의 감응에만 머물러 있을 수는 없다. 이는 반드시 자각적으로 자아부정(즉 自我坎陷)을 거쳐 지성知性으로 전환되어야 한다. 이 지성知性과 사물이 짝을 이루어, 사물이 '대상'으로 될 수 있게 해야만, 그 곡절曲折적인 진상相을 알아낼 수 있다. 이는 반드시 이 한 단계 자아 감함坎陷의 과정을 거쳐야 하는데, 그래야만 충분히 그것(인식)을 실현할 수 있게 된다. 이것이 즉 이른바 변증법적으로 '집착을 버리고 참뜻을 드러낸다開顯'는 것이다. 이것이 자

491) 牟宗三:《政道與治道》, 臺灣學生書局1991年版, 第57頁.

아 감함을 거쳐 지성으로 전환되어야만, 인간들에게만 존재하는 모든 특수한 문제를 해결할 수 있게 된다. 한편, 그 도덕의 심원心願도 또한 저애가 없이 창달하게 된다. 아니할 경우, 험난함과 저애는 극복할 수 없고, 그 도덕의 심원은 곧 시들어 말라버리고 만다.[492]

모씨의 '양지良知의 자아 감함坎陷' 또는 '지체명각知體明覺의 자아 감함'은 그 목적이 지성의 주체를 확립하여 '신외왕新外王' 즉 민주와 과학을 개척해내기 위한 것이었다. '감함'설은 겉으로 보기에는 도덕 주체의 자아부정을 말하는 것 같다. 그래서 많은 쟁론도 유발했다. 그러나 사실, 모씨의 의도는 변증법적 부정을 거쳐, 도덕의 주체가 전통적 "지혜를 인仁에 귀결시키는攝智歸仁' 제한성을 초월하여, 지성이 독립적으로 충분한 발전을 이루게 하려는 것이었다. 이렇게 도덕 이성이 중국 현대화 건설을 더욱 훌륭하게 추진하게 만들려는 것이었다. 그러나 그는 민주와 과학이 발전한 후에는 어떻게 '감함'한 후의 도덕 양지와 연관 짓고, 어떻게 도덕 양지의 가치 방향에서 이탈하지 않게 할지에 관해서는 합리한 논증이 없었고, 또한 '어질고仁 지혜로운 것智'을 현대화 건설에서 실천하는 노선도 확립하지 못했다.

모씨는 유학이 자아 부정의 과정에 서학을 빌려 신외왕新外王을 개척해내는 일에 상당히 심혈을 기울였다. 한편, 이것이 바로 공자, 맹자와 순자의 '주체의 창조鑄造' 시기를 거쳐, 송, 명 유학자들이 '절대적 주체성을 충분히 현양하던' 시기를 거친 후, 유학의 세 번째 발전단계에서의 주요 임무였다. 이 임무의 완성은 "전적으로 서방 문화의 특질은 충분히 우리의 단점을 보완할 수 있다고 생각하는, 그런 흡수와 융화에 의존하고 있었다." 그리하여 그는 삼통병건三統竝建을 제기했던 것이다. 즉 "첫째는 도통을 긍정하는 것인데, 이것은 즉 도덕 종교의 가치를 긍정하는 것이고, 공자와 맹자가 개척한 인생의 우주의 본원을 수호하는 것이다. 둘째는 학통을 개척하는 것인데, 이는 즉 '지성의 주체'로부터 떨쳐 나와 그리스 전통을 융화하고 받아들여 학술의 독립성을 개척해내는

---

492) 牟宗三 :《現象與物自身》, 吉林出版集團有限責任公司2010年版, 第122頁.

것이다. 셋째는 정통을 이어가는 것인데, 이것은 즉 정치체제政體의 발전을 이해하고서 민주정치의 필연성을 긍정하는 것이다."493) 모씨의 마음에서 도통은 중화민족의 핵심 가치였고, 학통은 중화민족의 과학이 독립적으로 발전하는 길이었고, 정통은 국가 정치체제와 사회관리가 민주와 법치로 나아가야 할 방향이었다. 이는 하나의 웅대한 건국 청사진이었다. 그는 여기서 분명히 중국 특색을 드러내고 있었고, 또 현대 세계를 바라보는 안목을 보여주고 있었다.

셋째, 생명의 학문과 유·도·불 삼교의 회통. 모종삼이 보건대, 중국문화는 "유가를 주류로 해서 결정한, 그런 문화생명의 방향 및 형태였다."494) 근원으로 볼 때, 중국문화는 그리스문화와 다르다. "우리는 우선 '생명'을 파악하고 있었는데, 그리스문화에서는 우선 '자연'을 파악하고 있었다."495) 한편, 중국문화에서 파악하려는 생명은 생물학적 의미에서의 생명이 아니고, "이는 하나의 도덕정치에 대한 파악이었다."496) 예컨대, 『상서尙書·대우모大禹謨』에서는 "정덕이용후생正德利用厚生(기물의 사용을 편리하게 하고 재물을 풍부하게 하여 백성들의 생활을 윤택하게 하는 것)'을 논했는데, 여기서 이미 하나의 심령의 세계와 가치의 세계를 열어냈었다. 그리하여 "중국의 문화체계는 하나의 인仁의 문화체계였고', '인과 지智를 하나로 합치고, 인을 덮어씌운 체계였다."497) 서방문화에서는 생명을 논함에 두 개의 경로가 있었는데, 하나는 문학의 경로이고 다른 하나는 생물학의 경로였다. 한편, 그들의 철학은 지식을 중심으로 하고 있었다. 모씨는 『생명의 학문生命的學問』이라는 책에서 이렇게 지적한다.

> 진정한 생명의 학문은 중국에 있다.498) 중국문화의 핵심은 생명의 학문이다. 진실한 생명의 각성으로부터, 바깥에서 공적을 이루고 지식을 추구하는 이상을

493) 《牟宗三先生的哲學與著作》, 臺灣學生書局1978年版, 第45頁.
494) 白欲曉編 : 《牟宗三哲學與文化論集》, 南京大學出版社2010年版, 第373頁.
495) 牟宗三 : 《歷史哲學》, 吉林出版集團有限責任公司2010年版, 第159頁.
496) 牟宗三 : 《中國哲學的特質》, 上海古籍出版社2007年版, 第149頁.
497) 牟宗三 : 《中國哲學的特質》, 上海古籍出版社2007年版, 第149頁.
498) 牟宗三 : 《生命的學問》, 臺北三民書局1984年版, 第35頁.

개척하고, 안쪽에서는 이런 이상의 진실한 본원을 스며들게滲透 하여, 이로써 이상이 바로 그 이상으로 되게 했다. 이것이 생명의 학문의 전체대용全體大用(본바탕을 온전케 하고 작용을 크게 발휘함)이었다.[499] 생명의 학문은 두 방면에서 논할 수 있다. 하나는 개인의 주관적 방면이고, 다른 하나는 객관적 집단적 방면이다. 전자는 개인 수양의 일이고, 개인의 정신생활의 승진昇進에 관계되는 일이다. 모든 종교에서 말하는 것처럼 말이다. 후자는 온갖 인문의 세계의 일이다. 예컨대, 국가, 정치, 법률, 경제 등 방면의 일이고, 이는 생명의 객관적 방면의 일이다. 만약 유가의 '밝은 덕을 밝히는明明德' 학문에 비추어 말하자면, 이 두 방면은 소통하여 하나로 되는 것이다.[500]

이것이 즉 공자가 말하는 "자기를 닦아 남을 편안하게 해준다修己以安人"는 것이고, 『장자·천하天下』에서 말하는 "내성외왕의 도內聖外王之道'이다. 모종삼이 보건대, 명나라가 멸망한 후, 중국에서 생명의 학문은 중단되었고, 민족문화 생명은 시들어버렸다. 그리하여 당대 학자들의 사명은 곧 민족의 문화생명을 재구축하는 일이었다. 아니할 경우 각종 사회개혁은 쉽게 편협해지고 불안해지게 된다는 것이다. 그는 1988년, 『오십자술五十自述』의 '서序'에서 이렇게 지적했다. "학술 생명의 창통暢通은 문화생명의 순탄함을 의미하고, 문화생명의 순탄함은 민족생명의 건장함을 의미한다. 민족생명의 건장함은 민족의 고난의 소거化解를 의미한다." 그리하여 그는 중국 문화 생명의 전통을 계승하고 발양하는데 힘을 쏟고 있었고, 중화민족의 문화 생명 의식意識을 환기시키는데 힘을 쏟고 있었고, 이를 민족 부흥의 대업大業으로 삼고 있었던 것이다.

모씨가 보건대, 유·석·도 삼교는 모두 생명에 관한 학문이었다. 한편, 유학은 역사적으로 기복이 많았고, 이와 불가, 도가는 배척도 있었고 화합도 있었는데, 이런 상호 작용과정에서 중국철학의 발전을 힘겹게 추진해 왔었다. 그는 『심체와 성체心體與性體』, 『불성과 반야佛性與般若』, 『재성과 현리才性與玄理』에서 유·불·도 삼교 철학을 각자 하나씩 체계적으로 논술했다. 그는 「중국철학

499) 牟宗三 :《生命的學問》, 臺北三民書局1984年版, 第37頁.
500) 牟宗三 :《生命的學問》, 臺北三民書局1970年版, 第37頁.

의 미래中國哲學的未來」(『중국철학의 특질中國哲學的特質제11강』)에서, 생명의 학문이라는 시야에서, 삼교 철학의 역사를 간략히 회고했고, 역사로부터 논의를 전개하면서, 그의 생명철학의 함의를 해석했다. 이 글의 시작부에서는 이렇게 밝힌다.

> 중국철학의 중심은 이른바 유·석·도 삼교이다. 그 가운데서 유가와 도가는 본토에서 탄생한 사상의 주류이고, 불교는 인도에서 들어온 것이다. 하지만 삼교는 모두 '생명의 학문'이고, 과학기술이 아니다. 이는 도덕 종교이고, 모두 중점을 인생의 방향 문제에 두고 있었다.[501] 중국인들의 '생명의 학문'의 중심은 바로 심心과 성性이었는데, 그리하여 심성의 학문心性之學이라고 칭할 수도 있다.[502]

모씨는 이어서 이렇게 지적한다.

> 중국인들은 선진 시기에 유가와 도가의 심성의 학문心性之學을 창립했다. 양한 이후, 심성의 학문은 발전이 아주 다채롭고 흥미로웠다. 선후로, 위진과 송명 두 시대에 선진 시기의 도가와 유가를 크게 발전시켰을 뿐만 아니라, 위진과 송명 시기 사이에 있었던, 남북조와 수당 시기에는 또 인도에서 전해 들어온 불교를 받아들이고 발전시켰었다. 삼교는 줄곧 한 쪽이 조용하면 다른 쪽이 일어나는 상태에 처해 있었는데, 혹은 조용하고 잠잠한 가운데 묵묵히 준비하고 있었고, 혹은 생동하고 다채롭게 현양顯揚하고 있었다. 전체적으로 말하자면, 종래로 단절된 적은 없었다. 그래서 이를 하나의 큰 배태醞釀의 과정이었다고 말할 수도 있고 또는 하나의 큰 현양의 과정이었다고 말할 수도 있다. 현양은 당대에 비추어 말하는 것이고, 배태는 미래를 견주어 말하는 것이다. 큰 배태를 놓고 말할 때, 중국철학은 늦게 이루어진 큰 그릇이라고 할 수 있겠다. 큰 그릇이 늦게 이루어짐은 즉 오랜 기간의 축적과 고험을 거쳤기 때문이다. 중국철학의 축적은 지극히 풍부했고, 중국철학이 받은 고험도 지극히 빈번했다. 하지만 중국철학의 오랜 기간의 배태는 사람들이 그것이 큰 기량이 있음을 인정하지 않을 수 없게 만들었다. 그것인 즉, 그 어떤 좌절과 고난도 이겨낼 수 있다는 점이다.[503]

501) 牟宗三 :《中國哲學的特質》, 上海古籍出版社2007年版, 第75頁.

502) 牟宗三 :《中國哲學的特質》, 上海古籍出版社2007年版, 第75頁.

중국인들의 민족성에는 끈질긴堅韌 성격도 있었고 또 외래 문화를 받아들이고 소화하는 포용적 성격도 있었다. 그는 중국의 2000년 역사를 양자강에 비유한다. 구불구불 흘러오다가, "삼협三峽을 지나서는 곧 바다에 직통했다."[504]는 것이다.

모씨는 한나라 이후, 신도가가 흥성하던 일도 돌이켜본다. 그는 이렇게 말한다. "위진 명사들의 청담淸談(공리공담)은 도가사상을 지극히 높은 경지에로 끌어올렸었다."[505] 이때는 도가 현리玄理의 '황금시대'였고, 그때 "도가사상은 생명의 큰 지혜였다." 왕필이 현학에서의 조예造詣는 "중국과 서양 철학사에서 모두 대적할 자를 찾아보기 힘들다."[506] "향수, 곽상이 『장자』에 주해를 단 것도 역시 홀로 기축機軸을 주조하여 현풍玄風을 크게 창달시킨 것이겠다."[507] 한편, 남북조와 수당 시기의 불학 현리에서, 승조僧肇는 『조론肇論』에서 "불리佛理를 지극히 영롱하고 투명하고, 높고 원만하게 논했고", 축도생竺道生은 "맹자의 영혼을 가지고 있었고"[508], "처음으로 대담하게 모든 중생은 모두 불성佛性을 가지고 있고, 모두 돈오頓悟하여 성불成佛할 수 있다고 제기했고"[509], 이렇게 "중국 불학의 원돈圓頓의 가르침敎의 문을 크게 열었던 것이다."[510] "수당 시기에 이르러, 중국인들은 절로 세 개의 아주 대표적인 종파를 형성했다. 즉 천태天台, 화엄華嚴, 선禪이 그것이다."[511] 천태종의 지자智者와 대사大師들은

> 심성心性의 지혜를 논하는 방면에서, 불교를 융회融會하고 소화하는 방면에서, 그 학문적 사유는 참말로 최상의 뛰어난 재주와 큰 지혜였다.[512] 서방 고대의

503) 牟宗三 :《中國哲學的特質》, 上海古籍出版社2007年版, 第77頁.
504) 牟宗三 :《中國哲學的特質》, 上海古籍出版社2007年版, 第78頁.
505) 牟宗三 :《中國哲學的特質》, 上海古籍出版社2007年版, 第78頁.
506) 牟宗三 :《中國哲學的特質》, 上海古籍出版社2007年版, 第78頁.
507) 牟宗三 :《中國哲學的特質》, 上海古籍出版社2007年版, 第78頁.
508) 牟宗三 :《中國哲學的特質》, 上海古籍出版社2007年版, 第78頁.
509) 牟宗三 :《中國哲學的特質》, 上海古籍出版社2007年版, 第79頁.
510) 牟宗三 :《中國哲學的特質》, 上海古籍出版社2007年版, 第79頁.
511) 牟宗三 :《中國哲學的特質》, 上海古籍出版社2007年版, 第79頁.

플라톤, 아리스토텔레스, 중고中古 시기의 성 아우구스티누스St. Augustine, 세인트 토마스St. Thomas, 그리고 근세의 칸트, 헤겔 따위들은 그들의 학술 전통에서 모두 이들의 이런 지위와 조예가 없었다.513) 화엄종에서 현수賢首는 그 지위가 천태종에서 지의智顗와 똑같았다.514) 선종에 이르러, 중국 불학은 그 발전이 최고봉에 이르렀다. 선종禪宗에서 육조六祖 혜능慧能은 더욱 휘황하고 특이한 인물이다. 중요한 것은 그가 특히 본심의 진지한 돈오頓悟에 치중했다는 점이다. 본심本바깥의 문자, 우상과 의식 같은 것들을 무시했는데, 그가 본심을 직지直指하던 독특한 점은 맹자와 아주 비슷하다. 때문에 우리는 이렇게 말할 수 있다. 즉 맹자의 영혼은 중국 불학 인물들 가운데서, 선후로 두 차례 소생 또는 재현再現이 있었다고 말이다. 첫 번째는 축도생竺道生에게서, 두 번째는 선종의 육조 혜능에게서 나타났었다고 말이다.515) 이학理學의 대가大家, 예컨대, 주周, 장張, 정程, 주朱, 육陸, 왕王 등 사람들은 모두 일류의 철학가들이고, 그들은 서방의 대철학가들과 비교할 때, 추호도 손색이 없다. 게다가 그들의 성취는 서방 철학가들을 훨씬 초월한다.516) 이학가들은 모두 성현형聖賢型의 인격을 갖추고 있었는데, 그들은 지혜가 높은 것을 내놓고도 또 지극히 강렬한 도덕 의식을 가지고 있었다.517)

모씨가 보건대, 위진 시기부터 명나라 말까지, "삼교가 한 쪽이 조용하면 다른 쪽이 일어나던 발전 형태는 2,000여 년의 문화 생명이 끊이지 않고 길게 이어지게 했다."518) 다만 아쉬운 것은, 청나라 300년, 고거학考據學이 "민족의 혜명慧命을 질식시켰고, 문화의 생명도 따라서 쇠진되게 만들었고, 2,000여 년의 학통學統도 사라지게 만들었다는 것이다."519) 모씨는 더 나아가 이렇게 말한다.

중국이 처음 서방을 접한 시기는 남북조와 수당시기이다. 상대했던 것은 인도

512) 牟宗三 :《中國哲學的特質》, 上海古籍出版社2007年版, 第79頁.
513) 牟宗三 :《中國哲學的特質》, 上海古籍出版社2007年版, 第79頁.
514) 牟宗三 :《中國哲學的特質》, 上海古籍出版社2007年版, 第79頁.
515) 牟宗三 :《中國哲學的特質》, 上海古籍出版社2007年版, 第79頁.
516) 牟宗三 :《中國哲學的特質》, 上海古籍出版社2007年版, 第80頁.
517) 牟宗三 :《中國哲學的特質》, 上海古籍出版社2007年版, 第81頁.
518) 牟宗三 :《中國哲學的特質》, 上海古籍出版社2007年版, 第81頁.
519) 牟宗三 :《中國哲學的特質》, 上海古籍出版社2007年版, 第81頁.

불교 문화였다.(중국에서 볼 때, 인도도 서방이었다.) 현재, 두 번째로 상대하는 것은 서방의 과학, 민주民主와 기독교 문화이다. 과학과 민주, 특히 민주는 근대화한 국가가 근대화를 이룬 원인이다. 우리는 반드시 이성, 자유, 인격과 존엄의 문화생명을 근본으로 삼고, 이를 실현해야 한다.[520]

모씨는 중국철학의 미래의 방향도 제시한다.

첫째, 전통 유·석·도 삼교의 문화생명과 예수교를 서로 섞어 흔들면서 '생명의 학문'을 다시 부활시킨다. 둘째, 서방의 과학, 철학과 민주 정치를 받아들여, 지성智性의 영역을 확장한다. 철학을 놓고 말할 때, 서방 철학에서 플라톤, 아리스토텔레스가 하나의 줄기骨幹이고, 라이프니츠, 러셀Russell이 하나의 줄기이고, 칸트, 헤겔이 하나의 줄기인데, 그들의 사상은 영원히 철학적 및 진리적 가치가 있다.[521]

그러나 모씨는 또 이렇게도 말한다.

하지만 과학과 민주는 어느 때도, 어느 곳에서도 모두 도덕과 종교를 대체할 수는 없다. 중국 전통의 삼교는 언젠가는 다시 현양顯揚될 수 있고, 또한 예수교의 자극과 마찰 덕분에 새로운 발전을 이루는 것도 아주 가능하다. 삼교는 수천년래, 중국인들의 지혜의 축적을 거쳐 얻은 대본원大本原이고 대전통으로서 이것들은 내적으로 '강둑이 터지면 그 물길을 막을 수 없는 것沛然莫之能御'과 같은, 그런 잠재력을 가지고 있고, 장래에 여전히 중국인들의 사상의 주류일 것이다.[522]

모종삼은 줄곧 유가를 위주로 하는 삼교의 생명철학에 대해, 깊은 경의敬意와 자신심을 가지고 있었고, 유·불·도 삼교의 회통을 중국 생명철학 발전의 내적 동력으로 보고 있었다. 동시에 또한 서방의 주류 철학, 종교, 과학과 민주를 받아들이고 융화시킬 것을 주장하고 있었다. 이렇게 한 갈래 중국 특색이 있는 현대 문화의 앞길을 개척하려고 했던 것이다.

520) 牟宗三:《中國哲學的特質》, 上海古籍出版社2007年版, 第81-82頁.
521) 牟宗三:《中國哲學的特質》, 上海古籍出版社2007年版, 第83頁.
522) 牟宗三:《中國哲學的特質》, 上海古籍出版社2007年版, 第83頁.

넷째, 유가의 '입교立敎'의 지위와 '문제文制'의 기능. 모종삼은『중국철학19강中國哲學十九講』에서 유가 사상 체계의 성격을 제자백가諸子百家와 비교할 때, 공자유학의 중요성을 특별히 강조했다. 그는 이렇게 지적한다. 춘추시기, '주나라 문화가 피폐해져' 공자가

> 주나라 문화를 생명화生命化시켰다.[523] 공자는 인仁이라는 글자를 제기했고, 인이라는 이 관념이 제기되면서, 예악禮樂을 진실하게 만들었고, 그것이 생명을 가지게 만들었고, 그것이 객관적 유효성을 가지게 만들었다.[524]
>
> 가치의 원천을 개척하고, 도덕적 주체를 우뚝 세운 것은 유가가 최고였다.[525] 유가는 대교大敎로서 이가 하나의 기본 방향을 결정했는데[526], 유가가 중국문화에서 책임졌던 것은 '가르침을 세우는立敎' 문제였고, 그리하여 교화敎化 방면으로 발전했던 것이다. 또 이렇게 유가가 중국문화에서의 지위를 확립하게 되었던 것이다. 도가의 차원과 도가에서 접했던 문제들은 유가와 평행선을 이루고 있었는데[527], 하지만 도가에서 가르침敎의 의미意味는 그다지 크지 않았다. 유가가 중국문화에서 가졌던 지위는 기독교가 서방문화에서 가졌던 지위와 같았다.[528]

한편, "법가의 태도는 아주 실용적이었는데(실제적이었는데), 이들은 완전히 정치에 착안하고 있었고, 공을 이루는데 착안하고 있었다."[529] 모씨는 넓은 의미에서 '입교入敎'라는 용어를 이해하고 있었다. 즉 유가는 중화 민족의 정신적 방향을 확립해 주었고, 중화 문화를 생명화시켰고, '인간을 본위로 하는' 길로 나아가게 했다는 것이다. 이는 기타 제가들이 비길 바가 못 된다고 한다. 하지만 기타 제가는 모두 유가를 보조해주는 특수한 역할이 있었다고도 한다.

모씨는 공자 탄신을 기념하여,『공자에게 제사 올리기와 경 읽기祀孔與讀經』

523) 牟宗三 :《中國哲學十九講》, 上海古籍出版社2007年版, 第58頁.
524) 牟宗三 :《中國哲學十九講》, 上海古籍出版社2007年版, 第59頁.
525) 牟宗三 :《中國哲學十九講》, 上海古籍出版社2007年版, 第59-60頁.
526) 牟宗三 :《中國哲學十九講》, 上海古籍出版社2007年版, 第67頁.
527) 牟宗三 :《中國哲學十九講》, 上海古籍出版社2007年版, 第148頁.
528) 牟宗三 :《中國哲學十九講》, 上海古籍出版社2007年版, 第148頁.
529) 牟宗三 :《中國哲學十九講》, 上海古籍出版社2007年版, 第62頁.

라는 글을 쓴 적이 있다. 여기서 그는 중요한 문제를 하나 제기했다. 즉 "유가 학술은 문제文制(文化教育制度)의 의의를 가지고 있었는가? 또 문제로 될 수 있는가? 하나의 민족에서, 하나의 사회에서, 요컨대 국민들의 현실 생활에서, 문제는 필요한가 아니면 불필요한가?"[530] '문제'란 즉 문화교육제도인데, 모씨가 보건대, 이는 정치성을 가진 것도 아니고 개인성을 가진 것도 아니다. 이는 사회적 성격을 가지고 있고, 이는 국민들의 정신생활의 방향과 방식에 관계되는 일이다. 그는 '경학經學'과 '자학子學'을 구분했다. 그가 보건대, '자子(諸子百家를 말함)'는 개인들의 사상과 이론으로서 여기에는 문제의 의의가 들어 있지 않는데, 따라서 이는 하나의 문제로 될 수 없다. 하지만 '경經'은 문제의 의의를 가지고 있는 바, 이는 하나의 문제로 될 수 있다."[531] 한무漢武가 유가 학술을 존숭하고, 오륜의 가르침을 수호한 것도 단순히 이를 이용한 것이라고는 볼 수 없는데, 사실 "이는 사회의 상층으로부터 하층에 이르기까지의 하나의 생활방식이었고, 모두가 반드시 따라야 할 법도였다."[532] 또한 역대로 모두 이러했다. 하지만 청나라 말에는 과거제도를 폐지하고 학교를 일떠세웠고, 중화민국 시기에는 경을 읽는 것讀經마저도 폐지하고, 경학을 자학으로 위치 절하시켰었다. 그 명목은 듣기 좋았는데, 그들은 이를 학술적 자유와 사상적 자유를 위한 것이라고 했다. 하지만 모씨는 이렇게 말한다.

만약 민족국가의 입장에서, 나라를 세우는立國 근본이 '충성忠으로 나라 일을 도모하는' 태도에서 나오는 것임을 이해했다면, 학자들의 연구는 자유로울 수는 있겠는데, 사람들이 보편적으로 경經을 읽는 것을 폐지할 필요까지는 없었겠다.[533] 그러나 그 당시 사회를 이끌어가던 사상가, 교육가들은 단지 '개인적 사상

530) 美國孔子大學籌備會編 :《世界尊孔運動紀要》第1集, 美國孔子文教基金會出版1984年版, 第40頁.

531) 美國孔子大學籌備會編 :《世界尊孔運動紀要》第1集, 美國孔子文教基金會出版1984年版, 第40頁.

532) 美國孔子大學籌備會編 :《世界尊孔運動紀要》第1集, 美國孔子文教基金會出版1984年版, 第40頁.

533) 美國孔子大學籌備會編 :《世界尊孔運動紀要》第1集, 美國孔子文教基金會出版1984年版,

이론'이라는 관점으로 모든 학술을 바라보고 있었고, 그들은 유가 및 공자를 제자백가 가운데 하나로 간주하고 있었다. 그리하여 결국 가볍게 문화교육제도文制의 의미를 가지고 있는 유학을, 그리고 이미 수천 년 중화 민족의 생명을 수호해왔던 충신 관념을 한꺼번에 일소해버렸던 것이다.[534] 유학을 '개인적 사상이론'이라고 볼 수는 없고, 공자와 맹자도 제자백가 가운데 하나로 볼 수는 없다. 원래 공자가 가르침을 세운立教 문화교육제도文制의 근거는 바로 주나라 문화였다. 한편, 주나라 문화의 핵심은 친인 사이에도 멀고 가까운 차별이 있고, 현자들 사이에도 등급 차이가 있다는 것이었다. 이런 친근함과 존귀함의 등급과 차별이 오륜으로 변천했던 것이다. 친근함과 존귀함의 등급차별과 오륜, 모두 문화교육제文制이다.[535]

공자가 "시서詩書"를 산정刪定하고, "예악禮樂"을 정리하고, 『주역』을 해설하고, 『춘추』를 편수하고, 맹자가 성선性善설을 제기하면서, "인의仁義를 따르면서 본심을 직지하는 것이, 줄곧 위를 향해 뚫고 올라가면서, 마침내 유학의 높고 웅대한 진리의 경지理境의 문을 열게 되었다."[536] 이를 학술적으로 사람마다 알고 모두 찬성할 필요는 없겠지만, 그러나 '공자가 만세萬世스승이고 본보기'임은 마땅히 보편적으로 수용해야 한다는 것이다. 모씨는 이렇게 말한다.

예수교를 중국 민족의 성격에 이식하여 일상생활 속의 하나의 문제文制로 되게 할 수는 없다. 우리는 그래도 우리의 문화 전통 및 성인에 근거하여 문제를 세워, 우리 일생생활의 방식으로 삼아야 한다. 문제는 보편성과 일반성을 가지고 있는데, 이는 사실 사회에서 일반 사람들의 일상생활을 배려한 것이다.[537] 하나의 객

第41頁.

534) 美國孔子大學籌備會編：《世界尊孔運動紀要》第1集, 美國孔子文教基金會出版社1984年版, 第41頁.

535) 美國孔子大學籌備會編：《世界尊孔運動紀要》第1集, 美國孔子文教基金會出版社1984年版, 第41頁.

536) 美國孔子大學籌備會編：《世界尊孔運動紀要》第1集, 美國孔子文教基金會出版社1984年版, 第41頁.

537) 美國孔子大學籌備會編：《世界尊孔運動紀要》第1集, 美國孔子文教基金會出版社1984年版, 第42頁.

관적 문제는 있을 수 없고, 또한 위에서 행위준칙을 잘 정해서 아래에서 그 규칙과 법규를 잘 지키게 할 수도 없다. 사회에서 선악과 시비 판단도 혼란하지 않은 적이 없었다. 한편, 일반인들의 생활에서, 특히 지식인들은 예외 없이 아주 고통스러웠다.538)

독경讀經을 제창하는데 있어서 "제창하는 자들은 반드시 문제文制에 착안해야 했다."539) 이로 보면 모씨의 문제를 세우는 것에 관한 문제는, 즉 우수한 전통 도덕을 계승하는 토대 위에서 당대 중국 사회의 기본 도덕규범을 재구축하는 일이었다. 그가 보건대, 이는 반드시 공자를 받들고尊孔 경을 읽으면서讀經 실현해야만 했다.

모종삼의 출중한 제자, 대만 동해대학교 채인후蔡仁厚 교수는 스승을 추모하는 시에서 이렇게 말한다. "나는 스승을 사랑하거늘, 나는 더욱 진리를 사랑한다. 그이는 순서에 따라 예禮를 정하고, 마음을 담아 인仁을 다지고, 올바름을 좇아 의義로 삼았다. 나는 진리를 사랑하거늘, 나는 더욱 스승을 사랑한다. 생명에는 진리가 있었고, 학문에는 근본이 있었고, 인생길에는 귀착이 있었다."540) 채蔡선생의 추모의 글에는 이런 시구도 있다.

오호- 스승이여, 하늘과 땅 사이의 기이한 영재여, 성정性情은 도고하고 학문의 사려는 정교하고 깊었다. 학문의 이치學理는 반야般若의 지혜를 가졌었고, 법도는 근원과 근저까지 꿰뚫었고, 심체心體와 성체性體는 건곤乾坤처럼 견정불이 했다. 삼대 비판은 철학의 깊은 곳까지 파고들었고, 전체를 번역하여(칸트 저작들) 서술한 이는 세상에서 한 사람뿐이었다. 중국과 서양을 회통하는 데는 크게 열고 닫았었고, 진리를 현양顯揚하는 데는 한 마음에 두 문을 넘나들었다. 선생의 강의는 찬란함이 사방에 눈부셨고, 저술과 저작은 세상에 견줄 자가 없었다. 중국 대지에

538) 美國孔子大學籌備會編 :《世界尊孔運動紀要》第1集, 美國孔子文教基金會出版社1984年版, 第43頁.

539) 美國孔子大學籌備會編 :《世界尊孔運動紀要》第1集, 美國孔子文教基金會出版社1984年版, 第43頁.

540) 蔡仁厚等主編 :《蔡仁厚教授七十壽慶集》, 臺灣學生書局1999年版, 第213頁.

유학이 되돌아왔고, 그 기풍이 일떠서면서 기상이 일신했다. 존경하는 스승님은 고령으로 세상을 떠났지만, 태산의 바위처럼, 본보기로 길이 남으시리라. 태산과 북두를 우러러보니, 곧고 크고 바른데, 신령이 내려와, 제사를 받는 모습이구려.541)

채인후蔡仁厚의 추모의 시와 추모의 글에서 모종삼 선생의 거룩한 인격과 깊은 학식을 얼마간 엿볼 수 있겠다.

9) 인仁과 지智를 모두 갖춘 용자형勇者型 신유가 : 서복관徐復觀

서복관(1903-1982)의 원명은 병상秉常이고, 자는 불관佛觀이다. 후일 웅십력熊十力이 이름을 복관復觀으로 바꾸어 주었다. 그는 호북湖北 희수浠水 사람이다. 청년 시절, 무창제1사범학교武昌第一師範學校를 졸업했고, 조금 후에는 또 3,000여 명의 응시생 가운데서 최우수 성적으로 무창국학관武昌國學館에 입학하여 국학을 공부했다. 그 당시, 저명한 학자 황간黃侃의 신뢰를 크게 받았다. 1925년 이후에는 삼민주의三民主義와 사회주의社會主義 신사상新思想을 받아들이고서, 공부를 그만두고 참군했다. 그 후에는 일본유학을 떠나 일본에서 경제와 군사를 공부했고, '9 · 18'사변 후, 귀국하여 항일전쟁에 참가했다. 항일전쟁 시기, 국민당國民黨 군대에서 요직을 맡았었고, 한 시기 고급참모, 장개석蔣介石 수행비서도 맡은 적이 있다. 그때, 수차 장개석에게 군정軍政 개혁에 관한 건의도 제기했다. 1943년, 서복관은 사천四川 북배금강비北碚金剛碑에 있는 면인서원勉仁書院에 찾아가 웅십력 선생을 만나 뵙고, 그를 스승으로 모시게 되었다. 그때, 웅선생은 서복관에게 왕선산王船山의 『독통감론讀通鑑論』을 읽을 것을 권했다. 다시 웅선생을 만났을 때, 서복관은 왕선산王船山의 책을 비판하는 의견을 많이 제기했고, 이에 웅십력 선생은 대노하여 서복관을 크게 질책했다고 한다. "너는 책을 도대체 어떻게 읽었느냐? 그 어떤 책의 내용도 좋은 일면이 있고, 나쁜 일면이 있는 법이다. 너는 왜 그의 좋은 면을 먼저 보아내지 않고, 나쁜 면만

541) 蔡仁厚等主編 :《蔡仁厚教授七十壽慶集》, 臺灣學生書局1999年版, 第214頁.

골라 보았느냐? 이렇게 책을 읽어서는 백권, 천권을 읽은들, 책에서 무엇을 배울 수 있겠느냐?[542]" 서복관은 이 질책을 '한 차례 기사회생의 질책'이라고 여기고 있었다. 1948년 이후, 서복관은 벼슬을 그만두고 학문에만 정진했는데, 이때부터 신유학을 탐구하기 시작했다. 특히 웅십력 선생의 "국족國族을 잃는 자는 늘 먼저 그 문화를 잃는다.", "중국을 구하려면, 반드시 우선 학술을 구해야 한다."는 탁월한 식견에 크게 감명을 받고, 중화 전통 사상의 전승과 발양에 심혈을 쏟게 되었다. 후일 홍콩에서 『민주평론民主評論』 잡지를 창간했고, 이때는 국민당을 많이 비판했다. 50세 때부터, 먼저는 대만 대중 성립 농학원에서 국문國文을 가르쳤고, 후에는 동해대학교중문과 교수 및 학과장을 맡았다. 이 대학교에서 모두 14년 간 교수로 재직했다. 1958년, 모종삼, 장군매와 함께 『중국문화를 세계 인사들에게 정중하게 알리는 선언爲中國文化敬告世界人士宣言』을 발표했다. 1969년, 동해대학교에서 사직하고, 그 다음 해 홍콩신아연구소 교수로 취직했다. 이와 동시에 또 홍콩중문대학교 중국문화연구소 연구원도 겸임했다. 1980년, 병으로 대만에 돌아와 치료를 받았고, 1982년 세상을 떠났다. 주요 저작으로는 『중국인성론사선진편中國人性論史先秦篇』, 『중국 예술정신中國藝術精神』, 『양한사상사兩漢思想史』, 『서복관잡문집徐復觀雜文集』, 『학술과 정치 사이學術與政治之間』, 『유가 정치사상과 민주·자유·인권儒家政治思想與民主自由人權』 등이 있다.

서복관, 당군의, 모종삼, 이 세 사람은 모두 웅십력선생의 가장 출중한 제자였다. 또한 웅십력 이후, 홍콩과 대만 신유가의 대표적 학자들이었다. 그러나 경력, 학문, 기질과 풍격에 있어서는 각자 특색이 있었는데, 이에 관해서 서복관은 이렇게 평론했다. 즉 당군의는 '인자형仁者型' 학자이고, 모종삼은 '지자형智者型' 학자이고, 자기는 '용자형勇者型' 학자라는 것이다. 이밖에 그는 군사와 정치에 참여했던 풍부한 경험을 가지고 있었고, 학술과 정치 사이를 많이 넘나들었다. 그는 형이상의 도道를 담론하기를 좋아하지 않았고, 방대한 철학체계

542) 徐復觀:《徐復觀集》, 群言出版社1993年版, 第51頁.

를 구축하지도 않았다. 그는 중국 문화를 담론함에 있어서 항상 구체적 현실 세계를 떠나지 않았다. 그의 연구의 중심은 사상사에 있었고, 역사로부터 논설을 폈었다. 이 몇 개 방면에서 모두 당군의와 모씨와 달랐다. 서복관은 비록 철학이론을 구축하지는 않았지만, 그러나 그의 논설은 예리하고 치밀한 분석과 이성적 사고로써, 탁월한 견식과 성실하고 시원한 기질로써, 그 당시 사회와 후세 학자들의 지대한 격동을 불러 일으켰었고, 거대한 반향을 불러 일으켰었다. 아래의 그의 성취를 간략히 소개한다.

첫째, 중화문화의 자각적 전승자였고, 사군자士君子의 역사적 사명을 짊어진 용감한 학자였다. 서복관은 '전반적으로 서구화하자는 논설全盤西化論'에 견결히 반대했다. 그가 보건대, 중국의 '서학자들은 뿌리가 없이 천박한 것들을 가지고' '전적典籍을 무함誣陷하고 조상을 무함하면서' 여론을 조장하고 명성을 얻으려고만 하고 있었다. 1961년 11월, 호적은 아동亞東 지역 과학대회에서 동방문화는 영성靈性이 아주 적거나 또는 전혀 없다고 했다. 이에 서복관은 즉시에 글을 써서 호적을 호되게 질책했다. "호적은 중국문화를 모독하고, 동방문화를 모독하는 방법으로 자신의 무지함을 덮어 감추면서[543] "서방 사람들에게 아양을 떨고 있다."는 것이었다. 그는 사정없이 호적을 내리깠다. "호박사가 중앙연구원 원장 직을 맡은 것은 중국인들의 수치이고, 동방인들의 수치이다." 그리하여 한 차례 논전이 벌어졌던 것이다. 그는 이렇게 말했다. 만약 중국문화가 죽어 없어지더라도 그는 절대로 "기독교 신자로 되지 않을 것이고, 오로지 중국문화를 위해 상복을 입은 최후의 효자로 될 것이다."[544] 사실, 서복관은 중국문화의 생명력과 앞날에 대해 자신심으로 차 넘쳤었다. 또한 이를 민족부흥의 근본으로 여기고 있었다. 그는 『이理와 세勢 - 자유중국의 신념理與勢—自由中國的信念』이라는 글에서 이렇게 말한다.

우리 민족은 결코 멸망하지 않을 것이고, 문화는 결코 단절되지 않을 것이고,

543) 羅義俊 :《評新儒家》, 上海古籍出版社1989年版, 第621頁.
544) 羅義俊 :《評新儒家》, 上海古籍出版社1989年版, 第622頁.

인성人性은 결코 소멸되지 않을 것이다. 이것은 일월日月처럼 밝고 또한 의심할 바 없이 확실한 이치이다. 자유중국에 설령 한 사람만 남더라도, 이 한 사람은 여전히 일월을 치켜들고 강하江河를 양 옆에 끼고, 이 이치를 하늘과 땅 사이에서 밝힐 것이다. 어찌 형세가 어쩌다 곡절이 있다 해서 우리의 신념에 영향 줄 수 있겠는가?[545]

동시에 서복관은 또 절대로 맹목적인 문화보수주의자는 아니었다. 그는 분명히 말한다. 중국 사상과 철학에는 불변常하는 것도 있고 변變하는 것도 있고, 장점도 있고 단점도 있는 바, 그래서 전환과 창조가 필요하다고 말이다. 그는 『유가 정치사상의 구조 및 그 우회적 전진儒家政治思想的構造及其轉進』에서 이렇게 말한다. 우리가 중국문화를 대하는 태도에 있어서,

다시는 '5·4' 시기의 무차별적 타도 또는 멍청한 옹호일 수는 없다. 마땅히 구체적 역사 조건의 이면에서, 역사의 흐름에 관통되던 보편적이고 영원한 불변의 법칙常道을 발견해야 하고 또한 이런 불변의 법칙이 과거의 역사적 조건하에서 받았던 제한도 살펴보아야 한다. 그것이 제한을 받았기 때문에, 드러난顯現 정도가 부족하거나 혹은 드러난 형식에 편차가 있을 수 있었다.[546]

때문에 감별과 확인이 필요하다는 것이다. 동시에 중국과 서양 문명이 부딪치는 새 시대에 중화사상과 문화는 서학을 가지고 연마해 주어야만 새로운 생명을 진작할 수 있다고 한다. 그러나 또 서학에 묶여 자아를 잃어서는 아니 된다고 한다. 그는 『중국사상사논집 자서(3) – 나 개인의 몇 가지 단상中國思想史論集自序之三一我的若干斷想』에서 이렇게 말한다.

나는 늘 이렇게 생각한다. 나 자신의 두뇌는 한 자루의 칼과 같고, 서방 철학자들의 저작은 숫돌과 같은데, 우리는 서방의 숫돌에 잘 갈은 칼을 가지고 우리의 사상사 자료를 잘 분해해서 그 자료의 조리條理에 의거하여 체계를 세워야 한다

545) 徐復觀 :《新版學術與政治之間》, 臺灣學生書局1985年版, 第150頁.
546) 徐復觀 :《新版學術與政治之間》, 臺灣學生書局1985年版, 第48頁.

> 고 말이다. 그러나 서방의 어떤 철학의 틀에 맞추어 우리의 자료를 나열하지는 말아야 한다. 우리와 서방의 비교연구는 두 개의 상이한 극장, 두 개의 상이한 공연의 상호 간 비교연구이지, 우리가 서방의 무대 복장을 입고, 그들의 도구를 활용하는 그런 비교연구는 아니다. 우리 중국 철학사상이 세계적 의의가 있는지 없는지, 현대적 가치가 있는지 없는지 하는 것들은 현대 세계에서 실제로 조우한 각종 문제에 깊이 파고들어 따져보아야 하지, 서방의 철학저작을 가지고 판단하지는 말아야 한다. 시대의 격변을 맞이하여 서방의 현학玄學식의 현실과 너무 멀리 유리遊離된 철학사상은 현재 바야흐로 엄준한 고험考驗을 받고 있다. 한편, 우리의 '간이簡易'한 철학사상은 또 생명, 생활 속에 깊이 들어가 새로운 발견을 이루어낼 것을 요구하고 있다. 어떤 이들이 서방 현학식 철학의 틀에 기대어 스스로 자신을 높여야 할지에 대해서 나는 아주 회의적이다.547)

보다시피 서복관의 문화관, 철학관은 중화민족의 도통道統을 본위로 삼고 있었고, 동시에 또 개방적이고 종합적이고 창조적이었다.

서복관은 『유가정치사상과 민주와 자유儒家政治思想與民主自由』, 『학술과 정치 사이學術與政治之間』에서 유학과 민주, 자유의 관계를 설명한다. 그가 보건대, 이것들은 상호 모순되지 않을 뿐만 아니라, 오히려 "유가 정신, 인문 정신은 마땅히 민주와 자유의 진정한 근거여야 한다."548) 하지만 역사적으로 치도에 있어서는 이중의 주체성 모순이 있었는데, 즉 민본주의와 독재정치 체제의 모순이 그것이다. 확실히 '도道'와 '세勢' 사이에는 오랫동안 긴장한 관계가 존재하고 있었다. 사군자들이 '도道를 가지고 임금을 섬기고', '도리理'를 가지고 "세력勢'에 저항하는 일은 쉽지 않았다. 그러나 역사적으로 볼 때, 도리는 비록 어떤 때에는 세력에 가려진 적도 있었지만, 장원長遠하게 볼 때, "도리는 반드시 세력에 침투될 것이고, 세력에 최후의 결정을 내려줄 것이다."549) 따라서 사군자와 유자는 공리 정신을 가져야 하고, 공리 정신을 민주정치 실천에 적용해야 한다는 것이다. 그는 『왜 자유주의를 반대하는가爲什麽要反對自由主義』라

547) 徐復觀 :《中國思想史論集續篇》, 上海書店出版社2004年版, 第8頁.
548) 徐復觀 :《新版學術與政治之間》, 臺灣學生書局1985年版, 第175頁.
549) 徐復觀 :《新版學術與政治之間》, 臺灣學生書局1985年版, 第149頁.

는 글에서 당나라 육지陸贄의 순도殉道 정신을 크게 찬송한다. "나는 육씨의 맥박이 여전히 우리들을 향해 힘차게 박동하고 있음을 느끼고 있다."[550]

둘째, 유가의 도덕적 성격의 인문주의와 중국과 서양의 상호 보완. 서복관은 『유가의 정신儒家的精神』이라는 글에서 그의 유학관과 "중국과 서양 철학을 상호 비추어보자"는 주장을 체계적으로 논술한다. 그가 보건대,

> 그리스 학문의 주요 대상은 자연이었고, 즉 인간 바깥의 사물이었고, 기본적으로 공력을 들였던 부분은 지식이었다.[551] 하지만 유가에서는 주로 자신의 행위를 규범화하고 있었고[552], 유가의 기본 노력은 대체로 두 가지였다. 하나는 본성이 착하다性善는 도덕 내재설로서 이로써 인간과 일반 동물을 구분 짓고, 인간을 완전무결한 성인 또는 인인仁人으로 만들어내고, 세상에 책임을 다하게 하는 것이다(『論語』: 만약 성인이나 인자仁者처럼 되는 일이라면, 내가 어찌 감히 해낼 수 있겠느냐?若聖與仁 則吾豈敢). 다른 하나는 내재하는 도덕을 인륜일용에 객관화시켜, 인륜을 실천하면서 '석류지애錫類之愛(모든 사물을 착하게 대하는 사랑)'를 발양하게 하여, 인간과 인간사이, 인간과 만물 사이의 관계가 모두 '인仁'한 관계로 되게 하는 것이다.[553]

그리하여 유가는 "중국에서 도덕적 성격의 인문주의 기점基点을 형성했고", 한편, 서방에서는 "주요하게 지능을 기점으로 하는 인문주의를 형성했다"[554] 유가의 도덕 실천이 "현실에서의 성취는 대체로 세 방면에서 드러나고 있었다. 첫째는 가정이고, 둘째는 정치(국가)이고, 셋째는 '교화(즉 사회)'였다."[555] "유가 정신에서 중요시하는 가정 윤리는 그 자체가 곧 완벽한 종교였고, 그리하여 다른 종교가 필요하지 않았다. 실제에 있어서는 다만 효제孝弟라는 두 글자일

550) 徐復觀 :《中國思想史論集續篇》, 九州出版社2014年版, 第503頁.
551) 李維武主編 :《徐復觀文集》(修訂本)第2卷, 湖北人民出版社2009年版, 第44頁.
552) 李維武主編 :《徐復觀文集》(修訂本)第2卷, 湖北人民出版社2009年版, 第45頁.
553) 李維武主編 :《徐復觀文集》(修訂本)第2卷, 湖北人民出版社2009年版, 第45頁.
554) 李維武主編 :《徐復觀文集》(修訂本)第2卷, 湖北人民出版社2009年版, 第47頁.
555) 李維武主編 :《徐復觀文集》(修訂本)第2卷, 湖北人民出版社2009年版, 第49頁.

따름이었고, 이는 인간 마음의 자연적 표출이었고, 이를 행하게 되면 사람들이 모두 편안하게 되었다."[556] 정치적 측면에서 볼 때, "유가의 정치사상에는 비록 정치한 이론이 있었지만, 그러나 이런 이론은 늘 통치자의 입장에서 실시되었고, 한편 피통치자의 입장에서의 실천은 결핍했다. 그 때문에, 정치의 주체성은 줄곧 세워지지 못했고, 그래서 민본으로부터 민주에로 나아갈 수 없었다."[557] 그래서 이는 다만 독재를 줄이는 역할만 있었고, 근본적인 해결은 얻을 수 없었고, "반대로 늘 참주僭主들이 거짓으로 차용하고 있었다.", "그리하여 오늘날 진정한 유가는 반드시 정치의 민주화라는 이 점에서 많이 노력해야 한다."[558]

서복관은 유가사상과 민주정치는 서로 용납할 수 없다는 논설에 찬성하지 않았다. 그가 보건대, 민주정치는 사상적으로 반드시 내적 가치론에 입각해야 하고, 외적 권위를 숭배하지 말아야 했다. 한편, "유가는 자본자근自本自根의 정신이 있어 외부의 하나님이 필요하지 않았는데, 그렇다면 정치적으로 어찌 외적 권위로부터 오는 강제적 역량을 인정할 수 있겠는가."[559] 교화를 놓고 말할 때, 서복관이 보건대, 유가의 "가장 위대한 일면은 즉 그 '교화정신'의 일면이었다." 공자는 일반 교육가들을 초월했다.

> 공자의 정신은 사실 위대한 종교가의 교화 정신이었다. 어떤 것에도 의지하지 않고, 하나의 연민의 마음을 가지고, 인류를 위해 모든 책임을 떠맡고, 항상 그들을 교화할 것을 생각하고 있었다.[560] 유가가 종교를 대체할 수 있었던 것은 자본자근自本自根의 도덕 내재론道德內在論이 있어 사람들이 종교가 필요 없게 만들 수 있었고, 또한 공자의 교화정신이 있어 사실 위대한 종교 창립자가 하던 것처럼, 그 학설을 중국 민족들에게 구체화시킬 수 있었기 때문이었다. 이는 일반적인 일가지언一家之言이 비길 수 있는 것이 아니었다.[561]

556) 李維武主編:《徐復觀文集》(修訂本)第2卷, 湖北人民出版社2009年版, 第50頁.
557) 李維武主編:《徐復觀文集》(修訂本)第2卷, 湖北人民出版社2009年版, 第51頁.
558) 李維武主編:《徐復觀文集》(修訂本)第2卷, 湖北人民出版社2009年版, 第45頁.
559) 李維武主編:《徐復觀文集》(修訂本)第2卷, 湖北人民出版社2009年版, 第52頁.
560) 李維武主編:《徐復觀文集》(修訂本)第2卷, 湖北人民出版社2009年版, 第53頁.
561) 李維武主編:《徐復觀文集》(修訂本)第2卷, 湖北人民出版社2009年版, 第53頁.

서복관은 유가의 도덕적 성격道德性의 인문주의를 아주 찬미한다.

> 유가의 인륜 사상이 즉 내재하는 도덕성道德性에서 객관화되어 나와 인류를 책임지는 것이었다. 효제孝弟에서 시작하여 민포물여民胞物與에서 극極에 이르고, '천지만물을 일체로 삼는以天地萬物爲一體' 것에서 극極에 이르렀었다. 효제孝弟로부터 민포물여民胞物與에로, 천지만물일체天地萬物一體에로 이르던 것은 다만 인심仁心의 발용發用일 따름이고, 일기一氣로 관통시킨 것일 따름이었다. 여기에는 간극이 조금도 없었다.562)

하지만 서복관은 이어서 또 이렇게 지적한다.

> 유가정신에는 과학이 없었지만, 그러나 절대로 반과학적이지는 않았다. 금후今後, 유가에는 과학이 필요한 데, 이는 인성人性이 중국 문화 발전에서 결손 되어 있었던 일면을 보완해줄 수 있을 뿐만 아니라, 또한 우리 문화에서 이미 발달한 일면 즉 인성仁性의 일면도 보조해줄 수 있겠다. 인성仁性과 지성知性, 도덕과 과학은 손을 잡고 함께 발전할 수 없다는 이유를 보아낼 수 없을 뿐만 아니라, 오히려 양자는 합치면 모두 아름다워지고, 갈라지면 모두 손상 받게 되는 인성人性의 전체이다.563)

서복관은 서방문화의 성취를 인정하는 동시에 서방문화가 직면한 위기도 지적했다. 서방에서는 물질적 측면에만 주목하고 있고, 한편 인간의 문제는 해결하지 못했다고 한다. 또 '관능문화官能文化', '감성문화感性文化'가 초래한 정치적 및 경제적 모순은 민주적 방식으로는 해결이 어렵다고 한다. "유럽문화가 죽고 사는 것은, 원초로 되돌아가 '인간이 짐승과 다른 이유(문명을 말함)'를 다시 세우는, 이 점에서의 노력을 보아야 한다."564) 이밖에 서방문화가 직면한 개체와 집단의 모순과 충돌도 유가 사상을 빌려 해결해야 한다고 한다. 그리하여

562) 李維武主編:《徐復觀文集》(修訂本)第2卷, 湖北人民出版社2009年版, 第53頁.
563) 李維武主編:《徐復觀文集》(修訂本)第2卷, 湖北人民出版社2009年版, 第61-62頁.
564) 李維武主編:《徐復觀文集》(修訂本)第2卷, 湖北人民出版社2009年版, 第68頁.

서복관은 중국과 서양 문화를 서로 비추어보는 시야에서 인류 문화에서 '인仁과 지知를 모두 성취하는' 발전경로를 제기했던 것이다. 그는 이렇게 말한다.

> 서방문화는 지성을 성취하고 또 지성을 보존하고 있기 때문에, 서방문화의 오늘날의 재 발전에 있어서는 반드시 '지知를 인仁에 끌어넣고攝知歸仁', 인을 가지고 지적 성취를 판단하고 또 충분히 활용해야 한다. 중국의 오늘 이후今後의 문화는 한편으로는 인성을 회복해야 하고, 동시에 또 '인을 지로 전환시켜轉仁成知', 지성이 도덕 주체의 양성涵煦에 들어가게 해야 한다. 그러나 도덕 구도局格의 속박은 받지 말게 해야 한다. 인간을 근본으로 하면서 인문과학과 자연과학을 성취해야 한다.565)

서복관은 '섭지귀인攝知歸仁'과 '전인성지轉仁成知'라는 이 두 명제를 가지고 정확하게 인류문화의 오늘 이후의 발전경로를 밝혔다.

> 요컨대, 인류 역사문화에서의 이 두 밧줄을 잡고, 자각적으로 인성人性을 완전하게 하고, 인성과 지성이 서로 전환하고, 서로 잊으면서, 서로 이루어주게 하는 것이, 유가 정신이 새롭게 태어나고 또 재 발전하는 큰 방향이다. 그리하여 중국의 신생은 유가정신 뿐만 아니라 인류문화 전체에도 관계된다. '무한한 다양성'을 가진 인성의 완전함을 향해 나아가야 하고, '만물은 함께 길러지되 서로 해치지 않는다.'는 정신을 받들고 중국을 위해, 인류를 위해, 한 차례 새로운 운동을 벌어야 한다.566)

보다시피 서복관의 흉금은 박대했고, 안광은 요원遼遠했고, 견식은 탁월했다. 지금까지도 여전히 사람들에게 중대한 계시를 주고 있다고 하겠다.

셋째, 독창적인 경학사 연구와 예술사 연구. 서복관은 중화민국 시기 '국고國故'론자들이 경학을 시대에 뒤떨어진 역사적 사물로 간주하고, 경학 연구를 단순한 사학 연구로 취급하던 것과는 달리, 중국문화의 정신적 가치의 형성과

565) 李維武主編 :《徐復觀文集》(修訂本)第2卷, 湖北人民出版社2009年版, 第73頁.
566) 李維武主編 :《徐復觀文集》(修訂本)第2卷, 湖北人民出版社2009年版, 第74頁.

전승이라는 시각에서 경학사를 연구했다. 그는 『중국 경학사의 기초中國經學史的基礎』 '서'와 본문에서 이렇게 지적한다.

> 경학은 중국문화의 기초 형태를 구축했고 또한 중국문화 발전의 기본 노선으로 되었다. 때문에 중국문화에 대한 반성은 마땅히 중국 경학에 대한 반성에로 되돌아와서, 이를 자세히 살펴보아야 한다.[567] 민족의 활력을 회복하려면, 반드시 역사문화의 활력을 회복해야 한다. 역사문화의 활력을 회복하려면, 반드시 역사문화를 구축한 기초 형태, 문화를 추진했던 기본 노선으로서의 경학에 대해 다시 반성하고 파악해야 한다.[568]

그래서 그는 『〈주관周官〉이 성립된 시대 및 그 사상과 성격〈周官〉成立之時代及其思想性格』, 『중국경학사의 기초中國經學史的基礎』 등 책을 저술했던 것이다. 그가 보건대, "경학의 기초는 사실 공자 및 그의 후학들이 닦은 것이고, 공자가 없었더라면 이른바 경학이란 있을 수 없었다."[569] 공자가 경학에 있어서의 공헌은 첫째, 귀족문화를 개인의 가르침을 통해 3000명 제자들에게 전파하고, 천하에 널리 전한 것이고, 둘째, 오경을 성현으로 되는 인생교양 도서로 위치 지우고, 이것이 인격을 승화시키는 교화 역할을 발휘하게 한 것이고, 셋째, 오경에 대한 정리를 거쳐, 이에 새로운 사상을 주입하고, 삼대 문화의 가치를 부각시키고, 그 내용과 형식을 확립한 것이다. 그때는 다만 '경학'이라는 이름이 없었을 따름이다. 맹자는 『시詩』, 『서書』, 예禮의 함의와 의의를 발휘하여 공자가 『춘추春秋』를 저술한 그 가치를 현양했다. 순자 및 그의 제자들은 '육경六經'을 종합하는 일을 완성했다. 한나라 때에는 경학 박사를 두고, "백가百家를 배척하고 육경을 제창했는데罷黜百家, 表章六經', 그리하여 경학은 사회적 차원으로부터 정치적 차원에로 부상하게 되었다. 한나라 경학은 이중적 성격이 있었다. 한편으로, 현실 생활에서 양한 시기의 정치는 황권皇權의 독재를 정체政體

567) 徐復觀 :《中國經學史的基礎》, 臺灣學生書局1982年版, 第1頁.
568) 徐復觀 :《中國經學史的基礎》, 臺灣學生書局1982年版, 第240頁.
569) 徐復觀 :《中國經學史的基礎》, 臺灣學生書局1982年版, 第26頁.

(정치체제, 본바탕)로 삼고 있었고, 형벌을 정치 운행의 기본과 기틀로 삼고 있었다. 반면, 사상적 벼리와 그물로서의 유가의 가르침教은 다만 독재정치의 화려한 겉모습에 불과했다. 다른 한편, 오경에 『논어論語』를 보탰으니, 이는 고대 정치문화를 총화 한 셈이고, 이 또한 한나라 정치에 민본주의 기점을 제공해주게 되었다. 이는 '수언受言', '납간納諫'에도 유익했고, 또 조정朝廷과 사회의 교육시설도 배태해냈었다. 또 덕德을 위주로 하고 형刑을 보조로 할 것을 요구하고 있었는데, 이는 백성들의 운명에 있어서도 지극히 중요한 일이었다.

서복관은 현대 신유가에서 아주 드문, 특별히 중국예술사를 주목했던 학자이다. 그는 아주 무게 있는 『중국예술정신中國藝術精神』이라는 책을 저술했다. 이 책의 '서언'에서 그는 자신이 『중국인성론사中國人性論史 · 선진편先秦篇』과 『중국예술정신』을 저술한 연유를 밝힌다. 그것은 '도덕, 예술, 과학이 인류문화에서 삼대 기둥支柱이기'[570] 때문이라고 한다. 중국문화에서 과학의 요소는 순리롭게 발전하지는 못했지만, 그러나 과학을 거부하는 요소는 없었는데, 중국문화는

> 인간의 구체적 생명에서 심心, 성性으로부터 도덕의 근원, 인생의 가치의 근원을 발굴해냈다. 신화나 미신의 역량에 의지하지 않고서, 사람마다 자신의 한 생각의 자각自覺으로, 현실세계에서 뿌리를 내리고 확고히 서게 할 수 있었다. 또한 인류의 자각의 역량에 의지하여, 인류 자체의 모순 및 이로부터 발생한 위기를 해결할 수 있었다. 중국문화가 이 방면에서 이룬 성취는 역사적 의의를 가지고 있을 뿐만 아니라, 동시에 또 현대적, 미래적 의의도 가지고 있다. 내가 『중국인성론사中國人性論史』를 저술한 목적이 바로 중국문화의 이 방면의 의의를 특별히 드러내려는 것이었다.[571]

그는 변주邊注에서 '종교'를 한 주제로 따로 논술하지 않은 이유를 특별히 설명한다.

570) 徐復觀 :《中國藝術精神》, 華東師範大學出版社2001年版, "自序"第1頁.

571) 徐復觀 :《中國藝術精神》, 華東師範大學出版社2001年版, "自序"第1頁.

종교는 반드시 도덕에로 방향을 돌려야 하고, 도덕에 토대를 두어야 한다. 그 다음에야 미신迷信과 편집偏執을 완전히 떨쳐버릴 수 있고, 인생에 안정을 찾아줄 수 있고, 액운劫運을 무형無形 중에 없애 줄 수 있다. 아니할 경우, 수많은 재앙은 모두 종교의 명의를 빌어 닥쳐오게 된다. 우리가 눈을 뜨고 보기만 하면, 이런 철 같은 사실을 인정하지 않을 수 없다.572)

이어서 그는 중국예술을 논한다.

인간의 구체적 생명에서, 심心, 성性으로부터 예술의 근원을 발굴해내고, 정신적 자유와 해방의 관건을 파악하면서, 회화繪畵 방면에서 수많은 위대한 화가와 작품이 탄생되었다. 중국문화가 이 방면에서 이룬 성취는 역사적 의의를 가지고 있을 뿐만 아니라 또한 현대적, 미래적 의의도 가지고 있다.573)

그러나 오랜 기간, 이는 말초화末梢化되고, 용속화庸俗化되었다. "내가 이 책을 저술한 동기는 바로 현대 언어를 가지고 이를 잘 조직해서, 이 방면의 본래 모습을 잘 드러내서, 그것이 당당하게 문화의 큰 흐름에 합류하여 들어가게 하고, 이를 세상 사람들이 잘 볼 수 있게 하려는 것이었다."574) 그는 『중국인성론사中國人性論史』와 『중국예술정신中國藝術精神』을 이렇게 보고 있었다. 즉 양자는 "인성人性의 왕국에서의 형제 동네이다. 나는 세상 사람들에게 중국 문화의 삼대 기둥에는 참말로 도덕, 예술이라는, 하늘을 떠받치는 양 대 기둥이 있음을 알려 주려고 했다."575) 그는 또 도가가 중국예술에 끼친 심각한 영향을 밝혔다.

나는 장자가 말하는 도가 인생에 있어서는 숭고한 예술정신임을 발견했다. 한편, 그가 심재心齋의 공부工夫를 통해 파악했던 마음心은 사실 예술정신의 주체였다. 노자학설老學, 장자학설莊學로부터 변천해 나온 위진 현학은 이의 진실한 내

572) 徐復觀 :《中國藝術精神》, 華東師範大學出版社2001年版, "自序"第6頁.
573) 徐復觀 :《中國藝術精神》, 華東師範大學出版社2001年版, "自序"第1頁.
574) 徐復觀 :《中國藝術精神》, 華東師範大學出版社2001年版, "自序"第1-2頁.
575) 徐復觀 :《中國藝術精神》, 華東師範大學出版社2001年版, "自序"第2頁.

> 용과 결과는 즉 예술적 생활과 예술에서의 성취였다. 역사적으로 대화가大畵家, 대화론가大畫論家들, 그들이 도달하고 그들이 파악했던 정신적 세계는 늘 알고 모르게 모두 장학, 현학의 경지였다. 송나라 이후, 이른바 선禪이 회화繪畵에 끼친 영향도 사실 장학, 현학의 영향이었다.[576]

그가 보건대, 중국문화에서의 예술정신은 두 개 전형이 있었다. 하나는 '공자가 나타냈던, 인仁과 음악이 합일이 되는 전형이고'[577] 다른 하나는 장자로서 그는 '철저하게 순수 예술정신의 성격이었는데'[578] 이는 주요하게는 회화繪畵에서 표현되었고, 또한 기타 예술분야에도 스며들어 갔었다. "한편, 문학 방면에서는 유가와 도가의 영향을 함께 받았었는데, 그 후에 또 불교가 들어와, 삼자가 서로 융화되고 상호 흡수하는 공동 활동의 장으로 변모했다."[579] 이렇게 서복관은 문화의 삼대 기둥 즉 도덕, 예술, 과학의 시각에서 유·도·불 삼교가 중국문화에 있어서 각자 치중하던 영역 및 그들의 관련성을 해석했다.

3. 현대 도교의 부흥 및 도교 의리義理를 새롭게 만든 대표학자들

도교는 청나라 말에 이미 쇠미해졌고, 국가의 지원도 크게 줄었다. 한편 도교 자체의 역량도 약화되고 있었다. 봉건 왕권 체제가 무너지고, 중화민국이 창립되면서, 중화민국 중앙정부에서는 종교 신앙자유는 선포했지만, 더는 행정적 수단으로 어느 종교를 지원해 주지는 않았다. 도교도 과거에 의존했던 국가로부터의 정치적, 경제적 지원을 전부 철수 당했다. 한편 이때는 정국이 혼란했는데, 상이한 시기, 상이한 집권자들은 도교에 대해 상이한 태도를 취하고 있었다. 많이는 도교를 배척하고 제한했는데, 중국 전통의 고유문화와 신앙으로서 도교는 뿌리와 기반마저 흔들리게 되었다. 원세개袁世凱 및 그 후의 군벌 오패부吳佩

576) 徐復觀 :《中國藝術精神》, 華東師範大學出版社2001年版, "自序"第2頁.
577) 徐復觀 :《中國藝術精神》, 華東師範大學出版社2001年版, "自序"第4頁.
578) 徐復觀 :《中國藝術精神》, 華東師範大學出版社2001年版, "自序"第4頁.
579) 徐復觀 :《中國藝術精神》, 華東師範大學出版社2001年版, "自序"第4頁.

孚, 손전방孫傳芳은 한 때 정일도正一道를 지지했지만, 그러나 모두 그 내리막질하는 추세를 되돌리지는 못했다. 중화민국 27년 초, 국민당國民黨 강서성 당부江西省黨部에서는 미신迷信을 타파한다는 명목으로, 천사부天師府 신상神像을 모두 불태웠고, 이들의 전조田租(田地의 조세)문서 및 역대로 조정에서 하사한 도장印章과 보물寶器을 모두 걷어 들였다. 같은 해 3월, 강소江蘇 오현吳縣 임시행정위원회에서는 이런 결의를 내렸다. "장천사張天師는 이미 취소했고, 도교는 더 존재할 수 없다. 도사道士들은 각자 직업을 구하도록 해야 하고, 도사관원道士觀院의 산업은 통일적으로 기획하여 직업훈련에 사용해야 한다."580) 제62대 천사 장원욱張元旭, 제63대 천사 장은부張恩溥는 할 수 없이 정일도正一道의 활동 중심을 상해로 옮겼다. 북방의 전진도全眞道의 상황은 약간 낳은 편이었으나, 북경의 백운관白雲觀, 심양의 태청궁太淸宮 등 큰 도관道觀을 제외하고는 기타 일반 궁관宮觀과 작은 묘당廟堂은 예외 없이 쇠패하고 있었다. 일본 도교학자 구보노리타다窪德忠는 1942년 중국 북방에 와서 도관을 고찰하고나서, 말하기를 "장엄하고 숙연한 도관은 아주 적었다."고 했고, 태원太原의 순양궁純陽宮과 원통관元通觀, 제남濟南의 영상궁迎祥宮과 장춘관長春觀은 모두 다른 용도로 사용되고 있었고, 태안泰安의 대종방岱宗坊에는 참배하는 사람이 거의 없었다고 했다. 또 북경 백운관白雲觀에는 도사道士가 78명밖에 없었고, 그들 중 글자를 아는 자는 단 10여 명뿐이었다고 했다.581) 문화적 차원에서 볼 때, '전반적으로 서구화하자는 논설全盤西化論'과 과학주의가 사회의식을 주도하게 되면서, 공자유학은 '봉건학설封建學說'로 간주되어 반드시 타도해야 할 대상으로 전락했고, 도교는 '봉건미신封建迷信'으로 간주되어 주류 사회에서는 이를 현대과학의 발전을 가로막는 장애물로 보고 있었고, 반드시 제거해야 할 대상으로 취급하고 있었다. 도교 자체로 볼 때, 명망이 높은 고도대덕高道大德이 적었고, 의리義理가 뒤처져 있었고, 주동적으로 당대 신문화운동 조류와 현대과학에 대처할 수 없었고, 창조적인 사상과 이론을 내놓지 못했다. 또한 대부분 도관道觀 경제를

580) 牟鐘鑒, 張踐:《中國宗教通史》下卷, 社會科學文獻出版社2000年版, 第1069頁.

581) [日]窪德忠:《道教史》, 蕭坤華譯, 上海譯文出版社1987年版, 第287頁.

새로운 형세 하에서 어떻게 유지하고 또는 어떻게 독립적으로 발전시킬지를 모르고 있었고, 그들의 활동방식은 여전히 옛 관습만 따르고 있었다. 그리하여 새로운 조류의 충격에서 수동적으로 타격을 받을 수밖에 없었던 것이다. 도교와 유학 그리고 불교는 모두 함께 전례 없는 생존 위기에 처해 있었다.

그러나 도교는 중국 본토에서 탄생하고 발달해 온 종교로서 위로는 노장철학의 사상적 토대가 있었고, 아래로는 중화中華의 옥토沃土에 깊이 뿌리박고 있었는 바, 생명력은 여전히 왕성하고 도기道氣는 여전히 살아 있었다. 도교 내·외의 수많은 식견이 넓은 학자들은 도교 및 그 문화의 부흥의 길을 줄곧 탐색했고, 그들은 또한 개척과 창조도 상당히 많았다.

1) 전국적 규모의 도교 단체 창립과 애국주의 발양

새 시대에 부응하는 생존방식을 영유하기 위해 민간조직으로서의 도교는 기존의 궁관宮觀 관리체제를 초월하는, 전국적 규모의 교단조직을 창립해야 했고, 합법적 지위를 얻어 하나의 독립적 사회문화단체로서 활동을 전개해야 했다. 그리하여 많은 도교계 수령들이 나와서 이 새 시대의 중임을 떠메고 이를 힘차게 추진하게 되었던 것이다. 1912년에는 북경 백운관白雲觀 진명빈陳明霦이 주도하여, 북방 전진도를 주체로 하는 중앙도교회中央道教會를 창립했고, 이는 국민정부의 승인도 받았다. 그러나 시국이 어지러워지면서 대세는 이루지 못했다. 이어서 정일도正一道 제62대 천사天師 장원욱張元旭이 상해에서 중화민국도교총회中華民國道教總會를 창립했는데, 정부의 공식적인 승인은 받지 못했다. 1936년에는 정일도 제63대 천사 장은부張恩溥와 항주杭州 전진도 수령 이리산李理山이 정일도와 전진도를 연합하여 상해에서 중화민국도교회中華民國道教會를 창립했고, 그들은 도교 신도들이 단결해서 항일抗日할 것을 호소했다. 1947년에는 제63대 천사 장은부張恩溥가 주도하여, 정일도와 전진도 인사들과 연합하여, 상해도교회上海道教會를 창립했고, 이리산李理山이 이사장을 맡았다. 그 취지는 '현학玄學을 탐구하고, 교의를 천양闡揚하고, 교무教務(도교 업무)를 혁신하고, 도교 신도들이 화목하게 지내게 하고, 종교 사업을 발전시키는 것'이었다. 그때,

진영녕陳攖寧이 『도교 부흥 계획서』를 작성했고, 경을 강론하고 연구하는 일, 신문잡지와 도서 출판 등 방면의 일을 추진했다. 1949년, 장은부는 대만에 이주했는데, 그 이듬해 대만성도교회臺灣省道敎會를 창건했고, 1966년에는 대만에서 중화도교총회中華道敎總會를 창건했다. 이 조직은 지금까지 존재하고 있다. 중국 대륙에서는 1956년부터 도교의 저명한 애국인사들, 예컨대 악숭대嶽崇岱(瀋陽太淸宮), 왕월청汪月淸(江西龍虎山), 역심영易心瑩(成都天師洞), 맹명혜孟明慧(北京), 유지유劉之維(北京), 이석경李錫庚(上海), 양상복楊祥福(上海白雲觀), 교심청喬心淸(西安八仙宮), 오영복吳榮福(漢口大道觀), 한수송韓守松(南昌靑雲圃), 상사렴尙士廉(泰山岱廟), 진영녕陳攖寧(저명한 도교학 사상가) 등 23명이 발기하여 전국적 규모의 도교 조직 창립을 추진했었다. 1957년 4월, 정식으로 중국도교협회中國道敎協會가 창립되었고, 악숭대가 회장을 맡고 진영녕이 부회장 겸 비서장을 맡게 되었다. 중국도교협회의 종지宗旨는 '도교 신도들을 단결하고 교육하여, 나라를 사랑하고 교道敎를 사랑하게 하고, 사회주의 건설에 적극적으로 참가하고, 도교의 우수한 전통을 발양하고, 정부를 협조하여 종교 신앙자유 정책을 관철하는 것'이었다. 제2임 회장은 진영녕이다. 도교에서 전진全眞, 정일正一 이 두 교단 내부에는 원래 종파가 아주 많았는데, 종교활동은 각자 자기네 궁관을 중심으로 분산적으로 추진하고 있었다. 만약 전국적 단체조직이 없었더라면 얼마 안 지나서 곧 산만한 오합지중烏合之衆이 되어버렸을 것이고, 도교 내부의 역량을 응집할 수 없었을 것이고, 규모가 좀 큰 사업도 전개할 수 없었을 것이다. 그리하여 전국적 규모의 도교 단체 창립은 현대 도교 부흥의 조직적 의탁依凭으로 되었던 것이다.

항일전쟁 시기 도교계는 아주 훌륭한 모습을 보여주었다. 항일전쟁 시기 북방에서는 많은 지역의 민중들이 도교 조직을 빌려 항일구국抗日救國 운동에 참가했고, 이렇게 가정을 지키고 사회를 지켰었다. 1938년 봄, 산동山東에서는 '천당도天堂道'와 '강풍도罡風道'가 나왔는데, 모두 민간 도교 종파였다. 그 가운데 박산博山 천당도에는 신도敎徒가 수천 명 있었는데, 그들은 평소에는 농사일을 하고, 전쟁 시에는 용감하게 일본 침략자와 한간漢奸들을 무찔렀었다. 그들은 한 시기 강력한 항일 무장역량으로 존재했다. 하북河北에서는 이원충李圓忠, 석해중石海中을 위수로 한, 랑아산狼牙山 기반타棋盤陀 노군묘老君廟의 도사들이 적극적으로 항일투쟁에 참가했다. 그들은 팔로군八路軍을 위해 보초를 서 주고, 지형을 정찰해주고, 정보를 전달해주고, 가이드를 담당해주고, 부상자들을 치료해주는 등의 많은 일을 했다. 랑아산狼牙山 다섯 용사가 벼랑을 뛰어내린 후, 이원충李圓忠 도장道長이 가장 먼저 이들을 발견하고서 군대 정보부에 보고했고, 목숨이 붙어있는 두 부상자를 적시에 구급 치료해서 살려냈었다. 남방에서는 구용句容 모산茅山의 도사道士들이 적극적으로 항일 신사군新四軍을 지원해주고 도와주었다. 이런 일도 있었다. 일본 침략군이 소탕작전을 벌여 모산茅山 건원관乾元觀 감원監院 혜심백惠心白 등 도장道長들을 붙잡아 신사군의 행방을 물었을 때, 도장道長들은 일제히 모른다고 잡아뗐고, 갖은 형벌에도 굴복하지 않았다. 마지막에 일본 침략군은 건원관을 불태우고, 이들 도장 13명을 모두 참혹하게 살해했다. 참으로 비통한 일이지만 이들은 중국 도사들의 용감한 기백과 불굴의 정신을 충분히 보여주었다고 하겠다. 남악南嶽 형산衡山의 도사들은 '남악불도구난회南嶽佛道救難會'에 적극 참가했고, 역시 항일구국抗日救國운동에 수많은 공헌을 해냈다. 항주杭州 옥황산玉皇山 복성관福星觀 도장 이리산李理山은 도교계에서 명망이 아주 높은 도교 수령이었는데, 항일 전쟁이 시작된 후, 그는 드높은 애국열정을 가지고 결연히 궁관의 종교 활동을 중단하고서 신도들을 이끌고 항일투쟁에 뛰어들었다. 그는 자래동紫來洞 도원道院을 개방하여, 1,700여 명의 피난민들을 수용하고, 식사와 주거를 제공해주었다. 또 위험을 무릅쓰고 산에서 내려와, 일본군 초소와 봉금封禁 구역을 넘나들면서, 항주에 있는 자선 단체들과 연락을 취해 구제 식량을 얻어서 산에 운반해 온 일도 여러 번 있다. 이렇게 1년 여 기간, 난민들이 가장 간거한 시기를 도관에서 무사히 지내게 해주었던 것이다. 이런 사적은 중국 각 지역에 수없이 많다. 나라를 사랑하고 도교를 사랑하는 것은 도교가 탄생해서부터 가지고 있었던 훌륭한 전통이었고, 이 전통은 끊이지 않고 계속되고 발양되고 있었다.

2) 진영녕陳攖寧의 도교생명학道教生命學 : 신선학新仙學

현대 도교사에서 조예가 가장 높고, 영향력이 가장 컸던 도교 학자로는 진영녕(1880-1969)을 첫째로 꼽을 수 있다. 진영녕의 본적은 안휘安徽 회녕懷寧이고, 그는 용문龍門 제19대 거사居士이다. 정식으로 계율을 받고受戒 도교에 들어간入教 것은 아니지만, 한평생 도교 의리義理와 양생학養生學 탐구에 모든 심혈을 기울였고, 시대의 조류에 부응하여 도교철학을 새롭게 만들었고 또한 탁월한 성취가 있었다. 그는 충성을 다해 나라를 사랑하던 애국인사였고, 평생 세상을 구제하는 일에 몸과 마음을 다 바쳤었는 바, 중국 도교계에서 명망이 아주 높았다. 그의 영향력은 의학, 정치, 문학, 역사, 철학 등 각 학문 영역에 두루 크게 미쳤었다.

진영녕의 원명은 지선志禪, 원선元善이고, 자는 자수子修이다. 후일 『장자·대종사大宗師』에서의 "영녕攖寧(변화 가운데 안정)이란 모든 변화를 겪은 뒤에 이루어지는 것이다攖寧也者 攖而後成者也."라는 말에서 따와서 이름을 영녕攖寧으로 바꾸었다. 도호道號는 원돈자圓頓子이다. 어려서부터 고적을 열심히 읽었고, 유학 기초가 견실했다. 또 『시보時報』, 『성세위언盛世危言』 등 신문과 잡지를 즐겨 읽었고, 이렇게 새로운 사조의 영향도 많이 받았다. 소년 시기, 동자로童子癆(폐결핵)에 걸렸었는데, 병을 스스로 치료하고자, 유학 공부를 그만두고 중의학을 배우기 시작했다. 그때 작은 할아버지로부터 의도醫道를 배우면서, 의학서적에서 선학仙學 양생법養生法을 접하게 되었고, 이를 배우고 실천하면서 병은 나아지고 신체는 점차 회복되었다. 그리하여 양생학을 탐구하는 길로 나아가게 되었던 것이다. 신해혁명 전야, 진영녕은 옛 질병이 다시 발작했는데, 그리하여 고승高僧과 고도高道를 찾아 양생養生 연명延命의 처방을 구하려고 집을 나섰다. 선후로 불교 구화산九華山 월하법사月霞法師, 녕파寧波 체한법사諦閑法師, 천동산天童山 팔지두타八指頭陀, 상주常州 야개법사冶開法師를 예방했다. 그러나 불교는 심성 수련만 중요시하고, 형체단련은 도외시한다고 생각되어, 그는 다시 도교 인사들을 찾아 떠났다. 선후로 소주蘇州 궁륭산穹窿山, 구용句容 모산茅山, 균주均州 무당산武當山, 즉묵卽墨 노산嶗山, 회원懷遠 도산塗山, 호주湖州 금개산金蓋山

등 도교 명산을 찾아 고도高道들을 예방했는데, 역시 얻은 것은 별로 없었다. 그리하여 직접 『도장道藏』을 체계적으로 읽을 것을 결심했고, 그 후 3년 동안 『도장』 전부를 자세히 읽으면서, 그 속에 양생학養生學 자료가 아주 풍부함을 발견하게 되었다. 중년에 들어 아내 오이주吳彝珠와 함께 생활하면서도 대량의 양생학 서적을 읽었고, 문학, 역사, 철학, 의학 및 불전을 널리 섭렵했다. 그때, 마침 아내 오씨吳氏가 유방암에 걸렸는데, 진영녕은 선학仙學 양생의 방법으로 치료해주었다. 다행히 그 효과가 아주 좋았다. 그 후, 그는 선학 양생에 관한 저술을 시작했고, 중의사中醫 신분으로 환자들의 질병을 치료해주고, 사람들에게 건강을 도모하는 방법을 가르쳐주었다. 선후로 『양선반월간揚仙半月刊』, 『선학일보仙學日報』 등 간행물 창간을 지원해주었고, 이 간행물들에 많은 글을 발표하면서 점차 자신의 특색이 있는 선학 이론을 형성하게 되었다.

1949년 이후에도, 진영녕은 저술을 계속했고, 중국도교협회가 창립되면서부터 진영녕은 이 협회의 학술연구를 이끌어가는 일에 매진했다. 이때 『역대도교사자료歷代道教史資料』를 편집했고, 『중국도교사제강中國道教史提綱』을 저술했고, 『도교회간道教會刊』을 창건했고, 도교 지식 연수원도 운영했다. 또한 도교 진흥을 위해 많은 인재들을 키워냈었다. 고명한 도사高道 역심영易心瑩, 교청정喬清正, 양상부楊祥富, 장종한蔣宗翰 등은 모두 신영녕을 스승으로 받들고 있었다. 그는 도학과 의학을 모두 정통한 대가였는 바, 중의학 명가名家 시금묵施今墨 등도 그를 직접 스승으로 모시고 섬겼었다. 진영녕의 주요 저작으로는 『사기·노자전 문제 고증史記老子傳問題考證』, 『노자제오십장 연구老子第五十章研究』, 『남화내외편분장표지南華內外篇分章標旨』, 『해도생지解道生旨』, 『논백호진경論白虎眞經』, 『〈사고제요〉가 도가학술의 전체를 알지 못함을 논함論〈四庫提要〉不識道家學術之全體』, 『황정경강의黃庭經講義』, 『도교기원道教起源』, 『태평경의 전인후과太平經的前因與後果』, 『정공요양법鼎功療養法』, 『선과 삼교의 공통점과 차이仙與三教之異同』, 『논성명論性命』, 『최상일승성명쌍수입사수단결천술最上一乘性命雙修廿四首丹訣串述』, 『손불이여내단공차제시주孫不貳女內丹功次第詩注』, 『영원대도가백화주해靈源大道歌白話注解』 등이 있다. 그의 주요 작품 및 일부 시사詩詞, 서신

書信, 강연講演은 『도교와 양생道教與養生』[582]이라는 책에 수록되어 있다. 후일 그의 학생 서백영徐伯英, 원개규袁介珪는 대만에서 진영녕의 중화민국 시기 작품을 수집하여 『중화선학中華仙學』[583]이라는 책으로 편집하여 출판했다. 홍건림洪建林이 편찬한 『선학해비仙學解秘 - 도가양생비고道家養生秘庫』[584]라는 책에는 진영녕의 중화민국 시기 및 1949년 이후의 작품이 수록되어 있다. 근년에는 전성양田誠陽 도장이 『선학상술仙學詳述』[585]이라는 책을 저술했는데, 이 책에서 그는 진영녕의 선학 이론과 방법을 비교적 완전한 체계를 갖춘 학설로 정리해냈다.

진영녕 선학은 그 전통에 있어서는 즉 옛날부터 전해 내려온 신선가神仙家들의 양생학이었다. 이는 도교에서 줄곧 핵심 신앙이었다. 진영녕은 젊어서는 선학과 도교를 둘로 갈라 보았었고, 만년에는 선仙과 도道는 같은 것이라고 주장했다. 젊어서 그가 선학과 도교를 둘로 가른 것은 그 당시 과학주의가 중국에서 성행하면서 주류 급진파들이 종교에 대해 부정적으로 인식하고 있고, 특히 도교를 아주 비난하고 있었던 데 원인이 있었다. 진영녕은 그 비판의 화살을 피하고 선학을 위해 생존 공간을 확보하려고 했던 것이다. 그는 이렇게 말한다. "전 세계의 모든 종교는 이미 강노지말强弩之末(강궁으로 쏜 화살도 끝에 가서는 힘이 없어 얇은 비단조차 뚫지 못한다는 뜻)로 되었다. 만약 형태와 모습을 바꾸고 환경에 적응하지 아니 한다면 결국에는 반드시 소멸될 것이다." 만약 선학이 유·석·도 삼교 속에 혼재하게 되면, "종교미신이 어느 날 과학에 의해 타도된 후에는 선학도 함께 무너질 것이고, 사람들은 일절 미신이었다고 조소할 것이다. 옛말 두 마디가 아주 생동하다. '성문城門에 불이 나니, 못에 있는 물고기가 재앙을 입는다城門失火, 殃及池魚.' 너무 억울하지 않은가?"[586] 그러나 후일, 그는 생각을 바꿨고, 선학을 가지고 도교의 부흥을 추진했다. 진영녕의 신선학의

582) 陳攖寧著, 華文出版社1989年版.

583) 胡海牙總編, 武國忠主編, 臺北眞善美出版社1977年版.

584) 洪建林編, 大連出版社1991年版.

585) 田誠陽道長著, 宗教文化出版社1999年版.

586) 洪建林編 :《仙學解秘—道家養生秘庫》, 大連出版社1991年版, 第154頁.

요지는 다음과 같다.

첫째, 신선학을 제창하는 것은 나라와 민족을 부강하게 만들기 위함이라고 한다. 진영녕이 선학을 탐구하게 된 것은 자신의 질병을 치료하려던 것이 계기였다. 하지만 후일 그가 추구했던 더 큰 목표는 중화민족의 정신을 분발시키고, 국민들의 체질을 증강시키는 일이었다. 이로써 중국인들이 문화적 열등감을 떨쳐버리게 하고, 더는 '동아병부東亞病夫'라는 말을 듣지 않게 하고, 더는 외국인들로부터 능욕을 당하지 않게 하려는 것이었다. 그는 허약한 중화민국을 직접 목격했고, 그때는 또 외환外患이 그치지 않았다. 그리하여 본위문화本位文化를 창도하고, 도교를 '오늘날 민족정신을 단결하는 수단'[587]으로 삼았던 것이다. 그는 『〈사고제요〉가 도가학술 전체를 알지 못함을 논함論〈四庫提要〉不識道家學術之全體』이라는 글에서 이렇게 말한다. "우리들이 오늘날 도교를 논함에 있어서 반드시 멀리 황로에로 거슬러 올라가 살펴보고, 백가를 아울러 살펴보면서, 도교가 중화민족의 정신적 기탁이었음을 우선 확인해야 한다. 절대로 도교를 함부로 비박菲薄해서는 아니 되고, 우리의 주옥珠玉을 훼손시켜서는 아니 된다. 한편 남의 벽돌 부스러기를 찬양해서는 더욱 아니 되겠다. 반드시 알아야 할 것은 도교를 신앙하는 것은 곧 신체를 보전하기 위한 것이고, 도교를 널리 펼치는 것은 곧 나라를 구하기 위한 것이다. 소극적 태도를 가지고 그럭저럭 살지 말고, 적극적 수단을 동원하여 좋은 삶을 도모하게 되면, 어쩌면 우리민족은 아직 부흥할 희망이 있겠다."[588] 진영녕은 불학, 서학과 도교를 비교하면서 이렇게 말한다. 즉 중국이 제국주의 침략을 받은 상황에서 "불교는 자비하여 헛되이 막무가내라고만 역설하고 있고", 한편 "구미歐美에서는 물질과학에만 치우쳐 그것만 중요시하고 있는데", "만약 물질과학을 빌려 살육을 멈추게 하려고 한다면, 이것은 더욱 황당무계함을 키우는 일로 되겠다." 오로지 도교만이 숭고한 구세救世의 목적도 가지고 있고 또 공론도 좋아하지 않으면서, 실제적으로 자신의 허약함을 치유하여 강력함에 이르는 것으로부터 착수하여 "정신

587) 陳攖寧 :《道教與養生》, 華文出版社1989年版, 第2頁.
588) 陳攖寧 :《道教與養生》, 華文出版社1989年版, 第7頁.

과 물질을 한 용광로에 집어넣고 함께 제련하는데, 장래에 혹시 스스로 구하고 남을 구제해주는 목적을 달성할 수 있겠다."[589] 불교 정토종의 종지宗旨에 따르면 불법을 수련하는 것은 서방세계에서의 안락한 삶을 영유하기 위해서이다. 그러나 진영녕은 이렇게 말한다. "서방세계가 좋겠지만, 나는 가기 싫다." 왜냐하면 "우리는 모두 중국인으로 태어나서', '자기의 나라를 잘 가꾸지 않고, 공연히 외국의 세상이 부러워 조국을 버리고 외국에 도망가려고만 한다면, 이 어찌 체면이 서는 일이겠는가?"[590] 분명히 이 '서방'은 불교에서의 극락세계를 말하는 것이 아니고, 이는 구미의 국가들을 말하는 것이다. 진영녕이 조국에 대한 사랑은 깊고 견정했고, 그는 맹목적으로 서양 국가를 숭배하는 자들을 경멸하고 있었다. 그는 애국주의 기치를 높이 내걸고 있었고, 자각적으로 도교를 가지고 나라를 구하는 역사적 사명을 짊어지고 있었다. 위대하고 거룩한 애국자라고 하겠다.

둘째, 삼교를 비교하는 과정에 삶生을 근본으로 하는 생명의 이상과 신앙을 확립했다. 진영녕의 선학에서는 술수와 과의科儀를 지양하는 한편, 도학을 돌출하게 부각시킨다. 여기에는 인생의 가치에 대한 기탁이 들어 있었고, 그 이론체계는 아주 박대하고 정교했다. 또한 유가와 불가를 융화시키고 흡수했지만, 이들 종파에 의탁하지는 않았고, 그 자체가 유가, 도가, 불가와 나란히 발전하는 안신입명安身立命의 도道로 되게 만들었다. 그는 유·불·도·선 사가四家의 다름을 이렇게 변별한다. 즉, 유가에서는 인생을 항상 된 것經常이라고 보고 있는데, 그리하여 그 종지는 현재 상태를 유지하는데 있고, 그래서 기이하고 새로운 것을 세우지 못하게 한다. 때문에 인생에서 진화라고는 논할 수도 없다. 석가에서는 인생을 허망한 것幻妄이라고 보고 있는데, 그리하여 그 종지는 오로지 정각正覺을 추구하는데 있고, 그래서 현실의 인생은 전부 말살해 버린다. 때문에 학리學理와 사실은 늘 충돌되고, 양자를 조화시키기 어렵다. 도가에서는 인생을 자연적인 것自然이라고 보고 있는데, 그리하여 그 종지는 극단적으로 방임放任

589) 胡海牙總編, 武國忠主編:《中華仙學養生全書》上冊, 華夏出版社2006年版, 第532頁.
590) 胡海牙總編, 武國忠主編:《中華仙學養生全書》下冊, 華夏出版社2006年版, 第1204頁.

하는 데 있고, 늘 청정무위清淨無爲를 표방한다. 이에 말류末流(최하급 인사들)들은 활기가 없고 진작할 줄 모르고, 타락을 해도 스스로 달갑게 받아들인다. 선가에서는 인생에는 반드시 결함이 있다고 보고 있는데, 그리하여 그 종지는 현재 상태를 변혁하는데 있다. 그래서 정해진 법도를 뒤엎고, 환경을 타파하고, 자연과 싸워 이기려고戰勝 한다.[591]

진영녕은 일반 민중들이 예교禮教의 속박을 받고 감히 생각을 자유롭게 펼치지 못하는 것을 아주 안타깝게 생각하고 있었다. 그 때문에 신선神仙 학술을 감히 자기 몸에서 실천해보려고 하지 못하고, 감히 입 밖에 내뱉지도 못한다는 것이다. 또한 그리하여 성실하고 정직한 자들은 무리 지어 유가에 몰리고, 속세에서 초탈한 자들은 석가에 몸을 숨긴다는 것이다. 한편, 이들은 늘 선학을 속세의 미신으로 보고 있는데, 이는 사실 이들이 "진리"를 모르고 있는 것이라고 한다. "선학이 인생의 결함을 보완해줄 수 있는데, 그 효능은 인간 세상의 모든 과학을 초월하고, 무릇 일반 과학에서 해결할 수 없는 문제는 선학에서 모두 충분히 해결할 수 있다. 또한 아주 착실하게 한 걸음 한 걸음 나아가면서 완성해준다."는 것이다. 그는 또 이렇게 말한다. "선학은 유교에서 올바른 인간이 되는 일做人을 제외하고는 다른 출로가 없다고 보는 것과도 다르고, 석교釋教에서 염불念佛을 제외하고는 다른 방도法門가 없다고 보는 것과도 다르고, 더욱 도교 정일파正一派에서 부적을 그리고 주문을 외우는 것과도 다르고, 도교 전진파全眞派에서 참회를 하고 경經을 외우는 것誦經과도 다르다. 보다시피 신선神仙 학술은 독립적 성격을 갖추고 있고, 한편 삼교 범위에 들어있지 않다. 하지만 삼교의 인사들은 모두 자유롭게 여기서 실천해볼 수 있겠다"[592] 진영녕은 굳게 믿고 있었다. 즉, 신선은 옛날부터 있어 왔고, 신선은 "인간 세상의 모든 고난에서 벗어날 수 있고, 범부凡夫들의 일체 속박을 떨쳐버릴 수 있고"[593], "선仙의 최후의 결과는 밝은 대낮에 하늘나라에 날아올라 신선으로 되는 일이고, 이때

591) 胡海牙總編, 武國忠主編 :《中華仙學養生全書》下冊, 華夏出版社2006年版, 第1354頁.
592) 胡海牙總編, 武國忠主編 :《陳攖寧仙學精要》下冊, 宗教文化出版社2008年版, 第455頁.
593) 田誠陽 :《仙學詳述》, 宗教文化出版社1999年版, 第380頁.

날아오르는 것은 죽지 않음을 의미하고, 곧 속세凡界를 떠나 신선계神仙界에 들어가 영원히 적멸하지 않음을 의미한다."594)고 말이다. 그는 인간의 육체적 생명은 거칠고 저속하고 길지도 않다고 보고 있었다. 그래서 도道를 닦아 속세의 몸체를 바꾸어 순수 양陽의 체體로 만들어야 한다는 것이다.

> 몸에서 더러운 기운을 죄다 뽑아버리고, 신체를 순수 양의 체로 변환시켜, 이를 오랫동안 쌓게 되면, 형체가 변화하여 신선仙으로 된다.595)
>
> 성性과 명命을 쌍수雙修하는 자들은 이 몸의 정精, 기氣, 신神을 한데 모아 맑고 깨끗하고 활발하게 만드는데, 이들은 뼈대와 살이 함께 변화하고, 털과 털구멍이 모두 융화되고, 피가 은고銀膏로 되고, 몸이 유화流火로 되어, 그것精氣神이 사지四肢와 백절百節(관절을 말함) 사이에서 거침없이 통하고, 청정하고 텅 빈清淨虛無 곳을 밝게 비추어 주게 된다. 그리하여 날아오르고 가라앉는 것은 짐작할 수도 없이 되고, 숨기고 드러내는 것도 변화무상하게 된다.596)

그는 선학의 정통 삼법을 제기했다. 첫째는 천원신단복식天元神丹服食으로서 즉 청수단법清修丹法이고, 둘째는 지원영단점화地元靈丹點化로서 즉 외단법外丹法이고, 셋째는 인원금단내련人元金丹內煉으로서 즉 음양쌍수법陰陽雙修法이다. 그의 학생 호해아胡海牙는 『선학지남仙學指南』에서 신신학新仙學의 성선成仙(신선이 되는) 이념을 해석할 때 이렇게 말한다.

> 인간의 신체는 고체, 액체, 무체無體와 영성靈性으로 이루어진다. 선仙의 신체는 단순히 무체와 영성으로 결성結成된다.597)

진영녕은 유생唯生(오로지 삶을 중요시함)의 선학으로 유심唯心과 유물唯物 사상을 초월하려고 했다. 그는 이렇게 말한다.

594) 田誠陽:《仙學詳述》, 宗教文化出版社1999年版, 第384頁.
595) 胡海牙總編, 武國忠主編:《陳攖寧仙學精要》上冊, 宗教文化出版社2008年版, 第85頁.
596) 胡海牙總編, 武國忠主編:《陳攖寧仙學精要》上冊, 宗教文化出版社2008年版, 第88頁.
597) 胡海牙:《仙學指南》, 中醫古籍出版社1998年版, 第65頁.

생물학, 생리학, 생식학生殖學, 생태학, 발생학, 화학, 물리학 등 과학이 이렇게 크게 밝아질 때, 이 새로운 조류에 부응하여, 선술仙術을 과학의 지평선 위에 구축하고서, 유심과 유물의 난폭한 권위와 세력을 유생의 큰 용광로에 집어넣어 융화시켜 태평하고 화락한 세상을 만들어내는 것이 좋을 듯하다.598)

그는 성명쌍수性命雙修를 주장한다.

성性이란 즉 우리들의 영각靈覺이고, 명命이란 즉 우리들의 활기生機이다. 성과 명, 이 양자는 갈라놓을 수 없는 것인데, 그리하여 양자를 함께 수련해야雙修 한다.599)

그는 "인류는 진화한다"고 굳게 믿고 있었고, 또한 "진화는 끝이 없다."600)고 보고 있었다. 원숭이가 진화하여 사람으로 될 수 있고, 사람도 진화하여 신선으로 될 수 있다는 것이다. 하지만 이는 인간이 주관 능동성을 발휘할 것을 요구하고 있는 바, 그냥 자연에 모든 것을 맡길 수는 없다고 한다. 요컨대, 신선학은 도교 장생성선설長生成仙說의 새로운 이론형태였다. 그 특징은 "선도仙道는 오로지 삶에 있다唯生."는 것이었고, 이는 생본주의生本主義였다. 새로운 점이라면 서방의 과학과 생명학을 참조하고, 중국 도교 의리義理에 의거하여 중국식 생명 철학과 신앙을 구축했다는 점이겠다.

셋째, 근대 서방 과학의 이념, 지식과 방법론을 받아들여, 선학과 인체의 비밀 탐구 및 중의학을 결합시켰다. 진영녕은 중국 현대 도교계에서 눈을 크게 뜨고 참답게 서방 과학을 정시正視했던 첫 사람이다. 그는 도교가 현대 과학과 완전히 동떨어져 있는, 그 당시 낙후한 상황을 개변하려고 결심했고, 과학을 선학에 끌어들이려고 노력했다. 그는 청년 시절, 각종 과학 서적을 즐겨 읽었고, 형님 따라 물리, 화학, 수학 등 자연과학도 공부했고, 중의학 이론도 열심히

598) 胡海牙總編, 武國忠主編 :《中華仙學養生全書》上冊, 華夏出版社2006年版, 第830頁.
599) 田誠陽 :《仙學詳述》, 宗教文化出版社1999年版, 第383頁.
600) 胡海牙 :《仙學指南》, 中醫古籍出版社1998年版, 第63頁.

탐구했다. 또한 의술도 아주 높았다. 아무튼 그는 과학의 안광과 태도를 가지고 선학을 과학의 궤도에 끌어넣으려고 노력했다. 우선, 그는 도교의 저속한 미신적 요소를 제거해버렸다. 그는 이렇게 말한다.

> 선학은 삼교의 범위에 들어있지 않다. 염불하지 않고, 부적符을 그리지 않고, 주문을 읊조리지 않고, 참회를 하지 않고, 경經을 외우지 않는다.601)

그는 『구결구현록口訣鈎玄錄』에서 도교를 더 날카롭게 비판한다.

> "부적을 붙이고, 주문을 읊조리고, 제련祭煉(도교에서 죽은 자를 천당에 보내는 의식)을 하고, 신을 움직이고 마귀를 부리고, 요괴를 항복시키고 도깨비를 잡아내고, 운명을 옮기고 나르고 변화시키는 것, 그리고 삼교오둔三蹻五遁(삼교는 하늘에 오르는 가마로 용교龍蹻·호교虎蹻·녹교鹿蹻를 말하고, 오둔은 도가 선인들의 둔갑술로서 금둔金遁·수둔水遁·목둔木遁·화둔 火遁·토둔土遁을 말함), 장안정신障眼定身(장안은 남의 눈에 보이지 않는 기술이고, 정신은 남의 몸을 움직이지 못하게 하는 기술임), 구사포호拘蛇捕狐(뱀을 잡고 여우를 잡는다는 도술) 등 이런 기괴한 법술은 열에 아홉은 모두 거짓말이다."602)

다음, 선학에서는 실험과 실증을 중요시하고, 현담玄談과 공언空言은 거부한다고 한다. 그는 분명히 밝힌다.

> 선학은 실제 사람과 실제 사물에 관한 학문이고, 여기서는 실제 사정과 실제 사실을 중요시하고, 실제로 수련하고 실제로 증득할 것證을 중요시하는 바, 저쪽에서 오로지 현리玄理만 논하는 것과는 다르다.603)

그가 보건대, 선학은 다만 과학적 방법으로 일반사람들의 생리生理를 개변시

601) 胡海牙總編, 武國忠主編 :《陳攖寧仙學精要》下冊, 宗教文化出版社2008年版, 第455頁.
602) 陳攖寧 :《道教與養生》, 華文出版社1989年版, 第290頁.
603) 陳攖寧 :《道教與養生》, 華文出版社1989年版, 第335頁.

켜, 그들의 생명이 영원히 살아있게 만드는 학문일 따름이었다. 주지하다시피, 노자와 장자의 청정무위淸淨無爲, 공자와 맹자의 수신양기修身養氣, 불교의 참선좌망參禪坐忘은 모두 심성의 수련에만 치우쳐 있고, 생리적 연양煉養은 도외시한다. 그러나 선학에서는 이와 달리, 성명쌍수性命雙修를 중요시하고 있었고, 특히 명공命功(생리적 煉養)을 중요시하고 있었다. 그는 이를 등불燈이 빛을 발하는 것에 비유할 수 있다고 한다. 등유燈油를 명命으로 보고 불빛을 성性으로 본다면, 명을 여의고 성을 나타내려는 것은 등유가 없이 빛을 발하려는 것과 마찬가지 아닌가. 『중묘거문답衆妙居問答』에 따르면 선학은 주세선학住世仙學과 출세선학出世仙學으로 나뉜다. 주세선학은 신체건강법身體健康法, 수명연장법壽命延長法, 주안불로법駐顔不老法, 인종개량법人種改良法을 포괄한다. 출세선학出世仙學은 단연화식법斷煙火食法, 육체화기체법肉體化炁體法, 기체출입자유법炁體出入自由法, 기체취산수의법炁體聚散隨意法, 기체절대장생법炁體絶對長生法, 기체비승도령일세계법炁體飛昇到另一世界法을 포함한다. 이런 것들은 수선자修仙者들만 독특하게 가지고 있는 전문성을 가진 조예로서 수년 간 고행을 거쳐야만 이룰 수 있는 것들이다. 한편, 일반사람들은 일반 상태에서 일반적인 이치에 따라 양생을 하고 몸을 단련할 수 있다고 하는데, 단, 육욕肉慾에 빠져 절제 없이 음란해지는 것에는 반대하고 또 출가하여 욕념을 끊는 것도 주장하지 않는다. 다만 욕망을 따르면서도 욕망을 절제하는 것을 원칙으로 삼고 있었다. 선학을 수련하는 자들은 부부가 함께 수련할 수 있는데, 이들이 함께 수련하고 함께 증득證得하는 것은 음과 양의 상호 보완의 원리에 부합된다고 한다. 마지막으로 선학은 의학에서 실천해야 하고, 마땅히 이로써 질병을 치료하고 생명을 구해주어야 하고, 또한 이로써 신체를 건강하게 만들고 튼튼하게 만드는 효과를 추구해야 한다고 한다. 그는 이렇게 말한다.

> 의도醫道와 선도仙道는 관계가 지극히 밀접하다. 무릇 선학을 공부하는 자들은 모두 마땅히 의학을 알아야 한다.[604]

604) 田誠陽:《仙學詳述》, 宗教文化出版社1999年版, 第372頁.

진영녕은 전통 의약학醫藥學을 깊이 탐구했고, 『내경內經』을 정통했고, 의술이 고명했다. 그는 이런 전문 지식과 조예를 가지고 자신의 질병을 치료했고, 자신의 건강을 도모했고, 또한 그는 아주 장수했다. 그는 다른 사람들의 질병도 많이 치료해주었다. 특히 각종 의난병疑難病과 중병을 잘 치료했다. 그의 의덕醫德과 의술醫術은 그 당시 명성이 아주 높았고, 그는 사람들의 존중과 앙모를 크게 받았다. 이것이 선학의 가장 가치 있는 효험이었다. 진영녕은 신앙, 철학, 도법과 과학을 일체로 융합시켰고, 선학의 방식으로 도교의 생명학을 재구축했다. 비록 최종 완성은 이루지 못했지만, 도교가 현대 형태로 전환하는데 있어서 한 갈래 새로운 길을 개척해냈었다고 하겠다. 그의 생명철학과 양생학이 즉 도교문화에서 금후 현대사회에 제공해 줄 수 있는, 가장 가치 있는 정화精華이겠다. 그의 사상적 유산은 도교 내·외의 인사들이 모두 소중하게 여겨야 할 것이라고 생각한다.

넷째, 유·석·도 삼교에 넘나들고, 도교 내단학內丹學 성과를 널리 받아들이면서 유생唯生(오로지 삶을 중요시하는)의 신선학新仙學을 창립했다. 진영녕은 선학을 유·석·도 삼교와 혼동하는 것에는 찬성하지 않았다. 하지만 그는 선학을 위주로 삼교를 관통해야 한다고 주장했다. 선학이 문호門戶의 제한을 받을 필요는 없다는 것이다. 그는 이렇게 말한다.

> 유가와 도가는 같은 근원에서 나왔는데, 본래 도리義가 다르지 않다. 불교는 비록 바깥에서 온 것이지만, 그러나 이미 중국인들에 의해 재창조되었다.605)
> 삼교는 각자 장점이 있는데, 어느 것도 어느 것을 타도할 수는 없다.606)

그는 자신이 걸어온 길을 회고하면서 이렇게 말한다.

> 처음에는 유문儒門의 협애함을 수습(받아들임)할 수 없어 노장에 들어갔고, 그 다음 노장의 허황함玄虛을 수습할 수 없어 석씨에 들어갔고, 그 다음에는 석씨의

605) 陳攖寧 :《道敎與養生》, 華文出版社1989年版, 第334頁.
606) 陳攖寧 :《道敎與養生》, 華文出版社1989年版, 第334頁.

황당함을 수습할 수 없어 결국 신선神仙에 들어갔다.607)

그는 또 이렇게 말한다.

> 삼교를 자유롭게 넘나들었는데, 장애가 있다고 느끼지 못했다.608) 진영녕은 절로 스승導師이 다섯 명이 있다고 했다. 북파北派에 두 분, 남파南派에 한 분, 은선파隱仙派에 한 분, 유가에 한 분이 있다. 만약 용문파龍門派도 포함한다면, 19대 원자파圓子派도 꼽을 수 있다.609)

선학의 정통正宗 방법은 세 개 경로가 있다고 한다. 첫째는 천원신단복식天元神丹服食으로서 즉 이청암李淸庵, 진허백陳虛白, 오충허伍沖虛, 유화양柳華陽이 논하는 단법丹法이다. 둘째는 지원영단점화地元靈丹點化로서 즉 외단법外丹法이다. 셋째는 인원금단내련人元金丹內煉으로서 여기에는 왕중양王重陽의 북파北派, 장자양張紫陽의 남파南派, 이도순李道純의 중파中派, 육잠허陸潛虛의 동파東派, 이함허李涵虛의 서파西派가 포함된다고 한다. 진영녕은 인원금단내련人元金丹內煉을 중요시하고 있었는데, 한편 음양쌍수파陰陽雙修派에도 접근하고 있었다. 또 진단陳摶의 '마음을 하나로 모아 흔들림 없이 지켜나가고, 마음과 호흡이 서로 의지하게 한다守中抱一 心息相依'는 종지宗旨를 받들고, '신神과 기氣가 하나로 합치고, 움직임과 고요함이 자연스러운神氣合一, 動靜自然' 선공仙功(신선의 건강수련법)을 닦을 것을 주장했다. 진영녕은 명나라 정통 『도장道藏』을 통독通讀했을 뿐만 아니라 또한 현대 분류학 방법에 의거하여 『도장』을 재분류했다. 즉 전통 '삼동사보십이류三洞四輔十二類'의 목록분류를 개혁했는데, 이로써 원래 차원이 분명하지 못하고, 중복과 교차가 많고, 분류가 적절하지 못했던 결점을 보완했다. 그는 도서道書의 내용과 성격에 근거하여, 『도장』을 14개 유형으로 분류했다. 즉 도가류道家類, 도통류道通類, 도공류道功類, 도술류道術類, 도제류道濟類, 도여류道余類,

607) 陳攖寧 : 《道敎與養生》, 華文出版社1989年版, 第327頁.

608) 洪建林編 : 《仙學解秘—道家養生秘庫》, 大連出版社1991年版, 第50頁.

609) 胡海牙總編, 武國忠主編 : 《中華仙學養生全書》上冊, 華夏出版社2006年版, 第68頁.

도총류道總類, 도사류道史類, 도집류道集類, 도교류道敎類, 도경류道經類, 도계류道戒類, 도법류道法類, 도의류道儀類가 그것이다. 그는 또 새로 『도장분류목록제요道藏分類目錄提要』를 만들려고 했는데, 이 일은 결국 완성하지 못했다. 여기서 보면, 그의 분류는 원래보다 많이 합리해졌고, 현대 학자들이 문헌을 찾아보는 데에도 상당히 편리해졌다. 비록 완벽하지는 못하지만 적어도 오늘날 다시 『도장道藏』 분류목록을 작성하는 데에는 중요한 참고가치가 있다고 하겠다.

3) 역심영易心瑩의 도교 의리학義理學

역심영(1896-1976)은 사천 수녕遂寧 사람이다. 속명은 양덕良德이고 자는 종건綜乾이다. 출가하여 용문파龍門派 제22대 계승자傳人로 되었고, 도호道號를 이론理論이라 정했다. 소년 시기, 청성산靑城山 천사동天師洞, 청양궁靑羊宮 이선암二仙庵에서 잡일을 했다.

1917년, 천사동天師洞 위송하魏松遐 도장道長을 찾아가 스승으로 모시고, 출가해서 도를 닦았다. 후일 스승의 분부에 따라, 조양암朝陽庵 오군가吳君可의 문하에서 공부했고, 그때 경사經史와 도전道典을 많이 섭렵했다. 1926년, 성도成都의 명한림名翰林 안해顔楷가 천사동天師洞 관주觀主 팽춘선彭椿仙의 부탁을 받고 심영心瑩을 성도成都에 데리고 갔고, 안숭덕서옥顔崇德書屋에서 학문을 닦게 했다. 3년 후, 천사동에 돌아와 지객知客을 맡았다. 그때, 도서道書, 경사經史, 백가百家의 전적들을 널리 수집했고, 늘 외출해서 유명한 학자들을 찾아가 가르침을 받았다. 그는 진영녕, 진국부陳國符, 몽문통蒙文通 등 선생들과도 늘 서신으로 교류했다. 10여 년, 도교 학술연구에 전념했고, 저술이 아주 풍부하다. 주요 저작으로는 『노자통의老子通義』, 『노자도의학계통표老子道義學系統表』, 『도학계통표道學系統表』(『노군응화도설(老君應化圖說)』), 『청성지남靑城指南』, 『도학과본道學課本』, 『도교삼자경道敎三字經』 등이 있고, 『여자도교총서女子道敎總書』도 편집했다. 그의 제자들은 그를 이렇게 칭송한다. "중년에 들어 유가 학설과 도가 학리學理를 모두 높이 받들고 깊이 탐구했고, 겸허하게 부지런히 학문을 닦아 뜻을 이루고, 널리 배우고 뜻을 길러 마음을 세웠다. 학술 강론은 상도常道를 벼리로 삼고 있었고, 평소에는 항상 검약함을 지키고 있었다. 주로는 하늘의 도를 따르고 있었고, 활달하면서도 법도를 여의지 않고 바름을 지키고 있었고, 만물을 본받고 자연을 본받고 있었다. 학문 탐구에 게으름 없이 꾸준했고, 말은 아주 신중했다."[610] 보다시피 그는 아주 바르고 교양이 있고, 박식하고 깊이 사고하는 고도高道였다. 1942년, 천사동天師洞 감원監院 팽춘선彭椿仙이 세상을 뜨자, 역심영이 그 직무를 이어받았다. 1957년, 제1차 전국도교신도대표대회에서 중국도교협회 부회장 겸 비서장으로 당선되었다. 1962년, 사천성 도교협회 회장으로 당선되었고, 그때 『사천지四川志·종교지宗教志·도교편道教編』을 집필했다. 1976년 '문화대혁명'에서 타격을 받고 일찍 세상을 떠났다.

역심영은 원시천존元始天尊, 옥신대도군玉晨大道君, 태상노군太上老君을 공경하여 높이 받들고 있었는데, 특히 노군을 아주 숭배하고 있었다. 그가 보건대, 노군은 대도大道의 몸身이고, 원기元炁의 선조祖이고, 천지의 뿌리根였다. 또 노군이 주로 신인, 진인, 선인, 성인, 현인을 인솔한다고 믿고 있었다. 그의 우주론에서는 대도를 만물의 근원으로 삼고 있었고, 그가 보건대, 도가 '지극히 허령虛靈하게 되고 지극히 미묘하게 되어', 청, 황, 백 삼기三氣로 변화해서, '만물이 자라게 한다.' 그의 인생론에서는 불교를 도교에 끌어들인다. 그는 이렇게 말한다. 정精, 신神, 혼魂, 백魄, 의意의 오신五神과 명命, 공功, 시時, 물物, 사事의 오적五賊(五行 또는 五慾)이 상호 감응하면, '업식業識이 일어나고, 육욕六慾이 있게 되는데', '미혹하면 범부凡夫이고 깨달으면 성인이다.' 도를 닦는 데 있어서 핵심은, 첫째, 신神을 단련해야 하는데, '마음은 맑아지고 물욕은 멀어지게' 해야 하고, 둘째, 하나를 지켜야守一 하는데, "생리生理를 밝히면서 질병을 제거하고, 정력을 파는 일이 없고無搖精, 근심걱정이 없고無勞神, 사지와 몸을 늘어뜨리고墮肢體 귀와 눈의 소식을 물리치고黜聰明, 신神과 기氣가 조화롭게 성태聖胎(즉 金丹)를 맺게 되면, 천이백(세)까지는 몸이 쇠퇴하지 않는다."[611]고 한다. 그밖에 또 계율戒律을 지키면서 예의를 갖추고 공경해야 하는데, "무릇 선남신녀善男信

610) 邱進之主編:《中國歷代名道》, 吉林教育出版社1997年版, 第608頁.

611) 易心瑩 :《道教三字經》, 上海古籍出版社2010年版, 第20-21頁.

女들은 참회를 하고 자신을 닦고, 법도를 바로 세우고 예배를 하고, 항상 참모습을 드러내고 일심으로 공양하고, 믿음과 신앙을 게을리 하지 않으면, 속세의 소란함은 말끔히 제거된다."고 한다. 이렇게 하면 도안道岸에 오를 수 있는데, 아니 할 경우, 삼악三惡에서 윤회하게 된다는 것이다.

역심영의 도교 의리학義理學에서는 불교를 참조하고 흡수하는 것을 아주 중요시하고 있었다. 예를 들면, 『도교삼자경道教三字經』에서 그는 불교의 법신法身, 보신報身, 응신應身설을 가지고 득도한 다음의 도신道身, 진신眞身, 보신, 응신을 설명한다. 득도한 자는 '지혜慧를 완벽하게 갖추고, 신神이 스스로 밝아져', 육통六通하게 된다는 것이다. 육통이란 즉 '천시天視와 통하고, 범음梵音과 통하고, 신과 닿아 통하고, 신과 만나 통하고, 옛 신과 통하고, 미래 징조兆와 통한다.'는 것이다. 이는 불교 육신통六神通설을 모방한 것이겠다. 불교에는 원래 천안天眼과 통하고, 천이天耳와 통하고, 타심他心과 통하고, 숙명宿命과 통하고, 신경神境과 통하고, 누진漏盡(번뇌를 모두 끊음)과 통한다는 말이 있었다. 역심영은 청소년 때부터 유학에 깊이 빠졌었는데, 그리하여 도가와 유가를 회통하는 것이 그의 의리학의 중요한 특색으로 되어졌었다. 그는 도교사에서의 종파와 도맥道脈 체계를 정리할 때, 유학을 최상승最上乘 구가九家의 하나로 위치지웠다. 혹은 지종支宗 십삼가十三家의 하나로 위치 지우기도 했다. 그 이유는 공자가 '주나라를 숭상하여 경왕景王 때의 것들을 본받으려 했는데, 결국에는 온갖 예禮를 노담老聃에게서 배웠기 때문이다.'[612] 그래서 공자유학은 마땅히 도교 지맥支脈에 귀속되어야 한다는 것이다. 『도학계통표道學系統表』에서 그는 최상승最上乘 종파를 둘로 분류한다. 하나는 내단內丹을 연마하여 성선成仙하는 초세선학超世仙學이고, 다른 하나는 치국평천하治國平天下의 치세의 학문이다. 이에 상응하게 그는 도교 법문法門도 두 부류로 나눈다. 하나는 초세문超世門으로서 즉 계율을 지키고守戒, 뜻을 기르고養志, 마음을 수련하고煉心, 근심을 없애고盡慮, 고요함에 빠지고湛寂, 본성에로 되돌아가고復命, 자연법칙을 알고知常,

612) 易心瑩:《道教三字經》, 上海古籍出版社2010年版, 第63頁.

지혜를 통찰하고洞慧 심오함을 탐구하고微妙, 마음을 텅 비우는虛無 것이다. 다른 하나는 수위문修爲門으로서 즉 국가 정치, 경제, 권모權謀, 치책治策, 종횡縱橫과 병략兵略이다.613) 보다시피 이는 내성외왕內聖外王의 도이다. 때문에 반드시 도가와 유가를 상호 보완시키고 또 제자諸子들을 널리 아울러야 했다. 그는 도교 의리義理의 종지宗旨를 이렇게 총화한다. 첫째, 선행善行을 스승으로 삼는 것인데, 즉 잘 배워서 착한 사람이 되는 것이다. 둘째, 몸을 닦고 공적을 이루는 것인데, 즉 외공外功을 이루어 과위果位를 얻거나 또는 덕행으로 공덕을 이루는 것이다. 셋째, 신심을 굳게 가지는 것인데, 즉 뜻과 소망을 원만하게 이루거나 또는 정해진 표준에 도달하는 것이다. 넷째, 민중들의 사상을 이끌어가는 것인데, 즉 중생을 제도해주거나 또는 유정중생有情衆生을 널리 구제해주는 것이다. 보다시피 여기에는 자기를 닦아 남을 편안하게 해준다修己安人는 유가의 이념이 많이 들어있었다.

역심영은 현대 고도高道들 가운데서 처음으로 역사상의 도문道門 종파를 체계적으로 정리했던 도교 대학자이다. 이는 중국 도교사와 사상사에 대한 체계적이고 광범위한 탐구가 필요한 작업이었다. 그는 『도학계통표서道學系統表序』에서 이렇게 말한다. "나는 옛 관례를 따르면서, 제가諸家들이 바뀌면서 흥성하던 과정을 자세히 따져보고, 수많은 사실들을 참조해보면서, 각 종파의 유법遺法에서 그 실마리를 찾아서, 매 일가一家를 정리해냈다. 위로는 원시(처음 시작)로부터 아래로는 오늘날에 이르기까지, 고상考해낼 수 있는 것은 대개 24가家였다."614) 이 표表에서는 종문宗門을 이렇게 나눈다. 최상승最上乘 구가九家로는 즉 선종仙宗, 남종南宗, 북종北宗, 수위修爲, 유룡猶龍, 도학道學, 유종儒宗, 현학玄學, 치도治道이다. 상승上乘 육가六家로는 즉 금액金液, 방선方仙, 예장豫章, 취현聚玄, 모산茅山, 장회長淮이다. 중승中乘 사가四家로는 즉 보화葆和, 조신調神, 남궁南宮, 태평太平이다. 하승下乘 오가五家로는 즉 창익蒼益, 건리健利, 과초科醮, 정일正一, 율종律宗이다. 그의『도교분종표道敎分宗表』는 후일 약간 조정調整이

613) 李一氓:《藏外道書》第三十一冊, 巴蜀書社1992年版, 第407頁.

614) 李一氓:《藏外道書》第三十一冊, 巴蜀書社1992年版, 第406頁.

있었는데, 이때 그는 정종正宗 십가十家를 논했다. 즉 선종仙宗, 금액金液, 취현聚玄, 장회長淮, 보화葆和, 조신調神, 남궁南宮, 창익蒼益, 건리健利, 과초科醮가 그것이다.[615] 조금 후의 『도교삼자경道敎三字經』에서는 또 약간 조정調整이 있었는데, 이는 역씨易氏가 이 간거한 작업을 끊이지 않고 줄곧 지속해왔음을 말해준다. 요컨대, 그가 구축한 도교 종문宗門 체계는 주로 역사 전적에 의거하고 있었지만, 또한 자체의 특색도 갖추고 있었다. 첫째는 내단과 선학을 주축으로 삼고, 최고로 삼고 있었다. 이는 그가 전진룡문파全眞龍門派를 본위로 하고 있었음을 말해주는 것이겠다. 둘째는 정일도正一道와 재초齋醮, 과의科儀, 방선方仙 등을 모두 포용해주고 있었는데, 하지만 이것들을 부차적 지위에 위치 지우고 있었다. 셋째, 도가, 유학, 현학도 모두 도교 종문宗門 체계에 들여놓고 그 속의 한 개 구성부분으로 보고 있었는데, 이는 그가 전체 중화문화에 대한 존중을 표현한 것이라고 하겠다.

4) 악숭대嶽崇岱의 현대 도교 부흥에서의 추진 역할 및 그의 신도교 역사관

악숭대(1888-1958)의 본적은 산동山東 수광壽光이다. 유년 시절, 기근으로 인해 가족을 따라 요녕遼寧 건평建平에 이주했다. 속명은 악운발嶽雲發이고, 도호道號는 동초자東樵子이다. 1912년, 요녕 의무려산醫巫閭山 성청궁聖淸宮에서 출가해 도를 닦았다. 1920년, 심양瀋陽 태청궁太淸宮에 상주하면서, 선후로 지객知客, 감원監院 직을 맡았다. 그는 도사들이道衆 자력갱생할 것을 주장했고, 태청궁太淸宮 도사들을 이끌고 밭을 경작하면서 14년간 농사일을 했다. 그때, 북경 백운관白雲觀도 방문했다. 1949년 신新중국이 창립되자, 악씨는 심양瀋陽 태청궁太淸宮 주지方丈로 천거 받았다. 용문파龍門派 제26대 법사로서 그는 한편으로는 종교생활의 정상화를 추진했고, 다른 한편으로는 도교의 자력갱생을 적극 추진했다. 그는 도경道經을 깊이 탐구했고, 항상 배움에 게을리 하지 않았다. 또한 솔

615) 洪建林編 :《仙學解秘—道家養生秘庫》, 大連出版社1991年版, 第560-562頁.

선수범하여 나라를 사랑하고 도교를 사랑했고, 일처리에 있어 아주 노련했고 또 항상 꾸밈이 없이 소박했다. 고상한 도덕품성을 갖추고 또 박식하고 유능하여, 그는 전국 도교계에서 숭배와 존경을 많이 받았다. 그 당시, 중국 도교계가 질서 없이 산만한 상황을 크게 걱정하여, 그는 1956년 도교계 유명 인사들과 연합하여, 전국적 규모의 도교협회를 창립하는 일을 추진했다. 1957년에 중국 도교협회가 정식으로 창립되었는데, 악숭대가 중국도교협회 제1임 회장으로 당선되었다. 그는 곧바로 판사처辦事處를 세우고, 인재들을 초빙하여 도교 활동을 전개할 것을 계획했다. 그러나 불행하게도, 그는 1958년 억울하게 우파로 몰렸고, 얼마 지나지 않아 원통하게 세상을 하직했다. 1978년에 와서야 억울한 누명을 벗게 되었고, 그가 추진하던 사업도 비로소 회복하게 되었고, 후계자들이 이를 계속하여 추진했다.

중국『인민일보人民日報』(1957.3.14.)에는 악숭대가 전국 정치협상회의 제2기 제3차 회의에서 발표한 연설문이 실렸었다. 제목은 '소극적 사상을 돌려 세우고 사회활동에 적극 참가하자扭轉消極思想, 參加加社會活動.'였다. 이 연설은 그가 수십 년 축적한, 중국 도교 사상과 연혁에 대한 전체적 견해였다. 이 연설은 과거 도교인사들이 도교에만 구애 되던 한계를 타파한, 새 시대의 종교이성의 광채를 발한, 한 차례 유명한 연설이었다. 아래에 주요 내용만 발췌하여 소개한다.

> 나는 도교 신도이다. 나는 이 대회에서 도교의 사상과 연혁에 대해 간략히 소개하고자 한다. 우선 짚고 넘어가야 할 것은, 이 연설은 도교를 홍보하려는 것이 아니다. 도교는 중국의 고유한 종교이다. 다시 말하면, 도교는 중국의 오랜 종교이다. 이는 원시사회 서물庶物 숭배로부터 점차 조상 숭배로 발전하던 과정에 탄생되었다. 이른바 서물 숭배란 '하후씨夏后氏는 소나무를 사용했고, 은나라 사람들은 측백나무를 사용했고, 주나라 사람들은 밤나무를 사용했다.'와 같은 이런 것이다. 조상숭배란 '천자는 칠묘七廟, 제후諸侯는 오묘五廟, 대부大夫는 삼묘三廟, 사인士人은 이묘二廟에 제사 지내고, 서민들은 침실(정관)에서 제사 지낸다.'는 것과 같은 이런 것이다. 그때 사람들은 아는 것이 많지 않았다. 그들은 하늘과 땅 사이의 각종 변화, 이를테면, 바람과 구름과 우레와 비, 산천초목과 강하江河와 호수,

그리고 바다 같은 것에는 모두 신神이 있어 이것들을 주재主宰하고 있다고 생각했다. 그 후에는 또 인격신人格神으로 변천했는데, 말하자면 수인씨燧人氏를 부엌신竈神으로 섬겼고, 축융씨祝融氏를 화신火神으로 섬겼고, 요순우堯舜禹를 삼관대제三官大帝로 섬겼고, 주나라 삼조三朝의 삼모三母를 낭낭신娘娘神으로 섬겼었다. 또 하늘에는 상제가 있었고 땅위에는 사신이 있었는데, 이 모두 사람들이 일부 위인과 발명창조를 이룬 자들의 공적을 칭송하고 기념하면서 형성된 것이었다. 『예기』에는 이런 말이 있다. 즉 '나라에 공로가 있으면 제사 지내고, 백성들에게 이로운 일을 했으면 제사 지내고, 큰 재난에 대비하고 큰 재앙을 물리칠 수 있었으면 제사 지내고, 후세에 법도를 세웠으면 제사 지냈다.'는 것이다. 이런 것들은 모두 봉건 제왕들이 민간 신앙을 이용한 숭배였고, 이를 빌려 세상 인심을 다스리고 정치에서 부족한 것들을 보완했다. 이른바 신도설교神道說教는 민간 신앙에 아주 큰 영향을 일으켰었고, 지금까지도 보편적으로 끊어지지 않고 이어져 왔다. 도교의 창립은 도가로부터 시작되었다. 주나라 노자는 『도덕경』 81개 장에서 '도'의 오묘함을 깊이 해석했는데, 그는 천지만물은 신이 낳은 것이라고 인정하지 않았다. 그는 이렇게 말한다. "혼돈하게 섞여 이루어진 물건이 있었는데, 하늘과 땅天地에 앞서 생겼다. 소리도 없고 형체도 없이 홀로 서서 변하지 않고, 두루 행하면서도 위태하지 않으니, 가히 천하의 어미라 할 수 있다." 또 이렇게 말했다. "만물은 유有에서 생기고, 유는 무無에서 생긴다." 때문에 노자의 학설은 소박한 유물론이다. 도가에서는 또 도를 받들고 덕을 소중히 여기고 있는데, 신은 그 다음이다. 겸허謙虛, 유약柔弱, 불쟁不爭, 청정淸淨, 무위無爲, 담박淡泊, 과욕寡慾을 숭상하고 또 공을 이루고 명성을 떨치고는 몸을 숨기는 그런 것을 숭상한다. 또 자신의 수양을 중요시하지만 벼슬길에는 별로 관심이 없다. 예컨대, 범려範蠡, 손무자孫武子, 상산사호商山四皓, 장량張良, 황석공黃石公 등은 모두 도가 학설을 받들고 몸을 올바로 세우고 행세했던 사람들이다. 동한 시기에 와서, 성도成都에는 장릉張陵이 있었는데, 그는 유후留侯 팔대손八代孫으로서 그가 도교를 창립했다. 그는 노자를 조상으로 모시고, 민간의 모든 신神적 신앙을 완전히 도교에 귀속시켰었다. 이로부터 신앙과 도를 닦는 일修道은 하나로 합쳐지게 되었던 것이다. 사회의 변천에 따라 세대마다 계승자가 있었고 또 세대에 따라 흥망성쇠도 있었다. 또 파별도 많이 생겼고, 점차 아주 복잡하게 엇갈리게 되었다. 예컨대, 단정파丹鼎派, 부록파符籙派, 청수파淸修派, 정치파政治派, 전진파全眞派 , 정일파正一派 등 종파가 복잡하게 엇갈려 있었다. 도교에는 먼저 출세했다가 후에 입세한 자도 있었고, 먼저 입세했다가 후에 출세한 자도 있었는데, 예를 들면 위백양魏伯陽, 도홍경陶弘景,

갈홍葛洪, 위징魏徵, 이밀李密, 이순풍李淳風 등은 어떤 때는 도시에 은둔해서 살았고 어떤 때에는 산림에 은거하여 안일하게 지냈었다. 원나라 초에 이르러, 칭기즈칸은 도사 구장춘丘長春을 초청하여 장생구시長生久視의 술수를 물었는데, 장춘은 그에게 '하늘을 공경하고 백성을 사랑하고, 생명을 사랑하고 살육을 멀리 하는' 법도를 가르쳐 주었다. 또한 수많은 백성들의 생명도 구해주었다. 도교는 중화민족의 고유한 종교로서 이는 중국인들의 마음속에 깊이 자리 잡고 있는 바, 비록 때로는 흥성하고 때로는 쇠퇴했지만, 그러나 민간에서의 신앙은 종래로 단절되지 않았다. 이는 부정할 수 없는 사실이다. 한편, 도교도들은 과거 구사회에서 모두 소극적이고, 세상을 싫어하고厭世, 홀로 자기 몸만 닦고, 사람들과 거래가 없고, 세상과 다투지 않으며, 정치를 묻지 않는 등의 이런 사상을 가지고 있었다. 사실, 그때의 정치는 당신이 묻는 것도 허용하지 않았다. 해방 후에 정치는 변했고, 사회는 밝아졌다. 각 지역의 도교도들은 일련의 학습을 거치고, 각종 사회활동에 참가하면서, 모두 각오가 크게 제고되었는 바, 과거의 소극적이고 염세하던 사상, 정치를 묻지 않던 사상을 돌려세웠고, 민중들과 단결할 줄도 알게 되었고, 애국주의 정신을 발양할 줄도 알게 되었다. 전국 인민들과 똑같이 선거권과 피선거권을 가지게 되었고, 영광스러운 정치적 입장이 있게 되었고, 또한 국가 대사에도 참여할 수 있게 되었다. 이는 역사상 종래로 있어본 적이 없는 일이다. 우리는 이런 시대에 태어나 위대한 사회주의 건설을 맞이하게 되었는데, 이 또한 얼마나 다행스러운 일인가! 1956년 말, 중앙의 정치적 호소에 따라, 그리고 중앙의 협조를 받으면서 중국도교협회 준비위원회가 창립되었다. 이는 더욱 전국 도교도들이 나라를 사랑하고 사회주의 건설에 적극 참여할 것을 고무격려해 준 것이라고 하겠다. 한편, 나 본인은 준비위원회 주임으로 천거 받았다. 오늘 이후, 나는 전국 도교도들을 단결하여 조국을 사랑하고, 사회주의를 건설하고, 세계평화를 수호하는 일을 적극 추진할 것을 다짐한다. 또 정부를 협조하여 종교 신앙자유 정책을 훌륭히 관철하고, 각 지역 도교도들과 단결하여 함께 도교의 훌륭한 전통을 발양하고, 중국인민정치협상회의 정관에 명시한 일곱 개 준칙을 엄격히 준수할 것도 다짐한다. 아울러 나 자신도 더 열심히 배우고, 자신의 모든 힘을 사회주의 건설에 이바지 할 것도 다짐한다![616]

악숭대의 연설에서는 그 당시 유행했던 정치적 용어를 많이 사용하고 있었

616) 嶽崇岱:《扭轉消極思想, 參加社會活動》,《人民日報》1957年3月14日.

다. 그가 새 사회에 대한 열애는 진실했다. 연설에는 사회 발전에 대한 기대와 도교의 신생新生에 대한 신심이 넘쳐났었다. 연설에서는 유물론 등 당대 이성주의 사상을 인용하여, 중국 도교사를 논술하고 있었고, 신앙의 색채는 많지 않았고, 학술적 의미를 더 부각시켰었다. 그는 여기서 도교가 고대 민간 신앙에서 기원했고, 노자도가사상으로부터 흥기했고, 한나라 말 장릉張陵에 의해 창립되었다고 밝힌다. 또 발전과정에 도교 분파도 많이 탄생했는데, 단정丹鼎, 부록符籙, 청수淸修, 전진全眞, 정일正一 등 종파가 있었다고 밝힌다. 그의 해석은 간단명료하고 투철했고, 기본적으로는 역사 사실에 부합된다. 그는 특히 구처기가 한 마디로 살육을 멈추게 했던 역사적 공적을 크게 표창했는데, 이는 도교사에서 가장 대표적인 고도대덕高道大德을 치켜세운 것이겠다. 연설에서는 도교가 사람들의 마음속에 깊이 간직되어 있다고 강조하고 있었고, 비록 흥성하고 쇠퇴하던 곡절적인 발전과정을 거쳐 오기는 했지만, 단절된 적은 없었다고 한다. 또 옛 모습을 버리고 새로운 모습을 가지기만 하면, 새 시대에도 훌륭한 역할을 발휘할 수 있다고 했다. 이는 도교 고도高道의 박대한 흉금과 높은 이론적 수준을 보여준 것이라고 하겠다. 비록 거칠고 간략하고 주밀하지 못한 면은 없지 않지만, 그러나 이는 한편의 강령綱領적 성격을 가진 당대 도교 명작이라고 할 수 있겠다.

5) 근현대 도교 바깥 학자들의 도교 학술연구

중국 도교에 대한 연구는 일본학자들이 오히려 더 일찍 시작했다. 예를 들면, 오야나기 시게타小柳司氣太는 『도교개설道教概說』을 저술했는데, 이 책의 한역본은 그 당시 중국에서 널리 전해졌었다. 쯔마키 조쿠로우妻木直良의 『도교연구道教之硏究』, 도키와 다이조常盤大定의 『도교발전사 개설道教發展史槪說』도 중국에서 영향력이 꽤나 있었다. 이들의 저서는 좀 거칠고, 오류도 상당히 많았지만, 그러나 분명히 중국학자들에게 새로운 연구방법과 접근방식을 제시해주었고, 중국학자들의 도교 연구를 격려해주었고, 더욱 중국학자들이 참고할 것이 상당히 많았다. 1923-1926년, 상해 함분루서사涵芬樓書社에서는 『정통도장正統道藏』

과 『만력속도장萬曆續道藏』영인본을 출판했는데, 모두 1120책, 5486권이었다. 이 책들의 출판은 도교 학술연구에 기초자료를 제공한 셈이다. 1934년, 상무인서관에서는 허지산許地山의 『도교사道敎史』(상책)를 출판했다. 1934년에는 또 부근가傅勤家의 『도교사개론道敎史槪論』이 출판되었고, 1937년에는 부근가의 『중국도교사中國道敎史』가 출판되었는데, 이는 처음으로 되는 중국학자의 완전한 중국도교사 저작이다. 이 몇 부의 저작은 근대 중국학계에서 도교 학술연구를 개척한 작품들이다. 비록 내용이 너무 간략하고 또 누락된 것도 상당히 많았지만, 그러나 모두 이성적 학술 저작이었다. 즉 모두 신앙주의 저작도 아니고, 반종교적 저작도 아니었다. 반면 이 책들에서는 상당히 객관적으로 도교의 의리義理와 역사를 논술하고 있었다. 부근가의 『중국도교사』에서는 처음으로 역사에서 늘 혼동하던 도가와 도교를, 철학과 종교로 구분 지었고 또 도교는 도가에서 기원했지만 도가와는 다르다고 지적했다. 그는 이렇게 말한다. "대개 도가의 말은 마음을 깨끗이 하고 욕심을 줄이는데淸心寡慾 충분하고, 이는 수양에 도움이 된다."[617] "도교는 특히 장생불로長生不老를 추구하고, 변신하여 하늘에 날아오르는 것을 추구한다."[618] "도교는 사실 중국 고유의 종교이다."[619]

진원陳垣(1880-1971)의 자는 원암援庵이다. 중국근대사에서 중국종교사를 탐구한 일대 종사이다. 그는 기독교, 불교, 이슬람교와 도교의 역사를 보두 탐구했는데, 이 연구 분야를 개척한 학자로 인정받고 있다. 중국 도교사에 관해서 진원은 두 부의 저작을 저술했다. 즉 『도가금석략道家金石略』, 『남송초하북신도교고南宋初河北新道敎考』가 그것이다. 『도가금석략』은 20세기 20년대에 편찬했는데, 80년대에 와서야 출판되었다. 이 책은 도가 각 유파에 관한, 돌비석에 새긴 역사문헌자료를 모아 편집한 것인데, 도교사 연구에 체계적이고 신빙성 있는 자료를 제공해 주었다고 하겠다. 『남송초하북신도교고』는 1940년에 출판한 책이다. 이 책에서 그는 문헌자료와 돌비석에 새긴 역사자료를 가지고, 금나라와

617) 傅勤家 :《中國道敎史》, 團結出版社2005年版, 第242頁.
618) 傅勤家 :《中國道敎史》, 團結出版社2005年版, 第242頁.
619) 傅勤家 :《中國道敎史》, 團結出版社2005年版, 第242頁.

원나라가 바뀌던 시기, 북방에서 출현한 신도교新道教 교파, 즉 전진교全眞教, 대도교大道教, 태일교太一教의 탄생과 변천을 상세하게 논술했다. 그 가운데 특히 전진교全眞教에 대한 논술이 가장 체계적이고 정교했는데, 여기에는 자료에 대한 고증도 있었고, 사상에 대한 분석도 있었고, 종교 활동에 대한 묘사도 있었고, 사회와 세상물정에 대한 반영도 있었다. 이렇게 옛 역사서에서 누락된 것들을 보완하고 또한 자신이 세상을 걱정하는 마음도 기탁했던 것이다. 학자들은 이 책을 아주 높이 평가하고 있다.

진국부陳國符(1914-2000)는 평생 『도장道藏』 역사자료연구에 심혈을 기울였다. 저작으로는 『도장원류고道藏源流考』(상, 중, 하) 세 권이 있다. 1949년에 초판을 발행했고, 후에는 수차 증보판을 냈었다. 이 책에서는 '삼동사보三洞四輔의 연원, 역대 도서의 목록, 당, 송, 금, 원, 명 시기 도장의 편찬과 목판인쇄, 각 지역의 도장의 공통점과 차이에 대해 그 근원과 근본을 빼놓지 않고 자세히 탐구했다. 그의 부지런한 노력과 수집한 자료의 풍부함은 참말로 예전에는 있은 적이 없는 일이라고 하겠다.'620)

왕명王明(1911-1992)의 주요 저작으로는 『태평경합교太平經合校』, 『포박자내편교석抱朴子內篇校釋』이 있는데, 전자는 『태평경太平經』 연구에서 공인받고 있는 권위적 작품이고, 후자는 『포박자抱朴子』 연구에서 대표적 작품이다. 그는 또 도교에 관한 연구논문도 많이 발표했는데, 이 논문들은 후일 『도가와 도교 사상 연구道家和道教思想研究』, 『도가와 전통 문화연구道家與傳統文化研究』 이 두 문집에 수록되었다. 그가 『노자하상공장구老子河上公章句』, 『태평경太平經』, 『주역참동계周易參同契』, 『황정경黃庭經』에 대한 고증과 논설은 학계에서 영향력이 상당히 컸다.

이밖에 몽문통蒙文通의 『도교사쇄담道教史瑣談』, 진인각陳寅恪의 『천사도와 해빈 관계고天師道與海濱關係考』, 유감천劉鑒泉의 『도교징략道教徵略』, 유사배劉師培의 『독도장기讀道藏記』, 왕유성王維誠의 『노자화호설고증老子化胡說考證』, 탕

620) 王均主編 : 《羅常培文集》第10卷, 山東教育出版社2008年版, 第383頁.

용동의 『독〈태평경〉서 소견讀〈太平經〉書所見』 등 작품은 모두 학계에서 영향력이 상당히 컸던 작품이다. 중화민국 시기, 노학老學과 장학莊學에 관한 연구(텍스트 교정과 해석, 의리義理에 대한 논설을 포함하여)는 합계 100여 종이 넘는다. 보다시피 『노자』, 『장자』의 학술적 영향력은 근대에 이르러서도 여전히 거대했다.[621]

중화민국 시기, 도교학의 흥기는 현대 중국사상사 연구에서 유교와 불교 연구가 강하고 도교 연구가 약했던 상황을 개변하기 시작했다. 이는 사람들이 도가와 도교의 중화사상 발전과정에서의 지위와 중요성을 재인식하는데 도움이 되었고, 도학이 유·도·불 삼교의 상호 작용과정에 일으켰던 역할을 재인식하는데 도움이 되었다. 도교를 연구하는 학자들 가운데서, 많은 학자들은 유·도·불 삼교를 정통하거나 또는 불가와 도가를 모두 통달한 대가였다. 그들은 현대 학술의 고지에 서서, 삼교 관계를 통섭하는 시야를 가지고 도교를 고찰할 수 있었다. 그리하여 성과가 더욱 거대했던 것이다. 예를 들면, 몽문통蒙文通은 『도교사쇄담道教史瑣談』과 『좌망론고坐忘論考』에서 도교 삼론과 불교 삼종의 관계를 아주 투철하게 해석했다. 즉, 도교 중현론重玄論, 좌망론坐忘論, 전진파全眞派와 불교 중관종中觀宗, 천태종天台宗, 선종禪宗의 사상이 상호 침투하던 관계를 투철하게 설명했다. 그는 정주이학程朱理學과 도교의 밀접한 관계도 논했는데, 이런 지적도 있었다. "형공신학荊公新學, 동파촉학東坡蜀學에 이르러서는 모두 불노佛老에 깊이 빠져들어 갔었는데, 비록 도교에는 속하지 않지만, 그러나 사실 모두 도가 학문이었다."[622] 현대 도교학의 발전은 또 도교계에서 종교 이성을 강화하고, 학계의 성과물들을 참조하면서, 도교 의리義理의 건강한 발전을 추진하는 데에도 많이 유익했다.

4. 현대 불교의 간난 속에서의 부흥과 고승대덕들의 의행과 정진

중화민국 시기, 불교는 중국 전통 문화의 핵심 중 하나로서 유교와 도교와

621) 熊鐵基等 :《中國老學史》, 福建人民出版社1995年版, "附錄".
622) 蒙文通 :《蒙文通文集》第一卷, 巴蜀書社1987年版, 第327頁.

마찬가지로 서구 문화의 충격을 받고 변두리로 밀려날 수밖에 없었다. 주류 사회와 급진주의자들의 탄압과 배척을 받았었고, 게다가 내우외환이 심하고, 민생 경제가 피폐해지고, 사원 경제가 몰락하고 또한 원래의 승려 대사원 제도가 시대에 부응하지 못하고, 승려들의 소질이 떨어지고, 교의에서 새로운 발전이 없었는 바, 불교는 엄준한 생존위기에 직면하게 되었다. 하지만 불교는 하나의 철리형哲理型 종교로서 그 축적이 두텁고, 그 대지혜大智慧는 변함없었다. 청나라 말, 양문회楊文會가 거사불교居士佛教를 제창하면서부터 중국 불교는 새로운 길을 모색하고 있었는데, 즉 거사불교 후계자들과 고승대덕들은 천방백계로 불교의 변혁을 추진하고 있었다. 그들은 불교의 생존위기를 복명의 활기로 전환시키려고 노력하고 있었다. 이렇게 점차 새로운 기상이 나타나게 되었던 것이다. 이 책에서는 한전불교漢傳佛教(즉 중국불교)만 논하고, 티베트불교와 남전불교南傳佛教(동남아시아에서 들어온 불교)에 대해서는 약간 언급만 하고 구체적 논술은 삼간다.

1) 불교 조직과 활동의 현대적 전환

중화민국 초, 구양점歐陽漸 등 거사들은 현대식 '중국불교회中國佛教會'를 창건했고, 태허법사太虛法師는 '불교협진회佛教協進會'를 창건했고, 양주揚州 사무량謝無量은 '불교대동회佛教大同會'를 창건했다. 1912년 4월, 이 세 개 협회는 연합하여 상해에서 '중국불교총회中國佛教總會'를 결성했다. 그때 경안법사敬安法師가 나서서 이 일을 주도했는데, 그들은 '사원의 재산을 보호하고, 불교를 진흥시키자'라는 슬로건을 제기했다. 그 당시, 남경임시정부는 이 조직을 인정해주었는데, 후일 북양군벌北洋軍閥은 이 조직을 해산시켰다. 1924년에는 '중화불교연합회中華佛教聯合會'를 결성했는데, 1943년(항일전쟁 시기)에 와서는 태허법사太虛法師가 이사장을 맡으면서 또 천주교 어빈於斌, 기독교 풍옥상馮玉祥, 이슬람교 백숭희白崇禧와 손을 잡고 함께 '중국종교도연의회中國宗教徒聯誼會'도 결성했다. 이 연합회는 중국 종교계의 애국열정과 단결을 상징하고 있었다. 1947년 3월, 중국 불교총회가 남경南京에서 창립되었고, 장가호도극도章嘉呼圖

克圖(Cang-skya Khutukhtu)가 이사장을 맡았다. 이런 조직들은 법계를 이어받던 종파와는 완전히 달랐고 또 과거 조정에서 종교를 관리하던 기구, 예컨대 승사僧司와도 달랐다. 이는 불교도들이 자치하는 사회 종교단체였고, 이들은 정교 분리 원칙을 지키면서, 여러 단체가 연합해서 자체적으로 종교 업무와 사업을 추진하고 있었다.

불교계에서는 전통 불사佛事 활동 외에, 새로운 사업도 많이 추진했다. 우선, 불교 학교를 창건하고, 새로운 이념과 방식으로 불학 인재를 양성하여 승려들의 소질이 저하되고 청년 학승들이 대를 잇지 못하는靑黃不接 문제를 해결하려고 했다. 1914년, 금산사金山寺 월하법사月霞法師는 상해에서 화엄대학교를 창건했고, 1919년, 체한법사諦閑法師는 녕파寧波에서 관종강사觀宗講舍를 창건했다. 태허법사太虛法師는 무창불학원武昌佛學院, 하문민남불학원廈門閩南佛學院, 북경백림교리원北京柏林教理院, 중경한장교리원重慶漢藏教理院을 연이어 창건하여 수많은 승려 인재들을 양성해냈다. 1921년, 한청정韓淸淨은 북경에서 삼시학회三時學會를 창건하고 유식종唯識宗 인재를 양성했다. 1922년, 구양점은 남경에서 지나내학원支那內學院을 창건했고, 분과체제로 수업을 진행했는데, 이런 방식으로 인재를 더 많이 양성해냈다. 지나내학원은 그 당시 영향력이 가장 큰 불교거사 교육기관 및 학술연구 기구로 되어졌었다. 이밖에도 각 지역에는 불교 학교가 아주 많았다.

또한 불교 전적을 많이 정리·출판하고, 불학 간행물을 많이 발행하고, 불교문화 전파와 교류를 크게 확대했다. 첫째, 『대장경大藏經』 영인사업을 추진하여 불전 유통을 크게 확대했고, 둘째, 간행물을 발행하고, 논문을 발표하고, 불교 지식을 널리 소개하고, 불교 소식을 널리 전했다. 많은 간행물 중에서 태허법사가 1913년에 창건한 불교총회 학회지 『불학월보佛學月報』와 그가 1920년 창건한 『해조음海潮音』이 가장 인기가 높았다. 후자는 내용이 풍부했고, 발행량이 많았고, 지속된 시간이 오랬다. 대만에서는 지금까지도 발행되고 있다.

또 공익자선 사업을 많이 추진했고, 중생을 제도하는 큰 서원을 이루는데 공력을 많이 들였다. 1918년 원영법사圓瑛法師는 녕파寧波에서 불교 고아원을 창건했다. 북평北平(북경)의 삼시학회三時學會에서는 불교 병원도 창건했다. 상해 거사림居士林(거사 단체)에서는 화양의진회華洋義振會, 고아원, 장애자보호원, 중국부녀 및 유아 구제원中國婦孺救濟院도 창건했다. 1928년 통계에 따르면, 북평의 불교계에서 창건한 일반 학교만 하더라도 다섯 개나 있었다. 즉 선과사제1평민소학교善果寺第一平民小學校, 석조사제2평민소학교夕照寺第二平民小學校, 초화사공독학교招花寺工讀學校, 정업사빈아공예원淨業寺貧兒工藝院, 가흥사빈민방직공장嘉興寺貧民紡織廠 영태사여자공독학교永泰寺女子工讀學校 등이 그것이다. 수재水災나 한재旱災가 발생할 때마다, 불교계에서는 또 적극적으로 재난 구제와 모금 활동에 참여했다.

항일구국운동에서도, 중국 불교계는 고양된 애국주의 정신과 두려움 없는 기개 및 행동을 보여주었다. 구양점은 이렇게 말했다. "나라가 망하고, 민족이 멸하고, 종이 끊어지는데, 아픔을 이길 수 없어, 뛰어다니면서 대성질호할 수밖에 없었다." '7·7' 사변이 발생하자, 태허법사는 전국 불교 신도들이 '용감하게 나라를 보위할 것'을 호소했고, 자신의 국제적 명망을 빌려, 인도, 미얀마, 스리랑카, 싱가포르 등 나라에 출사하여 일본침략자들의 만행을 폭로하고, 각 나라 민중들이 중국의 항일전쟁을 지원해줄 것을 호소했다. 홍일법사弘一法師는 태도분명하게, '염불하면서도 나라 구하는 일을 잊지 말고, 나라를 구하면서도 염불하는 일을 잊지 말 것'을 호소했다. 원영법사圓瑛法師는 항일전쟁 시기, 불교 전국구호단全國救護團을 조직했고, 스스로 단장을 맡고, 청년 승려들을 훈련시켜 전쟁터에서 구호활동을 벌였다. 항일전쟁 시기, 상해 승려구호대는 100여 차례 출동하여, 부상자 8273명을 구호해주었고, 또 불교 병원도 운영했고, 병원에서는 여승들이 간호사를 담당했다. 송호전역淞滬戰役 당시, 상해의 저명한 거사 왕일정王一亭, 중화불교회中華佛敎會 주임비서 조박초趙朴初 등은 난민수용소를 여러 곳 운영했고, 난민 50여 만 명을 구제해 주었다. 불교계의 항일애국 사적[623]은 일일이 다 열거할 수 없겠다.

623) 牟鐘鑒, 張踐 :《中國宗教通史》下冊, 社會科學文獻出版社2000年版, 第1037-1038頁.

2) 거사불교居士佛教 : 구양점歐陽漸으로부터 여징呂澂까지의 변천

구양점(1870-1943)의 자는 경무竟無이다. 강서 의황宜黃 사람이다. 그는 청나라 말 양문회楊文會의 뒤를 이어, 중화민국 연간에 거사불교를 크게 확대·발전시켰다. 1910년, 유가에서 나와 불가에 들어갔고, 양문회楊文會를 스승으로 모시고 불학을 공부했다. 또 양문회를 도와 남경금릉각경처南京金陵刻經處에서 일을 많이 했다. 양씨가 세상을 뜬 후에는 구양점이 각경처刻經處의 일을 주관했다. 1922년, 구양점은 남경에 지나내학원支那內學院을 창건했고, 원훈院訓을 "사師, 비悲, 교敎, 계戒'로 정했는데, 학계와 정계의 지지를 크게 받았다.

구양점은 처음에 유식唯識에 매료되었고, 심신心身의 문제에 관심을 기울였다. '9·18'사변과 '1·28'사변이 발생한 후, 민족의 존망存亡을 우려하여, 그는 항일구국抗日救國운동에 적극 나섰다. 이때 그는 유교와 불교를 많이 융회시켰었다. 여징은 『친교사구양선생사략親教師歐陽先生事略』에서 이렇게 말한다.

> '9·18사변' 이래, 국난은 날로 심해졌는데, 스승은 충성과 절의를 분발해서, 수차 글을 지어 시급히 민족을 멸망의 위기에서 구원할 것을 호소했다. '1·28 항일전선'이 형성된 후, 스승은 점을 쳐 길한 점괘를 얻어, 이를 글로 해석해서 장병들에게 보내어 사기를 북돋우어 주었다. 계속하여 『사서독四書讀』, 『심사心史』등 학술지를 간행했고, 『사품갑詞品甲』을 편찬했고, 『정기가正氣歌』를 썼고, 『하성설夏聲說』을 저술했는데, 이렇게 민중들의 사기를 크게 분발시켜 주었다. 또 그리하여 공자 학설의 정미精微함을 발휘하고, 자사子思와 맹자의 뒤를 잇고, 의리義利를 변별하고 향원鄕愿을 끊고, 천성性天 탐구에로 되돌아오게 되었던 것이다. 그가 보건대, 고요함과 지혜寂智(불교와 유교를 말함)가 서로 호응하는 것이 학문의 원천이었고, 공자와 부처가 다르기는 하지만 결코 서로 배척해서는 아니 되었다.624)

그는 1936년부터,

> 제자들을 모아놓고 만년의 정론을 강의해 주었다. 열반涅槃과 삼덕三德이 상응

624) 王雷泉編 :《歐陽漸文選》, 上海遠東出版社2011年版, 第423頁.

한다는 도리를 설명해 주었고, 유가瑜伽와 중관中觀을 한 경지에 융화시켰고 또 『대학』과 『중용』에서 섭취하여 불교 원리를 밝혔었다. 이렇게 불학의 함의는 아주 훤하게 되었고, 한편 공자유학의 참모습도 완전히 드러나게 되었다. 강론이 끝나자, 일본군이 쳐들어 왔는데, 스승은 학원의 뭇 승려들을 이끌고 이미 새긴 경판經板들을 가지고 촉蜀(즉 四川)지역으로 이전했다. 강진江津에 피해 와서는 촉원蜀院을 세우고, 옛일을 계속했는데, 강론과 각경刻經을 그치지 않았다. 선후로, 『중용전中庸傳』, 『방편반야독方便般若讀』(즉 『般若經序』卷三), 『오분반야독五分般若讀』, 『원훈院訓 · 석교釋教』를 저술했다. 또 돈경점행론頓境漸行論을 가지고 오과五科의 차례에 따라, 학원의 교수대강教授大綱을 세웠었다. 그가 말하기를, 문자역사로부터 구한다면, 한 보 한 보 진실에 가까워 가기는 하지만 그러나 이는 역사도 아니고 사실도 아니고, 진실하지도 않고 또 진리에 이를 수도 없다고 했다. 또 문자반야般若經에서 1,000여 년 통하지 않던 것들은 사실 이때에 이르러(유가와 불가를 융화시키면서) 완전히 통하게 되었다고 했다.[625]

그는 만년에 세상 뜨기 전에 최후의 저서 『심경독心經讀』을 저술했는데, 이는 아주 정치精致한 작품이었다.[626]

구양점과 나란히 명성이 높았던 북방의 유명한 거사 한청정韓清淨도 유식학唯識學에 깊은 연구가 있었는데, 그 당시 사람들은 이들을 존경하여 늘 '남구북한南歐北韓(남쪽에는 구양점, 북쪽에는 한청정)'이라고 칭했다. 그러나 한청정의 삼시학회三時學會의 규모와 영향력은 구양점의 지나내학원보다 훨씬 못했다. 내학원은 학생들이 구름처럼 모여 들던 곳이다. 예컨대, 여징呂澂, 요백년姚伯年, 탕용동湯用彤, 양수명梁漱溟, 황수인黃樹因, 진명추陳銘樞, 왕은양王恩洋 등은 모두 구양점의 가르침을 받았다. 구양점은 『불법佛法은 종교도 아니고 철학도 아니다佛法非宗教非哲學.』라는 글에서 이렇게 말했다.

종교와 철학이라는 이 두 용어는 원래 서양의 명사인데, 중국어로 번역해 들어와서는 마지못해 불법에 비부比附하게 되었다. 그러나 이 양자는 의미가 각자 다

625) 王雷泉編 :《歐陽漸文選》, 上海遠東出版社2011年版, 第424頁.

626) 劉成有等 :《漢傳佛教》, 中國民主法制出版社2015年版, 第182頁.

> 르고, 범위 또한 지극히 협애한데, 어떻게 이 가장 광대한 佛法을 포괄할 수 있겠는가?[627] 하늘과 땅은 내가 파악하기에 달려 있는데, 내가 어찌 달갑게 종교의 속박을 받겠는가? 만법萬法은 모두 내 한 마음에 갖추어져 있는데, 내가 어찌 달갑게 철학을 따라 헷갈리겠는가? 모든 유정중생有情衆生은 깨달음覺과 미혹迷이라는 이 두 길은 있지만, 세상 어디에 종교, 철학이라는 두 물건이 있단 말인가?[628]

보다시피 그는 서방의 '종교'와 '철학'이라는 이 언어의 속박을 타파하려 했고, 중국 불법의 박대함과 그 특색을 펼쳐 보여주려고 했다. 이는 중국 특색이 있는 학술체계를 구축하는데 계시가 적지 않았다. 후일 탕용동은 그의 영향을 받고, 이 말을 바꾸어 '불법佛法은 종교이기도 하고 철학이기도 하다.'라고 했다. 당연히 이는 훗날의 일이다.

여징(1896-1989)의 자는 추일秋逸이고, 그는 강소江蘇 단양丹陽 사람이다. 1943년, 구양점이 세상을 뜬 후, 여징은 사천四川 강진江津에서 내학원원장 직을 이어받았고, 1952년 학원이 해체될 때까지 줄곧 원장 직을 맡았다. 그는 불학 연구에서 젊었을 때는 문헌 고증에 치중했다. 원장 직을 맡은 후, 그는 '불학오과佛學五科' 강습講習 체계를 구축했다. 1949년 이후, 그의 연구는 불교사상사 원류源流에 대한 정리 작업에 더 치우쳤었고, 또 이를 현대 학술 형태를 갖추게 만드는데 많은 심혈을 기울였다. 1950년, 그는 『내학원 연구사업 총화와 계획內學院硏究工作的總結和計劃』에서 이렇게 말했다.

> 역사가 발전하면서 옛 학설과 사상이 진리에 계합契合되는 부분은 인류의 생활 실천에서 반드시 흡수되고 융화될 것이고, 이로 영원히 발전하고 있는 문화를 풍부하게 만들어줄 것이다. 이 점으로 볼 때, 불학은 우리나라 신문화 건설에 있어서 아주 중요한 의의가 있다. 더욱이 불학의 주요 취지는 원래 불평등하고 고통스러운 인간 세상의 현실에 불만족하여, 그것을 근본적으로 그리고 본질적으로 개혁하려는 것이었다. 이런 적극적인 정신은 비록 때로는 곡해되는 경우도 있었

627) 卓新平主編 :《20世紀中國社會科學·宗教學卷》, 廣東教育出版社2009年版, 第680頁.
628) 卓新平主編 :《20世紀中國社會科學·宗教學卷》, 廣東教育出版社2009年版, 第696頁.

지만, 그러나 시종 상실되지는 않았다. 그렇다면 또 문화의 갱신과 진보를 추진하는 기능도 가지고 있었다고 하겠다. 그러나 이런 것들은 모두 반드시 진실한 불학에 의거해야만 논할 수 있겠다.[629]

그리하여 그는 이성적이고 과학적인 태도를 가지고 불학 연구를 수행할 것을 주장하고 있었다. 불학의 진상을 밝히기 위해, 그는 이런 요구도 제기했다.

오늘 이후에는 마땅히 아래와 같은 일들을 해야 한다. 첫째, 과학적인 역사관을 가지고 전체 불학을 재비판하고, 그 본연의 보편적 가치를 재확인해야 한다. 둘째, 민족성 측면을 주목하면서, 불학이 과거에 우리나라 문화에 끼친 영향을 밝히고, 이로부터 그 경로를 찾아내서, 이를 오늘날 대중들이 수요 하고 있고 이해하고 있는 것들과 결합하여, 이로부터 불학이 신문화 건설에서 마땅히 있어야 할 역할을 발휘해내야 한다. 셋째, 동시에 대중들이 불학에 대한 모든 잘못된 사상을 철저히 제거하여, 신문화 건설에서의 장애물을 줄여야 한다. 넷째, 외국의 진보한 불학 연구를 참고하면서 상술한 임무를 완성해야 한다.[630]

여징은 한편으로는 불학을 새 시대에 적응시키려고 했고, 다른 한편으로는 불학의 가치와 존엄을 수호하려고 했다. 그가 후세에 남겨준 주요 학술저작으로는 '이사일론二史一論'이 있다. 즉 『인도불학원류략강印度佛學源流略講』, 『중국불학원류략강中國佛學源流略講』과 『불학개론佛學概論』이 그것이다. 이 저작들은 모두 아주 높은 학술적 가치가 있었고, 불교 내·외에서 광범한 영향을 끼쳤었다.

3) 허운虛雲 법사의 불교 부흥에서의 본보기 역할

현대 불교는 청나라 말부터 중화민국 시기까지, 그 간거한 환경에서도 수많은 고승대덕高僧大德을 키워냈다. 그들은 두려움 없이 정진하는 정신으로 불교를 질퍽거리는 진창에서 건져냈고, 다시 생기발랄하게 만들었다. 그들 또한 전

629) 劉成有 :《近現代居士佛學研究》, 巴蜀書社2002年版, 第197頁.

630) 劉成有 :《近現代居士佛學研究》, 巴蜀書社2002年版, 第198頁.

사회에서 아주 존숭받고 있었다. 경안敬安, 월하月霞, 체한諦閑, 인광印光, 태허太虛, 내과來果, 월계月溪, 원영圓瑛, 홍일弘一, 인순印順, 자주慈舟, 주숙가周叔迦, 거찬巨贊, 조박초趙朴初, 성운星雲 등 명승이 그들이다. 이들 가운데, 허운 법사가 가장 앞장에 서 있었고, 가장 훌륭한 본보기를 보여주었다.

허운(1840-1959)은 호남湖南 상향湘鄉 사람이다. 그는 아주 장수했던(120세 사망) 고승이다. 덕성과 명망이 모두 아주 높았고, 저작이 아주 많았고, 그가 추진한 불교 사업 또한 아주 거창했다. 그는 선종을 크게 확대·발전시켰고, 제자도 아주 많았고, 그 자신 또한 숭고한 "허운형상虛雲刑象"을 수립했다. 후일 정혜법사淨慧法師가 『허운스님전집虛雲和尙全集』(총9책, 350만자)을 편찬했는데, 이 책은 2009년 10월에 중주고적출판사中州古籍出版社에서 출판했다. 남회근南懷瑾, 방립천方立天, 진병陳兵 등 당대 불학 거장들이 이 책에 '서언'을 써주었다. 아래에 그들의 권위적인 평가를 일부분 발췌해서 소개하고자 한다. 이를 통해 허운법사許雲法師의 역사적 지위와 영향력을 충분히 이해할 수 있을 것이다.

남회근은 '서일序一'에서 이렇게 말한다.

> 중화민국 시기에 이르러 사람들은 명나라 말 사대 고승설을 모방하여, 허운虛雲, 태허太虛, 인광印光, 체한諦閑을 중화민국 불교 사대로四人老(老는 존칭)라고 칭했다.[631] 허로는 한 세대 고승으로서 인연을 행화行化함에 있어, 마치 여러 얼굴을 가진 관음多面觀音 같았는데, 이는 범부凡夫들이 알 수 있는 것이 아니었다.[632]

방립천은 '서이序二'에서 이렇게 말한다.

> 허운 스님은 한평생 경건하고 정성스럽게 부처님을 섬겼고, 뜻이 크고 기개가 강건했고, 중생을 가엾이 여기는 마음이 지극하여 행고行苦를 마다하지 않았다. 백 성城의 구름과 물을 보았었고, 만 리 펼쳐진 연기와 노을을 보았었고, '사찰에 앉아서 다섯 제왕과 네 조대五帝四朝를 바라보았고', '아홉 괴로움과 열 고난을

631) 淨慧主編 : 《虛雲和尙全集》第1冊, 中州古籍出版社2009年版, "序一"第1頁.
632) 淨慧主編 : 《虛雲和尙全集》第1冊, 中州古籍出版社2009年版, "序一"第14頁.

죄다 겪었다.' 자신을 잊고 오로지 불법만 행했는데, 생명은 장수했고 덕망은 높았다. 참으로 불문佛門의 한 세대 고승, 천추에 길이 빛날 본보기라고 하겠다.[633]

방립천은 허운의 4대 업적을 이렇게 총화 한다.

첫째, 오종五宗을 모두 계승했다. 허운은 일생동안, 임제臨濟를 전승했고 겸해서 조동曹洞을 널리 펼쳤고, 법안法眼을 바로잡아 주었고, 위앙潙仰을 지속시켰고, 운문雲門을 중흥시켰다. 혼자 몸으로 오종五宗의 법맥을 모두 계승했고, 선인들의 뒤를 이어 계속 발전시켰고, 종문宗門의 훌륭한 기풍을 널리 발양했다.

둘째, 불법을 확대·발전시켰다. 허운은 일생동안 중국 동남 지역과 서남 지역, 홍콩, 마카오, 대만 지역 및 동남아시아의 일부 국가들을 몸소 뛰어다니면서 불법을 널리 전했는데, 그 영향은 광범하고 또한 오래 지속되었다.

셋째, 옛 사찰을 재건했다. 그는 일생동안 크고 작은 사원 및 암자를 80여 곳 재건했고, 유명한 사찰 여섯 곳을 복구했다. 운남雲南 계족산鷄足山 축성사祝聖寺, 곤명昆明 운서사雲棲寺, 복건福建 고산鼓山 용천사涌泉寺, 광동廣東 소관韶關 남화사南華寺, 유원乳源 운문雲門 대각사大覺寺, 강서江西 운거雲居 진여선사眞如禪寺가 그것이다. 옛 사찰을 재건하는 동시에 또 규율과 제도를 세우는 일도 아주 중요시했다.

넷째, 제자들을 많이 양성해냈다. 불완전한 통계에 따르면, 허운 스님 밑에서 체도剃度하고, 불법을 배우고, 수계受戒하고 수귀受歸한 제자는 100만 명에 달한다. 현재, 법통을 이어받은 후계자는 이미 3, 4 세대를 넘어섰고, 그 숫자는 수백 명에 달한다. 그 가운데 출중한 자들로서 예컨대 본환本煥, 일성一誠, 정혜淨慧, 전인傳印, 불원佛源 등은 모두 당대 중국 불교계의 중견中堅이다.[634]

허운 스님의 불교 실천은 그 경로와 방향에 있어서 세 방면의 내용이 그 당시 불교 상황에 적합했고 또 그 후 불교 발전의 수요에 부합되었다. '첫째, 여러 종파를 융회시켰었다.' 그는 선종 내부의 각 파벌을 융회시켰고, 선종과 기타 종파를 융회시켰고, 한전불교漢傳佛教, 티베트불교, 남전불교南傳佛教를 융

633) 淨慧主編 :《虛雲和尚全集》第1冊, 中州古籍出版社2009年版, "序二"第1頁.
634) 淨慧主編 :《虛雲和尚全集》第1冊, 中州古籍出版社2009年版, "序二"第1-4頁.

회시켰었다. '둘째, 전통과 현대를 결합시켰었다.' 예컨대, '공장 노동과 선禪을 모두 중요시하고' '농사일과 선을 모두 중요시했다.' '셋째, 계율을 근본으로 삼고, 계율을 스승으로 삼았다.'[635]

진병陳兵은 '서삼序三'에서 이렇게 말한다.

> 20세기 초 이래의 중국 불교 부흥운동에서 오랜 기간 중국 불교의 주류였지만, 이미 쇠미해진 지가 300년에 달하는 선종의 부흥은 전체 불교 부흥운동의 중요한 구성부분이었다. 이 부흥운동에서 업적이 가장 뚜렷하고, 영향력이 가장 컸던 승려는 허운 스님이었다. 허운 스님의 공적은 우선, 충분히 천추에 길이 빛날 고승의 모범과 인격의 본보기를 수립했다는데 있었다.[636]

그는 또

> 대사원 생활제도를 엄격히 규범화시켰고, 민주화시켰고, 봉건 가부장제도의 폐단을 없애버렸고, 농사일과 선禪을 모두 중요시했고, 자력갱생을 강조했다.[637] 또한 중국 불교 전체 상황에 착안하여, 적극적으로 불교 사회 활동에 참가했고, 불교 단체를 창립했고, 불학원을 일떠세웠고, 자금을 보내 재해민들을 구제해주었고, 나라를 위해 법회를 거행했다. 새 중국이 창립된 후, 그는 중국불교협회 명예회장으로 천거 받았는데, 그 후 그는 불교 신도들이 나라를 사랑하고 불교를 사랑하고, 불법의 진취정신을 발양하여 시대와 형세에 발맞추어 사회건설에 적극적으로 참여할 것을 호소했다. 계戒, 정定, 혜慧, 이 변경이 어려운 삼학三學을 제외하고는, 기타 모든 시대에 부응하지 못했던 불교 생활습관을 모두 시대에 맞게 적절하게 개혁했다.[638]

'서언'에서는 또 그의 제자 성일聖一, 선화宣化, 영원靈源 등도 소개했다. 선화상인宣化上人은 후일 불교를 미국에서 전했는데, 이렇게 그 자신은 불법을 서방

635) 淨慧主編 :《虛雲和尙全集》第1冊, 中州古籍出版社2009年版, "序二"第5頁.
636) 淨慧主編 :《虛雲和尙全集》第1冊, 中州古籍出版社2009年版, "序三"第1頁.
637) 淨慧主編 :《虛雲和尙全集》第1冊, 中州古籍出版社2009年版, "序三"第2頁.
638) 淨慧主編 :《虛雲和尙全集》第1冊, 中州古籍出版社2009年版, "序三"第2頁.

으로 전한 일대인연一大因緣으로 되었다.

4) 태허太虛 법사의 인간세상불교人間佛教

현대 중국 불교 부흥 운동에서, 개혁과 창조가 가장 많고, 후세의 불교 신앙에 영향을 가장 크게 끼쳤던 고승高僧은 태허법사太虛法師이다. 그가 제기한 인간세상불교는 후일 중국 대륙과 대만, 홍콩, 싱가포르에서 불교의 주류로 되어졌고, 불교 내·외 인사들의 인정을 크게 받았었고, 또한 전체 중국사회의 정신생활에 거대한 영향을 끼쳤다.

태허(1890-1947)의 속성은 여씨呂氏이고, 그는 절강浙江 녕해寧海 사람이다. 16살 때 출가했고, 조금 후 강유위, 양계초, 장태염, 손중산의 영향을 받고서, 불교개혁에 뜻을 두게 되었다. 1913년, 그는 경안법사敬安法師를 추모하는 법회에서 정식으로 '교리教理 혁명, 교제教制 혁명, 교산教産 혁명'이라는 삼대혁명三大革命 슬로건을 제기했는데, 그 후 전국 불교계에서 한차례 거대한 진감震撼(뒤흔들다)을 일으켰었다. 교리 혁명은 불학 의리의 개혁과 창조를 말하고, 교제 혁명은 교단 제도의 개혁과 창조를 말하고, 교산 혁명은 사원 경제의 개혁과 창조를 말하는데, 이는 불교에서 가장 중요한 세 개 문제 즉 신앙, 체제, 경제에 관계되는 일로서 이 모두 어려움이 아주 큰 작업이었다. 바꾸어 말하면, 큰 원력願力을 가지지 못하고서는 모두 성사시키기 어려운 작업이라는 것이다. 태허는 불교로 나라를 구할救國 뜻을 세웠었고, 그는 거대한 에너지도 가지고 있었다. 먼저는 보타산普陀山에서 삼년동안 불전과 중·서 철학 저작을 깊이 탐구했고, 그 다음에는 산에서 내려와 사회활동을 많이 전개했다. 1918년, 그는 상해에 '각사覺社' 학술지를 창건했고, 1920년에는『해조음海潮音』학술지를 창간했고, 또 각 지역에 분주히 뛰어다니면서 불경을 강론했다. 1922년에는 무창불학원武昌佛學院, 민남불학원閩南佛學院, 북경백림교리원北京柏林教理院 등 불학원佛學院을 연이어 창건했고, 또한 부지런히 일본, 영국, 독일, 프랑스, 미국 등 나라를 방문하면서 불교 교류를 추진했다. 1924년에는 여산廬山에서 세계불교연합회世界佛教聯合會를 창건했고, 1928년에는 또 세계불학원世界佛教院을 창건할 것도 발의했다. 그는 중국 불교가 세계로 나아가고, 전 세계에서 적극적인 역할을 발휘하도록 하는데 모든 심혈을 기울였고, 그리하여 사람들의 찬양도 많이 받았다. 항일전쟁 시기, 태허법사는 각 지역에 뛰어다니면서 불교 신도들이 일어나 항일구국운동을 전개할 것을 호소했고 또 청년구국단青年救國團과 승려구호대僧侶救護隊를 조직하여 수많은 부상자들을 응급처치 해주고 안치해주었다. 또 미얀마, 인도, 스리랑카 등 나라에 방문 가서, 중국 항일구국운동 상황을 널리 알리고 국제적 원조를 호소했다. 1946년 설날, 국민정부(國民黨 정부)에서는 그에게 '승리훈장勝利勳章'을 수여했다. 1947년, 태허는 세상을 떠났다. 후인들은 그의 저작들을 모아 『태허대사전서太虛大師全書』로 편집했는데, 글자 수는 무려 700여만 자에 달했다.

태허의 교리 혁명은 인생불교人生佛教 또는 인간세상불교人間佛教를 형성했다. 그는 『인생불교』를 저술했고 또 『인간세상불교를 어떻게 건설할 것인가』라는 등 글도 여러 편 발표했다. 후일 중국사회에서는 '인간세상불교人間佛教'라는 언어표현을 더 선호하고 있었다.

첫째, 그는 불학 내부에서 공空, 유有, 성性, 상相 등 각 종파의 학설을 관통시킬 것을 주장했다. 그는 이렇게 말한다. "본인의 불법에 있어서의 의취意趣라면, 한 개 종파만 계승하는 외로운 후예로 되지 않는 것이다."[639] 그는 한漢, 장藏(티베트), 범梵, 팔리어Pali language계 불교도 계승하여 융합하고 관통시키려고 했고, 더욱 일종의 '세계불교'를 창립하려고 시도했다.

둘째, 불학은 현대의 각종 우수한 문화에서 영양분을 섭취하여 새 시대에 적응하도록 개혁해야 한다고 했다. 그는 이렇게 말한다. "불법의 상주常住 진리에 의거하여 오늘날 시대의 사상과 문화에 적응하고, 시대성에 어울리지 않는 색채는 씻어버리고, 시대를 따르면서 불법의 교화教化 역할을 발양해야 한다."[640]

---

639) 本書編委會編集 :《太虛大師全書》第1卷, 宗教文化出版社, 全國圖書館文獻縮微復製中心2005年版, 第377頁.

640) 本書編委會編集 :《太虛大師全書》第1卷, 宗教文化出版社, 全國圖書館文獻縮微復製中心2005年版, 第380頁.

셋째, 신유식론新唯識論을 제창했다. 그는 이를 인생의 진제眞諦이고, 인간됨의 근본이라고 한다. 그가 보건대, 이는 서방의 유심론처럼 유물론과 대립하는 것이 아니다. 그는 이렇게 말한다. "오늘날 이 유식론唯識論은 그 추세(서양 유심론을 말함)를 거스른다. 그 묘심妙心을 원만하게 드러내고, 그 덕德과 용用을 가지런히 나타내는데, 이치를 그대로 따르고如理, 있는 그대로如量 보여주고, 취하는 것도 없고 버리는 것도 없다. 저쪽의 몇 번이나 부서지고 무너지던 서양 유심론과는 경로도 다르고 법도도 같지 않다. 그러므로 오늘날 이 유식론唯識論의 출현은 유물론과 유심론의 순환왕복이 아니고, 사실 이는 세계 사조의 합류에서 따로 열어낸 한 시대의 새로운 창조이다.'"641)

넷째, 불교가 현실사회와 인생을 직시하고, 사회의 진보를 위해 공헌할 것을 강조했다. 1928년, 그는『중국 불교 혁명적 승려들에 대한 훈사訓詞』를 발표했는데, 여기서 정식으로 인생불교人生佛教라는 개념을 제기했다. "갑 : 삼민주의 문화에 의거하여, 인간으로부터 보살, 부처로 되는 인생불교를 구축한다. 을 : 인생불교로 중국 승려 및 사찰 제도를 구축한다. 병 : 예전에 이루어진 중국 대승인생大乘人生의 신도信徒 제도를 새롭게 만든다. 정 : 인생불교를 가지고 십선十善으로써 풍화風化(즉 교화)한 국속國俗(나라 풍속) 및 인간 세상을 만든다."642) 그는『팔리어계 불교로부터 오늘의 보살행菩薩行을 논함從巴利語系佛教談到今菩薩行』에서 이렇게 말한다. "중국 불교를 혁신하여, 불교 신도들이 공론空談을 좋아하는 습관을 씻어버리고, 이론이 실제에 스며들어가는 것이 민중화되게 해야 한다."643) "오늘의 시대, 오늘의 지역, 오늘의 사람들의 실제 수요에 적응할 수 있게 해야 하는데, 그러므로 금보살행今菩薩行이라고 이름 할 수도 있다."644) 그는 또 이렇게 말한다. "인간세상불교人間佛教라는 말은, 즉 이는

641) 本書編委會編集 :《太虛大師全書》第9卷, 宗教文化出版社, 全國圖書館文獻縮微復製中心2005年版, 第141頁.

642) 太虛 :《太虛集》, 中國社會科學出版社1995年版, 第257頁.

643) 本書編委會編集 :《太虛大師全書》第19卷, 宗教文化出版社, 全國圖書館文獻縮微復製中心2005年版, 第195頁.

644) 本書編委會編集 :《太虛大師全書》第19卷, 宗教文化出版社, 全國圖書館文獻縮微復製中

사람들이 인류사회를 떠나 신이나 도깨비로 되거나 또는 모두 출가하여 사원이나 산속에 들어가 스님으로 될 것을 가르치는 불교가 아니고, 이는 불교의 도리로써 사회를 개량하고, 인류가 진보하게 하고, 세계를 개선하는 불교임을 표명하는 것이다."[645] 또 이렇게 말한다. 불교 이론은 주로 출가나 죽은 다음의 일을 논할 것이 아니라, 마땅히 현실세계에 착안하여 인간정토人間淨土를 건설하고, "개인의 역량을 대중들의 이익에 공헌하고, 자기와 타인을 모두 이롭게 해줄 것을 논해야 한다."[646]

태허太虛의 인간세상불교人間佛教에서 정신적으로 가장 많이 받아들였던 것은 공자 유가의 "자기를 닦아 남을 편안하게 해주고修己以安人', '백성들에게 널리 베풀어주고, 뭇사람들을 널리 구제해주는博施於民而能濟衆' 현실적 배려 정신이라고 하겠다. 역사적으로 선종禪宗에서는 이미 유가의 입세入世 정신을 받아들여 불교의 중국화를 실현했다. 태허의 인간세상불교는 유가의 이런 현실주의 정신을 더욱 발양하고 있었다.

태허의 인간세상불교 사상과 주장을 받들고, 수많은 불교계 수령들, 예컨대 체한諦閑, 인광印光, 허운虛雲, 홍일弘一, 월하月霞 등 고승들은 모두 현대 불교를 혁신하는 사업을 크게 추진했다.

5) 불교 부흥운동에서의 각 종파의 명승名僧들

원영圓瑛(1878-1953)은 복건福建 고전古田 사람이다. 복건 고산鼓山 용천사涌泉寺에서 출가했고, 후에는 복주福州 대설봉사大雪峰寺에서 열심히 불도를 닦았다. 1914년, 중화불교총회中華佛教總會 참의장參議長을 맡았었고, 남방과 북방의 여러 지역을 돌아다니면서 경經을 강론했고, 또 일본, 조선 및 남양南洋의 여러

心2005年版, 第195頁.

645) 本書編委會編集 :《太虛大師全書》第24卷, 宗教文化出版社, 全國圖書館文獻縮微復製中心2005年版, 第433-434頁.

646) 本書編委會編集 :《太虛大師全書》第3卷, 宗教文化出版社, 全國圖書館文獻縮微復製中心2005年版, 第160頁.

나라를 방문하여 불교 교류를 추진했다. 1929년, 태허법사太虛法師와 함께 중국불교회中國佛敎會를 창건했고, 일곱 차례 회장직을 연임했다. 불리佛理에 있어서 그는 '천태天台宗와 현수賢首宗를 함께 탐구하고', '선禪宗과 정토淨土宗를 모두 닦을 것'을 주장했고, 특히 『능엄경楞嚴經』을 깊이 탐구하고서, 이를 극찬했다. 이 경은 '모든 부처님의 심종心宗이고, 뭇 경群經의 비장秘藏이고, 중생의 대본大本이고, 만법萬法의 근원이다.'647)라는 것이다. 사회활동에서 그는 불교 공익자선公益慈善 사업을 많이 추진했는데, 예를 들면, 많은 아동보육원을 창건하고, 공선工禪(공장노동과 禪을 결합), 농선農禪(농사일과 禪을 결합) 사업을 많이 추진했다. 항일전쟁 시기, 그는 승려구호대僧侶救護隊를 조직하고 불교병원佛敎醫院을 세워 많은 부상자들과 난민들을 구조해 주었다. 또 자신의 국제적 영향력을 활용하여 남양南洋(동남아시아 국가)에 가서 모금활동을 벌였고, 모은 자금을 항일전쟁에 지원해 주었다. 일본 헌병대에 잡힌 일도 있는데, 그때 혹형을 당하면서도 굴복하지 않았고, 중국 승려의 숭고한 민족적 절개를 보여주었다. 후일 사회 각 계에서 항의를 하고 구조활동을 벌여서야 일본군의 감금에서 풀려나게 되었다. 1953년, 중국불교협회가 창립되면서 원영법사圓瑛法師는 초대 회장으로 추천받았다. 아쉽게도, 그는 그 해 9월에 세상을 떠났다.

체한諦閑(1858-1932)은 절강浙江 황암黃巖 사람이다. 그는 천태종의 중요한 현대 계승자이다. 1913년, 그는 녕파寧波 관종사觀宗寺에서 관종연구사觀宗硏究社를 창립했는데, 이는 천태종에서 처음으로 되는 현대 교육연구 기구였다. 후일 또 『홍법월간弘法月刊』학술지도 창간했다. 수많은 승속僧俗(승려와 속인) 제자들을 키워냈는데, 그들 가운데 걸출한 이들로는 상성常惺, 인산仁山, 현음顯陰, 담허倓虛, 계진戒塵, 지송持松, 묘진妙眞, 장유교蔣維喬, 황소희黃少希 등이 있다. 저술로는 『체한대사전집諦閑大師全集』이 있는데, 이 전집은 제자들이 그의 저작을 정리하여 만든 것이다.

월하月霞(1858-1917)는 호북湖北 황강黃岡 사람이다. 그는 현대 화엄종을 진흥

647) 圓瑛 :《圓瑛大師文匯》, 華夏出版社2012年版, 第92-93頁.

시킨 명승이다. 1914년에는 상해에서 화엄대학교를 창건하고, 『화엄경華嚴經』을 널리 전했다. 1915년에는 양도楊度, 손육균孫毓筠, 엄복嚴復 등 학자들의 초청을 받고 북경에 가서 대승강습소大乘講習所를 창건했다. 후일, 양도楊度 등 사람들이 주안회籌安會를 만들어 원세개袁世凱의 제왕 복벽帝制復辟을 협조해주게 되자, 이에 분노하여 그는 북경을 떠나 남방으로 되돌아왔다. 1917년에는 상숙常熟 우산虞山 흥복사興福寺에 자리를 옮기고, 여기서 주지를 맡고 계속해서 화엄대학교를 운영했다. 일본, 스리랑카, 태국, 미얀마 등 나라에 가서 경을 강론한 적이 있고, 인도를 방문한 적도 있다. 국제적 영향력이 꽤나 있었던 고승이다.

인광印光(1861-1940)은 섬서陝西 합양合陽 사람이다. 1881년에 출가했고, 1886년에는 북경 회유懷柔 홍라사紅螺寺와 자복사資福寺에서 전문 정토淨土를 닦았다. 그는 여산廬山 혜원慧遠의 정토淨土 사업을 확대·발전시킬 것을 발원했다. 후일, 북경 원광사圓廣寺에 자리를 옮겼고, 가끔 남방에 와서 불법을 닦기도 했다. 1930년에는 소주蘇州 보국사報國寺에 자리를 옮기고서, 보타산普陀山, 오대산五臺山, 아미산峨眉山, 구화산九華山 등 사대산四大山 산지山志를 정리하는 일을 완성했다. 후에는 영암산사靈巖山寺에 와서 오로지 정토淨土만 닦는 도장道場을 세웠고, 또 상해에서 홍화사弘化社를 창건하고 불전을 널리 유통시켰었다. 일생동안 정토를 크게 확대·발전시켰는데, 일을 함에 있어 '주지住持를 맡지 않고, 제자들을 받지 않고, 대좌大座에 오르지 않는' 삼대三大 원칙을 굳게 지켰었다. 그는 명예와 이익名利에 욕심이 없었고, 검소하고 소박했고, 고생을 두려워하지 않고 부지런히 열심히 일을 했고, 사람들에게 성실하게 불도를 닦는 본보기를 보여주었다. 그는 품행이 단정했고, 널리 사람들에게 감화를 주었고, 정토 법문의 발양을 위해 부지런히 노력했고, 또한 영향력도 아주 거대했다.

홍일弘一(1880-1942)은 절강浙江 평호平湖 사람이다. 속명은 이숙동李叔同이다. 그는 성격이 호방하고 활발했고 다재다능한 사람이었다. 출가하기 전에는 예술계에서 활약했는데, 시사詩詞, 서예, 회화繪畵, 금석金石(두드리는 악기), 관현管鉉악기에 모두 아주 능했다. 노래와 희곡도 잘 했는데, 한 시기 상해 문예계의 명류로서 명성이 높았다. 26세 때, 일본에 건너가 미술과 음악을 공부했고, 귀국 후에는 춘류극사春柳劇社를 창건했는데, 이로 그는 중국 신극新劇의 선구자라는 명성을 얻게 되었다. 선후로, 절강양급사범학당, 절강제1, 제2사범학교, 상해성동여자학교에서 음악, 미술 교사를 역임했다. 10여 년간, 『송별送別』, 『비추悲秋』, 『억아시憶兒時』 등 저명한 가곡을 연이어 창작해냈는데, 이로 그는 중국 각 지역에서 명성이 아주 높았다. 『송별』의 가사는 이러하다.

> 길가의 역사驛舍 바깥, 옛 길 옆 푸른 잔디는 하늘가에 잇닿았구려. 저녁 바람이 스쳐 지나니, 버드나무가지 흐느끼고, 피리소리 구슬픈데, 석양은 산을 넘고 또 넘어가는구려. 하늘가와 땅이 닿은 끝자리, 절친하던 사이는 거의 시들어가네. 한 잔 술로 남은 즐거움 다하니, 오늘 밤에는 싸늘한 꿈이 없겠지.

『비추』의 가사는 이러하다.

> 가을바람이 갑자기 불어오니 낙엽이 흩날리고, 날이 저물어가니 나무숲은 어두워지는구나. 꽃다운 시절 황급히 지나가고, 꿈속의 그림자는 아리숙한 데, 시들어 가는 인생 누구한테 맡긴단 말인가. 거울 속 홍안은 시름겨워 백발로 변했거늘, 세월은 그냥 인생을 재촉하고 있구려. 천금이 있다 한들, 천금이 있다 한들, 천금으로 소년시절 되돌려오기 어렵구려.

이 노래는 사회와 학교에서 널리 전해졌었고, 미학 명작으로 평가받았다. 그 속에서 또한 이숙동李叔同(즉 弘一大師)의 처량한 심경과 세상을 서러워하는 정서도 느낄 수 있겠다. 항주에 머물러 있을 때, 그는 여러 고승들을 만나면서 불법의 공적空寂 정신의 감화를 받게 되었는데, 마침내 인생을 달관하고서, 1918년 항주 정혜사定慧寺에서 출가했다. 정혜사에서 요오상인了悟上人에게서 사미계沙彌戒를 받았고 또 영은사靈隱寺에서 비구계比丘戒를 받았다. 법호는 홍일弘一이라고 지었다. 이렇게 그는 지극히 재능이 있는 예술가로부터 갑자기 깨달음頓悟을 얻고, 율종律宗 대사大師로 환골탈태했던 것이다.

홍일대사弘一大師의 불리佛理에 있어서의 주요 공헌은 주요하게 율학律學에 있다. 불교계의 계율이 느슨하고, 교풍敎風이 혼탁한 점에 착안하여, 그는 역대

율학 대사大師들의 저작을 정리하고 해석하고 주注를 달고, 사분율四分律을 해설하는 일에 공력을 들였다. 그는 남산율종南山律宗을 통해 불교를 진흥시킬 것을 다짐했고 또한 솔선수범하여 자신을 엄격히 단속하고, 고행苦行을 하면서 본보기를 보여주었다. 그는 실제 행동으로 율종律宗을 발양했는바, 사람들의 존중과 앙모도 많이 받았다. 그의 속가俗家(속세의) 친구 하면존夏丏尊, 제자 풍자개豊子愷, 유질평劉質平 등은 모두 평생 홍일대사를 숭배하고 있었다. 홍일대사는 그의 큰 서원宏愿을 밝힌 바 있다.

> 모든 속세의 인연은 이미 끝나고, 온갖 전생에 맺어진 인연宿因이 눈앞에 나타났다. 이런 만겁萬劫에서 맞닥뜨리기 어려운 중대한 고비에, 네 가지 일이 나의 밝은 거울이 되었다. 나는 세월의 바퀴 아래서 뭉개져 혼비백산한 보잘 것 없는 담반승啖飯僧(밥만 먹는 중)이 되지 않으련다. 첫째, 나는 반드시 만연萬緣을 내려놓고, 한마음으로 부처님만 섬기겠다. 지옥에 떨어지더라도 사원寺院의 주지住持를 맡지 않고, 출가한 무리들에게 가사袈裟를 걸쳐 주지 않고, 머리 깎아 주지 않겠다. 둘째, 나는 반드시 모든 번잡한 의식儀式과 예절을 끊어버리고, 간단하고 쉬운, 일반적인 방식으로 법음法音이 울려 퍼지게 할 것이다. 큰 법회法會를 열지 않고, 법사法師로도 되지 않을 것을 맹세한다. 셋째, 나는 온갖 명예와 이익名利의 공양供養과 추구沽求를 모두 거절하고, 떠도는 구름 같고 흘러가는 물 같은 소탈한 인생을 보낼 것이다. 밥 한 그릇, 옷衲 한 벌에 만족하고, 몸과 마음 다 바쳐 불도를 이룰 것을 맹세한다. 넷째, 불교계僧界 현황에 비추어, 나는 솔선수범하여 사람들이 세 가지 보물三寶을 공경하게 할 것을 다짐한다. 즉 성실하게 염불하고, 계율을 엄격히 지키고, 계율을 스승으로 삼게 할 것이다![648]

임종臨終 전, 그는 하면존夏丏尊에게 게偈를 한 수 지어 보냈다. "군자의 사귐(交, 정분)은 맑은 물처럼 깨끗하거늘, 상象(현상)을 잡고 구한다면 지척咫尺이 천리로구려. 나한테 어디로 가나 물어보니, 갈 길이 너무 광활하여 할 말을 잊었소. 화려한 나뭇가지가 봄을 그득 채우고, 둥근 달이 밝게 비추는 그곳이 내가 갈 곳이요."[649] 또 묘련법사妙蓮法師에게도 '비흔교집悲欣交集, 슬픔과 즐거움이

648) 陳慧劍 :《弘一大師傳》, 中國建設出版社1989年版, 第156-157頁.

함께 모인다'이라는 네 글자를 써주었다. 이 임종臨終 전 가르침은 후세사람들이 영원히 되새겨 볼만 하겠다. 담사淡思는 진혜검陳慧劍이 저술한 『홍일대사전弘一大師傳』에 써준 '서'에서 이렇게 말한다. "홍일대사의 일생은 두 단계로 나누어 볼 수 있다. 39세 전, 이숙동李叔同이 보여준 것은 인류의 소중한, 순수 예술적 생명이었고, 39세 후, 홍일대사가 보여준 것은 더욱 소중한, 순수 장엄한 생명이었다. 불교의 가장 근엄하고 가장 규율적인 일문一門에 들어섰는데, 이는 바로 그가 한 시절 가장 찬란하고 낭만적인 예술 생명이 있었기 때문이다. 불교의 엄준한 계율이 없었더라면, 그의 예술정신을 수렴하기에 불충분했을 것이고, 과거의 예술 생애가 없었더라면, 역시 그의 훗날의 장엄한 생명을 형성하기에 불충분했을 것이다."650)

6) 인순印順의 유·도 출입과 인간세상불교人間佛教 개척

인순(1906-2005)의 속성은 장씨張氏이고, 이름은 녹근鹿芹이다. 절강浙江 해녕海寧 사람이다. 1930년, 보타산普陀山 복천암福泉庵에서 청념清念 스님에게서 체도剃度를 받고 출가했고, 법호法號를 인순으로 정했다. 후일, 또 원영법사圓瑛法師에게서 구족계具足戒를 받았다. 선후로 민남불학원閩南佛學院과 무창불학원武昌佛學院에서 수학修學했다. 1936년, 태허법사太虛法師의 명命을 받고 무창불학원武昌佛學院과 사천한장교리원四川漢藏教理院에서 임직했다. 1947년, 태허법사가 세상을 뜨자, 제자들이 『태허대사전집太虛大師全集』을 편집했는데, 그때 인순이 책임편집을 맡았다. 그 후에는 홍콩에 이주했는데, 홍콩에서 홍콩불교연합회香港佛教聯合會 및 세계병교우의회世界竝教友誼會 홍콩마카오 분회 회장직을 맡았다. 얼마 후에는 대만에 이주했고, 세상 뜰 때까지 줄곧 대만에서 살았다. 주요저작으로는 『묘운집妙雲集』, 『화우집華雨集』, 『영광집永光集』, 『중국선종사中國禪宗史』 등이 있다. 후일, 중화서국中華書局에서 『인순불학저작집印順佛

649) 陳慧劍:《弘一大師傳》, 中國建設出版社1989年版, 第421頁.
650) 陳慧劍:《弘一大師傳》, 中國建設出版社1989年版, 第8頁.

學著作集』을 출판했다.

아래에 인순법사의 인간세상불교 사상을 간략히 소개한다.

첫째, 도가, 유가와 기독교에 대한 성찰. 인순은 공인 받고 있는, 태허太虛 이후 인간세상불교를 가장 유력하게 추진했던 명승名僧이다. 그의 사상발전은 여러 신앙에 대한 성찰과 비교 과정을 거쳤었는데, 후에야 불문佛門에 들어오게 되었고, 인간세상불교에 몸담게 되었다. 그는『묘운집妙雲集·나의 종교관我之宗教觀』에서 지난 일을 회억하면서 이렇게 말한다. "노자와 장자의 철리哲理는 아주 심각하고 투철하다. 하지만 창조와 발전을 거스르는, 자연에 되돌아가려고 하고 원초의 소박함에 되돌아가려고 하는, 그 이상은 어디까지나 불가능한 일이다. 인간물정에 밝은 처세 철학도 사리에 맞는 말이 많지만, 한편 강인하게 직진하는 정신은 결핍한 것으로 보인다. 홀로 즐기는 은둔 생활도 사회에 적극적으로 이익을 가져다 줄 수 없겠다. 비록 노자와 장자의 사상은 내가 불법에 들어가는데 인연을 만들어주었고, 또한 도가의 철리哲理, 도교의 수신修身 방법도 얼마간 나의 동정同情을 받았었지만, 그러나 나는 더는 도교 신도로 되지 않았고, 일찍이 선도仙道의 단꿈에서 깨어났었다."[651] 그는 또 이렇게 말한다. "무술화巫術化한 신도교神道教는 개체의 장생長生과 신비한 현상에 치중한다. 그러나 나에게 있어서, 시야를 확장하고 진리를 추구하는데 있어서는, 그래도 훌륭한 영향을 끼쳤었다."[652] 그는『묘운집妙雲集·불법은 세상을 구원하는 빛이다佛法是救世之光』에서 이렇게 보충한다. 즉, 몸을 단련하는데 한해서는, 도교의 연양煉養 방법은 가능할 수도 있겠지만, "그러나 만약 이로부터 과장하여, 피와 살로 이루어진 육체를 그을리고 개조하여 영원히 변질하지 않는 몸으로 만들겠다는 환상을 품고, 정精을 단련하고 기氣를 단련한다면, 장생長生하고 성선成仙한다는 사견邪見은 곧 이로부터 나오게 된다. 즉 이것이 외도법外道法으로 되어졌던 것이다."[653] 인순은 도가의 철리哲理, 도교의 수신방법修身方法은

651) 釋印順 :《我之宗教觀》, 中華書局2011年版, 第120頁.
652) 釋印順 :《我之宗教觀》, 中華書局2011年版, 第120頁.
653) 釋印順 :《佛法是救世之光》, 中華書局2011年版, 第213頁.

받아들였으나, 도가의 세상 도피避世 사상과 도교의 장생長生과 성선成仙 신앙 및 그 추구는 거부하고 있었다.

인순은 유가에 대해서는 동정同情의 이해를 가지고 있었다. 하지만 또 유가는 정신적 수요를 만족시킬 수 없다고 한다. 『나의 종교관我之宗教觀』에서 그는 유가에 대한 견해도 토로한다. 즉 유가는

> 일상적이고, 실제적이고, 인사人事를 중요시하고, 이성을 높이 받들고 있는데, 확실히 우리나라 문화의 주류임에 틀림없다. 나는 비록 이것을 동정하고 찬미하고는 있지만, 그러나 이것이 나의 공허하고 방황하는 속마음을 충실하게 해줄 수는 없었다.[654] 무릇 종교와 관계되는 것들, 예를 들면 우주의 기원, 죽은 후의 운명, 귀신에 관한 일, 신비한 현상 같은 것들을 공자는 입을 다물고 논하지 않았다. '귀신을 공경하되, 멀리 한다.'는 말은 확실히 공자 이래의 유가정신이었다. 특히 '성인은 신도神道로써 만백성을 교화한다.'는 말은 종교가 무엇인지 모름을 충분히 말해주고 있다. 그러나 종교를 이용할 줄은 알아서 우매한 백성들을 통치하는 도구로 삼았다"[655]

그는 이학가理學家들의 진부함迂腐과 고지식함을 특히 날카롭게 비판했다. 『대학大學』에서의 신독愼獨의 공부功夫(조예)와 팔덕목八德目은 훌륭하지만 그러나 "역량이 강하지 못하고, 다만 소수의 사람들에게만 가르쳐줄 수 있었다."[656] 또한 늘 말과 행동이 어긋나는데, 그가 보건대, 유가는 "일반인들에게는 한 폭의 장엄하고 찬란한 밝은 도안圖案을 그려줄 수 없고, 고무해주고 이끌어주는 힘도 결핍하다. 또 일반사람들이 도리에 어긋나지 않아 마음이 편안하게(心安理得, 得과 失이 변하지 않고, 苦와 樂이 변하지 않고, 生과 死가 변하지 않음), 밝은 앞날을 향해 나아가게 만들기도 힘들다."[657] 인순印順이 유가에 대한 비판은 편파적인 면이 있었다. 예를 들면, '오상五常', '팔덕八德'은 가족사회의 교화체

654) 釋印順 :《我之宗教觀》, 中華書局2011年版, 第120頁.
655) 釋印順 :《我之宗教觀》, 中華書局2011年版, 第22-23頁.
656) 釋印順 :《我之宗教觀》, 中華書局2011年版, 第68頁.
657) 釋印順 :《我之宗教觀》, 中華書局2011年版, 第120頁.

계를 통하여 일반사람들의 도덕 신앙으로 될 수 있었고, 한편 다수의 중국인들을 유교도라고 칭할 수 있음을 보아내지 못한 점이겠다. 반면, 진지한 불교도는 종래로 소수였다. 하지만 그는 하나의 심각한 도리를 밝혀냈다. 즉 오직 신神을 본위로 하는 종교여야만 진정하게 사람들이 안심입명安心立命하게 할 수 있고, 철학에는 있을 수 없는 절대적이고 거대한 '고무해주고 끌어당기는 역량'을 발할 수 있어 일반대중들 가운데서 경건한 신앙을 가진 자들이 일종의 용감하게 정진하는 봉헌奉獻정신을 가지게 할 수 있다는 것이다. 반면, 인간을 본위로 하는 철학은 유학을 포함하여, 모두 이런 효용效用을 가지기 어렵다고 한다. 그리하여 유학은 "경천법조敬天法祖'의 예교禮教 신앙을 병행하는 것이 필요했다는 것이다.

인순은 청년 시절, 공허한 심령을 달래기 위해 한 때는 기독교에도 짙은 흥미를 가졌었고, 비교적 열광적인 '흥분회興奮會' 활동에도 참가했다. 후일, 점차 기독교에는 중대한 결함이 있음을 발견하고, 심리적으로 배척하게 되었다. 그는『나의 종교관我之宗教觀』에서 이렇게 설명한다.

> 주요 원인은 어떤 사상은 수용하기 어려웠던 것이다. 예를 들면, 신앙하는 자는 영생할 수 있고, 신앙하지 않는 자는 영멸永滅한다는 등이다. 인류의 행위(內心과 外行)를 기준으로 삼지 않고, 신앙하는지 신앙하지 않는지를 표준으로 삼고 있었다는 것이다. '나에게 순종하는 자는 살고 나를 거스르는 자는 죽는다.'는 것인데, 여기에는 강렬한 독점의식과 배타적 성격이 들어있는 것이다. 자기 편에 있는 자들을 제외하고는 모두 훼멸시키겠다는 것이 아닌가. 계급애階級愛의 저변에서 잔혹한 적개심을 드러내고 있었던 것이다.658)

그래서 그는 이렇게 선포했다. "나는 중국인으로서 여호와와 예수 선생이 요구하는 노예 근성을 기를 수 없다. 나는 종래로 누구의 주인으로 되려고 하지 않았고, 또 누구의 노예로 되려고도 하지 않았다. 그리하여 나는 아주 미안하지

658) 釋印順 :《我之宗教觀》, 中華書局2011年版, 第121頁.

만 예수 선생 곁을 떠나 불교에 들어왔던 것이다."[659] 기독교는 당연히 좋은 면이 아주 많다. 그러나 인순은 기독교가 일신교一神教로서 가지고 있는 강렬한 배타적 성격과 그 부정적 영향을 지적해냈다. 그 특징은 절대적이고 유일한 신을 신앙하고, 하나님을 사랑하는 것을 최고 교의教義로 삼는 것인데, 이는 필연적으로 신도들을 노예화 시키게 되고, 신앙하지 않는 자들에게는 박해를 가하게 되고, 다원적 종교가 병존하는 세계에서 반드시 원한과 살육을 초래하게 된다는 것이다. 서방 중세기 종교전쟁이 이를 증명해주고 있다고 한다. 또한 그리하여 기독교에서 개명한 인사들은 원래의 교지주의教旨主義를 초월하여 관용과 대화를 제창했다는 것이다. 인순은 이를 심각하게 밝혔고 또한 중화문화에 대한 자신감을 충분히 표현했다고 하겠다.

둘째, 인간세상불교에 대한 깊은 해석. 우선, 인순은 명확하게 인생불교를 인간세상불교에로 승화시켰다. 그가 보건대, '인생불교'라는 개념은 결점이 많았다. 반면에, '인간세상불교'라는 개념을 제기함으로써, 불교의 신학적 색채를 철저히 제거하고, 불교가 완전히 인간 세상에 되돌아오게 할 수 있다는 것이다. 그는 『유심진해60년游心塵海六十年』에서 이렇게 말한다.

> 허대사虛大師가 '인생불교'를 논한 것은 죽음을 중요시하고 귀신을 중요시하는 중국 불교를 겨냥한 것이었다. 내가 보건대, 인도 불교는 천화天化(즉 神化)하는 경향이 지나치게 엄중한 데, 이 또한 중국 불교에도 지대한 영향을 끼쳤다. 그래서 나는 '인생人生'이라 말하지 않고 다만 '인간세상人間'이라고 말한다. 희망컨대, 중국 불교가 신화에서 벗어나 현실의 인간 세상에 되돌아올 수 있기를 바란다. 인도의 후기 불교는 불교의 참뜻眞義을 저버리고, 인간을 본위로 하지 않고, 오히려 하늘天을 본위로 하고 있었다. 그래서 특히 '인간'이라는 두 글자를 제기하여, 이를 대치對治(목표를 세우고 치료)하려고 한다. 진정한 불교는 인간세상에 있는 법이다. 오로지 인간세상의 불교여야만 불법의 참뜻을 나타낼 수 있다. 그래서 우리는 마땅히 '인생불교'의 참뜻을 계승하여 인간세상불교를 발양해야 한다. 우리가 우선 알아야 할 것은 무한하게 많은 불법에서 인간세상불교가 근본이고,

659) 印順:《妙雲集下篇之六 我之宗教觀》, 正聞出版社1986年版, 第191頁.

이것이 가장 정요精要하다는 점이다. 이것이 가장 철저하고, 현대사회와 시대에 가장 적합하다고 하겠다.[660]

인간세상불교는 즉 '부처님이 인간 세상에 있고', '인류를 본위로 하는' 불법이었다.

다음, 인간세상불교는 '불리佛理에 들어맞는데契理', 대승보살행大乘菩薩行의 정의精義에 가장 계합契合된다고 한다. 그는 이렇게 말한다.

인간세상에서 보살행菩薩行을 배우고, 보살행菩薩行을 원만하게 수학修學하여 성불成佛하는 것이 바로 인간세상불교이다. 이는 고대 불교에 원래 있던 것인데, 오늘에 와서 그 중요한 이론들을 다시 종합하고 연역해냈을 따름이다. 그래서 이는 창조가 아니고, 이는 다만 고유한 것에서 '때를 벗기고 윤을 낸 것'에 지나지 않는다.[661]

그는 보살菩薩정신을 이렇게 기술했다.

대승大乘의 참 가치眞價値, 대승서에서 배워야 할 것은 인간세상 집멸集滅에 대한 해설에 있지 않고, 오히려 이 보살의 대행大行에 있다. 보살은 온갖 법을 배웠고, 숭고한 지혜를 가지고 있었고, 모든 중생을 제도해주고, 깊고 절실한 자비심을 가지고 있었다. 그이는 해탈하려고 했지만, 그러나 중생들을 위해 삶生과 죽음死 사이에서 떠돌면서 몇 번씩이나 환생하는 일을 마다하지 않았고, 냉정한 구리심究理心(佛理탐구를 말함)과 뜨거운 비원悲愿을 적절하게 조화시켰었다. 그이는 불법을 위해서, 그리고 인간을 위해서, 모든 것을 희생했고, 모든 것을 참고 견뎠다. 이것이 바로 그이의 안위安慰였고, 그의 장엄함莊嚴이었다. 그이는 다만 마땅히 이렇게 행行해야 함을 알고 있었을 뿐, 자신한테 어떤 이익이 돌아오는지는 묻지 않았다. 그런 일종의 무한한 대정진大精進 정신은 신지信智(믿음과 지혜)와 비원悲愿(悲壯한 소원)의 대행大行에서 넘쳐흘렀었다. 이는 확실히 이상적 인생이었다.[662]

660) 劉成有 :《近現代居士佛學研究》, 人民出版社2013年版, 第42頁.

661) 釋印順 :《人間佛教論集》, 中華書局2010年版, 第125頁.

보다시피 인간세상불교의 참 뜻眞義은 입세入世에 있는 것이 아니라 구세救世에 있었고, 사회 대중들을 위해 많이 봉헌하는데 있었다.

또한, 인간세상이라는 말도 '시기에 계합되는데契機', 이를 통해 시대의 정점에 설 수 있고, 이 또한 현대 중국인들의 특징에도 계합契合된다고 한다. 1. '청년시대'에 계합되는데, 청년들이 시대의 중심으로 되는 세상에서, 주요하게는 청년들의 신심을 길러주고, 그들이 보살행을 발원하게 해주어야 한다는 것이다. 2. '처세시대處世時代'에 계합되는데, 반드시 출세 정신으로 입세入世의 일을 잘 해야 한다는 것이다. 심산深山에 은둔하면 아니 되고, 오히려 대도시에서 불법을 널리 전해야 한다는 것이다. 3. '집체시대集體時代'에 계합되는데, 이 시대에는 집단생활集團生活을 영위해야 하고, 화목하게 지내면서 자신과 타인을 모두 이롭게 해주어야 한다는 것이다. 동시에 남·여 평등도 강조해야 하는데, 사실 여성은 더욱 우점과 특색을 가지고 있다고 한다. "여성은 남성에 비해, 당연히 약점도 있지만, 그러나 여성의 부드러움, 끈질긴 성격, 자애로움은 모두 남성을 초월한다. 한편, 이는 대승의 특질과 계합된다."[663] 유성유劉成有은 『인순법사전印順法師傳』 '자서'에서 인순법사印順法師를 이렇게 평가한다.

> 출가한 나날에 불교사상을 현대사회에 적응시키려고 하던 노력에서 그는 부지런히 탐구하고 용맹하게 정진했고, 먼지와 때를 말끔히 닦아내고 맑은 진주를 드러냈고, 불교를 인간화人間化하는 한 갈래 탄탄대로를 열어냈다. 자애로운 마음이 맑게 흘러 인간 세상을 화락하게 만들었던 것이다. 그의 생명 곳곳에서 드러나는 것이, 바로 뭇사람들의 고난을 구제하는 대자대비大慈大悲한 보살정신이었다![664] 그가 창도하던 인간세상불교사상이나 아니면 그가 몸소 실천하던 보살학행菩薩學行이나 모두 중화민족 나아가 전 인류의 소중한 정신적 재부라고 하겠다!

셋째, 인간세상불교는 후일 대만에서 거대한 영향을 끼쳤었다. 이것이 대만

662) 釋印順編 :《以佛法研究佛法》, 中華書局2011年版, 第132頁.
663) 釋印順編 :《印順法師佛學著作系列 華雨香雲》, 中華書局2011年版, 第158頁.
664) 劉成有 :《佛教現代化的探索—印順法師傳》, 太平慈光寺2008年版, "自序"第1, 2頁.

불교의 주류로 되었고, 문화, 교육, 자선이라는 세 기둥에 의지하여 대만에서 불교의 번영과 부흥을 이루어냈었다. 인간세상불교는 대만 사회 생활에 광범하게 침투했을 뿐만 아니라, 나아가 대륙과 해외에도 널리 전해졌었는데, 그 과정에 수많은 엘리트들이 불교 사업의 중견으로 되어 중임을 떠맡고 있었다. 그 가운데 성운대사星雲大師와 증엄법사證嚴法師가 가장 대표적이겠다. 성운星雲(1927-)은 강소江蘇 양주揚州 사람이다. 그는 불광산佛光山을 본거지로 삼고, 인간세상불교를 확대·발전시켰는데, 이미 거대한 사업을 이루어냈다. 그는 "오화五和'를 제창했다. 첫째는 자기 마음의 화락이고, 둘째는 가정의 화순和順이고, 셋째는 타인과 자아의 화목과 상호 존중이고, 넷째는 사회의 화해和諧이고, 다섯째는 세계의 평화이다. 그는 총림학원叢林學院을 창건했고, 대중소학교大中小學校, 도서관, 미술관, 출판사도 여러 곳 창건했고, 또 여러 간행물도 창간했다. 이로써 인간세상불교가 사회와 밀접히 연관 짓게 했고, 불법이 사람들의 심령心靈을 승화시키고, 사회 정신생활 수준을 개선하는 그 역할을 충분히 발휘하게 했다. 그리하여 사람들은 그를 자선대사慈善大使, 심령구호대사心靈救護大使, 평화대사和平大師라고 칭했다. 그는 70여 개 나라에 불광회佛光會를 창립했고, 세계 각 지역에 200여 불광도장佛光道場을 만들었는데, 이에 참여한 봉사자는 무려 600만 명을 넘는다. 그는 수차 대만과 중국대륙을 오가면서 양 지역의 화해와 교류에 많은 공헌을 했다. 그는 중국 대륙과 대만 및 전 세계 화인 사회에서 아주 존경받고 있는 고승이다.

증엄證嚴(1937-)은 대중臺中 사람이다. 인순법사의 여제자이다. 그녀는 태허太虛, 인순의 인간세상불교 정신을 크게 발양했다. 주요하게는 공익자선公益慈善 사업에 공력을 많이 들였다. 20세기 60년대부터 자제공덕회慈濟功德會를 창건하고 운영했는데, 대만 화련花蓮 "정사정사靜思精舍'를 본거지로 정하고, 대만 각 지역에 자제공덕회慈濟公德會 지사支社를 세웠다. 이 조직에서는 수많은 재가신도在家信徒 및 사회 각계各界에서 자선사업慈善事業에 열성적인 인사들을 자원봉사자로 모집하여 일상 봉사활동에 참여하게 했다. 이렇게 공익구제公益救濟 활동이 대만 사회의 일상생활 양식으로 자리매김하게 만들었던 것이다.

또 병원과 학교도 여러 곳 창건했고, 적시에 돌발 재해를 입은 난민들을 구제해 주었고, 수 차 대륙에 사람을 파견하여 재난 구제활동에도 참여했다. 또 수천 개 쓰레기 수거소를 세웠고, 환경보호에도 앞장 섰었다. 이렇게 자제공덕회慈濟公德會의 모든 거점은 모두 불법을 수행하는 도장道場으로 되어졌고, 인간세상 불교는 사람들의 인륜일용人倫日用에 보편화하게 되었던 것이다. 그녀도 중국 대만과 대륙에서 크게 찬양받고 있는 고승이다.

7) 조박초趙朴初 거사居士의 적자불심赤子佛心과 유·도 포용

조박초(1907-2000)는 안휘安徽 태호현太湖縣 사람이다. 1928년 이후, 상해강절 불교연합회 비서, 상해불교협회 비서, 불교정업사佛敎淨業社 사장 직을 맡았다. 1938년 이후에는 상해문화계구망협회上海文化界救亡協會 이사, 중국불교회 주임 비서, 상해자련구제전구난민위원회上海慈聯救濟戰區難民委員會 상무 겸 수용고收容股 주임, 상해정업유랑아동교양원上海淨業流浪兒童敎養院 부원장, 상해소년촌 촌장 직을 맡았었고, 그 당시 항일구국抗日救國 운동에서 많은 공헌을 했다. 1945년에는 중국민주촉진회中國民主促進會 창립을 주도했다. 1980년 이후에는 중국불교협회中國佛敎協會 회장, 중국불학원中國佛學院 원장, 중국종교평화위원회中國宗敎和平委員會 주석 등 직무를 맡았다. 그는 대륙에서 인간세상불교 전파와 보급을 꾸준히 추진했을 뿐만 아니라 또한 중국 대륙과 대만, 홍콩, 싱가포르 등 지역의 불교 문화 교류도 많이 추진했고, 중국의 평화통일 대업大業에도 큰 공헌을 했다. 중국과 외국의 우호적 교류도 많이 추진했다. 특히 그는 불교가 중국, 일본, 한국이 우호적으로 교류하는 황금유대黃金紐帶라고 지적했다. 이런 공적功績으로, 그는 국내·외의 많은 사람들의 존경을 받아왔다.

조박초는 태허법사太虛法師를 이어, 대륙에서 가장 공력을 들여 인간세상불교를 확대·발전시키고, 또한 공헌도 가장 큰 거사居士이다. 그는 불교의 존엄을 수호했고, 불학 연구와 보급을 추진했고, 승려들을 사랑했고, 문물을 보호했고, 불교 문화의 부흥을 위해 심혈을 기울였다. 사람들은 그를 대호법大護法이라고도 칭했다. 그는 사심이 없는 위대한 불학가였고, 애국자였고, 걸출한 사회 활동가였다. 그는 순수하고 참된 적자불심赤子佛心을 가지고 있었고, 그의 영향력은 불교계 뿐만 아니라, 정계와 학계에서도 아주 거대했다. 그가 불교계 중심에 들어서면서부터 거사불교와 승니불교는 간극이 없어졌고, 양자는 일체로 결합되어 함께 인생을 개량하고 사회에 봉헌하는 데 주력하게 되었다. 그는 대서예가大書法家였고 시사가詩詞家였다. 그의 불교사상은 서예와 시사詩詞를 빌려 광범하게 전해 졌었다. 그의 작품들은 『조박초문집趙朴初文集』, 『조박초운문집趙朴初韻文集』에 수록되어 있다.

아래에 조박초 거사의 주요 업적을 간략히 소개한다.

첫째, 인간세상불교人間佛敎를 발양하는데 심혈을 기울였다. 1947년 3월, 태허법사太虛法師는 입적하기 전, 조박초를 상해 옥불사玉佛寺에 불러, 『인생불교』를 넘겨주면서, 그가 호법護法(佛法을 발양함)에 많이 힘쓸 것을 격려해주었다. 그 후, 여러 장소에서 조박초는 줄곧 인간세상불교人間佛敎를 선양했다. 그는 『불교상식답문佛敎常識答問』(1988)의 '인간세상불교를 발양하는 우월성發揚人間佛敎的優越性'이라는 절에서 이렇게 말했다. "인간세상불교의 주요내용은 바로 오계五戒, 십선十善이다."[665] 오계란 즉 살생하지 않고, 도둑질하지 않고, 사음邪淫하지 않고, 허튼소리妄語를 하지 않고, 술을 마시지 않는 것이다. 십선이란 즉, 살육하지 않고, 도둑질하지 않고, 사음邪淫하지 않고, 허튼소리로 남을 기편하지 않고, 한 입으로 두 말 하지 않고, 악담으로 남을 헐뜯지 않고, 겉만 번지르르한 무익無益한 말을 하지 않고, 탐욕스럽지 않고, 화를 내지 않고, 우둔하고 미련하지 않는 것이다. 그는 이렇게 말한다.

> 만약 사람마다 오계십선五戒十善의 준칙에 따라 행동한다면, 사람들은 평화롭고 안락하고, 사회는 안정하고 단결하고, 국가는 번영하고 창성할 것이다. 이렇게 되면 하나의 평화롭고 안락한 세계, 하나의 고도로 정신문명을 이룬 세상이 나타날 것이다. 이것이 바로 인간세상불교가 도달하려는 목표이다.[666]

665) 趙樸初:《佛敎常識答問》, 中國佛敎協會1983年版, 第125頁.
666) 趙樸初:《佛敎常識答問》, 中國佛敎協會1983年版, 第126頁.

1983년 말, 그는 불교협회 이사회에서 발표한 보고서 『중국불교협회30년中國佛教協會三十年』에서 오계, 십선 외에 또 사섭四攝, 육도六度를 추가했다. 사섭이란 즉 포시布施, 애어愛語, 이행利行, 동사同事이다. 육도란 즉, 포시布施, 지계持戒, 인忍, 정진精進, 선정禪定, 반야般若이다. 이어서 그는 이렇게 총화 했다.

> 우리가 인간세상불교 사상을 제창하는 것은 즉 오계, 십선을 받들고 실천하면서 자신을 정화하고, 사섭, 육도를 널리 수행하여 뭇사람들에게 이익을 주려는 것이다. 이렇게 사람들이 자각적으로 인간정토를 실현하는 일을 자기소임으로 삼고, 이 장엄한 국토에서 유정중생有情衆生들이 안락하게 살게 하는, 이 숭고한 사회주의 현대화 건설 사업에 자신의 빛과 열을 공헌하게 하려는 것이다.[667]

그는 이 보고서에서 인간세상불교를 제창하는 동시에, 또 중국 불교의 세 개 훌륭한 전통도 발양해야 한다고 지적했다.

> 인간세상불교사상을 제창하여, 우리가 새로운 역사시기 인간세상의 사명을 짊어지는데 도움이 되게 해야 한다. 마땅히 중국 불교에서 농사일과 선農禪을 모두 중요시하던 훌륭한 전통을 발양하여 우리가 적극적으로 사회주의 물질문명 건설에 참가하는 데 도움이 되게 해야 하고, 마땅히 중국 불교에서 학술연구를 중요시하던 훌륭한 전통을 발양하여, 우리들이 적극적으로 사회주의 정신문명 건설에 참가하는데 도움이 되게 해야 하고, 마땅히 중국 불교가 국제적 우호교류를 중요시하던 훌륭한 전통을 발양하여, 우리들이 적극적으로 각 나라 국민들과의 우의를 증진하고, 중·외 문화교류를 추진하고, 세계평화를 수호하는 사업에 참가하는데 도움이 되게 해야 한다.[668]

그는 『지장보살地藏菩薩정신을 발양하여 구화산九華山을 잘 건설하자』라는 글에서 이렇게 말한다.

667) 趙樸初 :《趙樸初文集》(上), 華文出版社2007年版, 第562頁.
668) 趙樸初 :《趙樸初文集》(上), 華文出版社2007年版, 第563頁.

중국 불교에는 불교 신도들이 보편적으로 숭배하고 존경하는 대보살大菩薩이 넷이 있는데, 이 보살들은 각자 응화신應化身이 있고 각자 중생을 제도濟度하는 도장을 가지고 있다. 늘 말하는 사대명산이 그것이다. 사대보살은 각자 대승불교의 네 가지 근본정신을 나타내고 있다. 문수보살文殊菩薩은 큰 지혜大智를 대표하는데, 즉 불교에서 지혜를 중요시하는 정신을 나타내고 있다. 이 보살의 응화신이 중생을 제도하는 도장은 산서山西 오대산五臺山이다. 보현보살普賢菩薩은 대행大行을 대표하는데, 즉 불교에서 실천을 중요시하는 정신을 나타내고 있다. 이 보살의 응화신이 중생을 제도하는 도장은 사천四川 아미산峨眉山이다. 관세음보살觀世音菩薩은 큰 자비를 대표하는데, 즉 불교에서 자비를 중요시하는 정신을 나타내고 있다. 이 보살의 응화신이 중생을 제도하는 도장은 절강浙江 보타산普陀山이다. 지장보살地藏菩薩은 큰 서원을 대표하는데, 즉 불교에서 서원을 중요시하는 정신을 나타내고 있다. 이 보살의 응화신이 중생을 제도하는 도장은 안휘安徽 구화산九華山이다. 지혜, 자비, 실천, 서원의 사대 정신은 대승불교에서 중생들의 삶을 이롭게 해주고 세상을 구원하는 사상을 완전하게 표현해내고 있다. 이는 우리 불교도들이 사람마다 반드시 정진하고 수학해야 하는 불법 총칙이다.[669]

둘째, 묘우廟宇를 복구하고, 문물을 보호하고, 종교 신앙자유정책을 실행에 옮겼다. 1966년부터 1976년까지, '문화대혁명'이 종교에 대한 파괴는 막심했다. 불교를 놓고 말할 때, 대량의 묘우가 훼손되었고, 영상자료, 불전, 문물이 불에 타 없어졌고, 승려들은 출가를 금지 당했고, 그들은 거처할 곳도 없이 되었다. 한 마디로 불교는 생존이 위태로운 상황에 처해 있었다. 70년대 말, 중국에서 개혁개방 정책을 실시하면서, 종교 신앙자유 정책도 회복하게 되었는데, 그제야 불교도 광명을 맞이하게 되었다. 조박초는 자신의 숭고한 사회적 명망과 사회적 지위(全國政治協商協會 부주석)를 활용하여, 명찰名刹(유명한 사찰)들을 모두 되돌려왔고 또한 복구와 보호 작업도 크게 추진했다. 이를 위해 그는 위와 아래, 각 지역을 분주히 뛰어다니면서 온갖 정열을 쏟았다. 그의 노력 덕분에 각 지역의 사원은 육속 복구되었고 개방하게 되었다. 명찰들, 예컨대 하문廈門 남보타南普陀, 절강浙江 보타산普陀山, 낙양洛陽 백마사白馬寺, 광주廣州 광효사光

669) 趙樸初 :《趙樸初文集》(下), 華文出版社2007年版, 第1034-1035頁.

寺, 심수深圳 홍법사弘法寺, 여산廬山 동림사東林寺, 개봉開封 대상국사大相國寺, 숭산嵩山 소림사少林寺, 사천四川 아미산峨眉山, 조현趙縣 백림선사柏林禪寺, 방산房山 운거사雲居寺, 남경南京 금릉각경처金陵刻經處, 그리고 북경北京의 광제사廣濟寺, 법원사法源寺, 광화사廣化寺, 옹화궁雍和宮, 서황사西黃寺 등 유명한 사찰의 복구와 개방에는 모두 조박초의 애타는 노력이 깃들어 있었다. 방산房山 석경산石經山에는 돌에 새긴 불교 경판經板이 만여 개 보존되어 있었다. 이 경판들은 천여 년 전해 내려온 것들로서 지극히 높은 역사·문화적 가치를 가지고 있었다. 이 경판들은 또한 불교 발전사에 대한 문자기록이기도 했다. 이도 역시 조박초 거사가 직접 관심하고 배려해주어 적절히 보호하게 되었다. 지금 그 탁본들은 우리가 박물관에서 볼 수 있다. 하지만 원본은 모두 원래 보존하던 동굴에 보존되어 있다. 조박초는 이 일을 기념하여 시를 한 수 지었다.

> 요나라와 금나라의 보물은 시기적절하게 나타났구려. 탁본이 널리 유통하면서 불광佛光이 적현赤縣(중국을 가리킴)을 비추어 주네. 큰 서원宏愿과 깊은 뜻을 가졌던 조상들을 영원히 기억하리라. 공덕이 오늘에 원만하게 이루어졌으니, (원본은) 고토故土에 되돌려 간직하리라.[670]

셋째, 불교 단체를 회복하고, 불교 교육연구 기구를 건설하고, 고승들을 속세에 모셔 내려왔다. 육속 각 지역의 불교협회를 창립 또는 복구하고, 불교 대학 혹은 학원을 창건하고, 불교 간행물(『法音』 등 60 여종)을 창간하고, 불학 연구와 교류를 추진하면서 새 세대 불교계 인재를 양성했다. 묘잠법사妙湛法師를 모셔 내려와 남보타사南普陀寺 주지住持를 맡게 했고, 묘선법사妙善法師가 보타산普陀山 전산방장全山方丈(즉 住持)을 맡도록 지지해 주었고, 본환법사本煥法師를 초빙하여 광효사光孝寺 방장 겸 홍법사弘法寺 방장을 맡게 했고, 전인법사傳印法師를 초빙하여 동림사東林寺 방장을 맡게 했다. 또 일성一誠, 청정淸定, 명양明暘, 명산茗山, 진선眞禪, 유현惟賢, 정혜淨慧 등 고승高僧들 및 십세반선대사十世班禪大師

670) 倪強 :《赤子佛心趙樸初》, 宗教文化出版社2007年版, 第199頁.

와도 정분이 깊었다.

넷째, 종교문화론을 제기하고, 인간세상불교가 문화를 번영시키는 역할을 발휘하도록 했다. 『불교상식답문佛教常識答問』에서, 조박초는 불교가 중국사상문화에 심각한 영향을 끼쳤다고 지적한다. 예컨대, 그는 이렇게 말했다. 송명이학宋明理學은

> 화엄華嚴, 선종禪宗과 다른 일부 불교 이론佛教理의 자극과 영향을 크게 받고 탄생된 것이다. 이는 사상계에서 공인公認하는 역사 사실이다."671) "청나라 말, 중국 지식계에서 불학을 연구하는 것이 한 시기 보편적 풍기로 되어졌었다. 일부 민주사상 계몽운동가들, 예컨대 담사동譚嗣同, 강유위康有爲, 양계초梁啓超, 장태염章太炎 등 학술 명류들은 모두 불교에서 일부 교리를 취하여 그들의 사상적 무기로 삼았다. 불교에서 자비, 평등, 무상, 무아 사상은 그 당시 지식계에서 계발과 격려의 역할을 충분히 일으켰었다. 수천 권이 넘는 범문을 번역해서 만든 경전 그 자체가 곧 위대하고 웅대하고 화려한 문학작품이었다.672) 불교는 중국문학에 수많은 종전에 없었던 완전히 새로운 것들을 가져다주었다. 즉 새로운 의경意境, 새로운 문체, 주제를 정하고 단어를 구사하는 새로운 방법을 가르쳐주었다.673)

그는 『불교와 중국문화의 관계』라는 글에서 이렇게 지적한다.

> 불교 문화는 중국 전통 문화의 일부분이다.674) 위진 남북조 이래의 중국 전통 문화는 이미 더는 순수한 유가 문화가 아니었고, 이는 유·불·도 삼가가 합쳐 이룬 문화형태였다. 동한 초년, 불교가 전해 들어오면서부터 근 2000년 세월을 거쳐 이는 이미 중국사회의 각 영역에 침투되었고 또한 광범한 영향을 끼쳤다. 예를 하나 든다면, 언어는 일종의 가장 보편적이고 가장 직접적인 문화 요소인데, 우리가 일상생활에서 사용하는 수많은 용어가 바로 불교에서 온 것이다. 예컨대, 세계世界, 여실如實, 실제實際, 평등平等, 현행現行, 찰나刹那, 청규계율清規戒律, 상

671) 趙樸初 :《佛教常識答問》, 中國佛教協會1983年版, 第120頁.

672) 趙樸初 :《佛教常識答問》, 中國佛教協會1983年版, 第120頁.

673) 倪強 :《赤子佛心趙樸初》, 宗教文化出版社2007年版, 第208頁.

674) 趙樸初 :《趙樸初文集》(下), 華文出版社2007年版, 第801頁.

대相對, 절대絶對 등 어휘는 모두 불교에서 온 것이다.[675]

그는 불교가 중국문학(시가, 소설, 평화平話, 희곡 등)에 끼친 영향을 논하는 외에 또 조형예술(건축과 조상彫像)에 끼친 영향도 논했다.

> 세계적으로 명성이 높은 돈황燉煌, 운강雲岡, 용문龍門 등 석굴은 우리나라 불교 조소彫塑예술의 보물고이다. 이밖에 불화佛畫 예술도 아주 유명하다.[676] 불교에 수반하여 함께 들어온 것들로는 또 천문, 음악, 의약 등의 전습傳習도 있었다.[677] 불교 각 종파의 학설도 중국사상계에 마멸할 수 없는 영향을 끼쳤다.[678]

예컨대 양진 시기부터 수당 오대에 이르기까지의 철학, 송명이학 및 청나라 말의 사상은 모두 불학의 영향을 깊이 받았다고 한다. 때문에 '중국역사 연구에 있어서, 특히 중국문화사 연구에 있어서는 불교를 연구하지 않을 수 없다.'[679] 조박초는 1991년 10월, 『전국정치협상회의종교위원회보고서全國政協宗教委員會報告』에서 "종교는 풍부한 문화적 함의를 가지고 있는데, 이런 의미에서 종교는 문화라고 할 수 있다."[680]라고 했다. 그 후, 종교문화론은 점차 흥성하게 되었는데, 이는 사람들의 종교관 시야를 넓혀주었고, 더욱 종교가 문화를 번영시키는 적극적 역할을 발휘하게 하는데 많이 유익했다.

다섯째, 은혜를 알고 은혜에 보답하고, 유정중생을 이롭게 해주어야 한다고 했다. 1988년 7월, 조박초는 중국불학원 제88기 졸업생 졸업식에서 이렇게 말했다.

> 우리 불학원의 교훈이 바로 '은혜를 알고 은혜에 보답한다知恩報恩'이다. 은혜를 알고 은혜에 보답한다는 이 말은 아주 중요하다. 우선 은혜를 알아야 하는데,

675) 嵩永仁等編著:《東南亞宗教與社會》, 國際文化出版公司2012年版, 第95頁.
676) 趙樸初:《趙樸初文集》(下), 華文出版社2007年版, 第806頁.
677) 趙樸初:《趙樸初文集》(下), 華文出版社2007年版, 第806頁.
678) 趙樸初:《趙樸初文集》(下), 華文出版社2007年版, 第806頁.
679) 趙樸初:《趙樸初文集》(下), 華文出版社2007年版, 第807頁.
680) 趙樸初:《趙樸初文集》(下), 華文出版社2007年版, 第1102頁.

그 다음에야 은혜에 보답할 것을 발원하게 된다. 이른바 은혜에 보답한다는 것은 바로 사중은四重恩에 보답하는 것이다. 즉 부모님의 은혜父母恩에 보답하고, 중생의 은혜衆生恩에 보답하고, 국가의 은혜國家恩에 보답하고, 삼보의 은혜三寶恩에 보답하는 것이 그것이다.[681]

그는 부모를 공경하고 봉양하는 효도를 크게 발양할 것을 주장했고, 농촌과 재해지구 민중들의 공익자선公益慈善 사업을 활성화시킬 것을 주장했고, 국가를 위해 헌신하고, 국가의 존엄을 수호하고, 불법을 널리 펼치고, 불교사업을 크게 일떠세울 것을 주장했다. 그는 시종 불타의 "개인의 안락함을 추구하지 않고, 오로지 중생들이 고난에서 벗어나기만 바란다."는 종지를 참답게 실천하고 있었고, '무연대자無緣大慈 동체대비同體大悲'라는 거룩한 서원大願을 가지고 재난을 당한 자들을 구제해주고 빈곤한 자들을 구제해주었고, 가정이 어려운 학생들을 도와주었다. 참으로 중생을 사랑하는 일에 몸과 마음을 다 바쳤었다. 사람들은 그를 '위대한 자선가慈善家'라고 칭했다. 1991년부터 2000년까지, 그는 사재를 털어 국내·외의 자선사업에 많이 기부했다. 이 돈은 세계평화상 상금과 월급에서 절약한 돈으로서 무려 200만 원이 넘었다.[682] 그는 교육이 바로 민족 부흥의 희망이라고 했다. 불교계에서 교사를 초빙하고 인재를 양성하는 일을 대폭적으로 추진했을 뿐만 아니라 또한 전 사회에서 스승을 존경하고 교육을 중요시할 것을 크게 제창했다. 1985년 스승의 날, 조박초는 교사를 찬송하는 『금루곡金縷曲』을 한 수 지었다.

하늘가에서 찾을 필요 없이, 영웅은 눈앞에, 교사들 속에 수두룩하구나. 간난신고를 수없이 겪으면서도 후회 한번 없이, 이 몸 모두 아이들에게 맡겼다. 지난 10년 돌이켜보니, 원망소리 한번 없이 묵묵히 지내왔구나. 일편단심 부끄럼 없이, 묵묵히 붉은 깃발을 향해 이 마음 바쳤다. 충성과 사랑, 참으로 비할 데 없구나. 어린 싹이 건장하게 자라니 원예사가 즐겁다. 그러나 누구 알랴? 평일의 고생을,

681) 倪強:《赤子佛心趙樸初》, 宗教文化出版社2007年版, 第305頁.
682) 倪強:《赤子佛心趙樸初》, 宗教文化出版社2007年版.

늦게 자고 일찍 일어났던 그 일들을. 덥고 춥고 건조하고 습하고 싱싱하고 시드는, 이 모든 것 그들의 마음속에 간직하고 있었다. 그들은 온갖 방법을 다 써가며 아이들을 키웠다. 후일, 훌륭한 인재들이 나라의 중임을 떠멜 때, 오늘날 그들이 흘린 구슬 같은 땀방울을 잊지 말자. 오늘도 그들은 쉬지 않고 빛과 열을 발하는구나.683)

그는 왜 교사를 이렇게 존경하고 있었는가? 바로 교사들이 유정중생有情衆生을 이롭게 해주고 즐겁게 해주는 정신을 실천하고 있었기 때문이었다.

여섯째, 사해四海를 넘나들면서 좋은 인연을 널리 맺었다. 동아시아는 원래 우호적인 불교 문화권을 형성했는데, 근대에 와서 파괴되었다. 조박초는 20세기 90년대부터 불교를 빌려, 중국, 일본, 한국 간 문화 교류와 우의의 유대를 재구축했다. 수차 일본을 방문했고, 중일교류의 대문을 활짝 열어 놓았다. 그는 감진鑑眞이 여섯 차례 일본으로 떠나던 그 정신을 따라 배워, 선후로 19번 일본에 방문 갔었다. 이렇게 일본 불교계 고승들과 돈독한 우의와 친분을 맺었던 것이다. 또 수차, 한국도 방문했고, 한국 승려들도 중국에 초청했다. 그는 1993년 일본 교토에서 이렇게 말했다.

우리 중국, 한국, 일본의 삼국 국민들과 삼국 불교도들은 유구하고 두터운 친연관계를 맺어 왔습니다. 지연地緣 환경으로 볼 때, 우리는 가까운 이웃이고, 문화습속으로 볼 때, 우리는 같은 근원을 가지고 있고, 종교 신앙으로 볼 때, 우리는 일맥상승하고 있습니다. 헤아릴 수 없이 많은 유대가 우리를 긴밀하게 연결하고 있고, 갈라지지 못하게 만들었습니다. 이런 온갖 유대들에서 하나의 길게 흘러내려온, 오늘날까지도 눈부시게 빛나는 유대가 있는데, 그것이 즉 우리들이 공동으로 신앙하는 불교입니다.684)

이때부터, '불교는 중국, 일본, 한국 이 삼국의 황금유대黃金紐帶이다.'라는 설법은 동아시아 사람들의 마음속에 깊이 파고들었고, 동아시아문화권을 재구

683) 趙樸初 : 《趙樸初大德文匯》, 華夏出版社2012年版, 第381頁.
684) 趙樸初 : 《趙樸初文集》(下), 華文出版社2007年版, 第1312頁.

축하는 데서 중요한 역할을 발휘하게 되었다. 이밖에 조박초는 미얀마에 가서 열었던, 불아사리佛牙舍利 제2차 순회전시회도 크게 배려해주고 지원해주었다. 1979년에는 중국종교대표단을 이끌고 미국에서 열린 '제3회 세계종교평화대회'에도 참석했다. 1980년에는 태국에서 열린 '세계종교평화' 대회에도 참석했다. 중국불교는 조박초의 인솔 하에 평화대사라는 참신한 모습으로 세계에 진출했던 것이다.

일곱째, 유가, 도가의 우수한 사상에 대한 인정과 활용. 조박초가 창도했던 인간세상불교는 그 함의에서 이미 유가, 도가 사상을 많이 받아들였다. 동시에 그는 또 늘 직접 공자 유가와 노자 도가를 찬양했고, 그 정화를 흡수했다. 어떤 경우에는 이들과 불법의 차이를 지적하기도 했으나, 더 많이는 이들을 상황에 따라 활용하고, 자연스럽게 삼교를 융통시키고 있었다. 아래에 그의 언론에서 유가와 도가 경전을 인용하고 활용한 부분을 일부 발췌해서 살펴보기로 한다.

[유가儒家]

[강연내용발췌] 공자의 학설은 아주 훌륭합니다. 나 자신도 공자의 책을 많이 읽었는데, 지금도 여전히 아주 훌륭하다고 생각합니다. 그러나 공자의 하나의 문제는, 그가 천명天命을 믿는다는 점입니다. 이 점으로 미루어볼 때 불교는 이보다 한 차원 높아 보입니다. 불교는 천명을 믿지 않습니다.[685] 여러분들이 오늘 졸업하는 것은 다만 하나의 단계이고, 이는 여러분들이 학문에서 이룬 것이 있음을 의미합니다. 당연히 이는 아주 기쁜 일입니다. 하지만 계속하여 매일 지식을 새롭게 늘려야 할 것이 아닙니까. 매일 새로운 학문을 배워야 할 것이 아닙니까. 공자의 말씀처럼, '날마다 모르는 것을 알아나가고日知其所無', 매일 과거에 모르던 것들을 알아내야 합니다. 공부는 영원히 그치면 아니 됩니다. 학문은 원래 끝이 없는 법입니다.[686] 공자는 또 이런 말을 했습니다. '덕을 닦지 않는 것, 학문을 익히지 않는 것, 이것이 내가 걱정하는 바이다德之不修 學之不講 是吾憂也.' 이것은 공부자가 한 말씀입니다. 덕을 닦아야 하고, 학문을 탐구해야 합니다. 만약 덕을 닦지 않고, 학문을 탐구하지 않는다면, 그것 또한 내가 걱정하는 바입니다. 공자의 걱정

685) 趙樸初 :《趙樸初文集》(下), 華文出版社2007年版, 第1280頁.
686) 趙樸初 :《趙樸初文集》(下), 華文出版社2007年版, 第1390頁.

이 바로 여기에 있었습니다. 만약 불교도들이 모두 학문탐구와 도덕수양을 강화한다면, 불교는 반드시 창성할 것입니다. 만약 여러분들이 덕을 닦지 않고, 학문을 익히지 않는다면, 그것은 걱정스러운 일입니다. 그것은 불교의 걱정입니다. 그렇게 된다면, 부처님이 말씀한 법은 언젠가는 사라질 날이 있을 텐데, 사라질 때는 어떤 상황이겠습니까? 바로 불제자들이 덕을 닦지 않고 학문을 익히지 않는 그런 상황일 것입니다.687)

[서예제사書法題詞발췌] 글로써 벗을 모으다以文會友. 늙은이들이 생을 편안하게 마칠 곳이 있는 것, 이것이 대동大同의 이상이다. 중생은衆生恩에 보답하는 데는, 늙은이를 부양하는 것이 가장 중요하다. 부모님을 섬기는 것처럼 스승과 어른을 존경하라. 범궁梵宮이 아름답거늘 봉양에 있어서는 다르지 않다老有所終, 大同理想. 報衆生恩, 扶老爲上. 如奉父母, 如敬師長. 美哉梵宮, 不殊贍養.688)널리 배우고, 자세히 물으며, 신중히 생각하고, 분명하게 변별하고, 독실하게 행동하라博學之, 審問之, 愼思之, 明辨之, 篤行之.…… 선善한 것을 보면 옮겨가고, 과오를 지적 받으면 즐거워하고, 날마다 시간 아껴 학문을 배우고, 제때에 행동에 옮기라見善則遷, 聞過則喜, 愛日以學, 及時以行. 반드시 배움에 싫증내지 말아야, 남을 싫증 내지 않고 가르쳐줄 수 있다必須學而不厭, 才能誨人不倦.689) 배움을 즐기고 탐구에 애써 90년, 봄바람은 우리 동네를 널리 알리고, 지칠 줄 모르고 가르쳐주어, 천백 년 단비가 신주(중국 대지)를 적셔 주리라好學敏求, 九十載春風揚我邑. 誨人不倦, 千百年化雨滿神州. 太湖中學校創立90周年志慶.690) 덕에 배부르고 화락함에 즐겁다飽德飮和. 성실하게 사람 대해주니, 꽃이 밝고 해가 환하고, 신속하게 일을 처리하니, 우레 같고 바람 같네誠以待人, 花明日朗. 敏以處事, 雷厲風行.691) 만 리에 불어치는 바람은 위풍 늠름하지만 맹렬하지는 않고, 일 년의 바뀜은 부드럽게 상서로움에 이른다万里興風威而不猛, 一年更始和以致祥.692) 화순하고 공경한다和敬. 강건함 쌓아 웅장함 이룬다積健爲雄. 성인의 마음은 해와 달 같으며, 인자의 장수함은 산하와 같도다聖人心日月, 仁者壽山河.693) 마음이 평온하고 태도가 온화하다心平氣和.

687) 趙樸初 :《趙樸初文集》(下), 華文出版社2007年版, 第1214頁.
688) 趙樸初 :《趙樸初大德文匯》, 華夏出版社2012年版, 第463頁.
689) 趙樸初 :《趙樸初墨蹟選》, 江西美術出版社2008年版, 第56頁.
690) 倪強 :《赤子佛心趙樸初》, 宗教文化出版社2007年版, 第336頁.
691) 趙樸初 :《趙樸初墨蹟選》, 江西美術出版社2008年版, 第53頁.
692) 趙樸初 :《趙樸初墨蹟選》, 江西美術出版社2008年版, 第54頁.

[도가道家]

[시사詩詞 발췌] 배움을 끊고 하는 일 없이 절로 얻으니, 서방에서 전해 들어온 큰 뜻 누가 알리랴? 고명(홀로 밝게 깨어있음)이 보리수에 역력(분명함)하거늘, 동방에 불어와 손에 잡은 첫 가지로구나絶學無爲自得之, 西來大意阿誰知? 孤明曆曆菩提樹, 到手東風第一枝.694) 총애를 받고 모욕을 당해도 놀라움 없이 지기가 맑고, 강하고 부드러움이 조화를 이루어 생각이 밝구나. 태연하게 말고 펴서 지극한 선에 머무르는데, 그 연유를 살펴보니 참으로 훌륭하여 공경할 만도 하구나寵辱不驚志氣淸, 剛柔相濟思慮明. 從容卷舒止至善, 觀其所由良可欽.695) 삶을 길러 오래 사는 데는 아낌이 소중하고, 선을 권고하고 부모님을 섬김에는 안색을 붉히지 않는 일이 어렵구나. 75년도 한 걸음부터 시작했거늘, 장차 만세에 공을 세우고 더욱 덕을 세우리라養生長年貴在嗇, 勸善事親難於色. 七十五年跬步始, 萬世立功復立德.696)

[강연내용 발췌] 태극권의 원리는 노자, 장자의 사상으로부터 온 것입니다. 노자는 이렇게 말했습니다. '부드럽고 약한 것이 굳세고 강한 것을 이긴다柔弱勝剛強.' '하늘 아래 지극히 부드러운 것으로 하늘 아래 지극히 굳센 것을 부린다天下之至柔, 馳騁天下之至剛.' '기氣를 오로지하여 부드러움에 이르기를, 갓난 아기처럼 할 수 있겠는가?專氣致柔, 能如嬰兒乎?' 갓난아기는 사지는 유연하지만 생명력은 아주 왕성합니다. 그러나 사람이 늙으면, 사지가 모두 굳어집니다. 태극권太極拳 조예가 깊은 자들은 근골筋骨이 유연한데, 확실히 '부드러움에 이르는致柔' 효과를 얻었습니다.697) 나의 서재書齋는 '무진의재無盡意齋'라는 이름이 또 하나 있습니다. 최근에 어떤 사람이 나한테 왜 이런 이름을 지었는가 물어보았습니다. 나는 대답하기를, 한 인간으로서 마땅히 인민대중의 은혜에 보답해야 한다고 했습니다. '무진의無盡意'라는 세 글자는 중생은衆生恩에 보답하는 마음意은 끝盡이 없다無는 뜻입니다.698)

[제련題聯 발췌] 본래 마음이 없으니, 눈에는 온통 청산이로구나. 대도를 어찌

693) 趙樸初 :《趙樸初墨蹟選》, 江西美術出版社2008年版, 第48頁.
694) 趙樸初 :《趙樸初大德文匯》, 華夏出版社2012年版, 第392頁.
695) 鈛卿等著 :《趙樸初傳 行願在世間》, 東方出版中心2014年版, 第209頁.
696) 趙樸初 :《趙樸初韻文集》, 上海古籍出版社2003年版, 第693頁.
697) 趙樸初 :《趙樸初文集》(下), 華文出版社2007年版, 第1018-1019頁.
698) 趙樸初 :《趙樸初文集》(下), 華文出版社2007年版, 第777頁.

말로 하겠는가. 정원에 낙엽이 한가득한데本來無心, 滿目靑山, 大道何言, 一庭黃叶.

달빛이 못 밑바닥까지 꿰뚫어도 물에는 흔적이 없고, 대나무 그림자가 미풍에 흔들려도 계단의 먼지는 움직이지 않는구려月穿潭底水無痕, 竹影掃階塵不動.

여덟째, 한자를 라틴어화하자는 잘못된 경향을 바로잡았고, 중국어 고문을 보존하고 '번체자를 알고 간체자를 쓸 것'을 주장했다. 중화민국 시기, 서구화 사조의 영향을 받고, 수많은 문화계 유명 인사들은 '한자낙후론漢字落後論', '한자취소론漢字取消論'을 제기했다. 그들은 또 한자를 라틴문자로 변경할 것을 주장했고, 또한 단체도 구성하여 선언宣言을 발표하고, 문자개혁방안도 제정했다. 이런 잘못된 경향성은 새 중국이 탄생한 1949년 이후까지도 지속되고 있었고, 그때까지도 바로잡지 못했다. 한자는 중화민족 문명공동체를 길게 이어온 중요한 문화유대로서 만약 이를 폐지하게 되면, 필연적으로 전통이 단절되고, 민족들이 서로 멀어지고, 한민족이 무너지고, 나라가 사분오열하는 엄중한 후과를 초래하게 될 것이었다. 그리하여 수많은 식견이 넓은 학자들이 일어나서 이를 바로잡으려 했는데, 20세기 말에 이르러서야, 한자를 라틴어화하자는 풍조는 점차 가라앉게 되었다. 한편, 사람들은 점차 한자는 표의문자表意文字로서 인류 역사에서 가장 큰 성취를 이룬 문자이고, 또한 정교하고 아름답고, 여러 기능을 가지고 있고, 현대 풍격에도 알맞다는 점을 날로 자각적으로 인식하게 되었다. 조박초는 한자의 라틴어화를 견결히 반대했다. 그의 지위가 높았기 때문에 그의 역할도 아주 컸다. 그는 『한자문화漢字文化』(1989년 제4기)에서 이렇게 말한다.

일부 사람들은 이런 경향성을 가지고 있는데, 즉 중국문자를 라틴어화 시키려고 하는데, 내가 보건대, 이 일은 함부로 할 일이 아니다. 이는 아주 위험한 일이다. 한자가 과거에 어떠했는지에 상관없이, 그것이 전자篆字이든, 예자隶字이든, 초서草書이든, 해서楷書이든 상관없이, 현재는 또 간략화한 한자도 만들어졌지만, 한자는 중국역사에서 아주 중대한 역할을 일으켰었다. '같은 문자를 쓰게 된書同文' 것은 진시황의 공로가 아주 크다고 하겠다. 이 공로는 만리장성을 쌓은 공로보다 훨씬 더 크다. 그때, 여섯 나라는 각자 자기네 글자를 사용했는데, 이를 통일시켜 아주 좋았다. '같은 글자를 쓰게 한書同文' 개혁은 중국문자를 통일시켰는데, 그 공로는 지극히 거대하다고 하겠다. 아니었다면, 만약 로마문자를 사용했더라면, 어떻게 쓰더라도 중국은 이(중국) 같은 나라가 아니었을 것이다. 이는 더 추진해서는 안 되는 일이다. 이는 아주 위험한 일이다. 왜냐하면 이렇게 할 경우, 우리의 수천 년 문화를 끊어버리게 되기 때문이다. 노신魯迅의 『아Q정전(阿Q正傳)』을 라틴어로 옮겨보지 않았는가. 잘 안 되지 않았는가. 하물며 더 깊은 것은 말할 필요가 있겠는가. 예를 들면, 원효원袁曉園 선생은 시를 아주 잘 지었다. 그런데, 이 시를 만약 라틴어로 옮긴다면, 누구도 알아보지 못할 것이다. 그렇게 되면 문화를 단절하게 된다. 보다시피 이런 방법은 취할 바가 아니다.699)

그는 또 이렇게 말한다.

나는 '번체자를 알고서 간체자를 쓰는' 이 방법을 찬성한다. 마땅히 이렇게 해야 할 것이다. 이는 원효원 선생이 제기한 훌륭한 방법이다. 반드시 번체자를 알아야 하는데, 아니 할 경우, 이후에는 옛 책들을 볼 수가 없게 된다. 만약 옛 책을 완전히 간체자로 번역해 놓는다면, 이는 참말로 안 될 일이다. 마땅히 초등학생들부터 번체자를 배우게 해야 한다. 쓸 때는 간체자를 사용해도 좋겠지만 말이다.700)

그가 보건대, '한자낙후론漢字落後論'은 문화에서의 하나의 잘못된 경향성이었고, 마땅히 바로잡아야 할 중요한 사안이었다. 그리하여 그는 이민생李敏生, 이도李壽의 저작에 책 제목을 이렇게 정해 주었다. 즉 『한자의 백년 억울한 누명을 벗기자 - 안자개安子介의 한자과학체계昭雪漢字百年冤案—安子介漢字科學體系』가 그것이다. 그는 중국불학원 1994년급 학승學僧 졸업식에서 강연할 때, 불교도들에게 고문古文을 잘 학습할 것을 요구했다.

우리 조국의 문자는 아주 훌륭합니다. 세계적으로도 아주 우아한 문자입니다.

699) 劉慶俄編 : 《漢字新論》, 同心出版社2006年版, 第333頁.
700) 劉慶俄編 : 《漢字新論》, 同心出版社2006年版, 第335頁.

> 중국인으로서 마땅히 우리의 문자를 자랑스럽게 생각해야 합니다. 왜냐하면 우리 중국문자는 한 글자가 한 개 음音을 가지고 있고, 한 개 뜻義을 가지고 있는데, 세상에는 이런 문자가 더는 없기 때문입니다.[701] 현재의 사중제자四衆弟子들은 출가이중出家二衆과 재가이중在家二衆을 포함하여, 모두 마땅히 고문古文을 배우고, 우리의 고대 전통문화를 계승해야 합니다. 이 문화는 아주 훌륭합니다.[702]

중국대륙에서 인간세상불교가 흥성하던 분위기에서 조박초보다 조금 늦게 두각을 내민 선종禪宗 허운법사虛雲法師의 제자 정혜법사淨慧法師도 영향력이 꽤나 컸던 인물이다. 그는 '생활선生活禪'을 제창했고, 역시 큰 성취를 거두었다.

정혜淨慧(1933-2013)는 1992년에 정식으로 '생활선'을 제기했고, 또한 이를 실천했다. 1993년, 정혜는 하북河北 조주趙州 백림선사柏林禪寺에서 주지를 맡으면서 제1회 '생활선' 하계 캠프를 조직했다. 재가신도들在家信衆과 청년학생들에게 불법을 널리 전했고, 불법 전수를 현실생활과 더욱 밀접히 결합시켰었는데, 좋은 효과를 거두게 되면서 그 후 줄곧 지속해왔다. 정혜는 이렇게 지적한다. "이른바 '생활선'이란 즉 선禪의 정신, 선의 지혜를 보편적으로 생활에 녹여 들여와, 생활 속에서 선의 초월을 실현하고, 선의 의경意境, 선의 정신, 선의 풍채를 드러내는 것이다."[703] 그 목적은 선이 생활 속에 되돌아와서, 사람들의 마음을 정화하고, 사회를 정화하여, 사회가 하나의 행복하고, 안락하고, 깨끗한 세상으로 되게 만들려는 데 있었다. 정혜의 생활선生活禪은 현대 불교가 사회에 되돌아오고 대중들을 위해 봉사하는 본보기였는 바, 사회 각계의 호평과 지지를 받았다.

8) 현대 불교학의 흥기와 주요 학술성과

중화민국 시기 종교 학술연구에서 가장 활발했던 것은 불교 연구이다. 학자

701) 趙樸初:《趙樸初文集》(下), 華文出版社2007年版, 第1424頁.
702) 趙樸初:《趙樸初文集》(下), 華文出版社2007年版, 第1424頁.
703) 方立天:《方立天講談錄》, 九州出版社2014年版, 第31頁.

들의 수가 많았고, 성과가 풍부했고, 영향력이 거대했다. 그 연구방법은 현대이성의 특색을 가지고 있었고, 또 전통 유가 경학에서의 고증考證, 의리義理와 서방 이성주의 철학에서의 논리분석방법을 종합하여 독자적인 풍격을 이루고 있었다. 연구범위는 불교전적典籍 고변考辨, 불교역사 논술, 불교의리 해석과 사서 편찬을 포괄하고 있었다. 연구자들로는 불교거사가 주를 이루고 있었고, 또 학승과 불교 바깥 문사文史, 명가들도 있었다. 불교 내부 학자들은 대부분 인문소양이 비교적 높았고, 불교 외부 학자들은 또 불교에 대해 동정同情의 이해를 가지고 있었다. 이렇게 불교연구는 대성황을 이루게 되었던 것이다.

불교사 연구로는 위에서 언급한 여징의 저작 두 부를 제외하고도, 중요한 저작으로는 또 황참화黃懺華의 『중국불교사中國佛教史』, 주숙가周叔迦의 『인도불교사印度佛教史』, 『중국불교사』, 장유교蔣維喬의 『중국불교사』, 탕용동湯用彤의 『한위양진남북조불교사漢魏兩晉南北朝佛教史』, 『수당불교사고隋唐佛教史稿』 등이 있다. 불교의리義理 연구로는 사무량謝無量의 『불학대강佛學大綱』, 장유교蔣維喬의 『불교개론佛教概論』, 황참화黃懺華의 『불학개론佛學概論』, 인순印順의 『불법개론佛法概論』 등이 있다. 앞에서 이미 언급했는데, 현대 신유가에서도 많은 학자들이 불학을 탐구했고 또 저작도 많이 남겼었다. 예컨대, 웅십력熊十力의 『신유식론新唯識論』, 모종삼의 『불성과 반야佛性與般若』, 방동미의 『화엄종철학華嚴宗哲學』 등이 그것이다. 불교 사서辭書로는 정복보丁福保의 『불학대사전佛學大辭典』, 손조열孫祖烈의 『불학소사전佛學小辭典』, 웅십력熊十力의 『불가명상통석佛家名相通釋』 등이 있다.

불교 외부 학자들 가운데서 가장 대표적인 학자는 진원과 탕용동이다.

진원(1880-1971)은 저명한 사학가 겸 종교사가이고, 오랫동안 보인대학교 총장직을 맡았다. 그는 불교, 도교, 기독교, 이슬람교, 유대교, 현교祆教, 마니교摩尼教에 대해 모두 깊고 투철한 연구가 있었다. 불학 방면의 주요 저작으로는 『석씨의년록釋氏疑年錄』, 『명나라 말 전검 불교고明季滇黔佛教考』, 『청나라 초 승쟁기淸初僧諍記』, 『중국불교사적개론中國佛教史籍概論』 등이 있다. 그는 중국 전통의 고거학考據學 방법론과 서방 사학 방법론을 결합하여 불교 역사 전적史籍

을 정리하고, 불교 역사 사실과 인물들을 분명하게 설명했다. 그의 저작들은 불교 내·외에서 모두 권위적이다.

탕용동(1893-1964)의 자는 석여錫予이고, 그는 호북湖北 황매黃梅 사람이다. 청년 시절 미국에서 유학했고, 하버드대학교Harvard University에서 철학 석사 학위를 수여받았다. 귀국 후, 지나내학원에 들어가 구양점의 가르침을 받았었고, 그 후 불교사 연구에 매진하게 되었다. 북경대학교, 서남연합대학교 교수를 역임했다. 1949년 후에는 북경대학교 부총장 직을 맡았었고, 1964년 병으로 사망했다.

탕용동은 산스크리트어Sanskrit와 팔리어Pali를 정통했고, 중국 사상사, 인도 불교사와 서방 철학사를 모두 잘 알고 있었다. 그는 불교도 깊이 탐구했거니와 또한 신앙주의와 반종교라는 이 양 극단을 초월할 수도 있었는데, 항상 온화하고 객관적인 태도를 가지고, 훈고와 의리義理를 모두 활용하는 방법으로 중국 불교사를 연구했다. 늘 시대의 정점에 서서, 중화의 우수한 문화를 전승하고, 민족의 부흥에 역사적 경험을 제공하려는 이념에서 출발하여, 불교 역사 사건과 인물들을 분석했다. 그리하여 그의 저작들, 특히 그 자신이 보건대 비교적 성숙된 저작 『한위양진남북조불교사』는 현대 불교학연구에서 본보기로 되었고, 중국 내·외에서 공인 받는 경전 작품으로 되었다. 유·도·불 삼교 관계의 전기 발전사에 대한 연구에서 이 책은 현대 학자들의 작품에서 가장 참고 가치가 높은 저작이다. 이 책은 1938년 상무인서관에서 출판·발행했는데, 그때는 마침 항일전쟁 초기였는 바, 호남성湖南省 장사시長沙市에서 출판하게 되었다. 그는 서문에서 이렇게 말한다. "훗날 나라가 안정되고 창성한 후, 학자들이 이 편을 읽고서 중국불교사를 계속하여 저술하기를 바랄 따름이다. 고대 성현들의 위대한 인격과 사상을 세상에서 다시 빛내는데 있어서는, 졸작이 조금 보탬이 될 것이다."[704] 이로 보면 탕씨가 불교사를 탐구하는 목적은 불교 역사에서의 고승대덕들의 빛나는 인격과 사적을 표창하고, 이로 중화민족의 진흥에 정신적

704) 湯用彤 :《漢魏兩晉南北朝佛教史》, 上海人民出版社2015年版, 第620頁.

동력을 제공하려는데 있었다. 그리하여 그는 도안道安, 혜원慧遠, 구마라습 Kumārajīva 승조僧肇 등 대사大師들의 탁월한 인격, 넓고 깊은 학식과 이타적 실천을 높이 찬양하고 있었고, 반면에 또 세속에 영합하고, 언행이 불일치하고, 생각이 옅고 글이 조잡한 자들에 대해서는 엄정하게 비판하고 있었다.

이 책의 구조로 볼 때, 이 책은 모두 20개 장으로 구성되었다. 내용으로는 불교가 전해 들어오던 과정, 불교가 중국에서 전파되던 상황, 유·도·현·불의 역동적 관계, 명승과 명사, 불전의 번역, 불법 제諸 학설의 유행, 배불排佛과 경불敬佛, 종파와 계율 등을 포함한다. 보다시피 이 책은 한 부의 완전하고도 정요한, 중국 불교 전기 발전사 및 이와 중화 고유문화와의 교류 관계사이다. 이 책의 창작풍격으로 볼 때, 소재 선별에서 아주 풍부하고 엄격하고 적절하고, 논술이 아주 체계적이고 심각하고 논리적이고, 순서가 합리하고 문맥이 유창하고, 자료와 관점이 고도로 통일되었고, 문자서술이 간결하고 명확하다. 저자의 비범한 공력功力을 충분히 보여주었다고 하겠다. 그는 서언에서 이렇게 말한다.

> 중국 불교사는 논하기 쉽지 않다. 불법은 종교이고 또 철학이기 때문이다. 종교의 정서는 사람들의 마음속에 깊이 간직되어 있는데, 늘 근거 없는 역사 사실을 상징으로 해서 신묘神妙한 작용을 발휘한다. 그러므로 만약 단지 옛 자취迹 수집에만 의거하고, 반면 동정同情의 묵응默應이 없다면, 반드시 그 진실을 알지 못할 것이다. 철학은 정미精微한 바, 반드시 실상實相을 깨달아 들어가야 한다. 고대 선철들의 지혜는 하늘의 진실함에서 나왔고, 그들은 신중하게 생각하고 분명하게 변별했다. 늘 언어는 간략했지만 뜻은 깊었고, 늘 일상생활의 사례로 비유했지만, 불도佛道에 대한 설명은 정교하고 투철했다. 그러므로 만약 다만 문자 고증에만 집착하고, 반면 심성心性의 체득이 부족하다면, 얻는 것은 그 찌꺼기뿐이겠다.[705]

이는 불학을 연구하는 태도와 방법을 설명한 정묘精妙한 논술이다. 더욱 확대해서 말하자면, 이 또한 모든 종교와 철학을 연구하는데 있어서 반드시 갖추어야 할 태도와 방법이라고 하겠다. 첫째, 그는 불법이 종교와 철학의 이중적

705) 湯用彤 :《漢魏兩晉南北朝佛敎史》, 上海人民出版社2015年版, 第620頁.

속성을 가지고 있음을 밝혔다. 불교는 철리형哲理型 종교이고 또한 종교형 철학이라고 볼 수도 있는데, 그래서 서방의 학과분류에 따라 어느 학과에 귀속시킬 수 없다는 것이다. 둘째, 종교의 특징은 강렬한 감정적 요소를 가지고 있는 것인데, 그 신앙의 근거는 진실한 역사가 아니라 오히려 상징적 상상이라는 것이다. 따라서 사학고증의 방법으로 연구하면 아니 되고, 반드시 '동정의 묵응同情之默應' 즉 심리적 소통이 있어야만 그 배후의 참뜻을 얻어낼 수 있다는 것이다. 또한 동정同情의 이해가 있어야만 신도들의 마음을 알 수 있다는 것이다. 셋째, 철학 특히 중국철학은 일반 과학지식과 다른데, 이는 정미精微하고 심오하고, 이는 대지혜大智慧로서 이는 앎을 추구하여 이치에 통달할 것을 요구하고 있을 뿐만 아니라 또한 '심성의 체득'을 요구하고 있다는 것이다. 즉 그것에 대해 몸으로 깨닫고 마음으로 관조해야만 그 정화를 얻을 수 있다는 것이다. 그래서 문자고증文字考證을 초월하여, 고대 선철들과 심령의 대화를 전개해야 한다는 것이다. '동정의 묵응'과 '심성의 체득'은 현대 학자들이 종교와 철학을 연구할 때 반드시 갖추어야 할 기본태도이겠다. 종교 학술에서 이는 단순한 정감식情感式 신앙주의 연구태도(종교와 거리를 두지 않는 것)를 초월한 것이고 또한 종교를 적대시하는 과학주의 연구태도(종교의 대립 면에 서는 것)도 초월한 것이다. 바꾸어 말하면, 종교를 연구함에 있어서 신학적 색채를 지니지 말아야 하고, 또 무신론과 싸우는 식의 그런 간단한 부정도 없어야 한다는 것이다. 연구자들은 마땅히 종교에 접근하면서도 헷갈리지 말고, 종교에 통하면서도 같아지지는 말아야 한다는 것이다. 역사상의 철학과 철학가들에 대한 연구에 있어서도, 만약 독립적이고 창조적인 성과를 거두려고 한다면, 역시 그 속에만 들어가서 보지 말고 또 그것의 대립 면에만 서서 보지 말아야 한다고 한다. 반드시 그 속으로 들어갈 수도 있고 그 바깥으로 나올 수도 있어야 진짜로 얻는 것이 있게 된다는 것이다. 당연히 탕용동은 또 이런 지적도 있었다. "불교사를 연구하는데 있어서는 반드시 우선 서역의 언어와 문화를 훈련받아야 하고, 중국과 인도의 역사와 지리를 두루 통달해야 한다."[706] 그래서 역사와 논설을 결합하고, 의리와 훈고학을 함께 닦아야 한다는 것이다. 탕용동의 '동정의 묵'과 '심성의 체득'이라는 이 잠언은 그가 일생의 연구에서 얻은 깨달음이었다. 이 또한 그의 불교사 저작이 오랫동안 쇠락하지 않고 중대한 학술적 가치를 지니고 있었던 근본 원인이다. 이 또한 훗날 학계에서 높이 인정받는, 학술연구에 있어서의 좌우명으로 되어졌다. 보다시피 탕용동은 현대적 의의를 가진, 종교학과 종교사 연구의 새로운 지평을 열어 놓았다.

제3절 중화민국 시기 민간종교의 양상과 삼교합일의 색채

민간종교는 중화민국 시기에 접어들어, 청나라의 탄압과 제한에서 벗어나고, 중국사회가 내우외환內憂外患이 막심하고 정치관리가 느슨했던 연유로 공개적으로 발전하게 되었다. 하지만 서방 과학주의의 영향으로 말미암아, 주류 사회에서는 늘 민간종교를 봉건미신封建迷信으로 몰아붙이고, 이를 배척하고 제한하고 있었다. 사회투쟁 또한 복잡했는데, 이는 민간종교를 정치적으로 분화하게 만들었고, 이 또한 민간종교의 정상적인 발전에는 불리했다. 이 시기, 민간종교는 원래의 것을 계승한 것도 있었고, 새로 탄생한 것도 있었는데, 교파의 명목이 잡다하게 많았다. 한편, 민간종교는 중국 각 지역에서 널리 유행하고 있었는데, 예전과 다름없이, 그냥 민간적 성격과 삼교합일의 색채를 보존하고 있었다. 하지만 어떤 교파는 직접 삼교합일을 표방하고 있었고, 어떤 교파는 삼교 중 하나에 치우치고 있었는데, 상이한 교파에서 삼교의 비중은 각자 달랐다. 그러나 민간종교는 모두 삼교 사상의 축적이 있었고 동시에 또한 자체적으로 독립적 체계를 이루고 있었다. 아래에 중요한 것들을 택해서 간략히 소개한다.

1. 재리교在理教

재리교는 도교에서 탈태하여 나온 것이다. 이 교에서 높이 받드는 공리는

706) 湯用彤 :《漢魏兩晉南北朝佛教史》, 上海人民出版社2015年版, 第620頁.

'유·석·도 삼교의 진리'인데, 즉 '불교의 법도를 받들고, 도교의 수행을 배우고, 유교의 예의를 익히는 것이다.' 이 교에서는 담배와 술을 끊고, 어렵고 가난한 사람을 구제하고, 착한 일을 많이 할 것을 주장하고 실천했는데, 그래서 사회 각 계의 각광과 존중을 크게 받았다. 1913년, 교주 이육여李毓如는 북경에서 중화전국이교권계연주총회中華全國理教勸誡烟酒總會를 창립했고, 1933년에는 중화전국이교연합회中華全國理教聯合會를 창립했다. 이 두 협회는 모두 재리교 단체 조직이다. 전국 각 지역의 재리교 기구(지사)는 3000개를 넘었다. 신도는 약 10만 명이었다.707)

2. 귀일도皈一道

귀일도는 청나라 말, 조만질趙萬秩이 창립한 민간종교이다. 이조二祖는 이련원李連苑이고, 삼조三祖는 진희증陳希曾이고, 사조四祖는 장서림張書林이다. 1941년까지 존재했다. 교의教義에 있어서 삼교귀일三教歸一을 주장하고 있었고, 여러 신을 숭배하고 있었고, 삼교의 신령들을 모두 섬기고 있었다. 수행修行에 있어서 청수고행清修苦行을 주장했는데, 그 청빈淸苦한 정도는 여러 민간종교에서 가장 극심했다. 경문(늘 呪文으로 되었음)으로는 『요범훈자서了凡訓子書』, 『삼교정종三教正宗』, 『삼교보도三教普度』, 『귀일보훈皈一寶訓』, 『등선제登仙梯』, 『성중불훈聖衆佛訓』 등이 있었다. 이 도의 계훈에서는 이렇게 말한다. "귀일도皈一道에서는 삼교를 합쳐 수행하는데, 함께 무극無極(無極老母를 말함)의 자명慈命(자애로운 분부)을 받들고, 고해苦海에 자애로운 배慈舟 한 척을 띄워, 사람들의 긴요하고 어려운 일들을 구제해주고, 황태皇胎 불자(불교도)들을 다시 데려와 본성原性에 되돌아오게 하고, 무극의 어머니를 찾아와 거대한 재앙浩天之劫에서 벗어나게 해준다."708)

707) 牟鐘鑒, 張踐 :《中國宗教通史》下卷, 社會科學文獻出版社2000年版, 第1120-1122頁.
708) 牟鐘鑒, 張踐 :《中國宗教通史》下卷, 社會科學文獻出版社2000年版, 第1123-1125頁.

3. 보도도普度道

보도도는 선천도先天道의 한 갈래로서 청나라 말 및 중화민국 시기에 양광兩廣(廣東과 廣西) 일대에서 성행했다. 무생노모無生老母를 최고의 신最高神으로 받들고, 삼교귀일三教歸一을 주장하고, 삼교의 신령들을 모두 섬기고 있었는데, 신상만 해도 200~300개에 달했다. 신도들은 대부분 노동부녀들이었다. 이 도에서는 오직 입도하여 참답게 수행하고, 소식喫齋하고 염불하고, 선행을 많이 하고 많이 베풀어주고, 충성과 효도를 잘하고 절개를 잘 지켜야만, 고해苦海에서 허덕이는 중생들은 제도濟度를 받을 수 있다고 한다. 삼귀三皈와 오계五戒를 제창하는데, 삼귀三皈란 즉 불佛, 법法, 승僧에 귀의하는 것이고, 오계란 즉 살생하지 않고, 도둑질 하지 않고, 사념을 끊고, 술과 육식을 끊고, 허튼소리를 하지 않는 것이다. 남자는 장가들지 말고, 여자는 시집가지 말고, 누구나 금욕할 것을 요구했다. 생활이 어려운 부녀자, 혹은 중년에 들어 배우자를 잃은 자, 혹은 젊어서 아이를 잃은 자, 혹은 혼인이 불행한 자, 혹은 미혼이지만 능욕을 당한 자는 이 도道에 들어오게 되면 모두 정신적 기탁이 있게 되었고 또 생활상의 보장도 받게 되었다(이 도는 경제 실력이 있었다).[709]

4. 구궁도九宮道

구궁도는 팔괘교八卦教에서 뻗어 나온 한 갈래이다. 청나라 말에 창건되었다. 교주는 이향선李向善이고, 그의 법명은 보제普濟이다. 그는 1912년에 사망했다. 이 도道에서는 "만교귀일萬教歸一', '삼양장교三陽掌教'를 주장했다. 이향선은 1926년, 북평北平(북경)에서 경사보제불교회京師普濟佛教會를 창립했고, 1928년에는 오대산五臺山 보제불교회普濟佛教會를 창립했다. 이 불교회에서는 병원, 육아원育兒院, 죽粥공장 등의 자선기구를 운영했다. 1936년에는 또 정자자선회正字慈善會도 창립했다. 항일전쟁시기, 이 도道의 일부 수령들은 일본군에 빌붙어 살았고, 항일 전쟁이 끝난 후에는 또 국민당國民黨에 의탁해 살았다.[710]

709) 牟鐘鑒, 張踐 :《中國宗教通史》下卷, 社會科學文獻出版社2000年版, 第1125-1126頁.

5. 동선사同善社

동선사는 선천도先天道의 한 갈래이다. 팽여진彭汝珍이 광서光緖 말년에 창립했고, 중화민국 시기에 성행했다. 무생노모無生老母를 숭배하고 있었다. 이 교에서는 '유교의 예절을 가지고 도교의 공부功夫(조예)를 익히고, 나아가 석교釋敎의 과위果位를 증득證得할 것'을 주장했다. 또 공자, 노자, 석가모니를 함께 섬기고, "삼기말겁三期末劫'을 선양宣揚하고, 신도들이 『도덕경道德經』, 『법화경法華經』, 『금강경金剛經』, 『재신경財神經』, 『조왕경竈王經』을 외울 것을 요구했다. 또한 신도들이 선행을 많이 하고, 오륜팔덕五倫八德을 지키고, 삼종사덕三從四德을 준수할 것을 요구했다. 동선사同善社에서는 불교의 삼귀三皈, 도교의 삼청三清, 유가의 삼강三綱을 관통시키고 또 오계五戒와 오행五行 및 오덕五德을 짝 지워, 삼교를 혼합한 하나의 종교 계율을 형성했다. 북양정부北洋政府 시기, 동선사同善社는 전국의 도시와 농촌에 널리 분포된 그물망을 형성했고, 3000만 신도信徒를 보유하고 있다고 전해 졌었다. 항일전쟁 시기, 동선사同善社는 일본군과 결탁했는데, 그리하여 장개석蔣介石은 명을 내려 팽여진彭汝珍을 체포했고, 그의 재물과 무기, 비밀문서 및 황제 즉위를 위해 준비했던 난여鑾輿(천자의 수레) 등 잡동사니를 모두 몰수했다.711)

6. 일관도一貫道

일관도는 청나라 말에 창립되었고 중화민국 시기에 흥성했다. 신도敎徒들은 전국 각지에 널리 분포되어 있었고, 세력이 상당했다. 1936년, 장광벽張光璧이 총수道首를 이어 받으면서 일관도는 큰 발전을 이루었다. 그는 일관도 계급階級제도를 세웠는데, 그 등급은 위로부터 사존師尊(張光璧이 맡았음), 사모師母, 도장道長, 점전사点傳師, 단주壇主, 문독文牘, 계수乩手, 인보사引保師, 도친道親으로 나누었다. 종교 의식으로는 '삼보三寶(즉 抱合同, 点玄關, 傳口訣)'와 '부계扶乩'를 전

710) 牟鐘鑒, 張踐:《中國宗教通史》下卷, 社會科學文獻出版社2000年版, 第1127-1128頁.
711) 牟鐘鑒, 張踐:《中國宗教通史》下卷, 社會科學文獻出版社2000年版, 第1128-1131頁.

수하는 것이 있었다. 부계는 또 부란扶鸞이라고도 칭하는데, 계수삼재乩手三才가 맡고 있었다. 그들은 늘 신선仙과 부처佛가 몸에 붙었다附體고 하면서, 손에 계필乩筆을 들고, 모래판에 글자를 쓰고는 이를 신의 타이름神訓이라고 했다. 일관도에서는 무생노모無生老母를 숭배하여 섬기고 있었고 또 제공濟公, 미륵彌勒, 관음觀音, 남극선옹南極仙翁, 공자, 노자, 관우關羽, 악비岳飛 등도 섬기고 있었다. 후에는 또 예수, 마호메트Mahomet도 섬겼는데, 이로 '만교귀일萬敎歸一'을 표현하고 있었다. 수행 방법은 '자기를 이루고 만물을 이루는 것成己成物'이었다. '자기를 이루는 것成己'은 내공內功을 닦는 것으로서 즉 수신을 위해 정좌하는 것이다. '만물을 이루는 것成物'은 외공外功으로서 즉 선행을 많이 하고 세상을 구제하는 일이다. 그들의 경권經卷은 100여 종이 넘는다. 예컨대, 『일관성경一貫聖經』, 『일관탐원一貫探源』, 『삼교원통三教圓通』, 『삼역탐원三易探源』, 『성세지남醒世指南』, 『황모훈자십계皇母訓子十誡』, 『오교합전五教合傳』, 『일관도문답一貫道問答』 같은 것들이 있다. '7·7'사변 이후, 장광벽張光壁은 일본 괴뢰정권에 빌붙었다. 항일전쟁이 끝난 후, 국민당 정부에서는 명을 내려 일관도를 금지했다. 장광벽張光壁은 1947년, 성도成都에서 사망했다. 1949년 이후, 일관도는 대륙에서 철수하여 대만으로 옮겨 갔는데, 그러나 대만에서도 오랫동안 불법 종교로 존재했다. 80년대 후기에 와서야 합법적 종교로 승인받게 되었고, 그 후 교리와 조직활동은 아주 큰 변동이 있었다. 하지만 삼교합일의 종지는 변함없었고, 점차 현대화 발전에 부응하게 되었고, 비교적 큰 사회영향력을 행사하고 있었다.[712)]

7. 일심천도용화성교회一心天道龍華聖教會

이 교회는 산동山東 장산현長山縣 마사위馬士偉가 1913년에 창립한 것이다. 그 전신은 '일심당一心堂'이었다. 한편, 마사위는 황제 자리에 오르려는 야심을 품고 있었다. 1931년, 산동성 주석主席 한복구韓復榘는 마씨馬氏의 정치적 목적이 심상치 않음을 발견하고, 명을 내려 이 교회의 모든 활동을 금지시켰다. 마

712) 牟鐘鑒, 張踐 :《中國宗教通史》下卷, 社會科學文獻出版社2000年版, 第1131-1133頁.

사위는 대련에 잠복했고, 후에는 천진에 와서 일본 간첩들과 결탁하여 "일심당一心堂'을 "일심천도용화성교회一心天道龍華聖教會'로 개칭했다. 또 "대동아불교연합총회大東亞佛教聯合總會'를 창립하고서 자신이 회장을 맡고, 일본인 야마노山野씨를 고문으로 초빙했다. 또 스스로 황제라고 자칭하면서 대신大臣들을 봉封하고, 부속기구도 설립했다. 1935년, 마사위가 죽고, 그의 아내 가씨賈氏가 권력을 잡았다. 1940년 가씨가 죽자 그의 자녀들이 그 자리를 계승했다. 항일 전쟁이 끝난 후, 이 교회는 국민당정부에 의해 금지되었다. 이 교회의 신앙은 천天, 지地, 군君, 친親, 사師 및 유儒, 석釋, 도道 삼가의 교주教主를 섬기는 것이라고 한다. 우상은 세우지 않았고, 한편 청정무위清淨無爲를 주장하고, 청심과욕清心寡欲을 주장했다. 이 교회에 들어오는 자들은 재산을 깡그리 처분하고 그 돈을 교회에 기부해야 했는데, 그래서 이 교회를 또 "정지회淨地會(토지를 말끔히 없앴다는 뜻)', '경가회傾家會(가산을 모조리 없앴다는 뜻)'라고도 칭했다. 마사위는 신도들이 착한 일을 많이 하고, 덕을 많이 쌓을 것을 요구하고 있었지만, 그 자신은 오히려 화려하고 호화로운 저택에 살고 있었고, 애첩과 후궁들을 많이 두고 있었다. 사실, 그는 위군자僞君子였고 한간漢奸(일본군의 중국인 앞잡이)이었다. 이 교회는 군단軍團도 가지고 있었는데, 총을 가지고 있는 자가 1500명이나 되었다. 이 교회는 종교 겸 무장조직이었다.[713]

8. 홍창회紅槍會

홍창회는 의화권義和拳 조직체계를 계승하고 또 팔괘八卦를 활용하여 신도들을 편성했는데, 모두 팔문八門으로 나누었다. 매 일문一門은 또 문무단부文武團部체제로 나누었고, 문무단부文武團部마다 문무전사文武傳師를 두었다. 신해혁명에서 하남河南 난고蘭考 홍창회는 거사起義 선봉대 역할을 담당했다. 중화민국 초년, 홍창회는 화북 지역에 널리 퍼져 있었고, 회원 수는 80만 명이 넘었다. 이 조직은 사실 지역 주민을 보호하는 농촌 농민자치조직이었다. 이들은 북벌

713) 牟鐘鑒, 張踐:《中國宗教通史》下卷, 社會科學文獻出版社2000年版, 第1133-1135頁.

전쟁에서도 적극적 역할을 발휘했다. 항일전쟁 시기, 공산당의 도움을 받고, 홍창회는 회원 수가 수백만 명에 달하는 항일무장단체로 탈바꿈했다. 그들은 "항일이 무엇보다 중요하다.", "고향을 보위하자."라는 슬로건을 내걸고, 용감하게 일본침략자들을 무찔렀고, 큰 공적을 세웠었다. 이 조직의 회원은 대부분 농민들로서 그들은 생산노동을 이탈하지 않았었고 또 고향을 떠나지도 않았다. 이 조직은 무직업자, 도둑질 한 자, 간음한 자, 마약 중독자의 가입을 허용하지 않았다. 새 회원을 받아들일 때는 입회 의식을 거행했고, 가입자들은 100일 동안 무술훈련을 받아야 했다. 그들이 공경하여 섬기는 신령으로는 유·불·도 삼교에서의 주공周公, 관세음觀世音, 태상노군太上老君 및, 관우關羽, 장비張飛, 조운趙雲 등이었다. 또 수호전에 나오는 수박양산水泊梁山의 108명 장수, 『서유기西遊記』에 나오는 손오공, 이랑신二郎神도 섬기고 있었다. 홍창회는 붉은 색을 숭상하고 있었는데, 머리에는 붉은 두건을 두르고, 몸에는 붉은 술이 달린 창을 지니고 있었다. 이로 상서롭고 길한 모습을 보여주려고 했던 것이다. 토비土匪 숙청에도 많이 참여했는데, 사람들은 홍창회의 힘이 닿은 곳에는 "비적土匪과 도둑이 몸 숨길 곳이 없다."라고 찬양했다. 당연히 농민들이 산만하고 각오가 높지 못하고, 게다가 그 구성원들이 혼잡하게 섞여있었기 때문에, 이 조직에서는 함부로 빼앗고 함부로 죽이는 비적匪化 현상도 가끔 발생했다. 그러나 기본 경향성은 훌륭했고, 구성원들은 대부분 중국농민의 부지런하고, 정의롭고, 소박하고, 용감하고, 서로 도와주는 훌륭한 전통을 발양하고 있었다.

요컨대, 중화민국 시기 민간종교 조직은 그들의 교의教義와 교규教規만 가지고 평가해서는 아니 된다. 마땅히 주요하게 이들의 지도자 계층의 사회적 경향성과 사회생활에서의 실제 표현을 고찰해야 한다. 즉 나라를 사랑하고 백성들에게 이로움을 주었는가? 사회의 발전을 추진했는가? 이런 점을 살펴보아야 한다는 것이다. 이렇게 볼 때, 중화민국 시기 민간종교는 복잡성과 다양성을 가지고 있다. 구체 문제는 구체적으로 분석해야 하겠다.[714]

714) 牟鐘鑒, 張踐 :《中國宗教通史》下卷, 社會科學文獻出版社2000年版, 第1135-1136頁.

맺음말

1. 삼교 관계의 역사적 발전 특징과 전체적 추세

요컨대, 삼교 관계 발전은 곡절이 많고 시간이 길고, 삼교는 발전과정에 상호 점점 가까워졌고 또 바깥으로 점점 확장되고 넓어지면서 전 사회에로 확산되었다.

중화문명의 근원은 요순 삼대의 '큰 덕을 잘 밝히고克明峻德', '온 세상이 화합하여 평화롭고協和萬邦', '하늘은 특별히 친근한 자가 따로 없이 다만 덕 있는 자를 도와준다皇天無親 惟德是輔.'는 사상에 있었다. 발전과정에 노자의 '도는 자연을 본받는다道法自然.'라는 사상과 공자의 '어질고 너그럽고, 통하여 화합한다仁恕通和.'라는 사상의 상호 보완을 거치면서, 삼교 관계의 발전에 원칙과 방향을 정해 주게 되었다. 양한 시기부터 수, 당 시기까지는 유학이 줄곧 주도적 지위를 차지하고 있었고, 도학(도가와 도교)이 점차 강대해졌고, 불교가 전해 들어왔었다. 유가와 도가는 서로 배척하는 가운데 서로 통하게 되었고, 유가와 도가는 또 낯선 불교를 접하면서, 논쟁으로부터 상호 이해와 상호 학습으로 나아갔고, 그 과정에 유가를 중심으로 하고, 도가와 불교를 보조로 하는 불규칙 문화 삼각 구도를 형성하게 되었다. 이렇게 중화사상의 발전 방향을 기본적으로 정하게 되었던 것이다. 송·명 시기, 삼교 이론은 융합되어 세 개의 이론적 고봉을 형성했다. 유가의 도학, 도교의 내단학, 불교 선종에서 발달해 나온 선학이 그것이다. 동시에 불교와 도교를 비난하는 목소리와 삼교가 일가라고 주장하는 주장도 공존하고 있었다. 명·청 시기에는 삼교의 합류 추세가 사회 하층에로 확산되었고, 삼교는 엘리트문화로부터 민속 문화로 변모했고, 삼교는 또 기타 종교에도 영향을 주었다. 중화민국 이래, 서학의 거센 물결이 밀려들어오면서, 삼교는 모두 변두리로 밀려났는데, 하지만 대중들의 민속생활에서는 여전히 거대한 영향력을 과시하고 있었다. 삼교의 엘리트들은 삼교의 화합과 공존이라는 이념과 흉금을 가지고, 민족문화 주체성을 굳게 지키는 동시에 서학의 정수를 받아들이고 그 찌꺼기는 버리면서, 삼교의 창조와 부흥을 추진했고, 이로 삼교 자체의 완강한 생명력과 현대적 가치를 나타내고 있었다. 이질적 문화 자체의 특징 및 접촉하던 초기의 생소함 때문에, 삼교 간 상호 접근에는 편견이 많았고 마찰이 많았고, 곡절이 많았고 또 오랜 시간이 걸렸었다. 그러나 중화문화의 '다원성 포용'의 유전자 및 그 뿌리 깊은 전통 덕분에, 결과적으로는 이질적 문화 간 평화적 교류를 실현할 수 있었고, 서로 학습하고 서로 포용할 수 있었다. 이렇게 중화문화는 이질적 문화를 너그럽게 받아들이는 과정에 끊임없이 풍부해지고 지속적으로 발전하게 되었던 것이다.

2. 삼교 관계 통화通和의 주요 원인

첫째, 중화민족의 다원일체多元一體 구도는 문화의 다원성 공존과 화합多元通和의 사회공동체 구조적 토대였다. 중화민족은 복합형 민족이다. 여러 민족들이 이주하고 교융하는 과정에 수많은 민족들이 더욱 큰 복합형 민족공동체 즉 중화민족을 형성하게 되었다. 그 가운데 주체 민족으로서의 한족漢族은 원래 융합형 민족으로서 수많은 소수민족을 받아들여 형성된 민족이다. 따라서 한족과 각 소수민족 사이, 각 소수민족들 사이는 너 속에 내가 있고, 내 속에 네가 있는, 서로 떨어질 수 없는 관계이다. 그리하여 중화민족의 문화도 필연적으로 다원적 통화通和를 이룰 수밖에 없었던 것이다. 즉 이렇게 풍부하고 다채로운 다양성을 가지게 되었을 뿐만 아니라 또 상호 간 아주 밀접한, 끊어지지 않고 길게 이어진 문명공동체를 형성하게 되었던 것이다.

둘째, 오랜 기간의 농업문명 및 가족사회는 중화민족의 온화하고 포용적인 성격을 형성해 주었다. 농업문명과 가족사회의 특징은 농사일과 목축업을 중요시하고, 상업과 기술노동도 존중해주고, 농촌 마을과 동네에서 평화롭게 지내고, 하늘을 공경하고 법통을 존중하고敬天法祖, 신용을 지키고 화목함을 다지고, 열심히 일하고 사람들과 잘 어울려 지내고, 평화를 동경하는 것이었다. 중화민족은 오랜 기간의 농업문명과 가족사회를 거쳐 오면서 이런 문화를 형성했고 또한 이런 민족적 성격을 형성했다. 즉 중화민족은 조용함을 좋아하고, 안온함을 추구하고, 만물을 사랑하고, 화목함을 소중히 여기고, 문화를 숭상한다. 중화민족은 주변 지역과의 경제·문화 교류와 상호 보완도 중요시했다. 중화민족은 아주 일찍이 실크로드를 개척했는데, 이는 경제무역교류의 통로이기도 했고 또한 종교문화교류의 통로이기도 했다. 중화민족은 아주 일찍부터 오랑캐민족夷과 한 집안이라고 보고 있었고, 다른 나라의 물질문명과 정신문명 성과를 학습하고 활용하는 것이 습관화되어 있었고, 또한 아주 자연스러운 일로 되어졌었다.

셋째, 중화사상의 주체와 바탕색으로서 유학은 다양한 진리를 포용하는 기량이 있었다. 공자유학은 삼대의 학설을 집대성했고, '오상五常', '팔덕八德'의 예의禮義문명을 개척해냈다. 공자유학에서 인서仁恕, 통화通和 및 강직하고 굳센 것剛毅을 숭상하는 이념은 또 중화 문명의 핵심 가치를 구축했다. 공자유학에서는 인애仁愛를 최고 목표로 추구하고 있었고, 백성들을 널리 사랑할 것을 주장하고 있었고, 천지만물을 일체로 보고 있었고, 모든 생명을 똑같이 대해줄 것을 강조하고 있었다. 그 충도는 '내가 서고자 하면 남을 먼저 세우고己慾立而立人, 내가 도달하고자 하면 남을 먼저 도달케 하는 것己慾達而達人.'이었고, 서도恕道는 '자기가 하고 싶지 않은 일을 남에게 시키지 않는 것己所不慾, 勿施於人'이었다. 서도의 정수는 자기의 처지에 비추어 남의 형편을 헤아려보고, 자기 마음으로 남의 마음을 헤아려주고, 타인을 이해해주고 타인을 존중해주고, 상호 평등하고 서로 존중해주는 사랑을 제창하는 것이었다. 공자는 '화이부동和而不同'을 주장하고 있었고, 『역전易傳』에서는 "천하의 이치는 하나이지만 백가지 생각이 있고天下一致而百慮, 모두 같은 곳으로 돌아가지만 저마다의 길이 있다同歸而殊塗."라고 했고 또 "모여서 통하고會通' "감응해서 통할 것感通'을 주장했고, 『중용中庸』에서는 "만물은 함께 길러지되, 서로 해치지 않으며萬物竝育而不

相害, 천도는 함께 행해지되, 서로 어긋나지 않는다天道竝行而不相悖.”라고 했다. 이는 모두 진리를 독점하려 하지 않는 것인 바, 그리하여 자아를 초월하고, 타자를 포용하는 기량이 있게 되었던 것이다. 동시에 공자유학에서는 “강건하고 중정하고剛健中正', '아량이 넓고 의지가 굳세고, 생각이 바를 것弘毅正氣'을 제창하고 또 자기 존엄도 지키고 타인의 존엄도 지켜주면서 상호 간 존중해줄 것도 제창한다. 이렇게 중화문화의 개방적이고 포용적이고, 모든 인류문명의 성과를 존중하고 학습하는, 그런 이념과 원칙을 형성하게 되었던 것이다. 그 자체는 인간학人學이지, 신학이 아니었다. 하지만 귀신을 공경할 수 있었고, 신도神道를 가지고 교화를 행할 수 있었다. 또한 도덕교화 및 선善을 발양하고 악惡을 제거하는 일을 첫자리에 놓고 있었다. 그리하여 각종 법도法를 지키고 선행을 권장하는 종교에 대해서 존중하고 협력하는 태도를 취할 수 있었던 것이다. 한나라 이후, 유학은 나라를 다스리고 국정을 운영하고, 백성들을 교화하고 풍속을 개량하는 주도적 사상으로 자리매김 했다. 그리하여 국내 여러 민족의 다양한 문화가 공존하고 공동 발전하고, 각종 외래 문화가 평화적으로 전해 들어오는데 여유 있는 느슨한 환경을 마련해주게 되었던 것이다. 또한 정치적으로 다원 문화와 종교를 함께 장려하고, 민속을 존중해주면서 다스리는 그런 정책을 제정하는데, 이론적 근거를 마련해주게 되었던 것이다. 삼교의 공존과 상호 접근에 있어서 공자유학이 근본적이고 기초성적인 역할을 발휘했다고 하겠다.

넷째, 도가와 도교는 노자로부터 기원했는데, 역시 포용정신이 그 근본 종지宗旨였다. 『도덕경道德經』에는 “불변하는 것을 알면 너그러워지고, 너그러워지면 공평해지고, 공평해지면 완전하게 되고, 완전하게 되면 하늘天 같이 되고, 하늘 같이 되면 도道와 하나 같이 되고, 도道와 하나 같이 되면 오래 간다.”라는 말이 있다. 이 말은 원시도가原始道家의 대공무사大公無私한 넓은 흉금을 보여주고 있다고 하겠다. 바꾸어 말하면, 여기서는 배타적 성격과 독점적 의지를 찾아볼 수 없다. 노자는 또 '첫째는 자애롭고, 둘째는 검약하고, 셋째는 감히 천하에서 앞서지 않을 것'을 주장한다. 『장자』에서는 '도에서는 모두 통하여 하나가 된다道通爲一', '만물이 나와 더불어 하나가 된다萬物與我爲一'라고 한다. 보다시피 도학에는 타자를 지배하려는 의지가 전혀 없었고, 오히려 도가의 선인들은 다투지 않는 덕을 찬양하고 있었다. 그리하여 도학은 아주 쉽게 기타 학설과 평등하게 소통하고 융합할 수 있었던 것이다. 그리하여 선진 유가와 도가의 상호 보완이 있게 되었고, 진秦·한漢 때의 황로학설黃老學說이 있게 되었고, 위진 때의 유가를 도가에 융합시켜 들여온 신도가 현학이 있게 되었고, 당나라 때의 불교를 도가에 끌어 들여온 중현학重玄學이 있게 되었던 것이다. '도는 감추어져 있고 이름이 없다道隱無名.' 도가는 늘 봄비가 소리 없이 만물을 적셔주는 것처럼, 그 모습은 보이지 않았지만 실제적인 일을 많이 했다. 유학과 불학은 모두 도학의 자양滋養을 떠나서 발전을 이룰 수 없었다.

다섯째, 불교는 인도에서 전해 들어왔는데, 자체의 지역문화 특수성도 가지고 있었지만 더욱 인간세상의 보편적 가치를 많이 지니고 있었다. 불교에서는 자비를 베풀고 희사喜捨를 많이 하고, 중생들을 평등하게 대해주고 중생들을 제도濟度해주고, 중도로 원융하고, 선행을 많이 하고 악행惡行을 끊고, 자기를 이롭게 하고 타인을 이롭게 할 것을 주장한다. 그리하여 국경을 넘어 세상에 널리 전해질 수 있었고, 세계적 종교로 되어질 수 있었던 것이다. 불교는 중국에 전해 들어온 후, 그 반야般若의 지혜로써 중국의 엘리트들을 매료시켰었고, 그 인과응보설因果應報說로써 중국의 수많은 민중들을 사로잡았다. 불교의 자비와 공자의 인애, 노자의 자검慈儉(자애롭고 검약함)은 아주 유사하다. 불교의 평등, 중도와 유가의 서도恕道, 중화中和, 그리고 도가에서 '천하로 천하를 보고以天下觀天下', '조화를 아는 것을 불변하는 것이라고 말한다知和曰常.'는 것도 서로 통한다. 불교에서 말하는 '온갖 착한 일은 받들어 행하고衆善奉行, 모든 악한 일은 하지 말라諸惡莫作.'는 것과 유가에서 말하는 '널리 은혜를 베풀어 대중을 구제하라博施濟衆'는 것, 도가에서 말하는 '지극히 착한 덕은 마치 물과 같다上善若水'라는 것도 본질적으로는 일치하다. 또 불교에서는 진속이체眞俗二諦, 원융무애圓融無碍, 권설방편權設方便, 계리계기契理契機를 주장하는데, 이는 사람들이 불법佛法의 본뜻을 해석하는 방법과 경로에서 아주 자유롭게 해주었고, 다원적 융통을 강조하게 만들었고, 또한 그 당시 상황과 실제에 결부하여 창조적으로 불리佛理를 발휘하게 만들었다. 그리하여 불교는 처음 중국에 전해 들어왔을 때 출가를 선양宣揚하고, 충효를 도외시하고, 일용日用을 무시하던 경향성을 시기적절하게 조정할 수 있었던 것이다. 즉, 불교는 불리를 유가의 오상五常, 팔덕八德과 어울리게 바꿀 수 있었고, 자체 특유의 방식으로 유가의 도덕 교화를 활성화시킬 수 있었다. 그리하여 중국 땅에 깊이 뿌리박을 수 있었던 것이다.

여섯째, 중국의 엘리트들은 유가와 도가 전적을 모두 공부하는 전통이 있었고, 민간 대중들은 여러 신神과 성현을 함께 숭배하는 전통이 있었는데, 그리하여 쉽게 화합의 태도를 가지고, 새로 탄생한 이론과 외래의 종교와 철학을 받아들일 수 있었다. 불교, 이슬람교, 기독교, 서방철학 등을 포함해서 말이다. 이것들을 백화가 만발한 정원에 새로 생긴 한 떨기 꽃봉오리로 보고 있었고, 괴이하게 생각지 않았고 오히려 다채롭고 아름답다고 느끼고 있었다. 사실 이는 이미 중국인들의 하나의 문화 유전자로 되어졌었다. 이런 사회에서 생존하면서 이런 분위기의 감화와 훈도를 받고, 중국인들은 자신의 신앙을 굳게 지키는 동시에 또한 자신의 문화를 다양한 문화 가운데의 평등한 일원으로 간주할 수 있었고, 기타 학설과 종교를 아주 평이하게 이웃으로 삼을 수 있었고, 더욱 자주 왕래하면서 점차 우호적 관계를 구축할 수 있었던 것이다. 중국의 많은 승려들은 젊어서 유가와 도가 학설을 배우고서, 후일 불교에 빠져 들어갔었는데, 그리하여 대부분 삼교를 모두 잘 알고 있었다. 이는 유가와 도가에서 흡수하여 불교의 중국화를 실현하는데 많이 유익했다.

3. 삼교 충돌론衝突論과 융화론融和論

첫째, 삼교 충돌론은 맹자가 양묵楊墨(楊朱와 墨翟)을 비판하고 이를 이단으로 몰아붙이던 일로부터 시작되었다. 당나라 때에 와서 한유는 『원도原道』, 『간영불골표諫迎佛骨表』에서 불교와 도가를 모두 비판했는데, 여기서 그는 '석씨와 노씨의 해로움은 양묵을 초과한다.'[1]고 보고 있었고, 그리하여 "이단을 비난하고, 불가와 도가를 배척했다."[2] 도교사에서 충돌론의 대표작품은 위진 남북조 때의 도사道士 고환顧歡의 『이하론夷夏論』과 남제南齊 때의 도사 장융張融(필명임)의 『삼파론三破論』이다. 전자는 불교가 '서융西戎의 법도法'로서 '중하中夏(즉 중국)의 성질性'에 맞지 않음을 강조하고 있었고, 후자는 불교가 '나라에 들어와서는 나라를 파괴하고' '가정에 들어와서는 가정을 파괴하고' '몸에 들어와서는 몸을 망가뜨린다."'라고 했다. 유가의 충돌론자衝突論者들은 불교와 도교를 모두 배척하고, 도교의 충돌론자衝突論者들은 유가와 손을 잡고 불교를 배척했다. 삼교 충돌론은 삼교 관계사에서 지류支流였다. 충돌론자들이 제기한 문제와 타자에 대한 질책은 객관적으로는 상대방을 자극하여 그들이 강대해지게 만들었고, 또한 그들이 비판하는 문제에 초점을 맞추어 자신의 결점을 찾아보게 만들었고, 그들이 사회의 의혹과 우려를 제거하도록 만들었다. 이는 삼교 각자의 발전에 유익했다.

둘째, 삼교 융화론은 크게 보면, 다섯 가지가 있다. 첫째는 삼교의 본말내외론本末內外論이다. 예컨대, 혜원慧遠은 '성인의 뜻을 구하는 데는, 내·외의 도를 합쳐 밝힐 수 있다.'[3]라고 한다. 갈홍葛洪은 '도는 유의 근본이고, 유는 도의 끝머리末이다.'[4]라고 한다. 둘째는 삼교의 균선균성론均善均聖論이다. 예컨대, 혜림慧琳의 『백흑론白黑論』에서는 '육도六度와 오교五敎를 병행竝行하고, 신순信順(믿고 따름)과 자비를 나란히 세운다.'[5]라고 한다. 심약沈約의 『균성론均聖論』

---

1) (唐)韓愈, (宋)廖瑩中集注 :《東雅堂昌黎集注》, 上海古籍出版社1993年版, 第281頁.[원문 : 釋老之害, 過於楊墨.]

2) (唐)韓愈, (宋)廖瑩中集注 :《東雅堂昌黎集注》, 上海古籍出版社1993年版, 第200頁.[원문 : 抵排異端, 攘斥佛老.]

3) 慧遠 :《廬山慧遠大師文集》, 九州出版社2014年版, 第7頁.[원문 : 求聖人之意, 則內外之道可合而明矣.]

4) 王明校釋 :《抱樸子內篇校釋》, 中華書局1980年版, 第176頁.[원문 : 道者, 儒之本也. 儒者, 道之末也.]

5) (南朝梁)僧祐, (唐)道宣 :《弘明集·廣弘明集》, 上海古籍出版社1991年版, 第138頁.[원문 : 六度與五敎並行, 信順與慈悲齊立.]

에서도 '내성內聖이나 외성外聖이나, 그 의미는 같고 이치도 하나이다.'6)라고 한다. 셋째는 삼교의 수도동귀론殊途同歸論이다. 예컨대, 종병宗炳의 『명불론明佛論』에서는 '그리하여 공자와 노자와 여래의 가르침은, 길은 달랐지만 착한 것을 배우는데 있어서는 수레바퀴 자국을 함께 하고 있었다.'7)라고 한다. 도안道安의 『이교론二教論』에서도 '삼교는 비록 다르지만, 권선勸善의 함의는 똑같다. 경로와 자취는 참말로 다르지만 이치의 깨달음은 똑같다.'8)라고 한다. 넷째는 삼교의 동원일가론同源一家論이다. 예컨대, 왕중양王重陽의 『금관옥쇄金關玉鎖』에서는 '삼교는 모두 진도眞道(진리)를 떠나지 않는다. 비유하자면, 나무 한 그루에서 세 가지를 뻗은 것과 같다.'9)라고 한다. 또 그는 시에서 '삼교에서 가져와 일가를 이룬다.'10)라고 한다. 구처기도 『반계집磻溪集』에서 '유·석·도는 세 교조教祖로부터 나왔는데, 성인은 옛날이나 지금이나 모두 똑같다.'11)라고 한다. 다섯째는 삼교의 분공협력론分工合作論이다. 예컨대, 계숭契嵩의 『보교편輔教編』에서는 '유학은 성인이 세상을 다스리던 학문이고, 불학은 성인이 세상 바깥出世을 다스리던 학문이다.'12)라고 한다. 또 '효孝는 불가에서도 지극히 받들고 있는데, 유가에서는 그것을 지키고 있고, 불가에서는 그것을 넓히고 있다. 유가에서는 그것으로 사람이 사람 되게 만들고, 불가에서는 그것으로 사람

6) (南朝梁)僧祐, (唐)道宣 : 《弘明集·廣弘明集》, 上海古籍出版社1991年版, 第127頁.[원문 : 內聖外聖, 義均理一.]

7) (南朝梁)僧祐, (唐)道宣 : 《弘明集·廣弘明集》, 上海古籍出版社1991年版, 第12頁.[원문 : 是以孔老如來, 雖三訓殊路, 而習善共轍也.]

8) (明)梅鼎祚編 : 《釋文紀》第37卷, 上海商務印書館1934年版, 第1-2頁.[원문 : 三教雖殊, 勸善義一, 途跡誠異, 理會則同.]

9) 王喆 : 《重陽眞人金關玉鎖訣》, 《道藏》第25冊, 天津古籍出版社1988年版, 第802頁.[원문 : 三教者不離眞道也, 喻曰 : 似一根樹生三枝也.]

10) 《重陽全眞集》卷一, 道藏第25冊, 天津古籍出版社1988年版, 第696頁.[원문 : 三教搜來做一家.]

11) 《磻溪集》卷一《師魯先生索詩》, 《道藏》第25冊, 天津古籍出版社1988年版, 第815頁.[원문 : 儒釋道源三教祖, 由來千聖古今同.]

12) 契嵩 : 《原教》, 《鐔津文集》卷一, 《大正藏》第52冊, 第651下. [원문 : 儒者, 聖人之治世者也. 佛者, 聖人之治出世者也.]

이 신이 되게 만든다.'[13]라고 한다. 고산지원孤山智圓의 『한거편閑居編』에서도 '유교는 몸을 단장하는 교인데, 그리하여 외전外典이라 이르고, 석교釋敎는 마음을 닦는 교인데, 그리하여 내전內典이라 이른다.'[14]라고 한다. 덕청德淸의 『감산대사몽유전집憨山大師夢遊全集』에서도 '배움에는 세 가지 중요한 것이 있는데, 이른바 『춘추春秋』를 모르면, 섭세涉世(세상일에 관여함)할 수 없고, 노장을 알지 못하면 망세忘世(세상을 잊음)할 수 없고, 참선하지 않으면, 출세出世(속세를 떠남)할 수 없다는 것이 그것이다.'[15]라고 한다. 삼교융합론은 삼교 관계사에서 주류였다. 이는 사람들이 더 분명하게 삼교가 공존하고 또 상호 보완해야 할 필요성을 인지하게 해주었다. 또 이성적으로 삼교 관계를 바라보고, 삼교의 상호 접근과 상호 학습을 추진하고, 시대와 더불어 발전하도록 했다. 이로 또한 사회의 다방면의 수요를 만족시켜 주었던 것이다.

4. 삼교의 공통점과 차이 및 상호 보완

1) 삼교의 공통점

삼교가 가까워질 수 있었던 것은 삼교가 유사한 가치 추구가 있었기 때문이었다. 그리하여 또한 상호 간 공통점을 찾고 차이를 보류할 수도 있었다. 첫째, 인생관에 있어서 삼교는 모두 권력과 이익 추구를 반대하고 있었고, 반대로 모두 인생의 경지를 승화시킬 것을 추구하고 있었고, 고상한 정신생활을 동경하고 있었다. 둘째, 사회관社會觀에 있어서 삼교는 모두 세상을 구제하고 사람들에게 이로움을 주고, 사회가 화평하고 조화롭고, 민중들이 안락한 생활을 영위하게 해줄 것을 추구하고 있었다. 반면, 모두 사기와 압박, 범죄와 전쟁을

13) (宋)契嵩：《鐔津文集》, 鐘東, 江暉點校, 上海古籍出版社2016年版, 第54頁.[원문：孝也極焉, 以儒守之, 以佛廣之. 以儒人之, 以佛神之.]

14) 石峻等編：《中國佛教思想資料選編》第三卷第一冊, 中華書局1987年版, 第125頁.[원문：儒者, 飾身之教, 故謂之外典也. 釋者, 修心之教, 故謂之內典也.]

15) 憨山大師：《憨山老人夢遊集》(下), 北京圖書館出版社2005年版, 第205頁.[원문：為學有三要, 所謂不知《春秋》, 不能涉世. 不精老莊, 不能忘世. 不參禪, 不能出世.]

반대하고 있었다. 셋째, 해탈론解脫論에 있어서 삼교는 모두 인성은 원래 착하고, 원래 깨끗하고, 원래 밝은 것이라고 보고 있었고, 악惡은 본성이 오염되고, 차폐를 당하고, 잠시 양지를 잃어버리면서 오게 된다고 보고 있었다. 그리하여 열심히 몸을 닦아 본성을 밝히기만 하면, 곧 저속한 생활에서 해탈하여 나올 수 있다고 한다. 유가에서는 사람마다 요임금과 순임금으로 될 수 있다고 했고, 불가에서는 사람마다 성불할 수 있다고 했고, 도가에서는 사람마다 신선으로 될 수 있다고 했다. 즉 일반인과 신인神人, 성인 사이에는 뛰어넘을 수 없는 장벽이 존재하지 않는다는 것이다. 한편, 해탈은 자신의 힘에 의지해야 한다고 한다.

2) 삼교의 차이

삼교가 서로 가까워지면서도 뒤섞이지 않고, 합류하면서도 하나로 통일되지 않고, 배척하지 않으면서도 자체의 문호門戶를 지킬 수 있었던 것은 각자 특색과 기능이 있어 상호 대체할 수는 없었기 때문이다. 오히려 삼교는 상호 보완해주고 있었고 또 분공과 협력을 잘 하고 있었다. 그 차이는 다음과 같겠다. 첫째, 인생관에 있어서 유가는 도덕적 인격을 수립할 것을 강조하고 있었고, 도가는 천성性에 순응하고 진실함과 소박함을 추구할 것을 주장하고 있었고, 도교에서는 생명을 중요시하고 양생을 소중히 할 것을 창도하고 있었고, 불교에서는 참선하여 깨달음을 얻고 해탈할 것을 추구하고 있었다. 둘째, 사회관社會觀에 있어서 유가에는 소강대동설小康大同說(小康은 이익 배분과 禮儀를 기초로 강제적으로 형성한 질서 있는 사회이고, 大同은 도덕을 기초로 자각적으로 형성한 질서 있는 사회이다.)이 있었고, 특히 인간세상의 화해和諧와 안정한 사회질서를 구축할 것을 추구하고 있었다. 그리하여 예악이 창성하고 번영할 것을 주장했던 것이다. 도가에는 소국과민설小國寡民說이 있었고, 특히 인간과 자연의 조화로운 공존을 추구하고 있었다. 도교에는 동천복지설洞天福地說이 있었고, 특히 신선의 경지를 추구하고 있었다. 불교에는 극락정토極樂淨土설이 있었고, 특히 인간불국人間佛國을 추구하고 있었다. 셋째, 자기와 타인의 관계에 있어서人我觀, 유가는 인의충효仁義忠孝를 주장하고 있었고, 도가와 도교에서는 겸허하고 온화하고 다투지 않을 것을 권유하고 있었고, 불교에서는 자비와 희사喜捨를 권장하고 있었다. 넷째, 정치관政治觀에 있어서 유가는 자기를 닦아 남을 편안하게 해주고, 덕으로써 정치를 운영할 것을 주장하고 있었고, 도가에서는 무위의 다스림을 주장하고, 청정하면淸靜 세상은 절로 바르게 된다고 주장하고 있었고, 불교에서는 중생들을 제도해 줄 것을 주장하고 있었다.

3) 삼교 각자의 우세와 상호 보완

앞에서 삼교분공협력론三教分工合作論을 언급했는데, 확실히 삼자는 각자 치중하는 바가 있었고, 이로써 사회의 상이한 수요를 만족시켜 주고 있었다. 이는 오랜 기간의 사회실천경험에서 형성된 보편적 이해이겠다. 첫째, 인생의 수요에서 말하자면, 유가에서는 사람들이 어떻게 예의문명의 요구에 따라 어질고仁, 지혜롭고智, 용감한勇 인간으로 되어, 사회의 창성昌盛과 대중들의 복리福利를 위해 공헌할지를 가르쳐주고 있었다. 때문에 제도 건설, 사회의 다스림, 도덕 교화에서 모두 이를 떠날 수 없었고, 그리하여 이는 중국 사회의 주도적 사상으로 자리매김하게 되었던 것이다. 그러나 유가는 단지 금생今生과 금세今世만 논했고, 생사生死, 귀신鬼神과 현실 바깥에 대해서는 논하지 않았다. 그리하여 사람들의 생과 사生死에 대한 불안감을 제거해 줄 수 없었고, 영원한 삶에 대한 동경憧憬의 심리를 만족시켜줄 수 없었다. 도가와 도교는 한 폭의, 속세를 도피하는 아름다운 무릉도원을 그려주었고, 이는 일부 속세를 도피하여 은거하려는 자들의 생활적 추구로도 되었다. 도교에서 제공하는 성명쌍수性命雙修의 수신의 방법은 또 질병을 물리치고 몸을 튼튼히 단련하고 장수하는데 유익했다. 반면에 이것이 바로 유가와 불가의 취약점이었다. 도교의 재초齋醮와 과의科儀 의식儀式은 일반 민중들의 재앙을 없애고 복을 구하려는 심리적 수요를 만족시켜줄 수 있었는데, 이 또한 유가의 도덕교화로는 대체할 수 없는 것이었다. 불교의 우세는 아주 많았다. 불교의 겁량설劫量說은 중국인들의 '육합六合바깥은 논하지 않던' 협해한 시야를 확장시켜 주었다. 불교의 성공연기설性空緣起

說과 사제설四諦說은 현상 세계의 일시성一時性과 인생의 고난의 원인을 밝혀 주었고, 사람들의 그 고달픔을 치유하는 처방을 제공해주었다. 불교의 불성설佛性說, 반야설般若說과 열반설涅槃說은 사람들이 속세를 달관하고, 번뇌에서 해탈하는데 계시를 주었고, 새로운 생활태도와 생활방식을 형성하도록 일깨워주었다. 불교의 자비동체慈悲同體, 중생의 제도, 자기를 버리고 만물을 구제한다는 등의 넓은 흉금은 그 감화력이 유가와 도가를 훨씬 초월했고, 이는 사회공익公益 사업의 중요한 추진 역량으로 되어졌었다. 불교의 삼세인과응보설三世因果應報說과 천당지옥설天堂地獄說은 현실에서 '살생한 자가 악보惡報를 받지 않고, 복福을 마련하는데 힘쓴 자가 선한 응보善應를 받지 못하는', 선과 복이 대응하지 않는 현상을 논리적으로 비교적 원만하게 해석했다. 간단히 말하자면, 다음 생來生에 악보惡報를 받는 것으로 악행惡行을 저지르는 자들에게 경고를 주었고, 다음 세상에 복보福報를 받는다는 것으로 선행을 하는 자들을 격려해주었던 것이다. 중국인들은 점차 이런 시각으로 운명의 길흉을 바라보게 되었고 또한 민간 풍속습관도 많이 개변하게 되었는데, 이에는 불교의 역할이 크다고 하겠다. 신앙 심리학적 시각에서 볼 때, 불교의 "한 순간의 선한 생각이 천당으로 데려다주고一念善卽天堂, 한 순간의 악한 생각이 지옥으로 데려다준다.一念惡卽地獄'라는 말은 지대한 경고警告 효과가 있었다. 즉 한 사람의 발전과 타락은 한 순간의 생각에 달려있고, 우리들을 구원해줄 수 있는 이는 우리 자신뿐이라는 것이다. 중국 불교 학자들이 보건대, 불교는 유가, 도가와 대립하지 않고, 오히려 유가와 도가를 보완해주고 확장해주는 역할이 있었다. 예를 들면, 종병宗炳은 『명불론明佛論』에서 이렇게 말했다. '그들의 불경은 오전五典의 덕을 포괄하고 있는데, 그것을 더 깊고 크게 확장시켰다. 노장의 허虛도 포함하고 있는데, 모든 것이 공空하다는 것으로 확장시켰다.'16) 또 불교는 사람들에게 '암묵적으로 오전五典을 도야시켜주고, 예교禮敎를 권장하고 보조해줄 수 있다.'17)고도 했다.

16) 僧祐 :《弘明集》卷二, 《大正新修大藏經》第52冊, 第9-15頁.[원문 : 彼佛經也, 包五典之德, 深加遠大之 實. 含老莊之虛, 而重增皆空之盡.]

17)《弘明集》卷二,《大正藏》第52冊, 第14頁.[陶潛五典, 勸佐禮敎.]

4) 삼교는 각자 상대방에서 무엇을 배웠는가?

유학은 주요하게 도가와 도교에서 대도大道 학설을 배웠는데, 이로 철학의 체용론體用論을 구축했고, 도가의 초탈超然 의식을 배웠는데, 그 덕분에 송명 도학이 있게 되었다. 불교에서는 주요하게 선학禪學, 화엄華嚴, 유식唯識을 배웠는데, 그리하여 송명 신유가와 현대 신유가가 탄생했던 것이다. 불교는 주요하게 유가로부터 입세 정신을 배웠는데, 그리하여 속세에 있으면서도入世 출세出世하는 인간세상불교가 탄생하게 되었던 것이다. 또한 유가의 '오상五常', '팔덕八德'을 자체의 종교도덕 신조로 삼고서, 그 다음 선악응보설善惡應報說로 이를 널리 선양했다. 불교는 주요하게 도가에서 현리玄理와 양생養生을 배웠고 또한 이를 불전 번역과 선정禪定에서 활용했다. 구마라습Kumārajīva으로부터 현장玄奘까지 불전의 한역 과정에 사용한 용어로서 가장 많은 것이 도가의 어휘였다. 예컨대, 도현道玄, 유무有無, 체용體用, 동정動靜, 진가眞假, 언의言意, 공유空有 등이 그것이다. 또한 노장과 현학에서의 추상적 사유를 활용하여 불법을 받아들였는데, 예를 들면 선정에서의 조용한 사유靜慮, 호흡조절調息 등도 역시 도가와 도교의 영향을 받은 것이다. 도가와 도교는 유가에서 주요하게 인의의 도를 배웠는데, 그리하여 황로 학설과 위진 신도가 현학이 있게 되었던 것이다. 도가와 도교는 불교에서 주요하게 파집론破執論과 쌍견법雙遣法을 배웠는데, 그리하여 당나라 때의 중현학重玄學이 있게 되었던 것이다. 그 성명쌍수性命雙修에서의 성공性功은 유학과 불학에서 흡수한 것인데, 그리하여 '극고명極高明'에 도달할 수 있었던 것이다. 그 공功과 행行을 모두 원만하게 이루는 것功行兩全에서 덕을 행하는 것行德은 유가의 널리 베풀어 뭇사람들을 구제하는博施濟衆 사상과 불가의 중생들을 이롭게 해주는利樂衆生 사상을 겸해서 자체의 "도중용道中庸'을 이룬 것이다. 삼교의 상호 학습과 흡수는 후기에 오면서 날로 강화되었다. 그리하여 삼교 학설에서 어떤 것들은 피차 계선이 아주 모호해졌고, 굳게 지키고 있던 것은 다만 가장 기본적인 것들이었다.

5) 삼교의 분공·협력론分工合作論 논평

첫째, 유학으로 나라를 다스리고, 도학으로 몸을 다스리고, 불학으로 마음을 다스린다는 논설. 이 논설은 합리적인 면이 있지만 완전하지는 못하다. 확실히 나라를 다스리는 데는 유가밖에 없었고, 불가와 도가는 모두 유가와 이를 다투지 않았다. 그러나 분명히 유가에서도 심성心性을 중요시하고 있었다. 도학에서의 성명쌍수性命雙修는 명공命功으로 몸을 기르는 것養身을 특색으로 하고 있었지만, 그러나 그 성공은 또한 마음을 단련하는 것을 중요시하고 있었다. 불학의 참선은 명신견성明心見性에 그 목적이 있었는데, 이를 마음을 탐구하는 학문이라고 하는 것은 대체적으로 타당하지만 그러나 불학 또한 간접적으로 나라를 다스리는 효능도 있었다.

둘째, 유학은 마음을 올바로 세우고, 도학은 마음을 가라앉히고, 불학은 마음을 깨끗하게 한다는 논설. 심성心性의 학문으로 볼 때, 이 논설은 아주 정묘精妙하다고 하겠다. 유학에서는 성의정심誠意正心, 명덕수신明德修身을 주장했는데, 이로써 편협하게 인정에 빠지는 것을 피하려고 했다. 그래야만 그 다음 제가치국평천하齊家治國平天下를 이룰 수 있다고 했다. 도학에서는 청정하게 마음을 수련하고, 조급증躁動을 극복하고, 텅 빔虛에 이르고 고요함을 지킬 것을 주장했다. 청정하면 곧 천하가 올바르게 된다고 했다. 불학에서는 세속에 물들지 말고 깨끗한 본심에로 되돌아오고, 삼독三毒(즉 貪, 嗔, 癡)을 제거할 것을 주장했다. 모든 고난은 탐욕에 근원하고 있는 바, 고난을 깡그리 없애려면 마치 연꽃이 흙탕물에서 자라나오지만 흙탕물에 물들지 않는 것처럼 해야 한다고 했다.

셋째, 유가의 존심양성설存心養性說, 道家의 수신련성설修心煉性說, 불가의 명심견성설明心見性說. 이 논설들은 『성명규지性命圭旨』에서 나오는데, 여기서는 삼교가 모두 심성의 학문을 중요시하지만 그 경로에 있어서는 다르다고 한다. 유가에서 말하는 존심양성存心養性은 "본성이 원래 착하다性本善'는 것을 출발점으로 삼고 있는바, 그리하여 초심을 간직하고, 선성善性을 기를 것을 주장하고 있었다. 도가에서 말하는 수심련성修心煉性은 "본성이 원래 자연적이다性本自然'라는 것을 출발점으로 삼고 있는데, 한편 원래의 진실하고 소박한 상태에 되돌아가려면 반드시 탐욕과 허위를 버리고, 심성을 수련해야 한다고 한다. 불가에서 말하는 명심견성은 사람마다 원래 불성을 가지고 있고, 자성自性은 원래 청정하다淸淨는 것을 출발점으로 삼고 있는데, 범부凡夫들은 망념妄念에 미혹되어 속세의 번뇌에 빠지게 되는바, 그래서 마음을 살피면서 본성을 발견하고 도리를 깨닫고 성불해야 한다고 한다.

넷째, 유학은 삶을 즐기고, 도학은 삶을 기르고, 불학에는 삶이 없다는 논설. 이 논설은 풍우란이 개괄해낸 것으로서 삼교의 생명철학의 차이를 분명히 밝혔다. 하지만 해석이 더 필요하겠다. 유학은 확실히 삶을 즐긴다. 공자와 맹자는 배움을 즐기고, 가르침을 즐기고, 친구를 즐기고, 도를 즐기고, 도덕적 인생을 즐거움으로 삼고 있었다. 도학은 삶을 기르는데養, 몸과 마음을 함께 기른다. 도가에서는 아끼는 것嗇으로써 삶을 기르고以嗇養生, 도교에서는 성명쌍수性命雙修하면서, 심근고지深根固柢(뿌리가 깊고 근본이 튼튼함)할 것과 장생구시長生久視(오래 살 것)할 것을 추구한다. 불학에는 삶이 없다는 것은, 인간의 몸이 사대四大로 화합된 것四大和合(즉, 머리카락, 털, 손발톱, 치아, 가죽, 살, 힘줄, 뼈, 골수, 골, 더러운 몸뚱이는 모두 흙土으로 돌아가고, 침, 콧물, 고름, 피, 진액, 점액, 가래, 눈물, 정기精氣, 대소변은 다 물水로 돌아가고, 따뜻한 기운은 불火로 돌아가고, 움직이는 작용은 바람風으로 돌아간다는 말이다.)으로서 결국 체體(본바탕)가 없다는 말이다. 그래서 아집을 버려야 한다고 한다. 그러나 진여는 항상 있는바, 만약 보리심을 발할 수 있고, 중생들이 고난에서 벗어나게 할 수만 있다면, 상락아정常樂我淨(영원히 변하지 않는 常, 괴로움이 없고 평온한 樂, 大我·眞我의 경지로서 집착을 떠나 자유 자재하여 걸림이 없는 我, 번뇌의 더러움이 없는 淨)의 열반의 경지에 날아올라 삶의 초월을 얻을 수 있다고 한다. 때문에 여기서 삶이 없다는 것은 즉 소아小我를 버리고 대아大我를 성취하는 것으로 되겠다.

다섯째, 유가는 세상에 들어가고入世, 도가는 세상을 도피하고避世, 불가는 세상바깥으로 나간다出世는 논설. 유가의 입세入世 정신은 초심初心이기도 하고 또 일관되던 법도道이기도 하다. 유가에서는 시종 천하의 일을 자신의 소임으로 삼고 있었고, 천하의 흥망성쇠에는 필부匹夫가 모두 책임이 있다고 주장했고, 또한 그리하여 천하의 걱정을 먼저 걱정하고 후에 천하의 즐거움을 즐기고 있었다. 즉 유가는 강렬한 사회책임감과 역사사명감을 가지고 있었다. 그래서 불가에서는 유교를 세교世敎라고 칭했던 것이다. 도가의 속세 도피避世는 주요하게 은일파隱逸派들에게서 표현된다. 그들은 정사政事에 참여하지 않았고, 사회의 방관자로 있으면서 사회의 변두리에서 생활하기 좋아했고, 스스로 즐거움을 얻는 전원생활田園生活을 영위하고 있었다. 도시에 은거하여 살고 조정에 은거하여 살던 도가 인사人士들도 있었지만, 그러나 그들은 속세의 소란함은 멀리 하고 있었고, 마음은 늘 청정함淸靜을 찾아 홀로 스스로 즐기고 있었다. 노자는 도는 숨겨져 있고 이름이 없고, 세상과 다투지 않는다고 말했다. 하지만 또 아무 일도 하지 않으면서無爲 못하는 일이 없을 것을 논하고 있었고, 인간을 구제하고 만물을 구원할 것을 논하고 있었다. 장자는 무하유無何有의 고향에서 소요逍遙하는 것을 동경하고 있었지만, 그러나 또한 '혁대 고리를 훔친 자는 주살되고竊鉤者誅, 나라를 훔친 자는 제후가 되는竊國者侯' 현실도 비판하고 있었다. 훗날의 황로 학설, 현학과 도교는 속세에 들어가는入世 색채를 많이 가지고 있었다. 불교는 원래 속세를 떠나는出世 종교이고, 출가하여 승려로 될 것을 권장했다. 중국에 전해 들어온 후, 유가의 입세 정신의 영향을 받고, 불교는 입세하면서도 출세하는 방식을 논하기 시작했고, 물 긷고 땔나무 하는 일이 곧 묘도妙道라고 했다. '무념無念을 종宗으로 삼고, 무상無相을 체體로 삼고, 무주無住를 근본本으로 삼는' 마음心靈에서의 출세는 강조하고 있었지만, 행위적으로는 속세에 들어갔던 것이다. 근세의 거사불교는 더욱 사회로 진출했고, 세상일에 직접 관여하고 있었다. 인간세상불교는 출세의 정신을 가지고 입세의 일을 했고, 출세와 입세를 하나로 융합시켰었다. 요컨대, 삼교 내부의 다양성과 삼교 관계의 역동성을 모두 보아내야 하겠다.

5. 삼교 관계 발전사에서 얻은 경험과 교훈 및 그 가치

첫째, 역사경험에서 증명되었듯이, 중화문명공동체 내부의 다원 문화 및 중화문화와 이질적 외래문화는 모두 평화롭게 공존할 수 있고, 상호 보완해줄 수 있다. 주류 사회에서 다원적 진리를 인정해주고, 상호 존중해주면서 이들이 '함께 행해지되 어긋나지 않음'을 이해하고, 상호 이해로부터 상호 학습에 이르게 되면, 곧 '오색이 사귀어 눈부시니五色交輝, 서로가 더욱 돋보이고相得益彰, 팔음八音(金, 石, 絲, 竹, 匏, 土, 革, 木의 악기의 소리)이 합주合奏하니, 종국에는 화평함에 이르게 된다.'[18] 중화中華의 고유문화와 외래의 불교의 융회가 이질적 문화 간 교류에 있어서 가장 성공적인 사례였다고 하겠다.

둘째, 차이가 있으면 모순이 있기 마련이고, 모순이 있으면 충돌이 발생하기 마련이다. 다양한 문화 사이, 본토문화와 외래문화 사이는 양자가 일단 서로 접하게 되면, 생소함과 차이 때문에 늘 충돌이 발생하고, 충돌로부터 상호 배척에 이르게 된다. 그러나 충돌을 두려워할 필요는 없다. 충돌로부터 대화에 이르고, 오해로부터 정해正解에 이르고, 서로 배척하던 데로부터 상호 학습에 이르게 되면 문제는 해결된다. 만약 그것이 무기를 내흔들고 피를 흘리게 하는 격렬한 충돌이 아니라면, 그것이 다만 입으로 도리를 따지는 쟁론이라면, 상호 비판과 질책이 아무리 격렬하더라도 결국에는 모두 상호 이해와 화해에 이르게 된다는 것이다. 오히려 이 과정에 상호 간 이해를 더욱 심화시켜줄 수 있겠다. 위진 남북조 시기, 삼교 간에는 몇 차례 큰 변론이 있었는데, 사실상 이는 훗날 수·당 시기 삼교의 정립과 협력에 사상적 영양분을 제공해주고 이론적 준비를 해놓게 되었다. 한편, '삼무일종三武一宗이 멸불滅佛한 사건'은 단기간 삼교의 정상적인 회통을 파괴했지만, 그러나 이는 후세에 반면적 교훈을 제공해주었고, 다행히도 전통으로 되어지지는 않았다. 때문에 차이를 말살하지 않고, 서로 대항하지 않고, 토론과 논쟁을 전개하는 것爭鳴이 곧 문화 간 충돌을 해결하고, 문화 간 화해和諧를 도모하는 문명한 방식이라고 하겠다.

셋째, 중국문화와 인도 불교 문화의 성공적 회통은 우선 화이부동和而不同을 숭상하는 중화문화中華文化 대환경大環境 덕분이라고 하겠다. 다른 한편, 중국과

18) 馮友蘭 :《哲學人生》, 天津人民出版社2016年版, 第272頁.

인도 불교계 인사들의 빈번한 교류 및 수많은 학승學僧(西域의 學僧도 포함하여)들의 장기간 꾸준한 노력 덕분이기도 하다. 그들은 오랫동안 역경譯經, 해경解經, 불학 저작 저술에 매진했고, 그 덕분에 중국인들은 한 세대 한 세대 이어가면서 불경을 읽을 수 있었고, 이를 소화하고 흡수하고 창조할 수 있었다. 이는 수백 년 세월을 걸쳐 왔다. 중국 이슬람교와 송명이학의 회통도 200~300년 지속되었다. 중화민국 이래, 삼교 관계는 삼교의 부흥 및 서방의 이질적 문화와의 회통으로 확장되었는데, 이는 오늘날까지도 곡절 속에서 지속되고 있다. 서방문화의 자극과 수혈이 없다면 중화문화는 갱신과 부흥이 어려울 것이다. 반대로, 중화문화가 뿌리가 깊지 못하고, 역량이 부족해도, 서방문화의 영양분을 효과적으로 흡수할 수 없을 것이고, 그것이 중국특색을 가지게 만들지 못할 것이다. 불교를 성공적으로 중국화시킨 경험을 가지고 중국인들은 신심을 가지고 지혜롭게 바야흐로 새 생명을 발하는 삼교를 활용하여, 특히 당대 신유가 문화에 의지하여, 서방문화를 선택하고 흡수하고 소화하여 중국화시킬 수 있겠다. 그러나 서방문화는 우세적 문화로서 중국인들에게 있어서 이의 이질성은 인도문화보다 훨씬 더 강력하다. 때문에 더 큰 노력과 더 긴 시간을 들여 회통시켜야 할 것이다. 이 과정에 삼교 문화 또한 서학의 영양분을 흡수하면서 새로운 모습이 나타날 것이다.

넷째, 중국은 단일 민족국가가 아니고, 반대로 지역이 아주 넓고, 민족이 아주 많은, 크지도 작지도 않은 하나의 세계이고, 상당한 규모를 가진 하나의 문화공동체이다. 삼교 관계 및 이가 확장하여 이루어낸 문화의 다원 통화通和 모델은 글로벌화하고 현대화한 오늘날, '인류문명공동체' 건설에 '중국의 지혜와 경험'을 제공해줄 수 있겠다. 이는 국제사회에서 모순과 충돌을 해결하고, 전쟁을 막고, 상호 존중하고 상호 협력하는 신형의 국제 질서를 구축하는데 참고 가치가 있다고 하겠다. 또 다채롭고, 평등하고, 조화롭고, 서로 동정하고 상호 학습하는 문명한 교류를 추진하는 데에도 본보기를 수립해주었다고 하겠다. 즉 인류문명의 현대형태로의 전환에 공헌할 수 있겠다. 중국 내·외에서 명성이 높은 당대 저명한 학자 비효통費孝通(인류학, 민족학, 사회학의 거장, 중화문명사상의 거장) 선생은 문화 자각에 대해 열여섯 글자로 된 잠언箴言을 제기했다. 즉 '각자 자기의 아름다움을 존중하고各美其美, 남의 아름다움을 존중하며美人之美, 서로의 아름다움을 한데 어우르면美美與共, 천하는 대동 세상이 된다天下大同.'는 것이 그것이다. 이 열여섯 글자는 중화의 인화 정신 및 전통에 대한 새 시대의 총화라고 하겠다. 그 속에 즉 유·도·불 삼교 관계의 역사적 지혜가 들어 있다. 이는 다민족 및 다원 문화 간 조화로운 공존에 보편적 가치 준칙을 제공해준 것이고, 세계 문명의 대화에 이상적인 방식과 경로를 제시해준 것이라고 하겠다. 또한 시대의 조류에 부응하고, 세상의 인심에 부합되는 것이라고 하겠다. 이미 중국 각 지역에서 널리 전해졌고, 오호사해五湖四海에서도 크게 환영 받고 있다. 이는 중국인들과 중국문화의 자랑이다. 마지막으로, 저자는 비효통費孝通 선생의 이 열여섯 글자 잠언箴言 또한 중국 유·도·불 삼교 관계사에 대한 가장 투철한 총화라고 생각한다.

참고문헌

(北齊)魏收 :《魏書》, 中華書局1974年版.

(春秋)左丘明 :《左傳》, 蔣冀騁標點, 嶽麓書社1988年版.

(東漢)班固 :《漢書》, 中華書局2007年版.

(漢)班固 :《白虎通德論》, 上海古籍出版社1990年版.

(漢)高誘 :《淮南子注》, 上海書店出版社1986年版.

(漢)高誘注 :《呂氏春秋》, 上海古籍出版社2014年版.

(漢)何休解詁, (唐)徐彦疏, 刁小龍整理 :《春秋公羊傳注疏》, 上海古籍出版社2014年版.

(漢)陸賈 :《新語》, 莊大鈞點校, 遼寧教育出版社1998年版.

(漢)司馬遷 :《史記》, 線裝書局2006年版.

(漢)王充 :《論衡》, 陳蒲淸點校, 嶽麓書社1991年版.

(漢)許愼, (淸)段玉裁注 :《說文解字注》, 上海古籍出版社1988年版.

(漢)揚雄 :《揚子法言》, 中華書局1978年版.

(漢)鄭氏箋 :《毛詩》, 山東友誼書社1990年版.

(後蜀)彭曉 :《周易參同契通眞義》, 中州古籍出版社1988年版.

(金)丘處機著, 趙衛東輯校 :《丘處機集》, 齊魯書社2005年版.

(晉)陳壽, (宋)裴松之注 :《三國志》, 中華書局2005年版.

(晉)杜預注, (唐)孔穎達等正義 :《春秋左傳正義》, 上海古籍出版社1990年版.

(晉)葛洪 :《抱樸子內外篇》, 中華書局1985年版.

(梁)沈約 :《宋書》, 中華書局1974年版.

(梁)蕭子顯 :《南齊書》, 中華書局1972年版.

嚴靈峰輯校 :《輯成玄英道德經開題序訣義疏》, 臺灣文藝印書館1965年版.

(明)葛寅亮 :《金陵梵刹志》, 何孝榮點校, 天津人民出版社2007年版.

(明)何心隱著, 容肇祖整理 :《何心隱集》, 中華書局1960年版.

(明)焦竑撰 :《焦氏筆乘》, 上海古籍出版社1986年版.

(明)李贄 :《焚書 續焚書》, 中華書局1975年版.

(明)羅洪先撰, 徐儒宗編 :《羅洪先集》, 鳳凰出版社2007年版.

(明)羅汝芳撰, 方祖猷, 梁一群, 李慶龍等編校整理:《羅汝芳集》, 鳳凰出版社2007年版.
(明)蕅益大師:《四書蕅益解》, 中國水利水電出版社2012年版.
(明)宋濂:《宋濂全集》, 黃靈庚編輯校點, 人民文學出版社2014年版.
(明)汪瑗:《楚辭集解》, 董洪利點校, 北京古籍出版社1994年版.
(明)王艮著, 陳祝生主編:《王心齋全集》, 江蘇教育出版社2001年版.
(明)王畿撰, 吳震編:《三山麗澤錄》, 鳳凰出版社2007年版.
(明)王守仁:《傳習錄》, 王曉昕譯注, 中華書局2017年版.
(明)吳光, 錢明, 董平編校:《王陽明全集》, 上海古籍出版社2015年版.
(明)雲棲袾宏撰, 明學主編:《蓮池大師全集》, 上海古籍出版社2011年版.
(明)湛若水編:《聖學格物通》, 廣西師範大學出版社2015年版.
(明)智旭著, 方向東, 謝秉洪校注:《周易禪解》, 廣陵書社2006年版.
(南北朝)顔之推, (淸)趙曦明注, (淸)盧文弨補注:《顔氏家訓》, 中華書局1985年版.
(南朝梁)慧皎撰, 湯用彤校注, 湯一玄整理:《高僧傳》, 中華書局1992年版.
(南朝梁)僧祐, (唐)道宣:《弘明集·廣弘明集》, 上海古籍出版社1991年版.
(南朝梁)僧祐:《出三藏記集》, 蘇晉仁, 蕭煉子點校, 中華書局1995年版.
(南朝梁)陶弘景:《養性延命錄》, 上海古籍出版社1990年版.
(南朝梁)陶弘景:《眞誥》, 中華書局1985年版.
(南朝宋)範曄:《後漢書》, 浙江古籍出版社2000年版.
(南朝宋)劉義慶, (南朝梁)劉孝標注:《世說新語詳解》, 上海古籍出版社2013年版.
(淸)陳銘珪撰:《長春道敎源流》, 廣文書局有限公司1976年版.
(淸)戴望:《顔氏學記》, 劉公純標點, 中華書局1958年版.
(淸)戴震:《孟子字義疏證》, 何文光整理, 中華書局1961年版.
(淸)顧炎武, 莫汝成集釋:《日知錄集釋》, 欒保群, 呂宗力校點, 上海古籍出版社2014年版.
(淸)郭慶藩:《莊子集釋》, 王孝魚點校, 中華書局2004年版.
(淸)黃宗羲:《明儒學案》, 沈芝盈點校, 中華書局1985年版.
(淸)黃宗羲:《明夷待訪錄》, 段志強譯注, 中華書局2011年版.
(淸)黃宗羲原著, 全祖望補修:《宋元學案》, 陳金生, 梁運華點校, 中華書局1986 年版.
(淸)康有爲:《大同書》, 遼寧人民出版社1994年版.
(淸)梁啟超:《淸代學術概論》, 上海古籍出版社1998年版.

(淸)皮錫瑞, 周予同注釋 :《經學歷史》, 中華書局1959年版.
(淸)阮元等 :《十三經注疏》, 中華書局1980年版.
(淸)阮元輯編 :《宛委別藏》, 江蘇古籍出版社1988年版.
(淸)蘇輿 :《春秋繁露義證》, 鐘哲點校, 中華書局1992年版.
(淸)王夫之 :《讀四書大全說》, 中華書局1975年版.
(淸)王夫之 :《老子衍莊子通》, 中華書局1962年版.
(淸)王夫之 :《尙書引義》, 中華書局1976年版.
(淸)王夫之 :《思問錄俟解》, 中華書局1956年版.
(淸)王夫之 :《周易外傳》, 中華書局1977年版.
(淸)魏源 :《老子本義》, 華東師範大學出版社2010年版.
(淸)夏燮 :《明通鑒》, 中華書局1959年版.
(淸)嚴可均輯 :《全晉文》, 商務印書館1999年版.
(淸)永瑢等 :《四庫全書總目》, 中華書局1965年版.
(淸)張廷玉等 :《明史》, 中華書局2000年版.
(宋)洪適 :《隸釋·隸續》, 中華書局1985年版.
(宋)黎靖德編 :《朱子語類》, 王星賢點校, 中華書局1986年版.
(宋)李昉等 :《太平禦覽》, 中華書局1960年版.
(宋)陸九淵 :《陸九淵集》, 鐘哲點校, 中華書局1980年版.
(宋)陸遊 :《劍南詩稿》, 錢仲聯點校, 嶽麓書社1998年版.
(宋)歐陽修, 宋祁 :《新唐書》, 中華書局1975年版.
(宋)普濟 :《五燈會元》, 蘇淵雷點校, 中華書局1984年版.
(宋)契嵩 :《禪門逸書》, 明文書局1981年版.
(宋)邵雍 :《邵雍集》, 郭彧整理, 中華書局2010年版.
(宋)邵雍撰, (明)黃畿注, 衛紹生校理 :《皇極經世書》, 中州古籍出版社1993年版.
(宋)沈作喆纂 :《寓簡》, 中華書局1985年版.
(宋)釋延壽集 :《宗鏡錄》, 三秦出版社1994年版.
(宋)司馬光 :《司馬溫公集編年版箋注》, 巴蜀書社2009年版.
(宋)司馬光 :《資治通鑒》, 上海古籍出版社1987年版.
(宋)宋敏求編 :《唐大詔令集》, 商務印書館1959年版.
(宋)王溥 :《唐會要》, 淸武英殿聚珍版叢書本.
(宋)王益之 :《西漢年版紀一》, 中華書局1985年版.

(宋)翁葆光注:《悟眞篇注疏》, 明正統道藏本.
(宋)薛居正等撰:《舊五代史》, 中華書局1976 年版.
(宋)張伯端原著, 張振國著:《悟眞篇導讀》, 宗教文化出版社2001年版.
(宋)張君房輯:《雲笈七籤》, 齊魯書社1988年版.
(宋)張載:《張載集》, 章錫琛點校, 中華書局1978年版.
(宋)智昭編撰, 尙之煜釋讀:《人天眼目釋讀》, 上海古籍出版社2015年版.
(宋)朱熹, 呂祖謙編:《近思錄》, 查洪德注譯, 中州古籍出版社2004年版.
(宋)朱熹撰:《四書章句集注》, 中華書局1983年版.
(宋)張君寶纂輯, 蔣力生等校注:《雲笈七籤》, 華夏出版社1996年版.
(隋)吉藏疏:《中論·百論·十二門論》, 上海古籍出版社1994年版.
(隋)王通, (宋)阮逸注:《中說》, 中華書局1985年版.
(唐)房玄齡, 黃公渚選注:《晉書》, 商務印書館1934年版.
(唐)房玄齡等:《晉書》, 中華書局2000年版.
(唐)韓愈, (宋)廖瑩中集注:《東雅堂昌黎集注》, 上海古籍出版社1993年版.
(唐)慧能撰, 郭朋校釋:《壇經校釋》, 中華書局1983年版.
(唐)李延壽:《北史》, 中華書局1974年版.
(唐)李延壽:《南史》, 中華書局1975年版.
(唐)令狐德棻:《周書》, 中華書局1971年版.
(唐)柳宗元:《柳河東全集》, 中國書店1991年版.
(唐)裴休集:《黃檗傳心法要》, 金陵刻經處1884年版.
(唐)唐太宗:《帝範》, 中華書局1985年版.
(唐)魏徵, (唐)令狐德棻:《隋書》, 中華書局1973年版.
(唐)吳兢編著:《貞觀政要》, 王貴標點, 嶽麓書社1991年版.
(唐)務成子, (唐)梁邱子注:《黃庭經》, 上海古籍出版社1990年版.
(唐)玄奘譯, 韓廷傑校釋:《成唯識論校釋》, 中華書局1998年版.
(唐)姚思廉:《梁書》, 中華書局2000年版.
(唐)宗密:《禪源諸詮集都序》,《大正藏》第48冊.
(唐)宗密:《原人論》,《大正藏》第45冊.
(魏)何晏等注, (宋)邢昺疏:《論語注疏》, 上海古籍出版社1990年版.
(魏)嵇康:《嵇中散集》, 商務印書館1937年版.
(魏)王弼, (唐)邢璹注:《周易集解略例》, 中華書局1991年版.

(魏)王弼, (晉)韓康伯注, (唐)孔穎達疏 :《周易注疏》, 中央編譯出版社2013年版.
(魏)王弼注 :《老子注》, 中華書局1978年版.
(漢)河上公, (五代)杜光庭等注 :《道德經集釋》, 中國書店2015年版.
(後晉)劉昫等撰 :《舊唐書》, 中華書局1999年版.
(印)龍樹 :《大智度論》, (後秦)鳩摩羅什譯, 上海古籍出版社1991年版.
(元)李志常著, 黨寶海譯注 :《長春眞人西遊記》, 河北人民出版社2001年版.
(元)劉大彬編, (明)江永年版增補 :《茅山志》, 王崗點校, 上海古籍出版社2016年版.
(元)脫脫 :《金史》, 中華書局1999年版.
(元)脫脫等 :《遼史》, 中華書局2000年版.
(元)脫脫等撰 :《宋史》, 中華書局1977年版.
(元)許衡 :《許衡集》, 淮建利, 陳朝雲點校, 中州古籍出版社2009年版.
(元)姚燧撰, 查洪德編校 :《姚燧集》, 人民文學出版社2011年版.
(元)耶律楚材, 向達校注 :《西遊錄》, 中華書局1981年版.
(元)耶律楚材 :《湛然居士文集》, 中華書局1985年版.
(元)尹志平 :《清和眞人北遊語錄》, 載《道藏》第33冊, 文物出版社, 上海書店, 天津古籍出版社1988年版.
(元)虞集 :《道園學古錄》, 商務印書館1937年版.
(元)虞集 :《虞集全集》, 天津古籍出版社2007年版.
(戰國)列禦寇, (東晉)張湛注 :《列子》, 中華書局1985年版.
[德]馬克斯 · 韋伯 :《儒教與道教》, 洪天富譯, 江蘇人民出版社1995年版.
《道藏》, 文物出版社, 上海書店, 天津古籍出版社1988年版.
《禮記》: 崔高維校點, 遼寧教育出版社2000年版.
《六祖大師法寶壇經》,《大正藏》第48冊.
《儒佛道與傳統文化》, 文史知識三期合刊, 中華書局1990年版.
《太虛大師全書》, 宗教文化出版社2005年版.
《湯用彤全集》, 河北人民出版社2000年版.
《唐君毅全集》, 九州出版社2016年版.
《正統道藏》, 藝文印書館1977年版.
《中華文明史》(1-10卷), 河北教育出版社1989-1994年版.
《鐘呂傳道集 · 西山群仙會眞記》, 高麗楊點校, 中華書局2015年版.
《朱熹集》, 郭齊, 尹波點校, 四川教育出版社1996年版.

白壽彝總主編，王毓銓主編：《中國通史》，上海人民出版社2015年版.
北京大學《儒藏》編纂與研究中心編：《儒藏》(精華編一八六)，北京大學出版社2014年版.
寶貴貞：《中國少數民族宗教》，中國民主法制出版社2015年版.
秉方：《中國民間宗教史》，中國社會科學出版社2004年版.
蔡元培：《中國倫理學史》，中國文史出版社2016年版.
蔡仲德：《馮友蘭先生年譜初編》，河南人民出版社2000年版.
蔡仲德：《馮友蘭先生評傳》，廣東人民出版社1999年版.
常宏：《馬克思主義宗教觀》，中國民主法制出版社2015年版.
陳兵，鄧子美：《二十世紀中國佛教》，民族出版社2000年版.
陳兵：《佛教禪學與東方文明》，上海人民出版社1992年版.
陳兵編：《佛教格言》，巴蜀書社1994年版.
陳伯君校注：《阮籍集校注》，中華書局1987年版.
陳得芝輯點：《元代奏議集錄》，浙江古籍出版社1998年版.
陳鼓應主編：《道家文化研究》，三聯書店2002年版.
陳鼓應注釋：《老子今注今譯》，商務印書館2003年版.
陳鼓應注釋：《莊子今注今譯》，中華書局2009年版.
陳來：《仁學本體論》，三聯書店2014年版.
陳銘珪：《長春道教源流》，臺灣廣文書局1975年版.
陳全林點校：《新編張三豐先生丹道全書》，團結出版社2008年版.
《陳寅恪集·金明館叢稿二編》，三聯書店2009年版.
《陳寅恪先生全集》，(臺北)裏仁書局1979年版.
陳寅恪：《柳如是別傳》，三聯書店2001年版.
陳攖寧：《道教與養生》，華文出版社1989年版.
陳垣：《南宋初河北新道考》，中華書局1962年版.
程顥，程頤：《二程集》(全四冊)，中華書局1981年版.
程俊英：《詩經譯注》，上海古籍出版社2004年版.
單純，曠昕主編：《良知的感歎：二十世紀中國學人序跋精粹》，海天出版社1998年版.
單純，張合運主編：《中國精神·百年回聲》，海天出版社1998年版.
丁福保箋注：《壇經》，上海古籍出版社2011年版.
董仲舒著，張世高等注：《春秋繁露》，中華書局2012年版.

杜潔編 :《黃庭經》, 中國友誼出版公司1997年版.
《方東美集》, 群言出版社1993年版.
《方東美文集》, 武漢大學出版社2013年版.
《方東美先生演講集》, 黎明文化事業公司1984年版.
方東美 :《生生之德》, 黎明文化公司1978年版.
方東美 :《新儒家哲學十八講》, (臺北)黎明文化公司1993年版.
方東美 :《原始儒家道家哲學》, 黎明文化公司1983年版.
方立天 :《中國佛教與傳統文化》, 上海人民出版社1988年版.
方立天 :《中國佛教哲學要義》(上, 中, 下), 宗教文化出版社2015年版.
方立天 :《中國佛教哲學要義》, 宗教文化出版社2015年版.
方立天主編, 華方田副主編 :《中國佛教簡史》, 宗教文化出版社2001年版.
費孝通編 :《中華民族多元一體格局》, 中央民族大學出版社1999年版.
馮友蘭 :《三松堂全集》, 河南人民出版社2000年版.
馮友蘭 :《中國哲學簡史》, 塗又光譯, 北京大學出版社1985年版.
馮友蘭 :《中國哲學史新編》, 人民出版社1998年版.
福保箋注 :《壇經》, 上海古籍出版社2011年版.
傅傑編校 :《章太炎學術史論集》, 雲南人民出版社2008年版.
傅勤家 :《中國道教史》, 上海書局1984年版.
高亨 :《周易大傳今注》, 清華大學出版社2010年版.
高新民, 朱允校編 :《傅玄〈傅子〉校讀》, 寧夏人民出版社2008年版.
高喆 :《天主教》, 中國民主法制出版社2015年版.
戈國龍 :《道教內丹學溯源》, 宗教文化出版社2004年版.
戈國龍 :《道教內丹學探微》, 巴蜀書社2001年版.
龔鵬程 :《道教新論》, 臺灣學生書局1991年版.
辜鴻銘 :《中國人的精神》, 海南出版社1986年版.
關步勳等主編 :《湛甘泉研究文集》, 花城出版社1993年版.
故宮博物院編 :《羅浮山志會編》, 海南出版社2001年版.
郭沫若 :《十批判書》, 人民出版社1954年版.
郭朋 :《中國佛教思想史》, 福建人民出版社1994年版.
郭齊勇 :《中國儒學之精神》, 復旦大學出版社2009年版.
郭齊勇 :《中國哲學智慧的探索》, 中華書局2008年版.

韓復智編著:《錢穆先生學術年版譜》, 中央編譯出版社2012年版.
韓蕭一山:《淸代通史》, 華東師範大學出版社2010年版.
韓愈:《韓愈全集》, 上海古籍出版社1979年版.
何建明:《近代中國宗教文化史硏究》, 北京師範大學出版社2015年版.
賀麟:《近代唯心論簡釋》, 商務印書館2011年版.
賀麟:《文化與人生》, 上海文藝出版社2001年版.
賀麟:《近代唯心論簡釋》, 上海人民出版社2009年版.
洪建林編:《仙學解秘—道家養生秘庫》, 大連出版社1991年版.
洪修平:《禪宗思想的形成與發展》, 江蘇古籍出版社1992年版.
洪修平:《國學擧要·佛卷》, 湖北教育出版社2002年版.
洪修平:《中國佛教文化歷程》, 江蘇教育出版社1995年版.
洪修平:《中國佛教與儒道思想》, 宗教文化出版社2004年版.
洪修平:《中國儒佛道三教關係硏究》, 中國社會科學出版社2011年版.
洪修平主編:《儒佛道哲學名著選編》, 南京大學出版社2006年版.
侯外廬, 邱漢生, 張豈之主編:《宋明理學史》(上下卷), 人民出版社1987年版.
侯外廬:《中國近代啟蒙思想史》, 人民出版社1993年版.
侯外廬等:《中國思想通史》, 人民出版社2011年版.
胡道靜等選輯:《道藏要籍選刊》, 上海古籍出版社1989年版.
胡海牙, 武國忠主編:《陳攖寧仙學精要》, 宗教文化出版社2008年版.
胡適口述, 唐德剛譯注:《胡適口述自傳》, 廣西師範大學出版社2005年版.
黃陵渝, 邱永輝, 色音:《外國民族宗教》, 中國民主法制出版社2015年版.
黃公渚選注:《歐陽修文》, 崇文書局2014年版.
黃克劍, 林少敏編:《徐復觀集》, 群言出版社1993年版.
黃壽祺, 張善文:《周易譯注》, 上海古籍出版社2004年版.
黃宣民點校:《顏鈞集》, 中國社會科學出版社1996年版.
《黃宗羲全集》, 浙江古籍出版社1985年版.
黃宗羲原著, 全祖望補修:《宋元學案》(全四冊), 中華書局1986年版.
黃宗羲著, 沈芝盈點校:《明儒學案》(上下冊), 中華書局2013年版.
慧能著, 郭朋校釋:《壇經校釋》, 中華書局1983年版.
嵇文甫:《晚明思想史論》, 東方出版社1996年版.
薑林祥主編:《中國儒學史》(全七卷), 廣東教育出版社1998年版.

蔣國保, 周亞洲編 :《生命理想與文化類型 : 方東美新儒學論著輯要》, 中國廣播電視出版社1992年版.
金景芳, 呂紹綱 :《周易全解》, 吉林大學出版社1989年版.
淨慧主編 :《虛雲和尙全集》, 中州古籍出版社2009年版.
黎靖德編 :《朱子語類》(全八冊), 中華書局1981年版.
李安綱 :《禪悟壇經》, 中國社會出版社2005年版.
李道純 :《道教五派丹法精選》, 中醫古籍出版社1989年版.
李富華等 :《佛教學》, 當代世界出版社2000年版.
李敏生主編 :《趙樸初嘉言集》, 團結出版社2010年版.
李士生 :《儒釋道論養生》, 宗教文化出版社2002年版.
李維武主編 :《徐復觀文集》(修訂本), 湖北人民出版社2009年版.
李喜所, 袁青 :《梁啟超傳》, 人民出版社1993年版.
李霞 :《道家與禪宗》, 安徽大學出版社1996年版.
李修生主編 :《全元文》, 鳳凰出版社2004年版.
李養正 :《道教概說》, 中華書局1989年版.
李養正 :《道教史略講》, 中國道教學院1997年編印.
李養正 :《道教義理綜論》(上下編), 宗教文化出版社2009年版.
李養正 :《佛道交涉史論要》, 青松觀道教學院1999年版.
李一氓 :《藏外道書》, 巴蜀書社1992年版.
李壯鷹主編 :《中國古代文論》, 高等教育出版社2001年版.
《梁啟超全集》, 北京出版社1999年版.
梁啟超 :《清代學術概論》, 鳳凰出版集團, 江蘇文藝出版社2007年版.
梁啟超 :《中國近三百年學術史》, 天津古籍出版社2003年版.
梁漱溟 :《東西文化及其哲學》, 商務印書館2009年版.
梁漱溟 :《梁漱溟全集》, 山東人民出版社2005年版.
梁漱溟 :《中國文化史要義》, 學林出版社1987年版.
林存光 :《大道之行也, 天下爲公》,《光明日報》2016年11月23日.
林語堂 :《從異教徒到基督徒 : 林語堂自傳》, 謝綺霞, 工爻, 張振玉 譯, 陝西師範大學出版社2007年版.
林語堂 :《中國人》, 學林出版社1994年版.
劉成有 :《近現代居士佛學研究》, 巴蜀書社2002年版.

劉成有等 :《漢傳佛教》, 中國民主法制出版社2015年版.
劉成有, 張宏斌 :《宗法性傳統宗教》, 中國民主法制出版社2015年版.
劉成有, 伊嵐, 吳小麗 :《漢傳佛教》, 中國民主法制出版社2015年版.
劉成有主編 :《宗教文明品析叢書》十卷, 中國民主法制出版社2015年版.
劉虎如選注 :《史通·自敍》, 商務印書館1929年版.
劉蔚華, 趙宗正主編 :《中國儒家學術思想史》, 山東教育出版社1996年版.
劉文典 :《淮南鴻烈集解》, 馮逸, 喬華點校, 中華書局1989年版.
劉興邦 :《白沙心學》, 社會科學文獻出版社2012年版.
劉洋編.《據史言儒·範文瀾說儒》, 孔學堂書局2014年版.
劉昭瑞 :《〈老子想爾注〉導讀與譯注》, 江西人民出版社2012年版.
《柳宗元集》(全四冊), 中華書局1979年版.
樓宇烈校釋 :《王弼集校釋》(上下冊), 中華書局1980年版.
盧弼 :《三國志集解》, 中華書局1982年版.
盧國龍 :《道教哲學》, 華夏出版社1997年版.
盧國龍 :《中國重玄學》, 人民中國出版社1993年版.
《魯迅小說全集》, 群言出版社2015年版.
《陸九淵集》, 中華書局1980年版.
羅炳良主編 :《張之洞勸學篇》, 華夏出版社2002年版.
羅義俊編著 :《評新儒家》, 上海人民出版社1989年版.
呂澂 :《呂澂佛學論著選集》, 齊魯書社1991年版.
呂澂 :《中國佛學源流略講》, 中華書局1979年版.
呂大吉, 餘敦康, 牟鐘鑒, 張踐 :《中國宗教與中國文化》(全四冊), 中國社會科學出版社2005年版.
呂思勉 :《秦漢史》, 上海古籍出版社1983年版.
馬其昶校注 :《韓昌黎文集校注》, 上海古籍出版社1986年版.
《馬一浮集》, 浙江古籍出版社1996年版.
美國孔子大學籌備會編 :《世界尊孔運動紀要》, 美國孔子文教基金會出版社1984年版.
蒙文通 :《蒙文通文集》, 巴蜀書社1987年版.
牟鐘鑒, 胡孚琛, 王葆玹主編 :《道教通論》, 齊魯書社1991年版.
牟鐘鑒, 張踐 :《中國宗教通史》(上下冊), 社會科學文獻出版社2000年版.
牟鐘鑒 :《道家和道教論稿》, 宗教文化出版社2014年版.

牟鐘鑒 :《中國道教》, 廣東人民出版社1996年版.
牟宗三 :《從陸象山到劉蕺山》, 臺灣學生書局1984年版.
牟宗三 :《歷史哲學》, 吉林出版集團2010年版.
牟宗三 :《牟宗三哲學與文化論集》, 南京大學出版社2010年版.
牟宗三 :《五十自述》, 臺灣鵝湖出版社1990年版.
牟宗三 :《現象與物自身》, 吉林出版集團有限責任公司2010年版.
牟宗三 :《心體與性體》, 吉林出版集團有限責任公司2013年版.
牟宗三 :《政道與治道》, 臺灣學生書局有限責任公司1991年版.
牟宗三 :《中國哲學的特質》, 上海古籍出版社2007年版.
牟宗三 :《中國哲學十九講》, 臺灣學生書局1984年版.
南懷瑾 :《中國道教發展史略》, 復旦大學出版社1996年版.
倪強 :《赤子佛心趙樸初》, 宗教文化出版社2007年版.
歐陽竟無 :《歐陽竟無佛學文選》, 武漢大學出版社2009年版.
蕅益著述, 孔宏點校 :《靈峰宗論》, 北京圖書出版社2005年版.
潘富恩, 徐洪興 :《中國理學》, 東方出版中心2002年版.
皮錫瑞著, 周予同注釋 :《經學歷史》, 中華書局2011年版.
蒲正信注 :《六度集經》, 巴蜀書社2001年版.
錢穆 :《國史大綱》, 九州出版社2011年版.
錢穆 :《國學概論》, 九州出版社2011年版.
錢穆 :《論語新解》, 九州出版社2013年版.
錢穆 :《現代中國學術論衡》, 三聯書店2001年版.
錢穆 :《中國近三百年學術史》(下冊), 商務印書館1997年版.
錢穆 :《中國文化史導論》, 商務印書館1994年版.
錢穆 :《朱子新學案》(上, 中, 下冊), 巴蜀書社1986年版.
錢易 :《南部新書》, 黃壽成點校, 中華書局2002年版.
卿希泰主編, 詹石窗副主編 :《中國道教思想史》, 人民出版社2009年版.
邱進之主編 :《中國歷代名道》, 吉林教育出版社1997年版.
任昉 :《述異記》, 湖北崇文書局1875年版.
任繼愈主編 :《中國哲學發展史》(1-4卷), 人民出版社1983-1994年版.
任繼愈主編 :《中華傳世文選》, 吉林人民出版社1998年版.
任繼愈主編 :《宗教大辭典》, 上海辭書出版社1998年版.

容肇祖 :《明代思想史》, 齊魯書社1992年版.《容肇祖集》, 齊魯書社1989年版.

孫悟湖 :《藏傳佛教》, 中國民主法制出版社2015年版.

石峻, 樓宇烈, 方立天, 許抗生, 樂壽明 :《中國佛教思想資料選編》第一卷, 第二卷第一, 二, 三, 四冊, 中華書局1981, 1983, 1983, 1983年版.

釋印順 :《佛法是救世之光》, 中華書局2011年版.

釋印順 :《我之宗教觀》, 中華書局2011年版.

釋印順編 :《以佛法研究佛法》, 中華書局2011年版.

釋印順著 :《人間佛教論集》, 中華書局2010年版.

宋晶如注譯 :《古文觀止》, 上海書店1982年版.

宋旲怡 :《中國哲學的生命和方法》, (臺灣)東大圖書股份有限公司1984年版.

宋祚胤注譯 :《周易》, 嶽麓書社2000年版.

蘇軾 :《蘇軾全集》, 王文誥注, 於宏明點校, 時代文藝出版社2001年版.

孫昌武選注 :《韓愈選集》, 上海古籍出版社2013年版.

孫勐, 羅飛編著 :《北京道教石刻》, 宗教文化出版社2011年版.

《孫中山全集》, 中華書局1981年版.

湯一介 :《儒道釋與內在超越問題》, 江西人民出版社1991年版.

湯一介主編 :《中國儒學史》(全九卷), 北京大學出版社2011年版.

湯用彤 :《漢魏兩晉南北朝佛教史》, 北京大學出版社2011年版.

湯用彤 :《隋唐佛教史論稿》, 中華書局1982年版.

湯用彤 :《湯用彤學術論文集》, 中華書局1983年版.

唐翼明 :《魏晉淸談》, (臺灣)東大圖書股份有限公司1993年版.

田誠陽 :《仙學詳述》, 宗教文化出版社1999年版.

田青主編 :《中國宗教音樂》, 宗教文化出版社1997年版.

萬麗華, 藍旭譯注 :《孟子》, 中華書局2006年版.

王充著, 黃暉校釋 :《論衡校釋》, 中華書局1990年版.

王岱輿 :《正教眞詮淸眞大學希眞正答》, 寧夏人民出版社1987年版.

王德有譯注 :《老子指歸譯注》, 商務印書館2004年版.

王卡點校 :《老子道德經河上公章句》, 中華書局1993年版.

王雷泉編 :《歐陽漸文選》, 上海遠東出版社2011年版.

王明 :《抱樸子內篇校釋》, 中華書局1980年版.

王明 :《道家和道教思想研究》, 中國社會科學出版社1984年版.

王明編 :《太平經合校》, 中華書局1960年版.
王斯睿 :《愼子校正》, 商務印書館1935年版.
王文錦譯注 :《大學中庸譯注》, 中華書局2008年版.
王陽明 :《王陽明全集》, 上海古籍出版社2011年版.
王煜 :《儒釋道與中國文豪》, 臺灣學生書局1992年版.
魏特 :《湯若望傳》, 楊內辰譯, 商務印書館1949年版.
魏道儒主編 :《世界佛教通史》, 中國社會科學出版社2015年版.
吳兢編撰 :《貞觀政要》(上下冊), 時代文藝出版社2001年版.
吳澤順編注 :《陶淵明集》, 嶽麓書社1996年版.
謝路軍, 陳勝 :《道教》, 中國民主法制出版社2015年版.
謝祥皓, 劉宗賢 :《中國儒學》, 四川人民出版社1998年版.
星雲大師 :《釋迦牟尼佛傳》, 東方出版社2016年版.
熊十力 :《十力語要初續》, 上海書店出版社2007年版.
熊十力 :《熊十力全集》(全十冊), 湖北教育出版社2001年版.
熊鐵基, 劉固盛, 劉韶軍 :《中國莊學史》, 湖南人民出版社2003年版.
熊鐵基, 馬良懷, 劉韶軍 :《中國老學史》, 福建人民出版社1995年版.
徐梵澄 :《老子臆解》, 中華書局1988年版.
徐復觀 :《新版學術與政治之間》, 臺灣學生書局1985年版.
徐復觀 :《中國經學史基礎》, 臺灣學生書局1982年版.
徐復觀 :《中國思想史論集續篇》, 上海書店出版社2004年版.
徐復觀 :《中國藝術精神》, 華東師範大學出版社2001年版.
徐嘉 :《現代新儒家與佛學》, 宗教文化出版社2007年版.
徐宗譯編著 :《明淸間耶穌會士譯著提要》, 中華書局1949年版.
許嘉璐主編, 曾棗莊分史主編 :《二十四史全譯 · 金史》, 漢語大詞典出版社2004年版.
許抗生 :《佛教的中國化》, 宗教文化出版社2008年版.
閻振益, 鐘夏校注 :《新書校注》, 中華書局2000年版.
顏炳罡 :《牟宗三思想評傳》, 北京圖書館出版社1998年版.
揚雄撰, 韓敬注 :《法言注》, 中華書局1992年版.
楊伯峻, 楊逢彬注譯 :《論語》, 嶽麓書社2000年版.
楊伯峻, 楊逢彬注譯 :《孟子》, 嶽麓書社2000年版.
楊立志, 李程 :《道教與長江文化》, 湖北教育出版社2005年版.

楊明照校箋 :《抱樸子外篇校箋》, 中華書局1997年版.
楊向奎 :《清儒學案新編》, 齊魯書社1985, 1988年版.
楊桂萍 :《伊斯蘭教》, 中國民主法制出版社2015年版.
耶律楚材撰 :《湛然居士全集》, 中華書局1985年版.
易鑫鼎編 :《梁啟超選集》, 中國文聯出版社2006年版.
殷祥, 郭全芝注 :《嵇康集注》, 黃山書社1986年版.
印順 :《中國禪宗史》, 上海書店出版社1992年版.
林語堂 :《蘇東坡傳》, 宋碧雲譯, 江蘇人民出版社2015年版.
喻涵, 湘子譯注 :《孝經 · 二十四孝圖》, 嶽麓書社2006年版.
袁樞 :《通鑒紀事本末》(全十二冊), 中華書局1964年版.
張春波校釋 :《肇論校釋》, 中華書局2010年版.
張春林編 :《歐陽修全集》, 中國文史出版社1999年版.
張岱年 :《中國哲學大綱》, 中國社會科學出版社1982年版.
張廣保 :《金元全眞道內丹心性學》, 三聯書店1995年版.
張廣保, 楊浩主編 :《儒釋道三教關係研究論文選粹》, 華夏出版社2016年版.
張踐 :《儒學與中國宗教》, 中國財富出版社2013年版.
張覺 :《荀子譯注》, 上海古籍出版社1995年版.
張傑, 楊燕麗選編 :《解析陳寅恪》, 社會科學文獻出版社1999年版.
張傑, 楊燕麗選編 :《追憶陳寅恪》, 社會科學文獻出版社1999年版.
張松如, 陳鼓應, 趙明, 張軍 :《老莊論集》, 齊魯書社1987年版.
張偉主編 :《慈湖心舟一楊簡學術研討會論文集》, 浙江大學出版社2012年版.
張文勳 :《儒佛道美學思想源流》, 雲南人民出版社2004年版.
張馨編 :《尙書》, 中國文史出版社2003年版.
張彥修注說 :《戰國策》, 河南大學出版社2010年版.
《章太炎全集》, 上海人民出版社1985年版.
章太炎 :《章太炎生平與學術自述》, 江蘇人民出版社1999年版.
《章太炎政論選集》, 中華書局1977年版.
趙吉惠, 郭厚安, 趙馥潔, 潘策主編 :《中國儒學史》, 中州古籍出版社1991年版.
趙樸初 :《趙樸初大德文匯》, 華夏出版社2012年版.
趙樸初名譽主編 :《永樂北藏》, 線裝書局2005年版.
鄭振鐸 :《插圖本中國文學史》, 中央編譯出版社2012年版.

周良霄, 顧菊英 :《元代史》, 上海人民出版社1993年版.
朱伯崑 :《易學哲學史》, 華夏出版社1995年版.
朱傑人, 嚴佐之, 劉永翔主編 :《朱子全書》, 上海古籍出版社2010年版.
朱林溥 :《玄珠錄校釋》, 巴蜀書社1989年版.
朱越利, 陳敏 :《道教學》, 當代世界出版社2000年版.
朱子學會編 :《朱子學年鑒2011-2012》, 廈門大學出版社2013年版.
莊輝明, 章義和 :《顏氏家訓譯注》, 上海古籍出版社1990年版.
卓新平主編 :《20世紀中國社會科學·宗教學卷》, 廣東教育出版社2009年版.
曾其海編 :《摩訶止觀論要》, 宗教文化出版社2010年版.
曾棗莊, 劉琳主編 :《全宋文》, 巴蜀書社1990年版.
祚胤注譯 :《周易》, 嶽麓書社 2000年版.

후기

이 책은 대체로 네 단계를 걸쳐 완성되었다. 첫 단계는 20세기 80년대부터 21세기 초까지로서 이때 저자는 관련 지식을 축적했다. 두 번째 단계는 10여 년 전, '삼교관계강의제강提綱'을 저술하고 수업실천을 병행하던 단계이다. 세 번째 단계는 이 '제강'이 만들어진 후, 명확한 목표를 세우고 삼교관계 관련 지식을 재축적하고 재사고 하던 단계이다. 마지막 단계는 정식으로 이 책을 수정하고 마무리하던 단계이다. 2년 동안, 모든 정력을 집중해서 이 책을 마무리하고 완성했다. 이 책은 처음에 20여만 자 분량의 간사簡史로 만들려고 구상했는데, 쓰고 나니 글자 수가 두 배나 늘었다. 그 중, 삼교 관계 발전의 가장 마지막 단계 즉 중화민국 시기는 그 앞의 각 단계에 비해 시간적으로는 가장 짧지만, 이 책에서는 논술을 가장 많이 했다. 논술은 10여만 자를 넘겼다. 그 연유는 다음과 같다. 첫째, 이는 전례 없던 새로운 형세였기 때문이다. 이 시기 삼교 관계의 변천은 중국에서 2,000여 년 지속되던 제왕제도가 무너지고, 중국이 현대 사회에 진입하고, 서방문화가 중국의 고유문화를 대체하여 주류 문화로 자리매김하던 상황에서 이루어졌었다. 이 시기 삼교 관계는 삼교와 서학西學의 관계로 확장되었는데, 이를 적은 편폭으로는 분명하게 설명할 수 없었다. 둘째, 이 시기의 특수성과 중요성 때문이다. 이 시기 삼교 관계는 당대 중국 사회문화와 긴밀히 연관되고 또 교착된다. 중화민국 시기에 있었던 중국문화와 서양문화의 합류 추세는 오늘날까지도 지속되고 있고, 이는 아직 완성되지 않았다. 분명히 이 시기의 경험과 교훈은 오늘날 우리들에게 직접 참고할만한 가치를 제공하고 있다. 셋째, 이 시기 삼교는 학술적으로 하나의 새로운 고봉을 형성했기 때문이다. 한편으로는 삼교가 모두 쇠락하고 있었고, 다른 한편으로 삼교는 상호 학습하고 또 서학과 깊이 있게 대화하면서 간거하게 부흥하고 있었다. 이때는 정치적 비호도 없었고, 직접 활용할 수 있는 모델도 없었다. 오로지 자체의 생명력에 의지하여 진작하고 소생해야 했다. 그리하여 대사大師들이 배출하고, 학파가 수풀처럼 일떠서고, 새로운 학설이 샘처럼 솟아나오고, 논변이 붐을 이루었는데, 오늘날 돌이켜보면 참말로 감탄을 금치 못할 일이라 하겠다. 하지만 이 시기 학술발전의 높이와 가치는 오랫동안 여러 가지 이유로 가려져 있었고, 오늘날까지도 지극히 과소평가 받고 있다. 그래서 더욱 공력을 들여 밝히고 표창해야 할 부분이라고 생각했던 것이다. 넷째, 저자 본인이 그 중 몇 명의 대사大師와 직접적으로 또는 간접적으로 친분이 있는 사이였기 때문이다. 현대 신유가에서 풍우란馮友蘭은 저자의 대학원 시절 지도교수이다. 저자는 직접 그에게서 가르침을 받았고, 그의 대작을 많이 읽었다. 그의 직계 제자 주백곤朱伯崑 교수도 저자를 많이 가르쳐주었고 또 계발도 상당히 많이 주었다. 풍우란이 세상을 뜬 후, 저자는 그의 딸, 저명한 작가 종박宗璞 여사와 함께 풍우란의 학술사상연구도 추진했다. 하린賀麟 선생의 강연회에도 저자는 수 차 참가했다. 전목錢穆 선생이 계셨던 대만 동오대학교 소서루素書樓에도 저자는 직접 방문한 적이 있다. 그의 아들 전손錢遜 교수는 저자와 가까운 친구이다. 장대년張岱年 선생은 질박하고 인정이 많은 사람이었고, 피곤함도 잊으면서 저자를 가르쳐 주었다. 저자는 이 책에서 그의 업적을 직접 소개하지는 않았지만, 그이가 중화민국 시기에 출판한 『중국철학대강中國哲學大綱』과 훗날에 제기한 종합창조론綜合創造論은 저자가 중국철학연구를 개척하는데 중요한 연구방법론을 제공해주었다. 깊이 감사드리는 바이다. 모종삼牟宗三 선생은 저자와 같은 성씨이고 또 한 고향 사람이다. 홍콩에서 두 번 만나 뵌 적이 있는데, 그의 친절한 모습은 지금도 눈앞에 선하다. 홍콩과 대만에서 현대 신유가 삼 세대 대표학자로 활약하는 두유명杜維明, 유술선劉述先은 저자와 일찍부터 교류가 있었고, 친분도 아주 두터운 사이이다. 당군의唐君毅 선생의 제자 곽도회霍韜晦 선생은 홍콩에서 법주학회法住學會를 창건했는데, 저자는 그와도 수차 왕래가 있었다. 현대 신도가에서 진영녕陳攖寧 대사를 저자는 직접 만나 뵈는 행운이 없었다. 하지만 그의 직계 제자 이양정李養正 선생은 저자에게 있어서 학술적 스승이기도 했고 친분이 두터운 벗이기도 했다. 그는 늘 진대사의 업적을 크게 찬양했다. 대만 제63대 천사天師 장은부張恩溥 도장道長의 비서장 공군龔群 장로長老는 저자를 친인처럼 대해주었는데, 참말로 잊지 못할 추억을 남겨주었다고 하겠다. 현대 불학 대사大師 가운데서 저자는 조박초趙朴初 거사居士와 정혜淨慧 법사를 만나본 적이 있다. 그들을 만나면서 그들의 범상치 않은 풍모를 절실히 느꼈고, 감탄을 금치 못했다. 조박초趙朴初 거사가 세상을 뜬 후, 저자는 수차 그를 기념하는 활동에 참가했고, 추모 발언도 여러 번 했다. 또 그를 기념하는 글도 여러 편 썼다. 불학 대학자 탕용동湯用彤 선생은 저자를 친히 지도해준 적이 있다. 그의 아들 탕일개湯一介 교수도 저자를 지도해준 적이 있고, 줄곧 저자를 아낌없이 관심해주고 배려해주었다. 저자는 대만 불광산佛光山에서 성운星雲 법사의 강연을 들은 적도 있다. 또 그의 책도 많이 읽었다. 저자는 증엄證嚴 법사의 화련花蓮 정사정사靜思精舍도 방문한 적이 있고, 자제공덕회慈濟功德會 인사들과 만나 친절하게 이야기를 나눈 적도 있다. 그들을 만나면서 깨달은 바가 아주 많았다. 저자는 지금도 그들에 대해 공경하는 마음을 간직하고 있다. 또 그들의 인격과 학식과 사업은 확실히 칭송할 가치가 크다고 생각한다.

이 책을 저술하는 과정인 즉, 저자가 중국과 서양을 비교하면서 중화사상문화를 새롭게 이해하는 과정이었다. 또한 저자가 줄곧 선배 대사들의 고상한 인격, 세상을 우려하는 박대한 흉금, 학술적 조예에 대해 깊이 감동하는 과정이었다. 이는 심령心靈의 대화였고, 생명의 감통感通(감응하여 통함)이었고, 속마음의 분발과 진작의 여정이었고, 이 또한 스스로 좌지우지 할 수 있는 것이 아니었다. 이 과정에 지혜가 늘었고, 경지도 높아졌다고 하겠다. 그래서 더욱 그 체득을 글로 써서 더 많은 사람들과 공유하고 싶었다. 아울러 오늘의 현인들에게도 감사드리는 바이다. 그들의 학술연구 성과 덕분에 저자는 우회적인 길을 걷지 않았고 또 종합적으로 창조할 수 있었다. 사랑하는 제자 당중唐仲, 구흥결邱興潔, 곽경기郭庚琦, 장동이정張彤頤楨, 왕안연王安然, 주군방周群芳, 곡예원曲藝苑에게도 감사드린다. 그들은 저자를 도와 문헌을 찾고, 주석을 다는 일을 많이 해주었다. 이 책은 당연히 부족한 점이 아주 많을 것이다. 삼교 문화의 드넓은 바다 일각에서 함영涵泳하고, 대통 구멍을 통해 하늘을 보고, 표주박으로 바닷물을 되는 격임을, 저자는 스스로 잘 알고 있다. 그래서 독자들의 예리한 지적과 아낌없는 가르침을 삼가 부탁드리는 바이다. 마지막으로, 저자는 장차 더 많은 학자들이 이 거대한 사업에 몸을 담그고, 삼교 문화 탐구를 더 넓고 더 높은 경지에로 끊임없이 이끌어갈 것이라고 굳게 믿는다.

2017년丁酉年 봄

| 저자 소개 |

모종감牟鐘鑒

1939 중국 산동성 연태시 출생
중국 당대 저명한 철학사가·종교학가
국제유학연합회 명예 고문, 중국종교학회 고문
중국공자연구원 학술위원회 주임
산동 니산성원서원尼山聖源書院 명예 원장
1957~1965 북경대학교 철학과 학사·석사
1966~ 중국사회과학원 세계종교연구소 교수
1987~ 중앙민족대학교 철학과 교수
학술저작으로 『新仁學 구상』, 『儒學 가치의 재 탐구』, 『儒學에서의 涵泳』, 『중국종교통사』, 『중국 종교와 전통문화 개설』, 『종교·문예·민속』, 『당대 중국 특색의 종교학 12론』, 『중국 종교와 문화』, 『노자 신설』, 『「여씨춘추」와 「회남자」 사상연구』, 『중국 도교』, 『도가와 도교 논고』, 『중국문화의 오늘의 정신』, 『중국정신을 논함』, 『군자의 인격 6강』, 『순자 신론』 등이 있음. 편저로는 『중화문명사·종교권』, 『민족종교학 서설』, 『도교 통론』, 『종교와 민족』 등이 있음. 그밖에 학술논문 650여 편 발표.

| 역자 소개 |

박성일朴成日

1970 중국 흑룡강성 목단강시 출생
현) 중국 호남사범대학교 동아시아문화연구원 원장
2002~2005 한국교원대학교 교육학 박사
2007/2008 UNESCO Bangkok 겸임연구원
2010 일본 東京學藝大學校 방문교수
2014 미국 Boise State University 방문교수
2018 한국 서울대학교 방문교수
주요 관심분야는 동·서양 철학 비교연구이고, 저서로는 『구조주의교육연구방법론』 등 2부, 역저로는 『중국예술철학』 등 2부 있음. 그밖에 중국어, 영어, 일본어, 한국어로 논문 50여 편 발표.

중국 유·도·불 삼교 관계 간명 통사 下

儒道佛三教關係簡明通史

초판 인쇄 2022년 2월 15일
초판 발행 2022년 2월 28일

저 자 | 모종감(牟鐘鑒)
역 자 | 박성일(朴成日)
펴 낸 이 | 하운근
펴 낸 곳 | 學古房

주 소 | 경기도 고양시 덕양구 통일로 140 삼송테크노밸리 A동 B224
전 화 | (02)353-9908 편집부(02)356-9903
팩 스 | (02)6959-8234
홈페이지 | www.hakgobang.co.kr
전자우편 | hakgobang@naver.com, hakgobang@chol.com
등록번호 | 제311-1994-000001호

ISBN 979-11-6586-438-5 94150
979-11-6586-436-1(전2권)

값: 62,000원